— 严格依据辅警招聘考试大纲及公告编写 —

辅警招聘考试专用教材系列

重点法条解读

胡向阳/主编
辅警招聘考试教材编辑委员会/组编

本书四大鲜明特点

◇透析考试大纲涵盖的2000个主法条＋5000个关联法条
◇根据考试命题方向真题分布规律遴选出500个重点法条
◇从简从易解读从实从细点拨缩小备考范围一网打尽考点
◇实现无基础快速理解掌握法条最短时间提高做题正确率

法律出版社
LAW PRESS·CHINA

从书前言
“三轮复习法”是取得考试胜利的法宝

（一）

习近平总书记于2016年年初主持召开中央全面深化改革领导小组第二十次会议，审议通过了《关于规范公安机关警务辅助人员管理工作的意见》（以下简称《辅警意见》），国务院办公厅于2016年年底颁布实施，为辅警改革落地提供了法律依据。公安部根据辅警改革精神，指导各省市出台了配套规定和具体办法。从改革目标来看，辅警改革的实质就是依法重新组建一支全新的辅警队伍，而组建的方式就是《辅警意见》中所规定的“参照录用人民警察规定执行”。**参照录用人民警察规定，就是贯彻人事考试“逢进必考”原则，分批次面向全社会公开招考。**因此，以往组建协警队伍采用的“报名即录用”的粗放方式已经被彻底淘汰。**与此同时，通过深化改革不断提高辅警职业含金量：**赋予辅警辅助执法的职责权限、给予辅警“正式工”的身份地位、大幅度提高辅警福利待遇、拓宽辅警职业发展渠道等！**其中最抢眼的是，在国家公务员局的支持下，今后地方录用人民警察需专门设置一定比例的职位给表现优秀的在职辅警，在职辅警可直接报考定向职位，避免和应届毕业生及社会考生一起竞争。**这一举措无疑是借鉴了大学生村官、三支一扶、特岗计划、西部计划的改革成果，势必进一步吸引广大优秀协警雇员和更多高校毕业生报考，为逐步组建高素质、专业化的辅警队伍目标打好基础。

从改革的趋势来看，各省市的改革力度越来越大，招考程序越来越规范，职业含金量越来越高。西藏自治区在全国率先面向在职辅警招录基层人民警察，上海市公安局在首批辅警招考时与市公务员局主管部门协商将符合条件的优秀辅警按规定程序招录为人民警察，天津市事业单位在招考时给予在职辅警定向职位并放宽报考年龄，深圳市人大立法赋予勤务辅警参与执法的“有限执法权”并给予比肩白领阶层的薪酬，浙江省宁波市成立全国首家辅警学院为内部协警提升学历提供支持，辽宁省先后组织两批面向在职辅警定向招聘事业编制工作人员考试，吉林省松原市公安机关统一为无房辅警申购共有产权保障房，内蒙古自治区阿拉善新招录辅警与事业编人员同工同酬等。这些省市的改革可圈可点，如同星星之火，推进深化辅警改革进程，让辅警的职业认同感和荣誉感越来越强，社会公众对辅警职业的评价也越来越积极正面。这一切表明，随着改革的全面深入推进，辅警职业的春天已经到来，辅警职业越来越受重视，职业前景将会越来越光明。

（二）

既然加入辅警队伍需要考试，那么明确考什么、如何考、难不难、如何备考等一系列问题，便显得尤为紧迫而关键。从各省市辅警考试实践来看，笔试、面试、体能测评、体检、政审等流程几乎为辅警招聘考试的必经环节，**而笔试则是首要环节及关键环节**。从报考情况来看，在职考生占了相当大的比重，其中又以在公安机关工作的协警雇员为主。在职人员工作任务重，复习时间少，加上离开校园多年，理论知识生疏，考试经验欠缺。**如果不经过系统全面的复习并掌握科学得当的战术就直接参加考试，无异于不带武器上战场，充当炮灰便在所难免了。**

于是，如何有效地利用时间，以科学高效的方法，在短时间内通过突击复习提高考试能力和应试技巧，在竞争激烈的考场上决胜，成为摆在每位考生面前的重大问题。考生要想在考试中脱颖而出，必须做好以下准备：**一要**了解笔试的科目、内容、特点和答题要领；**二要**熟悉各科目试卷的结构、考点、答题技巧，并针对性地练习；**三要**把握面试的方法、试题特点、测评要素、应答技巧，并进行模拟演练。**秉持吃透考纲、立足考试、服务考生的宗旨**，在法律出版社的积极策划下，丛书编写团队自辅警改革元年以来，在全国率先推出了**两本考试专用教材**《行政职业能力测验备考指导》和《公安素质测试备考指导》、**两本配套题库**《行政职业能力测验配套题库》和《公安素质测试配套题库》、**两本预测试卷**《行政职业能力测验冲刺预测套卷及点拨精讲》和《公安素质测试冲刺预测套卷及点拨精讲》，针对大多考生法律基础非常薄弱、法律题目得分较低的实际现状，还专门组织编写了**1本法律导读**《重点法条解读》。**自此，全国首套能自成体系、覆盖考点新变化、适应考试新要求的辅警招聘考试辅导教材已经形成。**丛书团队编写的这套系列教材，始终贯穿一个基本思路，**就是坚持以考生为中心，明确提出通过短期内突击备考提高考试成绩的"三轮复习法"：**

第一轮：主攻考试教材，时间定于备考初期。具体为：以打基础为主，紧扣考试大纲要求，严格按照考纲范围，全面复习考试教材，快速重温基本常识，以求掌握基础理论、基本考点，了解考试题型、作答要求，熟悉命题思路、答题方法。

第二轮：主攻配套题库，时间定于备考中期。具体为：根据考试大纲涉及的题型，分章节、分步骤练习题目，在题库系统训练中巩固基础理论知识、夯实法条记忆、掌握答题技巧，通过题海战术熟悉题感、熟练语感、适应题型，在练习做题时不断总结、思考，摸索出适合自身的高效解题方法，提高答题的准确率和做题速度。

第三轮：主攻预测套卷，时间定于备考末期。具体为：充分利用好临考前十天的黄金时间，严格按照考试的事项要求和时间限制进行全真演练，模拟临场状态下严肃紧张的氛围，逐渐将最佳状态调整到实战考试中；通过预测套卷模拟测试，可以在最后冲刺阶段及时发现并弥补知识盲点，加深对高频考点、疑难考点的理解记忆，把握住最后的纠错机会。

我们强烈推荐的"三轮复习法"，是经过不断总结并经考场实战验证，为众多考生屡试不爽、短期内提高成绩的最佳捷径！三轮复习法的核心就是题海战术，不少考生成绩差多半是复习时间少、做题数量少。做题达不到一定的数量，成绩的提高则无法迈过一道槛。这也是部分考生成绩长期徘徊在一个较低的分数段，无法上台阶的原因。**竞争性考试的特点就是比谁花的时间多，比谁做的题目多。**考生做的题目越多，考前出错的概率就越大，那么考场出错的概率就越小，毕竟很多错题是错在没做过，属于全新的类型题，而对于做过的类型，基本可以沿用考前的思路和方法去解答，甚至采用半做半猜也有较高的正确率。因此，**题海战术的本质就是将本**

会在考场出错的事件，提前至考前阶段发生，从而确保考场上少出错、甚至不出错，高分也就随之而来了，这就是备考复习的朴素道理。三轮复习法由零散到系统、由基础到重点、由微观到宏观，是一个循序渐进、相辅相成的备考方法，如同一张网覆盖住基础知识点和大纲必考内容，能有效解决备考平均用力、复习方向不清、备考成效低下等问题，对于提高备考效率，增强重点考点、高频考点的理解记忆有立竿见影的效果。

（三）

2016 年以来，本套丛书以极强的针对性、适中的难度、通俗的讲解，**赢得了广大考生尤其是在职考生的普遍欢迎和认可，经受了辅警考试的多次检验，成为众多考生决胜辅警考试的必备利器**。许多考生、读者给编者和出版社来信、来电，向编者和出版社表示感谢，同时提出了许多建设性意见建议。**大纲的调整、题型的变化、法律的修正，都会导致原有的教材、题库和试卷过时，这也告诉我们编书不可能一劳永逸，修订工作永远在路上**。党的十九大后，本着对考生高度负责的态度，丛书编写团队根据各省市辅警招聘考试实践和命题方向，及时对教材和题库进行了修订，调整教材和题库的重点考点和题型比例，充实融入各省市最新考试真题，以求第一时间让广大考生不用费力收集资料就能准确掌握考试动向和真题变化情况。修订后的丛书特点更加鲜明，更有利于提高考生的备考复习成效：

一是针对性强。针对市面上辅警考试教材匮乏、针对性不强的现状，丛书团队针对各省市辅警招聘考试新特点和考生关心的问题，在紧扣考试大纲的基础上，**深入剖析了近三年的考试真题，搞清试题内容和考点分布，区分一般、重点和高频考点**，及时将研究成果转化到教材和题库的修订中，以满足不同考点、多个层次的考查需要。**教材、题库、试卷采用官方编排体例**，让考生在复习教材时可以同步进行题库训练，收尾阶段进行全真模拟，及时检验阶段备考复习效果，巩固基础知识。

二是难度适中。在“人事考试”的框架内，辅警招聘考试的难度是最低的，不仅低于招警考试，而且远低于国家、省市公务员录用考试和事业单位招聘考试。**有些考生的基础并不好，使用难度高于辅警考试的公务员录用考试教材来备考，结果是信心备受打击、进度严重滞后，甚至对自己的考试能力产生怀疑，对辅警考试产生畏难情绪**，严重者还会有抵触心理，患得患失、甘当鸵鸟、被动裸考，最终遗憾被刷。**丛书团队准确把握辅警考试难度定位，因而在体例编排、内容选材、例题筛选上进行难度控制**，教材基础理论讲解配以真题，引导考生从应试的角度去理解教材理论；题库除了筛选招警考试难度中等偏下的真题外，自行命题也是沿着从易从简的思路，确保难易程度符合辅警招聘考试要求，增强考生备考信心，提高备考实效。

三是突出高效。教材、题库、试卷主要基于内部公安机关协警、雇员等文化水平和接受能力，考虑到在职考生学习工作都很忙、基础薄弱及招考公告发布后备考时间仓促的实际，精选典型例题、高频真题和有代表性的模拟题，**每门科目题量已超 3000 题，基本覆盖历次考试的基础考点、重点考点和高频考点**。针对法条众多的特点，从出题人角度和考试真题出发，将法条分为重点法条和普通法条，对于易错、易混法条进行从易从简解读，让无法律基础的考生也能在法律题目上取得高分。在题目讲解和解析上按照便于掌握、理解和识记的原则,逐题逐项、追根溯源,对每个选项进行深度解析,**让考生在对照答案的同时,相当于又重温基础知识点、重点考点和法条原文**,从而能加深理解记忆、快速掌握命题规律、熟悉题型和考查方法,大大提高复习效率。

四是注重技巧。考虑到大多考生已经离开校园多年,很多基础知识点已经遗忘殆尽,教材注重基础理论讲解,题目解析注重解题方法技巧,尽可能把原理和方法讲明讲透。**在解析中有针对性地对基础较好、基础薄弱的考生分别提出短期、长期的备考策略建议**。按照"准确解答"就是王道的思路,解题开门见山,直击考点,注重快捷解题方法和高效解题技巧,在解析中不厌其烦去还原整道题目的解题思路,**让"零"基础的考生快速掌握并能灵活应用必考题型的基本答题方法和技巧**。

(四)

在辅警改革的前沿阵地,丛书编写团队经受了重大的考验。如果没有理想和情怀支撑,我们也不可能在两年半的时间完成全套 7 本辅导教材。**我们这群志同道合之人意在为在职协警考生和社会考生在几近陌生的备考征程中擎起一座明亮的灯塔,给考生以坚定的信心和明确的指导**。**本套丛书的主编、副主编及参编们多年来一直潜心研究人事考试命题和辅警体制改革,在辅警考试命题研究上积累了丰富的经验**,并形成自己独到的见解,对考试规律的把握和考点重点的变化捕捉更为敏锐。以此为基础,**我们精准地预测成功大多省市辅警招聘考试科目和题型,并根据考试真题对教材和题库及时进行修订完善**。看似巧合的背后,实际上蕴含着必然,这就是马克思主义哲学原理告诉我们的"事物发展的必然规律"。**只要认识和把握住规律,就一定能准确预见事物前进和发展的方向**。对我们来说如此,对你们亦然。**在优胜劣汰的考场,你们应当关心自己、主动出击、奋起直追,通过题海战术的实战练习提升考试应试能力**。毕竟,职业转型的成功,不仅关乎个人前途命运,也关乎家人的期盼和家庭的责任。当下,改革的列车已经开足马力启程,能否赶上这趟列车并享受到改革的最新成果,完全取决于你自己是否主动关心、积极参与和奋力争取。

本套丛书编写集中了团队数十人的心血和智慧,主编、副主编及编委们无不尽心竭力,并邀请曾参与过招警考试、省市公务员考试命题的专家进行指导,邀请公安政法院校的专家、老师进行把关,但由于任务重、时间紧、要求高,疏漏之处在所难免,恳请广大考生和读者不吝指正,通过读者邮箱 readers2018@163.com 向我们反馈,我们将视情致谢,诚挚期待您的来信。

为凸显新媒体服务考生的便捷性,法律出版社辅警考试中心公众号将一如既往地为广大考生提供服务,坚持开门编书,畅通主编、参编与考生之间的交流通道,更快更好地为考生答疑解惑。最后,**我们衷心希望本套丛书能成为广大考生手中的利器,给你们的复习备考带来实质性的帮助,助你们在优胜劣汰的竞争性考场上所向披靡,脱颖而出,实现职业理想!**

辅警招聘考试教材编辑委员会

2019 年 3 月 10 日

本书前言
缩小备考范围　聚焦法律考点

研究每次辅警考试成绩后发现，考生们在《行政职业能力测验》科目的分值相差都不大，然而在《公安素质测试》科目上却分数悬殊，有的同个职位竟有30分差距。究其原因，主要是法律题目已成为多数考生的“拦路虎”，做题错误率极高，导致考生“谈法色变”，在备考法律内容时产生恐慌、抵触和消极心理，对短期备考提升成绩没有信心，这些考生在备考过程中复习过法律、看过几遍法条，在考场上做题却并不奏效。到底是什么原因呢？

带着这个疑惑，我们深入到考生中调研，终于弄清了产生上述问题的根本原因。**根本原因**就在于辅警考试大多没有专业限制，非法律专业考生成为辅考大军的主力，这些考生通常都没有系统学习过法律，没有法律基础而通过囫囵吞枣、走马观花式地学习法条，不能完全理解记忆，更不用说运用法条去准确答题了。

为了从根本上提高考生在短期内备考公安法律的成效，切实提高考生解答法律题目的正确率，教材团队在推出2本教材、2本题库和2本套卷后，又组织了法律专家、实务工作者编写了这本《重点法条解读》。**这是全国首本依据辅警招聘考试大纲，专门针对辅警考试编写的法条类解读辅导用书，填补了教辅市场空白。该书具有三大鲜明的特点：**

一是主次分明、方向明确、范围浓缩。在辅警考试大纲中，常用必考法律虽然只有十来部将近2000个法条，但是考纲的表述往往是“××法相关知识”，如深圳辅警考试大纲的表述是“刑法、刑事诉讼法等11部法律法规相关知识及应用”。因此，命题范围就不仅仅包括刑法、刑事诉讼法等主法条，还包括立法、司法、行政解释，公安规章等，在本书中我们将其统称为“关联法条”。据不完全统计，辅考主法条大概有2000多个，关联法条就达到5000多个。对于在职考生来说，本来工作繁忙劳累，也非法律专业出身，备考时间并不充裕，要在短时间内对7000多个法条记得滚瓜烂熟，并能熟练应用准确解答题目，确实勉为其难，所以大多考生在这门科目上分数普遍偏低，也是可以预料的。然而，**辅警考试毕竟是优胜劣汰、优中选优的人事考试，你成绩不行不代表别人成绩不行，你没读过法律专业不代表别人也没读过法律专业，所以很多具有法律功底的考生便在考试中占了大便宜。**因此，为了切实解决大多考生备考法律的困难，我们根据命题方向和真题分布规律，从7000多个法条中遴选出700多个法条进行解读，然后再对其中的500个法条进行星号标记，分出重点法条和普通法条。这样的巧妙处理，解决了考生以往备考法条轻重不分、平均用力、囫囵吞枣等低效做法，切实为考生指明了备考方向，大大缩小了备考范围。

二是重点突出、条理清晰，事半功倍。通过对历次辅警考试真题的深入剖析，我们发现重点法条几乎是年年考、次次考、重复考，出题人对重点法条的青睐已成为命题偏爱，针对重点法条进行命题已成为屡试不爽的规律。据我们统计，**出题人在重点法条的命题已占到法律题目的85%，而90%以上的法律题目都能直接找到相对应的法条依据！**这一重大发现，为考生进行高效复习提供了明确的指导方向——在相同的时间内，复习的效果是截然不同的。因此，鉴于备考时间本来就不充裕的考生，**我们坚决反对平均用力，建议考生将主要精力放在重点法条上，认真研读并领会我们对每一个重点法条的串讲和解读，理解主法条和关联法条之间的逻辑关系，**并兼顾普通法条的记忆，以点带面、步步为营，这样才能达到**啃下一个知识点、复习过一遍重点法条就能掌握十多个法条**的成效，实现弯道“突围”和“超越”，确保收到事半功倍的复习效果。

三是精选优选、准确解读、简单易懂。本书的结构是**重点法条标记 + 从简从易解读 + 关联法条串联 + 精选真题训练**。法条解读是把重点法条几十字的规定，放大为上百字的解读，让考生窥一斑而知全豹，**将知识点读厚，准确领会法条背后的立法意图和法律精神，领会后的记忆才是最牢固持久的**。考生通过考点点拨，掌握易错、易混知识点，再对比主法条和关联法条之间的逻辑关系，逐步明白关联法条就是辅助主法条、补充主法条，弥补立法微观上的不足和实操上的瑕疵，共同构成对某种法律关系的完美调整。历年历次考试真题放在最后，除了有检验考生对某个法条的复习效果，还能让考生逐步参悟出题人的命题思路和考查方式，达到一看题目就能知晓考点所在的本领。这个过程就是把书读薄。因此，**本书的思路就是引导考生先把法条读厚，再把厚厚的知识点读薄，这才是备考、攻克法律题目的秘诀所在，也是教材团队经亲身实践的高度总结，还望考生能领会我们的用意。**金庸老师在武侠小说中反复提到最好的武功就是没有武功，就是化有形为无形。法律的学习也是如此，只要达到做题就能领悟到题目背后的立法原意和法律精神的境界，别说辅警考试，公务员考试法律题目都不在话下。

复习备考除了用功外，就是选对方向去用力，选对方法去使劲。方向不对，南辕北辙，缘木求鱼；方法不对，事倍功半，努力白费。我们针对考试科目和法律题目，为考生量身打造这样一本教材，就是指导考生选对方向、选对方法，接下来就要靠你们去实践了。**如果研读时能使用荧光笔和签字笔进行圈划，那效果就会更好。**

我们教材团队创始于全国辅警改革元年，已孜孜不倦耕耘了三年，完成了全国首套自成体系的辅导教材（共7本），以针对性强和难度适中赢得了广大考生的认可与信任。无论是考试教材，还是配套题库、预测套卷，始终本着“占据质量高点，填补市场空白”的格局和视野，勇立辅警改革前沿，心系全国辅警队伍建设，关心辅警考生前途命运。当然，这本书也是我们的首次尝试，因经验、水平、时间等限制，肯定仍有不足和纰漏，恳请各位读者和考生不吝指正，通过读者邮箱 readers2018@163.com 反馈，我们将视情致谢，并不断修订完善。

教材团队的集体心愿就是，考生们利用本书取得高分，成功考上辅警，甚至利用辅警身份参加定向招警成为民警，用自己扎实的努力诠释“幸福都是奋斗出来的”的深刻内涵，诠释草根家庭出身的你在“中国梦”背景下的成长励志轨迹。这种破天荒的个人命运变革，将会在改革开放四十年后大量涌现，因为新时代给每个人提供了更多公平公正公开的竞技平台，让我们每个人依靠自身努力，登上新时代的历史舞台，用行动去实现心中的梦想。

我们所期盼的，也应该是你所希冀的。而努力则是你们唯一的途径。我们衷心祝福你，希望尽早见证你的成功！

辅警招聘考试教材编辑委员会

2019年3月10日

备考必读说明

一、入选理由

公安部《招录人民警察专业科目考试大纲》共涉及26部主要法律、法规、规章，从近三年来各省市辅警招聘考试大纲及真题看，辅考对公安法律的考查范围明显要小很多，考查数量大约在6～15部，如深圳辅警只考查11部。**为了减轻考生负担，突出备考实用性，我们只选取了各省市常考的12部法律、法规进行解读。考生可以对照本省市考试大纲，考纲覆盖的要认真备考，没列入考纲的则无须复习。**需要提醒的是，《宪法》作为我国的最高法律、根本法律，对学好其他法律法规具有非常重要的指导作用，无论考纲是否列举建议都纳入备考中去。如包括深圳在内的很多地市虽然没将《宪法》列入《公安素质测试》科目的考纲中，但是却在《行政职业能力测验》科目“公共基础知识”部分考查宪法知识。

二、体例结构

本书每部法律包括备考复习要点和重点法条解读两个部分，前者主要是**从宏观上**对该法的重点知识点、疑难知识点、易混知识点和高频考点进行概括点拨，主要是让考生从理论上掌握法律术语、章节体系，打牢部门法基础，如刑法备考复习要点，包括刑法的原则、效力，犯罪的概念、构成、特征等，掌握这些基础理论对于学习法条具有非常直接的作用。后者主要是**从微观上**对重点法条进行解读，在解读点拨中，**采用剥洋葱式解说和常见案例相结合的方式，让考生能快速参透法条，理解法律应用，从而抓准考点，提高复习效率。生活常见、简单易懂、生动活泼，对没有法律专业基础的考生来说无疑是最好的学习方式。**对单部法律来说，区分好总则和分则的逻辑关系能帮助考生快速理解法条，总则和分则之间是抽象与具体、一般与个别、普通与特殊的关系；总则指导分则，分则是总则原理、原则的具体体现。学好总则，能够帮我们更加明晰分则条文，牢固掌握记忆。

三、区分轻重

根据命题方向和真题分布规律，**我们对每部法律的法条进行“重点”和“普通”的标识区别，**重点法条一律标“★”号，普通法条一律标“⊙”号。所谓重点法条，就是历年历次命题重点和高频考点所在的法条，出题人对重点法条的青睐程度让人惊讶，不完全统计表明考点聚焦高达85%。因此，**考生必须高度重视重点法条，不仅要牢牢记忆法条原文，还要掌握解读内容，**甚至还要对关联法条进行合并理解记忆，确保对重点考点一网打尽。普通法条有两类，第一类是有考点点拨的，第二类是没有考点点拨的，实际上前者属于次重点法条，后者才是名副其实的普通法条。为了避免考生被过多标识所干扰，我们就没有再往下分。当然，从立法结构和技术来说，每个法条都并非可有可无，体现的是立法者的高度智慧结晶，普通法条也是知识点的构成，**我们作出区分是防止考生平均用力，而不是让考生对普通法条视而不见，这点千万不要走极端。**

四、真题辅助

自辅警改革启动之后，**各省市参照人民警察招录考试已组织多批次辅警招聘考试，命题方向、命题思路和命题技巧已经有较为清晰的规律可循，**我们收集了全国主要城市的辅警考试真题，精选出考点高度重叠、具有代表性的真题进行讲解，在检验考生复习效果的同时，也培养和引导考生逐步揣摩、参悟出题人的思路，掌握出题人的命题思维和出题角度，**最终目的是学以致用，让考生通过学习法条快速转化为准确解答法律题目的能力，**真正做到学有所用，学了能用。

法律的学习不应当是枯燥无味、黯淡低沉，而应该是趣味无比、兴致盎然，**相信各位考生能从本书中获得法律学习的乐趣，不仅将所学用于考试，还能用于解答生活中常见的法律问题。**最后给大家分享一个小技巧，建议使用两种颜色的荧光笔和签字笔进行圈划研读，你会惊奇地发现好记原来没有那么难，学习法律原来是在重温我们的生活规则。乐趣无比，又能拿高分，何乐而不为？

目　　录

第一章　宪法备考要点和法条解读

第一节　宪法备考复习要点

一、宪法的特征

（一）宪法是国家根本法

1. 宪法规定的是国家的根本制度、根本任务的重大问题。

2. 宪法具有最高法律效力：

（1）宪法是制定普通法律的依据。

（2）宪法是一切国家机关、一切社会组织和一切公民都必须遵守的最高的行为准则。

（二）宪法是国家公民权利保证书

1. 从宪法和国家的关系上看，宪法是国家的根本法，具有最高法律效力；而国家负有保障和实现人权的义务。

2. 作为国家根本法的宪法，最重要、最核心的价值是保障公民的基本权利。列宁说过："宪法就是一张写着人民权利的纸。"

（三）宪法是民主事实法律化的基本形式

1. 以根本法的形式确认人民当家做主的宪法地位。

2. 规定了人民代表大会制度的基本原则。

3. 通过选举制度、基层群众性自治组织等形式，不断扩大社会主义民主的基础。

4. 随着社会主义民主制度的发展，宪法在内容和形式上不断得到完善。

二、宪法的分类

（一）资产阶级传统的宪法分类

1. 成文宪法和不成文宪法

（1）这种分类由英国的 J. 蒲莱士提出。

（2）成文宪法是指具有统一法典形式的宪法，多数国家的宪法都是成文宪法。

（3）不成文宪法则是指不具有统一法典形式的宪法，典型的不成文宪法国家是英国。

2. 刚性宪法和柔性宪法

（1）这种分类由英国的 J. 蒲莱士提出。

（2）刚性和柔性是以宪法制定和修改程序的严格与否为标准划分。

（3）实行成文宪法的国家往往也是刚性宪法国家。英国宪法属于柔性宪法。

3. 钦定宪法、民定宪法和协定宪法

（1）钦定宪法是由君主或以君主的名义制定和颁布的宪法。1908 年中国清政府颁布的《钦定宪法大纲》属于钦定宪法。

（2）民定宪法是以人民或其代议机关制定的宪法。世界上大多数国家的宪法属于民定宪法。

（3）协定宪法是由君主和人民以及人民代表机关协商制定的宪法。1830 年法国宪法是典型的协定宪法。

（二）马克思主义学者的宪法分类

马克思主义学者按照宪法的阶级本质，将宪法分为两类：资本主义宪法与社会主义宪法。

（1）资本主义宪法体现资产阶级利益，如美国宪法。

（2）社会主义宪法则体现无产阶级利益，如中国宪法。

三、宪法解释

（一）宪法解释体制与机关

1. 由最高权力机关或立法机关解释宪法，以我国为代表，全国人民代表大会常务委员会有权解释宪法。

2. 由普通法院解释宪法，以美国为典型。

3. 由专门机关解释宪法，以法国为典型。

（二）宪法解释的方法

1. 文理解释和论理解释

（1）文理解释主要是从表现宪法规范的条文对宪法的内容、含义进行解释。

（2）论理解释包括逻辑解释、系统解释、历史解释、目的解释等。

2. 限制解释和扩充解释

（1）限制解释是指对宪法规定作狭义的理解。

（2）扩充解释是指对宪法规定作广义的理解。

四、宪法修改的方式

1. 全面修改：对宪法全文进行修改，以新宪法取代旧宪法。比如，1978 年宪法是对 1975 年宪法的全面修改，而 1982 年宪法又是对 1978 年宪法的全面修改。

2. 修正：对宪法原有的部分条款加以改变而不牵动其他条款的修改方式。比如，1988 年、1993 年、1999 年、2004 年、2018 年宪法修正案都是对 1982 年宪法的修正。

五、宪法的渊源

1. 成文的宪法典

宪法修正案也属于宪法典的部分。

2. 宪法性法律

(1) 在不成文宪法国家，因为没有宪法典，规定宪法问题的所有法律都叫宪法性法律。

(2) 在成文宪法国家，宪法性法律是指由国家立法机关为实施宪法而制定的有关规定宪法内容的法律。

3. 宪法惯例

(1) 宪法惯例指宪法条文无明确规定，但在实际政治生活中存在，并为国际机关、党政及公众普遍遵循，且与宪法具有同等效力的习惯或传统。

(2) 如我国从 20 世纪 50 年代开始至今，凡是人大开会的时候，政协就同时开会，政协委员可以列席人大会议。

4. 宪法判例

5. 国际条约和国际习惯

六、新中国宪法的产生与发展

1. 1949 年《中华人民政治协商会议共同纲领》主要起临时宪法作用。

2. 1954 年宪法是我国历史上第一部社会主义类型的宪法。

3. 1982 年通过的第四部宪法是现行宪法。

4. 2018 年对现行宪法进行了第五次修正，修正的主要内容：

(1) 宪法宣誓制度入宪；

(2) 取消国家主席任期限制；

(3) 新增“国家监察委员会”一节；

(4) 增加“中国共产党领导是中国特色社会主义最本质的特征”；

(5) 确立“新发展理念”。

七、我国的国体：人民民主专政

1. 国体亦称国家性质，即国家的阶级本质，它是由社会各阶级、阶层在国家中的地位所反映出来的国家的根本属性。

2. 社会主义制度是我国的根本制度，人民民主专政是我国国家性质的具体体现。

3. 民主和专政是一个问题的两个方面，人民民主专政的民主方面和专政方面是辩证统一的：

(1) 对人民实行民主是对敌人实行专政的基础；

(2) 对敌人实行专政是对人民实行民主的保障。

八、我国的政体：人民代表大会制度

1. 人民代表大会制是我国人民在长期的革命斗争实践中创建的国家政权组织形式，是指我国人民在中国共产党的领导下，贯彻民主集中制的基本原则，依照法律规定的程序和原则，民主选举各级人民代表大会，再由各级人民代表大会组织对它负责，受它监督的各级其他国家机关，组成统一协调的国家政权机关体系，共同行使国家权力，实现人民当家做主权力的一种政治制度。

2. 人民代表大会制度由以下环节构成：

(1) 国家的一切权力属于人民。国家的一切权力属于人民是人民代表大会制度的实质。

(2) 人民民主选举产生人民代表，组成各级人民代表大会，作为人民行使权力的机关。在我国，人民是国家权力的集体所有者，并不都去直接行使权力。

(3) 其他国家机关由人民代表大会产生，受它监督，向它负责。

(4) 人大常委员会向本级人民代表大会负责，人民代表大会向人民负责。常设委员会对产生它的人大负责，受人大监督。

九、国家的基本经济制度

(一) 社会主义公有制是我国经济制度的基础

1. 国有经济是指生产资料归国家所有的一种经济类型，是社会主义公有制经济的重要成分。国有经济又称全民所有制经济，是国民经济的主导力量。

2. 社会主义全民所有制经济包括：

(1) 矿藏、河流、国有森林、荒地、草原和其他陆海自然资源；

(2) 全民所有的工厂、农场、商店、铁路、邮电和银行等。

3. 集体经济属于劳动群众集体所有、实行共同劳动、在分配方式上以按劳分配为主体的社会主义经济组织。在我国，集体经济是公有制经济的重要组成部分，分为农村集体经济与城镇集体经济。

4. 自然资源的归属

(1) 专属国家的财产：矿藏、水流、海域、城市市区土地。

(2) 专属集体的财产：宅基地、自留地、自留山。

(3) 有可能属于国家也有可能属于集体的财产：森林、草原、山岭、滩涂、荒地、农村和城市郊区的土地。

(4) 对矿藏、水流、森林、山岭等自然资源的开采需要经过特殊许可才能进行。

(二)我国现阶段的分配制度

1. 现阶段我国的分配制度是以按劳分配为主体、多种分配方式并存的分配制度。

2. 按劳分配是指在各尽所能的前提下,由代表人民的国家或集体经济组织按照每个公民劳动的数量和质量分配给公民应得的劳动报酬。

3. 在我国目前现阶段,存在多种分配方式。其他分配方式包括按生产要素分配、按资本要素分配、按技术要素分配、按土地要素分配、按劳动力要素分配。

十、国家的基本文化制度

(一)教育科学文化建设

1. 发展教育事业,提高全国人民的科学文化水平。

2. 举办各种学校,普及初等义务教育,发展中等教育、职业教育和高等教育,并且发展学前教育。

3. 发展各种教育设施,扫除文盲,鼓励自学成才。

(二)思想道德建设

1. 思想道德建设的内容主要包括理想教育、道德教育和纪律教育等方面。

2. 社会主义核心价值观的基本内容:

(1)国家层面的价值目标:富强、民主、文明、和谐;

(2)社会层面的价值取向:自由、平等、公正、法治;

(3)公民个人层面的价值准则:爱国、敬业、诚信、友善。

十一、行政区域划分

1. 我国宪法规定的行政区划

(1)全国分为省、自治区、直辖市;国家在必要时设立特别行政区。

(2)省、自治区分为自治州、县、自治县、市。直辖市和较大的市分为区、县。

(3)自治州分为县、自治县、市。县、自治县分为乡、民族乡、镇。

2. 行政区域变更的法律程序

(1)由全国人民代表大会审议决定的包括:

①省、自治区、直辖市的设立、撤销、更名;

②特别行政区的成立。

(2)由国务院授权省、自治区、直辖市人民政府审批的:县、市、市辖区部分行政区域界线的变更。

(3)由省、自治区、直辖市人民政府审批的:乡、民族乡、镇的设立、撤销、更名或者变更行政区域的界线。

(4)由国务院审批的包括:

①省、自治区、直辖市行政区域界线的变更;

②自治州、县、自治县、市、市辖区的设立、撤销、更名或者隶属关系的变更;

③自治州、自治县的行政区域界线的变更;

④县、市的行政区域界线的重大变更。

十二、民族区域自治制度

(一)概念

民族区域自治制度是指在中华人民共和国范围内,以少数民族聚居区为基础,建立相应的民族区域自治地方,并设立民族自治机关,行使宪法和法律规定的自治权的制度。

(二)民族自治机关

1. 民族自治机关是指在民族区域自治地方设立的行使同级一般行政区域地方国家机关职权和同时行使自治权的国家机关。

2. 民族自治机关包括自治区、自治州、自治县的人民代表大会和人民政府。而自治地方的审判机关和检察机关则不是自治机关,不行使民族自治权。

(三)自治权

1. 民族立法自治权;

2. 财政经济立法权;

3. 教育科学文化卫生自治权;

4. 人口政策自治权;

5. 组织公安部队自治权;

6. 语言文字自治权;

7. 培养和招收民族干部自治权。

十三、特别行政区制度

(一)概念

特别行政区是指在我国版图内,根据我国宪法和法律的规定专门设立的具有特殊的法律地位,实行特别的社会、经济制度,直辖于中央人民政府的行政区域。

(二)特点

1. 特别行政区享有高度的自治权。

2. 特别行政区保持原有资本主义制度和生活方式50年不变。

3. 特别行政区的行政机关和立法机关由该区永久性居民依照基本法的有关规定组成。

4. 特别行政区原有的法律基本不变。

十四、平等权

1. 平等权是指公民依法平等地享有权利,不受任何差别对待,要求国家给予同等保护的权利。

2. 平等权有以下三个方面的含义：

(1)公民在法律面前一律平等。注意不是“公民在法律上一律平等”。前者既包括公民在适用法律上的平等，也包括公民在守法上一律平等，但是不包括立法上的平等。后者则包含立法上的平等。

(2)禁止差别对待。任何公民一律平等地享有宪法和法律规定的权利，也都平等地履行宪法和法律规定的义务。

(3)任何组织和个人不享有超越宪法和法律的特权，任何人的合法权利都一律平等地受保护，对于违法行为也一律予以追究。

十五、政治权利

(一)选举权与被选举权

1. 选举权与被选举权通常被合称为选举权，是我国公民参与管理国家事务的重要途径。选举权是指公民依照《选举法》的规定，按照自己的意愿选举代议机关代表和特定国家机关公职人员的权利。被选举权是指公民依法享有被选举为代议机关代表和特定国家机关公职人员的权利。

2. 享有选举权和被选举权必须具备以下三个条件：

(1)国籍条件：是中华人民共和国公民；

(2)年龄条件：年满 18 周岁；

(3)政治权利：未被剥夺政治权利。

3. 我国选举制度的基本原则：

(1)选举权的普遍性原则；

(2)选举权的平等性原则；

(3)直接选举和间接选举并用的原则；

(4)秘密投票原则。

(二)监督权和获得赔偿权

1. 监督权。公民的监督权是指公民有监督一切国家机关及国家工作人员的公务活动的权利。它是公民参政权中一项不可或缺的内容，是国家权力监督体系中的一种最具活力的监督。

2. 公民的监督权包含了“批评、建议、申诉、控告、检举”五项权利。

(1)批评、建议权

批评权是指公民对国家机关和国家工作人员在工作中的错误和缺点，有提出批评意见的权利。

建议权是指公民对国家机关、国家机关工作人员的工作提出建设性意见的权利。

(2)控告、检举权

控告权就是公民对任何国家机关和国家工作人员的违法失职行为，有向有关机关进行揭发和指控的权利。

检举权是指公民对于违法失职的国家机关和国家工作人员，有向有关机关揭发事实，请求依法处理的权利。

(3)申诉权

申诉权是指公民的合法权益因行政机关或司法机关作出的错误的、违法的决定或判决，或者因国家工作人员的违法失职行为而受到侵害时，受害公民有向有关机关申诉理由，要求重新处理的权利。

3. 取得国家赔偿权

(1)由于国家机关和国家机关工作人员侵犯公民权利而受到损失的人，有依照法律规定取得赔偿的权利。

(2)国家赔偿包括刑事赔偿和行政赔偿两种主要形式。

十六、政治自由

1. 言论自由是指公民依据宪法享有的通过语言方式表达自己的思想见解或者其他意思的自由。

2. 出版自由是指公民依法通过各种出版物表达自己的思想见解或者其他意思的自由。

3. 结社自由是指公民为了某一共同目的，依照法律规定的程序结成某种社会团体，进行社会团体活动的自由。

4. 集会自由是指公民为了某一目的，依照法律规定的程序，集合在露天场所发表意见、表达意愿的自由。

5. 游行自由是指公民依照法定程序有权在公共道路、露天公共场所列队行进、表达共同意愿的自由。

6. 示威自由是指公民依照法律规定的程序在露天公共场所或者公共道路上以集会、游行、静坐等方式，表达要求抗议或者支持声援等共同意愿的自由。

十七、人身自由

(一)人身自由不受侵犯

1. 人身自由有广义和狭义之分：

(1)狭义的人身自由仅指公民的人身自由不受非法剥夺或者限制；

(2)广义的人身自由除了包括狭义的人身自由之外，还包括生命权，人格尊严不受侵犯，住宅不受侵犯，通信自由和通信秘密等内容。

2. 对人身自由进行剥夺或者限制有非常严格的程序要求：

(1)剥夺或者限制人身自由的决定只能由人民检察院或者人民法院作出；

(2)剥夺或者限制人身自由只能由“公安机关”

执行。

3. 生命权属于广义的人身自由。生命权主体只能是自然人，包括本国人、外国人和无国籍人。

（二）人格尊严不受侵犯

1. 人格尊严是指公民作为平等的人的资格和权利应该受到国家的承认和尊重。人格尊严是人格权的核心，人格尊严的法律表现即为公民的人格权。

2. 人格权包括公民的生命权、健康权、身体权、姓名权、肖像权、名誉权、荣誉权、隐私权等。

3. 侮辱是指使用暴力或者其他方法，公然贬低他人人格、损害他人名誉的行为。

4. 诽谤是指故意捏造并散布虚假事实，无中生有，损害他人人格尊严的行为。

5. 诬告陷害是指对某一公民达到陷害目的，通过捏造事实，以口头的、书面的、署名的或者匿名的方式，向有关机关或者单位作虚假告发的行为。

（三）住宅不受侵犯

1. 住宅不受侵犯是指任何机关、团体的工作人员或者其他个人，未经法律许可或未经户主等居住者的同意，不得随意进入、搜查或查封公民的住宅。

2. 住宅是指公民日常生活、工作、学习的场所，因此，保护了公民的住宅，就保护了公民的居住安全和生活安定，也就进一步保护了公民的人身自由权利。

3. 住宅不受侵犯还包括任何机关、团体或个人都不可侵占、损毁公民的住宅。

4. 根据我国法律的有关规定，公安机关、检察机关为了收集犯罪证据、查获犯罪嫌疑人，需要对有关人员的身体、物品、住宅及其他地方进行搜查时，必须严格依照法律规定的程序进行。

（四）通信自由和通信秘密

1. 通信自由是指公民可以通过邮件、电报、电话等多种方式进行通信，他人不得非法窃听、拆阅、截留的自由。

2. 对于通信自由的限制，《宪法》规定了严格的条件：

（1）只能是出于“国家安全或者追查刑事犯罪的需要”，国家机关才可以限制通信自由；

（2）对通信内容进行检查的必须是“公安机关或者检察机关”。

十八、全国人民代表大会

（一）性质

1. 全国人民代表大会是我国最高国家权力机关。

2. 全国人民代表大会的最高地位体现在：

（1）全国人民代表大会同最高行政机关、监察机关、审判机关和检察机关的关系：后者由其产生，对其负责，受其监督；

（2）全国人民代表大会在国家机关体系中处于核心位置；

（3）人民是国家的主人，人民行使国家权力的机关是全国人民代表大会和地方各级人民代表大会，全国人民代表大会在国家权力机关体系中处于最高地位。

（二）职权

1. 立法权

（1）修改宪法；

（2）制定和修改刑事、民事、国家机构的和其他的基本法律。

2. 人事任免权

（1）选举权：全国人民代表大会常务委员会组成人员，国家主席、副主席，中央军委主席，国家监察委主任，最高人民法院院长，最高人民检察院检察长；

（2）决定权：根据国家主席的提名决定国务院总理的人选，根据国务院总理的提名决定国务院副总理、国务委员、各部部长、各委员会主任、审计长和秘书长的人选；根据中央军委主席的提名决定中央军委副主席和委员的人选。

3. 国家重大事项决定权

（1）审查和批准国民经济和社会发展计划和计划执行情况的报告；

（2）审查和批准国家的预算和预算执行情况的报告；

（3）批准省、自治区和直辖市的建置；

（4）决定特别行政区的设立及其制度；

（5）决定战争和和平的问题；

（6）经国务院总理提出，有权决定国务院各部、各委员会的设立、撤销或者合并。

4. 监督权

（1）监督宪法的实施；

（2）改变或者撤销全国人民代表大会常务委员会不适当的决定；

（3）具有最高监督权，有权监督由其产生的其他国家机关的工作；

（4）全国人民代表大会常务委员会、国务院、国家监察委、最高人民法院、最高人民检察院向全国人民代表大会负责并报告工作；

（5）中央军委主席对全国人民代表大会负责。

十九、全国人民代表大会常务委员会

（一）性质及组成

1. 全国人民代表大会常务委员会不是一个独立

的国家权力机关，它是全国人民代表大会的组成部分。

2. 全国人民代表大会常务委员会的组成人员：委员长1人、副委员长若干人、秘书长1人、委员若干人。

3. 全国人民代表大会常务委员会组成人员的任职要求：

(1)全国人民代表大会常务委员会的组成人员不得担任国家行政机关、监察机关、审判机关和检察机关的职务；

(2)如果担任上述职务，必须向全国人民代表大会常务委员会辞去常务委员会的职务。

(二)职权

1. 立法权

(1)制定和修改除应当由全国人民代表大会制定的法律以外的其他法律；

(2)在全国人民代表大会闭会期间，对全国人民代表大会制定的法律进行部分补充和修改，但是不得同该法律的基本原则相抵触。

2. 宪法和法律解释权：

(1)解释宪法；

(2)解释法律。

3. 人事任免权

(1)在全国人民代表大会闭会期间，根据国务院总理的提名，决定部长、委员会主任、审计长、秘书长的人选；

(2)在全国人民代表大会闭会期间，根据中央军委主席的提名，决定中央军委其他组成人员的人选；

(3)根据国家监察委主任的提请，任免国家监察委副主任、委员；

(4)根据最高人民法院院长的提请，任免最高人民法院副院长、审判员、审判委员会委员和军事法院院长；

(5)根据最高人民检察院检察长的提请，任免最高人民检察院副检察长、检察员、检察委员会委员和军事检察院检察长，并且批准省、自治区、直辖市的人民检察院检察长的任免；

(6)决定驻外全权代表的任免。

4. 国家重大事项决定权

(1)在全国人民代表大会闭会期间，审查和批准国民经济和社会发展计划、国家预算在执行过程中所必须作的部分调整方案；

(2)决定同外国缔结的条约和重要协定的批准和废除；

(3)规定军人和外交人员的衔级制度和其他专门衔级制度；

(4)规定和决定授予国家的勋章和荣誉称号；

(5)决定特赦；

(6)在全国人民代表大会闭会期间，决定战争状态的宣布；

(7)决定全国总动员或者局部动员；

(8)决定全国或者个别省、自治区、直辖市进入紧急状态；

(9)在全国人民代表大会闭会期间，经国务院总理提出，有权决定国务院各部、各委员会的设立、撤销或者合并。

5. 监督权

(1)监督宪法的实施；

(2)撤销国务院制定的同宪法、法律相抵触的行政法规、决定和命令；

(3)监督国务院、中央军事委员会、国家监察委员会、最高人民法院和最高人民检察院的工作；

(4)撤销省、自治区、直辖市国家权力机关制定的同宪法、法律和行政法规相抵触的地方性法规和决议。

二十、全国人民代表大会代表

(一)权利

1. 出席会议、参与讨论和决定权；

2. 提出议案、建议和意见权；

3. 质询权和询问权；

4. 提出罢免案权；

5. 物质保障权；

6. 言论免责权；

7. 人身特别保护权。

(二)义务

1. 遵守法律，保守国家秘密，协助宪法和法律的实施。

2. 同原选举单位和群众保持密切联系。

3. 接受原选举单位和群众的监督。

二十一、国务院

(一)领导体制

国务院实行总理负责制。总理负责制是指国务院总理对他所主管的工作负全部责任，与负全部责任相联系的是他对自己主管的工作有完全的决定权。

(二)组成和任期

1. 国务院的组成：国务院由总理、副总理若干人、国务委员若干人、各部部长、各委员会主任、审计长、秘书长组成。国务院总理由国家主席提名，全国人民代表大会决定；其他组成人员，由总理提名，全国人民代表大会决定，闭会期间由全国人民代表大会常务委员会决定。

2. 国务院的任期：与全国人民代表大会每届任期相同，均为5年，总理、副总理、国务委员连续任职不得超过两届。

（三）职权

1. 国务院有权根据宪法规定行政措施，制定行政法规，发布行政决定和命令。

2. 对国防、民政、文教、经济等各项工作的领导和管理权。

3. 对所属部、委和地方各级行政机关的领导权及行政监督权。

4. 提出议案权。

5. 行政人员的奖惩权。

6. 全国人民代表大会及其常务委员会授予的其他职权。

二十二、中央军事委员会

（一）性质

1. 中央军委是全国武装力量的最高领导机关。

2. 国家中央军事委员会与中共中央军事委员会的关系："一套人马，两块牌子"。国家中央军事委员会是国家机构，而中共中央军事委员会是中国共产党的内部机关。但是他们的组成人员完全一致。如此制度设计，是为了贯彻"党指挥枪"的根本原则。

（二）领导体制

1. 中央军事委员会实行主席负责制。中央军事委员会主席有权对中央军事委员会职权范围内的事务作出最后决策。

2. 中央军事委员会主席对全国人民代表大会和全国人民代表大会常务委员会负责，从而确认中央军事委员会在中央国家机关体系中从属于代表全国人民的最高国家权力机关的地位。

二十三、国家主席

（一）性质和任期

1. 中华人民共和国主席是我国国家机构的重要组成部分，是一个独立的国家机关，对内对外代表国家。

2. 国家主席的任职资格：

（1）必须是中华人民共和国公民；

（2）年满45周岁；

（3）有选举权和被选举权。

3. 中华人民共和国主席、副主席可以连选连任，并且要注意2018年《宪法修正案》第45条删除了"连续任职不得超过两届"的连任限制。

（二）职权

1. 公布法律、发布命令

中华人民共和国主席根据全国人民代表大会的决定和全国人民代表大会常务委员会的决定，公布法律；发布特赦令；宣布进入紧急状态；宣布战争状态；发布动员令。

2. 任免国务院组成人员和驻外全权代表

中华人民共和国主席根据全国人民代表大会的决定或全国人民代表大会常务委员会的决定，任免国务院总理、副总理、国务委员、各部部长、各委员会主任、审计长、秘书长。根据全国人民代表大会常务委员会的决定，派遣和召回驻外全权代表。

3. 外交权

中华人民共和国主席代表中华人民共和国，进行国事活动，接受外国使节；根据全国人民代表大会常务委员会的决定，批准和废除同外国缔结的条约和重要协定。

4. 荣典权

中华人民共和国主席根据全国人民代表大会常务委员会的决定，授予国家的勋章和荣誉称号。

二十四、监察委员会

（一）性质

监察委员会是国家监察机关。监察机关的设立实现了国家监察对所有行使公权力的国家公职人员的监督全覆盖。

（二）监察对象

1. 公务员及参照《公务员法》管理的人员；

2. 法律、法规授权或者受国家机关依法委托管理公共事务的组织中从事公务的人员；

3. 国有企业管理人员；

4. 公办的教育、科研、文化、医疗卫生、体育等单位中从事管理的人员；

5. 基层群众性自治组织中从事管理的人员；

6. 其他依法履行公职的人员。

二十五、人民法院

（一）性质

1. 人民法院是审判机关。在我国，审判权必须由人民法院统一行使，即只有人民法院才有审判权，其他任何机关、团体和个人都无权进行审判活动。

2. 人民法院依法独立行使审判权并不意味着不受任何监督：

（1）人民法院要向同级人大负责并报告工作，接受同级人大及其常务委员会的监督；

(2)人民检察院是法律监督机关，人民法院的审判活动必须接受人民检察院依法进行的监督；

(3)人民法院依法独立行使审判权，还应该接受党和人民群众的监督。

(二)组织体系

1. 最高人民法院。

2. 地方各级人民法院包括：

(1)高级人民法院；

(2)中级人民法院；

(3)基层人民法院。

3. 专门人民法院：包括军事法院、海事法院、知识产权法院、互联网法院、金融法院。

二十六、人民检察院

(一)性质

1. 人民检察院是法律监督机关。法律监督，又称检察监督，是指通过人民检察院行使检察权，对国家机关及其工作人员和公民是否遵守宪法和法律进行监督，保障宪法和法律的统一实施。

2. 法律监督的对象：

(1)对国家机关、国家机关工作人员是否违反《刑法》进行监督；

(2)对在刑事诉讼中公安机关、人民法院和监狱等机关的活动是否合法进行监督；

(3)对人民法院的民事审判和行政审判活动的事后监督。

(二)组织体系

1. 最高人民检察院。

2. 地方各级人民检察院包括：

(1)省、自治区、直辖市人民检察院；

(2)省、自治区、直辖市人民检察院分院，自治州和设区的市人民检察院；

(3)县、不设区的市、自治县和市辖区人民检察院。

3. 专门人民检察院：包括军事检察院、铁路运输检察院。

4. 派出机构：省级人民检察院和县一级人民检察院根据工作需要，提请本级人民代表大会常务委员会批准，可以在工矿区、农垦区、林区等区域设置人民检察院作为派出机构。

第二节　宪法重点法条解读及真题回顾

中华人民共和国宪法

（1982 年 12 月 4 日第五届全国人民代表大会第五次会议通过　1982 年 12 月 4 日全国人民代表大会公告公布施行　根据 1988 年 4 月 12 日第七届全国人民代表大会第一次会议通过的《中华人民共和国宪法修正案》、1993 年 3 月 29 日第八届全国人民代表大会第一次会议通过的《中华人民共和国宪法修正案》、1999 年 3 月 15 日第九届全国人民代表大会第二次会议通过的《中华人民共和国宪法修正案》、2004 年 3 月 14 日第十届全国人民代表大会第二次会议通过的《中华人民共和国宪法修正案》和 2018 年 3 月 11 日第十三届全国人民代表大会第一次会议通过的《中华人民共和国宪法修正案》修正）

序　　言

中国是世界上历史最悠久的国家之一。中国各族人民共同创造了光辉灿烂的文化，具有光荣的革命传统。

一八四〇年以后，封建的中国逐渐变成半殖民地、半封建的国家。中国人民为国家独立、民族解放和民主自由进行了前仆后继的英勇奋斗。

二十世纪，中国发生了翻天覆地的伟大历史变革。

一九一一年孙中山先生领导的辛亥革命，废除了封建帝制，创立了中华民国。但是，中国人民反对帝国主义和封建主义的历史任务还没有完成。

一九四九年，以毛泽东主席为领袖的中国共产党领导中国各族人民，在经历了长期的艰难曲折的武装斗争和其他形式的斗争以后，终于推翻了帝国主义、封建主义和官僚资本主义的统治，取得了新民主主义革命的伟大胜利，建立了中华人民共和国。从此，中国人民掌握了国家的权力，成为国家的主人。

中华人民共和国成立以后，我国社会逐步实现了由新民主主义到社会主义的过渡。生产资料私有制的社会主义改造已经完成，人剥削人的制度已经消灭，社会主义制度已经确立。工人阶级领导的、以工农联盟为基础的人民民主专政，实质上即无产阶级专政，得到巩固和发展。中国人民和中国人民解放军战胜了帝国主义、霸权主义的侵略、破坏和武装挑衅，维护了国家的独立和安全，增强了国防。经济建设取得了重大的成就，独立的、比较完整的社会主义工业体系已经基本形成，农业生产显著提高。教育、科学、文化等事业有了很大的发展，社会主义思想教育取得了明显的成效。广大人民的生活有了较大的改善。

中国新民主主义革命的胜利和社会主义事业的成就，是中国共产党领导中国各族人民，在马克思列宁主义、毛泽东思想的指引下，坚持真理，修正错误，战胜许多艰难险阻而取得的。我国将长期处于社会主义初级阶段。国家的根本任务是，沿着中国特色社会主义道路，集中力量进行社会主义现代化建设。中国各族人民将继续在中国共产党领导下，在马克思列宁主义、毛泽东思想、邓小平理论、"三个代表"重要思想、科学发展观、习近平新时代中国特色社会主义思想指引下，坚持人民民主专政，坚持社会主义道路，坚持改革开放，不断完善社会主义的各项制度，发展社会主义市场经济，发展社会主义民主，健全社会主义法治，贯彻新发展理念，自力更生，艰苦奋斗，逐步实现工业、农业、国防和科学技术的现代化，推动物质文明、政治文明、精神文明、社会文明、生态文明协调发展，把我国建设成为富强民主文明和谐美丽的社会主义现代化强国，实现中华民族伟大复兴。

在我国，剥削阶级作为阶级已经消灭，但是阶级斗争还将在一定范围内长期存在。中国人民对敌视和破坏我国社会主义制度的国内外的敌对势力和敌对分子，必须进行斗争。

台湾是中华人民共和国的神圣领土的一部分。完成统一祖国的大业是包括台湾同胞在内的全中国人民的神圣职责。

社会主义的建设事业必须依靠工人、农民和知识分子，团结一切可以团结的力量。在长期的革命、建设、改革过程中，已经结成由中国共产党领导的，有各民主党派和各人民团体参加的,包括全体社会主义劳动者、社会主义事业的建设者、拥护社会主义的爱国者、拥护祖国统一和致力于中华民族伟大复兴的爱国者的广泛的爱国统一战线,这个统一战线将继续巩固和发展。中国人民政治协商会议是有广泛代表性的统一战线组织,过去发挥了重要的历史作用,今后在国家政治生活、社会生活和对外友好活动中,在进行社会主义现代化建设、维护国家的统一和团结的斗争中,将进一步发挥它的重要作用。中国共产党领导的多党合作和政治协商制度将长期存在和发展。

中华人民共和国是全国各族人民共同缔造的统一的多民族国家。平等团结互助和谐的社会主义民族关系已经确立,并将继续加强。在维护民族团结的斗争中,要反对大民族主义,主要是大汉族主义,也要反对地方民族主义。国家尽一切努力,促进全国各民族的共同繁荣。

中国革命、建设、改革的成就是同世界人民的支持分不开的。中国的前途是同世界的前途紧密地联系在一起的。中国坚持独立自主的对外政策,坚持互相尊重主权和领土完整、互不侵犯、互不干涉内政、平等互利、和平共处的五项原则,坚持和平发展道路,坚持互利共赢开放战略,发展同各国的外交关系和经济、文化交流,推动构建人类命运共同体;坚持反对帝国主义、霸权主义、殖民主义,加强同世界各国人民的团结,支持被压迫民族和发展中国家争取和维护民族独立、发展民族经济的正义斗争,为维护世界和平和促进人类进步事业而努力。

本宪法以法律的形式确认了中国各族人民奋斗的成果,规定了国家的根本制度和根本任务,是国家的根本法,具有最高的法律效力。全国各族人民、一切国家机关和武装力量、各政党和各社会团体、各企业事业组织,都必须以宪法为根本的活动准则,并且负有维护宪法尊严、保证宪法实施的职责。

☆**真题回顾**

(2017年单选)我国现行宪法序言明确宣告本宪法规定了国家的根本制度和(　　)。

A. 政治制度　　B. 社会制度

C. 经济制度　　D. 根本任务

【解析】答案为D。根据《宪法》序言最后一段,可知本题选D项。

(2017年单选)中华民族最伟大梦想是实现(　　)。

A. 中华民族伟大复兴

B. 共产主义

C. 共同富裕

D. 人民当家做主

【解析】答案为A。习近平总书记在党的十九大报告中指出:“不忘初心,方得始终。中国共产党人的初心和使命,就是为中国人民谋幸福,为中华民族谋复兴。”因此,实现中华民族伟大复兴是近代以来中华民族最伟大的梦想。该问题答案在《宪法》序言第7段最后一句也有所体现。

(2018年单选)我国的国家结构形式属于(　　)。

A. 集权制　　B. 单一制

C. 联邦制　　D. 邦联制

【解析】答案为B。根据《宪法》序言第9段、第11段的规定,国家结构形式中单一制是指由若干不具有独立性的行政区域单位或自治单位组成的单一主权国家的结构形式,各组成单位都是国家不可分割的一部分。我国是单一制的国家结构形式,是由23个省、4个直辖市、5个自治区、2个特别行政区组成的统一的主权国家。

(2018年单选)我国社会主义民主政治的特有形式和独特优势是(　　)。

A. 协商民主　　B. 经济民主

C. 基层民主　　D. 选举民主

【解析】答案为A。《中国共产党第十八届中央委员会第三次全体会议公报》,即党的《十八届三中全会公报》指出:“协商民主是我国社会主义民主政治的特有形式和独特优势,是党的群众路线在政治领域的重要体现。”因此,本题选A项。

(2019年单选)多党合作的最高原则是(　　)。

A. 坚持四项基本原则

B. 工人阶级的领导

C. 中国共产党的领导

D. 坚持改革开放

【解析】答案为C。坚持共产党的领导是多党合作的最高原则,这是中国共产党与各民主党派在长期团结合作中形成的政治共识,是多党合作制度之所以保持强大生命力的根本所在。因此,本题选C项。

(2019年单选)“革命理想高于天”“理想信念是共产党人精神上的‘钙’”。共产党人经受住任何考验的精神支柱和政治灵魂是(　　)。

A. 对马克思主义的信仰,对社会主义和共产主义的信念

B. 对自我价值的追求,实现人生理想

C. 对社会价值的践行,实现社会理想

D. 对美好生活的向往,实现"社会大同"的愿景

【解析】答案为 A。《关于新形势下党内政治生活的若干准则》第一部分开头就指出:"共产主义远大理想和中国特色社会主义共同理想,是中国共产党人的精神支柱和政治灵魂,也是保持党的团结统一的思想基础。"因此,本题选 A 项。

第一章 总 纲

★国体

第一条 中华人民共和国是工人阶级领导的、以工农联盟为基础的人民民主专政的社会主义国家。

社会主义制度是中华人民共和国的根本制度。中国共产党领导是中国特色社会主义最本质的特征。禁止任何组织或者个人破坏社会主义制度。

●考点点拨

1. 国体又称国家性质,我国的国体是人民民主专政的社会主义国家。

2. 人民民主专政是对人民实行民主与对敌人实行专政的统一。

3. 民主与专政的关系进一步体现为:

(1)在人民内部实行民主是实现对敌人专政的前提和基础;

(2)对敌人实行专政是人民民主的有力保障。

4. 2018 年《宪法修正案》第 36 条在《宪法》第 1 条第 2 款后增写一句,内容为:"中国共产党领导是中国特色社会主义最本质的特征。"这是习近平新时代中国特色社会主义思想的一个重要论断,把这一理论创新成果充实进宪法规定的国家根本制度之中,对于坚持和加强党的全面领导、科学表述和完善发展国家根本制度与国体、推进中国特色社会主义事业发展都具有重要而深远的意义。

☆真题回顾

(2017 年单选)(　　)是中国特色社会主义最本质的特征,是中国特色社会主义制度的最大优势。

A. 以人民为中心的发展思想

B. 社会主义核心价值体系

C. 社会主义市场经济

D. 中国共产党的领导

【解析】答案为 D。根据《宪法》第 1 条第 2 款的规定,中国特色社会主义是中国共产党领导中国人民在社会主义实践中开创的,也是党领导人民在实践中推进和发展的。没有党的领导,就没有中国特色社会主义。因此,本题选 D 项。

(2018 年判断)"中国共产党领导是中国特色社会主义最本质的特征。"属于宪法修改后的表述。(　　)

【解析】根据《宪法》第 1 条第 2 款的规定,题干表述正确。

(2019 年①单选)宪法中以下哪一项规定充分地表明了我国的国家性质?(　　)

A. 中华人民共和国是工人阶级领导的、以工农联盟为基础的人民民主专政的社会主义国家

B. 中华人民共和国各民族一律平等

C. 中华人民共和国的一切权力属于人民

D. 中华人民共和国的国家机构实行民主集中制的原则

【解析】答案为 A。根据《宪法》第 1 条第 1 款的规定,我国是社会主义国家,社会主义制度是我国的根本制度。B 项、C 项、D 项是我国宪法规定的我国几项基本原则,并不表明国家性质。因此本题选 A 项。

(2019 年单选)中华人民共和国是工人阶级领导的、以工农联盟为基础的(　　)的社会主义国家。

A. 无产阶级专政

B. 民主共和政体

C. 多党派联合执政

D. 人民民主专政

【解析】答案为 D。根据《宪法》第 1 条第 1 款的规定,本题 D 项正确。

★政体

第二条 中华人民共和国的一切权力属于人民。

人民行使国家权力的机关是全国人民代表大会和地方各级人民代表大会。

人民依照法律规定,通过各种途径和形式,管理国家事务,管理经济和文化事业,管理社会事务。

●考点点拨

1. 政体又称政权组织形式,政权组织形式是指统治阶级按照一定的原则组成的,代表国家行使权力以实现统治阶级任务的国家政权机关的组织体制。

2. 人民代表大会制度是我国的根本政治制度,也是我国的政权组织形式。

3. 人民代表大会制度的基本内容,可以概括为四个方面:

① 标记为 2019 年的真题实为 2018 年年底发布公告,2019 年年初组织的考试,下同。

（1）国家的一切权力属于人民；

（2）人民通过民主选举产生全国人民代表大会和地方各级人民代表大会，作为人民行使国家权力的机关；

（3）国家行政机关、监察机关、审判机关、检察机关都由人民代表大会产生，对它负责，受它监督；

（4）全国人民代表大会和地方各级人民代表大会对人民负责，受人民监督。

☆**真题回顾**

（2017年单选）社会主义民主政治的本质和核心是（　　）。

A. 消灭剥削、消灭阶级

B. 建立和谐社会

C. 生产资料公有制

D. 人民当家做主

【解析】答案为D。我国社会主义的国家性质决定了我国在政治上发展中国特色社会主义民主政治，其本质和核心就是人民当家做主，D项正确。消灭剥削是社会主义本质的一部分，阶级是一个历史概念，有其产生、发展和消亡的历史进程，A项错误。生产资料公有制是社会主义经济方面的，与社会主义民主政治无关，C项错误。因此，本题应选D项。

（2018年单选）我国宪法规定，我国的根本政治制度是（　　）。

A. 人民代表大会制度

B. 人民民主专政

C. 无产阶级专政

D. 中国共产党领导的多党合作制

【解析】答案为A。根据《宪法》第2条第2款的规定，人民代表大会制度是我国的政权组织形式，也即我国的根本政治制度。因此，本题选A项。

（2019年单选）我国的政权组织形式是（　　）。

A. 人民代表大会　　B. 人民代表大会制度

C. 民主集中制　　D. 政治协商制度

【解析】答案为B。政权组织形式是指统治阶级按照一定的原则组成的，代表国家行使权力以实现统治阶级任务的国家政权机关的组织体制。人民代表大会制度是我国的根本政治制度，也是我国的政权组织形式，B项正确。人民代表大会仅仅是人民代表大会制度中的一个机关，A项错误。民主集中制是我国国家机构的组织和活动原则，C项错误。中国共产党领导的多党合作和政治协商制度，是中国的一项基本政治制度，D项错误。

⊙民主集中制原则

第三条　中华人民共和国的国家机构实行民主集中制的原则。

全国人民代表大会和地方各级人民代表大会都由民主选举产生，对人民负责，受人民监督。

国家行政机关、监察机关、审判机关、检察机关都由人民代表大会产生，对它负责，受它监督。

中央和地方的国家机构职权的划分，遵循在中央的统一领导下，充分发挥地方的主动性、积极性的原则。

●**考点点拨**

1. 民主集中制原则是我国国家机构的组织与活动原则之一，指在民主基础上集中、在集中指导下民主的一个国家机构组织和活动原则，体现了民主与集中的辩证统一。

2. 我国国家机关贯彻民主集中制原则主要表现：

（1）在意志代表方面，权力机关由民主选举产生，对人民负责，受人民监督；由最高国家权力机关代表人民的最高意志，制定法律，决定国家的重大问题；

（2）在权限划分方面，国家行政机关、国家监察机关、国家审判机关、国家检察机关、国家军事机关等由权力机关选举或决定产生，对它负责，受它监督；各机关在其宪法权限内处理属于各自职权范围内的国家事务；

（3）在中央和地方的权力关系方面，遵循在中央统一领导下，充分发挥地方积极性、主动性的原则；

（4）在国家机关内部关系方面，权力机关实行集体领导体制，而行政机关和军事机关则都实行首长个人负责制；

（5）在具体工作方面，不管在哪一个国家机关，具体决策过程都必须遵循民主集中制的原则，既不能出现"一言堂"的情况，也不能出现互相推诿的情况。

⊙民族政策

第四条　中华人民共和国各民族一律平等。国家保障各少数民族的合法的权利和利益，维护和发展各民族的平等团结互助和谐关系。禁止对任何民族的歧视和压迫，禁止破坏民族团结和制造民族分裂的行为。

国家根据各少数民族的特点和需要，帮助各少数民族地区加速经济和文化的发展。

各少数民族聚居的地方实行区域自治，设立自治机关，行使自治权。各民族自治地方都是中华人民共和国不可分离的部分。

各民族都有使用和发展自己的语言文字的自由，

都有保持或者改革自己的风俗习惯的自由。

●考点点拨

1. 民族平等。在中国,民族平等意味着各民族不论人口多少,经济社会发展程度高低,风俗习惯和宗教信仰异同,都是中华民族的一部分,在国家生活中都享有平等的政治地位和法律地位。

2. 帮助少数民族发展。我国共有 55 个少数民族,由于历史原因,他们一般人口较少,经济、文化相对落后。为了尽快改变少数民族地区经济和文化发展相对落后的现象,逐步消除历史上遗留下来的民族间事实上的不平等,国家帮助少数民族发展。

3. 实行民族区域自治。民族区域自治是实现民族平等、正确处理我国民族问题的重要制度。民族区域自治,就是在统一的祖国大家庭内,在国家的统一领导下,在少数民族聚居的地区设立自治机关,管理本民族内部事务和地方性事务。宪法在"国家机构"一章中专设一节,规定民族自治地方的自治机关和自治权。

4. 语言平等。语言平等是民族平等的一项重要内容。只有尊重少数民族的语言文字和风俗习惯,才能形成融洽的、健康的民族关系。

☆真题回顾

(2019 年判断)国家保障各少数民族的合法的权利和利益,维护和发展各民族的平等团结互助和谐关系。(　　)

【解析】根据《宪法》第 4 条第 1 款的规定,题干说法正确。

⊙法制的统一与尊严

第五条　中华人民共和国实行依法治国,建设社会主义法治国家。

国家维护社会主义法制的统一和尊严。

一切法律、行政法规和地方性法规都不得同宪法相抵触。

一切国家机关和武装力量、各政党和各社会团体、各企业事业组织都必须遵守宪法和法律。一切违反宪法和法律的行为,必须予以追究。

任何组织或者个人都不得有超越宪法和法律的特权。

●考点点拨

1. 社会主义法治原则是我国国家机构的组织与活动的原则之一,指机构在组织和活动中必须依法办事,不以个别领导人的个人意志为转移,也不能以政策代替法律。

2. 任何组织或者个人都不得有超越宪法和法律的特权,自然包括党派。中国共产党也必须在宪法和法律的框架内活动。

★公有制与按劳分配原则

第六条　中华人民共和国的社会主义经济制度的基础是生产资料的社会主义公有制,即全民所有制和劳动群众集体所有制。社会主义公有制消灭人剥削人的制度,实行各尽所能、按劳分配的原则。

国家在社会主义初级阶段,坚持公有制为主体、多种所有制经济共同发展的基本经济制度,坚持按劳分配为主体、多种分配方式并存的分配制度。

●考点点拨

1. 我国社会主义经济制度的基础是生产资料的社会主义公有制。

2. 社会主义公有制包括两种形式:

(1)全民所有制(如国有经济);

(2)集体所有制(如农村集体经济)。

3. 我国目前的基本经济制度:以公有制为主体、多种所有制经济共同发展的基本经济制度。其中的多种所有制经济包括个体经济、私营经济、外资经济等多种形式的非公有制经济。

4. 我国目前的分配制度:以按劳分配为主体、多种分配方式并存的分配制度。除了按劳分配之外,我国还存在:

(1)按生产要素分配;

(2)按资本要素分配(如私营企业主生产经营取得的税后利润);

(3)按技术要素分配(如科学家提供新技术取得的收入);

(4)按土地要素分配(如凭借土地取得的收入);

(5)按劳动力要素分配(如在私营企业和外资企业中,劳动者所获得的工资收入)。

☆真题回顾

(2019 年单选)我国社会主义经济制度的基础是(　　)。

A. 全民所有制

B. 集体所有制

C. 生产资料的社会主义公有制

D. 以公有制为主体的多种所有制经济

【解析】答案为 C。根据《宪法》第 6 条的规定,我国社会主义经济制度的基础是生产资料的社会主义公有制,本题选 C 项。A 项、B 项都是社会主义公有制的组成部分，但都不够全面。D项是我国现阶段基本经济制度的组成部分。

⊙国有经济

第七条　国有经济，即社会主义全民所有制经济，是国民经济中的主导力量。国家保障国有经济的巩固和发展。

●考点点拨

1. 国有经济是指生产资料归国家所有的一种经济类型，是社会主义公有制经济的重要成分。国有经济又称全民所有制经济，是国民经济的主导力量。

2. 社会主义全民所有制经济包括：

(1)矿藏、河流、国有森林、荒地、草原和其他陆海自然资源；

(2)全民所有的工厂、农场、商店、铁路、邮电和银行等。

3. 全民所有制经济掌握着国民经济的命脉，拥有雄厚的经济实力和先进的技术设备，它与社会化大生产紧密结合在一起，是中国社会主义经济制度的主要经济基础，从而成为国家对国民经济有计划地进行宏观调控的重要条件。所以，全民所有制经济在社会主义经济中居于主导地位，是整个国民经济的领导力量。

⊙集体经济

第八条　农村集体经济组织实行家庭承包经营为基础、统分结合的双层经营体制。农村中的生产、供销、信用、消费等各种形式的合作经济，是社会主义劳动群众集体所有制经济。参加农村集体经济组织的劳动者，有权在法律规定的范围内经营自留地、自留山、家庭副业和饲养自留畜。

城镇中的手工业、工业、建筑业、运输业、商业、服务业等行业的各种形式的合作经济，都是社会主义劳动群众集体所有制经济。

国家保护城乡集体经济组织的合法的权利和利益，鼓励、指导和帮助集体经济的发展。

●考点点拨

1. 集体经济，属于劳动群众集体所有、实行共同劳动、在分配方式上以按劳分配为主体的社会主义经济组织。在我国，集体经济是公有制经济的重要组成部分，分为农村集体经济与城镇集体经济。

2. 农村集体经济实行乡镇、行政村、村民小组的三级所有，土地、林木、水利设施等为集体所有，农民盖房的宅基地为无偿划拨。

3. 城镇集体经济又分为“大集体”与“小集体”，其中：

(1)“大集体”企业受政府行业管理部门领导，参照全民所有制企业的管理与员工待遇。

(2)“小集体”为自负盈亏，自主经营。劳动者集体所有是指按劳动者的人数平均、共同所有。

⊙自然资源

第九条　矿藏、水流、森林、山岭、草原、荒地、滩涂等自然资源，都属于国家所有，即全民所有；由法律规定属于集体所有的森林和山岭、草原、荒地、滩涂除外。

国家保障自然资源的合理利用，保护珍贵的动物和植物。禁止任何组织或者个人用任何手段侵占或者破坏自然资源。

●考点点拨

1. 专属国家的财产：矿藏、水流、海域、城市市区土地。

2. 专属集体的财产：宅基地、自留地、自留山。

3. 有可能属于国家也有可能属于集体的财产：森林、草原、山岭、滩涂、荒地、农村和城市郊区的土地。

4. 对矿藏、水流、森林、山岭等自然资源的开采需要经过特殊许可才能进行。

⊙土地制度

第十条　城市的土地属于国家所有。

农村和城市郊区的土地，除由法律规定属于国家所有的以外，属于集体所有；宅基地和自留地、自留山，也属于集体所有。

国家为了公共利益的需要，可以依照法律规定对土地实行征收或者征用并给予补偿。

任何组织或者个人不得侵占、买卖或者以其他形式非法转让土地。土地的使用权可以依照法律的规定转让。

一切使用土地的组织和个人必须合理地利用土地。

●考点点拨

1. 城市的土地属于国家所有。农村和城市郊区的土地，除由法律规定属于国家所有的以外，属于集体所有。

2. 可以依照法律的规定进行转让的是土地的“使用权”，而不是土地的“所有权”。

★非公有制经济

第十一条　在法律规定范围内的个体经济、私营经济等非公有制经济，是社会主义市场经济的重要组成部分。

国家保护个体经济、私营经济等非公有制经济的合法的权利和利益。国家鼓励、支持和引导非公有制经济的发展，并对非公有制经济依法实行监督和管理。

●考点点拨

1. 国家对其地位认识：

（1）国有经济的地位：国民经济中的主导力量；

（2）非公有制经济的地位：个体经济、私营经济等非公有制经济，是社会主义市场经济的重要组成部分。

2. 国家对其政策：

（1）国家对于国有经济的政策：国家保障国有经济的巩固和发展；

（2）国家对于非公有制经济的政策：鼓励、支持和引导非公有制经济发展；

（3）国家对于集体经济的政策：鼓励、指导和帮助集体经济发展。

3. 集体经济主要有两种形式：

（1）农村中的生产、供销、信用、消费等各种形式的合作经济；

（2）城镇中的手工业、工业、建筑业、运输业、商业、服务业等行业的各种形式的合作经济。

☆真题回顾

（2019 年多选）我国宪法规定，国家保护个体经济、私营经济等非公有制经济的合法的权利和利益。国家___、___和___非公有制经济的发展，并对非公有制经济依法实行监督和管理。（　　）

A. 鼓励　　B. 支持

C. 引导　　D. 监督

【解析】答案为 ABC。根据《宪法》第 11 条的规定，本题 A 项、B 项、C 项正确。

⊙公共财产不可侵犯

第十二条　社会主义的公共财产神圣不可侵犯。

国家保护社会主义的公共财产。禁止任何组织或者个人用任何手段侵占或者破坏国家的和集体的财产。

★保护私有财产

第十三条　公民的合法的私有财产不受侵犯。

国家依照法律规定保护公民的私有财产权和继承权。

国家为了公共利益的需要，可以依照法律规定对公民的私有财产实行征收或者征用并给予补偿。

●考点点拨

1. 公民的合法的私有财产不受侵犯。这点在社会主义国家对于安定人心、聚集发展、吸引外资来说，尤为重要。

2. 对公民的非法私有财产，国家可以依法剥夺。

3. 国家必须是出于“公共利益”的需要，才可以对土地实行征收或者征用，并且对被征收、征用人应当“给予补偿”。

☆真题回顾

（2018 年单选）根据《宪法》，下列关于私有财产权的表述不正确的是（　　）。

A. 公民的合法的私有财产不受侵犯

B. 任何人不得剥夺公民的私有财产

C. 国家依照法律规定保护公民的私有财产权和继承权

D. 国家为了公共利益的需要，可以依照法律规定对公民的私有财产实行征收或者征用并给予补偿

【解析】答案为 B。根据《宪法》第 13 条的规定，A 项、C 项、D 项正确。对公民的非法私有财产，国家可以予以剥夺。同时，国家基于公共利益的考虑也可以对公民合法财产进行征收或征用，B 项错误。

⊙生产、积累与消费

第十四条　国家通过提高劳动者的积极性和技术水平，推广先进的科学技术，完善经济管理体制和企业经营管理制度，实行各种形式的社会主义责任制，改进劳动组织，以不断提高劳动生产率和经济效益，发展社会生产力。

国家厉行节约，反对浪费。

国家合理安排积累和消费，兼顾国家、集体和个人的利益，在发展生产的基础上，逐步改善人民的物质生活和文化生活。

国家建立健全同经济发展水平相适应的社会保障制度。

⊙市场经济

第十五条　国家实行社会主义市场经济。

国家加强经济立法，完善宏观调控。

国家依法禁止任何组织或者个人扰乱社会经济秩序。

⊙国有企业

第十六条　国有企业在法律规定的范围内有权

自主经营。

国有企业依照法律规定，通过职工代表大会和其他形式，实行民主管理。

⊙集体企业

第十七条　集体经济组织在遵守有关法律的前提下，有独立进行经济活动的自主权。

集体经济组织实行民主管理，依照法律规定选举和罢免管理人员，决定经营管理的重大问题。

⊙外资经济

第十八条　中华人民共和国允许外国的企业和其他经济组织或者个人依照中华人民共和国法律的规定在中国投资，同中国的企业或者其他经济组织进行各种形式的经济合作。

在中国境内的外国企业和其他外国经济组织以及中外合资经营的企业，都必须遵守中华人民共和国的法律。它们的合法的权利和利益受中华人民共和国法律的保护。

⊙教育事业

第十九条　国家发展社会主义的教育事业，提高全国人民的科学文化水平。

国家举办各种学校，普及初等义务教育，发展中等教育、职业教育和高等教育，并且发展学前教育。

国家发展各种教育设施，扫除文盲，对工人、农民、国家工作人员和其他劳动者进行政治、文化、科学、技术、业务的教育，鼓励自学成才。

国家鼓励集体经济组织、国家企业事业组织和其他社会力量依照法律规定举办各种教育事业。

国家推广全国通用的普通话。

●考点点拨

1. 国家举办各种学校，普及初等义务教育，发展中等教育、职业教育和高等教育，并且发展学前教育。

2. 我国实行的是九年义务教育，即小学六年和初中三年。高中目前还不属于义务教育阶段。

☆真题回顾

（2017 年判断）国家举办各种学校，普及初等义务教育，发展中等教育、职业教育和高等教育，并且发展学前教育。（　　）

【解析】根据《宪法》第 19 条第 2 款的规定，题干说法正确。

⊙科技事业

第二十条　国家发展自然科学和社会科学事业，普及科学和技术知识，奖励科学研究成果和技术发明创造。

⊙医疗、卫生与体育事业

第二十一条　国家发展医疗卫生事业，发展现代医药和我国传统医药，鼓励和支持农村集体经济组织、国家企业事业组织和街道组织举办各种医疗卫生设施，开展群众性的卫生活动，保护人民健康。

国家发展体育事业，开展群众性的体育活动，增强人民体质。

⊙文化事业

第二十二条　国家发展为人民服务、为社会主义服务的文学艺术事业、新闻广播电视事业、出版发行事业、图书馆博物馆文化馆和其他文化事业，开展群众性的文化活动。

国家保护名胜古迹、珍贵文物和其他重要历史文化遗产。

⊙知识分子

第二十三条　国家培养为社会主义服务的各种专业人才，扩大知识分子的队伍，创造条件，充分发挥他们在社会主义现代化建设中的作用。

⊙精神文明建设

第二十四条　国家通过普及理想教育、道德教育、文化教育、纪律和法制教育，通过在城乡不同范围的群众中制定和执行各种守则、公约，加强社会主义精神文明的建设。

国家倡导社会主义核心价值观，提倡爱祖国、爱人民、爱劳动、爱科学、爱社会主义的公德，在人民中进行爱国主义、集体主义和国际主义、共产主义的教育，进行辩证唯物主义和历史唯物主义的教育，反对资本主义的、封建主义的和其他的腐朽思想。

●考点点拨

1. 社会主义核心价值观是社会主义核心价值体系的内核，体现社会主义核心价值体系的根本性质和基本特征，反映社会主义核心价值体系的丰富内涵和实践要求，是社会主义核心价值体系的高度凝练和集中表达。

2. 党的十八大提出，倡导富强、民主、文明、和谐，倡导自由、平等、公正、法治，倡导爱国、敬业、诚信、友善，积极培育和践行社会主义核心价值观。

3. 社会主义核心价值观的基本内容：

（1）国家层面的价值目标：富强、民主、文明、和谐；

（2）社会层面的价值取向：自由、平等、公正、法治；

(3)公民个人层面的价值准则：爱国、敬业、诚信、友善。

★计划生育

第二十五条　国家推行计划生育，使人口的增长同经济和社会发展计划相适应。

●考点点拨

1. 计划生育不是只限制生育，也不是独生子政策。

2. 计划生育是国家根据人口发展情况和趋势，对国家人口进行控制的手段之一，也是政府的重要社会职能之一。

3. 计划生育是一项基本国策，目前已由曾经提倡“一对夫妻一个孩子”转变为“两孩”政策。

☆真题回顾

(2017年单选)计划生育属于政府的(　　)。

A. 政治职能　　B. 经济职能

C. 文化职能　　D. 社会职能

【解析】答案为D。一般来讲，政府的职能包括政治职能、社会职能、文化教育职能和经济职能。计划生育关系到社会的发展和人民的生活，因此，它属于社会职能。故选D项。

⊙生活、生态环境

第二十六条　国家保护和改善生活环境和生态环境，防治污染和其他公害。

国家组织和鼓励植树造林，保护林木。

★机关及公务员制度

第二十七条　一切国家机关实行精简的原则，实行工作责任制，实行工作人员的培训和考核制度，不断提高工作质量和工作效率，反对官僚主义。

一切国家机关和国家工作人员必须依靠人民的支持，经常保持同人民的密切联系，倾听人民的意见和建议，接受人民的监督，努力为人民服务。

国家工作人员就职时应当依照法律规定公开进行宪法宣誓。

●考点点拨

1. 国家机构的组织和活动有五大原则：

(1)民主集中制原则；

(2)社会主义法治原则；

(3)精简与效率原则；

(4)密切联系群众的原则；

(5)工作责任制原则。

2. 精简和效率原则在我国国家机构中的体现：

(1)一切国家机关都必须实行精简的原则，根据实际工作的需要设置机构，明确各级各类国家机构的性质和职能；

(2)一切国家机关都实行工作责任制，明确各个国家机关以至每个国家机关工作人员的职责和权限，使他们能够各司其职，各尽其责；

(3)一切国家机关都实行工作人员的培训和考核制度，不断建立和完善国家工作人员的选拔、任用、考核、培训制度，提高国家工作人员的素质；

(4)一切国家机关都要不断提高工作质量和工作效率，反对官僚主义。

3. 密切联系群众的原则在我国国家机构中的体现：

(1)一切国家机关和国家工作人员必须认真贯彻党的群众路线，把人民群众分散的意见科学地结合起来，形成计划、政策和法律、法规，然后再在群众中加以贯彻实施；

(2)经常保持同人民群众的密切联系，尊重人民群众的主人翁地位和首创精神，自觉接受人民群众的监督，努力为人民服务。

4. 工作责任制原则是指国家机关依法对其行使职权、履行职责的后果承担责任的原则。我国宪法规定了两种责任制：集体负责制和个人负责制。

(1)集体负责制是合议制机关在决定问题时，由全体组成人员集体讨论，按照少数服从多数的原则作出决定。

①集体组织中每个成员的地位和权利平等，任何人都没有特殊权利，由集体承担责任。

②各级人民代表大会及其常务委员会，各级监察委员会，各级人民法院，各级人民检察院都适用集体负责制。

(2)个人负责制亦称首长负责制。它是国家特定机关在行使职权时，由首长个人决定并承担责任的一种领导体制。

①首长负责制分工明确，在执行决定时可以避免无人负责或推卸责任现象，能够充分发挥首长个人智慧和才能，提高工作效率。

②各级行政机关以及中央军事委员会都实行个人负责制。

5. “国家工作人员就职时应当依照法律规定公开进行宪法宣誓”是2018年《宪法修正案》第40条新增的内容。

各级人大及县级以上各级人民代表大会常务委员会选举或者决定任命的国家工作人员，以及各级人民政府、人民法院、人民检察院任命的国家工作人员，在就职时应当公开进行宪法宣誓。

☆**真题回顾**

（2018年判断）国家工作人员就职时应当依照法律规定公开进行宪法宣誓。（　　）

【解析】根据《宪法》第27条第3款的规定，题干说法正确。

⊙维护社会秩序

第二十八条　国家维护社会秩序，镇压叛国和其他危害国家安全的犯罪活动，制裁危害社会治安、破坏社会主义经济和其他犯罪的活动，惩办和改造犯罪分子。

⊙武装力量

第二十九条　中华人民共和国的武装力量属于人民。它的任务是巩固国防，抵抗侵略，保卫祖国，保卫人民的和平劳动，参加国家建设事业，努力为人民服务。

国家加强武装力量的革命化、现代化、正规化的建设，增强国防力量。

★**行政区划**

第三十条　中华人民共和国的行政区域划分如下：

（一）全国分为省、自治区、直辖市；

（二）省、自治区分为自治州、县、自治县、市；

（三）县、自治县分为乡、民族乡、镇。

直辖市和较大的市分为区、县。自治州分为县、自治县、市。

自治区、自治州、自治县都是民族自治地方。

●**考点点拨**

1. 行政区划是"行政区域划分"的简称。它是统治阶级为便于管理，兼顾地理条件、历史传统、风俗习惯、民族分布等因素，把国家领土分为层次不同、大小不等的若干区域的制度。

2. 我国的地方行政区划并存着三级制（省级、县级、乡级）与四级制（省级、地级、县级、乡级）。

3. 行政区划变更的法律程序：

（1）由全国人民代表大会审议决定的包括：

①省、自治区直辖市的设立、撤销、更名；

②特别行政区的成立。

（2）由国务院授权省、自治区、直辖市人民政府审批的：县、市、市辖区部分行政区域界线的变更。

（3）由省、自治区、直辖市人民政府审批的：乡、民族乡、镇的设立、撤销、更名或者变更行政区域的界线。

（4）由国务院审批的包括：

①省、自治区、直辖市行政区域界线的变更；

②自治州、县、自治县、市、市辖区的设立、撤销、更名或者隶属关系的变更；

③自治州、自治县的行政区域界线的变更；

④县、市的行政区域界线的重大变更。

总结：考生只需记住（1）（2）（3）的内容即可，其余的均由国务院审批。

4. 民族自治地方只包括自治区、自治州、自治县，不包括自治乡。民族乡并不享有民族自治权，仅可采用适合民族特点的具体措施。

5. 注意民族自治地方自治机关的范围：民族自治地方的自治机关是自治区、自治州、自治县的人民代表大会和人民政府，不包括监察委员会、人民法院与人民检察院。

6. 国家在必要时得设立"特别行政区"。但诸如"经济特区"之类并不属于行政区划问题。

⊙特别行政区

第三十一条　国家在必要时得设立特别行政区。在特别行政区内实行的制度按照具体情况由全国人民代表大会以法律规定。

●**考点点拨**

1. 特别行政区是指在中华人民共和国行政区域范围内设立的，享有特殊法律地位、实行资本主义制度和资本主义生活方式的地方行政区域。特别行政区制度是"一国两制"方针在宪法上的体现。

2. 特别行政区的特点是：

（1）特别行政区是中华人民共和国领土不可分割的部分，是在中央人民政府统一领导下的地方行政区域。

（2）特别行政区享有高度的自治权。

（3）特别行政区可以保留现行的社会制度、经济制度和生活方式长期不变。特别行政区政府享有高度的自治权，包括立法权、司法权、财政权、对外交往的权利和管理权，不具有外交权和防务权，由中央人民政府统一管理。

3. 特别行政区的设立及其制度的决定机关是全国人民代表大会。

4. 中国政府于1997年、1999年先后恢复对香港、澳门行使主权，并设立了香港特别行政区和澳门特别行政区。调整中央与香港特别行政区、澳门特别行政区关系的法律是《香港特别行政区基本法》和《澳门特别行政区基本法》。

⊙对外国人的保护

第三十二条　中华人民共和国保护在中国境内的外国人的合法权利和利益，在中国境内的外国人必须遵守中华人民共和国的法律。

中华人民共和国对于因为政治原因要求避难的外国人，可以给予受庇护的权利。

第二章　公民的基本权利和义务

⊙公民资格及其平等权

第三十三条　凡具有中华人民共和国国籍的人都是中华人民共和国公民。

中华人民共和国公民在法律面前一律平等。

国家尊重和保障人权。

任何公民享有宪法和法律规定的权利，同时必须履行宪法和法律规定的义务。

●考点点拨

1. 在我国，公民和人民是两个不同的概念。它们的区别是：

(1)范畴不同：公民是与外国人(包括无国籍人)相对应的法律概念；人民是与敌人相对应的政治概念。人民在不同的历史时期有着不同的内容，现阶段，人民指全体社会主义劳动者、社会主义事业的建设者、拥护社会主义的爱国者和拥护祖国统一的爱国者。

(2)范围不同：我国全体公民的范围要比人民的范围广，公民中除人民外，还包括人民的敌人。

(3)后果不同：公民中的人民，享有宪法和法律规定的一切权利并履行全部的义务；公民中的敌人，则不能享有全部权利，也不能履行公民的某些光荣的义务。

(4)公民所表达的是一种个体概念，人民所表达的是一种群体概念。

2. 本条第1款明确了成为中华人民共和国公民的唯一条件就是取得“中华人民共和国国籍”。而取得中国国籍有两种方式：

(1)出生国籍。我国采取出生地主义与血统主义相结合的原则，主张一人一国籍，反对双重国籍。

(2)继有国籍。适用于外国人或者无国籍人申请加入中国国籍的情形。

3. 本条第2款规定的平等权，是指公民依法平等的享有权利，不受任何差别对待，要求国家给予同等保护的权利。平等权有以下三个方面的含义：

(1)公民在法律面前一律平等。注意不是“公民在法律上一律平等”。前者既包括公民在适用法律上的平等，也包括公民在守法上一律平等，但是不包括立法上的平等。后者则包含立法上的平等。

(2)禁止差别对待。任何公民一律平等地享有宪法和法律规定的权利，也都平等地履行宪法和法律规定的义务。

(3)任何组织和个人不享有超越宪法和法律的特权，任何人的合法权利都一律平等地受保护，对于违法行为也一律予以追究。

4. 现实中，对于在国外留学、工作后获得外国国籍的中国人，由于我国不承认双重国籍，自其取得外国国籍时起，其就丧失了中国国籍；如果其要再获得中国国籍，只能先放弃外国国籍，再申请加入中国国籍。

★选举权与被选举权

第三十四条　中华人民共和国年满十八周岁的公民，不分民族、种族、性别、职业、家庭出身、宗教信仰、教育程度、财产状况、居住期限，都有选举权和被选举权；但是依照法律被剥夺政治权利的人除外。

●考点点拨

1. 选举权与被选举权通常被合称为选举权，是我国公民参与管理国家事务的重要权利。选举权是指公民依照《选举法》的规定，按照自己的意愿选举代议机关代表和特定国家机关公职人员的权利。被选举权是指公民依法享有被选举为代议机关代表和特定国家机关公职人员的权利。

2. 享有选举权和被选举权必须具备以下三个条件：

(1)国籍条件：是中华人民共和国公民；

(2)年龄条件：年满18周岁；

(3)政治权利：未被剥夺政治权利。

总结：年满18周岁未被依法剥夺政治权利的中国公民。

3. 我国选举制度的基本原则：

(1)选举权的普遍性原则。凡年满18周岁的中华人民共和国公民，除依法被剥夺政治权利的人以外，都享有选举权和被选举权。

(2)选举权的平等性原则。2010年3月14日，十一届全国人民代表大会三次会议通过《选举法(修正案)》，明确规定实行城乡按相同人口比例选举人大代表。

(3)直接选举和间接选举并用的原则。

(4)秘密投票原则。秘密投票原则包括秘密填写选票、在选票上不标记选民身份、投票时不显露选举意向等内容。

☆**真题回顾**

(2017年单选)下列选项中,(　　)不属于宪法规定的公民的基本义务。

A. 选举　　B. 服兵役

C. 纳税　　D. 劳动

【解析】答案为A。《宪法》主要规定了公民有劳动、遵守宪法和法律、维护祖国的安全、荣誉和利益、服兵役和参加民兵组织、依照法律纳税的义务等几项义务。A项选举是我国《宪法》规定的公民的权利,不是公民的义务。因此,本题选A项。

★**表达自由**

第三十五条　中华人民共和国公民有言论、出版、集会、结社、游行、示威的自由。

●**考点点拨**

1. 表达自由是指公民表达自己政治意愿的自由。表达自由属于政治自由的范畴。《宪法》规定的表达自由包括言论、出版、集会、结社、游行、示威六方面的自由。在六个方面的自由中,居于首要地位的是言论自由。

2. 六个方面自由的概念:

(1)言论自由是指公民依据宪法享有的通过语言方式表达自己的思想见解或者其他意思的自由;

(2)出版自由是指公民依法通过各种出版物表达自己的思想见解或者其他意思的自由;

(3)结社自由是指公民为了某一共同目的,依照法律规定的程序结成某种社会团体,进行社会团体活动的自由;

(4)集会自由是指公民为了某一目的,依照法律规定的程序,集合在露天场所发表意见、表达意愿的自由;

(5)游行自由是指公民依照法定程序有权在公共道路、露天公共场所列队行进、表达共同意愿的自由;

(6)示威自由是指公民依照法律规定的程序在露天公共场所或者公共道路上以集会、游行、静坐等方式,表达要求抗议或者支持声援等共同意愿的自由。

☆**真题回顾**

(2018年多选)关于公民的基本权利和义务,《宪法》第35条规定的自由有(　　)。

A. 言论

B. 出版

C. 集会、结社、游行、示威

D. 迁徙

【解析】答案为ABC。根据《宪法》第35条的规定:"中华人民共和国公民有言论、出版、集会、结社、游行、示威的自由。"迁徙自由是指公民可任意选择居住处所或任意旅行各地,而不受非法干涉的自由。我国现行宪法没有赋予公民迁徙自由权,而是采用户籍管理制度限制公民的迁徙。因此D项错误,本题选ABC项。

◆**关联法条**

《中华人民共和国集会游行示威法》

第九条第一款　主管机关接到集会、游行、示威申请书后,应当在申请举行日期的二日前,将许可或者不许可的决定书面通知其负责人。不许可的,应当说明理由。逾期不通知的,视为许可。

★**信仰自由**

第三十六条　中华人民共和国公民有宗教信仰自由。

任何国家机关、社会团体和个人不得强制公民信仰宗教或者不信仰宗教,不得歧视信仰宗教的公民和不信仰宗教的公民。

国家保护正常的宗教活动。任何人不得利用宗教进行破坏社会秩序、损害公民身体健康、妨碍国家教育制度的活动。

宗教团体和宗教事务不受外国势力的支配。

●**考点点拨**

1. 宗教信仰自由四个方面的含义:

(1)有信教或者不信教的自由;

(2)有信仰这种宗教或者那种宗教的自由;

(3)有信仰同宗教中的这个教派或者那个教派的自由;

(4)有过去信教现在不信教或者过去不信教现在信教的自由。

2. 宗教信仰的自由与限制:

(1)公民享有宪法和法律赋予的宗教信仰自由;

(2)公民必须承担《宪法》和法律规定的有关义务,即"任何人不得利用宗教进行破坏社会秩序、损害公民身体健康、妨碍国家教育制度的活动"。

3. 宗教不得干预政治和教育，不得破坏社会秩序。

☆**真题回顾**

（2017年多选）我国的宗教政策是（　　）。

A. 不得强迫公民信仰宗教

B. 可以说服信教的人放弃其信仰

C. 宗教团体和宗教事务不受外国势力支配

D. 我国宗教团体应坚持独立自主、自办教会的原则

E. 不受任何政治团体的影响

【解析】答案为ACD。根据《宪法》第36条的规定，我国公民有宗教信仰的自由，故A项、C项和D项正确。本题重在考查考生对于宗教信仰自由政策内容的理解与全面掌握程度。

（2019年多选）根据我国现行宪法的规定，下列哪些活动是禁止的（　　）。

A 利用宗教进行损害公民身体健康的活动

B 利用宗教进行妨碍国家教育制度的活动

C 宗教团体和宗教事务受外国势力的支配

D 利用宗教进行破坏社会秩序的活动

【解析】答案为ABCD。根据《宪法》第36条第3款、第4款的规定，本题四个选项说法均错误，故应全选。

★**人身自由**

第三十七条　中华人民共和国公民的人身自由不受侵犯。

任何公民，非经人民检察院批准或者决定或者人民法院决定，并由公安机关执行，不受逮捕。

禁止非法拘禁和以其他方法非法剥夺或者限制公民的人身自由，禁止非法搜查公民的身体。

●**考点点拨**

1. 人身自由有广义和狭义之分：

（1）狭义的人身自由仅指公民的人身自由不受非法的剥夺或者限制（《宪法》第37条）；

（2）广义的人身自由除了包括狭义的人身自由之外，还包括生命权，人格尊严不受侵犯（《宪法》第38条），住宅不受侵犯（《宪法》第39条），通信自由和通信秘密（《宪法》第40条）等内容。

2. 对人身自由进行剥夺或者限制有非常严格的程序要求：

（1）剥夺或者限制人身自由的决定只能由人民检察院或者人民法院作出；

（2）剥夺或者限制人身自由只能由公安机关执行。

3. 生命权属于广义的人身自由。生命权主体只能是自然人，包括本国人、外国人和无国籍人。

4. 生命权是享有其他权利的基础，但《宪法》并未明文规定，属于隐含的权利。

★**人格尊严及保护**

第三十八条　中华人民共和国公民的人格尊严不受侵犯。禁止用任何方法对公民进行侮辱、诽谤和诬告陷害。

●**考点点拨**

1. 人格尊严是指公民作为平等的人的资格和权利应该受到国家的承认和尊重。人格尊严是人格权的核心，人格尊严的法律表现即为公民的人格权。

2. 人格权包括公民的生命权、健康权、身体权、姓名权、肖像权、名誉权、荣誉权、隐私权等。

3. 侮辱是指使用暴力或者其他方法，公然贬低他人人格、损害他人名誉的行为。

4. 诽谤是指故意捏造并散布虚假事实，无中生有，损害他人人格尊严的行为。

5. 诬告陷害是指对某一公民达到陷害目的，通过捏造事实，以口头的、书面的、署名的或者匿名的方式，向有关机关或者单位作虚假告发的行为。

☆**真题回顾**

（2017年判断）“官员无隐私”，因此公务员不享有宪法中规定的隐私权。（　　）

【解析】只要是我国公民，都享有《宪法》规定的隐私权，不因其身份或职务的不同而不同。“官员无隐私”只是说在某些事项上，官员相比于普通公民要更加公开而已，并不是说官员就没有隐私权。因此，题干说法错误。

⊙住宅权

第三十九条　中华人民共和国公民的住宅不受侵犯。禁止非法搜查或者非法侵入公民的住宅。

●**考点点拨**

1. 住宅不受侵犯是指任何机关、团体的工作人员或者其他个人，未经法律许可或未经户主等居住者的同意，不得随意进入、搜查或查封公民的住宅。

2. 住宅是指公民日常生活、工作、学习的场所，因此，保护了公民的住宅，就保护了公民的居住安全和生活安定，也就进一步保护了公民的人身自由权利。

3. 住宅不受侵犯还包括任何机关、团体或个人都

不可侵占、损毁公民的住宅。

4. 根据我国法律的有关规定，公安机关、检察机关为了收集犯罪证据、查获犯罪嫌疑人，需要对有关人员的身体、物品、住宅及其他地方进行搜查时，必须严格依照法律规定的程序进行。

⊙通信自由和通信秘密

第四十条　中华人民共和国公民的通信自由和通信秘密受法律的保护。除因国家安全或者追查刑事犯罪的需要，由公安机关或者检察机关依照法律规定的程序对通信进行检查外，任何组织或者个人不得以任何理由侵犯公民的通信自由和通信秘密。

●考点点拨

1. 通信自由是指公民可以通过邮件、电报、电话等多种方式进行通信，他人不得非法窃听、拆阅、截留的自由。

2. 通信自由既是言论自由和表达自由的重要形式之一，也是国家对于公民隐私权的保护。

3. 对于通信自由的限制，《宪法》规定了严格的条件：

(1) 只能是出于"国家安全或者追查刑事犯罪的需要"，国家机关才可以限制通信自由；

(2) 对通信内容进行检查的必须是"公安机关或者检察机关"。

⊙公民的监督权

第四十一条　中华人民共和国公民对于任何国家机关和国家工作人员，有提出批评和建议的权利；对于任何国家机关和国家工作人员的违法失职行为，有向有关国家机关提出申诉、控告或者检举的权利，但是不得捏造或者歪曲事实进行诬告陷害。

对于公民的申诉、控告或者检举，有关国家机关必须查清事实，负责处理。任何人不得压制和打击报复。

由于国家机关和国家工作人员侵犯公民权利而受到损失的人，有依照法律规定取得赔偿的权利。

●考点点拨

1. 公民的监督权是指公民有监督一切国家机关及国家工作人员的公务活动的权利。它是公民参政权中一项不可或缺的内容，是国家权力监督体系中的一种最具活力的监督。

2. 公民的监督权包含了"批评、建议、申诉、控告、检举"五项权利。

3. "申诉、控告和检举"针对的是"违法失职行为"，而"批评、建议"是针对国家机关工作人员的正常行为。

4. 国家赔偿是指国家机关及其工作人员因行使职权给公民、法人及其他组织的人身权或者财产权造成损害，依法应给予的赔偿。

5. 国家赔偿请求权是指公民在因国家机关及其工作人员的侵权行为而受到损失时，享有依法要求国家赔偿的权利。

6. 国家赔偿主要包括刑事赔偿和行政赔偿两种形式。

★劳动权利和义务

第四十二条　中华人民共和国公民有劳动的权利和义务。

国家通过各种途径，创造劳动就业条件，加强劳动保护，改善劳动条件，并在发展生产的基础上，提高劳动报酬和福利待遇。

劳动是一切有劳动能力的公民的光荣职责。国有企业和城乡集体经济组织的劳动者都应当以国家主人翁的态度对待自己的劳动。国家提倡社会主义劳动竞赛，奖励劳动模范和先进工作者。国家提倡公民从事义务劳动。

国家对就业前的公民进行必要的劳动就业训练。

●考点点拨

劳动权同受教育权一样，既是权利又是义务。

☆真题回顾

(2017 年多选) 根据现行宪法规定，下列(　　)既是公民的基本权利，同时又是公民的基本义务。

A. 劳动

B. 受教育

C. 批评、建议、检举

D. 依法纳税

E. 依法服兵役和参加民兵组织

【解析】答案为 AB。根据《宪法》第 42 条第 1 款和第 46 条第 1 款的规定，劳动和受教育既是权利又是义务，C 项是公民的基本权利，D 项和 E 项是公民要遵守的基本义务。因此，本题选 A 项和 B 项。

⊙劳动者的休息权

第四十三条　中华人民共和国劳动者有休息的权利。

国家发展劳动者休息和休养的设施，规定职工的工作时间和休假制度。

●考点点拨

1. 休息权是劳动者在享受劳动权的过程中，为保护身体健康,提高劳动效率,根据国家的法律和制度的有关规定而享有的休息和休养的权利。

2. 劳动者的休息权和劳动者的劳动权密切相关,休息权是劳动权的必要补充。

3. 应当注意,享有《宪法》上所规定的休息权的仅仅只是"劳动者"而不是中华人民共和国全体公民。因为公民并不一定是劳动者,如无业游民属于公民,但他不是《宪法》中的"劳动者"。

4. 国家保障义务。为了使劳动者的休息权落到实处,根据《宪法》第 43 条,国家至少负有三个方面的义务:

(1)发展劳动者休息和休养的设施;

(2)规定职工的工作时间;

(3)规定职工的休假制度。

另外,国家对用人单位侵害劳动者休息权的违法行为应当予以查处。

⊙退休制度

第四十四条　国家依照法律规定实行企业事业组织的职工和国家机关工作人员的退休制度。退休人员的生活受到国家和社会的保障。

⊙获得救济的权利

第四十五条　中华人民共和国公民在年老、疾病或者丧失劳动能力的情况下,有从国家和社会获得物质帮助的权利。国家发展为公民享受这些权利所需要的社会保险、社会救济和医疗卫生事业。

国家和社会保障残废军人的生活,抚恤烈士家属,优待军人家属。

国家和社会帮助安排盲、聋、哑和其他有残疾的公民的劳动、生活和教育。

●考点点拨

1. 公民只有在三种情况下才可以获得物质帮助,即"年老""疾病"或者"丧失劳动能力"。

2. 国家和社会提供帮助的形式:

(1)国家发展为公民享受这些权利所需要的社会保险、社会救济和医疗卫生事业,如农村医疗保险;

(2)国家和社会保障残废军人的生活,抚恤烈士家属,优待军人家属;

(3)国家和社会帮助安排盲、聋、哑和其他有残疾的公民的劳动、生活和教育,如各地设立的聋哑学校等。

⊙受教育的权利和义务

第四十六条　中华人民共和国公民有受教育的权利和义务。

国家培养青年、少年、儿童在品德、智力、体质等方面全面发展。

⊙文化活动自由

第四十七条　中华人民共和国公民有进行科学研究、文学艺术创作和其他文化活动的自由。国家对于从事教育、科学、技术、文学、艺术和其他文化事业的公民的有益于人民的创造性工作,给以鼓励和帮助。

●考点点拨

1. 文化权利包括三个方面的含义:

(1)从事科学研究的权利;

(2)从事文艺创作的权利;

(3)从事其他文化活动的权利。

2. 科学研究、文学艺术创作成果的发表自由,属于言论、出版自由的范畴,不属于文化活动的自由。

⊙男女平等

第四十八条　中华人民共和国妇女在政治的、经济的、文化的、社会的和家庭的生活等各方面享有同男子平等的权利。

国家保护妇女的权利和利益,实行男女同工同酬,培养和选拔妇女干部。

⊙婚姻家庭制度

第四十九条　婚姻、家庭、母亲和儿童受国家的保护。

夫妻双方有实行计划生育的义务。

父母有抚养教育未成年子女的义务,成年子女有赡养扶助父母的义务。

禁止破坏婚姻自由,禁止虐待老人、妇女和儿童。

⊙华侨、归侨的权益保障

第五十条　中华人民共和国保护华侨的正当的权利和利益,保护归侨和侨眷的合法的权利和利益。

★公民权利和自由的限度

第五十一条　中华人民共和国公民在行使自由和权利的时候,不得损害国家的、社会的、集体的利益和其他公民的合法的自由和权利。

●考点点拨

1. 我国现行宪法在规定公民各项基本权利的同时也规定了对公民行使自由和权利的限制。

2. 公民行使自由和权利时不得损害:

(1)国家的利益;

(2)社会的利益;

(3)集体的利益;

(4)其他公民的利益。

☆**真题回顾**

(2019年多选)我国现行宪法规定了对公民在行使自由和权利时的限制。公民行使权利不得损害的权益有(   )。

A. 国家利益

B. 社会利益

C. 集体利益

D. 其他公民的合法权利

【**解析**】答案为ABCD。根据《宪法》第51条的规定,本题四个选项均当选。我国法律保护的利益十分广泛,从国家到公民个人的合法权益均予以保护。

⊙维护国家统一和民族团结的义务

第五十二条　中华人民共和国公民有维护国家统一和全国各民族团结的义务。

⊙遵纪守法的义务

第五十三条　中华人民共和国公民必须遵守宪法和法律,保守国家秘密,爱护公共财产,遵守劳动纪律,遵守公共秩序,尊重社会公德。

⊙维护国家的安全、荣誉和利益的义务

第五十四条　中华人民共和国公民有维护祖国的安全、荣誉和利益的义务,不得有危害祖国的安全、荣誉和利益的行为。

⊙保卫国家和服兵役的义务

第五十五条　保卫祖国、抵抗侵略是中华人民共和国每一个公民的神圣职责。

依照法律服兵役和参加民兵组织是中华人民共和国公民的光荣义务。

⊙纳税的义务

第五十六条　中华人民共和国公民有依照法律纳税的义务。

第三章　国 家 机 构

第一节　全国人民代表大会

★**全国人民代表大会的性质及常设机关**

第五十七条　中华人民共和国全国人民代表大会是最高国家权力机关。它的常设机关是全国人民代表大会常务委员会。

●**考点点拨**

1. 全国人民代表大会是我国最高国家权力机关,体现在:

(1)全国人民代表大会同最高行政机关、监察机关、审判机关和检察机关的关系:后者由其产生,对其负责,受其监督;

(2)全国人民代表大会在国家机关体系中处于核心位置;

(3)人民是国家的主人,人民行使国家权力的机关是全国人民代表大会和地方各级人民代表大会,全国人民代表大会在国家权力机关体系中处于最高地位。

2. 全国人民代表大会常务委员会不是一个独立的国家权力机关,它是全国人民代表大会的组成部分。全国人民代表大会由于会期限制,无法经常性地开展工作。为保证国家权力行使的连续性,全国人民代表大会常务委员会作为全国人民代表大会的常设机关,在全国人民代表大会闭会期间行使部分国家权力。

★**国家立法权的行使主体**

第五十八条　全国人民代表大会和全国人民代表大会常务委员会行使国家立法权。

●**考点点拨**

1. 行使国家立法权的国家机关是:

(1)全国人民代表大会;

(2)全国人民代表大会常务委员会。

2. 全国人民代表大会:

(1)修改宪法,监督宪法的实施;

(2)制定和修改刑事、民事、国家机构的和其他的基本法律。

3. 全国人民代表大会常务委员会:

(1)解释宪法,监督宪法的实施;

(2)制定和修改除应当由全国人民代表大会制定的法律以外的其他法律;

(3)在全国人民代表大会闭会期间,对全国人民代表大会制定的法律进行部分补充和修改,但是不得同该法律的基本原则相抵触;

(4)解释法律。

☆**真题回顾**

(2017年单选)行使国家立法权的机关是(   )。

A. 全国人民代表大会

B. 全国人民代表大会常务委员会

C. 全国人民代表大会和全国人民代表大会常务委员会

D. 全国人民代表大会、全国人民代表大会常务委员会和国务院

【解析】答案为C。根据《宪法》第58条的规定，本题C项正确。

⊙全国人民代表大会的组成及选举

第五十九条　全国人民代表大会由省、自治区、直辖市、特别行政区和军队选出的代表组成。各少数民族都应当有适当名额的代表。

全国人民代表大会代表的选举由全国人民代表大会常务委员会主持。

全国人民代表大会代表名额和代表产生办法由法律规定。

⊙全国人民代表大会的任期

第六十条　全国人民代表大会每届任期五年。

全国人民代表大会任期届满的两个月以前，全国人民代表大会常务委员会必须完成下届全国人民代表大会代表的选举。如果遇到不能进行选举的非常情况，由全国人民代表大会常务委员会以全体组成人员的三分之二以上的多数通过，可以推迟选举，延长本届全国人民代表大会的任期。在非常情况结束后一年内，必须完成下届全国人民代表大会代表的选举。

●考点点拨

1. 全国人民代表大会和地方各级人民代表大会每届任期经2004年《宪法修正案》第30条修正后均为5年。

2. 一般先选举产生地方各级人大代表，再由地方人大代表组成全国人民代表大会。地方选举在前，全国人民代表大会代表产生在后。省级人民代表大会一般每年1月召开，全国人民代表大会一般每年3月进行。

3. 任期5年的起止时间计算：从每届全国人民代表大会举行第一次会议开始，到下届全国人民代表大会举行第一次会议为止。

⊙全国人民代表大会的会议制度

第六十一条　全国人民代表大会会议每年举行一次，由全国人民代表大会常务委员会召集。如果全国人民代表大会常务委员会认为必要，或者有五分之一以上的全国人民代表大会代表提议，可以临时召集全国人民代表大会会议。

全国人民代表大会举行会议的时候，选举主席团主持会议。

●考点点拨

全国人民代表大会的会议规则：

1. 召开时间：原则上每年召开1次，被称为全国人民代表大会的例会。例会一般每年3月初举行。

2. 召集人：由全国人民代表大会常务委员会召集。

3. 临时会议：全国人民代表大会常务委员会认为必要，或者有1/5以上的全国人民代表大会代表提议，可以临时召集全国人民代表大会会议。

★全国人民代表大会的职权

第六十二条　全国人民代表大会行使下列职权：

（一）修改宪法；

（二）监督宪法的实施；

（三）制定和修改刑事、民事、国家机构的和其他的基本法律；

（四）选举中华人民共和国主席、副主席；

（五）根据中华人民共和国主席的提名，决定国务院总理的人选；根据国务院总理的提名，决定国务院副总理、国务委员、各部部长、各委员会主任、审计长、秘书长的人选；

（六）选举中央军事委员会主席；根据中央军事委员会主席的提名，决定中央军事委员会其他组成人员的人选；

（七）选举国家监察委员会主任；

（八）选举最高人民法院院长；

（九）选举最高人民检察院检察长；

（十）审查和批准国民经济和社会发展计划和计划执行情况的报告；

（十一）审查和批准国家的预算和预算执行情况的报告；

（十二）改变或者撤销全国人民代表大会常务委员会不适当的决定；

（十三）批准省、自治区和直辖市的建置；

（十四）决定特别行政区的设立及其制度；

（十五）决定战争和和平的问题；

（十六）应当由最高国家权力机关行使的其他职权。

●考点点拨

1. 立法权：

(1)修改《宪法》；

(2)制定和修改刑事、民事、国家机构的和其他的基本法律。

2. 人事任免权：

(1)选举权：全国人民代表大会常务委员会组成人员，国家主席、副主席，中央军委主席，国家监察委主任，最高人民法院院长，最高人民检察院检察长。

(2)决定权:根据国家主席的提名决定国务院总理的人选;根据国务院总理的提名决定国务院副总理、国务委员、各部部长、各委员会主任、审计长和秘书长的人选;根据中央军委主席的提名决定中央军委副主席和委员的人选。

3. 国家重大事项决定权:

(1)审查和批准国民经济和社会发展计划和计划执行情况的报告;

(2)审查和批准国家的预算和预算执行情况的报告;

(3)批准省、自治区和直辖市的建置;

(4)决定特别行政区的设立及其制度;

(5)决定战争和和平的问题;

(6)经国务院总理提出,有权决定国务院各部、各委员会的设立、撤销或者合并。

4. 监督权:

(1)监督《宪法》的实施;

(2)改变或者撤销全国人民代表大会常务委员会不适当的决定;

(3)具有最高监督权,有权监督由其产生的其他国家机关的工作;

(4)全国人民代表大会常务委员会、国务院、国家监察委、最高人民法院、最高人民检察院向全国人民代表大会负责并报告工作;

(5)中央军委主席对全国人民代表大会负责;

(6)质询与询问:1个代表团或者30名以上的代表联名,有权书面提出对国务院和国务院各部、委员会,国家监察委,最高人民法院,最高人民检察院的质询案。

☆真题回顾

(2017年多选)现行《宪法》规定,监督宪法实施的机关有( )。

A. 全国人民代表大会

B. 全国人民代表大会常务委员会

D. 最高人民检察院

C. 最高人民法院

E. 全国人民代表大会法律委员会

【解析】答案为AB。根据《宪法》第62条、第67条第1款的规定,全国人民代表大会和全国人民代表大会常务委员会有监督宪法实施的权利。因此,本题选A项和B项。

(2019年多选)我国宪法规定,( )都由人民代表大会产生,对它负责,受它监督。

A. 国家行政机关　　B. 监察机关

C. 审判机关　　D. 检察机关

【解析】答案为ABCD。根据《宪法》第62条的规定,本题选项全部正确。

★全国人民代表大会的罢免权

第六十三条　全国人民代表大会有权罢免下列人员:

(一)中华人民共和国主席、副主席;

(二)国务院总理、副总理、国务委员、各部部长、各委员会主任、审计长、秘书长;

(三)中央军事委员会主席和中央军事委员会其他组成人员;

(四)国家监察委员会主任;

(五)最高人民法院院长;

(六)最高人民检察院检察长。

●考点点拨

1. 由全国人民代表大会罢免的人员,除了国家副主席、副总理、中央军委副主席之外,其他都属于"正职人员"。

2. 全国人民代表大会罢免案的提出主体:

(1)全国人民代表大会主席团;

(2)全国人民代表大会3个以上的代表团;

(3)1/10以上的全国人民代表大会代表。

3. 罢免案的通过:罢免案由全国人民代表大会以全体代表的过半数通过。

◆关联法条

《中华人民共和国全国人民代表大会议事规则》

第三十九条　主席团、三个以上的代表团或者十分之一以上的代表,可以提出对于全国人民代表大会常务委员会的组成人员,中华人民共和国主席、副主席,国务院的组成人员,中央军事委员会的组成人员,最高人民法院院长和最高人民检察院检察长的罢免案,由主席团交各代表团审议后,提请大会全体会议表决;或者依照本规则第六章的规定,由主席团提议,经大会全体会议决定,组织调查委员会,由全国人民代表大会下次会议根据调查委员会的报告审议决定。

罢免案应当写明罢免理由,并提供有关的材料。

罢免案提请大会全体会议表决前,被提出罢免的人员有权在主席团会议和大会全体会议上提出申辩意见,或者书面提出申辩意见,由主席团印发会议。

★宪法的修改及法律案的通过

第六十四条　宪法的修改,由全国人民代表大会常务委员会或者五分之一以上的全国人民代表大会代表提议,并由全国人民代表大会以全体代表的三分之二以上的多数通过。

法律和其他议案由全国人民代表大会以全体代表的过半数通过。

●**考点点拨**

1. 宪法修改的提议主体只有两个:

(1)全国人民代表大会常务委员会;

(2)1/5 以上的全国人民代表大会代表。

2. 上述两个提议主体提出宪法修改建议之后,仍须经过全国人民代表大会全体代表的 2/3 同意才能通过。

3. 法律和其他议案以全体代表的过半数,即 1/2 通过即可。

4. 注意,多数票表决的基数都是“全体代表”,而不是“出席会议的代表”。未出席会议的代表也作为表决基数。

5. 提醒考生注意,《宪法》只规定了修改程序,未规定制定程序。

6. 宪法修改主体和宪法修改的提议主体是不同的,考生不要混淆,前者是有权直接修改宪法的“人”,后者是提议修改的“人”。

☆**真题回顾**

(2017 年判断)宪法的修改,由全国人民代表大会常务委员会或者五分之一以上的全国人民代表大会代表提议,并由全国人民代表大会以全体代表的三分之二以上的多数通过。(　　)

【解析】根据《宪法》第 64 条第 1 款的规定,题干说法正确。为方便考生记忆,可以简记为“常委五一提修宪”。

⊙全国人民代表大会常务委员会的组成及选举

第六十五条　全国人民代表大会常务委员会由下列人员组成:

委员长,

副委员长若干人,

秘书长,

委员若干人。

全国人民代表大会常务委员会组成人员中,应当有适当名额的少数民族代表。

全国人民代表大会选举并有权罢免全国人民代表大会常务委员会的组成人员。

全国人民代表大会常务委员会的组成人员不得担任国家行政机关、监察机关、审判机关和检察机关的职务。

●**考点点拨**

1. 全国人民代表大会常务委员会的组成人员:委员长 1 人、副委员长若干人、秘书长 1 人、委员若干人。

2. 全国人民代表大会常务委员会的组成人员由全国人民代表大会选举和罢免:

(1)选举时,由全国人民代表大会主席团提名;

(2)罢免案则可以由全国人民代表大会主席团、全国人民代表大会 3 个以上的代表团或者 1/10 以上的全国人民代表大会代表提出。

3. 全国人民代表大会常务委员会组成人员的任职要求:

(1)全国人民代表大会常务委员会的组成人员不得担任国家行政机关、监察机关、审判机关和检察机关的职务;

(2)如果担任上述职务,必须向全国人民代表大会常务委员会辞去常务委员会的职务。

☆**真题回顾**

(2018 年判断)全国人民代表大会常务委员会的组成人员可以担任监察机关的职务。(　　)

【解析】根据《宪法》第 65 条第 4 款的规定,题干说法错误。

⊙全国人民代表大会常务委员会的任期

第六十六条　全国人民代表大会常务委员会每届任期同全国人民代表大会每届任期相同,它行使职权到下届全国人民代表大会选出新的常务委员会为止。

委员长、副委员长连续任职不得超过两届。

●**考点点拨**

1. 全国人民代表大会常务委员会委员长、副委员长连续任职不得超过两届,即全国人民代表大会常务委员会主要领导连续任职不得超过两届。

2. 连续任职不得超过两届的人员不包括秘书长和委员。

★**全国人民代表大会常务委员会的职权**

第六十七条　全国人民代表大会常务委员会行使下列职权:

(一)解释宪法,监督宪法的实施;

(二)制定和修改除应当由全国人民代表大会制定的法律以外的其他法律;

(三)在全国人民代表大会闭会期间,对全国人民代表大会制定的法律进行部分补充和修改,但是不得同该法律的基本原则相抵触；

（四）解释法律；

（五）在全国人民代表大会闭会期间，审查和批准国民经济和社会发展计划、国家预算在执行过程中所必须作的部分调整方案；

（六）监督国务院、中央军事委员会、国家监察委员会、最高人民法院和最高人民检察院的工作；

（七）撤销国务院制定的同宪法、法律相抵触的行政法规、决定和命令；

（八）撤销省、自治区、直辖市国家权力机关制定的同宪法、法律和行政法规相抵触的地方性法规和决议；

（九）在全国人民代表大会闭会期间，根据国务院总理的提名，决定部长、委员会主任、审计长、秘书长的人选；

（十）在全国人民代表大会闭会期间，根据中央军事委员会主席的提名，决定中央军事委员会其他组成人员的人选；

（十一）根据国家监察委员会主任的提请，任免国家监察委员会副主任、委员；

（十二）根据最高人民法院院长的提请，任免最高人民法院副院长、审判员、审判委员会委员和军事法院院长；

（十三）根据最高人民检察院检察长的提请，任免最高人民检察院副检察长、检察员、检察委员会委员和军事检察院检察长，并且批准省、自治区、直辖市的人民检察院检察长的任免；

（十四）决定驻外全权代表的任免；

（十五）决定同外国缔结的条约和重要协定的批准和废除；

（十六）规定军人和外交人员的衔级制度和其他专门衔级制度；

（十七）规定和决定授予国家的勋章和荣誉称号；

（十八）决定特赦；

（十九）在全国人民代表大会闭会期间，如果遇到国家遭受武装侵犯或者必须履行国际间共同防止侵略的条约的情况，决定战争状态的宣布；

（二十）决定全国总动员或者局部动员；

（二十一）决定全国或者个别省、自治区、直辖市进入紧急状态；

（二十二）全国人民代表大会授予的其他职权。

●**考点点拨**

1. 立法权：

（1）制定和修改除应当由全国人民代表大会制定的法律以外的其他法律；

（2）在全国人民代表大会闭会期间，对全国人民代表大会制定的法律进行部分补充和修改，但是不得同该法律的基本原则相抵触。

2. 宪法和法律解释权：

（1）解释宪法；

（2）解释法律。

3. 人事任免权：

（1）在全国人民代表大会闭会期间，根据国务院总理的提名，决定部长、委员会主任、审计长、秘书长的人选；

（2）在全国人民代表大会闭会期间，根据中央军委主席的提名，决定中央军委其他组成人员的人选；

（3）根据国家监察委主任的提请，任免国家监察委副主任、委员；

（4）根据最高人民法院院长的提请，任免最高人民法院副院长、审判员、审判委员会委员和军事法院院长；

（5）根据最高人民检察院检察长的提请，任免最高人民检察院副检察长、检察员、检察委员会委员和军事检察院检察长，并且批准省、自治区、直辖市的人民检察院检察长的任免；

（6）决定驻外全权代表的任免。

4. 国家重大事项决定权：

（1）在全国人民代表大会闭会期间，审查和批准国民经济和社会发展计划、国家预算在执行过程中所必须作的部分调整方案；

（2）决定同外国缔结的条约和重要协定的批准和废除；

（3）规定军人和外交人员的衔级制度和其他专门衔级制度；

（4）规定和决定授予国家的勋章和荣誉称号；

（5）决定特赦；

（6）在全国人民代表大会闭会期间，决定战争状态的宣布；

（7）决定全国总动员或者局部动员；

（8）决定全国或者个别省、自治区、直辖市进入紧急状态；

（9）在全国人民代表大会闭会期间，经国务院总理提出，有权决定国务院各部、各委员会的设立、撤销或者合并。

5. 监督权：

（1）监督宪法的实施；

（2）撤销国务院制定的同宪法、法律相抵触的行政法规、决定和命令；

（3）监督国务院、中央军事委员会、国家监察委员会、最高人民法院和最高人民检察院的工作；

（4）撤销省、自治区、直辖市国家权力机关制定的同宪法、法律和行政法规相抵触的地方性法规和决议；

（5）质询与询问：全国人民代表大会常务委员会组成人员10人以上联名，有权书面提出对国务院和国务院各部、委员会，国家监察委，最高人民法院，最高人民检察院的质询案。

☆**真题回顾**

（2018年单选）根据现行宪法规定，有权解释法律的机关是（　　）。

A. 国务院

B. 中央军委

C. 国家主席

D. 全国人民代表大会常务委员会

【解析】答案为D。《宪法》第67条规定："全国人民代表大会常务委员会行使下列职权……（四）解释法律……"考试要牢记，解释宪法和法律的权力属于全国人民代表大会常务委员会。因此本题选D项。

（2019年多选）全国人民代表大会常务委员会行使的职权有（　　）。

A. 修改宪法

B. 监督宪法的实施

C. 解释法律

D. 解释宪法

【解析】答案为BCD。根据《宪法》第67条的规定，B项、C项、D项正确。宪法是我国的根本大法，具有最高的法律效力、最严格的修改程序，只有最高权力机关经过法定的程序，才可以启动宪法修改，全国人民代表大会常务委员会无权修改宪法，A项错误。本题选B项、C项和D项。

★**全国人民代表大会常务委员会的工作分工**

第六十八条　全国人民代表大会常务委员会委员长主持全国人民代表大会常务委员会的工作，召集全国人民代表大会常务委员会会议。副委员长、秘书长协助委员长工作。

委员长、副委员长、秘书长组成委员长会议，处理全国人民代表大会常务委员会的重要日常工作。

●**考点点拨**

1. 常务委员会会议由委员长召集，一般2个月举行一次。

2. 常务委员会会议由委员长、副委员长、秘书长、委员参加。

3. 常务委员会会议审议的法律案和其他议案，由常务委员会以全体组成人员的过半数通过。

4. 委员长会议由委员长、副委员长、秘书长参加。

5. 委员参加常务委员会会议，但不参加委员长会议。

☆**真题回顾**

（2019年多选）我国宪法规定，全国人民代表大会常务委员会委员长会议由（　　）组成。

A. 委员长　　　　B. 副委员长

C. 秘书长　　　　D. 副秘书长

【解析】答案为ABC。根据《宪法》第68条的规定，本题A项、B项、C项正确。

⊙全国人民代表大会与其常务委员会的关系

第六十九条　全国人民代表大会常务委员会对全国人民代表大会负责并报告工作。

●**考点点拨**

1. 全国人民代表大会常务委员会是全国人民代表大会的常设机关。在全国人民代表大会闭会期间以全国人民代表大会的名义代行全国人民代表大会的部分职责。因此，它的行为都应对全国人民代表大会负责。

2. 全国人民代表大会常务委员会对全国人民代表大会负责的具体表现形式：向全国人民代表大会报告工作。

3. 如果全国人民代表大会常务委员会制定的法律或者作出的重大事项的决定与宪法和基本法律相抵触或不适当，全国人民代表大会有权对其撤销。

⊙全国人民代表大会的专门委员会及其职责

第七十条　全国人民代表大会设立民族委员会、宪法和法律委员会、财政经济委员会、教育科学文化卫生委员会、外事委员会、华侨委员会和其他需要设立的专门委员会。在全国人民代表大会闭会期间，各专门委员会受全国人民代表大会常务委员会的领导。

各专门委员会在全国人民代表大会和全国人民代表大会常务委员会领导下，研究、审议和拟订有关议案。

●**考点点拨**

1. 专门委员会是全国人民代表大会的专门机构，接受全国人民代表大会的领导。全国人民代表大会闭会期间，也接受全国人民代表大会常务委员会的领导。

2. 专门委员会的主要工作内容是研究、审议和拟订与各专门委员会自身职能有关的议案。比如，国家要制定《电子商务法》，规范网上交易行为，则由宪法和法律委员会组织研究、拟定。

3. 目前全国人民代表大会专门委员会共包括10个，分别是：民族委员会、宪法和法律委员会、监察和司法委员会、财政经济委员会、教育科学文化卫生委员会、外事委员会、华侨委员会、环境与资源保护委员会、农业与农村委员会、社会建设委员会。

4. 2018年《宪法修正案》第44条将原“法律委员会”修改为“宪法和法律委员会”。宪法和法律委员会的主要职责：

(1)承担《全国人民代表大会组织法》《立法法》《监督法》《全国人民代表大会议事规则》《全国人民代表大会常务委员会议事规则》五部法律中规定的法律委员会的职责；

(2)在继续承担统一审议法律草案工作的基础上，推动宪法实施、开展宪法解释、推进合宪性审查、加强宪法监督、配合宪法宣传等工作职责。

5. 全国人民代表大会常务委员会可以设立工作委员会。在此应注意的是，不要把全国人民代表大会的专门委员会与全国人民代表大会常务委员会的工作委员会相混淆。比如，法制工作委员会(全国人民代表大会常务委员会的工作委员会)与宪法和法律委员会(全国人民代表大会的专门委员会)并不是同一机构。

⊙特定问题的调查委员会

第七十一条　全国人民代表大会和全国人民代表大会常务委员会认为必要的时候，可以组织关于特定问题的调查委员会，并且根据调查委员会的报告，作出相应的决议。

调查委员会进行调查的时候，一切有关的国家机关、社会团体和公民都有义务向它提供必要的材料。

⊙提案权

第七十二条　全国人民代表大会代表和全国人民代表大会常务委员会组成人员，有权依照法律规定的程序分别提出属于全国人民代表大会和全国人民代表大会常务委员会职权范围内的议案。

●考点点拨

1. 广义的议案包括宪法修改案、立法案、人事任免案、重大事项决定案、质询案、罢免案等。狭义的议案指立法类和重大事项决定类议案。

2. 有权向全国人民代表大会提出议案的主体：

(1)全国人民代表大会主席团、全国人民代表大会常务委员会、全国人民代表大会各专门委员会、国务院、中央军委、国家监察委员会、最高人民法院、最高人民检察院可以向全国人民代表大会提出属于全国人民代表大会职权范围的议案；

(2)1个代表团或者30名以上代表联名，可以向全国人民代表大会提出属于全国人民代表大会职权范围的议案。

3. 有权向全国人民代表大会常务委员会提出议案的主体：

(1)委员长会议可以向常务委员会提出属于全国人民代表大会常务委员会职权范围的议案；

(2)全国人民代表大会各专门委员会、国务院、中央军委、国家监察委员会、最高人民法院、最高人民检察院可以向常务委员会提出属于全国人民代表大会常务委员会职权范围的议案；

(3)常务委员会组成人员10人以上可以向常务委员会提出属于全国人民代表大会常务委员会职权范围的议案。

⊙质询权

第七十三条　全国人民代表大会代表在全国人民代表大会开会期间，全国人民代表大会常务委员会组成人员在常务委员会开会期间，有权依照法律规定的程序提出对国务院或者国务院各部、各委员会的质询案。受质询的机关必须负责答复。

●考点点拨

1. 质询权是人大代表了解政府工作，就国家机关工作中的问题提出质询，由有关机关或者负责人答复，以使政府工作受到监督的权利。

2. 质询权行使时间要求：全国人民代表大会开会期间或者全国人民代表大会常务委员会开会期间。

3. 质询权行使对象要求：国务院或者国务院各部、各委员会。

4. 质询权行使结果要求：受质询的机关必须负责答复。

★特别人身保护权

第七十四条　全国人民代表大会代表，非经全国人民代表大会会议主席团许可，在全国人民代表大会闭会期间非经全国人民代表大会常务委员会许可，不受逮捕或者刑事审判。

●**考点点拨**

1. 县级以上人大代表的人身特殊保护,是针对公民的人身自由保护说的。人大代表作为公民享有人身保护权,作为国家权力机关的组成人员其人身自由不受侵犯还受到特殊保障。人大代表的人身特殊保护适用于代表资格存续的整个期间。

2. 县级以上人大代表的人身特别保护权,就是在各级人民代表大会会议期间不经过本级大会主席团许可、闭会期间不经过本级常务委员会许可,代表不受逮捕或者刑事审判。需经许可的是针对逮捕、刑事审判或者法律规定的其他限制人身自由的措施的情况。批准机构在人民代表大会会议期间是本级主席团、闭会期间是本级人民代表大会常务委员会。

3. 如果对县级以上人大代表采取监视居住、取保候审、行政拘留、司法拘留等法律规定的其他限制人身自由的措施,也必须经人民代表大会本级主席团或者常务委员会的许可。对需要依法予以立即拘留的现行犯要采取报告制度。

4. 乡级人大代表,如果被逮捕、受刑事审判,或者被采取法律规定的其他限制人身自由的措施,执行机关应当立即报告乡级人民代表大会。

对乡级人大代表人身特殊保护采取的是事后通报制度而不是事前批准制度。

◆**关联法条**

《中华人民共和国全国人民代表大会组织法》

第四十四条　全国人民代表大会代表非经全国人民代表大会主席团许可,在全国人民代表大会闭会期间非经全国人民代表大会常务委员会许可,不受逮捕或者刑事审判。

全国人民代表大会代表如果因为是现行犯被拘留,执行拘留的公安机关应当立即向全国人民代表大会主席团或者全国人民代表大会常务委员会报告。

《中华人民共和国地方各级人民代表大会和地方各级人民政府组织法》

第三十五条　县级以上的地方各级人民代表大会代表,非经本级人民代表大会主席团许可,在大会闭会期间,非经本级人民代表大会常务委员会许可,不受逮捕或者刑事审判。如果因为是现行犯被拘留,执行拘留的公安机关应当立即向该级人民代表大会主席团或者常务委员会报告。

⊙言论免责权

第七十五条　全国人民代表大会代表在全国人民代表大会各种会议上的发言和表决,不受法律追究。

●**考点点拨**

1. 全国人民代表大会各种会议包括全体会议、代表团会议、代表团小组会议、主席团会议、各专门委员会会议等。

2. 全国人民代表大会代表列席原选举单位的人大各种会议上的发言和表决,也不受法律追究。

3. 全国人民代表大会常务委员会是全国人民代表大会的常设机构,常务委员会组成人员和全国人民代表大会代表在常务委员会会议上的各种言论和表决,同样享受这一豁免权。

4. 对于代表在会议之外发表和表决的行为,不适用本条的规定,应按照国家法律保护公民言论自由的一般规定处理。

⊙全国人民代表大会代表的义务

第七十六条　全国人民代表大会代表必须模范地遵守宪法和法律,保守国家秘密,并且在自己参加的生产、工作和社会活动中,协助宪法和法律的实施。

全国人民代表大会代表应当同原选举单位和人民保持密切的联系,听取和反映人民的意见和要求,努力为人民服务。

⊙对全国人民代表大会代表的监督和罢免

第七十七条　全国人民代表大会代表受原选举单位的监督。原选举单位有权依照法律规定的程序罢免本单位选出的代表。

⊙全国人民代表大会及其常务委员会的组织和工作程序

第七十八条　全国人民代表大会和全国人民代表大会常务委员会的组织和工作程序由法律规定。

第二节　中华人民共和国主席

★**国家主席、副主席的选举及任期**

第七十九条　中华人民共和国主席、副主席由全国人民代表大会选举。

有选举权和被选举权的年满四十五周岁的中华人民共和国公民可以被选为中华人民共和国主席、副主席。

中华人民共和国主席、副主席每届任期同全国人民代表大会每届任期相同。

●**考点点拨**

1. 国家主席是国家机构的之一,不是指个人。

2. 国家主席的任职资格:

(1)必须是中华人民共和国公民；

(2)年满45周岁；

(3)有选举权和被选举权。

3. 国家主席、国家副主席的选举程序：

(1)由全国人民代表大会主席团提名主席、副主席人选，并向会议介绍候选人的基本情况；

(2)全国人民代表大会各代表团酝酿协商主席团提出的主席、副主席人选；

(3)由全国人民代表大会主席团根据多数代表的意见，确定正式候选人名单，提交大会投票选举；

(4)选举国家主席、国家副主席采用无记名投票方式，得票过半数的当选，并即时公布。

4. 中华人民共和国主席、副主席可以连选连任，并且要注意2018年《宪法修正案》第45条删除了“连续任职不得超过两届”的连任限制。

☆**真题回顾**

(2017年多选)根据现行宪法的规定，我国连续任职不得超过两届的领导人是(　　)。

A. 国家主席、副主席

B. 全国人民代表大会常务委员会委员长、副委员长

C. 国务院总理、副总理

D. 中央军委主席

E. 最高人民法院院长

【解析】答案为BCE。《宪法》第79条第3款规定：“中华人民共和国主席、副主席每届任期同全国人民代表大会每届任期相同。”2018年《宪法修正案》取消了国家主席、国家副主席连续任职不得超过两届的限制。我国《宪法》对中央军委主席并没有任期限制的规定。因此，本题选B项、C项和E项。

★**国家主席对国内事务的职权**

第八十条　中华人民共和国主席根据全国人民代表大会的决定和全国人民代表大会常务委员会的决定，公布法律，任免国务院总理、副总理、国务委员、各部部长、各委员会主任、审计长、秘书长，授予国家的勋章和荣誉称号，发布特赦令，宣布进入紧急状态，宣布战争状态，发布动员令。

●**考点点拨**

1. 公布法律权。法律在全国人民代表大会和全国人民代表大会常务委员会通过后，由国家主席公布，使之成为法律。

2. 任免权。国家主席有权向全国人民代表大会提出总理人选；根据全国人民代表大会及其常务委员会的决定，任免国务院总理、副总理、国务委员、各部部长、各委员会主任、审计长、秘书长。

3. 发布命令权。国家主席根据全国人民代表大会及其常务委员会的决定，发布特赦令，宣布进入紧急状态，宣布战争状态，发布动员令。

4. 荣典权。国家主席根据全国人民代表大会及其常务委员会的决定，授予国家的勋章和荣誉称号。

⊙国家主席的外交职权

第八十一条　中华人民共和国主席代表中华人民共和国，进行国事活动，接受外国使节；根据全国人民代表大会常务委员会的决定，派遣和召回驻外全权代表，批准和废除同外国缔结的条约和重要协定。

●**考点点拨**

1. 国家主席代表国家进行国事活动，接受外国使节。

2. 国家主席根据全国人民代表大会常务委员会的决定，派遣和召回驻外全权代表。

3. 国家主席根据全国人民代表大会常务委员会的决定，批准和废除同外国缔结的条约和重要协定。

⊙国家副主席的职权

第八十二条　中华人民共和国副主席协助主席工作。

中华人民共和国副主席受主席的委托，可以代行主席的部分职权。

⊙国家主席、副主席的任职期限

第八十三条　中华人民共和国主席、副主席行使职权到下届全国人民代表大会选出的主席、副主席就职为止。

⊙国家主席、副主席缺位的继任顺序

第八十四条　中华人民共和国主席缺位的时候，由副主席继任主席的职位。

中华人民共和国副主席缺位的时候，由全国人民代表大会补选。

中华人民共和国主席、副主席都缺位的时候，由全国人民代表大会补选；在补选以前，由全国人民代表大会常务委员会委员长暂时代理主席职位。

第三节　国　务　院

★**国务院的性质、地位**

第八十五条　中华人民共和国国务院，即中央人民政府，是最高国家权力机关的执行机关，是最高国家行政机关。

●考点点拨

1. 国务院与最高国家权力机关的关系：国务院是最高国家权力机关的执行机关。国务院由全国人民代表大会产生。因此，国务院必须对全国人民代表大会及其常务委员会负责并报告工作。

2. 国务院与其他行政机关的关系：在国家行政机关体系中，国务院处于最高领导地位，国务院所属的各部委和地方各级行政机关都要服从国务院的领导。

★国务院的组织

第八十六条　国务院由下列人员组成：

总理，

副总理若干人，

国务委员若干人，

各部部长，

各委员会主任，

审计长，

秘书长。

国务院实行总理负责制。各部、各委员会实行部长、主任负责制。

国务院的组织由法律规定。

●考点点拨

1. 国务院实行总理负责制。总理领导国务院的工作。副总理、国务委员协助总理工作。

2. 总理负责制是指总理领导国务院的全部工作，并就国务院的全部工作情况向最高国家权力机关负责的制度。

3. 总理负责制主要表现在：

(1)总理有权提名国务院副总理、国务委员、各部部长、各委员会主任、中国人民银行行长、审计长、秘书长的人选，由全国人民代表大会决定；

(2)总理召集和主持国务院常务会议和国务院全体会议；

(3)国务院发布的决定、命令和行政法规，向全国人民代表大会或者全国人民代表大会常务委员会提出的议案，任免人员，由总理签署；

(4)国务院各部、各委员会的设立、撤销或者合并，经总理提出，由全国人民代表大会决定；在全国人民代表大会闭会期间，由全国人民代表大会常务委员会决定。

⊙国务院的任期

第八十七条　国务院每届任期同全国人民代表大会每届任期相同。

总理、副总理、国务委员连续任职不得超过两届。

●考点点拨

1. 总理、副总理、国务委员连续任职不得超过两届。

2. 2018 年《宪法修正案》第 45 条删除了“国家主席、副主席连续任职不得超过两届”的连任限制。但是，总理、副总理的任期没有修改，依然受到两届任期的限制。考生对此务必牢记，不要混淆。

⊙国务院的工作分工

第八十八条　总理领导国务院的工作。副总理、国务委员协助总理工作。

总理、副总理、国务委员、秘书长组成国务院常务会议。

总理召集和主持国务院常务会议和国务院全体会议。

★国务院的职权

第八十九条　国务院行使下列职权：

(一)根据宪法和法律，规定行政措施，制定行政法规，发布决定和命令；

(二)向全国人民代表大会或者全国人民代表大会常务委员会提出议案；

(三)规定各部和各委员会的任务和职责，统一领导各部和各委员会的工作，并且领导不属于各部和各委员会的全国性的行政工作；

(四)统一领导全国地方各级国家行政机关的工作，规定中央和省、自治区、直辖市的国家行政机关的职权的具体划分；

(五)编制和执行国民经济和社会发展计划和国家预算；

(六)领导和管理经济工作和城乡建设、生态文明建设；

(七)领导和管理教育、科学、文化、卫生、体育和计划生育工作；

(八)领导和管理民政、公安、司法行政等工作；

(九)管理对外事务，同外国缔结条约和协定；

(十)领导和管理国防建设事业；

(十一)领导和管理民族事务，保障少数民族的平等权利和民族自治地方的自治权利；

(十二)保护华侨的正当的权利和利益，保护归侨和侨眷的合法的权利和利益；

(十三)改变或者撤销各部、各委员会发布的不适当的命令、指示和规章；

(十四)改变或者撤销地方各级国家行政机关的

不适当的决定和命令；

（十五）批准省、自治区、直辖市的区域划分，批准自治州、县、自治县、市的建置和区域划分；

（十六）依照法律规定决定省、自治区、直辖市的范围内部分地区进入紧急状态；

（十七）审定行政机构的编制，依照法律规定任免、培训、考核和奖惩行政人员；

（十八）全国人民代表大会和全国人民代表大会常务委员会授予的其他职权。

●**考点点拨**

1. 行政措施是指国家行政机关依据法律规定，针对特定的具体事项，在一定期限内采取的具体措施。行政措施的形式有命令、决定、通知、通告等。

2. 行政法规的名称一般称为“条例”，也可以称为“规定”“办法”等。国务院根据全国人民代表大会及其常务委员会的授权决定制定的行政法规，称“暂行条例”或者“暂行规定”。国务院各部门和地方人民政府制定的规章不得称“条例”。

3. 第13、14项规定了国务院对所属部、委和地方各级行政机关的监督权。注意二者均为“改变或者撤销”。

4. 国务院的行政区域变更权。注意对于省、自治区、直辖市而言，国务院只能批准其区域划分；但是对于自治州、县、自治县、市而言，国务院不仅能批准其区域划分，而且能批准其建制。

5. 国务院的对外职权是同外国缔结条约和协定。而全国人民代表大会常务委员会的职权是“决定同外国缔结条约和重要协定的批准和废除”。

6. 国务院依照法律规定决定省、自治区、直辖市的范围内部分地区进入紧急状态，如国务院决定广东省广州市、深圳市进入紧急状态，但是不能决定整个广东省进入紧急状态。

全国人民代表大会常务委员会则决定全国或者个别省、自治区、直辖市进入紧急状态，如可以决定湖北省全省进入紧急状态。考生要注意区分二者决定内容的不同。

☆**真题回顾**

（2017年单选）根据我国《宪法》的规定，省、自治区、直辖市的区域划分，由（　　）批准。

A. 全国人民代表大会

B. 全国人民代表大会常务委员会

C. 国务院

D. 省级人民政府

【解析】答案为C。根据《宪法》第89条的规定，题干所说的省、自治区、直辖市的区域划分，由国务院批准，本题选C项。

（2018年多选）下列属于国务院的职权有（　　）。

A. 制定行政法规

B. 制定基本法律

C. 公布法律

D. 提出议案权

E. 行政措施的规定权

【解析】答案为ADE。根据《宪法》第89条的规定，国务院有制定行政法规和提出议案的职权，本条其他各项都是对国务院行政措施规定权的具体解释。因此，本题选A项、D项和E项。B项制定基本法律是全国人民代表大会的职权。C项公布法律是国家主席的职权。

⊙各部、委首长负责制

第九十条　国务院各部部长、各委员会主任负责本部门的工作；召集和主持部务会议或者委员会会议、委务会议，讨论决定本部门工作的重大问题。

各部、各委员会根据法律和国务院的行政法规、决定、命令，在本部门的权限内，发布命令、指示和规章。

●**考点点拨**

公安部部长负责公安部工作，公安部负责全国的治安管理工作。

⊙审计机关及其职责

第九十一条　国务院设立审计机关，对国务院各部门和地方各级政府的财政收支，对国家的财政金融机构和企业事业组织的财务收支，进行审计监督。

审计机关在国务院总理领导下，依照法律规定独立行使审计监督权，不受其他行政机关、社会团体和个人的干涉。

●**考点点拨**

1. 审计机关的设置：国务院和县级以上地方人民政府设立审计机关。

2. 国务院设立审计署，审计署在国务院总理的领导下，主管全国的审计工作。

3. 地方人民政府的审计机关，分别在省长、自治区主席、市长、州长、县长、区长和上一级审计机关的领导下，负责本行政区域内的审计工作。

4. 地方各级审计机关对本级人民政府和上一级审计机关负责并报告工作。

⊙国务院与全国人民代表大会及其常务委员会的关系

第九十二条　国务院对全国人民代表大会负责并报告工作;在全国人民代表大会闭会期间,对全国人民代表大会常务委员会负责并报告工作。

●**考点点拨**

国务院是行政机关,全国人民代表大会是权力机关,行政机关要向权力机关负责,这是世界各国通行的普遍原则。

第四节　中央军事委员会

★**中央军委的组成、职责与任期**

第九十三条　中华人民共和国中央军事委员会领导全国武装力量。

中央军事委员会由下列人员组成:

主席,

副主席若干人,

委员若干人。

中央军事委员会实行主席负责制。

中央军事委员会每届任期同全国人民代表大会每届任期相同。

●**考点点拨**

1. 中央军事委员会实行主席个人负责制。

2. 中央军事委员会的人员组成:主席 1 人、副主席若干人、委员若干人。

3. 国家中央军事委员会与中共中央军事委员会的关系:一套人马,两块牌子。国家中央军事委员会是国家机构,而中共中央军事委员会是中国共产党的内部机关。但是他们的组成人员完全一致。如此制度设计,是为了贯彻“党指挥枪”的根本原则。

☆**真题回顾**

(2018 年多选)中央军事委员会的组成人员包括(　　)。

A. 主席

B. 副主席

C. 委员

D. 秘书长

【解析】答案为 ABC。《宪法》第 93 条第 2 款规定:“中央军事委员会由下列人员组成:主席,副主席若干人,委员若干人。”本题为高频考点,D 项属于迷惑项,很多考生会误选。本题选 A 项、B 项、C 项。

⊙中央军委向全国人民代表大会及其常务委员会负责

第九十四条　中央军事委员会主席对全国人民代表大会和全国人民代表大会常务委员会负责。

●**考点点拨**

1. 中央军委与全国人民代表大会的关系:中央军事委员会主席个人对全国人民代表大会和全国人民代表大会常务委员会负责。

2. 全国人民代表大会选举中央军委主席;全国人民代表大会根据中央军委主席的提名,决定中央军委副主席和委员。

3. 全国人民代表大会有权罢免中央军委主席和其他组成人员。

4. 在全国人民代表大会闭会期间,全国人民代表大会常务委员会根据中央军委主席提名,决定中央军委其他组成人员的人选。

第五节　地方各级人民代表大会和地方各级人民政府

⊙地方人大及政府的设置和组织

第九十五条　省、直辖市、县、市、市辖区、乡、民族乡、镇设立人民代表大会和人民政府。

地方各级人民代表大会和地方各级人民政府的组织由法律规定。

自治区、自治州、自治县设立自治机关。自治机关的组织和工作根据宪法第三章第五节、第六节规定的基本原则由法律规定。

⊙地方人大的性质及常务委员会的设置

第九十六条　地方各级人民代表大会是地方国家权力机关。

县级以上的地方各级人民代表大会设立常务委员会。

●**考点点拨**

乡镇人民代表大会不设立人民代表大会常务委员会。

⊙地方人大代表的选举

第九十七条　省、直辖市、设区的市的人民代表大会代表由下一级的人民代表大会选举;县、不设区的市、市辖区、乡、民族乡、镇的人民代表大会代表由选民直接选举。

地方各级人民代表大会代表名额和代表产生办法由法律规定。

●**考点点拨**

1. 在我国人大代表的产生方式有两种:

(1)直接选举;

(2)间接选举。

2. 直接选举是指由选民直接投票选出国家代议机关代表和国家公职人员的选举，指有选举权的人直接参加选举行使选举权利的选举方式。

3. 县、自治县、不设区的市、市辖区、乡、民族乡、镇的人民代表大会代表由选民选举产生，因此属于直接选举。比如，乡镇人大代表和区县人大代表是由选民直接选举产生。

4. 间接选举是指有选举权的人通过选出的代表进一步行使选举权利的选举方式。

5. 省、自治区、直辖市、自治州、设区的市的人民代表大会代表是由下一级的人民代表大会选举产生，因此属于间接选举。比如，市人大代表是由区县人民代表大会选举产生，省人大代表是由市人民代表大会选举产生。

★地方人大的任期

第九十八条　地方各级人民代表大会每届任期五年。

●考点点拨

全国人民代表大会和地方各级人民代表大会每届任期经2004年《宪法修正案》第30条修正后均为5年。

☆真题回顾

(2019年单选)地方各级人民代表大会每届任期(　　)年。

A. 2　　B. 3

C. 5　　D. 4

【解析】答案为C。《宪法》第98条规定："地方各级人民代表大会每届任期五年。"因此，本题选C项。

⊙地方人大的职权

第九十九条　地方各级人民代表大会在本行政区域内，保证宪法、法律、行政法规的遵守和执行；依照法律规定的权限，通过和发布决议，审查和决定地方的经济建设、文化建设和公共事业建设的计划。

县级以上的地方各级人民代表大会审查和批准本行政区域内的国民经济和社会发展计划、预算以及它们的执行情况的报告；有权改变或者撤销本级人民代表大会常务委员会不适当的决定。

民族乡的人民代表大会可以依照法律规定的权限采取适合民族特点的具体措施。

★地方性法规的制定

第一百条　省、直辖市的人民代表大会和它们的常务委员会，在不同宪法、法律、行政法规相抵触的前提下，可以制定地方性法规，报全国人民代表大会常务委员会备案。

设区的市的人民代表大会和它们的常务委员会，在不同宪法、法律、行政法规和本省、自治区的地方性法规相抵触的前提下，可以依照法律规定制定地方性法规，报本省、自治区人民代表大会常务委员会批准后施行。

●考点点拨

1. 地方性法规是指有权限的国家权力机关依照法定的职权和程序，在不同宪法、法律和行政法规相抵触的前提下，制定和颁布的在本行政区域范围内实施的规范性文件。

2. 本条第2款的内容为2018年《宪法修正案》第47条新增加的内容。因此，地方性法规的制定主体主要包括两类：

(1)省、直辖市的人民代表大会和它们的常务委员会；

(2)设区的市的人民代表大会和它们的常务委员会。但是后者只能对城市建设与管理、环境保护、历史文化保护等方面的事项制定地方性法规。

3. 地方性法规一般规定两类事项：

(1)为执行法律、行政法规的规定，需要根据本行政区域的实际情况作具体规定的事项；

(2)属于地方性事务需要制定地方性法规的事项。

4. 批准与备案机关：

(1)省、直辖市人大及其常务委员会制定地方性法规应当报全国人民代表大会常务委员会备案审查；

(2)设区的市的人大及其常务委员会制定的地方性法规报本省、自治区人民代表大会常务委员会批准后即可施行。

☆真题回顾

(2019年单选)我国宪法规定，设区的市的人民代表大会和它们的常务委员会，在不同宪法、法律、行政法规和本省、自治区的地方性法规相抵触的前提下，可以依照法律规定制定地方性法规，报(　　)批准后施行。

A. 全国人民代表大会

B. 全国人民代表大会常务委员会

C. 本省、自治区人民代表大会

D. 本省、自治区人民代表大会常务委员会

【解析】答案为D。根据《宪法》第100条第2款的规定，本题D项正确。

⊙地方人大的选举权

第一百零一条　地方各级人民代表大会分别选举并且有权罢免本级人民政府的省长和副省长、市长和副市长、县长和副县长、区长和副区长、乡长和副乡长、镇长和副镇长。

县级以上的地方各级人民代表大会选举并且有权罢免本级监察委员会主任、本级人民法院院长和本级人民检察院检察长。选出或者罢免人民检察院检察长，须报上级人民检察院检察长提请该级人民代表大会常务委员会批准。

●考点点拨

1. 乡镇人民代表大会选举并且有权罢免：乡长和副乡长、镇长和副镇长。乡镇级别的人民法院是县区级法院的派出法庭，庭长由县区级人大常务会任命，因此乡镇人大只能罢免行政机关系统的官员。

2. 县级以上的地方各级人民代表大会选举并且有权罢免：

（1）本级人民政府的省长和副省长、市长和副市长、县长和副县长、区长和副区长；

（2）本级监察委员会主任；

（3）本级人民法院院长；

（4）本级人民检察院检察长。

3. 选出或者罢免人民检察院检察长，须报上级人民检察院检察长提请该级人民代表大会常务委员会批准。

⊙对地方人大代表的监督和罢免

第一百零二条　省、直辖市、设区的市的人民代表大会代表受原选举单位的监督；县、不设区的市、市辖区、乡、民族乡、镇的人民代表大会代表受选民的监督。

地方各级人民代表大会代表的选举单位和选民有权依照法律规定的程序罢免由他们选出的代表。

⊙地方人民代表大会常务委员会的组成、地位及产生

第一百零三条　县级以上的地方各级人民代表大会常务委员会由主任、副主任若干人和委员若干人组成，对本级人民代表大会负责并报告工作。

县级以上的地方各级人民代表大会选举并有权罢免本级人民代表大会常务委员会的组成人员。

县级以上的地方各级人民代表大会常务委员会的组成人员不得担任国家行政机关、监察机关、审判机关和检察机关的职务。

●考点点拨

1. 乡镇一级人民代表大会不设立本级人民代表大会常务委员会。

2. 地方各级人民代表大会常务委员会的组成：常务委员会主任1人、副主任和委员若干。

3. 地方各级人民代表大会常务委员会与本级人民代表大会的关系：

（1）地方各级人民代表大会常务委员会对本级人大负责并报告工作。

（2）地方各级人民代表大会常务委员会的组成人员由本级人大选举产生并接受本级人大监督。

（3）地方各级人大有权罢免本级人民代表大会常务委员会的组成人员。

4. 为保证地方各级人民代表大会常务委员会的独立性和常务委员会组成人员能够独立行使职权，地方各级人民代表大会常务委员会组成人员不得担任国家行政机关、监察机关、审判机关和检察机关的职务。

⊙地方人民代表大会常务委员会的职权

第一百零四条　县级以上的地方各级人民代表大会常务委员会讨论、决定本行政区域内各方面工作的重大事项；监督本级人民政府、监察委员会、人民法院和人民检察院的工作；撤销本级人民政府的不适当的决定和命令；撤销下一级人民代表大会的不适当的决议；依照法律规定的权限决定国家机关工作人员的任免；在本级人民代表大会闭会期间，罢免和补选上一级人民代表大会的个别代表。

⊙地方政府的性质、地位及其负责制

第一百零五条　地方各级人民政府是地方各级国家权力机关的执行机关，是地方各级国家行政机关。

地方各级人民政府实行省长、市长、县长、区长、乡长、镇长负责制。

⊙地方政府的任期

第一百零六条　地方各级人民政府每届任期同本级人民代表大会每届任期相同。

●考点点拨

地方各级人民代表大会每届任期5年。因此，地方各级人民政府每届任期也为5年。

⊙地方政府的职权

第一百零七条　县级以上地方各级人民政府依

照法律规定的权限，管理本行政区域内的经济、教育、科学、文化、卫生、体育事业、城乡建设事业和财政、民政、公安、民族事务、司法行政、计划生育等行政工作，发布决定和命令，任免、培训、考核和奖惩行政工作人员。

乡、民族乡、镇的人民政府执行本级人民代表大会的决议和上级国家行政机关的决定和命令，管理本行政区域内的行政工作。

省、直辖市的人民政府决定乡、民族乡、镇的建置和区域划分。

⊙地方政府内部及各级政府之间的关系

第一百零八条　县级以上的地方各级人民政府领导所属各工作部门和下级人民政府的工作，有权改变或者撤销所属各工作部门和下级人民政府的不适当的决定。

●考点点拨

1. 地方各级人民政府与其下级人民政府之间是领导与被领导的关系，下级人民政府必须接受上级人民政府的领导和监督，改变或者撤销下级人民政府的不适当的决定即是一种监督的手段。

2. 地方各级人民政府与本级政府工作部门之间是领导与被领导的关系，地方各级人民政府的工作部门在本级人民政府的领导下开展工作，对于地方各级人民政府工作部门的工作中不适当的决定，本级人民政府有权改变或者撤销。

⊙地方政府审计机关的地位和职权

第一百零九条　县级以上的地方各级人民政府设立审计机关。地方各级审计机关依照法律规定独立行使审计监督权，对本级人民政府和上一级审计机关负责。

⊙地方政府与同级人大、上级政府的关系

第一百一十条　地方各级人民政府对本级人民代表大会负责并报告工作。县级以上的地方各级人民政府在本级人民代表大会闭会期间，对本级人民代表大会常务委员会负责并报告工作。

地方各级人民政府对上一级国家行政机关负责并报告工作。全国地方各级人民政府都是国务院统一领导下的国家行政机关，都服从国务院。

●考点点拨

1. 地方各级人民代表大会是地方各级国家权力机关，是本行政区域范围内代表人民行使权力的机关，地方各级人大通过选举产生并组成本级人民政府。地方各级人民政府是本级国家权力机关的执行机关，受其监督，对其负责。

2. 地方各级人民政府与本级人大的关系：地方各级人民政府向本级人民代表大会负责并报告工作。本级人大闭会期间，对本级人民代表大会常务委员会负责并报告工作。

3. 国务院是国家的最高行政机关，统一领导全国的行政管理工作，全国地方各级人民政府都必须服从国务院的统一领导，同时又要发挥主动性。

4. 地方各级人民政府与上级政府的关系：地方各级人民政府必须接受上级人民政府的领导，向上一级人民政府负责和报告工作，执行上级行政机关的决定和命令。

★居民委员会和村民委员会

第一百一十一条　城市和农村按居民居住地区设立的居民委员会或者村民委员会是基层群众性自治组织。居民委员会、村民委员会的主任、副主任和委员由居民选举。居民委员会、村民委员会同基层政权的相互关系由法律规定。

居民委员会、村民委员会设人民调解、治安保卫、公共卫生等委员会，办理本居住地区的公共事务和公益事业，调解民间纠纷，协助维护社会治安，并且向人民政府反映群众的意见、要求和提出建议。

●考点点拨

1. 基层群众性自治组织是指基层群众自我管理、自我教育、自我服务的基层群众自治性组织，实行民主选举、民主决策、民主管理和民主监督。

2. 村民委员会和居民委员会在性质上是基层群众性自治组织，它们既不属于一级国家行政机关，也不属于一级国家权力机关。

3. 居民委员会、村民委员会一般由主任、副主任和委员若干人组成，同时可以根据工作需要设立若干专门委员会。居民委员会、村民委员会主任、副主任、委员以及普通村干部，不属于国家公务员。

但村委会成员从事村委会的工作，必然要占用大量时间和精力，影响自己的生产和生活，应当给予适当的补贴。村委会成员的补贴，可以从村民上交的提留中解决，也可以从集体经济上交村委会的收益中解决。

4. 村民委员会与基层（乡镇）人民政府的关系为：

（1）乡、民族乡、镇的人民政府对村民委员会的工作给予指导、支持和帮助，但不得干预依法属于村民自治范围内的事项；

(2)村民委员会协助乡、民族乡、镇的人民政府开展工作。

第六节　民族自治地方的自治机关

⊙民族自治机关

第一百一十二条　民族自治地方的自治机关是自治区、自治州、自治县的人民代表大会和人民政府。

●考点点拨

1. 民族自治地方的自治机关是在民族自治地方设立的政权机关，依法行使自治权。

2. 民族自治地方的自治机关是自治区、自治州、自治县的人民代表大会和人民政府。为了保证国家司法制度的统一性，自治区、自治州、自治县的监察机关、审判机关和检察机关不是民族自治机关，不行使自治权。

3. 民族自治地方的自治机关与普通行政机关相比：

(1)自治机关是国家一级地方政权机关，民族自治地方的人民代表大会和人民政府的产生、任期、职权、工作制度与普通地方的人民代表大会和人民政府相同；

(2)因为自治机关是在民族自治地方设立的，在自治机关的组成和权限方面又有其特殊性，主要表现为自治机关依法行使自治权。

⊙自治地方的人大及其常务委员会的组成

第一百一十三条　自治区、自治州、自治县的人民代表大会中，除实行区域自治的民族的代表外，其他居住在本行政区域内的民族也应当有适当名额的代表。

自治区、自治州、自治县的人民代表大会常务委员会中应当有实行区域自治的民族的公民担任主任或者副主任。

⊙民族自治地方的政府首长的人员

第一百一十四条　自治区主席、自治州州长、自治县县长由实行区域自治的民族的公民担任。

●考点点拨

非自治区、自治州、自治县的行政首长没有要求由相应的省、市、县的民族的公民担任。比如，担任广东省省长没有民族限制，但是担任广西壮族自治区的主席必须是壮族公民。

⊙民族自治地方的自治权

第一百一十五条　自治区、自治州、自治县的自治机关行使宪法第三章第五节规定的地方国家机关的职权，同时依照宪法、民族区域自治法和其他法律规定的权限行使自治权，根据本地方实际情况贯彻执行国家的法律、政策。

⊙自治条例和单行条例

第一百一十六条　民族自治地方的人民代表大会有权依照当地民族的政治、经济和文化的特点，制定自治条例和单行条例。自治区的自治条例和单行条例，报全国人民代表大会常务委员会批准后生效。自治州、自治县的自治条例和单行条例，报省或者自治区的人民代表大会常务委员会批准后生效，并报全国人民代表大会常务委员会备案。

●考点点拨

1. 自治条例：民族自治地方的人民代表大会根据《宪法》和法律规定，制定的有关管理自治地方区域自治的重大事项和基本问题的综合性法规。

2. 单行条例：民族自治地方的人民代表大会针对某一方面有关自治的具体问题而制定的专门性法规。

3. 制定机关：民族自治地方的人民代表大会有权依照当地民族的政治、经济和文化的特点，制定自治条例和单行条例。

4. 批准与备案机关：

(1)自治区制定的自治条例和单行条例，报全国人民代表大会常务委员会批准后生效；

(2)自治州、自治县制定的自治条例和单行条例，报省或者自治区的人民代表大会常务委员会批准后生效，并报全国人民代表大会常务委员会备案。

5. 变通规定的限制：自治条例和单行条例可以依照当地民族的特点，对法律和行政法规的规定作出变通规定，但不得违背法律或者行政法规的基本原则，不得对《宪法》和《民族区域自治法》的规定以及其他有关法律、行政法规专门就民族自治地方所作的规定作出变通规定。

⊙财政自治权

第一百一十七条　民族自治地方的自治机关有管理地方财政的自治权。凡是依照国家财政体制属于民族自治地方的财政收入，都应当由民族自治地方的自治机关自主地安排使用。

⊙地方性经济的自主权

第一百一十八条　民族自治地方的自治机关在国家计划的指导下，自主地安排和管理地方性的经济建设事业。

国家在民族自治地方开发资源、建设企业的时候,应当照顾民族自治地方的利益。

⊙地方文化事业的自主权

第一百一十九条　民族自治地方的自治机关自主地管理本地方的教育、科学、文化、卫生、体育事业,保护和整理民族的文化遗产,发展和繁荣民族文化。

⊙民族自治地方的公安部队

第一百二十条　民族自治地方的自治机关依照国家的军事制度和当地的实际需要,经国务院批准,可以组织本地方维护社会治安的公安部队。

⊙自治机关的公务语言

第一百二十一条　民族自治地方的自治机关在执行职务的时候,依照本民族自治地方自治条例的规定,使用当地通用的一种或者几种语言文字。

⊙国家对民族自治地方的帮助、扶持

第一百二十二条　国家从财政、物资、技术等方面帮助各少数民族加速发展经济建设和文化建设事业。

国家帮助民族自治地方从当地民族中大量培养各级干部、各种专业人才和技术工人。

第七节　监察委员会

★监察机关

第一百二十三条　中华人民共和国各级监察委员会是国家的监察机关。

●考点点拨

1. 本节所有规定均为2018年《宪法修正案》新增内容。

2. 监察机关的设立实现了国家对所有行使公权力的国家公职人员的监督全覆盖。

3. 监察机关的监察对象:

(1)公务员及参照《公务员法》管理的人员;

(2)法律、法规授权或者受国家机关依法委托管理公共事务的组织中从事公务的人员;

(3)国有企业管理人员;

(4)公办的教育、科研、文化、医疗卫生、体育等单位中从事管理的人员;

(5)基层群众性自治组织中从事管理的人员;

(6)其他依法履行公职的人员。

4. 原来检察机关只侦查职务犯罪行为,《监察法》规定监察机关既调查公职人员的职务违法行为,又调查职务犯罪行为。

◆关联法条

《中华人民共和国监察法》

第十一条　监察委员会依照本法和有关法律规定履行监督、调查、处置职责:

(一)对公职人员开展廉政教育,对其依法履职、秉公用权、廉洁从政从业以及道德操守情况进行监督检查;

(二)对涉嫌贪污贿赂、滥用职权、玩忽职守、权力寻租、利益输送、徇私舞弊以及浪费国家资财等职务违法和职务犯罪进行调查;

(三)对违法的公职人员依法作出政务处分决定;对履行职责不力、失职失责的领导人员进行问责;对涉嫌职务犯罪的,将调查结果移送人民检察院依法审查、提起公诉;向监察对象所在单位提出监察建议。

第十五条　监察机关对下列公职人员和有关人员进行监察:

(一)中国共产党机关、人民代表大会及其常务委员会机关、人民政府、监察委员会、人民法院、人民检察院、中国人民政治协商会议各级委员会机关、民主党派机关和工商业联合会机关的公务员,以及参照《中华人民共和国公务员法》管理的人员;

(二)法律、法规授权或者受国家机关依法委托管理公共事务的组织中从事公务的人员;

(三)国有企业管理人员;

(四)公办的教育、科研、文化、医疗卫生、体育等单位中从事管理的人员;

(五)基层群众性自治组织中从事管理的人员;

(六)其他依法履行公职的人员。

★监察委的组成与任期

第一百二十四条　中华人民共和国设立国家监察委员会和地方各级监察委员会。

监察委员会由下列人员组成:

主任,

副主任若干人,

委员若干人。

监察委员会主任每届任期同本级人民代表大会每届任期相同。国家监察委员会主任连续任职不得超过两届。

监察委员会的组织和职权由法律规定。

●考点点拨

1. 监察委员会的组成人员:主任1人、副主任若干人、委员若干人。

2. 连续任职不得超过两届的仅限于国家监察委

员会主任一职。

3. 监察委员会的组织和职权由法律规定，这个法律就是《监察法》。

☆ **真题回顾**

(2018 年多选)监察委员会由(　　)组成。

A. 主任　　B. 副主任若干人

C. 常委若干人　　D. 委员若干人

【解析】答案为 ABD。根据《宪法》第 124 条的规定，本题 A 项、B 项、D 项正确。

⊙各级监察机关间的关系

第一百二十五条　中华人民共和国国家监察委员会是最高监察机关。

国家监察委员会领导地方各级监察委员会的工作，上级监察委员会领导下级监察委员会的工作。

● **考点点拨**

1. 上下级监察委员会之间是领导与被领导的关系。

2. 在我国四级监察机构中，国家监察委员会即俗称的中央纪委监委，是中央一级的监察机关。作为最高监察机关，在我国监察体系中居于最高地位。

3. 国家监察委员会的最高地位主要体现在：

(1)国家监察委员会的组成人员由全国人民代表大会及其常务委员会选举或者任命产生。其中，国家监察委员会主任由全国人民代表大会选举产生，其他组成人员由主任提名，全国人民代表大会常务委员会任免。

(2)国家监察委员会负责全国监察工作，领导地方各级监察委员会的工作。

(3)国家监察委员会有权办理各级监察机关管辖范围内的监察事项。

4. 地方设省级监察委员会、市(地)级监察委员会、县级监察委员会，乡镇不设监察委员会。但是可以在乡镇设派驻机构。

⊙监察委与人大的关系

第一百二十六条　国家监察委员会对全国人民代表大会和全国人民代表大会常务委员会负责。地方各级监察委员会对产生它的国家权力机关和上一级监察委员会负责。

● **考点点拨**

1. 国家监察委员会由全国人民代表大会产生，地方各级监察委员会由本级人民代表大会产生。由人民代表大会产生国家监察机关，对人大负责、受人大监督。

2. 国家监察委员会对全国人民代表大会及其常务委员会负责并接受其监督，主要体现在三个方面：

(1)国家监察委员会的组成人员由全国人民代表大会及其常务委员会选举、任免；

(2)全国人民代表大会有权罢免国家监察委员会主任；

(3)国家监察委员会向全国人民代表大会常务委员会作专项工作报告，接受执法检查，接受人大代表和常务委员会组成人员就监察工作中的有关问题提出的询问和质询。

◆ **关联法条**

《中华人民共和国监察法》

第五十三条　各级监察委员会应当接受本级人民代表大会及其常务委员会的监督。

各级人民代表大会常务委员会听取和审议本级监察委员会的专项工作报告，组织执法检查。

县级以上各级人民代表大会及其常务委员会举行会议时，人民代表大会代表或者常务委员会组成人员可以依照法律规定的程序，就监察工作中的有关问题提出询问或者质询。

★ **监察委依法独立行使监察权**

第一百二十七条　监察委员会依照法律规定独立行使监察权，不受行政机关、社会团体和个人的干涉。

监察机关办理职务违法和职务犯罪案件，应当与审判机关、检察机关、执法部门互相配合，互相制约。

● **考点点拨**

1. "干涉"主要是指行政机关、社会团体和个人利用职权、地位，或者采取其他不正当手段干扰、影响监察人员依法行使职权的行为，如利用职权阻止监察人员开展案件调查，利用职权威胁、引诱他人不配合监察机关工作。

2. 审判机关是指各级人民法院，检察机关是指各级人民检察院，执法部门是指公安机关、国家安全机关、审计机关以及市场监管部门、质检部门、安全监管部门等行政执法部门。

3. "互相配合"主要是指监察机关与司法机关、执法部门在办理职务违法犯罪案件方面，要按照法律规定，在正确履行各自职责的基础上，互相支持，不能违反法律规定，各行其是，互不通气，甚至互相扯皮。

4. "互相制约"主要是指监察机关与司法机关、执法部门在追究职务违法犯罪过程中，通过程序上的制约，防止和及时纠正错误，以保证案件质量，正确应用法律惩罚违法犯罪。比如，监察机关决定通缉的，由公安机关发布通缉令，追捕归案。又如，对于监察机关移送的案件，检察机关经审查后，认为需要补充核实的，应当退回监察机关补充调查，必要时可以自行补充侦查。

☆**真题回顾**

(2017年单选)我国宪法规定，监察委员会依照法律规定独立行使监察权，不受(　　)的干涉。

A. 行政机关、社会团体和个人

B. 司法机关、社会团体和政党

C. 行政机关、审判机关和检察机关

D. 司法机关、社会组织和政党

【解析】答案为A。根据《宪法》第127条的规定，本题A项正确。

第八节　人民法院和人民检察院

⊙审判机关

第一百二十八条　中华人民共和国人民法院是国家的审判机关。

⊙人民法院的级别、组织和任期

第一百二十九条　中华人民共和国设立最高人民法院、地方各级人民法院和军事法院等专门人民法院。

最高人民法院院长每届任期同全国人民代表大会每届任期相同，连续任职不得超过两届。

人民法院的组织由法律规定。

●**考点点拨**

1. 中华人民共和国的审判权由下列人民法院行使：

(1)最高人民法院；

(2)地方各级人民法院；

(3)专门人民法院。

2. 地方各级人民法院分为：

(1)高级人民法院(如省、自治区、直辖市人民法院)；

(2)中级人民法院(如武汉市中级人民法院、北京市第一中级人民法院、自治州人民法院)；

(3)基层人民法院(如县人民法院、自治县人民法院、市辖区人民法院)。

3. 各级人民法院的人员组成和机构设置：院长1人，副院长、庭长、副庭长和审判员若干。各级人民法院可以设刑事审判庭、民事审判庭和经济审判庭以及其他需要设的审判庭。

4. 巡回法庭：为依法及时公正审理跨行政区域重大行政和民商事等案件，推动审判工作重心下移、就地解决纠纷、方便当事人诉讼，最高人民法院设立巡回法庭，受理巡回区内相关案件。

5. 巡回法庭是最高人民法院派出的常设审判机构。巡回法庭作出的判决、裁定和决定，是最高人民法院的判决、裁定和决定。

6. 目前，最高人民法院共设立了六个巡回法庭。第一巡回法庭设在广东省深圳市；第二巡回法庭设在辽宁省沈阳市；第三巡回法庭设在江苏省南京市；第四巡回法庭设在河南省郑州市；第五巡回法庭设在重庆市；第六巡回法庭设在陕西省西安市。

7. 专门人民法院主要包括军事法院、海事法院、知识产权法院、互联网法院、金融法院。

⊙审判公开原则和辩护原则

第一百三十条　人民法院审理案件，除法律规定的特别情况外，一律公开进行。被告人有权获得辩护。

●**考点点拨**

1. 审判公开原则是人民法院审理案件时必须坚持的司法原则，是指人民法院审理案件和宣告判决一律公开进行。

2. 所谓公开，包括两个方面的内容：

(1)对群众公开，即允许群众旁听。

(2)对社会公开，即人民法院审理案件，允许新闻记者采访报道，将案情和审理情况公之于众。

3. 一般只有在审理涉及国家秘密、个人隐私、商业秘密和未成年犯罪案件的特殊情况下，才不对案件进行公开审理。对于不公开审理的案件，也必须将判决结果对外公开。

4. 被告人有权获得辩护的含义包括：

(1)被告人有权为自己辩护。

(2)被告人有权聘请律师为自己辩护。

(3)被告人有权委托他人为自己辩护。

(4)人民法院认为必要时，可以指定辩护人为其辩护。

★**审判权独立**

第一百三十一条　人民法院依照法律规定独立行使审判权，不受行政机关、社会团体和个人的干涉。

●**考点点拨**

1. 人民法院依法独立行使审判权原则要求人民

法院在审判工作中要以事实为依据、以法律为准绳，独立进行审判，实事求是地对案件作出公正判决和裁定，不受任何组织、领导及其他个人的干涉。

2. 保证人民法院依法独立行使审判权，有利于保证国家审判权的统一行使，保证国家法律的统一执行，保证审判工作的正常进行，保证案件的正确判决。

3. 人民法院依法独立行使审判权并不意味着不受任何监督：

(1) 人民法院要向同级人大负责并报告工作，接受同级人大及其常务委员会的监督；

(2) 人民检察院是法律监督机关，人民法院的审判活动必须接受人民检察院依法进行的监督；

(3) 人民法院依法独立行使审判权，还应该接受党和人民群众的监督。

★各级审判机关间的关系

第一百三十二条　最高人民法院是最高审判机关。

最高人民法院监督地方各级人民法院和专门人民法院的审判工作，上级人民法院监督下级人民法院的审判工作。

●考点点拨

1. 上下级人民法院之间的关系是监督与被监督的关系，而不是领导与被领导的关系，下级人民法院的审判工作不需要依靠上级人民法院的直接领导和指挥。

2. 上级人民法院对下级人民法院的监督，是监督其在审理和判决案件时认定事实是否清楚，适用法律是否正确等。

3. 上级人民法院对下级人民法院审判工作的监督，主要通过以下方式进行：

(1) 上级人民法院对下级人民法院已经发生法律效力判决和裁定，如果发现确有错误，有权提审，或者指令下级人民法院再审；

(2) 上级人民法院有权审判对下级人民法院的判决和裁定不服的上诉案件和人民检察院提起抗诉的案件；

(3) 上级人民法院有权审理按照审判监督程序提起的案件。

4. 最高人民法院除了可以通过上述三种方式对地方各级人民法院和专门人民法院的审判工作进行监督之外，还可以对具体应用法律的问题作出解释，纠正下级人民法院审判过程中的违法和不当行为。

⊙法院与人大的关系

第一百三十三条　最高人民法院对全国人民代表大会和全国人民代表大会常务委员会负责。地方各级人民法院对产生它的国家权力机关负责。

⊙法律监督机关

第一百三十四条　中华人民共和国人民检察院是国家的法律监督机关。

●考点点拨

1. 法律监督，又称检察监督，是指通过人民检察院行使检察权，对国家机关及其工作人员和公民是否遵守宪法和法律进行监督，保障宪法和法律的统一实施。

2. 法律监督的对象：

(1) 对国家机关、国家机关工作人员是否违反《刑法》进行监督；

(2) 对在刑事诉讼中公安机关、人民法院和监狱等机关的活动是否合法进行监督；

(3) 对人民法院的民事审判和行政审判活动的事后监督。

⊙检察院的级别、组织和任期

第一百三十五条　中华人民共和国设立最高人民检察院、地方各级人民检察院和军事检察院等专门人民检察院。

最高人民检察院检察长每届任期同全国人民代表大会每届任期相同，连续任职不得超过两届。

人民检察院的组织由法律规定。

●考点点拨

1. 中华人民共和国设立最高人民检察院、地方各级人民检察院和军事检察院等专门人民检察院。

2. 地方各级人民检察院分为：

(1) 省、自治区、直辖市人民检察院；

(2) 省、自治区、直辖市人民检察院分院，自治州和省辖市人民检察院；

(3) 县、市、自治县和市辖区人民检察院。

3. 各级人民检察院的人员组成：检察长 1 人，副检察长和检察院员若干。

4. 各级人民检察院的工作机制：检察长统一领导检察院的工作。各级人民检察院设立检察委员会。检察委员会实现民主集中制，在检察长的主持下，讨论决定重大案件。如果检察长在重大问题上不同意多数人的决定，可以报请本级人民代表大会常务委员会决定。

5. 专门人民检察院主要包括军事检察院、铁路运输检察院。

6. 省一级人民检察院和县一级人民检察院，根据工作需要，提请本级人民代表大会常务委员会批准，可以在工矿区、农垦区、林区等区域设置人民检察院作为派出机构。但是这些区域的人民检察院仅为检察院的派出机构，而非专门人民检察院。

⊙检察权独立

第一百三十六条　人民检察院依照法律规定独立行使检察权，不受行政机关、社会团体和个人的干涉。

⊙检察机关间的关系

第一百三十七条　最高人民检察院是最高检察机关。

最高人民检察院领导地方各级人民检察院和专门人民检察院的工作，上级人民检察院领导下级人民检察院的工作。

●考点点拨

1. 上下级人民检察院之间是领导与被领导的关系。

2. 地方各级人民检察院对产生它的国家权力机关和上级人民检察院负责，最高人民检察院对全国人民代表大会及其常务委员会负责。

⊙检察院与人大的关系

第一百三十八条　最高人民检察院对全国人民代表大会和全国人民代表大会常务委员会负责。地方各级人民检察院对产生它的国家权力机关和上级人民检察院负责。

⊙诉讼语言

第一百三十九条　各民族公民都有用本民族语言文字进行诉讼的权利。人民法院和人民检察院对于不通晓当地通用的语言文字的诉讼参与人，应当为他们翻译。

在少数民族聚居或者多民族共同居住的地区，应当用当地通用的语言进行审理；起诉书、判决书、布告和其他文书应当根据实际需要使用当地通用的一种或者几种文字。

⊙司法机关间的分工与制衡原则

第一百四十条　人民法院、人民检察院和公安机关办理刑事案件，应当分工负责，互相配合，互相制约，以保证准确有效地执行法律。

●考点点拨

1. 公检法办理刑事案件的原则是分工负责，互相配合，互相制约。

2. 考生要牢记，出题人有可能以多选题形式进行命题。

（1）主体是“人民法院、人民检察院和公安机关”。

（2）情形是“刑事案件”。

（3）相互关系是“分工负责，互相配合，互相制约”。

第四章　国旗、国歌、国徽、首都

⊙国旗、国歌

第一百四十一条　中华人民共和国国旗是五星红旗。

中华人民共和国国歌是《义勇军进行曲》。

★国徽

第一百四十二条　中华人民共和国国徽，中间是五星照耀下的天安门，周围是谷穗和齿轮。

●考点点拨

1. 中华人民共和国国徽：中间是五星照耀下的天安门，周围是谷穗和齿轮。

2. 四颗小五角星环绕一个大五角星，象征着中国共产党领导下的全国人民的大团结。

3. 齿轮和谷穗象征着工人阶级领导下的工农联盟。

4. 天安门体现了中国人民的革命传统和民族精神，同时也是我们伟大祖国首都北京的象征。

5. 国徽在颜色上用正红色和金红色互为衬托对比，体现了中华民族特有的吉寿喜庆的民族色彩和传统，既庄严又富丽。

☆真题回顾

（2017年判断）中华人民共和国国徽，中间是五星照耀下的天安门，周围是谷穗和齿轮。（　　）

【解析】根据《宪法》第142条的规定，题干说法正确。

⊙首都

第一百四十三条　中华人民共和国首都是北京。

第二章　刑法备考要点和法条解读

第一节　刑法备考复习要点

一、刑法基本原则

（一）罪刑法定原则的基本含义是“法无明文规定不为罪，法无明文规定不处罚”，即“定罪要法定”“刑罚也要法定”。

（二）罪刑法定原则具体内容的体现

1. 形式上：

（1）禁止类推解释；

（2）禁止习惯法；

（3）禁止绝对不定期刑；

（4）禁止事后法。

2. 实质上：

（1）明确性原则；

（2）合理性原则。

二、刑法的效力范围

（一）刑法的空间效力：刑法对地和对人的效力范围，也就是要解决刑事管辖权的范围问题。

（二）刑法空间效力确立的原则

1. 属地原则；

2. 属人原则；

3. 保护原则；

4. 普遍原则。

（三）我国刑法关于空间效力的规定：以属地管辖原则为主、兼采其他管辖原则的刑事管辖体制。

（四）刑法的溯及力：从旧兼从轻原则。从旧兼从轻原则的意思是，首先应考虑适用旧法，当新旧法规定不同时，适用新法的基本条件是对其处罚较轻或不认为是犯罪。

三、犯罪概念与犯罪构成

（一）犯罪的三个特征：社会危害性、刑事违法性和应受刑罚处罚性。

1. 社会危害性：犯罪对国家和人民利益造成的危害。例如：重庆公交坠江事件，女乘客转动正在行驶中公交车方向盘的行为，已经将同一时间同一地点的其他车辆置于危险境地，具有社会危害性。某种行为虽然具有一定的社会危害性，但是情节显著轻微危害不大的，不认为是犯罪。

2. 刑事违法性：行为符合刑法规定的犯罪构成。例如，故意杀人罪的犯罪构成如下：

（1）客体要件是指侵害他人的生命权；

（2）客观要件是指有剥夺他人生命的行为；

（3）主体要件是指已满 14 周岁的人犯本罪；

（4）主观要件是指须有非法剥夺他人生命的故意。

3. 应受刑罚处罚性：对于违反刑法的犯罪行为，刑罚是犯罪的法律后果，如有期徒刑、无期徒刑、拘役、管制等。

（二）犯罪构成基本特征

1. 犯罪构成是一系列主客观要件的统一（定罪的主客观相统一原则）。

2. 犯罪构成要件反映和决定行为的社会危害性及其程度（构成要件的实质性功能）。

3. 行为成立犯罪所必须具备的诸要件，是由我国刑法加以规定的（构成要件的法定性）。

（三）犯罪构成与犯罪概念的关系

1. 犯罪概念从宏观上揭示了犯罪的社会政治特征和法律特征，是区分罪与非罪的总标准；

2. 犯罪构成则在犯罪概念的基础上阐明犯罪的内部结构及成立要件，犯罪构成是犯罪概念的具体化。

四、犯罪客体方面

（一）犯罪客体的概念：是我国《刑法》所保护的、为犯罪行为所侵害的社会关系。

（二）犯罪客体的分类

1. 一般客体，是指犯罪行为所侵害的社会关系，揭示所有犯罪的共同实质。

2. 同类客体，是指犯罪行为所侵害的一类社会关系，是刑法分则对犯罪进行分类的依据。

3. 直接客体，是指刑法分则条文规定的、犯罪行为所直接作用的具体人或具体物，决定具体犯罪行为的性质。

五、犯罪客观方面

（一）危害行为及其表现形式：危害行为是指在人的意志或意识支配下实施的危害社会的身体行为，是所有犯罪成立在客观方面唯一的必备要件。主要表现为作为和不作为,此外还包括持有。

(二)不作为:指行为人负有实施某种积极行为的特定法律义务,并且能够实行而不实行的行为。不作为的义务来源:

1. 法律明文规定的义务;

2. 职务或业务上要求的义务;

3. 法律行为引起的义务;

4. 先行行为引起的义务。

(三)危害结果:作为犯罪构成要件的危害结果,是指对直接客体所造成的损害事实。

(四)刑法因果关系:刑法上的因果关系是指危害行为与危害结果之间的因果联系。但确定了因果关系,只是为行为人负刑事责任提供了客观基础。

六、犯罪主体方面

(一)刑事责任能力:行为人辨认和控制自己行为能力。取决于两个因素:年龄、心智。

(二)刑法对刑事责任能力的划分

1. 完全刑事责任能力。年满18周岁,心智正常的人。

2. 完全无刑事责任能力。包括两种:

(1)未满14周岁的人;

(2)因精神疾病而不能辨认或控制自己行为能力的人。

3. 相对无刑事责任能力。具体指已满14周岁不满16周岁的人,这类人只对刑法规定的8类犯罪负刑事责任。

4. 限制刑事责任能力。主要包括四类:

(1)已满14周岁不满18周岁的未成年人;

(2)已满75周岁的人;

(3)又聋又哑的人或者盲人;

(4)尚未完全丧失辨认或控制自己行为能力的精神病人。

(三)刑事责任年龄:是指法律所规定的行为人对自己实施的刑法所禁止的危害社会的行为负刑事责任必须达到的年龄。

(四)刑法对刑事责任年龄的划分

1. 完全不负刑事责任年龄阶段:不满14周岁。

2. 相对负刑事责任年龄阶段:已满14周岁不满16周岁的人,犯故意杀人、故意伤害致人重伤或死亡、强奸、抢劫、贩卖毒品、放火、爆炸、投放危险物质罪的,应当负刑事责任。

3. 完全负刑事责任年龄阶段:已满16周岁。

(五)刑法关于未成年人犯罪案件的处理原则

1. 从宽处理原则。

2. 不适用死刑的原则。

七、犯罪主观方面

(一)犯罪故意:是指行为人明知自己的行为会发生危害社会的结果,并且希望或者放任这种结果发生的主观心理状态。

(二)犯罪故意的类型:

1. 直接故意。直接故意是指明知自己的行为必然或可能发生危害社会的结果,而希望这种结果发生的心理态度。比如,甲某明知乙某当晚在单位值班室值班,放火将值班室烧毁。

2. 间接故意。间接故意是指明知自己的行为可能会发生危害社会的结果,而放任这种结果发生的心理态度。比如,甲某知道乙某可能在值班室值班,放火将值班室烧毁,放任乙某被烧死这种结果的发生。

(三)犯罪过失:是指行为人应当预见到自己的行为可能发生危害社会的结果,因为疏忽大意而没有预见,或者已经预见而轻信能够避免的一种心理态度。

(四)犯罪过失的类型:

1. 疏忽大意的过失:指应当预见自己的行为可能会发生危害社会的结果,因为疏忽大意而没有预见,以致发生这种危害结果的心理态度。

2. 过于自信的过失:指已经预见到自己的行为可能会发生危害社会的结果,但轻信能够避免,以致发生这种结果的心理态度。

(五)犯罪目的:指犯罪人希望通过实施犯罪行为达到某种危害社会结果的心理态度。直接故意犯罪均具有犯罪目的。

(六)犯罪动机:指刺激犯罪人实施犯罪行为、以达到犯罪目的的内心冲动或者内心起因。

(七)认识错误:指行为人对自己行为的刑法性质、后果和有关的事实情况存在不正确的认识。分为法律认识错误和事实认识错误。

1. 法律认识错误通常对行为人的刑事责任无影响。

2. 在事实认识错误的情况下,如果属于对犯罪构成要件事实情况的错误认识,就可能影响行为人的刑事责任。

八、正当行为

(一)正当防卫:指为了使国家、公共利益、本人或者他人的人身、财产和其他权利免受正在进行的不法侵害,而对不法侵害者实施的制止其不法侵害且未明显超过必要限度的行为。

(二)正当防卫的条件:

1. 防卫意图(防卫合法权益);

2. 防卫起因（存在不法侵害）；

3. 防卫对象（不法侵害人本人）；

4. 防卫时间（不法侵害已经开始、尚未结束）；

5. 防卫限度（不能明显超过必要限度，对不法侵害人造成重大损害）。

（三）防卫过当：指防卫明显超过必要限度造成重大损害应当负刑事责任的行为。

九、故意犯罪的停止形态

（一）犯罪既遂：故意犯罪的完成形态，法律上以具备刑法分则规定的基本犯罪构成的全部要件为标准。

（二）犯罪预备形态：指行为人为实施犯罪开始准备工具、制造条件，但由于行为人意志以外的原因而未能着手犯罪实行行为的犯罪停止形态。犯罪预备形态的特征：

1. 客观特征：

（1）行为人已经开始实施犯罪的预备行为；

（2）行为人尚未着手犯罪的实行行为。

2. 主观特征：

（1）行为人进行犯罪预备活动的意图和目的，是为了顺利地着手实施和完成犯罪；

（2）犯罪在实行行为尚未着手时停止下来，是由于行为人意志以外的原因所致。

（三）犯罪未遂形态：指行为人已经着手实行具体犯罪构成的实行行为，由于其意志以外的原因而未能完成犯罪的一种犯罪停止形态。

1. 犯罪未遂形态的特征：

（1）行为人已经着手实行犯罪；

（2）犯罪未完成而停止下来；

（3）犯罪未完成是由于犯罪人意志以外的原因所致。

2. 犯罪未遂形态的类型：

（1）实行终了的未遂与未实行终了的未遂；

（2）能犯未遂与不能犯未遂。

（四）犯罪中止形态：指在犯罪过程中，行为人自动放弃犯罪，或者自动有效地防止犯罪结果的发生。

十、共同犯罪

（一）共同犯罪：指二人以上共同故意犯罪。

（二）共同犯罪的成立要件：主体为两人以上；客观上有共同的犯罪行为；主观上有共同的犯罪故意。

（三）主犯：指组织、领导犯罪集团进行犯罪活动的或者在共同犯罪中起主要作用的犯罪分子。包括两类：

1. 组织、领导犯罪集团进行犯罪活动的犯罪分子，即犯罪集团的首要分子；

2. 在共同犯罪中起主要作用的犯罪分子。

（四）教唆犯：指通过言语教唆，意图使他人产生犯意并实施犯罪行为的人。教唆犯不是共同犯罪中主犯、从犯、胁从犯之外的一类犯罪人，而是根据其在共同犯罪中的作用，在确定其刑事责任时，或者作为主犯，或者作为从犯。

十一、刑罚的体系和种类

（一）主刑：是对犯罪适用的主要刑罚方法。主刑只能独立适用，不能附加适用。对一个罪只能适用一个主刑，不能适用两种以上的主刑。主刑的种类包括管制、拘役、有期徒刑、无期徒刑、死刑。

1. 管制是一种限制自由刑，由司法行政机关社区矫正机构执行，刑期起算点为判决执行之日，判决执行以前先行羁押的，羁押1日折抵刑期2日。

2. 拘役是一种剥夺自由刑，由公安机关执行，刑期起算点为判决执行之日，判决执行以前先行羁押的，羁押1日折抵刑期1日。

3. 有期徒刑是一种剥夺自由刑，由监狱及其他执行场所执行，刑期起算点为判决执行之日，判决执行以前先行羁押的，羁押1日折抵刑期1日。

4. 无期徒刑是一种剥夺自由刑，由监狱执行，刑期起算点为判决确定之日，判决执行以前先行羁押的，不折抵刑期。因为无期徒刑本来就无须计算期限。

5. 死刑是一种剥夺生命权的刑罚，死刑只能适用于罪行极其严重的犯罪分子。

（二）附加刑：是补充主刑适用的刑罚方法。附加刑既可以附加于主刑适用，又可以独立适用。对同一个犯罪，可以同时判处两个以上的附加刑。附加刑的种类包括罚金、剥夺政治权利、没收财产、驱逐出境。

1. 罚金是剥夺犯罪分子一定数额的金钱的财产刑，适用于情节较轻的贪利性犯罪。

2. 剥夺政治权利是指剥夺犯罪分子选举权、被选举权等政治权利的一种刑罚。对于危害国家安全的犯罪分子应当附加剥夺政治权利；对于故意杀人、强奸、放火、爆炸、投毒、抢劫等严重破坏社会秩序的犯罪分子，可以附加剥夺政治权利。

3. 没收财产是剥夺犯罪分子现实所有的财产的一部分或者全部的一种财产刑，既可以没收金钱也可以没收其他财物。没收财产适用于危害国家安全罪及情节较为严重的其他刑事犯罪。

4. 驱逐出境是指对犯罪的外国人强迫离开中国国(边)境的一种特殊的刑罚方法。它只对犯罪的外国人适用,对本国人不适用。

(三)死刑的限制性规定

1. 死刑适用条件的限制:死刑只适用于罪行极其严重的犯罪分子。

2. 死刑适用对象的限制

(1)犯罪的时候不满18周岁的人不适用死刑。比如,甲某在实施投毒的时候距离18岁生日还有1个月,法院在甲某满18岁的时候审理该案,这就属于犯罪的时候不满18周岁的人不适用死刑的情形。

(2)审判的时候怀孕的妇女,不适用死刑,以及审判的时候已满75周岁的人,不适用死刑,但以特别残忍手段致人死亡的除外,这两种情况针对的是"审判的时候"的情形,而不是"犯罪的时候"的情况,应予注意。

(3)犯罪的时候不满18周岁的人不适用死刑这一规定,对于贯彻我国的慎杀、少杀政策及对青少年教育、挽救的方针,无论从理论上还是从司法实践上都具有很大的意义。审判的时候怀孕的妇女,不适用死刑,以及审判的时候已满75周岁的人,不适用死刑这一规定也是对于妇女和老年人权益的特殊保护。因为对于未成年人而言,"犯罪时"在"审判时"之前,犯罪嫌疑人更容易符合不满18周岁这一条件,故规定"犯罪的时候不满18周岁的人不适用死刑",体现国家法律的人性化。对于怀孕的妇女和已满75周岁的老年人而言,"审判时"也在"犯罪时"之后,更容易符合怀孕和已满75周岁的状态,故规定"审判时"怀孕的妇女以及已满75周岁的人不适用死刑,是一种更为人性化的规定。通俗来理解,立法原意就是将限制死刑的适用对象尽可能加以"扩大",让处于判处死刑"边缘"的人得以不被判处死刑,从而体现死刑的慎用和法律对老、幼、孕等特殊人群的照顾。

3. 死刑适用程序的限制

(1)在案件的管辖上,死刑案件只能由中级及以上人民法院进行一审。

(2)在程序上,死刑除依法由最高人民法院判决的外,都应当层报最高人民法院核准。

4. 死刑执行制度的限制

死刑执行制度的限制体现在死刑缓期执行,一般情况为2年,期满后的处理如下:

(1)在死刑缓期执行期间,如果没有故意犯罪,2年期满后,减为无期徒刑;

(2)在死刑缓期执行期间,如果确有重大立功表现,2年期满以后,减为25年有期徒刑;

(3)在死刑缓期执行期间,如果故意犯罪,情节恶劣,查证属实的,由最高人民法院核准,执行死刑。

(四)剥夺政治权利:指剥夺犯罪分子参加国家管理和政治活动权利的刑罚方法。

1. 剥夺政治权利的内容:

(1)选举权和被选举权;

(2)言论、出版、集会、结社、游行、示威自由的权利;

(3)担任国家机关职务的权利;

(4)担任国有公司、企业、事业单位和人民团体领导的权利。

2. 剥夺政治权利的起算:被判处有期徒刑、拘役附加剥夺政治权利的,剥夺政治权利的期限,从主刑执行完毕之日或者假释之日起算。剥夺政治权利的效力当然及于主刑执行期间。

十二、刑罚裁量制度

(一)普通累犯:指因故意犯罪被判处有期徒刑以上刑罚,在刑罚执行完毕或被赦免后,5年内再犯应当判处有期徒刑以上刑罚之故意犯罪的犯罪人。普通累犯的构成条件:

1. 前罪和后罪都必须是故意犯罪;

2. 前罪被判处有期徒刑以上刑罚,后罪应当被判处有期徒刑以上刑罚;

3. 后罪发生在前罪刑罚执行完毕或被赦免以后5年内。

(二)特别累犯:指曾犯危害国家安全罪、恐怖活动罪、黑社会性质组织罪受过刑罚处罚,刑罚执行完毕或被赦免后,在任何时候再犯上述同种犯罪的犯罪分子。特别累犯的构成条件:

1. 前罪和后罪必须都是危害国家安全罪;

2. 前罪被判处的刑罚和后罪应判处的刑罚的种类及其轻重不受限制;

3. 前罪刑罚执行完毕或被赦免后,任何时候再犯危害国家安全罪,均构成特别累犯。

(三)一般自首:指犯罪分子犯罪以后自动投案,如实供述自己的罪行的行为。一般自首的构成条件:

1. 自动投案;

2. 如实供述自己的罪行。

(四)特别自首:指被采取强制措施的犯罪嫌疑人、被告人或正在服刑的罪犯,如实供述司法机关还未掌握的本人其他罪行的行为。特别自首的构成条件:

1. 主体必须是被采取强制措施的犯罪嫌疑人、被

告人或正在服刑的罪犯;

2. 必须如实供述司法机关还未掌握的本人其他罪行。

(五)数罪并罚:指对一人所犯数罪合并处罚的制度。数罪并罚原则的适用:

1. 判决宣告后刑罚执行完毕前发现漏罪的并罚:先并后减;

2. 判决宣告后刑罚执行完毕前又犯新罪的并罚:先减后并。

(六)缓刑:指人民法院对于被判处拘役、3 年以下有期徒刑的犯罪分子,根据其犯罪情节和悔罪表现,认为暂缓执行原判刑罚,确实不致再危害社会的,规定一定的考验期,暂缓其刑罚的执行,若被判刑的犯罪分子在考验期内未发生应撤销缓刑的法定事由,原判刑罚就不再执行的制度。缓刑的适用条件:

1. 犯罪分子被判处拘役或 3 年以下有期徒刑的刑罚;

2. 犯罪分子不是累犯;

3. 根据犯罪分子的犯罪情节和悔罪表现,认为适用缓刑确实不致再危害社会。

十三、刑罚执行制度

(一)减刑:指对于被判处管制、拘役、有期徒刑和无期徒刑的犯罪分子,在刑罚执行期间,由于确有悔改或者立功表现,因而将其原判刑罚予以适当减轻的一种刑罚执行制度。

(二)假释:指对被判处有期徒刑和无期徒刑的犯罪分子,在执行一定刑期之后,因其遵守监规,接受教育和改造,确有悔改表现,不致再危害社会,而附条件地将其予以提前释放的制度。假释只适用于被判处有期徒刑或无期徒刑的犯罪分子。但不适用于累犯以及因杀人、爆炸、抢劫、强奸、绑架等暴力性犯罪被判处 10 年以上有期徒刑、无期徒刑的犯罪分子。

十四、分则罪名

(一)危害国家安全罪

1. 社会主义制度是中华人民共和国的根本制度,是我国的基本国家性质,禁止任何组织或者个人破坏社会主义制度。这是每个公民最基本的义务。

2. 国家安全是最重要的,所以将危害国家安全罪放在刑法分则的第一章。本章是特殊累犯成立所要求的三种犯罪之一,本章的所有罪名,因为危害了国家安全,故均应被附加剥夺政治权利。同时,可以并处没收财产。

(二)危害公共安全罪

1. 危害公共安全罪保护的法益——“公共安全”,是指不特定或者多数人的生命、身体或者财产。

2. 本章的故意犯罪主要是危险犯;过失犯罪为结果犯。本章中的过失犯罪比较多,有一般过失犯罪、业务过失犯罪。考生应重点注意放火罪、决水罪、爆炸罪、投放危险物质罪、以危险方法危害公共安全罪这些罪名。

(三)破坏社会主义市场经济秩序罪

1. 本章是为了保护正常的市场经济秩序而设立的犯罪。

2. 考生应该重点注意本章中的生产、销售伪劣商品罪;走私罪;妨害对公司、企业的管理秩序罪;货币犯罪和票证犯罪;贷款犯罪和洗钱罪;非法集资犯罪;金融诈骗罪;危害税收征管罪;侵犯知识产权罪;扰乱市场秩序罪。

(四)侵犯公民人身权利、民主权利罪

1. 本章所侵犯的法益是公民的人身权利和民主权利,是指侵犯公民人身和与人身直接有关的权利,非法剥夺或妨碍公民自由行使依法享有的管理国家事务和参加社会政治活动权利,以及妨害公民婚姻、家庭权利的行为。本章犯罪包括侵犯生命健康的犯罪、侵犯性自主权的犯罪、侵犯人身自由的犯罪、侵犯名誉的犯罪、侵犯民主权利的犯罪、妨害婚姻的犯罪。

2. 考生应该重点注意故意杀人罪、过失杀人罪、故意伤害罪、过失致人重伤罪、强奸罪、强迫卖淫罪、非法拘禁罪、非法侵入住宅罪、侮辱罪、诽谤罪、刑讯逼供罪、诬告陷害罪、报复陷害罪这些罪名。

(五)侵犯财产罪

1. 侵犯财产罪所侵犯的法益是财产权利。

2. 考生要重点注意抢劫罪、抢夺罪、盗窃罪、诈骗罪、敲诈勒索罪、故意毁坏财物罪这些罪名。

(六)妨害社会管理秩序罪

1. 妨害社会管理秩序罪,是指妨害国家机关对社会的管理活动,破坏社会正常秩序,情节严重的行为。

2. 本类犯罪具有如下共同特征:

(1)客体是社会管理秩序;

(2)客观方面表现为妨害国家对社会的管理活动,破坏社会正常秩序,情节严重的行为;

(3)犯罪的主体多数是一般主体,也有少数是特殊主体,多数犯罪的主体只限于自然人,少数犯罪既可以由自然人构成,也可以由单位构成,还有个别犯罪的主体只能是单位,如非法采集、供应血液、制作、供应血液制品罪;

(4)主观方面绝大多数表现为故意,个别犯罪表现为过失。

3. 考生应该重点注意妨害公务罪；妨害国(边)境管理罪；走私、贩卖、制造、运输毒品罪；组织、强迫、引诱、容留、介绍卖淫罪；制作、贩卖、传播淫秽物品罪这些罪名。

(七)危害国防利益罪

1. "国防利益"是指满足国防需要的保障条件与利益，包括国防物质基础、作战与军事行动秩序、国防自身安全、武装力量建设、国防管理秩序等。

2. 本章要重点掌握的有冒充军人招摇撞骗罪等罪名。

(八)贪污贿赂犯罪

1. 贪污贿赂罪是指贪污公共财物、挪用公款、私分国有资产、罚没资产等公共财物，索取、收受贿赂，以及巨额财产来源不明等其他有损国家工作人员职务廉洁性，依法应受刑事处罚的行为的总称。

2. 考生要重点注意贪污罪、挪用公款罪、受贿罪、单位受贿罪、利用影响力受贿罪、行贿罪、对有影响力的人行贿罪、对单位行贿罪、介绍贿赂罪、单位行贿罪、巨额财产来源不明罪这些罪名。

(九)渎职罪

1. 渎职罪是指国家机关工作人员利用职务上的便利或者徇私舞弊、滥用职权、玩忽职守，妨害国家机关的正常活动，损害公众对国家机关工作人员职务活动客观公正性的信赖，致使国家与人民利益遭受重大损失的行为。

2. 刑法规定渎职罪是为了保护国家机关的正常活动以及公众对国家机关工作人员职务活动客观公正性的信赖。考生要重点注意滥用职权罪、玩忽职守罪、徇私枉法罪、私放在押人员罪、失职致使在押人员脱逃罪这些罪名。

(十)军人违反职责罪

1. 本章犯罪侵犯的是国家的军事利益。

2. 本类犯罪的犯罪构成：

(1)客观方面表现为行为人实施了违反军人职责、危害国家军事利益的行为；

(2)犯罪的主体为特殊主体，即军人；

(3)主观方面主要为故意犯罪，少数可以由过失构成，有些犯罪还要求特定的目的，如战时自伤罪，必须以逃避作战义务为目的。

(4)客体为国家的军事利益。

第二节　刑法重点法条解读及真题回顾

中华人民共和国刑法

［1979 年 7 月 1 日第五届全国人民代表大会第二次会议通过　1997 年 3 月 14 日第八届全国人民代表大会第五次会议修订　根据 1999 年 12 月 25 日《中华人民共和国刑法修正案》、2001 年 8 月 31 日《中华人民共和国刑法修正案(二)》、2001 年 12 月 29 日《中华人民共和国刑法修正案(三)》、2002 年 12 月 28 日《中华人民共和国刑法修正案(四)》、2005 年 2 月 28 日《中华人民共和国刑法修正案(五)》、2006 年 6 月 29 日《中华人民共和国刑法修正案(六)》、2009 年 2 月 28 日《中华人民共和国刑法修正案(七)》、2011 年 2 月 25 日《中华人民共和国刑法修正案(八)》、2015 年 8 月 29 日《中华人民共和国刑法修正案(九)》、2017 年 11 月 4 日《中华人民共和国刑法修正案(十)》修正］

目　　录

第一编　总　　则

第一章　刑法的任务、基本原则和适用范围

⊙立法宗旨

第一条　为了惩罚犯罪，保护人民，根据宪法，结合我国同犯罪作斗争的具体经验及实际情况，制定本法。

⊙本法任务

第二条　中华人民共和国刑法的任务，是用刑罚同一切犯罪行为作斗争，以保卫国家安全，保卫人民民主专政的政权和社会主义制度，保护国有财产和劳动群众集体所有的财产，保护公民私人所有的财产，保护公民的人身权利、民主权利和其他权利，维护社会秩序、经济秩序，保障社会主义建设事业的顺利进行。

★罪刑法定

第三条　法律明文规定为犯罪行为的，依照法律定罪处刑；法律没有明文规定为犯罪行为的，不得定罪处刑。

●考点点拨

1. 罪刑法定原则基本含义是“法无明文规定不为罪，法无明文规定不处罚”，即“定罪要法定”“刑罚也要法定”。

2. 罪刑法定原则具体内容：

(1)在形式上体现为：①禁止类推解释；②禁止习惯法；③禁止绝对不定期刑；④禁止事后法。

(2)在实质上体现为：①明确性原则；②合理性原则。

★适用刑法人人平等

第四条　对任何人犯罪，在适用法律上一律平等。不允许任何人有超越法律的特权。

●考点点拨

考生要注意这里的“一律平等”的真正含义，平等并不是指完全相同，对不同主体，如不满 18 周岁的未成年人或者精神病人，适用法律不相同，其最终刑罚也并不一定相等。

☆真题回顾

(2017 年多选)下列关于刑法的原则，说法不正确的有(　　)。

A. 对任何人犯罪，在适用法律上一律平等

B. 对任何人犯罪，在适用法律上一律相同

C. 对任何人犯罪，在适用法律基本平等

D. 领导干部犯罪可以考虑工作实绩适当予以减轻

E. 刑法的平等原则就是指任何人犯同样的罪应当给予同样的处罚

【解析】答案为 BCDE。根据《刑法》第 4 条的规定，本题 A 项说法正确，C 项与 D 项错误。同时，平等不是相同，也不是同样，对不同主体，如不满 18 周岁的未成年人或者精神病人，适用法律不相同，其最终刑罚也并不一定相等，故本题 B 项、E 项错误。本

题要求选择错误选项，故应选择 B 项、C 项、D 项、E 项。

⊙罪责刑相适应

第五条　刑罚的轻重，应当与犯罪分子所犯罪行和承担的刑事责任相适应。

●考点点拨

1. 罪责刑相适应是指犯多大的罪，就应承担多大的刑事责任，法院也应判处其相应轻重的刑罚，做到重罪重罚，轻罪轻罚，罚当其罪，罪刑相称。

2. 在分析罪重罪轻和刑事责任大小时，不仅要看犯罪的客观社会危害性，而且要结合考虑行为人的主观恶性和人身危险性，把握罪行和罪犯各方面因素综合体现的社会危害性程度，从而确定其刑事责任程度，适用相应轻重的刑罚。

3. 刑罚的轻重不是单纯地与犯罪分子所犯罪行相适应，而且要与犯罪分子承担的刑事责任相适应，也即在犯罪与刑罚之间通过刑事责任这个中介间因素来调节。

★属地管辖权

第六条　凡在中华人民共和国领域内犯罪的，除法律有特别规定的以外，都适用本法。

凡在中华人民共和国船舶或者航空器内犯罪的，也适用本法。

犯罪的行为或者结果有一项发生在中华人民共和国领域内的，就认为是在中华人民共和国领域内犯罪。

●考点点拨

1. 属地管辖原则在《刑法》的空间体系中处于基础地位。

2. 属地管辖中的特别规定：享有外交特权和豁免权的外国人在我国境内犯罪，以及制定了变通或补充规定的民族自治地方的居民犯罪是本条原则的例外适用情形。

3. 无论是民用还是军用的船舶与航空器都是我国领土的自然延伸。

4. 犯罪的行为包括犯罪的实施行为和预备行为。共同犯罪有部分犯罪分子的行为在国内发生，该共同犯罪都可以适用《刑法》；在未遂犯的场合，行为人行为地和行为人希望结果发生地、可能发生结果地，均为犯罪地。

⊙属人管辖权

第七条　中华人民共和国公民在中华人民共和国领域外犯本法规定之罪的，适用本法，但是按本法规定的最高刑为三年以下有期徒刑的，可以不予追究。

中华人民共和国国家工作人员和军人在中华人民共和国领域外犯本法规定之罪的，适用本法。

●考点点拨

1. 属人管辖的适用条件是中国公民在国外犯罪，在国内犯罪不能适用属人原则。

2. “不予追究”是指不认为是犯罪，不予追究刑事责任，而不是“是犯罪但免予起诉”。

3. 国家工作人员和军人，不适用前述“可以不追究”的规定，即必须追究。

4. 可以不追究的依据所犯罪名的法定最高刑是 3 年以下，而不是最终确定的刑期是 3 年以下。比如，过失致人重伤罪规定的是过失伤害他人致人重伤的，处 3 年以下有期徒刑或者拘役，这就属于法定最高刑是 3 年以下的情况；侵占罪中规定，对于将代为保管的他人财物非法占为己有数额巨大或者有其他严重情节的，处 2 年以上 5 年以下有期徒刑，并处罚金，如果最后判了 2 年的有期徒刑，这属于“最终确定的刑期是 3 年以下”的情形，但是侵占罪数额巨大或者有其他严重情节的这种情况的法定最高刑为 5 年，不属于“所犯罪名的法定最高刑是 3 年以下”，就不属于“可以不予追究”的情形。

⊙保护管辖权

第八条　外国人在中华人民共和国领域外对中华人民共和国国家或者公民犯罪，而按本法规定的最低刑为三年以上有期徒刑的，可以适用本法，但是按照犯罪地的法律不受处罚的除外。

⊙普遍管辖权

第九条　对于中华人民共和国缔结或者参加的国际条约所规定的罪行，中华人民共和国在所承担条约义务的范围内行使刑事管辖权的，适用本法。

●考点点拨

1. 普遍管辖权原则是国际法“原则”之一。根据这一原则，无论被控犯罪之人的国籍、居住国与起诉国关系如何，即使该罪行是在起诉国领土之外犯下的，该国也可以对该人行使刑事管辖权。由于所犯罪行被认为是危害全人类的，并且罪行极为严重，不容有管辖权争议，因此任何国家都有权对其加以惩罚。

2. 我国依据普遍管辖权管辖某案件时，定罪量刑的依据不是中国缔结或参加的国际公约，而是中国

《刑法》。

⊙对外国刑事判决的消极承认

第十条　凡在中华人民共和国领域外犯罪，依照本法应当负刑事责任的，虽然经过外国审判，仍然可以依照本法追究，但是在外国已经受过刑罚处罚的，可以免除或者减轻处罚。

⊙外交代表刑事管辖豁免

第十一条　享有外交特权和豁免权的外国人的刑事责任，通过外交途径解决。

★刑法溯及力

第十二条　中华人民共和国成立以后本法施行以前的行为，如果当时的法律不认为是犯罪的，适用当时的法律；如果当时的法律认为是犯罪的，依照本法总则第四章第八节的规定应当追诉的，按照当时的法律追究刑事责任，但是如果本法不认为是犯罪或者处刑较轻的，适用本法。

本法施行以前，依照当时的法律已经作出的生效判决，继续有效。

●考点点拨

1. 刑法的时间效力最主要解决的是刑法溯及力问题，我国在溯及力问题上采取的是"从旧兼从轻"原则。

2. 首先应考虑适用旧法，当新旧法规定不同时，适用新法的基本条件是对其处罚较轻或不认为是犯罪。

3. 本条适用范围只能是未决犯，即还没有经过审理裁判犯罪嫌疑人、被告人。

4. 犯罪行为由新法生效前持续到新法生效后，或者犯罪行为由新法生效前连续到新法生效后，新旧刑法都认为是犯罪的，一律适用新法。

◆关联法条

最高人民法院《关于适用刑法第十二条几个问题的解释》

第一条　刑法第十二条规定的"处刑较轻"，是指刑法对某种犯罪规定的刑罚即法定刑比修订前刑法轻。法定刑较轻是指法定最高刑较轻；如果法定最高刑相同，则指法定最低刑较轻。

第二条　如果刑法规定的某一犯罪只有一个法定刑幅度，法定最高刑或者最低刑是指该法定刑幅度的最高刑或者最低刑；如果刑法规定的某一犯罪有两个以上的法定刑幅度，法定最高刑或者最低刑是指具体犯罪行为应当适用的法定刑幅度的最高刑或者最低刑。

☆真题回顾

（2017年单选）2011年5月1日以后已满75周岁的人故意犯罪的，可以从轻或者减轻处罚。过失犯罪的，应当从轻或减轻处罚。这体现了我国《刑法》适用（　　）原则。

A. 从旧兼从轻

B. 从新兼从重

C. 从新

D. 从新兼从轻

【解析】答案为A。根据《刑法》第12条的规定，我国刑法采取的是从旧兼从轻原则，即对犯罪行为的追究应当按照实施犯罪行为当时的刑法，不能按照最新的刑法；但是如果新的刑法规定对被告人处罚更轻则按照新的刑法。故A项正确。

第二章　犯　　罪

第一节　犯罪和刑事责任

★犯罪概念

第十三条　一切危害国家主权、领土完整和安全，分裂国家、颠覆人民民主专政的政权和推翻社会主义制度，破坏社会秩序和经济秩序，侵犯国有财产或者劳动群众集体所有的财产，侵犯公民私人所有的财产，侵犯公民的人身权利、民主权利和其他权利，以及其他危害社会的行为，依照法律应当受刑罚处罚的，都是犯罪，但是情节显著轻微危害不大的，不认为是犯罪。

●考点点拨

犯罪具有三个特征：社会危害性、刑事违法性和应受刑罚处罚性。

1. 社会危害性：犯罪对国家和人民利益造成的危害。比如，重庆公交坠江事件，女乘客转动正在行驶的公交车方向盘的行为，已经将同一时间同一地点的其他车辆置于危险境地，具有社会危害性，危害了不特定多数人的生命健康安全，显然构成了犯罪。但是，有些行为虽然具有一定的社会危害性，但是情节显著轻微危害不大的，不认为是犯罪。比如，甲某用弹弓打下树上的小鸟，但反弹下来的弹丸将树底下的小女儿手臂擦伤，这种行为虽然具有社会危害性，但是情节显著轻微危害不大，因而不认为是犯罪。

2. 刑事违法性：行为符合刑法规定的犯罪构成。比如故意杀人罪：

(1)客体要件是指侵害他人的生命权;

(2)客观要件是指有剥夺他人生命的行为;

(3)主体要件是指已满14周岁的人犯本罪;

(4)主观要件是指须有非法剥夺他人生命的故意。

3. 应受刑罚处罚性:对于违反刑法的犯罪行为,刑罚是犯罪的法律后果,如有期徒刑、无期徒刑、拘役、管制等。

★故意犯罪

第十四条　明知自己的行为会发生危害社会的结果,并且希望或者放任这种结果发生,因而构成犯罪的,是故意犯罪。

故意犯罪,应当负刑事责任。

●考点点拨

1. 故意分两种,即直接故意和间接故意。

(1)直接故意是指明知自己的行为必然或可能发生危害社会的结果,而希望这种结果发生的心理态度。比如,甲某明知乙某当晚在单位值班室值班,放火将值班室烧毁。

(2)间接故意是指明知自己的行为可能会发生危害社会的结果,而放任这种结果发生的心理态度。比如,甲某知道乙某可能在值班室值班,放火将值班室烧毁,放任乙某被烧死这种结果的发生。

2. 故意是认识因素与意志因素的统一,因此对客观事实的认识错误可能影响故意。认识错误是指行为人的认识与实际情况不一致,并不一定意味着行为人产生了错误的认识。事实认识错误分为具体的事实认识错误与抽象的事实认识错误。

(1)具体的事实认识错误是指行为人认识到的事实与实际发生的事实虽然不一致,但没有超出同一犯罪构成的范围。具体的事实认识错误又可以分为对象错误、打击错误和因果关系的错误。

①对象错误是指行为人误把甲对象当作乙对象加以侵害,而甲对象与乙对象的法益相同,行为人的认识内容与客观事实仍属同一犯罪构成的情况。比如,行为人本欲杀甲某,黑夜里却将乙某当作甲某杀害。

②打击错误是指由于行为本身的误差,导致行为人所欲打击的对象与实际受害的对象不一致,但这种不一致仍然没有超出同一犯罪构成。比如,行为人举枪射击甲,但因枪法不准而击中了乙,导致了乙的死亡。

③因果关系的错误是指侵害的对象没有错误,但造成侵害的因果关系的发展过程与行为人所预想的过程不一致,以及侵害结果推后或者提前发生的情况。因果关系的错误又可以分为三种:狭义的因果关系的错误、事前故意、犯罪构成的提前实现。

A. 狭义的因果关系的错误:是指结果的发生不是按照行为人对因果关系的发展所预见的进程来实现的情况。比如,甲以杀人的故意用刀刺杀乙,仅使乙受伤,但乙为血友病患者,因流血过多而死亡。行为人对因果关系发展的具体样态的认识错误,不影响故意犯罪既遂的成立。

B. 事前故意:是指行为人误认为自己的第一个行为已经造成了结果,出于其他目的进而实施了第二个行为,实际上是第二个行为导致了预期的结果的出现。比如,甲以杀人的故意对乙实施暴力造成乙休克后,甲以为乙已经死亡,为了隐匿罪迹,将乙扔至水中,实际上乙是溺死在水中,而不是直接被甲打死。在这种情况下,第一个行为与死亡结果之间的因果关系并未中断,即仍应当肯定第一个行为与死亡结果的因果关系,而且现实所发生的结果与行为人意欲实现的结果完全一致,故应认定为故意杀人罪的既遂。

C. 犯罪构成的提前实现:是指提前实现了行为人所预想的结果。比如,甲准备使乙吃安眠药熟睡后再将其杀死,但未待甲实施杀死的行为时,乙由于吃了过量的安眠药而死亡。这种情况下应认定甲成立故意杀人罪的既遂。

(2)抽象的事实认识错误是指行为人所认识的事实与现实所发生的事实,分别属于不同的犯罪构成。抽象的事实错误只有对象错误和打击错误两种。

①对象错误是指行为人误把甲对象当作乙对象加以侵害,而甲对象与乙对象体现不同的法益,分属不同的犯罪构成。比如,行为人本欲盗窃一般财物,却误将枪支当作一般财物进行盗窃,这种认识错误超出了犯罪构成的范围,行为人所认识的事实与现实所发生的事实分别属于不同的犯罪构成。

②打击错误是指由于行为本身的错误,导致行为人所欲攻击的对象与实际受害对象不一致,而且这种不一致超出了同一犯罪构成。比如,行为人本欲射击甲某但因没有瞄准,而将甲某身边价值近万元的宠物打死。

对于抽象的事实认识错误,应当在主客观相统一的范围内认定,不能仅根据行为人的故意内容或仅根据行为的客观事实认定犯罪。原则上应认定为轻罪的既遂犯;如果重罪的未遂犯处罚更重的,认定为重罪的未遂犯。

★**过失犯罪**

第十五条　应当预见自己的行为可能发生危害社会的结果,因为疏忽大意而没有预见,或者已经预见而轻信能够避免,以致发生这种结果的,是过失犯罪。

过失犯罪,法律有规定的才负刑事责任。

●**考点点拨**

1. 过失分两种,即疏忽大意的过失和过于自信的过失。

(1)疏忽大意的过失是指应当预见自己的行为可能会发生危害社会的结果,因为疏忽大意而没有预见,以致发生这种危害结果的心理态度。

(2)过于自信的过失是指已经预见到自己的行为可能会发生危害社会的结果,但轻信能够避免,以致发生这种结果的心理态度。

2. 过于自信的过失与间接故意既有相似之处又有区别。相似之处在于二者均认识到危害结果可能会发生,并且都不希望危害结果的发生。但二者也存在明显的区别:

(1)就认识因素而言,过于自信的过失的行为人已然预见到了危害结果可能会发生,但预见的程度要远远低于间接故意的行为人。

(2)就意志因素而言,间接故意是放任危害结果的发生,结果的发生符合行为人的意志;而过于自信的过失则是希望结果不要发生,最终结果的发生违背了行为人的意志。

(3)间接故意的行为人是为了实现其他意图而实施行为,主观上根本不考虑是否可以避免危害结果的发生;而过于自信的过失的行为人之所以实施其行为,是因为考虑到可以避免危害结果的发生。

(4)过于自信过失的行为人不但反对危害结果的发生,而且为防止危害结果的发生,通常会采取一定的防范措施或避免措施;而间接故意的行为人由于是放任危害结果的发生,则不会这么做。

☆**真题回顾**

(2018年多选)下列情形属于过失犯罪的有(　　)。

A. 应当预见自己的行为可能发生危害社会的结果,因为疏忽大意而没有预见,以致发生了危害结果的

B. 已经预见自己的行为可能发生危害社会的结果,轻信能够避免,以致发生了危害结果的

C. 由于不能抗拒的原因产生了危害结果的

D. 由于客观上不可能预见的原因引起了危害结果的

E. 明知自己的行为会发生危害社会的结果,却放任结果发生的

【解析】答案为AB。根据《刑法》第15条第1款的规定,犯罪的责任阶层是犯罪论中的核心内容,过失在主观上分为疏忽大意的过失和过于自信的过失。故A项、B项正确,当选。由于不能抗拒的原因或者是客观上不能预见的原因引起了危害结果的,可能属于意外事件,或者属于客观违法阻却事由(正当防卫或者紧急避险)等,不构成犯罪,故C项、D项错误。明知自己的行为会发生危害结果却放任结果发生的,属于故意犯罪中的间接故意,故E项错误。因此,A项、B项当选。

⊙不可抗力和意外事件

第十六条　行为在客观上虽然造成了损害结果,但是不是出于故意或者过失,而是由于不能抗拒或者不能预见的原因所引起的,不是犯罪。

●**考点点拨**

意外事件与疏忽大意的过失都是没有预见到自己行为的结果,客观上又都发生了损害结果,区别在于:

1. 意外事件是不能预见、不应预见的。比如,某汽车司机在雨夜行车,从农民铺放在公路上的稻草上驶过,轧死了睡在稻草下的一位瘦小的精神病人。在当时的情况下,司机不可能预见到有人雨夜睡在稻草下,因而是意外事件。

2. 疏忽大意的过失只是由于疏忽大意没有预见而已。比如,女子把9个月的女儿留在车内致其中毒身亡,被判无罪,因为其本身没有主观恶意,她不具有汽车停止行驶后继续使用空调会让汽车发动机怠速空转,造成燃油燃烧不充分,导致车内一氧化碳浓度提高而致人死亡的专业知识,对造成孩子死亡的严重后果无法预见,不存在过失,因而是疏忽大意的过失。

★**刑事责任年龄**

第十七条　已满十六周岁的人犯罪,应当负刑事责任。

已满十四周岁不满十六周岁的人,犯故意杀人、故意伤害致人重伤或者死亡、强奸、抢劫、贩卖毒品、放火、爆炸、投放危险物质罪的,应当负刑事责任。

已满十四周岁不满十八周岁的人犯罪,应当从轻或者减轻处罚。

因不满十六周岁不予刑事处罚的,责令他的家长

或者监护人加以管教;在必要的时候,也可以由政府收容教养。

第十七条之一　已满75周岁的人故意犯罪的,可以从轻或者减轻处罚;过失犯罪的,应当从轻或者减轻处罚。

●考点点拨

1. 刑法规定的上述8种犯罪,是指8种具体犯罪行为而非8个具体的罪名,且均为故意犯罪。

2. 已满14周岁不满18周岁的人犯罪,在量刑上应当从轻或者减轻处罚。考生要注意,"应当"就是必须的意思,没有自由裁量的余地。

3. 关于年龄计算的基准。在行为实施和结果发生有较长间隔的情况下,应按照行为时计算年龄。比如,甲某在14岁之前在乙某的水杯里投毒,在甲某15岁的时候,乙某体内毒素积累导致其最终死亡,因为甲某在行为时不满14周岁,故不负刑事责任。

4. 刑事责任能力的认定:

(1)完全无刑事责任能力。包括:

①未满14周岁的幼儿;

②丧失辨认或者控制自己行为能力的精神病人。

(2)相对无刑事责任能力。具体指已满14周岁不满16周岁的人,只对刑法规定的8类犯罪负刑事责任。

(3)限制刑事责任能力。包括:

①已满14周岁不满18周岁的未成年人;

②已满75周岁的人;

③又聋又哑的人或者盲人;

④尚未完全丧失辨认或者控制自己行为能力的精神病人。限制刑事责任能力并不影响刑事责任的有无,只是影响行为人刑事责任的程度。

(4)完全刑事责任能力。即已满18周岁的精神正常的人。间歇性精神病人在精神正常期间犯罪的,也属于完全刑事责任能力。

◆关联法条

最高人民法院《关于审理未成年人刑事案件具体应用法律若干问题的解释》

第二条　刑法第十七条规定的"周岁",按照公历的年、月、日计算,从周岁生日的第二天起算。

★特殊人员的刑事责任能力

第十八条　精神病人在不能辨认或者不能控制自己行为的时候造成危害结果,经法定程序鉴定确认的,不负刑事责任,但是应当责令他的家属或者监护人严加看管和医疗;在必要的时候,由政府强制医疗。

间歇性的精神病人在精神正常的时候犯罪,应当负刑事责任。

尚未完全丧失辨认或者控制自己行为能力的精神病人犯罪的,应当负刑事责任,但是可以从轻或者减轻处罚。

醉酒的人犯罪,应当负刑事责任。

●考点点拨

1. 对于一般公民来说,只要达到一定的年龄,生理和智力发育正常,就具有了相应的辨认和控制自己行为的能力,从而具有刑事责任能力。对于精神病人刑事责任能力:

(1)间歇性的精神病人在精神正常的时候犯罪,应当负刑事责任;

(2)尚未完全丧失辨认或者控制自己行为能力的精神病人犯罪的,应当负刑事责任,但是可以从轻或者减轻处罚;

(3)精神病人在不能辨认或者不能控制自己行为的时候造成危害结果,经法定程序鉴定确认的,不负刑事责任。

2. "醉酒的人犯罪,应当负刑事责任。"这主要是考虑到醉酒的人并未完全丧失辨认、控制自己行为的能力,而且行为人对自己的行为是否会导致醉酒的发生,完全有控制能力。为了杜绝故意借醉酒滋事甚至行凶的犯罪行为,法律规定醉酒的人犯罪应当负刑事责任。

⊙又聋又哑的人或盲人犯罪的刑事责任

第十九条　又聋又哑的人或者盲人犯罪,可以从轻、减轻或者免除处罚。

●考点点拨

1. 又聋又哑的人和盲人由于生理上的缺陷,他们在接受教育以及参加社会实践活动等方面必然受到一定的限制,其辨别是非的能力比正常人要差。所以,法律规定对他们的犯罪可以从轻、减轻或者免除处罚。

2. 又聋又哑的人犯罪,才可以从轻、减轻或者免除处罚,仅仅聋或者仅仅哑的人犯罪不满足此条规定。

★正当防卫

第二十条　为了使国家、公共利益、本人或者他人的人身、财产和其他权利免受正在进行的不法侵害,而采取的制止不法侵害的行为,对不法侵害人造成损害的,属于正当防卫,不负刑事责任。

正当防卫明显超过必要限度造成重大损害的,应当负刑事责任，但是应当减轻或者免除处罚。

对正在进行行凶、杀人、抢劫、强奸、绑架以及其他严重危及人身安全的暴力犯罪，采取防卫行为，造成不法侵害人伤亡的，不属于防卫过当，不负刑事责任。

●考点点拨

正当防卫的构成要件是主客观要件的统一：

1. 起因条件

不法侵害是正当防卫的起因，没有不法侵害就无从谈及正当防卫。作为防卫起因的不法侵害必须具备两个基本特征：社会侵害性与侵害紧迫性。

2. 对象条件

正当防卫的性质决定了它只能通过对不法侵害人的人身或者财产造成一定损害的方法来实现防卫意图。正当防卫的对象主要是不法侵害人的人身。在某些特定情况下，物也可以成为防卫对象，如咬人的狗。

3. 主观条件

一般来说，防卫意识包括防卫认识与防卫意志。

(1)防卫认识，是指防卫人认识到不法侵害正在进行；

(2)防卫意志，是指防卫人为了保护国家、公共利益、本人或者他人的人身、财产和其他权利免受正在进行的不法侵害的目的。

(3)偶然防卫，是指故意或者过失侵害他人法益的行为，符合了正当防卫客观条件的情况。比如，甲在故意枪击乙时，乙恰好正在持枪瞄准丙，对丙实施故意杀人行为，但甲对乙的行为一无所知。上述情形，不成立犯罪。这是因为，虽然行为人甲主观上具有犯罪故意，但其客观行为没有侵犯《刑法》所保护的法益，相反《刑法》还允许以造成损害的方式保护另一法益。可见，偶然防卫不成立犯罪的根本原因在于其缺乏法益侵害性。

4. 时间条件

正当防卫是为制止不法侵害而采取的反击行为，必须面临着正在进行的不法侵害才可以采取。所谓不法侵害正在进行，是指侵害处于实行阶段，这个阶段可以表述为不法侵害已经开始且尚未结束。

5. 限度条件

正当防卫行为不能超过必要的限度。正当防卫的限度条件是其与防卫过当相区分的法律界限。这里的必要限度，应综合考量以下三个方面的因素：

(1)不法侵害的强度。即不法侵害行为的性质、行为对客体已经造成的损害结果的轻重以及造成这种损害结果的手段、工具和打击部位等因素的统一。如果大于不法侵害的防卫强度不是为制止不法侵害所必需，则是超过了正当防卫的必要限度。

(2)不法侵害的缓急。不法侵害的缓急对于认定防卫强度具有重要意义，特别是在防卫强度大于侵害强度的情况下，考察该大于不法侵害的防卫强度是否为制止不法侵害所必需。

(3)不法侵害的权益。根据不法侵害的权益在确定是否超过必要限度中的作用，为保护重大的权益而将不法侵害人杀死，可以认为是为制止不法侵害所必需，因而没有超过正当防卫的必要限度。

6. 防卫过当

防卫过当并不是一个独立的罪名。因此，在司法实践中，对于防卫过当，应当根据行为人的主观罪过与客观后果，援引相应的刑法分则条文定罪。对于防卫过当的，应当减轻或者免除处罚。

7. 特殊防卫的构成要件

(1)犯罪性质必须是暴力犯罪；

(2)这些犯罪严重危及人身安全；只要是严重危及人身安全的暴力犯罪即可，罪名无所谓；

(3)采取防卫行为，必须符合正当防卫的起因条件、时间条件和主观条件。

⊙紧急避险

第二十一条　为了使国家、公共利益、本人或者他人的人身、财产和其他权利免受正在发生的危险，不得已采取的紧急避险行为，造成损害的，不负刑事责任。

紧急避险超过必要限度造成不应有的损害的，应当负刑事责任，但是应当减轻或者免除处罚。

第一款中关于避免本人危险的规定，不适用于职务上、业务上负有特定责任的人。

●考点点拨

1. 紧急避险的成立条件同样是主客观要件的统一。

2. 起因条件：合法权益面临现实危险。

(1)危险的来源：大自然的自发力量造成的危险；动物的袭击造成的危险；疾病、饥饿等特殊情况形成的危险；人的危害行为造成的危险等。

(2)对自己招致的针对本人的危险，能否实行紧急避险？

行为人有意识地制造自己与他人的法益之间的冲突，引起危险状态的，不成立紧急避险，如相互斗殴的行为。行为人虽然故意、过失或者意外实施了某种违法犯罪行为，但不是故意制造法益之间的冲突，却发生了没有预想的重大危险时，存在紧急避险的余地。

（3）自己招致的针对他人的危险，应允许紧急避险。比如，甲的行为导致对乙的生命产生危险，甲便可以通过适当地损害丙的利益避免乙的生命危险。

（4）假想避险。不存在面临的现实危险，行为人误以为存在危险的。

3. 时间条件：危险正在发生。

4. 限制条件：出于不得已损害另一法益。

5. 主观条件：必须有避险意识。

6. 限度条件：必须没有超过必要限度造成不应有的损害。原则上所造成的损害不能超过所避免的损害，并且，所造成的损害也只限于足以排除危险所必需的损害。

7. 避险过当。避险行为超过必要限度造成不应有的损害的，成立避险过当。避险过当本身不是罪名，避险过当的，应当减轻或者免除处罚。

8. 紧急避险和正当防卫的区别

（1）对象不同：紧急避险的对象只能是无辜的第三者，而正当防卫的对象则是不法侵害人本人，例外情况可以是其动物。

（2）危险来源不同：紧急避险的危险来源包括自然界的力量、动物的侵袭、疾病饥饿形成的危险、人的侵害行为，而正当防卫的危险来源只能是不法侵害人的侵害行为。

（3）紧迫性条件要求不同：紧急避险要求必须是迫不得已才能实施，而正当防卫则无此要求。

（4）主体条件要求不同：紧急避险不能适用于职务上、业务上负有特定职责的人，而正当防卫则无此要求。

（5）限度条件不同：紧急避险造成的损害必须要小于所保护的法益将受到的损害，而正当防卫虽然也有此种限度要求，但特殊防卫的场合下，造成的损害则可以等于甚至大于所保护的法益可能受到的损害。

第二节　犯罪的预备、未遂和中止

★犯罪预备

第二十二条　为了犯罪，准备工具、制造条件的，是犯罪预备。

对于预备犯，可以比照既遂犯从轻、减轻处罚或者免除处罚。

●考点点拨

1. 主观上为了犯罪。从犯罪预备阶段与犯罪实行阶段的关系来看，这里的“为了犯罪”实际上是指为了实行犯罪，即为了实施犯罪的实行行为。

2. 客观上实施了犯罪预备的行为。预备行为已经对刑法所保护的法益构成了一种威胁，但预备行为只是为实行行为创造便利条件，因而不可能直接造成实行行为所要造成的危害结果。预备行为可以分为两类：准备工具行为与制造条件行为。

（1）准备工具行为主要表现为：购买某种物品作为犯罪工具、制造犯罪工具、改装物品以使之适应犯罪需要、租借或盗窃他人的物品以作为犯罪工具等。

（2）制造条件行为主要表现为：调查犯罪场所与被害人行踪、出发前往犯罪地点或者等候被害人的到来、诱骗被害人前往犯罪场所等。

3. 事实上未能着手实行犯罪。这是犯罪预备与犯罪未遂的根本区别，如果已经着手实行犯罪，则变成犯罪未遂。未能着手实行犯罪，又可以分为两种情况：

（1）预备行为没有完成，因而不可能着手实行犯罪，比如，甲某打算在乙某每天下班的路上埋伏杀掉乙某，但那天临时有事未进行埋伏这一个预备行为；

（2）预备行为虽然已经完成，但由于某种原因而未能着手实行犯罪，比如，甲某打算在乙某每天下班的路上埋伏杀掉乙某，但那天在埋伏时家里临时有急事，甲某未等到乙某就回家了。

4. 未能着手实行犯罪是由于行为人意志以外的原因。比如，还是上面的例子，甲某打算在乙某每天下班的路上埋伏杀掉乙某，但那天在埋伏时家里临时有急事，甲某未等到乙某就回家了，甲某是由于行为人意志以外的原因未能着手实行犯罪。

5. 犯罪预备与犯意表示。犯意表示一般是指以口头、书面或者其他方法，将真实犯罪意图表现于外部的行为。犯罪预备行为与犯意表示具有显著的区别：

（1）犯罪预备行为是准备工具、制造条件，因而已经对刑法所保护的法益造成了现实的威胁；

（2）犯意表示并没有对实行犯罪起促进作用，只是单纯的犯意流露行为，对刑法所保护的法益没有造成任何威胁。正是基于此原因，刑法只处罚犯罪预备行为而不处罚犯意表示。比如，甲某和乙某有矛盾，甲某扬言要杀掉乙某，但并没有具体的行为，这就是犯意表示。

6. 犯罪预备的刑事责任。对于预备犯，可以比照既遂犯从轻、减轻或者免除处罚。

★犯罪未遂

第二十三条　已经着手实行犯罪，由于犯罪分子意志以外的原因而未得逞的，是犯罪未遂。

对于未遂犯，可以比照既遂犯从轻或者减轻处罚。

●考点点拨

1. 犯罪未遂的构成要件

(1)已经着手实行犯罪。这是犯罪未遂与犯罪预备的根本区别。着手是实行行为的起点，着手标志是犯罪行为进入到了实行阶段，着手意味着开始实施刑法分则所规定的具体犯罪构成要件的行为。

(2)犯罪未能得逞。这是犯罪未遂与犯罪既遂的根本区别。犯罪未得逞，是指犯罪行为没有具备刑法分则条文规定的某一犯罪的全部构成要件。

(3)犯罪未得逞是由于犯罪分子意志以外的原因"欲达目的而不能"。这是犯罪未遂与犯罪中止的根本区别。犯罪分子意志以外的原因，是指始终违背犯罪分子意志的，客观上使犯罪不可能既遂，或者使犯罪人认为不可能既遂因而被迫停止犯罪的原因。这里的"不能"应以行为人主观上的判断为标准。

2. 犯罪未遂的刑事责任

对于未遂犯，可以比照既遂犯从轻或者减轻处罚。考生要注意，此处法条规定的是"可以"，而不是"应当"，立法意图在于，犯罪未遂本来就是"犯罪分子意志以外的原因而未得逞"，并非其个人主观原意造成"未遂"，因此，立法将是否从轻或者减轻处罚的自由裁量权给了人民法院，由法官根据案件的事实、证据及当时的情形来判断是否需要从轻或者减轻处罚。

☆真题回顾

(2018 年多选)下列不属于犯罪未遂的有(　　)。

A. 甲欲杀害乙，自感力不从心，便极力要求朋友丙一起前往，丙劝阻甲不要杀害乙，甲不听劝阻，丙遂打电话报案，民警火速赶到，将正在赶赴乙家途中的甲抓获

B. 周某用猎枪瞄准正在骑马的李某，欲将其打死，枪响后立即逃走，结果马被打死，李某负轻伤

C. 黄某向检察机关投寄诬告信，捏造马某贪污国家财产 5 万元的事实，后来因为惧怕承担法律责任，就在检察机关立案追究前撤回控告

D. 刘某夜间潜入某妇女房内企图实施强奸，他摸索着往妇女床前走时不慎踢响了地上的脸盆，该妇女惊醒后大呼有贼，刘某害怕，迅速逃离

E. 张某用刀砍杀赵某，赵某当场昏倒，张某以为赵某已死，迅即离开，赵某因失血过多而死亡

【解析】答案为 ACDE。本题主要考查犯罪未遂情节的认定。根据《刑法》第 23 条的规定，犯罪未遂的认定关键在于是否正确认识"着手"和"犯罪未得逞是由于犯罪分子意志以外的原因"，即欲为而不能为。行为人已经着手实行犯罪，是指行为人开始实施刑法分则规定的作为某种具体犯罪构成要件的行为。行为人意志以外的原因，是指行为人没有预料到或不能控制的主客观原因。A 项中，甲正在前往乙家中的路上被抓获，并未开始实行犯罪，属于犯罪预备。B 项中，周某故意用猎枪瞄准被害人，属于高度危险性行为，已属于着手犯罪，但由于射击不准确的原因构成了故意杀人罪未遂。C 项中，诬告陷害罪是捏造事实诬告陷害他人，意图使他人受刑事追究的行为。本罪侵犯的客体是他人的人身权利和司法机关的正常活动。按照有关规定，捏造的犯罪事实情节严重的，即可立案追究，并不因为是否撤回起诉就无需承担法律责任。而贪污罪在 5000 元以上即可构成犯罪，黄某构成诬告陷害罪，但中途主动撤回控告，构成犯罪中止。D 项中，首先对刘某的行为进行评价，是否符合强奸罪的构成要件。强奸罪指违背妇女意志，使用暴力、胁迫或者其他手段，强行与妇女发生性交的行为，刘某并未开始实施强奸的行为，侵入住所的行为对妇女的性法益的侵害与入户盗窃对财产法益的侵害的紧迫性不能相提并论，因此，不能认定构成强奸罪的既遂，刘某的行为构成犯罪预备。E 项中，张某构成故意杀人罪既遂，并未当场死亡并不影响犯罪构成和因果关系的认定，不存在异常介入因素，属于犯罪结果的延迟发生，同样构成犯罪既遂。因此，A 项、C 项、D 项、E 项不属于犯罪未遂，当选。

★犯罪中止

第二十四条　在犯罪过程中，自动放弃犯罪或者自动有效地防止犯罪结果发生的，是犯罪中止。

对于中止犯，没有造成损害的，应当免除处罚；造成损害的，应当减轻处罚。

●考点点拨

1. 犯罪中止的构成要件

(1)时间条件：发生在犯罪过程中。

①包括犯罪预备阶段、实行阶段、实行终了阶段。

②犯罪既遂以后，返还原物、赔偿损失，只能算犯罪后的悔罪表现，不能成立犯罪中止。

③已经成立其他犯罪停止形态的，不可能成立犯罪中止，除非另外实施了一个新的犯罪行为。

(2)主观条件：中止的自动性(能达目的而不欲)。“自动”应理解为：行为人认识到客观上可能继续实施犯罪或者可能既遂，但自愿放弃原来的犯罪意图。比如，因为个人矛盾，甲某打算在乙某每天下班的路上埋伏杀掉乙某，后来想到乙某曾经还帮过自己，良心悔悟，决定不杀乙某了。

(3)客观条件：必须具有中止行为。即除行为人主观上具有中止的意图之外，客观上还必须有中止行为。中止必须具有彻底性。即犯罪人在犯罪过程中彻底打消了把犯罪继续进行下去的念头。自动中止可重复侵害行为的，成立犯罪中止。

2. 犯罪中止的刑事责任

对于中止犯，没有造成损害的，应当免除处罚；造成损害的，应当减轻处罚。考生要注意，此处法条规定的是“应当”，而不是“可以”，立法意图在于，鼓励犯罪人幡然醒悟，自动中止犯罪行为，以避免犯罪危害后果的发生。

第三节　共同犯罪

★共同犯罪

第二十五条　共同犯罪是指二人以上共同故意犯罪。

二人以上共同过失犯罪，不以共同犯罪论处；应当负刑事责任的，按照他们所犯的罪分别处罚。

●考点点拨

1. 共同犯罪的特点

(1)主客观统一性：共同犯罪要求2人以上既有共同的故意，又有共同的行为，而且二者之间具有统一关系。

(2)整体性：共同犯罪是2人以上在共同故意支配下实施犯罪行为而形成的一个整体，绝不是个人行为的简单相加。“部分行为全部责任”，一人既遂，全体既遂。比如，甲某和乙某共同协商去抢劫银行，乙某只负责开车接送甲某，即使乙某未实际参与抢劫，也以抢劫罪定罪处罚。

(3)犯罪类型、共犯人的差异性：共同犯罪的类型不同，其社会危害性也不同。

2. 共同犯罪与犯罪构成的关系

(1)2人以上在同一犯罪构成的前提下，分别具有不同的加重情节或者减轻情节的，不影响共同犯罪的成立。比如，甲教唆乙去路边抢劫，乙入户抢劫。

(2)如果2人以上持不同的故意共同实施了某种行为，只就他们所实施的性质相同的部分成立共同犯罪。

3. 共同犯罪的成立条件

(1)主体上：必须2人以上。

①“2人以上”包括：2个以上的自然人、2个以上的单位。

②共同犯罪的各个自然人，必须均达到相应的刑事责任年龄、具有相应的刑事责任能力。比如，甲某教唆10岁的乙某去盗窃，甲某和乙某不构成共同犯罪。

③单位犯罪时，直接负责的主管人员及其他直接责任人员，与该单位本身不能成立共同犯罪。

(2)主观上：必须有共同故意。

①共同的犯罪故意。但不要求故意的形式与具体内容完全相同。

②各共犯人主观上相互沟通，彼此联络，都认识到自己不是在孤立地实施犯罪，而是在和他人一起共同犯罪。

③片面共犯，指参与同一犯罪的人中，一方认识到自己是在和他人共同犯罪，而另一方却没有认识到有他人和自己共同犯罪。具体又分为三类：

一是片面的共同正犯，即实行的一方没有认识到另一方的实行行为。比如，乙正欲对丙实施强奸行为，甲在乙不知情的情况下，使用暴力将丙打伤，乙得以顺利实施奸淫行为，但乙并未认识到甲帮助自己实施强奸行为的意思。

二是片面的教唆犯，即被教唆者没有意识到自己被教唆的情况。比如，甲将乙的妻子丙与他人通奸的照片和一支枪放在乙的桌子上，乙发现后立即产生杀人故意，将丙杀死。

三是片面的帮助犯，即实行的一方没有认识到另一方的帮助行为。

④承继的共犯，又称事前无通谋的共犯，即先行为人已经实施了一部分犯罪行为后，后行为人以共犯的故意参与实行犯罪或者提供帮助的情况。在承继的共犯场合，后行为人与先行为人成立共同犯罪，但后行为人对参与之前的先行为人的行为所产生的结果不承担责任。

(3)客观上：必须有共同行为。

①共同行为，不仅指各共犯人都实施了属于同一构成要件的行为，而且指各共犯人的行为在共同归因支配下相互配合、相互协调、相互补充，形成一个整体。

②共同行为，意味着各共犯人的行为与犯罪结果之间都具有因果关系。

③共同行为，可以表现为三种情况：一是共同的作为；二是共同的不作为；三是作为与不作为相结合。

（4）不成立共同犯罪的情形。

①过失犯罪不成立共同犯罪。

②同时犯不成立共同犯罪。

③实行过限。超出共同故意之外的犯罪，过限部分不是共同犯罪。

④事前无通谋的窝藏、包庇、窝赃、销赃行为，事后提供帮助的不构成共同犯罪。

★主犯

第二十六条　组织、领导犯罪集团进行犯罪活动的或者在共同犯罪中起主要作用的，是主犯。

三人以上为共同实施犯罪而组成的较为固定的犯罪组织，是犯罪集团。

对组织、领导犯罪集团的首要分子，按照集团所犯的全部罪行处罚。

对于第三款规定以外的主犯，应当按照其所参与的或者组织、指挥的全部犯罪处罚。

●考点点拨

1. 主犯的分类

主犯包括两类：

（1）组织、领导犯罪集团进行犯罪活动的犯罪分子；

（2）其他在共同犯罪中起主要作用的犯罪分子，即除犯罪集团的首要分子以外的在共同犯罪中对共同犯罪的形成、实施与完成起决定或重要作用的犯罪分子。

2. 主犯与首要分子的关系

首要分子分为两类：

（1）犯罪集团中的首要分子；

（2）聚众犯罪中的首要分子。

3. 首要分子与主犯的联系与区别

（1）犯罪集团中的首要分子均是主犯。

（2）犯罪集团中的主犯不一定是首要分子。

（3）聚众犯罪中的首要分子不一定是主犯。主犯不一定是首要分子；首要分子也不一定是主犯。

4. 主犯的刑事责任

（1）对于犯罪集团的首要分子，按照集团所犯的全部罪行处罚。

（2）对于犯罪集团的首要分子以外的主犯，又可以分为两种情况：

①对于组织、指挥共同犯罪的人，如聚众共同犯罪的首要分子，应当按照其组织、指挥的全部犯罪处罚；

②对于没有从事组织、指挥活动但在共同犯罪中起主要作用的人，应按其参与的全部犯罪处罚。

☆真题回顾

（2018年多选）李某在某乡组织一批物业青年以收“保护费”起家，先后开设多个公司，并拉拢当地乡长作为靠山，长期霸占当地的皮货市场，逐步形成了一个以其本人为首的组织体系，在李某的领导下，该犯罪组织杀死不服从其管理的商户4人，强奸妇女3人，同时，为牟取暴利李某还在当地开设赌场，李某构成（　　）。

A. 组织、领导、参加黑社会性质组织罪

B. 故意杀人罪

C. 强奸罪

D. 开设赌场罪

E. 非法经营罪

【解析】答案为ABCD。《刑法》第26条规定了主犯、犯罪集团，第294条第1款规定了组织、领导、参加黑社会性质组织罪，第232条规定了故意杀人罪，第236条规定了强奸罪，第303条第2款规定了开设赌场罪，李某作为首要分子，对集团所犯的全部罪行均应承担责任，同时适用数罪并罚。故A项、B项、C项、D项正确，当选。第225条规定了非法经营罪，客观方面表现为未经许可经营专营、专卖物品或者其他限制买卖的物品、买卖进出口许可证、进出口原产地证明以及其他法律、行政法规规定的经营许可证或者批准文件，以及从事其他非法经营活动，扰乱市场秩序，情节严重的行为。李某及其团伙以收保护费起家，长期霸占当地皮货市场，形成垄断优势，但皮货市场并非国家特许行业，不符合非法经营罪的犯罪特征，因而不构成非法经营罪，故E项不当选。

★从犯

第二十七条　在共同犯罪中起次要或者辅助作用的，是从犯。

对于从犯，应当从轻、减轻处罚或者免除处罚。

●考点点拨

1. 从犯类型：起次要作用的实行犯、起辅助作用的帮助犯。

2. 帮助犯是从犯，但有的情况下《刑法》将帮助犯作为独立的犯罪作了规定，如协助组织卖淫罪。在此种情况下，协助组织卖淫行为就不能再被认为是帮助犯，而是独立的犯罪。实行犯所起作用较小的，也可以是从犯。

3. 处罚：对于从犯，应当从轻、减轻或者免除处罚。考生应当注意，此处的规定是“应当”，不是“可以”，立法意图在于，从犯本来就是在共同犯罪中起次要或者辅助作用的人，应当从轻、减轻处罚或者免除处罚才符合“罪责刑相适应”的刑法原则。

4. 在共同犯罪中，只有主犯没有从犯的现象是存在的，但只有从犯没有主犯的现象是不存在的。

☆**真题回顾**

（2018年单选）根据《刑法》，在共同犯罪中起次要或者辅助作用的，是（　　）。

A. 从犯　　B. 帮助犯

C. 共犯　　D. 胁从犯

【解析】答案为A。《刑法》第27条第1款规定：“在共同犯罪中起次要或者辅助作用的，是从犯。”本题为概念基础性问题，考生应准确把握。A项正确，当选。

⊙胁从犯

第二十八条　对于被胁迫参加犯罪的，应当按照他的犯罪情节减轻处罚或者免除处罚。

●**考点点拨**

1. 胁从犯的转化：行为人起先是因为被胁迫而参加犯罪，但后来积极主动地实施犯罪行为，在共同犯罪中起主要作用，不宜再认定为胁从犯，而是主犯。

2. 行为人身体完全受强制、完全丧失意志自由时实施的某种行为，以及符合紧急避险条件的行为，不成立胁从犯。

3. 不包括被诱骗参加犯罪的人。

★**教唆犯**

第二十九条　教唆他人犯罪的，应当按照他在共同犯罪中所起的作用处罚。教唆不满十八周岁的人犯罪的，应当从重处罚。

如果被教唆的人没有犯被教唆的罪，对于教唆犯，可以从轻或者减轻处罚。

●**考点点拨**

1. 教唆犯的成立条件

（1）教唆的对象合格：教唆的对象是具有刑事责任能力的人，否则教唆者成立间接正犯。

（2）教唆的对象特定，且必须有教唆行为。

2. 教唆犯的认定

（1）定罪：对于教唆犯，按照所教唆的罪定罪处罚。

（2）接受教唆的，也按教唆犯处罚。

3. 教唆犯的责任

（1）按照其在共同犯罪中的作用处罚。

（2）教唆不满18周岁的人犯罪，从重处罚。

（3）如果被教唆的人没有犯被教唆的罪，即教唆未遂，对于教唆犯可以从轻或者减轻处罚。教唆未遂，主要分为如下四种情况：

①被教唆的人拒绝了教唆犯的教唆。

②被教的人虽然接受教唆，但并没有实施犯罪行为。

③被教唆的人实施的犯罪并不是教唆犯的教唆行为所致。

④被教唆的人虽然实施了犯罪，但与教唆犯所教唆的犯罪性质完全不同。

4. 教唆犯的罪过形式：只能是故意。教唆犯既可以是主犯也可以是从犯。

第四节　单位犯罪

⊙单位负刑事责任的范围

第三十条　公司、企业、事业单位、机关、团体实施的危害社会的行为，法律规定为单位犯罪的，应当负刑事责任。

●**考点点拨**

1. 单位犯罪的成立要件

（1）主体要件

单位犯罪的主体必须是依法成立、拥有一定财产或经费、能以自己的名义承担责任的公司、企业、事业单位、机关、团体。应注意以下几点：

①符合我国法人资格条件的外国公司、企业、事业单位，在我国领域内实施危害社会的行为，根据刑法规定构成犯罪的，应当依照刑法关于单位犯罪的规定追究刑事责任。

②单位犯罪的主体应是依法成立的组织。

③单位犯罪主体的形式具有多样性。可以是公司、企业、事业单位，或者机关团体。

（2）行为要件

①单位犯罪是在单位整体意志下实施的，具体表现为由单位的决策机构按照决策程序作出决定。

②单位犯罪的行为表现为单位的整体决策行为，以及直接责任者的具体行为两个方面。

③单位犯罪的行为与其经营管理活动具有一定的关联性。

（3）主观要件

就故意、过失内容本身而言，单位犯罪与自然人犯罪并没有什么区别。刑法总则关于故意、过失的规定,同样适用于单位犯罪。

2. 不以单位犯罪论处的情形

(1)盗用单位名义实施犯罪,违法所得由实施犯罪的个人私分的,依照刑法有关自然人犯罪的规定定罪处罚。

(2)公司、企业、事业单位设立后,以实施犯罪为主要活动的。单位本身虽具有合法性,但从事的活动具有非法性。

(3)个人为进行违法犯罪活动而设立的公司、企业、事业单位实施犯罪的。此种情况下,单位本身不具有合法性。

(4)法律没有规定可以由单位构成的犯罪。

⊙单位犯罪的处罚原则

第三十一条　单位犯罪的,对单位判处罚金,并对其直接负责的主管人员和其他直接责任人员判处刑罚。本法分则和其他法律另有规定的,依照规定。

●考点点拨

1. 只有当刑法规定了单位可以成为某种犯罪的主体时,才可能将单位实施的危害性行为认定为单位犯罪。

2. 原则上是双罚制。对单位判处罚金,并对直接负责的主管人员和其他直接责任人员判处相应的刑罚。例外是单罚制。只处罚单位的直接负责人员,不再处罚单位本身。

3. 对犯罪单位本身判处刑罚,只能判处罚金刑。

第三章　刑　　罚

第一节　刑罚的种类

⊙主刑和附加刑

第三十二条　刑罚分为主刑和附加刑。

●考点点拨

刑罚权分为制刑权、量刑权及行刑权,其实施主体分别为:

1. 制刑权:全国人民代表大会及其常务委员会。

2. 量刑权:人民法院。

3. 行刑权:公安机关、人民法院、监狱、社区矫正机构。

★主刑种类

第三十三条　主刑的种类如下:

(一)管制;

(二)拘役;

(三)有期徒刑;

(四)无期徒刑;

(五)死刑。

●考点点拨

1. 各种刑罚的总结

(1)管制:是一种限制自由刑,由司法行政机关社区矫正机构执行,刑期起算点为判决执行之日,判决执行以前先行羁押的,羁押1日折抵刑期2日。

(2)拘役:是一种剥夺自由刑,由公安机关执行,刑期起算点为判决执行之日,判决执行以前先行羁押的,羁押1日折抵刑期1日。

(3)有期徒刑:是一种剥夺自由刑,由监狱及其他执行场所执行,刑期起算点为判决执行之日,判决执行以前先行羁押的,羁押1日折抵刑期1日。

(4)无期徒刑:是一种剥夺自由刑,由监狱执行,刑期起算点为判决确定之日,判决执行以前先行羁押的,不折抵刑期。因为无期徒刑本来就无须计算期限。

2. 因为羁押属于剥夺人身自由,拘役、有期徒刑也是剥夺人身自由的刑罚,故判决执行以前先行羁押的,羁押1日折抵1日刑期。管制,是限制人身自由的刑罚,故判决执行以前先行羁押的,羁押1日折抵2日刑期。建议考生要从原理上去理解,就能记得准确,不会混淆。

★附加刑种类

第三十四条　附加刑的种类如下:

(一)罚金;

(二)剥夺政治权利;

(三)没收财产。

附加刑也可以独立适用。

●考点点拨

罚款和罚金都是国家机关强制违法行为者在一定期限内向国家缴纳一定数量现金的处罚方法,但两者存在以下区别:

1. 法律性质不同。罚款属于行政处罚,而罚金则属于刑事处罚。

2. 执法机关不同。罚款一般由行政执法机关决定,而罚金则由人民法院依法判决。

3. 适用对象不同。罚款适用于违反行政法律、法规尚未构成犯罪的一般违法分子,而罚金则适用于违反刑事法律的犯罪分子。

⊙驱逐出境

第三十五条　对于犯罪的外国人,可以独立适用或者附加适用驱逐出境。

●考点点拨

驱逐出境只对于犯罪的外国人适用，对于中国公民不适用。中国公民本来就在中国居住，不可能因为犯罪将其驱逐出国。

⊙赔偿经济损失与民事优先原则

第三十六条　由于犯罪行为而使被害人遭受经济损失的，对犯罪分子除依法给予刑事处罚外，并应根据情况判处赔偿经济损失。

承担民事赔偿责任的犯罪分子，同时被判处罚金，其财产不足以全部支付的，或者被判处没收财产的，应当先承担对被害人的民事赔偿责任。

●考点点拨

民事优先原则的立法，主要是考虑到被害人已经受到伤害和损失，因而赔偿责任应先满足被害人，这对被害人也是一种"人权"抚慰。

⊙非刑罚性处置措施

第三十七条　对于犯罪情节轻微不需要判处刑罚的，可以免予刑事处罚，但是可以根据案件的不同情况，予以训诫或者责令具结悔过、赔礼道歉、赔偿损失，或者由主管部门予以行政处罚或者行政处分。

⊙禁业规定

第三十七条之一　因利用职业便利实施犯罪，或者实施违背职业要求的特定义务的犯罪被判处刑罚的，人民法院可以根据犯罪情况和预防再犯罪的需要，禁止其自刑罚执行完毕之日或者假释之日起从事相关职业，期限为三年至五年。

被禁止从事相关职业的人违反人民法院依照前款规定作出的决定的，由公安机关依法给予处罚；情节严重的，依照本法第三百一十三条的规定定罪处罚。

其他法律、行政法规对其从事相关职业另有禁止或者限制性规定的，从其规定。

第二节　管　　制

★管制的期限与执行机关

第三十八条　管制的期限，为三个月以上二年以下。

判处管制，可以根据犯罪情况，同时禁止犯罪分子在执行期间从事特定活动，进入特定区域、场所，接触特定的人。

对判处管制的犯罪分子，依法实行社区矫正。

违反第二款规定的禁止令的，由公安机关依照《中华人民共和国治安管理处罚法》的规定处罚。

●考点点拨

1. 管制是对罪犯不予关押，但限制其一定自由，由公安机关和群众监督改造的一种刑罚方法。

2. 期限：3个月以上2年以下，数罪并罚不超过3年。

3. 待遇：在劳动中同工同酬。

⊙被管制罪犯的义务与权利

第三十九条　被判处管制的犯罪分子，在执行期间，应当遵守下列规定：

（一）遵守法律、行政法规，服从监督；

（二）未经执行机关批准，不得行使言论、出版、集会、结社、游行、示威自由的权利；

（三）按照执行机关规定报告自己的活动情况；

（四）遵守执行机关关于会客的规定；

（五）离开所居住的市、县或者迁居，应当报经执行机关批准。

对于被判处管制的犯罪分子，在劳动中应当同工同酬。

⊙管制期满解除

第四十条　被判处管制的犯罪分子，管制期满，执行机关应即向本人和其所在单位或者居住地的群众宣布解除管制。

★管制刑期的计算和折抵

第四十一条　管制的刑期，从判决执行之日起计算；判决执行以前先行羁押的，羁押一日折抵刑期二日。

●考点点拨

1. 因为羁押属于剥夺人身自由，拘役、有期徒刑也是剥夺人身自由的刑罚，故判决执行以前先行羁押的，羁押1日折抵1日刑期。管制是限制人身自由的刑罚，故判决执行以前先行羁押的，羁押1日折抵2日刑期。

2. 应当遵守的规定：

(1)遵守法律、行政法规，服从监督；

(2)未经执行机关批准，不得行使言论、出版、集会、结社、游行、示威自由的权利；

(3)按照执行机关规定报告自己的活动情况；

(4)遵守执行机关关于会客的规定；

(5)离开所居住的市、县或者迁居，应当报经执行机关批准。

3. 管制犯在刑罚执行期间，还应当遵守"禁止令”的规定,即“禁止犯罪分子在执行期间从事特定活动,进入特定区域、场所,接触特定的人”。违反禁止令的,由公安机关依照《治安管理处罚法》的规定处罚。

4. 后果:管制期满,执行机关应即向本人和其所在单位或者居住地的群众宣布解除管制。

第三节 拘　役

★拘役的期限

第四十二条　拘役的期限,为一个月以上六个月以下。

●考点点拨

拘役是短期剥夺犯罪人自由,就近实行劳动的刑罚方法。

⊙拘役的执行

第四十三条　被判处拘役的犯罪分子,由公安机关就近执行。

在执行期间,被判处拘役的犯罪分子每月可以回家一天至两天;参加劳动的,可以酌量发给报酬。

⊙拘役刑期的计算和折抵

第四十四条　拘役的刑期,从判决执行之日起计算;判决执行以前先行羁押的,羁押一日折抵刑期一日。

●考点点拨

1. 刑期计算:因为羁押属于剥夺人身自由,拘役也是剥夺人身自由的刑罚,故判决执行以前先行羁押的,羁押1日折抵1日刑期。

2. 期限:1个月以上6个月以下,数罪并罚不超过1年。

3. 执行机关:公安机关就近执行。

4. 待遇:在执行期间,每月可以回家1天至2天;参加劳动的,可以酌量发给报酬。

第四节 有期徒刑、无期徒刑

⊙有期徒刑的期限

第四十五条　有期徒刑的期限,除本法第五十条、第六十九条规定外,为六个月以上十五年以下。

★有期徒刑与无期徒刑的执行

第四十六条　被判处有期徒刑、无期徒刑的犯罪分子,在监狱或者其他执行场所执行;凡有劳动能力的,都应当参加劳动,接受教育和改造。

⊙有期徒刑刑期的计算与折抵

第四十七条　有期徒刑的刑期,从判决执行之日起计算;判决执行以前先行羁押的,羁押一日折抵刑期一日。

●考点点拨

1. 有期徒刑

(1)期限:6个月以上15年以下。数罪并罚时总和刑期不满35年的不得超过20年,总和刑期在35年以上的,不得超过25年。

(2)刑期计算:从判决执行之日起计算,判决执行前先行羁押的,羁押1日折抵刑期1日。

(3)执行机关:在监狱或者其他执行场所执行;其他执行场所是指少年犯管教所、看守所。

(4)改造:凡有劳动能力的,都应当参加劳动,接受教育和改造。

2. 无期徒刑

(1)内容:终身剥夺人身自由;凡有劳动能力的,都应当参加劳动,接受教育和改造。

(2)执行机关:监狱。

3. 无期徒刑与欧美国家的终身监禁

(1)无期徒刑是中国《刑法》规定的主刑之一,其严厉程度仅次于死刑,被判处这一刑罚的罪犯可能终身服刑,相当于国外的终身监禁。然而,在实际执行中,无期徒刑犯和有期徒刑犯,在监狱里所受到的管制基本相同。前者只要无重大违规,服从监管,一般服刑2年后就可被减为18~20年有期徒刑,有的甚至一次性减到13年有期徒刑。

(2)无期徒刑会因为犯人在狱中表现良好而减刑,而终身监禁却不会减刑,只能一辈子在监狱中度过,只有极个别允许减刑或赦免的。终身监禁会比无期徒刑的刑罚更重。

第五节 死　刑

★死刑、死缓的适用对象及核准程序

第四十八条　死刑只适用于罪行极其严重的犯罪分子。对于应当判处死刑的犯罪分子,如果不是必须立即执行的,可以判处死刑同时宣告缓期二年执行。

死刑除依法由最高人民法院判决的以外,都应当报请最高人民法院核准。死刑缓期执行的,可以由高级人民法院判决或者核准。

●考点点拨

1. 死刑只能适用于罪行极其严重的犯罪分子。这里的“罪行极其严重”,应该从主客观两个方面来理解。在主观上,犯罪分子的主观恶性和人身危险性特别大；在客观上，犯罪性质和后果极其严重，社会危害性极大。

2. 死刑复核程序是《刑事诉讼法》规定的一种独立于普通审判程序之外的特别审查核准程序。

3. 死刑只能由最高人民法院核准，除由最高人民法院判决的以外；死刑缓期执行的，可以由高级人民法院判决或者核准。

★死刑适用对象的限制

第四十九条　犯罪的时候不满十八周岁的人和审判的时候怀孕的妇女，不适用死刑。

审判的时候已满七十五周岁的人，不适用死刑，但以特别残忍手段致人死亡的除外。

●考点点拨

1. 本条对于相对弱势的群体不适用死刑的规定，体现了限制死刑和人性关怀的精神。

2. 死刑适用对象的限制：

(1)犯罪的时候不满 18 周岁的人不适用死刑。比如，甲某在实施投放危险物质行为的时候距离 18 岁生日还有 1 个月，法院在甲某满 18 岁之后审理该案，这就是犯罪的时候不满 18 周岁的人不适用死刑的情形。

(2)审判的时候怀孕的妇女，不适用死刑；审判的时候已满 75 周岁的人，不适用死刑，但以特别残忍手段致人死亡的除外。这两种情况是针对的是“审判的时候”的情形，而不是“犯罪的时候”的情况，应予注意。

(3)犯罪的时候不满 18 周岁的人不适用死刑这一规定，对于贯彻我国的慎杀、少杀政策及对青少年教育、挽救的方针，无论从理论上还是从司法实践上都具有很大的意义。审判的时候怀孕的妇女，以及审判的时候已满 75 周岁的人，不适用死刑，这一规定也是对于妇女和老年人权益的特殊保护。

3. 在案件起诉到人民法院以前，被告人在关押期间做人工流产的，应视为审判的时候怀孕的妇女，不能适用死刑；不能为了判处死刑而强制怀孕的妇女做人工流产。此外，怀孕妇女因涉嫌犯罪在羁押期间自然流产后，又因同一事实被起诉、交付审判的，应当视为“审判的时候怀孕的妇女”，不适用死刑。

⊙死缓变更

第五十条　判处死刑缓期执行的，在死刑缓期执行期间，如果没有故意犯罪，二年期满以后，减为无期徒刑；如果确有重大立功表现，二年期满以后，减为二十五年有期徒刑；如果故意犯罪，情节恶劣的，报请最高人民法院核准后执行死刑；对于故意犯罪未执行死刑的，死刑缓期执行的期间重新计算，并报最高人民法院备案。

对被判处死刑缓期执行的累犯以及因故意杀人、强奸、抢劫、绑架、放火、爆炸、投放危险物质或者有组织的暴力性犯罪被判处死刑缓期执行的犯罪分子，人民法院根据犯罪情节等情况可以同时决定对其限制减刑。

●考点点拨

1. 注意死缓不是法定刑，其既不属于主刑，也不属于附加刑，而是我国特有的一种刑罚方式，是对死刑犯一种特殊的待遇，旨在保证犯人的生命权受到绝对尊重，并为罪不至死的犯人提供改造的机会。

2. 死缓与缓刑的区别。死缓是已宣告判死刑，缓期执行，罪犯必须予以关押，并实行劳动改造的执行方式；而对于判处宣告缓刑的犯罪分子则不予关押，而是由公安机关考察，所在单位或基层组织予以配合。

3. 要注意限制减刑的情形：判处死刑缓期执行的，在对被判处死刑缓期执行的累犯以及因故意杀人、强奸、抢劫、绑架、放火、爆炸、投放危险物质或者有组织的暴力性犯罪被判处死刑缓期执行的犯罪分子，人民法院根据犯罪情节等情况可以同时决定对其限制减刑。

⊙死缓期间及减为有期徒刑的刑期计算

第五十一条　死刑缓期执行的期间，从判决确定之日起计算。死刑缓期执行减为有期徒刑的刑期，从死刑缓期执行期满之日起计算。

●考点点拨

死刑缓期执行的期间，从判决确定之日起计算。死刑缓期执行减为有期徒刑的刑期，从死刑缓期执行期满之日起计算。

第六节　罚　　金

⊙罚金数额的裁量

第五十二条　判处罚金，应当根据犯罪情节决定罚金数额。

⊙罚金的缴纳

第五十三条　罚金在判决指定的期限内一次或者分期缴纳。期满不缴纳的，强制缴纳。对于不能全部缴纳罚金的，人民法院在任何时候发现被执行人有可以执行的财产，应当随时追缴。

由于遭遇不能抗拒的灾祸等原因缴纳确实有困

难的，经人民法院裁定，可以延期缴纳、酌情减少或者免除。

●考点点拨

1. 罚金是剥夺犯罪分子一定数额的金钱的财产刑，适用于情节较轻的贪利性犯罪。判处罚金，应当根据犯罪情节决定罚金数额。

2. 罚金在判决指定的期限内一次或分期缴纳。期满不缴纳的，强制缴纳。如果由于遭遇不能抗拒的灾祸缴纳确实有困难的，可以酌情减少或者免除。对不能全部缴纳罚金的，人民法院在任何时候发现被执行人有可执行的财产，应当随时追缴。

◆关联法条

最高人民法院《关于适用财产刑若干问题的规定》

第一条　刑法规定“并处”没收财产或者罚金的犯罪，人民法院在对犯罪分子判处主刑的同时，必须依法判处相应的财产刑；刑法规定“可以并处”没收财产或者罚金的犯罪，人民法院应当根据案件具体情况及犯罪分子的财产状况，决定是否适用财产刑。

第七节　剥夺政治权利

⊙剥夺政治权利的含义

第五十四条　剥夺政治权利是剥夺下列权利：

（一）选举权和被选举权；

（二）言论、出版、集会、结社、游行、示威自由的权利；

（三）担任国家机关职务的权利；

（四）担任国有公司、企业、事业单位和人民团体领导职务的权利。

⊙剥夺政治权利的期限

第五十五条　剥夺政治权利的期限，除本法第五十七条规定外，为一年以上五年以下。

判处管制附加剥夺政治权利的，剥夺政治权利的期限与管制的期限相等，同时执行。

⊙剥夺政治权利的附加、独立适用

第五十六条　对于危害国家安全的犯罪分子应当附加剥夺政治权利；对于故意杀人、强奸、放火、爆炸、投毒、抢劫等严重破坏社会秩序的犯罪分子，可以附加剥夺政治权利。

独立适用剥夺政治权利的，依照本法分则的规定。

⊙对死刑、无期徒刑罪犯剥夺政治权利的适用

第五十七条　对于被判处死刑、无期徒刑的犯罪分子，应当剥夺政治权利终身。

在死刑缓期执行减为有期徒刑或者无期徒刑减为有期徒刑的时候，应当把附加剥夺政治权利的期限改为三年以上十年以下。

⊙剥夺政治权利的刑期计算、效力与执行

第五十八条　附加剥夺政治权利的刑期，从徒刑、拘役执行完毕之日或者从假释之日起计算；剥夺政治权利的效力当然施用于主刑执行期间。

被剥夺政治权利的犯罪分子，在执行期间，应当遵守法律、行政法规和国务院公安部门有关监督管理的规定，服从监督；不得行使本法第五十四条规定的各项权利。

●考点点拨

1. 政治权利的内容

（1）选举权和被选举权；

（2）言论、出版、集会、结社、游行、示威自由的权利；

（3）担任国家机关职务的权利；

（4）担任国有公司、企业、事业单位和人民团体领导职务的权利。

2. 期限：剥夺政治权利的期限，除因被判死刑、无期徒刑而被剥夺政治权利终身外，为1年以上5年以下。判处管制附加剥夺政治权利的，剥夺政治权利的期限与管制的期限相等，同时执行。

3. 对于危害国家安全的犯罪分子应当附加剥夺政治权利；对于故意杀人、强奸、放火、爆炸、投毒、抢劫等严重破坏社会秩序的犯罪分子，可以附加剥夺政治权利。独立适用剥夺政治权利的，依照刑法分则的规定。

4. 对于被判处死刑、无期徒刑的犯罪分子，应当剥夺政治权利终身。在死刑缓期执行减为有期徒刑或者无期徒刑减为有期徒刑的时候，应当把附加剥夺政治权利的期限改为3年以上10年以下。

5. 附加剥夺政治权利的刑期，从徒刑、拘役执行完毕之日或者从假释之日起计算；剥夺政治权利的效力当然施用于主刑执行期间。

第八节　没收财产

⊙没收财产的范围

第五十九条　没收财产是没收犯罪分子个人所有财产的一部或者全部。没收全部财产的，应当对犯罪分子个人及其扶养的家属保留必需的生活费用。

在判处没收财产的时候，不得没收属于犯罪分子

家属所有或者应有的财产。

●**考点点拨**

1. 没收财产是没收犯罪分子个人所有财产的一部分或者全部。注意应当严格区分犯罪分子个人所有财产与其家属或者他人财产的界限,只有依法确定为犯罪分子个人所有的财产,才能予以没收。

2. 没收全部财产的,应当对犯罪分子个人及其扶养的家属保留必需的生活费用,以维持犯罪分子个人和扶养的家属的生活。

3. 没收财产与罚金的区分

(1)适用对象:罚金适用于情节较轻的贪利性犯罪;没收财产适用于危害国家安全罪及情节较为严重的其他刑事犯罪。

(2)内容上:罚金是剥夺犯罪分子一定数额的金钱,这些金钱不一定是犯罪分子现实所有的;没收财产是剥夺犯罪分子现实所有的财产的一部分或者全部,既可以没收金钱,也可以没收其他财物。

(3)在执行上:罚金可以分期缴纳,如果缴纳确实有困难的,可以适当减免;没收财产只能一次性没收,不存在分期执行或者减免的问题。

⊙以没收的财产偿还债务

第六十条　没收财产以前犯罪分子所负的正当债务,需要以没收的财产偿还的,经债权人请求,应当偿还。

●**考点点拨**

1. 没收财产以前犯罪分子所负的正当债务,需要以没收的财产偿还的,经债权人请求,应当偿还。

2. 犯数罪被处数个附加刑时,如果既被判罚金,又被判没收财产,应分别执行。即使是既被判罚金,又被判没收全部财产,也应分别执行。

第四章　刑罚的具体运用

第一节　量　　刑

⊙量刑的一般原则

第六十一条　对于犯罪分子决定刑罚的时候,应当根据犯罪的事实、犯罪的性质、情节和对于社会的危害程度,依照本法的有关规定判处。

●**考点点拨**

1. 以犯罪事实为依据

(1)狭义的犯罪事实,即犯罪构成要件的各种基本事实情况。

(2)犯罪的性质,即犯罪行为的法律性质,表现为行为人的行为构成什么罪,应定什么罪名。

(3)犯罪情节

①定罪情节,即影响犯罪性质的情节,它是构成犯罪的必备要素;

②量刑情节,即犯罪构成基体事实以外的其他影响和说明犯罪社会危害性程度的各种事实情况。

(4)对社会的危害程度,社会危害性是犯罪的本质属性,其程度的大小是区分罪与非罪、罪轻与罪重以及对犯罪分子是否适用刑罚、适用何种刑罚的重要根据。这是辅警考试的高频考点。

2. 以刑事法律为准绳

量刑以刑法为准绳,主要是指遵守以下规定:

(1)刑法总则中关于刑罚原则、制度、方法及其适用条件的一般规定。

(2)刑法分则中有关各种具体犯罪的法定刑及其量刑幅度的具体规定。

★**从重处罚与从轻处罚**

第六十二条　犯罪分子具有本法规定的从重处罚、从轻处罚情节的,应当在法定刑的限度以内判处刑罚。

●**考点点拨**

1. 从重、从轻的理解

(1)刑法规定的从重处罚情节,如教唆不满18周岁的人犯罪的以及累犯等。

(2)从轻处罚是指在法定刑的幅度内,对犯罪分子适用相对较轻的刑种或者处以较短的刑期,如犯罪预备犯、未遂犯、中止犯。

2. 有刑法规定的从重处罚、从轻处罚情节的,在法定刑的限度内判处刑罚,比如一个罪名的法定刑为"3年以上7年以下有期徒刑",具有"从轻处罚情节的"情形,所判处刑罚会更接近于3年,但不能低于3年;如果具有从重处罚情节,所判刑罚会更接近于7年,但不能高于7年。这与下面所讲的减轻处罚不同,考生要注意区分。

⊙减轻处罚

第六十三条　犯罪分子具有本法规定的减轻处罚情节的,应当在法定刑以下判处刑罚;本法规定有数个量刑幅度的,应当在法定量刑幅度的下一个量刑幅度内判处刑罚。

犯罪分子虽然不具有本法规定的减轻处罚情节,但是根据案件的特殊情况,经最高人民法院核准,也可以在法定刑以下判处刑罚。

● **考点点拨**

1. 减轻处罚,是指应对犯罪分子在刑罚的法定刑幅度以下判处刑罚。《刑法》规定可以或者应当减轻处罚的情节有:预备犯、未遂犯、中止犯、从犯、胁从犯、犯罪后有自首、立功情节的等。

2. 犯罪分子具有本法规定的减轻处罚情节的,应当在法定刑以下判处刑罚;本法规定有数个量刑幅度的,应当在法定量刑幅度的下一个量刑幅度内判处刑罚。这样的规定,限制了法官的自由裁量权,使量刑活动更趋规范、合理。比如,法定刑为"3 年以上 7 年以下有期徒刑"的,下一量刑幅度为"3 年以下有期徒刑或者拘役",则应判处低于 3 年的有期徒刑或者拘役,而不能判处其他种类或其他幅度的刑罚。

⊙犯罪物品的处理

第六十四条　犯罪分子违法所得的一切财物,应当予以追缴或者责令退赔;对被害人的合法财产,应当及时返还;违禁品和供犯罪所用的本人财物,应当予以没收。没收的财物和罚金,一律上缴国库,不得挪用和自行处理。

第二节　累　　犯

★ **一般累犯**

第六十五条　被判处有期徒刑以上刑罚的犯罪分子,刑罚执行完毕或者赦免以后,在五年以内再犯应当判处有期徒刑以上刑罚之罪的,是累犯,应当从重处罚,但是过失犯罪和不满十八周岁的人犯罪的除外。

前款规定的期限,对于被假释的犯罪分子,从假释期满之日起计算。

● **考点点拨**

1. 前罪和后罪只能都是故意犯罪,如果前后两罪均为过失犯罪,或前后两罪有一个是过失犯罪的,都不能成立一般累犯。

2. 前罪和后罪都被判处有期徒刑以上的刑罚。如果前后两罪的刑罚都低于有期徒刑,或前后两罪有一个罪的刑罚低于有期徒刑,都不能成立一般累犯。

3. 后罪发生在前罪刑罚执行完毕或赦免后或假释考验期满 5 年内。这里的"刑罚执行完毕"是指主刑执行完毕,不包括附加刑在内。

4. 主体条件;前后两罪的主体在犯罪时必须均为 18 周岁以上。

5. 累犯的法律后果:

(1)应当从重处罚;

(2)不得适用缓刑;

(3)不得假释。

☆ **真题回顾**

(2019 年多选)《刑法》规定,对于累犯(　　)。

A. 不得减刑　　B. 不得假释

C. 应当加重处罚　　D. 不得适用缓刑

E. 应当从重处罚

【解析】答案为 BDE。根据《刑法》第 65 条第 1 款、第 74 条、第 81 条第 2 款的规定,对累犯应当从重处罚,且不得缓刑、不得假释,表明了我国刑法对多次犯罪的严厉打击和零容忍的态度。B 项、D 项、E 项正确,当选。

⊙特别累犯

第六十六条　危害国家安全犯罪、恐怖活动犯罪、黑社会性质的组织犯罪的犯罪分子,在刑罚执行完毕或者赦免以后,在任何时候再犯上述任一类罪的,都以累犯论处。

● **考点点拨**

1. 特别累犯的成立条件如下:

(1)前罪和后罪均为危害国家安全的犯罪、恐怖活动犯罪、黑社会性质的组织犯罪。如果行为人实施的前后两罪都不是上述三种犯罪或者其中之一不是上述三种犯罪,就不能成立特别累犯。当然,有可能成立一般累犯。

(2)前后两罪所判的刑罚没有任何限制。换言之,特别累犯不要求像一般累犯那样,前后两罪必须都被判处有期徒刑以上的刑罚。

(3)前后两罪没有时间间隔限制。

2. 特别累犯的"特别之处"

(1)前后两罪的类型特别,即均为危害国家安全的犯罪、恐怖活动犯罪、黑社会性质的组织犯罪;

(2)刑种特殊,即前后两罪所判的刑种没有任何限制;

(3)时间特殊,即前后两罪没有时间间隔的限制。

3. 必须注意:特别累犯即使再特别,也有一点与一般累犯是一样的:前后两罪均必须为故意犯罪。过失犯罪不成立累犯,也谈不上特殊累犯。

第三节　自首和立功

★ **自首**

第六十七条　犯罪以后自动投案,如实供述自己的罪行的,是自首。对于自首的犯罪分子,可以从轻或者减轻处罚。其中,犯罪较轻的,可以免除处罚。

被采取强制措施的犯罪嫌疑人、被告人和正在服刑的罪犯,如实供述司法机关还未掌握的本人其他罪行的,以自首论。

犯罪嫌疑人虽不具有前两款规定的自首情节,但是如实供述自己罪行的,可以从轻处罚;因其如实供述自己罪行,避免特别严重后果发生的,可以减轻处罚。

●考点点拨

1. 一般自首的成立条件:自动投案,即犯罪分子犯罪之后被动归案之前,自行投于有关机关或个人,承认自己实施了犯罪,将自己置于所投机关或个人的控制之下,等待交代犯罪事实。

2. 自动投案包括如下情形:

(1)投案对象:犯罪嫌疑人向其所在单位、城乡基层组织或者其他有关负责人员投案的。

(2)投案方式:犯罪嫌疑人因病、伤或者为了减轻犯罪后果,委托他人先代为投案,或者先以信电投案的。

(3)罪行未被司法机关发觉,仅因形迹可疑被有关组织或者司法机关盘问、教育后,主动交代自己的罪行的也认为是自首。

(4)犯罪后逃跑,在被通缉、追捕过程中,主动投案的。

(5)经查实确已准备去投案,或者正在投案途中,被公安机关捕获的。

(6)被亲友规劝归案的,视同自动投案。这种情形虽然包含了不自愿、不主动的成分,但是依然认定为自动投案,这是从刑事政策上考虑扩大解释"自动"的范围,鼓励家属规劝投案所作的司法解释。

(7)职务犯罪中,犯罪分子向所在单位等办案机关以外的单位、组织或者有关负责人员投案的,应当视为自动投案。

3. 以下情况不能认为是自动投案:

(1)犯罪后被群众扭送归案的;

(2)被公安机关当场抓捕的;

(3)在追捕过程中走投无路当场被捕的;

(4)经司法机关传讯、采取强制措施被动归案的。

4. 如实供述自己的罪行

(1)犯有数罪时,仅供述了部分罪行的,只能对部分罪行认定为是自首。

(2)共同犯罪中,除如实供述自己的罪行,还应当供述所知的同案犯。

(3)共同犯罪中的主犯,应当供述其所知道的其他同案犯的共同犯罪事实。

(4)如实供述的必须是主要犯罪事实,即犯罪构成要件的事实,对于细枝末节的事实(年龄、累犯、衣服、刀等),即使没有供述,也认定为是自首。

(5)如实供述自己的罪行后又翻供的,不能认定为是自首;但在审判决前又能如实供述的,应当认定为自首。

(6)被告人对行为性质的辩解不影响自首的成立。

5. 特别自首的成立条件

(1)主体:被采取强制措施的犯罪嫌疑人、被告人和正在服刑的罪犯。这里的强制措施是指《刑事诉讼法》所规定的五种措施,即拘传、取保候审、监视居住、拘留和逮捕。正在服刑的罪犯是指已经经过人民法院判决,正在被执行所判刑罚的人。

(2)行为:如实供述司法机关尚未掌握的本人其他罪行。对这里的"其他罪行"应做缩小解释,即必须是与司法机关已经掌握的罪行在罪名上不同,否则为坦白。

6. 自首与坦白

犯罪嫌疑人虽不具有自首情节,但是如实供述自己罪行,即坦白的,可以从轻处罚;因其坦白而避免特别严重后果发生的,可以减轻处罚。可以看出,坦白由酌定量刑情节变成了法定量刑情节。

7. 自首的处罚:对于自首的犯罪分子,可以从轻或者减轻处罚。其中,犯罪较轻的,可以免除处罚。

◆关联法条

最高人民法院《关于〈中华人民共和国刑法修正案(八)〉时间效力问题的解释》

第四条　2011年4月30日以前犯罪,虽不具有自首情节,但是如实供述自己罪行的,适用修正后刑法第六十七条第三款的规定。

最高人民法院《关于办理减刑、假释案件具体应用法律的规定》

第五条　具有下列情形之一的,应当认定为有"重大立功表现":

(一)阻止他人实施重大犯罪活动的;

(二)检举监狱内外重大犯罪活动,经查证属实的;

(三)协助司法机关抓捕其他重大犯罪嫌疑人的;

（四）有发明创造或者重大技术革新的；

（五）在日常生产、生活中舍己救人的；

（六）在抗御自然灾害或者排除重大事故中，有突出表现的；

（七）对国家和社会有其他重大贡献的。

☆**真题回顾**

（2017年多选）关于犯罪分子重大立功表现，下列哪些说法正确的是（　　）。

A. 犯罪分子有检举、揭发他人重大犯罪行为，经查证属实的

B. 向司法机关提供侦破其他重大案件的重要线索，使案件得以侦破

C. 协助司法机关抓捕其他重大犯罪嫌疑人（包括同案犯）

D. 对国家和社会有其他重大贡献等表现的

E. 自动投案，如实供述

【解析】答案为ABCD。根据《刑法》第67条第1款、第78条第1款及最高人民法院《关于办理减刑、假释案件具体应用法律的规定》第5条的规定，A项、B项、C项、D项均正确，当选。

★**立功**

第六十八条　犯罪分子有揭发他人犯罪行为，查证属实的，或者提供重要线索，从而得以侦破其他案件等立功表现的，可以从轻或者减轻处罚；有重大立功表现的，可以减轻或者免除处罚。

●**考点点拨**

1. 立功的表现形式：到案后检举、揭发他人犯罪行为，包括揭发同案犯的其他犯罪行为；提供侦破其他案件的重要线索；阻止他人犯罪活动；协助司法机关抓捕其他犯罪嫌疑人，包括同案犯；其他有利于国家和社会的突出表现。

2. 立功必须是犯罪分子本人实施的行为。为使犯罪分子得到从轻处理，犯罪分子的亲友直接向有关机关揭发他人犯罪行为，提供侦破其他案件的重要线索，或者协助司法机关抓捕其他犯罪嫌疑人的，不应当认定为犯罪分子的立功表现。

3. 据以立功的他人罪行材料应当指明具体犯罪事实；据以立功的线索或者协助行为对于侦破案件或者抓捕犯罪嫌疑人要有实际作用。犯罪分子揭发他人犯罪行为时没有指明具体犯罪事实的；揭发的犯罪事实与查实的犯罪事实不具有关联性的；提供的线索或者协助行为对于其他案件的侦破或者其他犯罪嫌疑人的抓捕不具有实际作用的，不能认定为立功表现。

4. 据以立功的线索、材料来源有下列情形之一的，不能认定为立功。

（1）本人通过非法手段或者非法途径获取的。

（2）本人因原担任的查禁犯罪等职务获取的。

（3）他人违反监管规定向犯罪分子提供的。

（4）负有查禁犯罪活动职责的国家机关工作人员或者其他国家工作人员利用职务便利提供的。

5. 一般立功与重大立功

重大立功所针对的对象是“犯罪嫌疑人、被告人可能被判处无期徒刑以上刑罚或者案件在本省、自治区、直辖市或者全国范围内有较大影响”等情形。

6. 立功的法律后果

（1）犯罪分子有一般立功的，可以从轻或者减轻处罚。

（2）犯罪分子有重大立功的，可以减轻或者免除处罚。

☆**真题回顾**

（2018年单选）犯罪嫌疑人甲因非法侵入计算机信息系统被抓获后，主动交代了自己和乙共同犯盗罪的事实，而公安机关在此之前并未掌握该事实。那么，甲的行为构成（　　）。

A. 一般自首　　B. 特别自首

C. 坦白　　D. 立功

【解析】答案为B。根据《刑法》第67条的规定，本条第1款为一般自首的规定，第2款为特别自首的规定。两者最大的区别在于：前者是自动投案后如实供述罪行的犯罪嫌疑人，后者是被采取强制措施的犯罪嫌疑人、被告人和正在服刑的罪犯。甲因非法侵入计算机系统被抓获，却主动交代公安机关尚未掌握的盗窃犯罪，以自首论，构成特别自首。故选B项，不选A项。根据《刑法》第67条第3款的规定，只有在不构成一般自首或特别自首的情况时，考虑是否构成坦白，故C项错误。根据第67条、第68条的规定，特别自首着眼于交代公安机关尚未掌握的自己的罪行，而立功则着眼于对他人的犯罪有揭发或者是帮助侦破等情节，故D项不选。综上，B项正确。

（2018年多选）犯罪分子立功的表现形式有（　　）。

A. 揭发、检举其他犯罪分子的罪行，经查证属实

B. 向司法机关提供重要犯罪线索，使之得以侦破其他犯罪案件

C. 协助司法机关抓捕获其他犯罪分子

D. 其他有利于社会和人民的行为

E. 自动投案，如实供述自己的暴行

【解析】答案为 ABCD。本题主要考查立功情形的认定。根据《刑法》第 68 条的规定，A 项、B 项正确。根据第 67 条第 1 款的规定，E 项构成自首，不属于立功，不当选。最高人民法院《关于处理自首和立功具体应用法律若干问题的解释》第 7 条第 1 款规定："根据刑法第六十八条第一款的规定，犯罪分子有检举、揭发他人重大犯罪行为，经查证属实；提供侦破其他重大案件的重要线索，经查证属实；阻止他人重大犯罪活动；协助司法机关抓捕其他重大犯罪嫌疑人（包括同案犯）；对国家和社会有其他重大贡献等表现的，应当认定为有重大立功表现。"故 C 项、D 项正确。因此，A 项、B 项、C 项、D 项正确，当选。考生应当特别注意适用自首和立功的不同具体情形，根据具体情况认定是否构成自首或者立功，属于常考点。

第四节　数 罪 并 罚

★数罪并罚的一般原则

第六十九条　判决宣告以前一人犯数罪的，除判处死刑和无期徒刑的以外，应当在总和刑期以下、数刑中最高刑期以上，酌情决定执行的刑期，但是管制最高不能超过三年，拘役最高不能超过一年，有期徒刑总和刑期不满三十五年的，最高不能超过二十年，总和刑期在三十五年以上的，最高不能超过二十五年。

数罪中有判处有期徒刑和拘役的，执行有期徒刑。数罪中有判处有期徒刑和管制，或者拘役和管制的，有期徒刑、拘役执行完毕后，管制仍须执行。

数罪中有判处附加刑的，附加刑仍须执行，其中附加刑种类相同的，合并执行，种类不同的，分别执行。

●考点点拨

1. 刑法中规定的数罪并罚原则：对判决宣告的数个主刑为有期徒刑、拘役或管制的，采取限制加重原则，即在总和刑期以下、数刑中的最高刑期以上，酌情决定执行的刑罚，但管制最高不超过 3 年，拘役最高不超过 1 年，有期徒刑最高不超过 20 年或 25 年。

2. 对判处死刑或无期徒刑的，采取吸收原则，即由死刑或无期徒刑吸收其他刑罚。

3. 对判有附加刑的，采取并科原则，即如果数罪中有判处附加刑的，附加刑仍须执行。其中附加刑种类相同的，合并执行，种类不同的，分别执行。

4. 判决宣告以前一人犯数罪：限制加重

（1）《刑法》第 69 条规定，判决宣告以前 1 人犯数罪的，除判处死刑和无期徒刑的以外，应当在总和刑期以下、数刑中最高刑期以上，酌情决定执行的刑期，但是管制最高不能超过 3 年，拘役最高不能超过 1 年，有期徒刑总和刑期不满 35 年的，最高不能超过 20 年，总和刑期在 35 年以上的，最高不能超过 25 年。

（2）如果判决宣告以前发现的数罪为同种数罪，原则上无须并罚，只要在特定犯罪的法定刑范围内作为一罪从重处罚，即可以实现罪刑相适应。如行为人甲先后 5 次实施诈骗行为，每次的行为都达到了入罪标准。此时，无须定 5 个诈骗罪的数罪并罚，直接定 1 个诈骗罪即可，但量刑上应当适当从重。

⊙判决宣告后发现漏罪的并罚

第七十条　判决宣告以后，刑罚执行完毕以前，发现被判刑的犯罪分子在判决宣告以前还有其他罪没有判决的，应当对新发现的罪作出判决，把前后两个判决所判处的刑罚，依照本法第六十九条的规定，决定执行的刑罚。已经执行的刑期，应当计算在新判决决定的刑期以内。

●考点点拨

判决宣告后发现漏罪：先并后减。比如，某人犯有受贿罪被判处有期徒刑 15 年，在刑罚执行 8 年以后，发现他在判决宣告以前，还有盗窃罪没有处理，盗窃罪应判处 7 年有期徒刑。此时应"先并"，即对前后两罪的刑罚（15 年和 7 年）实行限制加重，在 15 年至 20 年之内选择刑罚，然再"后减"，即将已经执行的 8 年减去，变成 7 年至 12 年。最终，对该犯罪人应在 7 年以上 12 年以下决定该执行的刑期。

⊙判决宣告后又犯新罪的并罚

第七十一条　判决宣告以后，刑罚执行完毕以前，被判刑的犯罪分子又犯罪的，应当对新犯的罪作出判决，把前罪没有执行的刑罚和后罪所判处的刑罚，依照本法第六十九条的规定，决定执行的刑罚。

●考点点拨

1. 判决宣告后又犯新罪：先减后并。还是以上面的案例为例。某人犯有受贿罪被判处有期徒刑 15 年，在刑罚执行 8 年以后，又犯盗窃罪，盗窃罪应判处 7 年有期徒刑。此时应"先减"，即 15 年减去 8 年，剩余 7 年。然后"后并"，即 7 年与 7 年进行数罪并罚。最终，对该犯罪人应当在 7 年以上 14 年以下决定该执行的刑期。

2."先并后减"与"先减后并"有重大的区别。采用"先减后并"的犯罪分子在服刑期间不思悔改,继续作恶重新犯罪,表明其难以改造,人身危险性较大,所以应当从严惩处。一般来说,"先减后并"实际服刑的刑期要长于"先并后减"实际服刑的刑期。这就导致了一个局面:经过"先减后并",犯罪分子实际执行的刑期有可能超过法定的数罪并罚的最高期限,即有期徒刑可能超过20年、拘役可能超过1年、管制可能超过3年。而采用"先并后减",则不可能出现这种情况。此外,在刑罚执行完毕之前既发现漏罪,又犯新罪,则应当先实行"先并后减",然后再实行"先减后并"。换言之,先处理漏罪,再处理新罪。

第五节　缓　　刑

★适用条件

第七十二条　对于被判处拘役、三年以下有期徒刑的犯罪分子,同时符合下列条件的,可以宣告缓刑,对其中不满十八周岁的人、怀孕的妇女和已满七十五周岁的人,应当宣告缓刑:

(一)犯罪情节较轻;

(二)有悔罪表现;

(三)没有再犯罪的危险;

(四)宣告缓刑对所居住社区没有重大不良影响。

宣告缓刑,可以根据犯罪情况,同时禁止犯罪分子在缓刑考验期限内从事特定活动,进入特定区域、场所,接触特定的人。

被宣告缓刑的犯罪分子,如果被判处附加刑,附加刑仍须执行。

●考点点拨

1. 缓刑是指对于被判处拘役、3年以下有期徒刑的犯罪分子,根据其犯罪情节和悔罪表现,如果暂缓执行刑罚确实不致再危害社会,就规定一定的考验期,暂缓刑罚的执行;在考验期内,如果遵守一定的条件,原判刑罚就不再执行的一种量刑制度。

2. 缓刑的条件

(1)对象条件:原判刑期为拘役或者3年以下有期徒刑的罪犯。

(2)实质性条件:犯罪情节较轻;有悔罪表现;没有再犯罪的危险;宣告缓刑对所居住的社区没有重大影响。

(3)限制性条件:犯罪分子不得是累犯和犯罪集团的首要分子。

(4)三种人在符合缓刑的一般条件的前提下,应当适用缓刑:

①不满18周岁的人;②怀孕的妇女;③已满75周岁的人。

(5)被宣告缓刑的犯罪分子,在缓刑考验期内,依法实行社区矫正。由于社区矫正的执行机关是司法行政机关,因此缓刑的执行机关由原来的公安机关,相应地变成司法行政机关。

★考验期限

第七十三条　拘役的缓刑考验期限为原判刑期以上一年以下,但是不能少于二个月。

有期徒刑的缓刑考验期限为原判刑期以上五年以下,但是不能少于一年。

缓刑考验期限,从判决确定之日起计算。

●考点点拨

1. 考生应当注意,缓刑的考验期限是从"判决"确定之日起计算。判决确定以前先行羁押的,不能折抵考验期。

2. 缓刑的考验期与考察:拘役的考验期为原判刑期以上1年以下,但不得少于2个月;有期徒刑的考验期为原判刑期以上5年以下,但不得少于1年。

★累犯不适用缓刑

第七十四条　对于累犯和犯罪集团的首要分子,不适用缓刑。

●考点点拨

1. 累犯不适用缓刑,因为其本身具有再犯罪的危险,没有经过再次改造教育就放出来,可能会再次祸害社会;

2. 犯罪集团的首要分子不适用缓刑,因为其本身犯罪情节较重才成为首要分子。

3. 上述两种情形,都是和适用缓刑条件相悖的,自然不能适用缓刑。

⊙缓刑犯应遵守的规定

第七十五条　被宣告缓刑的犯罪分子,应当遵守下列规定:

(一)遵守法律、行政法规,服从监督;

(二)按照考察机关的规定报告自己的活动情况;

(三)遵守考察机关关于会客的规定;

(四)离开所居住的市、县或者迁居,应当报经考察机关批准。

⊙缓刑的考验及其积极后果

第七十六条　对宣告缓刑的犯罪分子,在缓刑考验期限内，依法实行社区矫正，如果没有本法第七十七条规定的情形，缓刑考验期满，原判的刑罚就不再执行，并公开予以宣告。

⊙缓刑的撤销及其处理

第七十七条　被宣告缓刑的犯罪分子，在缓刑考验期限内犯新罪或者发现判决宣告以前还有其他罪没有判决的，应当撤销缓刑，对新犯的罪或者新发现的罪作出判决，把前罪和后罪所判处的刑罚，依照本法第六十九条的规定，决定执行的刑罚。

被宣告缓刑的犯罪分子，在缓刑考验期限内，违反法律、行政法规或者国务院有关部门关于缓刑的监督管理规定，或者违反人民法院判决中的禁止令，情节严重的，应当撤销缓刑，执行原判刑罚。

●考点点拨

1. 对宣告缓刑的犯罪分子，在缓刑考验期限内，依法实行社区矫正，如果没有《刑法》第77条规定的情形，缓刑考验期满，原判的刑罚就不再执行，并公开予以宣告。

2. 被宣告缓刑的犯罪分子，在缓刑考验期限内犯新罪或者发现判决宣告以前还有其他罪没有判决的，应当撤销缓刑，对新犯的罪或者新发现的罪作出判决，把前罪和后罪所判处的刑罚，按照限制加重原则，决定执行的刑罚。

3. 被宣告缓刑的犯罪分子，在缓刑考验期限内，违反法律、行政法规或者国务院有关部门关于缓刑的监督管理规定，或者违反人民法院判决中的禁止令，情节严重的，应当撤销缓刑，执行原判刑罚。

4. 缓刑与死缓的区别

(1)缓刑是经过考验期后，不再执行原判刑罚。

(2)死缓是经过2年后，如果无故意犯罪，不再执行死刑，转成无期徒刑。

第六节　减　　刑

★减刑条件与限度

第七十八条　被判处管制、拘役、有期徒刑、无期徒刑的犯罪分子，在执行期间，如果认真遵守监规，接受教育改造，确有悔改表现的，或者有立功表现的，可以减刑；有下列重大立功表现之一的，应当减刑：

(一)阻止他人重大犯罪活动的；

(二)检举监狱内外重大犯罪活动，经查证属实的；

(三)有发明创造或者重大技术革新的；

(四)在日常生产、生活中舍己救人的；

(五)在抗御自然灾害或者排除重大事故中，有突出表现的；

(六)对国家和社会有其他重大贡献的。

减刑以后实际执行的刑期不能少于下列期限：

(一)判处管制、拘役、有期徒刑的，不能少于原判刑期的二分之一；

(二)判处无期徒刑的，不能少于十三年；

(三)人民法院依照本法第五十条第二款规定限制减刑的死刑缓期执行的犯罪分子，缓期执行期满后依法减为无期徒刑的，不能少于二十五年，缓期执行期满后依法减为二十五年有期徒刑的，不能少于二十年。

●考点点拨

减刑的条件：

(1)对象条件：对被判处管制、拘役、有期徒刑、无期徒刑的犯罪分子。

(2)实质条件：犯罪嫌疑人在执行期间，认真遵守监管法规，接受教育改造，确有悔改表现；犯罪人有立功表现。

◆关联法条

最高人民法院《关于〈中华人民共和国刑法修正案(八)〉时间效力问题的解释》

第七条　2011年4月30日以前犯罪，被判处无期徒刑的罪犯，减刑以后或者假释前实际执行的刑期，适用修正前刑法第七十八条第二款、第八十一条第一款的规定。

最高人民法院《关于办理减刑、假释案件具体应用法律若干问题的规定》

第一条　根据刑法第七十八条第一款的规定，被判处管制、拘役、有期徒刑、无期徒刑的犯罪分子，在执行期间，认真遵守监规，接受教育改造，确有悔改表现的，或者有立功表现的，可以减刑；有重大立功表现的，应当减刑。

⊙减刑程序

第七十九条　对于犯罪分子的减刑，由执行机关向中级以上人民法院提出减刑建议书。人民法院应当组成合议庭进行审理，对确有悔改或者立功事实的，裁定予以减刑。非经法定程序不得减刑。

●考点点拨

1. 对于犯罪分子的减刑，由执行机关向中级以上人民法院提出减刑建议书。人民法院应当组成合议庭进行审理，对确有悔改或者立功事实的，裁定予以减刑。非经法定程序不得减刑。

2. 原判刑罚为管制、拘役、有期徒刑的，减刑后的刑期应该从原判决执行之日起计算；原判刑期已经执行的部分时间，应计算到减刑后的刑期以内。比如，甲因刑事犯罪被判处有期徒刑 11 年，已经执行了 2 年，现在减刑为 7 年，那么除掉已经执行的 2 年，甲减刑后还需被执行的刑期为 5 年。

3. 考生应注意，减刑用的是“裁定”，不是“判决”，也不是“决定”。

⊙无期徒刑减刑的刑期计算

第八十条　无期徒刑减为有期徒刑的刑期，从裁定减刑之日起计算。

●考点点拨

1. 无期徒刑减为有期徒刑的，有期徒刑的刑期从裁定减刑之日起计算。已经执行的刑期以及判决宣告以前先行羁押的日期，不得计算在裁定减刑后的有期徒刑的刑期以内。

2. 对于无期徒刑减为有期徒刑以后再次减刑的，其刑期的计算则应按照有期徒刑减刑的方法计算。

第七节　假　　释

★假释的适用条件

第八十一条　被判处有期徒刑的犯罪分子，执行原判刑期二分之一以上，被判处无期徒刑的犯罪分子，实际执行十三年以上，如果认真遵守监规，接受教育改造，确有悔改表现，没有再犯罪的危险的，可以假释。如果有特殊情况，经最高人民法院核准，可以不受上述执行刑期的限制。

对累犯以及因故意杀人、强奸、抢劫、绑架、放火、爆炸、投放危险物质或者有组织的暴力性犯罪被判处十年以上有期徒刑、无期徒刑的犯罪分子，不得假释。

对犯罪分子决定假释时，应当考虑其假释后对所居住社区的影响。

●考点点拨

1. 假释是指在刑事案件中对已判决的犯罪分子进行附条件的释放。具体而言，假释是对被判处有期徒刑、无期徒刑的犯罪分子，在执行一定刑期之后，因其遵守监规，接受教育和改造，确有悔改表现，不致再危害社会，而附条件地将其予以提前释放的制度。

2. 假释与释放的区别。释放既可能是无罪释放，也可能是刑罚执行完毕而释放，还可能是因为赦免而释放。但这些都是无条件的释放，不存在刑罚的再执行问题。而假释则是有条件的释放，还存在再次执行刑罚的可能性。

3. 假释的条件

（1）对象条件：被判处有期徒刑或无期徒刑的犯罪分子。

（2）刑期条件：被判处有期徒刑的犯罪分子，执行原判刑期 1/2 以上，被判处无期徒刑的犯罪分子，实际执行 13 年以上。如果有特殊情况，经最高人民法院核准，可以不受上述执行刑期的限制。这里的“特殊情况”，是指国家政治、国防、外交等方面特殊需要的情况。

（3）实质条件：认真遵守监规，接受教育改造，确有悔改表现，没有再犯罪的危险。

（4）消极条件：对累犯以及因故意杀人、强奸、抢劫、绑架、放火、爆炸、投放危险物质或者有组织的暴力性犯罪被判处 10 年以上有期徒刑、无期徒刑的犯罪分子，不得假释。此外，对犯罪分子决定假释时，应当考虑其假释后对所住社区的影响。

☆真题回顾

（2018 年单选）下列情形可以适用假释的是（　　）。

A. 甲因盗窃罪被判处有期徒刑 2 年，刑满释放后不久，又因失火罪被判处有期徒刑 3 年

B. 乙因抢劫罪、强奸罪、绑架罪分别被判处 8 年、5 年、6 年，数罪并罚后被判处有期徒刑 15 年，现已执行了 9 年

C. 丙因黑社会性质的组织犯罪被判处有期徒刑 8 年，刑满释放后的第 6 年因危害国家安全罪被判处有期徒刑 4 年

D. 丁因放火罪被判处无期徒刑

【解析】答案为 A。根据《刑法》第 81 条第 2 款的规定，B 项、D 项中均存在法定不得假释的情形，应予排除。根据第 65 条的规定，A 项中后罪属于过失犯罪，不构成累犯，因此可以适用假释。根据第 66 条的规定，C 项中丙即使未被判决 10 年以上，但构成特殊累犯，不得假释。故 A 项正确。

⊙假释的程序

第八十二条　对于犯罪分子的假释，依照本法第七十九条规定的程序进行。非经法定程序不得假释。

●考点点拨

该条规定了假释的程序条件：对于犯罪分子的假释，依照《刑法》第 79 条规定的程序进行。非经法定程序不得假释。对于犯罪分子的假释，由执行机关向中级以上人民法院提出假释建议书，人民法院应当组

成合议庭进行审理，对确有悔改或者立功事实的，裁定予以假释。

⊙假释的考验期限

第八十三条　有期徒刑的假释考验期限，为没有执行完毕的刑期；无期徒刑的假释考验期限为十年。

假释考验期限，从假释之日起计算。

●**考点点拨**

1. 有期徒刑：假释考验期限为没有执行完毕的刑期。比如甲被判处 6 年，执行了 3.5 年后被假释，则假释考验期限为 2.5 年。

2. 无期徒刑：假释考验期限为 10 年。不管犯罪分子实际被执行了多少年刑罚，假释考验期限一律为 10 年。

⊙假释犯应遵守的规定

第八十四条　被宣告假释的犯罪分子，应当遵守下列规定：

（一）遵守法律、行政法规，服从监督；

（二）按照监督机关的规定报告自己的活动情况；

（三）遵守监督机关关于会客的规定；

（四）离开所居住的市、县或者迁居，应当报经监督机关批准。

⊙假释考验及其积极后果

第八十五条　对假释的犯罪分子，在假释考验期限内，依法实行社区矫正，如果没有本法第八十六条规定的情形，假释考验期满，就认为原判刑罚已经执行完毕，并公开予以宣告。

⊙假释的撤销及其处理

第八十六条　被假释的犯罪分子，在假释考验期限内犯新罪，应当撤销假释，依照本法第七十一条的规定实行数罪并罚。

在假释考验期限内，发现被假释的犯罪分子在判决宣告以前还有其他罪没有判决的，应当撤销假释，依照本法第七十条的规定实行数罪并罚。

被假释的犯罪分子，在假释考验期限内，有违反法律、行政法规或者国务院有关部门关于假释的监督管理规定的行为，尚未构成新的犯罪的，应当依照法定程序撤销假释，收监执行未执行完毕的刑罚。

●**考点点拨**

1. 对假释的犯罪分子，在假释考验期限内，依法实行社区矫正，如果没有《刑法》第 86 条规定的情形，假释考验期满，就认为原判刑罚已经执行完毕，并公开予以宣告。

2. 被假释的犯罪分子，在假释考验期限内犯新罪，应当撤销假释，按照“先减后并”实行数罪并罚。具体数罪并罚请考生参照前文“先减后并”的例子对照理解。

3. 在假释考验期限内，发现被假释的犯罪分子在判决宣告以前还有其他罪没有判决的，应当撤销假释，按照“先并后减”实行数罪并罚。具体数罪并罚请考生参照前文“先并后减”的例子对照理解。

4. 被假释的犯罪分子，在假释考验期限内，有违反法律、行政法规或者国务院有关部门关于假释的监督管理规定的行为，尚未构成新的犯罪的，应当依照法定程序撤销假释，收监执行未执行完毕的刑罚。

◆**关联法条**

最高人民法院《关于办理减刑、假释案件具体应用法律若干问题的规定》

第十五条　办理假释案件，判断“没有再犯罪的危险”，除符合刑法第八十一条规定的情形外，还应根据犯罪的具体情节、原判刑罚情况，在刑罚执行中的一贯表现，罪犯的年龄、身体状况、性格特征，假释后生活来源以及监管条件等因素综合考虑。

第八节　时　　效

★**追诉时效期限**

第八十七条　犯罪经过下列期限不再追诉：

（一）法定最高刑为不满五年有期徒刑的，经过五年；

（二）法定最高刑为五年以上不满十年有期徒刑的，经过十年；

（三）法定最高刑为十年以上有期徒刑的，经过十五年；

（四）法定最高刑为无期徒刑、死刑的，经过二十年。如果二十年以后认为必须追诉的，须报请最高人民检察院核准。

●**考点点拨**

1. 刑罚消灭的事由：

（1）超过追诉时效的；

（2）经特赦令免除刑罚的；

（3）告诉才处理的犯罪，没有告诉或者撤回告诉的；

（4）犯罪嫌疑人、被告人死亡的；

（5）其他法定事由。

2. 时效：时效分为追诉时效和行刑时效两种，刑法中并没有规定行刑时效,所讲的时效仅为追诉时效。追诉时效是指刑法规定了追究犯罪人刑事责任的有效期限,在此期限内,司法机关有权追究犯罪人的刑事责任。超过了此期限,就不能再追究犯罪人的刑事责任。超过了追诉时效,就意味着不能行使量刑权与行刑权,因而导致刑罚的消灭。

3. 追诉时效期限以法定最高刑为标准,而不是以实际应当判处的刑罚为标准。比如,甲某所犯的罪法定刑为"3 年以上 7 年以下",最终甲某被判处了 3 年,那么追诉时效以法定最高刑 7 年为准,即追诉时效为 10 年;而不是以实际所判处的 3 年为准,从而错误地判断追诉时效为 5 年。

⊙追诉期限的延长

第八十八条　在人民检察院、公安机关、国家安全机关立案侦查或者在人民法院受理案件以后,逃避侦查或者审判的,不受追诉期限的限制。

被害人在追诉期限内提出控告,人民法院、人民检察院、公安机关应当立案而不予立案的,不受追诉期限的限制。

⊙追诉期限的计算与中断

第八十九条　追诉期限从犯罪之日起计算;犯罪行为有连续或者继续状态的,从犯罪行为终了之日起计算。

在追诉期限以内又犯罪的,前罪追诉的期限从犯后罪之日起计算。

●**考点点拨**

追诉期限从犯罪之日起计算,犯罪行为有连续或者继续状态的,从犯罪行为终了之日起计算。在追诉期限以内又犯罪的,前罪追诉的期限从犯后罪之日起计算。比如,甲某犯盗窃罪,属于多次盗窃的情形,法定刑为"处 3 年以下有期徒刑、拘役或者管制",追诉期限为 5 年。甲某在盗窃后一直未被发现,在第 4 年的时候因为相互斗殴被以故意伤害罪提起公诉,那么前罪盗窃罪的追诉时效从第 4 年开始重新起算。

第五章　其他规定

⊙民族自治地方刑法适用的变通

第九十条　民族自治地方不能全部适用本法规定的,可以由自治区或者省人民代表大会根据当地民族的政治、经济、文化的特点和刑法规定的基本原则,制定变通或者补充的规定,报请全国人民代表大会常务委员会批准施行。

●**考点点拨**

自治区或者省人民代表大会根据当地民族的政治、经济、文化的特点和刑法规定的基本原则,制定变通或者补充的规定,也是刑法的渊源。但是这种规定只在该特定地域内适用,没有普遍效力。

⊙公共财产的范围

第九十一条　本法所称公共财产,是指下列财产:

(一)国有财产;

(二)劳动群众集体所有的财产;

(三)用于扶贫和其他公益事业的社会捐助或者专项基金的财产。

在国家机关、国有公司、企业、集体企业和人民团体管理、使用或者运输中的私人财产,以公共财产论。

⊙公民私人所有财产的范围

第九十二条　本法所称公民私人所有的财产,是指下列财产:

(一)公民的合法收入、储蓄、房屋和其他生活资料;

(二)依法归个人、家庭所有的生产资料;

(三)个体户和私营企业的合法财产;

(四)依法归个人所有的股份、股票、债券和其他财产。

⊙国家工作人员的范围

第九十三条　本法所称国家工作人员,是指国家机关中从事公务的人员。

国有公司、企业、事业单位、人民团体中从事公务的人员和国家机关、国有公司、企业、事业单位委派到非国有公司、企业、事业单位、社会团体从事公务的人员,以及其他依照法律从事公务的人员,以国家工作人员论。

●**考点点拨**

1. 国家工作人员特殊身份的核心是"依照法律从事公务",这里的"法律"是指广义上的法律,而不限于狭义的法律,它是指行为人的任用、地位、职务、公务行为等具有法律上的根据。

2. "从事公务",是指从事国家机关、公共机构或者其他法定的公共团体的事务。既然是"公务",必然关系到多数人或不特定人的利益。

3. 上述第一种"在国家机关中从事公务的人员"中的"国家机关",应作广义的理解,包括立法机关、司法机关、行政机关、政协机关、军事机关、党政机关等。如在党委宣传部、组织部、统战部中从事公务的人员，也属于在国家机关中从事公务的人员。

⊙司法工作人员的范围

第九十四条　本法所称司法工作人员，是指有侦查、检察、审判、监管职责的工作人员。

●**考点点拨**

司法工作人员不仅仅指检察院、法院的工作人员，还包括有侦查职责的监委、公安机关工作人员，有监管职责的公安机关看守所、收教所、少管所，监狱机关等工作人员。

⊙重伤

第九十五条　本法所称重伤，是指有下列情形之一的伤害：

（一）使人肢体残废或者毁人容貌的；

（二）使人丧失听觉、视觉或者其他器官机能的；

（三）其他对于人身健康有重大伤害的。

⊙违反国家规定之含义

第九十六条　本法所称违反国家规定，是指违反全国人民代表大会及其常务委员会制定的法律和决定，国务院制定的行政法规、规定的行政措施、发布的决定和命令。

⊙首要分子的范围

第九十七条　本法所称首要分子，是指在犯罪集团或者聚众犯罪中起组织、策划、指挥作用的犯罪分子。

★**告诉才处理的含义**

第九十八条　本法所称告诉才处理，是指被害人告诉才处理。如果被害人因受强制、威吓无法告诉的，人民检察院和被害人的近亲属也可以告诉。

●**考点点拨**

1. 告诉才处理包括五种：侮辱案；诽谤案；暴力干涉婚姻自由案；虐待案；侵占案。

2. 除了侵占罪是绝对的告诉才处理外，其余4种在司法实践中也要注意区分，当侮辱罪、诽谤罪、暴力干涉婚姻自由罪、虐待罪的犯罪情节非常严重时，比如造成很恶劣的社会影响，或者造成受害人死亡等其他严重情节，这时就突破了告诉才处理原则，由公安机关、检察机关进行正常的刑事诉讼程序。

⊙以上、以下、以内之界定

第九十九条　本法所称以上、以下、以内，包括本数。

⊙前科报告制度

第一百条　依法受过刑事处罚的人，在入伍、就业的时候，应当如实向有关单位报告自己曾受过刑事处罚，不得隐瞒。

犯罪的时候不满十八周岁被判处五年有期徒刑以下刑罚的人，免除前款规定的报告义务。

●**考点点拨**

1. 立法规定前科报告制度，是为了发挥法律的导向指引作用，减少犯罪行为。

2. 立法规定前科报告制度的例外，是考虑到未成年人身心、价值观并未完全建立成熟，体现对犯轻罪未成年人的关爱，给予犯轻罪未成年人改过自新、重新融入社会的机会。

⊙总则的效力

第一百零一条　本法总则适用于其他有刑罚规定的法律，但是其他法律有特别规定的除外。

第二编　分　则

第一章　危害国家安全罪

⊙背叛国家罪

第一百零二条　勾结外国，危害中华人民共和国的主权、领土完整和安全的，处无期徒刑或者十年以上有期徒刑。

与境外机构、组织、个人相勾结，犯前款罪的，依照前款的规定处罚。

⊙分裂国家罪、煽动分裂国家罪

第一百零三条　组织、策划、实施分裂国家、破坏国家统一的，对首要分子或者罪行重大的，处无期徒刑或者十年以上有期徒刑；对积极参加的，处三年以上十年以下有期徒刑；对其他参加的，处三年以下有期徒刑、拘役、管制或者剥夺政治权利。

煽动分裂国家、破坏国家统一的，处五年以下有期徒刑、拘役、管制或者剥夺政治权利；首要分子或者罪行重大的，处五年以上有期徒刑。

⊙武装叛乱、暴乱罪

第一百零四条　组织、策划、实施武装叛乱或者武装暴乱的，对首要分子或者罪行重大的，处无期徒刑或者十年以上有期徒刑；对积极参加的，处三年以上十年以下有期徒刑；对其他参加的，处三年以下有期徒刑、拘役、管制或者剥夺政治权利。

策动、胁迫、勾引、收买国家机关工作人员、武装部队人员、人民警察、民兵进行武装叛乱或者武装暴乱的，依照前款的规定从重处罚。

★**颠覆国家政权罪、煽动颠覆国家政权罪**

第一百零五条　组织、策划、实施颠覆国家政权、推翻社会主义制度的，对首要分子或者罪行重大的，处无期徒刑或者十年以上有期徒刑；对积极参加的，处三年以上十年以下有期徒刑；对其他参加的，处三年以下有期徒刑、拘役、管制或者剥夺政治权利。

以造谣、诽谤或者其他方式煽动颠覆国家政权、推翻社会主义制度的，处五年以下有期徒刑、拘役、管制或者剥夺政治权利；首要分子或者罪行重大的，处五年以上有期徒刑。

●**考点点拨**

1. 社会主义制度是中华人民共和国的根本制度，是我国的基本国体(国家性质)。

2. 禁止任何组织或者个人破坏社会主义制度，这是《宪法》的要求，也是每个公民最基本的义务。

⊙与境外勾结的处罚规定

第一百零六条　与境外机构、组织、个人相勾结，实施本章第一百零三条、第一百零四条、第一百零五条规定之罪的，依照各该条的规定从重处罚。

⊙资助危害国家安全犯罪活动罪

第一百零七条　境内外机构、组织或者个人资助实施本章第一百零二条、第一百零三条、第一百零四条、第一百零五条规定之罪的，对直接责任人员，处五年以下有期徒刑、拘役、管制或者剥夺政治权利；情节严重的，处五年以上有期徒刑。

⊙投敌叛变罪

第一百零八条　投敌叛变的，处三年以上十年以下有期徒刑；情节严重或者带领武装部队人员、人民警察、民兵投敌叛变的，处十年以上有期徒刑或者无期徒刑。

★**叛逃罪**

第一百零九条　国家机关工作人员在履行公务期间，擅离岗位，叛逃境外或者在境外叛逃的，处五年以下有期徒刑、拘役、管制或者剥夺政治权利；情节严重的，处五年以上十年以下有期徒刑。

掌握国家秘密的国家工作人员叛逃境外或者在境外叛逃的，依照前款的规定从重处罚。

●**考点点拨**

国家机关工作人员在履行公务期间进入驻华使领馆，也构成叛逃罪。在王立军事件中，成都市人民检察院指控：被告人王立军作为掌握国家秘密的国家机关工作人员，在履行公务期间，擅离岗位，叛逃外国驻华领馆，情节严重，其行为已触犯规定。

★**间谍罪**

第一百一十条　有下列间谍行为之一，危害国家安全的，处十年以上有期徒刑或者无期徒刑；情节较轻的，处三年以上十年以下有期徒刑：

(一)参加间谍组织或者接受间谍组织及其代理人的任务的；

(二)为敌人指示轰击目标的。

●**考点点拨**

1. 主观上：故意，并且明知自己的行为会发生危害国家安全的结果，并且希望或者放任这种结果的发生。

2. 客观上实施了三种行为：

(1)参加间谍组织。

(2)接受间谍组织及其代理人的任务。

(3)为敌人指示轰击目标。

3. 法条竞合：行为人接受间谍组织及其代理人的任务，为境外窃取、刺探、收买、非法提供国家秘密的，属于法条竞合，以间谍罪论处，不再以为境外窃取、刺探、收买、非法提供国家秘密论。

⊙为境外窃取、刺探、收买、非法提供国家秘密、情报罪

第一百一十一条　为境外的机构、组织、人员窃取、刺探、收买、非法提供国家秘密或者情报的，处五年以上十年以下有期徒刑；情节特别严重的，处十年以上有期徒刑或者无期徒刑；情节较轻的，处五年以下有期徒刑、拘役、管制或者剥夺政治权利。

●**考点点拨**

1. 必须是为境外的机构、组织、个人窃取、刺探、收买、非法提供国家秘密或者情报。至于境外的机构、组织、个人是否与我国为敌在所不问。为境内的机构、组织、个人窃取、刺探、收买国家秘密或者情报后，非法直接或者间接提供给境外机构、组织个人的，也成立本罪。

2. 这里的情报作了限缩解释，是指关系国家安全和利益、尚未公开或者依照有关规定不应公开的事项。

3. 为境外窃取、刺探、收买、非法提供国家秘密、情报，具有下列情形之一的，属于本罪构成行为：

(1)为境外窃取、刺探、收买、非法提供机密级国家秘密的。

(2)为境外窃取、刺探、收买、非法提供3项以上秘密级国家秘密的。

(3)为境外窃取、刺探、收买、非法提供国家秘密或者情报,对国家安全和利益造成其他严重损害的。

⊙资敌罪

第一百一十二条　战时供给敌人武器装备、军用物资资敌的,处十年以上有期徒刑或者无期徒刑;情节较轻的,处三年以上十年以下有期徒刑。

⊙危害国家安全罪适用死刑、没收财产的规定

第一百一十三条　本章上述危害国家安全罪行中,除第一百零三条第二款、第一百零五条、第一百零七条、第一百零九条外,对国家和人民危害特别严重、情节特别恶劣的,可以判处死刑。

犯本章之罪的,可以并处没收财产。

第二章　危害公共安全罪

★放火罪、决水罪、爆炸罪、投放危险物质罪、以危险方法危害公共安全罪

第一百一十四条　放火、决水、爆炸以及投放毒害性、放射性、传染病病原体等物质或者以其他危险方法危害公共安全,尚未造成严重后果的,处三年以上十年以下有期徒刑。

●考点点拨

1. 放火罪

(1)主体:已满14周岁、具有辨认和控制自己行为能力的自然人。

(2)放火的方法没有限制,既可以是作为,也可以是不作为;既可以直接使对象燃烧,也可以是通过媒介物使对象燃烧,还可以通过既存的火力引起对象燃烧。燃烧的对象主要是财物,也可能是财物以外的对象。自焚行为足以危害公共安全的,也成立放火罪。

(3)燃烧他人财物不足以危害公共安全的,成立故意毁坏财物罪;燃烧自己的财物不足以危害公共安全的,不构成犯罪。

(4)既遂标准:危险犯,使目的物达到"独立燃烧"的程度。即使将火扑灭,也是既遂。

2. 爆炸罪

(1)爆炸罪是指故意引起爆炸物或其他设备、装置爆炸,危害公共安全的行为。

(2)引起爆炸物爆炸,主要是指引起炸弹、炸药包、手榴弹、雷管及各种易爆的固体、液体、气体物品爆炸。

(3)引起其他设备、装置爆炸,主要是指利用各种手段,导致机器锅炉等设备或装置爆炸。

3. 投放危险物质罪

(1)投放的必须是毒害性、放射性、传染病病原体等危险物质,包括危险气体、液体、固体。

(2)投放行为的方式包括:将危险物质投放于供不特定或多数人饮食的食品或饮料中;将危险物质投放于供人、畜等使用的河流、池塘、水井等中;释放危险物质,如将沙林、传染病病原体释放于一定场所。

(3)本罪是危险犯,既遂的标准是造成危险状态。

(4)本罪与破坏生产经营罪的区分:是否危害公共安全。

(5)本罪与生产、销售有毒、有害食品罪的区分:是否具有销售营利的目的。

4. 以危险方法危害公共安全罪

(1)危险方法的种类:以放火、爆炸、投放危险物质、决水以外的其他危害公共安全的方法。实践中较为典型的情况包括:以驾驶机动车的方式撞人,放任他人死亡结果的,危害公共安全的;在公共场所私设电网,危害公共安全的;故意传播突发传染病病原体,危害公共安全的;邪教组织人员以自焚、自爆或者其他危险方法危害公共安全的;故意破坏矿井下的通风装置。

(2)既遂:造成危险状态(危险犯)。

(3)如果某种行为符合其他犯罪的构成要件,且符合罪刑相适应原则的,应尽量认定为其他犯罪,不宜认定为本罪。

☆真题回顾

(2018年多选)纺纱女工董某在某纺织厂做工期间,因偷盗厂里的昂贵设备而被开除。董某怀恨在心,欲行报复。某日凌晨,董某手持一盒火柴走到仓库的货梯边,趁四周无人点燃了堆放在货梯旁的纱料,并迅速逃离现场。由于纱料受潮,火势缓慢,夜间值守仓库的职工及时发现了火情并扑灭。关于董某行为的表述正确的有(　　)。

A. 构成放火罪

B. 构成故意毁坏公私财物罪

C. 属于犯罪未遂

D. 属于犯罪既遂

E. 不构成犯罪

【解析】答案为AD。根据《刑法》第114条的规定,上述行为属于危险犯,而不是结果犯,即只要实

施了该条文行为中的一种并造成了危害公共安全的危险状态，就构成犯罪既遂，而无须造成严重后果。造成严重后果的，属于结果加重犯。据此，董某因怀恨在心放火的行为已足以对公共安全产生危害，构成放火罪既遂。故 A 项、D 项正确。

（2019 年多选）关于放火罪，下列说法正确的有（　　）。

A. 放火的方式既可以是作为，也可以是不作为

B. 既可以直接使对象燃烧，也可以通过媒介物使对象燃烧

C. 燃烧的对象主要是公私财物

D. 自焚行为足以危害公共安全的，可以成立放火罪

E. 尚未独立燃烧及时被他人扑灭的，认定为放火罪未遂

【解析】答案为 ABCDE。根据《刑法》第 114 条、第 115 条第 1 款的规定，放火罪的客体是公共安全，属于故意犯罪（过失犯罪构成失火罪），行为方式包括作为或者不作为，作为犯罪的表现为通过放火直接或者通过媒介物使对象燃烧，不作为犯罪则是指负有防止火灾发生的特定义务，而且能够履行这种特定义务而不履行，以致发生火灾的情况。因此，A 项、B 项正确。放火罪的对象主要为公私财物，燃烧的对象主要是财物，也可能是财物以外的对象。自焚行为足以危害公共安全的，也成立放火罪。其中，私人财物既包括他人的，也包括自己的，只有故意犯罪对公共安全造成危害即构成放火罪。因此，C 项、D 项正确。放火罪在犯罪形态上，存在既遂和未遂。在未遂的认定标准上，为保护公共安全，我国刑法理论和司法实践一般采用更为严格的独立燃烧说，即火势脱离放火的媒介物，达到独立燃烧的程度即为放火罪的既遂。尚未独立燃烧及时被他人扑灭的，认定为放火罪未遂。E 项正确。

★放火罪、决水罪、爆炸罪、投放危险物质罪、以危险方法危害公共安全罪、失火罪、过失决水罪、过失爆炸罪、过失投放危险物质罪、过失以危险方法危害公共安全罪

第一百一十五条　放火、决水、爆炸以及投放毒害性、放射性、传染病病原体等物质或者以其他危险方法致人重伤、死亡或者使公私财产遭受重大损失的，处十年以上有期徒刑、无期徒刑或者死刑。

过失犯前款罪的，处三年以上七年以下有期徒刑；情节较轻的，处三年以下有期徒刑或者拘役。

●考点点拨

1. 失火罪在客观上要求引起了火灾，造成了他人重伤、死亡或者使公私财物遭受重大损失，危害了公共安全。

2. 失火罪在主观上只能是过失，如果由于不能预见或者不能抗拒的原因导致火灾，不能构成本罪。

★破坏交通工具罪

第一百一十六条　破坏火车、汽车、电车、船只、航空器，足以使火车、汽车、电车、船只、航空器发生倾覆、毁坏危险，尚未造成严重后果的，处三年以上十年以下有期徒刑。

●考点点拨

1. 本罪的对象之一“汽车”，应作扩大解释，即包括大型拖拉机。

2. 由于本罪属于危害公共安全的犯罪，所以只有当火车、汽车等交通工具正在使用，并涉及公共安全时，才能成为本罪的对象。交通工具在下列状态时，便能成为本罪的对象：

（1）正在行驶、飞行状态中。

（2）处于已交付随时使用的状态。

（3）处于不需再检修便可使用的状态，如交付检修的汽车的刹车系统并无故障，但汽车维修工人故意破坏刹车系统，再交付使用的，仍然构成本罪。

3. 必须破坏的是上述交通工具的整体或者关键部位，因为这关系到是否会危害公共安全。比如，甲为蓄意报复某巴士集团，将其停放在桃源村场站的 1 辆公交车的 4 个轮胎卸掉拿走。因轮胎被卸后公交车无法行驶，无法对公共安全造成危害，因而不构成本罪。

4. 本罪是危险犯，即只要足以使火车、汽车、电车、船只、航空器发生倾覆、毁坏的危险，就成立既遂。

5. 本罪与盗窃罪的区分：如果窃取交通工具的部件数额较大或者多次窃取，但不可能发生上述危险的，只能成立盗窃罪。

⊙破坏交通设施罪

第一百一十七条　破坏轨道、桥梁、隧道、公路、机场、航道、灯塔、标志或者进行其他破坏活动，足以使火车、汽车、电车、船只、航空器发生倾覆、毁坏危险，尚未造成严重后果的，处三年以上十年以下有期徒刑。

⊙破坏电力设备罪、破坏易燃易爆设备罪

第一百一十八条　破坏电力、燃气或者其他易燃

易爆设备,危害公共安全,尚未造成严重后果的,处三年以上十年以下有期徒刑。

⊙破坏交通工具罪、破坏交通设施罪、破坏电力设备罪、破坏易燃易爆设备罪/过失损坏交通工具罪、过失损坏交通设施罪、过失损坏电力设备罪、过失损坏易燃易爆设备罪

第一百一十九条　破坏交通工具、交通设施、电力设备、燃气设备、易燃易爆设备,造成严重后果的,处十年以上有期徒刑、无期徒刑或者死刑。

过失犯前款罪的,处三年以上七年以下有期徒刑;情节较轻的,处三年以下有期徒刑或者拘役。

★**组织、领导、参加恐怖组织罪**

第一百二十条　组织、领导恐怖活动组织的,处十年以上有期徒刑或者无期徒刑,并处没收财产;积极参加的,处三年以上十年以下有期徒刑,并处罚金;其他参加的,处三年以下有期徒刑、拘役、管制或者剥夺政治权利,可以并处罚金。

犯前款罪并实施杀人、爆炸、绑架等犯罪的,依照数罪并罚的规定处罚。

●**考点点拨**

1. 恐怖活动组织,是指以实施恐怖活动为目的而建立起来的、危害极为严重的犯罪组织,包括国际恐怖活动组织与国内恐怖活动组织。

2. 牵连犯的数罪并罚:犯本罪又实施杀人、爆炸、绑架等犯罪的,数罪并罚。立法意图是严厉打击暴力恐怖行为。

⊙帮助恐怖活动罪

第一百二十条之一　资助恐怖活动组织、实施恐怖活动的个人的,或者资助恐怖活动培训的,处五年以下有期徒刑、拘役、管制或者剥夺政治权利,并处罚金;情节严重的,处五年以上有期徒刑,并处罚金或者没收财产。

为恐怖活动组织、实施恐怖活动或者恐怖活动培训招募、运送人员的,依照前款的规定处罚。

单位犯前两款罪的,对单位判处罚金,并对其直接负责的主管人员和其他直接责任人员,依照第一款的规定处罚。

●**考点点拨**

1. 所谓资助,是指为恐怖活动组织或者实施恐怖活动的个人筹资、提供经费、物质或者提供场所以及其他物质便利的行为。

2. 资助的具体方式没有限制,资助的时间也没有限定。

3. 本罪的主体既可以是自然人,也可以是单位。

4. 主观上要求行为人认识到所资助的对方为恐怖活动组织、实施恐怖活动的个人。

⊙准备实施恐怖活动罪

第一百二十条之二　有下列情形之一的,处五年以下有期徒刑、拘役、管制或者剥夺政治权利,并处罚金;情节严重的,处五年以上有期徒刑,并处罚金或者没收财产:

(一)为实施恐怖活动准备凶器、危险物品或者其他工具的;

(二)组织恐怖活动培训或者积极参加恐怖活动培训的;

(三)为实施恐怖活动与境外恐怖活动组织或者人员联络的;

(四)为实施恐怖活动进行策划或者其他准备的。

有前款行为,同时构成其他犯罪的,依照处罚较重的规定定罪处罚。

⊙宣扬恐怖主义、极端主义、煽动实施恐怖活动罪

第一百二十条之三　以制作、散发宣扬恐怖主义、极端主义的图书、音频视频资料或者其他物品,或者通过讲授、发布信息等方式宣扬恐怖主义、极端主义的,或者煽动实施恐怖活动的,处五年以下有期徒刑、拘役、管制或者剥夺政治权利,并处罚金;情节严重的,处五年以上有期徒刑,并处罚金或者没收财产。

⊙利用极端主义破坏法律实施罪

第一百二十条之四　利用极端主义煽动、胁迫群众破坏国家法律确立的婚姻、司法、教育、社会管理等制度实施的,处三年以下有期徒刑、拘役或者管制,并处罚金;情节严重的,处三年以上七年以下有期徒刑,并处罚金;情节特别严重的,处七年以上有期徒刑,并处罚金或者没收财产。

⊙强制穿戴宣扬恐怖主义、极端主义服饰、标志罪

第一百二十条之五　以暴力、胁迫等方式强制他人在公共场所穿着、佩戴宣扬恐怖主义、极端主义服饰、标志的,处三年以下有期徒刑、拘役或者管制,并处罚金。

⊙非法持有宣扬恐怖主义、极端主义物品罪

第一百二十条之六　明知是宣扬恐怖主义、极端主义的图书、音频视频资料或者其他物品而非法持

有，情节严重的，处三年以下有期徒刑、拘役或者管制，并处或者单处罚金。

★劫持航空器罪

第一百二十一条　以暴力、胁迫或者其他方法劫持航空器的，处十年以上有期徒刑或者无期徒刑；致人重伤、死亡或者使航空器遭受严重破坏的，处死刑。

●考点点拨

1. 航空器的范围：在空间飞行的各种航空工具，包括飞机、宇宙飞船、热气球等，也包括国家航空器（用于军事、海关、警察部门的航空器）、民用航空器。同时航空器必须是“正在使用”的。

2. 注意本罪的绝对确定法定刑死刑：致人重伤、死亡或者使航空器遭受严重破坏。其中，“致人重伤、死亡”不仅包括过失，还包括故意。

3. 罪数：行为人以杀人、伤害等方法劫持航空器的，不应将故意杀人罪、故意伤害罪与劫持航空器罪数罪并罚，故意杀人、故意伤害行为应认为是劫持航空器罪的手段行为。

4. 国际性犯罪，我国也加入了相关的条约，有权行使普遍管辖权。如果仅在国内劫持，不是国际犯罪。

⊙劫持船只、汽车罪

第一百二十二条　以暴力、胁迫或者其他方法劫持船只、汽车的，处五年以上十年以下有期徒刑；造成严重后果的，处十年以上有期徒刑或者无期徒刑。

⊙暴力危及飞行安全罪

第一百二十三条　对飞行中的航空器上的人员使用暴力，危及飞行安全，尚未造成严重后果的，处五年以下有期徒刑或者拘役；造成严重后果的，处五年以上有期徒刑。

⊙破坏广播电视设施、公用电信设施罪、过失损坏广播电视设施、公用电信设施罪

第一百二十四条　破坏广播电视设施、公用电信设施，危害公共安全的，处三年以上七年以下有期徒刑；造成严重后果的，处七年以上有期徒刑。

过失犯前款罪的，处三年以上七年以下有期徒刑；情节较轻的，处三年以下有期徒刑或者拘役。

⊙非法制造、买卖、运输、邮寄、储存枪支、弹药、爆炸物罪/非法制造、买卖、运输、储存危险物质罪

第一百二十五条　非法制造、买卖、运输、邮寄、储存枪支、弹药、爆炸物的，处三年以上十年以下有期徒刑；情节严重的，处十年以上有期徒刑、无期徒刑或者死刑。

非法制造、买卖、运输、储存毒害性、放射性、传染病病原体等物质，危害公共安全的，依照前款的规定处罚。

单位犯前两款罪的，对单位判处罚金，并对其直接负责的主管人员和其他直接责任人员，依照第一款的规定处罚。

⊙违规制造、销售枪支罪

第一百二十六条　依法被指定、确定的枪支制造企业、销售企业，违反枪支管理规定，有下列行为之一的，对单位判处罚金，并对其直接负责的主管人员和其他直接责任人员，处五年以下有期徒刑；情节严重的，处五年以上十年以下有期徒刑；情节特别严重的，处十年以上有期徒刑或者无期徒刑：

（一）以非法销售为目的，超过限额或者不按照规定的品种制造、配售枪支的；

（二）以非法销售为目的，制造无号、重号、假号的枪支的；

（三）非法销售枪支或者在境内销售为出口制造的枪支的。

★盗窃、抢夺枪支、弹药、爆炸物、危险物质罪/抢劫枪支、弹药、爆炸物、危险物质罪/盗窃、抢夺枪支、弹药、爆炸物、危险物质罪

第一百二十七条　盗窃、抢夺枪支、弹药、爆炸物的，或者盗窃、抢夺毒害性、放射性、传染病病原体等物质，危害公共安全的，处三年以上十年以下有期徒刑；情节严重的，处十年以上有期徒刑、无期徒刑或者死刑。

抢劫枪支、弹药、爆炸物的，或者抢劫毒害性、放射性、传染病病原体等物质，危害公共安全的，或者盗窃、抢夺国家机关、军警人员、民兵的枪支、弹药、爆炸物的，处十年以上有期徒刑、无期徒刑或者死刑。

●考点点拨

1. 本罪客观方面表现为盗窃或者抢夺枪支、弹药、爆炸物，或者盗窃、抢夺毒害性、放射性、传染病病原体等危险物质，危害公共安全的行为。

2. 盗窃、抢夺枪支、弹药、爆炸物，属于抽象的危险犯；只要行为人实施了盗窃、抢夺枪支、弹药、爆炸物的行为，便可根据社会一般生活经验，得出具有公共危险的结论。

3. 实践中出现的行为人为了窃取一般财物而实际上窃取了枪支、弹药的案件，由于行为人并不明知

是枪支、弹药，不能认定为本罪，只能认定为盗窃罪；如果盗窃后非法持有、私藏的，则另构成非法持有、私藏枪支、弹药罪。这是辅警考试的高频考点，考生务必仔细领会，准确分辨。

⊙非法持有、私藏枪支、弹药罪/非法出租、出借枪支罪

第一百二十八条　违反枪支管理规定，非法持有、私藏枪支、弹药的，处三年以下有期徒刑、拘役或者管制；情节严重的，处三年以上七年以下有期徒刑。

依法配备公务用枪的人员，非法出租、出借枪支的，依照前款的规定处罚。

依法配置枪支的人员，非法出租、出借枪支，造成严重后果的，依照第一款的规定处罚。

单位犯第二款、第三款罪的，对单位判处罚金，并对其直接负责的主管人员和其他直接责任人员，依照第一款的规定处罚。

●考点点拨

1. 非法持有、私藏枪支、弹药罪

(1) 非法持有，是指没有合法根据地实际占有或控制枪支、弹药，即不符合配备、配置枪支、弹药条件的人员，违反枪支管理法律、法规的规定，擅自持有枪支、弹药。非法替他人保管枪支、弹药的行为属于非法持有；非法私藏也属于非法持有。

(2) 非法制造枪支、弹药后又持有、私藏的，属于吸收犯，应以非法制造枪支、弹药罪论处，不实行数罪并罚。这是因为制造后必然存在"持有"状态，因而罪名被吸收。

(3) 本罪的主观方面是故意，即行为人主观上必须认识到持有、私藏的是枪支、弹药。

2. 非法出租、出借枪支罪

(1) 依法配备公务用枪的人员，只要实施了非法出租、出借行为的即成立本罪，即为行为犯；但依法配备枪支的人员，非法出租、出借枪支，只有造成严重后果的，才成立本罪，即为结果犯。

(2) 如果行为人明知他人使用枪支实施杀人、伤害、抢劫、绑架等犯罪行为，而出租、出借枪支的，不再成立本罪，而应认定为他人成立的罪的共犯。比如，甲以干掉其老婆情夫丙为由，向老乡警察乙借 1 把枪支，结果丙中枪死亡，则乙构成故意杀人罪的共犯，而不构成非法出借枪支罪。

(3) 行为人非法持有枪支后又非法出租、出借的，只能以非法持有枪支罪论处。因为，非法出租、出借枪支罪的主体不包括非法持有枪支者。

⊙丢失枪支不报罪

第一百二十九条　依法配备公务用枪的人员，丢失枪支不及时报告，造成严重后果的，处三年以下有期徒刑或者拘役。

⊙非法携带枪支、弹药、管制刀具、危险物品危及公共安全罪

第一百三十条　非法携带枪支、弹药、管制刀具或者爆炸性、易燃性、放射性、毒害性、腐蚀性物品，进入公共场所或者公共交通工具，危及公共安全，情节严重的，处三年以下有期徒刑、拘役或者管制。

⊙重大飞行事故罪

第一百三十一条　航空人员违反规章制度，致使发生重大飞行事故，造成严重后果的，处三年以下有期徒刑或者拘役；造成飞机坠毁或者人员死亡的，处三年以上七年以下有期徒刑。

⊙铁路运营安全事故罪

第一百三十二条　铁路职工违反规章制度，致使发生铁路运营安全事故，造成严重后果的，处三年以下有期徒刑或者拘役；造成特别严重后果的，处三年以上七年以下有期徒刑。

★交通肇事罪

第一百三十三条　违反交通运输管理法规，因而发生重大事故，致人重伤、死亡或者使公私财产遭受重大损失的，处三年以下有期徒刑或者拘役；交通运输肇事后逃逸或者有其他特别恶劣情节的，处三年以上七年以下有期徒刑；因逃逸致人死亡的，处七年以上有期徒刑。

●考点点拨

1. 本罪是过失犯罪，且为结果犯。行为虽然违反交通运输管理法规，但没有发生重大交通事故的，不成立本罪。

2. 本罪存在的时空范围：公共交通管理范围内。"道路"，是指公路、城市道路和虽在单位管辖范围但允许社会机动车通行的地方，包括广场、公共停车场等用于公众通行的场所。

3. 本罪主体：从事交通运输的人员和其他人员。单位主管人员机动车辆所有人或者机动车辆承包人指使、强令他人违章驾驶造成重大交通事故，致人重伤、死亡或者使公私财产遭受重大损失的，以交通肇事罪定罪处罚。

4. 交通肇事后的逃逸问题。"因逃逸致人死亡"，是指行为人在交通肇事后为逃避法律追究而逃

跑,致使被害人因得不到救助而死亡的情形。换言之,逃逸与被害人的死亡之间具有因果关系。

5. 行为人在交通肇事后为逃避法律追究,将被害人带离事故现场后隐藏或者遗弃,致使被害人无法得到救助而死亡或重残疾的,以故意杀人罪或故意伤害罪定罪处罚。如果前行为已经构成交通肇事罪,则应实行数罪并罚。这是辅警考试的重要考点,考生要学会辨析。

6. 行为人在交通肇事后,以为被害人已经死亡,为了隐匿罪迹将被害人沉入河中,事实上被害人溺死于河流中的,应将后行为认定为过失致人死亡罪。如果前行为已经构成交通肇事罪,则应实行数罪并罚。这是辅警考试的重要考点,考生要学会辨析。

★危险驾驶罪

第一百三十三条之一　在道路上驾驶机动车,有下列情形之一的,处拘役,并处罚金:

(一)追逐竞驶,情节恶劣的;

(二)醉酒驾驶机动车的;

(三)从事校车业务或者旅客运输,严重超过额定乘员载客,或者严重超过规定时速行驶的;

(四)违反危险化学品安全管理规定运输危险化学品,危及公共安全的。

机动车所有人、管理人对前款第三项、第四项行为负有直接责任的,依照前款的规定处罚。

有前两款行为,同时构成其他犯罪的,依照处罚较重的规定定罪处罚。

●考点点拨

1. 本罪是危险犯,四种情节均构成本罪:

(1)在道路上驾驶机动车追逐竞驶,情节恶劣;

(2)在道路上醉酒驾驶机动车;

(3)从事校车业务或者旅客运输,严重超过额定乘员载客,或者严重超过规定时速行驶的;

(4)违反危险化学品安全管理规定运输危险化学品,危及公共安全的。

2. 危险驾驶行为同时构成交通肇事罪或者以危险方法危害公共安全罪等犯罪的,依照处罚较重的规定定罪处罚,不实行数罪并罚。

3. 机动车所有人、管理人对于从事校车业务或者旅客运输,严重超过额定乘员载客,或者严重超过规定时速行驶的,以及违反危险化学品安全管理规定运输危险化学品,危及公共安全的情形负有直接责任的,按照危险驾驶罪定罪处罚。

4. 醉酒驾驶机动车,成立危险驾驶罪。但如果危险驾驶行为具有与放火、爆炸等相当的具体的公共危险,行为人对该具体的危险具有故意的,应当认定为以危险方法危害公共安全罪。比如,在高速公路上逆向追逐竞驶或者醉酒高速驾驶,但没有造成严重后果的,应当认定为以危险方法危害公共安全罪。

◆关联法条

最高人民法院《关于审理交通肇事刑事案件具体应用法律若干问题的解释》

第三条　"交通运输肇事后逃逸",是指行为人具有本解释第二条第一款规定和第二款第(一)至(五)项规定的情形之一,在发生交通事故后,为逃避法律追究而逃跑的行为。

第五条　"因逃逸致人死亡",是指行为人在交通肇事后为逃避法律追究而逃跑,致使被害人因得不到救助而死亡的情形。

交通肇事后,单位主管人员、机动车辆所有人、承包人或者乘车人指使肇事人逃逸,致使被害人因得不到救助而死亡的,以交通肇事罪的共犯论处。

第六条　行为人在交通肇事后为逃避法律追究,将被害人带离事故现场后隐藏或者遗弃,致使被害人无法得到救助而死亡或者严重残疾的,应当分别依照刑法第二百三十二条、第二百三十四条第二款的规定,以故意杀人罪或者故意伤害罪定罪处罚。

第七条　单位主管人员、机动车辆所有人或者机动车辆承包人指使、强令他人违章驾驶造成重大交通事故,具有本解释第二条规定情形之一的,以交通肇事罪定罪处罚。

★重大责任事故罪/强令违章冒险作业罪

第一百三十四条　在生产、作业中违反有关安全管理的规定,因而发生重大伤亡事故或者造成其他严重后果的,处三年以下有期徒刑或者拘役;情节特别恶劣的,处三年以上七年以下有期徒刑。

强令他人违章冒险作业,因而发生重大伤亡事故或者造成其他严重后果的,处五年以下有期徒刑或者拘役;情节特别恶劣的,处五年以上有期徒刑。

●考点点拨

考生应该注意本罪主体为从事生产、作业的人员。注意:《刑法修正案(六)》出台之前该罪的主体是"工厂、矿山、林场、建筑企业或者其他企业、事业单位的职工"。现在该罪主体扩大了,包括任何单位的职工。

⊙重大劳动安全事故罪

第一百三十五条　安全生产设施或者安全生产条件不符合国家规定，因而发生重大伤亡事故或者造成其他严重后果的，对直接负责的主管人员和其他直接责任人员，处三年以下有期徒刑或者拘役；情节特别恶劣的，处三年以上七年以下有期徒刑。

⊙大型群众性活动重大安全事故罪

第一百三十五条之一　举办大型群众性活动违反安全管理规定，因而发生重大伤亡事故或者造成其他严重后果的，对直接负责的主管人员和其他直接责任人员，处三年以下有期徒刑或者拘役；情节特别恶劣的，处三年以上七年以下有期徒刑。

⊙危险物品肇事罪

第一百三十六条　违反爆炸性、易燃性、放射性、毒害性、腐蚀性物品的管理规定，在生产、储存、运输、使用中发生重大事故，造成严重后果的，处三年以下有期徒刑或者拘役；后果特别严重的，处三年以上七年以下有期徒刑。

⊙工程重大安全事故罪

第一百三十七条　建设单位、设计单位、施工单位、工程监理单位违反国家规定，降低工程质量标准，造成重大安全事故的，对直接责任人员，处五年以下有期徒刑或者拘役，并处罚金；后果特别严重的，处五年以上十年以下有期徒刑，并处罚金。

⊙教育设施重大安全事故罪

第一百三十八条　明知校舍或者教育教学设施有危险，而不采取措施或者不及时报告，致使发生重大伤亡事故的，对直接责任人员，处三年以下有期徒刑或者拘役；后果特别严重的，处三年以上七年以下有期徒刑。

⊙消防责任事故罪

第一百三十九条　违反消防管理法规，经消防监督机构通知采取改正措施而拒绝执行，造成严重后果的，对直接责任人员，处三年以下有期徒刑或者拘役；后果特别严重的，处三年以上七年以下有期徒刑。

⊙不报、谎报安全事故罪

第一百三十九条之一　在安全事故发生后，负有报告职责的人员不报或者谎报事故情况，贻误事故抢救，情节严重的，处三年以下有期徒刑或者拘役；情节特别严重的，处三年以上七年以下有期徒刑。

第三章　破坏社会主义市场经济秩序罪

第一节　生产、销售伪劣商品罪

★生产、销售伪劣产品罪

第一百四十条　生产者、销售者在产品中掺杂、掺假，以假充真，以次充好或者以不合格产品冒充合格产品，销售金额五万元以上不满二十万元的，处二年以下有期徒刑或者拘役，并处或者单处销售金额百分之五十以上二倍以下罚金；销售金额二十万元以上不满五十万元的，处二年以上七年以下有期徒刑，并处销售金额百分之五十以上二倍以下罚金；销售金额五十万元以上不满二百万元的，处七年以上有期徒刑，并处销售金额百分之五十以上二倍以下罚金；销售金额二百万元以上的，处十五年有期徒刑或者无期徒刑，并处销售金额百分之五十以上二倍以下罚金或者没收财产。

●考点点拨

1. 犯罪主体：包括自然人和单位。生产者、销售者是否取得了有关产品的生产许可证或营业执照，不影响本罪的成立。

2. 犯罪对象：伪劣产品。考生应注意本罪的对象不包括建筑工程建筑物这种特殊的产品，对此已经有工程重大安全事故罪来进行规范。

3. 销售金额：5万元以上。

4. 主观罪过：故意，包括直接故意和间接故意。过失不能构成本罪。比如，生产者甲在生产过程中因疏忽大意造成产品的配方出现错误，使该产品成为伪劣产品的，不构成本罪。但此后甲仍然将该伪劣产品推向市场进行出售的，构成销售伪劣产品罪。

5. 本罪是本节的“基础性罪名”“兜底性罪名”，凡是考题中出现“生产、销售伪劣”字样的，都应该考虑到本罪。根据《刑法》的规定，生产、销售其他特定产品虽不构成犯罪，但只要销售金额在5万元以上，都可按照本罪定罪处罚。

◆关联法条

最高人民法院、最高人民检察院《关于办理生产、销售伪劣商品刑事案件具体应用法律若干问题的解释》

第一条　刑法第一百四十条规定的“在产品中掺杂、掺假”，是指在产品中掺入杂质或者异物，致使产品质量不符合国家法律、法规或者产品明示质量标准规定的质量要求，降低、失去应有使用性能的行为。

刑法第一百四十条规定的“以假充真”，是指以不具有某种使用性能的产品冒充具有该种使用性能的产品的行为。

刑法第一百四十条规定的“以次充好”，是指以低等级、低档次产品冒充高等级、高档次产品，或者以残次、废旧零配件组合、拼装后冒充正品或者新产品的行为。

刑法第一百四十条规定的“不合格产品”，是指不符合《中华人民共和国产品质量法》第二十六条第二款规定的质量要求的产品。

对本条规定的上述行为难以确定的，应当委托法律、行政法规规定的产品质量检验机构进行鉴定。

⊙生产、销售假药罪

第一百四十一条　生产、销售假药的，处三年以下有期徒刑或者拘役，并处罚金；对人体健康造成严重危害或者有其他严重情节的，处三年以上十年以下有期徒刑，并处罚金；致人死亡或者有其他特别严重情节的，处十年以上有期徒刑、无期徒刑或者死刑，并处罚金或者没收财产。

本条所称假药，是指依照《中华人民共和国药品管理法》的规定属于假药和按假药处理的药品、非药品。

●**考点点拨**

1. 犯罪对象：假药。即按照《药品管理法》的规定属于假药和按假药处理的药品、非药品。前者包括药品所含成分的名称与国家药品标准或省、自治区、直辖市药品标准不符，或者以非药品冒充药品、以他种药品冒充此种药品，后者包括下列几种情形：

(1)国务院卫生行政部门规定禁止使用的药品。

(2)未取得批准文号生产的药品。

(3)变质不能药用的药品。

(4)被污染不能药用的药品。

2. 这里的“假药”必须是用于人体的药品或非药品，如果生产销售假农药、假兽药则以《刑法》第147条的规定定罪处罚。

3. 本罪的行为主体是自然人与单位。医疗机构明知是假药而销售的，成立销售假药罪。为他人生产、销售假药提供帮助的，如提供资金、贷款的，提供生产、经营场所、设备或者运输等便利条件的，提供生产技术，或者提供原料等以及提供广告等宣传的，应以本罪的共犯论处。

4. 责任形式是故意，行为人必须明知自己生产、销售的是假药。本罪不要求以获取非法利润为目的，即使低于成本价出售假药，也不影响本罪的成立。

⊙生产、销售劣药罪

第一百四十二条　生产、销售劣药，对人体健康造成严重危害的，处三年以上十年以下有期徒刑，并处销售金额百分之五十以上二倍以下罚金；后果特别严重的，处十年以上有期徒刑或者无期徒刑，并处销售金额百分之五十以上二倍以下罚金或者没收财产。

本条所称劣药，是指依照《中华人民共和国药品管理法》的规定属于劣药的药品。

●**考点点拨**

1. 犯罪对象：劣药，即依照《药品管理法》的规定，药品成分含量与国家药品的标准或者省、自治区、直辖市药品标准不符合的以及超过有效期限的药品。

2. 这里的“劣药”也必须是用于人体的药品或非药品，如果生产、销售假农药、假兽药则而以《刑法》第147条的规定定罪处罚。

3. 既遂标准：对人体健康造成严重危害。本罪是典型的结果犯。

⊙生产、销售不符合安全标准的食品罪

第一百四十三条　生产、销售不符合食品安全标准的食品，足以造成严重食物中毒事故或者其他严重食源性疾病的，处三年以下有期徒刑或者拘役，并处罚金；对人体健康造成严重危害或者有其他严重情节的，处三年以上七年以下有期徒刑，并处罚金；后果特别严重的，处七年以上有期徒刑或者无期徒刑，并处罚金或者没收财产。

●**考点点拨**

1. 不符合安全标准的食品是指不符合《食品安全法》规定的安全标准的食品，但生产、销售有毒、有害食品的不成立本罪。

2. 经省级以上卫生行政部门确定的机构鉴定，食品中含有可能导致严重食物中毒或者其他严重食源性疾患的超标准的有害细菌或者其他污染物的，应认定为“足以造成严重食物中毒事故或者其他严重食源性疾患”。

★**生产、销售有毒、有害食品罪**

第一百四十四条　在生产、销售的食品中掺入有毒、有害的非食品原料的，或者销售明知掺有有毒、有害的非食品原料的食品的，处五年以下有期徒刑，并处罚金；对人体健康造成严重危害或者有其他严重情节的，处五年以上十年以下有期徒刑，并处罚金；致人死亡或者有其他特别严重情节的，依照本法第一百四十一条的规定处罚。

●考点点拨

1. 犯罪对象：有毒、有害食品。“有毒”的范围容易确定，但“有害”的范围较广，只有与“有毒”相当的，足以造成严重食物中毒或其他严重食源性疾患的物质，才是“有害”物质。

2. 既遂标准：实施了生产、销售中掺入有毒、有害的非食品原料的食品行为，本罪是典型的行为犯，也是本节仅有的两个行为犯之一，另一个是生产、销售假药罪。

◆关联法条

最高人民法院、最高人民检察院《关于办理危害食品安全刑事案件适用法律若干问题的解释》

第五条　生产、销售有毒、有害食品，具有本解释第二条规定情形之一的，应当认定为刑法第一百四十四条规定的“对人体健康造成严重危害”。

第六条　生产、销售有毒、有害食品，具有下列情形之一的，应当认定为刑法第一百四十四条规定的“其他严重情节”：

（一）生产、销售金额二十万元以上不满五十万元的；

（二）生产、销售金额十万元以上不满二十万元，有毒、有害食品的数量较大或者生产、销售持续时间较长的；

（三）生产、销售金额十万元以上不满二十万元，属于婴幼儿食品的；

（四）生产、销售金额十万元以上不满二十万元，一年内曾因危害食品安全违法犯罪活动受过行政处罚或者刑事处罚的；

（五）有毒、有害的非食品原料毒害性强或者含量高的；

（六）其他情节严重的情形。

⊙生产、销售不符合标准的医用器材罪

第一百四十五条　生产不符合保障人体健康的国家标准、行业标准的医疗器械、医用卫生材料，或者销售明知是不符合保障人体健康的国家标准、行业标准的医疗器械、医用卫生材料，足以严重危害人体健康的，处三年以下有期徒刑或者拘役，并处销售金额百分之五十以上二倍以下罚金；对人体健康造成严重危害的，处三年以上十年以下有期徒刑，并处销售金额百分之五十以上二倍以下罚金；后果特别严重的，处十年以上有期徒刑或者无期徒刑，并处销售金额百分之五十以上二倍以下罚金或者没收财产。

⊙生产、销售不符合安全标准的产品罪

第一百四十六条　生产不符合保障人身、财产安全的国家标准、行业标准的电器、压力容器、易燃易爆产品或者其他不符合保障人身、财产安全的国家标准、行业标准的产品，或者销售明知是以上不符合保障人身、财产安全的国家标准、行业标准的产品，造成严重后果的，处五年以下有期徒刑，并处销售金额百分之五十以上二倍以下罚金；后果特别严重的，处五年以上有期徒刑，并处销售金额百分之五十以上二倍以下罚金。

⊙生产、销售伪劣农药、兽药、化肥、种子罪

第一百四十七条　生产假农药、假兽药、假化肥，销售明知是假的或者失去使用效能的农药、兽药、化肥、种子，或者生产者、销售者以不合格的农药、兽药、化肥、种子冒充合格的农药、兽药、化肥、种子，使生产遭受较大损失的，处三年以下有期徒刑或者拘役，并处或者单处销售金额百分之五十以上二倍以下罚金；使生产遭受重大损失的，处三年以上七年以下有期徒刑，并处销售金额百分之五十以上二倍以下罚金；使生产遭受特别重大损失的，处七年以上有期徒刑或者无期徒刑，并处销售金额百分之五十以上二倍以下罚金或者没收财产。

⊙生产、销售不符合卫生标准的化妆品罪

第一百四十八条　生产不符合卫生标准的化妆品，或者销售明知是不符合卫生标准的化妆品，造成严重后果的，处三年以下有期徒刑或者拘役，并处或者单处销售金额百分之五十以上二倍以下罚金。

⊙对生产、销售伪劣商品行为的法条适用

第一百四十九条　生产、销售本节第一百四十一条至第一百四十八条所列产品，不构成各该条规定的犯罪，但是销售金额在五万元以上的，依照本节第一百四十条的规定定罪处罚。

生产、销售本节第一百四十一条至第一百四十八条所列产品，构成各该条规定的犯罪，同时又构成本节第一百四十条规定之罪的，依照处罚较重的规定定罪处罚。

●考点点拨

1.《刑法》第 140 条规定的生产、销售伪劣产品罪与第 141 ~ 148 条规定的生产、销售假药等特定伪劣产品罪之间的关系，实际上属于法条竞合的关系。第 140 条是一般性条款，生产、销售伪劣产品罪相对而言属于普通罪名，而第 141 ~ 148 条是特殊条款，所规

定的生产、销售假药等罪名相对而言就属于特殊罪名。但该种法条竞合的关系处理原则不是“特殊条款优先”，而是“重法优先”。

2. 生产、销售本节第 141 ~ 148 条所列产品，不构成各该条规定的犯罪，但是销售金额在 5 万元以上的，依照第 140 条的生产、销售伪劣产品罪的规定定罪处罚。如生产、销售劣药，尚没有对人体健康造成严重危害的，虽然不构成生产、销售劣药罪，但如果销售金额达到了 5 万元，则应以生产、销售伪劣产品罪定罪量刑。

⊙单位犯本节规定之罪的处理

第一百五十条　单位犯本节第一百四十条至第一百四十八条规定之罪的，对单位判处罚金，并对其直接负责的主管人员和其他直接责任人员，依照各该条的规定处罚。

第二节　走　私　罪

★走私武器、弹药罪/走私核材料罪/走私假币罪/走私文物罪/走私贵重金属罪/走私珍贵动物、珍贵动物制品罪/走私国家禁止进出口的货物、物品罪

第一百五十一条　走私武器、弹药、核材料或者伪造的货币的，处七年以上有期徒刑，并处罚金或者没收财产；情节特别严重的，处无期徒刑，并处没收财产；情节较轻的，处三年以上七年以下有期徒刑，并处罚金。

走私国家禁止出口的文物、黄金、白银和其他贵重金属或者国家禁止进出口的珍贵动物及其制品的，处五年以上十年以下有期徒刑，并处罚金；情节特别严重的，处十年以上有期徒刑或者无期徒刑，并处没收财产；情节较轻的，处五年以下有期徒刑，并处罚金。

走私珍稀植物及其制品等国家禁止进出口的其他货物、物品的，处五年以下有期徒刑或者拘役，并处或者单处罚金；情节严重的，处五年以上有期徒刑，并处罚金。

单位犯本条规定之罪的，对单位判处罚金，并对其直接负责的主管人员和其他直接责任人员，依照本条各款的规定处罚。

●考点点拨

1. 走私武器、弹药罪

(1)本罪的对象为武器、弹药，包括各种弹药的弹头、弹壳。

(2)本罪的主体既可以是自然人，也可以是单位。

(3)本罪的主观方面只能是故意，行为人必须明知走私的是国家禁止进出口的武器、弹药，过失不成立本罪。

(4)走私武器、弹药的行为，可能同时触犯非法买卖、运输、邮寄、储存枪支、弹药罪，由于刑法将走私行为作了特别规定，所以，凡是符合走私武器、弹药罪的构成要件的，不再认定为非法运输、邮寄、储存枪支、弹药罪。但是，行为人走私武器、弹药进境后，又非法出售的，应另成立非法买卖枪支、弹药罪。

2. 走私假币罪

(1)走私的对象是伪造的货币，其中的“货币”是指可在国内市场流通或者兑换的人民币、境外货币以及正在国外市场流通的境外币。

(2)走私变造的货币的行为，不成立本罪。

(3)行为人主观上必须明知是伪造的货币而走私。

3. 走私文物罪

(1)本罪的走私方式，仅限于将文物从境内走私至境外的行为。

(2)将文物从境外走私至境内的，成立走私普通货物、物品罪。

4. 走私贵重金属罪

(1)本罪是指违反海关法规，走私国家禁止出口的黄金、白银或者其他贵重金属的行为。

(2)本罪的走私方式仅限于将贵重金属从境内走私至境外的行为。将贵重金属从境外走私至境内的，成立走私普通货物、物品罪。

★走私淫秽物品罪/走私废物罪

第一百五十二条　以牟利或者传播为目的，走私淫秽的影片、录像带、录音带、图片、书刊或者其他淫秽物品的，处三年以上十年以下有期徒刑，并处罚金；情节严重的，处十年以上有期徒刑或者无期徒刑，并处罚金或者没收财产；情节较轻的，处三年以下有期徒刑、拘役或者管制，并处罚金。

逃避海关监管将境外固体废物、液态废物和气态废物运输进境，情节严重的，处五年以下有期徒刑，并处或者单处罚金；情节特别严重的，处五年以上有期徒刑，并处罚金。

单位犯前两款罪的，对单位判处罚金，并对其直接负责的主管人员和其他直接责任人员，依照前两款的规定处罚。

●**考点点拨**

1. 本罪客观上要求走私淫秽物品。走私非淫秽的影片、影碟、录像带、录音带、音碟、图片、书刊、电子出版物等物品的,按走私普通货物、物品罪定罪处罚。

2. 本罪主观上不仅要求故意,而且要求以牟利或者传播为目的。行为人是否具有这种目的,应主要通过走私淫秽物品的数量、次数等进行判断。但是否实现了牟利或者传播目的,不影响本罪的成立。

⊙走私普通货物、物品罪

第一百五十三条　走私本法第一百五十一条、第一百五十二条、第三百四十七条规定以外的货物、物品的,根据情节轻重,分别依照下列规定处罚:

(一)走私货物、物品偷逃应缴税额较大或者一年内曾因走私被给予二次行政处罚后又走私的,处三年以下有期徒刑或者拘役,并处偷逃应缴税额一倍以上五倍以下罚金。

(二)走私货物、物品偷逃应缴税额巨大或者有其他严重情节的,处三年以上十年以下有期徒刑,并处偷逃应缴税额一倍以上五倍以下罚金。

(三)走私货物、物品偷逃应缴税额特别巨大或者有其他特别严重情节的,处十年以上有期徒刑或者无期徒刑,并处偷逃应缴税额一倍以上五倍以下罚金或者没收财产。

单位犯前款罪的,对单位判处罚金,并对其直接负责的主管人员和其他直接责任人员,处三年以下有期徒刑或者拘役;情节严重的,处三年以上十年以下有期徒刑;情节特别严重的,处十年以上有期徒刑。

对多次走私未经处理的,按照累计走私货物、物品的偷逃应缴税额处罚。

●**考点点拨**

1. 本罪的走私对象是《刑法》第151条、第152条、第347条规定之外的货物、物品,包括限制进出口的货物、物品,应当缴纳关税的货物、物品以及特殊情况下的特定免税货物、物品。

2. 行为方式:

(1)瞒关,即隐瞒不报。

(2)绕关,即从非海关关口进出。

(3)闯关,即强行进入关口。

(4)变相走私,亦即后续走私,即《刑法》第154条所规定的未经海关许可,并且未补缴应缴税额,擅自将批准进口保税、减税、免税进口的货物、物品,在境内销售牟利的。

(5)间接走私,即《刑法》第15条所规定的两种情形:直接向走私人非法收购走私进口的货物、物品,数额较大的;在内海、领海、界河、界湖运输、收购、贩卖国家禁止或限制进出口货物、物品,数额较大,而又没有合法证明的。

3. 成立本罪要求偷逃应缴纳税额较大或者1年内曾因走私被给予2次行政处罚后又走私的,才以本罪论处。"应缴税额"是指进出口货物、物品应当缴纳的进出口关税和进口环节海关代征税的税额。

4. 本罪的主体既可以是自然人,也可以是单位。

◆**关联法条**

最高人民法院、最高人民检察院《关于办理走私刑事案件适用法律若干问题的解释》

第二十三条　实施走私犯罪,具有下列情形之一的,应当认定为犯罪既遂:

(一)在海关监管现场被查获的;

(二)以虚假申报方式走私,申报行为实施完毕的;

(三)以保税货物或者特定减税、免税进口的货物、物品为对象走私,在境内销售的,或者申请核销行为实施完毕的。

⊙走私货物、物品罪的特殊形式

第一百五十四条　下列走私行为,根据本节规定构成犯罪的,依照本法第一百五十三条的规定定罪处罚:

(一)未经海关许可并且未补缴应缴税额,擅自将批准进口的来料加工、来件装配、补偿贸易的原材料、零件、制成品、设备等保税货物,在境内销售牟利的;

(二)未经海关许可并且未补缴应缴税额,擅自将特定减税、免税进口的货物、物品,在境内销售牟利的。

⊙以走私罪论处的间接走私行为

第一百五十五条　下列行为,以走私罪论处,依照本节的有关规定处罚:

(一)直接向走私人非法收购国家禁止进口物品的,或者直接向走私人非法收购走私进口的其他货物、物品,数额较大的;

(二)在内海、领海、界河、界湖运输、收购、贩卖国家禁止进出口物品的,或者运输、收购、贩卖国家限制进出口货物、物品,数额较大,没有合法证明的。

⊙走私共犯

第一百五十六条　与走私罪犯通谋,为其提供贷款、资金、账号、发票、证明，或者为其提供运输、保管、邮寄或者其他方便的，以走私罪的共犯论处。

⊙武装掩护走私、抗拒缉私的规定

第一百五十七条　武装掩护走私的，依照本法第一百五十一条第一款的规定从重处罚。

以暴力、威胁方法抗拒缉私的，以走私罪和本法第二百七十七条规定的阻碍国家机关工作人员依法执行职务罪，依照数罪并罚的规定处罚。

●考点点拨

1. 行为人在一次走私过程中，同时走私了普通货物、物品，假币，武器和毒品等多种类型的对象问题，在司法实践中较为常见，比较典型的如在走私的普通货物、物品中藏匿、夹带着假币、毒品、武器、淫秽物品等，对此情形，构成数罪的，实行数罪并罚。

2. 在走私犯罪过程中，如果有武装掩护走私行为的，依照具体的走私犯罪的规定从重处罚。如果是以暴力、威胁方法抗拒缉私的，则以具体的走私罪和《刑法》规定的妨害公务罪，依照数罪并罚的规定处罚。但这里的"走私犯罪"不包括走私毒品罪，根据《刑法》的规定，如果在走私毒品犯罪过程中，以暴力抗拒检查、拘留、逮捕的，不实行并罚，而直接以走私毒品罪的加重情节处理。

第三节　妨害对公司、企业的管理秩序罪

⊙虚报注册资本罪

第一百五十八条　申请公司登记使用虚假证明文件或者采取其他欺诈手段虚报注册资本，欺骗公司登记主管部门，取得公司登记，虚报注册资本数额巨大、后果严重或者有其他严重情节的，处三年以下有期徒刑或者拘役，并处或者单处虚报注册资本金额百分之一以上百分之五以下罚金。

单位犯前款罪的，对单位判处罚金，并对其直接负责的主管人员和其他直接责任人员，处三年以下有期徒刑或者拘役。

★虚假出资、抽逃出资罪

第一百五十九条　公司发起人、股东违反公司法的规定未交付货币、实物或者未转移财产权，虚假出资，或者在公司成立后又抽逃其出资，数额巨大、后果严重或者有其他严重情节的，处五年以下有期徒刑或者拘役，并处或者单处虚假出资金额或者抽逃出资金额百分之二以上百分之十以下罚金。

单位犯前款罪的，对单位判处罚金，并对其直接负责的主管人员和其他直接责任人员，处五年以下有期徒刑或者拘役。

●考点点拨

1. 本罪是指公司发起人、股东违反公司法的规定，未交付货币、实物或者未转移财产权，虚假出资，或者在公司成立后又抽逃出资，数额巨大、后果严重或者有其他严重情节的行为。

2. 本罪名为选择性罪名。

◆关联法条

全国人民代表大会常务委员会《关于〈中华人民共和国刑法〉第一百五十八条、第一百五十九条的解释》

刑法第一百五十八条、第一百五十九条的规定，只适用于依法实行注册资本实缴登记制的公司。

⊙欺诈发行股票、债券罪

第一百六十条　在招股说明书、认股书、公司、企业债券募集办法中隐瞒重要事实或者编造重大虚假内容，发行股票或者公司、企业债券，数额巨大、后果严重或者有其他严重情节的，处五年以下有期徒刑或者拘役，并处或者单处非法募集资金金额百分之一以上百分之五以下罚金。

单位犯前款罪的，对单位判处罚金，并对其直接负责的主管人员和其他直接责任人员，处五年以下有期徒刑或者拘役。

⊙违规披露、不披露重要信息罪

第一百六十一条　依法负有信息披露义务的公司、企业向股东和社会公众提供虚假的或者隐瞒重要事实的财务会计报告，或者对依法应当披露的其他重要信息不按照规定披露，严重损害股东或者其他人利益，或者有其他严重情节的，对其直接负责的主管人员和其他直接责任人员，处三年以下有期徒刑或者拘役，并处或者单处二万元以上二十万元以下罚金。

●考点点拨

本罪的主体只能是自然人。

⊙妨害清算罪

第一百六十二条　公司、企业进行清算时，隐匿财产，对资产负债表或者财产清单作虚伪记载或者在未清偿债务前分配公司、企业财产，严重损害债权人或者其他人利益的，对其直接负责的主管人员和其他直接责任人员，处五年以下有期徒刑或者拘役，并处或者单处二万元以上二十万元以下罚金。

⊙隐匿、故意销毁会计凭证、会计账簿、财务会计报告罪

第一百六十二条之一　隐匿或者故意销毁依法应当保存的会计凭证、会计账簿、财务会计报告，情节严重的，处五年以下有期徒刑或者拘役，并处或者单处二万元以上二十万元以下罚金。

单位犯前款罪的，对单位判处罚金，并对其直接负责的主管人员和其他直接责任人员，依照前款的规定处罚。

⊙虚假破产罪

第一百六十二条之二　公司、企业通过隐匿财产、承担虚构的债务或者以其他方法转移、处分财产，实施虚假破产，严重损害债权人或者其他人利益的，对其直接负责的主管人员和其他直接责任人员，处五年以下有期徒刑或者拘役，并处或者单处二万元以上二十万元以下罚金。

★非国家工作人员受贿罪

第一百六十三条　公司、企业或者其他单位的工作人员利用职务上的便利，索取他人财物或者非法收受他人财物，为他人谋取利益，数额较大的，处五年以下有期徒刑或者拘役；数额巨大的，处五年以上有期徒刑，可以并处没收财产。

公司、企业或者其他单位的工作人员在经济往来中，利用职务上的便利，违反国家规定，收受各种名义的回扣、手续费，归个人所有的，依照前款的规定处罚。

国有公司、企业或者其他国有单位中从事公务的人员和国有公司、企业或者其他国有单位委派到非国有公司、企业以及其他单位从事公务的人员有前两款行为的，依照本法第三百八十五条、第三百八十六条的规定定罪处罚。

●考点点拨

1. 本罪为身份犯，行为主体必须是公司、企业或者其他单位的工作人员。

2. 客观方面为利用职务上的便利，索取他人财物或者非法收受他人财物，为他人谋取利益，数额较大的行为。不管是索取他人财物还是收受他人财物，都必须为他人谋取利益，这与受贿罪不同。此外，“为他人谋取利益”的最低限度是允诺为他人谋取利益，至于是否实际谋取了利益在所不问。

3. 公司、企业或者其他单位的工作人员在经济往来中，利用职务上的便利，违反国家规定，收受各种名义的回扣、手续费，归个人所有的，成立本罪。

⊙对非国家工作人员行贿罪/对外国公职人员、国际公共组织官员行贿罪

第一百六十四条　为谋取不正当利益，给予公司、企业或者其他单位的工作人员以财物，数额较大的，处三年以下有期徒刑或者拘役，并处罚金；数额巨大的，处三年以上十年以下有期徒刑，并处罚金。

为谋取不正当商业利益，给予外国公职人员或者国际公共组织官员以财物的，依照前款的规定处罚。

单位犯前两款罪的，对单位判处罚金，并对其直接负责的主管人员和其他直接责任人员，依照第一款的规定处罚。

行贿人在被追诉前主动交代行贿行为的，可以减轻处罚或者免除处罚。

●考点点拨

1. 本罪与非国家工作人员受贿罪是“对合犯”，类似于《刑法》分则第八章的“受贿罪与行贿罪”的关系。

2. 行为方式表现为为谋取不正当利益，给予公司、企业或者其他单位的工作人员以财物，数额较大的行为。

3. 凡是刑法中出现的“行贿犯罪”，都要求谋取不正当利益。

4. 行贿人在被追诉前主动交代行贿行为的，可以减轻处罚或者免除处罚。

⊙非法经营同类营业罪

第一百六十五条　国有公司、企业的董事、经理利用职务便利，自己经营或者为他人经营与其所任职公司、企业同类的营业，获取非法利益，数额巨大的，处三年以下有期徒刑或者拘役，并处或者单处罚金；数额特别巨大的，处三年以上七年以下有期徒刑，并处罚金。

●考点点拨

1. 主体必须是国有公司、企业的董事、经理。

2. 客观上必须有利用职务便利自己经营或者为他人经营与其所任职公司、企业同类的营业，获取非法利益，数额巨大的行为。

★为亲友非法牟利罪

第一百六十六条　国有公司、企业、事业单位的工作人员，利用职务便利，有下列情形之一，使国家利益遭受重大损失的，处三年以下有期徒刑或者拘役，并处或者单处罚金；致使国家利益遭受特别重大损失的，处三年以上七年以下有期徒刑，并处罚金：

(一)将本单位的盈利业务交由自己的亲友进行经营的；

(二)以明显高于市场的价格向自己的亲友经营管理的单位采购商品或者以明显低于市场的价格向自己的亲友经营管理的单位销售商品的；

(三)向自己的亲友经营管理的单位采购不合格商品的。

●考点点拨

1. 本罪的主体必须是国有公司、企业、事业单位的工作人员。

2. 客观方面必须符合三个条件：

(1)必须利用职务上的便利，即利用自己主管、管理、经营、经手公司、企业业务的便利。

(2)必须实施了下列三种行为：

①将本单位的盈利业务交由自己的亲友进行经营。

②以明显高于市场的价格向自己亲友经营管理的单位采购商品，或者以明显低于市场的价格向自己的亲友经营管理的单位销售商品。

③向自己的亲友经营管理的单位采购不合格的商品。

实施其中一种行为即可成立本罪，同时实施上述行为的也只成立一罪。

3. 必须致使国家利益遭受重大损失。

⊙签订、履行合同失职被骗罪

第一百六十七条　国有公司、企业、事业单位直接负责的主管人员，在签订、履行合同过程中，因严重不负责任被诈骗，致使国家利益遭受重大损失的，处三年以下有期徒刑或者拘役；致使国家利益遭受特别重大损失的，处三年以上七年以下有期徒刑。

●考点点拨

1. 行为主体仅限于国有公司、企业、事业单位的直接负责的主管人员。

2. 客观方面为在签订、履行合同过程中，因严重不负责任被诈骗，致使国家利益遭受重大损失的行为。

⊙国有公司、企业、事业单位人员失职罪/国有公司、企业、事业单位人员滥用职权罪

第一百六十八条　国有公司、企业的工作人员，由于严重不负责任或者滥用职权，造成国有公司、企业破产或者严重损失，致使国家利益遭受重大损失的，处三年以下有期徒刑或者拘役；致使国家利益遭受特别重大损失的，处三年以上七年以下有期徒刑。

国有事业单位的工作人员有前款行为，致使国家利益遭受重大损失的，依照前款的规定处罚。

国有公司、企业、事业单位的工作人员，徇私舞弊，犯前两款罪的，依照第一款的规定从重处罚。

⊙徇私舞弊低价折股、出售国有资产罪

第一百六十九条　国有公司、企业或者其上级主管部门直接负责的主管人员，徇私舞弊，将国有资产低价折股或者低价出售，致使国家利益遭受重大损失的，处三年以下有期徒刑或者拘役；致使国家利益遭受特别重大损失的，处三年以上七年以下有期徒刑。

●考点点拨

1. 主体：国有公司、企业或者其上级主管部门直接负责的主管人。

2. 如果上述行为人私自将国有资产低价折股或者低价出售给自己、配偶、子女的，或者与他人串通，名义上出售给他人，实际上自己获利的，应认定为贪污行为。

⊙背信损害上市公司利益罪

第一百六十九条之一　上市公司的董事、监事、高级管理人员违背对公司的忠实义务，利用职务便利，操纵上市公司从事下列行为之一，致使上市公司利益遭受重大损失的，处三年以下有期徒刑或者拘役，并处或者单处罚金；致使上市公司利益遭受特别重大损失的，处三年以上七年以下有期徒刑，并处罚金：

(一)无偿向其他单位或者个人提供资金、商品、服务或者其他资产的；

(二)以明显不公平的条件，提供或者接受资金、商品、服务或者其他资产的；

(三)向明显不具有清偿能力的单位或者个人提供资金、商品、服务或者其他资产的；

(四)为明显不具有清偿能力的单位或者个人提供担保，或者无正当理由为其他单位或者个人提供担保的；

(五)无正当理由放弃债权、承担债务的；

(六)采用其他方式损害上市公司利益的。

上市公司的控股股东或者实际控制人，指使上市公司董事、监事、高级管理人员实施前款行为的，依照前款的规定处罚。

犯前款罪的上市公司的控股股东或者实际控制人是单位的，对单位判处罚金，并对其直接负责的主管人员和其他直接责任人员，依照第一款的规定

处罚。

第四节 破坏金融管理秩序罪

★伪造货币罪

第一百七十条 伪造货币的，处三年以上十年以下有期徒刑，并处罚金；有下列情形之一的，处十年以上有期徒刑或者无期徒刑，并处罚金或者没收财产：

（一）伪造货币集团的首要分子；

（二）伪造货币数额特别巨大的；

（三）有其他特别严重情节的。

●考点点拨

1. 伪造，是指制造外观上足以使一般人误认为是货币的假币的行为。根据司法解释，伪造货币必须是仿照真币的图案、形状、色彩等特征非法制造假币来冒充真币。

2. 伪造与变造的含义不同：伪造是模仿真实的货币，即存在与所造的假币相对应的真货币，也可能是行为人自行设计制作足以使一般人误认为是货币的假币；变造则是对真正的货币本身进行各种方式的加工，改变其面值、含量的行为。

3. 伪造的货币包括正在流通使用的中国货币（人民币）、外国货币及港、澳、台地区的货币，包括纸币和硬币。

4. 行为人伪造的货币必须是正在通用的货币，如果伪造已经停止流通使用的古币、废钞，则不成立本罪。

5. 本罪的主体必须是没有货币发行权的自然人，单位不能成为本罪的主体。

⊙出售、购买、运输假币罪/金融工作人员购买假币、以假币换取货币罪

第一百七十一条 出售、购买伪造的货币或者明知是伪造的货币而运输，数额较大的，处三年以下有期徒刑或者拘役，并处二万元以上二十万元以下罚金；数额巨大的，处三年以上十年以下有期徒刑，并处五万元以上五十万元以下罚金；数额特别巨大的，处十年以上有期徒刑或者无期徒刑，并处五万元以上五十万元以下罚金或者没收财产。

银行或者其他金融机构的工作人员购买伪造的货币或者利用职务上的便利，以伪造的货币换取货币的，处三年以上十年以下有期徒刑，并处二万元以上二十万元以下罚金；数额巨大或者有其他严重情节的，处十年以上有期徒刑或者无期徒刑，并处二万元以上二十万元以下罚金或者没收财产；情节较轻的，处三年以下有期徒刑或者拘役，并处或者单处一万元以上十万元以下罚金。

伪造货币并出售或者运输伪造的货币的，依照本法第一百七十条的规定定罪从重处罚。

★持有、使用假币罪

第一百七十二条 明知是伪造的货币而持有、使用，数额较大的，处三年以下有期徒刑或者拘役，并处或者单处一万元以上十万元以下罚金；数额巨大的，处三年以上十年以下有期徒刑，并处二万元以上二十万元以下罚金；数额特别巨大的，处十年以上有期徒刑，并处五万元以上五十万元以下罚金或者没收财产。

●考点点拨

1. 主观罪过必须是故意，即明知是假币而持有、使用。

2. 持有，是指将假币置于行为人自身支配之下，不一定手里现实地握有假币。

3. 使用，既可以是以外表合法的方式使用，也可以是以非法的方式使用。前者如购物、存入银行、赠与别人等；后者如赌博等。

4. 将假币作为证明自己信用能力的资本而给他人观看或者炫耀的，构成持有假币罪而非使用假币罪。

⊙变造货币罪

第一百七十三条 变造货币，数额较大的，处三年以下有期徒刑或者拘役，并处或者单处一万元以上十万元以下罚金；数额巨大的，处三年以上十年以下有期徒刑，并处二万元以上二十万元以下罚金。

●考点点拨

1. 变造的方式没有限制，如剪贴、挖补、揭层、涂改、移位、重印等。变造一般表现为改变真币的价值的行为，还包括改变真币的形态。

2. 变造是对真币的加工行为，故变造的货币与变造前的货币具有同性。如果加工的程度导致其与真币丧失同一性，则属于伪造货币。

⊙擅自设立金融机构罪/伪造、变造、转让金融机构经营许可证、批准文件罪

第一百七十四条 未经国家有关主管部门批准，擅自设立商业银行、证券交易所、期货交易所、证券公司、期货经纪公司、保险公司或者其他金融机构的，处三年以下有期徒刑或者拘役，并处或者单处二万元以上二十万元以下罚金；情节严重的，处三年以上十年

以下有期徒刑，并处五万元以上五十万元以下罚金。

伪造、变造、转让商业银行、证券交易所、期货交易所、证券公司、期货经纪公司、保险公司或者其他金融机构的经营许可证或者批准文件的，依照前款的规定处罚。

单位犯前两款罪的，对单位判处罚金，并对其直接负责的主管人员和其他直接责任人员，依照第一款的规定处罚。

⊙高利转贷罪

第一百七十五条　以转贷牟利为目的，套取金融机构信贷资金高利转贷他人，违法所得数额较大的，处三年以下有期徒刑或者拘役，并处违法所得一倍以上五倍以下罚金；数额巨大的，处三年以上七年以下有期徒刑，并处违法所得一倍以上五倍以下罚金。

单位犯前款罪的，对单位判处罚金，并对其直接负责的主管人员和其他直接责任人员，处三年以下有期徒刑或者拘役。

●考点点拨

1. 本罪是指以转贷牟利为目的，套取金融机构信贷资金高利转贷给他人，违法所得数额较大的行为。

2. 凡是以通过借贷谋取非法收入为目的取得金融机构贷款的，均属于套取金融机构贷款。

3. 高利转贷他人是指从金融机构套取信贷资金后，再以更高的利率借贷给他人或者其他单位。

⊙骗取贷款、票据承兑、金融票证罪

第一百七十五条之一　以欺骗手段取得银行或者其他金融机构贷款、票据承兑、信用证、保函等，给银行或者其他金融机构造成重大损失或者有其他严重情节的，处三年以下有期徒刑或者拘役，并处或者单处罚金；给银行或者其他金融机构造成特别重大损失或者有其他特别严重情节的，处三年以上七年以下有期徒刑，并处罚金。

单位犯前款罪的，对单位判处罚金，并对其直接负责的主管人员和其他直接责任人员，依照前款的规定处罚。

●考点点拨

1. 本罪是指以欺骗手段取得银行或者其他金融机构贷款、票据承兑、信用证、保函等，给银行或者其他金融机构造成重大损失或者有其他严重情节的行为。

2. 本罪主观方面为故意，但不要求具有非法占有目的。如果行为人具有非法占有目的，则应按照相应的金融诈骗罪或者其他犯罪论处。

★非法吸收公众存款罪

第一百七十六条　非法吸收公众存款或者变相吸收公众存款，扰乱金融秩序的，处三年以下有期徒刑或者拘役，并处或者单处二万元以上二十万元以下罚金；数额巨大或者有其他严重情节的，处三年以上十年以下有期徒刑，并处五万元以上五十万元以下罚金。

单位犯前款罪的，对单位判处罚金，并对其直接负责的主管人员和其他直接责任人员，依照前款的规定处罚。

●考点点拨

1. 本罪客观方面表现为两种情况：

(1)非法吸收公众存款；

(2)变相吸收公众存款，违反国家金融管理法律规定，向社会公众包括单位和个人吸收资金的行为。

2. 本罪的主体既可以是自然人，也可以是单位。

3. 本罪主观方面只能是故意，不要求具有非法占有目的。如果具有非法占有目的，则成立集资诈骗罪。

⊙伪造、变造金融票证罪

第一百七十七条　有下列情形之一，伪造、变造金融票证的，处五年以下有期徒刑或者拘役，并处或者单处二万元以上二十万元以下罚金；情节严重的，处五年以上十年以下有期徒刑，并处五万元以上五十万元以下罚金；情节特别严重的，处十年以上有期徒刑或者无期徒刑，并处五万元以上五十万元以下罚金或者没收财产：

(一)伪造、变造汇票、本票、支票的；

(二)伪造、变造委托收款凭证、汇款凭证、银行存单等其他银行结算凭证的；

(三)伪造、变造信用证或者附随的单据、文件的；

(四)伪造信用卡的。

单位犯前款罪的，对单位判处罚金，并对其直接负责的主管人员和其他直接责任人员，依照前款的规定处罚。

●考点点拨

1. 本罪是指伪造、变造汇票、本票、委托收款凭证、汇款凭证、银行存单及其他结算凭证、信用证或者附随的单据、文件以及伪造信用卡的行为。

2. 这里的伪造包括两种情况：

(1)有形伪造，即没有金融票证制作权的人，假冒他人的名义，擅自制造外观上足以使一般人误认为是真实票证的假金融票据；

(2)无形伪造，即有金融票证制作权的人，超越其制作权限，违背事实制造内容虚假的金融票证，如银行工作人员制作虚假的银行存单交付他人。

3. 这里的变造，是指没有权限的人擅自对真正的金融票证进行各种形式的加工，改变数额日期或者其他内容。

⊙妨害信用卡管理罪/窃取、收买、非法提供信用卡信息罪

第一百七十七条之一　有下列情形之一，妨害信用卡管理的，处三年以下有期徒刑或者拘役，并处或者单处一万元以上十万元以下罚金；数量巨大或者有其他严重情节的，处三年以上十年以下有期徒刑，并处二万元以上二十万元以下罚金：

(一)明知是伪造的信用卡而持有、运输的，或者明知是伪造的空白信用卡而持有、运输，数量较大的；

(二)非法持有他人信用卡，数量较大的；

(三)使用虚假的身份证明骗领信用卡的；

(四)出售、购买、为他人提供伪造的信用卡或者以虚假的身份证明骗领的信用卡的。

窃取、收买或者非法提供他人信用卡信息资料的，依照前款规定处罚。

银行或者其他金融机构的工作人员利用职务上的便利，犯第二款罪的，从重处罚。

●**考点点拨**

1. 本罪的成立条件之一“以虚假的身份证明骗领信用卡”，并不要求身份证明本身是虚假的。违背他人意愿，使用其居民身份证、护照等身份证明申领信用卡的，或者使用伪造、变造的身份证明申领信用卡的，应当认定为“使用虚假的身份证明骗领信用卡”。

2. “以虚假的身份证明骗领信用卡”，还包括使用虚假的保证人身份证明骗领信用卡。骗领信用卡，还包括以他人的身份证明挂失他人的信用卡并骗领补办的信用卡。

⊙伪造、变造国家有价证券罪/伪造、变造股票、公司、企业债券罪

第一百七十八条　伪造、变造国库券或者国家发行的其他有价证券，数额较大的，处三年以下有期徒刑或者拘役，并处或者单处二万元以上二十万元以下罚金；数额巨大的，处三年以上十年以下有期徒刑，并处五万元以上五十万元以下罚金；数额特别巨大的，处十年以上有期徒刑或者无期徒刑，并处五万元以上五十万元以下罚金或者没收财产。

伪造、变造股票或者公司、企业债券，数额较大的，处三年以下有期徒刑或者拘役，并处或者单处一万元以上十万元以下罚金；数额巨大的，处三年以上十年以下有期徒刑，并处二万元以上二十万元以下罚金。

单位犯前两款罪的，对单位判处罚金，并对其直接负责的主管人员和其他直接责任人员，依照前两款的规定处罚。

⊙擅自发行股票、公司、企业债券罪

第一百七十九条　未经国家有关主管部门批准，擅自发行股票或者公司、企业债券，数额巨大、后果严重或者有其他严重情节的，处五年以下有期徒刑或者拘役，并处或者单处非法募集资金金额百分之一以上百分之五以下罚金。

单位犯前款罪的，对单位判处罚金，并对其直接负责的主管人员和其他直接责任人员，处五年以下有期徒刑或者拘役。

⊙内幕交易、泄露内幕信息罪/利用未公开信息交易罪

第一百八十条　证券、期货交易内幕信息的知情人员或者非法获取证券、期货交易内幕信息的人员，在涉及证券的发行，证券、期货交易或者其他对证券、期货交易价格有重大影响的信息尚未公开前，买入或者卖出该证券，或者从事与该内幕信息有关的期货交易，或者泄露该信息，或者明示、暗示他人从事上述交易活动，情节严重的，处五年以下有期徒刑或者拘役，并处或者单处违法所得一倍以上五倍以下罚金；情节特别严重的，处五年以上十年以下有期徒刑，并处违法所得一倍以上五倍以下罚金。

单位犯前款罪的，对单位判处罚金，并对其直接负责的主管人员和其他直接责任人员，处五年以下有期徒刑或者拘役。

内幕信息、知情人员的范围，依照法律、行政法规的规定确定。

证券交易所、期货交易所、证券公司、期货经纪公司、基金管理公司、商业银行、保险公司等金融机构的从业人员以及有关监管部门或者行业协会的工作人员，利用因职务便利获取的内幕信息以外的其他未公开的信息，违反规定，从事与该信息相关的证券、期货交易活动，或者明示、暗示他人从事相关交易活动，情

节严重的，依照第一款的规定处罚。

考点点拨

1. 内幕信息是指为内幕人员所知悉尚未公开的并对证券的发行，证券、期货交易或者价格有重大影响的信息。

2. 证券、期货交易内幕信息的“知情人员”是指由于持有发行人的证券，或者在相关公司中担任董事、监事、高级管理人员，或者由于其会员地位、管理地位、监管地位或者职业地位，或者作为雇员、专业顾问履行职务，能够接触或者获得内幕信息的人员。

3. 非法获取证券、期货交易内幕信息的人是指内幕信息的知情人员以外的，不是基于职务或者业务，而是通过偷听、监听、私下交易等非法手段获取证券、期货交易内幕信息的人员。

4. 本罪的主体既可以是自然人，也可以是单位。

⊙编造并传播证券、期货交易虚假信息罪/诱骗投资者买卖证券、期货合约罪

第一百八十一条　编造并且传播影响证券、期货交易的虚假信息，扰乱证券、期货交易市场，造成严重后果的，处五年以下有期徒刑或者拘役，并处或者单处一万元以上十万元以下罚金。

证券交易所、期货交易所、证券公司、期货经纪公司的从业人员，证券业协会、期货业协会或者证券期货监督管理部门的工作人员，故意提供虚假信息或者伪造、变造、销毁交易记录，诱骗投资者买卖证券、期货合约，造成严重后果的，处五年以下有期徒刑或者拘役，并处或者单处一万元以上十万元以下罚金；情节特别恶劣的，处五年以上十年以下有期徒刑，并处二万元以上二十万元以下罚金。

单位犯前两款罪的，对单位判处罚金，并对其直接负责的主管人员和其他直接责任人员，处五年以下有期徒刑或者拘役。

⊙操纵证券、期货市场罪

第一百八十二条　有下列情形之一，操纵证券、期货市场，情节严重的，处五年以下有期徒刑或者拘役，并处或者单处罚金；情节特别严重的，处五年以上十年以下有期徒刑，并处罚金：

（一）单独或者合谋，集中资金优势、持股或者持仓优势或者利用信息优势联合或者连续买卖，操纵证券、期货交易价格或者证券、期货交易量的；

（二）与他人串通，以事先约定的时间、价格和方式相互进行证券、期货交易，影响证券、期货交易价格或者证券、期货交易量的；

（三）在自己实际控制的账户之间进行证券交易，或者以自己为交易对象，自买自卖期货合约，影响证券、期货交易价格或者证券、期货交易量的；

（四）以其他方法操纵证券、期货市场的。

单位犯前款罪的，对单位判处罚金，并对其直接负责的主管人员和其他直接责任人员，依照前款的规定处罚。

⊙职务侵占罪/贪污罪

第一百八十三条　保险公司的工作人员利用职务上的便利，故意编造未曾发生的保险事故进行虚假理赔，骗取保险金归自己所有的，依照本法第二百七十一条的规定定罪处罚。

国有保险公司工作人员和国有保险公司委派到非国有保险公司从事公务的人员有前款行为的，依照本法第三百八十二条、第三百八十三条的规定定罪处罚。

⊙非国家工作人员受贿罪/受贿罪

第一百八十四条　银行或者其他金融机构的工作人员在金融业务活动中索取他人财物或者非法收受他人财物，为他人谋取利益的，或者违反国家规定，收受各种名义的回扣、手续费，归个人所有的，依照本法第一百六十三条的规定定罪处罚。

国有金融机构工作人员和国有金融机构委派到非国有金融机构从事公务的人员有前款行为的，依照本法第三百八十五条、第三百八十六条的规定定罪处罚。

⊙挪用资金罪/挪用公款罪

第一百八十五条　商业银行、证券交易所、期货交易所、证券公司、期货经纪公司、保险公司或者其他金融机构的工作人员利用职务上的便利，挪用本单位或者客户资金的，依照本法第二百七十二条的规定定罪处罚。

国有商业银行、证券交易所、期货交易所、证券公司、期货经纪公司、保险公司或者其他国有金融机构的工作人员和国有商业银行、证券交易所、期货交易所、证券公司、期货经纪公司、保险公司或者其他国有金融机构委派到前款规定中的非国有机构从事公务的人员有前款行为的，依照本法第三百八十四条的规定定罪处罚。

⊙背信运用受托财产罪/违法运用资金罪

第一百八十五条之一　商业银行、证券交易所、期货交易所、证券公司、期货经纪公司、保险公司或者其他金融机构，违背受托义务，擅自运用客户资金或者其他委托、信托的财产，情节严重的，对单位判处罚金，

并对其直接负责的主管人员和其他直接责任人员，处三年以下有期徒刑或者拘役，并处三万元以上三十万元以下罚金；情节特别严重的，处三年以上十年以下有期徒刑，并处五万元以上五十万元以下罚金。

社会保障基金管理机构、住房公积金管理机构等公众资金管理机构，以及保险公司、保险资产管理公司、证券投资基金管理公司，违反国家规定运用资金的，对其直接负责的主管人员和其他直接责任人员，依照前款的规定处罚。

⊙违法发放贷款罪

第一百八十六条　银行或者其他金融机构的工作人员违反国家规定发放贷款，数额巨大或者造成重大损失的，处五年以下有期徒刑或者拘役，并处一万元以上十万元以下罚金；数额特别巨大或者造成特别重大损失的，处五年以上有期徒刑，并处二万元以上二十万元以下罚金。

银行或者其他金融机构的工作人员违反国家规定，向关系人发放贷款的，依照前款的规定从重处罚。

单位犯前两款罪的，对单位判处罚金，并对其直接负责的主管人员和其他直接责任人员，依照前两款的规定处罚。

关系人的范围，依照《中华人民共和国商业银行法》和有关金融法规确定。

★吸收客户资金不入账罪

第一百八十七条　银行或者其他金融机构的工作人员吸收客户资金不入账，数额巨大或者造成重大损失的，处五年以下有期徒刑或者拘役，并处二万元以上二十万元以下罚金；数额特别巨大或者造成特别重大损失的，处五年以上有期徒刑，并处五万元以上五十万元以下罚金。

单位犯前款罪的，对单位判处罚金，并对其直接负责的主管人员和其他直接责任人员，依照前款的规定处罚。

●考点点拨

1. 本罪是指银行或者其他金融机构的工作人员以及单位，吸收客户资金不入账，数额巨大或者造成重大损失的行为。

2. “吸收客户资金不入账”是指不记入金融机构的法定存款账目，以逃避国家金融监管，至于是否记入法定账目以外设立的账目不影响本罪的成立。

⊙违规出具金融票证罪

第一百八十八条　银行或者其他金融机构的工作人员违反规定，为他人出具信用证或者其他保函、票据、存单、资信证明，情节严重的，处五年以下有期徒刑或者拘役；情节特别严重的，处五年以上有期徒刑。

单位犯前款罪的，对单位判处罚金，并对其直接负责的主管人员和其他直接责任人员，依照前款的规定处罚。

⊙对违法票据承兑、付款、保证罪

第一百八十九条　银行或者其他金融机构的工作人员在票据业务中，对违反票据法规定的票据予以承兑、付款或者保证，造成重大损失的，处五年以下有期徒刑或者拘役；造成特别重大损失的，处五年以上有期徒刑。

单位犯前款罪的，对单位判处罚金，并对其直接负责的主管人员和其他直接责任人员，依照前款的规定处罚。

●考点点拨

1. 本罪是指银行或者其他金融机构的工作人员以及单位，在票据业务中，对违反票据法规定的票据予以承兑、付款或者保证，造成重大损失的行为。

2. 违反票据法规定的票据，包括票据记载事实不符合票据法规定的金融票据。

3. 承兑是指汇票付款人承诺在汇票到期日支付汇票金额的票据行为。付款是指票据债务人向票据债权人支付票据金额的行为。保证是指对已经存在的票据上的债务进行担保的票据行为。

⊙逃汇罪

第一百九十条　公司、企业或者其他单位，违反国家规定，擅自将外汇存放境外，或者将境内的外汇非法转移到境外，数额较大的，对单位判处逃汇数额百分之五以上百分之三十以下罚金，并对其直接负责的主管人员和其他直接责任人员处五年以下有期徒刑或者拘役；数额巨大或者有其他严重情节的，对单位判处逃汇数额百分之五以上百分之三十以下罚金，并对其直接负责的主管人员和其他直接责任人员处五年以上有期徒刑。

★洗钱罪

第一百九十一条　明知是毒品犯罪、黑社会性质的组织犯罪、恐怖活动犯罪、走私犯罪、贪污贿赂犯罪、破坏金融管理秩序犯罪、金融诈骗犯罪的所得及其产生的收益，为掩饰、隐瞒其来源和性质，有下列行为之一的，没收实施以上犯罪的所得及其产生的收益，处五年以下有期徒刑或者拘役，并处或者单处洗钱数额百分之五以上百分之二十以下罚金；情节严重的，处五年以上十年以下有期徒刑，并处洗钱数额百分之五以上百分之二十以下罚金：

（一）提供资金账户的；

（二）协助将财产转换为现金、金融票据、有价证券的；

（三）通过转账或者其他结算方式协助资金转移的；

（四）协助将资金汇往境外的；

（五）以其他方法掩饰、隐瞒犯罪所得及其收益的来源和性质的。

单位犯前款罪的，对单位判处罚金，并对其直接负责的主管人员和其他直接责任人员，处五年以下有期徒刑或者拘役；情节严重的，处五年以上十年以下有期徒刑。

●考点点拨

1. 本罪的上游犯罪目前是 7 个：黑社会性质组织犯罪、毒品犯罪、走私犯罪、恐怖活动罪、贪污贿赂犯罪、破坏金融管理秩序犯罪以及金融诈骗犯罪。上游犯罪是上述 7 个罪之外的，成立《刑法》第 312 条的"掩饰、隐瞒犯罪所得、犯罪所得收益罪"。

2. 本罪的行为主体：上游犯罪人以外的人。上游犯罪人本人实施洗钱行为的，属不可罚的事后行为，只成立上游犯罪一罪。

3. 本罪的主观罪过：故意，包括直接故意和间接故意，行为人必须明知是上游犯罪所得及其产生的收益。

4. 洗钱罪的行为人与其上游犯罪的行为人之间，必须无"事前或事中的共谋"，否则以上游犯罪的共犯论。这同样适用于掩饰、隐瞒犯罪所得、犯罪所得收益罪的行为人与其上游犯罪的行为人之间。

◆关联法条

最高人民法院《关于审理洗钱等刑事案件具体应用法律若干问题的解释》

第一条　刑法第一百九十一条、第三百一十二条规定的"明知"，应当结合被告人的认知能力，接触他人犯罪所得及其收益的情况，犯罪所得及其收益的种类、数额，犯罪所得及其收益的转换、转移方式以及被告人的供述等主、客观因素进行认定。

具有下列情形之一的，可以认定被告人明知系犯罪所得及其收益，但有证据证明确实不知道的除外：

（一）知道他人从事犯罪活动，协助转换或者转移财物的；

（二）没有正当理由，通过非法途径协助转换或者转移财物的；

（三）没有正当理由，以明显低于市场的价格收购财物的；

（四）没有正当理由，协助转换或者转移财物，收取明显高于市场的"手续费"的；

（五）没有正当理由，协助他人将巨额现金散存于多个银行账户或者在不同银行账户之间频繁划转的；

（六）协助近亲属或者其他关系密切的人转换或者转移与其职业或者财产状况明显不符的财物的；

（七）其他可以认定行为人明知的情形。

被告人将刑法第一百九十一条规定的某一上游犯罪的犯罪所得及其收益误认为刑法第一百九十一条规定的上游犯罪范围内的其他犯罪所得及其收益的，不影响刑法第一百九十一条规定的"明知"的认定。

第五节　金融诈骗罪

★集资诈骗罪

第一百九十二条　以非法占有为目的，使用诈骗方法非法集资，数额较大的，处五年以下有期徒刑或者拘役，并处二万元以上二十万元以下罚金；数额巨大或者有其他严重情节的，处五年以上十年以下有期徒刑，并处五万元以上五十万元以下罚金；数额特别巨大或者有其他特别严重情节的，处十年以上有期徒刑或者无期徒刑，并处五万元以上五十万元以下罚金或者没收财产。

●考点点拨

1. 本罪的客体是国家金融监管秩序和公私财产权利。

2. 本罪客观方面必须使用诈骗方法非法集资，并且数额较大。诈骗方法是指行为人采取虚构资金用途，以虚假的证明文件和高回报率为诱饵，或者其他骗取集资款的手段。非法集资是指单位或者个人，违反法律、法规有关集资的实体规定或者程序规定，向社会公众募集资金的行为。集资以承诺回报为前提，但所承诺的回报不必具有确定性。

3. 本罪的主体既可以是自然人，也可以是单位。

★贷款诈骗罪

第一百九十三条　有下列情形之一，以非法占有为目的，诈骗银行或者其他金融机构的贷款，数额较大的，处五年以下有期徒刑或者拘役，并处二万元以上二十万元以下罚金；数额巨大或者有其他严重情节的，处五年以上十年以下有期徒刑，并处五万元以上五十万元以下罚金；数额特别巨大或者有其他特别严重情节的，处十年以上有期徒刑或者无期徒刑，并处五万元以上五十万元以下罚金或者没收财产：

（一）编造引进资金、项目等虚假理由的；

（二）使用虚假的经济合同的；

（三）使用虚假的证明文件的；

（四）使用虚假的产权证明作担保或者超出抵押物价值重复担保的；

（五）以其他方法诈骗贷款的。

●考点点拨

1. 单位不能构成贷款诈骗罪。

2. 要严格区分贷款诈骗与贷款纠纷的界限。对于合法取得贷款后，没有按规定的用途使用贷款，到期没有归还贷款的，不能以贷款诈骗罪定罪处罚。

⊙票据诈骗罪/金融凭证诈骗罪

第一百九十四条　有下列情形之一，进行金融票据诈骗活动，数额较大的，处五年以下有期徒刑或者拘役，并处二万元以上二十万元以下罚金；数额巨大或者有其他严重情节的，处五年以上十年以下有期徒刑，并处五万元以上五十万元以下罚金；数额特别巨大或者有其他特别严重情节的，处十年以上有期徒刑或者无期徒刑，并处五万元以上五十万元以下罚金或者没收财产：

（一）明知是伪造、变造的汇票、本票、支票而使用的；

（二）明知是作废的汇票、本票、支票而使用的；

（三）冒用他人的汇票、本票、支票的；

（四）签发空头支票或者与其预留印鉴不符的支票，骗取财物的；

（五）汇票、本票的出票人签发无资金保证的汇票、本票或者在出票时作虚假记载，骗取财物的。

使用伪造、变造的委托收款凭证、汇款凭证、银行存单等其他银行结算凭证的，依照前款的规定处罚。

●考点点拨

1. 票据诈骗罪

(1)本罪客体是国家金融票证管理秩序和公私财产权利。

(2)本罪客观方面为上述五种行为。

(3)本罪主体既可以是自然人，也可以是单位。

(4)本罪主观方面只能是故意，行为人使用伪造、变造、作废的金融票据进行诈骗时，必须明知是伪造、变造、作废的票据；行为人冒用他人票据时，必须明知是他人的票据；行为人签发空头支票时，必须明知自己在银行账户内没有资金或者资金不足。

2. 金融凭证诈骗罪

(1)本罪是指使用伪造、变造的委托收款凭证、汇款凭证、银行存单或者其他银行结算凭证，骗取财物的行为。

(2)本罪的主体既可以是自然人，也可以是单位。

★信用证诈骗罪

第一百九十五条　有下列情形之一，进行信用证诈骗活动的，处五年以下有期徒刑或者拘役，并处二万元以上二十万元以下罚金；数额巨大或者有其他严重情节的，处五年以上十年以下有期徒刑，并处五万元以上五十万元以下罚金；数额特别巨大或者有其他特别严重情节的，处十年以上有期徒刑或者无期徒刑，并处五万元以上五十万元以下罚金或者没收财产：

（一）使用伪造、变造的信用证或者附随的单据、文件的；

（二）使用作废的信用证的；

（三）骗取信用证的；

（四）以其他方法进行信用证诈骗活动的。

●考点点拨

1. 本罪是指以非法占有为目的，进行信用证诈骗的行为。行为方式包括上述四种。

2. 骗取信用证的行为主观上没有非法占有的目的，不成立本罪。

3. 本罪的主体既可以是自然人，也可以是单位。

★信用卡诈骗罪

第一百九十六条　有下列情形之一，进行信用卡诈骗活动，数额较大的，处五年以下有期徒刑或者拘役，并处二万元以上二十万元以下罚金；数额巨大或者有其他严重情节的，处五年以上十年以下有期徒刑，并处五万元以上五十万元以下罚金；数额特别巨大或者有其他特别严重情节的，处十年以上有期徒刑或者无期徒刑，并处五万元以上五十万元以下罚金或者没收财产：

（一）使用伪造的信用卡，或者使用以虚假的身份证明骗领的信用卡的；

（二）使用作废的信用卡的；

（三）冒用他人信用卡的；

（四）恶意透支的。

前款所称恶意透支，是指持卡人以非法占有为目的，超过规定限额或者规定期限透支，并且经发卡银行催收后仍不归还的行为。

盗窃信用卡并使用的，依照本法第二百六十四条的规定定罪处罚。

●考点点拨

1.“信用卡”的含义及范围：“信用卡”是指由商业银行或者其他金融机构发行的具有消费支付、信用贷款、转账结算、存取现金等全部功能或者部分功能的电子支付卡。

2. 行为方式：使用伪造的信用卡、使用作废的信用卡、冒用他人的信用卡以及恶意透支。2005 年《刑法修正案（五）》增加了“使用以虚假的身份证明骗领的信用卡”这种方式，表明即使真实的信用卡也可能构成本罪。

3. 对于透支的行为，只有恶意透支才构成犯罪。

4. 盗窃并使用信用卡后又恶意透支的，应按盗窃罪和信用卡诈骗罪实行数罪并罚。

5. 拾捡、骗取、抢夺他人信用卡后，并不使用的，由于未侵犯他人的财产，不以犯罪论处。

⊙有价证券诈骗罪

第一百九十七条　使用伪造、变造的国库券或者国家发行的其他有价证券，进行诈骗活动，数额较大的，处五年以下有期徒刑或者拘役，并处二万元以上二十万元以下罚金；数额巨大或者有其他严重情节的，处五年以上十年以下有期徒刑，并处五万元以上五十万元以下罚金；数额特别巨大或者有其他特别严重情节的，处十年以上有期徒刑或者无期徒刑，并处五万元以上五十万元以下罚金或者没收财产。

◆关联法条

最高人民法院、最高人民检察院《关于办理妨害信用卡管理刑事案件具体应用法律若干问题的解释》

第五条　使用伪造的信用卡、以虚假的身份证明骗领的信用卡、作废的信用卡或者冒用他人信用卡，进行信用卡诈骗活动，数额在 5000 元以上不满 5 万元的，应当认定为刑法第一百九十六条规定的“数额较大”；数额在 5 万元以上不满 50 万元的，应当认定为刑法第一百九十六条规定的“数额巨大”；数额在 50 万元以上的，应当认定为刑法第一百九十六条规定的“数额特别巨大”。

刑法第一百九十六条第一款第（三）项所称“冒用他人信用卡”，包括以下情形：

（一）拾得他人信用卡并使用的；

（二）骗取他人信用卡并使用的；

（三）窃取、收买、骗取或者以其他非法方式获取他人信用卡信息资料，并通过互联网、通讯终端等使用的；

（四）其他冒用他人信用卡的情形。

★保险诈骗罪

第一百九十八条　有下列情形之一，进行保险诈骗活动，数额较大的，处五年以下有期徒刑或者拘役，并处一万元以上十万元以下罚金；数额巨大或者有其他严重情节的，处五年以上十年以下有期徒刑，并处二万元以上二十万元以下罚金；数额特别巨大或者有其他特别严重情节的，处十年以上有期徒刑，并处二万元以上二十万元以下罚金或者没收财产：

（一）投保人故意虚构保险标的，骗取保险金的；

（二）投保人、被保险人或者受益人对发生的保险事故编造虚假的原因或者夸大损失的程度，骗取保险金的；

（三）投保人、被保险人或者受益人编造未曾发生的保险事故，骗取保险金的；

（四）投保人、被保险人故意造成财产损失的保险事故，骗取保险金的；

（五）投保人、受益人故意造成被保险人死亡、伤残或者疾病，骗取保险金的。

有前款第四项、第五项所列行为，同时构成其他犯罪的，依照数罪并罚的规定处罚。

单位犯第一款罪的，对单位判处罚金，并对其直接负责的主管人员和其他直接责任人员，处五年以下有期徒刑或者拘役；数额巨大或者有其他严重情节的，处五年以上十年以下有期徒刑；数额特别巨大或者有其他特别严重情节的，处十年以上有期徒刑。

保险事故的鉴定人、证明人、财产评估人故意提供虚假的证明文件，为他人诈骗提供条件的，以保险诈骗的共犯论处。

●考点点拨

1. 保险诈骗罪在客观方面表现为一种诈骗行为，本条规定了五种法定的行为方式，前三种为故意编造事故或事实，后两种为故意制造保险事故，包括故意造成财产损失的保险事故。

2. 实行行为必须是具有侵害法益的紧迫危险的行为。对于保险诈骗罪而言，到保险公司索赔的行为或者提出支付保险金的请求行为，才是本罪的着手即实行行为，而不应以开始实施虚构保险标的、开始制造保险事故等作为着手行为。

3. 对于保险事故的鉴定人、证明人、财产评估人等人员故意提供虚假证明文件的，依据《刑法》第198条第4款的规定，以保险诈骗的共犯论，而不定第229条第2款的“提供虚假证明文件罪”，但如果保险事故的鉴定人、证明人、财产评估人由于工作严重不负任，提供的证明文件重大失实，结果为他人骗取保险金提供便利，应当依照第229条第3款的规定，以“出具证明文件重大失实罪”论处。

☆**真题回顾**

(2019年单选)刘某为其妻投保人身险，一个月后将其妻杀害，并伪造自杀现场，以此向保险公司申请理赔，获赔后案发，刘某的行为构成(　　)。

A. 保险诈骗罪

B. 故意杀人罪

C. 诈骗罪、故意杀人罪

D. 故意杀人罪、保险诈骗罪

【解析】答案为D。根据《刑法》第198条第1款第5项、第2款、第232条的规定，刘某杀害妻子并伪造自杀现场的行为已经足以认定刘某具有杀人的故意，构成故意杀人罪。同时，刘某在杀害前为妻子购买人身保险，故意造成被保险人死亡骗取保险金的行为触犯保险诈骗罪，符合数罪并罚。因此，D项当选。本题考查较为简单，根据其行为关联法条即可，容易造成困惑的点在于“诈骗罪”与“保险诈骗罪”的选择问题。根据《刑法》第266条的规定，有关诈骗罪的规定属于一般规定，根据刑法特别法优于一般法的原则，应适用更符合犯罪嫌疑人行为的保险诈骗罪。

第一百九十九条[根据《中华人民共和国刑法修正案(九)》删去本条内容]

⊙单位犯金融诈骗罪的处罚规定

第二百条　单位犯本节第一百九十二条、第一百九十四条、第一百九十五条规定之罪的，对单位判处罚金，并对其直接负责的主管人员和其他直接责任人员，处五年以下有期徒刑或者拘役，可以并处罚金；数额巨大或者有其他严重情节的，处五年以上十年以下有期徒刑，并处罚金；数额特别巨大或者有其他特别严重情节的，处十年以上有期徒刑或者无期徒刑，并处罚金。

第六节　危害税收征管罪

★**逃税罪**

第二百零一条　纳税人采取欺骗、隐瞒手段进行虚假纳税申报或者不申报，逃避缴纳税款数额较大并且占应纳税额百分之十以上的，处三年以下有期徒刑或者拘役，并处罚金；数额巨大并且占应纳税额百分之三十以上的，处三年以上七年以下有期徒刑，并处罚金。

扣缴义务人采取前款所列手段，不缴或者少缴已扣、已收税款，数额较大的，依照前款的规定处罚。

对多次实施前两款行为，未经处理的，按照累计数额计算。

有第一款行为，经税务机关依法下达追缴通知后，补缴应纳税款，缴纳滞纳金，已受行政处罚的，不予追究刑事责任；但是，五年内因逃避缴纳税款受过刑事处罚或者被税务机关给予二次以上行政处罚的除外。

●**考点点拨**

1. 逃税罪是指纳税人采取欺骗、隐瞒手段进行虚假纳税申报或者不申报，逃避缴纳税款数额较大并且占应纳税额10%以上的行为。

2. 本罪对逃税的手段不再作具体列举，而采用概括性的表述，“纳税人采取欺骗、隐瞒手段进行虚假纳税申报或者不申报”，对构成“逃避缴纳税款数额较大、数额巨大”的具体数额标准也不再作详细规定，而由司法机关根据实际情况自行掌握。

3. 对初犯，经税务机关指出后积极补缴税款和滞纳金，履行了纳税义务，接受行政处罚的，可不再作为犯罪追究刑事责任，如影视明星范冰冰逃税案就是典型例子。这个新规定是“宽严相济刑事政策”在刑事立法领域中的体现，体现了“宽”的一面。

4. 对达到逃税罪的数额、比例标准不免除刑事责任的情形也作了规定，“五年内曾因逃避缴纳税款受到刑事处罚或者被税务机关给予二次处罚的除外”，体现了对有逃税行为屡教不改的人从严处理的立法思想，这个新规定是“宽严相济刑事政策”在刑事立法领域中的体现，体现了“严”的一面。

★**抗税罪**

第二百零二条　以暴力、威胁方法拒不缴纳税款的，处三年以下有期徒刑或者拘役，并处拒缴税款一倍以上五倍以下罚金；情节严重的，处三年以上七年以下有期徒刑，并处拒缴税款一倍以上五倍以下罚金。

●**考点点拨**

1. 行为主体：只能是自然人，即纳税人单位不能构成本罪。

2. 非纳税人单独以暴力、威胁方法妨碍税务机关工作人员履行税收职责的，成立妨害公务罪；非纳税人与纳税人共同故意抗税的，成立抗税罪的共犯。

3. 行为方式：使用暴力、威胁的方法拒不缴纳税款的行为。

4. 如果有暴力抗税的行为，又构成故意伤害罪、故意杀人罪的分别依照《刑法》第234条、第232条的规定定罪处罚。此处规定为转化犯的立法例。

⊙逃避追缴欠税罪

第二百零三条　纳税人欠缴应纳税款，采取转移或者隐匿财产的手段，致使税务机关无法追缴欠缴的税款，数额在一万元以上不满十万元的，处三年以下有期徒刑或者拘役，并处或者单处欠缴税款一倍以上五倍以下罚金；数额在十万元以上的，处三年以上七年以下有期徒刑，并处欠缴税款一倍以上五倍以下罚金。

⊙骗取出口退税罪/逃税罪

第二百零四条　以假报出口或者其他欺骗手段，骗取国家出口退税款，数额较大的，处五年以下有期徒刑或者拘役，并处骗取税款一倍以上五倍以下罚金；数额巨大或者有其他严重情节的，处五年以上十年以下有期徒刑，并处骗取税款一倍以上五倍以下罚金；数额特别巨大或者有其他特别严重情节的，处十年以上有期徒刑或者无期徒刑，并处骗取税款一倍以上五倍以下罚金或者没收财产。

纳税人缴纳税款后，采取前款规定的欺骗方法，骗取所缴纳的税款的，依照本法第二百零一条的规定定罪处罚；骗取税款超过所缴纳的税款部分，依照前款的规定处罚。

● **考点点拨**

1. 骗取出口退税罪，只有在没有缴纳税款的情况下才可能成立，行为人缴纳税款后，又采用欺骗方法骗取所缴纳税款的，依照《刑法》第204条第2款的规定，构成逃税罪。

2. 在上述情况下，可理解为行为人骗回的是本人所缴纳的税款，相当于应当纳税而没有纳税，属逃税性质，但对于骗取税款超过所缴纳的税款部分，则成立骗取出口退税罪。此时纳税人同时构成逃税罪和骗取出口退税罪，实行数罪并罚。比如，某外贸有限公司在依法缴纳50万元税款后，不久又采取虚构事实、隐瞒真相的方法，钻国家出口退税制度的空子，一举骗取出口退税达80万元，则该外贸有限公司骗取80万元出口退税款的行为，既构成偷税罪，又构成骗取出口退税罪。其中，偷税罪的数额是50万元，而骗取出口退税罪的数额是30万元，两罪并罚。

3. 此处实为想象竞合犯，但采数罪并罚的处断原则，刑法中仅此一处，需特别注意。

⊙虚开增值税专用发票、用于骗取出口退税、抵扣税款发票罪

第二百零五条　虚开增值税专用发票或者虚开用于骗取出口退税、抵扣税款的其他发票的，处三年以下有期徒刑或者拘役，并处二万元以上二十万元以下罚金；虚开的税款数额较大或者有其他严重情节的，处三年以上十年以下有期徒刑，并处五万元以上五十万元以下罚金；虚开的税款数额巨大或者有其他特别严重情节的，处十年以上有期徒刑或者无期徒刑，并处五万元以上五十万元以下罚金或者没收财产。

单位犯本条规定之罪的，对单位判处罚金，并对其直接负责的主管人员和其他直接责任人员，处三年以下有期徒刑或者拘役；虚开的税款数额较大或者有其他严重情节的，处三年以上十年以下有期徒刑；虚开的税款数额巨大或者有其他特别严重情节的，处十年以上有期徒刑或者无期徒刑。

虚开增值税专用发票或者虚开用于骗取出口退税、抵扣税款的其他发票，是指有为他人虚开、为自己虚开、让他人为自己虚开、介绍他人虚开行为之一的。

● **考点点拨**

1. 出口退税、抵扣税款的其他发票，是指除增值税专用发票以外的，具有出口退税、抵扣税款功能的收付款凭证或者完税凭证。

2. 虚开专用发票，包括为他人虚开、为自己虚开、让他人为自己虚开、介绍他人虚开专用发票4种情况。

3. 关于发票犯罪的情形：

（1）伪造并出售伪造的增值税专用发票的，定伪造、出售伪造的增值税专用发票罪。

（2）非法购买真的增值税专用发票后又虚开的，定虚开增值税专用发票罪。

（3）非法购买真的增值税专用发票后又出售的，定非法出售增值税专用发票罪。

（4）非法购买伪造的增值税专用发票后又虚开的，定虚开增值税专用发票罪。

（5）非法购买伪造的增值税专用发票后又出售的，定出售伪造的增值税专用发票罪。

⊙虚开发票罪

第二百零五条之一　虚开本法第二百零五条规

定以外的其他发票,情节严重的,处二年以下有期徒刑、拘役或者管制,并处罚金;情节特别严重的,处二年以上七年以下有期徒刑,并处罚金。

单位犯前款罪的,对单位判处罚金,并对其直接负责的主管人员和其他直接责任人员,依照前款的规定处罚。

⊙伪造、出售伪造的增值税专用发票罪

第二百零六条　伪造或者出售伪造的增值税专用发票的,处三年以下有期徒刑、拘役或者管制,并处二万元以上二十万元以下罚金;数量较大或者有其他严重情节的,处三年以上十年以下有期徒刑,并处五万元以上五十万元以下罚金;数量巨大或者有其他特别严重情节的,处十年以上有期徒刑或者无期徒刑,并处五万元以上五十万元以下罚金或者没收财产。

单位犯本条规定之罪的,对单位判处罚金,并对其直接负责的主管人员和其他直接责任人员,处三年以下有期徒刑、拘役或者管制;数量较大或者有其他严重情节的,处三年以上十年以下有期徒刑;数量巨大或者有其他特别严重情节的,处十年以上有期徒刑或者无期徒刑。

●**考点点拨**

1. 本罪是指自然人或者单位,伪造增值税专用发票或者出售伪造的增值税专用发票的行为。

2. 这里的伪造,不仅包括无制作权的人制造使一般人误认为是真实增值税专用发票的假增值税专用发票,而且包括对真实增值税发票进行加工的变造增值税专用发票的行为。

⊙非法出售增值税专用发票罪

第二百零七条　非法出售增值税专用发票的,处三年以下有期徒刑、拘役或者管制,并处二万元以上二十万元以下罚金;数量较大的,处三年以上十年以下有期徒刑,并处五万元以上五十万元以下罚金;数量巨大的,处十年以上有期徒刑或者无期徒刑,并处五万元以上五十万元以下罚金或者没收财产。

⊙非法购买增值税专用发票、购买伪造的增值税专用发票罪/虚开增值税专用发票用于骗取出口退税、抵扣税款发票罪,伪造、出售伪造的增值税专用发票罪,非法出售增值税专用发票罪

第二百零八条　非法购买增值税专用发票或者购买伪造的增值税专用发票的,处五年以下有期徒刑或者拘役,并处或者单处二万元以上二十万元以下罚金。

非法购买增值税专用发票或者购买伪造的增值税专用发票又虚开或者出售的,分别依照本法第二百零五条、第二百零六条、第二百零七条的规定定罪处罚。

⊙非法制造、出售非法制造的用于骗取出口退税、抵扣税款发票罪/非法制造、出售非法制造的发票罪/非法出售用于骗取出口退税、抵扣税款发票罪/非法出售发票罪

第二百零九条　伪造、擅自制造或者出售伪造、擅自制造的可以用于骗取出口退税、抵扣税款的其他发票的,处三年以下有期徒刑、拘役或者管制,并处二万元以上二十万元以下罚金;数量巨大的,处三年以上七年以下有期徒刑,并处五万元以上五十万元以下罚金;数量特别巨大的,处七年以上有期徒刑,并处五万元以上五十万元以下罚金或者没收财产。

伪造、擅自制造或者出售伪造、擅自制造的前款规定以外的其他发票的,处二年以下有期徒刑、拘役或者管制,并处或者单处一万元以上五万元以下罚金;情节严重的,处二年以上七年以下有期徒刑,并处五万元以上五十万元以下罚金。

非法出售可以用于骗取出口退税、抵扣税款的其他发票的,依照第一款的规定处罚。

非法出售第三款规定以外的其他发票的,依照第二款的规定处罚。

⊙盗窃罪/诈骗罪

第二百一十条　盗窃增值税专用发票或者可以用于骗取出口退税、抵扣税款的其他发票的,依照本法第二百六十四条的规定定罪处罚。

使用欺骗手段骗取增值税专用发票或者可以用于骗取出口退税、抵扣税款的其他发票的,依照本法第二百六十六条的规定定罪处罚。

⊙持有伪造的发票罪

第二百一十条之一　明知是伪造的发票而持有,数量较大的,处二年以下有期徒刑、拘役或者管制,并处罚金;数量巨大的,处二年以上七年以下有期徒刑,并处罚金。

单位犯前款罪的,对单位判处罚金,并对其直接负责的主管人员和其他直接责任人员,依照前款的规定处罚。

⊙单位犯危害税收征管罪的处罚规定

第二百一十一条　单位犯本节第二百零一条、第

二百零三条、第二百零四条、第二百零七条、第二百零八条、第二百零九条规定之罪的,对单位判处罚金,并对其直接负责的主管人员和其他直接责任人员,依照各该条的规定处罚。

⊙税收征缴优先原则

第二百一十二条　犯本节第二百零一条至第二百零五条规定之罪,被判处罚金、没收财产的,在执行前,应当先由税务机关追缴税款和所骗取的出口退税款。

第七节　侵犯知识产权罪

★假冒注册商标罪

第二百一十三条　未经注册商标所有人许可,在同一种商品上使用与其注册商标相同的商标,情节严重的,处三年以下有期徒刑或者拘役,并处或者单处罚金;情节特别严重的,处三年以上七年以下有期徒刑,并处罚金。

●考点点拨

1. 本罪是指未经注册商标所有人的许可,在同一种商品上使用与其注册商标相同的商标,情节严重的行为。

2. 客观方面具有以下特征:

(1)行为人使用与他人注册商标相同的商标,未经注册商标所有人许可。

(2)行为人必须在同一种商品上使用与他人注册商标相同的商标。一方面,行为人使用商标的商品与注册商标的商品必须属于同种商品。名称相同的商品以及名称不同但指同一事物的商品,可以认定为"同一种商品"。另一方面,行为人所使用的商标与他人的注册商标相同。

3. 本罪的主体既可以是自然人,也可以是单位。

⊙销售假冒注册商标的商品罪

第二百一十四条　销售明知是假冒注册商标的商品,销售金额数额较大的,处三年以下有期徒刑或者拘役,并处或者单处罚金;销售金额数额巨大的,处三年以上七年以下有期徒刑,并处罚金。

●考点点拨

1. 本罪是指明知是假冒注册商标的商品,而予以销售,销售金额较大的行为。

2. "假冒注册商标的商品"是指未经注册商标所有人许可,使用与其注册商标相同的商标的同一种商品。至于这种商品的质量与真正注册商标的商品质量有无差异,则在所不问。

3. "销售金额"是指销售假冒注册商标的商品后所得和应得的全部违法收入。

4. 本罪的主体既可以是自然人,也可以是单位,但不包括在该商品上假冒注册商标的犯罪人,即假冒注册商标的犯罪人销售自己假冒注册商标的商品的,只成立假冒注册商标罪。

⊙非法制造、销售非法制造的注册商标标识罪

第二百一十五条　伪造、擅自制造他人注册商标标识或者销售伪造、擅自制造的注册商标标识,情节严重的,处三年以下有期徒刑、拘役或者管制,并处或者单处罚金;情节特别严重的,处三年以上七年以下有期徒刑,并处罚金。

⊙假冒专利罪

第二百一十六条　假冒他人专利,情节严重的,处三年以下有期徒刑或者拘役,并处或者单处罚金。

●考点点拨

1. 本罪是指自然人或者单位,违反专利管理法规,故意假冒他人专利,情节严重的行为。

2. 下列行为均属假冒他人专利行为:

(1)未经许可,在其制造或者销售的产品、产品的包装上标注他人专利号的。

(2)未经许可,在广告或者其他宣传材料中使用他人专利号,使人将所涉及的技术误认为是他人的专利技术。

(3)未经许可,在合同中使用他人的专利号,使人将合同设计的技术误认为是他人的专利技术。

(4)伪造或者变造他人的专利证书、专利文件或者专利申请文件。

★侵犯著作权罪

第二百一十七条　以营利为目的,有下列侵犯著作权情形之一,违法所得数额较大或者有其他严重情节的,处三年以下有期徒刑或者拘役,并处或者单处罚金;违法所得数额巨大或者有其他特别严重情节的,处三年以上七年以下有期徒刑,并处罚金:

(一)未经著作权人许可,复制发行其文字作品、音乐、电影、电视、录像作品、计算机软件及其他作品的;

(二)出版他人享有专有出版权的图书的;

(三)未经录音录像制作者许可,复制发行其制作的录音录像的;

(四)制作、出售假冒他人署名的美术作品的。

●考点点拨

1. 本罪在主观上必须"以营利为目的"。

2. 本罪客观方面的四种行为方式中，复制、发行他人的计算机软件属侵犯著作权的行为，而制作、出售假冒他人署名的美术作品也属于侵犯著作权的行为，这一点很容易被当作诈骗罪处理。

3. 未经录音录像制作者许可，通过信息网络传播其制作的录音录像制品的行为，应当视为《刑法》第217条所规定的“复制发行”。

4. 实施侵犯著作权犯罪，又销售该侵权复制品，构成犯罪的，应当以侵犯著作权罪定罪处罚。实施侵犯著作权犯罪，又销售明知是他人的侵权复制品，构成犯罪的，应当实行数罪并罚。如淘宝某网店，复制了法律出版社出版发行的辅警招聘考试系列教材后在网上书店进行销售营利，即构成了侵犯著作权罪，违法所得数额在3万元以上的，需要被追究刑事责任。

★销售侵权复制品罪

第二百一十八条　以营利为目的，销售明知是本法第二百一十七条规定的侵权复制品，违法所得数额巨大的，处三年以下有期徒刑或者拘役，并处或者单处罚金。

●考点点拨

1. 本罪是指自然人或者单位，以营利为目的，销售明知是侵权复制品的物品，违法所得数额巨大的行为。侵权复制品是指侵犯著作权而形成的复制品。

2. 如果侵犯著作权的主体销售侵权复制品的，仅成立侵犯复制品罪，不成立本罪，如果销售的不是自己非法复制的侵权复制品，则成立数罪。

★侵犯商业秘密罪

第二百一十九条　有下列侵犯商业秘密行为之一，给商业秘密的权利人造成重大损失的，处三年以下有期徒刑或者拘役，并处或者单处罚金；造成特别严重后果的，处三年以上七年以下有期徒刑，并处罚金：

（一）以盗窃、利诱、胁迫或者其他不正当手段获取权利人的商业秘密的；

（二）披露、使用或者允许他人使用以前项手段获取的权利人的商业秘密的；

（三）违反约定或者违反权利人有关保守商业秘密的要求，披露、使用或者允许他人使用其所掌握的商业秘密的。

明知或者应知前款所列行为，获取、使用或者披露他人的商业秘密的，以侵犯商业秘密论。

本条所称商业秘密，是指不为公众所知悉，能为权利人带来经济利益，具有实用性并经权利人采取保密措施的技术信息和经营信息。

本条所称权利人，是指商业秘密的所有人和经商业秘密所有人许可的商业秘密使用人。

●考点点拨

1. 本罪的主观方面既可能是故意，也可能是过失。本罪在客观方面主要表现为以盗窃、利诱、胁迫、违反约定或其他不正当手段获取权利人的商业秘密行为，同时本条第2款又规定，明知或应知是不正当手段得到的商业秘密，而又获取、使用或披露的，也构成侵犯商业秘密罪。

2. 本罪为典型的结果犯，即只有给商业秘密的权利人造成重大损失的，才能成立犯罪。盗窃技术成果等商业秘密的行为，应当构成本条的侵犯商业秘密罪，考生注意对此不要混淆为盗窃罪。

3. 在甲、乙共同拥有商业秘密的场合，甲擅自使用该商业秘密的，不成立侵犯商业秘密罪，但是如果甲违反与乙的约定，擅自披露、允许他人使用该商业秘密，导致乙遭受重大损失的，甲构成侵犯商业秘密罪。

4. 公司、企业工作人员因为职务或者业务知悉商业秘密内容后，擅自将商业秘密出卖给他人，并将非法所得据为己有或者使第三者所有的，应根据情节和主体的身份，认定为贪污罪或职务侵占罪。

⊙单位犯侵犯知识产权罪的处罚规定

第二百二十条　单位犯本节第二百一十三条至第二百一十九条规定之罪的，对单位判处罚金，并对其直接负责的主管人员和其他直接责任人员，依照本节各该条的规定处罚。

第八节　扰乱市场秩序罪

★损害商业信誉、商品声誉罪

第二百二十一条　捏造并散布虚伪事实，损害他人的商业信誉、商品声誉，给他人造成重大损失或者有其他严重情节的，处二年以下有期徒刑或者拘役，并处或者单处罚金。

●考点点拨

1. 本罪的行为方式为捏造并散布虚伪事实，损害他人的商业信誉、商业声誉的行为。

2. 捏造不是本罪的实行行为，散布才是本罪的实行行为。但在共同犯罪中，一部分人捏造事实，另一部分人散布虚伪事实的，应认定为本罪的共犯。

★**虚假广告罪**

第二百二十二条　广告主、广告经营者、广告发布者违反国家规定,利用广告对商品或者服务作虚假宣传,情节严重的,处二年以下有期徒刑或者拘役,并处或者单处罚金。

1. 本罪的主体是特殊主体,即为广告主、广告经营者和广告发布者。本罪在行为方式上的一个突出特点就是利用广告对商品或服务作不真实的虚假宣传。

2. 本罪与诈骗罪之间的区别在于行为人的目的:虚假广告罪中的虚假广告,只是夸大商品效能,以欺骗和诱导消费者,目的是推销商品,使消费者购买低档商品或者接受质量差的服务,而利用广告形式实施诈骗犯罪,则是指行为人具有非法占有他人财物的目的,利用广告作为诈骗手段,基本上不存在提供给消费者商品或者服务的问题。

◆**关联法条**

最高人民法院《关于审理非法集资刑事案件具体应用法律若干问题的解释》

第八条　广告经营者、广告发布者违反国家规定,利用广告为非法集资活动相关的商品或者服务作虚假宣传,具有下列情形之一的,依照刑法第二百二十二条的规定,以虚假广告罪定罪处罚:

(一)违法所得数额在10万元以上的;

(二)造成严重危害后果或者恶劣社会影响的;

(三)二年内利用广告作虚假宣传,受过行政处罚二次以上的;

(四)其他情节严重的情形。

明知他人从事欺诈发行股票、债券,非法吸收公众存款,擅自发行股票、债券,集资诈骗或者组织、领导传销活动等集资犯罪活动,为其提供广告等宣传的,以相关犯罪的共犯论处。

⊙串通投标罪

第二百二十三条　投标人相互串通投标报价,损害招标人或者其他投标人利益,情节严重的,处三年以下有期徒刑或者拘役,并处或者单处罚金。

投标人与招标人串通投标,损害国家、集体、公民的合法利益的,依照前款的规定处罚。

★**合同诈骗罪**

第二百二十四条　有下列情形之一,以非法占有为目的,在签订、履行合同过程中,骗取对方当事人财物,数额较大的,处三年以下有期徒刑或者拘役,并处或者单处罚金;数额巨大或者有其他严重情节的,处三年以上十年以下有期徒刑,并处罚金;数额特别巨大或者有其他特别严重情节的,处十年以上有期徒刑或者无期徒刑,并处罚金或者没收财产:

(一)以虚构的单位或者冒用他人名义签订合同的;

(二)以伪造、变造、作废的票据或者其他虚假的产权证明作担保的;

(三)没有实际履行能力,以先履行小额合同或者部分履行合同的方法,诱骗对方当事人继续签订和履行合同的;

(四)收受对方当事人给付的货物、货款、预付款或者担保财产后逃匿的;

(五)以其他方法骗取对方当事人财物的。

●**考点点拨**

1. 本罪在主观方面要求具有"非法占有"的目的,本条规定了五种具体的法定行为方式。

2. 冒用他人名义签订合同可以构成合同诈骗罪,但不要混淆为借用他人名义签订合同,二者在法律上的性质是不同的。

3. 行为人在实施合同诈骗的行为中,若被骗的对象是国有性质的单位,且被骗对象主观上存在一定的过错、过失,则根据被骗对象性质不同,可分别构成不同的犯罪,即签订、履行合同失职被骗罪与国家机关工作人员签订、履行合同失职被骗罪。

★**组织、领导传销活动罪**

第二百二十四条之一　组织、领导以推销商品、提供服务等经营活动为名,要求参加者以缴纳费用或者购买商品、服务等方式获得加入资格,并按照一定顺序组成层级,直接或者间接以发展人员的数量作为计酬或者返利依据,引诱、胁迫参加者继续发展他人参加,骗取财物,扰乱经济社会秩序的传销活动的,处五年以下有期徒刑或者拘役,并处罚金;情节严重的,处五年以上有期徒刑,并处罚金。

●**考点点拨**

1. 组织、领导扰乱经济社会秩序的传销活动的,依法应以组织、领导传销活动罪,而不再以此前的非法经营罪论。"传销"应以《刑法修正案(七)》的规定为依据进行界定:传销活动是指以推销商品、提供服务等经营活动为名,要求参加者以缴纳费用或者购买商品、服务等方式获得加入资格,并按照一定顺序组成层级,直接或者间接以发展人员的数量作为计酬或者返利依据,引诱、胁迫参加者继续发展他人参加,骗取财物,扰乱经济社会秩序的行为。

2. 组织、领导传销活动罪主要是打击组织领导传销的人员，而不是普通的传销人员，因为他们也是受害者。

★非法经营罪

第二百二十五条　违反国家规定，有下列非法经营行为之一，扰乱市场秩序，情节严重的，处五年以下有期徒刑或者拘役，并处或者单处违法所得一倍以上五倍以下罚金；情节特别严重的，处五年以上有期徒刑，并处违法所得一倍以上五倍以下罚金或者没收财产：

（一）未经许可经营法律、行政法规规定的专营、专卖物品或者其他限制买卖的物品的；

（二）买卖进出口许可证、进出口原产地证明以及其他法律、行政法规规定的经营许可证或者批准文件的；

（三）未经国家有关主管部门批准非法经营证券、期货、保险业务的，或者非法从事资金支付结算业务的；

（四）其他严重扰乱市场秩序的非法经营行为。

●考点点拨

1. 本罪的本质在于严重扰乱市场秩序的非法经营活动，犯罪对象为国家专营、专卖物品，常见的如食盐、烟草、军工产品等或限制买卖的物品，如化肥、种子等以及未经批准从事经营活动的行为。这是辅警考试的重要考点，尤其要熟悉以下几种常见的情形，准确辨析。

2. 根据近年的立法和司法解释，对下列行为应认定为非法经营：

(1)在国家规定的交易场所外非法买卖外汇、扰乱市场秩序情节严重的，定非法经营罪。

(2)非法从事出版物的出版、印刷、复制、发行，该非法出版物虽不侵犯他人著作权，不具侮辱、诽谤等内容，但是严重扰乱社会秩序的，定非法经营罪。

(3)未经国家有关部门批准，非法经营证券、期货或者保险业务的，或者非法从事资金支付结算业务的，定非法经营罪。

(4)违反国家规定，采取租用国际专线，私设转接设备或其他方法，擅自经营国际电信业务或者港澳台电信业务进行营利活动，扰乱电信市场管理秩序的，定非法经营罪。

(5)违反国家有关盐业管理规定，非法生产、储运、销售食盐扰乱市场秩序，情节严重的，应以非法经营罪追究刑事责任。

(6)未取得药品生产、经营许可证件和批准文号，非法生产、销售盐酸克仑特罗（瘦肉精）等禁止在饲料和动物饮用水中使用的药品，扰乱药品市场秩序，情节严重的以及在生产、销售的饲料中添加盐酸克仑特罗（瘦肉精）等禁止在饲料和动物饮用水中使用的药品，或者销售明知是添加有该类药品的饲料，情节严重的，以非法经营罪追究刑事责任。

(7)违反国家在预防、控制突发传染病疫情等灾害期间有关市场经营、价格管理等规定，哄抬物价、牟取暴利，严重扰乱市场秩序违法所得数额较大或者有其他严重情节的，以非法经营罪定罪，依法从重处罚。

(8)未经国家批准擅自发行、销售彩票，构成犯罪的，以非法经营罪定罪处罚。

(9)未经国家烟草专卖行政主管部门许可，无生产许可证、批发许可证、零售许可证，生产、批发、零售烟草制品，构成犯罪的，以非法经营罪定罪处罚。

(10)违反国家规定，擅自设立互联网上网服务营业场所，或者擅自从事互联网上网服务经营活动，构成犯罪的，以非法经营罪定罪处罚。

(11)从事《刑法》第224条之一以外的传销或者变相传销活动，扰乱市场秩序，情节严重的，以非法经营罪处罚。实施上述犯罪，同时构成刑法规定的其他犯罪的，依照处罚较重的规定定罪处罚。

(12)违反国家规定，使用销售点终端机（POS机）等方法，以虚构交易、虚开价格、现金退货等方式向信用卡持卡人直接支付现金，情节严重的，以非法经营罪定罪处罚。

(13)以提供给他人生产、销售食品为目的，违反国家规定，生产销售国家禁止用于食品生产、销售的非食品原料，情节严重的，应以非法经营罪定罪处罚。

(14)违反国家规定，私设生猪屠宰厂，从事生猪屠宰、销售等经营活动，情节严重的，应以非法经营罪定罪处罚。

(15)违反国家规定，生产、销售国家禁止生产、销售、使用的农药、兽药，饲料、饲料添加剂，或者饲料原料、饲料添加剂原料，情节严重的，应以非法经营罪定罪处罚。

(16)违反国家规定，以营利为目的，通过信息网络有偿提供删除信息服务，或者明知是虚假信息，通过信息网络有偿提供发布信息等服务，扰乱市场秩序，情节严重的，应以非法经营罪定罪处罚。

★强迫交易罪

第二百二十六条　以暴力、威胁手段，实施下列行为之一，情节严重的，处三年以下有期徒刑或者拘役，并处或者单处罚金；情节特别严重的，处三年以上七年以下有期徒刑，并处罚金：

（一）强买强卖商品的；

（二）强迫他人提供或者接受服务的；

（三）强迫他人参与或者退出投标、拍卖的；

（四）强迫他人转让或者收购公司、企业的股份、债券或者其他资产的；

（五）强迫他人参与或者退出特定的经营活动的。

●考点点拨

1. 强迫交易罪，是指以暴力、胁迫手段强迫他人购买商品、强迫他人出卖商品、强迫他人提供服务或者强迫他人接受服务，情节严重的行为。

2. 强迫交易罪与抢劫罪的区别

(1)主体，强迫交易罪主体应当为市场主体，即正常商品买卖、交易或者劳动服务者。因为本罪发生在商业经营或交易活动中，故主体是否经常进行商业活动或者以商业营利为生，影响着本罪成立与否。

(2)强迫交易罪的暴力、胁迫内容与程度应当低于抢劫罪。

(3)强迫交易虽然可以表现为强迫他人以不公平价格买卖商品、提供或者接受服务，但这里的"不公平价格"原则上应略高于正常价格，或者与合理价钱、费用相差不大。如果行为人以非法占有为目的，以买卖、交易、服务为幌子采用暴力、胁迫手段迫使他人交出与合理价钱、费用相差悬殊的钱物，则以抢劫罪定罪处罚。

⊙伪造、倒卖伪造的有价票证罪/倒卖车票、船票罪

第二百二十七条　伪造或者倒卖伪造的车票、船票、邮票或者其他有价票证，数额较大的，处二年以下有期徒刑、拘役或者管制，并处或者单处票证价额一倍以上五倍以下罚金；数额巨大的，处二年以上七年以下有期徒刑，并处票证价额一倍以上五倍以下罚金。

倒卖车票、船票，情节严重的，处三年以下有期徒刑、拘役或者管制，并处或者单处票证价额一倍以上五倍以下罚金。

⊙非法转让、倒卖土地使用权罪

第二百二十八条　以牟利为目的，违反土地管理法规，非法转让、倒卖土地使用权，情节严重的，处三年以下有期徒刑或者拘役，并处或者单处非法转让、倒卖土地使用权价额百分之五以上百分之二十以下罚金；情节特别严重的，处三年以上七年以下有期徒刑，并处非法转让、倒卖土地使用权价额百分之五以上百分之二十以下罚金。

⊙提供虚假证明文件罪/提供虚假证明文件罪/出具证明文件重大失实罪

第二百二十九条　承担资产评估、验资、验证、会计、审计、法律服务等职责的中介组织的人员故意提供虚假证明文件，情节严重的，处五年以下有期徒刑或者拘役，并处罚金。

前款规定的人员，索取他人财物或者非法收受他人财物，犯前款罪的，处五年以上十年以下有期徒刑，并处罚金。

第一款规定的人员，严重不负责任，出具的证明文件有重大失实，造成严重后果的，处三年以下有期徒刑或者拘役，并处或者单处罚金。

●考点点拨

1. 提供虚假证明文件罪是指承担资产评估、验资、验证、会计、审计、法律服务等职责的中介组织或者中介组织的人员，故意提供虚假证明文件，情节严重的行为。

2. 这里的提供不只是单纯的交付行为，而应包括制作与交付。

⊙逃避商检罪

第二百三十条　违反进出口商品检验法的规定，逃避商品检验，将必须经商检机构检验的进口商品未报经检验而擅自销售、使用，或者将必须经商检机构检验的出口商品未报经检验合格而擅自出口，情节严重的，处三年以下有期徒刑或者拘役，并处或者单处罚金。

⊙单位犯扰乱市场秩序罪的处罚规定

第二百三十一条　单位犯本节第二百二十一条至第二百三十条规定之罪的，对单位判处罚金，并对其直接负责的主管人员和其他直接责任人员，依照本节各该条的规定处罚。

第四章　侵犯公民人身权利、民主权利罪

★故意杀人罪

第二百三十二条　故意杀人的，处死刑、无期徒刑或者十年以上有期徒刑；情节较轻的，处三年以上十年以下有期徒刑。

●考点点拨

1. 构成要件：

(1)行为对象必须是“他人”,自杀不成立本罪。

(2)行为必须具有非法性。行为方式包括作为和不作为。前者如用刀砍、斧劈、拳击、枪杀等方式致人死亡,后者如母亲故意不给婴儿哺乳致其死亡等。既可以是物理的方式,又可以是心理的方法。前者如刺杀、毒杀、枪杀等,后者如以精神刺激的方法致人死亡等。

2. 关于自杀的相关行为定性:

(1)相约自杀,即2人以上相互约定自杀、共同自杀的行为。如果相约自杀的双方均自杀身亡,不存在追究刑事责任的问题;如果相约自杀的双方一方死亡,另一方自杀未得逞,则未得逞的一方也不负刑事责任;如果相约自杀,由其中一方杀死对方,继而自杀未得逞的,则应以故意杀人罪论处,但在量刑上应与一般的故意杀人罪有所区别。

(2)引起他人自杀,即行为人所实施的某种行为引起他人自杀身亡。

①正当行为引起他人自杀:不存在犯罪的问题。

②错误行为或轻微不法行为引起他人自杀:不存在犯罪的问题。

③严重不法行为引起他人自杀:将该不法行为与他人自杀的后果进行综合评价,达到了犯罪的程度时,应当追究刑事责任,否则不以犯罪论处。如诽谤他人引起他人自杀的后果,可以将他人自杀的行为认定为诽谤行为造成的严重后果,成立诽谤罪。

④犯罪行为引起他人自杀:如果犯罪人对自杀死亡的结果不具有故意时,应按先前的犯罪行为定罪并从重处罚。如强奸妇女后该妇女自杀的,应认定为强奸罪,并且应当从重处罚。

(3)教唆或帮助自杀:当教唆或帮助行为具有杀人的间接正犯性质时,应当认定为故意杀人罪。比如:①欺骗不能理解死亡意义的儿童或者精神病患者;②凭借某种权势或者利用某种特殊关系,以暴力、胁迫或者其他心理强制方法,使他人自杀;③行为人教唆自杀的行为使被害人对法益产生错误认识,其对死亡的同意无效。上述三种情况都应当认定成立故意杀人罪。

3. 本罪的认定和处罚

(1)转化犯:非法拘禁使用暴力致人死亡、刑讯逼供或暴力取证致人死亡、虐待被监管人员致人死亡、聚众“打砸抢”致人死亡、聚众斗殴致人死亡,都以故意杀人罪论处。

(2)以放火、爆炸、投放危险物质等危险方法杀人案件的定性看是否危害到了公共安全。如果危害到了公共安全,定放火罪、爆炸罪、投放危险物质罪,否则为故意杀人罪。

(3)本罪的法定刑为死刑、无期徒刑或者10年以上有期徒刑;情节较轻的,为3年以上10年以下有期徒刑。这种法定刑的排列方式,刑法典中仅此一处。

(4)对于因婚姻家庭、邻里纠纷等民间矛盾激化引发的故意杀人犯罪,适用死刑时一定要慎重。对于被害人一方有明显过错或对矛盾激化负有直接责任,或者被告人有法定从轻处罚情节的,不应判处被告人死刑。

(5)对于所谓的“大义灭亲”行为,应以故意杀人罪论处,但量刑上应与一般的故意杀人罪相区别。

★过失致人死亡罪

第二百三十三条　过失致人死亡的,处三年以上七年以下有期徒刑;情节较轻的,处三年以下有期徒刑。本法另有规定的,依照规定。

●考点点拨

1. 本罪是典型的结果犯,即只有发生了死亡结果,才能成立犯罪。

2. 行为人主观上只能是过失。

3. 过失致人重伤并进而引起被害人死亡的,直接认定为过失致人死亡罪即可,而不是过失致人重伤罪的结果加重犯。

★故意伤害罪

第二百三十四条　故意伤害他人身体的,处三年以下有期徒刑、拘役或者管制。

犯前款罪,致人重伤的,处三年以上十年以下有期徒刑;致人死亡或者以特别残忍手段致人重伤造成严重残疾的,处十年以上有期徒刑、无期徒刑或者死刑。本法另有规定的,依照规定。

●考点点拨

1. 构成要件

(1)行为对象是他人。伤害自己身体的,不成立本罪,但当自伤行为侵犯了国家或社会法益进而侵犯了刑法规范时,可能构成其他犯罪,最典型的就是战时自伤罪。

(2)行为方式包括作为和不作为。行为方式既可以是有形的,也可以是无形的。前者如使用暴力殴打、行凶等方法致人伤害;后者如故意以性行为等方式使他人染上严重性病、欺骗他人服用毒药而造成生理机能严重损伤、以胁迫的方法致使被害人精神严重失常等。

(3)本罪是典型的结果犯，行为结果包括轻伤、重伤、死亡。其中轻伤是本罪的成立条件，而重伤、死亡则是本罪的加重结果。

2. 本罪的认定和处罚

(1)甲对乙实施伤害行为，虽然没有发生打击错误和对象认识错误，但明知自己的行为同时伤害丙却仍然实施伤害行为，进而导致丙死亡的。此时，甲对丙成立故意伤害罪(间接故意)。

(2)甲本来对乙实施伤害行为，但由于对象认识错误或者打击错误，而事实上对丙实施伤害行为，进而导致丙死亡的。根据法定符合说，甲对丙成立故意伤害罪(致人死亡)。

(3)出于重伤的意图但没有造成任何伤害结果的，成立故意伤害罪的未遂。

(4)出于重伤的意图但仅造成了轻伤的结果的，成立故意伤害罪。

(5)过失行为当场致人重伤，但因抢救无效而死亡的，成立过失致人死亡罪。

(6)转化犯。非法拘禁使用暴力致人伤残、刑讯逼供或暴力取证致人伤残、虐待被监管人员致人伤残、聚众"打砸抢"致人伤残、聚众斗殴致人重伤、非法组织或强迫他人出卖血液造成伤害的，都以故意伤害罪论处。其中，前三种情形在量刑上都应当从重处罚。

⊙组织出卖人体器官罪/故意伤害罪/故意杀人罪/盗窃、侮辱、故意毁坏尸体、尸骨、骨灰罪

第二百三十四条之一　组织他人出卖人体器官的，处五年以下有期徒刑，并处罚金；情节严重的，处五年以上有期徒刑，并处罚金或者没收财产。

未经本人同意摘取其器官，或者摘取不满十八周岁的人的器官，或者强迫、欺骗他人捐献器官的，依照本法第二百三十四条、第二百三十二条的规定定罪处罚。

违背本人生前意愿摘取其尸体器官，或者本人生前未表示同意，违反国家规定，违背其近亲属意愿摘取其尸体器官的，依照本法第三百零二条的规定定罪处罚。

●考点点拨

1. 组织出卖人体器官罪是指组织他人出卖人体器官的行为。所谓组织，是指经营人体器官的出卖或者以招募、雇佣供养器官提供者介绍、利诱等手段，使他人出卖人体器官的行为。

2. 被组织的对象必须是年满18周岁的人，本人同意摘取其器官。如果未经本人同意摘取其器官，或者摘取不满18周岁的人的器官，或者强迫、欺骗他人捐献器官的，不构成本罪，应以故意伤害罪、故意杀人罪追究刑事责任。

3. 被组织出卖的人体器官必须是活体器官，否则不构成本罪。

4. 违背本人生前意愿摘取其尸体器官，或者本人生前未表示同意，违反国家规定，违背其近亲属意愿摘取其尸体器官的，构成盗窃、侮辱尸体罪。

⊙过失致人重伤罪

第二百三十五条　过失伤害他人致人重伤的，处三年以下有期徒刑或者拘役。本法另有规定的，依照规定。

●考点点拨

1. 本罪是指过失伤害他人身体，致人重伤的行为。

2. 客观上必须实施了伤害行为，且造成他人重伤的结果；主观上必须出于过失。

3. 行为人主观上明显具有轻伤的故意，但由于过失造成他人重伤的，应定为故意伤害罪，适用重伤的法定刑。

★强奸罪

第二百三十六条　以暴力、胁迫或者其他手段强奸妇女的，处三年以上十年以下有期徒刑。

奸淫不满十四周岁的幼女的，以强奸论，从重处罚。

强奸妇女、奸淫幼女，有下列情形之一的，处十年以上有期徒刑、无期徒刑或者死刑：

(一)强奸妇女、奸淫幼女情节恶劣的；

(二)强奸妇女、奸淫幼女多人的；

(三)在公共场所当众强奸妇女的；

(四)二人以上轮奸的；

(五)致使被害人重伤、死亡或者造成其他严重后果的。

●考点点拨

1. 本罪的被害人只能是女性，犯罪主体是已满14周岁、具有辨认能力和控制能力的男子。但女性可以成为本罪的教唆犯或帮助犯，而实行犯则只能是男子。

2. 法益：妇女的性的自主决定权，认定本罪的前提为是否"违背了妇女的意志"。

3. 手段方法：

（1）"暴力手段"是指犯罪分子直接对被害妇女采用殴打、捆绑、卡脖子、按倒等危害人身安全或者人身自由，使妇女不能抗拒的手段。

（2）"胁迫手段"是指犯罪分子对被害妇女威胁、恫吓，达到精神上的强制的手段。比如，以扬言行凶报复、揭发隐私、加害亲属等相威胁，利用迷信进行恐吓、欺骗，利用教养关系、从属关系、职权以及孤立无援的环境条件，进行挟制、迫害等，迫使妇女忍辱屈从，不敢抗拒。

（3）"其他手段"是指犯罪分子用暴力、胁迫以外的手段，使被害妇女无法抗拒。比如，利用妇女患重病、熟睡之机，进行奸淫；以醉酒、药物麻醉，以及利用或者假冒治病等方法对妇女进行奸淫。

4. 关于奸淫幼女的行为：

（1）奸淫幼女的行为在罪名上成立强奸罪，在量刑上应当从重处罚。

（2）奸淫幼女，要求行为人主观上必须认识到对方是不满 14 周岁的幼女；或者明知对方一定是幼女；或者明知对方可能是幼女；或者不管对方是否幼女，在此基础上决意实施奸淫，而对方又确实是幼女的。

（3）明知是不满 14 周岁的幼女而与其发生性关系，不论幼女是否自愿，均以强奸罪定罪处罚；确实不知对方是不满 14 周岁的幼女，双方自愿发生性关系，未造成严重后果，情节显著轻微的，不认为是犯罪；既实施了强奸妇女行为又实施了强奸幼女行为的，以强奸罪从重处罚。

（4）就已满 14 周岁不满 16 周岁的男子而言：与幼女发生性关系构成犯罪的，以强奸罪定罪处罚；对于与幼女发生性关系，情节轻微尚未造成严重后果的，不认为是犯罪；既实施了强奸妇女行为又实施了奸淫幼女行为的，以强奸罪从重处罚。

5. 关于与女精神病患者发生性关系行为的定性：

（1）明知对方是精神病患者，而与之发生性关系的，不管使用什么手段，也不管该妇女是否同意，都以强奸罪论处。

（2）确实不知对方是精神病患者，也未采用暴力、胁迫等手段经本人同意发生性关系的，不构成强奸罪。

（3）间歇性精神病妇女在精神正常期间，经本人同意与其发生性关系的，不构成强奸罪。

6. 在强奸过程中，因使用暴力压制反抗或者因强奸行为粗暴致使被害人重伤、死亡的，属本罪的结果加重犯，以强奸罪一罪定罪即可，无须数罪并罚。这是辅警考试的重要考点，考生要牢记辨析。

7. 拐卖妇女过程中奸淫被拐卖的妇女的，不实行数罪并罚；为了强迫他人卖淫，先强奸后迫使妇女卖淫的，根据《刑法修正案（九）》的规定，实行数罪并罚。

◆关联法条

最高人民法院、最高人民检察院、公安部、司法部《印发〈关于依法惩治性侵害未成年人犯罪的意见〉的通知》

第十九条　知道或者应当知道对方是不满十四周岁的幼女，而实施奸淫等性侵害行为的，应当认定行为人"明知"对方是幼女。

对于不满十二周岁的被害人实施奸淫等性侵害行为的，应当认定行为人"明知"对方是幼女。

对于已满十二周岁不满十四周岁的被害人，从其身体发育状况、言谈举止、衣着特征、生活作息规律等观察可能是幼女，而实施奸淫等性侵害行为的，应当认定行为人"明知"对方是幼女。

第二十条　以金钱财物等方式引诱幼女与自己发生性关系的；知道或者应当知道幼女被他人强迫卖淫而仍与其发生性关系的，均以强奸罪论处。

第二十一条　对幼女负有特殊职责的人员与幼女发生性关系的，以强奸罪论处。

对已满十四周岁的未成年女性负有特殊职责的人员，利用其优势地位或者被害人孤立无援的境地，迫使未成年被害人就范，而与其发生性关系的，以强奸罪定罪处罚。

★强制猥亵、侮辱罪/猥亵儿童罪

第二百三十七条　以暴力、胁迫或者其他方法强制猥亵他人或者侮辱妇女的，处五年以下有期徒刑或者拘役。

聚众或者在公共场所当众犯前款罪的，或者有其他恶劣情节的，处五年以上有期徒刑。

猥亵儿童的，依照前两款的规定从重处罚。

●考点点拨

1. 强制猥亵、侮辱妇女罪构成要件：对象只能是妇女，强制猥亵男子的，不成立本罪。行为人故意杀害被害妇女后，再针对尸体实施猥亵、侮辱行为的，不得认定为本罪，只能认定为故意杀人罪与侮辱尸体罪，实行数罪并罚。

2. 猥亵妇女是指针对妇女实施的，伤害妇女的性的羞耻心，侵害妇女的性的自主决定权的行为。所谓"针对妇女实施"，主要包括以下情况：

（1）直接针对妇女实施猥亵行为，或者迫使妇女容忍行为人或第三人对该妇女实施猥亵行为。

（2）迫使妇女自己对自己实施猥亵行为。

（3）迫使妇女对行为人或第三人实施猥亵。

（4）迫使妇女观看他人的猥亵行为。

3. 强制猥亵行为不以公然实施为前提，即使在非公开的场合，只要行为人与被害人在场，而没有第三者在场，行为人实施强制猥亵侮辱行为的，都成立本罪。

4. 猥亵行为具有相对性。换言之，强制猥亵妇女与猥亵幼女的行为，只能是性交以外的行为。但是，猥亵幼男的行为则包括性交行为，即已满 16 周岁的妇女与幼男发生性交的，成立猥亵儿童罪。

5. 行为方式是以暴力、胁迫或者其他使妇女不敢反抗、不能反抗、不知反抗的方法强制猥亵、侮辱妇女。这里的"暴力、胁迫或者其他方法"，应与强奸罪做相同的理解。

6. 主体：既可以是男性，也可以是女性。

7. 主观：不要求行为人出于刺激或者满足性欲的倾向，因为即使没有这种倾向的猥亵、侮辱行为也严重侵犯了妇女的性的自主决定权。

★非法拘禁罪

第二百三十八条　非法拘禁他人或者以其他方法非法剥夺他人人身自由的，处三年以下有期徒刑、拘役、管制或者剥夺政治权利。具有殴打、侮辱情节的，从重处罚。

犯前款罪，致人重伤的，处三年以上十年以下有期徒刑；致人死亡的，处十年以上有期徒刑。使用暴力致人伤残、死亡的，依照本法第二百三十四条、第二百三十二条的规定定罪处罚。

为索取债务非法扣押、拘禁他人的，依照前两款的规定处罚。

国家机关工作人员利用职权犯前三款罪的，依照前三款的规定从重处罚。

●考点点拨

1. 保护法益：他人的人身自由。非法拘禁必须剥夺的是现实的自由权。换言之，如果某人没有认识到自己被剥夺自由，就表明行为没有妨害其意思活动，因而没有侵犯其人身自由。

2. 非法拘禁过程中致人重伤、死亡的定性。

（1）转化犯：转化为故意杀人罪、故意伤害罪。非法拘禁过程中，使用暴力致人伤残、死亡的，转化为故意伤害罪、故意杀人罪。此种情形下，认为行为人主观上具有伤害、杀害的故意。

（2）结果加重犯：如果行为人在非法拘禁过程中因拘禁行为本身过失致人重伤、死亡的，仅定非法拘禁罪一罪，作为该罪的结果加重犯。

3. 为索取债务而非法扣押、拘禁他人的，以非法拘禁罪论处。对此应作如下理解：

（1）债务的性质：不仅仅限于合法债务，还包括非法债务。

（2）行为人索取的数额如果超过债务部分数额很大，则应将超出部分以绑架罪论处。

（3）索取的对象不限于债务人本人，还包括向债务人的亲属索债。

4. 从重处罚的情节：

（1）具有殴打、侮辱情节的；

（2）国家机关工作人员利用职权犯本罪的。

★绑架罪

第二百三十九条　以勒索财物为目的绑架他人的，或者绑架他人作为人质的，处十年以上有期徒刑或者无期徒刑，并处罚金或者没收财产；情节较轻的，处五年以上十年以下有期徒刑，并处罚金。

犯前款罪，杀害被绑架人的，或者故意伤害被绑架人，致人重伤、死亡的，处无期徒刑或者死刑，并处没收财产。

以勒索财物为目的偷盗婴幼儿的，依照前两款的规定处罚。

●考点点拨

1. 主体：已满 16 周岁、具有辨认能力和控制能力的自然人。已满 14 周岁不满 16 周岁的人，单纯实施绑架行为，不构成犯罪。但如果在绑架过程中杀害被绑架人的，则应定故意杀人罪。

2. 绑架罪的类型：

（1）以勒索财物为目的的绑架；

（2）出于政治性或其他目的的绑架；

（3）以勒索财物为目的的偷盗婴幼儿行为。

3. 既遂标准：本罪是典型的行为犯，只要控制了人质，即使没有提出勒索财物的请求，也成立本罪的既遂。

4. 本罪的死刑：故意杀害被绑架人，即撕票行为或故意伤害被绑架人，致人重伤死亡的这两种情形。

5. 绑架罪的成立要求犯罪人必须真真正正地控制了人质；如果不是以勒索财物为目的将被害人杀死，而是基于其他原因先杀人，然后以绑架被害人为名义，向被害人亲属勒索财物的，应当以故意杀人罪与诈骗罪数罪并罚。

★拐卖妇女、儿童罪

第二百四十条　拐卖妇女、儿童的，处五年以上十年以下有期徒刑，并处罚金；有下列情形之一的，处十年以上有期徒刑或者无期徒刑，并处罚金或者没收财产；情节特别严重的，处死刑，并处没收财产：

（一）拐卖妇女、儿童集团的首要分子；

（二）拐卖妇女、儿童三人以上的；

（三）奸淫被拐卖的妇女的；

（四）诱骗、强迫被拐卖的妇女卖淫或者将被拐卖的妇女卖给他人迫使其卖淫的；

（五）以出卖为目的，使用暴力、胁迫或者麻醉方法绑架妇女、儿童的；

（六）以出卖为目的，偷盗婴幼儿的；

（七）造成被拐卖的妇女、儿童或者其亲属重伤、死亡或者其他严重后果的；

（八）将妇女、儿童卖往境外的。

拐卖妇女、儿童是指以出卖为目的，有拐骗、绑架、收买、贩卖、接送、中转妇女、儿童的行为之一的。

●考点点拨

1. 对象：年满14周岁的妇女、儿童。

（1）年满14周岁的男性不能成为拐卖妇女、儿童罪的对象，如果有非法拘禁行为的，可考虑定非法拘禁罪。

（2）明知是年满14周岁的两性人而以出卖为目的实施拐骗、绑架、收买、贩卖、接送、中转行为的，不能以拐卖妇女罪定罪处罚。

（3）以下情形均应以拐卖儿童罪追究刑事责任：以营利为目的，出卖不满14周岁子女，情节恶劣的；借收养名义拐卖儿童的；出卖捡拾儿童的。出卖14周岁以上女性亲属或者其他不满14周岁亲属的，以拐卖妇女、儿童罪追究刑事责任。

2. 行为方式：凡是拐卖妇女、儿童的，不论是哪个环节，只要是以出卖为目的，有拐骗、绑架、收买、贩卖、接送、中转、窝藏妇女、儿童的行为之一的，不论拐卖人数多少，是否获利，均以拐卖妇女、儿童罪追究刑事责任，并且是犯罪既遂。

3. 犯罪既遂的标准：不以实际卖出为必要。本罪是典型的行为犯。行为人有拐骗、绑架、收买、贩卖、接送、中转妇女、儿童的行为之一，就属于既遂。

4. 关于被害人承诺问题：妇女的承诺阻却拐卖行为的违法性，但儿童的承诺绝对无效，不阻却拐卖行为的违法性。比如，13岁儿童甲某答应跟着人贩子走，人贩子仍构成犯罪。行为人绑架妇女、儿童后没有卖出，但向被绑架的妇女、儿童的近亲等要求交付财物的，应按绑架罪论处。

⊙收买被拐卖的妇女、儿童罪/强奸罪/非法拘禁罪/故意伤害罪/侮辱罪/拐卖妇女、儿童罪

第二百四十一条　收买被拐卖的妇女、儿童的，处三年以下有期徒刑、拘役或者管制。

收买被拐卖的妇女，强行与其发生性关系的，依照本法第二百三十六条的规定定罪处罚。

收买被拐卖的妇女、儿童，非法剥夺、限制其人身自由或者有伤害、侮辱等犯罪行为的，依照本法的有关规定定罪处罚。

收买被拐卖的妇女、儿童，并有第二款、第三款规定的犯罪行为的，依照数罪并罚的规定处罚。

收买被拐卖的妇女、儿童又出卖的，依照本法第二百四十条的规定定罪处罚。

收买被拐卖的妇女、儿童，对被买儿童没有虐待行为，不阻碍对其进行解救的，可以从轻处罚；按照被买妇女的意愿，不阻碍其返回原居住地的，可以从轻或减轻处罚。

●考点点拨

1. 主观上：收买的目的，而不是出卖的目的。如果是收买后又出卖的，或者以出卖为目的的收买，都定拐卖妇女、儿童罪。

2. 罪数问题

（1）收买被拐卖的妇女、儿童后，又实施了强奸、非法拘禁、侮辱、故意伤害等行为的，数罪并罚。

（2）行为人收买被拐卖的妇女后，对其实施了强奸、非法拘禁等行为，后来又将其出卖的，应当认定为是拐卖妇女罪一罪，因为拐卖妇女罪包容了强奸、非法拘禁行为。

3. 可以从轻或减轻刑事责任的情形：

（1）收买被拐卖的妇女、儿童，按照被买妇女的意愿，不阻碍其返回原居住地的，可以从轻或减轻处罚。

（2）收买被拐卖的妇女儿童，对被买儿童没有虐待行为，不阻碍对其进行解救的，可以从轻处罚。

（3）可以从轻或减轻其刑事责任，是指收买被拐卖的妇女、儿童罪的刑事责任，而对于强奸罪或非法拘禁罪的刑事责任还要正常追究。

（4）如何区分收买被拐卖的妇女、儿童罪与拐卖妇女、儿童罪的共犯：如果行为人既教唆他人拐卖妇女，又收买该妇女的，应当数罪并罚；行为人并没有教

唆他人拐卖妇女，仅具有收买的故意，仅定收买被拐卖的妇女罪一罪。

⊙妨害公务罪/聚众阻碍解救被收买的妇女、儿童罪

第二百四十二条　以暴力、威胁方法阻碍国家机关工作人员解救被收买的妇女、儿童的，依照本法第二百七十七条的规定定罪处罚。

聚众阻碍国家机关工作人员解救被收买的妇女、儿童的首要分子，处五年以下有期徒刑或者拘役；其他参与者使用暴力、威胁方法的，依照前款的规定处罚。

★诬告陷害罪

第二百四十三条　捏造事实诬告陷害他人，意图使他人受刑事追究，情节严重的，处三年以下有期徒刑、拘役或者管制；造成严重后果的，处三年以上十年以下有期徒刑。

国家机关工作人员犯前款罪的，从重处罚。

不是有意诬陷，而是错告，或者检举失实的，不适用前两款的规定。

●考点点拨

1. 行为方式：捏造犯罪事实+向有关机关告发。

(1)所捏造的必须是犯罪事实，如果捏造一般的事实，则可能成立诽谤罪。

(2)向有关机关告发是本罪的实行行为。换言之，只有实施了告发行为，才真正侵犯了本罪的法益。

(3)诬陷没有达到法定年龄或没有辨认能力、控制能力的人犯罪，仍构成本罪。

2. 由于本罪是侵犯个人法益的犯罪。因此，得到被害人承诺的诬告陷害行为，不构成犯罪。

3. 本罪是行为犯。即只要实施了告发行为，即使被诬陷人没有真正受到刑事追究，仍然成立本罪。

4. 本罪是情节犯，即只有情节严重的，才成立本罪。

5. 诬告陷害罪与诽谤罪的区分。

(1)法益不同：本罪的法益是他人的人身权利，而诽谤罪的法益则是他人的人格、声誉。

(2)主观方面：本罪的目的是使他人受到刑事追究，而诽谤罪的目的则是损害他人的人格、声誉。

(3)行为方式：本罪是捏造犯罪事实并向有关机关告发，而诽谤罪的行为方式为“无中生有，捏造事实”，但没有向有关机关告发。

(4)捏造内容：本罪捏造的必须是犯罪事实，而诽谤罪捏造的既可能是犯罪事实，也可能不是犯罪事实。

(5)性质不同：本罪是非亲告罪，而诽谤罪则是亲告罪。

☆真题回顾

(2019年单选)周某好吃懒做，为了逃避劳动，主动向公安机关虚报自己抢劫的犯罪事实，下列说法正确的是(　　)。

A. 周某的行为构成诬告陷害罪，因为其行为扰乱了国家正常的司法秩序

B. 周某的行为构成诬告陷害罪，因为其行为侵犯了自己的人身权利

C. 周某的行为不构成诬告陷害罪

D. 以上选项都不正确

【解析】答案为C。根据《刑法》第243条的规定，诬告陷害罪的客体是国家正常的司法活动以及他人的人身财产权利(名誉权、自由权、财产权等)，行为要件是捏造事实陷害他人，捏造事实具有犯罪故意，行为对象是他人，而周某捏造事实诬陷自己的行为，不符合诬告陷害罪的构成要件。因此，C项正确，当选。本题依常识也得出正确答案，给自己捏造丑闻的行为属于自陷风险，不构成诬告陷害。

⊙强迫劳动罪

第二百四十四条　以暴力、威胁或者限制人身自由的方法强迫他人劳动的，处三年以下有期徒刑或者拘役，并处罚金；情节严重的，处三年以上十年以下有期徒刑，并处罚金。

明知他人实施前款行为，为其招募、运送人员或者有其他协助强迫他人劳动行为的，依照前款的规定处罚。

单位犯前两款罪的，对单位判处罚金，并对其直接负责的主管人员和其他直接责任人员，依照第一款的规定处罚。

●考点点拨

1. 罪数问题：雇用童工从事危重劳动，造成责任事故，同时又构成其他犯罪的，应当数罪并罚。

2. 强迫劳动罪与非法拘禁罪的区别。强迫劳动罪是指用人单位违反劳动管理法规，以限制人身自由的方法强迫职工劳动，情节严重的行为。“限制人身自由”是强迫被害人进行劳动的行为方式之一，不另定非法拘禁。再者，严格说，非法拘禁罪是“剥夺人身自由”。

⊙雇用童工从事危重劳动罪

第二百四十四条之一　违反劳动管理法规，雇用

未满十六周岁的未成年人从事超强度体力劳动的，或者从事高空、井下作业的，或者在爆炸性、易燃性、放射性、毒害性等危险环境下从事劳动，情节严重的，对直接责任人员，处三年以下有期徒刑或者拘役，并处罚金；情节特别严重的，处三年以上七年以下有期徒刑，并处罚金。

有前款行为，造成事故，又构成其他犯罪的，依照数罪并罚的规定处罚。

★非法搜查罪/非法侵入住宅罪

第二百四十五条　非法搜查他人身体、住宅，或者非法侵入他人住宅的，处三年以下有期徒刑或者拘役。

司法工作人员滥用职权，犯前款罪的，从重处罚。

●考点点拨

1. 非法搜查罪的对象为他人身体或住宅，且行为必须具有非法性，不具有阻却违法性的事由。

2. 非法侵入住宅罪的“住宅”，应从本质意义上理解，除供人起居寝食之用的场所以外，还包括用于日常生活所占用的场所、临时租用的房屋、供人起居的帐篷、供人住宿的宾馆等。

3. 通常只对那些非法侵入他人住宅，严重妨碍了他人的居住与生活安宁，而又不构成其他犯罪的，才定非法侵入他人住宅罪。

4. 司法工作人员滥用职权犯这两个罪的，从重处罚。

☆真题回顾

(2017 年单选) 以杀人为目的，非法侵入他人住宅后进行杀人犯罪活动的，对行为人应(　　)。

A. 以非法侵入住宅罪和故意杀人罪数罪并罚

B. 以非法侵入住宅罪处罚

C. 以故意杀人罪处罚

D. 以上选项都不正确

【解析】答案为 C。本题涉及非法侵入住宅罪与其他罪名的关系问题。考生应当注意，在现实生活中，非法侵入住宅的行为多数情况下是侵犯财产罪的手段，也有的是伤害住宅内成员的生命、身体以及其他人格法益犯罪的手段。为实施其他犯罪行为而非法侵入他人住宅的，是牵连犯还是吸收犯，我国刑法学界还存有争议，笔者倾向于是牵连犯。一般地，非法侵入住宅的行为是手段行为，而在住宅内实施的其他犯罪行为则是目的行为，手段行为与目的行为之间具有牵连关系，按照牵连犯的处罚原则，从一重罪定罪处罚。因此本题应以故意杀人罪定罪处罚，C 项正确。

(2018 年单选) 甲是推销员，在未征得屋主乙同意的情况下，擅自进入屋内进行推销，并且在乙要求其离开时绝不离开，继续纠缠，情节恶劣，甲的行为(　　)。

A. 构成非法搜查罪

B. 构成非法侵入住宅罪

C. 构成非法拘禁罪

D. 不构成犯罪

【解析】答案为 B。根据《刑法》第 245 条的规定，甲的行为符合非法侵入住宅的行为要件，甲并未对乙进行搜查，亦未限制乙的人身自由，不构成非法搜查罪以及非法拘禁罪，故 A 项、C 项错误。但甲未经允许进入乙的房屋且在乙要求下仍不离开，情节恶劣，构成非法侵入住宅罪，故 B 项正确。

⊙侮辱罪/诽谤罪

第二百四十六条　以暴力或者其他方法公然侮辱他人或者捏造事实诽谤他人，情节严重的，处三年以下有期徒刑、拘役、管制或者剥夺政治权利。

前款罪，告诉的才处理，但是严重危害社会秩序和国家利益的除外。

通过信息网络实施第一款规定的行为，被害人向人民法院告诉，但提供证据确有困难的，人民法院可以要求公安机关提供协助。

●考点点拨

1. 侮辱的行为方式：暴力侮辱；非暴力的动作侮辱；言辞侮辱；文字侮辱。

2. 侮辱的行为必须公然进行。所谓“公然”，是指采用不特定或者多数人可能知悉的方式对他人进行侮辱。“公然”不一定要求被害人在场。

3. 侮辱的对象必须是特定的。在大庭广众之下进行无特定对象的谩骂，不构成侮辱罪。单位不能成为本罪的对象。

4. 侮辱罪是情节犯，只有情节严重的侮辱行为，才能构成本罪。

5. 侮辱罪是亲告罪，但是严重危害社会秩序和国家利益的除外。

6. 诽谤罪行为方式：捏造并散布事实。

(1) 对象：必须是特定的。

(2) 本罪是情节犯，即只有情节严重的才能成立本罪。

(3) 本罪是亲告罪，但是严重危害社会秩序和国家利益的除外。

⊙刑讯逼供罪/暴力取证罪

第二百四十七条　司法工作人员对犯罪嫌疑人、

被告人实行刑讯逼供或者使用暴力逼取证人证言的，处三年以下有期徒刑或者拘役。致人伤残、死亡的，依照本法第二百三十四条、第二百三十二条的规定定罪从重处罚。

●**考点点拨**

1. 本罪的犯罪对象是犯罪嫌疑人、被告人，但应作扩大解释。只要是被公安、司法机关采取刑事追诉手段的人，如被举报人、被控告人等，都包括在内。

2. 本罪的主体为司法工作人员。

3. 转化犯：犯本罪，致人伤残或死亡的，定故意伤害罪或故意杀人罪，且应从重处罚。

⊙虐待被监管人罪

第二百四十八条　监狱、拘留所、看守所等监管机构的监管人员对被监管人进行殴打或者体罚虐待，情节严重的，处三年以下有期徒刑或者拘役；情节特别严重的，处三年以上十年以下有期徒刑。致人伤残、死亡的，依照本法第二百三十四条、第二百三十二条的规定定罪从重处罚。

监管人员指使被监管人殴打或者体罚虐待其他被监管人的，依照前款的规定处罚。

⊙煽动民族仇恨、民族歧视罪

第二百四十九条　煽动民族仇恨、民族歧视，情节严重的，处三年以下有期徒刑、拘役、管制或者剥夺政治权利；情节特别严重的，处三年以上十年以下有期徒刑。

⊙出版歧视、侮辱少数民族作品罪

第二百五十条　在出版物中刊载歧视、侮辱少数民族的内容，情节恶劣，造成严重后果的，对直接责任人员，处三年以下有期徒刑、拘役或者管制。

⊙非法剥夺公民宗教信仰自由罪/侵犯少数民族风俗习惯罪

第二百五十一条　国家机关工作人员非法剥夺公民的宗教信仰自由和侵犯少数民族风俗习惯，情节严重的，处二年以下有期徒刑或者拘役。

⊙侵犯通信自由罪

第二百五十二条　隐匿、毁弃或者非法开拆他人信件，侵犯公民通信自由权利，情节严重的，处一年以下有期徒刑或者拘役。

⊙私自开拆、隐匿、毁弃邮件、电报罪

第二百五十三条　邮政工作人员私自开拆或者隐匿、毁弃邮件、电报的，处二年以下有期徒刑或者拘役。

犯前款罪而窃取财物的，依照本法第二百六十四条的规定定罪从重处罚。

★**侵犯公民个人信息罪**

第二百五十三条之一　违反国家有关规定，向他人出售或者提供公民个人信息，情节严重的，处三年以下有期徒刑或者拘役，并处或者单处罚金；情节特别严重的，处三年以上七年以下有期徒刑，并处罚金。

违反国家有关规定，将在履行职责或者提供服务过程中获得的公民个人信息，出售或者提供给他人的，依照前款的规定从重处罚。

窃取或者以其他方法非法获取公民个人信息的，依照第一款的规定处罚。

单位犯前三款罪的，对单位判处罚金，并对其直接负责的主管人员和其他直接责任人员，依照各该款的规定处罚。

●**考点点拨**

1. 公民的个人信息安全属于隐私权的组成部分，理应得到法律的保护。

2. 在履行职责或者提供服务过程中获得的公民个人信息，如电信公司职员、公安机关协警等，如果违反国家有关规定，以牟利为目的出售或者不以牟利为目的提供给他人的，都要从重处罚。这种行为类似于“监守自盗”，法律规定予以从严惩处。

★**报复陷害罪**

第二百五十四条　国家机关工作人员滥用职权、假公济私，对控告人、申诉人、批评人、举报人实行报复陷害的，处二年以下有期徒刑或者拘役；情节严重的，处二年以上七年以下有期徒刑。

●**考点点拨**

1. 报复陷害罪是指国家机关工作人员滥用职权、假公济私，对控告人、申诉人、批评人、举报人实行报复陷害的行为。

2. 报复陷害罪侵犯的客体是复杂客体，是公民的民主权利和国家机关的正常活动。

3. 在客观方面表现为滥用职权、假公济私，对控告人、申诉人或批评人、举报人实行打击报复陷害的行为。

4. 报复陷害罪的主体是特殊主体，即国家机关工作人员。国家机关工作人员，是指在国家机关从事公务的人员。

5. 在主观方面表现为直接故意，并且具有报复陷害他人的目的。如果没有报复陷害的目的,而是由于工作水平不高对事实未能查清等原因,对控告人、申诉人、批评人、举报人处理不当,致使其遭受损失的,属于工作上的失误,不构成犯罪。

☆**真题回顾**

(2017年单选)某单位工作人员小梦因为经常受到局长曾某的批评,捏造曾某受贿的事实对其进行诬告陷害,意图使曾某受到刑事责任追究。小梦的行为情节严重,构成(　　)。

A. 报复陷害罪

B. 诬告陷害罪

C. 妨害作证罪

D. 伪证罪

【解析】答案为B。刑法中报复陷害罪和诬告陷害罪是容易混淆的两个分则罪名,其两者有以下区别:(1)犯罪客体不同。诬告陷害罪的犯罪客体是他人的人身权利和司法机关的正常活动;报复陷害罪的犯罪客体是公民的控告权、申诉权、批评权、举报权等民主权利和国家机关的正常活动。(2)犯罪对象不同。对于诬告陷害罪的犯罪对象,法律未作限制性的规定;而报复陷害罪的犯罪对象仅限于控告人、申诉人、批评人和举报人。(3)犯罪客观方面表现不同。诬告陷害罪在客观方面表现为行为人捏造犯罪事实,向国家机关和有关单位作虚假告发的行为;报复陷害罪则表现为行为人滥用职权、假公济私,对控告人、申诉人、批评人、举报人进行报复陷害的行为。(4)犯罪主体不同。诬告陷害罪的犯罪主体是一般主体;报复陷害罪的犯罪主体是特殊主体,只有国家机关工作人员才能成为本罪的犯罪主体。(5)犯罪主观方面不同。诬告陷害罪在主观方面以使他人受到刑事追究为目的;报复陷害罪则是为了报复陷害他人。因此,本题中小梦的行为属于诬告陷害罪,故本题B项正确。

⊙打击报复会计、统计人员罪

第二百五十五条　公司、企业、事业单位、机关、团体的领导人,对依法履行职责、抵制违反会计法、统计法行为的会计、统计人员实行打击报复,情节恶劣的,处三年以下有期徒刑或者拘役。

⊙破坏选举罪

第二百五十六条　在选举各级人民代表大会代表和国家机关领导人员时,以暴力、威胁、欺骗、贿赂、伪造选举文件、虚报选举票数等手段破坏选举或者妨害选民和代表自由行使选举权和被选举权,情节严重的,处三年以下有期徒刑、拘役或者剥夺政治权利。

⊙暴力干涉婚姻自由罪

第二百五十七条　以暴力干涉他人婚姻自由的,处二年以下有期徒刑或者拘役。

犯前款罪,致使被害人死亡的,处二年以上七年以下有期徒刑。

第一款罪,告诉的才处理。

●**考点点拨**

1. 告诉才处理,是指被害人告诉才处理。如果被害人因受强制、威吓无法告诉的,人民检察院和被害人的近亲属也可以告诉。

2. 告诉才处理包括五种案件类型:(1)侮辱案;(2)诽谤案;(3)暴力干涉婚姻自由案;(4)虐待案;(5)侵占案。

★**重婚罪**

第二百五十八条　有配偶而重婚的,或者明知他人有配偶而与之结婚的,处二年以下有期徒刑或者拘役。

●**考点点拨**

1. 主观上:必须具有重婚的故意,即自己已经结婚,或者明知他人已经结婚而与之结婚的,才构成重婚罪。

2. 事实重婚行为的认定:有配偶的人与他人以夫妻名义同居生活的,或者明知他有配偶而与之以夫妻名义同居生活的,仍应按重婚罪定罪处罚。

⊙破坏军婚罪

第二百五十九条　明知是现役军人的配偶而与之同居或者结婚的,处三年以下有期徒刑或者拘役。

利用职权、从属关系,以胁迫手段奸淫现役军人的妻子的,依照本法第二百三十六条的规定定罪处罚。

★**虐待罪**

第二百六十条　虐待家庭成员,情节恶劣的,处二年以下有期徒刑、拘役或者管制。

犯前款罪,致使被害人重伤、死亡的,处二年以上七年以下有期徒刑。

第一款罪,告诉的才处理,但被害人没有能力告诉,或者因受到强制、威吓无法告诉的除外。

●**考点点拨**

1. 对象:共同生活的同一家庭成员。扩大解释为包括保姆。

2. 行为:共同生活的家庭成员经常以打骂、捆绑、冻饿、有病不给治、强迫超体力劳作、限制自由等方式，在肉体上或者精神上进行摧残折磨的行为。

3. 罪数

(1)行为人故意造成被害人伤害或死亡的，应认定为故意伤害罪或故意杀人罪。

(2)情节恶劣的经常性虐待过程中，其中一次产生伤害或杀人故意，进而实施伤害或杀人行为的，则构成虐待罪与故意伤害罪或故意杀人罪，应数罪并罚。

(3)由于虐待行为本身而造成被害人的重伤、死亡的，属于结果加重犯。

4. 结果加重犯："致使被害人重伤、死亡"是指由于被害人经常受虐待逐渐造成身体的严重损伤或导致死亡，或者由于被害人不堪忍受虐待而自杀、自伤，造成死亡或重伤。

⊙虐待被监护、看护人罪

第二百六十条之一　对未成年人、老年人、患病的人、残疾人等负有监护、看护职责的人虐待被监护、看护的人，情节恶劣的，处三年以下有期徒刑或者拘役。

单位犯前款罪的，对单位判处罚金，并对其直接负责的主管人员和其他直接责任人员，依照前款的规定处罚。

有第一款行为，同时构成其他犯罪的，依照处罚较重的规定定罪处罚。

★遗弃罪

第二百六十一条　对于年老、年幼、患病或者其他没有独立生活能力的人，负有扶养义务而拒绝扶养，情节恶劣的，处五年以下有期徒刑、拘役或者管制。

●考点点拨

1. 主体：对被遗弃者负有法定扶养义务的人。

2. 对象：没有独立生活能力的人。

3. 经被害人有效承诺的遗弃行为，一般阻却违法性。比如，老年人让其子女将其送往外地乞讨的，子女的行为不构成遗弃罪。

4. 没有结果加重犯：刑法没有规定遗弃罪的结果加重犯。对于遗弃行为致人重伤或者死亡的，一般在法定刑内处罚。

★拐骗儿童罪

第二百六十二条　拐骗不满十四周岁的未成年人，脱离家庭或者监护人的，处五年以下有期徒刑或者拘役。

●考点点拨

1. 本罪是指采用蒙骗、利诱或者其他方法，使不满 14 周岁的未成年人脱离家庭或者监护人的行为。

2. 本罪的对象是不满 14 周岁的未成年人。客观上表现为拐骗不满 14 周岁的儿童脱离家庭或者监护人的行为。

3. 本罪在主观上表现为故意，即明知是不满 14 周岁的未成年人而故意拐骗使之脱离家庭或者监护人。

4. 拐骗与拐卖的区别

(1)犯罪的目的不同。拐骗儿童是为了收养或者奴役；拐卖儿童则是将人作为一种特殊商品出售，从中获取钱财。

(2)犯罪对象不同。拐骗儿童的对象只限于不满 14 周岁的男、女儿童，拐卖的对象包括成年人和小孩。如果拐骗儿童是为了作人质，用以勒索儿童家长的钱财，即不再是拐骗儿童的犯罪，而属于侵犯财产的犯罪。

⊙组织残疾人、儿童乞讨罪

第二百六十二条之一　以暴力、胁迫手段组织残疾人或者不满十四周岁的未成年人乞讨的，处三年以下有期徒刑或者拘役，并处罚金；情节严重的，处三年以上七年以下有期徒刑，并处罚金。

⊙组织未成年人进行违反治安管理活动罪

第二百六十二条之二　组织未成年人进行盗窃、诈骗、抢夺、敲诈勒索等违反治安管理活动的，处三年以下有期徒刑或者拘役，并处罚金；情节严重的，处三年以上七年以下有期徒刑，并处罚金。

●考点点拨

1. 本罪是指组织未成年人进行盗窃、诈骗、抢夺、敲诈勒索等违反治安管理活动的行为。

2. 客观方面表现为组织未成年人实施盗窃、诈骗、抢夺、敲诈勒索等违反治安管理活动的行为，不要求未成年人的客观行为符合犯罪的客观要件。否则，应认定组织者为盗窃、诈骗等罪的间接正犯或共犯。

第五章　侵犯财产罪

★抢劫罪

第二百六十三条　以暴力、胁迫或者其他方法抢劫公私财物的，处三年以上十年以下有期徒刑，并处罚金；有下列情形之一的，处十年以上有期徒刑、无期徒刑或者死刑，并处罚金或者没收财产：

(一)入户抢劫的；

（二）在公共交通工具上抢劫的；

（三）抢劫银行或者其他金融机构的；

（四）多次抢劫或者抢劫数额巨大的；

（五）抢劫致人重伤、死亡的；

（六）冒充军警人员抢劫的；

（七）持枪抢劫的；

（八）抢劫军用物资或者抢险、救灾、救济物资的。

●**考点点拨**

1. 抢劫是指以非法占有为目的，以暴力、胁迫或者其他方法，强行劫取公私财物的行为。其中前者为手段行为，后者为目的行为。

2. 构成要件

（1）犯罪主体：

①一般主体即可，即年满14周岁以上的具有刑事责任能力的人都可以。

②已满14周岁不满16周岁的未成年人不能成为“转化型的抢劫罪”的犯罪主体，进而构成抢劫罪。

③已满14周岁不满16周岁的人，实施盗窃、诈骗、抢夺行为，为窝藏赃物、抗拒抓捕或毁灭罪证而当场使用暴力，如果致被害人重伤或死亡，或者故意杀人的，应当分别定故意伤害罪或者故意杀人罪。这是辅警考试的疑难点，考生要准确理解立法原理方能牢固掌握。

④已满14周岁不满16周岁的未成年人之所以不能成为“转化型的抢劫罪”的犯罪主体，是因为已满14周岁不满16周岁的未成年人实施盗窃、诈骗、抢夺的行为不负刑事责任。

（2）主观方面：直接故意，且具有非法占有的目的，例外情况是《刑法》第289条的规定：“聚众打砸抢”，毁坏或者抢走公私财物的，除判令退赔外，对首要分子，依照抢劫罪定罪处罚。

（3）客观方面：当场使用暴力、胁迫或者其他强制方法，并因此致被害人不敢、不能或者不知反抗，从而强行劫取公私财物。

①暴力方法，指对被害人当场不法使用有形力，使其不能反抗的行为，如殴打、捆绑、伤害等。“暴力”的程度：必须达到足以制服被害人反抗的程度，但不要求事实上已经压制了他人的反抗。

②胁迫方法，指以当场立即使用暴力相威胁，使被害人产生恐惧心理因而不敢反抗的行为。“胁迫”的程度：必须达到足以制服被害人反抗的程度，但不要求事实上已经压制了他人的反抗。

③其他方法，指除了暴力、胁迫之外的造成被害人不敢、不知、不能反抗的方法。如用酒灌醉、用药麻醉。

（4）犯罪客体：复杂客体即他人的财产权利和人身权利。主要客体为财产权利；在故意抢劫财物但实际上抢劫了枪支、弹药、爆炸物、危险物质或者相反的情况下，应在重合限度内认定为抢劫罪。

3. 一罪与数罪

（1）非因贪图钱财而先杀人，然后临时起意取走被害人财物的，定故意杀人罪和盗窃罪，实行数罪并罚。

（2）行为人为劫取财物而预谋故意杀人，或者在劫取财物过程中为制服被害人反抗而故意杀人的，定抢劫罪一罪。

（3）行为人实施抢劫后，为灭口而故意杀人的，定抢劫罪和故意杀人罪，实行数罪并罚。

（4）行为人抢劫财物时被他人发现，在逃跑过程中故意杀人，定抢劫罪和故意杀人罪数罪并罚。

（5）抢劫违禁品后又以违禁品实施其他犯罪的，应以抢劫罪与具体实施的其他犯罪实行并罚。

（6）为了消灭债务而杀害被害人的，不成立抢劫罪，只能定故意杀人罪。

4. 抢劫罪的既遂标准：只要具备劫取了财物或者造成他人轻伤以上后果两者之一的，均属于抢劫罪的既遂。

5. 抢劫罪的八种加重处罚情节

（1）入户抢劫：“户”（住所、家）的特征：供他人家庭生活、与外界相对隔离。包括进入封闭的院落、牧民的帐篷、渔民作为家庭生活场所的渔船、为生活租用的房屋等进行抢劫的行为。集体宿舍、旅店宾馆、临时搭建工棚等不应认定为“户”，但在特定情况下，如果确实具有上述两个特征的，也可以认定为“户”。“入户”的目的必须具有非法性。进入他人住所须以实施抢劫等犯罪为目的。户主和被害人不要求具有同一性：行为人进入甲家，恰逢甲的邻居乙在家，行为人直接抢劫了乙，也被视为“入户抢劫”。

（2）在公共交通工具上抢劫：“公共交通工具”是指大、中型汽车，不包括小型出租车和单位内部的班车。既包括直接在公共交通工具上抢劫，也包括拦截下公共交通工具后登车抢劫。

（3）抢劫银行或其他金融机构：只能是金融机构的金融物资。抢劫正在使用中的运钞车，也视为抢劫银行或其他金融机构。

（4）多次抢劫或抢劫数额巨大：“多次”是指3次

以上,应以行为人实施的每一次抢劫行为均已构成犯罪为前提,综合考虑犯罪故意的产生、犯罪行为实施的时间、地点等因素,客观分析、认定。

(5)抢劫致人重伤、死亡:行为人对于重伤、死亡的结果既可以是过失,也可以是故意,甚至可以是直接故意;必须是由于抢劫行为本身导致人重伤、死亡,即抢劫罪的犯罪构成行为导致重伤、死亡的结果;该种情况没有未遂形态。

(6)冒充军警人员抢劫:既包括无此身份的人冒充车警人员,也包括此种军警人员冒充另一军警人员。

(7)持枪抢劫:枪支必须是真枪,不要求装有子弹;行为人必须是实际上使用了枪支,至少显示了真枪。

(8)抢劫军用物资或者抢险、救灾、救济物资:行为人主观上必须明知这些物资是特殊物资。

◆关联法条

最高人民法院《关于审理抢劫、抢夺刑事案件适用法律若干问题的意见》

一、关于"入户抢劫"的认定

根据《抢劫解释》第一条规定,认定"入户抢劫"时,应当注意以下三个问题:一是"户"的范围。"户"在这里是指住所,其特征表现为供他人家庭生活和与外界相对隔离两个方面,前者为功能特征,后者为场所特征。一般情况下,集体宿舍、旅店宾馆、临时搭建工棚等不应认定为"户",但在特定情况下,如果确实具有上述两个特征的,也可以认定为"户"。二是"入户"目的的非法性。进入他人住所须以实施抢劫等犯罪为目的。抢劫行为虽然发生在户内,但行为人不以实施抢劫等犯罪为目的进入他人住所,而是在户内临时起意实施抢劫的,不属于"入户抢劫"。三是暴力或者暴力胁迫行为必须发生在户内。入户实施盗窃被发现,行为人为窝藏赃物、抗拒抓捕或者毁灭罪证而当场使用暴力或者以暴力相威胁的,如果暴力或者暴力胁迫行为发生在户内,可以认定为"入户抢劫";如果发生在户外,不能认定为"入户抢劫"。

☆真题回顾

(2017年单选)包工头刘某拖欠农民工袁某工资10万元,袁某反复催讨,刘某拒不还钱。袁某因无钱回家过年,情急之下,遂持凶器闯入刘某家中,逼其拿出10万元,并殴打刘某致其重伤。关于袁某的行为性质,下列说法正确的是(　　)。

A. 构成故意伤害罪

B. 构成入户抢劫

C. 构成非法侵入住宅

D. 不构成犯罪

【解析】答案为A。抢劫罪是以非法占有为目的,对财物的所有人或者保管人当场使用暴力、胁迫或其他方法,强行将公私财物抢走的行为。从主观上来说,抢劫罪在主观方面表现为直接故意,并具有将公私财物非法占有的目的,如果没有这样的故意内容就不构成抢劫罪。如果行为人只抢回自己应得的财物,不具有非法占有他人财物的目的,不构成抢劫罪。本题中,袁某所暴力夺取的财物并非他人财物,故不符合抢劫罪的主观要件,不构成抢劫罪,但袁某造成被害人重伤的行为构成故意伤害罪,故本题A项正确。

★盗窃罪

第二百六十四条　盗窃公私财物,数额较大的,或者多次盗窃、入户盗窃、携带凶器盗窃、扒窃的,处三年以下有期徒刑、拘役或者管制,并处或者单处罚金;数额巨大或者有其他严重情节的,处三年以上十年以下有期徒刑,并处罚金;数额特别巨大或者有其他特别严重情节的,处十年以上有期徒刑或者无期徒刑,并处罚金或者没收财产。

●考点点拨

1. 犯罪主体。盗窃罪的主体只能是已满16周岁,具有辨认控制能力的自然人;单位不能构成盗窃罪的主体,但单位集体盗窃公私财物,所窃取财物由单位所有的,应以盗窃罪追究直接责任人员的刑事责任。

2. 主观方面。盗窃罪的责任形式只能是故意,且必须具有不法占有的目的。将数额较大、巨大乃至特别巨大的财物误认为是价值微薄的财物而窃取的,不具有盗窃罪的故意,不应认定为盗窃罪。

3. 客观方面。窃取他人占有的财物。此外,根据《刑法修正案(八)》的规定盗窃公私财物,数额较大或者多次盗窃、入户盗窃、携带凶器盗窃或者扒窃的,都成立盗窃罪。窃取是指使用非暴力胁迫手段,违反财物占有人的意志,将财物转移给自己或者第三人占有。

4. 犯罪对象。必须是他人占有控制的财物。行为人对于由自己占有的他人财物不可能成立盗窃罪。自己所有但由他人合法占有的财物也可以成为盗窃罪的对象。

5. 如果行为人所取得的财物价值极为低廉时,不应认定为盗窃既遂。

6. 盗窃罪的竞合和数罪并罚

(1)为盗窃其他财物,盗窃机动车辆作犯罪工具使用的,被盗机动车辆的价值计入盗窃数额。为实施其他犯罪盗窃机动车辆的,数罪并罚。为实施其他犯罪,偷开机动车辆当犯罪工具使用后,将偷开的机动车辆送回原处或者停放到原处附近,车辆未丢失的,按照其所实施的犯罪从重处罚。

(2)与危害公共安全的犯罪竞合,从一重罪处罚。

(3)为练习开车、游乐等目的,多次偷开机车辆,并将机动车辆丢失的,以盗窃罪定罪处罚;为练习开车、游乐等目的,偷开机动车辆造成机动车损坏的,以故意毁坏财物罪处罚;偶尔偷开机动车辆,情节轻微的,可以不认为是犯罪。

(4)盗窃技术成果等商业秘密的,以侵犯商业秘密罪定罪处罚。

◆关联法条

最高人民法院、最高人民检察院《关于办理盗窃刑事案件适用法律若干问题的解释》

第三条　二年内盗窃三次以上的,应当认定为"多次盗窃"。

非法进入供他人家庭生活,与外界相对隔离的住所盗窃的,应当认定为"入户盗窃"。

携带枪支、爆炸物、管制刀具等国家禁止个人携带的器械盗窃,或者为了实施违法犯罪携带其他足以危害他人人身安全的器械盗窃的,应当认定为"携带凶器盗窃"。

在公共场所或者公共交通工具上盗窃他人随身携带的财物的,应当认定为"扒窃"。

☆真题回顾

(2018年多选)甲为某地外来务工人员,某日,甲为其雇主乙清理仓库时发现,装棉花的麻袋里有假人民币2万元,甲误以为是真币,即趁机将假币全部盗走。当晚,乙发现麻袋里的假币不见了,便问是否甲所为,甲未承认。几天后,甲将2万元假币交同乡丙,让其代寄给老家的亲人。丙不知甲交给他的是假币,便用其购买商品,并被商场的收银员发现。随后,甲被公安机关抓获归案。后查明,乙持有的2万元假币,是其以5000元人民币从贩卖假币的犯罪分子手中买来的。以下说法正确的有(　　)。

A. 甲构成盗窃罪(既遂)

B. 甲构成盗窃罪(未遂)

C. 丙构成使用假币罪

D. 乙构成购买假币罪

E. 丙不构成犯罪

【解析】答案为BDE。根据《刑法》第264条的规定,将假币误以为是真人民币,即产生非法占有的目的,并秘密窃取,符合盗窃罪的构成要件,应以盗窃罪定罪处罚,但属于对象不能犯,构成犯罪未遂,故A项错误、B项正确。根据第171条第1款的规定,D项正确。根据第172条、第312条的规定,丙并未有明知甲让其代寄给老家亲人的2万元为假币的认识,也没有帮助转移犯罪所得的认识,故不构成使用假币罪以及帮助转移犯罪所得罪,C项错误、E项正确。故B项、D项、E项正确。

⊙盗窃罪

第二百六十五条　以牟利为目的,盗接他人通信线路、复制他人电信码号或者明知是盗接、复制的电信设备、设施而使用的,依照本法第二百六十四条的规定定罪处罚。

★诈骗罪

第二百六十六条　诈骗公私财物,数额较大的,处三年以下有期徒刑、拘役或者管制,并处或者单处罚金;数额巨大或者有其他严重情节的,处三年以上十年以下有期徒刑,并处罚金;数额特别巨大或者有其他特别严重情节的,处十年以上有期徒刑或者无期徒刑,并处罚金或者没收财产。本法另有规定的,依照规定。

●考点点拨

1. 诈骗罪的基本构造:行为人实施欺骗行为→受骗者产生错误认识→对方基于错误认识处分财产→行为人或第三者取得财产→被害人遭受财产损害。

2. 以诈骗罪论处的几种特殊情形

(1)以虚假的身份证件办理入网手续并使用移动电话造成电信资费损失数额较大的。

(2)骗取增值税专用发票或者可以用于骗取出口退税、抵扣税款的其他发票的。

3. 诈骗罪的特殊类型:三角诈骗。所谓三角诈骗,是指被骗人和受害人不是同一个人的诈骗行为,应当认定为诈骗罪。

4. 诈骗罪和盗窃罪的区分

(1)在一对一的诈骗中,诈骗和盗窃的关键区分在于被害人是否基于错误认识处分财产。

(2)处分财产意味着将财产转移给行为人或第三者占有,即由行为人或第三者事实上支配财产。受骗者处分财产时必须有处分意识,即认识到自己将某种财产转移给行为人或者第三者占有,但不要求对财产的数量、价格等具有完全的认识。行为人实施欺骗行为,使他人放弃财物,行为人拾取该财物的,也认定为诈骗罪。

考生应注意机器不可能被骗,向自动售货机中投入类似硬币的金属片取得售货机内商品的行为,不构成诈骗罪,只能成立盗窃罪。与此相类似,从不具有处分能力的幼儿或者高度精神病患者处取得财产的行为成立盗窃罪。在三角诈骗中,诈骗和盗窃的关键区分在于被骗人是否有处分财产的权限或地位。

◆关联法条

全国人民代表大会常务委员会《关于〈中华人民共和国刑法〉第二百六十六条的解释》

以欺诈、伪造证明材料或者其他手段骗取养老、医疗、工伤、失业、生育等社会保险金或者其他社会保障待遇的,属于刑法第二百六十六条规定的诈骗公私财物的行为。

最高人民法院、最高人民检察院《关于办理诈骗刑事案件具体应用法律若干问题的解释》

第一条　诈骗公私财物价值三千元至一万元以上、三万元至十万元以上、五十万元以上的,应当分别认定为刑法第二百六十六条规定的“数额较大”、“数额巨大”、“数额特别巨大”。

各省、自治区、直辖市高级人民法院、人民检察院可以结合本地区经济社会发展状况,在前款规定的数额幅度内,共同研究确定本地区执行的具体数额标准,报最高人民法院、最高人民检察院备案。

第二条　诈骗公私财物达到本解释第一条规定的数额标准,具有下列情形之一的,可以依照刑法第二百六十六条的规定酌情从严惩处:

(一)通过发送短信、拨打电话或者利用互联网、广播电视、报刊杂志等发布虚假信息,对不特定多数人实施诈骗的;

(二)诈骗救灾、抢险、防汛、优抚、扶贫、移民、救济、医疗款物的;

(三)以赈灾募捐名义实施诈骗的;

(四)诈骗残疾人、老年人或者丧失劳动能力人的财物的;

(五)造成被害人自杀、精神失常或者其他严重后果的。

诈骗数额接近本解释第一条规定的“数额巨大”、“数额特别巨大”的标准,并具有前款规定的情形之一或者属于诈骗集团首要分子的,应当分别认定为刑法第二百六十六条规定的“其他严重情节”、“其他特别严重情节”。

★抢夺罪/抢劫罪

第二百六十七条　抢夺公私财物,数额较大的,或者多次抢夺的,处三年以下有期徒刑、拘役或者管制,并处或者单处罚金;数额巨大或者有其他严重情节的,处三年以上十年以下有期徒刑,并处罚金;数额特别巨大或者有其他特别严重情节的,处十年以上有期徒刑或者无期徒刑,并处罚金或者没收财产。

携带凶器抢夺的,依照本法第二百六十三条的规定定罪处罚。

●考点点拨

1. 抢夺罪

概念:指以非法占有为目的,当场直接夺取他人紧密占有的数额较大的公私财物的行为。抢夺的主要特点是对他人紧密占有的财物行使有形力,被害人虽然当场可以得知财物被夺取,但往往来不及抗拒。行为人误以为被害人没有防备而进行抢夺,事实上被害人有防备的,不影响抢夺罪的成立。

2. 抢劫罪

(1)“携带凶器抢夺”,包括两种情况:

①行为人随身携带枪支、爆炸物、管制刀具等国家禁止个人携带的器械进行抢夺的;

②行为人为了实施犯罪而携带其他器械进行抢夺的。上述“枪支、爆炸物、管制刀具等国家禁止个人携带的器械”属于性质上的凶器,行为人只要携带了这种性质上的凶器而实施抢夺无论是否具有犯罪目的,都成立这里的抢劫罪。

(2)携带凶器应具有随时可能使用或当场能够及时使用的特点,即具有随时使用的可能性。

(3)行为人虽然携带了上述用法上的凶器,但如果有证据表明其并非用于犯罪目的的,或者不可能随时使用的,不认为是携带凶器抢夺。行为人将随身携带的凶器有意加以显示、能为被害人察觉到的,直接适用《刑法》第263条的抢劫罪,不再属于这里的“携带凶器抢劫”而转化为抢劫罪。可见,这里的携带等于暗藏,不要求显示,更不要求实际上使用了该凶器。

◆关联法条

最高人民法院、最高人民检察院《关于办理抢夺刑事案件适用法律若干问题的解释》

第一条　抢夺公私财物价值一千元至三千元以上、三万元至八万元以上、二十万元至四十万元以上的，应当分别认定为刑法第二百六十七条规定的“数额较大”“数额巨大”“数额特别巨大”。

各省、自治区、直辖市高级人民法院、人民检察院可以根据本地区经济发展状况，并考虑社会治安状况，在前款规定的数额幅度内，确定本地区执行的具体数额标准，报最高人民法院、最高人民检察院批准。

第三条　抢夺公私财物，具有下列情形之一的，应当认定为刑法第二百六十七条规定的“其他严重情节”：

（一）导致他人重伤的；

（二）导致他人自杀的；

（三）具有本解释第二条第三项至第十项规定的情形之一，数额达到本解释第一条规定的“数额巨大”百分之五十的。

第四条　抢夺公私财物，具有下列情形之一的，应当认定为刑法第二百六十七条规定的“其他特别严重情节”：

（一）导致他人死亡的；

（二）具有本解释第二条第三项至第十项规定的情形之一，数额达到本解释第一条规定的“数额特别巨大”百分之五十的。

⊙聚众哄抢罪

第二百六十八条　聚众哄抢公私财物，数额较大或者有其他严重情节的，对首要分子和积极参加的，处三年以下有期徒刑、拘役或者管制，并处罚金；数额巨大或者有其他特别严重情节的，处三年以上十年以下有期徒刑，并处罚金。

★转化的抢劫罪

第二百六十九条　犯盗窃、诈骗、抢夺罪，为窝藏赃物、抗拒抓捕或者毁灭罪证而当场使用暴力或者以暴力相威胁的，依照本法第二百六十三条的规定定罪处罚。

●考点点拨

转化型的抢劫罪：事后抢劫。

1.《刑法》第269条规定：“犯盗窃、诈骗、抢夺罪，为窝藏赃物、抗拒抓捕或者毁灭罪证而当场使用暴力或者以暴力相威胁的，依照《刑法》第二百六十三条的规定定罪处罚。”

2. 前提条件：行为人必须实施了盗窃、诈骗、抢夺的行为。

3. 时间要件：行为人必须当场使用了暴力或者以暴力相威胁。

4. 目的要件：行为人使用暴力或以暴力相威胁的目的是窝藏赃物、抗拒抓捕或毁灭罪证。

5. 事后抢劫的共犯

（1）甲与乙共谋盗窃，甲入室行窃，乙在门外望风，但甲在盗窃时为抗拒抓捕而当场对被害人实施暴力，乙对此不知情。甲、乙在盗窃罪的范围内成立共犯，对甲应认定为事后抢劫，乙仅以盗窃罪论。

（2）与乙共谋盗窃，甲入室行窃，乙在门外望风，甲、乙刚要逃离现场时被人发现，乙为抗拒抓捕当场对被害人实施暴力，甲对此并不知情。甲、乙在盗窃罪的范围内成立共犯，对乙定为事后抢劫，对甲仅以盗窃罪论处。

（3）单独入室盗窃被发现后逃离现场，盗窃已经既遂，甲在逃离过程中，知道真相的乙为了使甲逃避抓捕，与甲共同当场对他人实施暴力。乙与甲成立事后抢劫的共犯。

（4）甲单独入室盗窃被发现后，向被害人腹部猛踢一脚，被害人极力抓住甲，经过现场的乙接受甲的援助请求并知道真相后，也向被害人猛踢一脚，致被害人因脾脏破裂流血过多死亡，但不能查明是谁的行为所致。乙与甲构成事后抢劫的共犯，但死亡结果只能由甲承担。根据“部分实行，全部责任”，甲对该行为负全部责任，属于抢劫致人死亡。乙属于承继的共犯，承继的共犯人对先行行为导致的加重结果不负责任。

★侵占罪

第二百七十条　将代为保管的他人财物非法占为己有，数额较大，拒不退还的，处二年以下有期徒刑、拘役或者罚金；数额巨大或者有其他严重情节的，处二年以上五年以下有期徒刑，并处罚金。

将他人的遗忘物或者埋藏物非法占为己有，数额较大，拒不交出的，依照前款的规定处罚。

本条罪，告诉的才处理。

●考点点拨

1. 对代为保管的理解：“保管”是种事实上的支配或者控制。“代为”说明行为人不享有所有权。因此，应将代为保管理解为刑法上的占有，即基于委托关系对他人财物具有事实上或者法律上的支配力的状态。法律上的支配，是指行为人虽然没有事实上占有财物，但在法律上对财物具有支配力。不管是事实上的支配还是法律上的支配，都应以财物的所有人与行为人之间存在委托关系为前提。委托关系发生的原因多种多样，如租赁、担保、借用、委任、寄存等。委托关系不一定要有成文的合同，根据日常生活规则，事实上存在委托关系即可。

2. 对遗忘物与埋藏物的理解：遗忘物是指非基于他人本意而脱离他人占有，偶然即不是基于委托关系由行为人占有或者占有人不明的财物。他人因为认识错误而交付给行为人的金钱、误投的部件、楼上飘落的衣物、河流中的漂流物等，只要他人没有放弃所有权的，均属于遗忘物。埋藏物是指埋藏于地下或者藏于他物之中的，他人所有（包括国家、单位）但并未占有，偶然由行为人发现的财物。如果是他人有意埋藏于特定地下，且具有占有意图的财物，则属于他人占有的财物而非埋藏物，行为人不法取得该财物的，成立盗窃罪。成立侵占脱离占有物的犯罪，要求行为人明知是他人的遗忘物或者埋藏物而不法据为己有。本来是他人占有的财物，但行为人误以为是遗忘物或者埋藏物而取得该财物的，属于抽象的事实认识错误，只能认定为侵占罪。

★职务侵占罪/贪污罪

第二百七十一条　公司、企业或者其他单位的人员，利用职务上的便利，将本单位财物非法占为己有，数额较大的，处五年以下有期徒刑或者拘役；数额巨大的，处五年以上有期徒刑，可以并处没收财产。

国有公司、企业或者其他国有单位中从事公务的人员和国有公司、企业或者其他国有单位委派到非国有公司、企业以及其他单位从事公务的人员有前款行为的，依照本法第三百八十二条、第三百八十三条的规定定罪处罚。

●考点点拨

1. 公司、企业或者其他单位的人员利用职务上的便利，将本单位的财物非法占为己有（包括侵占、盗窃、骗取或者其他方式），数额较大的行为。

2. 本罪的主体是公司、企业或者其他单位的人员，但国家工作人员除外。根据司法解释的规定，以下两种人员也可以成为本罪的主体：

（1）在国有资本控股、参股的股份有限公司中从事管理工作的人员（除受国家机关、国有公司、企业、事业单位委派从事公务的以外，不属于国家工作人员），该类主体利用职务上的便利，将本单位财物占为己有的，成立职务侵占罪。

（2）村民小组长利用职务便利，将村民小组集体财产非法占为己有的，成立职务侵占罪。

3. 利用职务上的便利，将本单位的财物非法占为己有。

⊙挪用资金罪/挪用公款罪

第二百七十二条　公司、企业或者其他单位的工作人员，利用职务上的便利，挪用本单位资金归个人使用或者借贷给他人，数额较大、超过三个月未还的，或者虽未超过三个月，但数额较大、进行营利活动的，或者进行非法活动的，处三年以下有期徒刑或者拘役；挪用本单位资金数额巨大的，或者数额较大不退还的，处三年以上十年以下有期徒刑。

国有公司、企业或者其他国有单位中从事公务的人员和国有公司、企业或者其他国有单位委派到非国有公司、企业以及其他单位从事公务的人员有前款行为的，依照本法第三百八十四条的规定定罪处罚。

●考点点拨

1. 本罪是指公司企业或者其他单位的工作人员，利用职务上的便利，挪用本单位资金归个人使用或者给他人使用，数额较大、超过 3 个月未还的，或者虽未超过 3 个月，但数额较大、进行营利活动的，或者进行非法活动的行为。

2. 构成本罪的两种情形：

（1）数额较大、超过 3 个月未还的，不问什么用途；

（2）未超过 3 个月，但数额较大、进行营利或非法活动的。

3. 对于挪用单位资金进行非法活动构成其他犯罪的，应当实行数罪并罚。

⊙挪用特定款物罪

第二百七十三条　挪用用于救灾、抢险、防汛、优抚、扶贫、移民、救济款物，情节严重，致使国家和人民群众利益遭受重大损害的，对直接责任人员，处三年以下有期徒刑或者拘役；情节特别严重的，处三年以上七年以下有期徒刑。

●考点点拨

1. 本罪是结果犯、情节犯，即只有致使国家和人民群众利益受重大损失的，才能成立犯罪。

2. 本罪挪用的对象只能是单位。换言之，挪用特定款物归个人使用的，不成立本罪，可能成立挪用公款罪。

3. 主体是主管、经手特定款物的工作人员，但不限于国家工作人员。

★敲诈勒索罪

第二百七十四条　敲诈勒索公私财物，数额较大或者多次敲诈勒索的，处三年以下有期徒刑、拘役或者管制，并处或者单处罚金；数额巨大或者有其他严重情节的，处三年以上十年以下有期徒刑，并处罚金；数额特别巨大或者有其他特别严重情节的，处十年以上有期徒刑，并处罚金。

●**考点点拨**

1. 敲诈勒索罪既遂的基本构造：对他人实施威胁→对方产生恐惧心理→对方基于恐惧心理作出处分财产的决定→行为人或者第三者取得财产→被害人遭受财产损失。

2. 所谓敲诈勒索，是指向对方实施一定暴力或者胁迫，要求其处分财产的行为。但是，如果暴力或者以暴力相威胁的行为达到了压制他人反抗的程度，则构成抢劫罪。这里的胁迫，是指以恶害相通告，以使对方产生恐惧心理。恶害的种类没有限制，包括对被害人的生命、身体、自由、名声等进行胁迫。恶害的实现自身违法与否在所不问。这种恶害，只要足以使对方产生恐惧心理即可。

◆**关联法条**

最高人民法院、最高人民检察院《关于办理敲诈勒索刑事案件适用法律若干问题的解释》

第一条　敲诈勒索公私财物价值二千元至五千元以上、三万元至十万元以上、三十万元至五十万元以上的，应当分别认定为刑法第二百七十四条规定的“数额较大”、“数额巨大”、“数额特别巨大”。

各省、自治区、直辖市高级人民法院、人民检察院可以根据本地区经济发展状况和社会治安状况，在前款规定的数额幅度内，共同研究确定本地区执行的具体数额标准，报最高人民法院、最高人民检察院批准。

第三条　二年内敲诈勒索三次以上的，应当认定为刑法第二百七十四条规定的“多次敲诈勒索”。

★**故意毁坏财物罪**

第二百七十五条　故意毁坏公私财物，数额较大或者有其他严重情节的，处三年以下有期徒刑、拘役或者罚金；数额巨大或者有其他特别严重情节的，处三年以上七年以下有期徒刑。

●**考点点拨**

1. 毁坏不限于从物理上变更或者消灭财物的形体，而是包括丧失或者减少财物的效用等一切行为。

2. 所谓财物效用的丧失与减少，不仅包括财物本身的丧失，而且包括被害人对财物占有的丧失等情况；不仅包括因为物理上、客观上的损害而导致财物的效用丧失或减少，而且包括因为心理上、感情上的缘故而导致财物的效用丧失或者减少。

⊙破坏生产经营罪

第二百七十六条　由于泄愤报复或者其他个人目的，毁坏机器设备、残害耕畜或者以其他方法破坏生产经营的，处三年以下有期徒刑、拘役或者管制；情节严重的，处三年以上七年以下有期徒刑。

⊙拒不支付劳动报酬罪

第二百七十六条之一　以转移财产、逃匿等方法逃避支付劳动者的劳动报酬或者有能力支付而不支付劳动者的劳动报酬，数额较大，经政府有关部门责令支付仍不支付的，处三年以下有期徒刑或者拘役，并处或者单处罚金；造成严重后果的，处三年以上七年以下有期徒刑，并处罚金。

单位犯前款罪的，对单位判处罚金，并对其直接负责的主管人员和其他直接责任人员，依照前款的规定处罚。

有前两款行为，尚未造成严重后果，在提起公诉前支付劳动者的劳动报酬，并依法承担相应赔偿责任的，可以减轻或者免除处罚。

●**考点点拨**

1. 本罪的主体为债务人，包括自然人和单位。主观方面为故意。

2. 客观方面表现在：

(1)行为人拒不支付劳动报酬，即行为人负有支付劳动报酬的义务，却以转移财产、逃匿等方法逃避支付劳动报酬，或者有能力支付而不支付劳动报酬。

(2)拒不支付的劳动报酬数额较大。

(3)政府有关部门责令支付仍不支付。只有在政府有关部门责令支付的法定期限内没有支付劳动报酬，才构成本罪。超出法定支付期限，即使事后支付了劳动报酬，并依法承担了赔偿责任的，也不影响本罪的成立，但对行为人可以减轻或者免除处罚。

第六章　妨害社会管理秩序罪

第一节　扰乱公共秩序罪

★**妨害公务罪**

第二百七十七条　以暴力、威胁方法阻碍国家机关工作人员依法执行职务的，处三年以下有期徒刑、拘役、管制或者罚金。

以暴力、威胁方法阻碍全国人民代表大会和地方各级人民代表大会代表依法执行代表职务的，依照前款的规定处罚。

在自然灾害和突发事件中，以暴力、威胁方法阻碍红十字会工作人员依法履行职责的，依照第一款的规定处罚。

故意阻碍国家安全机关、公安机关依法执行国家安全工作任务，未使用暴力、威胁方法，造成严重后果的，依照第一款的规定处罚。

暴力袭击正在依法执行职务的人民警察的，依照第一款的规定从重处罚。

●考点点拨

1. 以暴力、威胁方法阻碍国家机关工作人员依法执行职务。

2. 以暴力、威胁方法阻碍全国人民代表大会代表和地方各级人民代表大会代表依法执行代表职务。

3. 在自然灾害和突发事件中，以暴力、威胁方法阻碍红十字会工作人员依法履行职责。

4. 阻碍国家安全机关、公安机关依法执行国家安全工作任务，未使用暴力、威胁方法，但造成严重后果。

5. 罪数问题

(1)妨害公务罪可以包容轻伤害结果，如果造成重伤、死亡结果的属于想象竞合犯，从一重罪处罚，即按照故意伤害罪或故意杀人罪论处。

(2)实施其他犯罪行为的过程中，抗拒检查的，原则上要与妨害公务罪数罪并罚，但只有三个罪例外：组织他人偷越国边境罪；运送他人偷越国边境罪；走私、贩卖、运输、制造毒品罪，此即“包容犯”的情形。

⊙煽动暴力抗拒法律实施罪

第二百七十八条　煽动群众暴力抗拒国家法律、行政法规实施的，处三年以下有期徒刑、拘役、管制或者剥夺政治权利；造成严重后果的，处三年以上七年以下有期徒刑。

★招摇撞骗罪

第二百七十九条　冒充国家机关工作人员招摇撞骗的，处三年以下有期徒刑、拘役、管制或者剥夺政治权利；情节严重的，处三年以上十年以下有期徒刑。

冒充人民警察招摇撞骗的，依照前款的规定从重处罚。

●考点点拨

1. 冒充的对象：国家机关工作人员。本罪冒充的对象不包括军人，冒充军人的成立冒充军人招摇撞骗罪。

2. 骗取的内容：是指以假冒的身份进行炫耀、欺骗，如骗取爱情、职位、荣誉、资格、性享受等，原则上不包括骗取财物。

3. 招摇撞骗罪与诈骗罪的竞合：在冒充国家机关工作人员招摇撞骗的过程中，偶尔骗取少量财物的，不影响招摇撞骗罪的成立。但骗取数额巨大、特别巨大财物的行为，应认定为招摇撞骗罪和诈骗罪的想象竞合，从一重罪论处。

4. 高干子弟是指高级干部的亲属，其不属于“国家机关工作人员”。因此，冒充高干子弟骗取财物的，不构成招摇撞骗罪，只构成普通诈骗罪。

☆真题回顾

(2017 年多选)陈某儿子小陈在北京居住期间，因容留他人吸毒而被北京警方刑事拘留。无业游民张某身穿假警服，手持自行伪造的人民警察证，向陈某谎称自己是北京市公安局刑警队的警察，可以帮助其照应小陈，并在适当的时候“捞人”，陈某救子心切，多次向张某赠送财物，共计人民币 20 万元，多日后，张某行迹败露被抓获。关于本案，下列说法正确的有(　　)。

A. 陈某属于自愿付款救人，张某不构成犯罪

B. 张某伪造人民警察证，构成伪造国家机关证件罪

C. 对张某应从重处罚

D. 张某虚构事实、隐瞒真相，使被害人主动交付财物，应按诈骗罪论处

E. 张某属于冒充人民警察招摇撞骗，构成招摇撞骗罪

【解析】答案为 BCD。根据《刑法》第 279 条的规定，招摇撞骗罪与诈骗罪是容易混淆的两个罪名，两者区别如下：(1)侵害的客体不同。招摇撞骗罪侵犯的客体主要是国家机关的威信及其正常活动；而诈骗罪侵犯的客体仅限于公私财产权利；(2)行为手段不同。招摇撞骗罪的手段只限于冒充国家机关工作人员的身份或职称进行诈骗；诈骗罪的手段并无此限制，而可以利用任何虚构事实、隐瞒真相的手段和方式进行；(3)犯罪的主观目的不同。诈骗罪的犯罪目的是希望非法占有公私财物；而招摇撞骗罪的犯罪目的是追求非法利益，其内容较诈骗罪的目的广泛一些，它可以包括非法占有公私财物，也可以包括其他非法利益占有；(4)构成犯罪有无数额限制的不同。只有诈骗数额较大以上的公私财物的，才可构成诈骗罪；而法律对冒充国家机关工作人员招摇撞骗罪的构成并无数额较大的要求，这是因为，这种犯罪未必一定表现为诈骗财物，而有可能是骗取其他非法利益，其严重的社会危害性，首先和集中地表现为由特定的犯罪手段所决定的对国家机关的威信和正常活动的

破坏。同时考生应当注意，尽管招摇撞骗罪与诈骗罪有上述区别，但在行为人冒充国家工作人员的身份或职称去骗取财物的情况下，一个行为同时触犯了两个罪名，属于想象竞合犯。处理想象竞合犯的案件应当按照从一重罪处断的原则。由于张某冒充警察骗取陈某财物达20万元，构成诈骗罪(属数额巨大情节，对应3年以上10年以下有期徒刑)和招摇撞骗罪(属于冒充人民警察，应在3年以下有期徒刑基础上从重处罚)，属于想象竞合犯，应从一重罪处罚，但是比较而言，应当诈骗罪处刑较重，故应以诈骗罪论处。此外，其伪造人民警察证构成伪造国家机关证件罪，故本题B项、C项、D项正确。

★伪造、变造、买卖国家机关公文、证件、印章罪/盗窃、抢夺、毁灭国家机关公文、证件、印章罪/伪造公司、企业、事业单位、人民团体印章罪/伪造、变造、买卖身份证件罪

第二百八十条　伪造、变造、买卖或者盗窃、抢夺、毁灭国家机关的公文、证件、印章的，处三年以下有期徒刑、拘役、管制或者剥夺政治权利，并处罚金；情节严重的，处三年以上十年以下有期徒刑，并处罚金。

伪造公司、企业、事业单位、人民团体的印章的，处三年以下有期徒刑、拘役、管制或者剥夺政治权利，并处罚金。

伪造、变造、买卖居民身份证、护照、社会保障卡、驾驶证等依法可以用于证明身份的证件的，处三年以下有期徒刑、拘役、管制或者剥夺政治权利，并处罚金；情节严重的，处三年以上七年以下有期徒刑，并处罚金。

●考点点拨

1. 伪造、变造、买卖国家机关公文、证件、印章罪

(1)本罪是指伪造、变造、买卖国家机关的公文、证件、印章的行为。

(2)公文是指以国家机关名义制作的处理公务的文书、证件，一般是指有权制作的国家机关颁发的，用以证实身份、权利义务关系或者其他事项的凭证。印章，应包括印形与印影。

(3)伪造公文、证件是指伪造应当由国家机关制作的公文、证件，包括有形伪造与无形伪造。前者是指没有制作权限的人，冒用国家机关名义制作公文、证件。后者是指有制作权限的人，擅自以国家机关的名义制作与事实不相符合的公文、证件。

2. 盗窃、抢夺、毁灭国家机关公文、证件、印章罪

(1)本罪是指盗窃、抢夺、毁灭国家机关公文、证件、印章的行为。

(2)行为所盗窃、抢夺、毁灭的必须是国家机关已经制作的真实的公文、证件、印章。

3. 伪造公司、企业、事业单位、人民团体印章罪

(1)本罪是指没有制作权限的人，擅自伪造公司、企业、事业单位人民团体的印章的行为。

(2)伪造印章，包括伪造印形与印影。

4. 伪造、变造居民身份证罪

(1)本罪是指伪造、变造居民身份证的行为，伪造不仅包括无权制作身份证的人擅自制作居民身份证，而且包括有权制作人制作虚假的居民身份证。

(2)变造居民身份证，是指对真实有效的居民身份证的非本质部分进行加工、修改；如果对真实有效的居民身份证的本质部分进行加工修改，则属于伪造居民身份证。

⊙使用虚假身份证件、盗用身份证件罪

第二百八十条之一　在依照国家规定应当提供身份证明的活动中，使用伪造、变造的或者盗用他人的居民身份证、护照、社会保障卡、驾驶证等依法可以用于证明身份的证件，情节严重的，处拘役或者管制，并处或者单处罚金。

有前款行为，同时构成其他犯罪的，依照处罚较重的规定定罪处罚。

⊙非法生产、买卖警用装备罪

第二百八十一条　非法生产、买卖人民警察制式服装、车辆号牌等专用标志、警械，情节严重的，处三年以下有期徒刑、拘役或者管制，并处或者单处罚金。

单位犯前款罪的，对单位判处罚金，并对其直接负责的主管人员和其他直接责任人员，依照前款的规定处罚。

⊙非法获取国家秘密罪/非法持有国家绝密、机密文件、资料、物品罪

第二百八十二条　以窃取、刺探、收买方法，非法获取国家秘密的，处三年以下有期徒刑、拘役、管制或者剥夺政治权利；情节严重的，处三年以上七年以下有期徒刑。

非法持有属于国家绝密、机密的文件、资料或者其他物品，拒不说明来源与用途的，处三年以下有期徒刑、拘役或者管制。

⊙非法生产、销售专用间谍器材、窃听、窃照专用器材罪

第二百八十三条　非法生产、销售专用间谍器材

或者窃听、窃照专用器材的，处三年以下有期徒刑、拘役或者管制，并处或者单处罚金；情节严重的，处三年以上七年以下有期徒刑，并处罚金。

单位犯前款罪的，对单位判处罚金，并对其直接负责的主管人员和其他直接责任人员，依照前款的规定处罚。

⊙非法使用窃听、窃照专用器材罪

第二百八十四条　非法使用窃听、窃照专用器材，造成严重后果的，处二年以下有期徒刑、拘役或者管制。

★组织考试作弊罪/非法出售、提供试题、答案罪/代替考试罪

第二百八十四条之一　在法律规定的国家考试中，组织作弊的，处三年以下有期徒刑或者拘役，并处或者单处罚金；情节严重的，处三年以上七年以下有期徒刑，并处罚金。

为他人实施前款犯罪提供作弊器材或者其他帮助的，依照前款的规定处罚。

为实施考试作弊行为，向他人非法出售或者提供第一款规定的考试的试题、答案的，依照第一款的规定处罚。

代替他人或者让他人代替自己参加第一款规定的考试的，处拘役或者管制，并处或者单处罚金。

●考点点拨

1. 本罪主体为一般主体，即年满16周岁具有刑事责任能力的自然人。

2. 本罪在主观方面只能由故意构成，过失不构成本罪。

3. 客体是有关法律规定的国家考试的管理制度。

4. 本罪客观方面表现为在法律规定的国家考试中，组织作弊的行为。

5. 所谓组织行为，是指为实施考试作弊的目的，而共同实施的获取考试试题，解析考试试题，提供、使用窃听、窃照器材，传递解析答案，联络考生或者家长的行为。这里的组织范围，不仅指组织考生作弊，也包括组织家长、监考人员、相关辅导教师参与作弊。

★非法侵入计算机信息系统罪/非法获取计算机信息系统数据、非法控制计算机信息系统罪/提供侵入、非法控制计算机信息系统程序、工具罪

第二百八十五条　违反国家规定，侵入国家事务、国防建设、尖端科学技术领域的计算机信息系统的，处三年以下有期徒刑或者拘役。

违反国家规定，侵入前款规定以外的计算机信息系统或者采用其他技术手段，获取该计算机信息系统中存储、处理或者传输的数据，或者对该计算机信息系统实施非法控制，情节严重的，处三年以下有期徒刑或者拘役，并处或者单处罚金；情节特别严重的，处三年以上七年以下有期徒刑，并处罚金。

提供专门用于侵入、非法控制计算机信息系统的程序、工具，或者明知他人实施侵入、非法控制计算机信息系统的违法犯罪行为而为其提供程序、工具，情节严重的，依照前款的规定处罚。

单位犯前三款罪的，对单位判处罚金，并对其直接负责的主管人员和其他直接责任人员，依照各该款的规定处罚。

●考点点拨

1. 非法侵入计算机信息系统罪：如果是利用计算机实施特定的犯罪的，如盗窃罪等，以相应的犯罪论处。

2. 该罪的对象已经由原来的“国家事务、国防建设、尖端科学技术领域的计算机信息系统”扩大到一切计算机系统，对于上述三种以外的计算机信息系统，要求“情节严重”。

3. 牵连犯：如果有该条行为从而获取国家秘密的，以非法获取国家秘密罪定罪处罚。

★破坏计算机信息系统罪

第二百八十六条　违反国家规定，对计算机信息系统功能进行删除、修改、增加、干扰，造成计算机信息系统不能正常运行，后果严重的，处五年以下有期徒刑或者拘役；后果特别严重的，处五年以上有期徒刑。

违反国家规定，对计算机信息系统中存储、处理或者传输的数据和应用程序进行删除、修改、增加的操作，后果严重的，依照前款的规定处罚。

故意制作、传播计算机病毒等破坏性程序，影响计算机系统正常运行，后果严重的，依照第一款的规定处罚。

单位犯前三款罪的，对单位判处罚金，并对其直接负责的主管人员和其他直接责任人员，依照第一款的规定处罚。

●考点点拨

1. 如果纯粹是捣乱的目的，定破坏计算机信息系统罪；如果有具体的目的，定具体犯罪。如果是技术性破坏，定本罪；如果是物理性破坏，定故意毁坏财物罪。

2. 利用计算机实施金融诈骗、盗窃、贪污、挪用公款、窃取国家秘密或者其他犯罪的,依照相关罪名定罪处罚。

⊙拒不履行信息网络安全管理义务罪

第二百八十六条之一　网络服务提供者不履行法律、行政法规规定的信息网络安全管理义务,经监管部门责令采取改正措施而拒不改正,有下列情形之一的,处三年以下有期徒刑、拘役或者管制,并处或者单处罚金:

(一)致使违法信息大量传播的;

(二)致使用户信息泄露,造成严重后果的;

(三)致使刑事案件证据灭失,情节严重的;

(四)有其他严重情节的。

单位犯前款罪的,对单位判处罚金,并对其直接负责的主管人员和其他直接责任人员,依照前款的规定处罚。

有前两款行为,同时构成其他犯罪的,依照处罚较重的规定定罪处罚。

⊙利用计算机实施犯罪的提示性规定

第二百八十七条　利用计算机实施金融诈骗、盗窃、贪污、挪用公款、窃取国家秘密或者其他犯罪的,依照本法有关规定定罪处罚。

⊙非法利用信息网络罪

第二百八十七条之一　利用信息网络实施下列行为之一,情节严重的,处三年以下有期徒刑或者拘役,并处或者单处罚金:

(一)设立用于实施诈骗、传授犯罪方法、制作或者销售违禁物品、管制物品等违法犯罪活动的网站、通讯群组的;

(二)发布有关制作或者销售毒品、枪支、淫秽物品等违禁物品、管制物品或者其他违法犯罪信息的;

(三)为实施诈骗等违法犯罪活动发布信息的。

单位犯前款罪的,对单位判处罚金,并对其直接负责的主管人员和其他直接责任人员,依照第一款的规定处罚。

有前两款行为,同时构成其他犯罪的,依照处罚较重的规定定罪处罚。

⊙帮助信息网络犯罪活动罪

第二百八十七条之二　明知他人利用信息网络实施犯罪,为其犯罪提供互联网接入、服务器托管、网络存储、通讯传输等技术支持,或者提供广告推广、支付结算等帮助,情节严重的,处三年以下有期徒刑或者拘役,并处或者单处罚金。

单位犯前款罪的,对单位判处罚金,并对其直接负责的主管人员和其他直接责任人员,依照第一款的规定处罚。

有前两款行为,同时构成其他犯罪的,依照处罚较重的规定定罪处罚。

⊙扰乱无线电通讯管理秩序罪

第二百八十八条　违反国家规定,擅自设置、使用无线电台(站),或者擅自使用无线电频率,干扰无线电通讯秩序,情节严重的,处三年以下有期徒刑、拘役或者管制,并处或者单处罚金;情节特别严重的,处三年以上七年以下有期徒刑,并处罚金。

单位犯前款罪的,对单位判处罚金,并对其直接负责的主管人员和其他直接责任人员,依照前款的规定处罚。

⊙故意伤害罪/故意杀人罪/抢劫罪

第二百八十九条　聚众"打砸抢",致人伤残、死亡的,依照本法第二百三十四条、第二百三十二条的规定定罪处罚。毁坏或者抢走公私财物的,除判令退赔外,对首要分子,依照本法第二百六十三条的规定定罪处罚。

★聚众扰乱社会秩序罪/聚众冲击国家机关罪/扰乱国家机关工作秩序罪/组织、资助非法聚集罪

第二百九十条　聚众扰乱社会秩序,情节严重,致使工作、生产、营业和教学、科研、医疗无法进行,造成严重损失的,对首要分子,处三年以上七年以下有期徒刑;对其他积极参加的,处三年以下有期徒刑、拘役、管制或者剥夺政治权利。

聚众冲击国家机关,致使国家机关工作无法进行,造成严重损失的,对首要分子,处五年以上十年以下有期徒刑;对其他积极参加的,处五年以下有期徒刑、拘役、管制或者剥夺政治权利。

多次扰乱国家机关工作秩序,经行政处罚后仍不改正,造成严重后果的,处三年以下有期徒刑、拘役或者管制。

多次组织、资助他人非法聚集,扰乱社会秩序,情节严重的,依照前款的规定处罚。

●考点点拨

1. 聚众扰乱社会秩序罪

(1)本罪是指聚众扰乱社会秩序,情节严重,致使工作、生产、营业和教学、科研无法进行,造成严重损失的行为。

(2)聚众是指首要分子纠集特定或者不特定之

多数人于一定地点，而成为可以从事共同行为的一群人。

2. 聚众冲击国家机关罪

(1)本罪是指聚众冲击国家机关，致使国家机关工作无法进行，造成严重损失的行为。

(2)聚众冲击国家机关是聚众扰乱社会秩序的种特殊形式，但刑法鉴于其危害程度的严重性，而将其规定为独立犯罪。

⊙聚众扰乱公共场所秩序、交通秩序罪

第二百九十一条　聚众扰乱车站、码头、民用航空站、商场、公园、影剧院、展览会、运动场或者其他公共场所秩序，聚众堵塞交通或者破坏交通秩序，抗拒、阻碍国家治安管理工作人员依法执行职务，情节严重的，对首要分子，处五年以下有期徒刑、拘役或者管制。

★投放虚假危险物质罪/编造、故意传播虚假恐怖信息罪/编造、故意传播虚假信息罪

第二百九十一条之一　投放虚假的爆炸性、毒害性、放射性、传染病病原体等物质，或者编造爆炸威胁、生化威胁、放射威胁等恐怖信息，或者明知是编造的恐怖信息而故意传播，严重扰乱社会秩序的，处五年以下有期徒刑、拘役或者管制；造成严重后果的，处五年以上有期徒刑。

编造虚假的险情、疫情、灾情、警情，在信息网络或者其他媒体上传播，或者明知是上述虚假信息，故意在信息网络或者其他媒体上传播，严重扰乱社会秩序的，处三年以下有期徒刑、拘役或者管制；造成严重后果的，处三年以上七年以下有期徒刑。

●考点点拨

1. 编造、故意传播虚假恐怖信息罪是指故意编造爆炸威胁、生化威胁、放射威胁等恐怖信息，或者明知是编造的恐怖信息而故意传播，严重扰乱社会秩序的行为。

2. 编造行为不仅包括完全凭空捏造的行为，而且包括对某些信息进行加工、修改的行为。

⊙聚众斗殴罪

第二百九十二条　聚众斗殴的，对首要分子和其他积极参加的，处三年以下有期徒刑、拘役或者管制；有下列情形之一的，对首要分子和其他积极参加的，处三年以上十年以下有期徒刑：

(一)多次聚众斗殴的；

(二)聚众斗殴人数多，规模大，社会影响恶劣的；

(三)在公共场所或者交通要道聚众斗殴，造成社会秩序严重混乱的；

(四)持械聚众斗殴的。

聚众斗殴，致人重伤、死亡的，依照本法第二百三十四条、第二百三十二条的规定定罪处罚。

★寻衅滋事罪

第二百九十三条　有下列寻衅滋事行为之一，破坏社会秩序的，处五年以下有期徒刑、拘役或者管制：

(一)随意殴打他人，情节恶劣的；

(二)追逐、拦截、辱骂、恐吓他人，情节恶劣的；

(三)强拿硬要或者任意损毁、占用公私财物，情节严重的；

(四)在公共场所起哄闹事，造成公共场所秩序严重混乱的。

纠集他人多次实施前款行为，严重破坏社会秩序的，处五年以上十年以下有期徒刑，可以并处罚金。

●考点点拨

1. 寻衅滋事罪必须是行为情节恶劣、情节严重或者造成公共场所秩序严重混乱的，才构成犯罪。对于情节轻微、危害不大的寻衅滋事行为，只能以一般违法行为论处。

2. 寻衅滋事罪行为的方式和手段。行为的方式和手段对危害结果的大小具有决定性作用，对社会心理的伤害程度也有很大影响，在认定情节是否严重时考察行为人是否使用了暴力、威胁等手段，是否采用了公开或者组织的方式等。

3. 行为的直接危害结果和间接不良后果。直接危害结果是行为直接对社会造成损害。间接不良后果是指行为对社会造成的不良影响或间接引起的损害。比如，行为人是否造成被害人自杀，是否引起公私财产重大损失，是否造成公共场所秩序严重混乱等，是认定情节严重与否的重要因素。

4. 行为的时间和地点。同一行为在不同的时间、不同的地点实施，所造成的社会影响是不同的，白天在公共场所的滋事活动当然要比晚上在荒郊野外的滋事活动危害性大。

5. 行为人的一贯表现。行为人的一贯表现表明了行为人主观恶性的大小，决定着行为人接受改造的难易程度。是否多次寻衅滋事、屡教不改，也是认定情节严重与否的一个重要方面。

◆关联法条

最高人民法院、最高人民检察院《关于办理寻衅滋事刑事案件适用法律若干问题的解释》

第一条　行为人为寻求刺激、发泄情绪、逞强要横等,无事生非,实施刑法第二百九十三条规定的行为的,应当认定为“寻衅滋事”。

行为人因日常生活中的偶发矛盾纠纷,借故生非,实施刑法第二百九十三条规定的行为的,应当认定为“寻衅滋事”,但矛盾系由被害人故意引发或者被害人对矛盾激化负有主要责任的除外。

行为人因婚恋、家庭、邻里、债务等纠纷,实施殴打、辱骂、恐吓他人或者损毁、占用他人财物等行为的,一般不认定为“寻衅滋事”,但经有关部门批评制止或者处理处罚后,继续实施前列行为,破坏社会秩序的除外。

★组织、领导、参加黑社会性质组织罪/入境发展黑社会组织罪/包庇、纵容黑社会性质组织罪

第二百九十四条　组织、领导黑社会性质的组织的,处七年以上有期徒刑,并处没收财产;积极参加的,处三年以上七年以下有期徒刑,可以并处罚金或者没收财产;其他参加的,处三年以下有期徒刑、拘役、管制或者剥夺政治权利,可以并处罚金。

境外的黑社会组织的人员到中华人民共和国境内发展组织成员的,处三年以上十年以下有期徒刑。

国家机关工作人员包庇黑社会性质的组织,或者纵容黑社会性质的组织进行违法犯罪活动的,处五年以下有期徒刑;情节严重的,处五年以上有期徒刑。

犯前三款罪又有其他犯罪行为的,依照数罪并罚的规定处罚。

黑社会性质的组织应当同时具备以下特征:

(一)形成较稳定的犯罪组织,人数较多,有明确的组织者、领导者,骨干成员基本固定;

(二)有组织地通过违法犯罪活动或者其他手段获取经济利益,具有一定的经济实力,以支持该组织的活动;

(三)以暴力、威胁或者其他手段,有组织地多次进行违法犯罪活动,为非作恶,欺压、残害群众;

(四)通过实施违法犯罪活动,或者利用国家工作人员的包庇或者纵容,称霸一方,在一定区域或者行业内,形成非法控制或者重大影响,严重破坏经济、社会生活秩序。

●考点点拨

1. 黑社会性质组织的成立,不以“保护伞”为必要要件。

2. 既实施本罪,又实施了具体的故意杀人、故意伤害等犯罪行为的,数罪并罚。

★传授犯罪方法罪

第二百九十五条　传授犯罪方法的,处五年以下有期徒刑、拘役或者管制;情节严重的,处五年以上十年以下有期徒刑;情节特别严重的,处十年以上有期徒刑或者无期徒刑。

●考点点拨

1. 本罪是指故意使用各种手段将犯罪方法传授给他人的行为。

2. 传授方法包括口头传授、书面传授与动作示范,包括公开传授与秘密传授、直接传授与间接传授。犯罪方法,包括预备犯罪、实行犯罪的技术、步骤、方法等。

3. 被传授人,既可以是达到法定年龄的人,也可以是没有达到法定年龄的人。被传授的人是否掌握、接受了犯罪方法,不影响本罪的成立。因此,传授即为犯罪既遂。

☆真题回顾

(2018年单选)甲向乙传授了盗窃汽车的方法,乙虽学会此种犯罪方法,但一直未实施犯罪行为,则甲(　　)。

A. 构成传授犯罪方法罪(未遂)

B. 构成传授犯罪方法罪(既遂)

C. 不构成犯罪

D. 构成盗窃罪(未遂)

【解析】答案为B。根据《刑法》第295条的规定,该罪属于行为犯,即无论被传授人是否接受又或者是否按照传授的方法实施了犯罪,只要传授人完成了传授犯罪方法的行为即构成犯罪,无未遂和既遂之分,故A项、C项错误,B项正确。乙未实施犯罪行为,学习盗窃的方法,只能构成犯罪预备,并未开始“着手”实行,不构成盗窃罪,甲并未和乙商议盗窃,更未有共同盗窃的故意,因此D项错误。

⊙非法集会、游行、示威罪

第二百九十六条　举行集会、游行、示威,未依照法律规定申请或者申请未获许可,或者未按照主管机关许可的起止时间、地点、路线进行,又拒不服从解散命令,严重破坏社会秩序的,对集会、游行、示威的负责人和直接责任人员,处五年以下有期徒刑、拘役、管制或者剥夺政治权利。

⊙非法携带武器、管制刀具、爆炸物参加集会、游行、示威罪

第二百九十七条　违反法律规定,携带武器、管

制刀具或者爆炸物参加集会、游行、示威的,处三年以下有期徒刑、拘役、管制或者剥夺政治权利。

⊙破坏集会、游行、示威罪

第二百九十八条　扰乱、冲击或者以其他方法破坏依法举行的集会、游行、示威,造成公共秩序混乱的,处五年以下有期徒刑、拘役、管制或者剥夺政治权利。

⊙侮辱国旗、国徽罪

第二百九十九条　在公共场合,故意以焚烧、毁损、涂划、玷污、践踏等方式侮辱中华人民共和国国旗、国徽的,处三年以下有期徒刑、拘役、管制或者剥夺政治权利。

在公共场合,故意篡改中华人民共和国国歌歌词、曲谱,以歪曲、贬损方式奏唱国歌,或者以其他方式侮辱国歌,情节严重的,依照前款的规定处罚。

⊙组织、利用会道门、邪教组织、利用迷信破坏法律实施罪/组织、利用会道门、邪教组织、利用迷信致人重伤、死亡罪

第三百条　组织、利用会道门、邪教组织或者利用迷信破坏国家法律、行政法规实施的,处三年以上七年以下有期徒刑,并处罚金;情节特别严重的,处七年以上有期徒刑或者无期徒刑,并处罚金或者没收财产;情节较轻的,处三年以下有期徒刑、拘役、管制或者剥夺政治权利,并处或者单处罚金。

组织、利用会道门、邪教组织或者利用迷信蒙骗他人,致人重伤、死亡的,依照前款的规定处罚。

犯第一款罪又有奸淫妇女、诈骗财物等犯罪行为的,依照数罪并罚的规定处罚。

⊙聚众淫乱罪/引诱未成年人聚众淫乱罪

第三百零一条　聚众进行淫乱活动的,对首要分子或者多次参加的,处五年以下有期徒刑、拘役或者管制。

引诱未成年人参加聚众淫乱活动的,依照前款的规定从重处罚。

●考点点拨

1. 聚众淫乱罪

(1)本罪是指聚集众人进行集体淫乱活动的行为。聚众淫乱,是指纠集三人以上群奸群宿(聚众奸宿)或进行其他淫乱活动。

(2)淫乱行为除了指自然性交以外,还包括其他刺激、满足性欲的行为,如聚众从事手淫、口淫、鸡奸等行为。

(3)如果以暴力、胁迫或者其他强制方法强迫妇女参加聚众淫乱活动,则视行为性质与具体情况认定为强奸罪与强制猥亵妇女罪,或者实行数罪并罚。

2. 引诱未成年人聚众淫乱罪

(1)本罪是指引诱未成年人参加聚众淫乱活动的行为。

(2)所谓引诱未成年人参加聚众淫乱活动,是指勾引、诱惑本来无意参加聚众淫乱的不满18周岁的人参加聚众淫乱活动。

(3)对这里的“参加”应作广义解释,不要求引诱未成年人实际从事淫乱活动,引诱未成年人观看他人从事淫秽活动的,也应认定为本罪。

⊙盗窃、侮辱、故意毁坏尸体、尸骨、骨灰罪

第三百零二条　盗窃、侮辱、故意毁坏尸体、尸骨、骨灰的,处三年以下有期徒刑、拘役或者管制。

★赌博罪/开设赌场罪

第三百零三条　以营利为目的,聚众赌博或者以赌博为业的,处三年以下有期徒刑、拘役或者管制,并处罚金。

开设赌场的,处三年以下有期徒刑、拘役或者管制,并处罚金;情节严重的,处三年以上十年以下有期徒刑,并处罚金。

●考点点拨

1. 赌博罪

(1)主观要件:必须以营利为目的。

(2)中国公民在我国领域外周边地区聚众赌博、开设赌场,以吸引中国公民为主要客源,构成赌博罪的,可以依照《刑法》的规定追究刑事责任。

(3)明知他人实施赌博犯罪活动,而为其提供资金、计算机网络、通信、费用结算等直接帮助的,以赌博罪的共犯论处。

2. 开设赌场罪

(1)以营利为目的,在计算机网络上建立赌博网站,或者为赌博网站担任代理,接受投注的,成立开设赌场罪。

(2)利用互联网、移动通信终端等传输赌博视频、数据,组织赌博活动,具有下列情形之一的,成立开设赌场罪:建立赌博网站并接受投注的;建立赌博网站并提供给他人组织赌博的;为赌博网站担任代理并接受投注的;参与赌博网站利润分成的。

⊙故意延误投递邮件罪

第三百零四条　邮政工作人员严重不负责任,故

意延误投递邮件，致使公共财产、国家和人民利益遭受重大损失的，处二年以下有期徒刑或者拘役。

第二节　妨害司法罪

★伪证罪

第三百零五条　在刑事诉讼中，证人、鉴定人、记录人、翻译人对与案件有重要关系的情节，故意作虚假证明、鉴定、记录、翻译，意图陷害他人或者隐匿罪证的，处三年以下有期徒刑或者拘役；情节严重的，处三年以上七年以下有期徒刑。

●考点点拨

1. 主体：证人、鉴定人、记录人、翻译人。

2. 发生的阶段：刑事诉讼过程中。

3. 定罪的标准：本罪为行为犯，只要实施了作伪证的行为即可，并不要求造成严重结果。

4. 如果证人根据自己的回忆作了陈述，即使与客观事实不一致的，也不成立犯罪。

⊙辩护人、诉讼代理人毁灭证据、伪造证据、妨害作证罪

第三百零六条　在刑事诉讼中，辩护人、诉讼代理人毁灭、伪造证据，帮助当事人毁灭、伪造证据，威胁、引诱证人违背事实改变证言或者作伪证的，处三年以下有期徒刑或者拘役；情节严重的，处三年以上七年以下有期徒刑。

辩护人、诉讼代理人提供、出示、引用的证人证言或者其他证据失实，不是有意伪造的，不属于伪造证据。

⊙妨害作证罪/帮助毁灭、伪造证据罪

第三百零七条　以暴力、威胁、贿买等方法阻止证人作证或者指使他人作伪证的，处三年以下有期徒刑或者拘役；情节严重的，处三年以上七年以下有期徒刑。

帮助当事人毁灭、伪造证据，情节严重的，处三年以下有期徒刑或者拘役。

司法工作人员犯前两款罪的，从重处罚。

●考点点拨

1. 妨害作证罪

(1)本罪是指以暴力、威胁、贿买等方法阻止证人作证或者指示他人作伪证的行为。

(2)其中的“证人”，不应限于狭义的证人，而应包括被害人、鉴定人。“以暴力、威胁、贿买等方法”的规定，既是对阻止证人作证行为方式的限定，也是对指使他人作伪证的行为方式的限定。

2. 帮助毁灭、伪造证据罪

(1)本罪是指帮助诉讼活动的当事人毁灭、伪造证据，情节严重的行为。

(2)毁灭、伪造自己是当事人的案件的证据的，不成立犯罪。毁灭证据，并不限于从物理上使证据消失，而是包括妨碍证据显现，使证据的价值减少、消失的一切行为。伪造证据，一般是指制作出不真实的证据。

⊙虚假诉讼罪

第三百零七条之一　以捏造的事实提起民事诉讼，妨害司法秩序或者严重侵害他人合法权益的，处三年以下有期徒刑、拘役或者管制，并处或者单处罚金；情节严重的，处三年以上七年以下有期徒刑，并处罚金。

单位犯前款罪的，对单位判处罚金，并对其直接负责的主管人员和其他直接责任人员，依照前款的规定处罚。

有第一款行为，非法占有他人财产或者逃避合法债务，又构成其他犯罪的，依照处罚较重的规定定罪从重处罚。

司法工作人员利用职权，与他人共同实施前三款行为的，从重处罚；同时构成其他犯罪的，依照处罚较重的规定定罪从重处罚。

⊙打击报复证人罪

第三百零八条　对证人进行打击报复的，处三年以下有期徒刑或者拘役；情节严重的，处三年以上七年以下有期徒刑。

⊙泄露不应公开的案件信息罪/故意泄露国家秘密罪/过失泄露国家秘密罪/披露、报道不应公开的案件信息罪

第三百零八条之一　司法工作人员、辩护人、诉讼代理人或者其他诉讼参与人，泄露依法不公开审理的案件中不应当公开的信息，造成信息公开传播或者其他严重后果的，处三年以下有期徒刑、拘役或者管制，并处或者单处罚金。

有前款行为，泄露国家秘密的，依照本法第三百九十八条的规定定罪处罚。

公开披露、报道第一款规定的案件信息，情节严重的，依照第一款的规定处罚。

单位犯前款罪的，对单位判处罚金，并对其直接负责的主管人员和其他直接责任人员，依照第一款的规定处罚。

⊙扰乱法庭秩序罪

第三百零九条　有下列扰乱法庭秩序情形之一的，处三年以下有期徒刑、拘役、管制或者罚金：

（一）聚众哄闹、冲击法庭的；

（二）殴打司法工作人员或者诉讼参与人的；

（三）侮辱、诽谤、威胁司法工作人员或者诉讼参与人，不听法庭制止，严重扰乱法庭秩序的；

（四）有毁坏法庭设施，抢夺、损毁诉讼文书、证据等扰乱法庭秩序行为，情节严重的。

★窝藏、包庇罪

第三百一十条　明知是犯罪的人而为其提供隐藏处所、财物，帮助其逃匿或者作假证明包庇的，处三年以下有期徒刑、拘役或者管制；情节严重的，处三年以上十年以下有期徒刑。

犯前款罪，事前通谋的，以共同犯罪论处。

●考点点拨

1. 主观要件：故意。明知是犯罪的人而予以窝藏、包庇的主观心理状态。

2. 事前通谋的，以共犯论处。

3.《刑法》中关于包庇类犯罪的特别规定：包庇、纵容黑社会性质组织罪；包庇毒品犯罪分子罪；窝藏、转移、隐瞒毒品、毒赃罪。

4. 窝藏罪与包庇罪的区分：窝藏罪仅仅是将犯罪的人"藏起来"，而包庇罪最主要的特征在于向司法机关作假证明。

☆真题回顾

（2018年单选）某市政法委工作人员甲在郊外爬山时遇其战友乙，乙自述因犯杀人罪而受到追捕，甲塞给乙2000元，让其赶紧到外地躲躲风头，追捕乙的民警丙随后赶到，甲上前与相熟的丙搭讪，故意拖延时间，使乙脱险，甲的行为构成（　　）。

A. 帮助犯罪分子逃避处罚罪

B. 窝藏罪

C. 私放在押人员罪

D. 徇私枉法罪

【解析】答案为B。根据《刑法》第310条第1款的规定，本案中甲明知乙犯杀人罪受到追捕，仍为其提供2000元财物，并故意与公安人员丙搭讪，以帮助乙逃匿，符合窝藏罪的构成要件，故甲的行为构成窝藏罪。帮助犯罪分子逃避处罚罪、私放在押人员罪、徇私枉法罪均为身份犯，犯罪主体均为特殊主体，帮助犯罪分子逃避处罚罪犯罪的主体是有查禁犯罪活动职责的国家机关工作人员；私放在押人员罪和徇私枉法罪的犯罪主体为司法工作人员。考生在掌握几类犯罪时，可以通过各部分犯罪构成要件要素进行对比和区分记忆。

（2019年单选）有下列（　　）行为的，不构成《刑法》规定的窝藏、包庇罪。

A. 向公安机关作证时，猜测作案人的姓名

B. 明知是犯罪的人而为其提供隐藏处所

C. 谎报犯罪人逃匿的路线

D. 谎报犯罪人逃匿的处所

【解析】答案为A。根据《刑法》第310条的规定，窝藏、包庇罪的行为特征主要包括提供隐藏处所、财物，帮助其逃匿或者作假证明包庇。B项提供隐藏住所、C项谎报逃匿路线和D项谎报逃匿住所帮助其逃匿均构成窝藏、包庇罪。A项猜测作案人姓名不属于作假证明包庇，不构成犯罪，当选。

⊙拒绝提供间谍犯罪、恐怖主义犯罪、极端主义犯罪证据罪

第三百一十一条　明知他人有间谍犯罪或者恐怖主义、极端主义犯罪行为，在司法机关向其调查有关情况、收集有关证据时，拒绝提供，情节严重的，处三年以下有期徒刑、拘役或者管制。

★掩饰、隐瞒犯罪所得、犯罪所得收益罪

第三百一十二条　明知是犯罪所得及其产生的收益而予以窝藏、转移、收购、代为销售或者以其他方法掩饰、隐瞒的，处三年以下有期徒刑、拘役或者管制，并处或者单处罚金；情节严重的，处三年以上七年以下有期徒刑，并处罚金。

单位犯前款罪的，对单位判处罚金，并对其直接负责的主管人员和其他直接责任人员，依照前款的规定处罚。

●考点点拨

1. 主观：明知是犯罪所得的赃物，即知道或者应当知道。

2. 事前通谋的，以共同犯罪论处。

3. 对象：他人的犯罪所得及其收益。

4. 主体：自然人、单位。

5. 本罪和洗钱罪的区别在于上游犯罪的范围不同。洗钱罪的上游犯罪有7个：毒品犯罪、走私犯罪、恐怖主义犯罪、黑社会性质组织犯罪、破坏金融管理秩序罪、金融诈骗罪、贪污贿赂罪。可以说上游犯罪是上述7种罪之内的，成立洗钱罪；上游犯罪是上述7种罪之外的，则成立掩饰、隐瞒犯罪所得、犯罪所得收益罪。无论是洗钱罪还是掩饰、隐瞒犯罪所得、犯

罪所得收益罪，都要求行为人与上游犯罪之间，没有共谋。否则，成立上游犯罪的共犯。

◆**关联法条**

最高人民法院《关于审理洗钱等刑事案件具体应用法律若干问题的解释》

第一条　刑法第一百九十一条、第三百一十二条规定的“明知”，应当结合被告人的认知能力，接触他人犯罪所得及其收益的情况，犯罪所得及其收益的种类、数额，犯罪所得及其收益的转换、转移方式以及被告人的供述等主、客观因素进行认定。

具有下列情形之一的，可以认定被告人明知系犯罪所得及其收益，但有证据证明确实不知道的除外：

（一）知道他人从事犯罪活动，协助转换或者转移财物的；

（二）没有正当理由，通过非法途径协助转换或者转移财物的；

（三）没有正当理由，以明显低于市场的价格收购财物的；

（四）没有正当理由，协助转换或者转移财物，收取明显高于市场的“手续费”的；

（五）没有正当理由，协助他人将巨额现金散存于多个银行账户或者在不同银行账户之间频繁划转的；

（六）协助近亲属或者其他关系密切的人转换或者转移与其职业或者财产状况明显不符的财物的；

（七）其他可以认定行为人明知的情形。

被告人将刑法第一百九十一条规定的某一上游犯罪的犯罪所得及其收益误认为刑法第一百九十一条规定的上游犯罪范围内的其他犯罪所得及其收益的，不影响刑法第一百九十一条规定的“明知”的认定。

第三条　明知是犯罪所得及其产生的收益而予以掩饰、隐瞒，构成刑法第三百一十二条规定的犯罪，同时又构成刑法第一百九十一条或者第三百四十九条规定的犯罪的，依照处罚较重的规定定罪处罚。

⊙拒不执行判决、裁定罪

第三百一十三条　对人民法院的判决、裁定有能力执行而拒不执行，情节严重的，处三年以下有期徒刑、拘役或者罚金；情节特别严重的，处三年以上七年以下有期徒刑，并处罚金。

单位犯前款罪的，对单位判处罚金，并对其直接负责的主管人员和其他直接责任人员，依照前款的规定处罚。

●**考点点拨**

1. 本罪是指对人民法院的判决、裁定有能力执行而拒不执行，情节严重的行为。

2. 暴力抗拒人民法院执行判决、裁定，杀害、重伤执行人员的，应以故意杀人罪、故意伤害罪论处。国家机关工作人员收受贿赂或者滥用职权，实施本罪行为，同时又构成受贿罪、滥用职权罪的，从重处罚。

⊙非法处置查封、扣押、冻结的财产罪

第三百一十四条　隐藏、转移、变卖、故意毁损已被司法机关查封、扣押、冻结的财产，情节严重的，处三年以下有期徒刑、拘役或者罚金。

●**考点点拨**

1. 本罪是指故意隐藏、转移、变卖、毁损已被司法机关查封、扣押、冻结的财产，情节严重的行为。

2. 这里的查封、扣押与冻结，应是依法的查封、扣押与冻结。对他人财产滥用职权非法进行查封、扣押与冻结的，有关当事人为保障自己的权利所实施的隐藏、转移、变卖等行为，不应以本罪论处。

⊙破坏监管秩序罪

第三百一十五条　依法被关押的罪犯，有下列破坏监管秩序行为之一，情节严重的，处三年以下有期徒刑：

（一）殴打监管人员的；

（二）组织其他被监管人破坏监管秩序的；

（三）聚众闹事，扰乱正常监管秩序的；

（四）殴打、体罚或者指使他人殴打、体罚其他被监管人的。

●**考点点拨**

1. 本罪是指依法被关押的罪犯，违反监管法规，破坏监管秩序情节严重的行为。客观方面表现为上述四种行为。

2. 监管人员殴打或者体罚虐待被监管人的，对监管人员的行为，认定为虐待被监管人罪。

⊙脱逃罪/劫夺被押解人员罪

第三百一十六条　依法被关押的罪犯、被告人、犯罪嫌疑人脱逃的，处五年以下有期徒刑或者拘役。

劫夺押解途中的罪犯、被告人、犯罪嫌疑人的，处三年以上七年以下有期徒刑；情节严重的，处七年以上有期徒刑。

●**考点点拨**

1. 主体是依法被关押的罪犯、被告人、犯罪嫌疑人。

2. 脱逃罪也可以是不作为犯，如外出后不归。

⊙组织越狱罪/暴动越狱罪/聚众持械劫狱罪

第三百一十七条　组织越狱的首要分子和积极参加的，处五年以上有期徒刑；其他参加的，处五年以下有期徒刑或者拘役。

暴动越狱或者聚众持械劫狱的首要分子和积极参加的，处十年以上有期徒刑或者无期徒刑；情节特别严重的，处死刑；其他参加的，处三年以上十年以下有期徒刑。

第三节　妨害国(边)境管理罪

★组织他人偷越国(边)境罪

第三百一十八条　组织他人偷越国(边)境的，处二年以上七年以下有期徒刑，并处罚金；有下列情形之一的，处七年以上有期徒刑或者无期徒刑，并处罚金或者没收财产：

(一)组织他人偷越国(边)境集团的首要分子；

(二)多次组织他人偷越国(边)境或者组织他人偷越国(边)境人数众多的；

(三)造成被组织人重伤、死亡的；

(四)剥夺或者限制被组织人人身自由的；

(五)以暴力、威胁方法抗拒检查的；

(六)违法所得数额巨大的；

(七)有其他特别严重情节的。

犯前款罪，对被组织人有杀害、伤害、强奸、拐卖等犯罪行为，或者对检查人员有杀害、伤害等犯罪行为的，依照数罪并罚的规定处罚。

●考点点拨

1. 本罪是指违反国(边)境管理法规，组织他人偷越国(边)境的行为。

2. 客观方面表现为违反出入境管理法规，组织他人偷越国边境的行为。

3. 以组织他人偷越国(边)境为目的，招募、拉拢、引诱、介绍、培训偷越国(边)境人员，策划、安排偷越国(边)境行为，在他人偷越国(边)境之前或者偷越国(边)境过程中被查获的，应当以本罪的未遂论处。

4. 主观方面必须出于故意，营利目的不是本罪的主观要件。

★骗取出境证件罪

第三百一十九条　以劳务输出、经贸往来或者其他名义，弄虚作假，骗取护照、签证等出境证件，为组织他人偷越国(边)境使用的，处三年以下有期徒刑，并处罚金；情节严重的，处三年以上十年以下有期徒刑，并处罚金。

单位犯前款罪的，对单位判处罚金，并对其直接负责的主管人员和其他直接责任人员，依照前款的规定处罚。

●考点点拨

1. 本罪是指自然人或者单位以劳务输出、经贸往来或者其他名义弄虚作假、骗取护照、签证等出境证件，为组织他人偷越国(边)境使用的行为。

2. “为组织他人偷越国边境使用”，应属于主观要件。因此，如果行为人出于为组织他人偷越国(边)境的目的，采取上述手段骗取了护照、签证等出境证件的，即使实际上还没有用于组织他人偷越国(边)境，也成立本罪。

3. 反之，如果原本不存在组织他人偷越国(边)境的组织者，则骗取出境证件的行为就不能构成本罪。

◆关联法条

最高人民法院、最高人民检察院《关于办理妨害国(边)境管理刑事案件应用法律若干问题的解释》

第二条　为组织他人偷越国(边)境，编造出境事由、身份信息或者相关的境外关系证明的，应当认定为刑法第三百一十九条第一款规定的“弄虚作假”。

刑法第三百一十九条第一款规定的“出境证件”，包括护照或者代替护照使用的国际旅行证件，中华人民共和国海员证，中华人民共和国出入境通行证，中华人民共和国旅行证，中国公民往来香港、澳门、台湾地区证件，边境地区出入境通行证，签证、签注，出国(境)证明、名单，以及其他出境时需要查验的资料。

具有下列情形之一的，应当认定为刑法第三百一十九条第一款规定的“情节严重”：

(一)骗取出境证件五份以上的；

(二)非法收取费用三十万元以上的；

(三)明知是国家规定的不准出境的人员而为其骗取出境证件的；

(四)其他情节严重的情形。

⊙提供伪造、变造的出入境证件罪/出售出入境证件罪

第三百二十条　为他人提供伪造、变造的护照、签证等出入境证件，或者出售护照、签证等出入境证件的，处五年以下有期徒刑，并处罚金；情节严重的，

处五年以上有期徒刑，并处罚金。

●**考点点拨**

1. 本罪是指为他人提供伪造、变造的护照、签证等出入境证件的行为。

2. "提供"既可以是有偿的，也可以是无偿的。行为人伪造出入境证件后又提供给他人的，原则上应从一重罪处罚，出售出入境证件的行为，可能同时触犯买卖国家机关证件罪，对此，应认定为一行为触犯数罪名，应从一重罪论处。

⊙运送他人偷越国（边）境罪

第三百二十一条　运送他人偷越国（边）境的，处五年以下有期徒刑、拘役或者管制，并处罚金；有下列情形之一的，处五年以上十年以下有期徒刑，并处罚金：

（一）多次实施运送行为或者运送人数众多的；

（二）所使用的船只、车辆等交通工具不具备必要的安全条件，足以造成严重后果的；

（三）违法所得数额巨大的；

（四）有其他特别严重情节的。

在运送他人偷越国（边）境中造成被运送人重伤、死亡，或者以暴力、威胁方法抗拒检查的，处七年以上有期徒刑，并处罚金。

犯前两款罪，对被运送人有杀害、伤害、强奸、拐卖等犯罪行为，或者对检查人员有杀害、伤害等犯罪行为的，依照数罪并罚的规定处罚。

●**考点点拨**

1. 本罪是指违反国（边）境管理法规，运送他人偷越国（边）境的行为。

2. 客观方面表现为使用车辆、船只等交通工具将偷越国（边）境的人运送出、入国（边）境的行为。主观上表现为明知被运送者是偷越国（边）境人员，而故意运送。

3. 本罪与组织他人偷越国（边）境罪的区别表现在：本罪是运送行为，后者是组织行为。如果行为人既组织，又运送，而且运送行为是组织他人偷越国（边）境行为的组成部分，被运送者与被组织者具有同一性，则只认定为组织他人偷越国（边）境罪，如果运送行为不是组织行为的组成部分，被运送者与被组织者不具有同一性，则应分别定罪，实行数罪并罚。

◆**关联法条**

最高人民法院、最高人民检察院《关于办理妨害国（边）境管理刑事案件应用法律若干问题的解释》

第四条　运送他人偷越国（边）境人数在十人以上的，应当认定为刑法第三百二十一条第一款第（一）项规定的"人数众多"；违法所得数额在二十万元以上的，应当认定为刑法第三百二十一条第一款第（三）项规定的"违法所得数额巨大"。

★**偷越国（边）境罪**

第三百二十二条　违反国（边）境管理法规，偷越国（边）境，情节严重的，处一年以下有期徒刑、拘役或者管制，并处罚金；为参加恐怖活动组织、接受恐怖活动培训或者实施恐怖活动，偷越国（边）境的，处一年以上三年以下有期徒刑，并处罚金。

●**考点点拨**

1. 本罪是指违反国（边）境管理法规，偷越国（边）境，情节严重的行为。

2. 偷越，主要表现为不在出入境口岸、边防站等规定的地点出入国（边）境，或者没有出入境证件，使用伪造、变造、无效的出入境证件，使用他人的出入境证件在规定的地点出入国（边）境。

3. 偷越的主体既可以是中国公民，也可以是外国公民。国家机关工作人员或者掌握国家秘密的国家工作人员偷越国（边）境叛逃的，以叛逃罪论处，不另认定为本罪。

⊙破坏界碑、界桩罪/破坏永久性测量标志罪

第三百二十三条　故意破坏国家边境的界碑、界桩或者永久性测量标志的，处三年以下有期徒刑或者拘役。

第四节　妨害文物管理罪

★**故意损毁文物罪/故意损毁名胜古迹罪/过失损毁文物罪**

第三百二十四条　故意损毁国家保护的珍贵文物或者被确定为全国重点文物保护单位、省级文物保护单位的文物的，处三年以下有期徒刑或者拘役，并处或者单处罚金；情节严重的，处三年以上十年以下有期徒刑，并处罚金。

故意损毁国家保护的名胜古迹，情节严重的，处五年以下有期徒刑或者拘役，并处或者单处罚金。

过失损毁国家保护的珍贵文物或者被确定为全国重点文物保护单位、省级文物保护单位的文物，造成严重后果的，处三年以下有期徒刑或者拘役。

●**考点点拨**

1. 本罪是指故意损毁国家保护的珍贵文物或者被确定为全国重点文物保护单位、省级文物保护单位

的文物的行为。

2. 损毁,是指损坏、毁坏、破坏文物以及其他使文物的历史、艺术、科学、史料、经济价值或纪念意义、教育意义丧失或者减少的行为。

3. 损毁的对象必须是国家保护的珍贵文物或者被确定为全国重点文物保护单位、省级文物保护单位的文物。

4. 本罪的对象"文物"应作扩大解释,包括具有科学价值的古脊椎动物化石、古人类化石。

5. 主观方面必须出于故意,行为人必须明知自己所损毁的是文物或者可能是文物,但不要求行为人对文物的种类、级别等具有明确认识。

◆关联法条

全国人民代表大会常务委员会《关于〈中华人民共和国刑法〉有关文物的规定适用于具有科学价值的古脊椎动物化石、古人类化石的解释》

刑法有关文物的规定,适用于具有科学价值的古脊椎动物化石、古人类化石。

⊙非法向外国人出售、赠送珍贵文物罪

第三百二十五条　违反文物保护法规,将收藏的国家禁止出口的珍贵文物私自出售或者私自赠送给外国人的,处五年以下有期徒刑或者拘役,可以并处罚金。

单位犯前款罪的,对单位判处罚金,并对其直接负责的主管人员和其他直接责任人员,依照前款的规定处罚。

★倒卖文物罪

第三百二十六条　以牟利为目的,倒卖国家禁止经营的文物,情节严重的,处五年以下有期徒刑或者拘役,并处罚金;情节特别严重的,处五年以上十年以下有期徒刑,并处罚金。

单位犯前款罪的,对单位判处罚金,并对其直接负责的主管人员和其他直接责任人员,依照前款的规定处罚。

●考点点拨

1. 本罪是指自然人或者单位以牟利为目的,倒卖国家禁止经营的文物,情节严重的行为。

2. 客观上表现为倒卖国家禁止经营的文物。倒卖,是指低价买进高价卖出或者转手贩卖文物。行为人所倒卖的文物,必须是国家禁止经营的文物,其具体范围由国家文物主管部门确定。

3. 主观上只能出于故意,并具有牟利目的。成立本罪,还要求情节严重。

⊙非法出售、私赠文物藏品罪

第三百二十七条　违反文物保护法规,国有博物馆、图书馆等单位将国家保护的文物藏品出售或者私自送给非国有单位或者个人的,对单位判处罚金,并对其直接负责的主管人员和其他直接责任人员,处三年以下有期徒刑或者拘役。

⊙盗掘古文化遗址、古墓葬罪/盗掘古人类化石、古脊椎动物化石罪

第三百二十八条　盗掘具有历史、艺术、科学价值的古文化遗址、古墓葬的,处三年以上十年以下有期徒刑,并处罚金;情节较轻的,处三年以下有期徒刑、拘役或者管制,并处罚金;有下列情形之一的,处十年以上有期徒刑或者无期徒刑,并处罚金或者没收财产:

(一)盗掘确定为全国重点文物保护单位和省级文物保护单位的古文化遗址、古墓葬的;

(二)盗掘古文化遗址、古墓葬集团的首要分子;

(三)多次盗掘古文化遗址、古墓葬的;

(四)盗掘古文化遗址、古墓葬,并盗窃珍贵文物或者造成珍贵文物严重破坏的。

盗掘国家保护的具有科学价值的古人类化石和古脊椎动物化石的,依照前款的规定处罚。

●考点点拨

1. 本罪是指盗掘具有历史、艺术、科学价值的古文化遗址、古墓葬的行为。

2. 本罪的对象是具有历史、艺术、科学价值的古文化遗址、古墓葬。这是指清代和清代以前的具有历史、艺术科学价值的古文化遗址、古墓葬以及辛亥革命后与著名历史事件有关的名人墓葬、遗址和纪念地。

3. 本罪的行为是盗掘,盗掘既不是单纯的盗窃,也不是单纯的损毁,而是指未经国家文物主管部门批准,私自挖掘古文化遗址、古墓葬。因此,盗掘可谓集盗窃与损毁于一体,其危害程度相当严重。

★抢夺、窃取国有档案罪/擅自出卖、转让国有档案罪

第三百二十九条　抢夺、窃取国家所有的档案的,处五年以下有期徒刑或者拘役。

违反档案法的规定,擅自出卖、转让国家所有的档案,情节严重的,处三年以下有期徒刑或者拘役。

有前两款行为,同时又构成本法规定的其他犯罪

的，依照处罚较重的规定定罪处罚。

●考点点拨

1. 本罪是指抢夺、窃取国家所有的档案的行为。

2. 犯本罪又构成《刑法》规定的其他犯罪的，依照处罚较重的规定定罪处罚。比如，如果窃取属于国家秘密的国有档案，则行为触犯了窃取国有档案罪与非法获取国家秘密罪，应从一重罪论处。

第五节　危害公共卫生罪

⊙妨害传染病防治罪

第三百三十条　违反传染病防治法的规定，有下列情形之一，引起甲类传染病传播或者有传播严重危险的，处三年以下有期徒刑或者拘役；后果特别严重的，处三年以上七年以下有期徒刑：

（一）供水单位供应的饮用水不符合国家规定的卫生标准的；

（二）拒绝按照卫生防疫机构提出的卫生要求，对传染病病原体污染的污水、污物、粪便进行消毒处理的；

（三）准许或者纵容传染病病人、病原携带者和疑似传染病病人从事国务院卫生行政部门规定禁止从事的易使该传染病扩散的工作的；

（四）拒绝执行卫生防疫机构依照传染病防治法提出的预防、控制措施的。

单位犯前款罪的，对单位判处罚金，并对其直接负责的主管人员和其他直接责任人员，依照前款的规定处罚。

甲类传染病的范围，依照《中华人民共和国传染病防治法》和国务院有关规定确定。

⊙传染病菌种、毒种扩散罪

第三百三十一条　从事实验、保藏、携带、运输传染病菌种、毒种的人员，违反国务院卫生行政部门的有关规定，造成传染病菌种、毒种扩散，后果严重的，处三年以下有期徒刑或者拘役；后果特别严重的，处三年以上七年以下有期徒刑。

⊙妨害国境卫生检疫罪

第三百三十二条　违反国境卫生检疫规定，引起检疫传染病传播或者有传播严重危险的，处三年以下有期徒刑或者拘役，并处或者单处罚金。

单位犯前款罪的，对单位判处罚金，并对其直接负责的主管人员和其他直接责任人员，依照前款的规定处罚。

⊙非法组织卖血罪/强迫卖血罪

第三百三十三条　非法组织他人出卖血液的，处五年以下有期徒刑，并处罚金；以暴力、威胁方法强迫他人出卖血液的，处五年以上十年以下有期徒刑，并处罚金。

有前款行为，对他人造成伤害的，依照本法第二百三十四条的规定定罪处罚。

⊙非法采集、供应血液、制作、供应血液制品罪/采集、供应血液、制作、供应血液制品事故罪

第三百三十四条　非法采集、供应血液或者制作、供应血液制品，不符合国家规定的标准，足以危害人体健康的，处五年以下有期徒刑或者拘役，并处罚金；对人体健康造成严重危害的，处五年以上十年以下有期徒刑，并处罚金；造成特别严重后果的，处十年以上有期徒刑或者无期徒刑，并处罚金或者没收财产。

经国家主管部门批准采集、供应血液或者制作、供应血液制品的部门，不依照规定进行检测或者违背其他操作规定，造成危害他人身体健康后果的，对单位判处罚金，并对其直接负责的主管人员和其他直接责任人员，处五年以下有期徒刑或者拘役。

★医疗事故罪

第三百三十五条　医务人员由于严重不负责任，造成就诊人死亡或者严重损害就诊人身体健康的，处三年以下有期徒刑或者拘役。

●考点点拨

1. 本罪是指医务人员由于严重不负责，造成就诊人死亡或者严重损害就诊人身体健康的行为。

2. 严重不负责是指医务人员在诊疗护理过程中，违反医疗卫生管理法律、行政法规、部门规章和诊疗护理规范、常规，不履行或者不正确履行诊疗护理职责，粗心大意，马虎草率。行为既可以是作为，也可以是不作为。

3. 行为造成就诊人死亡或者严重损害就诊人身体健康的，才成立本罪。

★非法行医罪/非法进行节育手术罪

第三百三十六条　未取得医生执业资格的人非法行医，情节严重的，处三年以下有期徒刑、拘役或者管制，并处或者单处罚金；严重损害就诊人身体健康的，处三年以上十年以下有期徒刑，并处罚金；造成就诊人死亡的，处十年以上有期徒刑，并处罚金。

未取得医生执业资格的人擅自为他人进行节育

复通手术、假节育手术、终止妊娠手术或者摘取宫内节育器,情节严重的,处三年以下有期徒刑、拘役或者管制,并处或者单处罚金;严重损害就诊人身体健康的,处三年以上十年以下有期徒刑,并处罚金;造成就诊人死亡的,处十年以上有期徒刑,并处罚金。

●**考点点拨**

1. 本罪是指未取得医生职业资格的人非法行医,情节严重的行为。

2. 客观方面表现为非法行医,即非法从事诊断、治疗、医务护理工作,属于典型的职业犯,《刑法》所规定的犯罪构成包括了行为人反复非法行医的行为,因此,不管非法行医的时间多长,也只能认定为一罪。

3. 主体必须是未取得医生职业资格的人,已经取得医生职业资格的人行医的,即使没有办理其他有关手续,也不成立本罪。

4. 本罪主观上出于故意,即明知自己未取得医生职业资格却非法行医。

⊙妨害动植物防疫、检疫罪

第三百三十七条　违反有关动植物防疫、检疫的国家规定,引起重大动植物疫情的,或者有引起重大动植物疫情危险,情节严重的,处三年以下有期徒刑或者拘役,并处或者单处罚金。

单位犯前款罪的,对单位判处罚金,并对其直接负责的主管人员和其他直接责任人员,依照前款的规定处罚。

第六节　破坏环境资源保护罪

★**污染环境罪**

第三百三十八条　违反国家规定,排放、倾倒或者处置有放射性的废物、含传染病病原体的废物、有毒物质或者其他有害物质,严重污染环境的,处三年以下有期徒刑或者拘役,并处或者单处罚金;后果特别严重的,处三年以上七年以下有期徒刑,并处罚金。

●**考点点拨**

1. 本罪是指违反国家规定,排放、倾倒或者处置有放射性的废物、含传染病病原体的废物、有毒物质或者其他有害物质,严重污染环境的行为。

2. 本罪是结果犯,只有严重污染环境的,才构成本罪。

3. 本罪规定最轻的为"其他有害物质",如果仅仅把无害的建筑垃圾、泥渣等倾倒,不会造成环境污染的,也不构成本罪。

⊙非法处置进口的固体废物罪/擅自进口固体废物罪

第三百三十九条　违反国家规定,将境外的固体废物进境倾倒、堆放、处置的,处五年以下有期徒刑或者拘役,并处罚金;造成重大环境污染事故,致使公私财产遭受重大损失或者严重危害人体健康的,处五年以上十年以下有期徒刑,并处罚金;后果特别严重的,处十年以上有期徒刑,并处罚金。

未经国务院有关主管部门许可,擅自进口固体废物用作原料,造成重大环境污染事故,致使公私财产遭受重大损失或者严重危害人体健康的,处五年以下有期徒刑或者拘役,并处罚金;后果特别严重的,处五年以上十年以下有期徒刑,并处罚金。

以原料利用为名,进口不能用作原料的固体废物、液态废物和气态废物的,依照本法第一百五十二条第二款、第三款的规定定罪处罚。

⊙非法捕捞水产品罪

第三百四十条　违反保护水产资源法规,在禁渔区、禁渔期或者使用禁用的工具、方法捕捞水产品,情节严重的,处三年以下有期徒刑、拘役、管制或者罚金。

⊙非法猎捕、杀害珍贵、濒危野生动物罪/非法收购、运输、出售珍贵、濒危野生动物、珍贵、濒危野生动物制品罪/非法狩猎罪

第三百四十一条　非法猎捕、杀害国家重点保护的珍贵、濒危野生动物的,或者非法收购、运输、出售国家重点保护的珍贵、濒危野生动物及其制品的,处五年以下有期徒刑或者拘役,并处罚金;情节严重的,处五年以上十年以下有期徒刑,并处罚金;情节特别严重的,处十年以上有期徒刑,并处罚金或者没收财产。

违反狩猎法规,在禁猎区、禁猎期或者使用禁用的工具、方法进行狩猎,破坏野生动物资源,情节严重的,处三年以下有期徒刑、拘役、管制或者罚金。

●**考点点拨**

1. 非法猎捕、杀害珍贵、濒危野生动物罪是指自然人或者单位故意非法猎捕、杀害国家重点保护的珍贵、濒危野生动物的行为。

2. 本罪的对象是国家重点保护的珍贵、濒危野生动物。使用爆炸、投毒、设置电网等危险方法破坏野生动物资源,构成非法猎捕、杀害珍贵、濒危野生动物罪,同时构成《刑法》第114条或者第115条规定之罪的,依照处罚较重的规定定罪处罚。

◆**关联法条**

全国人民代表大会常务委员会《关于〈中华人民共和国刑法〉第三百四十一条、第三百一十二条的解释》

知道或者应当知道是国家重点保护的珍贵、濒危野生动物及其制品,为食用或者其他目的而非法购买的,属于刑法第三百四十一条第一款规定的非法收购国家重点保护的珍贵、濒危野生动物及其制品的行为。

知道或者应当知道是刑法第三百四十一条第二款规定的非法狩猎的野生动物而购买的,属于刑法第三百一十二条第一款规定的明知是犯罪所得而收购的行为。

⊙非法占用农用地罪

第三百四十二条　违反土地管理法规,非法占用耕地、林地等农用地,改变被占用土地用途,数量较大,造成耕地、林地等农用地大量毁坏的,处五年以下有期徒刑或者拘役,并处或者单处罚金。

●**考点点拨**

1. 本罪是指自然人或者单位违反土地管理法规,非法占用耕地、林地、草原等农用地,改变被占用土地用途,数量较大,造成耕地、林地、草原等农用地大量毁坏的行为。

2. 违反土地管理法规,是指违反《土地管理法》《森林法》《草原法》等法律以及有关行政法规中关于土地管理的规定。只要改变了被占用的农用地的原本用途,就属于"毁坏"农用地。

⊙非法采矿罪/破坏性采矿罪

第三百四十三条　违反矿产资源法的规定,未取得采矿许可证擅自采矿,擅自进入国家规划矿区、对国民经济具有重要价值的矿区和他人矿区范围采矿,或者擅自开采国家规定实行保护性开采的特定矿种,情节严重的,处三年以下有期徒刑、拘役或者管制,并处或者单处罚金;情节特别严重的,处三年以上七年以下有期徒刑,并处罚金。

违反矿产资源法的规定,采取破坏性的开采方法开采矿产资源,造成矿产资源严重破坏的,处五年以下有期徒刑或者拘役,并处罚金。

⊙非法采伐、毁坏国家重点保护植物罪/非法收购、运输、加工、出售国家重点保护植物、国家重点保护植物制品罪

第三百四十四条　违反国家规定,非法采伐、毁坏珍贵树木或者国家重点保护的其他植物的,或者非法收购、运输、加工、出售珍贵树木或者国家重点保护的其他植物及其制品的,处三年以下有期徒刑、拘役或者管制,并处罚金;情节严重的,处三年以上七年以下有期徒刑,并处罚金。

★**盗伐林木罪/滥伐林木罪/非法收购、运输盗伐、滥伐的林木罪**

第三百四十五条　盗伐森林或者其他林木,数量较大的,处三年以下有期徒刑、拘役或者管制,并处或者单处罚金;数量巨大的,处三年以上七年以下有期徒刑,并处罚金;数量特别巨大的,处七年以上有期徒刑,并处罚金。

违反森林法的规定,滥伐森林或者其他林木,数量较大的,处三年以下有期徒刑、拘役或者管制,并处或者单处罚金;数量巨大的,处三年以上七年以下有期徒刑,并处罚金。

非法收购、运输明知是盗伐、滥伐的林木,情节严重的,处三年以下有期徒刑、拘役或者管制,并处或者单处罚金;情节特别严重的,处三年以上七年以下有期徒刑,并处罚金。

盗伐、滥伐国家级自然保护区内的森林或者其他林木的,从重处罚。

●**考点点拨**

1. 盗伐林木罪

(1)本罪是指盗伐森林或者其他林木,数量较大的行为。

(2)森林是指大面积的原始森林或人造林,包括防护林、用材林、经济林、薪炭林和特种用途林等。其他林木,是指小面积的树木和零星树木,但不包括农村农民房前屋后个人所有的零星树木。

(3)盗伐是指以非法占有为目的,擅自砍伐森林或者其他林木的行为。

(4)本罪主体既可以是自然人,也可以是单位。

(5)本罪主观方面是故意,并且具有非法占有目的。以毁坏目的砍伐国家、集体或者他人林木的,应认定为故意毁坏财物罪。

2. 滥伐林木罪

(1)本罪是指违反森林法的规定,滥伐森林或者其他树木,数量较大的行为。

(2)这里的森林与其他树木的范围与盗伐林木罪的对象范围基本相同。但是,滥伐属于自己所有的林木的,也可能成立本罪,因为属于个人所有的林木,也是国家森林资源的部分,虽然不能成为盗伐林木罪

的对象，却可以成为滥伐林木罪的对象。

(3)本罪与盗伐林木罪的区别：

①两者对象不完全相同：前者包括自己所有的林木，后者则不包括自己所有的林木。

②行为方式不同：前者是不按要求任意砍伐的行为，后者是盗伐的行为。

③主观方面不完全相同：前者不要求具有非法占有目的，而后者则要求具有非法占有目的。

⊙单位犯破坏环境资源罪的处罚规定

第三百四十六条　单位犯本节第三百三十八条至第三百四十五条规定之罪的，对单位判处罚金，并对其直接负责的主管人员和其他直接责任人员，依照本节各该条的规定处罚。

第七节　走私、贩卖、运输、制造毒品罪

★走私、贩卖、运输、制造毒品罪

第三百四十七条　走私、贩卖、运输、制造毒品，无论数量多少，都应当追究刑事责任，予以刑事处罚。

走私、贩卖、运输、制造毒品，有下列情形之一的，处十五年有期徒刑、无期徒刑或者死刑，并处没收财产：

(一)走私、贩卖、运输、制造鸦片一千克以上、海洛因或者甲基苯丙胺五十克以上或者其他毒品数量大的；

(二)走私、贩卖、运输、制造毒品集团的首要分子；

(三)武装掩护走私、贩卖、运输、制造毒品的；

(四)以暴力抗拒检查、拘留、逮捕，情节严重的；

(五)参与有组织的国际贩毒活动的。

走私、贩卖、运输、制造鸦片二百克以上不满一千克、海洛因或者甲基苯丙胺十克以上不满五十克或者其他毒品数量较大的，处七年以上有期徒刑，并处罚金。

走私、贩卖、运输、制造鸦片不满二百克、海洛因或者甲基苯丙胺不满十克或者其他少量毒品的，处三年以下有期徒刑、拘役或者管制，并处罚金；情节严重的，处三年以上七年以下有期徒刑，并处罚金。

单位犯第二款、第三款、第四款罪的，对单位判处罚金，并对其直接负责的主管人员和其他直接责任人员，依照各该款的规定处罚。

利用、教唆未成年人走私、贩卖、运输、制造毒品，或者向未成年人出售毒品的，从重处罚。

对多次走私、贩卖、运输、制造毒品，未经处理的，毒品数量累计计算。

●考点点拨

1. 走私毒品罪

(1)走私毒品是指非法运输、携带、邮寄毒品进出国(边)境的行为。

(2)有证据证明行为人不以牟利为目的，为他人代购仅用于吸食的毒品，毒品数量超过非法持有毒品的最低数量标准的，对托购者、代购者应以非法持有毒品罪定罪。代购者从中牟利，变相加价贩卖毒品的，对代购者应以贩卖毒品罪定罪。

2. 贩卖毒品罪

(1)贩卖指有偿转让毒品，不需要以营利为目的(或者以贩卖为目的)而非法收购毒品，包括出售毒品、为出售而购买毒品、居间介绍买卖毒品。

(2)贩卖方式既可能是公开的，也可能是秘密的。既可能是行为人请求对方购买，也可能是对方请求行为人转让。既可能是直接交付给对方，也可能是间接交付给对方。

3. 运输毒品罪

(1)本罪是指采用携带、邮寄、利用他人或者使用交通工具等方法在我国领域内转移毒品，本罪的行为必须限制在国内，而且不是在领海、内海运输国家禁止进出口的毒品，否则便是走私毒品。

(2)从结局上看没有变更毒品所在地却使毒品的所在地曾经发生了变化的行为，也是运输毒品。

4. 制造毒品罪

(1)制造通常是指使用原材料而制作成原材料以外的物品。制造毒品一般是指使用毒品原植物制作成毒品。

(2)为便于隐蔽运输、销售、使用、欺骗购买者，或者为了增重，对毒品掺杂使假，添加或者去除其他非毒品物质，不属于制造毒品的行为。

★非法持有毒品罪

第三百四十八条　非法持有鸦片一千克以上、海洛因或者甲基苯丙胺五十克以上或者其他毒品数量大的，处七年以上有期徒刑或者无期徒刑，并处罚金；非法持有鸦片二百克以上不满一千克、海洛因或者甲基苯丙胺十克以上不满五十克或者其他毒品数量较大的，处三年以下有期徒刑、拘役或者管制，并处罚金；情节严重的，处三年以上七年以下有期徒刑，并处罚金。

●考点点拨

1. 与其他持有型犯罪一样，只有在不能确认具体

的毒品犯罪的罪名时，才能成立本罪。

2. 吸食毒品者的处罚：自己吸食毒品，原则上不成立犯罪。但如果为自己吸食而购买大量的毒品并持有的，应成立非法持有毒品罪。

⊙包庇毒品犯罪分子罪/窝藏、转移、隐瞒毒品、毒赃罪/包庇毒品犯罪分子罪

第三百四十九条　包庇走私、贩卖、运输、制造毒品的犯罪分子的，为犯罪分子窝藏、转移、隐瞒毒品或者犯罪所得的财物的，处三年以下有期徒刑、拘役或者管制；情节严重的，处三年以上十年以下有期徒刑。

缉毒人员或者其他国家机关工作人员掩护、包庇走私、贩卖、运输、制造毒品的犯罪分子的，依照前款的规定从重处罚。

犯前两款罪，事先通谋的，以走私、贩卖、运输、制造毒品罪的共犯论处。

★非法生产、买卖、运输制毒物品、走私制毒物品罪

第三百五十条　违反国家规定，非法生产、买卖、运输醋酸酐、乙醚、三氯甲烷或者其他用于制造毒品的原料、配剂，或者携带上述物品进出境，情节较重的，处三年以下有期徒刑、拘役或者管制，并处罚金；情节严重的，处三年以上七年以下有期徒刑，并处罚金；情节特别严重的，处七年以上有期徒刑，并处罚金或者没收财产。

明知他人制造毒品而为其生产、买卖、运输前款规定的物品的，以制造毒品罪的共犯论处。

单位犯前两款罪的，对单位判处罚金，并对其直接负责的主管人员和其他直接责任人员，依照前两款的规定处罚。

●考点点拨

1. 本罪是指自然人或者单位，违反国家规定，在境内非法买卖醋酸酐、乙醚、三氯甲烷或者其他用于制造毒品的原料或者配剂的行为。

2. 本罪主观方面只能是故意，行为人必须明知是制毒物品。

⊙非法种植毒品原植物罪

第三百五十一条　非法种植罂粟、大麻等毒品原植物的，一律强制铲除。有下列情形之一的，处五年以下有期徒刑、拘役或者管制，并处罚金：

（一）种植罂粟五百株以上不满三千株或者其他毒品原植物数量较大的；

（二）经公安机关处理后又种植的；

（三）抗拒铲除的。

非法种植罂粟三千株以上或者其他毒品原植物数量大的，处五年以上有期徒刑，并处罚金或者没收财产。

非法种植罂粟或者其他毒品原植物，在收获前自动铲除的，可以免除处罚。

⊙非法买卖、运输、携带、持有毒品原植物种子、幼苗罪

第三百五十二条　非法买卖、运输、携带、持有未经灭活的罂粟等毒品原植物种子或者幼苗，数量较大的，处三年以下有期徒刑、拘役或者管制，并处或者单处罚金。

⊙引诱、教唆、欺骗他人吸毒罪/强迫他人吸毒罪

第三百五十三条　引诱、教唆、欺骗他人吸食、注射毒品的，处三年以下有期徒刑、拘役或者管制，并处罚金；情节严重的，处三年以上七年以下有期徒刑，并处罚金。

强迫他人吸食、注射毒品的，处三年以上十年以下有期徒刑，并处罚金。

引诱、教唆、欺骗或者强迫未成年人吸食、注射毒品的，从重处罚。

⊙容留他人吸毒罪

第三百五十四条　容留他人吸食、注射毒品的，处三年以下有期徒刑、拘役或者管制，并处罚金。

⊙非法提供麻醉药品、精神药品罪

第三百五十五条　依法从事生产、运输、管理、使用国家管制的麻醉药品、精神药品的人员，违反国家规定，向吸食、注射毒品的人提供国家规定管制的能够使人形成瘾癖的麻醉药品、精神药品的，处三年以下有期徒刑或者拘役，并处罚金；情节严重的，处三年以上七年以下有期徒刑，并处罚金。向走私、贩卖毒品的犯罪分子或者以牟利为目的，向吸食、注射毒品的人提供国家规定管制的能够使人形成瘾癖的麻醉药品、精神药品的，依照本法第三百四十七条的规定定罪处罚。

单位犯前款罪的，对单位判处罚金，并对其直接负责的主管人员和其他直接责任人员，依照前款的规定处罚。

⊙毒品犯罪的再犯

第三百五十六条　因走私、贩卖、运输、制造、非法持有毒品罪被判过刑，又犯本节规定之罪的，从重处罚。

⊙毒品的范围及毒品数量的计算

第三百五十七条　本法所称的毒品,是指鸦片、海洛因、甲基苯丙胺(冰毒)、吗啡、大麻、可卡因以及国家规定管制的其他能够使人形成瘾癖的麻醉药品和精神药品。

毒品的数量以查证属实的走私、贩卖、运输、制造、非法持有毒品的数量计算,不以纯度折算。

第八节　组织、强迫、引诱、容留、介绍卖淫罪

★组织卖淫罪/强迫卖淫罪/协助组织卖淫罪

第三百五十八条　组织、强迫他人卖淫的,处五年以上十年以下有期徒刑,并处罚金;情节严重的,处十年以上有期徒刑或者无期徒刑,并处罚金或者没收财产。

组织、强迫未成年人卖淫的,依照前款的规定从重处罚。

犯前两款罪,并有杀害、伤害、强奸、绑架等犯罪行为的,依照数罪并罚的规定处罚。

为组织卖淫的人招募、运送人员或者有其他协助组织他人卖淫行为的,处五年以下有期徒刑,并处罚金;情节严重的,处五年以上十年以下有期徒刑,并处罚金。

●考点点拨

1. 组织卖淫罪

(1)本罪是指以招募、雇佣、强迫、引诱、容留等手段,控制他人从事卖淫活动的行为。

(2)组织一般表现为两种情况:设置卖淫场所或者变相卖淫场所,控制卖淫者,招揽嫖娼者;没有固定的卖淫场所,通过控制卖淫人员,有组织地进行卖淫活动。

(3)"他人"既包括女性组织(女性当女娼),也包括男性组织(男性当男妓)。

(4)主观上只能出于故意,虽然卖淫以营利为目的,组织卖淫者通常也以营利为目的,但《刑法》并没有将营利目的规定为主观要件的内容。

2. 强迫卖淫罪

(1)本罪是指使用暴力、威胁、虐待等强制方法迫使他人卖淫的行为。

(2)本罪的对象既包括妇女,也包括幼女,还包括男子。行为的方法必须具有强迫性,表现为在他人不愿意从事卖淫活动的情况下,使用各种强制性手段迫使其从事卖淫活动。行为的内容必须是迫使他人卖淫。主观方面必须出于故意,是否出于营利目的,不影响本罪的成立。

(3)在组织他人卖淫的活动中,对被组织者实施强迫行为的,只认定为组织卖淫;但如果被强迫者与被组织者不具有同一性的,则应以组织卖淫罪与强迫卖淫罪实行数罪并罚。

3. 协助组织卖淫罪

(1)本罪是指为组织卖淫的人招募、运送人员或者有其他协助他人卖淫行为的行为。

(2)如果《刑法》没有规定本罪,对协助组织他人卖淫的行为,应认定为组织卖淫罪的共犯行为,但《刑法》特别将这种行为规定为独立犯罪。

⊙引诱、容留、介绍卖淫罪/引诱幼女卖淫罪

第三百五十九条　引诱、容留、介绍他人卖淫的,处五年以下有期徒刑、拘役或者管制,并处罚金;情节严重的,处五年以上有期徒刑,并处罚金。

引诱不满十四周岁的幼女卖淫的,处五年以上有期徒刑,并处罚金。

⊙传播性病罪

第三百六十条　明知自己患有梅毒、淋病等严重性病卖淫、嫖娼的,处五年以下有期徒刑、拘役或者管制,并处罚金。

⊙特定单位的人员组织、强迫、引诱、容留、介绍卖淫的处理规定

第三百六十一条　旅馆业、饮食服务业、文化娱乐业、出租汽车业等单位的人员,利用本单位的条件,组织、强迫、引诱、容留、介绍他人卖淫的,依照本法第三百五十八条、第三百五十九条的规定定罪处罚。

前款所列单位的主要负责人,犯前款罪的,从重处罚。

⊙包庇罪

第三百六十二条　旅馆业、饮食服务业、文化娱乐业、出租汽车业等单位的人员,在公安机关查处卖淫、嫖娼活动时,为违法犯罪分子通风报信,情节严重的,依照本法第三百一十条的规定定罪处罚。

第九节　制作、贩卖、传播淫秽物品罪

★制作、复制、出版、贩卖、传播淫秽物品牟利罪/为他人提供书号出版淫秽书刊罪

第三百六十三条　以牟利为目的,制作、复制、出版、贩卖、传播淫秽物品的,处三年以下有期徒刑、拘役或者管制,并处罚金;情节严重的,处三年以上十年

以下有期徒刑，并处罚金；情节特别严重的，处十年以上有期徒刑或者无期徒刑，并处罚金或者没收财产。

为他人提供书号，出版淫秽书刊的，处三年以下有期徒刑、拘役或者管制，并处或者单处罚金；明知他人用于出版淫秽书刊而提供书号的，依照前款的规定处罚。

●**考点点拨**

1. 制作、复制、出版、贩卖、传播淫秽物品牟利罪的行为方式表现为制作、复制、出版，贩卖、传播淫秽物品。淫秽物品是指具体描绘性行为或者露骨宣扬色情的书刊、影片、录像带、录音、图片以及其他淫秽物品。

2. 有关人体生理、医学知识的科学著作不是淫秽物品。包含有色情内容的有艺术价值的文学、艺术作品不视为淫秽物品。

3. 行为人传播淫秽物品时是否具有牟利目的，是传播淫秽物品牟利罪与传播淫秽物品罪的区别所在。

★**传播淫秽物品罪/组织播放淫秽音像制品罪**

第三百六十四条　传播淫秽的书刊、影片、音像、图片或者其他淫秽物品，情节严重的，处二年以下有期徒刑、拘役或者管制。

组织播放淫秽的电影、录像等音像制品的，处三年以下有期徒刑、拘役或者管制，并处罚金；情节严重的，处三年以上十年以下有期徒刑，并处罚金。

制作、复制淫秽的电影、录像等音像制品组织播放的，依照第二款的规定从重处罚。

向不满十八周岁的未成年人传播淫秽物品的，从重处罚。

●**考点点拨**

1. 传播淫秽物品罪

(1)本罪是指自然人或者单位，传播淫秽的书刊、影片、音响、图片或者其他淫秽物品，情节严重的行为。

(2)利用互联网建立主要用于传播淫秽电子信息的群组，成员众多或者造成严重后果的，对建立者、管理者和主要传播者，以传播淫秽物品罪定罪处罚。

(3)本罪只能由故意构成，但不要求行为人主观上具有牟利目的，否则成立传播淫秽物品牟利罪。

2. 组织播放淫秽音像制品罪

(1)本罪是指自然人或者单位，不以牟利为目的，组织播放淫秽的电影、录像等音像制品的行为。

(2)播放是指将淫秽的电影、录像等音像制品的内容展现出来，使人们可视或可闻的一切行为。

(3)本罪只能出于故意，但不要求具有牟利目的。

⊙组织淫秽表演罪

第三百六十五条　组织进行淫秽表演的，处三年以下有期徒刑、拘役或者管制，并处罚金；情节严重的，处三年以上十年以下有期徒刑，并处罚金。

⊙单位犯本节规定之罪的处罚

第三百六十六条　单位犯本节第三百六十三条、第三百六十四条、第三百六十五条规定之罪的，对单位判处罚金，并对其直接负责的主管人员和其他直接责任人员，依照各该条的规定处罚。

⊙淫秽物品的范围

第三百六十七条　本法所称淫秽物品，是指具体描绘性行为或者露骨宣扬色情的诲淫性的书刊、影片、录像带、录音带、图片及其他淫秽物品。

有关人体生理、医学知识的科学著作不是淫秽物品。

包含有色情内容的有艺术价值的文学、艺术作品不视为淫秽物品。

第七章　危害国防利益罪

⊙阻碍军人执行职务罪/阻碍军事行动罪

第三百六十八条　以暴力、威胁方法阻碍军人依法执行职务的，处三年以下有期徒刑、拘役、管制或者罚金。

故意阻碍武装部队军事行动，造成严重后果的，处五年以下有期徒刑或者拘役。

●**考点点拨**

1. 本罪是指以暴力、威胁方法阻碍军人依法执行职务的行为。

2. 暴力方法，是指对军人不法地行使有形力的一切行为。暴力行为致军人重伤或者死亡的，构成本罪与故意伤害罪或故意杀人罪的想象竞合，应从一重罪论处。威胁方法，是指以恶害相通告，使他人产生恐惧心理进而实现行为人要求的行为。

3. 本罪主体只能是除军人以外的一般自然人。

4. 主观方面表现为故意，即明知军人正在依法执行职务，而故意以暴力、威胁方法予以阻碍。不明知是军人执行职务而阻碍的，不成立本罪。误以为军人实施非法行为而阻碍的，不成立本罪。

⊙破坏武器装备、军事设施、军事通信罪/过失损坏武器装备、军事设施、军事通信罪

第三百六十九条　破坏武器装备、军事设施、军

事通信的，处三年以下有期徒刑、拘役或者管制；破坏重要武器装备、军事设施、军事通信的，处三年以上十年以下有期徒刑；情节特别严重的，处十年以上有期徒刑、无期徒刑或者死刑。

过失犯前款罪，造成严重后果的，处三年以下有期徒刑或者拘役；造成特别严重后果的，处三年以上七年以下有期徒刑。

战时犯前两款罪的，从重处罚。

●考点点拨

1. 破坏武器装备、军事设施、军事通信罪是指故意破坏部队的武器装备、军事设施、军事通信的行为。

2. 破坏，包括使武器装备、军事设施、军事通信的效用丧失或者减少的一切行为，并不限于物理上的损毁。

3. 破坏、损坏军事通信，同时构成其他犯罪的，依照处罚较重的规定定罪处罚。

⊙故意提供不合格武器装备、军事设施罪/过失提供不合格武器装备、军事设施罪

第三百七十条　明知是不合格的武器装备、军事设施而提供给武装部队的，处五年以下有期徒刑或者拘役；情节严重的，处五年以上十年以下有期徒刑；情节特别严重的，处十年以上有期徒刑、无期徒刑或者死刑。

过失犯前款罪，造成严重后果的，处三年以下有期徒刑或者拘役；造成特别严重后果的，处三年以上七年以下有期徒刑。

单位犯第一款罪的，对单位判处罚金，并对其直接负责的主管人员和其他直接责任人员，依照第一款的规定处罚。

⊙聚众冲击军事禁区罪/聚众扰乱军事管理区秩序罪

第三百七十一条　聚众冲击军事禁区，严重扰乱军事禁区秩序的，对首要分子，处五年以上十年以下有期徒刑；对其他积极参加的，处五年以下有期徒刑、拘役、管制或者剥夺政治权利。

聚众扰乱军事管理区秩序，情节严重，致使军事管理区工作无法进行，造成严重损失的，对首要分子，处三年以上七年以下有期徒刑；对其他积极参加的，处三年以下有期徒刑、拘役、管制或者剥夺政治权利。

★冒充军人招摇撞骗罪

第三百七十二条　冒充军人招摇撞骗的，处三年以下有期徒刑、拘役、管制或者剥夺政治权利；情节严重的，处三年以上十年以下有期徒刑。

●考点点拨

1. 本罪是指假冒军人身份进行招摇撞骗的行为。

2. 主要包括两种情况：(1)非军人冒充军人；(2)此种军人冒充彼种军人，如级别较低的军人假冒级别较高的军人，一般部门的军人假冒要害部门的军人。

3. 由于《刑法》将冒充军人招摇撞骗的行为规定为独立的犯罪，故对这种行为不适用《刑法》第279条，即认定为招摇撞骗罪的规定。

4. 行为人在连续性的招摇撞骗过程中，有时冒充军人，有时冒充其他国家机关工作人员的，根据行为人主要冒充的对象确定犯罪性质。如果主要冒充军人，偶尔冒充其他国家机关工作人员招摇撞骗的，认定为本罪；反之亦然。但是，如果行为人在一段时间内冒充军人招摇撞骗，在另一段时间内又冒充其他国家机关工作人员招摇撞骗，分别都构成犯罪的，则应实行数罪并罚。

⊙煽动军人逃离部队罪/雇用逃离部队军人罪

第三百七十三条　煽动军人逃离部队或者明知是逃离部队的军人而雇用，情节严重的，处三年以下有期徒刑、拘役或者管制。

⊙接送不合格兵员罪

第三百七十四条　在征兵工作中徇私舞弊，接送不合格兵员，情节严重的，处三年以下有期徒刑或者拘役；造成特别严重后果的，处三年以上七年以下有期徒刑。

⊙伪造、变造、买卖武装部队公文、证件、印章罪/盗窃、抢夺武装部队公文、证件、印章罪/非法生产、买卖武装部队制式服装罪/伪造、盗窃、买卖、非法提供、非法使用武装部队专用标志罪

第三百七十五条　伪造、变造、买卖或者盗窃、抢夺武装部队公文、证件、印章的，处三年以下有期徒刑、拘役、管制或者剥夺政治权利；情节严重的，处三年以上十年以下有期徒刑。

非法生产、买卖武装部队制式服装，情节严重的，处三年以下有期徒刑、拘役或者管制，并处或者单处罚金。

伪造、盗窃、买卖或者非法提供、使用武装部队车辆号牌等专用标志，情节严重的，处三年以下有期徒刑、拘役或者管制，并处或者单处罚金；情节特别严重的，处三年以上七年以下有期徒刑，并处罚金。

单位犯第二款、第三款罪的，对单位判处罚金，并对其直接负责的主管人员和其他直接责任人员，依照

各该款的规定处罚。

⊙战时拒绝、逃避征召、军事训练罪/战时拒绝、逃避服役罪

第三百七十六条　预备役人员战时拒绝、逃避征召或者军事训练,情节严重的,处三年以下有期徒刑或者拘役。

公民战时拒绝、逃避服役,情节严重的,处二年以下有期徒刑或者拘役。

⊙战时故意提供虚假敌情罪

第三百七十七条　战时故意向武装部队提供虚假敌情,造成严重后果的,处三年以上十年以下有期徒刑;造成特别严重后果的,处十年以上有期徒刑或者无期徒刑。

⊙战时造谣扰乱军心罪

第三百七十八条　战时造谣惑众,扰乱军心的,处三年以下有期徒刑、拘役或者管制;情节严重的,处三年以上十年以下有期徒刑。

⊙战时窝藏逃离部队军人罪

第三百七十九条　战时明知是逃离部队的军人而为其提供隐蔽处所、财物,情节严重的,处三年以下有期徒刑或者拘役。

⊙战时拒绝、故意延误军事订货罪

第三百八十条　战时拒绝或者故意延误军事订货,情节严重的,对单位判处罚金,并对其直接负责的主管人员和其他直接责任人员,处五年以下有期徒刑或者拘役;造成严重后果的,处五年以上有期徒刑。

⊙战时拒绝军事征收、征用罪

第三百八十一条　战时拒绝军事征收、征用,情节严重的,处三年以下有期徒刑或者拘役。

第八章　贪污贿赂罪

★贪污罪

第三百八十二条　国家工作人员利用职务上的便利,侵吞、窃取、骗取或者以其他手段非法占有公共财物的,是贪污罪。

受国家机关、国有公司、企业、事业单位、人民团体委托管理、经营国有财产的人员,利用职务上的便利,侵吞、窃取、骗取或者以其他手段非法占有国有财物的,以贪污论。

与前两款所列人员勾结,伙同贪污的,以共犯论处。

●考点点拨

1. 主体:

(1)国家工作人员。根据《刑法》第93条的规定,国家工作人员是指在国家机关中从事公务的人员;国有公司、企业、事业单位、人民团体中从事公务的人员和国家机关、国有公司、企业、事业单位委派到非国有公司、企业、事业单位、社会团体从事公务的人员,以及其他依照法律从事公务的人员,以国家工作人员论。村民委员会等基层组织人员协助人民政府从事行政管理工作,利用职务上的便利贪污公共财产的,应以贪污罪论处。

(2)受国有单位委托管理、经营国有财产的人员,如承包、租赁、临时聘用人员,此类人员属于特别规定,不适用于本章其他犯罪。这种情形下犯罪对象仅限于国有财物,而非其他公共财物。

2. 行为:利用职务之便,侵吞、窃取、骗取或者以其他手段非法占有公共财物。

3. 与职务侵占罪的区别:主体不同。贪污罪的犯罪主体必须是国家工作人员,而职务侵占罪的犯罪主体则是非国家工作人员。

◆关联法条

最高人民法院、最高人民检察院《关于办理职务犯罪案件认定自首、立功等量刑情节若干问题的意见》

四、关于赃款赃物追缴等情形的处理

贪污案件中赃款赃物全部或者大部分追缴的,一般应当考虑从轻处罚。

受贿案件中赃款赃物全部或者大部分追缴的,视具体情况可以酌定从轻处罚。

犯罪分子及其亲友主动退赃或者在办案机关追缴赃款赃物过程中积极配合的,在量刑时应当与办案机关查办案件过程中依职权追缴赃款赃物的有所区别。

职务犯罪案件立案后,犯罪分子及其亲友自行挽回的经济损失,司法机关或者犯罪分子所在单位及其上级主管部门挽回的经济损失,或者因客观原因减少的经济损失,不予扣减,但可以作为酌情从轻处罚的情节。

☆真题回顾

(2018年单选)甲为某国有大型公司经理,贪污公款,其子乙明知其父的贪污行为,仍协助其将贪污的五百万元公款汇往国外,乙的行为(　　)。

A. 构成包庇罪

B. 构成洗钱罪

C. 构成贪污罪的共犯

D. 不构成犯罪

【解析】答案为B。根据《刑法》第382条第2款的规定，甲作为国有公司经理，贪污公款，构成贪污罪。乙不属于管理国有财产的人员，亦并未参与到贪污行为中去，不符合共犯的构成要件，故C项错误。根据第191条第1款第4项的规定，其子乙的行为构成洗钱罪，故B项正确、D项错误。根据第310条的规定，乙的行为不属于作假证明包庇的行为，不符合包庇罪的行为要件。

⊙贪污罪的处罚规定

第三百八十三条　对犯贪污罪的，根据情节轻重，分别依照下列规定处罚：

（一）贪污数额较大或者有其他较重情节的，处三年以下有期徒刑或者拘役，并处罚金。

（二）贪污数额巨大或者有其他严重情节的，处三年以上十年以下有期徒刑，并处罚金或者没收财产。

（三）贪污数额特别巨大或者有其他特别严重情节的，处十年以上有期徒刑或者无期徒刑，并处罚金或者没收财产；数额特别巨大，并使国家和人民利益遭受特别重大损失的，处无期徒刑或者死刑，并处没收财产。

对多次贪污未经处理的，按照累计贪污数额处罚。

犯第一款罪，在提起公诉前如实供述自己罪行、真诚悔罪、积极退赃，避免、减少损害结果的发生，有第一项规定情形的，可以从轻、减轻或者免除处罚；有第二项、第三项规定情形的，可以从轻处罚。

犯第一款罪，有第三项规定情形被判处死刑缓期执行的，人民法院根据犯罪情节等情况可以同时决定在其死刑缓期执行二年期满依法减为无期徒刑后，终身监禁，不得减刑、假释。

★挪用公款罪

第三百八十四条　国家工作人员利用职务上的便利，挪用公款归个人使用，进行非法活动的，或者挪用公款数额较大、进行营利活动的，或者挪用公款数额较大、超过三个月未还的，是挪用公款罪，处五年以下有期徒刑或者拘役；情节严重的，处五年以上有期徒刑。挪用公款数额巨大不退还的，处十年以上有期徒刑或者无期徒刑。

挪用用于救灾、抢险、防汛、优抚、扶贫、移民、救济款物归个人使用的，从重处罚。

●考点点拨

1. 概念：指国家工作人员利用职务上的便利，挪用公款归个人使用，进行非法活动的，或者挪用公款数额较大、进行营利活动的，或者挪用公款数额较大、超过3个月未还的行为。

2. 对象：公款、国库券、特定款物。

3. 行为：利用职务上的便利并从事下列行为：

（1）挪用公款归个人使用，进行非法活动的。

（2）挪用公款数额较大、进行营利活动的。

（3）挪用公款数额较大、超过3个月未还的。

4. 在挪用公款给他人使用或者其他单位使用的情况下，本人认识的用途与他人或者其他单位的实际用途不一致时，应以本人认识作为构成犯罪的根据。

5. 所谓挪用公款归个人使用，是指以下三种情形：

（1）将公款供本人、亲友或者其他自然人使用的。

（2）以个人名义将公款供其他单位使用的。

（3）个人决定以单位名义将公款供其他单位使用，谋取个人利益的。

6. 经单位领导集体研究决定将公款给个人使用，或者单位负责人为了单位的利益，决定将公款给个人使用的，不以挪用公款罪定罪处罚。

7. 共犯问题：挪用公款给他人使用，使用人与挪用人共谋，指使或者参与策划取得挪用款的，以挪用公款罪的共犯定罪处罚。

8. 数罪并罚问题：因挪用公款索取、收受贿赂构成犯罪的，或挪用公款进行非法活动构成其他犯罪的，依照数罪并罚的规定处罚。

9. 转化犯问题："挪用公款数额巨大不退还的"，作为挪用公款罪的加重犯处理，根据相关司法解释，是指挪用公款数额巨大，因客观原因在一审宣判前不能退还的。携带挪用的公款潜逃的，以贪污罪论处。

10. 挪用公款后潜逃的，只能对所携之款以贪污罪论处，而对于潜逃之前因客观原因不能归还的公款，只能定挪用公款罪。

◆关联法条

全国人民代表大会常务委员会《关于刑法第三百八十四条第一款的解释》

有下列情形之一的，属于挪用公款"归个人使用"：

（一）将公款供本人、亲友或者其他自然人使用的；

（二）以个人名义将公款供其他单位使用的；

（三）个人决定以单位名义将公款供其他单位使用，谋取个人利益的。

★受贿罪

第三百八十五条　国家工作人员利用职务上的便利，索取他人财物的，或者非法收受他人财物，为他人谋取利益的，是受贿罪。

国家工作人员在经济往来中，违反国家规定，收受各种名义的回扣、手续费，归个人所有的，以受贿论处。

●考点点拨

1. 本罪法益是职务行为的不可收买性。根据此观点，行为人收受他人财物后，仍然依法履行职务的，依然侵犯了职务行为不可收买的法益，构成受贿罪。

2. 行为方式：索贿、受贿、商业受贿、斡旋受贿、事后受贿、变相受贿。

3. 索取贿赂只需要利用职务上的便利就成立受贿罪，不要求为他人谋取利益。但收受贿赂只有为他人谋取利益才成立受贿罪。所谓"为他人谋利益"，可以是行为，也可以是承诺。

4. 斡旋受贿是指国家工作人员利用本人职权和地位形成的便利条件，通过其他国家工作人员的职务上的行为，为请托人谋取不正当利益，索取或者收受请托人财物的行为。

5. 事后受贿是指国家工作人员利用职务上的便利为请托人谋取利益，并与请托人事先约定，在其离职后收受请托人财物的行为。

6. 常见的变相受贿有：交易型受贿；开股分红型受贿；合作投资型受贿；受托理财型受贿；赌博型受贿；干薪型受贿；特定关系人收受型受贿；权属未变更型受贿。

7. 既遂标准：在收受贿赂的情况下，以接受贿赂为既遂；在索取贿赂的情况下，以实施了索要行为作为既遂标准。

8. 与诈骗罪、敲诈勒索罪的界限：是否利用职务上的便利。

⊙受贿罪的处罚规定

第三百八十六条　对犯受贿罪的，根据受贿所得数额及情节，依照本法第三百八十三条的规定处罚。索贿的从重处罚。

⊙单位受贿罪

第三百八十七条　国家机关、国有公司、企业、事业单位、人民团体，索取、非法收受他人财物，为他人谋取利益，情节严重的，对单位判处罚金，并对其直接负责的主管人员和其他直接责任人员，处五年以下有期徒刑或者拘役。

前款所列单位，在经济往来中，在账外暗中收受各种名义的回扣、手续费的，以受贿论，依照前款的规定处罚。

●考点点拨

1. 本罪的主体必须是"国字头"的单位，即国家机关、国有公司、企业、事业单位、人民团体。

2. 本罪与对单位行贿罪是对合犯。

⊙受贿罪

第三百八十八条　国家工作人员利用本人职权或者地位形成的便利条件，通过其他国家工作人员职务上的行为，为请托人谋取不正当利益，索取请托人财物或者收受请托人财物的，以受贿论处。

★利用影响力受贿罪

第三百八十八条之一　国家工作人员的近亲属或者其他与该国家工作人员关系密切的人，通过该国家工作人员职务上的行为，或者利用该国家工作人员职权或者地位形成的便利条件，通过其他国家工作人员职务上的行为，为请托人谋取不正当利益，索取请托人财物或者收受请托人财物，数额较大或者有其他较重情节的，处三年以下有期徒刑或者拘役，并处罚金；数额巨大或者有其他严重情节的，处三年以上七年以下有期徒刑，并处罚金；数额特别巨大或者有其他特别严重情节的，处七年以上有期徒刑，并处罚金或者没收财产。

离职的国家工作人员或者其近亲属以及其他与其关系密切的人，利用该离职的国家工作人员原职权或者地位形成的便利条件实施前款行为的，依照前款的规定定罪处罚。

●考点点拨

1. 主体有三个：主要是为了惩办国家工作人员身边的人和离职国家工作人员及其身边的人。

2. 上述国家工作人员的近亲属或者其他与该国家工作人员关系密切的人，与国家工作人员之间必须没有共谋，否则成立受贿罪的共犯。

☆真题回顾

（2018年单选）戴某系某省人民法院刑事审判庭三庭副庭长朱某的岳父，戴某找到该院刑事审判庭的审判员俞某，为因涉嫌故意伤害而正开庭审理的被告人祝某“打招呼”，使本不应被判缓刑的祝某判处了缓刑，戴某为此收受了祝某亲属5万元人民币，朱某对此并不知情。戴某的行为（　　）。

A. 构成受贿罪

B. 构成介绍贿赂罪

C. 构成利用影响力受贿罪

D. 不构成犯罪

【解析】答案为C。根据《刑法》第388条第2款的规定，戴某不属于国家机关工作人员，但利用近亲属女婿作为国家机关工作人员的影响力，通过其他国家工作人员职务上的行为为请托人谋取不当利益，符合利用影响力受贿罪的构成要件，故C项正确。本题难度较低，直接根据行为要件判断即可。在刑法中相近的罪名，考生应当注意区分理解。

★行贿罪

第三百八十九条　为谋取不正当利益，给予国家工作人员以财物的，是行贿罪。

在经济往来中，违反国家规定，给予国家工作人员以财物，数额较大的，或者违反国家规定，给予国家工作人员以各种名义的回扣、手续费的，以行贿论处。

因被勒索给予国家工作人员以财物，没有获得不正当利益的，不是行贿。

●考点点拨

1. 本罪是指为谋取不正当利益给予国家工作人员以财物的行为。

2. 客观方面表现为以下三种情况：

（1）为了利用国家工作人员的职务行为，主动给予国家工作人员以财物；

（2）在有求于国家工作人员的职务行为时，由于国家工作人员的索取而给予国家工作人员以财物；

（3）与国家工作人员约定，以满足自己的要求为条件给予国家工作人员以财物。

3. 主观方面出于故意，并且具有谋取不正当利益的目的。

◆关联法条

最高人民法院、最高人民检察院《关于办理行贿刑事案件具体应用法律若干问题的解释》

第一条　为谋取不正当利益，向国家工作人员行贿，数额在一万元以上的，应当依照刑法第三百九十条的规定追究刑事责任。

第二条　因行贿谋取不正当利益，具有下列情形之一的，应当认定为刑法第三百九十条第一款规定的“情节严重”：

（一）行贿数额在二十万元以上不满一百万元的；

（二）行贿数额在十万元以上不满二十万元，并具有下列情形之一的：

1. 向三人以上行贿的；

2. 将违法所得用于行贿的；

3. 为实施违法犯罪活动，向负有食品、药品、安全生产、环境保护等监督管理职责的国家工作人员行贿，严重危害民生、侵犯公众生命财产安全的；

4. 向行政执法机关、司法机关的国家工作人员行贿，影响行政执法和司法公正的；

（三）其他情节严重的情形。

第三条　因行贿谋取不正当利益，造成直接经济损失数额在一百万元以上的，应当认定为刑法第三百九十条第一款规定的“使国家利益遭受重大损失”。

⊙行贿罪的处罚规定

第三百九十条　对犯行贿罪的，处五年以下有期徒刑或者拘役，并处罚金；因行贿谋取不正当利益，情节严重的，或者使国家利益遭受重大损失的，处五年以上十年以下有期徒刑，并处罚金；情节特别严重的，或者使国家利益遭受特别重大损失的，处十年以上有期徒刑或者无期徒刑，并处罚金或者没收财产。

行贿人在被追诉前主动交代行贿行为的，可以从轻或者减轻处罚。其中，犯罪较轻的，对侦破重大案件起关键作用的，或者有重大立功表现的，可以减轻或者免除处罚。

⊙对有影响力的人行贿罪

第三百九十条之一　为谋取不正当利益，向国家工作人员的近亲属或者其他与该国家工作人员关系密切的人，或者向离职的国家工作人员或者其近亲属以及其他与其关系密切的人行贿的，处三年以下有期徒刑或者拘役，并处罚金；情节严重的，或者使国家利益遭受重大损失的，处三年以上七年以下有期徒刑，并处罚金；情节特别严重的，或者使国家利益遭受特别重大损失的，处七年以上十年以下有期徒刑，并处罚金。

单位犯前款罪的，对单位判处罚金，并对其直接负责的主管人员和其他直接责任人员，处三年以下有期徒刑或者拘役，并处罚金。

⊙对单位行贿罪

第三百九十一条　为谋取不正当利益，给予国家机关、国有公司、企业、事业单位、人民团体以财物的，或者在经济往来中，违反国家规定，给予各种名义的回扣、手续费的，处三年以下有期徒刑或者拘役，并处罚金。

单位犯前款罪的，对单位判处罚金，并对其直接负责的主管人员和其他直接责任人员，依照前款的规定处罚。

★介绍贿赂罪

第三百九十二条　向国家工作人员介绍贿赂，情节严重的，处三年以下有期徒刑或者拘役，并处罚金。

介绍贿赂人在被追诉前主动交待介绍贿赂行为的，可以减轻处罚或者免除处罚。

●考点点拨

1. 本罪是指向国家工作人员介绍贿赂，情节严重的行为。

2. 根据《刑法》分则关于行贿罪、受贿罪的规定以及《刑法》总则关于共同犯罪成立条件的规定，凡是行贿罪、受贿罪的帮助行为，都是行贿罪、受贿罪的共犯行为，理当分别认定为行贿罪与受贿罪，而不得认定为介绍贿赂罪。如果某行为同时对行贿、受贿起帮助作用，则属于一行为触犯数罪名，应从一重罪处罚，也不宜认定为介绍贿赂罪。

⊙单位行贿罪

第三百九十三条　单位为谋取不正当利益而行贿，或者违反国家规定，给予国家工作人员以回扣、手续费，情节严重的，对单位判处罚金，并对其直接负责的主管人员和其他直接责任人员，处五年以下有期徒刑或者拘役，并处罚金。因行贿取得的违法所得归个人所有的，依照本法第三百八十九条、第三百九十条的规定定罪处罚。

⊙贪污罪

第三百九十四条　国家工作人员在国内公务活动或者对外交往中接受礼物，依照国家规定应当交公而不交公，数额较大的，依照本法第三百八十二条、第三百八十三条的规定定罪处罚。

★巨额财产来源不明罪/隐瞒境外存款罪

第三百九十五条　国家工作人员的财产、支出明显超过合法收入，差额巨大的，可以责令该国家工作人员说明来源，不能说明来源的，差额部分以非法所得论，处五年以下有期徒刑或者拘役；差额特别巨大的，处五年以上十年以下有期徒刑。财产的差额部分予以追缴。

国家工作人员在境外的存款，应当依照国家规定申报。数额较大、隐瞒不报的，处二年以下有期徒刑或者拘役；情节较轻的，由其所在单位或者上级主管机关酌情给予行政处分。

●考点点拨

1. 本罪的客观行为表现为财产、支出明显超过合法收入，差额巨大，在有关机关责令行为人说明其来源时，行为人不能说明其来源。财产、支出明显超过合法收入并不是本罪的实行行为，只是本罪的前提条件、行为状况。

2. “不能说明来源”包括以下情况：

(1)行为人拒不说明财产来源。

(2)行为人无法说明财产的具体来源。

(3)行为人所说的财产来源经司法机关查证并不属实。

3. 行为人所说的财产来源因线索不具体等原因，司法机关无法查实，但能排除存在来源合法的可能性和合理性，仍可认定为本罪。

4. 如果行为人说明巨额财产来源于一般违法(如来源于私下经商)，查证属实，不成立本罪，只会构成违纪。如果行为人说明巨额财产来源于贪污受贿等犯罪行为，但因欠缺证据无法查证属实的，属于“不能说明来源”，应认定为本罪。

5. 夫妻双方均为国家工作人员，其共有的家庭财产明显超过合法收入，差额较大时，有关机关责令双方说明来源，而双方均未能说明来源的，均应认定为本罪。

⊙私分国有资产罪/私分罚没财物罪

第三百九十六条　国家机关、国有公司、企业、事业单位、人民团体，违反国家规定，以单位名义将国有资产集体私分给个人，数额较大的，对其直接负责的主管人员和其他直接责任人员，处三年以下有期徒刑或者拘役，并处或者单处罚金；数额巨大的，处三年以上七年以下有期徒刑，并处罚金。

司法机关、行政执法机关违反国家规定，将应当上缴国家的罚没财物，以单位名义集体私分给个人的，依照前款的规定处罚。

●考点点拨

1. 私分国有资产罪是指国家机关国有公司、企业、事业单位、人民团体，违反国家规定，以单位名义将国有资产私分给个人，数额较大的行为。

2. 将国有资产私自分给单位少数成员的，应认定为是共同贪污。

第九章　渎　职　罪

★滥用职权罪/玩忽职守罪

第三百九十七条　国家机关工作人员滥用职权

或者玩忽职守,致使公共财产、国家和人民利益遭受重大损失的,处三年以下有期徒刑或者拘役;情节特别严重的,处三年以上七年以下有期徒刑。本法另有规定的,依照规定。

国家机关工作人员徇私舞弊,犯前款罪的,处五年以下有期徒刑或者拘役;情节特别严重的,处五年以上十年以下有期徒刑。本法另有规定的,依照规定。

●考点点拨

1. 滥用职权罪

(1)主体是国家机关工作人员。

(2)主观为故意,行为人明知自己滥用职权的行为会发生破坏国家机关的正常活动,损害公众对国家机关工作人员职务活动的合法性、客观公正性的信赖的危害结果,并且希望或者放任这种结果的发生。

(3)客观上滥用职权的行为,其表现为:超越职权,擅自决定或处理没有具体决定、处理权限的事项;玩弄职权,随心所欲地对事项作出决定或者处理;故意不履行应当履行的职责,或者任意放弃职责;以权谋私、假公济私,不正确地履行职责。

(4)本罪是结果犯,即只有致使公共财产、国家和人民利益遭受重大损失的,才成立本罪。

2. 玩忽职守罪

(1)主体是国家机关工作人员。

(2)主观为过失。

(3)客观上玩忽职守的行为,即严重不负责任,不履行职责或者不正确履行职责的行为。不履行是指行为人应当履行且有条件、有能力履行职责,但违背职责没有履行,包括擅离职守的行为;不正确履行是指在履行职责的过程中,违反职责规定,马虎草率、粗心大意。

(4)本罪是结果犯,即只有致使公共财产、国家和人民利益遭受重大损失的,才成立本罪。

★故意泄露国家秘密罪/过失泄露国家秘密罪

第三百九十八条　国家机关工作人员违反保守国家秘密法的规定,故意或者过失泄露国家秘密,情节严重的,处三年以下有期徒刑或者拘役;情节特别严重的,处三年以上七年以下有期徒刑。

非国家机关工作人员犯前款罪的,依照前款的规定酌情处罚。

●考点点拨

1. 本罪是指国家机关工作人员或者其他有关人员,违反《保守国家秘密法》的规定,故意泄露国家秘密,情节严重的行为。

2. 泄露是指违反《保守国家秘密法》的规定,使国家秘密被不应当知悉者知悉,以及使国家秘密超出了限定的接触范围,而不能证明未被不应知悉者知悉。

3. 行为人将国家秘密泄露给境外的机构、组织、人员的,应认定为为境外非法提供国家秘密罪。

⊙徇私枉法罪/民事、行政枉法裁判罪/执行判决、裁定失职罪/执行判决、裁定滥用职权罪

第三百九十九条　司法工作人员徇私枉法、徇情枉法,对明知是无罪的人而使他受追诉、对明知是有罪的人而故意包庇不使他受追诉,或者在刑事审判活动中故意违背事实和法律作枉法裁判的,处五年以下有期徒刑或者拘役;情节严重的,处五年以上十年以下有期徒刑;情节特别严重的,处十年以上有期徒刑。

在民事、行政审判活动中故意违背事实和法律作枉法裁判,情节严重的,处五年以下有期徒刑或者拘役;情节特别严重的,处五年以上十年以下有期徒刑。

在执行判决、裁定活动中,严重不负责任或者滥用职权,不依法采取诉讼保全措施、不履行法定执行职责,或者违法采取诉讼保全措施、强制执行措施,致使当事人或者其他人的利益遭受重大损失的,处五年以下有期徒刑或者拘役;致使当事人或者其他人的利益遭受特别重大损失的,处五年以上十年以下有期徒刑。

司法工作人员收受贿赂,有前三款行为的,同时又构成本法第三百八十五条规定之罪的,依照处罚较重的规定定罪处罚。

●考点点拨

1. 徇私枉法罪的客体是国家司法职权的不可亵渎性。

2. 客观方面表现为两种起因、三种行为:

(1)两种起因:①徇私,即为了谋取个人利益、小集体利益而枉法;②徇情,即出于私情而枉法;主要表现为出于照顾私人关系或感情、袒护亲友或者泄愤报复而枉法。

(2)三种行为:①明知是无罪的人而使他受追诉;②明知是有罪的人而故意包庇不使他受追诉;③在刑事审判活动中故意违背事实和法律作枉法裁判。

3. 本罪的主体必须是司法工作人员,主观方面只能出于故意,包括直接故意和间接故意。

⊙枉法仲裁罪

第三百九十九条之一　依法承担仲裁职责的人

员,在仲裁活动中故意违背事实和法律作枉法裁决,情节严重的,处三年以下有期徒刑或者拘役;情节特别严重的,处三年以上七年以下有期徒刑。

⊙私放在押人员罪/失职致使在押人员脱逃罪

第四百条　司法工作人员私放在押的犯罪嫌疑人、被告人或者罪犯的,处五年以下有期徒刑或者拘役;情节严重的,处五年以上十年以下有期徒刑;情节特别严重的,处十年以上有期徒刑。

司法工作人员由于严重不负责任,致使在押的犯罪嫌疑人、被告人或者罪犯脱逃,造成严重后果的,处三年以下有期徒刑或者拘役;造成特别严重后果的,处三年以上十年以下有期徒刑。

●**考点点拨**

1. 私放在押人员罪

(1)本罪客观方面表现为将在押的犯罪嫌疑人、被告人或者罪犯私自非法释放的行为。首先,释放的应是被关押的犯罪嫌疑人、被告人或者罪犯;释放被行政拘留、司法拘留人员的,不成立本罪。其次,释放在押人员的行为利用了职务上的便利,既可以表现为作为,也可以表现为不作为。最后,释放行为具有非法性,即没有法律文书根据而释放在押的犯罪嫌疑人、被告人或者罪犯。

(2)本罪主体必须是司法工作人员,从实践上看,主要是负有监管在押人员职责的司法工作人员。

(3)本罪主观方面必须出于故意。

2. 失职致使在押人员脱逃罪

(1)本罪是指司法工作人员私放在押的犯罪嫌疑人、被告人或者罪犯的行为。

(2)本罪的主观方面是过失。

⊙徇私舞弊减刑、假释、暂予监外执行罪

第四百零一条　司法工作人员徇私舞弊,对不符合减刑、假释、暂予监外执行条件的罪犯,予以减刑、假释或者暂予监外执行的,处三年以下有期徒刑或者拘役;情节严重的,处三年以上七年以下有期徒刑。

⊙徇私舞弊不移交刑事案件罪

第四百零二条　行政执法人员徇私舞弊,对依法应当移交司法机关追究刑事责任的不移交,情节严重的,处三年以下有期徒刑或者拘役;造成严重后果的,处三年以上七年以下有期徒刑。

⊙滥用管理公司、证券职权罪

第四百零三条　国家有关主管部门的国家机关工作人员,徇私舞弊,滥用职权,对不符合法律规定条件的公司设立、登记申请或者股票、债券发行、上市申请,予以批准或者登记,致使公共财产、国家和人民利益遭受重大损失的,处五年以下有期徒刑或者拘役。

上级部门强令登记机关及其工作人员实施前款行为的,对其直接负责的主管人员,依照前款的规定处罚。

⊙徇私舞弊不征、少征税款罪

第四百零四条　税务机关的工作人员徇私舞弊,不征或者少征应征税款,致使国家税收遭受重大损失的,处五年以下有期徒刑或者拘役;造成特别重大损失的,处五年以上有期徒刑。

●**考点点拨**

1. 本罪是指税务机关的工作人员徇私舞弊,不征或者少征应征税款,致使国家税收遭受重大损失的行为。

2. 应征税款是指根据法律、行政法规规定的税种、税率,税务机关应当向纳税人征收的税款。

3. 本罪主观方面必须出于故意,即明知是应征税款,但故意不征或者少征,并出于徇私的动机。过失行为不成立本罪,构成犯罪的可以玩忽职守罪论处。

⊙徇私舞弊发售发票、抵扣税款、出口退税罪/违法提供出口退税证罪

第四百零五条　税务机关的工作人员违反法律、行政法规的规定,在办理发售发票、抵扣税款、出口退税工作中,徇私舞弊,致使国家利益遭受重大损失的,处五年以下有期徒刑或者拘役;致使国家利益遭受特别重大损失的,处五年以上有期徒刑。

其他国家机关工作人员违反国家规定,在提供出口货物报关单、出口收汇核销单等出口退税凭证的工作中,徇私舞弊,致使国家利益遭受重大损失的,依照前款的规定处罚。

⊙国家机关工作人员签订、履行合同失职被骗罪

第四百零六条　国家机关工作人员在签订、履行合同过程中,因严重不负责任被诈骗,致使国家利益遭受重大损失的,处三年以下有期徒刑或者拘役;致使国家利益遭受特别重大损失的,处三年以上七年以下有期徒刑。

⊙违法发放林木采伐许可证罪

第四百零七条　林业主管部门的工作人员违反森林法的规定,超过批准的年采伐限额发放林木采伐许可证或者违反规定滥发林木采伐许可证,情节严重,致使森林遭受严重破坏的,处三年以下有期徒刑

或者拘役。

⊙环境监管失职罪

第四百零八条　负有环境保护监督管理职责的国家机关工作人员严重不负责任，导致发生重大环境污染事故，致使公私财产遭受重大损失或者造成人身伤亡的严重后果的，处三年以下有期徒刑或者拘役。

⊙食品监管渎职罪

第四百零八条之一　负有食品安全监督管理职责的国家机关工作人员，滥用职权或者玩忽职守，导致发生重大食品安全事故或者造成其他严重后果的，处五年以下有期徒刑或者拘役；造成特别严重后果的，处五年以上十年以下有期徒刑。

徇私舞弊犯前款罪的，从重处罚。

⊙传染病防治失职罪

第四百零九条　从事传染病防治的政府卫生行政部门的工作人员严重不负责任，导致传染病传播或者流行，情节严重的，处三年以下有期徒刑或者拘役。

⊙非法批准征收、征用、占用土地罪/非法低价出让国有土地使用权罪

第四百一十条　国家机关工作人员徇私舞弊，违反土地管理法规，滥用职权，非法批准征收、征用、占用土地，或者非法低价出让国有土地使用权，情节严重的，处三年以下有期徒刑或者拘役；致使国家或者集体利益遭受特别重大损失的，处三年以上七年以下有期徒刑。

★**放纵走私罪**

第四百一十一条　海关工作人员徇私舞弊，放纵走私，情节严重的，处五年以下有期徒刑或者拘役；情节特别严重的，处五年以上有期徒刑。

●**考点点拨**

1. 本罪是指海关工作人员徇私舞弊，放纵走私，情节严重的行为。

2. 所谓徇私舞弊，放纵走私，是指为徇私利私情，弄虚作假，放任、纵容走私的行为。比如，放行走私犯，不缉查走私货物、物品，不征收关税等。被放纵的是走私罪还是一般走私行为，不影响本罪的成立。

3. 海关工作人员事前与走私罪犯通谋，为走私罪犯提供方便的，应认定为走私罪的共犯，而不能认定为本罪。

⊙商检徇私舞弊罪/商检失职罪

第四百一十二条　国家商检部门、商检机构的工作人员徇私舞弊，伪造检验结果的，处五年以下有期徒刑或者拘役；造成严重后果的，处五年以上十年以下有期徒刑。

前款所列人员严重不负责任，对应当检验的物品不检验，或者延误检验出证、错误出证，致使国家利益遭受重大损失的，处三年以下有期徒刑或者拘役。

⊙动植物检疫徇私舞弊罪/动植物检疫失职罪

第四百一十三条　动植物检疫机关的检疫人员徇私舞弊，伪造检疫结果的，处五年以下有期徒刑或者拘役；造成严重后果的，处五年以上十年以下有期徒刑。

前款所列人员严重不负责任，对应当检疫的检疫物不检疫，或者延误检疫出证、错误出证，致使国家利益遭受重大损失的，处三年以下有期徒刑或者拘役。

⊙放纵制售伪劣商品犯罪行为罪

第四百一十四条　对生产、销售伪劣商品犯罪行为负有追究责任的国家机关工作人员，徇私舞弊，不履行法律规定的追究职责，情节严重的，处五年以下有期徒刑或者拘役。

⊙办理偷越国（边）境人员出入境证件罪/放行偷越国（边）境人员罪

第四百一十五条　负责办理护照、签证以及其他出入境证件的国家机关工作人员，对明知是企图偷越国（边）境的人员，予以办理出入境证件的，或者边防、海关等国家机关工作人员，对明知是偷越国（边）境的人员，予以放行的，处三年以下有期徒刑或者拘役；情节严重的，处三年以上七年以下有期徒刑。

⊙不解救被拐卖、绑架妇女、儿童罪/阻碍解救被拐卖、绑架妇女、儿童罪

第四百一十六条　对被拐卖、绑架的妇女、儿童负有解救职责的国家机关工作人员，接到被拐卖、绑架的妇女、儿童及其家属的解救要求或者接到其他人的举报，而对被拐卖、绑架的妇女、儿童不进行解救，造成严重后果的，处五年以下有期徒刑或者拘役。

负有解救职责的国家机关工作人员利用职务阻碍解救的，处二年以上七年以下有期徒刑；情节较轻的，处二年以下有期徒刑或者拘役。

⊙帮助犯罪分子逃避处罚罪

第四百一十七条　有查禁犯罪活动职责的国家机关工作人员，向犯罪分子通风报信、提供便利，帮助犯罪分子逃避处罚的，处三年以下有期徒刑或者拘役；情节严重的，处三年以上十年以下有期徒刑。

⊙招收公务员、学生徇私舞弊罪

第四百一十八条　国家机关工作人员在招收公务员、学生工作中徇私舞弊，情节严重的，处三年以下有期徒刑或者拘役。

⊙失职造成珍贵文物损毁、流失罪

第四百一十九条　国家机关工作人员严重不负责任，造成珍贵文物损毁或者流失，后果严重的，处三年以下有期徒刑或者拘役。

第十章　军人违反职责罪

⊙军人违反职责罪的概念

第四百二十条　军人违反职责，危害国家军事利益，依照法律应当受刑罚处罚的行为，是军人违反职责罪。

⊙战时违抗命令罪

第四百二十一条　战时违抗命令，对作战造成危害的，处三年以上十年以下有期徒刑；致使战斗、战役遭受重大损失的，处十年以上有期徒刑、无期徒刑或者死刑。

⊙隐瞒、谎报军情罪/拒传、假传军令罪

第四百二十二条　故意隐瞒、谎报军情或者拒传、假传军令，对作战造成危害的，处三年以上十年以下有期徒刑；致使战斗、战役遭受重大损失的，处十年以上有期徒刑、无期徒刑或者死刑。

⊙投降罪

第四百二十三条　在战场上贪生怕死，自动放下武器投降敌人的，处三年以上十年以下有期徒刑；情节严重的，处十年以上有期徒刑或者无期徒刑。

投降后为敌人效劳的，处十年以上有期徒刑、无期徒刑或者死刑。

⊙战时临阵脱逃罪

第四百二十四条　战时临阵脱逃的，处三年以下有期徒刑；情节严重的，处三年以上十年以下有期徒刑；致使战斗、战役遭受重大损失的，处十年以上有期徒刑、无期徒刑或者死刑。

⊙擅离、玩忽军事职守罪

第四百二十五条　指挥人员和值班、值勤人员擅离职守或者玩忽职守，造成严重后果的，处三年以下有期徒刑或者拘役；造成特别严重后果的，处三年以上七年以下有期徒刑。

战时犯前款罪的，处五年以上有期徒刑。

⊙阻碍执行军事职务罪

第四百二十六条　以暴力、威胁方法，阻碍指挥人员或者值班、值勤人员执行职务的，处五年以下有期徒刑或者拘役；情节严重的，处五年以上十年以下有期徒刑；情节特别严重的，处十年以上有期徒刑或者无期徒刑。战时从重处罚。

⊙指使部属违反职责罪

第四百二十七条　滥用职权，指使部属进行违反职责的活动，造成严重后果的，处五年以下有期徒刑或者拘役；情节特别严重的，处五年以上十年以下有期徒刑。

⊙违令作战消极罪

第四百二十八条　指挥人员违抗命令，临阵畏缩，作战消极，造成严重后果的，处五年以下有期徒刑；致使战斗、战役遭受重大损失或者有其他特别严重情节的，处五年以上有期徒刑。

⊙拒不救援友邻部队罪

第四百二十九条　在战场上明知友邻部队处境危急请求救援，能救援而不救援，致使友邻部队遭受重大损失的，对指挥人员，处五年以下有期徒刑。

⊙军人叛逃罪

第四百三十条　在履行公务期间，擅离岗位，叛逃境外或者在境外叛逃，危害国家军事利益的，处五年以下有期徒刑或者拘役；情节严重的，处五年以上有期徒刑。

驾驶航空器、舰船叛逃的，或者有其他特别严重情节的，处十年以上有期徒刑、无期徒刑或者死刑。

★非法获取军事秘密罪/为境外窃取、刺探、收买、非法提供军事秘密罪

第四百三十一条　以窃取、刺探、收买方法，非法获取军事秘密的，处五年以下有期徒刑；情节严重的，处五年以上十年以下有期徒刑；情节特别严重的，处十年以上有期徒刑。

为境外的机构、组织、人员窃取、刺探、收买、非法提供军事秘密的，处十年以上有期徒刑、无期徒刑或者死刑。

●考点点拨

1. 本罪是指为境外的机构、组织、人员窃取、刺探、收买、非法提供军事秘密的行为。

2. 窃取、刺探、收买、非法提供是本罪的四种表现形式，只要实施其中之一便构成本罪，同时实施多种行为的也不实行并罚；军事秘密包括一切军事秘密。

3. 本罪的主观上只能出于故意，即明知是国家军事秘密，而为境外机构、组织、人员窃取、刺探、收买或者非法提供。

⊙故意泄露军事秘密罪/过失泄露军事秘密罪

第四百三十二条　违反保守国家秘密法规，故意或者过失泄露军事秘密，情节严重的，处五年以下有期徒刑或者拘役；情节特别严重的，处五年以上十年以下有期徒刑。

战时犯前款罪的，处五年以上十年以下有期徒刑；情节特别严重的，处十年以上有期徒刑或者无期徒刑。

⊙战时造谣惑众罪

第四百三十三条　战时造谣惑众，动摇军心的，处三年以下有期徒刑；情节严重的，处三年以上十年以下有期徒刑；情节特别严重的，处十年以上有期徒刑或者无期徒刑。

★战时自伤罪

第四百三十四条　战时自伤身体，逃避军事义务的，处三年以下有期徒刑；情节严重的，处三年以上七年以下有期徒刑。

●考点点拨

1. 本罪客观方面为在战时自伤身体，逃避军事义务的行为。

2. 自伤行为必须发生在战时，在平时自伤身体的不成立本罪。

3. 战时是指国家宣布进入战争状态、部队受领作战任务或者遭敌突然袭击时。部队执行戒严任务或者处置突发性暴力事件时，以战时论。

⊙逃离部队罪

第四百三十五条　违反兵役法规，逃离部队，情节严重的，处三年以下有期徒刑或者拘役。

战时犯前款罪的，处三年以上七年以下有期徒刑。

⊙武器装备肇事罪

第四百三十六条　违反武器装备使用规定，情节严重，因而发生责任事故，致人重伤、死亡或者造成其他严重后果的，处三年以下有期徒刑或者拘役；后果特别严重的，处三年以上七年以下有期徒刑。

⊙擅自改变武器装备编配用途罪

第四百三十七条　违反武器装备管理规定，擅自改变武器装备的编配用途，造成严重后果的，处三年以下有期徒刑或者拘役；造成特别严重后果的，处三年以上七年以下有期徒刑。

⊙盗窃、抢夺武器装备、军用物资罪/盗窃、抢夺枪支、弹药、爆炸物、危险物质罪

第四百三十八条　盗窃、抢夺武器装备或者军用物资的，处五年以下有期徒刑或者拘役；情节严重的，处五年以上十年以下有期徒刑；情节特别严重的，处十年以上有期徒刑、无期徒刑或者死刑。

盗窃、抢夺枪支、弹药、爆炸物的，依照本法第一百二十七条的规定处罚。

⊙非法出卖、转让武器装备罪

第四百三十九条　非法出卖、转让军队武器装备的，处三年以上十年以下有期徒刑；出卖、转让大量武器装备或者有其他特别严重情节的，处十年以上有期徒刑、无期徒刑或者死刑。

⊙遗弃武器装备罪

第四百四十条　违抗命令，遗弃武器装备的，处五年以下有期徒刑或者拘役；遗弃重要或者大量武器装备的，或者有其他严重情节的，处五年以上有期徒刑。

⊙遗失武器装备罪

第四百四十一条　遗失武器装备，不及时报告或者有其他严重情节的，处三年以下有期徒刑或者拘役。

⊙擅自出卖、转让军队房地产罪

第四百四十二条　违反规定，擅自出卖、转让军队房地产，情节严重的，对直接责任人员，处三年以下有期徒刑或者拘役；情节特别严重的，处三年以上十年以下有期徒刑。

⊙虐待部属罪

第四百四十三条　滥用职权，虐待部属，情节恶劣，致人重伤或者造成其他严重后果的，处五年以下有期徒刑或者拘役；致人死亡的，处五年以上有期徒刑。

⊙遗弃伤病军人罪

第四百四十四条　在战场上故意遗弃伤病军人，情节恶劣的，对直接责任人员，处五年以下有期徒刑。

⊙战时拒不救治伤病军人罪

第四百四十五条　战时在救护治疗职位上，有条件救治而拒不救治危重伤病军人的，处五年以下有期徒刑或者拘役；造成伤病军人重残、死亡或者有其他

严重情节的，处五年以上十年以下有期徒刑。

⊙战时残害居民、掠夺居民财物罪

第四百四十六条　战时在军事行动地区，残害无辜居民或者掠夺无辜居民财物的，处五年以下有期徒刑；情节严重的，处五年以上十年以下有期徒刑；情节特别严重的，处十年以上有期徒刑、无期徒刑或者死刑。

⊙私放俘虏罪

第四百四十七条　私放俘虏的，处五年以下有期徒刑；私放重要俘虏、私放俘虏多人或者有其他严重情节的，处五年以上有期徒刑。

⊙虐待俘虏罪

第四百四十八条　虐待俘虏，情节恶劣的，处三年以下有期徒刑。

⊙战时缓刑

第四百四十九条　在战时，对被判处三年以下有期徒刑没有现实危险宣告缓刑的犯罪军人，允许其戴罪立功，确有立功表现时，可以撤销原判刑罚，不以犯罪论处。

⊙本章适用的主体范围

第四百五十条　本章适用于中国人民解放军的现役军官、文职干部、士兵及具有军籍的学员和中国人民武装警察部队的现役警官、文职干部、士兵及具有军籍的学员以及执行军事任务的预备役人员和其他人员。

⊙战时的概念

第四百五十一条　本章所称战时，是指国家宣布进入战争状态、部队受领作战任务或者遭敌突然袭击时。

部队执行戒严任务或者处置突发性暴力事件时，以战时论。

附　　则

⊙施行日期

第四百五十二条　本法自 1997 年 10 月 1 日起施行。

列于本法附件一的全国人民代表大会常务委员会制定的条例、补充规定和决定，已纳入本法或者已不适用，自本法施行之日起，予以废止。

列于本法附件二的全国人民代表大会常务委员会制定的补充规定和决定予以保留。其中，有关行政处罚和行政措施的规定继续有效；有关刑事责任的规定已纳入本法，自本法施行之日起，适用本法规定。

第三章　刑事诉讼法备考要点和法条解读

第一节　刑事诉讼法备考复习要点

一、刑事诉讼法概述

（一）刑事诉讼法概述

刑事诉讼法是指规定司法机关和诉讼参与人进行刑事诉讼，所必须遵守的行为规则的法律规范的总称。

1. 根据立法精神，制定刑事诉讼法的目的是保证刑法的正确实施。精确掌握和应用《刑事诉讼法》，是公、检、法、司等工作人员从事侦查办案的基本功，也是学习《刑事诉讼法》的基本法律要求。

2.《刑事诉讼法》立法目的有五个：

（1）保证刑法的正确实施；

（2）惩罚犯罪；

（3）保护人民；

（4）保障国家安全和社会公共安全；

（5）维护社会主义社会秩序。

（二）刑事诉讼中的专门机关和诉讼参与人

1. 刑事诉讼中的专门机关。

（1）公安机关。公安机关在刑事诉讼中负责对刑事案件的侦查、拘留、执行逮捕和预审，这四项都属于侦查工作的范围，可以统称为侦查。

（2）人民检察院。刑事诉讼中的检察、批准逮捕、检察机关直接受理的案件的侦查、提起公诉，由人民检察院负责。人民检察院依照法律规定独立行使检察权，维护法律的统一实施。

（3）人民法院。人民法院是国家的审判机关，它依法独立行使审判权。

（4）监察机关办理职务违法和职务犯罪案件，应当与检察机关相互配合、相互制约。

2. 刑事诉讼中的诉讼参与人。

（1）诉讼参与人是指除侦查、检察、审判、监察人员以外，依法参加诉讼，享有一定权利和承担一定义务的人，包括当事人和其他诉讼参与人。

（2）刑事诉讼中的当事人是指与案件结局有直接利害关系的人，包括被害人、自诉人、犯罪嫌疑人、被告人、附带民事诉讼的原告人和被告人。犯罪嫌疑人是指在刑事诉讼活动中，被指控犯有罪行，尚未交付人民法院审判的人。

（3）其他诉讼参与人是指法定代理人、诉讼代理人、辩护人、证人、鉴定人和翻译人员。考生应当注意区分诉讼参与人与其他诉讼参与人。

二、刑事诉讼法的基本原则

（一）刑事诉讼法基本原则的概念

刑事诉讼的基本原则是指反映刑事诉讼理念和目的的要求，贯穿于刑事诉讼的全过程或者主要诉讼阶段，对刑事诉讼过程具有普遍或者重大的指导意义和规范作用，为国家专门机关和诉讼参与人参与刑事诉讼所必须遵循的基本行为准则。

（二）刑事诉讼法基本原则的内容

1. 侦查权、检察权、审判权和监察权由专门机关依法行使的原则。

2. 分工负责，互相配合，互相制约的原则。

3. 依靠群众的原则。

4. 以事实为根据，以法律为准绳的原则。其基本含义是：

（1）以事实为根据，就是要求司法机关进行刑事诉讼必须忠于案件事实真相，查明案件客观事实，以客观存在的案情事实作为处理问题的根本依据；

（2）以法律为准绳，就是要求司法机关在查明案件事实的基础上，按照法律的具体规定对案件作出正确处理，以法律的规定作为衡量已经查明的案件事实和情节的尺度；

（3）以事实为根据，以法律为准绳，两者紧密联系，必须全面贯彻执行。

5. 公民在适用法律上一律平等的原则。

6. 各民族公民都有权使用本民族语言进行诉讼的原则。

7. 公开审判的原则。我国宪法和法律所规定的公开审判原则，是指人民法院审理刑事案件和宣告判决，都公开进行，允许公民到庭旁听，允许新闻记者采访报道，也就是把法庭审判的全部过程，除休庭评议案件阶段外，都公之于众。

8. 犯罪嫌疑人、被告人有权获得辩护原则。该原则是指在法律上确认犯罪嫌疑人、被告人享有辩护权，并在诉讼中保障其能够依法自我进行保护，又能够得到他人帮助进行辩护。所谓辩护，是指在刑事诉讼中犯罪嫌疑人、被告人及其辩护人为反驳控诉而在事实上和法律上提出和论证对犯罪嫌疑人、被告人有利的材料和理由所进行的诉讼活动。

9. 未经人民法院依法判决，对任何人都不得确定有罪的原则。该原则有以下两点基本含义：

(1) 只有人民法院才有确定被告人有罪的权利；

(2) 在人民法院确定被告人有罪的判决、裁定发生法律效力之前，不能把犯罪嫌疑人、被告人当作罪犯看待。

10. 保障诉讼参与人依法享有诉讼权利的原则。

11. 依照法定情形不予追诉的原则。

12. 追究外国人刑事责任适用我国刑事诉讼法的原则。

13. 人民检察院对刑事诉讼活动实行监督的原则。人民检察院对刑事诉讼活动实行监督包括三个方面：侦查监督、审判监督和执行监督。

三、管辖

(一) 管辖的概念

刑事诉讼中的管辖，是指人民法院、人民检察院、公安机关和监察机关依照法律规定受理刑事案件的职权范围。

(二) 立案管辖

刑事诉讼中的立案管辖，是指人民法院、人民检察院、公安机关和监察机关之间在受理和侦查刑事案件的职权范围上的分工。

1. 人民法院直接受理的刑事案件。包括被害人告诉才处理的案件；被害人有证据证明的轻微刑事案件；被害人有证据证明对被告人侵犯自己人身财产权利的行为应当依法追究刑事责任，而公安机关或人民检察院不予追究被告人刑事责任的案件。

2. 人民检察院自行侦查的刑事案件。包括国家机关工作人员利用职权实施的非法拘禁、刑讯逼供、报复陷害、非法搜查的侵犯公民人身权利的犯罪以及侵犯公民民主权利的犯罪，对于国家机关工作人员利用职权实施的其他重大的犯罪案件，需要人民检察院直接受理的时候，经省级以上人民检察院决定，可以由人民检察院立案侦查。

3. 公安机关侦查的刑事案件。除由人民法院直接受理和人民检察院自行侦查的刑事案件以外，其他刑事案件均由公安机关立案侦查。

4. 监察机关负责办理职务违法和职务犯罪案件。

5. 国家安全机关依照法律规定，办理危害国家安全的刑事案件，行使与公安机关相同的职权。

(三) 审判管辖

刑事诉讼中的审判管辖，是指普通人民法院之间，普通人民法院与专门人民法院之间以及专门人民法院之间对第一审刑事案件的受理范围上的分工。

1. 级别管辖。是指各级人民法院之间对第一审刑事案件在受理范围上的分工。

2. 地区管辖。是指同级人民法院之间对第一审刑事案件在受理范围上的分工。刑事案件由犯罪地的人民法院管辖。如果被告人居住地的人民法院审判更为适宜的，可以由被告人居住地的人民法院管辖。

3. 专门管辖。是指专门人民法院之间以及专门人民法院与普通人民法院之间对第一审刑事案件在受理范围上的分工。

四、回避

(一) 回避的概念

回避是指法律所规定的与案件或案件当事人有利害关系的审判人员、检察人员、侦查人员、监察人员，以及书记员、翻译人员和鉴定人，因与案件或与案件的当事人有利害关系或者其他特殊关系，可能影响公正地处理案件，而不得参加本案的审判、检察、侦查等活动的一项诉讼制度。回避适用于侦查、起诉、审判各个诉讼阶段。

(二) 适用情形

适用回避的情形有四种：

1. 是本案的当事人或者是当事人的近亲属；

2. 本人或者他的近亲属和本案有利害关系的；

3. 担任过本案的证人、鉴定人、辩护人、诉讼代理人的；

4. 与本案当事人有其他关系，可能影响公正处理案件的。

(三) 回避决定的作出

无论自行回避还是申请回避，都应由有权作出决定的人员和组织作出是否回避的决定。审判人员、检察人员、侦查人员的回避，应当分别由院长、检察长、公安机关负责人决定，院长的回避，由本院审判委员会决定，检察长和公安机关负责人的回避，由同级人民检察院检察委员会决定。

五、辩护与代理

(一) 辩护人

辩护人是指接受犯罪嫌疑人、被告人委托，或者是经人民法院指定参加诉讼，帮助犯罪嫌疑人、被告人行使辩护权，维护其合法权益的诉讼参与人。辩护人的范围包括：律师、人民团体或者犯罪嫌疑人、被告人所在单位推荐的人以及犯罪嫌疑人、被告人的监护人、亲友、被告人、犯罪嫌疑人可以委托 1 ~ 2 人作为辩护人。

(二)刑事诉讼代理

刑事诉讼代理是指在刑事诉讼中,公诉案件的被害人及其法定代理人或者近亲属,自诉案件的自诉人及其法定代理人,附带民事诉讼的当事人及其法定代理人委托诉讼代理人,帮助维护其合法权益的一项法律制度。代理可分为三种:公诉案件的代理、附带民事诉讼的代理和自诉案件的代理。

六、证据

(一)概念

刑事诉讼中的证据,是指依照法定程序收集和审查属实的,用以证实或者否定犯罪事实,证明被告人是否有罪和罪责轻重的一切事实。

(二)特征

刑事证据有三个特征:

1. 客观性;
2. 相关性;
3. 合法性。

(二)刑事证据的分类

刑事证据可以从不同的角度进行分类:

1. 人证和物证;
2. 原始证据和传来证据;
3. 直接证据和间接证据;
4. 有罪证据和无罪证据。

(四)证据的种类

证据法定种类划分为八类:

1. 物证。物证是指以自身的外部特征、存在状况、物理、化学、生物属性来证明待证事实,包括一切物质形态。笔迹是物证而不是书证。因为笔迹是物质痕迹,是以书写特征而不是以内容来证明案件事实的。

2. 书证。书证是指以其记载的内容和反映的思想与案件的待证事实之间发生联系并证明案件情况的证据种类,其记载的思想和反映的内容能够为办案人员认识,至于以什么方式来记载在所不问。

3. 证人证言。证人证言是指证人就自己所知道的与案件有关的情况向司法机关所作的陈述。考生应该注意证人所陈述的内容只局限于案件情况,如果是分析案情或者是推测等则不属于证人证言。

4. 被害人陈述。被害人陈述是指犯罪行为的直接受害者就案件事实所作的陈述。

5. 犯罪嫌疑人、被告人供述和辩解。犯罪嫌疑人、被告人供述和辩解是指犯罪嫌疑人、被告人在刑事诉讼过程中,就与案件有关的事实情况向公安司法机关所作的陈述,既包括承认自己有罪的人对自己犯罪情况的供述,也包括声称自己无罪或者罪轻的辩解。

6. 鉴定意见。鉴定意见是指受公安司法机关指派或聘请的鉴定人,对案件中的专门性问题进行鉴定后所作出的书面意见。

7. 勘验、检查、辨认、侦查实验等笔录。勘验、检查笔录是指公安司法人员对与犯罪有关的场所、物品、人身、尸体进行勘查、检查时就所观察、测量的情况所作的实况记载。侦查实验笔录,是指为了确定与案件有关的某一事件或者事实在某种条件下能否发生或者怎样发生而按照原来的条件,将该事件或者事实加以重演或者进行试验的一种证据调查活动。侦查实验笔录是侦查机关对进行侦查实验的时间、地点、实验条件以及实验过程和结果等所作的客观记录,并由进行侦查实验的侦查人员、其他参加人员和见证人签名或者盖章。

8. 视听资料、电子数据。视听资料是指与本次犯罪过程或者本次事件有关的录音、录像资料。电子数据是指基于计算机应用、通信和现代管理技术等电子化技术手段形成的包括文字、图形符号、数字、字母等客观资料。

七、强制措施

(一)概念

刑事诉讼中的强制措施,是指公安机关、人民检察院和人民法院为防止犯罪嫌疑人、被告人逃避侦查和审判或继续进行犯罪,保证侦查、起诉、审判工作的顺利进行,依法对他们采取的在一定期限内限制或剥夺其人身自由的方法。

(二)种类

刑事强制措施有五种:

1. 拘传。拘传是指人民法院、人民检察院和公安机关对经合法传唤无正当理由而不到案的犯罪嫌疑人、被告人采取的一种强制其到案的方法。

2. 取保候审。取保候审是指人民法院、人民检察院和公安机关责令犯罪嫌疑人、被告人交纳保证金或提供保证人,由保证人担保犯罪嫌疑人、被告人不逃避或不妨碍侦查、起诉和审判,并随传随到的一种强制方法。

3. 监视居住。监视居住是指人民法院、人民检察院和公安机关,为了防止被告人逃避侦查、起诉和审判,限定其活动区域和住所,限制其人身自由的一种强制方法。

4. 拘留。拘留是指公安机关在侦查活动中，对于现行犯或重大嫌疑分子，由于情况紧急，依法采用的临时剥夺其人身自由的一种方法。

5. 逮捕。逮捕是指公安机关、人民检察院和人民法院依法把人犯羁押起来，暂时剥夺其人身自由的一种强制措施。

八、附带民事诉讼

（一）概念

附带民事诉讼，是指人民法院、人民检察院和公安机关，在当事人及其他诉讼参与人的参加下，在依法追究被告人刑事责任的同时，解决由于犯罪行为而使被害人遭受物质损失问题所进行的诉讼活动。

（二）附带民事诉讼的提起与审理

在刑事诉讼过程中，都可以提起附带民事诉讼，这里的“刑事诉讼过程中”应当是指刑事裁判确定以前的全部诉讼阶段。附带民事诉讼应当同刑事案件一并审判，只有为了防止刑事案件审判的过分迟延，才可以在刑事案件审判后，由同一审判组织继续审理附带民事诉讼。

九、立案

刑事诉讼中的立案，是指公安机关、人民检察院或人民法院对于控告、举报和犯罪人自首的材料进行审查后，认为有犯罪事实并且需要追究刑事责任的时候，依法进行侦查或者审判的一种诉讼活动。

十、侦查

（一）侦查的概念

刑事诉讼中的侦查，是指公安机关、人民检察院在办理案件过程中，依照法律进行的专门调查工作和有关的强制性措施。实行侦查的主体是国家安全机关、公安机关、人民检察院和军队保卫部门、中国海警局监狱。

（二）侦查手段

刑事诉讼中的侦查手段，是指为了查明案情、收集证据、查获犯罪嫌疑人，依据法律规定而进行的各种专门调查工作。侦查手段包括：(1)讯问犯罪嫌疑人；(2)询问证人、被害人；(3)勘验、检查；(4)搜查；(5)扣押物证、书证；(6)鉴定；(7)通缉。

（三）侦查终结

侦查终结是指侦查机关或者部门对于自己立案侦查的案件，经过一系列侦查活动，认为案件事实、证据已经清楚，可以结束侦查，并对案件作出结论和处理的一种诉讼活动。

十一、提起公诉和不起诉

（一）审查起诉的内容

1. 犯罪事实、情节是否清楚，证据是否确实、充分，犯罪性质和罪名的认定是否正确；

2. 有无遗漏罪行和其他应当追究刑事责任的人；

3. 是否属于不应追究刑事责任的；

4. 有无附带民事诉讼；

5. 侦查活动是否合法。

（二）提起公诉

提起公诉是指人民检察院对于已经侦查终结的案件，经过审查确认犯罪事实清楚，证据确实充分，依法应当追究被告人刑事责任时，将被告人依法提交人民法院，请求对其进行实体审判，予以定罪和判处刑罚的一种刑事诉讼活动。

（三）不起诉

不起诉是指对于犯罪情节轻微，依照刑法规定不需要判处刑罚或者免除刑罚的，检察机关不将犯罪嫌疑人交付审判机关而自行终止刑事诉讼的一项诉讼活动。

十二、第一审程序

（一）第一审程序的概念

第一审程序是指人民法院对人民检察院提起公诉或者自诉人提起自诉的刑事案件进行初次审判的程序。第一审刑事案件包括人民法院依照第一审程序审理的公诉案件和自诉案件。

1. 法庭审判是指人民法院采取开庭的方式，在公诉人、当事人和其他诉讼参与人的参加下，在控、辩双方对证据、案件事实和适用法律展开辩论的情况下，依法确定被告人是否有罪，应否处刑，给予何种刑事处罚的诉讼活动。法庭审判程序大体可划分为开庭、法庭调查、法庭辩论、被告人最后陈述、评议和宣判五个阶段。

2. 延期审理。延期审理是指在法庭审判过程中，遇有不能抗拒的原因或者由于公诉人、诉讼参与人提出了其他正当理由，使审判无法进行，合议庭决定延展审理期限，待影响审理进行的原因消失后，再行开庭审理。

（二）简易程序

简易程序是指基层人民法院利用简化的第一审刑事诉讼程序审理犯罪事实清楚，证据充分，案情简单，处刑较轻的案件的程序。

十三、第二审程序

（一）概念

第二审程序又叫上诉审程序，是指第二审人民法院根据当事人上诉或检察机关的抗诉,对第一审法院未发生法律效力的判决、裁定进行重新审判时所必须遵循的方法、方式和步骤。

(二)二审后的处理

1. 驳回上诉或者抗诉,维持原判;

2. 原判决认定事实没有错误,但适用法律有错误,或者量刑不当的,应当改判;

3. 原判决事实不清或者证据不足的,可以在查清事实后改判;也可以裁定撤销原判,发回原审人民法院重新审判。

(三)上诉不加刑

上诉不加刑是指被告人或者他的法定代理人、辩护人、近亲属提出上诉后,第二审人民法院在作出新的判决时,不得对被告人判处重于原判的刑罚。但人民检察院提起抗诉或自诉人提起上诉的除外。

十四、审判监督程序

(一)概念

审判监督程序是指人民法院、人民检察院对于已经发生法律效力的判决和裁定,发现在认定事实上或者在适用法律上确有错误,依法提出并重新审判的一种诉讼程序。

(二)审判监督程序的提起

1. 各级人民法院院长对本院已经发生法律效力的判决和裁定,如果发现在认定事实上或在适用法律上确有错误,必须提交审判委员会处理;

2. 最高人民法院对各级人民法院已经发生法律效力的判决和裁定,上级人民法院对下级人民法院已经发生法律效力的判决和裁定,如果发现确有错误,有权提审或者指令下级人民法院再审;

3. 最高人民检察院对各级人民法院已经发生法律效力的判决和裁定,上级人民检察院对下级人民法院已经发生法律效力的判决和裁定,如果发现确有错误,有权按照审判监督程序向同级人民法院提出抗诉。

(三)当事人的申诉提起再审的条件

当事人及其法定代理人、近亲属的申诉符合下列情形之一的,人民法院应当重新审判:(1)有新的证据证明原判决、裁定认定的事实确有错误的;(2)据以定罪量刑的证据不确实、不充分或者证明案件事实的主要证据之间存在矛盾的;(3)原判决、裁定适用法律确有错误的;(4)原判人员在审理该案件时,有贪污受贿、徇私舞弊、枉法裁判行为的。

十五、执行程序

(一)刑事诉讼中的执行

刑事诉讼中的执行是指人民法院、人民检察院、公安机关、劳动改造机关和其他执行机关为实现已经发生法律效力的判决和裁定所确定的内容,依照法定程序而进行的活动。

(二)监外执行

监外执行是指被判处有期徒刑或者拘役的罪犯,由于出现了法律规定的某种特殊情况,不适宜在监狱内执行刑罚,而暂时采取的一种变通执行的方法。可以监外执行的情形有:有严重疾病需要保外就医的;怀孕或正在哺乳自己婴儿的妇女;生活不能自理,适用暂予监外执行不致危害社会的。

第二节　刑事诉讼法重点法条解读及真题回顾

刑事诉讼法

（1979年7月1日第五届全国人民代表大会第二次会议通过　根据1996年3月17日第八届全国人民代表大会第四次会议《关于修改〈中华人民共和国刑事诉讼法〉的决定》第一次修正　根据2012年3月14日第十一届全国人民代表大会第五次会议《关于修改〈中华人民共和国刑事诉讼法〉的决定》第二次修正　根据2018年10月26日第十三届全国人民代表大会常务委员会第六次会议《关于修改〈中华人民共和国刑事诉讼法〉的决定》第三次修正）

目　录

第一编　总　则

第一章　任务和基本原则

★立法目的与根据

第一条　为了保证刑法的正确实施，惩罚犯罪，保护人民，保障国家安全和社会公共安全，维护社会主义社会秩序，根据宪法，制定本法。

●考点点拨

1. 根据立法精神，制定刑事诉讼法的目的是保证刑法的正确实施。精确掌握和应用《刑事诉讼法》，是公、检、法、司等工作人员从事侦查办案的基本功，也是学习《刑事诉讼法》的基本法律要求。

2.《刑事诉讼法》立法目的有五个：(1)保证刑法的正确实施；(2)惩罚犯罪；(3)保护人民；(4)保障国家安全和社会公共安全；(5)维护社会主义社会秩序。

出题人曾从该法条进行命题，故意将“维护社会主义社会秩序”表述为“维护社会主义市场秩序”，应引起考生注意。

☆真题回顾

（2018年单选）为了保证（　　）的正确实施，惩罚犯罪，保护人民，保障国家安全和社会公共安全，维护社会主义社会秩序，根据宪法，制定刑事诉讼法。

A. 法律　　B. 宪法

C. 诉讼法　　D. 刑法

【解析】答案为D。刑法属于实体法，刑事诉讼法属于程序法，刑事诉讼法的制定是为了保证刑法的顺利实施、刑事活动的顺利开展，这也是刑事诉讼法的立法宗旨。从复习的效果来说，每部法律的第一条都是立法宗旨，考生务必认真领会。掌握了立法宗旨，对于理解法条大有裨益。故本题D项正确。

★刑事诉讼法的任务

第二条　中华人民共和国刑事诉讼法的任务，是保证准确、及时地查明犯罪事实，正确应用法律，惩罚犯罪分子，保障无罪的人不受刑事追究，教育公民自觉遵守法律，积极同犯罪行为作斗争，维护社会主义法制，尊重和保障人权，保护公民的人身权利、财产权利、民主权利和其他权利，保障社会主义建设事业的顺利进行。

●考点点拨

本条是关于刑事诉讼法任务的规定，考生应该理解记忆。

(1)保证准确、及时地查明犯罪事实；

(2)正确应用法律，惩罚犯罪分子，保障无罪的人不受刑事追究；

(3)教育公民自觉遵守法律，积极同犯罪行为作斗争；

(4)维护社会主义法制，尊重和保障人权；

(5)保护公民的人身权利、财产权利、民主权利和其他权利；

(6)保障社会主义建设事业的顺利进行。

☆真题回顾

（2019年单选）中华人民共和国刑事诉讼法的任务之一，是保证准确、及时地查明（　　）事实，正确应用法律，惩罚犯罪分子。

A. 违法　　B. 客观

C. 犯罪　　　　　　　D. 案件

【解析】答案为C。根据《刑事诉讼法》第2条的规定，C项正确。本题考查刑事诉讼法总则的相关表述，总则一般是对法条目的、意义、概念、原则等内容的概括性条文，在法律法规中起着提纲挈领的作用，考生一定不能忽视对总则的学习，理解总则的内容对条文和规定的认识和记忆大有裨益。

★职权原则/严格遵守法定程序原则

第三条　对刑事案件的侦查、拘留、执行逮捕、预审，由公安机关负责。检察、批准逮捕、检察机关直接受理的案件的侦查、提起公诉，由人民检察院负责。审判由人民法院负责。除法律特别规定的以外，其他任何机关、团体和个人都无权行使这些权力。

人民法院、人民检察院和公安机关进行刑事诉讼，必须严格遵守本法和其他法律的有关规定。

●考点点拨

1. 本条规定的是公、检、法机关进行刑事诉讼的职责分工，体现了两个原则：

(1)刑事案件的侦查权、检察权、审判权分别由公、检、法三机关行使，这体现了分工负责、相互配合，相互制约的基本原则。

(2)公、检、法三机关只能在法律规定的职责范围内进行诉讼活动，而不能超越法定职责或者相互代替。

2. 享有侦查权的单位包括公安机关、国家安全机关、监狱、军队保卫部门和人民检察院，但后四个部门只对特定的案件有侦查权，监狱是部分侦查权主体。《监察法》明确了监察委员会的调查权，赋予监察委员会必要的调查手段和措施，但是监察委员会并没有侦查权。

3. 人民检察院行使检察权，检察权是个大概念，包括特定案件(自侦案件)侦查权、审查批捕权、公诉权等内容。

4. 审判权专属于人民法院。

5. 监察机关办理职务违法和职务犯罪案件，应当与检察机关相互配合、相互制约。

⊙国家安全机关的职权

第四条　国家安全机关依照法律规定，办理危害国家安全的刑事案件，行使与公安机关相同的职权。

⊙人民法院、人民检察院依法独立行使职权原则

第五条　人民法院依照法律规定独立行使审判权，人民检察院依照法律规定独立行使检察权，不受行政机关、社会团体和个人的干涉。

●考点点拨

1. 人民检察院上下级是“领导关系”，检察一体，集体独立，不是每一级检察院、每一个业务部门、每个检察官、独立行使职权。

2. 人民法院上下级是“监督关系”，不能“请示、汇报、报告”，上下级只能通过审级监督。

3. 人民检察院、人民法院行使职权不受行政机关、社会团体和个人的干涉。

★依靠群众原则/以事实为根据，以法律为准绳原则

第六条　人民法院、人民检察院和公安机关进行刑事诉讼，必须依靠群众，必须以事实为根据，以法律为准绳。对于一切公民，在适用法律上一律平等，在法律面前，不允许有任何特权。

●考点点拨

考生应该注意“以事实为根据，以法律为准绳”是一切刑事诉讼活动的基础。

☆真题回顾

(2017年单选)人民法院、人民检察院和公安机关进行刑事诉讼，必须依靠群众，必须(　　)。

A. 以事实为根据，以法律为准绳

B. 以法律为根据，以事实为准绳

C. 以案件为根据，以法律为准绳

D. 以事实为根据，以判决为准绳

【解析】答案为A。根据《刑事诉讼法》第6条的规定，本题A项正确。

⊙分工负责、互相配合、互相制约原则

第七条　人民法院、人民检察院和公安机关进行刑事诉讼，应当分工负责，互相配合，互相制约，以保证准确有效地执行法律。

⊙法律监督原则

第八条　人民检察院依法对刑事诉讼实行法律监督。

●考点点拨

1. 人民检察院的监督方式：立案监督、侦查、审查起诉监督、审判监督、执行监督。

2. 对审判程序的监督，是在庭后以检察院整体名义提出书面纠正意见，对于审判结果可以提出二审抗诉和再审抗诉。

⊙用本民族语言、文字进行诉讼原则

第九条　各民族公民都有用本民族语言文字进

行诉讼的权利。人民法院、人民检察院和公安机关对于不通晓当地通用的语言文字的诉讼参与人,应当为他们翻译。

在少数民族聚居或者多民族杂居的地区,应当用当地通用的语言进行审讯,用当地通用的文字发布判决书、布告和其他文件。

●考点点拨

1. 本条规定的是各民族有权运用本民族语言文字进行刑事诉讼的基本原则。对于不通晓当地通用的语言文字的诉讼参与人,公检法机关应当为他们提供翻译人员,这里要求的是公检法机关而非仅仅审判机关。

2. 保障少数民族运用本民族语言文字诉讼的权利不仅在于司法机关为其提供翻译,而且还有应当用当地通用的语言文字进行审讯,用通用的文字发布判决书、布告和其他文件(在少数民族聚居或者多民族杂居的地区)。

★两审终审制

第十条　人民法院审判案件,实行两审终审制。

●考点点拨

1. 地方各级人民法院按照第一审程序对案件审理后所作的判决、裁定,尚不能立即发生法律效力。

(1)只有在法定上诉期限内,有上诉权的人没有上诉,同级人民检察院也没有抗诉,第一审法院所作出的判决、裁定才发生法律效力。

(2)在法定期限内,如果有上诉权的人提出上诉,或者同级人民检察院提出了抗诉,上一级人民法院应依照第二审程序对该案件进行审判。上一级人民法院审理第二审案件作出的判决、裁定,是终审的判决、裁定,立即发生法律效力。这样经过两级法院对案件审判后,该案的审判即告终结。

2. 两审终审制的实质是允许一个案件经过两级法院审理,也最多只能经过两级法院审理的审级限制。但我国的两审终审制有以下三种例外:

(1)最高人民法院审理的第一审案件为一审终审,其判决、裁定一经作出,立即发生法律效力,不存在启动二审程序的问题。

(2)判处死刑的案件,必须依法经过死刑复核程序核准后,判处死刑的裁判,才能发生法律效力,交付执行。

(3)地方各级人民法院根据《刑法》第63条第2款的规定在法定刑以下判处刑罚的案件,必须经最高人民法院的核准,其判决、裁定才能发生法律效力并交付执行。

⊙审判公开原则/保障辩护原则

第十一条　人民法院审判案件,除本法另有规定的以外,一律公开进行。被告人有权获得辩护,人民法院有义务保证被告人获得辩护。

●考点点拨

1. 法院的审判活动,必须坚持依法公开审判制度,做到公开开庭,公开举证、质证,公开宣判。

2. 实行辩护制度,有利于法院查清犯罪事实,准确定罪量刑,也有利于保障无罪之人免受错误追究。

★法院定罪原则

第十二条　未经人民法院依法判决,对任何人都不得确定有罪。

●考点点拨

1. 在法院判决前,被指控者称为犯罪嫌疑人和被告人,不能成为罪犯,只有经法院判决有罪,才能成为罪犯。从现实生活中,我们仍然可以看到一些媒体在法院未定罪前采用"罪犯"的称谓,这是错误的。

2. "无罪推定"作为国际通行的刑事原则,已为我国刑事诉讼活动所汲取,如果审判不能确定有罪,就应当推定为无罪,因此就更不能在审判前称其为"罪犯"。

⊙人民陪审员制度

第十三条　人民法院审判案件,依照本法实行人民陪审员陪审的制度。

●考点点拨

1. 人民陪审员一般由大专以上文化程度的公民担任,参加审判活动可获得交通、误餐等经济补助。

2. 公民担任人民陪审员,应当具备下列条件:

(1)拥护中华人民共和国宪法;

(2)年满23周岁;

(3)品行良好、公道正派;

(4)身体健康。

3. 下列人员不得担任人民陪审员:

(1)因犯罪受过刑事处罚的;

(2)被开除公职的。

⊙保障诉讼参与人诉讼权利原则

第十四条　人民法院、人民检察院和公安机关应当保障犯罪嫌疑人、被告人和其他诉讼参与人依法享有的辩护权和其他诉讼权利。

诉讼参与人对于审判人员、检察人员和侦查人员侵犯公民诉讼权利和人身侮辱的行为,有权提出控告。

★认罪认罚从宽制度

第十五条　犯罪嫌疑人、被告人自愿如实供述自己的罪行,承认指控的犯罪事实,愿意接受处罚的,可以依法从宽处理。

●考点点拨

1.本条为2018年刑事诉讼法修正时新增的内容,将认罪认罚从宽制度的精神正式纳入总则。

2.“认罪认罚从宽”,是指对犯罪嫌疑人、被告人自愿如实供述自己的罪行,对指控的犯罪事实没有异议,同意量刑建议并签署具结书的,可以依法从宽处理。

3.关于“认罪认罚从宽”制度,新《刑事诉讼法》主要增加了以下规定:

(1)侦查人员在讯问犯罪嫌疑人的时候,应当告知犯罪嫌疑人享有的诉讼权利,如实供述自己罪行可以从宽处理和认罪认罚的法律规定;

(2)犯罪嫌疑人自愿认罪的,应当记录在案,随案移送,并在起诉意见书中写明有关情况;

(3)犯罪嫌疑人认罪认罚的,人民检察院应当告知其享有的诉讼权利和认罪认罚的法律规定,听取犯罪嫌疑人、辩护人或者值班律师、被害人及其诉讼代理人对涉嫌的犯罪事实、罪名及适用的法律规定,从轻、减轻或者免除处罚等从宽处罚的建议,认罪认罚后案件审理适用的程序和其他需要听取意见的事项的意见;

(4)犯罪嫌疑人认罪认罚的,人民检察院应当就主刑、附加刑、是否适用缓刑等提出量刑建议,并随案移送认罪认罚具结书等材料;

(5)被告人认罪认罚的,审判长应当告知被告人享有的诉讼权利和认罪认罚的法律规定,审查认罪认罚的自愿性和认罪认罚具结书内容的真实性、合法性。

4.从宽分为程序上从简和实体上从宽两方面。从宽处罚是刑罚运用制度中的重要内容,实体上具体包括从轻、减轻处罚和免除处罚,至于是从轻、减轻还是免除原则上仍应按照《刑法》有关规定适用,而非法官自由裁量。程序上可以采用速裁程序、简易程序,大大增加办案效率,减少对犯罪嫌疑人或被告人不必要的羁押。

★依法不追诉原则

第十六条　有下列情形之一的,不追究刑事责任,已经追究的,应当撤销案件,或者不起诉,或者终止审理,或者宣告无罪:

(一)情节显著轻微、危害不大,不认为是犯罪的;

(二)犯罪已过追诉时效期限的;

(三)经特赦令免除刑罚的;

(四)依照刑法告诉才处理的犯罪,没有告诉或者撤回告诉的;

(五)犯罪嫌疑人、被告人死亡的;

(六)其他法律规定免予追究刑事责任的。

●考点点拨

1.本条规定的是六种法定不追究刑事责任的情形:既包括不构成或者情节显著轻微,不认为犯罪的情形,也包括虽然构成犯罪但因种种法定原因如超过追诉时效,属于告诉才处理的犯罪(亲告罪)或者犯罪嫌疑人、被告人死亡或者经特赦令免除刑罚的以及其他法律规定免予追究刑事责任的情形。

2.公检法机关在办理刑事件中,遇到上述六种法定情形之一的,应分别作如下不同的处理(注意不同的诉讼阶段由不同的司法机关作出不同的处理决定):

(1)在立案阶段发现或出现六种法定情形之一的,即不应当追究刑事责任的,应当由相应的立案管辖机关,即公安机关或检察院或法院作出不立案决定。

(2)在侦查阶段发现或出现六种法定情形之一的,应当由侦查机关即公安机关或者检察机关作出撤销案件的决定。

(3)当案件移送至检察机关审查起诉时,发现或出现上述六种情形之一的,应当作出不起诉的决定(表明该案件的侦查机关是公安机关而非检察机关)。

(4)当案件进入审判阶段时,发现或出现上述六种情形之一的,应当由该法院作出宣告无罪的判决(如上述第一种情形、第五种情形中被告人被确认无罪时)或者终止审理的决定。

◆关联法条

《中华人民共和国刑法》

第八十七条　犯罪经过下列期限不再追诉:

(一)法定最高刑为不满五年有期徒刑的,经过五年;

(二)法定最高刑为五年以上不满十年有期徒刑的,经过十年;

(三)法定最高刑为十年以上有期徒刑的,经过十五年；

（四）法定最高刑为无期徒刑、死刑的，经过二十年。如果二十年以后认为必须追诉的，须报请最高人民检察院核准。

★追究外国人刑事责任适用我国刑事诉讼法原则

第十七条　对于外国人犯罪应当追究刑事责任的，适用本法的规定。

对于享有外交特权和豁免权的外国人犯罪应当追究刑事责任的，通过外交途径解决。

●考点点拨

考生应注意除享有外交特权和豁免权的外国人犯罪通过外交途径解决外，其他外国人犯罪一律适用本法的规定。

☆真题回顾

（2018年判断）甲是美国人，在我国乙市旅游期间实施了犯罪，则乙市中级人民法院有权管辖甲的案件。（　　）

【解析】根据《刑事诉讼法》第17条第1款、第20条、第21条的规定，题干未交代甲究竟犯了什么罪，如果不属于危害国家安全、恐怖活动案件或者可能判处无期徒刑、死刑的案件，如甲仅仅是故意伤害（轻伤）或者盗窃（价值10000元），那么仍然由基层人民法院管辖。故本题说法错误。

⊙刑事司法协助原则

第十八条　根据中华人民共和国缔结或者参加的国际条约，或者按照互惠原则，我国司法机关和外国司法机关可以相互请求刑事司法协助。

第二章　管　　辖

★职能管辖

第十九条　刑事案件的侦查由公安机关进行，法律另有规定的除外。

人民检察院在对诉讼活动实行法律监督中发现的司法工作人员利用职权实施的非法拘禁、刑讯逼供、非法搜查等侵犯公民权利、损害司法公正的犯罪，可以由人民检察院立案侦查。对于公安机关管辖的国家机关工作人员利用职权实施的重大犯罪案件，需要由人民检察院直接受理的时候，经省级以上人民检察院决定，可以由人民检察院立案侦查。

自诉案件，由人民法院直接受理。

●考点点拨

1. 本条为2018年刑事诉讼法修正时新增的内容，删除人民检察院一般的职务犯罪侦查权，比如贪污贿赂犯罪案件、国家工作人员渎职犯罪案件。保留人民检察院在诉讼监督中对司法工作人员利用职权实施的侵害公民权利、损害司法公正犯罪的侦查权。同时，检察机关对公安机关管辖的国家机关工作人员利用职权实施的重大犯罪案件的机动侦查权仍然保留。

2. 本条规定的是公、检、法三机关对刑事案件的管辖的分工。对于刑事案件的侦查应当由公安机关进行，这是立案管辖的一项基本原则。同时，根据本法第4条的规定，对于危害国家安全的刑事案件应当由国家安全机关进行侦查。

3. 本条的核心内容是检察机关自侦案件的范围缩小为两类案件：

（1）国家机关工作人员利用职权实施的非法拘禁、刑讯逼供、报复陷害、非法搜查的侵犯公民人身权利以及侵犯公民民主权利的犯罪案件。比如，甲某系公安机关的侦查人员，以连续的拘传来变相羁押，涉嫌构成非法拘禁罪，这就属于检察机关自侦案件范畴。

（2）国家机关工作人员利用职权实施的其他重大犯罪案件且经省级以上检察机关决定需要由人民检察院直接受理的案件。

4. 人民法院直接受理的刑事案件仅限于自诉案件。这里值得注意的是：自诉案件并不等于告诉才处理的案件，其范围应当大于告诉才处理的案件。被害人有证据证明的轻微刑事案件，被害人直接向人民法院起诉的，人民法院应当依法受理，对其中证据不足、可以由公安机关受理的，或者认为对被告人可能判处3年有期徒刑以上刑罚的，应当告知被害人向公安机关报案，或者移送公安机关立案侦查。

⊙基层法院管辖

第二十条　基层人民法院管辖第一审普通刑事案件，但是依照本法由上级人民法院管辖的除外。

★中级法院管辖

第二十一条　中级人民法院管辖下列第一审刑事案件：

（一）危害国家安全、恐怖活动案件；

（二）可能判处无期徒刑、死刑的案件。

●考点点拨

1. 本条与相关法条规定的是刑事案件审判管辖的级别管辖问题。最基本的要点在于掌握中级人民法院应当管辖的第一审刑事案件的法定范围：

(1)危害国家安全案件,即指现行刑法分则第1章所规定的犯罪,比如涉嫌资助危害国家安全犯罪活动罪案件。这里仅有犯罪性质的要求而无行为轻重的区别。恐怖活动案件,指现行刑法分则规定的恐怖活动犯罪案件,如帮助恐怖活动罪案件。

(2)可能判处无期徒刑、死刑的普通刑事案件。

2. 高级人民法院、最高人民法院管辖的第一审刑事案件,原则上都属于在本辖区范围内有重大影响(如全省性或者全国性)的刑事案件。

3. 对于行为人一人犯数罪或者共同犯罪以及其他需要并案审理的刑事案件,只要其中一人或者一罪属于上级人民法院管辖的,全案都由上级人民法院审理。比如,甲既有帮助恐怖活动又有轻微盗窃行为,既属于中级人民法院管辖又属于基层人民法院管辖,那么甲的案件全部由中级人民法院管辖。

◆关联法条

最高人民法院《关于适用〈中华人民共和国刑事诉讼法〉的解释》

第十二条　人民检察院认为可能判处无期徒刑、死刑,向中级人民法院提起公诉的案件,中级人民法院受理后,认为不需要判处无期徒刑、死刑的,应当依法审判,不再交基层人民法院审判。

第十三条　一人犯数罪、共同犯罪和其他需要并案审理的案件,其中一人或者一罪属于上级人民法院管辖的,全案由上级人民法院管辖。

⊙高级法院管辖

第二十二条　高级人民法院管辖的第一审刑事案件,是全省(自治区、直辖市)性的重大刑事案件。

⊙最高法院管辖

第二十三条　最高人民法院管辖的第一审刑事案件,是全国性的重大刑事案件。

★级别管辖的变通

第二十四条　上级人民法院在必要的时候,可以审判下级人民法院管辖的第一审刑事案件;下级人民法院认为案情重大、复杂需要由上级人民法院审判的第一审刑事案件,可以请求移送上一级人民法院审判。

●考点点拨

1. 各级法院之间管辖权变更具体包括两种情况:

(1)上级法院主动决定审理下级法院管辖的第一审刑事案件;

(2)下级法院请求移送上级法院审理的第一审刑事案件。本条规定移送条件是重大复杂案件。同时有管辖权法院因案件涉及本院院长需要回避等原因的,也可以请求移送上一级法院管辖。

2. 上级法院不能将自己管辖的案件交给下级法院审理,上级法院可以将下级法院审理的案件提审,也可以指定其他下级法院审理。通俗来讲就是案件只能往上级提而不能往下级调。

★地域管辖

第二十五条　刑事案件由犯罪地的人民法院管辖。如果由被告人居住地的人民法院审判更为适宜的,可以由被告人居住地的人民法院管辖。

●考点点拨

1. 这是关于第一审刑事案件的地域管辖问题。划分地域管辖的一般原则是本条所规定的"以犯罪地的人民法院管辖为主、被告人居住地的人民法院管辖为辅"。即刑事案件原则上由犯罪地的人民法院管辖,但如果被告人居住地法院审理更为适宜的,可以由被告人居住地法院管辖。这是最高人民法院《关于适用〈中华人民共和国刑事诉讼法〉的解释》第11条的规定。犯罪地包括犯罪的行为发生地和结果发生地。

2. 对于新型犯罪如针对或者利用计算机网络实施的犯罪,犯罪地范围很广泛,包括犯罪行为发生地的网站服务器所在地,网络接入地,网站建立者或管理者所在地,被侵害的计算机信息系统及其管理者所在地,被告人、被害人使用的计算机信息系统所在地,以及被害人财产遭受损失地。

3. 应当注意根据最高人民法院《关于适用〈中华人民共和国刑事诉讼法〉的解释》第4～11条的规定,一些比较特殊的地域管辖的具体规定都是犯罪地原则、最初受理地原则的体现,如服刑地法院管辖、最初降落地、最初停泊地、入境地、被抓获地法院管辖等。

◆关联法条

最高人民法院《关于适用〈中华人民共和国刑事诉讼法〉的解释》

第二条　犯罪地包括犯罪行为发生地和犯罪结果发生地。

针对或者利用计算机网络实施的犯罪,犯罪地包括犯罪行为发生地的网站服务器所在地,网络接入地,网站建立者、管理者所在地,被侵害的计算机信息系统及其管理者所在地,被告人、被害人使用的计算机信息系统所在地,以及被害人财产遭受损失地。

第三条　被告人的户籍地为其居住地。经常居住地与户籍地不一致的,经常居住地为其居住地。经常居住地为被告人被追诉前已连续居住一年以上的地方,但住院就医的除外。

被告单位登记的住所地为其居住地。主要营业地或者主要办事机构所在地与登记的住所地不一致的,主要营业地或者主要办事机构所在地为其居住地。

★优先、移送管辖

第二十六条　几个同级人民法院都有权管辖的案件,由最初受理的人民法院审判。在必要的时候,可以移送主要犯罪地的人民法院审判。

●考点点拨

对于同一刑事案件,犯罪地可能不止一个或者犯罪嫌疑人、被告人实施的数个犯罪行为的犯罪地比较分散,可能导致几个同级人民法院都有权管辖,此时由最初受理的人民法院审判,在必要的时候,可以移送主要犯罪地的人民法院审判。即对于几个同级人民法院都有管辖权的,采取"以最初受理地为主、主要犯罪地为辅"的原则。

⊙指定管辖

第二十七条　上级人民法院可以指定下级人民法院审判管辖不明的案件,也可以指定下级人民法院将案件移送其他人民法院审判。

⊙专门管辖

第二十八条　专门人民法院案件的管辖另行规定。

●考点点拨

专门人民法院包括军事法院、海事法院、知识产权法院、互联网法院、金融法院等。

第三章　回　　避

★回避的对象、方式与事由

第二十九条　审判人员、检察人员、侦查人员有下列情形之一的,应当自行回避,当事人及其法定代理人也有权要求他们回避:

(一)是本案的当事人或者是当事人的近亲属的;

(二)本人或者他的近亲属和本案有利害关系的;

(三)担任过本案的证人、鉴定人、辩护人、诉讼代理人的;

(四)与本案当事人有其他关系,可能影响公正处理案件的。

●考点点拨

1. 回避适用的对象包括:刑事案件的审判人员(包括审判委员会委员、合议庭组成人员、独任审判员及人民陪审员)、检察人员和侦查人员、书记员、翻译人员以及鉴定人员。

2. 本法规定的是回避的法定情形,均为有碍公正的情形。注意"近亲属"的范围具有特定性。本法规定,"近亲属"是指夫、妻、父、母、子、女、同胞兄弟姐妹。可见这显然不同于民事诉讼中的近亲属范围,后者的范围还包括祖父母、外祖父母、孙子女、外孙子女,而且兄弟姐妹也不仅仅限于同胞的兄弟姐妹。因此,刑事诉讼中的"近亲属"范围比较窄,考生要注意辨析掌握。

◆关联法条

最高人民法院《关于适用〈中华人民共和国刑事诉讼法〉的解释》

第二十七条　审判人员自行申请回避,或者当事人及其法定代理人申请审判人员回避的,可以口头或者书面提出,并说明理由,由院长决定。

院长自行申请回避,或者当事人及其法定代理人申请院长回避的,由审判委员会讨论决定。审判委员会讨论时,由副院长主持,院长不得参加。

第三十条　对当事人及其法定代理人提出的回避申请,人民法院可以口头或者书面作出决定,并将决定告知申请人。

当事人及其法定代理人申请回避被驳回的,可以在接到决定时申请复议一次。不属于刑事诉讼法第二十八条、第二十九条规定情形的回避申请,由法庭当庭驳回,并不得申请复议。

第三十三条　书记员、翻译人员和鉴定人适用审判人员回避的有关规定,其回避问题由院长决定。

第三十四条　辩护人、诉讼代理人可以依照本章的有关规定要求回避、申请复议。

⊙办案人员行为之禁止

第三十条　审判人员、检察人员、侦查人员不得接受当事人及其委托的人的请客送礼,不得违反规定会见当事人及其委托的人。

审判人员、检察人员、侦查人员违反前款规定的,应当依法追究法律责任。当事人及其法定代理人有权要求他们回避。

●**考点点拨**

1. 本条规定属于请求回避事由，即当有关人员接受了当事人及其委托的人的请客送礼、违反规定会见当事人及其委托的人时，其他当事人及其法定代理人有权要求他们回避。在这种情形之下的回避申请，申请人应当提供证明材料。

2. 同一人员不能参加刑事诉讼程序的两个阶段，因为后一阶段通常是对前阶段的监督。发回重审的案件，对一审法院重新审判作出的裁判不服再次上诉至二审法院，原二审程序合议庭成员不回避。

3. 基于证人的不可替代性、不可选择性与优先适用性等特征，对证人不适用回避制度。

4. 辩护人、诉讼代理人也可以提出回避申请。

⊙回避的决定/回避决定的效力/回避的复议

第三十一条　审判人员、检察人员、侦查人员的回避，应当分别由院长、检察长、公安机关负责人决定；院长的回避，由本院审判委员会决定；检察长和公安机关负责人的回避，由同级人民检察院检察委员会决定。

对侦查人员的回避作出决定前，侦查人员不能停止对案件的侦查。

对驳回申请回避的决定，当事人及其法定代理人可以申请复议一次。

●**考点点拨**

1. 回避的决定权根据被决定的人员不同而有所不同：

(1)对于审判人员的回避，应当由其所在法院院长决定。

(2)对于检察人员(包括履行侦查职责的检察人员)的回避应当由所在检察院检察长决定。

(3)对于侦查人员(不包括履行侦查职责的检察人员)的回避应当由所在的公安机关负责人决定。

(4)对于法院院长的回避，应当由其所在法院审判委员会决定。

(5)对于检察长和公安机关负责人的回避，应当由检察委员会决定。

2. 对被回避的检察人员所进行的诉讼行为的效力，由检察委员会或检察长决定。

⊙其他人员的回避

第三十二条　本章关于回避的规定适用于书记员、翻译人员和鉴定人。

辩护人、诉讼代理人可以依照本章的规定要求回避、申请复议。

●**考点点拨**

1. 特别注意书记员、翻译人员以及鉴定人员回避的决定问题。审判中法院的书记员、翻译人员和鉴定人员的回避应当由人民法院院长决定；检察院的书记员、司法警察和人民检察院聘请的或者指派的翻译人员、鉴定人员的回避应当由检察长决定。

2. 书记员、翻译人员以及鉴定人员的回避决定应当首先看这些人员是由哪一个司法机关指派或者聘请的，原则上由指派或者聘请这些人员的司法机关的负责人来决定。

第四章　辩护与代理

★**辩护的方式与辩护人的范围/禁止担任辩护人的范围**

第三十三条　犯罪嫌疑人、被告人除自己行使辩护权以外，还可以委托一至二人作为辩护人。下列的人可以被委托为辩护人：

(一)律师；

(二)人民团体或者犯罪嫌疑人、被告人所在单位推荐的人；

(三)犯罪嫌疑人、被告人的监护人、亲友。

正在被执行刑罚或者依法被剥夺、限制人身自由的人，不得担任辩护人。

被开除公职和被吊销律师、公证员执业证书的人，不得担任辩护人，但系犯罪嫌疑人、被告人的监护人、近亲属的除外。

●**考点点拨**

1. 本条为 2018 年刑事诉讼法修正时新增的内容，新增了第 3 款，明确被开除公职和被吊销律师、公证员执业证书的人不得担任辩护人，但系犯罪嫌疑人、被告人的监护人、近亲属的除外。

2. 本条规定的是辩护人的条件。犯罪嫌疑人、被告人除有权自行辩护外，还有权委托他人为自己辩护，但其委托的辩护人的人数有法定的要求，即每个犯罪嫌疑人、被告人只能委托 1 人或 2 人担任辩护人。同时，在共同犯罪案件中，1 名辩护人不得为 2 名以上(包括 2 名)的同案被告人，或者未同案处理但犯罪事实存在关联的被告人辩护。比如，甲某和乙某共同犯罪去抢劫银行，辩护人不能既为甲某辩护又为乙某辩护。

3. 辩护人的资格。本条规定，正在被执行刑罚或者依法被剥夺、限制人身自由的人、被开除公职和被吊销律师、公证员执业证书的人不得担任辩护人。被开除公职和被吊销律师、公证员执业证书的人，不得担任辩护人，但是犯罪嫌疑人、被告人的监护人、近亲属的除外。注意，陪审员不再限定为本院的陪审员，只要是陪审员都不能当辩护人，除非是被告人的监护人或者近亲属。

◆**关联法条**

最高人民法院《关于适用〈中华人民共和国刑事诉讼法〉的解释》

第三十五条　人民法院审判案件，应当充分保障被告人依法享有的辩护权利。

被告人除自己行使辩护权以外，还可以委托辩护人辩护。下列人员不得担任辩护人：

（一）正在被执行刑罚或者处于缓刑、假释考验期间的人；

（二）依法被剥夺、限制人身自由的人；

（三）无行为能力或者限制行为能力的人；

（四）人民法院、人民检察院、公安机关、国家安全机关、监狱的现职人员；

（五）人民陪审员；

（六）与本案审理结果有利害关系的人；

（七）外国人或者无国籍人。

前款第四项至第七项规定的人员，如果是被告人的监护人、近亲属，由被告人委托担任辩护人的，可以准许。

★**委托辩护的时间/委托辩护的形式/辩护人的告知义务**

第三十四条　犯罪嫌疑人自被侦查机关第一次讯问或者采取强制措施之日起，有权委托辩护人；在侦查期间，只能委托律师作为辩护人。被告人有权随时委托辩护人。

侦查机关在第一次讯问犯罪嫌疑人或者对犯罪嫌疑人采取强制措施的时候，应当告知犯罪嫌疑人有权委托辩护人。人民检察院自收到移送审查起诉的案件材料之日起三日以内，应当告知犯罪嫌疑人有权委托辩护人。人民法院自受理案件之日起三日以内，应当告知被告人有权委托辩护人。犯罪嫌疑人、被告人在押期间要求委托辩护人的，人民法院、人民检察院和公安机关应当及时转达其要求。

犯罪嫌疑人、被告人在押的，也可以由其监护人、近亲属代为委托辩护人。

辩护人接受犯罪嫌疑人、被告人委托后，应当及时告知办理案件的机关。

●**考点点拨**

本条及相关法条规定的是司法机关应当依法保障犯罪嫌疑人、被告人获得辩护权利的要求。委托代理人与此基本相同。

1. 何时可以委托辩护人

（1）公诉案件自侦查机关第一次讯问或采取强制措施之日起可以委托辩护人；

（2）自诉案件的被告人有权随时委托辩护人。

2. 侦查机关、检察院和法院的通知义务

（1）侦查机关在第一次讯问犯罪嫌疑人或者对其采取强制措施的时候，应当告知犯罪嫌疑人有权委托辩护人；

（2）人民检察院自收到移送审查起诉的案件材料之日起 3 日以内，应当告知犯罪嫌疑人有权委托辩护人；

（3）人民法院自受理案件之日起 3 日以内，应当告知被告人有权委托辩护人。

◆**关联法条**

最高人民法院《关于适用〈中华人民共和国刑事诉讼法〉的解释》

第四十二条　对下列没有委托辩护人的被告人，人民法院应当通知法律援助机构指派律师为其提供辩护：

（一）盲、聋、哑人；

（二）尚未完全丧失辨认或者控制自己行为能力的精神病人；

（三）可能被判处无期徒刑、死刑的人。

高级人民法院复核死刑案件，被告人没有委托辩护人的，应当通知法律援助机构指派律师为其提供辩护。

第四十五条　被告人拒绝法律援助机构指派的律师为其辩护，坚持自己行使辩护权的，人民法院应当准许。

属于应当提供法律援助的情形，被告人拒绝指派的律师为其辩护的，人民法院应当查明原因。理由正当的，应当准许，但被告人须另行委托辩护人；被告人未另行委托辩护人的，人民法院应当在三日内书面通知法律援助机构另行指派律师为其提供辩护。

第五十五条　当事人委托诉讼代理人的，参照适用刑事诉讼法第三十二条和本解释的有关规定。

★**指定辩护**

第三十五条　犯罪嫌疑人、被告人因经济困难或者其他原因没有委托辩护人的，本人及其近亲属可以向法律援助机构提出申请。对符合法律援助条件的，法律援助机构应当指派律师为其提供辩护。

犯罪嫌疑人、被告人是盲、聋、哑人，或者是尚未完全丧失辨认或者控制自己行为能力的精神病人，没有委托辩护人的，人民法院、人民检察院和公安机关应当通知法律援助机构指派律师为其提供辩护。

犯罪嫌疑人、被告人可能被判处无期徒刑、死刑，没有委托辩护人的，人民法院、人民检察院和公安机关应当通知法律援助机构指派律师为其提供辩护。

●考点点拨

1. 人民法院可以提供法律援助与应当提供法律援助的含义是不同的，两者具有不同的法律效力和法定情形，不能混淆。应当提供法律援助的法定情形是最核心的内容。人民法院应当通知法律援助机构为被告人指派辩护律师的法定情形是：

（1）高级人民法院复核死刑案件的；

（2）“盲、聋、哑”三种情形犯罪嫌疑人、被告人只要具备其中之一即可，而不要求其同时满足；

（3）“尚未完全丧失辨认或者控制自己行为能力的精神病人”，限制行为能力的精神病人，纳入了应当提供法律援助的范围；

（4）可能判处“无期、死刑”的犯罪嫌疑人、被告人也纳入了应当提供法律援助的范围；

（5）人民法院缺席审判案件的。

这五种情形都具有一个共同的基本特征即犯罪嫌疑人、被告人均没有委托辩护人。

2. 对于依法属于应当提供法律援助的情形的，必须有人为被告人辩护是这一制度设立的基本准则，即所谓强行辩护原则，这一点最高人民法院《关于适用〈中华人民共和国刑事诉讼法〉的解释》第45条规定得十分明确：如果被告人拒绝法律援助机构指派的律师为其辩护，有正当理由，人民法院应当准许，但被告人需另行委托辩护人，或者人民法院应当通知法律援助机构另行指派律师为其提供辩护。这一点是“可以提供法律援助制度”所没有的。

3. 可以提供法律援助的法定情形具体应参照最高人民法院《关于适用〈中华人民共和国刑事诉讼法〉的解释》第43条的规定。无论是自行委托辩护人还是提供法律援助，当事人都可以要求重新委托或重新提供法律援助，法院是否同意分不同情形会有不同的处理：委托辩护的，法院应当同意，并宣布延期审理；提供法律援助的，合议庭有权决定是否同意。重新委托或重新提供法律援助后，被告人再次当庭拒绝重新委托的辩护人或者拒绝指派的律师为其辩护的，合议庭应当分情形作出处理：被告人属于可以提供法律援助的情形之一的可以准许。但被告人不得再行委托或者人民法院也不再提供法律援助，被告人可以自行辩护；被告人属于应当提供法律援助情形之一的，则必须有辩护人参加案件审理。

◆关联法条

最高人民法院《关于适用〈中华人民共和国刑事诉讼法〉的解释》

第四十三条　具有下列情形之一，被告人没有委托辩护人的，人民法院可以通知法律援助机构指派律师为其提供辩护：

（一）共同犯罪案件中，其他被告人已经委托辩护人；

（二）有重大社会影响的案件；

（三）人民检察院抗诉的案件；

（四）被告人的行为可能不构成犯罪；

（五）有必要指派律师提供辩护的其他情形。

☆真题回顾

（2018年单选）犯罪嫌疑人、被告人因经济困难或者其他原因没有委托辩护人的，本人及其近亲属（　　）向法律援助机构提出法律援助申请，对符合法律援助条件的，法律援助机构（　　）指派律师为其提供辩护。

A. 可以　可以　　　B. 可以　应当

C. 应当　可以　　　D. 应当　应当

【解析】答案为B。根据《刑事诉讼法》第35条第1款的规定，为了保障犯罪嫌疑人、被告人的诉讼权利，是否申请法律援助，是法律赋予当事人及其近亲属的权利，所以法律规定把选择权交给了犯罪嫌疑人、被告人；而是否提供法律援助，则是法律赋予法律援助机构必须履行的义务，没有选择的权利。故B项正确。这就是立法原旨，两层意思的不同规定，殊途同归都是为了保护犯罪嫌疑人、被告人的人权。从本题可知，非法律专业的考生不必为法律题目苦恼，更无须畏惧背诵法条，只要掌握正确的备考方法，摒弃传统背诵法条的方法，辅之以题海战术，短期内提高分数是轻而易举之事。

⊙值班律师制度

第三十六条　法律援助机构可以在人民法院、看守所等场所派驻值班律师。犯罪嫌疑人、被告人没有委托辩护人，法律援助机构没有指派律师为其提供辩护的，由值班律师为犯罪嫌疑人、被告人提供法律咨询、程序选择建议、申请变更强制措施、对案件处理提出意见等法律帮助。

人民法院、人民检察院、看守所应当告知犯罪嫌疑人、被告人有权约见值班律师,并为犯罪嫌疑人、被告人约见值班律师提供便利。

●考点点拨

1. 本条为 2018 年刑事诉讼法修正时新增的内容,指法律援助机构可以在法院、看守所派驻值班律师,这里是“可以”而不是“应该”,是一种倡导性与指导性的意见。

2. 法律援助值班律师的工作,是为犯罪嫌疑人、刑事被告人提供法律咨询、程序选择、申请变更强制措施等法律帮助。

3. 该项制度的主要是为进入刑事诉讼程序的犯罪嫌疑人或者被告人提供即时初步的服务,其广覆盖、便利性等特点很好地体现了保障司法人权的刑事司法理念。

最高人民法院、最高人民检察院、公安部、国家安全部、司法部、全国人民代表大会常务委员会法制工作委员会《关于实施刑事诉讼法若干问题的规定》

第六条　刑事诉讼法第三十六条规定:“辩护律师在侦查期间可以为犯罪嫌疑人提供法律帮助;代理申诉、控告;申请变更强制措施;向侦查机关了解犯罪嫌疑人涉嫌的罪名和案件有关情况,提出意见。”根据上述规定,辩护律师在侦查期间可以向侦查机关了解犯罪嫌疑人涉嫌的罪名及当时已查明的该罪的主要事实,犯罪嫌疑人被采取、变更、解除强制措施的情况,侦查机关延长侦查羁押期限等情况。

★辩护人的责任

第三十七条　辩护人的责任是根据事实和法律,提出犯罪嫌疑人、被告人无罪、罪轻或者减轻、免除其刑事责任的材料和意见,维护犯罪嫌疑人、被告人的诉讼权利和其他合法权益。

●考点点拨

律师对当事人有保密义务,这是律师执业的义务,即使发现委托人有其他犯罪行为未被侦查机关发现,也不能进行揭发。但是辩护律师在执业活动中知悉委托人或者其他人,准备或者正在实施危害国家安全、公共安全以及严重危害他人人身安全的犯罪的,应当及时告知司法机关。

⊙侦查期间辩护律师的权利

第三十八条　辩护律师在侦查期间可以为犯罪嫌疑人提供法律帮助;代理申诉、控告;申请变更强制措施;向侦查机关了解犯罪嫌疑人涉嫌的罪名和案件有关情况,提出意见。

●考点点拨

1. 法律帮助,主要是会见嫌疑人、了解案情、解释法律、提出辩护意见等。

2. 代理申诉、控告,主要是因为犯罪嫌疑人的地位比较特殊,其人身自由往往处于程度不同的限制状态,且大多数犯罪嫌疑人不懂得自己享有什么样的诉讼权利;其诉讼权利受到侵犯后,也不敢进行申诉、控告。律师代理其申诉和控告,可以充分维护犯罪嫌疑人的合法权益,对维护人权有着重要的意义。

3. 辩护律师在侦查期间申请变更强制措施,如将对犯罪嫌疑人的刑事拘留变更为取保候审等。

4. 辩护律师在侦查期间向侦查机关了解犯罪嫌疑人涉嫌的罪名和案件有关情况,并提出自己的专业意见。

★辩护人的会见权与通信权

第三十九条　辩护律师可以同在押的犯罪嫌疑人、被告人会见和通信。其他辩护人经人民法院、人民检察院许可,也可以同在押的犯罪嫌疑人、被告人会见和通信。

辩护律师持律师执业证书、律师事务所证明和委托书或者法律援助公函要求会见在押的犯罪嫌疑人、被告人的,看守所应当及时安排会见,至迟不得超过四十八小时。

危害国家安全犯罪、恐怖活动犯罪案件,在侦查期间辩护律师会见在押的犯罪嫌疑人,应当经侦查机关许可。上述案件,侦查机关应当事先通知看守所。

辩护律师会见在押的犯罪嫌疑人、被告人,可以了解案件有关情况,提供法律咨询等;自案件移送审查起诉之日起,可以向犯罪嫌疑人、被告人核实有关证据。辩护律师会见犯罪嫌疑人、被告人时不被监听。

辩护律师同被监视居住的犯罪嫌疑人、被告人会见、通信,适用第一款、第三款、第四款的规定。

●考点点拨

1. 本条为 2018 年刑事诉讼法修正时新增的内容,第 3 款为新修改的内容。

2. 删除了特别重大贿赂案件侦查期间律师会见的限制性规定,由于贿赂犯罪已由检察机关侦查改为监察机关调查,自然就不存在侦查期间律师会见的问题,然而《监察法》中也没有提及调查期间律师会见问题,可见职务犯罪案件调查期间律师没有会见权。

3. 辩护律师和在押的犯罪嫌疑人、被告人会见和通信不需要经过许可。

4. 其他辩护人经法院、检察院许可，才能会见和通信，如人民团体或者犯罪嫌疑人、被告人所在单位推荐的人，犯罪嫌疑人、被告人的监护人、亲友。

5. 辩护律师持三证即律师执业证书、律师事务所证明和委托书或者法律援助公函可以在48小时内见到在押的犯罪嫌疑人、被告人。辩护律师会见时不被监听。

6. 对两大类犯罪，即危害国家安全犯罪、恐怖活动犯罪，在侦查期间辩护律师会见，应当经侦查机关许可。2018年该法修改前还包含特别重大贿赂犯罪案件。

◆关联法条

最高人民法院《关于适用〈中华人民共和国刑事诉讼法〉的解释》

第四十八条　辩护律师可以同在押的或者被监视居住的被告人会见和通信。其他辩护人经人民法院许可，也可以同在押的或者被监视居住的被告人会见和通信。

★辩护人的查阅案卷权

第四十条　辩护律师自人民检察院对案件审查起诉之日起，可以查阅、摘抄、复制本案的案卷材料。其他辩护人经人民法院、人民检察院许可，也可以查阅、摘抄、复制上述材料。

●考点点拨

1. 辩护律师可以查阅、摘抄、复制本案的案卷材料，无须经过法院或检察院的许可。

2. 其他辩护人（如人民团体或者犯罪嫌疑人、被告人所在单位推荐的人，犯罪嫌疑人、被告人的监护人、亲友）要行使阅卷权，需要经过法院或检察院的许可。

3. 阅卷权的范围扩大，自审查起诉之日起，本案所有的案卷材料都可以查阅、摘抄、复制。

4. 合议庭、审判委员会的讨论记录以及其他依法不公开的材料不得查阅、摘抄、复制。

5. 侦查阶段是没有阅卷权的。比如，在甲某被提起审查起诉之前，还处于公安机关的侦查阶段，此时甲某的辩护律师是无权查阅、摘抄、复制本案的案卷材料的。

◆关联法条

最高人民法院《关于适用〈中华人民共和国刑事诉讼法〉的解释》

第四十七条　辩护律师可以查阅、摘抄、复制案卷材料。其他辩护人经人民法院许可，也可以查阅、摘抄、复制案卷材料。合议庭、审判委员会的讨论记录以及其他依法不公开的材料不得查阅、摘抄、复制。

辩护人查阅、摘抄、复制案卷材料的，人民法院应当提供方便，并保证必要的时间。

复制案卷材料可以采用复印、拍照、扫描等方式。

⊙辩护人申请调查取证权

第四十一条　辩护人认为在侦查、审查起诉期间公安机关、人民检察院收集的证明犯罪嫌疑人、被告人无罪或者罪轻的证据材料未提交的，有权申请人民检察院、人民法院调取。

⊙辩护人对特定证据的处理原则

第四十二条　辩护人收集的有关犯罪嫌疑人不在犯罪现场、未达到刑事责任年龄、属于依法不负刑事责任的精神病人的证据，应当及时告知公安机关、人民检察院。

★辩护律师的调查取证权

第四十三条　辩护律师经证人或者其他有关单位和个人同意，可以向他们收集与本案有关的材料，也可以申请人民检察院、人民法院收集、调取证据，或者申请人民法院通知证人出庭作证。

辩护律师经人民检察院或者人民法院许可，并且经被害人或者其近亲属、被害人提供的证人同意，可以向他们收集与本案有关的材料。

●考点点拨

1. 本条规定的是辩护律师有收集证据材料的诉讼权利。本条规定的诉讼权利仅限于辩护律师行使，而不包括非律师身份的其他辩护人，如人民团体或者犯罪嫌疑人、被告人所在单位推荐的人，犯罪嫌疑人、被告人的监护人、亲友来进行辩护。

2. 辩护律师在侦查阶段没有调查取证权。

3. 关于辩护律师行使收集证据材料的权利，因收集行为针对的对象不同而有所不同：

（1）向一般证人或者其他有关单位和个人收集与本案有关材料，只需行为对象即该证人或者该单位和个人的同意即可。如果证人或者其他有关单位和个人不同意的，根据最高人民法院《关于适用〈中华人民共和国刑事诉讼法〉的解释》第51条的规定，辩护律师有权申请人民法院收集、调取；

（2）向被害人或者其近亲属、被害人提供的证人收集与本案有关的材料的，不仅须经行为对象即该被害人或者其近亲属、被害人提供的证人的同意，而且还须经人民检察院或者人民法院的许可。

(3)检察院、法院认为需要调查取证的,应当由检察院、法院收集、调取证据,不得向律师签发准许调查决定书,让律师收集、调取证据。

◆**关联法条**

最高人民法院《关于适用〈中华人民共和国刑事诉讼法〉的解释》

第四十九条　辩护人认为在侦查、审查起诉期间公安机关、人民检察院收集的证明被告人无罪或者罪轻的证据材料未随案移送,申请人民法院调取的,应当以书面形式提出,并提供相关线索或者材料。人民法院接受申请后,应当向人民检察院调取。人民检察院移送相关证据材料后,人民法院应当及时通知辩护人。

第五十条　辩护律师申请向被害人及其近亲属、被害人提供的证人收集与本案有关的材料,人民法院认为确有必要的,应当签发准许调查书。

第五十一条　辩护律师向证人或者有关单位、个人收集、调取与本案有关的证据材料,因证人或者有关单位、个人不同意,申请人民法院收集、调取,或者申请通知证人出庭作证,人民法院认为确有必要的,应当同意。

⊙辩护人的义务

第四十四条　辩护人或者其他任何人,不得帮助犯罪嫌疑人、被告人隐匿、毁灭、伪造证据或者串供,不得威胁、引诱证人作伪证以及进行其他干扰司法机关诉讼活动的行为。

违反前款规定的,应当依法追究法律责任,辩护人涉嫌犯罪的,应当由办理辩护人所承办案件的侦查机关以外的侦查机关办理。辩护人是律师的,应当及时通知其所在的律师事务所或者所属的律师协会。

⊙被告人拒绝辩护

第四十五条　在审判过程中,被告人可以拒绝辩护人继续为他辩护,也可以另行委托辩护人辩护。

●**考点点拨**

1. 当事人可以要求重新委托或重新提供法律援助,法院是否同意分不同情形会有不同的处理:委托辩护的,法院应当同意,并宣布延期审理;提供法律援助的,合议庭有权决定是否同意。

2. 重新委托或重新提供法律援助后,被告人再次当庭拒绝重新委托的辩护人或者拒绝指派的律师为其辩护的,合议庭应当分情形作出处理:

(1)被告人属于可以提供法律援助的情形之一的可以准许。

(2)但被告人不得再行委托或者人民法院也不再提供法律援助,被告人可以自行辩护;

(3)被告人属于应当提供法律援助情形之一的,则必须有辩护人参加案件审理。比如,甲可能被判处死刑而没有委托辩护人的就属于应当提供法律援助的情形。

⊙诉讼代理人介入刑事诉讼的时间

第四十六条　公诉案件的被害人及其法定代理人或者近亲属,附带民事诉讼的当事人及其法定代理人,自案件移送审查起诉之日起,有权委托诉讼代理人。自诉案件的自诉人及其法定代理人,附带民事诉讼的当事人及其法定代理人,有权随时委托诉讼代理人。

人民检察院自收到移送审查起诉的案件材料之日起三日以内,应当告知被害人及其法定代理人或者其近亲属、附带民事诉讼的当事人及其法定代理人有权委托诉讼代理人。人民法院自受理自诉案件之日起三日以内,应当告知自诉人及其法定代理人、附带民事诉讼的当事人及其法定代理人有权委托诉讼代理人。

●**考点点拨**

诉讼代理人是相对于辩护人的概念。辩护人是为犯罪嫌疑人、被告人进行辩护的。相应地,诉讼代理人是为公诉案件的被害人及其法定代理人或者近亲属,附带民事诉讼的当事人及其法定代理人代理诉讼事务的人。同时,在民事案件中,提供法律服务的人员也叫诉讼代理人。

★**诉讼代理人的范围**

第四十七条　委托诉讼代理人,参照本法第三十三条的规定执行。

●**考点点拨**

1. 犯罪嫌疑人、被告人除自己行使辩护权以外,还可以委托一至二人作为诉讼代理人。

2. 犯罪嫌疑人、被告人可以委托人民团体或者犯罪嫌疑人、被告人所在单位推荐的人以及其监护人、亲友作为诉讼代理人。

3. 正在被执行刑罚或者依法被剥夺、限制人身自由的人,不得担任诉讼代理人。

被开除公职和被吊销公证员执业证书的人,不得担任诉讼代理人,但系犯罪嫌疑人、被告人的监护人、近亲属的除外。

★辩护律师的保密义务及其权利

第四十八条　辩护律师对在执业活动中知悉的委托人的有关情况和信息,有权予以保密。但是,辩护律师在执业活动中知悉委托人或者其他人,准备或者正在实施危害国家安全、公共安全以及严重危害他人人身安全的犯罪的,应当及时告知司法机关。

●考点点拨

辩护律师维护委托人的最大利益,对委托人有利的有关情况和信息应当保密。但对于辩护律师在执业过程中知悉委托人或者其他人正在实施危害国家安全、公共安全以及严重危害他人人身安全的犯罪的,有义务告知司法机关。比如,委托人对辩护律师说其正要向村里的公共水井里投毒,此时辩护律师就有义务告知司法机关。

⊙辩护人、诉讼代理人的申诉与控告权

第四十九条　辩护人、诉讼代理人认为公安机关、人民检察院、人民法院及其工作人员阻碍其依法行使诉讼权利的,有权向同级或者上一级人民检察院申诉或者控告。人民检察院对申诉或者控告应当及时进行审查,情况属实的,通知有关机关予以纠正。

第五章　证　　据

★证据及其种类

第五十条　可以用于证明案件事实的材料,都是证据。

证据包括:

(一)物证;

(二)书证;

(三)证人证言;

(四)被害人陈述;

(五)犯罪嫌疑人、被告人供述和辩解;

(六)鉴定意见;

(七)勘验、检查、辨认、侦查实验等笔录;

(八)视听资料、电子数据。

证据必须经过查证属实,才能作为定案的根据。

●考点点拨

1. 证据的种类。证据法定种类划分为八类:

(1)物证。物证是指以自身的外部特征、存在状况、物理、化学、生物属性来证明待证事实,包括一切物质形态。笔迹是物证而不是书证。因为笔迹是物质痕迹,是以书写特征而不是以内容来证明案件事实的。

(2)书证。书证是指以其记载的内容和反映的思想与案件的待证事实之间发生联系并证明案件情况的证据种类,其记载的思想和反映的内容能够为办案人员认识,至于以什么方式来记载在所不问。

(3)证人证言。证人证言是指证人就自己所知道的与案件有关的情况向司法机关所作的陈述。考生应该注意证人所陈述的内容只局限于案件情况,如果是分析案情或者是推测等则不属于证人证言。

(4)被害人陈述。被害人陈述是指犯罪行为的直接受害者就案件事实所作的陈述。

(5)犯罪嫌疑人、被告人供述和辩解。犯罪嫌疑人、被告人供述和辩解是指犯罪嫌疑人、被告人在刑事诉讼过程中,就与案件有关的事实情况向公安司法机关所作的陈述,既包括承认自己有罪的人对自己犯罪情况的供述,也包括声称自己无罪或者罪轻的辩解。

(6)鉴定意见。鉴定意见是指受公安司法机关指派或聘请的鉴定人,对案件中的专门性问题进行鉴定后所作出的书面意见。

(7)勘验、检查、辨认、侦查实验等笔录。勘验、检查笔录是指公安司法人员对与犯罪有关的场所、物品、人身、尸体进行勘查、检查时就所观察、测量的情况所作的实况记载。侦查实验笔录,是指为了确定与案件有关的某一事件或者事实在某种条件下能否发生或者怎样发生而按照原来的条件,将该事件或者事实加以重演或者进行试验的一种证据调查活动。侦查实验笔录是侦查机关对进行侦查实验的时间、地点、实验条件以及实验过程和结果等所作的客观记录,并由进行侦查实验的侦查人员、其他参加人员和见证人签名或者盖章。

(8)视听资料、电子数据。视听资料是指与本次犯罪过程或者本次事件有关的录音、录像资料。电子数据是指基于计算机应用、通信和现代管理技术等电子化技术手段形成的包括文字、图形符号、数字、字母等客观资料。

2. 注意不要将证据的种类与证据的分类相混淆,证据的种类是法定的几种证据表现形式,是刑事诉讼法上的概念。而证据的分类则是学理上的概念。证据的分类是根据不同的角度将证据做不同的分类。

(1)从是否有利于被告人的角度,可分为控诉证据与辩护证据或者分为有罪证据与无罪证据。

(2)从是否涉及案件的主要事实、能够说明是否实施犯罪及由谁实施的角度，可分为直接证据与间接证据。

(3)从来源是第一手的还是第二手的，可分为原始证据与传来证据。

(4)从表现形式或形成方式来看，可分实物证据与言词证据。

3. 证据的每一证据的分类与证据的真实性没有必然的联系，如直接证据所反映的事实并非都是真实的，真实与否尚需要双方当庭质证、审查核实。所以，言词证据也可以是直接证据。

4. 注意："电子数据"成为法定证据的形式。鉴定结论不再存在，改为了"鉴定意见"。

5. 作为刑事案件的证据必须具有客观性、关联性、合法性的特征。其中，合法性是指证据在形式上必须符合法定的要求，即法定的人员在法定的程序下收集的证据符合法定的形式。

⊙举证责任

第五十一条　公诉案件中被告人有罪的举证责任由人民检察院承担，自诉案件中被告人有罪的举证责任由自诉人承担。

★证据收集的一般原则

第五十二条　审判人员、检察人员、侦查人员必须依照法定程序，收集能够证实犯罪嫌疑人、被告人有罪或者无罪、犯罪情节轻重的各种证据。严禁刑讯逼供和以威胁、引诱、欺骗以及其他非法方法收集证据，不得强迫任何人证实自己有罪。必须保证一切与案件有关或者了解案情的公民，有客观地充分地提供证据的条件，除特殊情况外，可以吸收他们协助调查。

●考点点拨

本条规定了收集证据的几个原则：

(1)全面收集。公检法机关应全面收集能够证实犯罪嫌疑人、被告人有罪或者无罪、犯罪情节轻重的各种证据。

(2)重证据，重调查研究，不轻信口供。被告人供述既不是定罪处罚的充分条件，也不是定罪处罚的必要条件。

(3)非法证据的排除规则。采用刑讯逼供等非法方法收集的犯罪嫌疑人、被告人供述和采用暴力、威胁等非法方法收集的证人证言、被害人陈述，应当予以排除。

◆关联法条

最高人民法院《关于适用〈中华人民共和国刑事诉讼法〉的解释》

第九十五条　使用肉刑或者变相肉刑，或者采用其他使被告人在肉体上或者精神上遭受剧烈疼痛或者痛苦的方法，迫使被告人违背意愿供述的，应当认定为刑事诉讼法第五十四条规定的"刑讯逼供等非法方法"。

认定刑事诉讼法第五十四条规定的"可能严重影响司法公正"，应当综合考虑收集物证、书证违反法定程序以及所造成后果的严重程度等情况。

⊙运用证据的原则

第五十三条　公安机关提请批准逮捕书、人民检察院起诉书、人民法院判决书，必须忠实于事实真象。故意隐瞒事实真象的，应当追究责任。

⊙证据的收集与使用

第五十四条　人民法院、人民检察院和公安机关有权向有关单位和个人收集、调取证据。有关单位和个人应当如实提供证据。

行政机关在行政执法和查办案件过程中收集的物证、书证、视听资料、电子数据等证据材料，在刑事诉讼中可以作为证据使用。

对涉及国家秘密、商业秘密、个人隐私的证据，应当保密。

凡是伪造证据、隐匿证据或者毁灭证据的，无论属于何方，必须受法律追究。

●考点点拨

1. 收集到的国家秘密、商业秘密、个人隐私等证据，应该保密。

2. 行政机关在行政执法和查办案件过程中收集的证据材料，在刑事诉讼中可以作为证据使用。比如，安监局在安全生产检查过程中发现甲企业生产伪劣产品，那么安监局收集到的证据，也可以作为证据使用。

★重证据、重调查研究、不轻信口供原则

第五十五条　对一切案件的判处都要重证据，重调查研究，不轻信口供。只有被告人供述，没有其他证据的，不能认定被告人有罪和处以刑罚；没有被告人供述，证据确实、充分的，可以认定被告人有罪和处以刑罚。

证据确实、充分，应当符合以下条件：

(一)定罪量刑的事实都有证据证明；

（二）据以定案的证据均经法定程序查证属实；

（三）综合全案证据，对所认定事实已排除合理怀疑。

●考点点拨

被告人供述既不是定罪处罚的充分条件，也不是定罪处罚的必要条件。即仅有被告人供述不能作为定罪处罚的依据，没有被告人供述也可以定罪处罚。

★非法证据排除规则

第五十六条　采用刑讯逼供等非法方法收集的犯罪嫌疑人、被告人供述和采用暴力、威胁等非法方法收集的证人证言、被害人陈述，应当予以排除。收集物证、书证不符合法定程序，可能严重影响司法公正的，应当予以补正或者作出合理解释；不能补正或者作出合理解释的，对该证据应当予以排除。

在侦查、审查起诉、审判时发现有应当排除的证据的，应当依法予以排除，不得作为起诉意见、起诉决定和判决的依据。

●考点点拨

1. 非法证据排除的范围既有言词证据也有实物证据。采用刑讯逼供等非法方法收集的犯罪嫌疑人、被告人供述和采用暴力、威胁等非法方法收集的证人证言、被害人陈述，应当予以排除。收集物证、书证不符合法定程序，可能严重影响司法公正的，应当予以补正或者作出合理解释；不能补正或者作出合理解释的，对该证据应当予以排除。

2. 非法证据排除途径有三种：

（1）检察院发现，进行调查核实；

（2）法院发现，进行法庭调查；

（3）当事人及其辩护人、诉讼代理人发现，申请法院依法予以排除，应当提供涉嫌非法取证的人员、时间、地点、方式、内容等相关线索或者材料。

3. 当事人及其辩护人、诉讼代理人申请排除非法证据的程序步骤：

（1）人民法院应当在开庭前及时将申请书及相关线索、材料的复印件送交人民检察院。

（2）人民法院经审查，对证据收集的合法性有疑问的，应当召开庭前会议就非法证据排除等问题了解情况，听取意见。人民检察院可以通过出示有关证据材料等方式，对证据收集的合法性加以说明。

（3）庭审对非法证据的调查，可以在当事人及辩护人提出排除非法证据的申请后进行，也可以在法庭调查结束前一并进行。

（4）调查程序主要是由公诉人通过出示、宣读讯问笔录或者其他证据，有针对性地播放讯问过程的录音录像，提请法庭通知有关侦查人员或者其他人员出庭说明情况等方式证明证据收集的合法性。

（5）人民法院对证据收集的合法性进行调查后，应当将调查结论告知公诉人、当事人和辩护人、诉讼代理人。

4. 人民检察院应当对证据收集的合法性加以证明。

5. 侦查人员出庭作证有三种情况：

（1）检察院提请法院通知出庭作证。

（2）法院直接通知出庭作证。

（3）侦查人员自己要求出庭作证。一经人民法院通知，侦查人员应当出庭作证。

6. 确认或者不能排除存在以非法方法收集证据的情形，对有关证据应当予以排除。

⊙对非法证据的纠正

第五十七条　人民检察院接到报案、控告、举报或者发现侦查人员以非法方法收集证据的，应当进行调查核实。对于确有以非法方法收集证据情形的，应当提出纠正意见；构成犯罪的，依法追究刑事责任。

⊙证据收集合法性的调查

第五十八条　法庭审理过程中，审判人员认为可能存在本法第五十六条规定的以非法方法收集证据情形的，应当对证据收集的合法性进行法庭调查。

当事人及其辩护人、诉讼代理人有权申请人民法院对以非法方法收集的证据依法予以排除。申请排除以非法方法收集的证据的，应当提供相关线索或者材料。

●考点点拨

审判人员认为可能存在采用刑讯逼供等非法方法收集的犯罪嫌疑人、被告人供述和采用暴力、威胁等非法方法收集的证人证言、被害人陈述情形的，应当对证据收集的合法性进行法庭调查。

⊙证据收集合法性的证明

第五十九条　在对证据收集的合法性进行法庭调查的过程中，人民检察院应当对证据收集的合法性加以证明。

现有证据材料不能证明证据收集的合法性的，人民检察院可以提请人民法院通知有关侦查人员或者其他人员出庭说明情况；人民法院可以通知有关侦查人员或者其他人员出庭说明情况。有关侦查人员或者其他人员也可以要求出庭说明情况。经人民法院通知,有关人员应当出庭。

⊙非法证据的处理

第六十条　对于经过法庭审理,确认或者不能排除存在本法第五十六条规定的以非法方法收集证据情形的,对有关证据应当予以排除。

●考点点拨

只要不能排除以非法方法收集证据情形的,对有关证据就应当予以排除。

⊙证人证言法庭质证原则

第六十一条　证人证言必须在法庭上经过公诉人、被害人和被告人、辩护人双方质证并且查实以后,才能作为定案的根据。法庭查明证人有意作伪证或者隐匿罪证的时候,应当依法处理。

●考点点拨

1. 证人证言必须查实后才能作为定案的依据,因此必须满足两点:

(1)必须要经过公诉人、被害人和被告人、辩护人双方的讯问、质证。

(2)要听取各方的证人的证言。证人原则上都应当出庭作证,对于未出庭证人的证言,必须经过宣读后并经当庭证实的才能作为定案的依据。

2. 对于证人的条件,本法规定凡是知道案件情况的人,都有作证的义务。但生理上、精神上有缺陷或者年幼,不能辨别是非、不能正确表达的人,不能作证人。除此之外,对于证人的条件,没有其他任何限制,这一点显然不同于辩护人、诉讼代理人等诉讼参与人员。

◆关联法条

最高人民法院《关于适用〈中华人民共和国刑事诉讼法〉的解释》

第六十七条　下列人员不得担任刑事诉讼活动的见证人:

(一)生理上、精神上有缺陷或者年幼,不具有相应辨别能力或者不能正确表达的人;

(二)与案件有利害关系,可能影响案件公正处理的人;

(三)行使勘验、检查、搜查、扣押等刑事诉讼职权的公安、司法机关的工作人员或者其聘用的人员。

由于客观原因无法由符合条件的人员担任见证人的,应当在笔录材料中注明情况,并对相关活动进行录像。

第七十五条　处于明显醉酒、中毒或者麻醉等状态,不能正常感知或者正确表达的证人所提供的证言,不得作为证据使用。

证人的猜测性、评论性、推断性的证言,不得作为证据使用,但根据一般生活经验判断符合事实的除外。

⊙证人的资格与义务

第六十二条　凡是知道案件情况的人,都有作证的义务。

生理上、精神上有缺陷或者年幼,不能辨别是非、不能正确表达的人,不能作证人。

⊙证人及其近亲属的保护

第六十三条　人民法院、人民检察院和公安机关应当保障证人及其近亲属的安全。

对证人及其近亲属进行威胁、侮辱、殴打或者打击报复,构成犯罪的,依法追究刑事责任;尚不够刑事处罚的,依法给予治安管理处罚。

★证人、鉴定人与被害人的特殊保护

第六十四条　对于危害国家安全犯罪、恐怖活动犯罪、黑社会性质的组织犯罪、毒品犯罪等案件,证人、鉴定人、被害人因在诉讼中作证,本人或者其近亲属的人身安全面临危险的,人民法院、人民检察院和公安机关应当采取以下一项或者多项保护措施:

(一)不公开真实姓名、住址和工作单位等个人信息;

(二)采取不暴露外貌、真实声音等出庭作证措施;

(三)禁止特定的人员接触证人、鉴定人、被害人及其近亲属;

(四)对人身和住宅采取专门性保护措施;

(五)其他必要的保护措施。

证人、鉴定人、被害人认为因在诉讼中作证,本人或者其近亲属的人身安全面临危险的,可以向人民法院、人民检察院、公安机关请求予以保护。

人民法院、人民检察院、公安机关依法采取保护措施,有关单位和个人应当配合。

●考点点拨

1. 对象:证人、鉴定人、被害人及其近亲属的安全。

2. 保护的义务主体:公、检、法三机关都负有保护义务。

3. 特殊案件是指危害国家安全犯罪、恐怖活动犯罪、黑社会性质的组织犯罪、毒品犯罪等案件。

4. 采取的保护措施：

(1)不公开真实姓名、住址和工作单位等个人信息；

(2)采取不暴露外貌、真实声音等当庭作证措施；

(3)禁止特定的人员接触证人、鉴定人、被害人及其近亲属；

(4)对人身和住宅采取专门的保护措施。

⊙证人作证费用的负担及待遇

第六十五条　证人因履行作证义务而支出的交通、住宿、就餐等费用，应当给予补助。证人作证的补助列入司法机关业务经费，由同级政府财政予以保障。

有工作单位的证人作证，所在单位不得克扣或者变相克扣其工资、奖金及其他福利待遇。

第六章　强 制 措 施

★拘传、取保候审、监视居住的概括规定

第六十六条　人民法院、人民检察院和公安机关根据案件情况，对犯罪嫌疑人、被告人可以拘传、取保候审或者监视居住。

●考点点拨

1. 概念

(1)拘传是指公安机关、人民检察院和人民法院对未被羁押的犯罪嫌疑人、被告人，依法强制其到案接受讯问的一种强制措施；

(2)取保候审是指在刑事诉讼过程中，公安机关、检察机关、人民法院责令犯罪嫌疑人、被告人提出保证人或者交纳保证金，保证犯罪嫌疑人、被告人不逃避或者有碍侦查、起诉和审判，并随传随到的一种强制措施；

(3)监视居住是指公安机关、人民检察院、人民法院在刑事诉讼过程中，对于符合逮捕条件但具有法定情形的犯罪嫌疑人、被告人，责令在一定期限内不得离开住处或者指定的居所，并对其活动予以监视和控制的一种强制措施。

2. 拘传、取保候审或者监视居住属于较轻的强制措施。

3. 注意其决定机关和执行机关

(1)决定机关：人民法院、人民检察院和公安机关均有权决定拘传、取保候审或者监视居住。

(2)执行机关：对于拘传，人民法院、人民检察院和公安机关均有权执行；但是取保候审或者监视居住只能由公安机关(国家安全机关)执行。强制措施中，只有拘传是可以由非公安机关执行的。

(3)适用对象：犯罪嫌疑人、被告人。由此可知，强制措施是可以适用于侦查、审查起诉、审判阶段的。

4. 取保候审、监视居住的期限

(1)对犯罪嫌疑人、被告人的取保候审最长不得超过12个月，监视居住最长不得超过6个月。

(2)不同诉讼阶段重新办理、期限重新计算。比如，对于前一诉讼阶段已经取保候审的，后一阶段的受案机关决定继续取保候审的，应重新作出取保候审的决定。

(3)取保候审、监视居住期间，不得中断对案件的侦查、起诉和审理。对于发现不应当追究刑事责任或者取保候审、监视居住期限届满的，应当及时解除强制措施。

◆关联法条

最高人民法院《关于适用〈中华人民共和国刑事诉讼法〉的解释》

第一百二十七条　人民检察院、公安机关已经对犯罪嫌疑人取保候审、监视居住，案件起诉至人民法院后，需要继续取保候审、监视居住或者变更强制措施的，人民法院应当在七日内作出决定，并通知人民检察院、公安机关。

决定继续取保候审、监视居住的，应当重新办理手续，期限重新计算；继续使用保证金保证的，不再收取保证金。

人民法院不得对被告人重复采取取保候审、监视居住措施。

★取保候审的条件与执行

第六十七条　人民法院、人民检察院和公安机关对有下列情形之一的犯罪嫌疑人、被告人，可以取保候审：

(一)可能判处管制、拘役或者独立适用附加刑的；

(二)可能判处有期徒刑以上刑罚，采取取保候审不致发生社会危险性的；

(三)患有严重疾病、生活不能自理，怀孕或者正在哺乳自己婴儿的妇女，采取取保候审不致发生社会危险性的；

(四)羁押期限届满，案件尚未办结，需要采取取保候审的。

取保候审由公安机关执行。

●考点点拨

取保候审和监视居住的适用条件不同。可能判

处管制、拘役或者独立适用附加刑的,可能判处有期徒刑以上刑罚,采取取保候审不致发生社会危险性的,这两条仍然是取保候审的适用条件,但不再是监视居住的适用条件。要特别注意监视居住的适用情形多了一种,若犯罪嫌疑人、被告人是生活不能自理的人的唯一扶养人时,可以监视居住。

☆**真题回顾**

(2017年多选)下列关于取保候审的说法,正确的有(　　)。

A. 可能判处管制、拘役或者独立适用附加刑的犯罪嫌疑人,可以取保候审

B. 羁押期限届满,案件尚未办结,需要采取取保候审的被告人,可以取保候审

C. 怀孕或者正在哺乳自己婴儿的妇女,采取取保候审不致发生社会危险的,可以取保候审

D. 取保候审由公安机关执行

E. 取保候审由检察机关执行

【解析】答案为ABCD。根据《刑事诉讼法》第67条的规定,本题除E选项外均正确。

★**取保候审的方式**

第六十八条　人民法院、人民检察院和公安机关决定对犯罪嫌疑人、被告人取保候审,应当责令犯罪嫌疑人、被告人提出保证人或者交纳保证金。

●**考点点拨**

1. 取保候审的基本内容就是责令犯罪嫌疑人、被告人提出保证人或者交纳保证金,以此保证其能够随时到案、接受调查和审讯等。取保候审有两种方式:

(1)保证人保证;

(2)保证金保证。

对于同个犯罪嫌疑人、被告人不能同时要求其提出保证人并交纳保证金。

2. 当犯罪嫌疑人、被告人被羁押的时候,三类人可以申请取保候审:

(1)犯罪嫌疑人、被告人;

(2)其法定代理人、近亲属;

(3)辩护人。

3. 对于采用保证金的方式取保候审的,保证金起点为1000元。

★**保证人的条件**

第六十九条　保证人必须符合下列条件:

(一)与本案无牵连;

(二)有能力履行保证义务;

(三)享有政治权利,人身自由未受到限制;

(四)有固定的住处和收入。

●**考点点拨**

1. 提出保证人的情形:犯罪嫌疑人、被告人无力交纳保证金或者犯罪嫌疑人、被告人是未成年人或者已满75周岁的人以及其他不宜收取保证金的情形。

2. 本条规定的保证人的条件要同时具备。

3. 保证人应当履行一定的法定义务,主要是监督的义务和报告的义务:

(1)监督的义务,即监督被保证人遵守法定的义务。

(2)报告的义务,是指当其发现被保证人可能发生或者已经发生违反本法所规定的义务的,应当及时向执行机关报告。

4. 当保证人违反其法定义务时,承担的法律责任内容:

(1)如果被保证人有违反法定义务的行为而保证人未及时报告的,应对保证人处以罚款,构成犯罪的,依法追究其刑事责任。

(2)已经构成犯罪的被告人在取保候审期间逃匿的,如果是保证人协助被告人逃匿,或者保证人明知被告人藏匿地点但拒绝向司法机关提供,对保证人应当依法追究刑事责任。

◆**关联法条**

最高人民法院《关于适用中华人民共和国刑事诉讼法的解释》

第一百一十七条　对下列被告人决定取保候审的,可以责令其提出一至二名保证人:

(一)无力交纳保证金的;

(二)未成年或者已满七十五周岁的;

(三)不宜收取保证金的其他被告人。

第一百二十二条　根据案件事实和法律规定,认为已经构成犯罪的被告人在取保候审期间逃匿的,如果系保证人协助被告人逃匿,或者保证人明知被告人藏匿地点但拒绝向司法机关提供,对保证人应当依法追究刑事责任。

★**被取保候审人的义务及违反义务的法律后果**

第七十一条　被取保候审的犯罪嫌疑人、被告人应当遵守以下规定:

(一)未经执行机关批准不得离开所居住的市、县;

(二)住址、工作单位和联系方式发生变动的,在二十四小时以内向执行机关报告;

（三）在传讯的时候及时到案；

（四）不得以任何形式干扰证人作证；

（五）不得毁灭、伪造证据或者串供。

人民法院、人民检察院和公安机关可以根据案件情况，责令被取保候审的犯罪嫌疑人、被告人遵守以下一项或者多项规定：

（一）不得进入特定的场所；

（二）不得与特定的人员会见或者通信；

（三）不得从事特定的活动；

（四）将护照等出入境证件、驾驶证件交执行机关保存。

被取保候审的犯罪嫌疑人、被告人违反前两款规定，已交纳保证金的，没收部分或者全部保证金，并且区别情形，责令犯罪嫌疑人、被告人具结悔过，重新交纳保证金、提出保证人，或者监视居住、予以逮捕。

对违反取保候审规定，需要予以逮捕的，可以对犯罪嫌疑人、被告人先行拘留。

●考点点拨

1. 本条规定的是被取保候审者应当遵守的法定义务及违反义务所应承担的法律责任。注意，被取保候审者增加了一项报告义务，即住址、工作单位和联系方式发生变动的，在24小时以内向执行机关报告。另外，还增加了公检法可以责令被取保候审者遵守一项或者多项规定：不得进入特定的场所；不得与特定的人员会见或者通信；不得从事特定的活动；将护照等出入境证件、驾驶证件交执行机关保存。

2. 被取保候审人违反上述法定义务的，如果是收取保证金方式，首先应该没收保证金，然后区别不同情况具体处理，包括：

(1)责令犯罪嫌疑人、被告人具结悔过、重新交纳保证金；

(2)责令提出保证人；

(3)采取监视居住；

(4)予以逮捕。

3. 如果犯罪嫌疑人、被告人在取保候审期间没有违反上述法定义务的，在取保候审结束时，应当退还保证金。如果被没收保金后，仍决定对其取保候审的，取保候审的期间应当连续计算。

4. 执行机关在批准犯罪嫌疑人、被告人离开所居住的市、县前，应当征得决定机关同意。

☆真题回顾

(2017年多选)被取保候审的犯罪嫌疑人、被告人应当遵守的规定有(　　)。

A. 未经执行机关批准不得离开所居住的市、县

B. 住址、工作单位和联系方式发生变动的，在二十四小时以内向执行机关报告

C. 不得以任何形式干扰证人作证

D. 不得毁灭、伪造证据

E. 不得串供

【解析】答案为ABCDE。根据《刑事诉讼法》第71条第1款的规定，本题全部选项均正确。

⊙保证金数额的确定及缴纳

第七十二条　取保候审的决定机关应当综合考虑保证诉讼活动正常进行的需要，被取保候审人的社会危险性，案件的性质、情节，可能判处刑罚的轻重，被取保候审人的经济状况等情况，确定保证金的数额。

提供保证金的人应当将保证金存入执行机关指定银行的专门账户。

⊙保证金退还

第七十三条　犯罪嫌疑人、被告人在取保候审期间未违反本法第七十一条规定的，取保候审结束的时候，凭解除取保候审的通知或者有关法律文书到银行领取退还的保证金。

⊙监视居住的条件与执行机关

第七十四条　人民法院、人民检察院和公安机关对符合逮捕条件，有下列情形之一的犯罪嫌疑人、被告人，可以监视居住：

（一）患有严重疾病、生活不能自理的；

（二）怀孕或者正在哺乳自己婴儿的妇女；

（三）系生活不能自理的人的唯一扶养人；

（四）因为案件的特殊情况或者办理案件的需要，采取监视居住措施更为适宜的；

（五）羁押期限届满，案件尚未办结，需要采取监视居住措施的。

对符合取保候审条件，但犯罪嫌疑人、被告人不能提出保证人，也不交纳保证金的，可以监视居住。

监视居住由公安机关执行。

★监视居住的执行与监督

第七十五条　监视居住应当在犯罪嫌疑人、被告人的住处执行；无固定住处的，可以在指定的居所执行。对于涉嫌危害国家安全犯罪、恐怖活动犯罪，在住处执行可能有碍侦查的，经上一级公安机关批准，也可以在指定的居所执行。但是，不得在羁押场所、专门的办案场所执行。

指定居所监视居住的，除无法通知的以外，应当在执行监视居住后二十四小时以内，通知被监视居住人的家属。

被监视居住的犯罪嫌疑人、被告人委托辩护人，适用本法第三十四条的规定。

人民检察院对指定居所监视居住的决定和执行是否合法实行监督。

●考点点拨

1. 本条为2018年《刑事诉讼法》修正时新增的内容，删除特别重大贿赂犯罪嫌疑人经批准指定居所监视居住的规定，由于贿赂犯罪已由检察机关侦查改为监察机关调查，监察机关调查期间的特大贿赂犯罪案件适用《监察法》的留置措施，不再适用监视居住，因此，无须在此处规定故而删除。

2. 对于涉嫌危害国家安全犯罪、恐怖活动犯罪在住处执行可能有碍侦查的，经上一级人民检察院或者公安机关批准也可以在指定的居所执行。

3. 注意变更强制措施的申请人是犯罪嫌疑人、被告人及其法定代理人、近亲属或者辩护人。

★指定居所监视居住的刑期折抵

第七十六条　指定居所监视居住的期限应当折抵刑期。被判处管制的，监视居住一日折抵刑期一日；被判处拘役、有期徒刑的，监视居住二日折抵刑期一日。

●考点点拨

1. 监视居住分为非指定居所监视居住和指定居所监视居住。

2. 非指定居所监视居住的期限不能折抵刑期。

3. 指定居所监视居住的期限能折抵刑期。被判处管制的，指定居所监视居住1日折抵刑期1日；被判处拘役、有期徒刑的，指定居所监视居住2日折抵刑期1日。因为指定居所监视居住也对犯罪嫌疑人的人身自由进行了限制，但没有剥夺犯罪嫌疑人的人身自由，是一种非羁押性的强制措施。拘役、有期徒刑剥夺了人身自由，故指定居所监视居住2日折抵拘役和有期徒刑的1日刑期。管制只是限制犯罪嫌疑人的人身自由也未剥夺人身自由，二者刑罚相当，故指定居所监视居住1日折抵管制刑期1日。

⊙被监视居住人的义务及违反义务的法律后果

第七十七条　被监视居住的犯罪嫌疑人、被告人应当遵守以下规定：

（一）未经执行机关批准不得离开执行监视居住的处所；

（二）未经执行机关批准不得会见他人或者通信；

（三）在传讯的时候及时到案；

（四）不得以任何形式干扰证人作证；

（五）不得毁灭、伪造证据或者串供；

（六）将护照等出入境证件、身份证件、驾驶证件交执行机关保存。

被监视居住的犯罪嫌疑人、被告人违反前款规定，情节严重的，可以予以逮捕；需要予以逮捕的，可以对犯罪嫌疑人、被告人先行拘留。

●考点点拨

1. 本条规定的是被监视居住的犯罪嫌疑人、被告人应当遵守的法定义务以及违反法定义务所应承担的法律责任。与本法关于被取保候审者的法定义务相比较，可以发现两者具有一定的相似性但又有较大的不同：

（1）被取保候审者的法定义务也是被监视居住者应当遵守的。

（2）被监视居住者还有三点义务是一般情况下取保候审者所没有的：未经过执行机关批准，不得离开所居住的市、县，而且也不得离开住处，没有固定住处的，未经批准不得离开指定的居所；未经执行机关批准不得会见他人。注意，监视居住加一项义务：将护照等出入境证件、身份证件、驾驶证件交执行机关保存。可见，监视居住比取保候审更为严格。

2. 监视居住对犯罪嫌疑人、被告人的行为限制更为严格，相对于被取保候审者的违反法定义务的法律责任而言，被监视居住者的违反法定义务的法律责任也更为严格，即情节较重的，可以予以逮捕，逮捕前，先行拘留。

⊙对被监视居住人的监督与监控

第七十八条　执行机关对被监视居住的犯罪嫌疑人、被告人，可以采取电子监控、不定期检查等监视方法对其遵守监视居住规定的情况进行监督；在侦查期间，可以对被监视居住的犯罪嫌疑人的通信进行监控。

●考点点拨

注意对被监视居住人可以采取电子监控、不定期检查等监视方法。在侦查期间，可以对通信进行监控。

★取保候审、监视居住的期限及其解除

第七十九条　人民法院、人民检察院和公安机关对犯罪嫌疑人、被告人取保候审最长不得超过十二个月，监视居住最长不得超过六个月。

在取保候审、监视居住期间，不得中断对案件的侦查、起诉和审理。对于发现不应当追究刑事责任或者取保候审、监视居住期限届满的，应当及时解除取保候审、监视居住。解除取保候审、监视居住，应当及时通知被取保候审、监视居住人和有关单位。

●考点点拨

1. 考生应该注意取保候审、监视居住的期限，取保候审最长不得超过12个月，监视居住最长不得超过6个月。

2. 在不同的刑事诉讼阶段，取保候审的审查机关也不同。在侦查阶段，由公安机关或者检察院（自诉案件）审查；在审查起诉阶段，由人民检察院审查；在审判阶段，由人民法院审查。

3. 在取保候审、监视居住期间，并不得中断对案件的侦查、起诉和审理。

⊙逮捕的权限划分

第八十条　逮捕犯罪嫌疑人、被告人，必须经过人民检察院批准或者人民法院决定，由公安机关执行。

●考点点拨

1. 呈送逮捕的办案单位是公安机关，批准逮捕的单位是检察机关。

2. 人民法院可以直接决定逮捕。

3. 逮捕的执行机关是公安机关。

★逮捕的条件

第八十一条　对有证据证明有犯罪事实，可能判处徒刑以上刑罚的犯罪嫌疑人、被告人，采取取保候审尚不足以防止发生下列社会危险性的，应当予以逮捕：

（一）可能实施新的犯罪的；

（二）有危害国家安全、公共安全或者社会秩序的现实危险的；

（三）可能毁灭、伪造证据，干扰证人作证或者串供的；

（四）可能对被害人、举报人、控告人实施打击报复的；

（五）企图自杀或者逃跑的。

批准或者决定逮捕，应当将犯罪嫌疑人、被告人涉嫌犯罪的性质、情节，认罪认罚等情况，作为是否可能发生社会危险性的考虑因素。

对有证据证明有犯罪事实，可能判处十年有期徒刑以上刑罚的，或者有证据证明有犯罪事实，可能判处徒刑以上刑罚，曾经故意犯罪或者身份不明的，应当予以逮捕。

被取保候审、监视居住的犯罪嫌疑人、被告人违反取保候审、监视居住规定，情节严重的，可以予以逮捕。

●考点点拨

1. 本条为2018年《刑事诉讼法》修正时新增的内容，新增了第2款，将认罪认罚从宽制度纳入审查批准逮捕的考量内容，把认罪认罚情况作为社会危险性的考虑因素之一。

2. 对于应当逮捕的7种情形，要特别注意对有证据证明有犯罪事实，可能判处10年有期徒刑以上刑罚的，或者可能判处徒刑以上刑罚，曾经故意犯罪或者身份不明的，应当予以逮捕。

3. 违反取保候审、监视居住规定情节严重的，可以予以逮捕。

4. 对实施多个犯罪行为或者共同犯罪案件的犯罪嫌疑人，应当逮捕。

5. 逮捕的适用不仅在实体条件上比较严格，在程序上也比较严格：

（1）有权批准或决定机关：必须经过检察院批准、决定或者法院决定。对于检察机关直接立案侦查的案件，检察院也有权直接决定逮捕。

（2）逮捕的执行机关只能是公安机关，即使是检察机关直接立案侦查的案件中的逮捕仍然由公安机关执行。

6. 检察院的批准程序

（1）检察机关审查批捕犯罪嫌疑人的应当由检察长决定，重大案件中涉及批捕的应当提交检察委员会讨论决定。

（2）对于公安机关提请批准逮捕的案件，检察机关只能作出批准或者不批准逮捕的决定。

（3）对于检察机关批准逮捕的决定，公安机关必须立即执行；对于检察机关不批准逮捕的决定，公安机关也必须立即执行，将嫌疑人立即释放。

◆关联法条

最高人民法院《关于适用〈中华人民共和国刑事诉讼法〉的解释》

第一百二十九条　被取保候审的被告人具有下列情形之一的，人民法院应当决定逮捕：

（一）故意实施新的犯罪的；

（二）企图自杀、逃跑的；

（三）毁灭、伪造证据，干扰证人作证或者串供的；

（四）对被害人、举报人、控告人实施打击报复的；

（五）经传唤，无正当理由不到案，影响审判活动正常进行的；

（六）擅自改变联系方式或者居住地，导致无法传唤，影响审判活动正常进行的；

（七）未经批准，擅自离开所居住的市、县，影响审判活动正常进行，或者两次未经批准，擅自离开所居住的市、县的；

（八）违反规定进入特定场所、与特定人员会见或者通信、从事特定活动，影响审判活动正常进行，或者两次违反有关规定的；

（九）依法应当决定逮捕的其他情形。

★拘留的条件

第八十二条　公安机关对于现行犯或者重大嫌疑分子，如果有下列情形之一的，可以先行拘留：

（一）正在预备犯罪、实行犯罪或者在犯罪后即时被发觉的；

（二）被害人或者在场亲眼看见的人指认他犯罪的；

（三）在身边或者住处发现有犯罪证据的；

（四）犯罪后企图自杀、逃跑或者在逃的；

（五）有毁灭、伪造证据或者串供可能的；

（六）不讲真实姓名、住址，身份不明的；

（七）有流窜作案、多次作案、结伙作案重大嫌疑的。

●考点点拨

1. 拘留，是指刑事案件中常见的临时性的强制措施，是公安机关、人民检察院对直接受理的案件，在侦查过程中，遇到法定的紧急情况时，对于现行犯或者重大嫌疑分子所采取的临时剥夺其人身自由的强制方法。

2. 公安机关对于现行犯或者重大嫌疑分子，如果有下列情形之一的，可以先行拘留：

(1)正在预备犯罪、实行犯罪或者在犯罪后即时被发觉的；

(2)被害人或者在场亲眼看见的人指认他犯罪的；

(3)在身边或者住处发现有犯罪证据的；

(4)犯罪后企图自杀、逃跑或者在逃的；

(5)有毁灭、伪造证据或者串供可能的；

(6)不讲真实姓名、住址，身份不明的；

(7)有流窜作案、多次作案、结伙作案重大嫌疑的。

◆关联法条

最高人民法院、最高人民检察院、公安部、国家安全部、司法部、全国人民代表大会常务委员会法制工作委员会《关于实施刑事诉讼法若干问题的规定》

第十六条　刑事诉讼法规定，拘留由公安机关执行。对于人民检察院直接受理的案件，人民检察院作出的拘留决定，应当送达公安机关执行，公安机关应当立即执行，人民检察院可以协助公安机关执行。

⊙异地拘留、逮捕

第八十三条　公安机关在异地执行拘留、逮捕的时候，应当通知被拘留、逮捕人所在地的公安机关，被拘留、逮捕人所在地的公安机关应当予以配合。

●考点点拨

1. 当地公安机关熟悉当地地形、环境，有利于快速、精准抓捕犯罪嫌疑人。因此，公安机关在异地执行拘留、逮捕的时候，应当通知被拘留、逮捕人所在地的公安机关。

2. 当地公安机关的协助是法定义务，应当配合，不能以警力有限、经费不足为由推诿。

⊙扭送

第八十四条　对于有下列情形的人，任何公民都可以立即扭送公安机关、人民检察院或者人民法院处理：

（一）正在实行犯罪或者在犯罪后即时被发觉的；

（二）通缉在案的；

（三）越狱逃跑的；

（四）正在被追捕的。

●考点点拨

1. 扭送是指犯罪人被群众、家长或者亲友强行押送至司法机关的行为，包括将其麻醉、捆绑送至司法机关等。

2. 被扭送归案的这种情形，对犯罪人来说不具有主动性，不构成自动投案。但是在家长、亲友扭送途中，犯罪人不反对归案且归案后主动交代犯罪事实的，应当认定为自动投案。

☆真题回顾

（2018 年多选）依照刑事诉讼法的规定，任何公民都可以立即将犯罪嫌疑人扭送公安机关、人民检察院或者人民法院处理,应当具备的情形是(　　)。

A. 正在实行犯罪的

B. 通缉在案的

C. 越狱逃跑的

D. 正在被追捕的

E. 在犯罪后即时被发现的

【解析】答案为 ABCDE。根据《刑事诉讼法》第 84 条的规定,上述五项均正确。

★拘留的程序

第八十五条　公安机关拘留人的时候,必须出示拘留证。

拘留后,应当立即将被拘留人送看守所羁押,至迟不得超过二十四小时。除无法通知或者涉嫌危害国家安全犯罪、恐怖活动犯罪通知可能有碍侦查的情形以外,应当在拘留后二十四小时以内,通知被拘留人的家属。有碍侦查的情形消失以后,应当立即通知被拘留人的家属。

●考点点拨

1. 公安机关拘留人的时候,必须出示拘留证。必须是应当的意思,这是法定义务,也是执法程序。

2. 对于被拘留的人应当在拘留后的 24 小时内通知其家属。注意以下三点:若有涉嫌危害国家安全、恐怖活动犯罪,通知有妨碍侦查的可能或者无法通知的可以不通知。

3. 通知的是家属;通知义务人为实施拘留的机关。

★拘留的期限

第八十六条　公安机关对被拘留的人,应当在拘留后的二十四小时以内进行讯问。在发现不应当拘留的时候,必须立即释放,发给释放证明。

●考点点拨

在 24 小时之内进行讯问,讯问后根据不同情形作出不同的处理:如果发现不应当拘留的,必须立即释放并发给释放证明;如果认为需要逮捕且有证据证明有犯罪事实的,应当向检察机关提请批准逮捕。

⊙提请逮捕

第八十七条　公安机关要求逮捕犯罪嫌疑人的时候,应当写出提请批准逮捕书,连同案卷材料、证据,一并移送同级人民检察院审查批准。必要的时候,人民检察院可以派人参加公安机关对于重大案件的讨论。

⊙批准逮捕中的讯问/批准逮捕中的询问与听取意见

第八十八条　人民检察院审查批准逮捕,可以讯问犯罪嫌疑人;有下列情形之一的,应当讯问犯罪嫌疑人:

(一)对是否符合逮捕条件有疑问的;

(二)犯罪嫌疑人要求向检察人员当面陈述的;

(三)侦查活动可能有重大违法行为的。

人民检察院审查批准逮捕,可以询问证人等诉讼参与人,听取辩护律师的意见;辩护律师提出要求的,应当听取辩护律师的意见。

⊙批捕权

第八十九条　人民检察院审查批准逮捕犯罪嫌疑人由检察长决定。重大案件应当提交检察委员会讨论决定。

⊙审查批捕

第九十条　人民检察院对于公安机关提请批准逮捕的案件进行审查后,应当根据情况分别作出批准逮捕或者不批准逮捕的决定。对于批准逮捕的决定,公安机关应当立即执行,并且将执行情况及时通知人民检察院。对于不批准逮捕的,人民检察院应当说明理由,需要补充侦查的,应当同时通知公安机关。

●考点点拨

人民检察院审查批捕,作出的决定只有"批准逮捕"或者"不批准逮捕"两种结果。

★提请批捕和审查批捕的时限

第九十一条　公安机关对被拘留的人,认为需要逮捕的,应当在拘留后的三日以内,提请人民检察院审查批准。在特殊情况下,提请审查批准的时间可以延长一日至四日。

对于流窜作案、多次作案、结伙作案的重大嫌疑分子,提请审查批准的时间可以延长至三十日。

人民检察院应当自接到公安机关提请批准逮捕书后的七日以内,作出批准逮捕或者不批准逮捕的决定。人民检察院不批准逮捕的,公安机关应当在接到通知后立即释放,并且将执行情况及时通知人民检察院。对于需要继续侦查,并且符合取保候审、监视居住条件的,依法取保候审或者监视居住。

●考点点拨

拘留的期限:

(1)3 日内提请逮捕(可延长 1 日至 4 日,即可达到 7 日;三种情况可延长至 30 日)+7 日批捕期限。

(2)检察院自侦案件,14 日作出决定(可延长 1

日至3日,即可达17日)。

⊙不批捕的异议

第九十二条　公安机关对人民检察院不批准逮捕的决定,认为有错误的时候,可以要求复议,但是必须将被拘留的人立即释放。如果意见不被接受,可以向上一级人民检察院提请复核。上级人民检察院应当立即复核,作出是否变更的决定,通知下级人民检察院和公安机关执行。

●**考点点拨**

1. 公安机关对人民检察院不批准逮捕的决定可以申请复议,但此处的复议不是行政复议。

2. 复议复核期间,对被拘留的人也应立即释放。

★**逮捕的程序**

第九十三条　公安机关逮捕人的时候,必须出示逮捕证。

逮捕后,应当立即将被逮捕人送看守所羁押。除无法通知的以外,应当在逮捕后二十四小时以内,通知被逮捕人的家属。

●**考点点拨**

1. 逮捕后的羁押场所是看守所。

2. 逮捕后应当在24小时内通知家属,无法通知的除外。比如,犯罪嫌疑人不讲真实姓名、住址、身份不明的;没有家属的;提供的家属联系方式无法取得联系的;因自然灾害等不可抗力导致无法通知的情形。

◆**关联法条**

最高人民法院《关于适用〈中华人民共和国刑事诉讼法〉的解释》

第一百三十一条　人民法院作出逮捕决定后,应当将逮捕决定书等相关材料送交同级公安机关执行,并将逮捕决定书抄送人民检察院。逮捕被告人后,人民法院应当将逮捕的原因和羁押的处所,在二十四小时内通知其家属;确实无法通知的,应当记录在案。

第一百三十二条　人民法院对决定逮捕的被告人,应当在逮捕后二十四小时内讯问。发现不应当逮捕的,应当变更强制措施或者立即释放。

⊙逮捕后的处理

第九十四条　人民法院、人民检察院对于各自决定逮捕的人,公安机关对于经人民检察院批准逮捕的人,都必须在逮捕后的二十四小时以内进行讯问。在发现不应当逮捕的时候,必须立即释放,发给释放证明。

●**考点点拨**

为了慎重起见,保障犯罪嫌疑人、被告人的人权,逮捕后24小时内必须进行讯问,以确认查清犯罪事实,防止错误逮捕。

⊙逮捕后的必要性审查

第九十五条　犯罪嫌疑人、被告人被逮捕后,人民检察院仍应当对羁押的必要性进行审查。对不需要继续羁押的,应当建议予以释放或者变更强制措施。有关机关应当在十日以内将处理情况通知人民检察院。

●**考点点拨**

1. 对象:被逮捕的犯罪嫌疑人、被告人有无继续羁押的必要性。

2. 主体:办案机关对应的同级人民检察院刑事执行检察部门。

3. 启动方式:依申请或者依职权。

(1)犯罪嫌疑人、被告人及其法定代理人、近亲属、辩护人或者看守所可以申请对被逮捕的犯罪嫌疑人、被告人有无继续羁押的必要性进行审查,同时应当说明不需要继续羁押的理由,有相关证明材料的,应一并提供。

(2)刑事执行检察部门对本院批准逮捕和同级人民法院决定逮捕的犯罪嫌疑人、被告人,应当依职权对羁押必要性进行初审。

4. 审查方式:

(1)审查犯罪嫌疑人、被告人不需要继续羁押的理由和证明材料。

(2)听取犯罪嫌疑人、被告人及其法定代理人、辩护人的意见。

(3)听取被害人及其法定代理人、诉讼代理人的意见,了解是否达成和解协议。

(4)听取现阶段办案机关的意见。

(5)听取侦查监督部门或者公诉部门的意见。

(6)调查核实犯罪嫌疑人、被告人的身体状况。

(7)其他方式。

5. 羁押必要性审查应该以公开审查的方式进行,可邀与案件无利害关系的人大代表、政协委员、人民监督员、特约检察员参加。但是涉及国家秘密、商业秘密、个人隐私的案件不公开审查。

6. 审查评估方法:犯罪嫌疑人、被告人涉嫌犯罪事实、主观恶性、悔罪表现、身体状况、案件进展情况、可能判处的刑罚和有无再危害社会的危险。

7. 羁押必要性审查后的处理。

（1）应当向办案机关提出释放或者变更强制措施的建议的情形：案件证据发生重大变化，没有证据证明有犯罪事实或者犯罪行为系犯罪嫌疑人、被告人所为的；案件事实或者情节发生变化，犯罪嫌疑人、被告人可能被判处拘役、管制、独立适用附加刑、免予刑事处罚或者判决无罪的；继续羁押犯罪嫌疑人、被告人，羁押期限将超过依法可能判处的刑期的；案件事实基本查清，证据已经收集固定，符合取保候审或监视居住条件的。

（2）有悔罪表现，不予羁押不致发生社会危险且具有下列情形之一，可以向办案机关提出释放或者变更强制措施的建议：预备犯或者中止犯；共同犯罪中的从犯或者胁从犯；过失犯罪的；防卫过当或者避险过当的；主观恶性较小的初犯；系未成年人或者年满75周岁的人；与被害方依法自愿达成和解协议，且已经履行或者提供担保的；患有严重疾病、生活不能自理的；系怀孕或者正在哺乳自己婴儿的妇女；系生活不能自理的人的唯一扶养人；可能被判处1年以下有期徒刑或者宣告缓刑的；其他不需要继续羁押犯罪嫌疑人、被告人的情形。

⊙不当强制措施的撤销和变更

第九十六条　人民法院、人民检察院和公安机关如果发现对犯罪嫌疑人、被告人采取强制措施不当的，应当及时撤销或者变更。公安机关释放被逮捕的人或者变更逮捕措施的，应当通知原批准的人民检察院。

●考点点拨

公安机关释放被逮捕的人或者变更逮捕措施的，应当通知原批准的人民检察院。

⊙变更强制措施申请人

第九十七条　犯罪嫌疑人、被告人及其法定代理人、近亲属或者辩护人有权申请变更强制措施。人民法院、人民检察院和公安机关收到申请后，应当在三日以内作出决定；不同意变更强制措施的，应当告知申请人，并说明不同意的理由。

●考点点拨

1. 申请变更强制措施的主体：犯罪嫌疑人、被告人及其法定代理人、近亲属或者辩护人。

2. 变更强制措施的决定主体：人民法院、人民检察院或公安机关。

3. 变更强制措施的决定期限：收到申请后3日以内。

★羁押逾期后的处理

第九十八条　犯罪嫌疑人、被告人被羁押的案件，不能在本法规定的侦查羁押、审查起诉、一审、二审期限内办结的，对犯罪嫌疑人、被告人应当予以释放；需要继续查证、审理的，对犯罪嫌疑人、被告人可以取保候审或者监视居住。

●考点点拨

1. 未在侦查羁押、审查起诉、一审、二审期限内办结的犯罪嫌疑人、被告人被羁押的案件，对犯罪嫌疑人、被告人应当予以释放。

2. 需要对犯罪嫌疑人、被告人查证、审理的，可以采取取保候审或者监视居住的强制措施。比如，犯罪嫌疑人甲某与乙某斗殴，乙某经过法医鉴定为轻微伤，但是后续可能会有伤势扩大的趋势，需要继续查证的这种情况就可以对甲某采取取保候审或者监视居住的强制措施。

⊙超期强制措施的处理

第九十九条　人民法院、人民检察院或者公安机关对被采取强制措施法定期限届满的犯罪嫌疑人、被告人，应当予以释放、解除取保候审、监视居住或者依法变更强制措施。犯罪嫌疑人、被告人及其法定代理人、近亲属或者辩护人对于人民法院、人民检察院或者公安机关采取强制措施法定期限届满的，有权要求解除强制措施。

⊙侦查监督

第一百条　人民检察院在审查批准逮捕工作中，如果发现公安机关的侦查活动有违法情况，应当通知公安机关予以纠正，公安机关应当将纠正情况通知人民检察院。

●考点点拨

检察机关在办理审查批捕时，发现应当逮捕而公安机关并未提请批准逮捕的犯罪嫌疑人的，应当建议公安机关提请批准逮捕，如果公安机关不提请批准逮捕的理由不成立的，检察机关也可以直接作出逮捕决定，但仍应送达公安机关执行。

第七章　附带民事诉讼

★附带民事诉讼的提起

第一百零一条　被害人由于被告人的犯罪行为而遭受物质损失的，在刑事诉讼过程中，有权提起附带民事诉讼。被害人死亡或者丧失行为能力的，被害人的法定代理人、近亲属有权提起附带民事诉讼。

如果是国家财产、集体财产遭受损失的，人民检察院在提起公诉的时候，可以提起附带民事诉讼。

●考点点拨

1. 被告人死亡或丧失行为能力时，其法定代理人、近亲属也有权提起附带民事诉讼。

2. 损失必须是被害人因犯罪行为遭受的物质损失，即已经遭受的实际损失和必然遭受的损失，而对于被害人因犯罪行为遭受精神损失而提起附带民事诉讼以及受害人在刑事诉讼结束后再次提起的精神损害赔偿民事诉讼，人民法院不予受理。被告人非法占有、处置被害人财产的，应当追缴或责令退赔，提起附带民事诉讼法院不予受理。

3. 人民检察院作为附带民事诉讼提起人必须同时具备以下两个条件：遭受损失的是国家财产或者集体财产；受损失的单位未提起附带民事诉讼。

4. 附带民事诉讼的审理可以适用调解：如果经过公安机关或者人民检察院的居中调解，当事人双方已经达成协议并全部履行，被害人又坚持向法院提起附带民事诉讼的，法院不予受理；调解达成协议并即时履行完毕的，可以不制作调解书；被告人已经赔偿被害人物质损失的，法院可以作为量刑情节予以考虑。附带民事诉讼程序不收取当事人的诉讼费。附带民事诉讼的审理原则上与刑事案件一并审判，情况特殊的也可能在刑事案件审判后进行，但应当仍由同一审判组织审理。

5. 附带民事诉讼法院可以采取的保全措施是查封、扣押或者冻结。

6. 知果法院认定公诉案件被告人的行为不构成犯罪的，对已经提起的附带民事诉讼，经过调解仍不能达成协议的，应当连同无罪宣告的刑事判决一并作出附带民事的判决。

7. 二审中提起附带民事诉讼，先调解，调解不成，告知另行提起民事诉讼。

◆关联法条

最高人民法院《关于适用〈中华人民共和国刑事诉讼法〉的解释》

第一百三十八条　被害人因人身权利受到犯罪侵犯或者财物被犯罪分子毁坏而遭受物质损失的，有权在刑事诉讼过程中提起附带民事诉讼；被害人死亡或者丧失行为能力的，其法定代理人、近亲属有权提起附带民事诉讼。

因受到犯罪侵犯，提起附带民事诉讼或者单独提起民事诉讼要求赔偿精神损失的，人民法院不予受理。

第一百三十九条　被告人非法占有、处置被害人财产的，应当依法予以追缴或者责令退赔。被害人提起附带民事诉讼的，人民法院不予受理。追缴、退赔的情况，可以作为量刑情节考虑。

第一百四十八条　侦查、审查起诉期间，有权提起附带民事诉讼的人提出赔偿要求，经公安机关、人民检察院调解，当事人双方已经达成协议并全部履行，被害人或者其法定代理人、近亲属又提起附带民事诉讼的，人民法院不予受理，但有证据证明调解违反自愿、合法原则的除外。

⊙财产保全

第一百零二条　人民法院在必要的时候，可以采取保全措施，查封、扣押或者冻结被告人的财产。附带民事诉讼原告人或者人民检察院可以申请人民法院采取保全措施。人民法院采取保全措施，适用民事诉讼法的有关规定。

●考点点拨

1. 财产保全，是指人民法院为了保证判决能够得到切实执行，或者为及时、有效地避免利害关系人或者当事人的合法权益受到难以弥补的损害，根据当事人或利害关系人的申请，所采取的限制有关财产处分或者转移的强制性措施。

2. 财产保全的启动方式：

(1)法院依职权启动；

(2)当事人依申请启动。

⊙附带民事诉讼的结案方式

第一百零三条　人民法院审理附带民事诉讼案件，可以进行调解，或者根据物质损失情况作出判决、裁定。

⊙附带民事诉讼的审理

第一百零四条　附带民事诉讼应当同刑事案件一并审判，只有为了防止刑事案件审判的过分迟延，才可以在刑事案件审判后，由同一审判组织继续审理附带民事诉讼。

第八章　期间、送达

⊙期间及其计算

第一百零五条　期间以时、日、月计算。

期间开始的时和日不算在期间以内。

法定期间不包括路途上的时间。上诉状或者其他文件在期满前已经交邮的，不算过期。

期间的最后一日为节假日的，以节假日后的第一日为期满日期，但犯罪嫌疑人、被告人或者罪犯在押期间，应当至期满之日为止，不得因节假日而延长。

★期间恢复

第一百零六条　当事人由于不能抗拒的原因或者有其他正当理由而耽误期限的，在障碍消除后5日以内，可以申请继续进行应当在期满以前完成的诉讼活动。

前款申请是否准许，由人民法院裁定。

●考点点拨

本条是规定的是期间的恢复，考生应该要对“5日”这个数字敏感，当事人由于不能抗拒的原因或者有其他正当理由而耽误期限的，在障碍消除后5日以内，可以申请继续进行应当在期满以前完成的诉讼活动。

☆真题回顾

(2019年单选)根据《刑事诉讼法》，当事人由于不能抗拒的原因，或者其他正当理由而耽误期限的，在障碍消除后(　　)日内，可以申请继续进行应当在期满以前完成的诉讼活动。

A. 5日　　B. 7日

C. 10日　　D. 15日

【解析】答案为A。根据《刑事诉讼法》第106条的规定，A项正确。本题考查法条原文细节性表述，要求考生有准确细致的把握。

⊙送达

第一百零七条　送达传票、通知书和其他诉讼文件应当交给收件人本人；如果本人不在，可以交给他的成年家属或者所在单位的负责人员代收。

收件人本人或者代收人拒绝接收或者拒绝签名、盖章的时候，送达人可以邀请他的邻居或者其他见证人到场，说明情况，把文件留在他的住处，在送达证上记明拒绝的事由、送达的日期，由送达人签名，即认为已经送达。

●考点点拨

送达的方式：

1. 直接送达。直接送达是指公安司法机关派员将诉讼文件直接交给收件人，收件人本人在送达回证上记明收到日期，并且签名或者盖章。

2. 留置送达。留置送达是指收件人本人或者代收人拒绝接收诉讼文件或者拒绝签名、盖章时，送达人员将诉讼文件放置在收件人或代收人的住处的一种送达方式。诉讼文件的留置送达与交给收件人或代收人具有同样的法律效力。

3. 委托送达。委托送达是指承办案件的司法机关委托收件人所在地的司法机关代为送达的一种方式。委托送达一般是在收件人不住在承办案件的司法机关所在地，而且直接送达有困难的情况下所采用的送达方式。

4. 邮寄送达。邮寄送达是司法机关将诉讼文件挂号邮寄给收件人的一种送达方式。

5. 转交送达。转交送达是指对特殊的收件人由有关部门转交诉讼文件的送达方式。特殊的收件人是指军人、正在服刑的犯人。

第九章　其他规定

★有关用语的解释

第一百零八条　本法下列用语的含义是：

（一）“侦查”是指公安机关、人民检察院对于刑事案件，依照法律进行的收集证据、查明案情的工作和有关的强制性措施；

（二）“当事人”是指被害人、自诉人、犯罪嫌疑人、被告人、附带民事诉讼的原告人和被告人；

（三）“法定代理人”是指被代理人的父母、养父母、监护人和负有保护责任的机关、团体的代表；

（四）“诉讼参与人”是指当事人、法定代理人、诉讼代理人、辩护人、证人、鉴定人和翻译人员；

（五）“诉讼代理人”是指公诉案件的被害人及其法定代理人或者近亲属、自诉案件的自诉人及其法定代理人委托代为参加诉讼的人和附带民事诉讼的当事人及其法定代理人委托代为参加诉讼的人；

（六）“近亲属”是指夫、妻、父、母、子、女、同胞兄弟姐妹。

●考点点拨

本条为2018年刑事诉讼法修正时新增的内容，只修改了第1款第1项的内容。即刑事侦查主体只限定为公安机关、检察机关，明确排除了监察机关。同时考虑到公安机关、检察机关所办理案件除了刑事案件外还有治安案件、民行案件、申诉案件，特别是检察机关近年来又多了一项办理公益诉讼案件的职能，明确将“侦查”一词限定为刑事案件措施，增强了法律条文表述的准确性。

☆真题回顾

(2018年多选)(　　)属于刑事诉讼中的当事人。

A. 被害人　　B. 自诉人

C. 犯罪嫌疑人　　D. 被告人

E. 原告人和被告人

【解析】答案为 ABCDE。根据《刑事诉讼法》第108 条的规定，五个选项均符合法定情形，当选。

第二编　立案、侦查和提起公诉

第一章　立　　案

⊙立案的机关

第一百零九条　公安机关或者人民检察院发现犯罪事实或者犯罪嫌疑人，应当按照管辖范围，立案侦查。

★立案的材料来源/对立案材料的接受和处理

第一百一十条　任何单位和个人发现有犯罪事实或者犯罪嫌疑人，有权利也有义务向公安机关、人民检察院或者人民法院报案或者举报。

被害人对侵犯其人身、财产权利的犯罪事实或者犯罪嫌疑人，有权向公安机关、人民检察院或者人民法院报案或者控告。

公安机关、人民检察院或者人民法院对于报案、控告、举报，都应当接受。对于不属于自己管辖的，应当移送主管机关处理，并且通知报案人、控告人、举报人；对于不属于自己管辖而又必须采取紧急措施的，应当先采取紧急措施，然后移送主管机关。

犯罪人向公安机关、人民检察院或者人民法院自首的，适用第三款规定。

●考点点拨

1. 本条规定了立案的案件来源。刑事司法机关的立案主要来源于以下几个方面：

(1)公安机关、检察院的直接发现；

(2)社会上知道案情的单位、公民的报案或者举报；

(3)被害人的报案或者控告；

(4)犯罪人的主动自首；

(5)自诉人的自诉。

2. 对于由公安机关管辖的国家机关工作人员利用职权实施的重大犯罪案件，检察院通知公安机关立案，公安机关不予立案的，经省级以上人民检察院决定，人民检察院可以直接立案侦查。

3. 对于任何公民的报案、控告、举报的处理：公检法机关都应当接受，对于不属于自己管辖的应当移送有管辖权的机关处理，并且通知报案人、举报人、控告人等，而不能以不属于自己管辖为借口不予接受，也不能要求报案人、举报人、控告人自己移送。对于虽然不属于自己管辖但又必须采取紧急措施的，应当先采取紧急措施，然后移送主管机关。比如，甲某向公安机关举报官员乙某贪污巨款，正在向境外转移赃款，形势紧急，此时公安机关应当先采取紧急措施，然后移送监察机关。

4. 立案标准：

(1)有犯罪事实；

(2)需要追究刑事责任。

对于决定不立案的，应当将原因通知控告人，控告人可以申请复议。

⊙报案、控告、举报的形式及要求

第一百一十一条　报案、控告、举报可以用书面或者口头提出。接受口头报案、控告、举报的工作人员，应当写成笔录，经宣读无误后，由报案人、控告人、举报人签名或者盖章。

接受控告、举报的工作人员，应当向控告人、举报人说明诬告应负的法律责任。但是，只要不是捏造事实，伪造证据，即使控告、举报的事实有出入，甚至是错告的，也要和诬告严格加以区别。

公安机关、人民检察院或者人民法院应当保障报案人、控告人、举报人及其近亲属的安全。报案人、控告人、举报人如果不愿公开自己的姓名和报案、控告、举报的行为，应当为他保守秘密。

★对立案材料的审查和处理/立案的条件

第一百一十二条　人民法院、人民检察院或者公安机关对于报案、控告、举报和自首的材料，应当按照管辖范围，迅速进行审查，认为有犯罪事实需要追究刑事责任的时候，应当立案；认为没有犯罪事实，或者犯罪事实显著轻微，不需要追究刑事责任的时候，不予立案，并且将不立案的原因通知控告人。控告人如果不服，可以申请复议。

●考点点拨

1. 人民检察院应当要求公安机关 7 日内说明不立案的理由。

2. 通知立案：人民检察院认为公安机关不立案理由不能成立的，应当通知公安机关立案，公安机关接到通知后 15 日内应当立案。对于公安机关无正当理由没有立案的，检察院不能直接立案，但是有 1 个例外：对于由公安机关管辖的国家机关工作人员利用职权实施的重大犯罪案件，人民检察院通知公安机关立案，公安机关不予立案的，经省级以上人民检察院决定，人民检察院可以直接立案侦查。

★立案监督

第一百一十三条　人民检察院认为公安机关对应当立案侦查的案件而不立案侦查的，或者被害人认为公安机关对应当立案侦查的案件而不立案侦查，向人民检察院提出的，人民检察院应当要求公安机关说明不立案的理由。人民检察院认为公安机关不立案理由不能成立的，应当通知公安机关立案，公安机关接到通知后应当立案。

●考点点拨

立案监督启动：人民检察院认为公安机关对应当立案侦查的案件而不立案侦查的或者被害人及其法定代理人、近亲属或行政执法机关认为公安机关对其控告或者移送的案件应当立案侦查而不立案侦查，向人民检察院提出的时候。

⊙自诉的提起和受理

第一百一十四条　对于自诉案件，被害人有权向人民法院直接起诉。被害人死亡或者丧失行为能力的，被害人的法定代理人、近亲属有权向人民法院起诉。人民法院应当依法受理。

第二章　侦　　查

第一节　一般规定

⊙侦查的一般要求

第一百一十五条　公安机关对已经立案的刑事案件，应当进行侦查，收集、调取犯罪嫌疑人有罪或者无罪、罪轻或者罪重的证据材料。对现行犯或者重大嫌疑分子可以依法先行拘留，对符合逮捕条件的犯罪嫌疑人，应当依法逮捕。

⊙预审

第一百一十六条　公安机关经过侦查，对有证据证明有犯罪事实的案件，应当进行预审，对收集、调取的证据材料予以核实。

●考点点拨

1. 预审是指由公安机关负责对公安机关经过侦查的、有证据证明有犯罪事实的案件所收集、调取的证据材料予以核实。

2. 预审权由公安机关行使，预审属于一种侦查活动。

3. 预审是公安机关管辖的、需要追究犯罪嫌疑人刑事责任的刑事案件必经的一个刑事诉讼环节，但不是刑事诉讼过程中独立的程序。

4. 预审可以采取包括讯问犯罪嫌疑人、询问证人、搜查等所有的刑事侦查措施。

5. 预审的目的是收集、核实案件证据，对案件作出移送检察院审查起诉，或者依法作出对犯罪嫌疑人终止侦查或撤销案件的处理。

⊙当事人、辩护人、诉讼代理人及其利害关系人申诉与控告权及其处理

第一百一十七条　当事人和辩护人、诉讼代理人、利害关系人对于司法机关及其工作人员有下列行为之一的，有权向该机关申诉或者控告：

（一）采取强制措施法定期限届满，不予以释放、解除或者变更的；

（二）应当退还取保候审保证金不退还的；

（三）对与案件无关的财物采取查封、扣押、冻结措施的；

（四）应当解除查封、扣押、冻结不解除的；

（五）贪污、挪用、私分、调换、违反规定使用查封、扣押、冻结的财物的。

受理申诉或者控告的机关应当及时处理。对处理不服的，可以向同级人民检察院申诉；人民检察院直接受理的案件，可以向上一级人民检察院申诉。人民检察院对申诉应当及时进行审查，情况属实的，通知有关机关予以纠正。

第二节　讯问犯罪嫌疑人

★讯问的主体

第一百一十八条　讯问犯罪嫌疑人必须由人民检察院或者公安机关的侦查人员负责进行。讯问的时候，侦查人员不得少于二人。

犯罪嫌疑人被送交看守所羁押以后，侦查人员对其进行讯问，应当在看守所内进行。

●考点点拨

考生应该注意：讯问犯罪嫌疑人应由侦查人员进行，同时人数不得少于二人。

☆真题回顾

（2019年判断）讯问的时候，侦查人员不得少于二人，侦查人员人手不足时，可以由一名侦查人员先行讯问。（　　）

【解析】根据《刑事诉讼法》第118条的规定，本题说法错误。

★讯问的时间与地点/传唤、拘传的限制性规定

第一百一十九条　对不需要逮捕、拘留的犯罪嫌疑人，可以传唤到犯罪嫌疑人所在市、县内的指定地

刑事诉讼法

点或者到他的住处进行讯问，但是应当出示人民检察院或者公安机关的证明文件。对在现场发现的犯罪嫌疑人，经出示工作证件，可以口头传唤，但应当在讯问笔录中注明。

传唤、拘传持续的时间不得超过十二小时；案情特别重大、复杂，需要采取拘留、逮捕措施的，传唤、拘传持续的时间不得超过二十四小时。

不得以连续传唤、拘传的形式变相拘禁犯罪嫌疑人。传唤、拘传犯罪嫌疑人，应当保证犯罪嫌疑人的饮食和必要的休息时间。

●考点点拨

1. 注意讯问犯罪嫌疑人的传唤适用于不需要逮捕、拘留的犯罪嫌疑人。传唤地点是犯罪嫌疑人所在市、县内的指定地点或到他的住处。另外，增加了可以口头传唤的规定。犯罪嫌疑人被送交看守所羁押以后，应当在看守所进行讯问。

2. 传唤、拘传持续的时间最长不得超过 12 小时。不得以连续传唤、拘传的形式变相拘禁犯罪嫌疑人。应保证其饮食和必要的休息时间。比如，在对甲某拘传了 12 小时之后，又拘传 12 小时，不让甲某回家，这就是变相拘禁的情形。

3. 犯罪嫌疑人仍有如实供述的义务，但是应当告知其如实供述可以从宽处理的法律规定。

4. 全程录音录像：可能判处无期、死刑或者其他重大犯罪案件和检察院立案侦查职务犯罪案件应当对讯问过程进行录音或者录像。

5. 当事人和辩护人、诉讼代理人、利害关系人对司法机关 5 种侵权行为，可以向该机关申诉和控告，对处理不服，可以向检察院申诉。

◆关联法条

最高人民法院、最高人民检察院、公安部、国家安全部、司法部、全国人民代表大会常务委员会法制工作委员会《关于实施刑事诉讼法若干问题的规定》

第十九条　刑事诉讼法第一百二十一条第一款规定："侦查人员在讯问犯罪嫌疑人的时候，可以对讯问过程进行录音或者录像；对于可能判处无期徒刑、死刑的案件或者其他重大犯罪案件，应当对讯问过程进行录音或者录像。"侦查人员对讯问过程进行录音或者录像的，应当在讯问笔录中注明。人民检察院、人民法院可以根据需要调取讯问犯罪嫌疑人的录音或者录像，有关机关应当及时提供。

☆真题回顾

(2017 年单选)传唤、拘传持续的时间一般不得超过(　　)小时。

A. 6　　B. 12

C. 24　　D. 48

【解析】答案为 B。根据《刑事诉讼法》第 119 条第 2 款的规定，本题 B 项正确。

(2018 年单选)案情特别重大、复杂，需要采取拘留、逮捕措施的，传唤、拘传持续的时间不得超过(　　)小时。

A. 6　　B. 12

C. 24　　D. 48

【解析】答案为 C。根据《刑事诉讼法》第 119 条第 2 款的规定，C 项正确。对于侦查措施的规定，与执法工作相关度极高，当然属于考查重点，考生需重点掌握，尤其对于 12 小时和 24 小时适用的区别，千万不要混淆。

★讯问的程序

第一百二十条　侦查人员在讯问犯罪嫌疑人的时候，应当首先讯问犯罪嫌疑人是否有犯罪行为，让他陈述有罪的情节或者无罪的辩解，然后向他提出问题。犯罪嫌疑人对侦查人员的提问，应当如实回答。但是对与本案无关的问题，有拒绝回答的权利。

侦查人员在讯问犯罪嫌疑人的时候，应当告知犯罪嫌疑人享有的诉讼权利，如实供述自己罪行可以从宽处理和认罪认罚的法律规定。

●考点点拨

1. 本条为 2018 年《刑事诉讼法》修正时新增的内容，新增了第 2 款。

2. 将讯问时告知犯罪嫌疑人享有的诉讼权利和如实供述自己罪行可以从宽处理和认罪认罚的法律规定正式纳入《刑事诉讼法》规定，进一步加强犯罪嫌疑人的人权保障。

⊙讯问聋、哑人的要求

第一百二十一条　讯问聋、哑的犯罪嫌疑人，应当有通晓聋、哑手势的人参加，并且将这种情况记明笔录。

⊙讯问笔录的制作

第一百二十二条　讯问笔录应当交犯罪嫌疑人核对，对于没有阅读能力的，应当向他宣读。如果记载有遗漏或者差错，犯罪嫌疑人可以提出补充或者改正。犯罪嫌疑人承认笔录没有错误后，应当签名或者盖章。侦查人员也应当在笔录上签名。犯罪嫌疑人请求自行书写供述的，应当准许。必要的时候，侦查人员也可以要犯罪嫌疑人亲笔书写供词。

★讯问的录音、录像

第一百二十三条 侦查人员在讯问犯罪嫌疑人的时候，可以对讯问过程进行录音或者录像；对于可能判处无期徒刑、死刑的案件或者其他重大犯罪案件，应当对讯问过程进行录音或者录像。

录音或者录像应当全程进行，保持完整性。

●考点点拨

考生应该注意：只有在可能判处无期徒刑、死刑的案件或者其他重大犯罪案件的时候是“应当”对讯问过程进行录音或者录像，而不是“可以”。

☆真题回顾

(2019年多选)对于(　　)，侦查人员在讯问犯罪嫌疑人时，应当对讯问过程进行录音或者录像。

A. 可能判处5年以下有期徒刑的案件

B. 可能判处无期徒刑的案件

C. 可能判处死刑的案件

D. 其他重大犯罪案件

E. 所有犯罪案件

【解析】答案为BCD。根据《刑事诉讼法》第123条的规定，应当对讯问过程进行录音、录像的案件包括可能判处无期徒刑、死刑的案件或者其他重大犯罪案件，据此，B项、C项、D项正确。

第三节　询问证人

★询问证人的地点、方式与要求

第一百二十四条 侦查人员询问证人，可以在现场进行，也可以到证人所在单位、住处或者证人提出的地点进行，在必要的时候，可以通知证人到人民检察院或者公安机关提供证言。在现场询问证人，应当出示工作证件，到证人所在单位、住处或者证人提出的地点询问证人，应当出示人民检察院或者公安机关的证明文件。

●考点点拨

1. 询问证人的场所有如下几个地方：

(1)在证人所在单位、住所或者证人提出的地点进行，但必须出示侦查机关的证明文件；

(2)通知证人到侦查机关提供证言，这种情况在必要的时候使用；

(3)现场询问证人，应当出示工作证件。侦查人员询问证人，只能依照本条的规定而不得再另行指定其他地点。注意：询问证人的地点与讯问犯罪嫌疑人的地点是不同的。

2. 询问证人应当遵循两个基本的规则：

(1)单独进行的原则，即询问证人应当个别进行，以免证人之间相互影响，并便于证人证言之间的相互印证；

(2)询问的时候侦查人员不得少于2人。

3. 询问被害人与询问证人的程序相同。

⊙询问证人时的告知义务

第一百二十五条 询问证人，应当告知他应当如实地提供证据、证言和有意作伪证或者隐匿罪证要负的法律责任。

⊙询问证人笔录的制作

第一百二十六条 本法第一百二十二条的规定，也适用于询问证人。

⊙询问被害人的法律适用

第一百二十七条 询问被害人，适用本节各条规定。

第四节　勘验、检查

★勘验、检查的范围

第一百二十八条 侦查人员对于与犯罪有关的场所、物品、人身、尸体应当进行勘验或者检查。在必要的时候，可以指派或者聘请具有专门知识的人，在侦查人员的主持下进行勘验、检查。

●考点点拨

1. 公安机关的侦查人员进行勘验、检查，应当持公安机关的证明文件；检察院的检察人员侦查直接受理的案件，进行勘验、检查时，应当持检察院的证明文件。

2. 这里的“证明文件”是指检察院或公安机关开具的允许执行勘验、检查任务的证明文件，而不是指侦查人员的个人身份证件。

3. 注意勘验、检查的范围是与犯罪有关的场所、物品、人身、尸体。

◆关联法条

《公安机关办理刑事案件程序规定》

第二百零八条 侦查人员对于与犯罪有关的场所、物品、人身、尸体应当进行勘验或者检查，及时提取、采集与案件有关的痕迹、物证、生物样本等。在必要的时候，可以指派或者聘请具有专门知识的人，在侦查人员的主持下进行勘验、检查。

第二百一十一条 勘查现场，应当拍摄现场照片、绘制现场图，制作笔录，由参加勘查的人和见证人签名。对重大案件的现场，应当录像。

⊙现场保护及勘验

第一百二十九条　任何单位和个人，都有义务保护犯罪现场，并且立即通知公安机关派员勘验。

●考点点拨

保护犯罪现场是一个广义上的概括，包括不能故意破坏犯罪现场，毁损、移动、清扫等使现场证据灭失的行为。

⊙执行勘验、检查

第一百三十条　侦查人员执行勘验、检查，必须持有人民检察院或者公安机关的证明文件。

⊙尸体解剖的程序

第一百三十一条　对于死因不明的尸体，公安机关有权决定解剖，并且通知死者家属到场。

●考点点拨

1. 尸体解剖权在公安机关，死者家属无权决定。

2. 公安机关解剖尸体，应当通知死者家属到场。

⊙人身检查

第一百三十二条　为了确定被害人、犯罪嫌疑人的某些特征、伤害情况或者生理状态，可以对人身进行检查，可以提取指纹信息，采集血液、尿液等生物样本。

犯罪嫌疑人如果拒绝检查，侦查人员认为必要的时候，可以强制检查。

检查妇女的身体，应当由女工作人员或者医师进行。

●考点点拨

1. 人身检查包括搜身，提取指纹信息，采集血液、尿液等生物样本。

2. 检查妇女的身体，应当由女工作人员或者医师进行。如果由医师检查妇女身体，男女不限，即不要求必须是女医师。

⊙勘验、检查笔录的制作

第一百三十三条　勘验、检查的情况应当写成笔录，由参加勘验、检查的人和见证人签名或者盖章。

⊙复验、复查

第一百三十四条　人民检察院审查案件的时候，对公安机关的勘验、检查，认为需要复验、复查时，可以要求公安机关复验、复查，并且可以派检察人员参加。

⊙侦查实验

第一百三十五条　为了查明案情，在必要的时候，经公安机关负责人批准，可以进行侦查实验。

侦查实验的情况应当写成笔录，由参加实验的人签名或者盖章。

侦查实验，禁止一切足以造成危险、侮辱人格或者有伤风化的行为。

第五节　搜　　查

★搜查的对象

第一百三十六条　为了收集犯罪证据、查获犯罪人，侦查人员可以对犯罪嫌疑人以及可能隐藏罪犯或者犯罪证据的人的身体、物品、住处和其他有关的地方进行搜查。

●考点点拨

搜查和勘验、检查的对象是不同的，搜查针对的是犯罪嫌疑人以及可能隐藏罪犯或者犯罪证据的人的身体、物品、住处和其他有关的地方。

◆关联法条

《公安机关办理刑事案件程序规定》

第二百一十八条　进行搜查，必须向被搜查人出示搜查证，执行搜查的侦查人员不得少于二人。

第二百二十条　进行搜查时，应当有被搜查人或者他的家属、邻居或者其他见证人在场。

公安机关可以要求有关单位和个人交出可以证明犯罪嫌疑人有罪或者无罪的物证、书证、视听资料等证据。遇到阻碍搜查的，侦查人员可以强制搜查。

搜查妇女的身体，应当由女工作人员进行。

⊙协助义务的规定

第一百三十七条　任何单位和个人，有义务按照人民检察院和公安机关的要求，交出可以证明犯罪嫌疑人有罪或者无罪的物证、书证、视听资料等证据。

⊙搜查证

第一百三十八条　进行搜查，必须向被搜查人出示搜查证。

在执行逮捕、拘留的时候，遇有紧急情况，不另用搜查证也可以进行搜查。

⊙搜查的程序和要求

第一百三十九条　在搜查的时候，应当有被搜查人或者他的家属，邻居或者其他见证人在场。

搜查妇女的身体，应当由女工作人员进行。

●考点点拨

搜查妇女的身体,应当由女工作人员进行,这里仅限于妇女的身体,如果搜查妇女随身携带的包包、物件等,则可以由男性工作人员进行。

⊙搜查笔录的制作

第一百四十条　搜查的情况应当写成笔录,由侦查人员和被搜查人或者他的家属,邻居或者其他见证人签名或者盖章。如果被搜查人或者他的家属在逃或者拒绝签名、盖章,应当在笔录上注明。

第六节　查封、扣押物证、书证

⊙查封、扣押物证、书证的范围

第一百四十一条　在侦查活动中发现的可用以证明犯罪嫌疑人有罪或者无罪的各种财物、文件,应当查封、扣押;与案件无关的财物、文件,不得查封、扣押。

对查封、扣押的财物、文件,要妥善保管或者封存,不得使用、调换或者损毁。

⊙扣押清单的制作

第一百四十二条　对查封、扣押的财物、文件,应当会同在场见证人和被查封、扣押财物、文件持有人查点清楚,当场开列清单一式二份,由侦查人员、见证人和持有人签名或者盖章,一份交给持有人,另一份附卷备查。

⊙扣押邮件、电报

第一百四十三条　侦查人员认为需要扣押犯罪嫌疑人的邮件、电报的时候,经公安机关或者人民检察院批准,即可通知邮电机关将有关的邮件、电报检交扣押。

不需要继续扣押的时候,应即通知邮电机关。

⊙查封、冻结财产/禁止重复冻结原则

第一百四十四条　人民检察院、公安机关根据侦查犯罪的需要,可以依照规定查询、冻结犯罪嫌疑人的存款、汇款、债券、股票、基金份额等财产。有关单位和个人应当配合。

犯罪嫌疑人的存款、汇款、债券、股票、基金份额等财产已被冻结的,不得重复冻结。

●考点点拨

1. 查询、冻结的财产范围扩大到债券、股票、基金份额。

2. 存款、汇款、债券、股票、基金份额等财产可以查询、冻结,但不能扣划。

⊙对扣押物的处理

第一百四十五条　对查封、扣押的财物、文件、邮件、电报或者冻结的存款、汇款、债券、股票、基金份额等财产,经查明确实与案件无关的,应当在三日以内解除查封、扣押、冻结,予以退还。

●考点点拨

查明与案件无关的,3 日内解除查封、扣押、冻结并退还。

第七节　鉴　　定

⊙鉴定的范围/鉴定人的种类

第一百四十六条　为了查明案情,需要解决案件中某些专门性问题的时候,应当指派、聘请有专门知识的人进行鉴定。

⊙鉴定的程序及法律责任

第一百四十七条　鉴定人进行鉴定后,应当写出鉴定意见,并且签名。

鉴定人故意作虚假鉴定的,应当承担法律责任。

★鉴定意见的告知义务/对鉴定意见的异议及其处理

第一百四十八条　侦查机关应当将用作证据的鉴定意见告知犯罪嫌疑人、被害人。如果犯罪嫌疑人、被害人提出申请,可以补充鉴定或者重新鉴定。

●考点点拨

1. 对于鉴定意见,可以申请补充鉴定或者重新鉴定。比如,法医对被害人甲某鉴定为轻微伤,甲某不服可以申请重新鉴定。

2. 需要解决案件中某些专门性问题的时候,应当指派、聘请有专门知识的人进行鉴定。

3. 鉴定人的责任承担为个人责任制。

⊙精神病鉴定的期间规定

第一百四十九条　对犯罪嫌疑人作精神病鉴定的期间不计入办案期限。

第八节　技术侦查措施

★技术侦查措施实施原则

第一百五十条　公安机关在立案后,对于危害国家安全犯罪、恐怖活动犯罪、黑社会性质的组织犯罪、重大毒品犯罪或者其他严重危害社会的犯罪案件,根据侦查犯罪的需要,经过严格的批准手续,可以采取技术侦查措施。

人民检察院在立案后,对于利用职权实施的严重侵犯公民人身权利的重大犯罪案件，根据侦查犯罪的需要，经过严格的批准手续，可以采取技术侦查措施，按照规定交有关机关执行。

追捕被通缉或者批准、决定逮捕的在逃的犯罪嫌疑人、被告人，经过批准，可以采取追捕所必需的技术侦查措施。

●**考点点拨**

1. 本条为2018年刑事诉讼法修正时新增的内容，衔接监察体制改革，删除不再属于检察机关管辖的有关重大贪污、贿赂犯罪案件的相关条款，同时继续保留检察机关直接侦查案件的技术侦查权。

2. 技术侦查措施的适用条件：

(1)危害国家安全犯罪、恐怖活动犯罪、黑社会性质的组织犯罪、重大毒品犯罪或者其他严重危害社会的犯罪案件；

(2)利用职权实施的严重侵犯公民人身权利的重大犯罪案件；

(3)追捕被通缉或者批准、决定逮捕的在逃的犯罪嫌疑人、被告人。

注意都是“可以”采取技术侦查措施。技术侦查措施只能在立案后采取。

3. 期限：3个月，经过批准，每次延长不超过3个月。

☆**真题回顾**

(2019年多选)公安机关在立案后，对于(　　)，根据侦查犯罪的需要，经过严格的批准手续，可以采取技术侦查措施。

A. 危害国家安全犯罪

B. 恐怖活动犯罪

C. 黑社会性质的组织犯罪

D. 重大毒品犯罪或者其他严重危害社会的犯罪案件

E. 可能被判处无期徒刑、死刑的犯罪案件

【解析】答案为ABCD。根据《刑事诉讼法》第150条第1款的规定，A项、B项、C项、D项为法条原文表述，当选。E项中可能判处无期徒刑、死刑的犯罪案件并不当然都是符合A项、B项、C项、D项所述情形的案件，不一定符合可以采取技术侦查措施案件的条件，E项错误。

⊙技术侦查措施决定的期限规定

第一百五十一条　批准决定应当根据侦查犯罪的需要，确定采取技术侦查措施的种类和适用对象。批准决定自签发之日起三个月以内有效。对于不需要继续采取技术侦查措施的，应当及时解除；对于复杂、疑难案件，期限届满仍有必要继续采取技术侦查措施的，经过批准，有效期可以延长，每次不得超过三个月。

●**考点点拨**

技术侦查措施的期限是确定的，每次不得超过3个月，但是次数却没有限制。

⊙技术侦查措施的实施要求

第一百五十二条　采取技术侦查措施，必须严格按照批准的措施种类、适用对象和期限执行。

侦查人员对采取技术侦查措施过程中知悉的国家秘密、商业秘密和个人隐私，应当保密；对采取技术侦查措施获取的与案件无关的材料，必须及时销毁。

采取技术侦查措施获取的材料，只能用于对犯罪的侦查、起诉和审判，不得用于其他用途。

公安机关依法采取技术侦查措施，有关单位和个人应当配合，并对有关情况予以保密。

★**秘密侦查的适用原则**

第一百五十三条　为了查明案情，在必要的时候，经公安机关负责人决定，可以由有关人员隐匿其身份实施侦查。但是，不得诱使他人犯罪，不得采用可能危害公共安全或者发生重大人身危险的方法。

对涉及给付毒品等违禁品或者财物的犯罪活动，公安机关根据侦查犯罪的需要，可以依照规定实施控制下交付。

●**考点点拨**

1. 手段限制：不得诱使他人犯罪，不得采用可能危害公共安全或者发生重大人身危险的方法。但是对涉及给付毒品等违禁品或者财物的犯罪活动可以实施控制下交付。比如，民警可以着便装伪装成吸毒者来购买毒品，来侦查毒品犯罪案件，这就属于控制下交付。

2. 采取侦查措施收集的材料可以作为证据使用。

⊙技术侦查措施取得证据的适用原则

第一百五十四条　依照本节规定采取侦查措施收集的材料在刑事诉讼中可以作为证据使用。如果使用该证据可能危及有关人员的人身安全，或者可能产生其他严重后果的，应当采取不暴露有关人员身份、技术方法等保护措施，必要的时候，可以由审判人员在庭外对证据进行核实。

第九节　通　　缉

★**通缉的条件及程序**

第一百五十五条　应当逮捕的犯罪嫌疑人如果

在逃,公安机关可以发布通缉令,采取有效措施,追捕归案。

各级公安机关在自己管辖的地区以内,可以直接发布通缉令;超出自己管辖的地区,应当报请有权决定的上级机关发布。

●考点点拨

1. 本条规定的是通缉令的适用。应掌握两点:

(1)适用通缉的对象:应当逮捕而在逃的犯罪嫌疑人;

(2)有权发布通缉令的机关只能是公安机关。即使是检察院自侦案件,检察长批准作出通缉的决定,仍应由公安机关发布通缉令。

2. 适用通缉应当遵循一个基本规则即各级公安机关只能在自己管辖的区域范围内发布通缉令,如果超出自己管辖的地区,应当报请有决定权的上级机关发布。

◆关联法条

《公安机关办理刑事案件程序规定》

第二百六十五条　应当逮捕的犯罪嫌疑人如果在逃,公安机关可以发布通缉令,采取有效措施,追捕归案。

县级以上公安机关在自己管辖的地区内,可以直接发布通缉令;超出自己管辖的地区,应当报请有权决定的上级公安机关发布。

通缉令的发送范围,由签发通缉令的公安机关负责人决定。

第十节　侦查终结

⊙一般侦查羁押期限

第一百五十六条　对犯罪嫌疑人逮捕后的侦查羁押期限不得超过二个月。案情复杂、期限届满不能终结的案件,可以经上一级人民检察院批准延长一个月。

●考点点拨

1. 侦查中的羁押期限,是指犯罪嫌疑人在侦查中被逮捕以后到侦查终结的期限。

2. 一般侦查羁押期限是 2 个月。案情复杂、期限届满不能终结的案件,可以经上一级人民检察院批准延长 1 个月;可能被判处 10 年以上的重大刑事案件,经省级检察机关批准,又可再延长 2 个月。

⊙特殊侦查羁押期限

第一百五十七条　因为特殊原因,在较长时间内不宜交付审判的特别重大复杂的案件,由最高人民检察院报请全国人民代表大会常务委员会批准延期审理。

★重大复杂案件的侦查羁押期限

第一百五十八条　下列案件在本法第一百五十六条规定的期限届满不能侦查终结的,经省、自治区、直辖市人民检察院批准或者决定,可以延长二个月:

(一)交通十分不便的边远地区的重大复杂案件;

(二)重大的犯罪集团案件;

(三)流窜作案的重大复杂案件;

(四)犯罪涉及面广,取证困难的重大复杂案件。

●考点点拨

1. 这里的羁押期限是从逮捕后开始计算的,而不是从拘留后开始计算。

2. 关于逮捕后侦查羁押期限的问题,大多数可以表示为:2 个月(一般情形)+1 个月(上级检批)+2 个月(四情形,省检批)+2 个月(四情形且可判 10 年以上,省检批)。

3. 在计算上述侦查羁押期限时,对犯罪嫌疑人作精神病鉴定期间不计入办案期限,但其他鉴定时间都应当计入办案期限。

◆关联法条

最高人民法院、最高人民检察院、公安部、国家安全部、司法部、全国人民代表大会常务委员会法制工作委员会《关于实施刑事诉讼法若干问题的规定》

第四十条　刑事诉讼法第一百四十七条规定:"对犯罪嫌疑人作精神病鉴定的期间不计入办案期限。"根据上述规定,犯罪嫌疑人、被告人在押的案件,除对犯罪嫌疑人、被告人的精神病鉴定期间不计入办案期限外,其他鉴定期间都应当计入办案期限。对于因鉴定时间较长,办案期限届满仍不能终结的案件,自期限届满之日起,应当对被羁押的犯罪嫌疑人、被告人变更强制措施,改为取保候审或者监视居住。

⊙重刑案件的侦查羁押期限

第一百五十九条　对犯罪嫌疑人可能判处十年有期徒刑以上刑罚,依照本法第一百五十八条规定延长期限届满,仍不能侦查终结的,经省、自治区、直辖市人民检察院批准或者决定,可以再延长二个月。

★侦查羁押期限的重新计算/特殊侦查羁押期限的起算

第一百六十条　在侦查期间,发现犯罪嫌疑人另有重要罪行的,自发现之日起依照本法第一百五十六条的规定重新计算侦查羁押期限。

犯罪嫌疑人不讲真实姓名、住址,身份不明的,应当对其身份进行调查,侦查羁押期限自查清其身份之日起计算,但是不得停止对其犯罪行为的侦查取证。对于犯罪事实清楚,证据确实、充分,确实无法查明其身份的,也可以按其自报的姓名起诉、审判。

●**考点点拨**

本条规定的是侦查羁押期限计算过程中的两种特殊情况:

1. 发现新罪的:重新计算侦查羁押期限。公安机关自行决定重新计算羁押期限,不再经检察机关批准,但要报检察机关备案。

2. 犯罪嫌疑人不讲真实姓名、住址、身份不明的,侦查羁押期限应当自查清其身份之日起计算,也就是此种情形下不存在侦查羁押期限的计算问题,但是同时不得停止对其犯罪行为的侦查取证,如果经侦查犯罪事实清楚、证据确实、充分的,确实无法查明身份的,也可以按其自报的姓名移送检察机关审查起诉。

3. 逮捕后的侦查期限,最长 7 个月:2 个月(对犯罪嫌疑人逮捕后的侦查办案期限不得超过 2 个月)+1 个月(案情复杂、期限届满不能终结的案件,可以经上一级人民检察院批准延长 1 个月)+2 个月(交通十分不便边远地区的重大复杂案件,重大犯罪集团案件,流窜作案的重大复杂案件,犯罪涉及面广,取证困难的重大复杂案件,在上述 3 个月不能办结的,经省级人民检察院批准可延长 2 个月)+2 个月(符合前述四种情形且可能判处 10 年以上有期徒刑延长期限后仍未能侦查终结,经省级人民检察院批准可再延长 2 个月)。

⊙听取律师意见

第一百六十一条　在案件侦查终结前,辩护律师提出要求的,侦查机关应当听取辩护律师的意见,并记录在案。辩护律师提出书面意见的,应当附卷。

★**侦查终结**

第一百六十二条　公安机关侦查终结的案件,应当做到犯罪事实清楚,证据确实、充分,并且写出起诉意见书,连同案卷材料、证据一并移送同级人民检察院审查决定;同时将案件移送情况告知犯罪嫌疑人及其辩护律师。

犯罪嫌疑人自愿认罪的,应当记录在案,随案移送,并在起诉意见书中写明有关情况。

●**考点点拨**

1. 本条为 2018 年《刑事诉讼法》修正时新增的内容,新增了第 2 款,增加认罪记录随案移送制度,将认罪认罚从宽制度的精神一以贯之写入《刑事诉讼法》。

2. 以上两条规定了侦查终结和审查起诉的证明标准:“犯罪事实清楚,证据确实、充分”。注意只有在这样的情况下,才可以移送审查起诉和提起公诉,也只有在这样的情形下,才可以作出有罪判决。

3. 公安机关在侦查过程中,发现不应对犯罪嫌疑人追究刑事责任的,应当撤销案件。

4. 人民检察院侦查终结的案件,有三种结果:(1)提起公诉;(2)不起诉;(3)撤销案件。

⊙撤销案件

第一百六十三条　在侦查过程中,发现不应对犯罪嫌疑人追究刑事责任的,应当撤销案件;犯罪嫌疑人已被逮捕的,应当立即释放,发给释放证明,并且通知原批准逮捕的人民检察院。

第十一节　人民检察院对直接受理的案件的侦查

⊙人民检察院自行侦查案件的法律适用

第一百六十四条　人民检察院对直接受理的案件的侦查适用本章规定。

⊙自侦案件中的拘留、逮捕及其执行

第一百六十五条　人民检察院直接受理的案件中符合本法第八十一条、第八十二条第四项、第五项规定情形,需要逮捕、拘留犯罪嫌疑人的,由人民检察院作出决定,由公安机关执行。

●**考点点拨**

1. 本条规定的“符合本法第八十一条规定情形”,是指对检察院直接受理的案件中有证据证明有犯罪事实,可能判处徒刑以上刑罚的犯罪嫌疑人,采取取保候审尚不足以防止发生该条所列明的社会危险性,应当予以逮捕的情形,检察院可以决定逮捕。

2. 符合本法“第八十二条第四项、第五项”,是指检察院直接受理的案件犯罪嫌疑人犯罪后企图自杀、逃跑或者在逃以及有毁灭、伪造证据或者串供可能的,对有以上情况的犯罪嫌疑人,检察院可以决定先行拘留。

⊙自侦案件中对被拘留人的处理

第一百六十六条　人民检察院对直接受理的案

件中被拘留的人，应当在拘留后的二十四小时以内进行讯问。在发现不应当拘留的时候，必须立即释放，发给释放证明。

⊙自侦案件中逮捕的时限规定

第一百六十七条　人民检察院对直接受理的案件中被拘留的人，认为需要逮捕的，应当在十四日以内作出决定。在特殊情况下，决定逮捕的时间可以延长一日至三日。对不需要逮捕的，应当立即释放；对需要继续侦查，并且符合取保候审、监视居住条件的，依法取保候审或者监视居住。

⊙自侦案件侦查终结的处理

第一百六十八条　人民检察院侦查终结的案件，应当作出提起公诉、不起诉或者撤销案件的决定。

第三章　提起公诉

⊙公诉权

第一百六十九条　凡需要提起公诉的案件，一律由人民检察院审查决定。

●考点点拨

公诉权是检察机关独有的，其他机关都无权行使。

★监察机关移送起诉

第一百七十条　人民检察院对于监察机关移送起诉的案件，依照本法和监察法的有关规定进行审查。人民检察院经审查，认为需要补充核实的，应当退回监察机关补充调查，必要时可以自行补充侦查。

对于监察机关移送起诉的已采取留置措施的案件，人民检察院应当对犯罪嫌疑人先行拘留，留置措施自动解除。人民检察院应当在拘留后的十日以内作出是否逮捕、取保候审或者监视居住的决定。在特殊情况下，决定的时间可以延长一日至四日。人民检察院决定采取强制措施的期间不计入审查起诉期限。

●考点点拨

1. 本条为2018年刑事诉讼法修正时新增的内容，是监察与刑事诉讼衔接的重要规定，规定了监察机关移送起诉、监察案件补充调查及检察机关有权自行补充侦查的内容，这也是考试的重点考点和难点。

2. 第2款在监察机关留置和检察机关审查逮捕之间增加了先行拘留程序。留置措施自动解除，应理解为不必再专门履行解除留置手续，但暂时实践中为稳妥起见仍还履行相关手续。

3. 检察机关先行拘留期限最长14日，不计入审查起诉期限。先行拘留给下一步审查逮捕、取保候审、监视居住留出时间，类似于单独的“审查批准逮捕”程序，与原检察机关对职务犯罪审查决定逮捕期限亦相同。

⊙审查起诉的内容

第一百七十一条　人民检察院审查案件的时候，必须查明：

（一）犯罪事实、情节是否清楚，证据是否确实、充分，犯罪性质和罪名的认定是否正确；

（二）有无遗漏罪行和其他应当追究刑事责任的人；

（三）是否属于不应追究刑事责任的；

（四）有无附带民事诉讼；

（五）侦查活动是否合法。

●考点点拨

审查起诉的内容很容易在多选题中出现，尤其有5项内容，对应试卷的5个选项，考生应引起重视。

★审查起诉的期限

第一百七十二条　人民检察院对于监察机关、公安机关移送起诉的案件，应当在一个月以内作出决定，重大、复杂的案件，可以延长十五日；犯罪嫌疑人认罪认罚，符合速裁程序适用条件的，应当在十日以内作出决定，对可能判处的有期徒刑超过一年的，可以延长至十五日。

●考点点拨

本条为2018年刑事诉讼法修正时新增的内容，是监察与刑事诉讼衔接，以及认罪认罚从宽制度和速裁程序的重要规定，明确了：

1. 一般程序的审查起诉期限为1个月，可延长至15日。

2. 速裁程序的审查起诉期限为10日，可延长至15日。

★审查起诉的程序

第一百七十三条　人民检察院审查案件，应当讯问犯罪嫌疑人，听取辩护人或者值班律师、被害人及其诉讼代理人的意见，并记录在案。辩护人或者值班律师、被害人及其诉讼代理人提出书面意见的，应当附卷。

犯罪嫌疑人认罪认罚的，人民检察院应当告知其享有的诉讼权利和认罪认罚的法律规定，听取犯罪嫌疑人、辩护人或者值班律师、被害人及其诉讼代理人对下列事项的意见，并记录在案：

（一）涉嫌的犯罪事实、罪名及适用的法律规定；

（二）从轻、减轻或者免除处罚等从宽处罚的建议；

（三）认罪认罚后案件审理适用的程序；

（四）其他需要听取意见的事项。

人民检察院依照前两款规定听取值班律师意见的，应当提前为值班律师了解案件有关情况提供必要的便利。

●考点点拨

1. 本条为2018年刑事诉讼法修正时新增的内容，是针对认罪认罚从宽制度和律师值班制度的重要规定。对于认罪认罚制度增加听取意见的有关规定，明确了值班律师在此项程序中的作用。

2. 人民检察院依照第1、2款规定听取值班律师意见的，应当提前为值班律师了解案件有关情况提供必要的便利。注意这里是“应当”而不是“可以”，也就是说具有法定义务去提供便利，不能设置障碍和不便。

★签署认罪认罚具结书

第一百七十四条　犯罪嫌疑人自愿认罪，同意量刑建议和程序适用的，应当在辩护人或者值班律师在场的情况下签署认罪认罚具结书。

犯罪嫌疑人认罪认罚，有下列情形之一的，不需要签署认罪认罚具结书：

（一）犯罪嫌疑人是盲、聋、哑人，或者是尚未完全丧失辨认或者控制自己行为能力的精神病人的；

（二）未成年犯罪嫌疑人的法定代理人、辩护人对未成年人认罪认罚有异议的；

（三）其他不需要签署认罪认罚具结书的情形。

●考点点拨

1. 本条为2018年刑事诉讼法修正时新增的内容，是针对认罪认罚从宽制度有关签署认罪认罚具结书的重要规定。

2. 认罪认罚具结书是指犯罪嫌疑人、被告人主动承认自己错误或罪行，并且认真悔过自新而签署的一种认定罪行的法律文书，坦白自己犯罪行径，并愿意承担相应的法律责任，具结书作为一种法院从宽处理的依据。

3. 明确不需要签署具结书的三种情况，考生应当予以重视：

（1）盲、聋、哑人，不能丧失辨认或者控制自己的精神病人，这种情况不适用认罪认罚从宽制度，故无须签署具结书。

（2）法定代理人、辩护人对未成年人认罪认罚有异议，这种情况也不适用认罪认罚从宽制度，故无须签署具结书。

（3）其他不需要签署认罪认罚具结书的。

★补充侦查

第一百七十五条　人民检察院审查案件，可以要求公安机关提供法庭审判所必需的证据材料；认为可能存在本法第五十六条规定的以非法方法收集证据情形的，可以要求其对证据收集的合法性作出说明。

人民检察院审查案件，对于需要补充侦查的，可以退回公安机关补充侦查，也可以自行侦查。

对于补充侦查的案件，应当在一个月以内补充侦查完毕。补充侦查以二次为限。补充侦查完毕移送人民检察院后，人民检察院重新计算审查起诉期限。

对于二次补充侦查的案件，人民检察院仍然认为证据不足，不符合起诉条件的，应当作出不起诉的决定。

●考点点拨

1. 补充侦查的机关：审查起诉阶段，需要补充侦查的，可以退回公安机关补充侦查，也可以自行侦查；在审判过程中需要补充提供法庭审判所必需的证据或者补充侦查的，检察机关应当自行收集证据和进行补充侦查。必要的时候可以要求公安机关提供协助。注意在审查批准逮捕阶段，也可以进行补充侦查。

2. 需要补充侦查的情形，主要包括：（1）犯罪事实不清；（2）证据不足；（3）遗漏罪行；（4）遗漏共同犯罪嫌疑人等情形。

3. 补充侦查完毕移送检察机关后，审查起诉的期限应当重新计算。对于二次补充侦查的案件，如果检察机关仍然认为证据不足、不符合起诉条件的，应当作出不起诉决定，即所谓存疑不起诉。

4. 补充侦查的期限和次数：

（1）时间上应当在1个月内补充侦查完毕。

（2）次数上不得超过2次。即使在审查起诉期间改变管辖的，也应当遵循这一规定，即改变管辖的前后退回补充侦查的次数总共不得超过2次。

◆关联法条

《公安机关办理刑事案件程序规定》

第二百八十四条　侦查终结，移送人民检察院审查起诉的案件，人民检察院退回公安机关补充侦查的，公安机关接到人民检察院退回补充侦查的法律文书后，应当按照补充侦查提纲在一个月以内补充侦查完毕。

补充侦查以二次为限。

★提起公诉的条件和程序

第一百七十六条　人民检察院认为犯罪嫌疑人的犯罪事实已经查清，证据确实、充分，依法应当追究刑事责任的，应当作出起诉决定，按照审判管辖的规定，向人民法院提起公诉，并将案卷材料、证据移送人民法院。

犯罪嫌疑人认罪认罚的，人民检察院应当就主刑、附加刑、是否适用缓刑等提出量刑建议，并随案移送认罪认罚具结书等材料。

●考点点拨

本条为2018年刑事诉讼法修正时新增的内容，是针对认罪认罚从宽制度，有关人民检察院向法院提起公诉，提出量刑建议和随案移送具结书的规定，相比一般刑事案件，量刑建议要求明确是否适用缓刑。

★法定不起诉/酌定不起诉的条件/不起诉案件的处理

第一百七十七条　犯罪嫌疑人没有犯罪事实，或者有本法第十六条规定的情形之一的，人民检察院应当作出不起诉决定。

对于犯罪情节轻微，依照刑法规定不需要判处刑罚或者免除刑罚的，人民检察院可以作出不起诉决定。

人民检察院决定不起诉的案件，应当同时对侦查中查封、扣押、冻结的财物解除查封、扣押、冻结。对被不起诉人需要给予行政处罚、处分或者需要没收其违法所得的，人民检察院应当提出检察意见，移送有关主管机关处理。有关主管机关应当将处理结果及时通知人民检察院。

●考点点拨

1. 本条为2018年《刑事诉讼法》修正时新增的内容，将第3款的“行政处分”改成“处分”，考虑到处分除了“行政处分”外还可能存在“纪律处分”，所以加以修改。

2. 法定不起诉：犯罪嫌疑人没有犯罪事实或者有本法第16条规定的情形之一的。

3. 酌定不起诉：犯罪情节轻微，依照《刑法》规定不需要判处刑罚或者免除刑罚的。

4. 存疑不起诉：对于经过补充侦查的案件，仍然认为证据不足，不符合起诉条件，作出的不起诉决定。注意：经1次补充侦查，可以不起诉；经2次补充侦查后仍然存疑的，应当不起诉。

⊙不起诉决定的宣布

第一百七十八条　不起诉的决定，应当公开宣布，并且将不起诉决定书送达被不起诉人和他的所在单位。如果被不起诉人在押，应当立即释放。

⊙公安机关对不起诉决定的复议、复核

第一百七十九条　对于公安机关移送起诉的案件，人民检察院决定不起诉的，应当将不起诉决定书送达公安机关。公安机关认为不起诉的决定有错误的时候，可以要求复议，如果意见不被接受，可以向上一级人民检察院提请复核。

●考点点拨

公安机关对同级检察机关是复议，对上一级检察机关是复核。

★被害人对不起诉决定的异议

第一百八十条　对于有被害人的案件，决定不起诉的，人民检察院应当将不起诉决定书送达被害人。被害人如果不服，可以自收到决定书后七日以内向上一级人民检察院申诉，请求提起公诉。人民检察院应当将复查决定告知被害人。对人民检察院维持不起诉决定的，被害人可以向人民法院起诉。被害人也可以不经申诉，直接向人民法院起诉。人民法院受理案件后，人民检察院应当将有关案件材料移送人民法院。

●考点点拨

1. 检察机关审查案件之后，应当作出提起公诉或者不起诉的决定。对于决定不起诉的，应当将不起诉的决定书送达以下机关或者个人：

（1）公安机关；

（2）被害人；

（3）被不起诉人。

2. 公安机关的救济途径：如果公安机关认为不起诉的决定有错误，可以要求复议，如果其意见不被接受，可以向上一级检察院提请复核。

3. 被害人的救济途径：如果被害人不服的可以采取两种救济渠道来保障自己的合法权利：

（1）自收到决定书后的7日之内向上一级人民检察院申诉，请求提起公诉，如果上一级人民检察院复查的结果是维持不起诉决定的，被害人可以向人民法院起诉。

（2）直接向人民法院起诉，即不通过申诉的渠道而直接起诉。

4. 被不起诉人的救济途径：如果因为检察机关认为犯罪情节轻微，依照刑法规定不需要判处刑罚或者免除刑罚而作出不起诉的决定，被不起诉人对此不服的可以在收到决定书之后的7日以内向检察机关申诉。

5. 最高人民检察院、上级检察机关可以主动纠正下级人民检察院在此阶段的错误行为。

⊙被不起诉人对不起诉决定的申诉

第一百八十一条　对于人民检察院依照本法第一百七十七条第二款规定作出的不起诉决定，被不起诉人如果不服，可以自收到决定书后七日以内向人民检察院申诉。人民检察院应当作出复查决定，通知被不起诉的人，同时抄送公安机关。

★认罪认罚中的重大立功

第一百八十二条　犯罪嫌疑人自愿如实供述涉嫌犯罪的事实，有重大立功或者案件涉及国家重大利益的，经最高人民检察院核准，公安机关可以撤销案件，人民检察院可以作出不起诉决定，也可以对涉嫌数罪中的一项或者多项不起诉。

根据前款规定不起诉或者撤销案件的，人民检察院、公安机关应当及时对查封、扣押、冻结的财物及其孳息作出处理。

●考点点拨

1. 本条为2018年《刑事诉讼法》修正时新增的内容，是针对认罪认罚案件中存在重大立功或者涉及国家重大利益的重大突破性规定，这和西方国家"辩诉交易"有异曲同工之妙。

2. 认罪认罚案件的处理方法，对于鼓励检举重大犯罪、维护国家利益有一定积极意义。

3. 无论是公安机关撤销案件，还是人民检察院作出不起诉决定，前提都是经最高人民检察院核准。

第三编　审　　判

第一章　审 判 组 织

⊙合议庭组成

第一百八十三条　基层人民法院、中级人民法院审判第一审案件，应当由审判员三人或者由审判员和人民陪审员共三人或者七人组成合议庭进行，但是基层人民法院适用简易程序、速裁程序的案件可以由审判员一人独任审判。

高级人民法院审判第一审案件，应当由审判员三人至七人或者由审判员和人民陪审员共三人或者七人组成合议庭进行。

最高人民法院审判第一审案件，应当由审判员三人至七人组成合议庭进行。

人民法院审判上诉和抗诉案件，由审判员三人或者五人组成合议庭进行。

合议庭的成员人数应当是单数。

●考点点拨

1. 考生应注意人民陪审员只能参与审理第一审案件，第二审案件只能由审判员审理。

2. 合议庭的成员人数应当是单数，原因是因为当有意见分歧时，能形成少数服从多数的局面，有利于判决的作出。

⊙合议庭评议原则

第一百八十四条　合议庭进行评议的时候，如果意见分歧，应当按多数人的意见作出决定，但是少数人的意见应当写入笔录。评议笔录由合议庭的组成人员签名。

★案件提交审判委员会

第一百八十五条　合议庭开庭审理并且评议后，应当作出判决。对于疑难、复杂、重大的案件，合议庭认为难以作出决定的，由合议庭提请院长决定提交审判委员会讨论决定。审判委员会的决定，合议庭应当执行。

●考点点拨

1. 审判组织具体包括三种形式：独任制、合议庭和审判委员会。

(1) 独任制只适用于基层人民法院适用简易程序审理的可能判处3年有期徒刑以下的案件，独任制只能由审判员进行。

(2) 合议庭是数名审判人员（可能有人民陪审员）集体审判案件的组织形式，是人民法院审判案件的基本组织形式。

(3) 审判委员会是人民法院内部对审判工作实行集体领导的最高组织形式，在审判活动方面主要针对的是重大、复杂疑难案件的审判。

2. 审判委员会

(1) 对于疑难、重大、复杂的案件可以提交审判委员会讨论决定，但提交审判委员会的必须首先提请院长决定。

(2) 对于合议庭提请院长决定提交审判委员会讨论决定的案件，院长认为不必要的，可以建议合议庭复议1次。

(3) 适用独任制审判的案件也可能提交审判委

员会讨论决定,但同样应先提请院长决定。

(4)对于审判委员会的决定,合议庭必须执行。合议庭有不同意见的,可以建议院长提交审判委员会复议。

3. 组织相关审判人员讨论制度

(1)可以适用于合议庭有重大分歧的案件或者重大、复杂、疑难或新型的案件。

(2)由审判长提请院长或者庭长决定组织相关审判人员共同讨论。

(3)其意见仅供合议庭参考。

4. 人民陪审员

(1)人民陪审员参加审判活动,除不得担任审判长外,同法官享有同等权利。

(2)只有部分案件是否适用人民陪审员取决于当事人的意愿,在刑事案件中只有被告人有权申请由人民陪审员参加合议庭审判,与被害人无关。

(3)人民陪审员的选任是由其所在单位和户籍所在地的基层组织向基层人民法院推荐。

(4)中级、高级人民法院审判案件依法应当由人民陪审员参加合议庭审判的,在其所在城市的基民法院的人民陪审员名单中随机抽取确定。

◆关联法条

最高人民法院《关于适用〈中华人民共和国刑事诉讼法〉的解释》

第一百七十八条　合议庭审理、评议后,应当及时作出判决、裁定。

拟判处死刑的案件、人民检察院抗诉的案件,合议庭应当提请院长决定提交审判委员会讨论决定。

对合议庭成员意见有重大分歧的案件、新类型案件、社会影响重大的案件以及其他疑难、复杂、重大的案件,合议庭认为难以作出决定的,可以提请院长决定提交审判委员会讨论决定。

人民陪审员可以要求合议庭将案件提请院长决定是否提交审判委员会讨论决定。

对提请院长决定提交审判委员会讨论决定的案件,院长认为不必要的,可以建议合议庭复议一次。

独任审判的案件,审判员认为有必要的,也可以提请院长决定提交审判委员会讨论决定。

第二章　第一审程序

第一节　公诉案件

★对公诉案件的审查

第一百八十六条　人民法院对提起公诉的案件进行审查后,对于起诉书中有明确的指控犯罪事实的,应当决定开庭审判。

●考点点拨

1. 庭前审查的规定修正为只要起诉书中有明确的指控犯罪事实,并且附有案卷材料、证据的,法院就应当决定开庭审理,庭前审查只是一种形式上的审查。

2. 对于不属于本院管辖或者被告人不在案的应当决定退回人民检察院;对于因证据不足,指控的罪名不能成立而宣告被告人无罪,人民检察院依据新的事实、证据材料重新起诉的,人民法院应当依法受理;人民法院裁定准许人民检察院撤诉的案件没有新的事实、证据,人民检察院重新起诉的,人民法院不予受理。

3. 人民法院对提起公诉的案件进行审查的期限应当计入审理期限。

4. 庭前会议

(1)召开庭前会议,可以通知被告人参加。因此,被告人是否参加庭前会议的决定权是在法院而不在被告人。

(2)庭前会议主要是了解案件的情况,听取意见,询问当事人是否申请回避,是否申请排除非法证据,是否申请不公开审理,是否申请调取证据,是否提供新的证据,是否对出庭证人、鉴定人、有专门知识的人的名单有异议,是否对案件管辖有异议等。对上述询问情况,不作出实质性的决定。比如,庭前会议并不能作出判决与裁决。

(3)被害人或者其法定代理人、近亲属提起附带民事诉讼的,可以调解。

◆关联法条

最高人民法院《关于适用〈中华人民共和国刑事诉讼法〉的解释》

第一百八十一条　人民法院对提起公诉的案件审查后,应当按照下列情形分别处理:

(一)属于告诉才处理的案件,应当退回人民检察院,并告知被害人有权提起自诉;

(二)不属于本院管辖或者被告人不在案的,应当退回人民检察院;

(三)不符合前条第二项至第八项规定之一,需要补充材料的,应当通知人民检察院在三日内补送;

(四)依照刑事诉讼法第一百九十五条第三项规定宣告被告人无罪后,人民检察院根据新的事实、证据重新起诉的,应当依法受理;

（五）依照本解释第二百四十二条规定裁定准许撤诉的案件，没有新的事实、证据，重新起诉的，应当退回人民检察院；

（六）符合刑事诉讼法第十五条第二项至第六项规定情形的，应当裁定终止审理或者退回人民检察院；

（七）被告人真实身份不明，但符合刑事诉讼法第一百五十八条第二款规定的，应当依法受理。

对公诉案件是否受理，应当在七日内审查完毕。

☆**真题回顾**

（2018 年单选）下列关于开庭审理和公开审理的说法，正确的是（　　）。

A. 所有案件都必须开庭审理，但只有一审案件才公开审理

B. 所有案件都必须开庭审理，但只有特殊情况下才公开审理

C. 所有一审案件都必须开庭审理，且一般都需要公开审理

D. 所有二审案件都有可能开庭审理，但都不公开审理

【**解析**】答案为 C。根据《刑事诉讼法》第 186 条、第 234 条的规定，二审案件可以不开庭审理，A 项、B 项错误，排除。根据第 188 条的规定，除特殊情形外，一般需要公开审理。本题解答总结性比较强，需要考生掌握相关法条的规定，具有一定的难度。本题启发考生在复习法条时，要注意宏观上的总结概括，故 C 项正确，D 项错误。

⊙开庭前的准备

第一百八十七条　人民法院决定开庭审判后，应当确定合议庭的组成人员，将人民检察院的起诉书副本至迟在开庭十日以前送达被告人及其辩护人。

在开庭以前，审判人员可以召集公诉人、当事人和辩护人、诉讼代理人，对回避、出庭证人名单、非法证据排除等与审判相关的问题，了解情况，听取意见。

人民法院确定开庭日期后，应当将开庭的时间、地点通知人民检察院，传唤当事人，通知辩护人、诉讼代理人、证人、鉴定人和翻译人员，传票和通知书至迟在开庭三日以前送达。公开审判的案件，应当在开庭三日以前先期公布案由、被告人姓名、开庭时间和地点。

上述活动情形应当写入笔录，由审判人员和书记员签名。

●**考点点拨**

1. 人民法院决定开庭审判后，应当在开庭 10 日以前将人民检察院的起诉书副本送达被告人及其辩护人。

2. 人民法院确定开庭日期后，应当将在开庭 3 日以前将传票和通知书送达诉讼参与人。

3. 公开审判的案件，应当在开庭 3 日以前公布相关信息。

4. 庭前公布的信息包括：（1）案由；（2）被告人姓名；（3）开庭时间和地点。

⊙公开审理、不公开审理

第一百八十八条　人民法院审判第一审案件应当公开进行。但是有关国家秘密或者个人隐私的案件，不公开审理；涉及商业秘密的案件，当事人申请不公开审理的，可以不公开审理。

不公开审理的案件，应当当庭宣布不公开审理的理由。

●**考点点拨**

1. 应当公开：第一审案件。

2. 法定事由不公开审理：

（1）国家秘密；

（2）个人隐私的案件。

3. 依申请不公开审理：商业秘密的案件。

考生不要混淆了法定事由不公开和依申请不公开的类型，商业秘密的案件，如果当事人没有异议，没有申请不公开，人民法院是不可以依职权不公开审理的。

⊙出庭支持公诉

第一百八十九条　人民法院审判公诉案件，人民检察院应当派员出席法庭支持公诉。

★**开庭**

第一百九十条　开庭的时候，审判长查明当事人是否到庭，宣布案由；宣布合议庭的组成人员、书记员、公诉人、辩护人、诉讼代理人、鉴定人和翻译人员的名单；告知当事人有权对合议庭组成人员、书记员、公诉人、鉴定人和翻译人员申请回避；告知被告人享有辩护权利。

被告人认罪认罚的，审判长应当告知被告人享有的诉讼权利和认罪认罚的法律规定，审查认罪认罚的自愿性和认罪认罚具结书内容的真实性、合法性。

●**考点点拨**

1. 本条为 2018 年刑事诉讼法修正时新增的内容，新增了第 2 款，这是根据认罪认罚从宽制度作出的新规定，规定对被告人认罪认罚案件重在审查其自

愿性和真实性。

2. 审查发现如果违反了自愿性和真实性，则不能适用认罪认罚的相关规定。

⊙法庭调查

第一百九十一条　公诉人在法庭上宣读起诉书后，被告人、被害人可以就起诉书指控的犯罪进行陈述，公诉人可以讯问被告人。

被害人、附带民事诉讼的原告人和辩护人、诉讼代理人，经审判长许可，可以向被告人发问。

审判人员可以讯问被告人。

⊙出庭作证

第一百九十二条　公诉人、当事人或者辩护人、诉讼代理人对证人证言有异议，且该证人证言对案件定罪量刑有重大影响，人民法院认为证人有必要出庭作证的，证人应当出庭作证。

人民警察就其执行职务时目击的犯罪情况作为证人出庭作证，适用前款规定。

公诉人、当事人或者辩护人、诉讼代理人对鉴定意见有异议，人民法院认为鉴定人有必要出庭的，鉴定人应当出庭作证。经人民法院通知，鉴定人拒不出庭作证的，鉴定意见不得作为定案的根据。

● 考点点拨

人民警察就其执行职务时目击的犯罪情况在法庭上陈述，属于以证人身份作证。

⊙强制出庭作证

第一百九十三条　经人民法院通知，证人没有正当理由不出庭作证的，人民法院可以强制其到庭，但是被告人的配偶、父母、子女除外。

证人没有正当理由拒绝出庭或者出庭后拒绝作证的，予以训诫，情节严重的，经院长批准，处以十日以下的拘留。被处罚人对拘留决定不服的，可以向上一级人民法院申请复议。复议期间不停止执行。

● 考点点拨

1. 证人强制出庭制度适用对象：证人（包括目击警察），鉴定人。例外：被告人的配偶、父母、子女不适用强制出庭，注意没有同胞兄弟姐妹。这么规定主要是考虑到强制配偶、父母、子女在法庭上对被告人进行指证，不利于家庭关系的维系，所以规定被告人的配偶、父母、子女除外。确立近亲属拒绝作证权，体现了情理法三者的统一。

2. 证人强制出庭制度适用条件：公诉人、当事人或者辩护人、诉讼代理人对证人证言有异议；其中证人证言还要求对案件定罪量刑有重大影响；法院认为有必要出庭。

3. 拒绝出庭后果：予以训诫，情节严重的，经院长批准，处以 10 日以下的拘留。被处罚人对拘留决定不服的，可以向上一级人民法院申请复议。复议期间不停止执行。

☆ 真题回顾

（2017 年单选）某基层人民法院审理案件过程中，关键证人甲没有正当理由拒绝出庭，情节严重，经院长批准，可处以（　　）日以下的拘留。

A. 5　　B. 7

C. 10　　D. 15

【解析】答案为 C。根据《刑事诉讼法》第 193 条第 2 款的规定，C 项正确。刑事诉讼法中涉及时间的数字很多，考生应当自行对法条中的时间进行分类总结，分类记忆，这样才不会造成混淆。

⊙调查核实证言、鉴定结论

第一百九十四条　证人作证，审判人员应当告知他要如实地提供证言和有意作伪证或者隐匿罪证要负的法律责任。公诉人、当事人和辩护人、诉讼代理人经审判长许可，可以对证人、鉴定人发问。审判长认为发问的内容与案件无关的时候，应当制止。

审判人员可以询问证人、鉴定人。

● 考点点拨

1. 本条是法庭调查阶段的基本规则，向证人、鉴定人发问，不论是当事人、辩护人、诉讼代理人还是公诉人都必须经过审判长的许可；向被告人发问，被害人、附带民事诉讼的原告人和辩护人、诉讼代理人必须经过审判长的许可而公诉人则可以直接向被告人发问，无须申请审判长的许可。

2. 在法庭调查过程中，对于共同犯罪案件的被告人应当分别进行讯问；向证人和鉴定人的发问也应当分别进行，并且注意证人和鉴定人是不能旁听本案审理的。比如，甲某和乙某都是证人，在庭审中甲某和乙某不能同时出现在法庭上接受发问，只能一个一个来。

◆ 关联法条

最高人民法院《关于适用〈中华人民共和国刑事诉讼法〉的解释》

第二百零八条　强制证人出庭的，应当由院长签发强制证人出庭令。

⊙调查核实物证、书证

第一百九十五条　公诉人、辩护人应当向法庭出示物证，让当事人辨认，对未到庭的证人的证言笔录、鉴定人的鉴定意见、勘验笔录和其他作为证据的文书，应当当庭宣读。审判人员应当听取公诉人、当事人和辩护人、诉讼代理人的意见。

●考点点拨

1. 对于辨认重点掌握以下内容：

(1)对于辨认，侦查人员必须参加，且不得少于2人。

(2)辨认应当个别进行。

(3)不得给辨认人明显暗示。

(4)被辨认的人不得少于7人，照片不得少于10张，物品不得少于5件。对场所、尸体辨认不受数量限制。

(5)可以在不暴露辨认人的情况下进行辨认。

(6)必要时，应当对辨认过程进行录音或者录像。

2. 对未到庭的证人的证言笔录、鉴定人的鉴定意见、勘验笔录和其他作为证据的文书，应当当庭宣读。注意这里是“应当”不是“可以”。

⊙休庭调查

第一百九十六条　法庭审理过程中，合议庭对证据有疑问的，可以宣布休庭，对证据进行调查核实。

人民法院调查核实证据，可以进行勘验、检查、查封、扣押、鉴定和查询、冻结。

⊙调取新证据

第一百九十七条　法庭审理过程中，当事人和辩护人、诉讼代理人有权申请通知新的证人到庭，调取新的物证，申请重新鉴定或者勘验。

公诉人、当事人和辩护人、诉讼代理人可以申请法庭通知有专门知识的人出庭，就鉴定人作出的鉴定意见提出意见。

法庭对于上述申请，应当作出是否同意的决定。

第二款规定的有专门知识的人出庭，适用鉴定人的有关规定。

⊙法庭辩论和最后陈述

第一百九十八条　法庭审理过程中，对与定罪、量刑有关的事实、证据都应当进行调查、辩论。

经审判长许可，公诉人、当事人和辩护人、诉讼代理人可以对证据和案件情况发表意见并且可以互相辩论。

审判长在宣布辩论终结后，被告人有最后陈述的权利。

⊙违反法庭秩序的处理

第一百九十九条　在法庭审判过程中，如果诉讼参与人或者旁听人员违反法庭秩序，审判长应当警告制止。对不听制止的，可以强行带出法庭；情节严重的，处以一千元以下的罚款或者十五日以下的拘留。罚款、拘留必须经院长批准。被处罚人对罚款、拘留的决定不服的，可以向上一级人民法院申请复议。复议期间不停止执行。

对聚众哄闹、冲击法庭或者侮辱、诽谤、威胁、殴打司法工作人员或者诉讼参与人，严重扰乱法庭秩序，构成犯罪的，依法追究刑事责任。

●考点点拨

1. 违反法庭秩序的拘留属于司法拘留，不是行政拘留。司法拘留是人民法院为了保证审判活动正常进行，对实施了严重妨害诉讼活动的人，采取限制其短期限的人身自由的一种强制措施，而行政拘留是一种重要的也是常见的行政处罚的种类。

2. 罚款、拘留必须经院长批准。

⊙评议、判决

第二百条　在被告人最后陈述后，审判长宣布休庭，合议庭进行评议，根据已经查明的事实、证据和有关的法律规定，分别作出以下判决：

(一)案件事实清楚，证据确实、充分，依据法律认定被告人有罪的，应当作出有罪判决；

(二)依据法律认定被告人无罪的，应当作出无罪判决；

(三)证据不足，不能认定被告人有罪的，应当作出证据不足、指控的犯罪不能成立的无罪判决。

●考点点拨

1. 合议庭的评议遵循少数服从多数的原则。在合议庭宣布休庭、并准备作出判决之前，必须保证被告人充分行使最后陈述权。

2. 法院的判决有两种情形：(1)有罪判决；(2)无罪判决。

3. 无罪判决的理由：(1)证据不足；(2)指控的罪名不能成立。

◆关联法条

最高人民法院《关于适用〈中华人民共和国刑事诉讼法〉的解释》

第三百九十条　原判决、裁定认定被告人姓名等身份信息有误，但认定事实和适用法律正确、量刑适当的，作出生效判决、裁定的人民法院可以通过裁定对有关信息予以更正。

★对认罪认罚的量刑建议

第二百零一条　对于认罪认罚案件，人民法院依法作出判决时，一般应当采纳人民检察院指控的罪名和量刑建议，但有下列情形的除外：

（一）被告人的行为不构成犯罪或者不应当追究其刑事责任的；

（二）被告人违背意愿认罪认罚的；

（三）被告人否认指控的犯罪事实的；

（四）起诉指控的罪名与审理认定的罪名不一致的；

（五）其他可能影响公正审判的情形。

人民法院经审理认为量刑建议明显不当，或者被告人、辩护人对量刑建议提出异议的，人民检察院可以调整量刑建议。人民检察院不调整量刑建议或者调整量刑建议后仍然明显不当的，人民法院应当依法作出判决。

●考点点拨

1. 本条为2018年刑事诉讼法修正时新增的内容，对于认罪认罚案件，人民法院在一般情况下应当采纳检察机关指控的罪名和量刑建议，以尊重检察机关量刑建议为原则，以不采纳为例外，保证认罪认罚速裁程序的高效。

2. 人民法院不采纳检察院指控的罪名和量刑建议的五种情形：

(1)不构成犯罪或者不应当被追究刑事责任；

(2)违背意愿认罪认罚；

(3)否认指控的犯罪事实；

(4)起诉指控的罪名与审理认定的罪名不一致；

(5)影响公正审判。

出题人极有可能在多项选择题中设置5个选项，考生应当择关键字记忆。

3. 人民法院经审理认为量刑建议明显不当，或者量刑建议被提出异议，人民检察院可以调整量刑建议，人民检察院不调整量刑建议或者调整量刑建议后仍然明显不当的，人民法院应当依法作出判决，此时不需要采纳人民检察院的量刑建议。

⊙宣告判决

第二百零二条　宣告判决，一律公开进行。

当庭宣告判决的，应当在五日以内将判决书送达当事人和提起公诉的人民检察院；定期宣告判决的，应当在宣告后立即将判决书送达当事人和提起公诉的人民检察院。判决书应当同时送达辩护人、诉讼代理人。

●考点点拨

1. 人民法院对公开审理或者不公开审理的案件，一律公开宣告判决。考生应该注意即使是不公开审理的案件，也要公开宣告判决的情形。

2. 公开宣告判决也不代表判决书公开。以下情形的判决书不公开：

(1)涉及国家秘密、个人隐私；

(2)涉及未成年人违法犯罪；

(3)以调解方式结案；

(4)其他不宜在互联网公布等情形。

即使是可公开案件也必须对涉及当事人隐私信息、未成年人相关信息等内容予以先行删除。

☆真题回顾

（2018年判断）宣告判决一律公开进行。（　　）

【解析】根据《刑事诉讼法》第202条第1款的规定，本题说法正确。

⊙判决书

第二百零三条　判决书应当由审判人员和书记员署名，并且写明上诉的期限和上诉的法院。

★延期审理

第二百零四条　在法庭审判过程中，遇有下列情形之一，影响审判进行的，可以延期审理：

（一）需要通知新的证人到庭，调取新的物证，重新鉴定或者勘验的；

（二）检察人员发现提起公诉的案件需要补充侦查，提出建议的；

（三）由于申请回避而不能进行审判的。

●考点点拨

本条规定了延期审理的三种情形，考生应该注意理解记忆。

☆真题回顾

（2018年单选）在法庭审判过程中，如遇申请回避而不能进行审判的，可以（　　）。

A. 延期审理　　B. 终止审理

C. 驳回起诉　　D. 中止审理

【解析】答案为A。根据《刑事诉讼法》第204条的规定，题干所表述如遇申请回避而不能进行审判的，可以延期审理，而不是中止、终止审理。故A项正确。

⊙法庭审理中补充侦查的时限

第二百零五条　依照本法第二百零四条第二项

的规定延期审理的案件，人民检察院应当在一个月以内补充侦查完毕。

●考点点拨

1. 法院决定延期审理的，检察机关补充侦查的时限为1个月。

2. 审判阶段的补充侦查的适用：

(1)公诉人提出。步骤：提出延期审理建议；合议庭应当同意；建议延期审理的次数不得超过2次；人民检察院应当在1个月以内补充侦查完毕；人民检察院在补充侦查的期限内没有提请人民法院恢复法庭审理的，人民法院可以决定按人民检察院撤诉处理。

(2)人民法院建议。合议庭在案件审理过程中，发现被告人可能有自首、立功等法定量刑情节，而起诉和移送的证据材料中没有这方面的证据材料的，应当通知人民检察院移送；审判期间，被告人提出新的立功线索的，人民法院可以建议人民检察院补充侦查。

★中止审理

第二百零六条　在审判过程中，有下列情形之一，致使案件在较长时间内无法继续审理的，可以中止审理：

(一)被告人患有严重疾病，无法出庭的；

(二)被告人脱逃的；

(三)自诉人患有严重疾病，无法出庭，未委托诉讼代理人出庭的；

(四)由于不能抗拒的原因。

中止审理的原因消失后，应当恢复审理。中止审理的期间不计入审理期限。

●考点点拨

1. 本条规定的是延期审理问题。延期审理的法定情形有三种，无论哪一种情况都应当由法庭决定是否延期审理，延期审理不计入审限。

2. 中止审理的法定情形：

(1)被告人患有严重疾病，无法出庭；

(2)被告人脱逃；

(3)自诉人患有严重疾病，无法出庭，未委托诉讼代理人出庭；

(4)不能抗拒的原因。

3. 中止审理的原因消失后应当恢复审理。中止审理的期间不计入审理期限。

⊙法庭笔录

第二百零七条　法庭审判的全部活动，应当由书记员写成笔录，经审判长审阅后，由审判长和书记员签名。

法庭笔录中的证人证言部分，应当当庭宣读或者交给证人阅读。证人在承认没有错误后，应当签名或者盖章。

法庭笔录应当交给当事人阅读或者向他宣读。当事人认为记载有遗漏或者差错的，可以请求补充或者改正。当事人承认没有错误后，应当签名或者盖章。

★公诉案件的审限

第二百零八条　人民法院审理公诉案件，应当在受理后二个月以内宣判，至迟不得超过三个月。对于可能判处死刑的案件或者附带民事诉讼的案件，以及有本法第一百五十八条规定情形之一的，经上一级人民法院批准，可以延长三个月；因特殊情况还需要延长的，报请最高人民法院批准。

人民法院改变管辖的案件，从改变后的人民法院收到案件之日起计算审理期限。

人民检察院补充侦查的案件，补充侦查完毕移送人民法院后，人民法院重新计算审理期限。

●考点点拨

1. 本条对一审案件的审理期限进行了延长，原则上应当在2个月内宣判，至迟不得超过3个月。对于可能判处死刑的案件或者附带民事诉讼的案件以及有本法第158条规定情形之一的，经上一级人民法院批准，可以延长3个月。注意，增加了特殊情况还需要延长的，报请最高人民法院批准。自诉案件的审理期限，被告人被羁押的，审限适用本条的规定，未被羁押的，审限是6个月。

2. 审理期限的计算：一般应当从受理之日起计算，另注意以下几点：

(1)法院改变管辖的案件，应从改变后的人民法院收到案件之日起计算审理期限。

(2)关于检察机关补充侦查的案件，补充侦查完毕移送人民法院后，法院的审理期限重新计算。

(3)在审理期间，对被告人做精神病鉴定的时间不计入审理期限。

◆关联法条

最高人民法院《关于适用〈中华人民共和国刑事诉讼法〉的解释》

第一百七十四条　审判期间，对被告人作精神病鉴定的时间不计入审理期限。

⊙审判监督

第二百零九条　人民检察院发现人民法院审理案件违反法律规定的诉讼程序，有权向人民法院提出纠正意见。

第二节　自诉案件

★自诉案件范围

第二百一十条　自诉案件包括下列案件：

（一）告诉才处理的案件；

（二）被害人有证据证明的轻微刑事案件；

（三）被害人有证据证明对被告人侵犯自己人身、财产权利的行为应当依法追究刑事责任，而公安机关或者人民检察院不予追究被告人刑事责任的案件。

●考点点拨

1. 自诉案件的受理条件：

（1）属于自诉案件；

（2）属于本院管辖的；

（3）被害人告诉的；

（4）有明确的被告人、具体的诉讼请求和能证明被告人有犯罪事实的证据。

2. 特殊情形下告诉或是代为告诉的适用情形：

（1）如果被害人死亡、丧失行为能力或者因受强制、威吓等原因无法告诉，或者是限制行为能力人以及由于年老、患病、盲、聋、哑等原因不能亲自告诉；

（2）告诉或是代为告诉人由被害人的法定代理人、近亲属代为进行。

◆关联法条

最高人民法院《关于适用〈中华人民共和国刑事诉讼法〉的解释》

第二百六十条　本解释第一条规定的案件，如果被害人死亡、丧失行为能力或者因受强制、威吓等无法告诉，或者是限制行为能力人以及因年老、患病、盲、聋、哑等不能亲自告诉，其法定代理人、近亲属告诉或者代为告诉的，人民法院应当依法受理。

被害人的法定代理人、近亲属告诉或者代为告诉，应当提供与被害人关系的证明和被害人不能亲自告诉的原因的证明。

⊙自诉案件审查后的处理

第二百一十一条　人民法院对于自诉案件进行审查后，按照下列情形分别处理：

（一）犯罪事实清楚，有足够证据的案件，应当开庭审判；

（二）缺乏罪证的自诉案件，如果自诉人提不出补充证据，应当说服自诉人撤回自诉，或者裁定驳回。

自诉人经两次依法传唤，无正当理由拒不到庭的，或者未经法庭许可中途退庭的，按撤诉处理。

法庭审理过程中，审判人员对证据有疑问，需要调查核实的，适用本法第一百九十六条的规定。

●考点点拨

1. 因缺乏罪证撤回自诉或者裁定驳回起诉，自诉人之后又提出了新的足以证明被告人有罪的证据再次提起自诉的，法院应当受理。比如，甲某自诉称乙某殴打其至轻伤，但是由于无证据证明就是乙某所为，被法院裁定驳回起诉，后来甲某发现在与乙某争执的路口正好有一监控再次提起自诉，法院应当受理。

2. 法院受理自诉案件后，两次依法传唤自诉人，自诉人无正当理由拒不到庭的或者未经法庭许可中途退庭的，应当按撤诉处理。对于自诉人要求撤诉的，法院应审查撤诉原因，如果撤诉出于自愿的，应当准许。自诉案件的双方当事人也可以进行自行和解。

3. 自诉案件的自诉人不仅有撤诉、和解的权利，还有一定程度选择被告人的权利，自诉人放弃告诉后又提起自诉的，法院不予受理。

4. 自诉案件可以进行调解，但原本属于公诉案件但公安机关或者检察机关不予追究被告人刑事责任而被害人向法院提起自诉的案件不能适用调解。调解达成协议后应当由法院制作调解书，调解书的生效时间是双方当事人签收后即发生法律效力，如果调解没有达成协议或者调解书签收之前当事人（任何一方）反悔的，法院应当进行判决。

⊙自诉案件的结案方式

第二百一十二条　人民法院对自诉案件，可以进行调解；自诉人在宣告判决前，可以同被告人自行和解或者撤回自诉。本法第二百一十条第三项规定的案件不适用调解。

人民法院审理自诉案件的期限，被告人被羁押的，适用本法第二百零八条第一款、第二款的规定；未被羁押的，应当在受理后六个月以内宣判。

★反诉

第二百一十三条　自诉案件的被告人在诉讼过程中，可以对自诉人提起反诉。反诉适用自诉的规定。

●考点点拨

1. 反诉是指在告诉才处理和被害人有证据证明

的轻微刑事案件中，被告人或者其法定代理人在诉讼过程中对自诉人提起诉讼的程序。比如，甲向法院提起自诉认为丈夫乙与第三者丙重婚，被告人丙反诉甲到自己单位吵闹构成侮辱诽谤罪，这就属于反诉的例子，考生应该进行理解记忆。

2. 反诉必须符合下列条件：反诉的对象必须是本案自诉人；反诉的内容必须是与本案有关的行为。

3. 反诉提起的时间应当在一审判决宣告之前。二审期间，自诉案件当事人提起反诉的，应当告知其另行起诉。

4. 对于反诉案件的审理，应当适用自诉案件的规定，并应与自诉案件一并审理。如果原自诉人撤诉的，并不影响反诉案件的继续审理。

◆**关联法条**

最高人民法院《关于适用〈中华人民共和国刑事诉讼法〉的解释》

第二百七十七条　告诉才处理和被害人有证据证明的轻微刑事案件的被告人或者其法定代理人在诉讼过程中，可以对自诉人提起反诉。反诉必须符合下列条件：

（一）反诉的对象必须是本案自诉人；

（二）反诉的内容必须是与本案有关的行为；

（三）反诉的案件必须符合本解释第一条第一项、第二项的规定。

反诉案件适用自诉案件的规定，应当与自诉案件一并审理。自诉人撤诉的，不影响反诉案件的继续审理。

第三百三十四条　第二审期间，自诉案件的当事人提出反诉的，应当告知其另行起诉。

第三节　简易程序

★**简易程序的适用范围**

第二百一十四条　基层人民法院管辖的案件，符合下列条件的，可以适用简易程序审判：

（一）案件事实清楚、证据充分的；

（二）被告人承认自己所犯罪行，对指控的犯罪事实没有异议的；

（三）被告人对适用简易程序没有异议的。

人民检察院在提起公诉的时候，可以建议人民法院适用简易程序。

●**考点点拨**

1. 简易程序是对第一审普通程序的简化，是指第一审人民法院审理刑事案件所适用的，比普通程序相对简单的审判程序。它是对普通程序的简化，仅适用于基层人民法院审理的第一审案件。适用条件：

（1）基层法院管辖的案件；

（2）事实清楚，证据充分；

（3）被告人认罪；

（4）被告人同意适用简易程序。

2. 不适用的情形：

（1）被告人是盲、聋、哑人；

（2）被告人是尚未完全丧失辨认或者控制自己行为能力的精神病人；

（3）有重大社会影响的；

（4）共同犯罪案件中部分被告人不认罪或者对适用简易程序有异议的；

（5）辩护人作无罪辩护的；

（6）被告人认罪但经审查认为可能不构成犯罪的；

（7）不宜适用简易程序审理的其他情形。

3. 审判组织：3 年以下有期徒刑，合议庭或者独任制。3 年以上有期徒刑，合议庭。

4. 审理期限：一般 20 日；可能被判处 3 年以上有期徒刑的，1 个半月。

5. 审理公诉案件时，检察院应当派员出席法庭，适用简易程序审理案件，被告人有辩护人的，应当通知其出庭。

◆**关联法条**

最高人民法院《关于适用〈中华人民共和国刑事诉讼法〉的解释》

第二百八十九条　基层人民法院受理公诉案件后，经审查认为案件事实清楚、证据充分的，在将起诉书副本送达被告人时，应当询问被告人对指控的犯罪事实的意见，告知其适用简易程序的法律规定。被告人对指控的犯罪事实没有异议并同意适用简易程序的，可以决定适用简易程序，并在开庭前通知人民检察院和辩护人。

对人民检察院建议适用简易程序审理的案件，依照前款的规定处理；不符合简易程序适用条件的，应当通知人民检察院。

第二百九十条　具有下列情形之一的，不适用简易程序：

（一）被告人是盲、聋、哑人；

（二）被告人是尚未完全丧失辨认或者控制自己行为能力的精神病人；

（三）有重大社会影响的；

（四）共同犯罪案件中部分被告人不认罪或者对

适用简易程序有异议的；

（五）辩护人作无罪辩护的；

（六）被告人认罪但经审查认为可能不构成犯罪的；

（七）不宜适用简易程序审理的其他情形。

☆ **真题回顾**

（2018 年多选）下列各选项中，属于适用简易程序审判条件的是（　　）。

A. 案件事实清楚

B. 案件证据充分

C. 被告人承认自己所犯的罪行

D. 被告人对适用简易程序没有异议

E. 被告人对指控的犯罪事实没有异议

【解析】答案为 ABCDE。根据《刑事诉讼法》第 214 条第 1 款的规定，上述五项均正确。

（2018 年多选）关于刑事诉讼中简易程序的适用条件，下列说法正确的有（　　）。

A. 简易程序只能由基层人民法院适用

B. 被告人对指控的犯罪事实有异议的，人民法院认为应当适用简易程序的，可以适用简易程序

C. 被告人对适用简易程序没有异议的，人民法院才能适用简易程序

D. 人民检察院建议法院适用简易程序的，人民法院应当适用简易程序

E. 中级人民法院审理第一案件，在符合相关条件的前提下，可以适用简易程序

【解析】答案为 AC。根据《刑事诉讼法》第 214 条的规定，基层人民法院管辖的案件符合一定条件的可以适用简易程序，A 项正确，E 项错误。被告对犯罪事实有异议的，不能适用简易程序，B 项错误。被告对适用简易程序没有异议的，同时符合其他条件的，人民法院才能适用，C 项正确。人民检察院可以建议法院适用，但人民法院有独立选择权，并不必然适用简易程序，D 项错误。因此，A 项、C 项正确，当选。

⊙不适用简易程序的情形

第二百一十五条　有下列情形之一的，不适用简易程序：

（一）被告人是盲、聋、哑人，或者是尚未完全丧失辨认或者控制自己行为能力的精神病人的；

（二）有重大社会影响的；

（三）共同犯罪案件中部分被告人不认罪或者对适用简易程序有异议的；

（四）其他不宜适用简易程序审理的。

⊙适用简易程序审理案件的审判组织/出庭支持简易程序审理公诉案件

第二百一十六条　适用简易程序审理案件，对可能判处三年有期徒刑以下刑罚的，可以组成合议庭进行审判，也可以由审判员一人独任审判；对可能判处的有期徒刑超过三年的，应当组成合议庭进行审判。

适用简易程序审理公诉案件，人民检察院应当派员出席法庭。

● **考点点拨**

简易程序审判组织形式：

1. 3 年以下有期徒刑，可以是合议庭或者 1 人独任制。

2. 对可能判处的有期徒刑超过 3 年的，应当组成合议庭。

⊙简易程序的开庭准备

第二百一十七条　适用简易程序审理案件，审判人员应当询问被告人对指控的犯罪事实的意见，告知被告人适用简易程序审理的法律规定，确认被告人是否同意适用简易程序审理。

⊙简易程序中的法庭辩论

第二百一十八条　适用简易程序审理案件，经审判人员许可，被告人及其辩护人可以同公诉人、自诉人及其诉讼代理人互相辩论。

⊙简易程序的程序简化

第二百一十九条　适用简易程序审理案件，不受本章第一节关于送达期限、讯问被告人、询问证人、鉴定人、出示证据、法庭辩论程序规定的限制。但在判决宣告前应当听取被告人的最后陈述意见。

⊙简易程序的审限

第二百二十条　适用简易程序审理案件，人民法院应当在受理后二十日以内审结；对可能判处的有期徒刑超过三年的，可以延长至一个半月。

★ **简易程序变更为第一审普通程序**

第二百二十一条　人民法院在审理过程中，发现不宜适用简易程序的，应当按照本章第一节或者第二节的规定重新审理。

● **考点点拨**

1. 简易程序审判时限短、效率高，但是发现不宜适用简易程序的，应当转为普通程序审理。

2. 应当转为普通程序：

(1)被告人的行为可能不构成犯罪的；

(2)被告人可能不负刑事责任的；

(3)被告人当庭对所指控的犯罪事实予以否认的；

(4)案件事实不清、证据不足的；

(5)不应当或者不宜适用简易程序的其他情形。

3. 适用简易程序独任审判过程中，发现对被告人可能判处的有期徒刑超过3年的，应当转由合议庭审理。

4. 转为普通程序审理的案件，审理期限应当从决定转为普通程序之日起计算。一经确定为适用普通程序审理的案件，不得转换为适用简易程序。

◆关联法条

最高人民法院《关于适用〈中华人民共和国刑事诉讼法〉的解释》

第二百九十八条　适用简易程序审理案件，在法庭审理过程中，有下列情形之一的，应当转为普通程序审理：

(一)被告人的行为可能不构成犯罪的；

(二)被告人可能不负刑事责任的；

(三)被告人当庭对起诉指控的犯罪事实予以否认的；

(四)案件事实不清、证据不足的；

(五)不应当或者不宜适用简易程序的其他情形。

转为普通程序审理的案件，审理期限应当从决定转为普通程序之日起计算。

第四节　速裁程序

★速裁程序的适用条件

第二百二十二条　基层人民法院管辖的可能判处三年有期徒刑以下刑罚的案件，案件事实清楚，证据确实、充分，被告人认罪认罚并同意适用速裁程序的，可以适用速裁程序，由审判员一人独任审判。

人民检察院在提起公诉的时候，可以建议人民法院适用速裁程序。

●考点点拨

1. 本条为2018年刑事诉讼法修正时新增的内容，规定了速裁程序的适用条件。

2. 适用速裁程序的范围：基层人民法院管辖的可能判处3年有期徒刑以下刑罚的案件，案件事实清楚，证据确实、充分，被告人认罪认罚并同意适用速裁程序的案件。

3. 速裁程序，由审判员1人独任审判，人民检察院在提起公诉的时候，可以建议人民法院适用速裁程序。

4. 速裁程序与简易程序的区别

(1)速裁程序仅适用于可能判处3年有期徒刑以下刑罚的案件，而简易程序适用所有基层院管辖的案件。

(2)速裁程序要求被告人必须认罪认罚，要求更严格，简易程序只要求被告人承认自己所犯罪行，对指控的犯罪事实没有异议。

(3)速裁程序规定应当当庭宣判，简易程序未要求当庭宣判。

★适用速裁程序的排除条件

第二百二十三条　有下列情形之一的，不适用速裁程序：

(一)被告人是盲、聋、哑人，或者是尚未完全丧失辨认或者控制自己行为能力的精神病人的；

(二)被告人是未成年人的；

(三)案件有重大社会影响的；

(四)共同犯罪案件中部分被告人对指控的犯罪事实、罪名、量刑建议或者适用速裁程序有异议的；

(五)被告人与被害人或者其法定代理人没有就附带民事诉讼赔偿等事项达成调解或者和解协议的；

(六)其他不宜适用速裁程序审理的。

●考点点拨

1. 本条为2018年刑事诉讼法修正时新增的内容，规定了速裁程序适用的排除条件。

2. 以下情形不适用速裁程序：

(1)被告人是盲、聋、哑人，或者是尚未完全丧失辨认或者控制自己行为能力的精神病人的；

(2)被告人是未成年人的；

(3)案件有重大社会影响的；

(4)共同犯罪案件中部分被告人对指控的犯罪事实、罪名、量刑建议或者适用速裁程序有异议的；

(5)被告人与被害人或者其法定代理人没有就附带民事诉讼赔偿等事项达成调解或者和解协议的；

(6)其他不宜适用速裁程序审理的。

⊙速裁程序的审理程序

第二百二十四条　适用速裁程序审理案件，不受本章第一节规定的送达期限的限制，一般不进行法庭调查、法庭辩论，但在判决宣告前应当听取辩护人的意见和被告人的最后陈述意见。

适用速裁程序审理案件，应当当庭宣判。

●考点点拨

1. 本条为2018年刑事诉讼法修正时新增的内容，规定了速裁程序审理程序、当庭宣判等。

2. 速裁程序一般不进行法庭调查、法庭辩论，但在判决宣告前应当听取辩护人的意见和被告人的最后陈述意见，保护了被告人的最后陈述权。

★速裁程序的审限

第二百二十五条　适用速裁程序审理案件，人民法院应当在受理后十日以内审结；对可能判处的有期徒刑超过一年的，可以延长至十五日。

●考点点拨

1. 本条为2018年刑事诉讼法修正时新增的内容，规定了速裁程序的审理期限。

2. 速裁程序应当在受理后10日以内审结，对可能判处的有期徒刑超过1年的，可以延长至15日。

★速裁程序的转化

第二百二十六条　人民法院在审理过程中，发现有被告人的行为不构成犯罪或者不应当追究其刑事责任、被告人违背意愿认罪认罚、被告人否认指控的犯罪事实或者其他不宜适用速裁程序审理的情形的，应当按照本章第一节或者第三节的规定重新审理。

●考点点拨

1. 本条为2018年刑事诉讼法修正时新增的内容，规定了速裁程序的审理程序转化。

2. 速裁程序的转化情形：

（1）被告人的行为不构成犯罪或者不应当追究其刑事责任的；

（2）被告人违背意愿认罪认罚；

（3）被告人否认指控的犯罪事实；

（4）其他不宜适用速裁程序审理的。

第三章　第二审程序

★上诉的提起

第二百二十七条　被告人、自诉人和他们的法定代理人，不服地方各级人民法院第一审的判决、裁定，有权用书状或者口头向上一级人民法院上诉。被告人的辩护人和近亲属，经被告人同意，可以提出上诉。

附带民事诉讼的当事人和他们的法定代理人，可以对地方各级人民法院第一审的判决、裁定中的附带民事诉讼部分，提出上诉。

对被告人的上诉权，不得以任何借口加以剥夺。

●考点点拨

1. 对地方各级人民法院第一审的判决、裁定不服而依法享有上诉权的当事人包括：

（1）被告人；

（2）自诉人；

（3）被告人与自诉人的法定代理人；

（4）附带民事诉讼的当事人；

（5）附带民事诉讼当事人的法定代理人。

其中后两者只能对地方各级法院第一审判决、裁定中的附带民事诉讼部分提出上诉。被告人的辩护人和近亲属并没有独立的上诉权，他们只有在经被告人同意的情况下才可以对地方各级人民法院第一审的判决、裁定提出上诉。

2. 被告人、自诉人、附带民事诉讼的当事人和他们的法定代理人行使上诉权的，既可以用书面的形式也可以用口头的形式，不得以任何借口加以剥夺。如果被告人、自诉人、附带民事诉讼的当事人和他们的法定代理人等上诉权人在法定期限内对于上诉问题反反复复的，应当以他们在上诉期满前最后一次的意思表示为准。

3. 被害人虽然属于当事人，但其对地方各级人民法院第一审的判决、裁定并没有上诉权，只可以请求检察机关提出抗诉。

4. 撤回上诉的，应当在上诉期限内提出，超过上诉期限的，是否允许撤回由法院决定。法院的决定程序区分上诉期内撤回还是上诉期满后撤回：上诉权人在上诉期限内要求撤回上诉的，应当准许；在上诉期满后要求撤回上诉的，则应当由二审法院进行审查。被判处死刑立即执行的被告人提出上诉，在第二审开庭后宣告裁判前申请撤回上诉的，应当不予准许。

5. 被告人的法定代理人有独立的上诉权，而其近亲属并没有独立的上诉权。

◆关联法条

最高人民法院《关于适用〈中华人民共和国刑事诉讼法〉的解释》

第二百九十九条　地方各级人民法院在宣告第一审判决、裁定时，应当告知被告人、自诉人及其法定代理人不服判决、裁定的，有权在法定期限内以书面或者口头形式，通过本院或者直接向上一级人民法院提出上诉；被告人的辩护人、近亲属经被告人同意，也可以提出上诉；附带民事诉讼当事人及其法定代理人，可以对判决、裁定中的附带民事部分提出上诉。

被告人、自诉人、附带民事诉讼当事人及其法定代理人是否提出上诉,以其在上诉期满前最后一次的意思表示为准。

★抗诉的提起

第二百二十八条　地方各级人民检察院认为本级人民法院第一审的判决、裁定确有错误的时候,应当向上一级人民法院提出抗诉。

●考点点拨

1. 对地方各级人民法院的第一审刑事判决、裁定,地方各级人民检察院履行法律监督的职责。如果认为同级的地方人民法院第一审判决、裁定确有错误的,应当向上一级人民法院提出抗诉。

2. 检察机关的抗诉应当在法定的期限内提出,检察机关的抗诉期限与被告人等有权上诉的当事人的上诉期限是一致的,即对判决抗诉的期限为 10 日,对裁定抗诉的期限为 5 日。附带民事部分另行审判的,上诉期限也应当按照本条规定的期限确定。被害人并没有抗诉权,但是作为附带民事诉讼的原告人可以对附带民事部分提出上诉。

◆关联法条

最高人民法院《关于适用〈中华人民共和国刑事诉讼法〉的解释》

第三百零一条　上诉、抗诉必须在法定期限内提出。不服判决的上诉、抗诉的期限为十日;不服裁定的上诉、抗诉的期限为五日。上诉、抗诉的期限,从接到判决书、裁定书的第二日起计算。

对附带民事判决、裁定的上诉、抗诉期限,应当按照刑事部分的上诉、抗诉期限确定。附带民事部分另行审判的,上诉期限也应当按照刑事诉讼法规定的期限确定。

★上诉、抗诉的期限

第二百三十条　不服判决的上诉和抗诉的期限为十日,不服裁定的上诉和抗诉的期限为五日,从接到判决书、裁定书的第二日起算。

●考点点拨

注意判决和裁定的上诉和抗诉期限不同,且都是从接到判决书、裁定书的第二日起算:

1. 不服判决的上诉和抗诉的期限为 10 日。

2. 不服裁定的上诉和抗诉的期限为 5 日。

⊙上诉的方式

第二百三十一条　被告人、自诉人、附带民事诉讼的原告人和被告人通过原审人民法院提出上诉的,原审人民法院应当在三日以内将上诉状连同案卷、证据移送上一级人民法院,同时将上诉状副本送交同级人民检察院和对方当事人。

被告人、自诉人、附带民事诉讼的原告人和被告人直接向第二审人民法院提出上诉的,第二审人民法院应当在三日以内将上诉状交原审人民法院送交同级人民检察院和对方当事人。

★抗诉的方式

第二百三十二条　地方各级人民检察院对同级人民法院第一审判决、裁定的抗诉,应当通过原审人民法院提出抗诉书,并且将抗诉书抄送上一级人民检察院。原审人民法院应当将抗诉书连同案卷、证据移送上一级人民法院,并且将抗诉书副本送交当事人。

上级人民检察院如果认为抗诉不当,可以向同级人民法院撤回抗诉,并且通知下级人民检察院。

●考点点拨

1. 检察机关对一审判决、裁定的抗诉是由下级检察机关向上一级法院提出的,只不过是通过原审法院提出。之所以要向原审法院提出,而不是向上一级法院提出,主要原因是案卷和证据证据等材料都保存在了原审法院,这也是为了方便诉讼。

2. 对于下级检察机关按照第二审程序提出抗诉的案件,上级检察机关如果认为抗诉不当的,可以向同级人民法院撤回抗诉,并通知下级检察机关。如果上一级检察机关在抗诉期限内发现下级检察机关应当提出抗诉而没有抗诉的案件,其可以指令下级检察机关依法提出抗诉。

3. 检察机关在抗诉期限内撤回抗诉的,第一审人民法院不再向上一级人民法院移送案件,如果在抗诉期满后撤回抗诉的,由第二审法院裁定准许。

4. 二审法院应当开庭审理情形:

(1)被告人、自诉人及其法定代理人对第一审认定的事实证据提出异议,可能影响定罪量刑的上诉案件;

(2)被告人被判处死刑立即执行的上诉案件;

(3)人民检察院抗诉的案件;

(4)应当开庭审理的其他案件。

被判处死刑立即执行的被告人没有上诉,同案的其他被告人上诉的案件,第二审人民法院应当开庭审理。被告人被判处死刑缓期执行的上诉案件有条件的,也应当开庭审理。

5. 二审的审跟也作了延长,一般 2 个月,经批准可以延长 2 个月。

6. 检察院查阅案卷,1 个月以内查阅完毕,查阅案卷的时间不计入审理期限。

◆**关联法条**

最高人民法院《关于适用〈中华人民共和国刑事诉讼法〉的解释》

第三百零七条　人民检察院在抗诉期限内撤回抗诉的，第一审人民法院不再向上一级人民法院移送案件；在抗诉期满后第二审人民法院宣告裁判前撤回抗诉的，第二审人民法院可以裁定准许，并通知第一审人民法院和当事人。

第三百零八条　在上诉、抗诉期满前撤回上诉、抗诉的，第一审判决、裁定在上诉、抗诉期满之日起生效。在上诉、抗诉期满后要求撤回上诉、抗诉，第二审人民法院裁定准许的，第一审判决、裁定应当自第二审裁定书送达上诉人或者抗诉机关之日起生效。

★**上诉、抗诉案件的审查**

第二百三十三条　第二审人民法院应当就第一审判决认定的事实和适用法律进行全面审查，不受上诉或者抗诉范围的限制。

共同犯罪的案件只有部分被告人上诉的，应当对全案进行审查，一并处理。

●**考点点拨**

1. 本条规定的是二审法院对上诉或者抗诉案件审查的范围。

2. 二审法院应当就第一审判决、裁定认定的事实和适用法律进行全面的审查，不受上诉或者抗诉范围的限制，即所谓的全面审查原则。

3. 对于共同犯罪案件只有部分被告人上诉的，二审法院应当对全案进行审查，一并处理。除此之外，如果检察机关只就一审法院对部分被告人的判决提出抗诉的，二审法院也应当对全案进行审查，一并处理。

4. 在对共同犯罪案件进行二审的过程中，应当注意下面几个重要的问题：

（1）只有部分被告人上诉或者只有部分被告人被检察机关抗诉的，其他同案被告人也可以委托辩护人辩护；

（2）如果提出上诉的被告人死亡，其他被告人也提出上诉的，第二审法院仍然应当对全案进行审查，并分别不同情况处理：若死亡的被告人不构成犯罪的，应当宣告无罪；若构成犯罪，应当终止审理，但其他同案被告人仍应作出判决或者裁定。

（3）只有部分被告人上诉的，既不得加重上诉的被告人的刑罚，也不得加重未上诉的被告人的，而只有部分被告人被检察机关抗诉的，二审法院虽然可以对被抗诉的被告人加重刑罚，但不能加重其他被告人的刑罚。

5. 附带民事诉讼的刑事案件的上诉、抗诉，对于附带民事诉讼的刑事案件，无论是对附带民事诉讼部分的判决、裁定提出的上诉、抗诉还是对刑事部分的判决、裁定提出的上诉、抗诉，二审法院都应当全案审查，并分别根据不同情形作出具体处理：

（1）在审理附带民事诉讼的上诉、抗诉案件中，如果一审判决的刑事部分并无不当，二审法院只需就附带民事诉讼部分作出处理。在只有附带民事诉讼的当事人及其法定代理人提出上诉的情况下，第一审刑事部分的判决在上诉期满后即发生法律效力。如果刑事部分发生法律效力之后又发现其确有错误的，应当对刑事部分按照审判监督程序进行再审，并将附带民事诉讼部分与刑事部分一并审理；如果审理刑事附带民事诉讼上诉、抗诉案件时，发现刑事部分与附带民事诉讼部分均有错误需要改判的，应当一并作出改判。

（2）如果在审理刑事部分的上诉、抗诉过程中，发现已经发生法律效力的附带民事诉讼部分确有错误的，应当对附带民事部分按照审判监督程序予以纠正。关于审理刑事附带民事诉讼的上诉、抗诉案件因为既涉及刑事部分又涉及民事部分，而当事人或者检察机关很有可能仅仅对其中的一部分提出上诉、抗诉，比较复杂，但有两点是明确的：二审法院应当全面审查而不受上诉或者抗诉范围的限制；如果上诉或者抗诉仅针对某一部分即刑事部分或者民事部分的，二审法院对全案的审查并不妨碍另一部分的生效，如果在审理过程中发现已经生效的部分判决确有错误的，应当适用审判监督程序予以纠正。

◆**关联法条**

最高人民法院《关于适用〈中华人民共和国刑事诉讼法〉的解释》

第三百一十条　第二审人民法院审理上诉、抗诉案件，应当就第一审判决、裁定认定的事实和适用法律进行全面审查，不受上诉、抗诉范围的限制。

第三百一十一条　共同犯罪案件，只有部分被告人提出上诉，或者自诉人只对部分被告人的判决提出上诉，或者人民检察院只对部分被告人的判决提出抗诉的，第二审人民法院应当对全案进行审查，一并处理。

第三百一十二条　共同犯罪案件，上诉的被告人死亡，其他被告人未上诉的，第二审人民法院仍应对全案进行审查。经审查,死亡的被告人不构成犯罪的,应当宣告无罪;构成犯罪的,应当终止审理。对其他同案被告人仍应作出判决、裁定。

⊙二审审理方式

第二百三十四条　第二审人民法院对于下列案件,应当组成合议庭,开庭审理:

(一)被告人、自诉人及其法定代理人对第一审认定的事实、证据提出异议,可能影响定罪量刑的上诉案件;

(二)被告人被判处死刑的上诉案件;

(三)人民检察院抗诉的案件;

(四)其他应当开庭审理的案件。

第二审人民法院决定不开庭审理的,应当讯问被告人,听取其他当事人、辩护人、诉讼代理人的意见。

第二审人民法院开庭审理上诉、抗诉案件,可以到案件发生地或者原审人民法院所在地进行。

⊙二审检察人员出庭

第二百三十五条　人民检察院提出抗诉的案件或者第二审人民法院开庭审理的公诉案件,同级人民检察院都应当派员出席法庭。第二审人民法院应当在决定开庭审理后及时通知人民检察院查阅案卷。人民检察院应当在一个月以内查阅完毕。人民检察院查阅案卷的时间不计入审理期限。

★二审后处理

第二百三十六条　第二审人民法院对不服第一审判决的上诉、抗诉案件,经过审理后,应当按照下列情形分别处理:

(一)原判决认定事实和适用法律正确、量刑适当的,应当裁定驳回上诉或者抗诉,维持原判;

(二)原判决认定事实没有错误,但适用法律有错误,或者量刑不当的,应当改判;

(三)原判决事实不清楚或者证据不足的,可以在查清事实后改判;也可以裁定撤销原判,发回原审人民法院重新审判。

原审人民法院对于依照前款第三项规定发回重新审判的案件作出判决后,被告人提出上诉或者人民检察院提出抗诉的,第二审人民法院应当依法作出判决或者裁定,不得再发回原审人民法院重新审判。

●考点点拨

1. 对地方各级人民法院第一审判决的上诉、抗诉案件,二审法院应当根据不同的情况作出不同的处理,基本形式包括三种:

(1)裁定驳回上诉、抗诉,维持原判;

(2)依法改判;

(3)裁定撤销原判,发回重审。

除了第2种情形是用“判决”的方式结案外,其他两种情形都是用“裁定”的方式结案。同时用判决的方式仅限于原判决认定的事实没有错误,但适用的法律有错误或者量刑不当时。

2. 对于检察机关抗诉的案件,经二审法院审查后,认为原判认定事实没有错误,但适用法律有错误或者量刑不当,而应当判处被告人死刑的,可以直接改判为死刑。

3. 在第二审案件附带民事诉讼部分的审理中如果出现第一审民事原告人增加独立的诉讼请求或者第一审民事被告人提出反诉的情况,二审法院可以根据当事人自愿的原则就新增加的诉讼请求或者反诉进行调解,调解不成的,告知当事人另行起诉。

4. 二审法院适用裁定撤销原判,发回原审人民法院重新审判的法定情形既包括实体方面的原因,也包括程序方面的原因。考生应该注意事实不清、证据不足只能发回重审一次。

(1)实体方面的原因指“原判决认定事实不清楚或者证据不足”,对于这种情况,二审法院既可以撤销原判决、发回重审也可以在查清事实的基础上改判。

(2)程序方面的原因指违反法律规定的诉讼程序而应当撤销原判、发回重审的法定情形。不论哪一方面的撤销原判发回重审,原审人民法院都应依法另行组成合议庭,并按照第一审程序进行审判,所作的判决仍然可以上诉、抗诉。

◆关联法条

最高人民法院《关于适用〈中华人民共和国刑事诉讼法〉的解释》

第三百二十八条　原判事实不清、证据不足,第二审人民法院发回重新审判的案件,原审人民法院重新作出判决后,被告人上诉或者人民检察院抗诉的,第二审人民法院应当依法作出判决、裁定,不得再发回重新审判。

第三百三十二条　第二审期间,第一审附带民事诉讼原告人增加独立的诉讼请求或者第一审附带民事诉讼被告人提出反诉的,第二审人民法院可以根据自愿、合法的原则进行调解;调解不成的,告知当事人另行起诉。

★上诉不加刑及其限制

第二百三十七条　第二审人民法院审理被告人

或者他的法定代理人、辩护人、近亲属上诉的案件，不得加重被告人的刑罚。第二审人民法院发回原审人民法院重新审判的案件，除有新的犯罪事实，人民检察院补充起诉的以外，原审人民法院也不得加重被告人的刑罚。

人民检察院提出抗诉或者自诉人提出上诉的，不受前款规定的限制。

●考点点拨

1. 本条规定的是上诉不加刑原则。需要注意的是上诉不加刑原则的适用是有严格的条件限制的，并非只要是被告人或者其法定代理人、辩护人、近亲属提出的上诉案件，就必须不得加重被告人的刑罚。只有在被告人或者其法定代理人、辩护人、近亲属即被告人一方提出上诉时，才应当适用这一原则。此处的立法原意"上诉不加刑原则"旨在解除被告人的顾虑，保障其依法行使上诉权，以利于案件的正确处理。

2. 不适用上诉不加刑原则：

(1)被告人或者其法定代理人、辩护人、近亲属没有提出上诉，而检察机关抗诉或者自诉人提出了上诉的情况；

(2)被告人或者其法定代理人、辩护人、近亲属虽然提出了上诉，但检察机关同时也提出了抗诉或者在自诉案件中自诉人也提出上诉的。

3. 不得加重被告人的刑罚是本原则的核心内涵。除有新的犯罪事实，人民检察院补充起诉的以外，原审人民法院不得加重被告人的刑罚。

◆关联法条

最高人民法院《关于适用〈中华人民共和国刑事诉讼法〉的解释》

第三百二十五条　审理被告人或者其法定代理人、辩护人、近亲属提出上诉的案件，不得加重被告人的刑罚，并应当执行下列规定：

（一）同案审理的案件，只有部分被告人上诉的，既不得加重上诉人的刑罚，也不得加重其他同案被告人的刑罚；

（二）原判事实清楚，证据确实、充分，只是认定的罪名不当的，可以改变罪名，但不得加重刑罚；

（三）原判对被告人实行数罪并罚的，不得加重决定执行的刑罚，也不得加重数罪中某罪的刑罚；

（四）原判对被告人宣告缓刑的，不得撤销缓刑或者延长缓刑考验期；

（五）原判没有宣告禁止令的，不得增加宣告；原判宣告禁止令的，不得增加内容、延长期限；

（六）原判对被告人判处死刑缓期执行没有限制减刑的，不得限制减刑；

（七）原判事实清楚，证据确实、充分，但判处的刑罚畸轻、应当适用附加刑而没有适用的，不得直接加重刑罚、适用附加刑，也不得以事实不清、证据不足为由发回第一审人民法院重新审判。必须依法改判的，应当在第二审判决、裁定生效后，依照审判监督程序重新审判。

人民检察院抗诉或者自诉人上诉的案件，不受前款规定的限制。

⊙一审违反法定程序案件的处理

第二百三十八条　第二审人民法院发现第一审人民法院的审理有下列违反法律规定的诉讼程序的情形之一的，应当裁定撤销原判，发回原审人民法院重新审判：

（一）违反本法有关公开审判的规定的；

（二）违反回避制度的；

（三）剥夺或者限制了当事人的法定诉讼权利，可能影响公正审判的；

（四）审判组织的组成不合法的；

（五）其他违反法律规定的诉讼程序，可能影响公正审判的。

⊙重审

第二百三十九条　原审人民法院对于发回重新审判的案件，应当另行组成合议庭，依照第一审程序进行审判。对于重新审判后的判决，依照本法第二百二十七条、第二百二十八条、第二百二十九条的规定可以上诉、抗诉。

⊙对裁定的二审

第二百四十条　第二审人民法院对不服第一审裁定的上诉或者抗诉，经过审查后，应当参照本法第二百三十六条、第二百三十八条和第二百三十九条的规定，分别情形用裁定驳回上诉、抗诉，或者撤销、变更原裁定。

⊙重审审限

第二百四十一条　第二审人民法院发回原审人民法院重新审判的案件，原审人民法院从收到发回的案件之日起，重新计算审理期限。

⊙二审程序

第二百四十二条　第二审人民法院审判上诉或者抗诉案件的程序，除本章已有规定的以外，参照第一审程序的规定进行。

⊙二审审限

第二百四十三条　第二审人民法院受理上诉、抗诉案件，应当在二个月以内审结。对于可能判处死刑的案件或者附带民事诉讼的案件，以及有本法第一百五十八条规定情形之一的，经省、自治区、直辖市高级人民法院批准或者决定，可以延长二个月；因特殊情况还需要延长的，报请最高人民法院批准。

最高人民法院受理上诉、抗诉案件的审理期限，由最高人民法院决定。

⊙二审效力

第二百四十四条　第二审的判决、裁定和最高人民法院的判决、裁定，都是终审的判决、裁定。

⊙对查封、扣押、冻结物品的处理

第二百四十五条　公安机关、人民检察院和人民法院对查封、扣押、冻结的犯罪嫌疑人、被告人的财物及其孳息，应当妥善保管，以供核查，并制作清单，随案移送。任何单位和个人不得挪用或者自行处理。对被害人的合法财产，应当及时返还。对违禁品或者不宜长期保存的物品，应当依照国家有关规定处理。

对作为证据使用的实物应当随案移送，对不宜移送的，应当将其清单、照片或者其他证明文件随案移送。

人民法院作出的判决，应当对查封、扣押、冻结的财物及其孳息作出处理。

人民法院作出的判决生效以后，有关机关应当根据判决对查封、扣押、冻结的财物及其孳息进行处理。对查封、扣押、冻结的赃款赃物及其孳息，除依法返还被害人的以外，一律上缴国库。

司法工作人员贪污、挪用或者私自处理查封、扣押、冻结的财物及其孳息的，依法追究刑事责任；不构成犯罪的，给予处分。

第四章　死刑复核程序

⊙死刑核准权

第二百四十六条　死刑由最高人民法院核准。

●考点点拨

由于生命的丧失具有不可恢复性，死刑的错误适用必将导致不可挽回的损失。将死刑案件的核准权收归最高人民法院统一行使是“尊重和保障人权”的宪法原则的具体体现，对防止冤假错案的发生，贯彻“慎用死刑、少杀慎杀”的刑事方针具有积极意义。

★死刑复核程序

第二百四十七条　中级人民法院判处死刑的第一审案件，被告人不上诉的，应当由高级人民法院复核后，报请最高人民法院核准。高级人民法院不同意判处死刑的，可以提审或者发回重新审判。

高级人民法院判处死刑的第一审案件被告人不上诉的，和判处死刑的第二审案件，都应当报请最高人民法院核准。

●考点点拨

1. 死刑的核准权都应当由最高人民法院行使。

2. 报请最高人民法院核准的死刑案件应当遵循层报制，即中级人民法院判处死刑的第一审案件，没有被上诉、抗诉的，上诉、抗诉期满后10日内应当报请所在省、自治区或者直辖市的高级人民法院复核，高级人民法院同意判处死刑的，应当在作出裁定后10日内报请最高人民法院核准。如果高级人民法院不同意判处死刑的，应当根据不同情况按照第二审程序提审或者发回重审。最高人民法院复核死刑案件，应当作出核准或者不核准死刑的裁定。对于不核准死刑的，最高人民法院可以发回重新审判或者予以改判。

3. 死刑缓期执行除由最高人民法院判决外，都应当由高级人民法院核准。高级人民法院核准死刑缓期2年执行的案件，应当作出核准或者不核准的决定，不能加重被告人的刑罚。高级人民法院复核或者核准死刑（死刑缓期2年执行）的案件，应当讯问被告人。

4. 对于被判死刑的共同犯罪，认为其中部分被告人的死刑判决认定事实不清、证据不足的，应当对全案裁定不予核准，并撤销原判，发回重新审判；认为其中部分被告人的死刑判决、裁定认定事实正确，但依法不应当判处死刑的，可以改判，并对其他应当判处死刑的被告人作出核准死刑的判决。

5. 最高人民法院复核死刑案件，辩护律师提出要求的，应当听取辩护律师的意见。辩护律师提出书面意见的，应当附卷。

◆关联法条

最高人民法院《关于适用〈中华人民共和国刑事诉讼法〉的解释》

第三百四十四条　报请最高人民法院核准死刑案件，应当按照下列情形分别处理：

（一）中级人民法院判处死刑的第一审案件，被告人未上诉、人民检察院未抗诉的，在上诉、抗诉期满后十日内报请高级人民法院复核。高级人民法院同意判处死刑的,应当在作出裁定后十日内报请最高人民法院核准;不同意的,应当依照第二审程序提审或者发回重新审判;

(二)中级人民法院判处死刑的第一审案件,被告人上诉或者人民检察院抗诉,高级人民法院裁定维持的,应当在作出裁定后十日内报请最高人民法院核准;

(三)高级人民法院判处死刑的第一审案件,被告人未上诉、人民检察院未抗诉的,应当在上诉、抗诉期满后十日内报请最高人民法院核准。

高级人民法院复核死刑案件,应当讯问被告人。

⊙死缓核准权

第二百四十八条　中级人民法院判处死刑缓期二年执行的案件,由高级人民法院核准。

●考点点拨

1. 中级人民法院判处死缓的案件,由高级人民法院核准。

2. 高级人民判处死缓的案件由自己核准,不需要由最高人民法院核准。

⊙死刑复核的合议庭组成

第二百四十九条　最高人民法院复核死刑案件,高级人民法院复核死刑缓期执行的案件,应当由审判员三人组成合议庭进行。

⊙死刑复核的结果

第二百五十条　最高人民法院复核死刑案件,应当作出核准或者不核准死刑的裁定。对于不核准死刑的,最高人民法院可以发回重新审判或者予以改判。

●考点点拨

1. 最高人民法院复核死刑案件的方式是"裁定"。

2. 裁定的结果只有两种:(1)核准死刑;(2)不核准死刑。

⊙死刑复核的调查/死刑复核中的检察监督

第二百五十一条　最高人民法院复核死刑案件,应当讯问被告人,辩护律师提出要求的,应当听取辩护律师的意见。

在复核死刑案件过程中,最高人民检察院可以向最高人民法院提出意见。最高人民法院应当将死刑复核结果通报最高人民检察院。

第五章　审判监督程序

⊙申诉的提出

第二百五十二条　当事人及其法定代理人、近亲属,对已经发生法律效力的判决、裁定,可以向人民法院或者人民检察院提出申诉,但是不能停止判决、裁定的执行。

●考点点拨

1. 适用审判监督程序的前提是对已经发生法律效力的判决、裁定不满。

2. 申诉的主体主要是刑事诉讼的当事人,包括被告人、犯罪嫌疑人、被害人及其法定代理人、近亲属、诉讼代理人、辩护人等。考生应该注意申诉和再审的区别,再审的提起主体是最高人民法院和地方各级人民法院,各级检察机关提起抗诉的,也可以引起再审程序的启动,当事人无权直接提起再审。

★因申诉而重新审判的情形

第二百五十三条　当事人及其法定代理人、近亲属的申诉符合下列情形之一的,人民法院应当重新审判:

(一)有新的证据证明原判决、裁定认定的事实确有错误,可能影响定罪量刑的;

(二)据以定罪量刑的证据不确实、不充分、依法应当予以排除,或者证明案件事实的主要证据之间存在矛盾的;

(三)原判决、裁定适用法律确有错误的;

(四)违反法律规定的诉讼程序,可能影响公正审判的;

(五)审判人员在审理该案件的时候,有贪污受贿,徇私舞弊,枉法裁判行为的。

●考点点拨

1. 申诉是启动审判监督程序的一个重要途径。申诉只能由依法享有申诉权的人行使,依法享有申诉权的人是当事人及其法定代理人、近亲属。申诉权人与上诉权人的范围是大不相同的,如被害人没有上诉权但有申诉权,近亲属只有在被告人同意的情况下才可以上诉(其没有独立的上诉权),但近亲属进行申诉时无须被告人的同意,即有独立的申诉权。

2. 申诉是针对已经发生法律效力的判决、裁定,当事人及其法定代理人、近亲属的申诉行为并不能停止判决、裁定的执行,因为他们的申诉不一定导致法院重新审判,申诉只有在符合法定的情形下,才能引起重新审判。这些法定情形主要包括证据方面、事实方面、适用法律方面以及审判人员在审理该案件时有贪污受贿、徇私舞弊或者枉法裁判的行为和程序违法等问题。

3. 申诉由终审人民法院审查处理。但是,第二审人民法院裁定准许撤回上诉的案件,申诉人对第一审判决提出申诉的,可以由第一审人民法院审查处理。

4. 申诉以及引起的再审不影响判决、裁定的执行,但被告人可能经再审改判无罪,或者可能经再审减轻原判刑罚而致刑期届满的,可以决定停止原判决、裁定的执行。

◆关联法条

最高人民法院《关于适用〈中华人民共和国刑事诉讼法〉的解释》

第三百七十一条　当事人及其法定代理人、近亲属对已经发生法律效力的判决、裁定提出申诉的,人民法院应当审查处理。

案外人认为已经发生法律效力的判决、裁定侵害其合法权益,提出申诉的,人民法院应当审查处理。

申诉可以委托律师代为进行。

第三百七十三条　申诉由终审人民法院审查处理。但是,第二审人民法院裁定准许撤回上诉的案件,申诉人对第一审判决提出申诉的,可以由第一审人民法院审查处理。

上一级人民法院对未经终审人民法院审查处理的申诉,可以告知申诉人向终审人民法院提出申诉,或者直接交终审人民法院审查处理,并告知申诉人;案件疑难、复杂、重大的,也可以直接审查处理。

对未经终审人民法院及其上一级人民法院审查处理,直接向上级人民法院申诉的,上级人民法院可以告知申诉人向下级人民法院提出。

第三百七十五条第一款　对立案审查的申诉案件,应当在三个月内作出决定,至迟不得超过六个月。

★提起审判监督程序的主体及理由

第二百五十四条　各级人民法院院长对本院已经发生法律效力的判决和裁定,如果发现在认定事实上或者在适用法律上确有错误,必须提交审判委员会处理。

最高人民法院对各级人民法院已经发生法律效力的判决和裁定,上级人民法院对下级人民法院已经发生法律效力的判决和裁定,如果发现确有错误,有权提审或者指令下级人民法院再审。

最高人民检察院对各级人民法院已经发生法律效力的判决和裁定,上级人民检察院对下级人民法院已经发生法律效力的判决和裁定,如果发现确有错误,有权按照审判监督程序向同级人民法院提出抗诉。

人民检察院抗诉的案件,接受抗诉的人民法院应当组成合议庭重新审理,对于原判决事实不清楚或者证据不足的,可以指令下级人民法院再审。

●考点点拨

1. 人民法院启动审判监督程序,主要包括三个方面:

(1)对于本院生效判决和裁定,启动审判监督程序是由本院院长与审判委员会结合共同作出的;

(2)最高人民法院对各级人民法院已经发生法律效力的判决和裁定,如果发现确有错误,有权指令下级人民法院再审,也可以直接提审;

(3)上级人民法院对下级人民法院已经发生法律效力的判决和裁定,如果发现确有错误,有权指令下级人民法院再审,也可以直接提审。

2. 检察院系统启动审判监督程序主要包括两个方面:

(1)来自最高人民检察院;

(2)来自作出生效判决和裁定的法院的同级检察院的上级人民检察院。各级法院的同级检察院认为判决有错误的,应当报请上一级检察院决定抗诉,而不能直接向同级法院抗诉。

3.《人民检察院刑事诉讼规则(试行)》第 591 条规定了检察院发现法院已经发生法律效力的判决、裁定确有错误的处理方法。对于检察机关的抗诉,法院应当开庭审理。

4. 指令再审,应当指令原审人民法院以外的下级人民法院审理;由原审人民法院审理更为适宜的也可以指令原审人民法院审理。由原审人民法院审理的,应当另行组成合议庭进行。

5. 对检察院抗诉的案件,法院应当在收到抗诉书后 1 个月内立案,需要指令下级人民法院再审的,应当在立案之日起 1 个月内作出决定。

6. 再审中需要对被告人采取强制措施的,若是法院决定再审,由法院决定;检察院抗诉的再审案件,由检察院决定。

◆关联法条

最高人民法院《关于适用〈中华人民共和国刑事诉讼法〉的解释》

第三百七十八条　各级人民法院院长发现本院已经发生法律效力的判决、裁定确有错误的,应当提交审判委员会讨论决定是否再审。

第三百七十九条　上级人民法院发现下级人民法院已经发生法律效力的判决、裁定确有错误的，可以指令下级人民法院再审；原判决、裁定认定事实正确但适用法律错误，或者案件疑难、复杂、重大，或者有不宜由原审人民法院审理情形的，也可以提审。

上级人民法院指令下级人民法院再审的，一般应当指令原审人民法院以外的下级人民法院审理；由原审人民法院审理更有利于查明案件事实、纠正裁判错误的，可以指令原审人民法院审理。

⊙指令再审的法院

第二百五十五条　上级人民法院指令下级人民法院再审的，应当指令原审人民法院以外的下级人民法院审理；由原审人民法院审理更为适宜的，也可以指令原审人民法院审理。

⊙重新审判的程序

第二百五十六条　人民法院按照审判监督程序重新审判的案件，由原审人民法院审理的，应当另行组成合议庭进行。如果原来是第一审案件，应当依照第一审程序进行审判，所作的判决、裁定，可以上诉、抗诉；如果原来是第二审案件，或者是上级人民法院提审的案件，应当依照第二审程序进行审判，所作的判决、裁定，是终审的判决、裁定。

人民法院开庭审理的再审案件，同级人民检察院应当派员出席法庭。

⊙再审案件中强制措施的决定/可中止原判决、裁定的执行

第二百五十七条　人民法院决定再审的案件，需要对被告人采取强制措施的，由人民法院依法决定；人民检察院提出抗诉的再审案件，需要对被告人采取强制措施的，由人民检察院依法决定。

人民法院按照审判监督程序审判的案件，可以决定中止原判决、裁定的执行。

●考点点拨

在这里考生要注意再审和申诉的区别。人民法院按照审判监督程序审判的案件，可以决定中止原判决、裁定的执行。但是申诉不影响判决、裁定的执行，但被告人可能经再审改判无罪，或者可能经再审减轻原判刑罚而致刑期届满的，可以决定停止原判决、裁定的执行。

⊙重新审判的期限

第二百五十八条　人民法院按照审判监督程序重新审判的案件，应当在作出提审、再审决定之日起三个月以内审结，需要延长期限的，不得超过六个月。

接受抗诉的人民法院按照审判监督程序审判抗诉的案件，审理期限适用前款规定；对需要指令下级人民法院再审的，应当自接受抗诉之日起一个月以内作出决定，下级人民法院审理案件的期限适用前款规定。

第四编　执　　行

⊙执行的依据

第二百五十九条　判决和裁定在发生法律效力后执行。

下列判决和裁定是发生法律效力的判决和裁定：

（一）已过法定期限没有上诉、抗诉的判决和裁定；

（二）终审的判决和裁定；

（三）最高人民法院核准的死刑的判决和高级人民法院核准的死刑缓期二年执行的判决。

★无罪、免除刑事处罚的执行

第二百六十条　第一审人民法院判决被告人无罪、免除刑事处罚的，如果被告人在押，在宣判后应当立即释放。

●考点点拨

1. 本条的规定十分简单，但却很容易出错。因为一般说来，第一审人民法院的判决并非终局判决，其作出判决后也并非立即生效，尚有一定的法定上诉、抗诉期限。但为了保护公民人身权利，对于第一审法院作出的关于被告人无罪或者免除刑事处罚的判决，如果被告人在押的，在宣判之后立即释放。

2. 虽然第一审法院作出的关于被告人无罪或者免除刑事处罚的判决在宣告之后尚未发生法律效力，但由于判决被告人无罪或者免除刑事处罚不存在收监执行的问题，对于在押的被告人无须等到上诉、抗诉期满后才予以释放。

★死刑令签发及死缓执行

第二百六十一条　最高人民法院判处和核准的死刑立即执行的判决，应当由最高人民法院院长签发执行死刑的命令。

被判处死刑缓期二年执行的罪犯，在死刑缓期执行期间，如果没有故意犯罪，死刑缓期执行期满，应当予以减刑的，由执行机关提出书面意见，报请高级人民法院裁定；如果故意犯罪，情节恶劣，查证属实，应当执行死刑的，由高级人民法院报请最高人民法院核

准；对于故意犯罪未执行死刑的，死刑缓期执行的期间重新计算，并报最高人民法院备案。

●**考点点拨**

本条为2018年刑事诉讼法修正时重大修改的内容，将原来的死缓期间故意犯罪一律执行死刑修改为两种情形：故意犯罪情节恶劣的，由最高人民法院核准死刑；情节并非恶劣的，死缓期间重新计算。

★**死刑执行及停止**

第二百六十二条　下级人民法院接到最高人民法院执行死刑的命令后，应当在七日以内交付执行。但是发现有下列情形之一的，应当停止执行，并且立即报告最高人民法院，由最高人民法院作出裁定：

（一）在执行前发现判决可能有错误的；

（二）在执行前罪犯揭发重大犯罪事实或者有其他重大立功表现，可能需要改判的；

（三）罪犯正在怀孕。

前款第一项、第二项停止执行的原因消失后，必须报请最高人民法院院长再签发执行死刑的命令才能执行；由于前款第三项原因停止执行的，应当报请最高人民法院依法改判。

●**考点点拨**

1. 本条规定，人民法院在接到最高人民法院执行死刑的命令后，应当在7日以内交付执行，可见死刑这一刑罚的执行由人民法院完成，下级人民法院具体是指第一审人民法院，绝大部分是中级人民法院。

2. 在执行死刑之时，如果发现具有法定情形的，执行法院应当暂停执行死刑，并立即层报最高人民法院，由最高人民法院裁定是否停止执行死刑。

3. 在停止执行死刑后，如果经查证停止执行死刑的原因消失或不存在，需要执行死刑的，必须报请最高人民法院院长再签发执行死刑命令才能执行死刑。如果发现具有怀孕情形需要改判的，应当由最高人民法院适用审判监督程序依法改判，如果有其他需要改判情形的（原判有错误或有重大立功），则裁定不予核准并发回原审人民法院重审。

◆**关联法条**

最高人民法院《关于适用〈中华人民共和国刑事诉讼法〉的解释》

第四百一十七条　最高人民法院的执行死刑命令，由高级人民法院交付第一审人民法院执行。第一审人民法院接到执行死刑命令后，应当在七日内执行。

在死刑缓期执行期间故意犯罪，最高人民法院核准执行死刑的，由罪犯服刑地的中级人民法院执行。

第四百四十八条　被判处死刑缓期执行的罪犯，在死刑缓期执行期间，没有故意犯罪的，死刑缓期执行期满后，应当裁定减刑；死刑缓期执行期满后，尚未裁定减刑前又犯罪的，应当依法减刑后对其所犯新罪另行审判。

⊙死刑执行程序

第二百六十三条　人民法院在交付执行死刑前，应当通知同级人民检察院派员临场监督。

死刑采用枪决或者注射等方法执行。

死刑可以在刑场或者指定的羁押场所内执行。

指挥执行的审判人员，对罪犯应当验明正身，讯问有无遗言、信札，然后交付执行人员执行死刑。在执行前，如果发现可能有错误，应当暂停执行，报请最高人民法院裁定。

执行死刑应当公布，不应示众。

执行死刑后，在场书记员应当写成笔录。交付执行的人民法院应当将执行死刑情况报告最高人民法院。

执行死刑后，交付执行的人民法院应当通知罪犯家属。

●**考点点拨**

1. 执行死刑的方式：（1）枪决；（2）注射。

2. 死刑的执行地点：（1）刑场；（2）指定的羁押场所。

3. 执行死刑应当公布，如在“湄公河”大案中对糯康等四名罪犯执行死刑，昆明市中级人民法院通过媒体进行公布；但是，执行死刑的现场没有公开示众，这是基于罪犯人权的保障要求。

★**死缓、无期徒刑、有期徒刑和拘役判决的执行**

第二百六十四条　罪犯被交付执行刑罚的时候，应当由交付执行的人民法院在判决生效后十日以内将有关的法律文书送达公安机关、监狱或者其他执行机关。

对被判处死刑缓期二年执行、无期徒刑、有期徒刑的罪犯，由公安机关依法将该罪犯送交监狱执行刑罚。对被判处有期徒刑的罪犯，在被交付执行刑罚前，剩余刑期在三个月以下的，由看守所代为执行。对被判处拘役的罪犯，由公安机关执行。

对未成年犯应当在未成年犯管教所执行刑罚。

执行机关应当将罪犯及时收押，并且通知罪犯家属。

判处有期徒刑、拘役的罪犯，执行期满，应当由执行机关发给释放证明书。

●考点点拨

1. 本条是关于如何执行死刑缓期二年执行、无期徒刑、有期徒刑、拘役的规定，但这里主要属于如何“交付执行”即刑事司法机关之间的协调配合问题。

2. 不同的刑罚以及不同的罪犯可能由不同的司法机关执行刑罚：

(1)死刑缓期二年执行、无期徒刑、有期徒刑应当由国家专门的刑罚执行机关监狱执行；

(2)而拘役、剥夺政治权利应当由公安机关执行，剩余刑期3个月以下的有期徒刑应当由看守所代为执行；

(3)未成年犯应当由未成年犯管教所执行；管制、宣告缓刑、假释或者暂予监外执行的罪犯，由社区矫正机构负责执行；

(4)宣告无罪、没收财产和罚金由法院执行。

3. 缓刑的执行

(1)对被判处管制、宣告缓刑的罪犯，人民法院应当核实其居住地。

(2)法院应当将判决书等法律文书送达罪犯居住地的县级司法行政机关。

(3)罪犯在缓刑考验期内犯新罪应当撤销缓刑的，由审判新罪的人民法院(注意不是原审法院)作出撤销原判决、裁定宣告的缓刑的裁定。人民法院撤销缓刑的裁定，一经作出，立即生效。

4. 财产刑的执行

交付财产刑执行的是第一审法院，财产在外地的，也可以委托财产所在地的同一级别法院执行，在执行顺序上，先执行民事赔偿，再执行财产刑。

◆关联法条

最高人民法院《关于适用〈中华人民共和国刑事诉讼法〉的解释》

第四百二十九条　被判处死刑缓期执行、无期徒刑、有期徒刑、拘役的罪犯，交付执行时在押的，第一审人民法院应当在判决、裁定生效后十日内，将判决书、裁定书、起诉书副本、自诉状复印件、执行通知书、结案登记表送达看守所，由公安机关将罪犯交付执行。

罪犯需要收押执行刑罚，而判决、裁定生效前未被羁押的，人民法院应当根据生效的判决书、裁定书将罪犯送交看守所羁押，并依照前款的规定办理执行手续。

★监外执行

第二百六十五条　对被判处有期徒刑或者拘役的罪犯，有下列情形之一的，可以暂予监外执行：

(一)有严重疾病需要保外就医的；

(二)怀孕或者正在哺乳自己婴儿的妇女；

(三)生活不能自理，适用暂予监外执行不致危害社会的。

对被判处无期徒刑的罪犯，有前款第二项规定情形的，可以暂予监外执行。

对适用保外就医可能有社会危险性的罪犯，或者自伤自残的罪犯，不得保外就医。

对罪犯确有严重疾病，必须保外就医的，由省级人民政府指定的医院诊断并开具证明文件。

在交付执行前，暂予监外执行由交付执行的人民法院决定；在交付执行后，暂予监外执行由监狱或者看守所提出书面意见，报省级以上监狱管理机关或者设区的市一级以上公安机关批准。

●考点点拨

1. 监外执行是指为了解决犯罪分子某些特殊情况，诸如有严重疾病需保外就医，或者妇女怀孕或者正在哺乳自己婴儿等，而采取的暂不在监内执行的临时性措施。本条规定的是暂予监外执行问题，其中保外就医是暂予监外执行的一种主要形式。

(1)对被判处有期徒刑或者拘役的在押服刑的罪犯适用暂予监外执行的特定情形包括：有严重疾病需要保外就医的；怀孕或者正在哺乳自己婴儿的妇女(注意，根据有关司法解释的规定，婴儿是指不满1周岁的，1周岁以上不满6周岁的则为幼儿)；生活不能自理、适用监外执行不致危害社会的，也可以暂予监外执行。对适用保外就医可能有社会危险性的罪犯，或者自伤自残的罪犯，不得保外就医。

(2)被判处无期徒刑，怀孕或正在哺乳自己婴儿的妇女，也可以暂予监外执行。

2. 决定暂予监外执行的，既可能是人民法院，也可能是监狱、公安机关，但他们决定的对象不同，法院决定暂予监外执行的只限于在交付执行前就发现罪犯有符合本法规定的可以暂予监外执行的情形，监狱和公安机关决定暂予监外执行的则是对交付执行后发现罪犯有符合本条规定的，可以暂予监外执行。

3. 不论哪一个司法机关决定适用监外执行的，都应当将决定书移送人民检察院，检察院履行法律监督职能，其如果认为暂于监外执行不当的，应当在接到决定书之日起的1个月内向批准暂予监外执行的机关提出书面意见,要求重新核查。

4. 对暂予监外执行的罪犯,及时收监的情形:发现不符合暂予监外执行条件的;严重违反有关暂予监外执行监督管理规定的;暂予监外执行的情形消失后,罪犯刑期未满的。注意:不符合暂予监外执行条件的罪犯通过贿赂等非法手段被暂予监外执行的,在监外执行的期间不计入执行刑期。罪犯在暂予监外执行期间脱逃的,脱逃的期间不计入执行刑期。法院在决定予以收监的同时,应当确定不算入刑期的期间。所在监狱或者看守所应当及时向所在地的中级人民法院提出不计入执行刑期的建议书,由人民法院审核后裁定。

◆关联法条

最高人民法院《关于适用〈中华人民共和国刑事诉讼法〉的解释》

第四百三十二条　被判处无期徒刑、有期徒刑或者拘役的罪犯,符合刑事诉讼法第二百五十四条第一款、第二款的规定,人民法院决定暂予监外执行的,应当制作暂予监外执行决定书,写明罪犯基本情况、判决确定的罪名和刑罚、决定暂予监外执行的原因、依据等,通知罪犯居住地的县级司法行政机关派员办理交接手续,并将暂予监外执行决定书抄送罪犯居住地的县级人民检察院和公安机关。

人民检察院认为人民法院的暂予监外执行决定不当,在法定期限内提出书面意见的,人民法院应当立即对该决定重新核查,并在一个月内作出决定。

⊙监外执行的程序

第二百六十六条　监狱、看守所提出暂予监外执行的书面意见的,应当将书面意见的副本抄送人民检察院。人民检察院可以向决定或者批准机关提出书面意见。

⊙监外执行的监督

第二百六十七条　决定或者批准暂予监外执行的机关应当将暂予监外执行决定抄送人民检察院。人民检察院认为暂予监外执行不当的,应当自接到通知之日起一个月以内将书面意见送交决定或者批准暂予监外执行的机关,决定或者批准暂予监外执行的机关接到人民检察院的书面意见后,应当立即对该决定进行重新核查。

⊙监外执行的终止

第二百六十八条　对暂予监外执行的罪犯,有下列情形之一的,应当及时收监:

(一)发现不符合暂予监外执行条件的;

(二)严重违反有关暂予监外执行监督管理规定的;

(三)暂予监外执行的情形消失后,罪犯刑期未满的。

对于人民法院决定暂予监外执行的罪犯应当予以收监的,由人民法院作出决定,将有关的法律文书送达公安机关、监狱或者其他执行机关。

不符合暂予监外执行条件的罪犯通过贿赂等非法手段被暂予监外执行的,在监外执行的期间不计入执行刑期。罪犯在暂予监外执行期间脱逃的,脱逃的期间不计入执行刑期。

罪犯在暂予监外执行期间死亡的,执行机关应当及时通知监狱或者看守所。

⊙非监禁罪犯的社区矫正

第二百六十九条　对被判处管制、宣告缓刑、假释或者暂予监外执行的罪犯,依法实行社区矫正,由社区矫正机构负责执行。

★剥夺政治权利的执行

第二百七十条　对被判处剥夺政治权利的罪犯,由公安机关执行。执行期满,应当由执行机关书面通知本人及其所在单位、居住地基层组织。

●考点点拨

考生应该注意:剥夺政治权利的效力及于在主刑执行期间时,由监狱机关负责执行,在附加刑开始计算期间,由公安机关负责执行。

☆真题回顾

(2019年单选)关于刑罚执行,下列说法错误的是(　　)。

A. 甲被判处剥夺政治权利,应当由公安机关执行

B. 乙被判处剥夺政治权利,执行期满应当由执行机关书面通知本人及其所在单位、居住地基层组织

C. 并被判处罚金,期满不缴纳,人民法院应当强制缴纳

D. 并被判处罚金,由于遭遇不能抗拒的灾害缴纳确实有困难的,人民法院不得裁定减少

【解析】答案为D。本题综合考查考生对刑罚执行的认识,考点相对冷门但实务性强,就考试趋势而言,既强调综合性又考究细节性问题,对考生专业知识的要求提高。根据《刑事诉讼法》第270条的规定,剥夺政治权利,由公安机关负责执行,A项正确。执

行期满,由执行机关书面通知本人及其所在单位、居住地基层组织。B项正确。根据《刑事诉讼法》第271条的规定,期满不缴纳,人民法院应当强制缴纳,C项正确。遇到不可抗力等原因缴纳确有困难的,可以延期缴纳、酌情减少或者免除,D项错误,当选。

★**罚金的执行**

第二百七十一条　被判处罚金的罪犯,期满不缴纳的,人民法院应当强制缴纳;如果由于遭遇不能抗拒的灾祸等原因缴纳确实有困难的,经人民法院裁定,可以延期缴纳、酌情减少或者免除。

●**考点点拨**

本条为2018年刑事诉讼法修正时新增的内容,增加了特殊情况罚金延期缴纳的规定,而不是原来的只能减免。

⊙没收财产的执行

第二百七十二条　没收财产的判决,无论附加适用或者独立适用,都由人民法院执行;在必要的时候,可以会同公安机关执行。

●**考点点拨**

1. 没收财产的执行机关是人民法院;

2. 在法院认为有必要的时候,可以会同公安机关执行,即这时公安机关才参加没收财产的执行程序。

☆**真题回顾**

(2017年单选)关于没收财产的判决,下列说法错误的是(　　)。

A. 附加适用的没收财产的判决,应当由公安机关执行

B. 独立适用的没收财产的判决,应当由人民法院执行

C. 附加适用的没收财产的判决,应当由人民法院执行

D. 人民法院执行没收财产的判决,必要时可以会同公安机关执行

【解析】答案为A。根据《刑事诉讼法》第272条的规定,A项错误。

★**对新罪、漏罪的追诉及减刑、假释的处理**

第二百七十三条　罪犯在服刑期间又犯罪的,或者发现了判决的时候所没有发现的罪行,由执行机关移送人民检察院处理。

被判处管制、拘役、有期徒刑或者无期徒刑的罪犯,在执行期间确有悔改或者立功表现,应当依法予以减刑、假释的时候,由执行机关提出建议书,报请人民法院审核裁定,并将建议书副本抄送人民检察院。人民检察院可以向人民法院提出书面意见。

●**考点点拨**

1. 对于罪犯在服刑期间又犯罪的或者发现在判决宣告之前还有其他犯罪没有受到审判的,应当由执行机关移送人民检察院处理。对于前者即行刑期间又犯新罪,如果是在监狱中执行刑罚的,由监狱进行侦查,侦查终结后认为构成犯罪的,应当移送有管辖权的人民检察院处理。

2. 对于服刑罪犯的减刑、假释,本法规定应当由执行机关提出建议书,报请人民法院裁定。减刑、假释应当由中级以上人民法院裁定。

3. 人民法院审理减刑、假释的案件,应当依法组成合议庭,即必须以合议庭的形式裁定是否减刑、假释。审理时可以采用书面审理的方式,应当开庭审理的情形如下:

(1)因罪犯有重大立功表现提请减刑的;

(2)提请减刑的起始时间、间隔时间或者减刑幅度不符合一般规定的;

(3)社会影响重大或者社会关注度高的;

(4)公示期间收到投诉意见的;

(5)人民检察院有异议的;

(6)有必要开庭审理的其他案件。

4. 人民法院的减刑、假释裁定书应当及时送达同级人民检察院,人民检察院可以提出书面的纠正意见,这里需要注意两点:

(1)有权提出纠正意见的检察机关级别与作出减刑、假释裁定的中级与高级法院相对应。

(2)对于检察机关的纠正意见,法院必须以重新组成合议庭的方式进行审查处理。

5. 对于新罪、漏罪,由审判新罪的法院撤销原判决、裁定宣告的缓刑、假释。

◆**关联法条**

最高人民法院《关于适用〈中华人民共和国刑事诉讼法〉的解释》

第四百五十三条　审理减刑、假释案件,应当组成合议庭,可以采用书面审理的方式,但下列案件应当开庭审理:

(一)因罪犯有重大立功表现提请减刑的;

(二)提请减刑的起始时间、间隔时间或者减刑幅度不符合一般规定的;

(三)社会影响重大或者社会关注度高的;

(四)公示期间收到投诉意见的;

（五）人民检察院有异议的；

（六）有必要开庭审理的其他案件。

⊙对减刑、假释的监督

第二百七十四条　人民检察院认为人民法院减刑、假释的裁定不当，应当在收到裁定书副本后二十日以内，向人民法院提出书面纠正意见。人民法院应当在收到纠正意见后一个月以内重新组成合议庭进行审理，作出最终裁定。

⊙刑罚执行中错案、申诉的处理

第二百七十五条　监狱和其他执行机关在刑罚执行中，如果认为判决有错误或者罪犯提出申诉，应当转请人民检察院或者原判人民法院处理。

⊙执行的监督

第二百七十六条　人民检察院对执行机关执行刑罚的活动是否合法实行监督。如果发现有违法的情况，应当通知执行机关纠正。

第五编　特别程序

第一章　未成年人刑事案件诉讼程序

⊙办理未成年人刑事案件的方针与原则

第二百七十七条　对犯罪的未成年人实行教育、感化、挽救的方针，坚持教育为主、惩罚为辅的原则。

人民法院、人民检察院和公安机关办理未成年人刑事案件，应当保障未成年人行使其诉讼权利，保障未成年人得到法律帮助，并由熟悉未成年人身心特点的审判人员、检察人员、侦查人员承办。

●考点点拨

1. 未成年人案件的方针：教育、感化、挽救。

2. 未成年人案件的原则：教育为主、惩罚为辅。

3. 未成年人案件：一律不判处死刑，自然包括死缓。

⊙指定辩护

第二百七十八条　未成年犯罪嫌疑人、被告人没有委托辩护人的，人民法院、人民检察院、公安机关应当通知法律援助机构指派律师为其提供辩护。

⊙未成年犯罪人情况调查

第二百七十九条　公安机关、人民检察院、人民法院办理未成年人刑事案件，根据情况可以对未成年犯罪嫌疑人、被告人的成长经历、犯罪原因、监护教育等情况进行调查。

⊙对未成年犯罪人羁押措施的适用

第二百八十条　对未成年犯罪嫌疑人、被告人应当严格限制适用逮捕措施。人民检察院审查批准逮捕和人民法院决定逮捕，应当讯问未成年犯罪嫌疑人、被告人，听取辩护律师的意见。

对被拘留、逮捕和执行刑罚的未成年人与成年人应当分别关押、分别管理、分别教育。

⊙对未成年犯罪人的讯问与审判

第二百八十一条　对于未成年人刑事案件，在讯问和审判的时候，应当通知未成年犯罪嫌疑人、被告人的法定代理人到场。无法通知、法定代理人不能到场或者法定代理人是共犯的，也可以通知未成年犯罪嫌疑人、被告人的其他成年亲属，所在学校、单位、居住地基层组织或者未成年人保护组织的代表到场，并将有关情况记录在案。到场的法定代理人可以代为行使未成年犯罪嫌疑人、被告人的诉讼权利。

到场的法定代理人或者其他人员认为办案人员在讯问、审判中侵犯未成年人合法权益的，可以提出意见。讯问笔录、法庭笔录应当交给到场的法定代理人或者其他人员阅读或者向他宣读。

讯问女性未成年犯罪嫌疑人，应当有女工作人员在场。

审判未成年人刑事案件，未成年被告人最后陈述后，其法定代理人可以进行补充陈述。

询问未成年被害人、证人，适用第一款、第二款、第三款的规定。

★附条件不起诉

第二百八十二条　对于未成年人涉嫌刑法分则第四章、第五章、第六章规定的犯罪，可能判处一年有期徒刑以下刑罚，符合起诉条件，但有悔罪表现的，人民检察院可以作出附条件不起诉的决定。人民检察院在作出附条件不起诉的决定以前，应当听取公安机关、被害人的意见。

对附条件不起诉的决定，公安机关要求复议、提请复核或者被害人申诉的，适用本法第一百七十九条、第一百八十条的规定。

未成年犯罪嫌疑人及其法定代理人对人民检察院决定附条件不起诉有异议的，人民检察院应当作出起诉的决定。

●考点点拨

1. 未成年人附条件不起诉程序适用条件：

（1）犯罪种类限制：侵犯公民权利、民主权利罪，侵犯财产罪，妨害社会管理秩序罪；

（2）刑期限制：可能判处1年以下有期徒刑；

(3)主观要求:有悔罪表现。

2. 注意对未成年人的一些特殊规定:

(1)审查逮捕、审查起诉中,应当讯问未成年犯罪嫌疑人、被告人,听取辩护律师的意见。

(2)在讯问和审判的时候,应当通知未成年犯罪嫌疑人、被告人的法定代理人到场。

(3)审判的时候被告人不满 18 周岁的案件,不公开审理。

(4)犯罪的时候不满 18 周岁,被判处 5 年有期徒刑以下刑罚,收到法院生效判决后,或作出不起诉决定后,应当对相关犯罪记录予以封存。

(5)法院决定适用简易程序审理的,应当征求未成年被告人及其法定代理人、辩护人的意见。上述人员提出异议的、不适用简易程序。

◆关联法条

最高人民法院《关于适用〈中华人民共和国刑事诉讼法〉的解释》

第四百六十六条　人民法院审理未成年人刑事案件,在讯问和开庭时,应当通知未成年被告人的法定代理人到场。法定代理人无法通知、不能到场或者是共犯的,也可以通知未成年被告人的其他成年亲属,所在学校、单位、居住地的基层组织或者未成年人保护组织的代表到场,并将有关情况记录在案。

到场的其他人员,除依法行使刑事诉讼法第二百七十条第二款规定的权利外,经法庭同意,可以参与对未成年被告人的法庭教育等工作。

适用简易程序审理未成年人刑事案件,适用前两款的规定。

询问未成年被害人、证人,适用第一款、第二款的规定。

第四百六十七条　开庭审理时被告人不满十八周岁的案件,一律不公开审理。经未成年被告人及其法定代理人同意,未成年被告人所在学校和未成年人保护组织可以派代表到场。到场代表的人数和范围,由法庭决定。到场代表经法庭同意,可以参与对未成年被告人的法庭教育工作。

对依法公开审理,但可能需要封存犯罪记录的案件,不得组织人员旁听。

☆真题回顾

(2018 年单选)关于附条件不起诉,下列说法错误的是(　　)。

A. 犯罪嫌疑人应当遵守法律法规,服从监督

B. 犯罪嫌疑人应当按照考察机关的规定报告自己的活动情况

C. 犯罪嫌疑人离开所居住的市、县或者迁居,应当报经考察机关批准

D. 检察机关在作出附条件不起诉的决定前,不必听取被害人的意见

【解析】答案为 D。根据《刑事诉讼法》第 282 条第 1 款、第 283 条第 3 款的规定,A 项、B 项、C 项正确。我们不妨从教材介绍的“常识审题法”入手,假设考生不懂法条,直接从本题 D 项“不必听取被害人的意见”的表述,也不难判断出是错误的,从而达到正确答题的结果。因为听取被害人的意见,本身就是维护被害人合法权利、抚慰被害人心灵,贯彻习近平总书记“以人民为中心”的理念。因此,考生如果确实对某些法条存在知识盲点,记不住或者是模棱两可,不妨应用法律常识和生活常识的思维,采用排除法逐项缩小范围。

⊙附条件不起诉的考察

第二百八十三条　在附条件不起诉的考验期内,由人民检察院对被附条件不起诉的未成年犯罪嫌疑人进行监督考察。未成年犯罪嫌疑人的监护人,应当对未成年犯罪嫌疑人加强管教,配合人民检察院做好监督考察工作。

附条件不起诉的考验期为六个月以上一年以下,从人民检察院作出附条件不起诉的决定之日起计算。

被附条件不起诉的未成年犯罪嫌疑人,应当遵守下列规定:

(一)遵守法律法规,服从监督;

(二)按照考察机关的规定报告自己的活动情况;

(三)离开所居住的市、县或者迁居,应当报经考察机关批准;

(四)按照考察机关的要求接受矫治和教育。

●考点点拨

1. 附条件不起诉的考验期:6 个月以上 1 年以下。注意从检察院作出附条件不起诉的决定之日起计算。

2. 被附条件不起诉的未成年犯罪嫌疑人的四项义务:

(1)遵守法律法规,服从监督;

(2)报告自己的活动情况;

(3)离开所居住的市、县或者迁居,应当报经考察机关(检察院)批准;

(4)接受矫治和教育。

⊙附条件不起诉的法律后果

第二百八十四条　被附条件不起诉的未成年犯罪嫌疑人，在考验期内有下列情形之一的，人民检察院应当撤销附条件不起诉的决定，提起公诉：

（一）实施新的犯罪或者发现决定附条件不起诉以前还有其他犯罪需要追诉的；

（二）违反治安管理规定或者考察机关有关附条件不起诉的监督管理规定，情节严重的。

被附条件不起诉的未成年犯罪嫌疑人，在考验期内没有上述情形，考验期满的，人民检察院应当作出不起诉的决定。

●考点点拨

1. 撤销附条件不起诉的情形：

(1)发现新罪或是漏罪；

(2)违反治安管理规定或者监督管理规定，造成严重后果，或是多次违反。

2. 考验期满后果：检察院应当作出不起诉的决定。

⊙不公开审理原则

第二百八十五条　审判的时候被告人不满十八周岁的案件，不公开审理。但是，经未成年被告人及其法定代理人同意，未成年被告人所在学校和未成年人保护组织可以派代表到场。

●考点点拨

涉及未成年人的案件，一律不公开审理。比如，李双江之子李天一强奸案，北京市海淀区法院一审以强奸罪判处被告人李天一有期徒刑10年。这个案子虽然举国关注，舆情沸腾，但是并未公开审理，就是基于李天一未满18周岁。

⊙未成年犯罪人犯罪记录的封存与查询

第二百八十六条　犯罪的时候不满十八周岁，被判处五年有期徒刑以下刑罚的，应当对相关犯罪记录予以封存。

犯罪记录被封存的，不得向任何单位和个人提供，但司法机关为办案需要或者有关单位根据国家规定进行查询的除外。依法进行查询的单位，应当对被封存的犯罪记录的情况予以保密。

⊙适用其他规定

第二百八十七条　办理未成年人刑事案件，除本章已有规定的以外，按照本法的其他规定进行。

第二章　当事人和解的公诉案件诉讼程序

★和解协议的适用范围

第二百八十八条　下列公诉案件，犯罪嫌疑人、被告人真诚悔罪，通过向被害人赔偿损失、赔礼道歉等方式获得被害人谅解，被害人自愿和解的，双方当事人可以和解：

（一）因民间纠纷引起，涉嫌刑法分则第四章、第五章规定的犯罪案件，可能判处三年有期徒刑以下刑罚的；

（二）除渎职犯罪以外的可能判处七年有期徒刑以下刑罚的过失犯罪案件。

犯罪嫌疑人、被告人在五年以内曾经故意犯罪的，不适用本章规定的程序。

●考点点拨

1. 公诉案件中当事人和解程序的适用条件：

(1)被告人真诚悔罪；

(2)被害人自愿和解；

(3)因民间纠纷引起，侵犯公民人身权利、民主权利罪，侵犯财产罪，可能判处3年以下有期或者是可能判7年以下有期的过失犯罪（渎职犯罪除外）；

(4)5年以内曾经故意犯罪不适用。

2. 和解主体

(1)被害人：被害人死亡的，其近亲属可以与被告人和解；被害人系无行为能力或者限制行为能力人的，其法定代理人、近亲属可以代为和解。

(2)被告人：近亲属经被告人同意，可以代为和解；被告人系限制行为能力人的，其法定代理人可以代为和解。被告人的法定代理人、近亲属代为和解的，和解协议约定的赔礼道歉等事项，应当由被告人本人履行。

3. 公检法对和解的自愿性、合法性进行审查，并制作和解协议书。和解协议已经全部履行，当事人反悔的，法院不予支持，但有证据证明和解违反自愿、合法原则的除外。

4. 处理原则：从宽处罚。对达成和解协议的案件，法院应当对被告人从轻处罚；符合非监禁刑适用条件的，应当适用非监禁刑；判处法定最低刑仍然过重的，可以减轻处罚；综合全案认为犯罪情节轻微不需要判处刑罚的，可以免除刑事处罚。共同犯罪案件，部分被告人与被害人达成和解协议的可以依法对部分被告人从宽处罚。

◆ **关联法条**

最高人民法院《关于适用〈中华人民共和国刑事诉讼法〉的解释》

第四百九十六条　对符合刑事诉讼法第二百七十七条规定的公诉案件，事实清楚、证据充分的，人民法院应当告知当事人可以自行和解；当事人提出申请的，人民法院可以主持双方当事人协商以达成和解。

根据案件情况，人民法院可以邀请人民调解员、辩护人、诉讼代理人、当事人亲友等参与促成双方当事人和解。

第四百九十七条　符合刑事诉讼法第二百七十七条规定的公诉案件，被害人死亡的，其近亲属可以与被告人和解。近亲属有多人的，达成和解协议，应当经处于同一继承顺序的所有近亲属同意。

被害人系无行为能力或者限制行为能力人的，其法定代理人、近亲属可以代为和解。

第四百九十八条　被告人的近亲属经被告人同意，可以代为和解。

被告人系限制行为能力人的，其法定代理人可以代为和解。

被告人的法定代理人、近亲属依照前两款规定代为和解的，和解协议约定的赔礼道歉等事项，应当由被告人本人履行。

第四百九十九条　对公安机关、人民检察院主持制作的和解协议书，当事人提出异议的，人民法院应当审查。经审查，和解自愿、合法的，予以确认，无需重新制作和解协议书；和解不具有自愿性、合法性的，应当认定无效。和解协议被认定无效后，双方当事人重新达成和解的，人民法院应当主持制作新的和解协议书。

⊙和解协议的审查与制作

第二百八十九条　双方当事人和解的，公安机关、人民检察院、人民法院应当听取当事人和其他有关人员的意见，对和解的自愿性、合法性进行审查，并主持制作和解协议书。

★ **和解协议的效力**

第二百九十条　对于达成和解协议的案件，公安机关可以向人民检察院提出从宽处理的建议。人民检察院可以向人民法院提出从宽处罚的建议；对于犯罪情节轻微，不需要判处刑罚的，可以作出不起诉的决定。人民法院可以依法对被告人从宽处罚。

● **考点点拨**

考生应该注意和解协议可以作为公安机关向人民检察院提出从宽处理的建议以及人民检察院向人民法院提出从宽处罚的建议的一个考量因素。

◆ **关联法条**

《公安机关办理刑事案件程序规定》

第一百八十三条　经过侦查，发现具有下列情形之一的，应当撤销案件：

(一)没有犯罪事实的；

(二)情节显著轻微、危害不大，不认为是犯罪的；

(三)犯罪已过追诉时效期限的；

(四)经特赦令免除刑罚的；

(五)犯罪嫌疑人死亡的；

(六)其他依法不追究刑事责任的。

对于经过侦查，发现有犯罪事实需要追究刑事责任，但不是被立案侦查的犯罪嫌疑人实施的，或者共同犯罪案件中部分犯罪嫌疑人不够刑事处罚的，应当对有关犯罪嫌疑人终止侦查，并对该案件继续侦查。

☆ **真题回顾**

(2019年多选)甲涉嫌故意伤害罪被起诉，在侦查阶段甲与被害人乙达成了和解协议，下列说法错误的是(　　)。

A. 公安机关应当撤销对甲的立案

B. 人民检察院可以向人民法院提出对甲的犯罪行为从快处罚的建议

C. 如果甲的犯罪情节轻微，不需要判处刑罚的，人民检察院可以不起诉

D. 人民法院可以依法对甲从宽处理

【解析】答案为AB。根据《公安机关办理刑事案件程序规定》第183条的规定，符合法定情形的，公安机关有权撤销立案，A项并非法定情形之一，不应撤销立案，故A项错误。根据《刑事诉讼法》第290条的规定，C项正确，D项正确。显然，从快处罚的说法无论什么时候都是错误，B项错误，当选。

第三章　缺席审判程序

★ **缺席审判的适用与管辖**

第二百九十一条　对于贪污贿赂犯罪案件，以及需要及时进行审判，经最高人民检察院核准的严重危害国家安全犯罪、恐怖活动犯罪案件，犯罪嫌疑人、被告人在境外，监察机关、公安机关移送起诉，人民检察院认为犯罪事实已经查清，证据确实、充分，依法应当追究刑事责任的，可以向人民法院提起公诉。人民法院进行审查后，对于起诉书中有明确的指控犯罪事实，

符合缺席审判程序适用条件的,应当决定开庭审判。

前款案件,由犯罪地、被告人离境前居住地或者最高人民法院指定的中级人民法院组成合议庭进行审理。

●考点点拨

1. 本条为2018年《刑事诉讼法》修正时新增的内容,增加缺席审判程序规定。缺席审判分为三种情况:

(1)针对贪污贿赂犯罪,需及时审判并经最高检核准的严重危害国家安全犯罪、恐怖活动犯罪三类案件,并且犯罪嫌疑人、被告人在境外;

(2)被告人患有严重疾病无法出庭,中止审理超过6个月,被告人及其法定代理人、近亲属申请或同意恢复审理的;

(3)被告人死亡。

2. 增加了缺席审判的管辖法院的规定:

(1)犯罪地、被告人离境前居住地的中级人民法院;

(2)最高人民法院指定的中级人民法院。

⊙缺席审判的送达

第二百九十二条　人民法院应当通过有关国际条约规定的或者外交途径提出的司法协助方式,或者被告人所在地法律允许的其他方式,将传票和人民检察院的起诉书副本送达被告人。传票和起诉书副本送达后,被告人未按要求到案的,人民法院应当开庭审理,依法作出判决,并对违法所得及其他涉案财产作出处理。

●考点点拨

本条为2018年刑事诉讼法修正时新增的内容,对被告人在境外的情形,人民法院应当通过有关国际条约规定的或者外交途径提出的司法协助方式或者被告人所在地法律允许的其他方式,将传票等送达被告人。

⊙缺席审判的辩护

第二百九十三条　人民法院缺席审判案件,被告人有权委托辩护人,被告人的近亲属可以代为委托辩护人。被告人及其近亲属没有委托辩护人的,人民法院应当通知法律援助机构指派律师为其提供辩护。

●考点点拨

本条为2018年刑事诉讼法修正时新增的内容,规定了缺席审判被告人的辩护权,被告人有权委托辩护人,被告人的近亲属可以代为委托辩护人,被告人及其近亲属没有委托辩护人的,人民法院应当通知法律援助机构指派律师为其提供辩护。

⊙缺席审判的上诉与抗诉

第二百九十四条　人民法院应当将判决书送达被告人及其近亲属、辩护人。被告人或者其近亲属不服判决的,有权向上一级人民法院上诉。辩护人经被告人或者其近亲属同意,可以提出上诉。

人民检察院认为人民法院的判决确有错误的,应当向上一级人民法院提出抗诉。

●考点点拨

1. 本条为2018年刑事诉讼法修正时新增的内容,规定了缺席审判的上诉与抗诉。

2. 有权向上一级人民法院上诉的是被告人或者其近亲属,有权向上一级人民法院抗诉的是人民检察院。

⊙对缺席审判被告人到案的处理

第二百九十五条　在审理过程中,被告人自动投案或者被抓获的,人民法院应当重新审理。

罪犯在判决、裁定发生法律效力后到案的,人民法院应当将罪犯交付执行刑罚。交付执行刑罚前,人民法院应当告知罪犯有权对判决、裁定提出异议。罪犯对判决、裁定提出异议的,人民法院应当重新审理。

依照生效判决、裁定对罪犯的财产进行的处理确有错误的,应当予以返还、赔偿。

●考点点拨

本条为2018年刑事诉讼法修正时新增的内容,以判决、裁定发生法律效力为分界点规定了对缺席审判被告人到案的处理:

1. 在审理过程中,被告人到案的,人民法院应当重新审理。

2. 罪犯在判决、裁定发生法律效力后到案的,人民法院应当将罪犯交付执行刑罚;交付执行刑罚前,罪犯对判决、裁定提出异议的,人民法院应当重新审理。

★被告人患有严重疾病无法出庭的缺席审判

第二百九十六条　因被告人患有严重疾病无法出庭,中止审理超过六个月,被告人仍无法出庭,被告人及其法定代理人、近亲属申请或者同意恢复审理的,人民法院可以在被告人不出庭的情况下缺席审理,依法作出判决。

●考点点拨

本条为2018年刑事诉讼法修正时新增的内容,

规定了被告人患有严重疾病无法出庭，中止审理超过6个月，被告人及其法定代理人、近亲属申请或者同意恢复审理的，人民法院可以在被告人不出庭的情况下缺席审理。

★被告人死亡的缺席审判

第二百九十七条　被告人死亡的，人民法院应当裁定终止审理，但有证据证明被告人无罪，人民法院经缺席审理确认无罪的，应当依法作出判决。

人民法院按照审判监督程序重新审判的案件，被告人死亡的，人民法院可以缺席审理，依法作出判决。

●考点点拨

1. 本条为2018年刑事诉讼法修正时新增的内容，规定了被告人死亡的缺席审判的情形。

2. 对于被告人死亡的情形，人民法院应当裁定终止审理。如果有证据证明被告人无罪，人民法院可以缺席审理，应当依法作出判决确认无罪。

3. 人民法院按照审判监督程序重新审判的案件，被告人死亡的，人民法院可以缺席审理，依法作出判决。

第四章　犯罪嫌疑人、被告人逃匿、死亡案件违法所得的没收程序

★没收违法所得程序的启动

第二百九十八条　对于贪污贿赂犯罪、恐怖活动犯罪等重大犯罪案件，犯罪嫌疑人、被告人逃匿，在通缉一年后不能到案，或者犯罪嫌疑人、被告人死亡，依照刑法规定应当追缴其违法所得及其他涉案财产的，人民检察院可以向人民法院提出没收违法所得的申请。

公安机关认为有前款规定情形的，应当写出没收违法所得意见书，移送人民检察院。

没收违法所得的申请应当提供与犯罪事实、违法所得相关的证据材料，并列明财产的种类、数量、所在地及查封、扣押、冻结的情况。

人民法院在必要的时候，可以查封、扣押、冻结申请没收的财产。

●考点点拨

1. 本条规定了犯罪嫌疑人、被告人逃匿，在通缉1年后不能到案，犯罪嫌疑人、被告人死亡案件违法所得的没收程序。

2. 适用条件：

(1)贪污贿赂、恐怖活动等重大案件；

(2)犯罪嫌疑人、被告人逃匿、通缉1年后不能到案或是死亡的案件；

(3)依法需追缴违法所得。注意：违法所得及其他涉案财产是指实施犯罪行为所取得的财物及其孳息以及被告人非法持有的违禁品、供犯罪所用的本人财物。

3. 近亲属、利害关系人和诉讼代理人可以参加诉讼。利害关系人参加诉讼时，应当开庭审理。

4. 对于法院的裁定，近亲属和其他利害关系人或者检察院可以在5日内提出上诉、抗诉。

5. 在逃的犯罪嫌疑人、被告人自动投案或者被抓获的，应当裁定终止审理。

★没收违法所得的审理程序

第二百九十九条　没收违法所得的申请，由犯罪地或者犯罪嫌疑人、被告人居住地的中级人民法院组成合议庭进行审理。

人民法院受理没收违法所得的申请后，应当发出公告。公告期间为六个月。犯罪嫌疑人、被告人的近亲属和其他利害关系人有权申请参加诉讼，也可以委托诉讼代理人参加诉讼。

人民法院在公告期满后对没收违法所得的申请进行审理。利害关系人参加诉讼的，人民法院应当开庭审理。

●考点点拨

1. 没收违法所得的申请由犯罪地或者犯罪嫌疑人、被告人居住地的中级人民法院组成合议庭进行审理。没收违法所得的申请，应当由与有管辖权的中级人民法院相对应的人民检察院提出。公安机关向人民检察院移送没收违法所得意见书，应当由有管辖权的人民检察院的同级公安机关移送。

2. 人民法院受理没收违法所得的申请后在15日内发出公告，公告期6个月，不计入审理期限。

⊙没收违法所得审理的结果

第三百条　人民法院经审理，对经查证属于违法所得及其他涉案财产，除依法返还被害人的以外，应当裁定予以没收；对不属于应当追缴的财产的，应当裁定驳回申请，解除查封、扣押、冻结措施。

对于人民法院依照前款规定作出的裁定，犯罪嫌疑人、被告人的近亲属和其他利害关系人或者人民检察院可以提出上诉、抗诉。

⊙没收违法所得审理的终止/错误没收的返还、赔偿

第三百零一条　在审理过程中，在逃的犯罪嫌疑人、被告人自动投案或者被抓获的，人民法院应当终

止审理。

没收犯罪嫌疑人、被告人财产确有错误的，应当予以返还、赔偿。

第五章 依法不负刑事责任的精神病人的强制医疗程序

★强制医疗的对象

第三百零二条 实施暴力行为，危害公共安全或者严重危害公民人身安全，经法定程序鉴定依法不负刑事责任的精神病人，有继续危害社会可能的，可以予以强制医疗。

●考点点拨

1. 精神病人强制医疗程序的适用条件：

(1)实施暴力行为，危害公共安全或者严重危害公民人身安全；

(2)经法定程序鉴定为依法不负刑事责任的精神病人；

(3)可能继续危害社会。

2. 强制医疗的决定机关一般是实施暴力行为所在地的基层人民法院。公安机关发现，移送检察院，检察院向法院提出申请，由法院决定。

3. 审理强制医疗案件，法院应当通知其法定代理人到场，被申请人或被告人没有委托诉讼代理人的，法院应当通知法律援助机构指派律师为其提供法律帮助。

4. 强制医疗以“决定”形式作出，只能复议不能上诉。

⊙强制医疗的程序

第三百零三条 根据本章规定对精神病人强制医疗的，由人民法院决定。

公安机关发现精神病人符合强制医疗条件的，应当写出强制医疗意见书，移送人民检察院。对于公安机关移送的或者在审查起诉过程中发现的精神病人符合强制医疗条件的，人民检察院应当向人民法院提出强制医疗的申请。人民法院在审理案件过程中发现被告人符合强制医疗条件的，可以作出强制医疗的决定。

对实施暴力行为的精神病人，在人民法院决定强制医疗前，公安机关可以采取临时的保护性约束措施。

◆关联法条

最高人民法院《关于适用〈中华人民共和国刑事诉讼法〉的解释》

第五百二十四条 实施暴力行为，危害公共安全或者严重危害公民人身安全，社会危害性已经达到犯罪程度，但经法定程序鉴定依法不负刑事责任的精神病人，有继续危害社会可能的，可以予以强制医疗。

第五百二十八条 审理强制医疗案件，应当通知被申请人或者被告人的法定代理人到场。被申请人或者被告人没有委托诉讼代理人的，应当通知法律援助机构指派律师担任其诉讼代理人，为其提供法律帮助。

⊙强制医疗的审理

第三百零四条 人民法院受理强制医疗的申请后，应当组成合议庭进行审理。

人民法院审理强制医疗案件，应当通知被申请人或者被告人的法定代理人到场。被申请人或者被告人没有委托诉讼代理人的，人民法院应当通知法律援助机构指派律师为其提供法律帮助。

⊙强制医疗的审限/不服强制医疗的复议权

第三百零五条 人民法院经审理，对于被申请人或者被告人符合强制医疗条件的，应当在一个月以内作出强制医疗的决定。

被决定强制医疗的人、被害人及其法定代理人、近亲属对强制医疗决定不服的，可以向上一级人民法院申请复议。

●考点点拨

1. 法院应当组成合议庭，开庭审理，但是被申请人、被告人的法定代理人请求不开庭审理，并经人民法院审查同意的除外。法院对强制医疗案件开庭审理的，检察院应派员出席法庭。对于符合强制医疗条件的，法院应在1个月内作出决定。

2. 被决定强制医疗的人、被害人及其法定代理人、近亲属对决定不服的，可以在5日内向上一级法院申请复议，复议期间不停止执行强制医疗决定。

◆关联法条

最高人民法院《关于适用〈中华人民共和国刑事诉讼法〉的解释》

第五百二十九条 审理强制医疗案件，应当组成合议庭，开庭审理。但是，被申请人、被告人的法定代理人请求不开庭审理，并经人民法院审查同意的除外。

审理人民检察院申请强制医疗的案件，应当会见被申请人。

第五百三十六条 被决定强制医疗的人、被害人及其法定代理人、近亲属对强制医疗决定不服的，可以自收到决定书之日起五日内向上一级人民法院申请复议。复议期间不停止执行强制医疗的决定。

★强制医疗的解除

第三百零六条　强制医疗机构应当定期对被强制医疗的人进行诊断评估。对于已不具有人身危险性，不需要继续强制医疗的，应当及时提出解除意见，报决定强制医疗的人民法院批准。

被强制医疗的人及其近亲属有权申请解除强制医疗。

●考点点拨

强制医疗的解除：强制医疗机构提出解除意见；被强制医疗的人及其近亲属应当向决定强制医疗的人民法院提出申请，若是申请被驳回，6 个月后再次提出申请的，法院应当受理。人民法院应当组成合议庭进行审查，并在 1 个月内作出处理。

◆关联法条

最高人民法院《关于适用〈中华人民共和国刑事诉讼法〉的解释》

第五百三十九条　审理强制医疗案件，本章没有规定的，参照适用公诉案件第一审普通程序和第二审程序的有关规定。

第五百四十条　被强制医疗的人及其近亲属申请解除强制医疗的，应当向决定强制医疗的人民法院提出。

被强制医疗的人及其近亲属提出的解除强制医疗申请被人民法院驳回，六个月后再次提出申请的，人民法院应当受理。

第五百四十二条　强制医疗机构提出解除强制医疗意见，或者被强制医疗的人及其近亲属申请解除强制医疗的，人民法院应当组成合议庭进行审查，并在一个月内，按照下列情形分别处理：

（一）被强制医疗的人已不具有人身危险性，不需要继续强制医疗的，应当作出解除强制医疗的决定，并可责令被强制医疗的人的家属严加看管和医疗；

（二）被强制医疗的人仍具有人身危险性，需要继续强制医疗的，应当作出继续强制医疗的决定。

人民法院应当在作出决定后五日内，将决定书送达强制医疗机构、申请解除强制医疗的人、被决定强制医疗的人和人民检察院。决定解除强制医疗的，应当通知强制医疗机构在收到决定书的当日解除强制医疗。

☆真题回顾

（2017 年判断）对于已不具有人身危险性，不需要继续强制医疗的精神病人，强制医疗机构应当及时提出解除意见，报决定强制医疗的人民法院的上级批准。（　　）

【解析】根据《刑事诉讼法》第 306 条的规定，应报决定强制医疗的人民法院，而非其上级批准，故本题说法错误。

⊙强制医疗的检察监督

第三百零七条　人民检察院对强制医疗的决定和执行实行监督。

●考点点拨

检察院认为强制医疗决定或者解除强制医疗决定不当，在收到决定书后 20 日内提出书面纠正意见的，法院应当另行组成合议庭审理，并在 1 个月内作出决定。

第五百四十三条　人民检察院认为强制医疗决定或者解除强制医疗决定不当，在收到决定书后二十日内提出书面纠正意见的，人民法院应当另行组成合议庭审理，并在一个月内作出决定。

附　　则

⊙军队内部与监狱内发生案件的侦查

第三百零八条　军队保卫部门对军队内部发生的刑事案件行使侦查权。

中国海警局履行海上维权执法职责，对海上发生的刑事案件行使侦查权。

对罪犯在监狱内犯罪的案件由监狱进行侦查。

军队保卫部门、中国海警局、监狱办理刑事案件，适用本法的有关规定。

●考点点拨

本条为 2018 年刑事诉讼法修正时新增的内容，新增海警局行使海上刑事案件侦查权，目的是做好与《全国人民代表大会常务委员会关于中国海警局行使海上维权执法职权的决定》的衔接，保障依法打击海上犯罪活动，明确了中国海警局的侦查主体地位。

第四章　治安管理处罚法备考要点和法条解读

第一节　治安管理处罚法备考复习要点

一、违反治安管理行为的概念及特征

（一）违反治安管理行为的概念

根据《治安管理处罚法》第 2 条的规定，违反治安管理行为是指扰乱公共秩序，妨害公共安全，侵犯人身权利、财产权利，妨害社会管理，具有社会危害性，尚不够刑事处罚，应当给予治安管理处罚的行为。

（二）违反治安管理行为的特征

1. 社会危害性。社会危害性是指违反治安管理的行为会对他人人身、财产或对公共安全等形成威胁或造成损害，是违反治安管理行为最本质的特征。

2. 违法性。违法性是指违反治安管理的行为是违反了治安管理方面的行政法律、法规。若没有违反相关的法律法规，则不能认定为违反治安管理行为。

3. 应受治安处罚性。应受治安处罚性是指违反治安管理的行为应承担的是行政责任。若行为情节严重，达到刑罚处罚标准的，则是犯罪行为，承担的是刑事责任。当然，若行为情节特别轻微，不需要进行治安管理处罚，也不属于违反治安管理的行为。

二、违反治安管理行为的构成要件

违反治安管理行为的构成要件，是指构成违反治安管理行为所必须具备的一切客观要件与主观要件的总和。违反治安管理行为构成的共同要件有四个，这四个要件必须同时具备，缺一不可。

（一）违反治安管理行为的客体

违反治安管理行为的客体，是指《治安管理处罚法》所保护的，而为违反治安管理行为所侵害的社会关系。

（二）违反治安管理行为的客观要件

违反治安管理行为的客观要件，是指《治安管理处罚法》规定的，构成违反治安管理行为所必须具备的各种客观事实，包括危害行为、危害结果，以及实施危害行为的时间、地点、方法、对象等。其中，危害行为在违反治安管理行为构成要件中处于核心地位，缺少这一要件，违反治安管理行为就不能成立。

（三）违反治安管理行为的主体

违反治安管理行为的主体，是指实施了违反治安管理行为，依照《治安管理处罚法》的规定，应当受到治安管理处罚的人。违反治安管理行为的主体，可以是自然人，但必须达到法定责任年龄和具有责任能力；也可以是机关、团体、企业、事业单位，但受处罚的则主要是单位的直接负责的单位主管人员和其他责任人员。

（四）违反治安管理行为的主观要件

违反治安管理行为的主观要件，是指违反治安管理的主体对其所实施的违反治安管理行为所持的故意或过失的心理态度。故意是指违反治安管理行为的主体明知自己的行为会构成违反治安管理的事实，并且希望或者放任这种事实发生的心理态度；而过失是指违反治安管理行为的主体应当预见自己的行为会构成违反治安管理的事实，由于疏忽大意而没有预见，或者已经预见而轻信能够避免的心理态度。根据《治安管理处罚法》的规定，违反治安管理的行为主要是由故意构成。

三、治安管理处罚的原则

（一）以事实为依据原则

以事实为依据原则是指在办理治安案件时应尊重事实真相，客观公正地处理案件。

（二）错则相当原则

错则相当原则是指违反治安管理的处罚应与违反治安管理行为的性质、情节及危害程度相当。

（三）公开原则、公正原则、保障人权原则

公开原则是指处罚依据以及处罚结果应公开。公正原则不仅要求实体公正、更要求程序公正。保障人权就是要求司法机关、行政机关在依法履行职责的同时，必须保障公民的合法权益不受侵害。

（四）教育与处罚相结合的原则

处罚不是目的，而是一种手段。处罚的目的是纠正违法行为及其后果，对违法行为人和广大人民群众进行教育，使大家自觉遵守法律、维护法律尊严。教育与处罚相结合的原则要求在办理治安案件时要充分发挥治安管理的教育作用，防止重处罚轻教育。

四、治安管理处罚的种类

根据《治安管理处罚条例》第 10 条的规定，治安管理处罚分为：警告、罚款、行政拘留、吊销公安机关发放的许可证四种。对违法治安管理的外国人，可以附加适用限期出境或驱逐出境。

（一）警告

警告属于治安管理处罚中最轻的一种，不剥夺违法治安管理行为人的实体权利，而是通过对行为人进行口头惩戒，教育行为人检点行为，避免再次违法。适用于初犯、偶犯，或者情节轻微，认错态度好的违反治安管理行为人或单位。

（二）罚款

罚款是要求违反治安管理行为人或单位在一定期限内交付一定金钱的处罚。这种方法适用范围较广，是治安管理中最常见处罚种类。治安管理中对单个违反治安管理行为罚款的最高额为 5000 元人民币。本法中分为以下几个幅度：50 元以下；200 元以下；200 元以上 500 元以下；500 元以下；1000 元以下；500 元以上 1000 元以下；2000 元以下；500 元以上 2000 元以下；3000 元以下；500 元以上 3000 元以下；5000 元以下；1000 元以上 5000 元以下。

（三）行政拘留

行政拘留是公安机关对违反治安管理的行为人依法剥夺其一定时间的人身自由。它是最为严厉的治安管理处罚，主要适用于违反治安管理行为情节较严重的人。治安管理中对单个违反治安管理行为予以行政拘留的日期最高可为 15 日，对多个违反治安管理行为处罚合并执行的，最长不超过 20 日。本法中分为以下几个幅度：5 日以下；5 日以上 10 日以下；10 日以上 15 日以下。

（四）吊销公安机关发放的许可证

吊销公安机关发放的许可证是指公安机关依法对从事公安机关许可的行业的行为人因其严重违反治安管理，收回其许可证，即其从事某种职业或活动的权利和资格。根据《治安管理处罚法》的规定，吊销许可证的治安管理处罚仅限于吊销依照国家规定由公安机关颁发的许可证。目前，由公安机关发放的许可证主要限于一些特种行业，如旅馆业、典当业、印章刻制业、废旧金属收购业等领域。

（五）附加适用的特殊处罚

《治安管理处罚法》第 10 条第 2 款还规定了对违法治安管理的外国人附加适用的特殊治安管理处罚。对违法治安管理的外国人，除依法给予治安管理处罚外，还可以根据情况，附加适用限期出境或驱逐出境。

五、违反治安管理的行为范围

（一）扰乱公共秩序的行为

公共秩序，又称社会秩序，是指由人们共同遵守一定行为规范而形成的一种有序的社会状态，主要包括工作秩序、生产秩序、社会活动秩序等。良好的、井然有序的公共秩序，是维系正常工作、生产和社会活动的前提条件，扰乱公共秩序必然给人民的工作、生产和社会活动带来混乱，损害人民的根本利益。对于扰乱公共秩序的行为，《治安管理处罚法》专门设定为一节共 7 条，即第 23 条至第 29 条。

（二）妨害公共安全的行为

妨害公共安全的行为是指危害不特定多数人的生命、健康、生产、工作、生活和公私财产等人身和财产的安全，尚不够刑事处罚的行为。这里所说的“不特定”是指违法行为可能危害的对象，不是针对某一个人、某几个人的人身权或某项财产权。如果某种行为只是指向或侵犯了特定的，即事先确定的某个或某些人的人身安全或特定的公私财产安全，则不构成妨害公共安全行为，而属于侵犯他人人身权利或财产权利的行为。《治安管理处罚法》对危害公共安全的行为专门设定为一节共 10 条，即第 30 条至第 39 条。

（三）侵犯人身权利、财产权利的行为

人身权利和财产权利是公民的基本权利，为切实有效地保障公民的人身和财产安全，严肃惩治侵犯公民人身权利和财产权利的行为是十分必要的，《治安管理处罚法》对侵犯人身权利、财产权利的行为专门设定为一节共 10 条，即第 40 条至第 49 条。

（四）妨害社会管理的行为

妨害社会管理的行为，是指故意妨害国家对社会的管理活动、破坏正常的管理秩序，尚不构成刑事处罚，依照法律法规的规定，应当给予治安管理处罚的行为。妨害社会管理的行为，不仅破坏了国家机关对社会的管理秩序，而且其中许多行为还侵害了公民、法人和其他组织合法的财产权利和公民人身权利，直接影响到社会稳定。因此，公安机关对发现的妨害社会管理的行为应当及时制止，以避免和减少违法行为所造成的损失。《治安管理处罚法》对妨害社会管理的行为专门设定为一节共 27 条，即第 50 条至第 76 条。

六、治安案件的处罚程序

治安案件的处罚程序是公安机关对治安案件查处的步骤、方式、期限以及相关措施手段的总称。《治安管理处罚法》第四章第 77 条至第 111 条具体规定了治安案件的调查程序、治安案件的处罚决定以及处罚决定的执行程序三个方面的内容。

（一）调查程序

治安案件的调查，是公安机关为了查明治安案件的事实真相，采取法定措施，通过法定的途径，获得证据的法律活动。调查是治安案件处罚的程序的第一个环节，也是最为重要的一个环节。

（二）处罚决定程序

治安案件的处罚决定，是国家赋予公安机关的一项专门性职能。它是公安机关对违反治安管理行为做出相应处理的法律活动。治安管理的程序包括作出处罚决定的机关、证据的审查运用，决定程序，决定书内容，办案期限等内容。

（三）处罚决定的执行程序

治安案件处罚决定的执行程序，是治安管理处罚得以实现的法律程序。治安案件处罚决定的执行是指被决定给予治安管理处罚的人，根据治安管理处罚决定书的内容，自动履行治安管理处罚决定书载明的义务，或者公安机关依照法定程序，根据治安管理处罚决定书的内容，强制当事人履行其所负有的义务。《治安管理处罚法》对行政拘留，罚款的执行程序以及行政拘留暂缓执行的条件、程序等作出了明确的规定。

（四）简易程序和普通程序

治安案件的处罚程序可以适用简易程序、普通程序，具体流程包括：

1. 简易程序：对案情简单、因果关系清楚、行为人承认违法事实的，处以警告或者 50 元以下罚款，或者对罚款超过 50 元而处罚人没有异议的现行违反治安管理行为，可以适用当场处罚。

2. 普通程序：

（1）立案：受理治安案件要先立案。

（2）传唤：公安机关对违反治安管理的人，需要传唤的，使用传唤证。对于当场发现的违反治安管理的人，可以口头传唤。对无正当理由不接受传唤或者逃避传唤的，公安机关可以强制传唤。

（3）询问：违反治安管理的人，应当如实回答公安机关的询问。询问应当作出笔录；被询问人经核对认为无误后，应当笔录上签名或盖章，询问人也应当在笔录上签名。对违反治安管理的人，公安机关传唤后应当及时询问查证。对情况复杂，依照本法规定适用行政拘留处罚，询问查证的时间不得超过 24 小时。

（4）取证：公安机关收集证据材料时，有关单位和公民应当积极予以支持和协助。询问证人时，证人应当如实反映情况，询问应当作出笔录。证人经核对认为无误后，应当在笔录上签名或者盖章。

（5）裁决：经询问查证，违反治安管理行为事实清楚，证据确凿的，依照本条例的有关条款裁决。裁决应当填写裁决书，并应立即向本人宣布。裁决书一式三份。一份交给被裁决人，一份交给被裁决人的所在单位，一份交给裁决人的常住地公安派出所。单位和常住地派出所应当协助执行裁决。

七、公安机关办理治安案件的执法监督

为了保证违反治安管理行为受到必要惩处的同时，规范公安机关人民警察治安行政管理权的有效行使，切实保护公民、法人和其他组织的合法权益，必须加大执法监督的力度。在《治安管理处罚法》中对执法监督问题设专章作出规定，其内容主要包括公安机关及其人民警察办理治安案件的原则要求，禁止行为、接受监督，罚款决定，罚缴相分离，人民警察违法违纪办案应当依法给予行政处分或者追究刑事责任的具体行为以及公安机关及其人民警察违法行使职权侵犯他人合法权益的责任承担等。

八、违反治安管理的行为与犯罪行为

违反治安管理的行为与犯罪行为既有一定的联系，又有本质区别。二者对社会都具有危害性，但前者属于行政违法行为，后者是刑事违法行为。

违反治安管理行为的特征前已叙述。犯罪行为的特征有：一是社会危害性，同违反治安管理行为一样，犯罪行为也具有社会危害性，但犯罪行为对社会的危害程度大于违反治安管理行为对社会的危害程度。二是违法性，危害社会的犯罪行为必须触犯刑事法律规定的行为，才构成犯罪。三是应受刑事处罚性，犯罪必须是应受刑罚处罚的行为，只有应受刑罚处罚的危害社会的行为，才被认为是犯罪。上述特征是确定任何一种犯罪必须具备的缺一不可的条件。

《刑法》同时规定，情节显著轻微、危害不大的，不认为是犯罪。这说明，行为的情节和对社会危害的程度是区分违法和犯罪的界限。

第二节　治安管理处罚法重点法条解读及真题回顾

中华人民共和国治安管理处罚法（2012 修正）

（2005 年 8 月 28 日第十届全国人民代表大会常务委员会第十七次会议通过　根据 2012 年 10 月 26 日第十一届全国人民代表大会常务委员会第二十九次会议《关于修改〈中华人民共和国治安管理处罚法〉的决定》修正　主席令第 67 号）

第一章　总　　则

⊙立法目的

第一条　为维护社会治安秩序，保障公共安全，保护公民、法人和其他组织的合法权益，规范和保障公安机关及其人民警察依法履行治安管理职责，制定本法。

●**考点点拨**

1. 本条规定了治安管理处罚法的立法目的。

2. 制定治安管理处罚法的目的包括四个方面：

（1）维护社会治安秩序；

（2）保障公共安全；

（3）保护公民、法人和其他组织的合法权益；

（4）规范和保障公安机关及其人民警察依法履行治安管理职责。

3. 我国是工人阶级领导的、以工农联盟为基础的人民民主专政的社会主义国家，国家的一切权力属于人民。公安机关及其人民警察的权力来自人民的授予。因此，公安机关及其人民警察履行维护社会治安的职责、行使治安管理处罚权，必须充分保障公民、法人和其他组织的合法权益。

4. 治安管理处罚作为一项重要的行政权力，是公安机关及其人民警察依法管理社会治安的一种重要手段。

（1）本法要对公安机关及其人民警察行使治安管理处罚权进行“规范”；

（2）为了实现保护公民、法人和其他组织的合法权益与维护社会治安秩序、保障公共安全的统一，本法必须“保障”公安机关及其人民警察能够依法履行治安管理职责。

★**违反治安管理行为的特征**

第二条　扰乱公共秩序，妨害公共安全，侵犯人身权利、财产权利，妨害社会管理，具有社会危害性，依照《中华人民共和国刑法》的规定构成犯罪的，依法追究刑事责任；尚不够刑事处罚的，由公安机关依照本法给予治安管理处罚。

●**考点点拨**

1. 违反治安管理的行为具有三个特征：

（1）社会危害性。

（2）违法性。

（3）应受治安处罚性。

2. 社会危害性是指违反治安管理的行为会对他人的人身、财产或对公共安全等形成威胁或造成损害。违法性是指违反治安管理的行为是违反了治安管理方面的行政法律、法规。应受治安处罚性是指违反治安管理的行为应承担的是行政责任。若行为情节严重，达到刑罚处罚标准的，则是犯罪行为，承担的是刑事责任。

☆**真题回顾**

（2018 年单选）下列行为中，除（　　）外，应由公安机关予以取缔。

A. 章某在本村利用封建迷信活动骗钱

B. 张某在本村广场上组织播放淫秽录像

C. 王某在本村组织村民玩“六合彩”

D. 李某开办的村办企业违约，不按合同约定供货

【解析】答案为 D。根据《治安管理处罚法》的相关规定，迷信活动骗取他人财物、公共场所传播淫秽色情、组织赌博活动，显然是违反法律规定，应被公安机关取缔，情节严重的，甚至构成犯罪，应受刑法处罚。故 A 项、B 项、C 项正确。企业违约属于《合同法》规制的内容，国家公权力机构无权非法干涉，不具有治安上的危害性，公安机关取缔于法无据，故 D

项错误，当选。本题较为简单，主要考查考生对《治安管理处罚法》的总体认识，题干内容与日常生活常识相近，凭借法律常识亦可得出正确答案。

⊙处罚应适用的程序

第三条　治安管理处罚的程序，适用本法的规定；本法没有规定的，适用《中华人民共和国行政处罚法》的有关规定。

●**考点点拨**

1. 本法与《行政处罚法》属于特别法与一般法的关系。

2. 在具体实施治安管理处罚时，若本法已经作出专门性规定，则应适用本法。若未作出专门性规定，则适用《行政处罚法》。

⊙适用范围

第四条　在中华人民共和国领域内发生的违反治安管理行为，除法律有特别规定的外，适用本法。

在中华人民共和国船舶和航空器内发生的违反治安管理行为，除法律有特别规定的外，适用本法。

●**考点点拨**

1. 第1款所说的“我国领域”包括我国领陆、领水及领空。

2. 第2款所说的“船舶”和“航空器”一般指悬挂我国国旗的船舶、航空器。即在悬挂我国国旗的船舶、航空器上发生违反治安管理的行为，仍属我国管辖，适用本法进行追究。比如，一艘悬挂中国国旗的远洋客轮停靠在新加坡港口，乘坐该客轮的美国公民甲因纠纷在该客轮上对日本公民乙进行殴打，造成乙轻微伤。对该殴打行为，则适用本法。

★**基本原则**

第五条　治安管理处罚必须以事实为依据，与违反治安管理行为的性质、情节以及社会危害程度相当。

实施治安管理处罚，应当公开、公正，尊重和保障人权，保护公民的人格尊严。

办理治安案件应当坚持教育与处罚相结合的原则。

●**考点点拨**

1. 本条规定了治安管理处罚的基本原则，这是考试的高频考点。

2. 第1款规定了“以事实为依据原则”与“错罚相当原则”。

(1)以事实为依据原则是指在办理治安案件时应尊重事实真相，客观公正地处理案件。

(2)错则相当原则是指违反治安管理的处罚应与违反治安管理行为的性质、情节及危害程度相当。比如，《治安管理处罚法》第72条对有关涉毒问题的处罚，明确规定了不同档次和幅度的处罚：“有下列行为之一的，处十日以上十五日以下拘留，可以并处二千元以下罚款；情节较轻的，处五日以下拘留或者五百元以下罚款……”

3. 第2款规定了“公开原则”“公正原则”与“保障人权原则”。

(1)公开原则是指处罚依据以及处罚结果应公开，这主要是为了保障违反治安管理行为人的知情权，保障其申辩权的实现。

(2)公正原则不仅要求实体公正，更要求程序公正。

(3)保障人权就是要求司法机关、行政机关在依法履行职责的同时，必须保障公民的合法权益不受侵害。

4. 第3款规定了“教育与处罚相结合的原则”。处罚不是目的，而是一种手段。处罚的目的是纠正违法行为及其后果，对违法行为人和广大人民群众进行教育，使大家自觉遵守法律、维护法律尊严。教育与处罚相结合的原则要求在办理治安案件时要充分发挥治安管理的教育作用，防止重处罚轻教育。比如，女交警张阿妹对多次违章的张某先后开出过10张罚单，此事在当地的微信圈中引起热议。这就是教育与处罚没有结合好。

◆**关联法条**

《中华人民共和国行政处罚法》

第四条　行政处罚遵循公正、公开的原则。

设定和实施行政处罚必须以事实为依据，与违法行为的事实、性质、情节以及社会危害程度相当。

对违法行为给予行政处罚的规定必须公布；未经公布的，不得作为行政处罚的依据。

第五条　实施行政处罚，纠正违法行为，应当坚持处罚与教育相结合，教育公民、法人或者其他组织自觉守法。

⊙政府加强社会治安综合治理的义务

第六条　各级人民政府应当加强社会治安综合治理，采取有效措施，化解社会矛盾，增进社会和谐，维护社会稳定。

●**考点点拨**

1. 社会治安问题是社会各种矛盾的综合反映，必须运用政治的、经济的、文化的等多种手段进行综合治理,从根本上预防和减少违法犯罪,维护社会秩序,保障社会稳定。

2. 社会治安综合治理的内容

(1)化解社会矛盾。在新的形势下,大量的社会矛盾表现为人民内部矛盾。从根本上说,新时期的诸多人民内部矛盾,是人民群众日益增长的物质文化需要同落后的社会生产力这一主要矛盾的体现。

(2)增进社会和谐。为了增进社会和谐,各级人民政府应当切实保持经济持续快速协调健康发展,发展社会主义民主,落实依法治国基本方略,加强思想道德建设,维护和实现社会公平和正义,增强全社会的创造活力,加强社会建设和管理,妥善协调各方面利益关系、处理好新形势下的人民内部矛盾,加强生态环境建设和治理工作,做好保持社会稳定工作,提高保障公共安全和处置突发事件的能力等。

(3)维护社会稳定。这是关系国家大局的重大问题。大局,就是指国家的长远利益和人民群众的根本利益。各级人民政府和有关部门要从当前社会稳定面临的形势和改革发展稳定全局的高度,充分认识维护社会稳定的极端重要性,居安思危,增强忧患意识和责任意识,高度重视社会稳定工作,自觉增强工作的主动性和预见性,落实维护社会稳定的工作责任制,扎扎实实地做好维护社会稳定的各项工作,确保全国社会稳定、确保一方平安。

3. 化解社会矛盾、增进社会和谐、维护社会稳定,是相互联系、相互作用、相互促进的,需要在全面建设小康社会的进程中全面把握和实现。不化解社会矛盾,就不可能维护社会稳定,更谈不上增进社会和谐;要维护社会稳定,增进社会和谐,就必须化解社会矛盾;如果社会稳定了,经济就会健康快速发展,社会矛盾就会随之减少,同时也就可以增进社会和谐;如果社会和谐了,社会矛盾就会减少乃至消灭,社会也就稳定了。

★主管和管辖

第七条　国务院公安部门负责全国的治安管理工作。县级以上地方各级人民政府公安机关负责本行政区域内的治安管理工作。

治安案件的管辖由国务院公安部门规定。

●考点点拨

1. 国务院公安部门就是指公安部。治安案件的管辖由公安部规定,而不是最高立法机关全国人民代表大会规定。

2. 县级以上各级公安机关是公安系统最基础的单元,具有行政管理权限,比如可以独立作出行政处罚、行政许可等。

◆关联法条

《中华人民共和国行政处罚法》

第二十条　行政处罚由违法行为发生地的县级以上地方人民政府具有行政处罚权的行政机关管辖。法律、行政法规另有规定的除外。

☆真题回顾

(2017 年单选)下列主体可以作出治安管理行政拘留处罚决定的是(　　)。

A. 县人民法院　　B. 县公安局

C. 县人民政府　　D. 县看守所

【解析】答案为 B。根据《治安管理处罚法》第 7 条的规定,治安管理处罚由公安机关决定,故本题 B 项正确。

(2018 年单选)由(　　)管理全国治安管理的工作。

A. 国务院　　B. 公安部

C. 中央政府委员　　D. 全国人民代表大会

【解析】答案为 B。根据《治安管理处罚法》第 7 条第 1 款的规定,国务院和中央政府委员负责的是全面工作,肯定不是某一个方面的,可以优先排除。全国人民代表大会属于我国最高权力机关,不可能负责行政工作,也好排除。剩下就只有 B 项了,根据排除法也可得出正确答案。

⊙民事责任

第八条　违反治安管理的行为对他人造成损害的,行为人或者其监护人应当依法承担民事责任。

●考点点拨

1. 违反治安管理的行为可能兼具行政违法性和民事侵权性。比如,甲无证驾驶撞到乙,造成其轻微伤,则甲不仅要承担违反治安管理的行政责任,也要承担民事赔偿责任。

2. 若违反治安管理的人具有完全民事行为能力,则由其本人承担民事责任。若不具有,则由其监护人承担。比如,10 岁的甲召集同岁的乙和丙,共同殴打了同学丁,致使其受伤,则相应的民事赔偿责任由甲乙丙的监护人承担。

★调解

第九条　对于因民间纠纷引起的打架斗殴或者损毁他人财物等违反治安管理行为,情节较轻的,公安机关可以调解处理。经公安机关调解，当事人达成协议的，不予处罚。经调解未达成协议或者达成协议后不履行的，公安机关应当依照本法的规定对违反治安管理行为人给予处罚，并告知当事人可以就民事争议依法向人民法院提起民事诉讼。

●考点点拨

1. 可以调解的治安案件是指因民间纠纷引起的打架斗殴或者损毁他人财物等违反治安管理情节较轻的行为。如寻衅滋事、赌博、卖淫嫖娼等就不能适用调解。

2. 调解只是公安机关办理治安案件的一种方式，并不是必需的程序。

3. 若经公安机关调解后，当事人未达成协议或达成协议后又反悔不履行的，公安机关应对违反治安管理的人进行处罚，并应告知相应的民事纠纷可向人民法院起诉。

◆关联法条

《公安机关执行〈中华人民共和国治安管理处罚法〉有关问题的解释》

一、关于治安案件的调解问题。根据《治安管理处罚法》第9条的规定，对因民间纠纷引起的打架斗殴或者损毁他人财物以及其他违反治安管理行为，情节较轻的，公安机关应当本着化解矛盾纠纷、维护社会稳定、构建和谐社会的要求，依法尽量予以调解处理。特别是对因家庭、邻里、同事之间纠纷引起的违反治安管理行为，情节较轻，双方当事人愿意和解的，如制造噪声、发送信息、饲养动物干扰他人正常生活，放任动物恐吓他人、侮辱、诽谤、诬告陷害、侵犯隐私、偷开机动车等治安案件，公安机关都可以调解处理。同时，为确保调解取得良好效果，调解前应当及时依法做深入细致的调查取证工作，以查明事实、收集证据、分清责任。调解达成协议的，应当制作调解书，交双方当事人签字。

《公安机关办理行政案件程序规定》

第一百七十八条　对于因民间纠纷引起的殴打他人、故意伤害、侮辱、诽谤、诬告陷害、故意损毁财物、干扰他人正常生活、侵犯隐私、非法侵入住宅等违反治安管理行为，情节较轻，且具有下列情形之一的，可以调解处理：

（一）亲友、邻里、同事、在校学生之间因琐事发生纠纷引起的；

（二）行为人的侵害行为系由被侵害人事前的过错行为引起的；

（三）其他适用调解处理更易化解矛盾的。

对不构成违反治安管理行为的民间纠纷，应当告知当事人向人民法院或者人民调解组织申请处理。

对情节轻微、事实清楚、因果关系明确，不涉及医疗费用、物品损失或者双方当事人对医疗费用和物品损失的赔付无争议，符合治安调解条件，双方当事人同意当场调解并当场履行的治安案件，可以当场调解，并制作调解协议书。当事人基本情况、主要违法事实和协议内容在现场录音录像中明确记录的，不再制作调解协议书。

☆真题回顾

（2017年多选）下列违反治安管理的情形，应当不予处罚的有（　　）。

A. 因民间纠纷损毁他人财物，情节较轻的，经公安机关调解，当事人达成协议的

B. 不满14周岁的人违反治安管理的

C. 精神病人在不能辨认或者不能控制自己行为的时候违反治安管理的

D. 违反治安管理行为在6个月内没有被公安机关发现的

E. 非法种植罂粟不满五百株，在成熟前自行铲除的

【解析】答案为ABCDE。根据《治安管理处罚法》第9条的规定，A项正确；根据第12条的规定，B项正确；根据第13条的规定，C项正确；根据第22条的规定，故D项正确；根据第71条的规定，E选项正确。本题较为全面地考查了治安管理处罚法中不予处罚的情形，启示考生要对同类型知识点进行总结归纳，以便强化记忆。

（2018年单选）下列行为不适用治安调解的是（　　）。

A. 制造噪声干扰他人生活

B. 饲养动物干扰他人生活

C. 侮辱、诽谤他人

D. 破坏选举秩序

【解析】答案为D。调解作为人民警察工作实务常见情形，考生也应充分理解。根据《治安管理处罚法》第9条、《公安机关办理行政案件程序规定》第178条的规定，A项、B项、C项作为法律、规章规定的情形，情节轻微的，可以调解处理。调解，就对象而言，是基于平等民事主体之间的争议。破坏选举秩序，则属于破坏国家基本政治制度的行为，严重的甚至构成犯罪，不能适用调解。故D项错误，当选。

第二章　处罚的种类和适用

★处罚种类

第十条　治安管理处罚的种类分为：

（一）警告；

（二）罚款；

（三）行政拘留；

（四）吊销公安机关发放的许可证。

对违反治安管理的外国人，可以附加适用限期出境或者驱逐出境。

●考点点拨

1. 本条是关于治安管理处罚种类的规定，这是考试的高频考点。

2. 警告。警告属于治安管理处罚中最轻的一种，不剥夺违法治安管理行为人的实体权利，而是通过对行为人进行口头惩戒，教育行为人检点行为，避免再次违法。警告处罚适用于初犯、偶犯，或者情节轻微，认错态度好的违反治安管理行为人或单位。比如，某小区住户甲经常深夜外放迪斯科音乐，音乐声经常干扰小区居民正常休息，对其应给予警告处罚。

3. 罚款。罚款是要求违反治安管理行为人或单位在一定期限内交付一定金钱的处罚。这种方法适用范围较广，是治安管理中最常见的处罚种类。比如，对乙私自拆开丙写给甲的信件的行为罚款200元。

4. 行政拘留。行政拘留是公安机关对违反治安管理的行为人依法剥夺其一定时间的人身自由。它是最为严厉的治安管理处罚，主要适用于违反治安管理行为情节较严重的人。如对甲无票强行进入大型体育比赛现场的违法行为，拘留5日。

5. 吊销公安机关发放的许可证：吊销公安机关发放的许可证是指公安机关依法对从事公安机关许可的行业的行为人因其严重违反治安管理，收回其许可证，即从事某种职业或活动的权利和资格。根据《治安管理处罚法》的规定，吊销许可证的治安管理处罚仅限于吊销依照国家规定由公安机关颁发的许可证。目前，由公安机关发放的许可证主要限于一些特种行业，如旅馆业、典当业、印章刻制业、废旧金属收购业等领域。在考试中，出题人非常热衷在本条设置迷惑项，公安机关只有权吊销由公安机关发放的许可证，无权吊销如由市场监督管理局发放的许可证。

6. 对违反治安管理的外国人，本条第2款规定可以在第1款四种处罚种类的基础上附加适用限期出境或驱逐出境。限期出境是指责令其自行在规定时间出境。驱逐出境是指强制押解出境。如对外国人甲在中国教唆乙吸食毒品的行为拘留10日、罚款1000元，并责令其在3个月内限期出境。

◆关联法条

《中华人民共和国行政处罚法》

第八条　行政处罚的种类：

（一）警告；

（二）罚款；

（三）没收违法所得、没收非法财物；

（四）责令停产停业；

（五）暂扣或者吊销许可证、暂扣或者吊销执照；

（六）行政拘留；

（七）法律、行政法规规定的其他行政处罚。

◆关联法条

《公安机关执行〈中华人民共和国治安管理处罚法〉有关问题的解释》

二、关于涉外治安案件的办理问题。

《治安管理处罚法》第10条第2款规定："对违反治安管理的外国人可以附加适用限期出境、驱逐出境。"对外国人需要依法适用限期出境、驱逐出境处罚的，由承办案件的公安机关逐级上报公安部或者公安部授权的省级人民政府公安机关决定，由承办案件的公安机关执行。对外国人依法决定行政拘留的，由承办案件的县级以上（含县级，下同）公安机关决定，不再报上一级公安机关批准。对外国人依法决定警告、罚款、行政拘留，并附加适用限期出境、驱逐出境处罚的，应当在警告、罚款、行政拘留执行完毕后，再执行限期出境、驱逐出境。

☆真题回顾

（2019年单选）对违反治安管理的外国人，县级公安机关无权作出的处罚决定是（　　）。

A. 警告　　　　B. 罚款

C. 行政拘留　　D. 限期出境

【解析】答案为D。本题主要考查涉外治安案件的办理问题。根据《治安管理处罚法》第10条的规定，违反治安管理的外国人，除与我国公民同等适用所有行政处罚外，还可以视情况被限期出境或者驱逐出境。根据《公安机关执行〈中华人民共和国治安管理处罚法〉有关问题的解释》第2条的规定，对于限期出境、驱逐出境的处罚，承办案件的公安机关逐级上报公安部或者公安部授权的省级人民政府公安机关决定，县级公安机关无权决定，仅负责执行，D项错误。本题的难点在于不单纯地考查对涉外治安案件的处罚种类,而是更深一层地从实务层面考查了处罚决定的权限问题,要求考生在备考复习中不能忽视相关司法解释。

⊙对查获的违禁品、工具和违法所得财物的处理

第十一条　办理治安案件所查获的毒品、淫秽物品等违禁品,赌具、赌资,吸食、注射毒品的用具以及直接用于实施违反治安管理行为的本人所有的工具,应当收缴,按照规定处理。

违反治安管理所得的财物,追缴退还被侵害人;没有被侵害人的,登记造册,公开拍卖或者按照国家有关规定处理,所得款项上缴国库。

●考点点拨

1. 收缴是指将违反治安管理的非法财物,包括违禁品、赌具、赌资、吸毒、注射毒品的用具以及直接用于违反治安管理的本人所有的工具查收缴获。

2. 追缴是指将违反治安管理行为人实施违反治安管理行为所得的赃款、赃物和非法利益追查缴获。

3. 收缴与追缴不同于没收,后者是一种行政处罚措施,是指公安机关将违反治安管理行为人的违法所得和非法财物的部分或全部强制无偿地收归国有的一种行为。

★对未成年人违反治安管理行为的处罚

第十二条　已满十四周岁不满十八周岁的人违反治安管理的,从轻或者减轻处罚;不满十四周岁的人违反治安管理的,不予处罚,但是应当责令其监护人严加管教。

●考点点拨

1. 本条将未成年人划分为两个年龄段:

(1)已满14周岁不满18周岁。

(2)不满14周岁。

2. 对于已满14周岁不满18周岁的未成年人违反治安管理的,是"应当"从轻或者减轻处罚,而不是"可以",公安机关及其人民警察没有自由裁量权。

3. "从轻"处罚是指在某一档处罚幅度内选择较轻的处罚。如法条规定处以5日到10日的行政拘留,在满足从轻处罚的条件下,应当处以更靠近5日的处罚天数。"减轻"处罚是指在应处罚档数的基础上,降低一档或几档处罚。如本应处以罚款,在符合减轻处罚的条件下,处以警告。

4. 对于不满14周岁的未成年人违反治安管理的,是"应当"不予处罚,而不是"可以",公安机关及其人民警察没有自由裁量权。

★对精神病人违反治安管理行为的处罚

第十三条　精神病人在不能辨认或者不能控制自己行为的时候违反治安管理的,不予处罚,但是应当责令其监护人严加看管和治疗。间歇性的精神病人在精神正常的时候违反治安管理的,应当给予处罚。

●考点点拨

1. 精神病人在不能辨认或者不能控制自己行为的时候违反治安管理的,应当不予处罚,但是否为精神病,应当通过客观准确的判断。

2. 间歇性精神病人在具有辨认和控制自己行为能力的情况下实施的违反治安管理行为,应当予以处罚。比如,甲是间歇性精神病人,在精神正常的情况下故意无事生非殴打了乙并造成其轻微伤,对甲的此行为应该予以治安管理处罚。

◆关联法条

《公安机关办理行政案件程序规定》

第一百五十八条　精神病人在不能辨认或者不能控制自己行为时有违法行为的,不予行政处罚,但应当责令其监护人严加看管和治疗,并在不予行政处罚决定书中载明。间歇性精神病人在精神正常时有违法行为的,应当给予行政处罚。尚未完全丧失辨认或者控制自己行为能力的精神病人有违法行为的,应当予以行政处罚,但可以从轻或者减轻行政处罚。

☆真题回顾

(2019年单选)精神病人高某持刀乱砍路人,公安机关对其采取保护性约束措施,后将其送往指定的单位加以监护,此时应及时通知其(　　)。

A. 监护人

B. 户籍所在地公安派出所

C. 经常居住地公安派出所

D. 户籍所在地居委会或者村委会

【解析】答案为A。根据《治安管理处罚法》第13条的规定,在对精神病人采取保护性约束措施后,应当及时通知其监护人。故A项正确,当选。

★对盲人或聋哑人违反治安管理行为的处罚

第十四条　盲人或者又聋又哑的人违反治安管理的,可以从轻、减轻或者不予处罚。

●考点点拨

1. 对于盲人或者又聋又哑的人违反治安管理的,是"可以"从轻、减轻或者不予处罚,而不是"应当"。

至于具体可以不可以，则由公安机关及其人民警察根据案情来决定。

2. 注意这里的主体：

(1) 盲人。

(2) 又聋又哑的人。聋和哑要同时兼具才适用本条。

☆**真题回顾**

(2018 年多选) 盲人或者又聋又哑的人违反治安管理的，(　　)。

A. 可以从轻处罚

B. 应当从轻处罚

C. 可以减轻处罚

D. 应当减轻处罚

E. 可以不予处罚

【解析】答案为 ACE。根据《治安管理处罚法》第 14 条的规定，A 项、C 项和 E 项正确。

★对醉酒的人违反治安管理行为的处罚

第十五条　醉酒的人违反治安管理的，应当给予处罚。

醉酒的人在醉酒状态中，对本人有危险或者对他人的人身、财产或者公共安全有威胁的，应当对其采取保护性措施约束至酒醒。

●考点点拨

1. 醉酒分为生理性醉酒和病理性醉酒。

(1) 生理醉酒又称普通醉酒，多发生于一次性大量饮酒后，因饮酒过量而导致精神过度兴奋甚至神志不清的情况。

(2) 病理性醉酒是指所饮不足使一般人发生醉酒的酒量时而出现的醉酒状态。

2. 本条醉酒的人一般指生理性醉酒的人。因生理性醉酒可以控制，所以若具有责任能力的行为人，故意或者过失使自己陷入醉酒状态，致使自己辨认能力和控制能力下降，并在此种状态下实施违反治安管理的行为，那么该行为人应当承担相应的法律责任。对于明知自己会病理性醉酒的人，故意或者过失使自己陷入病理性醉酒状态，并在此种状态下实施违反治安管理的行为，那么该行为人也应承担相应的法律责任。

3. 本条第 2 款规定的保护性措施不属于治安处罚种类，比如，人民警察将醉酒人绑在柱子上或将醉酒人固定在醒酒室里等类似行为都属于保护性措施。这是考试中的高频考点。

☆**真题回顾**

(2017 年判断) 醉酒人员违反治安管理的应当从重处罚。(　　)

【解析】根据《治安管理处罚法》第 15 条的规定，本题说法错误。

☆**真题回顾**

(2018 年判断) 根据《治安管理处罚法》，醉酒的人在醉酒状态中，对本人有危险或者对他人的人身、财产或者公共安全有威胁的，应当对其采取保护性措施约束至酒醒，必要时可以使用手铐等约束性警械。(　　)

【解析】根据《治安管理处罚法》第 15 条第 2 款的规定，醉酒的人分辨能力会大幅度下降，具有一定的自伤或伤害他人的能力，因而应采取保护性措施予以必要约束，但没有规定可以使用手铐等约束性警械。故本题说法错误。

★对有两种以上违反治安管理行为的处罚

第十六条　有两种以上违反治安管理行为的，分别决定，合并执行。行政拘留处罚合并执行的，最长不超过二十日。

●考点点拨

1. 本条规定的是当一人实施数个违反治安管理的行为时，应分别对各个行为进行处罚，然后将各个处罚合并在一起执行。比如，违反治安管理的行为一罚款 200 元、行政拘留 5 日；行为二罚款 100 元、行政拘留 5 日，合并在一起则执行罚款 300 元、行政拘留 10 日。

2. 要注意的是行政拘留处罚合并执行的，最长不超过 20 日。这是考试中的常考点。

3. 考试中常涉及对法条表述的考查，法条的表述是"分别决定、合并执行"，既不是"分别决定、分别执行"，也不是"合并决定、合并执行"。考生对此要牢记。

☆**真题回顾**

(2018 年单选) 行政拘留处罚合并执行的，最长不超过(　　)日。

A. 15　　B. 20

C. 30　　D. 60

【解析】答案为 B。根据《治安管理处罚法》第 16 条的规定，B 项正确。

(2018 年多选) 根据《治安管理处罚法》的规定，有两种以上违反治安管理行为的，应当(　　)。

A. 分别决定　　B. 合并决定

C. 分别执行　　　　D. 合并执行

E. 只执行较重的处罚

【解析】答案为 AD。根据《治安管理处罚法》第 16 条的规定，A 项和 D 项正确。

★对共同违反治安管理行为的处罚

第十七条　共同违反治安管理的，根据违反治安管理行为人在违反治安管理行为中所起的作用，分别处罚。

教唆、胁迫、诱骗他人违反治安管理的，按照其教唆、胁迫、诱骗的行为处罚。

●考点点拨

1. 本条规定了共同违反治安管理的责任。

2. 共同违反治安管理行为须具备的条件：

(1) 主体上：必须是两人或两人以上。

(2) 客观上：必须共同实施了同一个违反治安管理的行为。

(3) 主观上：各个共同行为人必须对违反治安管理行为有共同的故意。

3. 在共同违反治安管理行为中，各个共同行为人的作用可能有所不同，分主要作用或次要作用。本条规定应根据各个共同行为人在违反治安管理行为中所起的作用，分别处罚，体现了错责相当原则。

4. 教唆是指是一种怂恿、唆使行为。胁迫是指采用威胁、恐吓等手段迫使他人必须做或不敢做某事的行为。诱骗是指采用言语或物质诱惑等手段欺骗他人做或不做某事的行为。教唆、胁迫、诱骗他人违反治安管理的，应按照其教唆、胁迫、诱骗的行为进行处罚，而不是按照被教唆人、被胁迫人、被诱骗人的行为进行处罚。

⊙对单位违反治安管理行为的处罚

第十八条　单位违反治安管理的，对其直接负责的主管人员和其他直接责任人员依照本法的规定处罚。其他法律、行政法规对同一行为规定给予单位处罚的，依照其规定处罚。

★减轻处罚或者不予处罚的情形

第十九条　违反治安管理有下列情形之一的，减轻处罚或者不予处罚：

(一) 情节特别轻微的；

(二) 主动消除或者减轻违法后果，并取得被侵害人谅解的；

(三) 出于他人胁迫或者诱骗的；

(四) 主动投案，向公安机关如实陈述自己的违法行为的；

(五) 有立功表现的。

●考点点拨

1. 具有本条规定的五种情形之一的，都是"应当"减轻处罚或不予处罚。

2. 情节特别轻微：判断情节是否特别轻微，需综合判断，包括行为人的年龄、动机、目的以及造成的后果等。如甲乙因生活琐事发生口角的行为就属于情节特别轻微，不予处罚。

3. 主动消除或者减轻违法后果，并取得被侵害人谅解：若在违法治安管理的行为中，有被侵害人的，行为人不仅要主动消除或者减轻违法后果，而且要取得被侵害人谅解，才应当减轻处罚或不予处罚。若没有被侵害人，只需主动消除或者减轻违法后果，就应当减轻处罚或不予处罚。

4. 出于他人胁迫或者诱骗：被胁迫人或被诱骗人本身主观过错不大，只要其真诚悔改，减轻处罚或不予处罚同样可以达到教育的目的。

5. 主动投案，向公安机关如实陈述自己的违法行为：主动投案和主动投案后如实陈述自己的违法行为两者兼具才能减轻处罚或者不予处罚，缺一不可。主动投案指是违反治安管理的行为人在未被公安机关发觉或虽被公安机关发觉但未被传唤或询问时，主动向公安机关投案。

6. 有立功表现。这里的立功表现通常包括：

(1) 违反治安管理行为人有检举、揭发他人违法犯罪行为，查证属实的。若为共同违反治安管理行为人，需揭发共同违反治安管理行为以外的其他违法犯罪行为，经查证属实的。

(2) 提供侦破其他违法犯罪案件的重要线索，经查证属实的。

(3) 协助公安机关抓获其他违反治安管理的行为人(包括同案人)。

(4) 具有其他有利于国家或社会的突出表现的情况。

★从重处罚的情形

第二十条　违反治安管理有下列情形之一的，从重处罚：

(一) 有较严重后果的；

(二) 教唆、胁迫、诱骗他人违反治安管理的；

(三) 对报案人、控告人、举报人、证人打击报复的；

(四) 六个月内曾受过治安管理处罚的。

●考点点拨

1. 具有本条规定的四种情形之一的，都是“应当”从重处罚。

2. 从重处罚是指在某一档处罚幅度内选择较重的处罚。比如法条规定处以 5 日到 10 日的行政拘留，在满足从重处罚的条件下，应当处以更靠近 10 日的处罚天数。

3. 几个概念。(1)报案人是指向公安机关报告发现的违反治安管理事实或违反治安管理行为人的人。(2)控告人是指受到违反治安管理行为侵犯而向公安机关报告，要求追究行为人责任的被害人本人及其近亲属。(3)举报人是指除当事人以外的向公安机关报告违反治安管理事实或违反治安管理行为人的人。

☆真题回顾

(2017 年单选)《治安管理处罚法》规定的从重处罚的情形不包括(　　)。

A. 对报案人、控告人、举报人、证人打击报复的

B. 阻碍人民警察依法执行职务的

C. 同时有两种以上违反治安管理行为的

D. 冒充军警人员招摇撞骗的

【解析】答案为 C。根据《治安管理处罚法》第 20 条、第 50 条第 2 款、第 51 条第 2 款的规定，C 项不属于从重处罚的情形。

(2019 年单选)教唆、胁迫、诱骗他人违反治安管理的，按照其教唆、胁迫、诱骗的行为，(　　)。

A. 从轻处罚　　B. 减轻处罚

C. 从重处罚　　D. 分别处罚

【解析】答案为 C。根据《治安管理处罚法》第 20 条的规定，教唆、胁迫、诱骗行为的性质更为恶劣，应当从重处罚，据此，C 项正确。本题考查法条原文细节性表述，要求考生有准确细致的把握。

★应给予行政拘留处罚而不予执行的情形

第二十一条　违反治安管理行为人有下列情形之一，依照本法应当给予行政拘留处罚的，不执行行政拘留处罚：

(一)已满十四周岁不满十六周岁的；

(二)已满十六周岁不满十八周岁，初次违反治安管理的；

(三)七十周岁以上的；

(四)怀孕或者哺乳自己不满一周岁婴儿的。

●考点点拨

1. 本条是基于人道主义的考虑，给予弱势群体的特殊保护。第 1 项和第 2 项是对未成年人的保护。第 3 项是对年迈老人的保护。第 4 项不仅是对妇女的保护，更是对胎儿与婴儿正常发育与成长的保护。

2. 本条规定的四类对象在有违反治安管理行为时，公安机关根据本法规定应当给予行政拘留处罚的，仍然可以对其作出行政处罚决定，但是该行政拘留决定应当不予执行。

3. 如果作出的是警告或罚款等处罚，还是要执行，而不适用本条不执行的规定。这是出题人经常设置的迷惑考点。

★追究时效

第二十二条　违反治安管理行为在六个月内没有被公安机关发现的，不再处罚。

前款规定的期限，从违反治安管理行为发生之日起计算；违反治安管理行为有连续或者继续状态的，从行为终了之日起计算。

●考点点拨

1. 对于违反治安管理的行为人，公安机关必须要在 6 个月内发现行为人的责任。若超过了这个期限，就不能再对其追究责任。“被公安机关发现”既包括直接发现又包括间接发现。直接发现如人民警察亲眼所见；间接发现如群众举报、被害人报案等。公安机关只要 6 个月内发现违反治安管理行为，即使违反治安管理行为人逃亡在外，仍可对其进行处罚。

2. 本条第 2 款规定了追究时效的起点计算方法。对于有连续或者继续违反治安管理状态的行为，应从行为终了之日起计算。对于其他的违反治安管理行为，应从该行为发生之日起计算。

3. “连续状态”是指在短时间内，违反治安管理的人连续实施数个性质相同的违反治安管理的情形。比如在较短的时间内多次殴打他人。“继续状态”是指在一定时期内，违反治安管理的人连续不间断地实施某一违反治安管理的行为。比如非法拘禁他人但未达到需刑事处罚的行为。

第三章　违反治安管理的行为和处罚

第一节　扰乱公共秩序的行为和处罚

⊙对扰乱单位、公共场所、公共交通和选举秩序行为的处罚

第二十三条　有下列行为之一的，处警告或者二百元以下罚款；情节较重的，处五日以上十日以下拘留，可以并处五百元以下罚款：

(一)扰乱机关、团体、企业、事业单位秩序，致使工作、生产、营业、医疗、教学、科研不能正常进行，尚未造成严重损失的；

(二)扰乱车站、港口、码头、机场、商场、公园、展览馆或者其他公共场所秩序的；

(三)扰乱公共汽车、电车、火车、船舶、航空器或者其他公共交通工具上的秩序的；

(四)非法拦截或者强登、扒乘机动车、船舶、航空器以及其他交通工具，影响交通工具正常行驶的；

(五)破坏依法进行的选举秩序的。

聚众实施前款行为的，对首要分子处十日以上十五日以下拘留，可以并处一千元以下罚款。

⊙对扰乱大型群众性活动秩序行为的处罚

第二十四条 有下列行为之一，扰乱文化、体育等大型群众性活动秩序的，处警告或者二百元以下罚款；情节严重的，处五日以上十日以下拘留，可以并处五百元以下罚款：

(一)强行进入场内的；

(二)违反规定，在场内燃放烟花爆竹或者其他物品的；

(三)展示侮辱性标语、条幅等物品的；

(四)围攻裁判员、运动员或者其他工作人员的；

(五)向场内投掷杂物，不听制止的；

(六)扰乱大型群众性活动秩序的其他行为。

因扰乱体育比赛秩序被处以拘留处罚的，可以同时责令其十二个月内不得进入体育场馆观看同类比赛；违反规定进入体育场馆的，强行带离现场。

★对扰乱公共秩序行为的处罚

第二十五条 有下列行为之一的，处五日以上十日以下拘留，可以并处五百元以下罚款；情节较轻的，处五日以下拘留或者五百元以下罚款：

(一)散布谣言，谎报险情、疫情、警情或者以其他方法故意扰乱公共秩序的；

(二)投放虚假的爆炸性、毒害性、放射性、腐蚀性物质或者传染病病原体等危险物质扰乱公共秩序的；

(三)扬言实施放火、爆炸、投放危险物质扰乱公共秩序的。

●考点点拨

1. 本条规定了三类违反治安管理的行为。

2. 散布谣言的行为是指捏造并散布或明知是捏造而散布没有事实根据信息的行为。"谎报险情、疫情、警情"是指编造危险情况，如火灾或明知是虚假的危险情况而向有关机关报告的行为。

3. 投放虚假危险物质的行为是指明知是虚假的物质而将其置于他人或公众面前，从而造成或可能造成一定范围恐慌的行为。

4. 扬言实施危险活动的是指以公开表达的方式表明自己将实施放火、爆炸等危险活动的行为。

5. 本条规定的行为只要实施了就应予以处罚，而不需要发生实质性的扰乱公共秩序的后果。

★对寻衅滋事行为的处罚

第二十六条 有下列行为之一的，处五日以上十日以下拘留，可以并处五百元以下罚款；情节较重的，处十日以上十五日以下拘留，可以并处一千元以下罚款：

(一)结伙斗殴的；

(二)追逐、拦截他人的；

(三)强拿硬要或者任意损毁、占用公私财物的；

(四)其他寻衅滋事行为。

●考点点拨

本条规定了对寻衅滋事行为的处罚。若寻衅滋事行为的情节恶劣程度以及后果严重程度达到了刑事处罚的标准，则按照《刑法》处罚，不再适用《治安管理处罚法》。

◆关联法条

《中华人民共和国刑法》

第二百九十三条 有下列寻衅滋事行为之一，破坏社会秩序的，处五年以下有期徒刑、拘役或者管制：

(一)随意殴打他人，情节恶劣的；

(二)追逐、拦截、辱骂、恐吓他人，情节恶劣的；

(三)强拿硬要或者任意损毁、占用公私财物，情节严重的；

(四)在公共场所起哄闹事，造成公共场所秩序严重混乱的。

纠集他人多次实施前款行为，严重破坏社会秩序的，处五年以上十年以下有期徒刑，可以并处罚金。

⊙对利用封建迷信进行非法活动行为的处罚

第二十七条 有下列行为之一的，处十日以上十五日以下拘留，可以并处一千元以下罚款；情节较轻的，处五日以上十日以下拘留，可以并处五百元以下罚款：

(一)组织、教唆、胁迫、诱骗、煽动他人从事邪教、会道门活动或者利用邪教、会道门、迷信活动，扰乱社会秩序、损害他人身体健康的；

（二）冒用宗教、气功名义进行扰乱社会秩序、损害他人身体健康活动的。

⊙对干扰无线电业务及无线电台（站）行为的处罚

第二十八条　违反国家规定，故意干扰无线电业务正常进行的，或者对正常运行的无线电台（站）产生有害干扰，经有关主管部门指出后，拒不采取有效措施消除的，处五日以上十日以下拘留；情节严重的，处十日以上十五日以下拘留。

⊙对危害计算机信息系统安全行为的处罚

第二十九条　有下列行为之一的，处五日以下拘留；情节较重的，处五日以上十日以下拘留：

（一）违反国家规定，侵入计算机信息系统，造成危害的；

（二）违反国家规定，对计算机信息系统功能进行删除、修改、增加、干扰，造成计算机信息系统不能正常运行的；

（三）违反国家规定，对计算机信息系统中存储、处理、传输的数据和应用程序进行删除、修改、增加的；

（四）故意制作、传播计算机病毒等破坏性程序，影响计算机信息系统正常运行的。

第二节　妨害公共安全的行为和处罚

⊙对违反危险物质管理规定的行为的处罚

第三十条　违反国家规定，制造、买卖、储存、运输、邮寄、携带、使用、提供、处置爆炸性、毒害性、放射性、腐蚀性物质或者传染病病原体等危险物质的，处十日以上十五日以下拘留；情节较轻的，处五日以上十日以下拘留。

⊙对危险物质被盗、被抢或者丢失不报行为的处罚

第三十一条　爆炸性、毒害性、放射性、腐蚀性物质或者传染病病原体等危险物质被盗、被抢或者丢失，未按规定报告的，处五日以下拘留；故意隐瞒不报的，处五日以上十日以下拘留。

★对非法携带管制器具行为的处罚

第三十二条　非法携带枪支、弹药或者弩、匕首等国家规定的管制器具的，处五日以下拘留，可以并处五百元以下罚款；情节较轻的，处警告或者二百元以下罚款。

非法携带枪支、弹药或者弩、匕首等国家规定的管制器具进入公共场所或者公共交通工具的，处五日以上十日以下拘留，可以并处五百元以下罚款。

●考点点拨

1. 本条规定的行为侵犯的是公共安全以及国家对管制器具的管理制度。

2. 行为人具有故意的目的，即明知是管制器具仍携带的。携带行为并不一定是要放在身上，只要放在周围容易取得的地方都有可能被认定为携带行为。

3. 本条只规定了对管制器具携带行为的处罚，没有规定对储存行为的处罚，法无明文规定不违法。比如，甲从乙处买到两把匕首并放在家中。甲的行为不属于违反治安管理行为。但对于非法储存枪支、弹药的行为可能会触犯非法持有、私藏枪支、弹药罪。

◆关联法条

《中华人民共和国刑法》

第一百三十条　非法携带枪支、弹药、管制刀具或者爆炸性、易燃性、放射性、毒害性、腐蚀性物品，进入公共场所或者公共交通工具，危及公共安全，情节严重的，处三年以下有期徒刑、拘役或者管制。

⊙对盗窃、损毁公共设施行为的处罚

第三十三条　有下列行为之一的，处十日以上十五日以下拘留：

（一）盗窃、损毁油气管道设施、电力电信设施、广播电视设施、水利防汛工程设施或者水文监测、测量、气象测报、环境监测、地质监测、地震监测等公共设施的；

（二）移动、损毁国家边境的界碑、界桩以及其他边境标志、边境设施或者领土、领海标志设施的；

（三）非法进行影响国（边）界线走向的活动或者修建有碍国（边）境管理的设施的。

⊙对妨害航空器飞行安全行为的处罚

第三十四条　盗窃、损坏、擅自移动使用中的航空设施，或者强行进入航空器驾驶舱的，处十日以上十五日以下拘留。

在使用中的航空器上使用可能影响导航系统正常功能的器具、工具，不听劝阻的，处五日以下拘留或者五百元以下罚款。

⊙对妨害铁路运行安全行为的处罚

第三十五条　有下列行为之一的，处五日以上十日以下拘留，可以并处五百元以下罚款；情节较轻的，处五日以下拘留或者五百元以下罚款：

（一）盗窃、损毁或者擅自移动铁路设施、设备、机车车辆配件或者安全标志的；

（二）在铁路线路上放置障碍物，或者故意向列

车投掷物品的；

（三）在铁路线路、桥梁、涵洞处挖掘坑穴、采石取沙的；

（四）在铁路线路上私设道口或者平交过道的。

⊙对妨害火车行车安全行为的处罚

第三十六条　擅自进入铁路防护网或者火车来临时在铁路线路上行走坐卧、抢越铁路，影响行车安全的，处警告或者二百元以下罚款。

●考点点拨

1. 擅自进入铁路防护网是指未经铁路工作人员的允许，擅自进入铁路防护网影响火车行车安全的行为。

2. 在铁路线路上行走坐卧、抢越铁路的行为会严重影响正在高速行进中的火车行车安全，对此种行为应当予以处罚。比如，应对甲在铁轨上坐卧自拍而不顾是否有火车来临的行为进行处罚。

★对妨害公共道路安全行为的处罚

第三十七条　有下列行为之一的，处五日以下拘留或者五百元以下罚款；情节严重的，处五日以上十日以下拘留，可以并处五百元以下罚款：

（一）未经批准，安装、使用电网的，或者安装、使用电网不符合安全规定的；

（二）在车辆、行人通行的地方施工，对沟井坎穴不设覆盖物、防围和警示标志的，或者故意损毁、移动覆盖物、防围和警示标志的；

（三）盗窃、损毁路面井盖、照明等公共设施的。

●考点点拨

1. 未经批准擅自安装、使用电网的行为是指明知安装使用的电网未经批准而擅自使用的行为。

2. 覆盖物、防围是指为了避免机动车、非机动以及行人损毁或受伤而设置的防护物，如护栏、挡板等。警示标志是指警告车辆、行人注意危险地点的标志，如写明“前方施工，请绕行”的警示牌。

⊙对违反有关规定违法举办大型群众性活动行为的处罚

第三十八条　举办文化、体育等大型群众性活动，违反有关规定，有发生安全事故危险的，责令停止活动，立即疏散。对组织者处五日以上十日以下拘留，并处二百元以上五百元以下罚款；情节较轻的，处五日以下拘留或者五百元以下罚款。

⊙对违反公共场所安全规定行为的处罚

第三十九条　旅馆、饭店、影剧院、娱乐场、运动场、展览馆或者其他供社会公众活动的场所的经营管理人员，违反安全规定，致使该场所有发生安全事故危险，经公安机关责令改正，拒不改正的，处五日以下拘留。

●考点点拨

1. 安全规定是指国家和各级政府有关主管部门制定的各类关于安全管理的法律、行政法规及规章。如《消防法》关于消防安全制度的规定。

2. 是否改正违反公共场所安全规定的行为是决定是否处罚的关键。若经公安机关责令改正后，相关场所的经营管理人员改正了违法行为，消除了事故危险隐患，则不予以处罚。

第三节　侵犯人身权利、财产权利的行为和处罚

★对恐怖表演、强迫劳动、限制人身自由行为的处罚

第四十条　有下列行为之一的，处十日以上十五日以下拘留，并处五百元以上一千元以下罚款；情节较轻的，处五日以上十日以下拘留，并处二百元以上五百元以下罚款：

（一）组织、胁迫、诱骗不满十六周岁的人或者残疾人进行恐怖、残忍表演的；

（二）以暴力、威胁或者其他手段强迫他人劳动的；

（三）非法限制他人人身自由、非法侵入他人住宅或者非法搜查他人身体的。

●考点点拨

1. 恐怖、残忍表演是指容易让人产生恐惧的凶杀、暴力表演以及对表演者的身体进行残酷折磨的表演，如胸口碎大石、汽车过人等表演。

2. 强迫他人劳动是指违背劳动者意愿迫使其劳动的行为。可以表现为迫使劳动者延长劳动时间或超体力劳动以及强迫劳动者劳动而不给报酬或少给报酬的行为。

3. 人身自由不受侵犯是宪法保障的权利。根据法律规定，除司法机关、公安机关等有权机关外，任何其他个人、组织都不得限制或剥夺他人人身自由。有权机关未按法定依据及程序限制或剥夺他人人身自由，也是违法的。

4. 这里的非法侵入他人住宅可以理解成两个方面：

（1）未经住宅主人同意侵入他人住宅。

(2)虽经同意进入,但住宅主人要求退出时不退出的行为。住宅主人可以是房屋所有人、房屋承租人等。

5. 非法搜查他人身体包括:

(1)无权搜查的人对他人身体进行搜查。

(2)有权搜查的人员未按法定依据与法定程序搜查。

★对胁迫、诱骗或者利用他人乞讨和滋扰他人乞讨行为的处罚

第四十一条　胁迫、诱骗或者利用他人乞讨的,处十日以上十五日以下拘留,可以并处一千元以下罚款。

反复纠缠、强行讨要或者以其他滋扰他人的方式乞讨的,处五日以下拘留或者警告。

●考点点拨

选择乞讨是个人的自由和权利,但权利不得滥用。任何人在行使自己的权利时,除非有法律特别规定或他人同意,都不得侵犯他人的权利。采用滋扰方式进行乞讨,会严重影响他人的权利,所以应对其进行处罚。

☆真题回顾

(2018年单选)甲胁迫乙乞讨并要求乙每天完成100元的收入任务,乙为了完成任务不得不反复纠缠路人,对甲、乙的行为,公安机关应当(　　)。

A. 对甲、乙同罪处罚

B. 对甲从重处罚,对乙从轻处罚

C. 对甲、乙都从轻处罚

D. 对甲从重处罚,对乙减轻处罚或者不予处罚

【解析】答案为D。根据《治安管理处罚法》第41条、第20条的规定,就甲胁迫的行为而言,显然甲应依法从重处罚。根据第19条第3项的规定,就乙的行为来说,由于其是被胁迫的,对乙应当减轻处罚或者不予处罚。故D项正确,当选。

★对侵犯人身权利六类行为的处罚

第四十二条　有下列行为之一的,处五日以下拘留或者五百元以下罚款;情节较重的,处五日以上十日以下拘留,可以并处五百元以下罚款:

(一)写恐吓信或者以其他方法威胁他人人身安全的;

(二)公然侮辱他人或者捏造事实诽谤他人的;

(三)捏造事实诬告陷害他人,企图使他人受到刑事追究或者受到治安管理处罚的;

(四)对证人及其近亲属进行威胁、侮辱、殴打或者打击报复的;

(五)多次发送淫秽、侮辱、恐吓或者其他信息,干扰他人正常生活的;

(六)偷窥、偷拍、窃听、散布他人隐私的。

●考点点拨

1. "侮辱"的方式可以是暴力的,也可以是非暴力的。但"侮辱"的对象一定是针对特定的人。

2. "诽谤"也是针对特定对象实施的,是指故意捏造事实,进行散布,损害他人名誉的行为。

◆关联法条

《中华人民共和国刑法》

第二百四十三条　捏造事实诬告陷害他人,意图使他人受刑事追究,情节严重的,处三年以下有期徒刑、拘役或者管制;造成严重后果的,处三年以上十年以下有期徒刑。

国家机关工作人员犯前款罪的,从重处罚。

不是有意诬陷,而是错告,或者检举失实的,不适用前两款的规定。

第二百四十六条　以暴力或者其他方法公然侮辱他人或者捏造事实诽谤他人,情节严重的,处三年以下有期徒刑、拘役、管制或者剥夺政治权利。

前款罪,告诉的才处理,但是严重危害社会秩序和国家利益的除外。

通过信息网络实施第一款规定的行为,被害人向人民法院告诉,但提供证据确有困难的,人民法院可以要求公安机关提供协助。

★对殴打或故意伤害他人身体行为的处罚

第四十三条　殴打他人的,或者故意伤害他人身体的,处五日以上十日以下拘留,并处二百元以上五百元以下罚款;情节较轻的,处五日以下拘留或者五百元以下罚款。

有下列情形之一的,处十日以上十五日以下拘留,并处五百元以上一千元以下罚款:

(一)结伙殴打、伤害他人的;

(二)殴打、伤害残疾人、孕妇、不满十四周岁的人或者六十周岁以上的人的;

(三)多次殴打、伤害他人或者一次殴打、伤害多人的。

●考点点拨

1. 依据本条规定,"殴打他人"属于行为犯,即只要有证据证明行为人实施了殴打他人行为,不论其是

否造成被侵害人受伤，即应当予以治安管理处罚。

2. “故意伤害他人身体”是指故意伤害他人，造成他人轻微伤但尚不构成刑事处罚的行为。

3. 本条第2款规定的是三种加重处罚情形。“结伙”指纠集3人及3人以上。“多次”指3次及3次以上。

☆ **真题回顾**

(2019年多选)根据《治安管理处罚法》，殴打、伤害(　　)的，处十日以上十五日以下拘留，并处五百元以上一千元以下罚款。

A. 残疾人

B. 孕妇

C. 不满14周岁的人

D. 60周岁以上的人

E. 外国人

【解析】答案为ABCD。根据《治安管理处罚法》第43条的规定，殴打、伤害残疾人、孕妇、不满十四周岁的人或者六十周岁以上的人的，属于加重情节，处十日以上十五日以下拘留，并处五百元以上一千元以下的罚款。A项、B项、C项、D项正确。

★ **对猥亵他人或在公共场所故意裸露身体行为的处罚**

第四十四条　猥亵他人的，或者在公共场所故意裸露身体，情节恶劣的，处五日以上十日以下拘留；猥亵智力残疾人、精神病人、不满十四周岁的人或者有其他严重情节的，处十日以上十五日以下拘留。

● **考点点拨**

1. “猥亵他人”是指违背对方意志，故意以强制或非强制手段对他人实施非正常性接触，以满足行为人或第三人的性欲倾向。

2. “公共场所故意裸露身体”主要是指在公众公开活动的场所裸露隐私部位的行为。

3.《刑法》第237条规定了强制猥亵、侮辱妇女罪。为了与《刑法》相衔接，对于猥亵他人，尚不够刑事处罚的违法行为给予治安管理处罚。本法明确规定猥亵他人的属于违反治安管理行为，体现了处罚法定的原则，减少了公安机关在执行法律过程中的随意性。

◆ **关联法条**

《中华人民共和国刑法》

第二百三十七条　以暴力、胁迫或者其他方法强制猥亵他人或者侮辱妇女的，处五年以下有期徒刑或者拘役。

聚众或者在公共场所当众犯前款罪的，或者有其他恶劣情节的，处五年以上有期徒刑。

猥亵儿童的，依照前两款的规定从重处罚。

★ **对虐待家庭成员、遗弃被扶养人行为的处罚**

第四十五条　有下列行为之一的，处五日以下拘留或者警告：

(一)虐待家庭成员，被虐待人要求处理的；

(二)遗弃没有独立生活能力的被扶养人的。

● **考点点拨**

1. 本条规定的“虐待”行为必须发生在家庭成员之间，且只有被虐待人要求公安机关处理时，公安机关才能对行为人给予治安管理处罚。

2. 本条规定的“遗弃”是指对于没有独立生活能力的人，具有扶养义务的人有能力扶养而不扶养的行为。

3. 赡养、抚养和扶养之间是不同的概念。所谓赡养，是指晚辈对长辈亲属在经济上的供养和生活上的帮助。抚养与赡养相反，抚养是长辈对晚辈亲属的经济供养和生活上的帮助。而扶养有广义与狭义之分，狭义的扶养是指同辈之间的经济上的供养和生活上的帮助。广义的扶养是指一定范围的亲属间相互供养和扶助的法定权利义务。它没有身份、辈分的区别，是赡养、扶养、抚养的统称。即包括长辈对晚辈的抚养、晚辈对长辈的赡养和平辈亲属间的扶养。此处应采用广义的扶养概念，以此保护没有独立生活能力的人。

⊙对强买强卖商品，强迫服务行为的处罚

第四十六条　强买强卖商品，强迫他人提供服务或者强迫他人接受服务的，处五日以上十日以下拘留，并处二百元以上五百元以下罚款；情节较轻的，处五日以下拘留或者五百元以下罚款。

● **考点点拨**

1. 所谓“强买强卖”，是指不遵循公平、自愿的市场交易规则，强行买进和强行卖出的行为。

2. 所谓“强迫他人提供服务”，是指行为人在享受服务型消费时，违背商家意愿，强行要求提供服务的行为。比如，甲在理发店理发，用暴力逼迫店员提供性服务的行为。

3. 所谓“强迫他人接受服务”，是指商家违背消费者意愿，不遵循商业道德及公平自愿的原则，强迫消费者消费某种服务的行为。比如，甲在商场逛街，被一家护肤品店员免费试用面膜的话语骗进店，在试用完后，又强行要求其付款的行为。

⊙对煽动民族仇恨、民族歧视行为的处罚

第四十七条　煽动民族仇恨、民族歧视，或者在出版物、计算机信息网络中刊载民族歧视、侮辱内容的，处十日以上十五日以下拘留，可以并处一千元以下罚款。

⊙对侵犯通信自由行为的处罚

第四十八条　冒领、隐匿、毁弃、私自开拆或者非法检查他人邮件的，处五日以下拘留或者五百元以下罚款。

●考点点拨

1.“邮件”：包括电子邮件、书信、包裹等。

2.“冒领”是指未经他人授权以他人名义领取他人邮件的行为。“隐匿”是指将他人邮件隐藏起来使他人无法找到的行为。“毁弃”是指未经他人授意将他人邮件毁坏丢弃使他人无法查找或查找到邮件也无用的行为。“私自开拆”是指违背相关法律、寄件人或收件人同意，擅自打开他人邮件的行为。“非法检查”是指违反相关法律，擅自打开他人邮件，非法检查的行为。

3. 冒领、隐匿、毁弃、私自开拆或者非法检查等行为都是在“故意”的主观状态下实施的，若因失误造成则不是本条规定的违反治安管理的行为。

★对盗窃、诈骗、哄抢、抢夺、敲诈勒索或者故意损毁公私财物行为的处罚

第四十九条　盗窃、诈骗、哄抢、抢夺、敲诈勒索或者故意损毁公私财物的，处五日以上十日以下拘留，可以并处五百元以下罚款；情节较重的，处十日以上十五日以下拘留，可以并处一千元以下罚款。

●考点点拨

1. 本条规定的是财产型违反治安管理的行为。其中“盗窃、诈骗、哄抢、抢夺、敲诈勒索”都是以非法占有为目的，将他人财物据为己有。

2. 概念辨析

(1)故意损毁公私财物是指故意损坏或毁灭公共财产或他人个人财产的行为。

(2)盗窃是指以非法占有为目的，采取不易被他人发现的方法将公共财产或他人私人财产据为己有的行为。

(3)诈骗是指以非法占有为目的，采用隐瞒真相或虚构事实的手段使他人陷入错误认识从而处分财产的行为。

(4)哄抢是指人数较多的行为人一哄而上公然夺取公私财物的行为。

(5)抢夺是指以非法占有目的，公然夺取公私财物的行为。

(6)敲诈勒索是指以非法占有为目的，对被害人使用威胁或要挟的方法，强行索要公私财物的行为。

(7)故意损毁公私财物是指未经他人同意，故意损坏或毁灭公共财产或他人个人财产的行为。

3. 哄抢和抢夺的区别在于哄抢主要是指群体起哄抢夺财物，有趁火打劫之嫌。而“抢夺”可以是单人也可以是数人，数人抢夺通常是有计划、有目的地进行，而不是一时性的起哄行为。

☆真题回顾

(2018年单选)甲因私人恩怨故意划花乙的小轿车，造成乙的车辆维修损失800元，乙向公安机关报案，公安机关介入协调未果，则应当(　　)。

A. 告诉双方通过民事诉讼解决赔偿问题

B. 告诉双方通过仲裁解决赔偿问题

C. 对甲进行处罚，并责令甲赔偿乙的损失800元

D. 对甲进行处罚，并告知乙通过民事诉讼解决赔偿问题

【解析】答案为D。根据《治安管理处罚法》第9条的规定，对于甲因私人纠纷故意毁损乙财物的行为，公安机关首先可以调解处理，介入协调不成的，公安机关应当对违反治安管理行为的甲给予行政处罚，既不是告知双方诉讼亦不是让双方自行仲裁解决，因此，A项、B项错误。根据第49条的规定，甲因个人恩怨故意毁损他人财物，但鉴于情节较轻，社会危害性较小，公安机关应当对甲处以五日以上十日以下的行政拘留，并可以处以罚款，注意是否予以罚款，公安机关基于情节轻重拥有自主决定权。但就甲乙之间的权利义务关系，基于甲的侵权行为，乙可以通过提起侵权之诉请求赔偿或者通过仲裁获得赔付，行政机关没有指令甲向乙强制赔偿的权力。故C项错误，D项正确。

第四节　妨害社会管理的行为和处罚

★对拒不执行紧急状态决定、命令和阻碍执行公务行为的处罚

第五十条　有下列行为之一的，处警告或者二百元以下罚款；情节严重的，处五日以上十日以下拘留，可以并处五百元以下罚款：

（一）拒不执行人民政府在紧急状态情况下依法发布的决定、命令的；

（二）阻碍国家机关工作人员依法执行职务的；

（三）阻碍执行紧急任务的消防车、救护车、工程抢险车、警车等车辆通行的；

（四）强行冲闯公安机关设置的警戒带、警戒区的。

阻碍人民警察依法执行职务的，从重处罚。

●考点点拨

1. 本条中的"拒不执行"是指有能力执行而不执行。

2. "国家机关工作人员"是指在国家机关中从事公务的人员，包括在各级国家权力机关、行政机关、司法机关和军事机关中从事公务的人员。在依照法律、法规规定行使国家行政管理职权的组织中从事公务的人员，或者在受国家机关委托代表国家行使职权的组织中从事公务的人员，在代表国家机关行使职权时，视为国家机关工作人员。在乡（镇）以上中国共产党机关、人民政协机关中从事公务的人员，视为国家机关工作人员。

3. 人民警察的职责为执法、维持公共安全、保护公民的人身及财产安全等。阻碍人民警察依法执行职务的，则会影响公共及公民的安全，不利于社会稳定，因此需从重处罚。

★对招摇撞骗行为的处罚

第五十一条　冒充国家机关工作人员或者以其他虚假身份招摇撞骗的，处五日以上十日以下拘留，可以并处五百元以下罚款；情节较轻的，处五日以下拘留或者五百元以下罚款。

冒充军警人员招摇撞骗的，从重处罚。

●考点点拨

1. "冒充国家机关工作人员"是指非国家机关工作人员以国家机关工作人员名义或某一国家机关工作人员以其他国家机关工作人员名义活动的行为。

2. "以其他虚假身份"一般是指冒用在社会上具有一定影响力的人员，如老师、医生、律师等。

3. 军警指军人与警察。冒充军警人员招摇撞骗的有可能损害军警人员及其单位的威信力，因此应从重处罚。

★对伪造、变造、买卖公文、证件、票证行为的处罚

第五十二条　有下列行为之一的，处十日以上十五日以下拘留，可以并处一千元以下罚款；情节较轻的，处五日以上十日以下拘留，可以并处五百元以下罚款：

（一）伪造、变造或者买卖国家机关、人民团体、企业、事业单位或者其他组织的公文、证件、证明文件、印章的；

（二）买卖或者使用伪造、变造的国家机关、人民团体、企业、事业单位或者其他组织的公文、证件、证明文件的；

（三）伪造、变造、倒卖车票、船票、航空客票、文艺演出票、体育比赛入场券或者其他有价票证、凭证的；

（四）伪造、变造船舶户牌，买卖或者使用伪造、变造的船舶户牌，或者涂改船舶发动机号码的。

●考点点拨

1. 本条规定的"伪造"是指无权制作的人，冒用国家机关、人民团体、企业、事业单位或者其他组织，非法制作公文、证件、证明文件、印章的行为。"变造"是指无权变更的人采用涂抹、拼接等方法，改变真实内容的公文、证件、证明文件、印章的行为。

2. "倒卖"是指低价买入高价卖出，赚取差额利润的一种行为。

⊙对船舶擅自进入、停靠国家禁止、限制进入的水域或者岛屿行为的处罚

第五十三条　船舶擅自进入、停靠国家禁止、限制进入的水域或者岛屿的，对船舶负责人及有关责任人员处五百元以上一千元以下罚款；情节严重的，处五日以下拘留，并处五百元以上一千元以下罚款。

⊙对违法社会团体行为的处罚

第五十四条　有下列行为之一的，处十日以上十五日以下拘留，并处五百元以上一千元以下罚款；情节较轻的，处五日以下拘留或者五百元以下罚款：

（一）违反国家规定，未经注册登记，以社会团体名义进行活动，被取缔后，仍进行活动的；

（二）被依法撤销登记的社会团体，仍以社会团体名义进行活动的；

（三）未经许可，擅自经营按照国家规定需要由公安机关许可的行业的。

有前款第三项行为的，予以取缔。

取得公安机关许可的经营者，违反国家有关管理规定，情节严重的，公安机关可以吊销许可证。

●考点点拨

某旅馆虽已取得公安机关许可的经营许可证正常

开业，但在其经营过程中不遵守公安机关的规定，比如不按规定登记入住人员身份信息、不配合公安机关的调查，严重影响公安机关正常管理与执行职务的，则可以吊销由公安机关许可给旅馆的经营许可证。

★对煽动、策划非法集会、游行、示威行为的处罚

第五十五条　煽动、策划非法集会、游行、示威，不听劝阻的，处十日以上十五日以下拘留。

●考点点拨

1.“集会、游行、示威”是宪法赋予公民的民主权利，本条处罚的只是违反国家法律法规煽动、策划非法集会、游行、示威的行为。

2.若行为人在经过国家有关机关制止后，自觉停止相关行为，未给社会带来不良影响的，则不予以处罚。

⊙对旅店工作人员违反规定行为的处罚

第五十六条　旅馆业的工作人员对住宿的旅客不按规定登记姓名、身份证件种类和号码的，或者明知住宿的旅客将危险物质带入旅馆，不予制止的，处二百元以上五百元以下罚款。

旅馆业的工作人员明知住宿的旅客是犯罪嫌疑人员或者被公安机关通缉的人员，不向公安机关报告的，处二百元以上五百元以下罚款；情节严重的，处五日以下拘留，可以并处五百元以下罚款。

●考点点拨

1.本条是关于旅馆业工作人员违反有关规定行为的认定及处罚。

2.违法构成要件

(1)本行为的主体是特殊主体，即旅馆业工作人员。

(2)本行为在客观方面表现为以下三个方面：

①对住宿的旅客不按规定登记姓名、身份证件种类和号码。

②明知住宿的旅客将危险物质带入旅馆不予制止。由于危险物质对公共安全具有极大的威胁，所以旅馆业经营者若发现住宿的旅客将危险物质带入旅馆的，应予制止。但因为法律没有赋予旅馆业工作人员检查旅客行李的权利和义务，所以实践中的“明知”一般指仅从外形外观上就能明显判断是危险物质的情形。

③明知住宿旅客是违法犯罪嫌疑人员或者被公安机关通缉的人员，不向公安机关报告。旅馆业工作人员发现住宿旅客是违法犯罪嫌疑人员或者被公安机关通缉的人员，向公安机关报告是法定义务，必须严格遵守。

旅馆业的工作人员只要实施了上述三种行为之一，就构成了违反旅馆业治安管理规定的违反治安管理行为。

(3)旅馆业作为一种特种行业，需获得公安机关的许可才能经营。所以本行为侵犯的客体是公安机关对旅馆业的管理。

☆真题回顾

(2018年单选)旅馆业工作人员的下列行为中，不属于违反治安管理行为的是(　　)。

A.因住宿的旅客是朋友，就未按规定登记姓名、身份证件种类及号码

B.发现住宿的旅客是被公安机关通缉的人员，但因害怕而未报案

C.明知住宿的旅客携带危险物质，认为多一事不如少一事便不予制止

D.结账时拒绝向住宿的旅客提供发票

【解析】答案为D。根据《治安管理处罚法》第56条的规定，A项、B项、C项所表述的情节违反了《治安管理处罚法》相关规定，不选，本题采用排除法可以得出正确答案。考生亦可根据所学知识答题，拒绝提供发票的行为违反了相关税务规定，但对公共管理及公共安全没有影响，不属于治安管理应当规制的范围。综上，D项当选。

⊙对违法出租房屋行为的处罚

第五十七条　房屋出租人将房屋出租给无身份证件的人居住的，或者不按规定登记承租人姓名、身份证件种类和号码的，处二百元以上五百元以下罚款。

房屋出租人明知承租人利用出租房屋进行犯罪活动，不向公安机关报告的，处二百元以上五百元以下罚款；情节严重的，处五日以下拘留，可以并处五百元以下罚款。

●考点点拨

1.房屋出租人不得将房屋出租给无合法有效证件的承租人。

2.如果承租人的犯罪活动不是利用出租人出租的房屋进行，即使出租人明知该犯罪行为，也不适用本条规定对出租人进行治安管理处罚。

⊙对制造噪声干扰他人行为的处罚

第五十八条　违反关于社会生活噪声污染防治

的法律规定,制造噪声干扰他人正常生活的,处警告;警告后不改正的,处二百元以上五百元以下罚款。

⊙对典当业违法收购行为的处罚

第五十九条　有下列行为之一的,处五百元以上一千元以下罚款;情节严重的,处五日以上十日以下拘留,并处五百元以上一千元以下罚款:

(一)典当业工作人员承接典当的物品,不查验有关证明、不履行登记手续,或者明知是违法犯罪嫌疑人、赃物,不向公安机关报告的;

(二)违反国家规定,收购铁路、油田、供电、电信、矿山、水利、测量和城市公用设施等废旧专用器材的;

(三)收购公安机关通报寻查的赃物或者有赃物嫌疑的物品的;

(四)收购国家禁止收购的其他物品的。

⊙对妨害执法秩序行为的处罚

第六十条　有下列行为之一的,处五日以上十日以下拘留,并处二百元以上五百元以下罚款:

(一)隐藏、转移、变卖或者损毁行政执法机关依法扣押、查封、冻结的财物的;

(二)伪造、隐匿、毁灭证据或者提供虚假证言、谎报案情,影响行政执法机关依法办案的;

(三)明知是赃物而窝藏、转移或者代为销售的;

(四)被依法执行管制、剥夺政治权利或者在缓刑、暂予监外执行中的罪犯或者被依法采取刑事强制措施的人,有违反法律、行政法规或者国务院有关部门的监督管理规定的行为。

●**考点点拨**

1. 本条规定的是对行为人违反治安管理妨碍到执法秩序的处罚。

2. 前3项规定的行为都会影响到行政执法机关查办案情,因此应对行为人进行处罚。

(1)“行政执法机关依法扣押、查封、冻结的财物”是与案情相关的物品,通常是查明案件或证明行为人有违反治安管理行为的重要证据。对其进行隐藏、转移、变卖或者损毁将会阻碍行政执法机关查办案情,从而不利于社会秩序的稳定。

(2)“谎报案情”是指举报人、报案人或控告人编造或歪曲事实,混淆视听,故意向行政执法机关反映一些不存在或夸大的违法事实。

(3)“代为销售”是指明知是赃物而代违反治安管理行为人销售的行为,违反治安管理行为人销售自己违法所得的赃物不属于这一行为。

3. 第4项中的“被依法执行管制、剥夺政治权利或者在缓刑、暂予监外执行中的罪犯或者被依法采取刑事强制措施的人”通常要遵守一定的规定,若违反了相关的规定,应当按照本条规定对其进行处罚。

⊙对协助组织或者运送他人偷越国(边)境行为的处罚

第六十一条　协助组织或者运送他人偷越国(边)境的,处十日以上十五日以下拘留,并处一千元以上五千元以下罚款。

⊙对为偷越国(边)境人员提供条件行为的处罚及对偷越国(边)境行为的处罚

第六十二条　为偷越国(边)境人员提供条件的,处五日以上十日以下拘留,并处五百元以上二千元以下罚款。

偷越国(边)境的,处五日以下拘留或者五百元以下罚款。

⊙对妨碍文物管理行为的处罚

第六十三条　有下列行为之一的,处警告或者二百元以下罚款;情节较重的,处五日以上十日以下拘留,并处二百元以上五百元以下罚款:

(一)刻划、涂污或者以其他方式故意损坏国家保护的文物、名胜古迹的;

(二)违反国家规定,在文物保护单位附近进行爆破、挖掘等活动,危及文物安全的。

★**对非法驾驶交通工具行为的处罚**

第六十四条　有下列行为之一的,处五百元以上一千元以下罚款;情节严重的,处十日以上十五日以下拘留,并处五百元以上一千元以下罚款:

(一)偷开他人机动车的;

(二)未取得驾驶证驾驶或者偷开他人航空器、机动船舶的。

●**考点点拨**

1. 本条第1项中的“偷开他人机动车”是指不以占有为目的,在未经车主或其他有权使用的人同意,采取偷拿钥匙或趁车门没锁、钥匙没拔等情形实施偷开的行为。

2. 本条第2项规定的“未取得驾驶证驾驶或者偷开他人航空器、机动船舶”是指未取得驾驶航空器、机动车的驾驶证书而驾驶航空器、机动车的行为或不管有无相关证书,在未经航空器、机动船舶所有权人或其他有权人同意的情况下偷开他人航空器、机动船舶的行为。

⊙对破坏他人坟墓、尸骨、骨灰和乱停放尸体行为的处罚

第六十五条　有下列行为之一的，处五日以上十日以下拘留；情节严重的，处十日以上十五日以下拘留，可以并处一千元以下罚款：

（一）故意破坏、污损他人坟墓或者毁坏、丢弃他人尸骨、骨灰的；

（二）在公共场所停放尸体或者因停放尸体影响他人正常生活、工作秩序，不听劝阻的。

★对卖淫、嫖娼行为的处罚

第六十六条　卖淫、嫖娼的，处十日以上十五日以下拘留，可以并处五千元以下罚款；情节较轻的，处五日以下拘留或者五百元以下罚款。

在公共场所拉客招嫖的，处五日以下拘留或者五百元以下罚款。

●考点点拨

1.“卖淫”“嫖娼”是一个相对概念，是从不同主体的角度对同一种行为的表述。卖淫是指以收取金钱、财物作为交换条件与嫖娼者自愿发生不正当性行为的行为。嫖娼是指以付出金钱、财物作为交换条件与卖淫者自愿发生不正当性行为的行为。

2.“拉客招嫖”是指卖淫人员“自己”在娱乐场所、旅馆等公共场所主动向他人表示卖淫意图并拉扯、劝说他人与“自己”进行不正当性行为的行为。此行为一定要注意两个“自己”，不满足任一个，都不适用本条。只满足前一个，则为介绍他人卖淫的行为；只满足后一个，则为通过他人介绍而卖淫的行为。

◆关联法条

《中华人民共和国刑法》

第三百六十条　明知自己患有梅毒、淋病等严重性病卖淫、嫖娼的，处五年以下有期徒刑、拘役或者管制，并处罚金。

★对引诱、容留、介绍他人卖淫行为的处罚

第六十七条　引诱、容留、介绍他人卖淫的，处十日以上十五日以下拘留，可以并处五千元以下罚款；情节较轻的，处五日以下拘留或者五百元以下罚款。

●考点点拨

“引诱他人卖淫”是指通过金钱或其他手段诱使不想卖淫的人从事卖淫活动的行为。“容留他人卖淫”是指为卖淫的人提供自己能管理、控制的场所的行为。比如自己所有的房屋、自己管理的旅馆等。“介绍他人卖淫”是指在卖淫者与嫖娼者之间牵线搭桥的行为。

◆关联法条

《中华人民共和国刑法》

第三百五十九条　引诱、容留、介绍他人卖淫的，处五年以下有期徒刑、拘役或者管制，并处罚金；情节严重的，处五年以上有期徒刑，并处罚金。

引诱不满十四周岁的幼女卖淫的，处五年以上有期徒刑，并处罚金。

⊙对传播淫秽信息行为的处罚

第六十八条　制作、运输、复制、出售、出租淫秽的书刊、图片、影片、音像制品等淫秽物品或者利用计算机信息网络、电话以及其他通讯工具传播淫秽信息的，处十日以上十五日以下拘留，可以并处三千元以下罚款；情节较轻的，处五日以下拘留或者五百元以下罚款。

⊙对组织、参与淫秽活动的处罚

第六十九条　有下列行为之一的，处十日以上十五日以下拘留，并处五百元以上一千元以下罚款：

（一）组织播放淫秽音像的；

（二）组织或者进行淫秽表演的；

（三）参与聚众淫乱活动的。

明知他人从事前款活动，为其提供条件的，依照前款的规定处罚。

◆关联法条

《中华人民共和国刑法》

第三百零一条　聚众进行淫乱活动的，对首要分子或者多次参加的，处五年以下有期徒刑、拘役或者管制。

引诱未成年人参加聚众淫乱活动的，依照前款的规定从重处罚。

★对为赌博提供条件和赌博行为的处罚

第七十条　以营利为目的，为赌博提供条件的，或者参与赌博赌资较大的，处五日以下拘留或者五百元以下罚款；情节严重的，处十日以上十五日以下拘留，并处五百元以上三千元以下罚款。

●考点点拨

“以营利为目的，为赌博提供条件”是指出于谋取利益、好处的目的，为赌博提供场所、工具等便利赌博的行为。对于“参与赌博赌资较大”的认定，公安机关应结合当地经济水平、参赌人经济状况等情况进行确定。

⊙对涉及毒品原植物行为的处罚

第七十一条　有下列行为之一的，处十日以上十五日以下拘留，可以并处三千元以下罚款；情节较轻的，处五日以下拘留或者五百元以下罚款：

（一）非法种植罂粟不满五百株或者其他少量毒品原植物的；

（二）非法买卖、运输、携带、持有少量未经灭活的罂粟等毒品原植物种子或者幼苗的；

（三）非法运输、买卖、储存、使用少量罂粟壳的。

有前款第一项行为，在成熟前自行铲除的，不予处罚。

⊙对毒品违法行为的处罚

第七十二条　有下列行为之一的，处十日以上十五日以下拘留，可以并处二千元以下罚款；情节较轻的，处五日以下拘留或者五百元以下罚款：

（一）非法持有鸦片不满二百克、海洛因或者甲基苯丙胺不满十克或者其他少量毒品的；

（二）向他人提供毒品的；

（三）吸食、注射毒品的；

（四）胁迫、欺骗医务人员开具麻醉药品、精神药品的。

★对教唆、引诱、欺骗他人吸食、注射毒品行为的处罚

第七十三条　教唆、引诱、欺骗他人吸食、注射毒品的，处十日以上十五日以下拘留，并处五百元以上二千元以下罚款。

●考点点拨

1.“毒品”是指容易使人形成瘾癖的药物，如鸦片、海洛因等。

2. 行为区别：

（1）“教唆”是指怂恿、唆使他人吸食、注射毒品的行为。

（2）“引诱”是指通过诸如向他人讲述吸食、注射毒品后的“良好”感受等方法从而诱使他人吸食、注射毒品的行为。

（3）“欺骗”是指在他人不知道是毒品的情况下，故意采取隐瞒的方式让他人吸食、注射毒品，如在他人饮料或食品中混入毒品让他人吸食。

⊙对服务行业人员通风报信行为的处罚

第七十四条　旅馆业、饮食服务业、文化娱乐业、出租汽车业等单位的人员，在公安机关查处吸毒、赌博、卖淫、嫖娼活动时，为违法犯罪行为人通风报信的，处十日以上十五日以下拘留。

⊙对饲养动物违法行为的处罚

第七十五条　饲养动物，干扰他人正常生活的，处警告；警告后不改正的，或者放任动物恐吓他人的，处二百元以上五百元以下罚款。

驱使动物伤害他人的，依照本法第四十三条第一款的规定处罚。

●考点点拨

1.“饲养动物”中的“饲养”既包括小规模的饲养，也包括诸如动物养殖场等大规模的饲养。“动物”既包括常见的诸如猫、狗等动物，也包括所有能够由人工饲养的动物，如马、牛。“放任动物恐吓他人”是指明知由自己饲养或管理的动物惊扰到他人以致让他人产生恐慌而放任不管的行为。

2.“驱使动物伤害他人”是指动物的饲养人或管理人故意利用动物伤害他人的行为。比如，发出动物熟悉的声音致使动物做出攻击性的动作从而伤害他人。按本条规定，驱使动物伤害他人的，应当依照本法第 43 条第 1 款，即故意伤害他人身体的规定处罚。

⊙关于采取强制性教育措施的规定

第七十六条　有本法第六十七条、第六十八条、第七十条的行为，屡教不改的，可以按照国家规定采取强制性教育措施。

第四章　处罚程序

第一节　调　　查

★受理治安案件须登记

第七十七条　公安机关对报案、控告、举报或者违反治安管理行为人主动投案，以及其他行政主管部门、司法机关移送的违反治安管理案件，应当及时受理，并进行登记。

●考点点拨

1.“其他行政主管部门”是指除公安机关以外的诸如市场监管、税务等行政机关。“司法机关”在我国一般指人民检察院、人民法院。

2. 对于违反治安管理的案件，不论来源方式，都“应当”及时受理，并进行登记，而不是“可以”。公安机关不能因为不属于其自身管辖就不予受理。

⊙受理治安案件后的处理

第七十八条　公安机关受理报案、控告、举报、投案后，认为属于违反治安管理行为的，应当立即进行调查；认为不属于违反治安管理行为的，应当告知报案人、控告人、举报人、投案人，并说明理由。

●**考点点拨**

根据本条规定，公安机关对受理的报案、控告、举报、投案的案件线索，应先进行审查，并区分不同情况进行处理：

（1）认为属于违反治安管理行为的，应当立即依法进行调查，收集证据，依法处理。

（2）对不属于违反治安管理行为的，应当告知报案人、控告人、举报人、投案人，并说明理由。

☆**真题回顾**

（2017年单选）公安机关受理报案、控告、举报、投案后，认为属于违反治安管理行为的，应当立即（　　）。

A. 向上级公安机关报告

B. 向负责人报告

C. 进行调查

D. 作出处罚决定

【解析】答案为C。根据《治安管理处罚法》第78条的规定，C项正确。

★**严禁非法取证**

第七十九条　公安机关及其人民警察对治安案件的调查，应当依法进行。严禁刑讯逼供或者采用威胁、引诱、欺骗等非法手段收集证据。

以非法手段收集的证据不得作为处罚的根据。

●**考点点拨**

1．"刑讯逼供"是指办案人员采用肉刑或变相肉刑等残酷的方式折磨违反治安管理行为人的肉体或精神，以获取其供述的一种极恶劣的审讯方法。

2．采用"威胁、引诱、欺骗"等非法手段收集证据是指办案人员采用暴力、恐吓等手段威胁逼迫、采用假装给予好处诱使、虚构事实或隐瞒真相欺骗违反治安管理的行为人以获取证据。

3．以非法手段获取来的证据是违反治安管理的行为人迫于压力、被引诱或被欺骗的情况下提供的，虚假可能性大，容易造成冤假错案。为了尊重和保障人权以及以事实为依据的处罚原则，以非法手段收集的证据不得作为处罚的根据。

◆**关联法条**

《中华人民共和国刑事诉讼法》

第五十六条　采用刑讯逼供等非法方法收集的犯罪嫌疑人、被告人供述和采用暴力、威胁等非法方法收集的证人证言、被害人陈述，应当予以排除。收集物证、书证不符合法定程序，可能严重影响司法公正的，应当予以补正或者作出合理解释；不能补正或者作出合理解释的，对该证据应当予以排除。

在侦查、审查起诉、审判时发现有应当排除的证据的，应当依法予以排除，不得作为起诉意见、起诉决定和判决的依据。

☆**真题回顾**

（2019年判断）公安机关通过刑讯逼供收集的证据可以作为处罚的证据。（　　）

【解析】根据《治安管理处罚法》第79条的规定，本题说法错误。非法证据排除是当代司法制度基本原则，本题可依据常识判断。

★**公安机关及其人民警察的保密义务**

第八十条　公安机关及其人民警察在办理治安案件时，对涉及的国家秘密、商业秘密或者个人隐私，应当予以保密。

●**考点点拨**

本条明确规定，对办案中涉及的国家秘密、商业秘密或者个人隐私予以保密，是公安机关及其人民警察的法定义务。因此，对涉及上述秘密或者隐私的信息，公安机关及其人民警察在得知后要注意保密，不得让不该知道其内容的人知悉、不得利用这些信息进行非法交易，以避免对国家、单位或者个人权益造成损害。

☆**真题回顾**

（2018年多选）公安机关及其人民警察在办理治安案件时，对涉及的（　　），应当予以保密。

A. 国家秘密　　B. 商业秘密

C. 个人隐私　　D. 办案期限

E. 办案民警

【解析】答案为ABC。根据《治安管理处罚法》第80条的规定，A项、B项、C项正确。

★**回避**

第八十一条　人民警察在办理治安案件过程中，遇有下列情形之一的，应当回避；违反治安管理行为人、被侵害人或者其法定代理人也有权要求他们回避：

（一）是本案当事人或者当事人的近亲属的；

（二）本人或者其近亲属与本案有利害关系的；

（三）与本案当事人有其他关系，可能影响案件公正处理的。

人民警察的回避，由其所属的公安机关决定；公安机关负责人的回避，由上一级公安机关决定。

●**考点点拨**

1. 本条规定的“回避”分为主动回避和依职权回避两种情形。满足回避条件的，应当回避的人员没有主动回避的，被侵害人或者其法定代理人有权要求他们回避。

2. 几种情形

(1)“本案当事人或者当事人的近亲属的”是指办案人员是违反治安管理案件的一方当事人或当事人的父母、子女、配偶、兄弟姐妹等近亲属。

(2)“本人或者其近亲属与本案有利害关系”是指违反治安案件的处理结果与办案人员本人或其近亲属有金钱、利益等利害关系。

(3)“与本案当事人有其他关系，可能影响案件公正处理”是指办案人员可能存在与违反治安管理的当事人有同学、朋友等可能影响案件处理结果信服力的关系。

☆**真题回顾**

(2017 年多选)下列关于人民警察在办理治安案件过程中回避的说法，正确的有(　　)。

A. 办案警察是本案当事人的近亲属的，应当回避

B. 违反治安管理行为人有权申请办案警察回避

C. 被侵害人有权申请办案警察回避

D. 人民警察的回避，由其所属的公安机关决定

E. 公安机关负责人的回避，由上一级公安机关决定

【解析】答案为 ABCDE。根据《治安管理处罚法》第 81 条的规定，全部选项均正确。

(2018 年单选)人民警察甲发现其所办理的治安案件的当事人乙是其侄儿，关于甲的回避，下列说法错误的是(　　)。

A. 甲是本案当事人的近亲属，应回避

B. 甲的回避应当由当事人乙决定

C. 甲的回避应由其所属的公安机关决定

D. 甲可以自行回避，也可以依申请回避

【解析】答案为 B。根据《治安管理处罚法》第 81 条的规定，A 项、C 项、D 项正确。本案中，乙是甲的侄儿，故甲应该回避，甲的回避，应由其所属的公安机关决定，B 项错误。

★**传唤程序和强制程序情形**

第八十二条　需要传唤违反治安管理行为人接受调查的，经公安机关办案部门负责人批准，使用传唤证传唤。对现场发现的违反治安管理行为人，人民警察经出示工作证件，可以口头传唤，但应当在询问笔录中注明。

公安机关应当将传唤的原因和依据告知被传唤人。对无正当理由不接受传唤或者逃避传唤的人，可以强制传唤。

●**考点点拨**

1. 传唤的适用对象为违反治安管理的行为人。

2. 本条规定了三种传唤情形：

(1)传唤证传唤。

(2)口头传唤。

(3)强制传唤。

3. 为了限制公安机关办案人员滥用传唤的行政职权，本条对传唤作了程序上的规定。一般情形中，办案人员传唤违反治安管理人需要经公安机关办案部门负责人批准，使用传唤证传唤。这里需注意的是，是经公安机关办案部门负责人批准，而不是公安机关负责人批准。另外，对于人民警察现场发现违反治安管理行为，可以在出示工作证件的情况下，对其进行口头传唤，只不过需要在询问笔录中注明口头传唤的情况，这有助于提高办案效率。

4. 对无正当理由不接受传唤或者逃避传唤的人，人民警察可以根据有关规定使用械具等强制方法传唤违反治安管理的行为人。

☆**真题回顾**

(2018 年单选)根据《治安管理处罚法》的规定，下列关于传唤的说法中错误的是(　　)。

A. 使用传唤证必须经公安机关办案部门负责人批准

B. 对现场发现的违反治安管理行为人，人民警察在没有工作证和传唤证的情况下可以口头传唤

C. 口头传唤的，应当在询问笔录中注明

D. 公安机关应当将传唤的原因和依据告知被传唤人

【解析】答案为 B。根据《治安管理处罚法》第 82 条的规定，A 项、C 项、D 项正确。对于口头传唤，人民警察必须出示工作证件，并在询问笔录中注明，B 项错误。

(2018 年单选)办案民警依法传唤王某到派出所接受调查，王某无正当理由拒绝传唤，公安机关可以(　　)。

A. 强制传唤　　　　B. 处以罚款

C. 处以行政拘留　　D. 给予警告

【解析】答案为 A。《治安管理法》第 82 条第 2 款规定："公安机关应当将传唤的原因和依据告知被传唤人。对无正当理由不接受传唤或者逃避传唤的人，可以强制传唤。"据此 A 项正确。本题直接考查法条原文，要求考生对法条有准确记忆。

★传唤后的询问期限和通知义务

第八十三条　对违反治安管理行为人，公安机关传唤后应当及时询问查证，询问查证的时间不得超过八小时；情况复杂，依照本法规定可能适用行政拘留处罚的，询问查证的时间不得超过二十四小时。

公安机关应当及时将传唤的原因和处所通知被传唤人家属。

●考点点拨

本条规定了传唤违反治安管理的行为人到达指定地点后，公安机关最长的询问查证时间。即一般情形下不得超过 8 小时，对于依照本法规定可能适用行政拘留处罚的不得超过 24 小时。在询问期间，询问人员应当保障被传唤人最基本的生活需要，如饮食、休息需要。

☆真题回顾

(2018 年单选)公安机关传唤违反治安管理行为人后应当及时询问查证，询问查证的时间最长不得超过(　　)小时。

A. 8　　B. 12

C. 24　　D. 48

【解析】答案为 C。根据《治安管理处罚法》第 83 条的规定，一般情况下询问查证时间不能超过 8 小时，情况复杂等特殊情况不得超过 24 小时，本题选 C 项。

★对于询问笔录、书面材料与询问不满十六周岁的规定

第八十四条　询问笔录应当交被询问人核对；对没有阅读能力的，应当向其宣读。记载有遗漏或者差错的，被询问人可以提出补充或者更正。被询问人确认笔录无误后，应当签名或者盖章，询问的人民警察也应当在笔录上签名。

被询问人要求就被询问事项自行提供书面材料的，应当准许；必要时，人民警察也可以要求被询问人自行书写。

询问不满十六周岁的违反治安管理行为人，应当通知其父母或者其他监护人到场。

●考点点拨

1. 办案人员询问违反治安管理行为人时应当制作询问笔录。为了保证询问笔录的客观准确，在询问结束后，办案人员应当将询问笔录交由被询问人核对或向其宣读进行核对。核对后，被询问人可以提出补充或更正询问笔录有遗落或差错的地方。在核对无误后，被询问人应当签名或因不会书写等原因也可以盖章，询问的人民警察应当签名。

2. 被询问人要求就被询问事项自行提供书面材料的，应当准许。同时，人民警察认为被询问人表达不清，口头陈述有困难等情形下，可以要求被询问人自行书写。

3. 应当通知其父母或者其他监护人到场的情形是询问不满 16 周岁的违反治安管理行为人，而不是 18 周岁或未成年人。这点考生不要混淆。

⊙询问被害人和其他证人的规定

第八十五条　人民警察询问被侵害人或者其他证人，可以到其所在单位或者住处进行；必要时，也可以通知其到公安机关提供证言。

人民警察在公安机关以外询问被侵害人或者其他证人，应当出示工作证件。

询问被侵害人或者其他证人，同时适用本法第八十四条的规定。

●考点点拨

1. 传唤询问的适用对象为违反治安管理的行为人，所以询问的处所就是公安机关。对于被侵害人或者其他证人不能适用传唤的方式对其进行询问。

2. 一般情况下，人民警察询问被侵害人或者其他证人的，应当到其住处进行，此种情况下办案人员应当出示工作证件表明身份，否则被侵害人或者其他证人有权拒绝询问。特殊情况下，如违反治安管理的案件涉及国家秘密的，出于保密的需要，可以通知被侵害人或者其他证人到公安机关提供证言。注意这里是通知，而不是传唤。

⊙询问中的语言帮助

第八十六条　询问聋哑的违反治安管理行为人、被侵害人或者其他证人，应当有通晓手语的人提供帮助，并在笔录上注明。

询问不通晓当地通用的语言文字的违反治安管理行为人、被侵害人或者其他证人，应当配备翻译人员，并在笔录上注明。

★检查程序

第八十七条　公安机关对与违反治安管理行为有关的场所、物品、人身可以进行检查。检查时，人民警察不得少于二人，并应当出示工作证件和县级以上人民政府公安机关开具的检查证明文件。对确有必要立即进行检查的，人民警察经出示工作证件，可以当场检查，但检查公民住所应当出示县级以上人民政府公安机关开具的检查证明文件。

检查妇女的身体，应当由女性工作人员进行。

●考点点拨

1. 为了规范检查权的行使，本条中规定的“场所、物品、人身”一定是要与违反治安管理行为有关的，公安机关才能对其进行检查。

2. 原则上，人民警察行使检查权一般要具备三个条件：

(1)不得少于 2 人。

(2)出示工作证件。

(3)县级以上人民政府公安机关开具的检查证明文件。若不具备此三者之一，被检查人有权拒绝检查。

3. 特殊情形下，为防止事后难以获得证据等情况，2 人以上的人民警察可以在只出示工作证件的情况下当场进行检查。但对于对公民住所的检查，必须还要有县级以上人民政府公安机关开具的检查证明文件。因为住所是公民生活和进行民事活动的主要基地或中心场所，为了保护公民的隐私权，对其住所的检查必须审慎进行。

4. 检查妇女的身体，应当由女性工作人员进行，而不是女性人民警察或女性侦查人员，这点考生务必准确掌握。

◆关联法条

《中华人民共和国行政处罚法》

第三十七条　行政机关在调查或者进行检查时，执法人员不得少于两人，并应当向当事人或者有关人员出示证件。当事人或者有关人员应当如实回答询问，并协助调查或者检查，不得阻挠。询问或者检查应当制作笔录。

行政机关在收集证据时，可以采取抽样取证的方法；在证据可能灭失或者以后难以取得的情况下，经行政机关负责人批准，可以先行登记保存，并应当在七日内及时作出处理决定，在此期间，当事人或者有关人员不得销毁或者转移证据。

执法人员与当事人有直接利害关系的，应当回避。

☆真题回顾

(2019 年单选)关于治安管理处罚的检查程序，下列说法正确的是(　　)。

A. 检查时，一般情况下人民警察不得少于 2 人，紧急情况下可为 1 人

B. 公安机关对于违反治安管理行为有关的场所、物品、人身、可以进行检查，但不得检查公民住所

C. 检查的情况应当制作检查笔录，由检查人、被检查人和见证人签名或者盖章

D. 被检查人拒绝签名的，人民警察有权在见证人见证下强制其签名

【解析】答案为 C。根据《治安管理处罚法》第 87 条的规定，公安机关可以对违反治安管理行为有关的场所、物品、人身进行检查，且检查时，人民警察不得少于 2 人，并无紧急情况下可为 1 人的说法，A 项错误。公安机关检查公民住所应当出示县级以上人民政府公安机关开具的检查证明文件，可以在持县级以上人民政府公安机关开具的检查许可的条件下检查公民住所，B 项错误。根据第 88 条的规定，检查笔录由检查人、被检查人和见证人签名或者盖章，C 项正确，当选。但是被检查人拒绝签名的，人民警察应当在笔录上注明，而不能强制被检查人签名，D 项错误。

⊙检查笔录的制作

第八十八条　检查的情况应当制作检查笔录，由检查人、被检查人和见证人签名或者盖章；被检查人拒绝签名的，人民警察应当在笔录上注明。

★关于扣押物品的规定

第八十九条　公安机关办理治安案件，对与案件有关的需要作为证据的物品，可以扣押；对被侵害人或者善意第三人合法占有的财产，不得扣押，应当予以登记。对与案件无关的物品，不得扣押。

对扣押的物品，应当会同在场见证人和被扣押物品持有人查点清楚，当场开列清单一式二份，由调查人员、见证人和持有人签名或者盖章，一份交给持有人，另一份附卷备查。

对扣押的物品，应当妥善保管，不得挪作他用；对不宜长期保存的物品，按照有关规定处理。经查明与案件无关的，应当及时退还；经核实属于他人合法财产的，应当登记后立即退还；满六个月无人对该财产主张权利或者无法查清权利人的，应当公开拍卖或者按照国家有关规定处理，所得款项上缴国库。

●**考点点拨**

1. 本条第1款规定的是公安机关扣押物品的范围。公安机关只可以扣押与案件有关的需要作为证据的物品。虽与案件有关但是由被侵害人或者善意第三人合法占有的财产及与案件无关的物品，不得扣押。比如，甲偷走乙的车，并在无证驾驶过程中严重超速。此时虽该车与案件有关，但是被侵害人合法占有的，因此不能扣押。"善意第三人合法占有的财产"是指除违反治安管理人和被侵犯人之外的第三人通过合法买卖、接受赠与等方式占有财产的人。甲把从乙处偷来的手机以500元的价格卖给不知情的丙，此时丙就是善意取得，因此对该手机不得扣押。

2. 本条第2款规定的是扣押物品的程序。

3. 本条第3款规定的是对扣押物品的保管与处理。"不得挪作他用"既包括不得挪作公用，如挪作为公安机关的财物开支，也包括不得挪作私用，如办案人员擅自挪作为自己的生活之用。"不宜长期保存的物品"指易腐烂变质或其他不宜长期保存的物品，如新鲜蔬果、海鲜等。"主张权利"既包括财产所有权人也包括对财产享有其他权益的人主张权利，如担保权人。

★**关于鉴定的规定**

第九十条　为了查明案情，需要解决案件中有争议的专门性问题的，应当指派或者聘请具有专门知识的人员进行鉴定；鉴定人鉴定后，应当写出鉴定意见，并且签名。

●**考点点拨**

1. 本条规定的"专门性问题"是指一般人仅凭直观感受无法直接得出结论，必须让具有专门知识的人运用科学技术手段或专业知识进行鉴别和判断才能得出结论的与违反治安管理案件有关的事项。

2. 鉴定人员可以由公安机关指派或聘请两种方式产生。"指派"是指公安机关安排内部的专业技术人员对相关的专门性问题进行鉴定。"聘请"是指公安机关安排除公安机关内部人员以外的专门技术人员进行鉴定。如鉴定机构、科研机构的专业技术人员。

3. "鉴定意见"是鉴定人在鉴定结束后出具的一种仅代表鉴定人个人观点的结论性意见，是证据的一种。

◆**关联法条**

《中华人民共和国刑事诉讼法》

第一百四十六条　为了查明案情，需要解决案件中某些专门性问题的时候，应当指派、聘请有专门知识的人进行鉴定。

第一百四十七条　鉴定人进行鉴定后，应当写出鉴定意见，并且签名。

鉴定人故意作虚假鉴定的，应当承担法律责任。

☆**真题回顾**

(2018年多选)公安机关办理治安管理案件的调查程序包括(　　)。

A. 传唤　　B. 询问

C. 检查　　D. 扣押

E. 鉴定

【解析】答案为ABCDE。《治安管理处罚法》第四章第一节对调查的要求和程序作了具体规定，只要从宏观上对法条有大概的了解，基本上能准确作答。第82条规定了公安机关有权传唤行为人接受调查；第83条规定了公安机关传唤后应当及时询问查证；第87条规定了公安机关有权对与违反治安管理行为有关的场所、物品、人身进行检查；第89条规定了对与案件有关的需要作为证据的物品，公安机关可以扣押；第90条规定了需要解决案件中有争议的专门性问题的，应当指派或者聘请具有专门知识的人员进行鉴定。本题主要考查考生对公安机关调查手段的总体熟悉程度，较为简单。因此，A项、B项、C项、D项、E项正确，当选。

第二节　决　　定

★**处罚的决定机关**

第九十一条　治安管理处罚由县级以上人民政府公安机关决定；其中警告、五百元以下的罚款可以由公安派出所决定。

●**考点点拨**

1. 仅限警告、500元以下的罚款可以由公安派出所决定。根据本法第118条的规定，以下包括本数。

2. 500元以上的罚款、行政拘留、吊销公安机关发放的许可证等治安管理处罚只能由县级以上人民政府公安机关决定。当然警告、500元以下的罚款县级以上人民政府公安机关同样可以决定。

★**行政拘留的折抵**

第九十二条　对决定给予行政拘留处罚的人，在处罚前已经采取强制措施限制人身自由的时间，应当折抵。限制人身自由一日，折抵行政拘留一日。

●**考点点拨**

1. "强制措施"是指为保证案件查处的顺利进

行，在一定期限内暂时限制或剥夺行为人人身自由的一种法定强制方法。强制措施的性质是预防性措施，而行政拘留是惩戒性措施。

2. 在行政拘留的处罚作出前，若公安机关已经对违反治安管理的行为人采取限制人身自由的强制措施的，限制人身自由一日即可折抵行政拘留一日。

3. 限制人身自由的行政强制措施包括以下几种形式：留置盘问；行政传唤；管束或约束身体；扣留；强制隔离戒毒；收容教育；强制收治、医学留观与强制隔离；责令有违反行政纪律嫌疑的人员在指定时间、指定地点就调查事项涉及的问题作出解释和说明等。

⊙陈述与其他证据的关系

第九十三条　公安机关查处治安案件，对没有本人陈述，但其他证据能够证明案件事实的，可以作出治安管理处罚决定。但是，只有本人陈述，没有其他证据证明的，不能作出治安管理处罚决定。

●考点点拨

1. 本条体现的是以事实为依据、以法律为准绳的处罚原则。

2. 虽然违反治安管理行为人的本人陈述是案件查处的重要证据，但是在没有本人陈述的情况下，只要其他证据能够形成完整的证据链证明行为人有违反治安管理行为的，即可以作出治安管理处罚。

3. 在只有本人陈述的情况下，没有其他证据或有其他证据但不能形成完整证据链证明行为人有违反治安管理行为的，则不可以作出治安管理处罚。这样规定的目的是防止人民警察以刑讯逼供、体罚、虐待、侮辱他人获得口头证据从而进行处罚的行为。

◆关联法条

《中华人民共和国行政处罚法》

第三十条　公民、法人或者其他组织违反行政管理秩序的行为，依法应当给予行政处罚的，行政机关必须查明事实；违法事实不清的，不得给予行政处罚。

⊙公安机关的告知与行为人的陈述与申辩权

第九十四条　公安机关作出治安管理处罚决定前，应当告知违反治安管理行为人作出治安管理处罚的事实、理由及依据，并告知违反治安管理行为人依法享有的权利。

违反治安管理行为人有权陈述和申辩。公安机关必须充分听取违反治安管理行为人的意见，对违反治安管理行为人提出的事实、理由和证据，应当进行复核；违反治安管理行为人提出的事实、理由或者证据成立的，公安机关应当采纳。

公安机关不得因违反治安管理行为人的陈述、申辩而加重处罚。

●考点点拨

1. 本条第 1 款规定的是公安机关的告知义务：

(1)告知时间：作出治安管理处罚决定前。

(2)告知对象：违反治安管理行为人。

(3)告知内容：

①作出治安管理处罚的事实；

②作出治安管理处罚的理由；

③作出治安管理处罚的依据；

④违反治安管理行为人依法享有的权利。

2. 违反治安管理行为人享有的陈述权和申辩权是保障其自身权益的重要权利，办案人员必须依法保障，但违反治安管理行为人主动放弃陈述、申辩的除外。

3. 公安机关不得因违反治安管理行为人的陈述、申辩而加重处罚。立法的目的是保护公民的陈述、申辩权，以此保护公民的合法利益不受侵犯。

◆关联法条

《公安机关办理行政案件程序规定》

第一百六十八条　对违法行为事实清楚，证据确实充分，依法应当予以行政处罚，因违法行为人逃跑等原因无法履行告知义务的，公安机关可以采取公告方式予以告知。自公告之日起七日内，违法嫌疑人未提出申辩的，可以依法作出行政处罚决定。

⊙治安案件的处理

第九十五条　治安案件调查结束后，公安机关应当根据不同情况，分别作出以下处理：

（一）确有依法应当给予治安管理处罚的违法行为的，根据情节轻重及具体情况，作出处罚决定；

（二）依法不予处罚的，或者违法事实不能成立的，作出不予处罚决定；

（三）违法行为已涉嫌犯罪的，移送主管机关依法追究刑事责任；

（四）发现违反治安管理行为人有其他违法行为的，在对违反治安管理行为作出处罚决定的同时，通知有关行政主管部门处理。

★治安案件处罚决定书的内容

第九十六条　公安机关作出治安管理处罚决定的，应当制作治安管理处罚决定书。决定书应当载明下列内容：

（一）被处罚人的姓名、性别、年龄、身份证件的名称和号码、住址；

（二）违法事实和证据；

（三）处罚的种类和依据；

（四）处罚的执行方式和期限；

（五）对处罚决定不服，申请行政复议、提起行政诉讼的途径和期限；

（六）作出处罚决定的公安机关的名称和作出决定的日期。

决定书应当由作出处罚决定的公安机关加盖印章。

●考点点拨

公安机关作出治安管理处罚决定的，应当制作治安管理处罚决定书。决定书载明的内容应当符合本条的规定且应加盖作出处罚决定的公安机关印章。否则被处罚人有理由不予执行该处罚决定。

★处罚决定书的交付与送达

第九十七条　公安机关应当向被处罚人宣告治安管理处罚决定书，并当场交付被处罚人；无法当场向被处罚人宣告的，应当在二日内送达被处罚人。决定给予行政拘留处罚的，应当及时通知被处罚人的家属。

有被侵害人的，公安机关应当将决定书副本抄送被侵害人。

●考点点拨

治安管理处罚决定书只有在交付与送达被处罚人时才对其产生法律约束力。若没有交付与送达，被处罚人可以拒绝执行相应的处罚决定。

◆关联法条

《中华人民共和国行政处罚法》

第四十条　行政处罚决定书应当在宣告后当场交付当事人；当事人不在场的，行政机关应当在七日内依照民事诉讼法的有关规定，将行政处罚决定书送达当事人。

☆真题回顾

（2017年单选）下列关于治安管理处罚决定书的说法，错误的是（　　）。

A. 公安机关应当向被处罚人宣告治安管理处罚决定书，并当场交付被处罚人

B. 无法当场向被处罚人宣告治安管理处罚决定的，应当在三日内送达被处罚人

C. 决定给予行政拘留处罚的，应当及时通知被处罚人的家属

D. 有被侵害人的，公安机关应当将治安管理处罚决定书副本抄送被侵害人

【解析】答案为B。根据《治安管理处罚法》第97条的规定，应在2日而非3日内送达，故B项错误。

★听证

第九十八条　公安机关作出吊销许可证以及处二千元以上罚款的治安管理处罚决定前，应当告知违反治安管理行为人有权要求举行听证；违反治安管理行为人要求听证的，公安机关应当及时依法举行听证。

●考点点拨

1. 本条规定的是行政处罚中的听证制度。该制度一方面是为了保障违反治安管理行为人的陈述与申辩等为自己辩护的权利，另一方面是为了规范公安机关的治安管理处罚权。

2. 举行听证的条件：

（1）处罚种类：

①公安机关吊销许可证；

②处2000元以上罚款。

公安机关在作出此两类处罚时应当告知行为人有要求听证的权利。若没有告知，属于程序违法，行为人可以拒绝执行相应的处罚决定。

（2）违反治安管理行为人要求听证。若行为人没有要求举行听证，公安机关就不用举行听证。

◆关联法条

《中华人民共和国行政处罚法》

第四十二条　行政机关作出责令停产停业、吊销许可证或者执照、较大数额罚款等行政处罚决定之前，应当告知当事人有要求举行听证的权利；当事人要求听证的，行政机关应当组织听证。当事人不承担行政机关组织听证的费用。听证依照以下程序组织：

（一）当事人要求听证的，应当在行政机关告知后三日内提出；

（二）行政机关应当在听证的七日前，通知当事人举行听证的时间、地点；

（三）除涉及国家秘密、商业秘密或者个人隐私外，听证公开举行；

（四）听证由行政机关指定的非本案调查人员主持；当事人认为主持人与本案有直接利害关系的，有权申请回避；

（五）当事人可以亲自参加听证，也可以委托一至二人代理；

（六）举行听证时，调查人员提出当事人违法的事实、证据和行政处罚建议；当事人进行申辩和质证；

（七）听证应当制作笔录；笔录应当交当事人审核无误后签字或者盖章。

当事人对限制人身自由的行政处罚有异议的，依照治安管理处罚法有关规定执行。

☆**真题回顾**

（2019年多选）公安机关作出（　　）的治安管理处罚决定前，应当告知违反治安理行为人有权要求听证；违反治安管理行为人要求听证的，公安机关应当及时依法举行听证。

A. 处以行政拘留

B. 处以罚款

C. 吊销许可证

D. 处以二千元以上罚款

E. 处以一千元以上罚款

【解析】答案为CD。根据《治安管理处罚法》第98条的规定，C项、D项正确。本题考查法条原文表述，考生应对听证条件理解记忆。

⊙办案期限

第九十九条　公安机关办理治安案件的期限，自受理之日起不得超过三十日；案情重大、复杂的，经上一级公安机关批准，可以延长三十日。

为了查明案情进行鉴定的期间，不计入办理治安案件的期限。

★**当场处罚**

第一百条　违反治安管理行为事实清楚，证据确凿，处警告或者二百元以下罚款的，可以当场作出治安管理处罚决定。

●**考点点拨**

1. 本条规定的是当场处罚程序，即一般治安管理处罚程序的简化程序。主要适用于案情简单、情节较轻的治安管理案件。

2. 当场处罚的适用条件：

（1）事实清楚，证据确凿。即不需要再做进一步调查取证就已经可以认定案件事实，当场作出处罚决定。交警抄罚单的行为，不属于当场处罚，而是属于调查取证。

（2）处警告或者200元以下罚款的。即只有满足这两种处罚种类才有可能当场处罚。

3. 拘留或200元以上的罚款属于较重的处罚，必须要经过规范的调查取证程序才可以作出，因此立法规定不适用当场处罚。

4. 交警对违法停放的车辆进行"抄牌"的行为，只是对现场的违法行为进行取证，不是当场处罚。

◆**关联法条**

《中华人民共和国行政处罚法》

第三十三条　违法事实确凿并有法定依据，对公民处以五十元以下、对法人或者其他组织处以一千元以下罚款或者警告的行政处罚的，可以当场作出行政处罚决定。当事人应当依照本法第四十六条、第四十七条、第四十八条的规定履行行政处罚决定。

★**当场处罚的决定程序**

第一百零一条　当场作出治安管理处罚决定的，人民警察应当向违反治安管理行为人出示工作证件，并填写处罚决定书。处罚决定书应当当场交付被处罚人；有被侵害人的，并将决定书副本抄送被侵害人。

前款规定的处罚决定书，应当载明被处罚人的姓名、违法行为、处罚依据、罚款数额、时间、地点以及公安机关名称，并由经办的人民警察签名或者盖章。

当场作出治安管理处罚决定的，经办的人民警察应当在二十四小时内报所属公安机关备案。

●**考点点拨**

1. 当场作出治安管理处罚的，人民警察必须遵守相应的决定程序：

（1）向违反治安管理行为人出示工作证件。

（2）填写处罚决定书。

（3）当场向当事人交付处罚决定书。当事人包括处罚人以及被侵害人。

2. 当场作出治安管理处罚决定的，经办的人民警察应当在24小时内报所属公安机关备案。考生需注意24小时这个时间节点。

◆**关联法条**

《中华人民共和国行政处罚法》

第三十四条　执法人员当场作出行政处罚决定的，应当向当事人出示执法身份证件，填写预定格式、编有号码的行政处罚决定书。行政处罚决定书应当当场交付当事人。

前款规定的行政处罚决定书应当载明当事人的违法行为、行政处罚依据、罚款数额、时间、地点以及行政机关名称，并由执法人员签名或者盖章。

执法人员当场作出的行政处罚决定，必须报所属行政机关备案。

⊙复议或诉讼

第一百零二条　被处罚人对治安管理处罚决定不服的，可以依法申请行政复议或者提起行政诉讼。

第三节　执　　行

⊙行政拘留处罚的执行

第一百零三条　对被决定给予行政拘留处罚的人，由作出决定的公安机关送达拘留所执行。

★当场收缴罚款

第一百零四条　受到罚款处罚的人应当自收到处罚决定书之日起十五日内，到指定的银行缴纳罚款。但是，有下列情形之一的，人民警察可以当场收缴罚款：

（一）被处五十元以下罚款，被处罚人对罚款无异议的；

（二）在边远、水上、交通不便地区，公安机关及其人民警察依照本法的规定作出罚款决定后，被处罚人向指定的银行缴纳罚款确有困难，经被处罚人提出的；

（三）被处罚人在当地没有固定住所，不当场收缴事后难以执行的。

●考点点拨

1. 本条规定的是罚缴分离制度及其例外情形即当场收缴罚款。立法之所以要规定罚缴分离制度，是为了防止行政机关滥用行政权力滥收滥罚且将罚款占为己用的行为。罚缴分离意味着决定罚款处罚的主体与具体收缴罚款的主体不同，比如，甲违章驾驶，交警大队对其开出罚单后，甲应去罚单上指定的银行缴纳罚款。而当场收缴则意味着决定罚款处罚的主体与具体收缴罚款的主体相同。

2. 当场收缴罚款主要适用于如果不当场收缴，事后便难以收缴成功的情形。

3. 当场收缴罚款有三种情形：

(1) 被处 50 元以下罚款，被处罚人对罚款无异议的。需注意数额及无异议两个条件需同时具备。

(2) 交通不便、罚款决定作出后、向银行缴纳确有困难并经被处罚人主动提出这三个条件：

①在边远、水上、交通不便地区；

②公安机关及其人民警察依照本法的规定作出罚款决定后；

③被处罚人向指定的银行缴纳罚款确有困难，经被处罚人提出的。

(3) 被处罚人在当地没有固定住所，不当场收缴事后难以执行的。没有固定住所的人流动性强，如果不当场收缴的话，事后可能难以执行。

4. 当场收缴和当场处罚是两个不同的法律概念。

(1) 当场收缴是指对违法人员处以罚款且满足本条规定的情况下，直接由执行人员当场收缴罚款，而不需被处罚人员再去指定银行缴纳罚款。

(2) 当场处罚是指对违反治安管理行为事实清楚，证据确凿的行为，直接由执行人员当场对违法人员作出警告或者 200 元以下的罚款的处罚决定。当场处罚的罚款在满足本条规定的情况下，可以当场收缴，但不是必须。考生不要混淆两者之间的区别。

◆关联法条

《中华人民共和国行政处罚法》

第四十七条　依照本法第三十三条的规定当场作出行政处罚决定，有下列情形之一的，执法人员可以当场收缴罚款：

（一）依法给予二十元以下的罚款的；

（二）不当场收缴事后难以执行的。

第四十八条　在边远、水上、交通不便地区，行政机关及其执法人员依照本法第三十三条、第三十八条的规定作出罚款决定后，当事人向指定的银行缴纳罚款确有困难，经当事人提出，行政机关及其执法人员可以当场收缴罚款。

★当场收缴罚款缴纳期

第一百零五条　人民警察当场收缴的罚款，应当自收缴罚款之日起二日内，交至所属的公安机关；在水上、旅客列车上当场收缴的罚款，应当自抵岸或者到站之日起二日内，交至所属的公安机关；公安机关应当自收到罚款之日起二日内将罚款缴付指定的银行。

●考点点拨

对人民警察当场收缴的罚款限期上交，是为了防止收缴人侵吞、侵占罚款的可能性。

◆关联法条

《中华人民共和国行政处罚法》

第五十条　执法人员当场收缴的罚款，应当自收缴罚款之日起二日内，交至行政机关；在水上当场收缴的罚款，应当自抵岸之日起二日内交至行政机关；行政机关应当在二日内将罚款缴付指定的银行。

★当场收缴罚款收据

第一百零六条　人民警察当场收缴罚款的，应当向被处罚人出具省、自治区、直辖市人民政府财政部门统一制发的罚款收据；不出具统一制发的罚款收据的，被处罚人有权拒绝缴纳罚款。

●考点点拨

1. 本条规定的"统一制发的罚款收据"是指由省、自治区、直辖市即省级人民政府财政部门统一制作和发放的收据。立法之所以要规定省级政府财政部门，是为了防止各市县区地方利用自身权力滥收滥罚，损害公民的合法权益。

2. 人民警察当场收缴罚款的，若不出具收据或出具的收据不是省、自治区、直辖市人民政府财政部门统一制发的，被处罚人都有权拒绝缴纳罚款。

◆关联法条

《中华人民共和国行政处罚法》

第四十九条　行政机关及其执法人员当场收缴罚款的，必须向当事人出具省、自治区、直辖市财政部门统一制发的罚款收据；不出具财政部门统一制发的罚款收据的，当事人有权拒绝缴纳罚款。

⊙暂缓执行行政拘留

第一百零七条　被处罚人不服行政拘留处罚决定，申请行政复议、提起行政诉讼的，可以向公安机关提出暂缓执行行政拘留的申请。公安机关认为暂缓执行行政拘留不致发生社会危险的，由被处罚人或者其近亲属提出符合本法第一百零八条规定条件的担保人，或者按每日行政拘留二百元的标准交纳保证金，行政拘留的处罚决定暂缓执行。

●考点点拨

1. 本条是对暂缓执行行政拘留处罚条件的规定。需注意的是暂缓执行的只能是行政拘留处罚。

2. 暂缓执行被处罚人的行政拘留处罚的条件：

(1)救济程序启动：被处罚人不服行政拘留处罚决定，申请行政复议或提起行政诉讼的。

(2)需申请：被处罚人向公安机关提出暂缓执行行政拘留的申请。

(3)没有社会危险：公安机关认为暂缓执行行政拘留不致发生社会危险的。

(4)提供保证人或交纳保证金：由被处罚人或者其近亲属提出符合规定条件的保证人或按每日行政拘留200元的标准交纳保证金。

3. 暂缓执行只是指在行政复议、提起行政诉讼期间暂不执行，而不是不予执行。若在进行行政复议、行政诉讼后，相关机关没有作出使行政拘留处罚决定无效的决定或裁判，那么行政拘留处罚将恢复执行。

4. 行政拘留是指法定的行政机关依法对违反行政法律规范的人，在短期内限制人身自由的一种行政处罚。因为对人身自由的限制或剥夺是一种无法恢复的行政处罚措施，且对公民的身心健康影响较大，所以必须审慎决定和执行。暂缓执行行政拘留可以避免行政机关的错误决定，保护公民的人身权利不受违法行政行为的侵犯。

⊙担保人的条件

第一百零八条　担保人应当符合下列条件：

(一)与本案无牵连；

(二)享有政治权利，人身自由未受到限制；

(三)在当地有常住户口和固定住所；

(四)有能力履行担保义务。

●考点点拨

本条规定的保证人的条件要同时具备。

◆关联法条

《中华人民共和国刑事诉讼法》

第六十九条　保证人必须符合下列条件：

(一)与本案无牵连；

(二)有能力履行保证义务；

(三)享有政治权利，人身自由未受到限制；

(四)有固定的住处和收入。

★担保人的义务

第一百零九条　担保人应当保证被担保人不逃避行政拘留处罚的执行。

担保人不履行担保义务，致使被担保人逃避行政拘留处罚的执行的，由公安机关对其处三千元以下罚款。

●考点点拨

1. 本条规定的是担保人的担保义务以及不履行担保义务的处罚。

2. 对担保人处以罚款处罚需要同时满足两个条件：

(1)不积极履行担保义务。即担保人未采取任何措施约束被担保人或采取了措施但严重不负责任。

(2)致使被担保人逃避行政拘留处罚的执行。不积极履行担保义务的结果一定要是致使被担保人逃避行政拘留处罚的执行才能对担保人进行罚款。

⊙保证金的没收

第一百一十条　被决定给予行政拘留处罚的人交纳保证金，暂缓行政拘留后，逃避行政拘留处罚的执行的，保证金予以没收并上缴国库，已经作出的行政拘留决定仍应执行。

●考点点拨

1. 本条规定的“逃避行政拘留处罚的执行”是指被暂缓执行行政拘留的人在原先满足暂缓执行行政拘留的条件消失情形下或在申请行政复议或进行行政诉讼后仍需要执行行政拘留处罚的情形下，采取逃跑或躲避的方式逃避行政拘留处罚的执行。

2. 逃避行政拘留处罚的执行的，不仅已交纳的保证金需没收上缴国库，而且已经作出的行政拘留决定仍应执行。立法这样规定，是为了防止以没收代替拘留，维护法律的严肃性。

⊙保证金的退还

第一百一十一条　行政拘留的处罚决定被撤销，或者行政拘留处罚开始执行的，公安机关收取的保证金应当及时退还交纳人。

●考点点拨

1. 行政拘留的处罚决定被撤销，意味着被保证人不用接受行政拘留的处罚，此时，保证金没有存在的前提，所以应当及时退还交纳人。

2. 行政拘留处罚开始执行，意味着被保证人已经接受了行政拘留处罚，不用再用保证金担保被保证人会接受可能到来的行政拘留处罚。所以，应该将保证金及时退还给交纳人。

第五章　执法监督

⊙执法原则

第一百一十二条　公安机关及其人民警察应当依法、公正、严格、高效办理治安案件，文明执法，不得徇私舞弊。

⊙禁止行为

第一百一十三条　公安机关及其人民警察办理治安案件，禁止对违反治安管理行为人打骂、虐待或者侮辱。

●考点点拨

本条规定了公安机关及其人民警察在办理治安案件时的禁止行为，主要是为了保障公民的人身权利以及防止冤假错案的发生。

⊙社会监督

第一百一十四条　公安机关及其人民警察办理治安案件，应当自觉接受社会和公民的监督。

公安机关及其人民警察办理治安案件，不严格执法或者有违法违纪行为的，任何单位和个人都有权向公安机关或者人民检察院、行政监察机关检举、控告；收到检举、控告的机关，应当依据职责及时处理。

⊙罚缴分离原则

第一百一十五条　公安机关依法实施罚款处罚，应当依照有关法律、行政法规的规定，实行罚款决定与罚款收缴分离；收缴的罚款应当全部上缴国库。

⊙人民警察与公安机关违法违纪行为的处罚

第一百一十六条　人民警察办理治安案件，有下列行为之一的，依法给予行政处分；构成犯罪的，依法追究刑事责任：

（一）刑讯逼供、体罚、虐待、侮辱他人的；

（二）超过询问查证的时间限制人身自由的；

（三）不执行罚款决定与罚款收缴分离制度或者不按规定将罚没的财物上缴国库或者依法处理的；

（四）私分、侵占、挪用、故意损毁收缴、扣押的财物的；

（五）违反规定使用或者不及时返还被侵害人财物的；

（六）违反规定不及时退还保证金的；

（七）利用职务上的便利收受他人财物或者谋取其他利益的；

（八）当场收缴罚款不出具罚款收据或者不如实填写罚款数额的；

（九）接到要求制止违反治安管理行为的报警后，不及时出警的；

（十）在查处违反治安管理活动时，为违法犯罪行为人通风报信的；

（十一）有徇私舞弊、滥用职权，不依法履行法定职责的其他情形的。

办理治安案件的公安机关有前款所列行为的，对直接负责的主管人员和其他直接责任人员给予相应的行政处分。

●考点点拨

1. 行政处分，是指国家行政机关依照行政隶属关系给予有违法失职行为的国家机关公务人员的一种惩罚措施，包括警告、记过、记大过、降级、撤职、留用察看、开除。比如，甲任某县公安局局长，在一次对抢劫犯罪团伙的抓捕中，张某与上级的意见发生分歧。协商无果后，甲擅自带领县公安局干警提前抓捕，打乱了上级公安机关的抓捕计划，打草惊蛇，导致主犯逃脱。上级机关经审查决定，对甲处以记过处分。

2. 行政处分不同于行政处罚，后者是指行政主体依照法定职权和程序对违反行政法规范，尚未构成犯罪的相对人给予行政制裁的行政行为。

★行政赔偿责任

第一百一十七条　公安机关及其人民警察违法行使职权，侵犯公民、法人和其他组织合法权益的，应当赔礼道歉；造成损害的，应当依法承担赔偿责任。

●考点点拨

1. 本条规定的行政赔偿责任属于国家赔偿的一种，指的是公安机关及其人民警察在行使职权时，侵犯了公民、法人和其他组织的合法权益，需要依法承担赔偿的一种责任类型。

2. 本条规定的行政赔偿责任需要满足的条件：

(1)行为：公安机关及其人民警察有违法行使职权的行为。比如，人民警察甲以殴打方式阻止小摊贩摆摊导致其受伤住院的行为，因为人民警察有阻止小摊贩违反摆摊行为的权力，但没有侵犯小摊贩人身权的权力。

(2)结果：造成公民、法人和其他组织的损害。

(3)违法行使职权行为与造成损害之间具有因果关系。

◆关联法条

《中华人民共和国国家赔偿法》

第三条　行政机关及其工作人员在行使行政职权时有下列侵犯人身权情形之一的，受害人有取得赔偿的权利：

(一)违法拘留或者违法采取限制公民人身自由的行政强制措施的；

(二)非法拘禁或者以其他方法非法剥夺公民人身自由的；

(三)以殴打、虐待等行为或者唆使、放纵他人以殴打、虐待等行为造成公民身体伤害或者死亡的；

(四)违法使用武器、警械造成公民身体伤害或者死亡的；

(五)造成公民身体伤害或者死亡的其他违法行为。

第四条　行政机关及其工作人员在行使行政职权时有下列侵犯财产权情形之一的，受害人有取得赔偿的权利：

(一)违法实施罚款、吊销许可证和执照、责令停产停业、没收财物等行政处罚的；

(二)违法对财产采取查封、扣押、冻结等行政强制措施的；

(三)违法征收、征用财产的；

(四)造成财产损害的其他违法行为。

第五条　属于下列情形之一的，国家不承担赔偿责任：

(一)行政机关工作人员与行使职权无关的个人行为；

(二)因公民、法人和其他组织自己的行为致使损害发生的；

(三)法律规定的其他情形。

☆真题回顾

(2019年单选)公安机关及其人民警察违法行使治安管理权，侵犯公民、法人和其他组织合法权益，造成损害的，应当依法承担(　　)。

A. 赔偿　　　　B. 补偿

C. 行政处罚　　D. 行政处分

【解析】答案为A。根据《治安管理处罚法》第117条的规定，A项正确。本题较为简单，违法行为对他人造成损害的，承担侵权损害赔偿责任，这是基本的法理要求，厘清基本概念即可判断排除C项、D项，行政处罚与行政处分的一个最直接的区别为受到惩处的对象不同，行政处罚是对外的针对行政相对人的惩罚性行为，行政处分是针对行政机关内部成员的惩罚性行为。本题难点在于理解赔偿和补偿。两者最根本的区别在于：(1)国家赔偿由国家机关及其工作人员的违法行为引起，以违法为前提；国家补偿由国家的合法行为引起，不以违法为前提。(2)国家赔偿意味着国家为其过错或者过失承担责任，而国家补偿的根本属性在于国家对特定受害的公民法人或者其他组织损失的填补，旨在为因公共利益而遭受特别损失的公民、法人或者其他组织提供补救，以体现其与普通公众间的利益平衡。

第六章　附　　则

⊙"以上"、"以下"、"以内"的含义

第一百一十八条　本法所称以上、以下、以内，包括本数。

⊙本法生效日期

第一百一十九条　本法自2006年3月1日起施行。1986年9月5日公布、1994年5月12日修订公布的《中华人民共和国治安管理处罚条例》同时废止。

第五章　行政处罚法备考要点和法条解读

第一节　行政处罚法备考复习要点

一、行政处罚的概念与特征

（一）行政处罚的概念

行政处罚是指行政主体（行政机关和法律、法规授权的组织）依法对违反行政管理秩序而应承担相应法律责任的公民、法人或者其他组织所给予法律制裁的具体行政行为。

（二）行政处罚的特征

1. 行政处罚的主体是行政主体，包括行政机关和法律、法规授权的组织。

2. 行政处罚的对象是违反行政管理秩序的公民、法人或者其他组织。

3. 行政处罚的前提是违反行政法律规范的行为的存在。

4. 行政处罚的追究时效一般是2年，但法律另有规定的除外（如《治安管理处罚法》规定的是6个月）。

5. 行政处罚的性质具有惩戒性、制裁性。

6. 行政处罚的目的是规范行政处罚的设定和实施，保障和监督行政机关有效实施行政管理，维护公共利益和社会秩序，保护公民、法人或者其他组织的合法权益。

二、行政处罚的基本原则

（一）处罚法定原则

处罚法定原则是行政处罚法的基本原则之一，主要包括以下三点：

1. 处罚依据法定，即行政处罚必须有法定依据，法无明文规定的不得处罚。法律、法规和规章都可以设定行政处罚，因而法律、法规和规章都是行政处罚的依据。如果没有法律、法规或规章的明确规定，任何行政主体都不得实施行政处罚。如果行政主体作出的行政处罚没有法定依据的，该行政处罚无效。

2. 处罚主体法定，即行政处罚必须由享有处罚权的行政主体在法定权限内实施。根据行政处罚法的规定，除下列机关和组织外，其他任何机关、组织和个人，都不得行使行政处罚权：

（1）法律、法规、规章规定行使处罚权的行政机关。

（2）法律、法规、规章授权的组织。

（3）根据法律、法规或者规章的规定，行政机关可以委托相关组织实施处罚。

3. 程序法定，即行政主体实施行政处罚必须严格依照法定程序进行。如立案、调查取证、告知当事人诉权、听证、送达等，都应遵循法定程序。如果行政主体作出的行政处罚没有遵守法定程序的，该行政处罚无效。

（二）处罚公正、公开原则

1. 处罚公正原则是指行政处罚应当公平正义、不偏不私。公正原则主要体现在以下三个方面：

（1）设定和实施行政处罚必须以事实为依据，与违法行为的事实、性质、情节以及社会危害程度相当，即过罚相当原则。

（2）对当事人的同一违法行为，不得给予两次以上罚款的行政处罚，即一事不再罚原则。

（3）行政处罚权的设定机关与实施机关相分离，听证程序中听证主持人与案件调查人员相分离，案件调查人员与处罚决定人员相分离，即职权分离原则。

2. 处罚公开原则主要体现在以下三个方面：

（1）要公布有关行政处罚的规定，使民众先知晓，方可要求其予以遵守。如果有关行政处罚的规定未经公布，那么就不得作为行政处罚的依据。

（2）要依法向当事人公开相关的事项。如行政机关在作出行政处罚决定之前，应当告知当事人作出行政处罚决定的事实、理由及依据，并告知当事人依法享有的权利。

（3）要依法公开行政处罚的过程和结果。除涉及国家秘密、商业秘密或者个人隐私外，行政处罚程序中的听证公开举行，行政处罚结果也予以公示，便于民众监督，也有利于对民众进行教育。

（三）处罚与教育相结合原则

行政处罚不仅是制裁违法行为的手段，也是教育违法者和人民群众的手段。行政处罚不是目的，而是一种手段，特别是对于一般违法者，要给予行政处罚，更要注重宣传教育，只有坚持处罚与教育相结合的原则，才能真正达到处罚的目的，防止违法行为的发生，维护社会和谐稳定。

（四）一事不再罚原则

一事不再罚是指行政机关不得以同一事实和同一依据，对当事人的同一个违法行为给予两次以上罚款的行政处罚。对此，可以从以下两个方面进行理解：

1. 如果一个违法行为违反一个法律规范，构成一个处罚理由，那么只能给予一次行政处罚。此处需要注意的是，如果一个行为违反的只是一个法律规范，而该条法律规范又规定行政机关可以并处两种处罚，如没收违法所得并处罚款的，那么行政机关是可以依法作出没收违法所得并处罚款的行政处罚的。

2. 如果一个违法行为违反两个或两个以上的法律规范，构成两个处罚理由，可以按照不同的法律规范给予两个或两个以上不同种类的行政处罚，但是如果该不同法律规范指向的行政处罚的种类都是罚款，那么就只能罚款一次，不能给予两次以上的罚款。

三、行政处罚的种类

（一）警告

警告，属于申诫罚，是指行政主体对有违法行为的公民、法人或者其他组织实施的一种书面形式的警示和告诫，既具有制裁性质又具有教育性质。警告一般适用于违反行政管理秩序比较轻微、对社会危害程度不大的行为。警告一般可以当场作出。

（二）罚款

罚款，属于财产罚，是指行政主体对强制有违法行为的公民、法人或者其他组织在一定期限内缴纳一定数量货币的处罚。罚款与罚金不同，罚金是刑罚中对触犯刑法构成犯罪的公民或者组织实施的一种附加刑，而且罚金只能由人民法院依法判决。

（三）没收违法所得、没收非法财物

没收违法所得、没收非法财物，属于财产罚，是指行政主体将有违法行为的公民、法人或者其他组织取得的违法财产、物品收归国有的处罚。

（四）责令停产停业

责令停产停业，属于行为罚，是指行政主体强令违法的工商企业或个体工商户停止生产或者经营活动的处罚。责令停产停业的处罚将直接影响经营主体的经济利益，因此，只有对比较严重的行政违法行为才能适用。

（五）暂扣或者吊销许可证、暂扣或者吊销执照

暂扣或者吊销许可证、执照，属于行为罚（也称能力罚），是指行政主体对有违法行为的公民、法人或者其他组织取消其某种资格或者剥夺、限制其某种特许的权利的处罚。暂扣或者吊销许可证、执照是一种非常严厉的行政处罚，只有法律和行政法规才能设定。

（六）行政拘留

行政拘留，属于人身自由罚，是指公安机关对违反治安管理处罚法的公民，在较短的时间内限制其人身自由的一种处罚形式。行政拘留是一种最严厉的行政处罚，只有法律才能设定。行政拘留不同于刑事拘留，虽然两者的实施主体都是公安机关，但是行政拘留是公安机关依据《治安管理处罚法》对公民实施的一种行政处罚措施，而刑事拘留是公安机关依据《刑事诉讼法》对犯罪嫌疑人实施的一种刑事强制措施。

（七）法律、行政法规规定的其他行政处罚

《治安管理处罚法》规定了两类特殊的处罚，即对违反治安管理的外国人，可以附加适用限期出境或者驱逐出境。

四、行政处罚的设定

（一）法律的设定权

1. 法律可以设定各种行政处罚。限制人身自由的行政处罚，只能由法律设定。

2. 法律是全国人民代表大会或者全国人民代表大会常务委员会依法制定的规范性文件。法律可以创设《行政处罚法》中所规定的各种类型的处罚，还可以创设该法没有规定的其他类型的处罚。

（二）行政法规的设定权

1. 行政法规可以设定除限制人身自由以外的行政处罚。

2. 行政法规是国务院依法制定的规范性文件。行政法规设定行政处罚的权限比法律小，但比地方性法规和规章大。除了限制人身自由的处罚之外，行政法规可以创设《行政处罚法》所列明的各种类型的处罚，还可以创设该法没有列明的其他类型的处罚。

（三）地方性法规的设定权

1. 地方性法规可以设定除限制人身自由、吊销企业营业执照以外的行政处罚。

2. 地方性法规是省、自治区、直辖市和较大的市（包括省、自治区的人民政府所在地的市、经国务院批准的较大的市和经济特区所在地的市）的人民代表大会及其常务委员会依法制定的规范性文件。除了限制人身自由、吊销企业营业执照的处罚之外，地方性法规可以设定《行政处罚法》中所规定的大部分处罚类型，但不能创设该法没有规定的新的处罚种类。

（四）国务院部门规章的设定权

1. 尚未制定法律、行政法规的，国务院部、委员会制定的规章对违反行政管理秩序的行为，可以设定警告或者一定数量罚款的行政处罚。罚款的限额由国务院规定。

2. 国务院部门规章是指国务院各部、委员会、中国人民银行、审计署和具有行政管理职能的直属机构依法制定的规范性文件。在尚未制定法律、行政法规的情况下，国务院部门可以根据工作需要和实际情况对违反行政管理秩序的行为，如随地吐痰、乱扔烟头、开车闯红灯等，设定警告或者罚款的行政处罚。需要注意的是，国务院部门规章创设的只能是警告或者一定数量的罚款，而且罚款的限额应当由国务院规定。

（五）地方政府规章的设定权

1. 尚未制定法律、法规的，省、自治区、直辖市人民政府和省、自治区人民政府所在地的市人民政府以及经国务院批准的较大的市人民政府制定的规章对违反行政管理秩序的行为，可以设定警告或者一定数量罚款的行政处罚。罚款的限额由省、自治区、直辖市人民代表大会常务委员会规定。

2. 地方政府规章是指省、自治区、直辖市人民政府和省、自治区人民政府所在地的市人民政府以及经国务院批准的较大的市人民政府依法制定的规范性文件。在尚未制定法律、法规的情况下，地方政府规章可以根据工作需要和实际情况对违反行政管理秩序的行为设定警告或者罚款的行政处罚。

五、行政处罚的实施机关

1. 具有行政处罚权的行政机关。

2. 行使相对集中行政处罚权的行政机关。

3. 法律、法规授权的具有管理公共事务职能的组织。

4. 受行政机关委托行使行政处罚权的具有管理公共事务职能的事业组织。

六、行政处罚的管辖

（一）地域管辖

原则上，行政处罚由违法行为发生地的行政机关管辖。

（二）级别管辖

1. 在通常情况下，行政违法行为由县级以上地方人民政府具有行政处罚权的行政机关管辖，但法律、行政法规另有规定的除外。

2. 法律、行政法规另有规定的情形，例如，《治安管理处罚法》第91条规定："治安管理处罚由县级以上人民政府公安机关决定；其中警告、五百元以下的罚款可以由公安派出所决定。"也就是说，在治安管理处罚中，警告、500元以下的罚款可以由公安机关的派出机构即派出所决定。

（三）指定管辖

1. 指定管辖是指发生管辖争议的两个或者两个以上的行政机关的共同上一级行政机关指定其中一个行政机关对某一违法行为行使管辖权。共同上一级行政机关一旦指定管辖，被指定管辖的行政机关就必须遵照执行。

2. 指定管辖主要适用于管辖发生争议的情形。所谓发生管辖争议，是指两个或者两个以上的行政主体在实施行政处罚时，发生相互推诿或争夺管辖权的现象。

七、行政处罚的适用

（一）对未成年人处罚的限制

1. 对不满14周岁的人，不予行政处罚，责令监护人加以管教。

2. 对已满14周岁不满18周岁的人，从轻或者减轻行政处罚。

（二）对精神病人处罚的限制

1. 精神病人在不能辨认或者不能控制自己行为时有违法行为的，不予行政处罚，但应当责令其监护人严加看管和治疗。

2. 间歇性精神病人在精神正常时有违法行为的，应当给予行政处罚。

（三）从轻、减轻、不予处罚的条件

当事人有下列情形之一的，应当依法从轻或者减轻行政处罚：

1. 主动消除或者减轻违法行为危害后果的。

2. 受他人胁迫有违法行为的。

3. 配合行政机关查处违法行为有立功表现的。

4. 其他依法从轻或者减轻行政处罚的。

违法行为轻微并及时纠正，没有造成危害后果的，不予行政处罚。

八、行政处罚当事人的权利

公民、法人或者其他组织对行政机关给予的行政处罚，享有陈述、申辩权，对符合听证条件的案件享有听证的权利；对行政处罚不服的，有权依法申请行政复议或者提起行政诉讼；因行政机关违法给予行政处罚受到损害的，有权依法提出赔偿要求；对行政机关作出的行政处罚，有权申诉或者检举。

九、行政处罚的程序

(一)简易程序

1. 行政处罚简易程序,也称当场处罚程序,是一般程序的简便化,必须同时满足以下三个要件才可以适用:

(1)违法事实确凿。

(2)有法定依据。

(3)符合《行政处罚法》规定的处罚种类和幅度,即对公民处以50元以下罚款或者警告、对法人或者其他组织处以1000元以下的罚款或者警告。

2. 简易程序的具体程序包括:

(1)表明执法身份,即执法人员应当向当事人出示执法身份证件。

(2)告知处罚的事实、理由及依据。

(3)给予当事人陈述和申辩的机会。

(4)当场制作行政处罚决定书。对当场处罚所使用的行政处罚决定书,应当有预定的格式且编有号码,这样既便于执法人员使用,也可以防止执法人员滥用权力。当场处罚的行政处罚决定书必须载明法定事项,并由执法人员签字或者盖章。

(5)向当事人送达行政处罚决定书。

(6)报所属行政机关备案。

(7)执行。

(二)一般程序

一般程序是指行政处罚一般应当适用的正常的普通程序。它主要包括以下程序:

1. 立案。

2. 调查取证。

3. 告知处罚的事实、理由及依据。

4. 告知当事人陈述、申辩等权利。

5. 作出行政处罚决定。

6. 送达行政处罚决定。

(三)听证程序

1. 听证程序是一般程序的相对复杂化,是指行政机关在作出有关决定之前,应当事人的要求,举行由调查人员、案件当事人及其他利害关系人参加的听证会,对事实进行质证、辩驳的程序。

2. 适用听证程序的条件:

(1)必须符合法定的听证范围的案件,即责令停产停业、吊销许可证或者执照、较大数额罚款等的处罚才适用听证程序。

(2)当事人有听证的要求。

3. 听证程序主要包括:

(1)听证程序的启动。只有当事人被告知听证权利之后要求听证的,行政机关才应当组织听证。

(2)听证程序中的期限问题。

①当事人申请听证的期限,即当事人应当在行政机关告知听证权利之日起3日内提出听证申请。

②行政机关通知举行听证的期限,即行政机关应当在举行听证的7日前告知当事人听证的时间、地点。

(3)听证主持人的问题。

①案件的调查人员不得担任听证主持人。

②当事人认为听证主持人与案件有利害关系的,有权申请听证主持人回避。

(4)当事人的权利。包括当事人不承担听证的费用,当事人可以亲自参加听证,也可以委托1~2人代理。

(5)听证的形式。

①除涉及国家秘密、商业秘密或者个人隐私外,听证公开举行。

②听证必须制作笔录,并交由当事人审核无误后签字或盖章。

十、行政处罚决定及其内容

1. 行政处罚决定应当由行政机关负责人作出,在行政机关负责人作出决定之前,应当由从事行政处罚决定审核的人员进行审核。对于复杂、重大的处罚案件,应当由行政机关的负责人集体讨论作出行政处罚决定。

2. 案件调查终结后,根据不同情况,分别作出以下决定;

(1)对于行为人确有应受处罚的违法行为的,根据其违法行为的情节轻重及违法事实的性质、社会危害程度等具体情况,按照过罚相当的原则,作出相应的行政处罚决定。

(2)对于行为人确有违法行为,但情节轻微,没有造成危害后果,社会危害性较小,依法可以不予行政处罚的,作出不予行政处罚的决定。

(3)对于没有证据能够证明行为人确有违法行为的,即违法事实不能成立的,不得给予行政处罚。

(4)对于行为人确有违法行为且该行为已构成犯罪的,移送司法机关处理。

3. 行政机关依法作出行政处罚决定后,应当制作行政处罚决定书。行政处罚决定书是行政机关作出行政处罚这一具体行政行为的书面证据,也是行政处罚行为具备法律效力的表现形式。通过这一法定形式,行政处罚决定即对当事人产生法律约束力。因此,不管是按照简易程序当场作出处罚,还是依照一般程序作出处罚，都必须制作行政处罚决定书并向当事人依法送达。

4. 行政处罚决定书应当载明下列事项：

(1)当事人的姓名或者名称、地址。

(2)违反法律、法规或者规章的事实和证据。

(3)行政处罚的种类和依据。

(4)行政处罚的履行方式和期限。

(5)不服行政处罚决定，申请行政复议或者提起行政诉讼的途径和期限。

(6)作出行政处罚决定的行政机关名称和作出决定的日期。行政处罚决定书必须盖有作出行政处罚决定的行政机关的印章。

十一、行政处罚决定的执行

(一)可以当场收缴罚款的情形

1. 依法给予 20 元以下的罚款的。

2. 不当场收缴事后难以执行的。

3. 在边远、水上、交通不便地区，当事人向指定的银行缴纳罚款确有困难，经当事人提出，行政机关及其执法人员可以当场收缴罚款。

(二)行政机关对当事人逾期不履行行政处罚决定的执行措施

1. 执行罚，即每日加处罚款数额的 3%。

2. 直接强制执行，即依法具有强制执行权的行政机关，将查封、扣押的财物拍卖或者将冻结的存款划拨用于抵缴罚款。

3. 申请法院强制执行。

第二节　行政处罚法重点法条解读及真题回顾

中华人民共和国行政处罚法

（1996年3月17日第八届全国人民代表大会第四次会议通过　根据2009年8月27日第十一届全国人民代表大会常务委员会第十次会议《关于修改部分法律的决定》第一次修正　根据2017年9月1日第十二届全国人民代表大会常务委员会第二十九次会议《关于修改〈中华人民共和国法官法〉等八部法律的决定》第二次修正）

第一章　总　　则

⊙立法目的

第一条　为了规范行政处罚的设定和实施，保障和监督行政机关有效实施行政管理，维护公共利益和社会秩序，保护公民、法人或者其他组织的合法权益，根据宪法，制定本法。

●考点点拨

1. 行政处罚法的立法目的包括：

（1）规范行政处罚的设定和实施。

（2）保障和监督行政机关有效实施行政管理。

（3）维护公共利益和社会秩序。

（4）保护公民、法人或者其他组织的合法权益。

2. 行政处罚法对行政处罚的设定作严格的限定并对行政处罚的实施作详细的规定，是因为行政处罚是行政主体（包括行政机关和法律、法规授权的组织）依法对违反行政管理秩序的行为实施的制裁措施，它是一种严厉的行政行为，可以直接限制或剥夺违法行为人的人身权、财产权，所以有必要从立法上予以严格规范。

⊙适用范围

第二条　行政处罚的设定和实施，适用本法。

●考点点拨

1. 行政处罚的设定属于立法行为，行政处罚的实施属于执法行为。不管是行政处罚的设定，还是行政处罚的实施，都应以行政处罚法定的规定为依据。

2. 行政处罚的设定采用法定原则，即法无明文规定的，不得处罚。行政处罚法对行政处罚的设定权作出了如下规定：

（1）法律可以设定各种类型的行政处罚。此处常见的考点就是限制人身自由的处罚，如行政拘留只能由法律来设定。

（2）行政法规可以设定除限制人身自由以外的行政处罚。

（3）地方性法规可以设定除限制人身自由、吊销营业执照以外的行政处罚。

（4）规章可以设定警告或者一定数量罚款的行政处罚。除此之外的其他规范性文件一律不得设定行政处罚。

3. 行政处罚的实施包括实施的主体和实施的程序，均必须遵循《行政处罚法》的规定。

★适用对象及处罚法定原则

第三条　公民、法人或者其他组织违反行政管理秩序的行为，应当给予行政处罚的，依照本法由法律、法规或者规章规定，并由行政机关依照本法规定的程序实施。

没有法定依据或者不遵守法定程序的，行政处罚无效。

●考点点拨

1. 行政处罚是指行政主体（行政机关和法律、法规授权的组织）依法对违反行政管理秩序而应承担相应法律责任的公民、法人或者其他组织所给予法律制裁的具体行政行为。

2. 行政处罚以违法行为的存在为前提，如果没有违法事实，就不会有行政处罚。但是，不是所有违反行政管理秩序的行为都给予行政处罚，如果公民、法人或者其他组织违反行政管理秩序的行为十分严重，构成犯罪的，则应追究刑事责任，只有尚不构成犯罪但依法应承担行政法律责任的才给予行政处罚。还需要注意的是，并不是所有的违法行为都要给予行政处罚,如果违法行为轻微并及时纠正,没有造成危害后果的,就不必给予行政处罚。

3. 处罚法定原则是行政处罚法的基本原则之一,主要包括以下三点:

(1)依据法定,即行政处罚必须有法定依据,法无明文规定的不得处罚。法律、法规和规章都可以设定行政处罚,因而法律、法规和规章都是行政处罚的依据。如果没有法律、法规或规章的明确规定,任何行政主体都不得实施行政处罚。如果行政主体作出的行政处罚没有法定依据的,该行政处罚无效。

(2)主体法定,即行政处罚必须由享有处罚权的行政主体在法定权限内实施。根据《行政处罚法》的规定,除下列机关和组织外,其他任何机关、组织和个人,都不得行使行政处罚权:

①法律、法规、规章规定行使处罚权的行政机关;

②法律、法规、规章授权的组织;

③根据法律、法规或者规章的规定,行政机关可以委托相关组织实施处罚。

(3)程序法定,即行政主体实施行政处罚必须严格依照法定程序进行。比如立案、调查取证、告知当事人诉权、听证、送达等,都应遵循法定程序。如果行政主体作出的行政处罚没有遵守法定程序的,该行政处罚无效。

4. 行政处罚无效,就是指没有法定依据或者不遵守法定程序的行政处罚是无效的、违法的,是可以被撤销的,公民、法人或者其他组织对该无效的行政处罚也有权拒绝。

★处罚公正、公开原则

第四条　行政处罚遵循公正、公开的原则。

设定和实施行政处罚必须以事实为依据,与违法行为的事实、性质、情节以及社会危害程度相当。

对违法行为给予行政处罚的规定必须公布;未经公布的,不得作为行政处罚的依据。

●考点点拨

1. 公正原则是行政处罚的一项基本原则,它是指行政处罚应当公平正义、不偏不私。公正原则主要体现在以下几个方面:

(1)设定和实施行政处罚必须以事实为依据,与违法行为的事实、性质、情节以及社会危害程度相当,即过罚相当原则。

(2)对当事人的同一违法行为,不得给予两次以上罚款的行政处罚,即一事不再罚原则。

(3)行政处罚权的设定机关与实施机关相分离,听证程序中听证主持人与案件调查人员相分离,案件调查人员与处罚决定人员相分离,即职权分离原则。

2. 与公正原则相对的就是显失公正的问题。显失公正是指行政主体在法律、法规规定的范围和幅度内,所作出的处罚行为明显不适当。也就是说,该行政处罚决定虽然在形式上合法,但却存在明显的不合理。比如,同一栋楼的两个房屋出租人都将房屋出租给无身份证件的人居住,公安机关对其中一个房屋出租人处罚 200 元,对另外一个房屋出租人处罚 500 元。对存在同类违法行为的人,本应给予相同的行政处罚,但公安机关却给予轻重不同的行政处罚,故此种情形就属于显失公正。

3. 公开原则主要体现在以下三个方面:

(1)要公布有关行政处罚的规定,使民众先知晓,方可要求其予以遵守。如果有关行政处罚的规定未经公布,那么就不得作为行政处罚的依据。

(2)要依法向当事人公开相关的事项。如行政机关在作出行政处罚决定之前,应当告知当事人作出行政处罚决定的事实、理由及依据,并告知当事人依法享有的权利。

(3)要依法公开行政处罚的过程和结果。除涉及国家秘密、商业秘密或者个人隐私外,行政处罚程序中的听证公开举行,行政处罚结果也予以公示,便于民众监督,也有利于对民众进行教育。

☆真题回顾

(2019 年判断)行政处罚遵循公正、公开的原则。(　　)

【解析】根据《行政处罚法》第 4 条的规定,本题表述正确。

⊙处罚与教育相结合原则

第五条　实施行政处罚,纠正违法行为,应当坚持处罚与教育相结合,教育公民、法人或者其他组织自觉守法。

●考点点拨

行政处罚不仅是制裁违法行为的手段,也是教育违法者和人民群众的手段。行政处罚不是目的,而是一种手段,特别是对于一般违法者,要给予行政处罚,更要注重宣传教育,只有坚持处罚与教育相结合的原则,才能真正达到处罚的目的,防止违法行为的发生,维护社会和谐稳定。

★陈述、申辩权和救济权

第六条　公民、法人或者其他组织对行政机关所给予的行政处罚,享有陈述权、申辩权;对行政处罚不服的,有权依法申请行政复议或者提起行政诉讼。

公民、法人或者其他组织因行政机关违法给予行政处罚受到损害的,有权依法提出赔偿要求。

●考点点拨

1. 本条规定受处罚人的权利主要包括:

(1)陈述和申辩权。

(2)申请行政复议或者提起行政诉讼的权利。

(3)提出行政赔偿的权利。

2. 陈述是指受处罚人为自己的行为进行客观说明;申辩是指受处罚人为自己的行为申诉理由和进行辩解;陈述和申辩权是受处罚人依法享有的重要权利。行政机关要严格依法保障当事人充分行使陈述和申辩的权利,如行政机关在作出行政处罚决定之前,应当告知当事人作出行政处罚决定的事实、理由及依据,并告知当事人依法享有的权利,以使当事人知悉相关事项后有条件和可能为自己的行为进行陈述和申辩,行政机关也必须充分听取当事人的意见。

3. 公民、法人或者组织对行政处罚决定不服的,依法可以申请行政复议或者提起行政诉讼。公民、法人或者其他组织因行政机关违法的行政处罚行为而遭受损害的,依法可以提出行政赔偿要求。

☆真题回顾

(2018年多选)公民、法人或者其他组织对行政机关作出和给予的行政处罚,享有(　　)的权利。

A. 申诉　　B. 检举

C. 陈述　　D. 申辩

E. 申请停止执行

【解析】答案为CD。根据《行政处罚法》第6条规定,C项、D项正确,当选。第6条中并未规定申诉权,而只说了申请行政复议或提起行政诉讼的权利,A项错误。公民检举权的行为对象是国家工作人员违法违纪的行为,而非对行政机关依法作出生效的行政处罚,B项错误。根据《行政处罚法》第45条的规定,当事人并不享有申请停止执行的权利,E项错误。

⊙被处罚者应承担的其他法律责任

第七条　公民、法人或者其他组织因违法受到行政处罚,其违法行为对他人造成损害的,应当依法承担民事责任。

违法行为构成犯罪,应当依法追究刑事责任,不得以行政处罚代替刑事处罚。

●考点点拨

1. 我国的法律责任包括:

(1)刑事责任。

(2)民事责任。

(3)行政责任。

行政责任分为行政处分和行政处罚。如果一个违法行为引起了民事责任和行政处罚,违法行为人不因已受行政处罚而免除其民事责任,也不因已承担民事责任而免除或从轻、减轻其行政处罚。同理,如果违法行为构成犯罪的,应当依法追究刑事责任,必须依法移送有关部门处理,不得以行政处罚代替刑事处罚。

2. 民事赔偿责任优先是一项普遍的原则,我国的民商事法律甚至是刑法都作了类似规定,即在民事责任与行政责任之间,应当先承担民事责任,再承担行政责任。比如,《食品安全法》第147条规定:"违反本法规定,造成人身、财产或者其他损害的,依法承担赔偿责任。生产经营者财产不足以同时承担民事赔偿责任和缴纳罚款、罚金时,先承担民事赔偿责任。"

第二章　行政处罚的种类和设定

★处罚的种类

第八条　行政处罚的种类:

(一)警告;

(二)罚款;

(三)没收违法所得、没收非法财物;

(四)责令停产停业;

(五)暂扣或者吊销许可证、暂扣或者吊销执照;

(六)行政拘留;

(七)法律、行政法规规定的其他行政处罚。

●考点点拨

本条规定是常考的知识点,需要熟记行政处罚的种类:

1. 警告。

(1)属于申诫罚,是指行政主体对有违法行为的公民、法人或者其他组织实施的一种书面形式的警示和告诫,既具有制裁性质又具有教育性质。

(2)警告一般适用于违反行政管理秩序比较轻微、对社会危害程度不大的行为。

(3)警告一般可以当场作出。

2. 罚款。

(1)属于财产罚,是指行政主体对强制有违法行为的公民、法人或者其他组织在一定期限内缴纳一定数量货币的处罚。

(2)罚款与罚金不同,罚金是对触犯《刑法》构成犯罪的公民或者组织实施的一种附加刑,而且罚金只能由人民法院依法判决。

3. 没收违法所得、没收非法财物,属于财产罚,是指行政主体将有违法行为的公民、法人或者其他组织取得的违法财产、物品收归国有的处罚。

4. 责令停产停业。

(1)属于行为罚,是指行政主体强令违法的工商企业或个体工商户停止生产或者经营活动的处罚。

(2)责令停产停业的处罚将直接影响经营主体的经济利益,因此,只有对比较严重的行政违法行为才能适用。

5. 暂扣或者吊销许可证、执照。

(1)属于行为罚(也称能力罚),是指行政主体对有违法行为的公民、法人或者其他组织取消其某种资格或者剥夺、限制其某种特许的权利的处罚。

(2)暂扣或者吊销许可证、执照是一种非常严厉的行政处罚,只有法律和行政法规才能设定。

6. 行政拘留。

(1)属于人身自由罚,是指公安机关对违反治安管理处罚法的公民,在较短的时间内限制其人身自由的一种处罚形式。

(2)行政拘留是一种最严厉的行政处罚,只有法律才能设定。行政拘留不同于刑事拘留,虽然两者的实施主体都是公安机关,但是行政拘留是公安机关依据《治安管理处罚法》对公民实施的一种行政处罚措施,而刑事拘留是公安机关依据《刑事诉讼法》对犯罪嫌疑人实施的一种刑事强制措施。

7.《治安管理处罚法》规定了两类特殊的处罚,即对违反治安管理的外国人,可以附加适用限期出境或者驱逐出境。

◆关联法条

《中华人民共和国治安管理处罚法》

第十条　治安管理处罚的种类分为:

(一)警告;

(二)罚款;

(三)行政拘留;

(四)吊销公安机关发放的许可证。

对违反治安管理的外国人,可以附加适用限期出境或者驱逐出境。

★法律的行政处罚设定权

第九条　法律可以设定各种行政处罚。

限制人身自由的行政处罚,只能由法律设定。

●考点点拨

1. 行政处罚的设定权,是指国家机关依照职权和实际需要,在法律、法规或者规章中设定行政处罚的权力。

2. 法律是全国人民代表大会或者全国人民代表大会常务委员会依法制定的规范性文件。法律可以创设《行政处罚法》中所规定的各种类型的处罚,还可以创设该法没有规定的其他类型的处罚。

3. 限制人身自由的行政处罚,目前主要指行政拘留,只能由法律设定,法规和规章等都不得设定限制人身自由的行政处罚。

☆真题回顾

(2019 年多选)下列不可以设定行政处罚的有(　　)。

A. 行政法规

B. 检察机关的规范性文件

C. 国务院部委规章

D. 审判机关的规范性文件

E. 省级人民政府规章

【解析】答案为 BD。本题考查《行政处罚法》的重点法条——行政处罚的设定。根据《行政处罚法》第 9 条至第 14 条的规定,B 项、D 项正确。

★行政法规的行政处罚设定权

第十条　行政法规可以设定除限制人身自由以外的行政处罚。

法律对违法行为已经作出行政处罚规定,行政法规需要作出具体规定的,必须在法律规定的给予行政处罚的行为、种类和幅度的范围内规定。

●考点点拨

1. 行政法规是国务院依法制定的规范性文件。行政法规设定行政处罚的权限比法律小,但比地方性法规和规章大。除了限制人身自由的处罚之外,行政法规可以创设《行政处罚法》所列明的各种类型的处罚,还可以创设该法没有列明的其他类型的处罚。

2. 除了限制人身自由之外,行政法规可以设定警告、罚款、没收违法所得、没收非法财物、责令停产停业、暂扣或者吊销许可证或执照等各类处罚。

3. 行政法规可以根据需要对法律已经创设的行政处罚事项作出具体规定,但该具体规定不能违反法律所规定的给予行政处罚的行为、种类和幅度。所谓的不能违反,即必须在法律规定的给予行政处罚的行为、种类和幅度的范围之内，不得扩张，也不得限缩。

★地方性法规的行政处罚设定权

第十一条　地方性法规可以设定除限制人身自由、吊销企业营业执照以外的行政处罚。

法律、行政法规对违法行为已经作出行政处罚规定，地方性法规需要作出具体规定的，必须在法律、行政法规规定的给予行政处罚的行为、种类和幅度的范围内规定。

●考点点拨

1. 地方性法规是省、自治区、直辖市和较大的市（包括省、自治区的人民政府所在地的市、经国务院批准的较大的市和经济特区所在地的市）的人民代表大会及其常务委员会依法制定的规范性文件。除了限制人身自由、吊销企业营业执照的处罚之外，地方性法规可以设定《行政处罚法》中所规定的大部分处罚类型，但不能创设该法没有规定的新的处罚种类。

2. 除了限制人身自由、吊销企业营业执照之外，地方性法规可以设定警告、罚款、没收违法所得、没收非法财物、责令停产停业、暂扣许可证或执照或者吊销企业营业执照以外的许可证和有关执照。

3. 地方性法规可以根据需要对法律、行政法规已经创设的行政处罚事项作出具体规定，但该具体规定不能违反法律、行政法规所规定的给予行政处罚的行为、种类和幅度。比如，法律对某一违法行为只规定了警告的处罚，地方性法规就不得对该违法行为增加处以罚款的处罚规定；又如，法律、行政法规对某一违法行为已规定处以 20000 元以上 50000 元以下的罚款，地方性法规就不得改变这个幅度，如不得对该违法行为规定处以 10000 元以上 60000 元以下的罚款。

☆真题回顾

（2017 年单选）地方性法规可以设定的行政处罚是（　　）。

A. 警告

B. 罚款

C. 责令停产停业

D. 以上选项都正确

【解析】答案为 D。根据《行政处罚法》第 11 条第 1 款的规定，D 项正确。

（2018 年单选）地方性法规不可以设定的行政处罚是（　　）。

A. 警告

B. 罚款

C. 限制人身自由

D. 责令停产停业

【解析】答案为 C。根据《行政处罚法》第 11 条的规定，A 项正确，法律、法规、规章可以设立何种类型的行政处罚，考生应当准确理解。

（2018 年多选）地方性法规不可以设定的行政处罚是（　　）。

A. 一定数额的罚款

B. 较大数额的罚款

C. 限制人身自由

D. 吊销企业营业执照

E. 拘留

【解析】答案为 CDE。根据《行政处罚法》第 11 条第 1 款的规定，C 项、D 项、E 项正确。哪些属于法律、行政法规可以设定的行政处罚，哪些是地方性法规可以设立的行政处罚，哪些主体对应可以设定哪些范围和幅度的行政处罚，这属于重点考点，考生应另行作图表加以对照理解，加强记忆。

★国务院部门规章的行政处罚设定权

第十二条　国务院部、委员会制定的规章可以在法律、行政法规规定的给予行政处罚的行为、种类和幅度的范围内作出具体规定。

尚未制定法律、行政法规的，前款规定的国务院部、委员会制定的规章对违反行政管理秩序的行为，可以设定警告或者一定数量罚款的行政处罚。罚款的限额由国务院规定。

国务院可以授权具有行政处罚权的直属机构依照本条第一款、第二款的规定，规定行政处罚。

●考点点拨

1. 国务院部门规章是指国务院各部、委员会、中国人民银行、审计署和具有行政管理职能的直属机构依法制定的规范性文件。目前，一些法律或者行政法规对有些行政处罚的规定还比较原则，可操作性不强，因此国务院部门规章可以在法律、行政法规规定的给予行政处罚的行为、种类和幅度的范围内作出具体规定。

2. 在尚未制定法律、行政法规的情况下，国务院部门可以根据工作需要和实际情况对违反行政管理秩序的行为，如随地吐痰、乱扔烟头、开车闯红灯等，设定警告或者罚款的行政处罚。需要注意的是，国务院部门规章创设的只能是警告或者一定数量的罚款，而且罚款的限额应当由国务院规定。

3.《宪法》只规定国务院部、委员会制定规章的职权,而《立法法》则规定了国务院直属机构可以制定规章。为了解决国务院直属机构进行管理的需要,《行政处罚法》采取直接授权的方式,规定国务院可以授权直属机构,如海关、税务、新闻出版等适用国务院部、委员会的相应权限,通过部门规章来设定行政处罚。

☆**真题回顾**

(2017年判断)尚未制定法律、行政法规的,国务院部、委员会制定的规章对违反行政管理秩序的行为,可以设定警告或一定数量罚款的行政处罚。(　　)

【解析】根据《行政处罚法》第12条第2款的规定,本题说法正确。

★**地方政府规章的行政处罚设定权**

第十三条　省、自治区、直辖市人民政府和省、自治区人民政府所在地的市人民政府以及经国务院批准的较大的市人民政府制定的规章可以在法律、法规规定的给予行政处罚的行为、种类和幅度的范围内作出具体规定。

尚未制定法律、法规的,前款规定的人民政府制定的规章对违反行政管理秩序的行为,可以设定警告或者一定数量罚款的行政处罚。罚款的限额由省、自治区、直辖市人民代表大会常务委员会规定。

●**考点点拨**

1. 地方政府规章是指省、自治区、直辖市人民政府和省、自治区人民政府所在地的市人民政府以及经国务院批准的较大的市人民政府依法制定的规范性文件。地方政府规章可以在法律、法规规定的给予行政处罚的行为、种类和幅度的范围内作出具体规定。

2. 考生要注意,此处的"地方政府",仅指省、自治区、直辖市人民政府和省、自治区人民政府所在地的市人民政府以及经国务院批准的较大的市人民政府,如江苏省、杭州市和深圳市分别代表上述三类政府。除此之外,如东莞市、南通市人民政府规范性文件都不得设定行政处罚。

3. 在尚未制定法律、法规的情况下,地方政府规章可以根据工作需要和实际情况对违反行政管理秩序的行为设定警告或者罚款的行政处罚。需要注意的是,地方政府规章也只能创设警告或者一定数量的罚款,而且罚款的限额应当由省、自治区、直辖市人民代表大会常务委员会规定。

☆**真题回顾**

(2018年单选)经国务院批准的较大的市的人民政府制定的规章可以设定一定数量罚款的行政处罚,罚款的限额由(　　)规定。

A. 省、自治区、直辖市人民政府

B. 省、自治区、直辖市人民政府所属的厅、局

C. 省、自治区、直辖市人民代表大会常务委员会

D. 省、自治区、直辖市人民代表大会

【解析】答案为C。根据《行政处罚法》第13条的规定,C项正确。

(2019年多选)尚未制定法律、法规的,符合《行政处罚法》规定的人民政府制定的规章对违反行政管理秩序的行为,可以设定警告或者一定数量罚款的行政处罚,罚款的限额由(　　)人民代表大会常务委员会规定。

A. 省

B. 自治区

C. 直辖市

D. 省、自治区人民政府所在地的市

E. 经国务院批准的较大的市

【解析】答案为ABC。本题考查行政处罚的设定权限,作为行政处罚法重点问题,考生应认真掌握,准确理解并记忆。根据《行政处罚法》第13条第2款的规定,当存在有关某类行政处罚的法律、法规时,省、自治区、直辖市人民政府和省、自治区人民政府所在地的市人民政府以及经国务院批准的较大的市人民政府可以制定规章作出具体规定。如果相关法律、法规尚未制定,对违反行政管理秩序的行为,则上述人民政府只能设定警告或一定数量罚款的行政处罚,且罚款的限额只能由省、自治区、直辖市人民代表大会常务委员会规定,这是基于权责不同,防止滥用权力设定行政处罚的需要。故A项、B项、C项正确。

★**其他规范性文件不得设定行政处罚**

第十四条　除本法第九条、第十条、第十一条、第十二条以及第十三条的规定外,其他规范性文件不得设定行政处罚。

●**考点点拨**

除了法律、行政法规、地方性法规、国务院部门规章、地方政府规章之外,任何国家机关和组织都不得在其他规范性文件中设定行政处罚。

☆**真题回顾**

(2018年单选)下列可以设定行政处罚的是(　　)。

A. 审判机关的规范性文件

B. 检察机关的规范性文件

C. 国务院部委规章

D. 军事机关的规范性文件

【解析】答案为C。根据《行政处罚法》第14条的规定，该条表述分别规定了法律、行政法规、地方性法规、国务院部、委员会制定的规章以及省、自治区、直辖市人民政府和省、自治区人民政府所在地的市人民政府以及经国务院批准的较大的市人民政府制定的规章可以设立不同种类和幅度的行政处罚。审判机关、检察机关以及军事机关的规范性文件无权设立行政处罚。其实，从法律常识的角度也不难判断，“行政处罚”理应属于行政机关的范畴，而A项、B项、D项都不属于立法机关或行政机关，因此无权设定与自身职权无关的事项。故C项正确。

第三章　行政处罚的实施机关

⊙处罚的实施

第十五条　行政处罚由具有行政处罚权的行政机关在法定职权范围内实施。

●考点点拨

本条规定的含义是：

(1)行政处罚由行政机关来实施。

(2)该行政机关必须经法律、法规、规章的授权取得特定的行政处罚权。如某地方性法规规定乡镇政府在土地管理工作中具有一定的管理职权，但并没有授权乡镇政府对土地违法行为具有行政处罚权，若乡镇政府越权作出行政处罚，那么该处罚行为就是违法、无效的行政行为。

(3)该行政机关必须在法定职权范围内实施行政处罚。比如，公安局不能去实施应当由司法局实施的处罚，具体如吊销某律师的法律职业资格证只能由司法局行使，公安局无权行使。当然，司法局也不能实施应当由公安局实施的处罚。

★相对集中行政处罚权

第十六条　国务院或者经国务院授权的省、自治区、直辖市人民政府可以决定一个行政机关行使有关行政机关的行政处罚权，但限制人身自由的行政处罚权只能由公安机关行使。

●考点点拨

1. 本条是关于相对集中行政处罚权的规定，相对集中行政处罚权是指将两个或两个以上行政机关的行政处罚权集中由一个行政机关行使。

2. 一个行政机关集中行使有关行政机关的行政处罚权，必须经国务院或者经国务院授权的省、自治区、直辖市的人民政府决定，其他行政机关均无权决定。

3. 实行相对集中行政处罚权的领域，是多头执法、职责交叉、重复处罚、执法扰民等问题比较突出，严重影响执法效率和政府形象的领域，目前主要是城市管理领域。

4. 省、自治区、直辖市人民政府在城市管理领域可以集中行政处罚权的范围，主要包括：

(1)市容环境卫生管理方面法律、法规、规章规定的行政处罚权，强制拆除不符合城市容貌标准、环境卫生标准的建筑物或者设施。

(2)城市规划管理方面法律、法规、规章规定的全部或者部分行政处罚权。

(3)城市绿化管理方面法律、法规、规章规定的行政处罚权。

(4)市政管理方面法律、法规、规章规定的行政处罚权。

(5)环境保护管理方面法律、法规、规章规定的部分行政处罚权。

(6)工商行政管理方面法律、法规、规章规定的对无照商贩的行政处罚权。

(7)公安交通管理方面法律、法规、规章规定的对侵占城市道路行为的行政处罚权。

(8)省、自治区、直辖市人民政府决定调整的城市管理领域的其他行政处罚权。

5. 需要在城市管理领域以外的其他行政管理领域相对集中行政处罚权的，省、自治区、直辖市人民政府依照本条规定，也可以决定在有条件的地方开展这项工作。

6. 相对集中行政处罚权的一个例外就是限制人身自由的行政处罚权只能由公安机关来行使，不能通过相对集中行政处罚权的方式将限制人身自由的行政处罚交由公安机关以外的其他行政机关来行使。

☆真题回顾

(2018年多选)根据《行政处罚法》，下列说法正确的有(　　)。

A. 限制人身自由的行政处罚权只能由公安机关行使

B. 受委托的组织经委托行政机关批准，可以再委托其他组织实施行政处罚

C. 规章授权的具有管理公共事务职能的组织可

以在法定授权范围内实施行政处罚

D. 法规授权的具有管理公共事务职能的组织可以在法定授权范围内实施行政处罚

E. 行政机关不得委托其他组织或个人实施行政处罚

【解析】答案为 AD。本题涉及授权和委托问题，属于综合性知识点，对法条掌握不准答题会有难度。根据《行政处罚法》第 16 条的规定，A 项正确。根据第 17 条的规定，C 项错误，D 项正确。根据第 18 条的规定，行政机关可以委托符合法律规定的组织实施行政处罚，但受委托的组织不能转委托，B 项、E 项错误。因此 A 项、D 项当选。

★授权实施行政处罚

第十七条　法律、法规授权的具有管理公共事务职能的组织可以在法定授权范围内实施行政处罚。

●考点点拨

1. 行政处罚原则上由具有行政处罚权的行政机关在法定职权范围内实施，但由于行政管理的专业性、技术性日益增强，单靠行政机关难以满足行政执法的需要，故有必要授权一些社会组织来承担某些行政管理职能。因此，本条规定，经过法律、法规的授权，具有管理公共事务职能的组织就可以在法定授权范围内实施行政处罚，此种情形也就是常说的授权执法。

2. 授权执法应当符合以下要件：

（1）要有法律、法规（行政法规和地方性法规）的授权，规章不能作为组织取得授权的依据。

（2）被授权的组织应当具有管理公共事务的职能。比如，《安徽省道路运输管理条例》第 15 条规定，授权市、县人民政府出租汽车行政主管部门所属的出租汽车管理机构负责具体实施出租汽车管理工作。因此，合肥市交通运输管理处作为法规授权组织，依法有权对网约车违法行为作出相应的行政处罚。

（3）被授权的组织要以自己的名义实施行政处罚，并独立地承担相应的法律责任。比如，上述合肥市交通运输管理处对未取得出租汽车经营资格证，擅自从事出租汽车客运经营的，依法应以自己的名义来实施行政处罚，并独立地承担相应的法律责任。

（4）被授权的组织只能在法定授权范围内实施行政处罚。

★委托实施行政处罚

第十八条　行政机关依照法律、法规或者规章的规定，可以在其法定权限内委托符合本法第十九条规定条件的组织实施行政处罚。行政机关不得委托其他组织或者个人实施行政处罚。

委托行政机关对受委托的组织实施行政处罚的行为应当负责监督，并对该行为的后果承担法律责任。

受委托组织在委托范围内，以委托行政机关名义实施行政处罚；不得再委托其他任何组织或者个人实施行政处罚。

●考点点拨

1. 本条是委托执法的规定。委托执法具有以下的特征：

（1）委托执法的职权来源是行政机关的委托行为。

（2）必须有法律、法规或者规章的规定作为依据，行政机关才能在法定权限内委托非行政机关的组织实施行政处罚。

（3）行政机关委托的对象只能是依法成立的管理公共事务的事业组织，不能是其他组织或者个人，也不能是其他行政机关。如受深圳市、区水务局委托而进行执法的各街道水务管理机构、水库管理处。

（4）被委托的组织必须以委托行政机关的名义且在委托的范围内实施行政处罚。比如受市水务局委托而进行执法的水库管理处，在查处违法行为时必须以市水务局的名义且在委托的范围内实施行政处罚。

（5）被委托的组织不得再委托其他组织或者个人实施行政处罚。

（6）委托行政机关对受委托的组织实施行政处罚的行为负有监督职责，并对该处罚行为的后果承担法律责任。

2. 关于授权和委托的区别，从应对考试的角度来说，授权属于“权力授予”，因此可以以自己的名义实施行政处罚。委托属于“请托帮忙”，因此不能以自己的名义，而应以委托行政机关的名义实施行政处罚。

☆真题回顾

（2019 年单选）根据《行政处罚法》，下列有关委托实施行政处罚的说法，不正确的是（　　）。

A. 行政机关依据部门规章的规定，可以在其法定权限内委托任何组织或者个人实施行政处罚

B. 委托的行政机关对受委托的组织实施行政处罚的行为应当负责监督，并对该行为的后果承担法律

责任

C. 受委托组织在委托范围内，以委托行政机关名义实施行政处罚

D. 受委托组织不得再委托其他任何组织或者个人实施行政处罚

【解析】答案为 A。根据《行政处罚法》第 18 条的规定，B 项、C 项、D 项正确。A 项说法过于绝对，对于受委托的组织也必须符合法律法规的规定，而不能是任何组织，更不能委托某一个个人，A 项错误，当选。

★受委托组织的条件

第十九条　受委托组织必须符合以下条件：

（一）依法成立的管理公共事务的事业组织；

（二）具有熟悉有关法律、法规、规章和业务的工作人员；

（三）对违法行为需要进行技术检查或者技术鉴定的，应当有条件组织进行相应的技术检查或者技术鉴定。

●考点点拨

1. 受委托组织必须是依法成立的管理公共事务的事业组织，该事业组织的设立是不以营利为目的的单位。

2. 要注意的是企业不能受委托实施行政处罚，这是因为企业以营利为目的，如果委托企业实施行政处罚，有可能造成企业以权谋私，有违公正执法。

第四章　行政处罚的管辖和适用

★行政处罚的管辖

第二十条　行政处罚由违法行为发生地的县级以上地方人民政府具有行政处罚权的行政机关管辖。法律、行政法规另有规定的除外。

●考点点拨

1. 本条是关于行政处罚的管辖规则，该规则主要包括以下两个方面的内容：

（1）地域管辖。原则上，行政处罚由违法行为发生地的行政机关管辖。

（2）级别管辖。在通常情况下，行政违法行为由县级以上地方人民政府具有行政处罚权的行政机关管辖，但法律、行政法规另有规定的除外。

2. 法律、行政法规另有规定的情形，比如，《治安管理处罚法》第 91 条规定："治安管理处罚由县级以上人民政府公安机关决定；其中警告、五百元以下的罚款可以由公安派出所决定。"也就是说，在治安管理处罚中，警告、500 元以下的罚款可以由公安机关的派出机构即派出所决定。

◆关联法条

《公安机关办理行政案件程序规定》

第十条　行政案件由违法行为地的公安机关管辖。由违法行为人居住地公安机关管辖更为适宜的，可以由违法行为人居住地公安机关管辖，但是涉及卖淫、嫖娼、赌博、毒品的案件除外。

违法行为地包括违法行为发生地和违法结果发生地。违法行为发生地，包括违法行为的实施地以及开始地、途经地、结束地等与违法行为有关的地点；违法行为有连续、持续或者继续状态的，违法行为连续、持续或者继续实施的地方都属于违法行为发生地。违法结果发生地，包括违法对象被侵害地、违法所得的实际取得地、藏匿地、转移地、使用地、销售地。

居住地包括户籍所在地、经常居住地。经常居住地是指公民离开户籍所在地最后连续居住一年以上的地方，但在医院住院就医的除外。

移交违法行为人居住地公安机关管辖的行政案件，违法行为地公安机关在移交前应当及时收集证据，并配合违法行为人居住地公安机关开展调查取证工作。

☆真题回顾

（2017 年单选）李某在甲乡开办塑料加工厂，任污水外流至乙乡河流，乙乡居民纷纷要求乡政府予以行政处罚，对此违法行为有行政处罚权的行政机关是（　　）。

A. 甲乡人民政府

B. 乙乡人民政府

C. 甲乡所在地的县级人民政府环境保护行政主管部门

D. 乙乡所在地的县级人民政府环境保护行政主管部门

【解析】答案为 C。根据《行政处罚法》第 20 条的规定，塑料加工厂在甲乡，其排污行为发生在甲乡，因此应当由甲乡所在地的县级人民政府环境保护行政主管部门予以行政处罚，故本题 C 项正确。

⊙行政处罚的指定管辖

第二十一条　对管辖发生争议的，报请共同的上一级行政机关指定管辖。

●考点点拨

1. 行政处罚的指定管辖主要适用于管辖发生争

议的情形。所谓发生管辖争议，是指两个或者两个以上的行政主体在实施行政处罚时，发生相互推诿或争夺管辖权的现象。

2. 行政处罚的指定管辖是指发生管辖争议的两个或者两个以上的行政机关的共同上一级行政机关指定其中一个行政机关对某一违法行为行使管辖权。共同上一级行政机关一旦指定管辖，被指定管辖的行政机关就必须遵照执行。

3. 共同上一级行政机关的确定，要根据具体情况来作出判断，如果争议各方是政府所属的两个或两个以上的工作部门，那么行使指定管辖权的行政机关就是该政府。比如，区公安局和区交通局之间发生行政处罚管辖争议，对此指定管辖的行政机关就是区政府。

◆关联法条

《公安机关办理行政案件程序规定》

第十五条　对管辖权发生争议的，报请共同的上级公安机关指定管辖。

对于重大、复杂的案件，上级公安机关可以直接办理或者指定管辖。

上级公安机关直接办理或者指定管辖的，应当书面通知被指定管辖的公安机关和其他有关的公安机关。

原受理案件的公安机关自收到上级公安机关书面通知之日起不再行使管辖权，并立即将案卷材料移送被指定管辖的公安机关或者办理的上级公安机关，及时书面通知当事人。

⊙构成犯罪案件的移送

第二十二条　违法行为构成犯罪的，行政机关必须将案件移送司法机关，依法追究刑事责任。

★责令改正违法行为

第二十三条　行政机关实施行政处罚时，应当责令当事人改正或者限期改正违法行为。

●考点点拨

为防范违法行为人再次发生违法行为，行政机关在实施行政处罚的同时，应当责令违法行为人改正或者限期改正违法行为。改正违法行为的措施，包括恢复原状、赔偿损失、消除影响、采取措施防止违法行为再次发生等多种方式。

◆关联法条

《公安机关办理行政案件程序规定》

第一百五十五条　实施行政处罚时，应当责令违法行为人当场或者限期改正违法行为。

☆真题回顾

（2018 年单选）行政机关实施行政处罚时，（　　）责令当事人改正或者限期改正违法行为。

A. 可以　　B. 应当

C. 同时　　D. 视情况

【解析】答案为 B。根据《行政处罚法》第 23 条的规定，B 项正确。考生在学习法律条文时，需要注意条文中的“可以”与“应当”的区别，以免掉入出题人设计的陷阱。

★同一违法行为不得重复处罚

第二十四条　对当事人的同一个违法行为，不得给予两次以上罚款的行政处罚。

●考点点拨

1. 本条规定是一事不再罚原则的具体体现。一事不再罚是指行政机关不得以同一事实和同一依据，对当事人的同一个违法行为给予两次以上罚款的行政处罚。对此，可以从以下两个方面进行理解：

（1）如果一个违法行为违反一个法律规范，构成一个处罚理由，那么只能给予一次行政处罚。此处需要注意的是，如果一个行为违反的只是一个法律规范，而该条法律规范又规定行政机关可以并处两种处罚，如没收违法所得并处罚款的，那么行政机关是可以依法作出没收违法所得并处罚款的行政处罚的。

（2）如果一个违法行为违反两个或两个以上的法律规范，构成两个处罚理由，可以按照不同的法律规范给予两个或两个以上不同种类的行政处罚，但是如果该不同法律规范指向的行政处罚的种类都是罚款，那么就只能罚款一次，不能给予两次以上的罚款。

2. 一事不再罚的核心就是不得实施两次以上的罚款，但以下几种情形不受本条规定的限制：

（1）行政机关作出的罚款处罚由于法定事由被撤销，但根据具体情况仍需要对违法行为进行处理的，行政机关依法重新作出罚款的处罚。比如，某行政机关对某企业罚款 50000 元，该企业不服而申请行政复议，行政复议机关以处罚过重撤销了处罚，并责令重新作出具体行政行为。该行政机关据此作出罚款 10000 元的行政处罚，就是法律允许的。

（2）行政机关对违法行为同时适用了罚款和其他处罚，罚款执行后，其他处罚因为客观原因无法执行，于是行政机关依法将其他处罚变更为罚款。

（3）行政机关作出罚款决定后，行为人有能力履行而拒不履行，行政机关依法提高原罚款数额。

◆**关联法条**

《公安机关办理行政案件程序规定》

第一百五十六条　对违法行为人的同一个违法行为，不得给予两次以上罚款的行政处罚。

★**对未成年人处罚的限制**

第二十五条　不满十四周岁的人有违法行为的，不予行政处罚，责令监护人加以管教；已满十四周岁不满十八周岁的人有违法行为的，从轻或者减轻行政处罚。

●**考点点拨**

1. 行政责任能力是指公民、法人或者其他组织对自己实施的违法行为独立承担行政法律后果的能力。一般都以年龄和精神状态来作为判断的标准。

2. 由法律规定的行为人对自己的违法行为承担法律责任所必须达到的年龄，就是责任年龄。关于行政处罚法中的责任年龄，以下知识点须牢记：

（1）在行政处罚中，14 周岁是法定的责任年龄，也就是说 14 周岁以下的未成年人即使有违法行为，但因不符合违法构成中的主体要件，不用承担行政责任，即不予行政处罚，只是责令监护人加以管教、看护。但是，如果已满 14 周岁而不满 18 周岁的未成年人有违法行为的，就要承担行政责任，只不过是从轻或者减轻行政处罚。

（2）年龄的计算，应以实足年龄计算，而不是以虚岁计算，日期要一律以公历为准，在具体计算上可以参照《刑法》的有关规定，即以日为计算标准，只有过了 14 周岁、18 周岁生日，从第 2 天开始才能认定为已满 14 周岁、18 周岁。比如，甲出生于 2000 年 1 月 1 日，那么甲在 2014 年 1 月 2 日时算是已满 14 周岁。

（3）判断是否达到责任年龄的时间点应以未成年人实施违法行为时的年龄为依据。比如，乙出生于 2000 年 1 月 1 日，实施违法行为时是 2013 年 12 月 31 日，行政机关发现其违法行为是在 2014 年 1 月 2 日，那么判断能否对乙进行处罚、乙是否需要承担行政法律责任，须以乙实施违法行为时的时间来确定，即以 2013 年 12 月 31 日来判定，由此乙实施违法行为时尚未满 14 周岁，故乙不用承担行政责任。

（4）已满 14 周岁但不满 18 周岁的未成年人有违法行为的，应当从轻或者减轻处罚。

3. 不予处罚是指违法事实不构成行政处罚意义上的违法，所以不对违法行为人实施处罚。如对未满 14 周岁的人，就算其有违法行为，也不对其进行处罚。

4. 从轻处罚和减轻处罚的区别：

（1）从轻处罚是指在规定的处罚种类和处罚幅度内，对违法行为人在几种可能的处罚种类中选择较轻的处罚种类或者在一种处罚种类的法定幅度内选择较低限度进行处罚。如法定罚款的幅度为 10000 元至 50000 元，那么选择罚款 10000 元就是从轻处罚。

（2）减轻处罚是指在法定的处罚方式和处罚幅度的最低限度以下进行处罚。如前例，选择罚款 8000 元就是减轻处罚。

对考试记忆来说，按照通俗来理解，“减轻”比“从轻”还要更“轻”。

◆**关联法条**

《中华人民共和国治安管理处罚法》

第二十一条　违反治安管理行为人有下列情形之一，依照本法应当给予行政拘留处罚的，不执行行政拘留处罚：

（一）已满十四周岁不满十六周岁的；

（二）已满十六周岁不满十八周岁，初次违反治安管理的；

（三）七十周岁以上的；

（四）怀孕或者哺乳自己不满一周岁婴儿的。

《公安机关办理行政案件程序规定》

第一百三十三条　不满 14 周岁的人有违法行为的，不予行政处罚，但是应当责令其监护人严加管教，并在不予行政处罚决定书中载明。已满 14 周岁不满 18 周岁的人有违法行为的，从轻或者减轻行政处罚。

☆**真题回顾**

（2018 年单选）已满 14 周岁不满 18 周岁的人有违法行为的，（　　）行政处罚。

A. 从轻　　B. 减轻

C. 从轻或者减轻　　D. 不予

【解析】答案为 C。根据《行政处罚法》第 25 条的规定，A 项、B 项片面，排除。根据第 27 条第 1 款、第 25 条的规定，应当从轻或者减轻行政处罚。故 D 项错误，C 项正确。有必要提醒考生，如果本题是多项选择题，则 A 项、B 项可以入选。单项选择题需选最优选择，本题最优为 C 项。

★**对精神病人处罚的限制**

第二十六条　精神病人在不能辨认或者不能控制自己行为时有违法行为的，不予行政处罚，但应当责令其监护人严加看管和治疗。间歇性精神病人在精神正常时有违法行为的,应当给予行政处罚。

●**考点点拨**

1. 精神病人只要符合不能辨认或者不能控制自己行为这两种情形中的任何一种,就不予处罚,但是也应责令其监护人严加看管和治疗。

2. 间歇性精神病人是指其精神并非一直都处于错乱状态而完全失去辨认或者控制自己行为的能力,而是有时发作、有时不发作,精神有时正常、有时不正常。所以,在间歇性精神病人精神正常的情况下,他们具有辨认和控制自己行为的能力,此时实施违法行为的,就应当给予行政处罚。

◆**关联法条**

《公安机关办理行政案件程序规定》

第一百五十八条　精神病人在不能辨认或者不能控制自己行为时有违法行为的,不予行政处罚,但应当责令其监护人严加看管和治疗,并在不予行政处罚决定书中载明。间歇性精神病人在精神正常时有违法行为的,应当给予行政处罚。尚未完全丧失辨认或者控制自己行为能力的精神病人有违法行为的,应当予以行政处罚,但可以从轻或者减轻行政处罚。

☆**真题回顾**

(2018年单选)根据《行政处罚法》的规定,对有违法行为的精神病人的行政处罚,下列说法正确的是(　　)。

A. 精神病人在不能辨认或者不能控制自己行为时有违法行为的,不予行政处罚

B. 精神病人在不能辨认或者不能控制自己行为时有违法行为的,可以从轻或者减轻处罚

C. 间歇性精神病人在精神正常时有违法行为的,应当减轻行政处罚

D. 间歇性精神病人在精神正常时有违法行为的,可以给予行政处罚

【**解析**】答案为A。根据《行政处罚法》第26条的规定,A项正确。

★**从轻、减轻和不予处罚**

第二十七条　当事人有下列情形之一的,应当依法从轻或者减轻行政处罚:

(一)主动消除或者减轻违法行为危害后果的;

(二)受他人胁迫有违法行为的;

(三)配合行政机关查处违法行为有立功表现的;

(四)其他依法从轻或者减轻行政处罚的。

违法行为轻微并及时纠正,没有造成危害后果的,不予行政处罚。

●**考点点拨**

1. 本条所规定的是应当从轻或者减轻处罚,而不是可以从轻或者减轻处罚。

2. 本条规定了应当从轻或者减轻处罚的四种情形:

(1)主动消除或者减轻违法行为危害后果。行为人如果主动消除或者减轻违法后果,不仅降低了危害,而且也表明了行为人已经意识到自己的错误,有悔改的表现,所以应当对其从轻或者减轻处罚。

(2)受他人胁迫才有违法行为。行为人在受到他人胁迫的情况下才作出违法行为,虽然有过错,但是主观恶性相对较小,所以应当从轻或者减轻处罚。

(3)配合行政机关查处违法行为有立功表现。违法行为人有揭发他人的违法行为或者阻止他人的违法行为或者有其他立功的表现的,也应当从轻或者减轻处罚。

(4)其他法定情形。比如,根据《治安管理处罚法》第19条的规定,行为人主动投案,向公安机关如实陈述自己的违法行为的,也应减轻处罚或者不予处罚。

3. 违法行为轻微并及时纠正,没有造成危害后果的,不予行政处罚。这里的情节轻微是指没有造成危害后果或者危害后果很轻微等情况。这一规定,要求同时满足三个要件才不予行政处罚:

(1)违法行为轻微。

(2)及时纠正。

(3)没有造成危害后果。

这也体现了对违法行为人教育与处罚相结合的原则。

◆**关联法条**

《公安机关办理行政案件程序规定》

第一百五十九条　违法行为人有下列情形之一的,应当从轻、减轻处罚或者不予行政处罚:

(一)主动消除或者减轻违法行为危害后果,并取得被侵害人谅解的;

(二)受他人胁迫或者诱骗的;

(三)有立功表现的;

(四)主动投案,向公安机关如实陈述自己的违法行为的;

(五)其他依法应当从轻、减轻或者不予行政处罚的。

违法行为轻微并及时纠正,没有造成危害后果

的，不予行政处罚。

盲人或者又聋又哑的人违反治安管理的，可以从轻、减轻或者不予行政处罚；醉酒的人违反治安管理的，应当给予处罚。

☆**真题回顾**

（2017年单选）违法行为轻微并及时纠正，没有造成危害后果的，（　　）行政处罚。

A. 应当从轻　　　　B. 应当减轻

C. 可以从轻　　　　D. 不予

【解析】答案为D。根据《行政处罚法》第27条第2款的规定，D项正确。

⊙处罚与刑罚的折抵

第二十八条　违法行为构成犯罪，人民法院判处拘役或者有期徒刑时，行政机关已经给予当事人行政拘留的，应当依法折抵相应刑期。

违法行为构成犯罪，人民法院判处罚金时，行政机关已经给予当事人罚款的，应当折抵相应罚金。

●**考点点拨**

1. 本条规定是指行政处罚在前，刑事处罚在后的情形。实践中会出现这种情况是因为有时候行政机关发现违法行为在先，且认为该违法行为触犯了行政法律规范，尚不构成犯罪，于是对该违法行为进行处罚。在处罚后，司法机关也了解到有关情况，认为这一违法行为已经构成犯罪，必须追究刑事责任此时违法行为人就同时受到了两个处罚。但为了保护当事人的合法权益，行政处罚法就对这种处罚的执行作出了规定，即处罚可以相应地折抵刑罚。

2. 当事人被判处刑罚的犯罪行为和以前受行政拘留的行为系同一行为，其被拘留的日期才可以折抵刑期。这里所说的同一行为，既可以是判决认定同一性质的全部犯罪行为，也可以是同一性质的部分犯罪行为。只要是以前受行政拘留处分的行为，后又作为犯罪事实的全部或者一部分加以认定，其行政拘留的日期即应予折抵刑期。

3. 处罚与刑罚折抵只有两种情况：

（1）行政拘留折抵拘役或者有期徒刑。

（2）罚款折抵罚金。

需要注意的是，没收违法所得和没收非法所得不能折抵刑罚中的没收财产。

⊙处罚的时效

第二十九条　违法行为在二年内未被发现的，不再给予行政处罚。法律另有规定的除外。

前款规定的期限，从违法行为发生之日起计算；违法行为有连续或者继续状态的，从行为终了之日起计算。

●**考点点拨**

1. 本条所规定的追究时效是行政机关对违法行为追究行政处罚责任的有效期限，如果超过法定的追究期限，一律不得再给予行政处罚，已经追究的，应撤销行政处罚。如果在案件的调查之中，发现违法行为已超过追究时效，那就应终止调查，撤销案件或者作出不予行政处罚的决定。

2.《行政处罚法》原则上规定了2年的追究时效，但也同时明确了在时效上“法律另有规定的除外”，该例外的情形如《治安管理处罚法》所规定的“违反治安管理行为在六个月内没有被公安机关发现的，不再处罚”。

3. 如果在行为人的违法行为发生后2年内，行政机关未发现这一违法行为，那么超过规定的2年时效后，行政机关就算是发现了也不能再给予行政处罚。如果在行为人的违法行为发生后2年内，行政机关已经发现了该违法行为，但因违法行为人在2年内未被查获或者逃避处罚，行政机关在2年后才将违法行为人查获的，仍应当依法给予行政处罚。

4. 本条规定的发现违法违纪行为的主体是处罚机关或者有权处罚的机关，公安、检察、法院、纪检监察部门和司法行政机关都是行使社会公权力的机关，对违纪违法行为的发现都应该具有《行政处罚法》规定的法律效力。因此上述任何一个机关对违法违纪行为只要启动调查、取证和立案程序，均可视为“发现”；群众举报后被认定属实的，发现时效以举报时间为准。

5. 时效的规定期限是从违法行为发生之日起开始计算。违法行为发生之日是指违法行为完成或者停止之日。对于违法行为有连续或者继续状态的，从行为终了之日起计算。违法行为有连续状态，是指行为人基于同一个违法故意，连续实施了数个独立的行政违法行为，而且这些违法行为都触犯同一个行政处罚规定的情形。如多次出售过期的饮料等。违法行为有继续状态，是指行为人持续不断地实施一个违法行为，也就是说在其实施该违法行为后，违法行为所造成的不法状态处于不间断的持续状态。比如，未经许可在半夜制造施工噪音，影响周边居民的休息，在施工行为结束之前，都存在继续状态的违法行为。

◆**关联法条**

《公安机关办理行政案件程序规定》

第一百五十四条　违反治安管理行为在六个月内没有被公安机关发现,其他违法行为在二年内没有被公安机关发现的,不再给予行政处罚。

前款规定的期限,从违法行为发生之日起计算,违法行为有连续、继续或者持续状态的,从行为终了之日起计算。

被侵害人在违法行为追究时效内向公安机关控告,公安机关应当受理而不受理的,不受本条第一款追究时效的限制。

第五章　行政处罚的决定

⊙处罚的前提条件

第三十条　公民、法人或者其他组织违反行政管理秩序的行为,依法应当给予行政处罚的,行政机关必须查明事实;违法事实不清的,不得给予行政处罚。

●**考点点拨**

给予行政处罚的前提条件就是必须查明违法事实,违法事实包括行为人的具体违法行为、违法行为的性质、情节和社会危害程度等方面。只有违法事实清楚,证据确凿,行政机关才能对行为人进行处罚。

⊙行政机关的告知义务

第三十一条　行政机关在作出行政处罚决定之前,应当告知当事人作出行政处罚决定的事实、理由及依据,并告知当事人依法享有的权利。

●**考点点拨**

1. 为充分保障当事人在行政处罚过程中享有的权利,防止行政机关滥用行政处罚权,本条规定当事人享有被告知的程序性权利,即当事人有了解行政机关作出行政处罚决定的事实、证据及法律依据等情况的权利。

2. 如果行政机关不依法告知当事人给予行政处罚的事实、理由及依据,行政处罚决定不能成立。

★**当事人的陈述和申辩权**

第三十二条　当事人有权进行陈述和申辩。行政机关必须充分听取当事人的意见,对当事人提出的事实、理由和证据,应当进行复核;当事人提出的事实、理由或者证据成立的,行政机关应当采纳。

行政机关不得因当事人申辩而加重处罚。

●**考点点拨**

1. 行政机关实施行政处罚,无论是适用简易程序,还是适用一般程序,当事人都享有陈述和申辩权,行政机关也不得因当事人申辩而加重处罚。

2. 如果行政机关不听取当事人的陈述和申辩的,行政处罚无效。

3. 如果当事人放弃陈述和申辩权的,行政机关可以不听取当事人的陈述和申辩而作出行政处罚决定。

◆**关联法条**

《公安机关办理行政案件程序规定》

第一百六十七条　在作出行政处罚决定前,应当告知违法嫌疑人拟作出行政处罚决定的事实、理由及依据,并告知违法嫌疑人依法享有陈述权和申辩权。单位违法的,应当告知其法定代表人、主要负责人或者其授权的人员。

适用一般程序作出行政处罚决定的,采用书面形式或者笔录形式告知。

依照本规定第一百七十二条第一款第三项作出不予行政处罚决定的,可以不履行本条第一款规定的告知程序。

☆**真题回顾**

(2017 年多选)行政处罚当事人收到催告书后有权进行陈述和申辩,行政机关应当充分听取当事人的意见,对当事人提出的(　　),应当进行记录、复核。

A. 事实　　B. 理由

C. 证据　　D. 污蔑

E. 谩骂

【解析】答案为 ABC。根据《行政处罚法》第 32 条的规定,A 项、B 项、C 项正确。

第一节　简 易 程 序

★**当场处罚**

第三十三条　违法事实确凿并有法定依据,对公民处以五十元以下、对法人或者其他组织处以一千元以下罚款或者警告的行政处罚的,可以当场作出行政处罚决定。当事人应当依照本法第四十六条、第四十七条、第四十八条的规定履行行政处罚决定。

●**考点点拨**

1. 行政处罚简易程序,也称当场处罚程序,它是一般程序的简便化,必须同时满足以下三个要件才可以适用:

(1)违法事实确凿。

(2)有法定依据。

(3)符合行政处罚法规定处罚种类和幅度，即对公民处以50元以下罚款或者警告、对法人或者其他组织处以1000元以下的罚款或者警告。

2. 简易程序的特殊之处在于：一人执法，当场决定，当场送达。

3. 一般来说，适用当场处罚的案件具有案情简单、事实清楚、证据确凿、依据明确、违法程度较低的特点。违法程度较低的情形，如行人闯红灯等。简易程序中的当场处罚与一般程序中的处罚，最重要的区别就是简易程序中无须调查取证，而一般程序中需要严格按照法定程序调查取证。也就是说，执法人员只需要根据当时的情况认为事实确凿并有法定依据，即可当场作出处罚。

◆**关联法条**

《公安机关办理行政案件程序规定》

第三十七条　违法事实确凿，且具有下列情形之一的，人民警察可以当场作出处罚决定，有违禁品的，可以当场收缴：

（一）对违反治安管理行为人或者道路交通违法行为人处二百元以下罚款或者警告的；

（二）出入境边防检查机关对违反出境入境管理行为人处五百元以下罚款或者警告的；

（三）对有其他违法行为的个人处五十元以下罚款或者警告、对单位处一千元以下罚款或者警告的；

（四）法律规定可以当场处罚的其他情形。

涉及卖淫、嫖娼、赌博、毒品的案件，不适用当场处罚。

☆**真题回顾**

（2018年判断）行政机关依法对公民处以100元的罚款，可以适用简易程序当场作出行政处罚决定。（　　）

【解析】根据《行政处罚法》第33条的规定，题干表述的"100元"有误，本题说法错误。

★**当场处罚的程序**

第三十四条　执法人员当场作出行政处罚决定的，应当向当事人出示执法身份证件，填写预定格式、编有号码的行政处罚决定书。行政处罚决定书应当当场交付当事人。

前款规定的行政处罚决定书应当载明当事人的违法行为、行政处罚依据、罚款数额、时间、地点以及行政机关名称，并由执法人员签名或者盖章。

执法人员当场作出的行政处罚决定，必须报所属行政机关备案。

●**考点点拨**

1. 简易程序的具体程序包括：

(1)表明执法身份，即执法人员应当向当事人出示执法身份证件。

(2)告知处罚的事实、理由及依据。

(3)给予当事人陈述和申辩的机会。

(4)当场制作行政处罚决定书。对当场处罚所使用的行政处罚决定书，应当有预定的格式且编有号码，这样既便于执法人员使用，也可以防止执法人员滥用权力。当场处罚的行政处罚决定书必须载明法定事项，并由执法人员签字或者盖章。

(5)向当事人送达行政处罚决定书。

(6)报所属行政机关备案。

(7)执行。

2. 因为是执法人员当场作出行政处罚决定，因而是向所属行政机关备案，而不是报批。

◆**关联法条**

《公安机关办理行政案件程序规定》

第三十八条　当场处罚，应当按照下列程序实施：

（一）向违法行为人表明执法身份；

（二）收集证据；

（三）口头告知违法行为人拟作出行政处罚决定的事实、理由和依据，并告知违法行为人依法享有的陈述权和申辩权；

（四）充分听取违法行为人的陈述和申辩。违法行为人提出的事实、理由或者证据成立的，应当采纳；

（五）填写当场处罚决定书并当场交付被处罚人；

（六）当场收缴罚款的，同时填写罚款收据，交付被处罚人；未当场收缴罚款的，应当告知被处罚人在规定期限内到指定的银行缴纳罚款。

第三十九条　适用简易程序处罚的，可以由人民警察一人作出行政处罚决定。

人民警察当场作出行政处罚决定的，应当于作出决定后的二十四小时内将当场处罚决定书报所属公安机关备案，交通警察应当于作出决定后的二日内报所属公安机关交通管理部门备案。在旅客列车、民航飞机、水上作出行政处罚决定的，应当在返回后的二十四小时内报所属公安机关备案。

☆**真题回顾**

（2018年单选）下列关于行政处罚决定书的说法，错误的是（　　）。

A. 简易程序的处罚决定书需要同时有执法人员的签名与盖章

B. 简易程序的处罚决定书应当编有号码

C. 一般程序的处罚决定书必须载明作出行政处罚决定的日期

D. 一般程序的处罚决定书必须盖有作出行政处罚决定行政机关的印章

【解析】答案为 A。根据《行政处罚法》第 34 条的规定，应当是"签名或盖章"而不是"签名与盖章"。本题考查得非常细，直接考查该法条"或者"二字，考生要从出题人的命题思路来总结和调整备考复习方法，在研读法条时务必采纳我们在辅警考试教材中反复提及的"彩笔标记研读法"，这样才能让记忆更加准确。在本题中，经简易程序当场作出的处罚决定书，有执法人员的签名或者盖章中的一样即可，无须同时存在。故 A 项错误，当选。

⊙不服当场处罚的救济

第三十五条　当事人对当场作出的行政处罚决定不服的，可以依法申请行政复议或者提起行政诉讼。

第二节　一般程序

⊙调查取证

第三十六条　除本法第三十三条规定的可以当场作出的行政处罚外，行政机关发现公民、法人或者其他组织有依法应当给予行政处罚的行为的，必须全面、客观、公正地调查，收集有关证据；必要时，依照法律、法规的规定，可以进行检查。

●考点点拨

1. 一般程序是指行政处罚一般应当适用的正常的普通程序。它主要包括以下程序：

(1)立案。

(2)调查取证。

(3)告知处罚的事实、理由及依据。

(4)告知当事人陈述、申辩等权利。

(5)作出行政处罚决定。

(6)送达行政处罚决定。

2. 除了适用简易程序当场作出行政处罚决定之外，行政机关在一般程序中都应当进行调查取证。

3. 行政机关在进行调查取证时，必须做到全面、客观、公正地进行调查，这就要求执法人员要实事求是地收集证据，既要收集当事人实施违法行为的证据，也要收集对当事人有利的证据。

★调查取证的程序

第三十七条　行政机关在调查或者进行检查时，执法人员不得少于两人，并应当向当事人或者有关人员出示证件。当事人或者有关人员应当如实回答询问，并协助调查或者检查，不得阻挠。询问或者检查应当制作笔录。

行政机关在收集证据时，可以采取抽样取证的方法；在证据可能灭失或者以后难以取得的情况下，经行政机关负责人批准，可以先行登记保存，并应当在七日内及时作出处理决定，在此期间，当事人或者有关人员不得销毁或者转移证据。

执法人员与当事人有直接利害关系的，应当回避。

●考点点拨

1. 行政机关在调查取证时，可以采取以下几种方式收集证据：

(1)调查、检查。在调查或检查时，必须有 2 名以上的执法人员，执法人员应当向当事人或有关人员出示证件，进行询问或者检查时，还应当制作笔录。

(2)抽样取证。

(3)登记保存证据。在证据可能灭失或者以后难以取得的情况下，可以对证据先行登记后保存于一定地点，当事人或者有关人员不得销毁或者转移证据。登记保存证据，必须经行政机关负责人批准，并应于 7 日内作出处理决定。

2. 为保障公正、防止偏私，本条还规定了执法人员的回避问题，即执法人员与当事人有直接利害关系的，应当回避。

◆关联法条

《公安机关办理行政案件程序规定》

第五十二条　公安机关进行询问、辨认、检查、勘验，实施行政强制措施等调查取证工作时，人民警察不得少于二人，并表明执法身份。

接报案、受案登记、接受证据、信息采集、调解、送达文书等工作，可以由一名人民警察带领警务辅助人员进行，但应当全程录音录像。

⊙作出行政处罚决定

第三十八条　调查终结，行政机关负责人应当对调查结果进行审查，根据不同情况，分别作出如下决定：

(一)确有应受行政处罚的违法行为的，根据情节轻重及具体情况，作出行政处罚决定；

(二)违法行为轻微，依法可以不予行政处罚的，不予行政处罚；

（三）违法事实不能成立的，不得给予行政处罚；

（四）违法行为已构成犯罪的，移送司法机关。

对情节复杂或者重大违法行为给予较重的行政处罚，行政机关的负责人应当集体讨论决定。

在行政机关负责人作出决定之前，应当由从事行政处罚决定审核的人员进行审核。行政机关中初次从事行政处罚决定审核的人员，应当通过国家统一法律职业资格考试取得法律职业资格。

●考点点拨

1. 行政处罚决定应当由行政机关负责人作出，在行政机关负责人作出决定之前，应当由从事行政处罚决定审核的人员进行审核。对于复杂、重大的处罚案件，应当由行政机关的负责人集体讨论作出行政处罚决定。

2. 案件调查终结后，根据不同情况，分别作出以下决定：

（1）对于行为人确有应受处罚的违法行为的，根据其违法行为的情节轻重及违法事实的性质、社会危害程度等具体情况，按照过罚相当的原则，作出相应的行政处罚决定。

（2）对于行为人确有违法行为，但情节轻微，没有造成危害后果，社会危害性较小，依法可以不予行政处罚的，作出不予行政处罚的决定。

（3）对于没有证据能够证明行为人确有违法行为的，即违法事实不能成立的，不得给予行政处罚。

（4）对于行为人确有违法行为且该行为已构成犯罪的，移送司法机关处理。

3. 该法修正时新增了“行政机关中初次从事行政处罚决定审核的人员，应当通过国家统一法律职业资格考试取得法律职业资格”的规定，有利于提高行政处罚案件的审核法律水平，更好地运用法治思维保护当事人的权益。

★行政处罚决定书的内容

第三十九条　行政机关依照本法第三十八条的规定给予行政处罚，应当制作行政处罚决定书。行政处罚决定书应当载明下列事项：

（一）当事人的姓名或者名称、地址；

（二）违反法律、法规或者规章的事实和证据；

（三）行政处罚的种类和依据；

（四）行政处罚的履行方式和期限；

（五）不服行政处罚决定，申请行政复议或者提起行政诉讼的途径和期限；

（六）作出行政处罚决定的行政机关名称和作出决定的日期。

行政处罚决定书必须盖有作出行政处罚决定的行政机关的印章。

●考点点拨

1. 行政机关依法作出行政处罚决定后，应当制作行政处罚决定书。行政处罚决定书是行政机关作出行政处罚这一具体行政行为的书面证据，也是行政处罚行为具备法律效力的表现形式。通过这一法定形式，行政处罚决定即对当事人产生法律约束力。因此，无论是按照简易程序当场作出处罚，还是依照一般程序作出处罚，都必须制作行政处罚决定书并向当事人依法送达。

2. 本条关于行政处罚决定书应当载明的事项以及必须加盖公章的规定是常考的知识点。

◆关联法条

《公安机关办理行政案件程序规定》

第一百七十五条　作出行政处罚决定的，应当制作行政处罚决定书。决定书应当载明下列内容：

（一）被处罚人的姓名、性别、出生日期、身份证件种类及号码、户籍所在地、现住址、工作单位、违法经历以及被处罚单位的名称、地址和法定代表人；

（二）违法事实和证据以及从重、从轻、减轻等情节；

（三）处罚的种类、幅度和法律依据；

（四）处罚的执行方式和期限；

（五）对涉案财物的处理结果及对被处罚人的其他处理情况；

（六）对处罚决定不服，申请行政复议、提起行政诉讼的途径和期限；

（七）作出决定的公安机关的名称、印章和日期。

作出罚款处罚的，行政处罚决定书应当载明逾期不缴纳罚款依法加处罚款的标准和最高限额；对涉案财物作出处理的，行政处罚决定书应当附没收、收缴、追缴物品清单。

☆真题回顾

（2017年多选）行政处罚决定书的基本内容有（　　）。

A. 当事人的姓名、地址

B. 行政处罚的种类和依据

C. 作出处罚决定的行政机关的名称

D. 行政处罚的履行方式

E. 行政处罚的履行期限

【解析】答案为 ABCDE。根据《行政处罚法》第 39 条第 1 款的规定，五个选项均正确，当选。

(2018 年单选)行政处罚一般程序中，行政处罚决定书应当载明的事项不包括(　　)。

A. 当事人的姓名或名称

B. 违反法律、法规或者规章的事实和证据

C. 行政处罚的种类和依据

D. 执法人员工作证号码

【解析】答案为 D。根据《行政处罚法》第 39 条的规定，A 项、B 项、C 项均为行政处罚决定书应当载明的事项。本题为选非项，故应选 D 项。

(2018 年多选)行政处罚一般程序中，行政处罚决定书包含的内容有(　　)。

A. 当事人的姓名、地址

B. 行政处罚的种类和依据

C. 作出行政处罚决定的行政机关名称

D. 行政处罚的履行方式

E. 行政处罚的履行期限

【解析】答案为 ABCDE。根据《行政处罚法》第 39 条的规定，五个选项均正确，当选。

★送达行政处罚决定书

第四十条　行政处罚决定书应当在宣告后当场交付当事人；当事人不在场的，行政机关应当在七日内依照民事诉讼法的有关规定，将行政处罚决定书送达当事人。

考点点拨

1. 送达是行政处罚程序中的一项重要环节。行政机关在送达行政处罚决定书时应当留存送达的证据，比如送达回证、邮寄回执、公告文书等。

2. 行政处罚决定书应当在宣告后当场交付当事人，当事人不在场的，应当在 7 日内依照民事诉讼法的有关规定进行送达。

3. 根据《民事诉讼法》第 84 ~ 92 条的规定，送达主要有以下几种方式：

(1)直接送达即送达人将诉讼文书直接交付给受送达人签收的送达方式。

(2)留置送达即受送达人无理拒收诉讼文书时，送达人依法将诉讼文书留在受送达人的住所并产生送达的法律效力的送达方式。

(3)电子送达即经受送达人同意，送达人利用传真、电子邮件等现代化电子手段进行的送达。

(4)邮寄送达即送达人将要送达的文书通过邮件寄给受送达人的方式。

(5)公告送达即在受送达人下落不明，或者以其他方式无法送达的情况下，发出公告，公告发出后经过一定的时间即视为送达的方式。

◆关联法条

《中华人民共和国民事诉讼法》

第八十四条　送达诉讼文书必须有送达回证，由受送达人在送达回证上记明收到日期，签名或者盖章。

受送达人在送达回证上的签收日期为送达日期。

第八十五条　送达诉讼文书，应当直接送交受送达人。受送达人是公民的，本人不在交他的同住成年家属签收；受送达人是法人或者其他组织的，应当由法人的法定代表人、其他组织的主要负责人或者该法人、组织负责收件的人签收；受送达人有诉讼代理人的，可以送交其代理人签收；受送达人已向人民法院指定代收人的，送交代收人签收。

受送达人的同住成年家属，法人或者其他组织的负责收件的人，诉讼代理人或者代收人在送达回证上签收的日期为送达日期。

第八十六条　受送达人或者他的同住成年家属拒绝接收诉讼文书的，送达人可以邀请有关基层组织或者所在单位的代表到场，说明情况，在送达回证上记明拒收事由和日期，由送达人、见证人签名或者盖章，把诉讼文书留在受送达人的住所；也可以把诉讼文书留在受送达人的住所，并采用拍照、录像等方式记录送达过程，即视为送达。

第八十七条　经受送达人同意，人民法院可以采用传真、电子邮件等能够确认其收悉的方式送达诉讼文书，但判决书、裁定书、调解书除外。

采用前款方式送达的，以传真、电子邮件等到达受送达人特定系统的日期为送达日期。

第八十八条　直接送达诉讼文书有困难的，可以委托其他人民法院代为送达，或者邮寄送达。邮寄送达的，以回执上注明的收件日期为送达日期。

第八十九条　受送达人是军人的，通过其所在部队团以上单位的政治机关转交。

第九十条　受送达人被监禁的，通过其所在监所转交。

受送达人被采取强制性教育措施的，通过其所在强制性教育机构转交。

第九十一条　代为转交的机关、单位收到诉讼文书后，必须立即交受送达人签收，以在送达回证上的签收日期，为送达日期。

第九十二条　受送达人下落不明，或者用本节规定的其他方式无法送达的，公告送达。自发出公告之日起，经过六十日，即视为送达。

公告送达，应当在案卷中记明原因和经过。

⊙违反法定程序处罚不成立

第四十一条　行政机关及其执法人员在作出行政处罚决定之前，不依照本法第三十一条、第三十二条的规定向当事人告知给予行政处罚的事实、理由和依据，或者拒绝听取当事人的陈述、申辩，行政处罚决定不能成立；当事人放弃陈述或者申辩权利的除外。

●**考点点拨**

1. 行政机关及其执法人员在作出行政处罚决定之前，应当履行告知义务（包括告知当事人给予行政处罚的事实、理由及依据，以及告知当事人依法享有的陈述、申辩等权利），并必须听取当事人的陈述、申辩。

2. 如果行政机关没有依法履行告知义务，或者拒绝听取当事人的陈述、申辩，则违反了行政处罚的法定程序，其作出的行政处罚决定依法不能成立。

3. 需要注意的是，本条也规定了一种例外情形，即如果行政机关已经依法履行了告知义务，但当事人自己放弃陈述或者申辩的权利的，那么这种情况就不属于行政机关及其执法人员违反法定程序的情形，行政机关作出的行政处罚决定就是有效的。

第三节　听 证 程 序

★**听证范围及程序**

第四十二条　行政机关作出责令停产停业、吊销许可证或者执照、较大数额罚款等行政处罚决定之前，应当告知当事人有要求举行听证的权利；当事人要求听证的，行政机关应当组织听证。当事人不承担行政机关组织听证的费用。听证依照以下程序组织：

（一）当事人要求听证的，应当在行政机关告知后三日内提出；

（二）行政机关应当在听证的七日前，通知当事人举行听证的时间、地点；

（三）除涉及国家秘密、商业秘密或者个人隐私外，听证公开举行；

（四）听证由行政机关指定的非本案调查人员主持；当事人认为主持人与本案有直接利害关系的，有权申请回避；

（五）当事人可以亲自参加听证，也可以委托一至二人代理；

（六）举行听证时，调查人员提出当事人违法的事实、证据和行政处罚建议；当事人进行申辩和质证；

（七）听证应当制作笔录；笔录应当交当事人审核无误后签字或者盖章。

当事人对限制人身自由的行政处罚有异议的，依照治安管理处罚法有关规定执行。

●**考点点拨**

1. 行政机关在作出责令停产停业、吊销许可证或者执照、较大数额罚款等行政处罚决定之前，有告知听证的义务。立法之所以设置听证程序，是考虑到行政机关作出关系到当事人重大利益的处罚决定时，给予当事人就重要的事实表达意见的机会，其本质就是帮助当事人运用法定权利抵抗行政机关可能存在的不当行政行为，防止行政机关专权和武断。

2. 听证程序是一般程序的相对复杂化，它是指行政机关在作出有关决定之前，应当事人的要求，举行由调查人员、案件当事人及其他利害关系人参加的听证会，对事实进行质证、辩驳的程序。

3. 适用听证程序的条件：

（1）必须符合法定的听证范围的案件，即责令停产停业、吊销许可证或者执照、较大数额罚款等的处罚才适用听证程序。

（2）当事人有听证的要求。

4. 听证程序是常见的考题，主要有以下知识点：

（1）听证程序的启动。只有当事人被告知听证权利之后要求听证的，行政机关才应当组织听证。

（2）听证程序中的期限问题。

①当事人申请听证的期限，即当事人应当在行政机关告知听证权利之日起 3 日内提出听证申请。

②行政机关通知举行听证的期限，即行政机关应当在举行听证的 7 日前告知当事人听证的时间、地点。

（3）听证主持人的问题。

①案件的调查人员不得担任听证主持人。

②当事人认为听证主持人与案件有利害关系的，有权申请听证主持人回避。

（4）当事人的权利。包括当事人不承担听证的费用，当事人可以亲自参加听证，也可以委托 1 ~ 2 人代理。

（5）听证的形式。

①除涉及国家秘密、商业秘密或者个人隐私外，听证公开举行。

②听证必须制作笔录，并交由当事人审核无误后

签字或盖章。

5. 本条还规定当事人对限制人身自由的行政处罚有异议的，并不是按照听证程序来解决，而是依照治安管理处罚法有关规定执行。《治安管理处罚法》第 107 条规定："被处罚人不服行政拘留处罚决定，申请行政复议、提起行政诉讼的，可以向公安机关提出暂缓执行行政拘留的申请。公安机关认为暂缓执行行政拘留不致发生社会危险的，由被处罚人或者其近亲属提出符合本法第一百零八条规定条件的担保人，或者按每日行政拘留二百元的标准交纳保证金，行政拘留的处罚决定暂缓执行。"

◆**关联法条**

《公安机关办理行政案件程序规定》

第一百二十三条　在作出下列行政处罚决定之前，应当告知违法嫌疑人有要求举行听证的权利：

（一）责令停产停业；

（二）吊销许可证或者执照；

（三）较大数额罚款；

（四）法律、法规和规章规定违法嫌疑人可以要求举行听证的其他情形。

前款第三项所称"较大数额罚款"，是指对个人处以二千元以上罚款，对单位处以一万元以上罚款，对违反边防出境入境管理法律、法规和规章的个人处以六千元以上罚款。对依据地方性法规或者地方政府规章作出的罚款处罚，适用听证的罚款数额按照地方规定执行。

第一百二十四条　听证由公安机关法制部门组织实施。

依法具有独立执法主体资格的公安机关业务部门以及出入境边防检查站依法作出行政处罚决定的，由其非本案调查人员组织听证。

第一百二十五条　公安机关不得因违法嫌疑人提出听证要求而加重处罚。

☆**真题回顾**

（2018 年多选）下列行政处罚决定作出之前，当事人可以要求听证的有（　　）。

A. 行政拘留　　B. 劳动教养

C. 吊销营业执照　　D. 责令停产停业

E. 较大数额罚款

【解析】答案为 CDE。根据《行政处罚法》第 42 条第 1 款的规定，C 项、D 项、E 项正确。《行政处罚法》并未规定行政拘留和劳动教养的决定作出之前，当事人有要求听证的权利。顺便提及，全国人民代表大会常务委员会已于 2013 年 12 月 28 日废止有关劳动教养法律规定，标志着实施了 56 年之久的劳动教养制度正式被废除。

（2019 年单选）行政机关作出责令停产停业、吊销许可证或执照、较大数额罚款等行政处罚决定之前，应当告知当事人有要求举行听证的权利，当事人要求听证的，应当在行政机关告知后（　　）日内提出；行政机关应当在（　　）日前，通知当事人举行听证的时间、地点；当事人可以亲自参加听证，也可以委托（　　）人代理。

A. 五，七，一

B. 三，七，一至二

C. 三，十，一

D. 五，十，一至二

【解析】答案为 B。根据《行政处罚法》第 42 条的规定，B 项正确。本题考查法条原文细节性表述，要求考生有准确细致的把握。

⊙听证后依法作出决定

第四十三条　听证结束后，行政机关依照本法第三十八条的规定，作出决定。

第六章　行政处罚的执行

⊙当事人有履行处罚决定的义务

第四十四条　行政处罚决定依法作出后，当事人应当在行政处罚决定的期限内，予以履行。

●**考点点拨**

当事人有自觉履行行政处罚决定的义务，具体要求做到：实际履行、按时履行（有限定期限的，应当在期限内履行）和完全履行（履行处罚决定全部的内容，而不能只履行其中的一部分）。

★**复议、诉讼不停止行政处罚的执行**

第四十五条　当事人对行政处罚决定不服申请行政复议或者提起行政诉讼的，行政处罚不停止执行，法律另有规定的除外。

●**考点点拨**

立法规定复议、诉讼不停止行政处罚的执行，是为了防止当事人为达到行政处罚停止执行的目的而滥用诉权，从而节约行政、司法资源。

◆**关联法条**

《公安机关办理行政案件程序规定》

第一百九十九条　被处理人对行政处理决定不服申请行政复议或者提起行政诉讼的，行政处理决定不停止执行，但法律另有规定的除外。

☆**真题回顾**

（2018年多选）某加工厂的生产项目未报批，擅自投入生产，县环保局发现后作出责令停止生产并处2000元罚款的行政处罚决定，该加工厂不服并提起行政复议，同时逾期不履行该行政处罚决定，县环保局可以采取的措施有（　　）。

A. 每日按罚款数额的3%加处罚款

B. 将冻结的存款划拨抵缴罚款

C. 依法拍卖查封的财物

D. 申请人民法院强制执行

E. 待复议决定作出后再采取强制措施

【解析】答案为ABCD。根据《行政处罚法》第45条的规定，提起行政复议的，行政处罚不停止执行，故该加工厂逾期不履行行政处罚决定的行为违反法律规定，E项错误。根据第51条的规定，A项、B项、C项、D项正确，当选。

★**罚缴分离原则**

第四十六条　作出罚款决定的行政机关应当与收缴罚款的机构分离。

除依照本法第四十七条、第四十八条的规定当场收缴的罚款外，作出行政处罚决定的行政机关及其执法人员不得自行收缴罚款。

当事人应当自收到行政处罚决定书之日起十五日内，到指定的银行缴纳罚款。银行应当收受罚款，并将罚款直接上缴国库。

●**考点点拨**

罚缴分离原则是指除依法当场收缴的罚款外，作出罚款决定的行政机关应当与收缴罚款的机构分离。也就是说，作出行政处罚决定的行政机关及其工作人员不得自行收缴罚款，行政机关可以指定银行作为收缴罚款的专门机构。当事人到指定银行缴纳罚款的，银行应当在收受罚款、出具回执给当事人后直接将罚款上缴国库。

☆**真题回顾**

（2018年单选）赵某在未取得执业医师证的情况下开设私人诊所，区卫生局调查核实后责令其停止非法诊疗活动，并罚款5000元，赵某不服并申请行政复议，复议期间赵某应将罚款缴纳至（　　）。

A. 区卫生局

B. 复议机关

C. 财政部门

D. 指定的银行

【解析】答案为D。根据《行政处罚法》第45条的规定，行政复议期间不影响罚款的正常缴纳。根据第46条的规定，A项、B项、C项均为行政机关，不符合罚缴分离原则，因此D项正确。

★**当场收缴罚款的范围**

第四十七条　依照本法第三十三条的规定当场作出行政处罚决定，有下列情形之一的，执法人员可以当场收缴罚款：

（一）依法给予二十元以下的罚款的；

（二）不当场收缴事后难以执行的。

●**考点点拨**

虽然实行罚缴分离原则，但本条也规定了执法人员在适用简易程序当场作出行政处罚决定时可以主动当场收缴罚款的两种情形：

（1）依法作出20元以下的罚款的，可以当场收缴罚款；

（2）不当场收缴罚款事后难以执行的，也可以当场收缴罚款。比如，被处罚人为流动人员，在当地没有固定住所的，不当场收缴事后难以执行的，则可以当场收缴罚款。

◆**关联法条**

《公安机关办理行政案件程序规定》

第二百一十四条　公安机关作出罚款决定，被处罚人应当自收到行政处罚决定书之日起十五日内，到指定的银行缴纳罚款。具有下列情形之一的，公安机关及其办案人民警察可以当场收缴罚款，法律另有规定的，从其规定：

（一）对违反治安管理行为人处五十元以下罚款和对违反交通管理的行人、乘车人和非机动车驾驶人处罚款，被处罚人没有异议的；

（二）对违反治安管理、交通管理以外的违法行为人当场处二十元以下罚款的；

（三）在边远、水上、交通不便地区、旅客列车上或者口岸，被处罚人向指定银行缴纳罚款确有困难，经被处罚人提出的；

（四）被处罚人在当地没有固定住所，不当场收缴事后难以执行的。

对具有前款第一项和第三项情形之一的，办案人民警察应当要求被处罚人签名确认。

☆**真题回顾**

（2019年单选）不符合当场收缴罚款规定

的是(　　)。

A. 20 元以下

B. 不当场收缴事后难以执行的

C. 当事人主动提出当场缴纳罚款的

D. 出具省级财政部门统一印发的罚款收据

【解析】答案为 C。根据《行政处罚法》第 33 条、第 47 条的规定,A 项、B 项符合规定。根据第 48 条的规定,当事人可以提出当场收缴罚款的,除了符合第 33 条以及第 38 条的规定外,仅限于边远、水上、交通不便地区,C 项表述不准确,当选。根据第 49 条的规定,D 项符合。本题为选非题,故 C 项当选。

★边远地区当场收缴罚款

第四十八条　在边远、水上、交通不便地区,行政机关及其执法人员依照本法第三十三条、第三十八条的规定作出罚款决定后,当事人向指定的银行缴纳罚款确有困难,经当事人提出,行政机关及其执法人员可以当场收缴罚款。

●考点点拨

1. 本条规定了可以当场收缴罚款的第三种情形,即在边远、水上、交通不便的地区,当事人向指定的银行缴纳罚款确有困难,且经当事人提出的,行政机关及其执法人员才可以当场收缴罚款。

2. 此处需要注意的是,必须是当事人提出,行政机关及其执法人员才可以当场收缴罚款,也就是说此种情形下,行政机关及其执法人员属于被动当场收缴罚款。

★当场罚款应出具收据

第四十九条　行政机关及其执法人员当场收缴罚款的,必须向当事人出具省、自治区、直辖市财政部门统一制发的罚款收据;不出具财政部门统一制发的罚款收据的,当事人有权拒绝缴纳罚款。

●考点点拨

罚款收据必须是省级财政部门统一制发的,省级以下政府财政部门制发的罚款收据无效,当事人有权拒绝缴纳罚款。立法原意是为了杜绝地方受罚款利益驱动而乱收滥发。

◆关联法条

《公安机关办理行政案件程序规定》

第二百一十五条　公安机关及其人民警察当场收缴罚款的,应当出具省级或者国家财政部门统一制发的罚款收据。对不出具省级或者国家财政部门统一制发的罚款收据的,被处罚人有权拒绝缴纳罚款。

☆真题回顾

(2018 年判断)某县行政执法人员当场收缴罚款时应当出具该县财政部门统一制发的罚款收据。(　　)

【解析】根据《行政处罚法》第 49 条的规定,法律之所以规定要求出具省级财政部门统一制发的罚款收据,是为了杜绝地市、县区级财政部门为地方利益驱动乱罚款滥收费,以起到监督、限制的作用。故该题说法错误。

★当场收缴罚款的上缴程序

第五十条　执法人员当场收缴的罚款,应当自收缴罚款之日起二日内,交至行政机关;在水上当场收缴的罚款,应当自抵岸之日起二日内交至行政机关;行政机关应当在二日内将罚款缴付指定的银行。

●考点点拨

1. 除了执法人员当场收缴罚款,其他都是当事人自行通过银行缴纳罚款的,所以,只有行政机关的执法人员当场收缴的罚款,才有依法上缴的程序。

2. 执法人员应当自收缴罚款之日(或水上地区抵岸之日)起 2 日内交至其所在的行政机关,行政机关应当在 2 日内将罚款缴付指定的银行。

◆关联法条

《公安机关办理行政案件程序规定》

第二百一十六条　人民警察应当自收缴罚款之日起二日内,将当场收缴的罚款交至其所属公安机关;在水上当场收缴的罚款,应当自抵岸之日起二日内将当场收缴的罚款交至其所属公安机关;在旅客列车上当场收缴的罚款,应当自返回之日起二日内将当场收缴的罚款交至其所属公安机关。

公安机关应当自收到罚款之日起二日内将罚款缴付指定的银行。

☆真题回顾

(2017 年单选)根据《行政处罚法》,执法人员在水上当场收缴的罚款,应当自抵岸之日起(　　)日内交至(　　)。

A. 2　银行　　　　B. 3　银行

C. 2　行政机关　　D. 3　财政部门

【解析】答案为 C。根据《行政处罚法》第 50 条的规定,C 项正确。

★行政处罚的执行措施

第五十一条　当事人逾期不履行行政处罚决定

的，作出行政处罚决定的行政机关可以采取下列措施：

（一）到期不缴纳罚款的，每日按罚款数额的百分之三加处罚款；

（二）根据法律规定，将查封、扣押的财物拍卖或者将冻结的存款划拨抵缴罚款；

（三）申请人民法院强制执行。

●**考点点拨**

当事人逾期不履行行政处罚决定的，行政机关可以采取以下三种执行措施：

（1）执行罚，即每日加处罚款数额的3%。

（2）直接强制执行，即依法具有强制执行权的行政机关，将查封、扣押的财物拍卖或者将冻结的存款划拨用于抵缴罚款。

（3）申请人民法院强制执行。

◆**关联法条**

《公安机关办理行政案件程序规定》

第一百七十二条　公安机关依法作出行政处理决定后，被处理人应当在行政处理决定的期限内予以履行。逾期不履行的，作出行政处理决定的公安机关可以依法强制执行或者申请人民法院强制执行。

☆**真题回顾**

（2017年多选）行政机关依法作出金钱给付义务的行政决定，当事人逾期不履行的，行政机关可以依法（　　）。

A. 加处罚款

B. 加处滞纳金

C. 拍卖当事人财物

D. 划拨当事人存款

E. 对当事人予以行政拘留

【解析】答案为ACD。根据《行政处罚法》第51条的规定，A项、C项、D项正确。

（2019年单选）当事人逾期不履行行政处罚决定的，每日按罚款数额的（　　）加处罚款。

A. 百分之三　　B. 百分之五

C. 百分之七　　D. 百分之十

【解析】答案为A。根据《行政处罚法》第51条的规定，按照罚款的3%加处罚款，A项正确。本题考查法条原文细节性表述，要求考生有准确细致的把握。

⊙暂缓或分期缴纳罚款

第五十二条　当事人确有经济困难，需要延期或者分期缴纳罚款的，经当事人申请和行政机关批准，可以暂缓或者分期缴纳。

⊙罚没的非法财物的处理

第五十三条　除依法应当予以销毁的物品外，依法没收的非法财物必须按照国家规定公开拍卖或者按照国家有关规定处理。

罚款、没收违法所得或者没收非法财物拍卖的款项，必须全部上缴国库，任何行政机关或者个人不得以任何形式截留、私分或者变相私分；财政部门不得以任何形式向作出行政处罚决定的行政机关返还罚款、没收的违法所得或者返还没收非法财物的拍卖款项。

⊙监督检查

第五十四条　行政机关应当建立健全对行政处罚的监督制度。县级以上人民政府应当加强对行政处罚的监督检查。

公民、法人或者其他组织对行政机关作出的行政处罚，有权申诉或者检举；行政机关应当认真审查，发现行政处罚有错误的，应当主动改正。

●**考点点拨**

这里的监督检查，既包括上级人民政府对下级人民政府有关行政处罚的监督检查，也包括行政机关对自己作出的行政处罚的监督检查。

第七章　法律责任

★**上级行政机关的监督**

第五十五条　行政机关实施行政处罚，有下列情形之一的，由上级行政机关或者有关部门责令改正，可以对直接负责的主管人员和其他直接责任人员依法给予行政处分：

（一）没有法定的行政处罚依据的；

（二）擅自改变行政处罚种类、幅度的；

（三）违反法定的行政处罚程序的；

（四）违反本法第十八条关于委托处罚的规定的。

●**考点点拨**

行政处分是指国家机关对其工作人员的违法失职但尚不构成犯罪的行为，依法给予的一种惩戒。

☆**真题回顾**

（2017年多选）行政机关实施行政处罚，有下列（　　）情形的，上级行政机关或者有关部门可以对直接负责的主管人员和其他直接负责人员依法给予行政处分。

A. 没有法定的行政处罚依据的

B. 擅自改变行政处罚幅度的

C. 擅自改变行政处罚种类的

D. 违反法定的行政处罚程序的

E. 对当事人进行处罚使用自制罚款单的

【解析】答案为 ABCDE。根据《行政处罚法》第55条的规定，A 项、B 项、C 项、D 项符合该条规定情形。根据第56条的规定，E 项符合。因此，五个选项均正确。

⊙不使用或使用非法罚没单据的法律责任

第五十六条　行政机关对当事人进行处罚不使用罚款、没收财物单据或者使用非法定部门制发的罚款、没收财物单据的，当事人有权拒绝处罚，并有权予以检举。上级行政机关或者有关部门对使用的非法单据予以收缴销毁，对直接负责的主管人员和其他直接责任人员依法给予行政处分。

●**考点点拨**

处罚不使用罚款、没收财物单据或者使用非法定部门制发的罚款、没收财物单据的，相关罚款和财物就极有可能会被不法执法人员侵吞。因此，立法明确规定当事人有权拒绝处罚并予以检举。

⊙违法收缴罚款的法律责任

第五十七条　行政机关违反本法第四十六条的规定自行收缴罚款的，财政部门违反本法第五十三条的规定向行政机关返还罚款或者拍卖款项的，由上级行政机关或者有关部门责令改正，对直接负责的主管人员和其他直接责任人员依法给予行政处分。

★**违法处理罚没财物的法律责任**

第五十八条　行政机关将罚款、没收的违法所得或者财物截留、私分或者变相私分的，由财政部门或者有关部门予以追缴，对直接负责的主管人员和其他直接责任人员依法给予行政处分；情节严重构成犯罪的，依法追究刑事责任。

执法人员利用职务上的便利，索取或者收受他人财物、收缴罚款据为己有，构成犯罪的，依法追究刑事责任；情节轻微不构成犯罪的，依法给予行政处分。

●**考点点拨**

(1)对于行政机关截留、私分或者变相私分罚款、没收的违法所得或者财物的，依法应予追缴，并对直接负责的主管人员和其他直接责任人员依法给予行政处分，情节严重构成犯罪的，依法追究刑事责任。

(2)对于行政机关的执法人员利用职务便利，索取或者收受他人财物、收缴罚款据为己有，情节轻微不构成犯罪的，依法给予行政处分，构成犯罪的，依法追究刑事责任。

☆**真题回顾**

(2019年单选)某省林业厅员工胡某身患重病，家中倾尽所有不足以为其医治。林业厅领导宋某遂决定将当年收缴罚款的1%捐给胡某用于治疗。根据《行政处罚法》，下列说法不正确的是(　　)。

A. 该省财政厅应对该款项予以追缴

B. 宋某可能会被记过

C. 宋某可能会被警告

D. 该省人民政府应当对宋某的行为予以表彰

【解析】答案为 D。根据《行政处罚法》第58条第1款的规定，宋某的行为属于对罚款进行变相处分的行为，省财政厅应对该款项进行追缴，宋某作为直接责任人员应受到行政处分，但因该行为是出于救死扶伤的需要，可能酌情给予记过或者警告的行政处分，A 项、B 项、C 项正确。本题为选非项，D 项当选。本题用排除法亦可得出正确答案，单项选择题有一个选择明显与其他选项相反时，应当重点留意，多数情况下是正确答案。

⊙行政机关使用或毁损扣押财物的法律责任

第五十九条　行政机关使用或者损毁扣押的财物，对当事人造成损失的，应当依法予以赔偿，对直接负责的主管人员和其他直接责任人员依法给予行政处分。

★**违法实行检查措施或执行措施的法律责任**

第六十条　行政机关违法实行检查措施或者执行措施，给公民人身或者财产造成损害、给法人或者其他组织造成损失的，应当依法予以赔偿，对直接负责的主管人员和其他直接责任人员依法给予行政处分；情节严重构成犯罪的，依法追究刑事责任。

●**考点点拨**

为限制行政机关滥用执法权利，保障公民、法人或者其他组织的合法权益，本条规定行政机关违法实行检查措施或者执行措施的，依法承担赔偿、行政处分等法律责任。

☆**真题回顾**

(2018年单选)关于行政机关违法实行检查措施或者执行措施，下列说法正确的是(　　)。

A. 给公民人身或者财产造成损害的，应当依法

予以补偿

B. 给法人或者其他组织造成损失的，应当依法予以补偿

C. 给公民人身或者财产造成损害的，对直接负责的主管人员依法追究刑事责任

D. 给法人或者其他组织造成损失但不构成犯罪的，应当对直接负责的主管人员和其他直接责任人员依法给予行政处分

【解析】答案为 D。根据《行政处罚法》第 60 条的规定，“违法”实行检查措施或者执行措施，相对应的应该是“赔偿”，而非“补偿”，故 A 项、B 项错误。给公民人身或者财产造成损害的，一方面，只有情节严重构成犯罪的，才能依法追究刑事责任；另一方面，其他直接责任人员也可能被追究刑事责任，而非直接对直接负责的主管人员进行追究，故 C 项错误。情节较轻不构成犯罪的，应当对直接负责的主管人员和其他直接责任人员依法给予行政处分，故 D 项正确。

⊙违法以行政处罚代替刑罚的法律责任

第六十一条　行政机关为牟取本单位私利，对应当依法移交司法机关追究刑事责任的不移交，以行政处罚代替刑罚，由上级行政机关或者有关部门责令纠正；拒不纠正的，对直接负责的主管人员给予行政处分；徇私舞弊、包庇纵容违法行为的，依照刑法有关规定追究刑事责任。

⊙执法人员玩忽职守的法律责任

第六十二条　执法人员玩忽职守，对应当予以制止和处罚的违法行为不予制止、处罚，致使公民、法人或者其他组织的合法权益、公共利益和社会秩序遭受损害的，对直接负责的主管人员和其他直接责任人员依法给予行政处分；情节严重构成犯罪的，依法追究刑事责任。

第八章　附　　则

⊙国务院制定罚缴分离办法

第六十三条　本法第四十六条罚款决定与罚款收缴分离的规定，由国务院制定具体实施办法。

考点点拨

经本条的授权，国务院于 1997 年 11 月 17 日颁布了《罚款决定与罚款收缴分离实施办法》。

⊙施行日期

第六十四条　本法自 1996 年 10 月 1 日起施行。

本法公布前制定的法规和规章关于行政处罚的规定与本法不符合的，应当自本法公布之日起，依照本法规定予以修订，在 1997 年 12 月 31 日前修订完毕。

第六章　行政复议法备考要点和法条解读

第一节　行政复议法备考复习要点

一、行政复议的概念与特征

（一）行政复议的概念

行政复议是指公民、法人或者其他组织认为行政机关作出具体行政行为侵犯其合法权益，依法向行政复议机关提出行政复议申请，受理申请的行政复议机关依法对该具体行政行为的合法性、适当性进行审查，并作出行政复议决定的活动。

（二）行政复议的特征

1. 行政复议是行政机关内部自我纠正错误的一项监督机制。

2. 行政复议是依申请而产生的行政行为。

3. 行政复议处理的是行政争议，而非民事争议。

4. 行政复议对具体行政行为的审查既包括合法性审查，也包括适当性审查。

5. 行政复议的目的是防止和纠正违法或不当的具体行政行为、保护申请人的合法权益、保障和监督行政机关依法行政。

二、行政复议的基本原则

（一）合法原则

合法原则是指行政复议机关及其工作人员应当严格遵守法律、法规的规定，按照法定的程序受理行政复议申请、审查被申请行政复议的具体行政行为并作出行政复议决定。

（二）公正原则

公正原则是指行政复议机关应客观公正地对待行政复议申请人和被申请人，严格依法办理行政复议事项。

（三）公开原则

公开原则是指行政复议机关在办理行政复议事项的过程中，除涉及国家秘密、商业秘密和个人隐私外，应向行政复议申请人和社会公开。

（四）及时原则

及时原则是指行政复议机关应当在法律规定的期限内办理行政复议事项。

（五）便民原则

便民原则是指行政复议机关应当采取各种措施方便行政复议当事人参与行政复议活动。

三、行政复议的范围

（一）可以申请行政复议的范围

下列行政行为，属于行政复议的范围：

1. 对行政机关作出的警告、罚款、没收违法所得、没收非法财物、责令停产停业、暂扣或者吊销许可证、暂扣或者吊销执照、行政拘留等行政处罚决定不服的；

2. 对行政机关作出的限制人身自由或者查封、扣押、冻结财产等行政强制措施决定不服的；

3. 对行政机关作出的有关许可证、执照、资质证、资格证等证书变更、中止、撤销的决定不服的；

4. 对行政机关作出的关于确认土地、矿藏、水流、森林、山岭、草原、荒地、滩涂、海域等自然资源的所有权或者使用权的决定不服的；

5. 认为行政机关侵犯合法的经营自主权的；

6. 认为行政机关变更或者废止农业承包合同，侵犯其合法权益的；

7. 认为行政机关违法集资、征收财物、摊派费用或者违法要求履行其他义务的；

8. 认为符合法定条件，申请行政机关颁发许可证、执照、资质证、资格证等证书，或者申请行政机关审批、登记有关事项，行政机关没有依法办理的；

9. 申请行政机关履行保护人身权利、财产权利、受教育权利的法定职责，行政机关没有依法履行的；

10. 申请行政机关依法发放抚恤金、社会保险金或者最低生活保障费，行政机关没有依法发放的；

11. 认为行政机关的其他具体行政行为侵犯其合法权益的。

（二）可以申请一并审查的规定

公民、法人或者其他组织认为具体行政行为所依据的下列规定不合法，在对具体行政行为申请行政复议时，可以一并向行政复议机关提出对该规定的审查申请：

1. 国务院部门的规定；

2. 县级以上地方各级人民政府及其工作部门的规定；

3. 乡、镇人民政府的规定。

上述所列规定不含国务院部、委员会规章和地方人民政府规章。规章的审查依照法律、行政法规办理。

(三)行政复议的排除范围

下列行政行为,不属于行政复议的范围:

1. 行政机关作出的行政处分或者其他人事处理决定;

2. 行政机关对民事纠纷作出的调解或者其他处理。

四、行政复议机关

(一)行政复议机关的概念

行政复议机关,是指依照法律的规定,有权受理行政复议申请,依法对具体行政行为进行审查并作出复议决定的行政机关。

要注意行政复议机关和行政复议机构的区别。行政复议机构是行政复议机关内部设立的一个专门负责行政复议案件的受理、审查和裁决工作的办事机构。行政复议决定要以行政复议机关的名义作出,而不能以行政复议机构的名义作出。如深圳市公安局法制处负责经办全局的行政复议案件,但是行政复议决定的作出,须以深圳市公安局的名义,而不是以深圳市公安局法制处的名义作出。

(二)行政复议机关的特征

1. 行政复议机关本身就是行政机关,但并不是所有的行政机关都属于行政复议机关。

2. 行政复议机关是能以自己的名义行使行政复议权,并对行政复议后果独立承担法律责任的行政机关。

(三)行政复议机关的确定

1. 一般规定

(1)作出具体行政行为的是县级以上地方各级人民政府工作部门的,申请人可以向该部门的本级人民政府申请行政复议,也可以向上一级主管部门申请行政复议。比如要对区公安局的处罚决定申请行政复议,申请人可以向区政府申请行政复议,也可以向市公安局申请行政复议。

(2)作出具体行政行为的是海关、金融、税务、外汇管理等实行垂直领导的行政机关和国家安全机关的,向上一级主管部门申请行政复议。

(3)作出具体行政行为的是地方各级人民政府的,向其上一级的地方人民政府申请行政复议。

(4)作出具体行政行为的是省政府的派出机关即行政公署(目前仅内蒙古、西藏、新疆、黑龙江、青海三区两省下仍有设置)管辖范围内的县级地方人民政府的,向该派出机关申请行政复议。

(5)作出具体行政行为的是国务院部门或者省、自治区、直辖市人民政府的,向作出该具体行政行为的国务院部门或者省、自治区、直辖市人民政府申请行政复议。

2. 特别规定

(1)作出具体行政行为的是县级以上地方人民政府依法设立的派出机关的,向设立该派出机关的人民政府申请行政复议。

(2)具体行政行为是政府工作部门依法设立的派出机构依照法律、法规或者规章规定以自己的名义作出的,可以向设立该派出机构的部门申请行政复议,也可以向该部门的本级地方人民政府申请行政复议。

(3)作出具体行政行为的是法律、法规授权的组织的,分别向直接管理该组织的地方人民政府、地方人民政府工作部门或者国务院部门申请行政复议。

(4)具体行政行为是两个或者两个以上行政机关以共同的名义作出的,向其共同上一级行政机关申请行政复议。

(5)具体行政行为是被撤销的行政机关在撤销前作出的,向继续行使其职权的行政机关的上一级行政机关申请行政复议。

五、行政复议当事人

行政复议当事人包括:启动行政复议程序的申请人、被动参加行政复议的被申请人以及因有利害关系而参加行政复议的第三人。

(一)行政复议申请人

1. 行政复议申请人为认为具体行政行为侵犯其合法权益的公民、法人或者其他组织,原则上只能由其申请行政复议,但在公民死亡、法人或者其他组织终止的情况下,行政复议申请人的资格发生转移,即死亡公民的近亲属可以自己的名义申请行政复议、承受已终止的法人或者其他组织的权利的法人或者其他组织可以自己的名义申请行政复议。

2. 申请行政复议的公民为无民事行为能力人(不满8周岁的未成年人或不能辨认自己行为的成年人,包括精神病人、痴呆症人)或者限制民事行为能力人(8周岁以上的未成年人或不能完全辨认自己行为的成年人,如在发病期间的间歇性精神病人),由其法定代表人以该公民的名义代为申请行政复议。

3. 同一行政复议案件申请人超过5人的,推选1至5名代表参加行政复议。

（二）行政复议被申请人

1. 一般情况下，行政复议被申请人是作出具体行政行为的行政主体，该行政主体主要包括行政机关和法律、法规授权履行行政管理职责、行使行政权力的组织两类。

2. 确定行政复议被申请人的特别规定：

（1）行政机关与法律、法规授权的组织以共同的名义作出具体行政行为的，行政机关和法律、法规授权的组织为共同被申请人；

（2）行政机关与其他组织以共同的名义作出具体行政行为的，行政机关为被申请人；

（3）下级行政机关依照法律、法规、规章规定，经上级行政机关批准作出具体行政行为的，批准机关为被申请人；

（4）行政机关设立的派出机构、内设机构或者其他组织，未经法律、法规授权，对外以自己名义作出具体行政行为的，该行政机关为被申请人；

（5）被撤销的行政机关在撤销前作出具体行政行为的，继续行使其职权的行政机关为被申请人。

（三）行政复议第三人

1. 行政复议第三人是与被复议的具体行政行为具有利害关系的公民、法人或者其他组织。

2. 行政复议第三人参加行政复议的时间是在行政复议程序开始之后、结束之前。

3. 行政复议第三人可以主动申请参加行政复议，也可以根据行政复议机关的通知而被动参加行政复议，但能否参加行政复议活动，最终由行政复议机关决定。

4. 在行政复议程序中，第三人是“可以”参加行政复议，而非“必须”参加行政复议。第三人不参加行政复议，不影响行政复议案件的审理。

六、行政复议程序

（一）申请

1. 行政复议的申请期限。行政复议申请期限是指行政复议申请人依法向行政复议机关提出行政复议申请的起止时间，超过这一期限才提出行政复议申请的，行政复议机关将依法不予受理。

（1）一般情况下，申请人应当自知道具体行政行为之日起60日内提出行政复议申请，但是法律规定的申请期限超过60日的除外。因不可抗力或者其他正当理由耽误法定申请期限的，申请期限自障碍消除之日起继续计算，即自障碍消除之日起接着往下计算，而不是重新计算。

（2）对行政不作为提出行政复议申请的，行政复议申请期限为：有履行期限规定的，自履行期限届满之日起计算；没有履行期限规定的，自行政机关收到申请满60日起计算；公民、法人或者其他组织在紧急情况下请求行政机关履行保护人身权、财产权的法定职责，行政机关不履行的，公民、法人或者其他组织从即日起便可以申请行政复议。

2. 行政复议的申请形式。既可以书面申请，也可以口头申请。口头申请的，行政复议机关应当当场记录申请人的基本情况、行政复议请求、申请行政复议的主要事实、理由和时间。

3. 书面申请行政复议的，可以采用当面递交、邮寄、传真等形式，有条件的，可以接受电子邮件。

（二）受理

1. 受理的期限。行政复议机关收到行政复议申请后，应当在5个工作日内进行审查，并根据审查的结果决定受理或不予受理。

2. 审查的内容：

（1）是否有明确的申请人和符合规定的被申请人；

（2）申请人与具体行政行为是否有利害关系；

（3）是否有具体的行政复议请求和理由；

（4）是否在法定申请期限内提出；

（5）是否属于《行政复议法》规定的行政复议范围；

（6）是否属于收到行政复议申请的行政复议机构的职责范围；

（7）是否属于其他行政复议机关尚未受理同一行政复议申请以及人民法院尚未受理同一主体就同一事实提起的行政诉讼。

3. 审查后的处理方式：

（1）受理，即对符合行政复议的受理条件且没有向人民法院提起行政诉讼的申请予以受理。

（2）不予受理，即对不符合条件的行政复议申请，应在收到行政复议申请之日起5个工作日内作出不予受理决定书，并书面告知申请人。

（3）告知另行申请，即对于符合条件但不属于本机关管辖的行政复议申请的，告知申请人向有权管辖的行政机关提出。

（4）转送并告知，即符合《行政复议法》第15条第1款规定的情形的，县级地方政府在接受行政复议申请后，经审查发现应属其他行政机关管辖的，应在收到行政复议申请之日起7个工作日内转送有权管辖的行政复议机关，并告知申请人。

（5）通知限期补正，即申请人申请行政复议时提交的申请材料不齐全或者表述不清楚的，行政复议机关可在收到该行政复议申请之日起 5 个工作日内通知补正，补正通知应当载明需要补正的事项和合理的补正期限。申请人无正当理由逾期不补正的，视为申请人放弃行政复议申请。补正材料所用的时间不计入行政复议审理期限。

4. 申请人就同一事项向两个或者两个以上有权受理的行政机关申请行政复议的，由最先收到行政复议申请的行政机关受理；同时收到行政复议申请的，由收到行政复议申请的行政机关在 10 日内协商确定；协商不成的，由其共同上一级行政机关在 10 日内指定受理机关。协商确定或者指定受理机关所用时间不计入行政复议审理期限。

（三）审理

1. 审理的内容：行政复议机关在对具体行政行为的合法性和适当性进行审查的同时，还可以对有关抽象行政行为进行附带审查。

2. 审理的方式：以书面审查为原则，以其他方式为补充，即在申请人提出要求或者行政复议机关认为有必要的，可以向有关组织和人员调查取证，也可以实地调查核实证据，并听取申请人、被申请人和第三人的意见。对重大、复杂的案件，申请人提出要求或者行政复议机关认为必要时，可以采取听证的方式审理。

3. 审理的程序事项：行政复议机关应当自行政复议申请受理之日起 7 个工作日内，将行政复议申请书副本或者行政复议申请笔录复印件发送被申请人。被申请人应当自收到申请书副本或者申请笔录复印件之日起 10 日内，提出书面答复，并提交当初作出具体行政行为的证据、依据和其他有关材料。被申请人不履行按期提交书面答复和证据材料的，视为该具体行政行为没有证据、依据，行政复议机关应当依法撤销该具体行政行为。申请人、第三人可以查阅被申请人提出的书面答复，作出具体行政行为的证据、依据和其他有关材料，除涉及国家秘密、商业秘密或者个人隐私外，行政复议机关不得拒绝。

4. 审理的期限：行政复议机关应当自受理申请之日起 60 日内作出行政复议决定；但是法律规定的行政复议期限少于 60 日的除外。情况复杂，不能在规定期限内作出行政复议决定的，经行政复议机关的负责人批准，可以适当延长，并告知申请人和被申请人；但是延长期限最多不超过 30 日。

5. 行政复议申请的撤回：行政复议决定作出前，申请人要求撤回行政复议申请的，经说明理由，可以撤回；撤回行政复议申请的，行政复议终止。撤回行政复议申请的，申请人不得再以同一事实和理由提出行政复议申请。但是，如果申请人能够证明其撤回行政复议申请并非其真实意思表示的，则不在此限，即仍然可以再次提出行政复议申请。

6. 行政复议机关可以按照自愿、合法的原则进行调解，但调解只适用于以下两种情形：

（1）申请人对被申请人行使法律、法规规定的自由裁量权作出的具体行政行为不服而申请行政复议的；

（2）当事人之间的行政赔偿或者行政补偿纠纷。经调解达成协议的，行政复议机关应当制作《行政复议调解书》。《行政复议调解书》经双方当事人签字，即具有法律效力。

7. 审理期间具体行政行为的执行。《行政复议法》在确立不停止执行的原则的同时，也规定了该原则的例外情形：

（1）被申请人认为需要停止执行的；

（2）行政复议机关认为需要停止执行的；

（3）申请人申请停止执行，行政复议机关认为其要求合理，决定停止执行的；

（4）法律规定停止执行的。

（四）决定

行政复议机关视情况作出以下不同的行政复议决定：

1. 维持的决定。具体行政行为认定事实清楚，证据确凿，适用依据正确，程序合法，内容适当的，决定维持。

2. 责令限期履行职责的决定。被申请人不履行法定职责的，决定其在一定期限内履行。

3. 撤销、确定违法的决定。具体行政行为有下列情形之一的，决定撤销、变更或者确认该具体行政行为违法；决定撤销或者确认该具体行政行为违法的，可以责令被申请人在一定期限内重新作出具体行政行为：

（1）主要事实不清、证据不足的；

（2）适用依据错误的；

（3）违反法定程序的；

（4）超越或者滥用职权的；

（5）具体行政行为明显不当的。

4. 变更的决定。具体行政行为有下列情形之一，行政复议机关可以决定变更：

（1）认定事实清楚，证据确凿，程序合法，但是明显不当或者适用依据错误的；

（2）认定事实不清，证据不足，但是经行政复议机关审理查明事实清楚，证据确凿的。

5. 驳回的决定。有下列情形之一的，行政复议机关应当决定驳回行政复议申请：

（1）申请人认为行政机关不履行法定职责申请行政复议，行政复议机关受理后发现该行政机关没有相应法定职责或者在受理前已经履行法定职责的；

（2）受理行政复议申请后，发现该行政复议申请不符合《行政复议法》和《行政复议法实施条例》规定的受理条件的。

6. 赔偿的决定。行政复议机关作出行政赔偿决定的两种情形：

（1）申请人在申请行政复议时可以一并提出行政赔偿请求，行政复议机关对符合《国家赔偿法》的有关规定应当给予赔偿的，在决定撤销、变更具体行政行为或者确认具体行政行为违法时，应当同时决定被申请人依法给予赔偿。

（2）申请人在申请行政复议时没有提出行政赔偿请求的，行政复议机关在依法决定撤销或者变更罚款，撤销违法集资、没收财物、征收财物、摊派费用以及对财产的查封、扣押、冻结等具体行政行为时，应当同时责令被申请人返还财产，解除对财产的查封、扣押、冻结措施，或者赔偿相应的价款。

（五）执行

1. 被申请人应当履行行政复议决定。被申请人不履行或者无正当理由拖延履行行政复议决定的，行政复议机关或者有关上级行政机关应当责令其限期履行。

2. 申请人逾期不起诉又不履行行政复议决定的，或者不履行最终裁决的行政复议决定的，按照下列规定分别处理：

（1）维持具体行政行为的行政复议决定，由作出具体行政行为的行政机关依法强制执行，或者申请人民法院强制执行；

（2）变更具体行政行为的行政复议决定，由行政复议机关依法强制执行，或者申请人民法院强制执行。

七、行政复议与行政诉讼之间的关系

1. 一般情况下，公民、法人或者其他组织对行政争议具有选择申请行政复议或者提起行政诉讼的权利，除非法律特别规定必须先申请行政复议；对于申请行政复议后，不服行政复议决定的，可以提起行政诉讼，除非法律特别规定该行政复议决定为终局裁决。

2. 公民、法人或者其他组织不得提起行政诉讼的两种情形：

（1）在申请行政复议和提起行政诉讼之间已经选择申请行政复议，且该行政复议申请已经被行政复议机关受理；

（2）行政复议前置，即公民、法人或者其他组织对行政机关作出的具体行政行为不服的，如果法律、法规规定不服该具体行政行为应先申请行政复议的，则不允许未经行政复议程序而直接提起行政诉讼。但是，如果行政复议机关不受理行政复议申请或者行政复议机关逾期不作出行政复议决定的，公民、法人或者其他组织可以自收到不予受理决定书之日起或者行政复议期限届满之日起15日内向法院提起行政诉讼。

3. 公民、法人或者其他组织不得申请行政复议的情形：公民、法人或者其他组织向人民法院提起行政诉讼，人民法院已经依法受理的。

4. 申请人对国务院部门或省、自治区、直辖市人民政府作出的具体行政行为不服的，向作出该具体行政行为的国务院部门或者省、自治区、直辖市人民政府申请行政复议。对行政复议决定不服的，可以向人民法院提起行政诉讼；也可以向国务院申请裁决。如果选择向人民法院提起行政诉讼，就不能再向国务院申请裁决；如果选择向国务院申请裁决，国务院作出的裁决是终局裁决，就不能再向人民法院提起行政诉讼。

第二节　行政复议法重点法条解读及真题回顾

中华人民共和国行政复议法

（1999年4月29日第九届全国人民代表大会常务委员会第九次会议通过　根据2009年8月27日第十一届全国人民代表大会常务委员会第十次会议《关于修改部分法律的决定》第一次修正　根据2017年9月1日第十二届全国人民代表大会常务委员会第二十九次会议《关于修改〈中华人民共和国法官法〉等八部法律的决定》第二次修正）

第一章　总　　则

⊙立法目的

第一条　为了防止和纠正违法的或者不当的具体行政行为，保护公民、法人和其他组织的合法权益，保障和监督行政机关依法行使职权，根据宪法，制定本法。

●**考点点拨**

1. 行政复议是行政机关内部自我纠正错误的一项监督机制，这有别于行政诉讼，是由行政系统内部进行审查与纠错，而非借助于行政机关以外的其他国家机关（如司法机关）的介入。

2. 行政复议既可以受理申请人认为不合法的具体行政行为，也可以受理申请人认为不合理（不适当）的具体行政行为。

3. 行政复议法的立法目的包括：

（1）防止和纠正违法或者不当的具体行政行为，不当的具体行政行为是指不符合法律、法规规定的适当性要求的具体行政行为。

（2）保护公民、法人和其他组织的合法权益。

（3）保障和监督行政机关依法行使职权，也就是通常所说的“依法行政”。

⊙适用范围

第二条　公民、法人或者其他组织认为具体行政行为侵犯其合法权益，向行政机关提出行政复议申请，行政机关受理行政复议申请、作出行政复议决定，适用本法。

●**考点点拨**

1. 发生行政争议的主体为行政机关和公民、法人或者其他组织。如果争议的主体都是公民、法人或者其他组织，且法律地位平等，则属于民事争议，而非行政争议。

2. 具体行政行为包括作为与不作为。

★**行政复议机关及其职责**

第三条　依照本法履行行政复议职责的行政机关是行政复议机关。行政复议机关负责法制工作的机构具体办理行政复议事项，履行下列职责：

（一）受理行政复议申请；

（二）向有关组织和人员调查取证，查阅文件和资料；

（三）审查申请行政复议的具体行政行为是否合法与适当，拟订行政复议决定；

（四）处理或者转送对本法第七条所列有关规定的审查申请；

（五）对行政机关违反本法规定的行为依照规定的权限和程序提出处理建议；

（六）办理因不服行政复议决定提起行政诉讼的应诉事项；

（七）法律、法规规定的其他职责。

行政机关中初次从事行政复议的人员，应当通过国家统一法律职业资格考试取得法律职业资格。

●**考点点拨**

1. 行政复议机关本身就是行政机关，但并不是所有的行政机关都属于行政复议机关。只有以自己的名义行使行政复议权，并对行政复议后果独立承担法律责任的行政机关，才是行政复议机关。

2. 行政复议机关内设行政复议机构，由该机构专门负责行政复议工作，具体办理行政复议案件的受理、审查和拟订行政复议决定等，但是行政复议决定要以行政复议机关的名义作出，而不能以内设的行政复议机构的名义作出。比如,深圳市公安局法制处负责全局的行政复议工作,但是行政复议决定的作出,须以深圳市公安局的名义,而不是以深圳市公安局法制处的名义作出。

☆**真题回顾**

(2019年单选)各级行政复议机关应当认真履行行政复议职责,领导并支持本机关负责( )工作的机构依法办理行政复议事项,并依照有关规定配备、充实、调剂专职行政复议人员。

A. 监察　　B. 组织

C. 信访　　D. 法制

【解析】答案为D。根据《行政复议法》第3条的规定,行政复议机关负责法制工作的机构具体办理行政复议事项,D项正确。本题考查较为基础,只要对《行政复议法》有一定的理解即可得出正确答案。

★**行政复议基本原则**

第四条　行政复议机关履行行政复议职责,应当遵循合法、公正、公开、及时、便民的原则,坚持有错必纠,保障法律、法规的正确实施。

●**考点点拨**

1. 合法原则,是指行政复议机关及其工作人员应当严格遵守法律、法规的规定,按照法定的程序受理行政复议申请、审查被申请行政复议的具体行政行为并作出行政复议决定。

2. 公正原则,是指行政复议机关应客观公正地对待行政复议申请人和被申请人,严格依法办理行政复议事项。

3. 公开原则,是指行政复议机关在办理行政复议事项的过程中,除涉及国家秘密、商业秘密和个人隐私外,应向行政复议申请人和社会公开。

4. 及时原则,是指行政复议机关应当在法律规定的期限内办理行政复议事项。

(1)需在法定期限内作出。比如,行政复议机关一般要在受理行政复议案件之日起60日内作出行政复议决定,对于情况复杂的案件,最多再延长30日。

(2)无权管辖的要及时转送。比如,行政复议机关收到公民、法人或者其他组织因不服地方政府的派出机关、政府工作部门的派出机构、法律法规授权的组织、两个以上行政机关、被撤销行政机关等行政主体作出的具体行政行为而提出的行政复议申请后,对于自己无权管辖的案件应当在接到申请之日起7个工作日内转送有关复议机关,并告知申请人。

5. 便民原则,是指行政复议机关应当采取各种措施方便行政复议当事人参与行政复议活动,包括:

(1)申请形式灵活,可以书面申请,也可以口头申请;可以当面递交,也可以邮寄,还可以传真。

(2)不得收取费用。

(3)相关事项一并处理,如一并处理行政赔偿事项等。

⊙不服行政复议决定的行政诉讼

第五条　公民、法人或者其他组织对行政复议决定不服的,可以依照行政诉讼法的规定向人民法院提起行政诉讼,但是法律规定行政复议决定为最终裁决的除外。

●**考点点拨**

1. 最终裁决是指依照法律规定,行政复议机关作出的行政决定或行政复议决定为最终决定,当事人不得对此决定提起行政诉讼。

2. 最终裁决的情形主要有:

(1)《行政复议法》第14条所规定的不服国务院部门或省级政府作出的具体行政行为的行政复议,由该行政机关自己管辖。对该行政机关作出的复议决定不服的,可以选择向国务院申请裁决,也可以选择向法院提起行政诉讼。如果选择向国务院申请裁决,那么国务院作出的裁决是最终裁决,就不能再向法院提起行政诉讼。

(2)《行政复议法》第30条第2款所规定的省、自治区、直辖市人民政府所作出的行政复议决定,如果该行政复议决定的依据是国务院或者省、自治区、直辖市人民政府对行政区划的勘定、调整或者征收土地的决定,该行政复议决定的内容是确认土地、矿藏、水流、森林、山岭、草原、荒地、滩涂、海域等自然资源的所有权或者使用权,那么这类行政复议决定就具有终局的效力,即为最终裁决,不得对其提起行政诉讼。

第二章　行政复议范围

★**行政复议范围**

第六条　有下列情形之一的,公民、法人或者其他组织可以依照本法申请行政复议:

(一)对行政机关作出的警告、罚款、没收违法所得、没收非法财物、责令停产停业、暂扣或者吊销许可证、暂扣或者吊销执照、行政拘留等行政处罚决定不服的;

(二)对行政机关作出的限制人身自由或者查封、扣押、冻结财产等行政强制措施决定不服的;

(三)对行政机关作出的有关许可证、执照、资质证、资格证等证书变更、中止、撤销的决定不服的；

（四）对行政机关作出的关于确认土地、矿藏、水流、森林、山岭、草原、荒地、滩涂、海域等自然资源的所有权或者使用权的决定不服的；

（五）认为行政机关侵犯合法的经营自主权的；

（六）认为行政机关变更或者废止农业承包合同，侵犯其合法权益的；

（七）认为行政机关违法集资、征收财物、摊派费用或者违法要求履行其他义务的；

（八）认为符合法定条件，申请行政机关颁发许可证、执照、资质证、资格证等证书，或者申请行政机关审批、登记有关事项，行政机关没有依法办理的；

（九）申请行政机关履行保护人身权利、财产权利、受教育权利的法定职责，行政机关没有依法履行的；

（十）申请行政机关依法发放抚恤金、社会保险金或者最低生活保障费，行政机关没有依法发放的；

（十一）认为行政机关的其他具体行政行为侵犯其合法权益的。

●考点点拨

行政复议的审查范围是指可以对其申请行政复议的情形，一般包括：

(1)行政处罚，如警告、罚款、没收违法所得、没收非法财物、行政拘留等行政处罚决定。

(2)行政强制措施，如限制人身自由或查封、扣押、冻结财产等决定。

(3)行政许可，如颁发、变更、中止、撤销许可证、执照、资质证、资格证等决定。

(4)行政确认，如确认自然资源的所有权或使用权的决定。

(5)行政侵权，如认为行政机关侵犯合法的经营自主权或认为行政机关违法集资、征收财物、摊派费用等。

(6)行政不作为，比如，申请许可(颁发许可证、执照、资质证、资格证等)而行政机关不许可，申请确认而行政机关不确认，申请履行法定职责(保护人身权、财产权、受教育权)而不履行，申请给付(发放抚恤金、社会保险金、最低生活保障费)而不给付(发放)。

(7)兜底条款，即认为行政机关的其他具体行政行为侵犯申请人合法权益的。

★对抽象行政行为的审查

第七条　公民、法人或者其他组织认为行政机关的具体行政行为所依据的下列规定不合法，在对具体行政行为申请行政复议时，可以一并向行政复议机关提出对该规定的审查申请：

（一）国务院部门的规定；

（二）县级以上地方各级人民政府及其工作部门的规定；

（三）乡、镇人民政府的规定。

前款所列规定不含国务院部、委员会规章和地方人民政府规章。规章的审查依照法律、行政法规办理。

●考点点拨

1. 本条规定中的“规定”也称抽象行政行为，是指行政机关制定和发布各类具有普遍约束力、可以反复适用的规范性文件的行为。抽象行政行为是与具体行政行为相对应的一个法律概念，比如，广东省卫计委关于鼓励实施二胎生育的政策，深圳市公安局关于电动摩托车不得在规定道路上行驶的通告，均为抽象行政行为，因为无论是政策还是通告，并不是针对某个人，而是针对社会上不特定多数人，对不特定多数人均有约束力。这是判断抽象行政行为和具体行政行为的根本区别点。

2. 对抽象行政行为的审查申请不能单独提出，必须在对具体行政行为申请行政复议时一并提出，比如，对深圳市住房公积金管理中心作出缴存决定时所适用的《深圳市住房公积金缴存管理规定》不服的，只能在对缴存决定申请行政复议时一并提出对该规定进行审查。从往年考题来看，出题人很喜欢对抽象行政行为进行命题，误导考生。

3. 申请人在对具体行政行为提出行政复议申请时尚不知道该具体行政行为所依据的规定的，可以在行政复议机关作出行政复议决定前向行政复议机关提出对该规定的审查申请。比如，深圳市住房公积金管理中心作出的缴存决定没有载明所适用的法律依据，申请人在申请行政复议后，到复议机关阅卷时才知道缴存决定所依据的规定，就可以在复议机关作出行政复议决定之前要求对该规定一并进行审查。

4. 在行政复议程序中，能一并审查的规定只有本条所规定的三类，即：

(1)国务院部门的规定，如国家食品药品监督管理局的《药品安全“黑名单”管理规定(试行)》。

(2)县级以上政府及其工作部门的规定，如深圳市住房公积金管理中心的《深圳市住房公积金缴存管理规定》。

(3)乡镇政府的规定。如杭州市淳安县网站发布的《枫树岭镇人民政府信息公开规定》。

对于申请人提出的对国务院制定的行政法规、国务院部委制定的规章和地方政府制定的规章进行审查的申请，行政复议机关无权进行审查。这点考生务必牢牢记住，出题人常常在此命题，故意扩大行政复议机关对抽象行政行为审查的范围。

◆**关联法条**

《中华人民共和国行政复议法实施条例》

第二十六条　依照行政复议法第七条的规定，申请人认为具体行政行为所依据的规定不合法的，可以在对具体行政行为申请行政复议的同时一并提出对该规定的审查申请；申请人在对具体行政行为提出行政复议申请时尚不知道该具体行政行为所依据的规定的，可以在行政复议机关作出行政复议决定前向行政复议机关提出对该规定的审查申请。

☆**真题回顾**

（2017年多选）F省G市H县市场监督管理局在开展食品安全专项检查时，对啤酒经销商谢某下达了《食品质量安全监管预警书》。谢某现场不能提供该批次啤酒的检验报告，且未按规定建立产品进货台账。H县市场监督管理局以其行为违反了《F省流通环节食品质量安全监督管理办法》为由，对其处以6000元罚款。下列说法错误的有（　　）。

A. 谢某可以向G市市场监督管理局申请行政复议

B. 谢某可以将《F省流通环节食品质量安全监督管理办法》一并向行政复议机构申请审查

C. 谢某可以委托某律师代为参加行政复议

D. 若H县市场监督管理局在复议期间，对谢某进行报复陷害，则应当依法给予直接负责的主管人员和其他直接责任人员记大过、撤职、开除的行政处分

E. 若行政复议机关负责法制工作的机构发现有徇私舞弊情形的，应当向有关行政机关提出建议

【解析】答案为BD。根据《行政复议法》第12条的规定，A项正确。根据第7条的规定，本题《F省流通环节食品质量安全监督管理办法》属于地方政府规章，故不能一并要求复议机关审查，B项错误。根据第10条第5款的规定，C项正确。根据第36条的规定，D项错误。根据第38条的规定，E项正确。本题要求选择错误选项，因此选择B项、D项。

★**不属于行政复议范围的事项**

第八条　不服行政机关作出的行政处分或者其他人事处理决定的，依照有关法律、行政法规的规定提出申诉。

不服行政机关对民事纠纷作出的调解或者其他处理，依法申请仲裁或者向人民法院提起诉讼。

●**考点点拨**

1. 行政机关对所属的公务员作出的行政处分或者其他人事处理决定，属于行政系统内部的行为，不属于行政复议的范围，应通过向行政系统内部的上级行政机关、人事管理机关或监察机关提出申诉的方式来解决。比如，某局对其单位的公务员甲某作出记过的行政处分，某甲对此行政处分不服的，不能申请行政复议。

2. 民事纠纷是平等主体的公民、法人或者其他组织之间发生的争议，行政机关对民事纠纷的调解或者处理，是解决民事纠纷的方式之一，对发生民事纠纷的双方的约束力取决于当事人双方的自愿接受。因此，一方不服行政机关对民事纠纷的调解或者处理的，不属于行政复议的范围，可依法通过民事诉讼或申请仲裁来解决其争议。比如，某局依法组织投诉人某甲和被投诉人某乙对其民事纠纷进行调解，但某甲和某乙未能达成一致的调解意见，某甲以不服某局组织双方对其民事纠纷进行调解为由申请行政复议，则该行政复议申请依法不属于行政复议的范围。

☆**真题回顾**

（2017年判断）对行政机关作出的警告、罚款、行政拘留、行政处分等行政决定不服的。当事人可以申请行政复议。（　　）

【解析】根据《行政复议法》第8条的规定，行政处分属于内部行政行为，不属于《行政复议法》所规定的申请范围，故本题说法错误。

（2018年判断）某公安局民警李某因违反纪律被停止执行职务，并受到行政处分。李某对此不服，向上一级公安机关提出了行政复议申请。根据《行政复议法》的规定，上一级公安机关应当予以受理。（　　）

【解析】根据《行政复议法》第8条第1款的规定，题干对民警李某的行政处分属于内部行政行为，如果当事人对此不服，只能向公务员管理部门或上一级公安机关提出申诉，不能提出行政复议。故本题说法错误。

（2019年单选）当事人不服行政机关对民事纠纷作出的（　　）或者其他处理，可以依法申请仲裁或者向人民法院提起诉讼。

A. 处罚　　　　B. 警告

C. 调解　　　　　　D. 行政拘留

【解析】答案为C。《行政复议法》第8条第2款规定："不服行政机关对民事纠纷作出的调解或者其他处理，依法申请仲裁或者向人民法院提起诉讼。"据此，选C项。本题属于送分题，直接考查法条的原文规定。

第三章　行政复议申请

★行政复议的申请期限

第九条　公民、法人或者其他组织认为具体行政行为侵犯其合法权益的，可以自知道该具体行政行为之日起六十日内提出行政复议申请；但是法律规定的申请期限超过六十日的除外。

因不可抗力或者其他正当理由耽误法定申请期限的，申请期限自障碍消除之日起继续计算。

●考点点拨

1. 行政复议申请期限，是指行政复议申请人依法向行政复议机关提出行政复议申请的起止时间，超过这一期限才提出行政复议申请的，行政复议机关将依法不予受理。

2. 一般情况下，申请人应当在知道具体行政行为之日起60日内提出行政复议申请，但是法律规定的申请期限超过60日的除外。

3. 确定申请人知道具体行政行为的时间的规则：

（1）当场作出具体行政行为的，具体行政行为作出时间为知道的时间。

（2）直接将载明具体行政行为的法律文书直接送交受送达人的，受送达人签收的时间为知道的时间；受送达人不在的，与其同住的成年家属签收的时间为知道的时间；受送达人指定代收人的，代收人签收的时间为知道的时间；受送达人是法人或者其他组织的，法人的法定代表人、其他组织的主要负责人或该法人、组织负责收件的人签收的时间为知道的时间。

（3）受送达人拒绝接收载明具体行政行为的法律文书，有送达人、见证人在送达回证上签字或者盖章的，送达人、见证人在送达回证上签署的时间为知道的时间。

（4）邮寄送达载明具体行政行为的法律文书的，受送达人在邮单上的签收时间为知道的时间。

（5）公告送达载明具体行政行为的法律文书的，公告规定的期限届满之日的次日为知道的时间。

（6）行政机关作出具体行政行为时未告知公民、法人或者其他组织，事后补充告知的，自该公民、法人或者其他组织收到行政机关补充告知的通知之日为知道的时间。

（7）行政机关能够证明公民、法人或者其他组织知道具体行政行为的，证据材料证明的公民、法人或者其他组织知道具体行政行为的时间为知道的时间。

4. 对不作为提出行政复议申请的，行政复议申请期限为：

（1）有履行期限规定的，自履行期限届满之日起计算。

（2）没有履行期限规定的，自行政机关收到申请满60日起计算。

（3）公民、法人或者其他组织在紧急情况下请求行政机关履行保护人身权、财产权的法定职责，行政机关不履行的，公民、法人或者其他组织从即日起便可以申请行政复议。

5. 行政机关未向公民、法人或者其他组织送达载明具体行政行为的法律文书的，视为公民、法人或者其他组织不知道该具体行政行为。依法送达载明具体行政行为的法律文书是行政机关的义务，行政机关本应依法及时送达但却怠于履职，为保护公民、法人或者其他组织的合法权益，当行政机关怠于送达时，应由行政机关承担不利的法律后果，即视为公民、法人或者其他组织不知道该具体行政行为。

6. 中止计算行政复议申请期限的事由：

（1）不可抗力。不可抗力是指不能预见、不能避免并不能克服的客观情况，如地震、水灾、战争等。

（2）其他正当理由。"其他正当理由"包括申请人病重、法定代理人死亡或者丧失民事行为能力等。

因上述法定事由耽误行政复议申请期限的计算，是连续计算，即自障碍消除之日起接着往下计算，而不是重新计算。考生要注意，出题人往往故意在选项中设置迷惑项诱导考生混淆。

◆关联法条

《中华人民共和国行政复议法实施条例》

第十五条　行政复议法第九条第一款规定的行政复议申请期限的计算，依照下列规定办理：

（一）当场作出具体行政行为的，自具体行政行为作出之日起计算；

（二）载明具体行政行为的法律文书直接送达的，自受送达人签收之日起计算；

（三）载明具体行政行为的法律文书邮寄送达的，自受送达人在邮件签收单上签收之日起计算；没有邮件签收单的，自受送达人在送达回执上签名之日起计算；

（四）具体行政行为依法通过公告形式告知受送达人的，自公告规定的期限届满之日起计算；

（五）行政机关作出具体行政行为时未告知公民、法人或者其他组织，事后补充告知的，自该公民、法人或者其他组织收到行政机关补充告知的通知之日起计算；

（六）被申请人能够证明公民、法人或者其他组织知道具体行政行为的，自证据材料证明其知道具体行政行为之日起计算。

行政机关作出具体行政行为，依法应当向有关公民、法人或者其他组织送达法律文书而未送达的，视为该公民、法人或者其他组织不知道该具体行政行为。

第十六条　公民、法人或者其他组织依照行政复议法第六条第（八）项、第（九）项、第（十）项的规定申请行政机关履行法定职责，行政机关未履行的，行政复议申请期限依照下列规定计算：

（一）有履行期限规定的，自履行期限届满之日起计算；

（二）没有履行期限规定的，自行政机关收到申请满60日起计算。

公民、法人或者其他组织在紧急情况下请求行政机关履行保护人身权、财产权的法定职责，行政机关不履行的，行政复议申请期限不受前款规定的限制。

第十七条　行政机关作出的具体行政行为对公民、法人或者其他组织的权利、义务可能产生不利影响的，应当告知其申请行政复议的权利、行政复议机关和行政复议申请期限。

☆真题回顾

（2017年多选）行政机关作出的具体行政行为对公民，法人或者其他组织的权利，义务可能产生不利影响的应当告知行政相对人（　　）。

A. 委托代理人的权利

B. 提起行政诉讼的权利

C. 申请行政复议的权利

D. 行政复议机关

E. 行政复议申请期限

【解析】答案为CDE。根据《行政复议法实施条例》第17条的规定，C项、D项、E项正确。

★行政复议当事人

第十条　依照本法申请行政复议的公民、法人或者其他组织是申请人。

有权申请行政复议的公民死亡的，其近亲属可以申请行政复议。有权申请行政复议的公民为无民事行为能力人或者限制民事行为能力人的，其法定代理人可以代为申请行政复议。有权申请行政复议的法人或者其他组织终止的，承受其权利的法人或者其他组织可以申请行政复议。

同申请行政复议的具体行政行为有利害关系的其他公民、法人或者其他组织，可以作为第三人参加行政复议。

公民、法人或者其他组织对行政机关的具体行政行为不服申请行政复议的，作出具体行政行为的行政机关是被申请人。

申请人、第三人可以委托代理人代为参加行政复议。

●考点点拨

1. 行政复议当事人一般包括：

（1）启动行政复议程序的申请人。

（2）被动参加行政复议的被申请人。

（3）因有利害关系而参加行政复议的第三人等。

2. 行政复议申请人认为具体行政行为侵犯其合法权益的公民、法人或者其他组织，原则上只能由其申请行政复议。但在公民死亡、法人或者其他组织终止的情况下，行政复议申请人的资格发生转移，即死亡公民的近亲属可以自己的名义申请行政复议、承受已终止的法人或者其他组织的权利的法人或者其他组织可以自己的名义申请行政复议。

3. 申请行政复议的公民为无民事行为能力人（不满8周岁的未成年人或不能辨认自己行为的成年人，包括精神病人、痴呆症人）或者限制民事行为能力人（8周岁以上的未成年人或不能完全辨认自己行为的成年人，如在发病期间的间歇性精神病人），由其法定代表人以该公民的名义代为申请行政复议。

4. 同一行政复议案件申请人超过5人的，推选1~5名代表参加行政复议。

5. 一般情况下，行政复议被申请人是作出具体行政行为的行政主体，该行政主体主要包括行政机关和法律、法规授权履行行政管理职责、行使行政权力的组织两类。但是，还有以下几种特殊情况：

（1）行政机关与法律、法规授权的组织以共同的名义作出具体行政行为的，行政机关和法律、法规授权的组织为共同被申请人。

（2）行政机关与其他组织以共同的名义作出具

体行政行为的，行政机关为被申请人。

(3)下级行政机关依照法律、法规、规章规定，经上级行政机关批准作出具体行政行为的，批准机关为被申请人(须注意此点与行政诉讼有异，经上级批准，下级行政机关作出具体行政行为的，行政诉讼的被告是对外发生法律效力的文书上署名的机关，而行政复议的被申请人则是批准机关)。

(4)行政机关设立的派出机构、内设机构或者其他组织，未经法律、法规授权，对外以自己名义作出具体行政行为的，该行政机关为被申请人。

(5)被撤销的行政机关在撤销前作出具体行政行为的，继续行使其职权的行政机关为被申请人。

6. 同申请复议的具体行政行为有利害关系是指行政复议机关对具体行政行为作出的行政复议决定会影响其合法权益。

7. 在行政复议程序开始之后、结束之前，与被审查的具体行政行为有利害关系的公民、法人或者其他组织，可以主动申请作为第三人参加行政复议，也可以根据行政复议机关的通知而被动作为第三人参加行政复议，但能否参加行政复议活动，最终由行政复议机关决定。

8. 在行政复议程序中，第三人是“可以”参加行政复议，而非“必须”参加行政复议。第三人不参加行政复议，不影响行政复议案件的审理。

◆**关联法条**

《中华人民共和国行政复议法实施条例》

第五条　依照行政复议法和本条例的规定申请行政复议的公民、法人或者其他组织为申请人。

第六条　合伙企业申请行政复议的，应当以核准登记的企业为申请人，由执行合伙事务的合伙人代表该企业参加行政复议；其他合伙组织申请行政复议的，由合伙人共同申请行政复议。

前款规定以外的不具备法人资格的其他组织申请行政复议的，由该组织的主要负责人代表该组织参加行政复议；没有主要负责人的，由共同推选的其他成员代表该组织参加行政复议。

第七条　股份制企业的股东大会、股东代表大会、董事会认为行政机关作出的具体行政行为侵犯企业合法权益的，可以以企业的名义申请行政复议。

第八条　同一行政复议案件申请人超过5人的，推选1至5名代表参加行政复议。

第九条　行政复议期间，行政复议机构认为申请人以外的公民、法人或者其他组织与被审查的具体行政行为有利害关系的，可以通知其作为第三人参加行政复议。

行政复议期间，申请人以外的公民、法人或者其他组织与被审查的具体行政行为有利害关系的，可以向行政复议机构申请作为第三人参加行政复议。

第三人不参加行政复议，不影响行政复议案件的审理。

第十条　申请人、第三人可以委托1至2名代理人参加行政复议。申请人、第三人委托代理人的，应当向行政复议机构提交授权委托书。授权委托书应当载明委托事项、权限和期限。公民在特殊情况下无法书面委托的，可以口头委托。口头委托的，行政复议机构应当核实并记录在卷。申请人、第三人解除或者变更委托的，应当书面报告行政复议机构。

☆**真题回顾**

(2018年单选)行政复议案件中的被申请人是(　　)。

A. 司法机关　　B. 行政机关

C. 派出机构　　D. 企业

【解析】答案为B。根据《行政复议法》第10条第4款的规定，行政主体包含行政机关以及法律、法规授权的组织。这里考生要区别：(1)行政机关与法律、法规授权的组织以共同的名义作出具体行政行为的，行政机关和法律、法规授权的组织为共同被申请人；(2)行政机关与其他组织以共同名义作出具体行为的，行政机关为被申请人。C项的“派出机构”非独立的行政主体，如公安派出所，除非得到法律、法规的授权，否则不能以自己的名义行使权力。故A项、C项、D项不正确，B项当选。

(2018年单选)下列有关行政复议的说法错误的是(　　)。

A. 有权申请行政复议的公民死亡的，其亲属可以申请行政复议

B. 同一行政复议案件申请人超过5人的，推选1至5名代表参加行政复议

C. 申请人申请行政复议，可以书面申请，也可以口头申请

D. 行政复议期间，被申请人认为需要停止执行具体行政行为的，可以停止执行

【解析】答案为A。根据《行政复议法》第10条第2款的规定，有权申请行政复议的公民死亡的，其“近亲属”可以申请，而非“亲属”，法律中的“近亲属”范围较“亲属”窄，A项错误。根据《行政复议法实施

条例》第8条的规定，推选的为“代表”，B项正确。根据《行政复议法》第11条的规定，C项正确。根据第21条的规定，行政复议期间具体行政行为不停止执行是原则，有条件停止执行是例外。在该条所列出的四种情况下，是“可以”停止执行，“被申请人认为需要停止执行的”属其中一种情况，故D项正确。考生在学习和掌握法条时，一定要做到准确和细致。

(2018年多选)甲公司主要从事制造运动鞋和运动衣这两种业务，某年1月因制造质量不合格的运动衣被市质监部门处以罚款，同年2月甲公司分立成制衣的乙公司和制鞋的丙公司，同年3月乙公司被丁公司兼并，丁公司并更名为戊公司，在此期间，(　　)可以提起行政复议。

A. 甲公司　　B. 乙公司

C. 丙公司　　D. 丁公司

E. 戊公司

【解析】答案为ABCDE。本题主要考查行政复议的申请人。根据《行政复议法》第10条第2款的规定，在甲公司分立之前，甲公司可以作为行政复议的申请人。甲公司由于运动衣质量问题在分立前受到行政处罚，损失由乙公司和丙公司共同承担，因此分立后承受其权利的乙公司和丙公司可以申请行政复议。乙公司被兼并后，其权利由丁公司承受，丁公司更名为戊公司并不改变其实体权利。故丁公司、戊公司也可以申请行政复议。因此，A项、B项、C项、D项、E项均当选。

(2018年多选)赵某因在公共场所打架斗殴被公安机关处以罚款，赵某欲提起行政复议，下列说法正确的有(　　)。

A. 赵某可为行政复议申请人

B. 若赵某未成年，其叔叔可以代为申请行政复议

C. 若赵某未成年，其父亲可以代为申请行政复议

D. 若赵某因意外死亡，其爷爷可以申请行政复议

E. 若赵某失踪，其妹妹可以申请行政复议

【解析】答案为ACD。根据《行政复议法》第10条的规定，某作为当事人，可为行政复议申请人。假如赵某为未成年人，其法定代理人可以代为申请行政复议，父亲为法定代理人、叔叔不是，故B项错误、C项正确。若赵某意外死亡，近亲属可以申请行政复议，故D项正确。若赵某失踪，其权利仍由赵某享有，其妹妹无权申请行政复议，只有当赵某失踪符合法定条件被法院宣告死亡后，其妹妹作为近亲属才有可能代为申请行政复议，故E项错误。因此A项、C项、D项正确，当选。

(2019年多选)下列关行政复议委托代理人代为参加行政复议的说法，正确的有(　　)。

A. 申请人、第三人可以委托1至2名代理人参加行政复议

B. 申请人、第三人委托代理人的，应当向行政复议机构提交授权委托书

C. 公民在特殊情况下无法书面委托的，可以口头委托

D. 公民口头委托的，行政复议机构应当核实并记录在卷

E. 申请人、第三人解除或者变更委托的，可以口头报告行政复议机构，行政复议机构应记录在案

【解析】答案为ABCD。根据《行政复议法实施条例》第10条的规定，A项、B项、C项、D项正确。申请人、第三人解除或者变更委托的，应当书面报告行政复议机构，不能口头报告解除或者申请变更委托，E项错误。

★行政复议的申请形式

第十一条　申请人申请行政复议，可以书面申请，也可以口头申请；口头申请的，行政复议机关应当当场记录申请人的基本情况、行政复议请求、申请行政复议的主要事实、理由和时间。

●考点点拨

1. 口头申请是指申请人亲自到行政复议机关以口头方式申请行政复议，由行政复议机关的工作人员进行记录，当场制作行政复议申请笔录后交申请人核对或者向申请人宣读，并由申请人签字确认。但是，以打电话的方式申请的，因为不同于传真、电子邮件等有记载也可供核查真伪的书面或电了材料，也无法由行政复议机关的工作人员制作申请笔录后由申请人确认，故不属于《行政复议法》规定的口头申请方式。出题人多次在该考点上进行命题，应引起重视。

2. 法律之所以规定可以采用口头方式申请行政复议，主要是为了贯彻行政复议的便民原则，方便当事人申请行政复议。

3. 书面申请行政复议的，可以采用以下方式：

(1)当面递交。

(2)邮寄。

(3)传真。

(4)有条件的，可以接受电子邮件。

4. 在以下几种情形,申请人负有举证责任,应当提供相关的证明材料:

(1)认为被申请人不履行法定职责的,提供曾经要求被申请人履行法定职责而被申请人未履行的证明材料;

(2)申请行政复议时一并提出行政赔偿请求的,提供受具体行政行为侵害而造成损害的证明材料;

(3)法律、法规规定需要申请人提供证据材料的其他情形。

对符合上述三种情形之一的,申请人就必须依法向复议机关提供相关的证明材料来证明其主张。

5. 申请人错列被申请人的,行政复议机关应当告知申请人变更被申请人。此处是“告知变更”,而不是“不受理”。

◆**关联法条**

《中华人民共和国行政复议法实施条例》

第十八条　申请人书面申请行政复议的,可以采取当面递交、邮寄或者传真等方式提出行政复议申请。

有条件的行政复议机构可以接受以电子邮件形式提出的行政复议申请。

第十九条　申请人书面申请行政复议的,应当在行政复议申请书中载明下列事项:

(一)申请人的基本情况,包括:公民的姓名、性别、年龄、身份证号码、工作单位、住所、邮政编码;法人或者其他组织的名称、住所、邮政编码和法定代表人或者主要负责人的姓名、职务;

(二)被申请人的名称;

(三)行政复议请求、申请行政复议的主要事实和理由;

(四)申请人的签名或者盖章;

(五)申请行政复议的日期。

第三十条　申请人就同一事项向两个或者两个以上有权受理的行政机关申请行政复议的,由最先收到行政复议申请的行政机关受理;同时收到行政复议申请的,由收到行政复议申请的行政机关在10日内协商确定;协商不成的,由其共同上一级行政机关在10日内指定受理机关。协商确定或者指定受理机关所用时间不计入行政复议审理期限。

☆**真题回顾**

(2017年单选)徐某贩卖盗版光碟被县文化局查处,县文化局对其处以罚款1000元的处罚,徐某不服提起行政复议,下列说法错误的是(　　)。

A. 徐某可以口头形式提出复议申请

B. 若行政复议机构准予徐某撤回行政复议申请,则行政复议终止

C. 徐某可以在行政复议决定作出前,提出撤回行政复议的申请

D. 徐某应当同时向县政府和市文化局提出复议申请

【解析】答案为D。根据《行政复议法》第11条规定,A项正确。根据第25条的规定,B项、C项正确。根据《行政复议法实施条例》第30条的规定,徐某可以同时向县政府和市文化局提出复议申请,但不是“应当同时”,故D项错误。本题要求选择错误选项,故选择D项。

(2018年多选)申请人书面申请行政复议的,应当在行政复议申请书中载明(　　)。

A. 申请人的基本情况

B. 被申请人的名称

C. 行政复议请求、申请行政复议的主要事实和理由

D. 申请人的签名或者盖章

E. 申请行政复议的日期

【解析】答案为ABCDE。根据《行政复议法实施条例》第19条的规定,五个选项均符合规定,当选。此类题目,考生有时可尝试凭借生活经验理解记忆并做答题判断,尝试从申请行政事项需要填写哪些信息及行政机关需要了解哪些信息这些角度进行理解。建议最好在网上下载打印一份行政复议申请书,然后对照法条进行理解,这样的方法是最便捷、最有效的。

(2019年单选)吴某经营了一家快捷酒店与县地税局在应纳税额上发生分歧,于是在法定期限内向其上级机关市地税局提起行政复议,下列说法错误的是(　　)。

A. 市地税局应当依法受理该复议申请

B. 市地税局应当不予受理该复议申请

C. 符合复议的受理条件,市地税局自收到复议申请之日起即为受理

D. 吴某可以口头提出复议申请

【解析】答案为B。根据《行政复议法》第11条的规定,D项正确。地方税务局属于省级以下垂直管理,根据《行政复议法实施条例》第24条的规定,应由上一级主管部门或该部门的本级人民政府接受行政复议申请。据此A项正确,B项错误,本题为选非题,B项当选。根据第17条的规定,符合受理条件的,应当受理,此时,收到复议申请之日起即为受理,

C项正确。本题考查范围较广，要求考生对行政复议的申请和受理有全面的理解，但从题目角度来说，题目设计简单，用相应的答题技巧即可大幅提高正确率。

★不服地方政府工作部门具体行政行为的行政复议机关的确定

第十二条　对县级以上地方各级人民政府工作部门的具体行政行为不服的，由申请人选择，可以向该部门的本级人民政府申请行政复议，也可以向上一级主管部门申请行政复议。

对海关、金融、国税、外汇管理等实行垂直领导的行政机关和国家安全机关的具体行政行为不服的，向上一级主管部门申请行政复议。

●考点点拨

1. 被申请人可以分为三类：

(1)政府。

(2)政府工作部门。

(3)特殊行政主体。

一般情况下，政府可依法设立派出机关，如街道办事处，该派出机关一般无须特别授权就可以成为行政主体；政府工作部门可依法设立派出机构，如派出所，该派出机构作出的具体行政行为有法律、法规授权的，就可以成为行政主体，但是如果未经法律、法规授权的，则不具有承担责任的主体资格。内设机构则是根据组织法或者行政需要设立的内部机构，除法律、法规授权的之外，其并非行政主体。

2. 不服地方政府工作部门作出的具体行政行为的行政复议，可由本级人民政府管辖，也可由上一级主管部门管辖。比如，要对区公安局的处罚决定申请行政复议，申请人可以向区政府申请行政复议，也可以向市公安局申请行政复议。但需要注意的是，《行政复议法》第14条对省部级行政机关作出具体行政行为的行政复议管辖作了有别于此的规定。

3. 垂直领导机关管辖问题。

(1)不服实行垂直领导的行政机关，如海关、金融、国税、外汇管理等，以及国家安全机关作出的具体行政行为的行政复议，由上一级主管部门管辖。此处的"垂直领导"，应当解释为国家垂直领导。如深圳海关，全称为中华人民共和国深圳海关，而不是深圳市海关，其隶属于国家海关总署。

(2)实行省以下垂直领导的部门，包括地税、国土资源管理等部门，仍可由本级政府管辖，也可由上一级主管部门管辖。但是，省、自治区、直辖市另外规定的，依照省、自治区、直辖市的规定办理。

◆关联法条

《中华人民共和国行政复议法实施条例》

第二十四条　申请人对经国务院批准实行省以下垂直领导的部门作出的具体行政行为不服的，可以选择向该部门的本级人民政府或者上一级主管部门申请行政复议；省、自治区、直辖市另有规定的，依照省、自治区、直辖市的规定办理。

☆真题回顾

(2017年多选)甲市乙县市场监督管理局对某企业进行罚款，该企业主不服，提出复议申请。下列说法正确的是(　　)。

A. 复议机关可以是乙县政府

B. 复议机关可以是甲市市场监督管理局

C. 若乙县政府无正当理由不予受理复议申请，甲市市场监督管理局可以责令其进行受理

D. 若乙县政府无正当理由不予受理复议申请，甲市政府可以责令其进行受理

E. 复议机关可以是乙县市场监督管理局

【解析】答案为ABD。根据《行政复议法》第12条的规定，乙县市场监督管理局的本级人民政府是乙县政府，上级主管部门是甲市市场监督管理局，故A项、B项正确，E项错误。根据第20条的规定，无正当理由不予受理复议申请的，由上级部门责令受理，乙县政府的上级部门为甲市政府，甲市市场监督管理局对乙县政府无监督管理的权利。故C项错误，D项正确。因此本题选A项、B项、D项。

(2018年单选)甲市乙县市场监督管理局以某企业构成不正当竞争为由，决定对其处以1.5万元罚款，该企业不服，提出复议申请。下列说法错误的是(　　)。

A. 复议机关可以是乙县政府

B. 复议机关可以是甲市市场监督管理局

C. 若乙县政府无正当理由不予受理复议申请，甲市市场监督管理局可以直接受理

D. 若乙县政府无正当理由不予受理复议申请，甲市政府可以责令其受理

【解析】答案为C。根据《行政复议法》第12条的规定，A项、B项正确。根据第20条的规定，乙县政府无正当理由不予受理的，甲市政府作为上级行政机关应当责令受理，故D项正确。乙县政府和甲市市场监督管理局作为有权受理复议申请的机关，应由当事人选择决定行政复议机关，若乙县政府无正当理由

由不予受理的，当事人可以选择让上级政府责令受理或者另行选择甲市市场监督管理局进行复议，而不能由甲市市场监督管理局直接受理。故C项不正确，当选。

⊙不服地方政府及其派出机关具体行政行为的行政复议机关的确定

第十三条　对地方各级人民政府的具体行政行为不服的，向上一级地方人民政府申请行政复议。

对省、自治区人民政府依法设立的派出机关所属的县级地方人民政府的具体行政行为不服的，向该派出机关申请行政复议。

●考点点拨

1. 不服地方政府作出的具体行政行为的行政复议，由上一级政府管辖。

2. 不服省级政府的派出机关即地区行政公署（目前仅内蒙古、西藏、新疆、黑龙江、青海三区两省下仍有设置）管辖范围内的县级政府作出的具体行政行为的行政复议，由该派出机关管辖。比如，对新疆阿克苏地区行政公署管辖下的新和县政府作出的具体行政行为不服的，即向新疆阿克苏地区行政公署申请行政复议。

⊙不服国务院部门或省级政府具体行政行为的行政复议机关的确定

第十四条　对国务院部门或者省、自治区、直辖市人民政府的具体行政行为不服的，向作出该具体行政行为的国务院部门或者省、自治区、直辖市人民政府申请行政复议。对行政复议决定不服的，可以向人民法院提起行政诉讼；也可以向国务院申请裁决，国务院依照本法的规定作出最终裁决。

●考点点拨

1. 不服国务院部门（如国家安监总局）或省级政府（如广东省人民政府）作出的具体行政行为的行政复议，由该行政机关自己管辖。

（1）对该行政机关作出的复议决定不服的，要么选择向国务院申请裁决，要么选择向法院提起行政诉讼。

（2）如果选择向国务院申请裁决，国务院作出的裁决是终局裁决，就不能再向法院提起行政诉讼。

（3）如果选择向法院提起行政诉讼，就不能再向国务院申请裁决。

2. 法律之所以规定对国务院部门或者省级政府的具体行政行为不服的，直接向其申请行政复议，主要是考虑到国务院部门或者省级政府的上级部门都是国务院。如果将问题都上交到国务院，国务院复议工作将会不堪重负，根本无法承受来自各地的复议申请。因此，在立法时就充分考虑到这一点，由省部级自己受理行政复议，自己先行审核纠错，而不是一股脑将矛盾上交至国务院。

3. 不服两个以上国务院部门共同作出的具体行政行为的，可以向其中任何一个国务院部门提出行政复议申请，由作出具体行政行为的国务院部门共同作出行政复议决定。比如，教育部和民政部共同作出一个具体行政行为，行政相对人不服的话，既可以向教育部也可以向民政部申请行政复议。

◆关联法条

《中华人民共和国行政复议法实施条例》

第二十三条　申请人对两个以上国务院部门共同作出的具体行政行为不服的，依照行政复议法第十四条的规定，可以向其中任何一个国务院部门提出行政复议申请，由作出具体行政行为的国务院部门共同作出行政复议决定。

★特殊行政主体具体行政行为的行政复议机关的确定

第十五条　对本法第十二条、第十三条、第十四条规定以外的其他行政机关、组织的具体行政行为不服的，按照下列规定申请行政复议：

（一）对县级以上地方人民政府依法设立的派出机关的具体行政行为不服的，向设立该派出机关的人民政府申请行政复议；

（二）对政府工作部门依法设立的派出机构依照法律、法规或者规章规定，以自己的名义作出的具体行政行为不服的，向设立该派出机构的部门或者该部门的本级地方人民政府申请行政复议；

（三）对法律、法规授权的组织的具体行政行为不服的，分别向直接管理该组织的地方人民政府、地方人民政府工作部门或者国务院部门申请行政复议；

（四）对两个或者两个以上行政机关以共同的名义作出的具体行政行为不服的，向其共同上一级行政机关申请行政复议；

（五）对被撤销的行政机关在撤销前所作出的具体行政行为不服的，向继续行使其职权的行政机关的上一级行政机关申请行政复议。

有前款所列情形之一的，申请人也可以向具体行政行为发生地的县级地方人民政府提出行政复议申请，由接受申请的县级地方人民政府依照本法第十八条的规定办理。

●考点点拨

1. 派出机关主要有三类：

(1)省、自治区政府经国务院批准设立的行政公署；

(2)县、自治县政府经省、自治区、直辖市政府批准设立的区公所；

(3)市辖区、不设区的市政府经上一级政府批准设立的街道办事处。

随着城市化的进程，地方行政公署的数量逐渐减少，都在不断地转化为地级市，区公所也所剩无几，多被撤销而改设为乡镇。

2. 对行政公署作出的具体行政行为不服的，向设立该行政公署的省、自治区政府申请行政复议；对区公所作出的具体行政行为不服的，向设立该区公所的县、自治县政府申请行政复议；对街道办事处的具体行政行为不服的，向设立该街道办事处的市辖区、不设区的市政府申请行政复议。

3. 不服省级政府设立的派出机关所属工作部门作出的具体行政行为的行政复议，可向该派出机关申请行政复议，也可向该省级政府所属的相应主管部门申请行政复议。

4. 县级以上地方政府经批准在开发区设立的管理委员会，也属于派出机关，对其具体行政行为不服的，应当向设立该管理委员会的政府申请行政复议。但是，地方政府如果未经批准设立开发区并自行组建开发区管理委员会及其所属工作部门的，以设立该开发区管理委员会的地方政府为被申请人，向其上一级政府提出行政复议申请。

5. 政府工作部门设立的派出机构主要包括：公安部门设立的公安派出所、税务部门设立的税务所、市场监督管理部门设立的市场监督管理所等。

6. 政府工作部门设立的派出机构，有的可以该派出机构的名义作出具体行政行为，有的则不能以该派出机构的名义作出具体行政行为，判断的标准是有无法律、法规或者规章的规定。

(1)如果具有法律、法规或者规章的依据，那派出机构就可以以自己的名义作出具体行政行为，比如，《治安管理处罚法》第91条规定警告、500元以下的罚款可以由公安派出所决定，公安派出所就可以以自己的名义作出警告或者500元以下的罚款的行政处罚决定。基于此，对派出机构依照法律、法规或者规章的规定，以该派出机构的名义作出的具体行政行为不服的，可以向设立该派出机构的政府工作部门申请行政复议，也可以向设立该派出机构的政府工作部门的本级地方政府申请行政复议。

(2)对派出机构未经法律、法规授权，对外仍以自己的名义作出具体行政行为不服的，则不能以该派出机构为被申请人，而应当以设立该派出机构的政府工作部门为被申请人。

7. 法律、法规授权的组织包括社会团体、事业单位等组织，其本身不是行政机关，但因为法律、法规的授权，才取得了行政管理的主体资格，才可以自己的名义对外行使行政管理职权、实施具体行政行为。比如，高等学校根据《高等教育法》的授权，在对受教育者进行学籍管理、实施奖励或者处分时，就是法律、法规授权的组织。

8. 不服法律、法规授权的组织作出的具体行政行为的，向直接管理该组织的行政机关申请行政复议。直接管理该组织的行政机关，可以是地方政府，也可以是政府工作部门，还可以是国务院部门。

9. 对两个或两个以上行政机关以共同的名义作出的具体行政行为不服的，向它们的共同上一级行政机关申请行政复议。

(1)判断是否属于共同行政行为的标准，就是该行政行为是否由两个或者两个以上的行政机关以共同的名义作出，一般是看载明具体行政行为的法律文书上是否盖有两个或者两个以上行政机关的公章。

(2)如果一项行政行为虽然有多个行政机关参与，但最终只是以其中一个行政机关的名义作出，也不能构成共同行政行为。

10. 被撤销的行政机关在撤销前作出具体行政行为的，不服该具体行政行为的，以继续行使其职权的行政机关为被申请人，向继续行使其职权的行政机关的上一级行政机关申请行政复议。

11. 普通群众可能不清楚行政复议的管辖问题，基于"便民原则"，申请人对地方政府的派出机关、政府工作部门的派出机构、法律法规授权的组织、两个以上行政机关、被撤销行政机关等行政主体作出的具体行政行为不服的，不必按照行政复议管辖的相关规定申请行政复议，可以直接向具体行政行为发生地的县级地方政府提出行政复议申请，接受该行政复议申请的县级地方政府应进行判断：

(1)对于自己有权管辖的案件应当受理。

(2)对于自己无权管辖的案件应当在接到申请之日起7个工作日内转送有关的复议机关，并告知申请人。此处考生应注意，无权管辖的县级政府是"转送”，而不是“不予受理”或者“驳回申请”。

◆**关联法条**

《中华人民共和国行政复议法实施条例》

第十一条　公民、法人或者其他组织对行政机关的具体行政行为不服，依照行政复议法和本条例的规定申请行政复议的，作出该具体行政行为的行政机关为被申请人。

第十二条　行政机关与法律、法规授权的组织以共同的名义作出具体行政行为的，行政机关和法律、法规授权的组织为共同被申请人。

行政机关与其他组织以共同名义作出具体行政行为的，行政机关为被申请人。

第十三条　下级行政机关依照法律、法规、规章规定，经上级行政机关批准作出具体行政行为的，批准机关为被申请人。

第十四条　行政机关设立的派出机构、内设机构或者其他组织，未经法律、法规授权，对外以自己名义作出具体行政行为的，该行政机关为被申请人。

☆**真题回顾**

(2018年单选)对两个或者两个以上行政机关以共同的名义作出的具体行为不服的，向(　　)申请行政复议。

A. 其共同上一级行政机关

B. 其中一个行政机关的上级机关

C. 其中一个行政机关

D. 其中一个行政机关所属的地方人民政府

【解析】答案为A。根据《行政复议法》第15条的规定，多个行政机关共同作出的具体行政行为，单独向任一方提出行政复议均无任何复议意义，任一方均不能对整体行为作出评价，应向其共同的上一级提出，故A项正确。

(2018年多选)甲、乙、丙、丁合伙设立了某有限合伙企业，甲为执行事务合伙人，甲、乙为普通合伙人，丙、丁为有限合伙人，该企业因销售假冒伪劣产品被区市场监督管理局、质监局共同处以罚款，该企业不服，欲提起行政复议，下列说法正确的有(　　)。

A. 甲、乙、丙、丁为共同申请人

B. 该有限合伙企业为申请人

C. 甲、乙代表企业参加行政复议

D. 应向市市场监督管理局、市质监局提起行政复议

E. 应向区人民政府提起行政复议

【解析】答案为BE。根据《行政复议法实施条例》第6条的规定，应当以核准登记的合伙企业为申请人，执行合伙事务的合伙人甲代表企业参加行政复议，故A项、C项错误；B项正确，当选。根据《行政复议法》第15条第1款的规定，对于区市场监督管理局、质监局共同作出的行政行为，向共同上一级行政机关即区人民政府申请行政复议，故D项错误，E项正确。因此，本题选B项、E项。

★**行政复议与行政诉讼的关系**

第十六条　公民、法人或者其他组织申请行政复议，行政复议机关已经依法受理的，或者法律、法规规定应当先向行政复议机关申请行政复议、对行政复议决定不服再向人民法院提起行政诉讼的，在法定行政复议期限内不得向人民法院提起行政诉讼。

公民、法人或者其他组织向人民法院提起行政诉讼，人民法院已经依法受理的，不得申请行政复议。

●**考点点拨**

1. 一般情况下，公民、法人或者其他组织对行政争议具有选择申请行政复议或者提起行政诉讼的权利，除非法律特别规定必须先申请行政复议；对于申请行政复议后，不服行政复议决定的，可以提起行政诉讼，除非法律特别规定该行政复议决定为终局裁决。

2. 公民、法人或者其他组织不得提起行政诉讼的两种情形：

(1)在申请行政复议和提起行政诉讼之间已经选择申请行政复议，且该行政复议申请已经被行政复议机关受理。这表明行政争议已经进入了行政复议程序，此处只是限制了公民、法人或者其他组织在行政复议期间提起行政诉讼的权利，并没有剥夺其行政诉讼权利，其在行政复议机关作出行政复议决定，即行政复议程序终结后，如果不服行政复议决定的，仍可以向法院提起行政诉讼，只不过在行政复议期间不可以提起行政诉讼。

(2)行政复议前置。即公民、法人或者其他组织对行政机关作出的具体行政行为不服的，如果法律、法规规定不服该具体行政行为应先申请行政复议的，则不允许未经行政复议程序而直接提起行政诉讼。同样的，此处也没有剥夺公民、法人或者其他组织的行政诉讼权利，其如果不服行政复议机关作出的行政复议决定的，仍可以向法院提起行政诉讼。但是，需要注意的是，在法律、法规规定“行政复议前置”的情况下，公民、法人或者其他组织不得提起行政诉讼也不是绝对的，根据《行政复议法》第19条的规定，如果遇到行政复议机关不受理行政复议申请或者行政

复议机关逾期不作出行政复议决定的，公民、法人或者其他组织可以自收到不予受理决定书之日起或者行政复议期限届满之日起 15 日内向法院提起行政诉讼。

3. 适用行政复议前置的具体行政行为主要有：

(1)对海关确定的纳税义务人、确定完税价格、商品归属、确定原产地、适用税率或者汇率、减征或者免征税款、补税、退税、征收滞纳金、确定计征方式以及确定纳税地点等其他涉及税款征收的具体行政行为；

(2)对税务机关作出的征收行为，包括确认纳税主体，征税对象，征税范围，减税，免税及退税，适用税率，计税依据，纳税环节，纳税期限，纳税地点以及税款征收方式等具体行政行为和征收税款，加收滞纳金及扣缴义务人，受税务机关委托征收的单位作出的代扣代缴、代收代缴行为，以及税务机关对审批减免税或者出口退税、抵扣税款、退还税款的申请不予依法办理或者答复的行为；

(3)政府价格主管部门如市价监局对经营者作出的行政处罚行为。

4. 公民、法人或者其他组织不得申请行政复议的情形：在申请行政复议和提起行政诉讼之间已经选择提起行政诉讼，且该行政诉讼已经被法院受理。

第四章　行政复议受理

★行政复议申请的受理

第十七条　行政复议机关收到行政复议申请后，应当在五日内进行审查，对不符合本法规定的行政复议申请，决定不予受理，并书面告知申请人；对符合本法规定，但是不属于本机关受理的行政复议申请，应当告知申请人向有关行政复议机关提出。

除前款规定外，行政复议申请自行政复议机关负责法制工作的机构收到之日起即为受理。

●考点点拨

1. 行政复议机关收到公民、法人或者其组织提出的行政复议申请，并不是有申请即受理，而应在 5 个工作日内进行审查。

2. 行政复议机关收到行政复议申请后，主要审查以下事项：

(1)是否有明确的申请人和符合规定的被申请人。

(2)申请人与具体行政行为是否有利害关系。

(3)是否有具体的行政复议请求和理由。

(4)是否在法定申请期限内提出。

(5)是否属于行政复议法规定的行政复议范围。

(6)是否属于收到行政复议申请的行政复议机构的职责范围。

(7)是否属于其他行政复议机关尚未受理同一行政复议申请以及人民法院尚未受理同一主体就同一事实提起的行政诉讼。

3. 行政复议机关对行政复议申请进行审查后，必须依法作出处理，处理方式主要有如下几种：

(1)受理，即对符合行政复议受理条件且没有向人民法院提起行政诉讼的申请予以受理。

(2)不予受理，即对不符合条件的行政复议申请，应在收到行政复议申请之日起 5 个工作日内作出不予受理决定书，并书面告知申请人。

(3)告知另行申请，即对于符合条件但不属于本机关管辖的行政复议申请的，告知申请人向有权管辖的行政机关提出。

(4)接受后转送并告知，即符合《行政复议法》第 15 条第 1 款规定的情形的，县级地方政府在接受行政复议申请后，经审查发现应属其他行政机关管辖的，应在收到行政复议申请之日起 7 个工作日转送有权管辖的行政复议机关，并告知申请人。

(5)通知限期补正，即申请人申请行政复议时提交的申请材料不齐全或者表述不清楚的，行政复议机关可在收到该行政复议申请之日起 5 个工作日内通知补正。补正通知应当载明需要补正的事项和合理的补正期限。无正当理由逾期不补正的，视为申请人放弃行政复议申请。补正材料所用的时间不计入行政复议审理期限。

4. 申请人就同一事项向两个或者两个以上有权受理的行政机关申请行政复议的，由最先收到行政复议申请的行政机关受理；同时收到行政复议申请的，由收到行政复议申请的行政机关在 10 日内协商确定；协商不成的，由其共同上一级行政机关在 10 日内指定受理机关。

◆关联法条

《中华人民共和国行政复议法实施条例》

第二十八条　行政复议申请符合下列规定的，应当予以受理：

(一)有明确的申请人和符合规定的被申请人；

(二)申请人与具体行政行为有利害关系；

(三)有具体的行政复议请求和理由；

(四)在法定申请期限内提出；

（五）属于行政复议法规定的行政复议范围；

（六）属于收到行政复议申请的行政复议机构的职责范围；

（七）其他行政复议机关尚未受理同一行政复议申请，人民法院尚未受理同一主体就同一事实提起的行政诉讼。

☆**真题回顾**

（2017 年单选）申请人就同一事项向两个或者两个以上有权受理的行政机关申请行政复议的，下列说法正确的是（　　）。

A. 同时收到行政复议申请的，由共同上一级行政机关直接受理

B. 按地理位置就近原则受理

C. 由最先收到行政复议申请的行政机关受理

D. 以上选项都不正确

【解析】答案为 C。根据《行政复议法实施条例》第 30 条的规定，C 项正确。考生要注意，辅警招聘考试大纲对考试内容的表述是“行政复议法及其相关知识”，那么意味着不仅要考查《行政复议法》，也要考查《行政复议法实施条例》，而且对后者的备考复习更要从实、从细，尤其要对数字进行总结识记。

（2018 年多选）下列类型的行政复议申请，行政复议机关应不予受理的有（　　）。

A. 无明确的申请人

B. 无符合规定的被申请人

C. 无具体的行政复议请求和理由

D. 超出法定的申请期限

E. 以邮寄方式提出的行政复议申请

【解析】答案为 ABCD。根据《行政复议法实施条例》第 18 条的规定，当事人以邮寄方式提出行政复议申请，符合本条例第 28 条规定的情形的，应当受理，故 E 项应当受理，不当选。根据本条例第 28 条的规定，A 项、B 项、C 项、D 项不符合法定应当受理的条件，当选。

★**行政复议申请的转送**

第十八条　依照本法第十五条第二款的规定接受行政复议申请的县级地方人民政府，对依照本法第十五条第一款的规定属于其他行政复议机关受理的行政复议申请，应当自接到该行政复议申请之日起七日内，转送有关行政复议机关，并告知申请人。接受转送的行政复议机关应当依照本法第十七条的规定办理。

●**考点点拨**

接受行政复议申请的县级地方人民政府，对依法属于其他行政复议机关受理的行政复议申请，应当依法转送有关行政复议机关，并告知申请人。注意此处的用词是“应当”，而非“可以”。

☆**真题回顾**

（2018 年单选）关于行政复议的申请和受理，下列说法正确的是（　　）。

A. 行政复议的申请人可以委托代理人参加行政复议，第三人则不可以

B. 对实行垂直领导的行政机关的具体行政行为不服的，应当向上级主管部门申请行政复议

C. 复议机关对复议申请决定不予受理的，应当书面告知申请人

D. 接受行政复议申请的县级地方人民政府，对依法属于其他行政复议机关受理的行政复议申请，可以转送有关复议机关

【解析】答案为 C。根据《行政复议法》第 10 条第 5 款的规定，A 项错误。根据第 12 条第 2 款的规定，B 项为出题人专门设置的迷惑项，上级主管部门和上一级主管部门只有一字之差，却有截然不同的意思。显然，B 项扩大了法条的概念，错误。根据第 17 条第 1 款的规定，C 项正确。根据第 18 条的规定，转送有关复议机关是“应当”，是法定义务，而没有自由裁量权，D 项错误。本题的正确选项为 C 项。

★**行政复议前置的规定**

第十九条　法律、法规规定应当先向行政复议机关申请行政复议、对行政复议决定不服再向人民法院提起行政诉讼的，行政复议机关决定不予受理或者受理后超过行政复议期限不作答复的，公民、法人或者其他组织可以自收到不予受理决定书之日起或者行政复议期满之日起十五日内，依法向人民法院提起行政诉讼。

●**考点点拨**

本条既对“行政复议前置”作了规定，也对其例外情形也作了规定，即对于行政复议机关决定不予受理或者受理后超过行政复议期限不作答复的，申请人可自收到不予受理决定书之日起或行政复议期限届满之日起 15 日内，依法向人民法院提起行政诉讼。

★**对无正当理由不予受理行政复议申请的处理**

第二十条　公民、法人或者其他组织依法提出行政复议申请，行政复议机关无正当理由不予受理的，

上级行政机关应当责令其受理；必要时，上级行政机关也可以直接受理。

◆关联法条

《中华人民共和国行政复议法实施条例》

第三十一条　依照行政复议法第二十条的规定，上级行政机关认为行政复议机关不予受理行政复议申请的理由不成立的，可以先行督促其受理；经督促仍不受理的，应当责令其限期受理，必要时也可以直接受理；认为行政复议申请不符合法定受理条件的，应当告知申请人。

☆真题回顾

（2017年单选）公民、法人或者其他组织依法提出行政复议申请，行政复议机关无正当理由不予受理的，由（　　）责令其受理。

A. 人民法院

B. 上级行政机关

C. 同级人民政府

D. 同级监察部门

【解析】答案为B。《行政复议法》第20条规定："公民、法人或者其他组织依法提出行政复议申请，行政复议机关无正当理由不予受理的，上级行政机关应当责令其受理；必要时，上级行政机关也可以直接受理。"因此，本题选B项。

（2019年单选）业主甲将房子租给没有身份证件的人居住，被公安机关罚款500元，甲不服，则（　　）。

A. 只能先申请行政复议，对复议结果不服的，可以提起行政诉讼

B. 只能提起行政诉讼

C. 可以申请行政复议，也可以直接提起行政诉讼

D. 可以同时提起行政复议和行政诉讼

【解析】答案为C。本题考查考生对复议前置的理解。根据《行政复议法》第19条的规定，本题情形并非法律、法规规定的复议前置情形，故当事人可以选择复议或起诉，C项正确。

★行政复议期间具体行政行为的执行

第二十一条　行政复议期间具体行政行为不停止执行；但是，有下列情形之一的，可以停止执行：

（一）被申请人认为需要停止执行的；

（二）行政复议机关认为需要停止执行的；

（三）申请人申请停止执行，行政复议机关认为其要求合理，决定停止执行的；

（四）法律规定停止执行的。

●考点点拨

1.《行政复议法》在确立行政复议期间不停止具体行政行为的执行这一原则的同时，也规定了该原则例外的四种情形：

（1）被申请人认为需要停止执行的。被申请人如果认为自己作出的具体行政行为确有违法或不当之处，可以向行政复议机关申请停止执行，以及时纠正错误，避免对申请人的合法权益造成进一步的侵害。

（2）行政复议机关认为需要停止执行的。行政复议机关认为具体行政行为确有错误的，从有错必纠、保护申请人的合法权益的角度出发，也可以自行决定停止具体行政行为的执行。

（3）申请人申请停止执行，行政复议机关认为其要求合理，决定停止执行的。申请人可以向行政复议机关（不是向作出具体行政行为的行政主体）申请停止执行具体行政行为。如果行政复议机关认为其要求合理的，可以决定停止执行；如果行政复议机关认为其要求不合理的，对其要求不予支持，具体行政行为不停止执行。

（4）法律规定停止执行的。如《治安管理处罚法》第107条规定："被处罚人不服行政拘留处罚决定，申请行政复议、提起行政诉讼的，可以向公安机关提出暂缓执行行政拘留的申请。公安机关认为暂缓执行行政拘留不致发生社会危险的，由被处罚人或者其近亲属提出符合本法第一百零八条规定条件的担保人，或者按每日行政拘留二百元的标准交纳保证金，行政拘留的处罚决定暂缓执行。"按照这一规定，被处罚人不服行政拘留的处罚决定而申请行政复议的，在行政复议期间可以提出暂缓执行行政拘留的申请，在依法提出担保人或者缴纳保证金后，行政拘留的处罚决定可以暂缓执行，即公安机关不将被处罚人送到拘留所执行处罚决定。

2. 行政复议机关对本条规定的四种例外情形，是可以决定停止执行，而不是必须停止执行。

☆真题回顾

（2017年多选）范某不服县市场监督管理局对其作出的处罚决定，向市市场监督管理局提出行政复议申请，下列说法正确的有（　　）。

A. 市市场监督管理局有权作出行政复议决定

B. 若范某的申请材料不全，市市场监督管理局可拒绝受理

C. 行政复议期间市市场监督管理局认为需要停止执行处罚决定的，可以停止执行

D. 行政复议期间县市场监督管理局认为需要停止执行处罚决定的，可以停止执行

E. 若该案件为重大、复杂案件，市市场监督管理局认为必要时，可以采取听证的方式审理

【解析】答案为 ACDE。根据《行政复议法》第 12 条、第 21 条的规定，A 项、C 项、D 项正确。根据《行政复议法实施条例》第 29 条、第 33 条的规定，B 项错误、E 项正确。本题考查了《行政复议法》及其实施条例，这启发考生在复习法条时，要兼顾法律法规的相关司法解释、行政解释等重点条文。

(2019 年单选) 关于行政复议的申请和受理，以下说法错误的是(　　)。

A. 同一行政复议案件申请人超过 5 人的，推选 1 至 5 名代表参加行政复议

B. 若行政复议的第三人不参加行政复议，将影响行政复议案件的审理

C. 行政复议期间，具体行政行为原则上不停止执行

D. 行政复议期间，被申请人认为需要停止执行的，可以停止执行

【解析】答案为 B。根据《行政复议法实施条例》第 8 条的规定，A 项正确。根据第 9 条的规定，行政复议第三人不参加并不影响行政复议案件的审理，B 项错误。根据《行政复议法》第 21 条的规定，行政复议期间具体行政行为原则上不停止执行，仅有符合规定情形的可以停止执行，如被申请人即作出具体行政行为的行政机关认为需要停止执行的，可以停止执行。因此，C 项、D 项正确。

第五章　行政复议决定

⊙行政复议的审查原则及例外情形

第二十二条　行政复议原则上采取书面审查的办法，但是申请人提出要求或者行政复议机关负责法制工作的机构认为有必要时，可以向有关组织和人员调查情况，听取申请人、被申请人和第三人的意见。

●考点点拨

1. 行政复议的审查，以书面审查为原则，以其他方式为补充，即在申请人提出要求或者行政复议机关认为有必要的，可以向有关组织和人员调查取证，也可以实地调查核实证据，并听取申请人、被申请人和第三人的意见。对重大、复杂的案件，申请人提出要求或者行政复议机关认为必要时，可以采取听证的方式审理。因此，行政复议的审查，有书面审查、取证调查和听证审理等方式，审查方式层层递进，主要是取决于事项的重大、复杂程度。

2. 行政复议案件的审理，应当由 2 名以上行政复议人员参加。调查取证时，行政复议人员亦不得少于 2 人。

3. 行政复议人员向有关组织和人员进行调查取证时，可以查阅、复制、调取有关文件和资料，还可以向有关人员进行询问。

◆关联法条

《中华人民共和国行政复议法实施条例》

第三十二条　行政复议机构审理行政复议案件，应当由 2 名以上行政复议人员参加。

调查取证时，行政复议人员不得少于 2 人，并应当向当事人或者有关人员出示证件。被调查单位和人员应当配合行政复议人员的工作，不得拒绝或者阻挠。

需要现场勘验的，现场勘验所用时间不计入行政复议审理期限。

⊙行政复议的程序事项

第二十三条　行政复议机关负责法制工作的机构应当自行政复议申请受理之日起七日内，将行政复议申请书副本或者行政复议申请笔录复印件发送被申请人。被申请人应当自收到申请书副本或者申请笔录复印件之日起十日内，提出书面答复，并提交当初作出具体行政行为的证据、依据和其他有关材料。

申请人、第三人可以查阅被申请人提出的书面答复、作出具体行政行为的证据、依据和其他有关材料，除涉及国家秘密、商业秘密或者个人隐私外，行政复议机关不得拒绝。

●考点点拨

1. 行政复议机关应当自受理行政复议申请之日起 7 个工作日内向被申请人送达行政复议申请书副本或者行政复议申请笔录复印件，并通知被申请人参加复议。

2. 本条规定了被申请人的法定义务，即自收到申请书副本或者申请笔录复印件之日起 10 日内向行政复议机关提交书面答复(也称行政复议答复书或行政复议答辩书)以及作出该具体行政行为的相关证据材料。被申请人不履行按期提交书面答复和证据材料的，视为该具体行政行为没有证据、依据，行政复

议机关应当依法撤销该具体行政行为。

3. 申请人和第三人可以查阅被申请人提交的书面答复和证据材料，除涉及国家秘密、商业秘密或者个人隐私外，行政复议机关不得拒绝，并应当为申请人、第三人查阅有关材料提供必要条件。

◆关联法条

《中华人民共和国行政复议法实施条例》

第四十六条　被申请人未依照行政复议法第二十三条的规定提出书面答复、提交当初作出具体行政行为的证据、依据和其他有关材料的，视为该具体行政行为没有证据、依据，行政复议机关应当决定撤销该具体行政行为。

★被申请人不得自行取证

第二十四条　在行政复议过程中，被申请人不得自行向申请人和其他有关组织或者个人收集证据。

●考点点拨

1. 被申请人在行政复议过程中不得自行收集证据，实际上就是要求行政机关提交的证据是在作出具体行政行为的过程中产生或者形成的，而不能以事后收集的证据来证明其已作出的具体行政行为的合法性。“先取证，后裁决”是行政主体在作出具体行政行为时应遵循的一项基本原则，本条立法原意就是限制行政主体违背此原则，如果允许被申请人可以自行向申请人和其他有关组织或者个人收集证据，会造成申请人和被申请人双方诉讼权利的不平等，无法有效保护申请人的合法权益。

2. 需要注意的是，在行政复议过程中，只是限制被申请人自行调查取证，而并不限制申请人、第三人以及行政复议机关的取证。

⊙行政复议申请的撤回

第二十五条　行政复议决定作出前，申请人要求撤回行政复议申请的，经说明理由，可以撤回；撤回行政复议申请的，行政复议终止。

●考点点拨

1. 行政复议申请的撤回，需要具备以下条件：

（1）撤回行政复议申请的，只能是行政复议案件的申请人。

（2）申请人撤回行政复议申请必须出于自愿。

（3）申请人撤回行政复议申请必须在行政复议决定作出之前。

（4）申请人撤回行政复议申请需要说明理由，这理由至少应当包括申请人提出撤回行政复议申请是出于其自愿的内容。

（5）申请人撤回行政复议申请，并不是一经提出即可撤回，需要经行政复议机关的同意方可撤回。

2. 申请人对行政机关行使法律、法规规定的自由裁量权作出的具体行政行为不服申请行政复议的，申请人与被申请人可自愿达成和解，如果申请人与被申请人在行政复议决定作出前自愿达成和解的，应当向行政复议机关提交书面和解协议，行政复议机关对内容不损害社会公共利益和他人合法权益的和解协议应当准许。

3. 申请人撤回行政复议申请的法律效果：

（1）行政复议程序终止。申请人撤回行政复议申请的，行政复议程序终止，故行政复议终止也是行政复议案件结案的一种方式。

（2）申请人不得再以同一事实和理由提出行政复议申请。但是，如果申请人能够证明其撤回行政复议申请并非其真实意思表示的，则不在此限，即仍然可以再次提出行政复议申请。

4. 行政复议机关可以按照自愿、合法的原则进行调解，但调解只适用于以下两种情形：

（1）申请人对被申请人行使法律、法规规定的自由裁量权作出的具体行政行为不服而申请行政复议的。比如，甲市某局在法定的罚款幅度（2万元至5万元）内对某乙的违法行为处以4万元的罚款，该被处罚人乙认为该罚款过重而申请行政复议的，行政复议机关可以依法进行调解。

（2）当事人之间的行政赔偿或者行政补偿纠纷。如申请人在申请行政复议时一并提出行政赔偿请求，行政复议机关在决定确认该具体行政行为违法时，应同时决定被申请人对申请人给予赔偿，而关于行政赔偿的事项，行政复议机关就可以依法组织申请人和被申请人进行调解。由此可见，行政复议机关对被申请人没有自由裁量空间的行政行为提起的行政复议不得进行调解。经调解达成协议的，行政复议机关应当制作《行政复议调解书》，故调解也是行政复议案件结案的一种方式。行政复议调解书经双方当事人签字，即具有法律效力。

◆关联法条

《中华人民共和国行政复议法实施条例》

第三十八条　申请人在行政复议决定作出前自愿撤回行政复议申请的，经行政复议机构同意，可以撤回。

申请人撤回行政复议申请的，不得再以同一事实和理由提出行政复议申请。但是,申请人能够证明撤回行政复议申请违背其真实意思表示的除外。

第三十九条　行政复议期间被申请人改变原具体行政行为的,不影响行政复议案件的审理。但是,申请人依法撤回行政复议申请的除外。

第四十条　公民、法人或者其他组织对行政机关行使法律、法规规定的自由裁量权作出的具体行政行为不服申请行政复议,申请人与被申请人在行政复议决定作出前自愿达成和解的,应当向行政复议机构提交书面和解协议;和解内容不损害社会公共利益和他人合法权益的,行政复议机构应当准许。

第四十二条　行政复议期间有下列情形之一的,行政复议终止:

(一)申请人要求撤回行政复议申请,行政复议机构准予撤回的;

(二)作为申请人的自然人死亡,没有近亲属或者其近亲属放弃行政复议权利的;

(三)作为申请人的法人或者其他组织终止,其权利义务的承受人放弃行政复议权利的;

(四)申请人与被申请人依照本条例第四十条的规定,经行政复议机构准许达成和解的;

(五)申请人对行政拘留或者限制人身自由的行政强制措施不服申请行政复议后,因申请人同一违法行为涉嫌犯罪,该行政拘留或者限制人身自由的行政强制措施变更为刑事拘留的。

依照本条例第四十一条第一款第(一)项、第(二)项、第(三)项规定中止行政复议,满60日行政复议中止的原因仍未消除的,行政复议终止。

★行政复议机关对申请人一并提出的对规定的审查申请的处理

第二十六条　申请人在申请行政复议时,一并提出对本法第七条所列有关规定的审查申请的,行政复议机关对该规定有权处理的,应当在三十日内依法处理;无权处理的,应当在七日内按照法定程序转送有权处理的行政机关依法处理,有权处理的行政机关应当在六十日内依法处理。处理期间,中止对具体行政行为的审查。

●考点点拨

1. 行政复议机关对申请人提出的符合《行政复议法》第7条所规定的审查申请进行审查后,认为不合法的,要区分以下两种情形进行处理:

(1)行政复议机关有权处理的,即对被审查的规定可以直接撤销、修改或者废止的,应当在30日内依法处理。

(2)行政复议机关无权处理的,即依法应当由上级行政机关或者其他行政机关决定撤销、修改或者废止的,应当在7个工作日内按照法定程序转送有权处理的行政机关依法处理。

2. 在对申请人提出的审查国务院的规定等规范性文件的申请进行处理的期间,行政复议中止,中止的时间不计入行政复议期限。行政复议中止的原因消除后,应当及时恢复案件的审理。中止、恢复行政复议案件的审理,均应当告知有关当事人。

☆真题回顾

(2018年单选)关于行政复议中对规范性文件的附带审查,下列说法正确的是(　　)。

A. 申请人可以向行政复议机关提出对地方人民政府规章的附带审查申请

B. 申请人可以向行政复议机关提出对国务院部门的规定的附带审查申请

C. 行政复议机关应当在七日内处理依职权启动的附带审查

D. 行政复议机关应当在三十日内处理申请人提出的附带审查申请

【解析】答案为B。根据《行政复议法》第7条的规定,属于地方政府规章的,申请人不能提出附带审查申请,A项错误、B项正确。根据第26条的规定,对提出审查申请的法规,行政复议机关有权处理的才能依法处理,故C项错误。D项表述过于绝对有权处理的为30日,无权处理的7日内转送,处理期限为60日。

⊙行政复议机关对自行发现的具体行政行为的依据不合法的处理

第二十七条　行政复议机关在对被申请人作出的具体行政行为进行审查时,认为其依据不合法,本机关有权处理的,应当在三十日内依法处理;无权处理的,应当在七日内按照法定程序转送有权处理的国家机关依法处理。处理期间,中止对具体行政行为的审查。

●考点点拨

1. 行政复议机关除了应申请人的申请对符合《行政复议法》第7条所规定的国务院的规定等规范性文件进行审查之外,还可以对主动发现的被申请人作出的具体行政行为的依据存在合法性问题进行处理。本条所规定的行政复议机关主动发现的依据不仅包括法律、法规、规章,还包括法律、法规、规章以外的其他规范性文件，其范围比申请人可以申请审查的规定的范围要大。立法的原意就是为了从根本上纠正相关规范性文件的违法问题。

2. 行政复议机关对自己发现被申请人作出的具体行政行为的依据不合法的，也要区分以下两种情形进行处理：

（1）有权处理的，应当在 30 日内依法处理。

（2）无权处理的，应当在 7 个工作日内按照法定程序转送有权处理的行政机关依法处理。在对不合法的依据进行处理的期间，行政复议中止，中止的时间不计入行政复议期限。

★行政复议决定的作出

第二十八条　行政复议机关负责法制工作的机构应当对被申请人作出的具体行政行为进行审查，提出意见，经行政复议机关的负责人同意或者集体讨论通过后，按照下列规定作出行政复议决定：

（一）具体行政行为认定事实清楚，证据确凿，适用依据正确，程序合法，内容适当的，决定维持；

（二）被申请人不履行法定职责的，决定其在一定期限内履行；

（三）具体行政行为有下列情形之一的，决定撤销、变更或者确认该具体行政行为违法；决定撤销或者确认该具体行政行为违法的，可以责令被申请人在一定期限内重新作出具体行政行为：

1. 主要事实不清、证据不足的；

2. 适用依据错误的；

3. 违反法定程序的；

4. 超越或者滥用职权的；

5. 具体行政行为明显不当的。

（四）被申请人不按照本法第二十三条的规定提出书面答复、提交当初作出具体行政行为的证据、依据和其他有关材料的，视为该具体行政行为没有证据、依据，决定撤销该具体行政行为。

行政复议机关责令被申请人重新作出具体行政行为的，被申请人不得以同一的事实和理由作出与原具体行政行为相同或者基本相同的具体行政行为。

●考点点拨

1. 行政复议机关内设的负责法制工作的机构具体承办行政复议工作。比如，深圳市公安局法制处负责全局行政复议工作，具体由复议应诉科承办。行政复议机关负责法制工作的机构应当对被申请人作出的具体行政行为进行审查并提出意见，但是决定的作出，需经行政复议机关的负责人同意或者集体讨论通过。

2. 行政复议机关对具体行政行为的审查是全面审查：

（1）既审查作出该具体行政行为的事实认定，也审查作出该具体行政行为是否遵循法定程序；

（2）既审查该具体行政行为的合法性问题，也审查该具体行政行为的适当性问题。

3. 行政复议决定可以分为以下几种：

（1）维持的决定。行政复议机关经审查，认为具体行政行为认定事实清楚，证据确凿，适用依据正确，程序合法，内容适当的，应当作出行政复议决定，维持被申请人作出的具体行政行为。

（2）责令限期履行职责的决定。申请人认为被申请人不履行法定职责的，行政复议机关经审查后认为被申请人确实存在不履行法定职责或未完全履行法定职责的，应当作出行政复议决定，要求被申请人在一定期限内履行法定职责。

（3）撤销、确定违法的决定。行政复议机关经审查后，只要具体行政行为存有事实不清、证据不足、适用依据错误、违反法定程序、超越或者滥用职权、明显不当等情形之一的，即具体行政行为不合法或者不适当的，应当作出行政复议决定，撤销或者确认该具体行政行为违法。决定撤销或者确认该具体行政行为违法的，可以责令被申请人在一定期限内重新作出具体行政行为。被申请人应当在法律、法规、规章规定的期限内重新作出具体行政行为；法律、法规、规章未规定期限内，重新作出具体行政行为的期限为 60 日。申请人对被申请人重新作出的具体行政行为不服的，可以对重新作出的具体行政行为依法申请行政复议或者提起行政诉讼。需要注意的是，对于被申请人未在法定期限内提交书面答复或证据材料的，视为该具体行政行为没有证据、依据，行政复议机关应作出行政复议决定，撤销该具体行政行为。

（4）变更的决定。行政复议机关对事实认定清楚、证据确凿、程序合法但明显不当或者适用依据错误的，或者认定事实不清、证据不足但经行政复议机关审理查明事实清楚、证据确凿的，可以作出行政复议决定，变更该具体行政行为。需要注意的是，行政复议机关在申请人的行政复议请求范围内，不得作出对申请人更为不利的行政复议决定。

（5）驳回的决定。行政复议机关经审查，作出行政复议决定，驳回申请人的行政复议申请的，主要有两种情形：

①申请人认为被申请人不履行法定职责的，但行

政复议机关受理后发现被申请人没有相应法定职责或者在受理前已经履行法定职责的；另一种是行政复议机关受理申请人的行政复议申请后，发现该行政复议申请不符合《行政复议法》和《行政复议法实施条例》规定的受理条件。

②申请人的行政复议申请不符合受理条件，本可在受理阶段作出不予受理决定而未作，在受理之后，发现该行政复议申请确实不符合受理条件，而此时已超过作出不予受理决定的法定期限，只能作出驳回的行政复议决定。

☆**真题回顾**

（2018 年判断）市公安局以李某故意毁坏公共财物为由，对其处以拘留 5 日，李某不服，提起行政复议。市公安局未按规定提交当初作出具体行政行为的证据、依据和其他有关材料，行政复议机关应决定撤销该具体行政行为。（　　）

【解析】根据《行政复议法》第 28 条第 1 款的规定，凡是被视为具体行政行为没有证据、依据，复议机关应该撤销该具体行政行为。故本题说法正确。

⊙行政赔偿

第二十九条　申请人在申请行政复议时可以一并提出行政赔偿请求，行政复议机关对符合国家赔偿法的有关规定应当给予赔偿的，在决定撤销、变更具体行政行为或者确认具体行政行为违法时，应当同时决定被申请人依法给予赔偿。

申请人在申请行政复议时没有提出行政赔偿请求的，行政复议机关在依法决定撤销或者变更罚款，撤销违法集资、没收财物、征收财物、摊派费用以及对财产的查封、扣押、冻结等具体行政行为时，应当同时责令被申请人返还财产，解除对财产的查封、扣押、冻结措施，或者赔偿相应的价款。

●**考点点拨**

行政复议机关作出行政赔偿决定的两种情形：

（1）依申请作出的赔偿决定。如果申请人在申请行政复议时一并提出行政赔偿请求，则行政复议机关对其中符合国家赔偿要件的，在对具体行政行为决定撤销、变更或者确认违法时，应当同时决定被申请人对申请人给予赔偿。

（2）依职权作出的赔偿决定。如果申请人在申请行政复议时没有一并提出行政赔偿请求，但具体行政行为是直接针对财物作出的，如罚款、撤销违法集资、没收财物、征收财物、摊派费用、查封财产、扣押财产、冻结财产等，且行政机关对该具体行政行为决定撤销、变更的，应同时责令被申请人返还财物、解除查封、扣押、冻结措施，或者赔偿相应的价款。这种依职权作出赔偿决定的情形，是行政诉讼所没有的。

★**土地等自然资源权属争议的行政复议前置及复议终局**

第三十条　公民、法人或者其他组织认为行政机关的具体行政行为侵犯其已经依法取得的土地、矿藏、水流、森林、山岭、草原、荒地、滩涂、海域等自然资源的所有权或者使用权的，应当先申请行政复议；对行政复议决定不服的，可以依法向人民法院提起行政诉讼。

根据国务院或者省、自治区、直辖市人民政府对行政区划的勘定、调整或者征收土地的决定，省、自治区、直辖市人民政府确认土地、矿藏、水流、森林、山岭、草原、荒地、滩涂、海域等自然资源的所有权或者使用权的行政复议决定为最终裁决。

●**考点点拨**

1. 公民、法人或者其他组织认为行政机关的具体行政行为侵犯其已经依法取得的土地等自然资源的所有权或者使用权的，比如，某甲认为某国土部门作出的先行用地的复函侵犯了其依法取得的承包土地的使用权的，必须先向有权机关申请行政复议后才能提起行政诉讼，此即为行政复议前置。但是，不服对涉及自然资源所有权或者使用权的行政处罚、行政强制等其他具体行政行为，则不适用行政复议前置的规定。立法的原意是对于此类专业性极强的问题，要求法官在较短的时间内精通此类专业知识难度较大，所以规定先行申请行政复议，而并非直接进入诉讼程序，既有利于将纠纷解决在行政机关内部，也有利于减轻法院的负担，缩短问题解决的时间。

2. 本条第 2 款所规定的行政复议终局的适用条件是：

（1）该复议的依据是国务院或者省级政府对行政区划的勘定、调整或者征收土地的决定；

（2）作出该决定的主体是省级政府；

（3）该复议决定的内容是确认自然资源的所有权或使用权。此种行政复议决定具有终局的效力，不得再对其提起行政诉讼。

◆**关联法条**

《中华人民共和国行政复议法实施条例》

第二十五条　申请人依照行政复议法第三十条第二款的规定申请行政复议的，应当向省、自治区、直辖市人民政府提出行政复议申请。

★作出行政复议决定的期限

第三十一条　行政复议机关应当自受理申请之日起六十日内作出行政复议决定;但是法律规定的行政复议期限少于六十日的除外。情况复杂,不能在规定期限内作出行政复议决定的,经行政复议机关的负责人批准,可以适当延长,并告知申请人和被申请人;但是延长期限最多不超过三十日。

行政复议机关作出行政复议决定,应当制作行政复议决定书,并加盖印章。

行政复议决定书一经送达,即发生法律效力。

●考点点拨

1. 行政复议机关作出行政复议决定的期限也就是行政复议的审理期限,一般期限为60日,即行政复议机关自受理之日起60日内应作出行政复议决定,但是法律规定的行政复议期限少于60日的除外。行政复议机关对于情况复杂的案件,可以延长期限,但延长的期限最多不超过30日,并应告知申请人和被申请人。

2. 不计入行政复议审理期限的几种情况:

(1)行政复议机关通知申请人补正申请材料所用的时间。

(2)两个或两个以上有权受理的行政机关同时收到申请人的行政复议申请,协商确定或者由共同上一级行政机关指定受理机关所用的时间。

(3)行政复议期间进行现场勘验所用的时间。

(4)行政复议期间涉及专门事项需要进行鉴定所用的时间。这点是常考点,考生务必重视。就是说,鉴定时间是不计算在内的。

3. 行政复议机关认为自己作出的已经发生法律效力的复议决定有错误,有权自行改变。因行政机关改变或者撤销其原行政行为给当事人造成损害的,行政机关应当承担相应的责任。

◆关联法条

《中华人民共和国行政复议法实施条例》

第二十九条　行政复议申请材料不齐全或者表述不清楚的,行政复议机构可以自收到该行政复议申请之日起5日内书面通知申请人补正。补正通知应当载明需要补正的事项和合理的补正期限。无正当理由逾期不补正的,视为申请人放弃行政复议申请。补正申请材料所用时间不计入行政复议审理期限。

第三十条　申请人就同一事项向两个或者两个以上有权受理的行政机关申请行政复议的,由最先收到行政复议申请的行政机关受理;同时收到行政复议申请的,由收到行政复议申请的行政机关在10日内协商确定;协商不成的,由其共同上一级行政机关在10日内指定受理机关。协商确定或者指定受理机关所用时间不计入行政复议审理期限。

第三十七条　行政复议期间涉及专门事项需要鉴定的,当事人可以自行委托鉴定机构进行鉴定,也可以申请行政复议机构委托鉴定机构进行鉴定。鉴定费用由当事人承担。鉴定所用时间不计入行政复议审理期限。

⊙被申请人不履行或拖延履行行政复议决定的处理

第三十二条　被申请人应当履行行政复议决定。

被申请人不履行或者无正当理由拖延履行行政复议决定的,行政复议机关或者有关上级行政机关应当责令其限期履行。

●考点点拨

1. 按照依法治国的精神,被申请人自当履行行政复议决定。这是不附加任何条件的,无论是基于对法律的尊重,还是出于对依法治国战略的贯彻。但是,基于各种原因,不履行、拖延履行行政复议决定仍时有发生。

2. 因为被申请人是行政机关,代表的是政府,因此被申请人不履行或者无正当理由拖延履行行政复议决定的,不能强制执行,只能由行政复议机关或者有关上级行政机关责令其限期履行。

★申请人不履行行政复议决定的处理

第三十三条　申请人逾期不起诉又不履行行政复议决定的,或者不履行最终裁决的行政复议决定的,按照下列规定分别处理:

(一)维持具体行政行为的行政复议决定,由作出具体行政行为的行政机关依法强制执行,或者申请人民法院强制执行;

(二)变更具体行政行为的行政复议决定,由行政复议机关依法强制执行,或者申请人民法院强制执行。

●考点点拨

1. 申请人或者第三人逾期不起诉又不履行行政复议决定的,或者不履行属于终局裁决的行政复议决定的,视情况分别作出如下处理:

(1)维持具体行政行为的行政复议决定,由作出具体行政行为的行政机关负责落实执行到位,比如,行政复议机关维持区公安分局作出的行政拘留5日的处罚决定，则由区公安分局执行；

(2)变更具体行政行为的行政复议决定，因为行政复议机关已经变更了原行政机关的具体行政行为，故由行政复议机关负责落实执行到位，比如，区公安分局作出行政拘留5日处罚决定，行政复议机关市公安局变更为处罚200元，则此200元罚款的行政处罚，由市公安局负责督促落实执行。

2. 作出具体行政行为的行政机关或行政复议机关能否强制执行，完全取决于其是否具有强制执行权。

(1)强制执行权来源于法律的设定，如法律通过单独授权税务机关、海关、公安机关、公路主管部门等部门和地方人民政府具有强制执行权，但大部分的执法部门没有直接强制执行权。

(2)没有强制执行权的行政机关，只能申请人民法院强制执行。

◆关联法条

《中华人民共和国行政复议法实施条例》

第五十二条　第三人逾期不起诉又不履行行政复议决定的，依照行政复议法第三十三条的规定处理。

第六章　法律责任

⊙行政复议机关不依法履行职责的法律责任

第三十四条　行政复议机关违反本法规定，无正当理由不予受理依法提出的行政复议申请或者不按照规定转送行政复议申请的，或者在法定期限内不作出行政复议决定的，对直接负责的主管人员和其他直接责任人员依法给予警告、记过、记大过的行政处分；经责令受理仍不受理或者不按照规定转送行政复议申请，造成严重后果的，依法给予降级、撤职、开除的行政处分。

●考点点拨

行政复议机关往往是被申请人的上级机关或主管部门，两者存在千丝万缕的关系，特别是某些事项，下级机关通常采用口头报告或书面请示等形式，来贯彻、执行上级机关的指示。所以，实践中仍会存在行政复议机关不依法履行职责的问题。为了遏制此类违法行为的发生，立法明确规定了行政复议机关不依法履行职责的法律责任，从而让行政复议机关不敢有“护犊子”等违法举动，以真正贯彻落实依法行政、复议为民的宗旨。

⊙行政复议机关工作人员有渎职、失职行为的法律责任

第三十五条　行政复议机关工作人员在行政复议活动中，徇私舞弊或者有其他渎职、失职行为的，依法给予警告、记过、记大过的行政处分；情节严重的，依法给予降级、撤职、开除的行政处分；构成犯罪的，依法追究刑事责任。

⊙被申请人不提交书面答复、证据材料以及阻挠申请人申请复议的法律责任

第三十六条　被申请人违反本法规定，不提出书面答复或者不提交作出具体行政行为的证据、依据和其他有关材料，或者阻挠、变相阻挠公民、法人或者其他组织依法申请行政复议的，对直接负责的主管人员和其他直接责任人员依法给予警告、记过、记大过的行政处分；进行报复陷害的，依法给予降级、撤职、开除的行政处分；构成犯罪的，依法追究刑事责任。

◆关联法条

《中华人民共和国行政复议法实施条例》

第六十三条　拒绝或者阻挠行政复议人员调查取证、查阅、复制、调取有关文件和资料的，对有关责任人员依法给予处分或者治安处罚；构成犯罪的，依法追究刑事责任。

⊙被申请人不履行或迟延履行行政复议决定的法律责任

第三十七条　被申请人不履行或者无正当理由拖延履行行政复议决定的，对直接负责的主管人员和其他直接责任人员依法给予警告、记过、记大过的行政处分；经责令履行仍拒不履行的，依法给予降级、撤职、开除的行政处分。

◆关联法条

《中华人民共和国行政复议法实施条例》

第六十二条　被申请人在规定期限内未按照行政复议决定的要求重新作出具体行政行为，或者违反规定重新作出具体行政行为的，依照行政复议法第三十七条的规定追究法律责任。

⊙行政复议机关的建议权

第三十八条　行政复议机关负责法制工作的机构发现有无正当理由不予受理行政复议申请、不按照规定期限作出行政复议决定、徇私舞弊、对申请人打击报复或者不履行行政复议决定等情形的，应当向有关行政机关提出建议，有关行政机关应当依照本法和有关法律、行政法规的规定作出处理。

◆**关联法条**

《中华人民共和国行政复议法实施条例》

第五十七条　行政复议期间行政复议机关发现被申请人或者其他下级行政机关的相关行政行为违法或者需要做好善后工作的，可以制作行政复议意见书。有关机关应当自收到行政复议意见书之日起60日内将纠正相关行政违法行为或者做好善后工作的情况通报行政复议机构。

第七章　附　　则

⊙行政复议不得收取费用

第三十九条　行政复议机关受理行政复议申请，不得向申请人收取任何费用。行政复议活动所需经费，应当列入本机关的行政经费，由本级财政予以保障。

●**考点点拨**

申请人申请行政复议，是不用缴纳任何费用的，自然包括工本费、资料费等。出题人往往会从工本费的角度设题迷惑考生。

★**行政复议期间的计算和行政复议文书的送达**

第四十条　行政复议期间的计算和行政复议文书的送达，依照民事诉讼法关于期间、送达的规定执行。

本法关于行政复议期间有关“五日”、“七日”的规定是指工作日，不含节假日。

●**考点点拨**

1. 根据《民事诉讼法》第82条的规定，期间包括法定期间和人民法院指定的期间。期间以时、日、月、年计算。期间开始的时和日，不计算在期间内。期间届满的最后一日是节假日的，以节假日后的第一日为期间届满的日期。期间不包括在途时间，诉讼文书在期满前交邮的，不算过期。

2. 根据《民事诉讼法》第84～92条的规定，送达可以分为：

(1)直接送达，即送达人将诉讼文书直接交付给受送达人签收的送达方式。

(2)留置送达，即受送达人无理拒收诉讼文书时，送达人依法将诉讼文书留在受送达人的住所并产生送达的法律效力的送达方式。

(3)电子送达，即经受送达人同意，送达人利用传真、电子邮件等现代化电子手段进行的送达。

(4)邮寄送达，即送达人将要送达的文书通过邮件寄给受送达人的方式。

(5)委托送达，即直接送达诉讼文书有困难时，依法委托其他人民法院代为送达。

(6)转交送达，即将诉讼文书送交受送达人所在单位代收，然后转交给受送达人的送达方式。

(7)公告送达，即在受送达人下落不明，或者以其他方式无法送达的情况下，发出公告，公告发出后经过一定的时间即视为送达的方式。

◆**关联法条**

《中华人民共和国民事诉讼法》

第八十四条　送达诉讼文书必须有送达回证，由受送达人在送达回证上记明收到日期，签名或者盖章。

受送达人在送达回证上的签收日期为送达日期。

第八十五条　送达诉讼文书，应当直接送交受送达人。受送达人是公民的，本人不在交他的同住成年家属签收；受送达人是法人或者其他组织的，应当由法人的法定代表人、其他组织的主要负责人或者该法人、组织负责收件的人签收；受送达人有诉讼代理人的，可以送交其代理人签收；受送达人已向人民法院指定代收人的，送交代收人签收。

受送达人的同住成年家属，法人或者其他组织的负责收件的人，诉讼代理人或者代收人在送达回证上签收的日期为送达日期。

第八十六条　受送达人或者他的同住成年家属拒绝接收诉讼文书的，送达人可以邀请有关基层组织或者所在单位的代表到场，说明情况，在送达回证上记明拒收事由和日期，由送达人、见证人签名或者盖章，把诉讼文书留在受送达人的住所；也可以把诉讼文书留在受送达人的住所，并采用拍照、录像等方式记录送达过程，即视为送达。

第八十七条　经受送达人同意，人民法院可以采用传真、电子邮件等能够确认其收悉的方式送达诉讼文书，但判决书、裁定书、调解书除外。

采用前款方式送达的，以传真、电子邮件等到达受送达人特定系统的日期为送达日期。

第八十八条　直接送达诉讼文书有困难的，可以委托其他人民法院代为送达，或者邮寄送达。邮寄送达的，以回执上注明的收件日期为送达日期。

第八十九条　受送达人是军人的，通过其所在部队团以上单位的政治机关转交。

第九十条　受送达人被监禁的，通过其所在监所转交。

受送达人被采取强制性教育措施的，通过其所在强制性教育机构转交。

第九十一条　代为转交的机关、单位收到诉讼文书后,必须立即交受送达人签收,以在送达回证上的签收日期,为送达日期。

第九十二条　受送达人下落不明,或者用本节规定的其他方式无法送达的,公告送达。自发出公告之日起,经过六十日,即视为送达。

公告送达,应当在案卷中记明原因和经过。

☆**真题回顾**

(2017 年单选)行政复议机关的行政复议文书通过邮寄方式送达的,送达日期为(　　)。

A. 作出行政复议文书的日期

B. 寄出行政复议文书的邮戳日期

C. 挂号回执上注明的收件日期

D. 行政复议文书寄达的日期

【解析】答案为 C。根据《行政复议法》第 40 条、《民事诉讼法》第 88 条的规定,C 项正确。

⊙涉外行政复议的规定

第四十一条　外国人、无国籍人、外国组织在中华人民共和国境内申请行政复议,适用本法。

⊙法律冲突的解决

第四十二条　本法施行前公布的法律有关行政复议的规定与本法的规定不一致的,以本法的规定为准。

⊙施行日期

第四十三条　本法自 1999 年 10 月 1 日起施行。1990 年 12 月 24 日国务院发布、1994 年 10 月 9 日国务院修订发布的《行政复议条例》同时废止。

第七章　行政诉讼法备考要点和法条解读

第一节 行政诉讼法备考复习要点

一、行政诉讼的概念与特征

(一)行政诉讼的概念

行政诉讼是公民、法人或者其他组织认为行政机关或被授权组织以及相关的行政机关工作人员作出的行政行为侵犯其合法权益而向人民法院提起诉讼,由人民法院依法审判作出裁决,解决行政争议的过程。

(二)行政诉讼的特征

1. 行政诉讼是因行政法律关系引起的行政争议。

2. 行政诉讼诉讼的标的为行政行为。

3. 行政诉讼对行政行为的审查为合法性审查。

4. 行政诉讼当事人双方具有恒定性。被告为行政主体,原告为公民、法人或者其他组织。

5. 行政诉讼的目的是保证人民法院公正、及时审理行政案件,解决行政争议,保护公民、法人和其他组织的合法权益,监督行政机关依法行使职权。

二、行政诉讼的基本原则

(一)一般原则

1. 独立行使审判权原则。人民法院依法对行政案件独立行使审判权,不受行政机关、社会团体和个人的干涉。人民法院设行政审判庭,审理行政案件。

2. 法律地位平等原则。当事人在行政诉讼中的法律地位平等。

3. 合议、回避、公开审判和两审终审原则。

4. 本民族语言文字诉讼原则。各民族公民都有用本民族语言、文字进行行政诉讼的权利。

5. 辩论原则。当事人在行政诉讼中有权进行辩论。辩论的内容是实体性争议问题和程序性争议问题,辩论的形式有书面和口头两种。

6. 检察监督原则。人民检察院有权对行政诉讼实行法律监督。

(二)特有原则

1. 合法性审查原则

合法性审查是指人民法院在审理行政案件时对被诉之行政行为是否违法进行审查并据此作出裁决。包括实体合法和程序合法两个方面。实体合法是指行政行为的作出以及法律适用应当于法有据,当有主要证据不足、适用法律法规错误、违反法定程序、超越职权、滥用职权、依法应当作为而不作为等情形,该行政行为即为违法;程序合法是指行政行为的作出应当符合法定程序要求,不得错用、漏用法定程序。

2. 被告出庭应诉原则

被诉行政机关负责人应当出庭应诉。不能出庭的,应当委托行政机关相应的工作人员出庭。行政机关负责人,包括行政机关的正职、副职负责人以及其他参与分管的负责人。行政机关负责人有正当理由不能出庭应诉的,应当委托行政机关相应的工作人员出庭,不得仅委托律师出庭。

3. 被告负举证责任原则

被告对作出的行政行为负有举证责任,应当提供作出该行政行为的证据和所依据的规范性文件。被告不提供或者无正当理由逾期提供证据,视为没有相应证据。但是,被诉行政行为涉及第三人合法权益,第三人提供证据的除外。

4. 不适用调解原则

人民法院审理行政案件,不适用调解。但是,行政赔偿、补偿以及行政机关行使法律、法规规定的自由裁量权的案件可以调解。调解应当遵循自愿、合法原则,不得损害国家利益、社会公共利益和他人合法权益。

5. 司法变更权有限原则

人民法院对被诉行政行为的变更权是非常有限的,仅限于行政处罚明显不当,或者其他行政行为涉及对款额的确定、认定确有错误的。

6. 诉讼不停止执行原则

因原行政行为一经作出即具有拘束力、确定力和执行力,在行政案件审理过程中,原行政行为一般继续执行,但是被告认为需要停止执行的,原告或者利害关系人申请停止执行,人民法院认为该行政行为的执行会造成难以弥补的损失,并且停止执行不损害国家利益、社会公共利益的,人民法院认为该行政行为的执行会给国家利益、社会公共利益造成重大损害的和法律、法规规定停止执行的除外。

三、行政诉讼参加人

（一）原告

原告为由于行政行为导致自身合法权益受到侵害的公民、法人或者其他组织。

1. 原告资格的一般情形

行政行为的相对人以及其他与行政行为有利害关系的公民、法人或者其他组织。

2. 原告资格转移的情形

（1）有权提起诉讼的公民死亡，其近亲属可以提起诉讼。

（2）有权提起诉讼的法人或者其他组织终止，承受其权利的法人或者其他组织可以提起诉讼。

（3）公民被限制人身自由不能提起诉讼的，其近亲属可以依其口头或者书面委托以该公民的名义提起诉讼。

3. 行政公益诉讼中，生态环境和资源保护、食品药品安全、国有财产保护、国有土地使用权出让等领域负有监督管理职责的行政机关违法行使职权或者不作为，致使国家利益或者社会公共利益受到侵害的，人民检察院可以作为原告依法向人民法院提起诉讼。

（二）被告

1. 被告确定的一般情形

公民、法人或者其他组织直接向人民法院提起诉讼的，作出行政行为的行政机关或者法律、法规、规章授权的组织是被告。

2. 特殊情形

（1）经复议的案件，复议机关决定维持原行政行为的，作出原行政行为的行政机关和复议机关是共同被告；复议机关改变原行政行为的，复议机关是被告。

（2）复议机关在法定期限内未作出复议决定，公民、法人或者其他组织起诉原行政行为的，作出原行政行为的行政机关是被告；起诉复议机关不作为的，复议机关是被告。

（3）两个以上行政机关作出同一行政行为的，共同作出行政行为的行政机关是共同被告。

（4）行政机关委托的组织所作的行政行为，委托的行政机关是被告。

（5）行政机关被撤销或者职权变更的，继续行使其职权的行政机关是被告。

（三）第三人

1. 资格取得。同被诉行政行为有利害关系或者同案件的判决结果有利害关系，依法可以作为第三人，参加到诉讼程序中。

2. 参与诉讼方式。申请参加诉讼或者由人民法院通知参加诉讼。

3. 特殊情形。应当追加被告而原告不同意追加的，人民法院应当通知其以第三人的身份参加诉讼，但行政复议机关作共同被告的除外；人民法院追加共同诉讼的当事人时，应当通知其他当事人。应当追加的原告，已明确表示放弃实体权利的，可不予追加；既不愿意参加诉讼，又不放弃实体权利的，应追加为第三人。

（四）共同诉讼人

共同诉讼是指当事人一方或者双方为二人以上的诉讼。

1. 适用情形。两个以上的行政相对人对同一行政行为不服而向法院起诉和两个以上行政主体共同实施的行政行为被起诉到法院；因同类行政行为引起的共同诉讼，行为之间的性质相似，事实和理由相似，法律适用相同，经法院审查认为可以并经过当事人同意。

2. 适用条件：一是应当由同一法院管辖。二是必须属于同一诉讼程序，如都适用普通程序或者简易程序。三是当事人同意作为共同诉讼合并审理。

（五）诉讼代理人

1. 法定代理人选定。没有诉讼行为能力的公民，由其法定代理人代为诉讼。法定代理人互相推诿代理责任的，由人民法院指定其中一人代为诉讼。

2. 委托代理人资格

（1）律师、基层法律服务工作者；

（2）当事人的近亲属或者工作人员；

（3）当事人所在社区、单位以及有关社会团体推荐的公民。

3. 委托代理权限。委托代理权限按照代理内容分为一般委托代理和特别委托代理。特别委托代理可代为处分当事人的实体权利。实体权利的处分如代当事人承认、放弃或者变更诉讼请求，进行和解和提起上诉等。

4. 委托代理人方式。公民可以口头委托，法人和其他组织不得口头委托。

四、行政诉讼受案范围

（一）受案范围一般规定

1. 对行政拘留、暂扣或者吊销许可证和执照、责令停产停业、没收违法所得、没收非法财物、罚款、警告等行政处罚不服的。

2. 对限制人身自由或者对财产的查封、扣押、冻结等行政强制措施和行政强制执行不服的。

3. 申请行政许可，行政机关拒绝或者在法定期限内不予答复，或者对行政机关作出的有关行政许可的其他决定不服的。

4. 对行政机关作出的关于确认土地、矿藏、水流、森林、山岭、草原、荒地、滩涂、海域等自然资源的所有权或者使用权的决定不服的。

5. 对征收、征用决定及其补偿决定不服的。

6. 申请行政机关履行保护人身权、财产权等合法权益的法定职责，行政机关拒绝履行或者不予答复的。

7. 认为行政机关侵犯其经营自主权或者农村土地承包经营权、农村土地经营权的。

8. 认为行政机关滥用行政权力排除或者限制竞争的。

9. 认为行政机关违法集资、摊派费用或者违法要求履行其他义务的。

10. 认为行政机关没有依法支付抚恤金、最低生活保障待遇或者社会保险待遇的。

11. 认为行政机关不依法履行、未按照约定履行或者违法变更、解除政府特许经营协议、土地房屋征收补偿协议等协议的。

12. 认为行政机关侵犯其他人身权、财产权等合法权益的。

13. 法律、法规规定可以向人民法院提起诉讼的其他行政案件。

（二）受案范围的否定事项列举

1. 国防、外交等国家行为。

2. 行政法规、规章或者行政机关制定、发布的具有普遍约束力的决定、命令。

3. 行政机关对行政机关工作人员的奖惩、任免等决定。

4. 法律规定由行政机关最终裁决的行政行为。

（三）规范性文件的附带性审查

公民、法人或者其他组织在对行政行为提起诉讼时一并请求对所依据的规范性文件审查的，由行政行为案件管辖法院一并审查，不得单独对规范性文件提起诉讼。

五、行政诉讼的管辖

（一）级别管辖

1. 一般由基层人民法院管辖第一审行政案件。

2. 中级人民法院管辖下列第一审行政案件：

（1）对国务院部门或者县级以上地方人民政府所作的行政行为提起诉讼的案件；

（2）海关处理的案件；

（3）本辖区内重大、复杂的案件；

（4）其他法律规定由中级人民法院管辖的案件。

3. 高级人民法院管辖本辖区内重大、复杂的第一审行政案件。

4. 最高人民法院管辖全国范围内重大、复杂的第一审行政案件。

（二）地域管辖

1. 一般地域管辖

依照“原告就被告”之原则，以最初作出行政行为的行政主体所在地为依据确立行政案件一审管辖。

2. 特殊地域管辖

（1）专属管辖。法律将某些行政案件的管辖权直接授予特定人民法院管辖的情形。如因不动产提起的行政诉讼，由不动产所在地人民法院管辖。

（2）共同管辖。两个以上人民法院都有管辖权的案件，原告可以选择其中一个人民法院提起诉讼。包括：一是对限制人身自由的行政强制措施不服提起的诉讼，由被告所在地或者原告所在地人民法院管辖；二是经复议的案件，由最初作出行政行为的行政机关所在地人民法院管辖，也可以由复议机关所在地人民法院管辖。

（三）裁定管辖

1. 移送管辖

人民法院发现受理的案件不属于本院管辖的，应当移送有管辖权的人民法院。

移送管辖的行使条件：

（1）移送人民法院已经受理行政案件，尚未审结；

（2）移送人民法院经审查认为自己无管辖权；

（3）移送人民法院经审查认为受移送人民法院依法享有管辖权。

移送管辖只能使用一次。受移送的人民法院若认为其同样没有管辖权应当报请上级法院指定管辖法院。

2. 指定管辖

（1）有管辖权的人民法院由于特殊原因不能行使管辖权的或者人民法院对管辖权发生争议，协商不成的，由上级人民法院指定某一法院管辖。

（2）适用情形。人民法院由于特殊原因不能行使管辖权，特殊原因指法律上或者事实上的特殊原因。

3. 管辖权移转

管辖权移转是指管辖权在上下级人民法院之间的移转。上级人民法院有权审理下级人民法院管辖的第一审行政案件。下级人民法院对其管辖的第一审行政案件,认为需要由上级人民法院审理或者指定管辖的,可以报请上级人民法院决定。

(四)管辖权异议的处理

当事人提出管辖异议应在接到人民法院应诉通知之日起10日内以书面形式提出。对当事人提出的管辖异议,人民法院应当进行审查。异议成立的,裁定将案件移送有管辖权的人民法院;异议不成立的,裁定驳回。

六、行政诉讼证据规则

(一)证据概念、资格和种类

1. 行政诉讼的证据是指证明行政案件待证事实的材料或者手段。

(1)书证,是指以记载的内容表达出来的思想和行为来证明案件事实;

(2)物证,是指以物本身的属性、空间方位、外部特征来证明案件事实;

(3)视听资料;

(4)电子数据,是指以数字化形式生成、存储、处理、发送信息的证据;

(5)证人证言,证言为证人陈述的其亲历的具体事实。

(6)当事人的陈述;

(7)鉴定意见;

(8)勘验笔录、现场笔录。

2. 证据资格要求。行政诉讼证据需要满足客观性、关联性、合法性三项要求。

(二)举证责任分配

1. 被告举证责任

(1)被告对作出的行政行为负有举证责任,应当提供作出该行政行为的证据和所依据的规范性文件。被告不提供或者无正当理由逾期提供证据,视为没有相应证据。但是,被诉行政行为涉及第三人合法权益,第三人提供证据的除外。

(2)证据收集规则。根据行政行为作出时"先取证,后裁决"的规则,在诉讼过程中,被告及其诉讼代理人不得自行向原告、第三人和证人收集证据。例外情形为:

①被告在作出行政行为时已经收集了证据,但因不可抗力等正当事由不能提供的,经人民法院准许,可以延期提供。

②原告或者第三人提出其在行政程序中没有提出的反驳理由或者证据的,经人民法院准许,被告可以补充证据。

2. 原告举证责任

(1)起诉被告不履行法定职责的案件中,原告应当提供其向被告提出申请的证据。但是被告应当依职权主动履行法定职责的或者原告因正当理由不能提供证据的除外。

在行政赔偿、补偿的案件中,原告应当对行政行为造成的损害提供证据。因被告的原因导致原告无法举证的,由被告承担举证责任。

(2)原告可以提供证明行政行为违法的证据。原告提供的证据不成立的,不免除被告的举证责任。

3. 人民法院收集的证据

(1)主动收集。

(2)经申请调取。与本案有关的下列证据,原告或者第三人不能自行收集的,可以申请人民法院调取。

七、行政诉讼审理程序

(一)一审程序

1. 立案受理

(1)起诉条件。

①原告是符合《行政诉讼法》第25条规定的公民、法人或者其他组织;

②有明确的被告;

③有具体的诉讼请求和事实根据;

④属于人民法院受案范围和受诉人民法院管辖。

(2)起诉方式。起诉应当向人民法院递交起诉状,并按照被告人数提出副本。书写起诉状确有困难的,可以口头起诉,由人民法院记入笔录,出具注明日期的书面凭证,并告知对方当事人。

(3)起诉期限

①公民、法人或者其他组织直接向人民法院提起诉讼的,应当自知道或者应当知道行政行为作出之日起6个月内提出。法律另有规定的除外。

②因不动产提起诉讼的案件应当自行政行为作出之日起20年内提出,其他案件应当自行政行为作出之日起5年内提起诉讼,逾期人民法院不予受理。

③行政机关作出行政行为时,未告知公民、法人或者其他组织起诉期限的,起诉期限从公民、法人或者其他组织知道或者应当知道起诉期限之日起计算,但从知道或者应当知道行政行为内容之日起最长不得超过1年。

④公民、法人或者其他组织不服复议决定的,可以在收到复议决定书之日起15日内向人民法院提起诉讼。复议机关逾期不作决定的,申请人可以在复议期满之日起15日内向人民法院提起诉讼。法律另有

规定的除外。

(4)受案范围排除情形。法律、法规规定应当先申请复议,公民、法人或者其他组织未申请复议直接提起诉讼的,人民法院裁定不予立案。

(5)立案中救济程序。

①原告对不予立案的裁定不服的,可以提起上诉。

②人民法院既不立案,又不作出不予立案裁定的,当事人可以向上一级人民法院起诉。上一级人民法院认为符合起诉条件的,应当立案、审理,也可以指定其他下级人民法院立案、审理。

2. 庭前程序

(1)组成合议庭。审判员或者审判员、陪审员组成合议庭。合议庭的成员,应当是3人以上的单数;适用简易程序审理的行政案件,由审判员1人独任审理。

(2)交换诉讼文书。

(3)审查诉讼材料和调查收集证据。

(4)处理管辖争议。

3. 开庭审理

(1)庭审方式。人民法院对行政案件进行公开审理,但是涉及国家秘密、商业秘密和当事人隐私的不公开审理。所有案件一律公开宣告判决。

(2)庭审程序。开庭准备(传唤通知当事人和公布开庭内容等)、宣布开庭、法庭调查(出示证据、查明案件事实)、法庭辩论(当事人在法官主持下对于案件的事实、证据和法律适用阐述自己主张,反驳对方主张的过程)、合议庭评议、宣读判决、裁定。

(3)庭审期限。人民法院应当在立案之日起6个月内作出第一审判决。有特殊情况需要延长的,由高级人民法院批准。高级人民法院审理第一审案件需要延长的,由最高人民法院批准。适用简易程序审理的行政案件应当在立案之日起45日内审结。

(二)二审程序

1. 上诉提起条件。当事人不服人民法院第一审判决的,有权在判决书送达之日起15日内向上一级人民法院提起上诉。当事人不服人民法院第一审裁定的,有权在裁定书送达之日起10日内向上一级人民法院提起上诉。

2. 上诉审理

(1)审理方式。对上诉案件,应当组成合议庭,开庭审理。经过阅卷、调查和询问当事人,对没有提出新的事实、证据或者理由,合议庭认为不需要开庭审理的,也可以不开庭审理。

(2)审理期限。审理上诉案件,应当在收到上诉状之日起3个月内作出终审判决。有特殊情况需要延长的,由高级人民法院批准。高级人民法院审理上诉案件需要延长的,由最高人民法院批准。

(3)审理内容。审理上诉案件,应当对原审人民法院的判决、裁定和被诉行政行为进行全面审查。

(三)审判监督程序

1. 再审事由:

(1)不予立案或者驳回起诉确有错误的;

(2)有新的证据,足以推翻原判决、裁定的;

(3)原判决、裁定认定事实的主要证据不足、未经质证或者系伪造的;

(4)原判决、裁定适用法律、法规确有错误的;

(5)违反法律规定的诉讼程序,可能影响公正审判的;

(6)原判决、裁定遗漏诉讼请求的;

(7)据以作出原判决、裁定的法律文书被撤销或者变更的;

(8)审判人员在审理该案件时有贪污受贿、徇私舞弊、枉法裁判行为的。

2. 再审程序启动。当事人、人民法院和人民检察院均可启动再审程序。

八、行政诉讼裁决与执行

(一)一审裁决

1. 驳回原告诉讼请求判决。行政行为证据确凿,适用法律、法规正确,符合法定程序的,或者原告申请被告履行法定职责或者给付义务理由不成立的,人民法院判决驳回原告的诉讼请求。

2. 撤销判决和重作判决。行政行为有下列情形之一的,人民法院判决撤销或者部分撤销,并可以判决被告重新作出行政行为:

(1)主要证据不足的;

(2)适用法律、法规错误的;

(3)违反法定程序的;

(4)超越职权的;

(5)滥用职权的;

(6)明显不当的。

3. 履行判决。人民法院经过审理,查明被告不履行法定职责的,判决被告在一定期限内履行。

4. 给付判决。给付判决是指被告依法履行支付抚恤金、最低生活保障待遇或者社会保险待遇等给付义务的而拒绝或者拖延履行义务,法院经审理依法判决其履行义务的判决类型。

5. 确认违法判决

(1)行政行为有下列情形之一的,人民法院判决确认违法,但不撤销行政行为:

①行政行为依法应当撤销,但撤销会给国家利益、社会公共利益造成重大损害的;

②行政行为程序轻微违法,但对原告权利不产生实际影响的。

(2)行政行为有下列情形之一,不需要撤销或者判决其履行的,人民法院判决确认违法:

①行政行为违法,但不具有可撤销内容的;

②被告改变原违法行政行为,原告仍要求确认原行政行为违法的;

③被告不履行或者拖延履行法定职责,判决其履行没有意义的。

6. 确认无效判决。行政行为有实施主体不具有行政主体资格或者没有依据等重大且明显违法情形,原告申请确认行政行为无效的,人民法院判决确认无效。重大且明显违法情形为:

(1)行政行为实施主体不具有行政主体资格。

(2)减损权利或者增加义务的行政行为没有法律规范依据。

(3)行政行为的内容客观上不可能实施。

(4)其他重大且明显违法的情形。

7. 确认违法和无效的补救措施和赔偿责任。人民法院判决确认违法或者无效的,可以同时判决责令被告采取补救措施;给原告造成损失的,依法判决被告承担赔偿责任。

8. 调解结案

(1)人民法院审理行政案件,不适用调解。但是,行政赔偿、补偿以及行政机关行使法律、法规规定的自由裁量权的案件可以调解。

(2)调解应当遵循自愿、合法原则,不得损害国家利益、社会公共利益和他人合法权益。

9. 撤诉。人民法院对行政案件宣告判决或者裁定前,原告申请撤诉的,或者被告改变其所作的行政行为,原告同意并申请撤诉的,由人民法院裁定是否准许。

10. 规范性文件的审查处理

(1)人民法院经审查认为规范性文件不合法的,不作为认定行政行为合法的依据,并应当向规范性文件的制定机关提出修改或者废止该规范性文件的司法建议。

接收司法建议的行政机关应当在收到司法建议之日起60日内予以书面答复。情况紧急的,人民法院可以建议制定机关或者其上一级行政机关立即停止执行该规范性文件。并可以抄送制定机关的同级人民政府、上一级行政机关、监察机关以及规范性文件的备案机关。

在裁判生效后报送上一级人民法院进行备案。涉及国务院部门、省级行政机关制定的规范性文件,司法建议还应当分别层报最高人民法院、高级人民法院备案。

(2)人民法院审查认为行政行为所依据的规范性文件合法的,应当作为认定行政行为合法的依据。

(二)二审裁决

1. 原判决、裁定认定事实清楚,适用法律、法规正确的,判决或者裁定驳回上诉,维持原判决、裁定。

2. 原判决、裁定认定事实错误或者适用法律、法规错误的,依法改判、撤销或者变更,人民法院审理上诉案件,需要改变原审判决的,应当同时对被诉行政行为作出判决。

3. 原判决认定基本事实不清、证据不足的,发回原审人民法院重审,或者查清事实后改判。

4. 原判决遗漏当事人或者违法缺席判决等严重违反法定程序的,裁定撤销原判决,发回原审人民法院重审,原审人民法院对发回重审的案件作出判决后,当事人提起上诉的,第二审人民法院不得再次发回重审。

(三)执行程序

1. 执行依据和机关。执行依据为发生法律效力的判决、裁定、调解书。行政机关或者第三人可以向第一审人民法院申请强制执行,或者由行政机关依法强制执行。

2. 行政机关拒绝履行判决、裁定之执行

(1)对应当归还的罚款或者应当给付的款额,通知银行从该行政机关的账户内划拨。

(2)在规定期限内不履行的,从期满之日起,对该行政机关负责人按日处50元至100元的罚款。

(3)将行政机关拒绝履行的情况予以公告。

(4)向监察机关或者该行政机关的上一级行政机关提出司法建议。接受司法建议的机关,根据有关规定进行处理,并将处理情况告知人民法院。

(5)拒不履行判决、裁定、调解书,社会影响恶劣的,可以对该行政机关直接负责的主管人员和其他直接责任人员予以拘留。情节严重,构成犯罪的,依法追究刑事责任。

第二节　行政诉讼法重点法条解读及真题回顾

中华人民共和国行政诉讼法

（1989年4月4日第七届全国人民代表大会第二次会议通过　根据2014年11月1日第十二届全国人民代表大会常务委员会第十一次会议《关于修改〈中华人民共和国行政诉讼法〉的决定》第一次修正　根据2017年6月27日第十二届全国人民代表大会常务委员会第二十八次会议《关于修改〈中华人民共和国民事诉讼法〉和〈中华人民共和国行政诉讼法〉的决定》第二次修正）

第一章　总　　则

⊙立法目的

第一条　为保证人民法院公正、及时审理行政案件，解决行政争议，保护公民、法人和其他组织的合法权益，监督行政机关依法行使职权，根据宪法，制定本法。

●考点点拨

1. 行政诉讼是公民、法人或者其他组织认为行政机关或被授权组织以及相关的行政机关工作人员作出的行政行为侵犯其合法权益而向人民法院提起的诉讼而由人民法院依法审判，作出裁决，解决行政争议的过程。

2. 行政诉讼立法目的，包括：

（1）保护公民、法人和其他组织的合法权益，行政诉讼作为控制行政公权力的控权制度，此为其核心目的。

（2）保证人民法院公正、及时审理行政案件，公正要求行政争议事实查证清楚、行政争议相关法律适用准确和裁量适当合理，及时要求审判高效便捷，严格遵循行政诉讼各项期限要求，便利当事人尽快解决纠纷。

（3）解决行政争议，此为其直接目的。行政争议中争议双方需为行政主体与相对人，行政争议是由行政主体实施行政行为所引起。

（4）监督行政机关依法行使职权，也就是用司法权对行政权进行审查和监督，通过对违法行政行为进行撤销、重作等判决促使行政主体依法行政。

★适用范围

第二条　公民、法人或者其他组织认为行政机关和行政机关工作人员的行政行为侵犯其合法权益，有权依照本法向人民法院提起诉讼。

前款所称行政行为，包括法律、法规、规章授权的组织作出的行政行为。

●考点点拨

1. 行政诉讼的当事人双方主体资格具有限定性，具体来说，被告只能是作出行政行为的行政机关和被授权组织，原告为由于行政行为导致自身合法权益受到侵害的公民、法人或者其他组织。

2. 合法权益包括但不限于人身权、财产权、社会保障权和知情权等。

3. 行政行为的概念及内容

（1）行政行为是指行政主体及其工作人员依据行政职权对行政相对人作出的法律行为。本法中行政行为包括对特定具体对象作为的行政行为，比如，甲县公安局对张三作出行政拘留的处罚；也包括对于规章以下的广泛适用的规范性文件的附带性审查。

（2）规范性文件是指国务院部门和地方人民政府及其部门制定的在一定范围内针对不特定人的、能够反复适用的行政规范，包括条例、规定、通告、办法、决定等。

4. 从形式上看，此处的行政行为包括作为、不作为、事实行为和签订履行协议行为。

（1）作为是指积极地作出行政行为，如对特定人的行政处罚决定。

（2）不作为是指行政主体依照法定职权负有作为义务而不履行，损害相对人的合法权益的行为，比如，公民甲遭遇抢劫报警但警察不出警的情形。

（3）事实行为是指虽无法律效力但对相对人事实状态造成损害，如城管暴力执法行为。

5.《行政诉讼法》修正时将“具体行政行为”改为“行政行为”，修正原意是：

（1）为了解决实践中对于具体行政行为解释标准过窄导致的立案难等问题。

（2）增加了对于规章以下规范性文件的附带性审查，扩展了行政诉讼受案范围，防止因规范性文件抵触法律法规而损害相对人合法利益，更好地保障行政相对人权利。

6. 法律、法规、规章授权的组织为行使一定国家职能的非国家机关组织，如工会、妇联和高校。

☆ **真题回顾**

（2017 年单选）公民、法人或者其他组织认为行政机关和行政机关工作人员的（　　）侵犯其合法权益，有权依照《中华人民共和国行政诉讼法》向人民法院提起诉讼。

A. 行政行为

B. 具体行政行为

C. 主要是具体行政行为，也有一部分抽象行政行为

D. 具体行政行为和抽象行政行为

【解析】答案为 A。根据《行政诉讼法》第 2 条的规定，《行政诉讼法》修正后将“具体行政行为”改为“行政行为”，A 项当选。考生应当注意，做题中应当严格按照法律条文表述选择答案，具体行政行为的界定范围易导致实践中法院故意作缩小解释导致立案难问题出现，因此立法中不再使用此类概念。

（2018 年单选）公民、法人或者其他组织认为行政机关和行政机关工作人员的（　　）侵犯其合法权益，有权依照《行政诉讼法》向人民法院提起诉讼。

A. 行政行为　　　　B. 具体行政行为

C. 分抽象行政行为　D. 行为

【解析】答案为 A。根据《行政诉讼法》第 2 条的规定，A 项正确，当选。

⊙行政机关负责人出庭应诉

第三条　人民法院应当保障公民、法人和其他组织的起诉权利，对应当受理的行政案件依法受理。

行政机关及其工作人员不得干预、阻碍人民法院受理行政案件。

被诉行政机关负责人应当出庭应诉。不能出庭的，应当委托行政机关相应的工作人员出庭。

● **考点点拨**

1. 本条是关于解决行政诉讼“立案难”，保障公民、法人和其他组织起诉权利和行政机关负责人应当出庭应诉的规定。

2. 人民法院对行政相对人合法权益受到侵害时进行司法救济，对应当受理的行政案件必须依法受理，行政机关及其工作人员不得干预、阻挠。

3. 行政机关负责人，包括行政机关的正职、副职负责人以及其他参与分管的负责人。行政机关负责人有正当理由不能出庭应诉的，应当委托行政机关相应的工作人员出庭，不得仅委托律师出庭。

◆ **关联法条**

最高人民法院《关于适用〈中华人民共和国行政诉讼法〉的解释》

第一百二十八条　行政诉讼法第三条第三款规定的行政机关负责人，包括行政机关的正职、副职负责人以及其他参与分管的负责人。

行政机关负责人出庭应诉的，可以另行委托一至二名诉讼代理人。行政机关负责人不能出庭的，应当委托行政机关相应的工作人员出庭，不得仅委托律师出庭。

第一百二十九条第一款　涉及重大公共利益、社会高度关注或者可能引发群体性事件等案件以及人民法院书面建议行政机关负责人出庭的案件，被诉行政机关负责人应当出庭。

★ **独立行使审判权**

第四条　人民法院依法对行政案件独立行使审判权，不受行政机关、社会团体和个人的干涉。

人民法院设行政审判庭，审理行政案件。

● **考点点拨**

本条是关于作为司法机关的人民法院独立行使审判权的规定。

1.“依法独立行使审判权”是指人民法院依照法律规定独立行使审判权，不受行政机关、社会团体和任何个人的干涉。换言之，在办理行政案件时，人民法院享有法定的独立审理和决断权。

2.《宪法》第 3 条第 3 款规定：“国家行政机关、监察机关、审判机关、检察机关都由人民代表大会产生，对它负责，受它监督。”因此，人民法院的审判活动必须接受人民代表大会及其常务委员会的监督。

3. 人民检察院作为国家的法律监督机关，也有权对人民法院的审判活动进行监督。

4. 人民法院独立审判行政案件，是指人民法院作为一个整体在行使审判权时对外是独立的，而人民法院内部某个特定审判人员行使审判权并非独立。

☆**真题回顾**

(2018年单选)(　　)依照法律规定,独立行使审判权,不受行政机关、社会团体和个人的干涉。

A.公安机关　　B.人民法院

C.人民检察院　　D.国家安全机关

【解析】答案为B。根据《行政诉讼法》第4条的规定,B项正确。考生也可根据题干和选项排除,我国行使审判权的机关只有人民法院。

⊙以事实为依据,以法律为准绳原则

第五条　人民法院审理行政案件,以事实为根据,以法律为准绳。

★**合法性审查原则**

第六条　人民法院审理行政案件,对行政行为是否合法进行审查。

●**考点点拨**

1.合法性审查是指人民法院在审理行政案件时对被诉之行政行为是否违法进行审查并据此作出裁决。包括实体合法和程序合法两个方面。

(1)实体合法是指行政行为的作出以及法律适用应当于法有据,当有主要证据不足、适用法律法规错误、违反法定程序、超越职权、滥用职权、依法应当作为而不作为等情形,该行政行为即为违法。

(2)程序合法是指行政行为的作出应当符合法定程序要求,不得错用、漏用法定程序。

2.与合法性审查相对的是合理性审查,行政行为的合理性是指行政主体在依法自由裁量范围内所作出的行政行为应当合乎情理、恰如其分。其一般属于行政权力内部的事项,通过行政复议等行政机关内部监督制度进行审查,人民法院一般不对行政行为合理性进行审查。为了更好地保障相对人的权益,限制行政权的扩张,例外地将明显不当、不合理的行政行为作为违法行为处理。比如,在1万元到10万元的处罚范围内,对于情节较轻的违法行为给予较重的10万元的罚款,而对于情节较重的违法行为却给予较轻的1万元的罚款,均属于明显不当的处罚行为。

3.行政行为是否合法的依据是法律、行政法规、地方性法规,参照规章。人民法院在审查行政行为是否合法需要适用规章时,首先要根据法律、法规对规章的合法性作出鉴别和评价,合法的予以参照、不合法的则不予参照。

☆**真题回顾**

(2018年多选)甲公司使用过期食材生产食品,区食品药品监督管理局对甲公司作出罚款决定。甲公司不服,申请行政复议,复议机关决定维持原处罚,甲公司起诉至人民法院。下列说法正确的有(　　)。

A.法院应对处罚决定的合法性和甲公司行为的合法性一同审理

B.区食品药品监督管理局和复议机关为共同被告

C.被告承担证明处罚决定合法的举证责任

D.甲公司可提供证据证明被诉行政行为违法

E.本案中出示的证据需进行公开质证

【解析】答案为BCDE。根据《行政诉讼法》第6条、第40条的规定,从条文表述而言,不允许为证明行政行为合法调取作出行为时未收集的证据,以证明行为人行为违法,即反对人民法院依职权主动对行为人的行为性质作出审查认定,故A项错误。根据第26条第2款的规定,B项正确。根据第34条第1款的规定,C项正确。根据第37条的规定,D项正确。根据第43条第1款的规定,E项正确。

⊙合议、回避、公开审判和两审终审原则

第七条　人民法院审理行政案件,依法实行合议、回避、公开审判和两审终审制度。

⊙法律地位平等原则

第八条　当事人在行政诉讼中的法律地位平等。

⊙本民族语言文字诉讼原则

第九条　各民族公民都有用本民族语言、文字进行行政诉讼的权利。

在少数民族聚居或者多民族共同居住的地区,人民法院应当用当地民族通用的语言、文字进行审理和发布法律文书。

人民法院应当对不通晓当地民族通用的语言、文字的诉讼参与人提供翻译。

⊙辩论原则

第十条　当事人在行政诉讼中有权进行辩论。

⊙法律监督原则

第十一条　人民检察院有权对行政诉讼实行法律监督。

第二章　受案范围

★**受案范围**

第十二条　人民法院受理公民、法人或者其他组织提起的下列诉讼:

（一）对行政拘留、暂扣或者吊销许可证和执照、责令停产停业、没收违法所得、没收非法财物、罚款、警告等行政处罚不服的；

（二）对限制人身自由或者对财产的查封、扣押、冻结等行政强制措施和行政强制执行不服的；

（三）申请行政许可，行政机关拒绝或者在法定期限内不予答复，或者对行政机关作出的有关行政许可的其他决定不服的；

（四）对行政机关作出的关于确认土地、矿藏、水流、森林、山岭、草原、荒地、滩涂、海域等自然资源的所有权或者使用权的决定不服的；

（五）对征收、征用决定及其补偿决定不服的；

（六）申请行政机关履行保护人身权、财产权等合法权益的法定职责，行政机关拒绝履行或者不予答复的；

（七）认为行政机关侵犯其经营自主权或者农村土地承包经营权、农村土地经营权的；

（八）认为行政机关滥用行政权力排除或者限制竞争的；

（九）认为行政机关违法集资、摊派费用或者违法要求履行其他义务的；

（十）认为行政机关没有依法支付抚恤金、最低生活保障待遇或者社会保险待遇的；

（十一）认为行政机关不依法履行、未按照约定履行或者违法变更、解除政府特许经营协议、土地房屋征收补偿协议等协议的；

（十二）认为行政机关侵犯其他人身权、财产权等合法权益的。

除前款规定外，人民法院受理法律、法规规定可以提起诉讼的其他行政案件。

●考点点拨

1. 本条是对于行政诉讼受案范围的肯定式列举，第 2 款为兜底条款。

2. 行政处罚是行政机关和法律、法规或者规章授权的组织对公民、法人或者其他组织违反行政管理规范的行为所实施的惩罚，主要包括行政拘留、暂扣或者吊销许可证和执照、责令停产停业、没收违法所得、没收非法财物、罚款、警告等处罚措施，违反行政处罚规范的行政行为包括行政处罚实体和程序违法两方面。

3. 行政机关作出的有关行政许可的决定包括准予、变更、延续、撤销、撤回、注销行政许可。

4.《行政复议法》第 30 条规定："公民、法人或者其他组织认为行政机关的具体行政行为侵犯其已经依法取得的土地、矿藏、水流、森林、山岭、草原、荒地、滩涂、海域等自然资源的所有权或者使用权的，应当先申请行政复议；对行政复议决定不服的，可以依法向人民法院提起行政诉讼。根据国务院或者省、自治区、直辖市人民政府对行政区划的勘定、调整或者征用土地的决定，省、自治区、直辖市人民政府确认土地、矿藏、水流、森林、山岭、草原、荒地、滩涂、海域等自然资源的所有权或者使用权的行政复议决定为最终裁决。"最终裁决作出后，相对人不得再向人民法院起诉。

5. 行政征收征用，是指行政机关为了公共利益的需要，依法将公民、法人或者其他组织的财物收归国家或者强制使用的行政行为，《宪法》第 13 条第 3 款规定："国家为了公共利益的需要，可以依照法律规定对公民的私有财产实行征收或者征用并给予补偿。"此处征收不包括税收和行政收费。

6. 经营自主权是企业等私法主体依法享有的合理分配所拥有的人力、物力、财力，自行决定组织生产经营活动各项事务的权利。农村土地承包经营权是农村集体经济组织的成员或者其他承包经营人依法对其承包的土地享有的自主经营、流转、收益的权利。农村土地承包经营一般采取承包合同的方式约定双方的权利义务，作为农村集体经营组织的发包方与作为承包方的农户或者其他经营人之间发生的纠纷，是民事争议，可以申请仲裁或者提起民事诉讼。如果乡镇政府或者县级以上地方农村部门等干涉农村土地承包，变更、解除承包合同，或者强迫、阻碍承包方进行土地承包经营权流转的，可以提起行政诉讼。农村土地经营权属于土地承包经营权的子权利。

7.《反垄断法》第 32 条规定："行政机关和法律、法规授权的具有管理公共事务职能的组织不得滥用行政权力，限定或者变相限定单位或者个人经营、购买、使用其指定的经营者提供的商品。"具言之，不得滥用行政权力，妨碍商品在地区之间的自由流通；不得滥用行政权力，以设定歧视性资质要求、评审标准或者不依法发布信息等方式，排斥或者限制外地经营者参加本地的招标投标活动；不得滥用行政权力，采取与本地经营者不平等待遇等方式，排斥或者限制外地经营者在本地投资或者设立分支机构；不得滥用行政权力，强制经营者从事本法规定的垄断行为；行政机关不得滥用行政权力，制定含有排除、限制竞争内容的规定。

8. 行政机关乱集资、乱摊派、乱收费被称为"三乱”,按照依法行政的法治原则,行政主体要求公民、法人或者其他组织履行义务,必须有法律、法规的依据,没有法定依据的,行政相对人可以拒绝履行。

9. 政府特许经营是政府通过招标等公平竞争方式,签订行政协议,许可特定经营者经营某项公共产品或者提供某项公共服务,主要为供水、供气、供热等公共服务领域。

10. 房屋征收补偿是行政机关征收国有或者集体土地上的房屋所给予的补偿。《国有土地上房屋征收与补偿条例》第25条规定:“房屋征收部门与被征收人依照本条例的规定,就补偿方式、补偿金额和支付期限、用于产权调换房屋的地点和面积、搬迁费、临时安置费或者周转用房、停产停业损失、搬迁期限、过渡方式和过渡期限等事项,订立补偿协议。补偿协议订立后,一方当事人不履行补偿协议约定的义务的,另一方当事人可以依法提起诉讼。”根据该条例规定,达不成协议的,由房屋征收部门报请作出房屋征收决定的市、县级人民政府依照本条例的规定,按照征收补偿方案作出补偿决定。该补偿决定是行政行为,可以依法提起行政诉讼。

☆真题回顾

(2019年单选)甲市乙区人民政府拟对区人民医院进行扩建,征收了医院附近小区业主的房屋,并与业主签订了《征收补偿协议书》。后因履行该协议发生纠纷,小区业主提起诉讼。下列说法正确的是(　　)。

A. 本案属于民事诉讼

B. 本案属于行政诉讼

C. 本案可以由小区业主自主选择诉讼方式

D. 本案属于行政诉讼附带民事诉讼

【解析】答案为B。根据《行政诉讼法》第2条、第12条第1款第5项的规定,有关征收补偿协定的履行属于行政机关与公民之间的争议,本案属于行政诉讼,B项正确。民事诉讼法调整的是平等民事主体之间的权利义务的争议,行政诉讼法调整的是行政主体和相对人间的行政争议。

(2019年多选)人民法院受理公民、法人或者其他组织对行政机关作出的(　　)行为不服所提起的诉讼。

A. 对行政机关工作人员的奖惩决定

B. 暂扣驾驶证

C. 罚款

D. 责令停产

E. 吊销营业执照

【解析】答案为BCDE。根据《行政诉讼法》第12条第1款第1项的规定,B项、C项、D项、E项正确,当选。根据第13条的规定,行政机关对行政机关工作人员的奖惩、任免等决定属于行政机关内部行为,不产生外部性,由行政机关自主决定,不服决定只能向上一级行政机关申诉,不属于人民法院对行政案件的受案范围,A项错误,排除。

★受案范围的排除情形

第十三条　人民法院不受理公民、法人或者其他组织对下列事项提起的诉讼:

(一)国防、外交等国家行为;

(二)行政法规、规章或者行政机关制定、发布的具有普遍约束力的决定、命令;

(三)行政机关对行政机关工作人员的奖惩、任免等决定;

(四)法律规定由行政机关最终裁决的行政行为。

●考点点拨

1. 国家行为,是指国务院、中央军事委员会、国防部、外交部等根据宪法和法律的授权,以国家的名义实施的有关国防和外交事务的行为,以及经宪法和法律授权的国家机关宣布紧急状态等行为。性质为政治行为,具有主权性、整体性、政治性和国家性,不属于行政法律规范范畴。

2. 具有普遍约束力的决定和命令,除法律例外规定外,并未使行政当事人权益直接受到损害,故不得直接提起行政诉讼。如《南京市土地利用总体规划(2006~2020年)》和《关于深入贯彻习近平新时代中国特色社会主义思想、加快推进汉中教育高质量发展的决定》。此外,如果名为“某某决定”或者“某某规划”,实际上具体内容涉及对特定相对人的权益造成侵害的,仍然属于行政诉讼受案范围。出题人喜欢在此设置陷阱,考生务必注意。

3. 行政机关工作人员的奖惩任免决定属于内部行政行为,指行政机关作出的涉及行政机关工作人员权利义务的决定,不属于行政诉讼受案范围。比如,甲县公安局免去孙某治安大队副大队长职务,孙某不服只能申诉,而不能提起行政诉讼。

4. 本条第4项“法律规定”仅指全国人民代表大会及其常务委员会制定的法律,行政机关的最终裁决的行政行为包括国务院的复议决定、省级政府的自然资源权属的复议决定和公安机关对于外国人作出的签证、遣送出境等行政措施。

◆**关联法条**

最高人民法院《关于适用〈中华人民共和国行政诉讼法〉的解释》

第一条　公民、法人或者其他组织对行政机关及其工作人员的行政行为不服，依法提起诉讼的，属于人民法院行政诉讼的受案范围。

下列行为不属于人民法院行政诉讼的受案范围：

（一）公安、国家安全等机关依照刑事诉讼法的明确授权实施的行为；

（二）调解行为以及法律规定的仲裁行为；

（三）行政指导行为；

（四）驳回当事人对行政行为提起申诉的重复处理行为；

（五）行政机关作出的不产生外部法律效力的行为；

（六）行政机关为作出行政行为而实施的准备、论证、研究、层报、咨询等过程性行为；

（七）行政机关根据人民法院的生效裁判、协助执行通知书作出的执行行为，但行政机关扩大执行范围或者采取违法方式实施的除外；

（八）上级行政机关基于内部层级监督关系对下级行政机关作出的听取报告、执法检查、督促履责等行为；

（九）行政机关针对信访事项作出的登记、受理、交办、转送、复查、复核意见等行为；

（十）对公民、法人或者其他组织权利义务不产生实际影响的行为。

☆**真题回顾**

（2018年单选）下列关于仲裁行为和行政诉讼受案范围的说法，不正确的是（　　）。

A. 仲裁机构独立于行政机关

B. 当事人对仲裁裁决不满的，可提起行政诉讼

C. 仲裁以不公开审理为原则

D. 申请仲裁体现了当事人的意思自治

【解析】答案为B。根据最高人民法院《关于适用〈中华人民共和国行政诉讼法〉的解释》第1条的规定，B项错误。考生如果面对不熟悉的题目，不要害怕，应将不熟悉的选项与已学过的知识点对应起来。

第三章　管　　辖

⊙基层人民法院管辖第一审行政案件

第十四条　基层人民法院管辖第一审行政案件。

●**考点点拨**

1. 本条规定说明第一审行政案件原则上应由基层人民法院管辖。同时我国基层人民法院、中级人民法院、高级人民法院和最高人民法院均依法有权受理第一审行政案件，但受理范围相互区分又相互补充。

2. 我国基层法院包括：县人民法院、县级市人民法院、市辖区人民法院、开发区人民法院和自治县人民法院。

★**中级人民法院管辖的第一审案件**

第十五条　中级人民法院管辖下列第一审行政案件：

（一）对国务院部门或者县级以上地方人民政府所作的行政行为提起诉讼的案件；

（二）海关处理的案件；

（三）本辖区内重大、复杂的案件；

（四）其他法律规定由中级人民法院管辖的案件。

●**考点点拨**

本条为新修正后的重点法条，考生需要认真把握。

1. 本条第1项后半部分规定由原先的“省、自治区、直辖市人民政府所作的具体行政行为”改为现行“县级以上地方人民政府所作的行政行为”，扩大了中级人民法院一审案件的管辖范围，有利于排除地方政府干扰，更好地保护行政相对人的合法权益。其次，增加规定第4项其他法律的规定，以便于未来扩大中级人民法院管辖范围的特别法律与《行政诉讼法》相衔接、协调，需要注意的是，此处的法律是指全国人民代表大会及其常务委员会制定的法律。

2. 行政案件由各级人民法院行政审判庭审理，海事法院对此不予审理。由于对海关业务专业性较强、海关部门设置地域上较为集中在大中城市以及方便当事人诉讼原则的考量，故规定由中级人民法院进行一审。

3. “重大、复杂”是指在中级人民法院管辖区内，行政案件的事实认定、法律适用存在较多疑难点，社会影响较大。如人数众多、关乎特定群体切身利益的土地征收、房屋拆迁、社会保障等方面的共同诉讼、集团诉讼案件和涉外、涉港澳台案件等。

4. 此条为衔接性条款，是为了给行政诉讼管辖制度的司法体制改革预留空间。目前，《全国人民代表大会常务委员会关于在北京、上海、广州设立知识产权法院的决定》第2条第1款、第2款规定：“知识产

权法院管辖有关专利、植物新品种、集成电路布图设计、技术秘密等专业技术性较强的第一审知识产权民事和行政案件。不服国务院行政部门裁定或者决定而提起的第一审知识产权授权确权行政案件，由北京知识产权法院管辖。”第4条规定：“知识产权法院第一审判决、裁定的上诉案件，由知识产权法院所在地的高级人民法院审理。”因此知识产权法院的法院级别相当于中级人民法院。

◆关联法条

最高人民法院《关于适用〈中华人民共和国行政诉讼法〉的解释》

第五条　有下列情形之一的，属于行政诉讼法第十五条第三项规定的“本辖区内重大、复杂的案件”：

（一）社会影响重大的共同诉讼案件；

（二）涉外或者涉及香港特别行政区、澳门特别行政区、台湾地区的案件；

（三）其他重大、复杂案件。

⊙高级人民法院管辖的第一审行政案件

第十六条　高级人民法院管辖本辖区内重大、复杂的第一审行政案件。

⊙最高人民法院管辖的第一审行政案件

第十七条　最高人民法院管辖全国范围内重大、复杂的第一审行政案件。

★一般地域管辖和人民法院跨行政区域管辖

第十八条　行政案件由最初作出行政行为的行政机关所在地人民法院管辖。经复议的案件，也可以由复议机关所在地人民法院管辖。

经最高人民法院批准，高级人民法院可以根据审判工作的实际情况，确定若干人民法院跨行政区域管辖行政案件。

●考点点拨

1. 第1款由原先“经复议的案件，复议机关改变原具体行政行为的，也可以由复议机关所在地人民法院管辖。”改为“经复议的案件，也可以由复议机关所在地人民法院管辖。”，不再区分复议机关对于原行政行为的复议决定是改变还是维持，以防止实践中复议机关为避免成为被告而往往作出维持原行政行为的不良倾向。

2. 第2款跨行政区域管辖为法律修正新增内容。目的是将司法管辖区域与行政区划适度分离，以防止行政干预和地方保护，保障行政诉讼制度依法独立运作。考生应当注意，行政区域管辖程序上需要按照法律授权的规则，要求经最高人民法院批准；其次是明确授权的实施条件，即在保障司法公正、方便群众诉讼、节约司法资源的目的下，由高级人民法院根据审判的实际情况确定。

☆真题回顾

（2018年单选）对行政协议提起诉讼的案件，适用（　　）的规定确定管辖法院。

A.《行政诉讼法》及其司法解释

B.《行政诉讼法》

C.《行政复议法》

D.《行政复议法》及其司法解释

【解析】答案为A。行政诉讼管辖的问题分别规定于《行政诉讼法》第3章以及最高人民法院《关于适用〈中华人民共和国行政诉讼法〉的解释》第2章中。管辖问题为诉讼法学的基础性问题，考生必须理解并能够根据地域管辖和级别管辖的相关规定确定符合题干情形的管辖法院。

★限制人身自由的行政案件地域管辖

第十九条　对限制人身自由的行政强制措施不服提起的诉讼，由被告所在地或者原告所在地人民法院管辖。

●考点点拨

1. 强制措施仅指限制人身自由的行政强制措施，不包括其他行政强制措施，如查封场所、扣押财物，也不包括限制人身自由的行政处罚，如行政拘留。其中，限制人身自由的行政强制措施是指行政主体依据法律规定和合法程序对公民人身自由采取的临时性限制其个人身体自由支配的措施。限制公民人身自由是法律的专属立法权，《立法法》第9条规定：“本法第八条规定的事项尚未制定法律的，全国人民代表大会及其常务委员会有权作出决定，授权国务院可以根据实际需要，对其中的部分事项先制定行政法规，但是有关犯罪和刑罚、对公民政治权利的剥夺和限制人身自由的强制措施和处罚、司法制度等事项除外。”限制人身自由的行政强制措施包括：盘问、留置、约束、强行驱散、驱逐、禁闭、强制带离现场和强制戒毒等。比如，某人喝酒后行为暴躁具有较高的人身攻击性，人民警察可依法约束其至危险消除时。

2. “原告所在地”，包括原告的户籍所在地、经常居住地和被限制人身自由地。行政机关基于同一事实，既采取限制公民人身自由的行政强制措施，又采取其他行政强制措施或者行政处罚的，仍然是由被告所在地或者原告所在地的人民法院管辖。

◆**关联法条**

最高人民法院《关于适用〈中华人民共和国行政诉讼法〉的解释》

第八条　行政诉讼法第十九条规定的“原告所在地”,包括原告的户籍所在地、经常居住地和被限制人身自由地。

对行政机关基于同一事实,既采取限制公民人身自由的行政强制措施,又采取其他行政强制措施或者行政处罚不服的,由被告所在地或者原告所在地的人民法院管辖。

《中华人民共和国行政强制法》

第九条　行政强制措施的种类:

(一)限制公民人身自由;

(二)查封场所、设施或者财物;

(三)扣押财物;

(四)冻结存款、汇款;

(五)其他行政强制措施。

★**不动产案件专属管辖**

第二十条　因不动产提起的行政诉讼,由不动产所在地人民法院管辖。

●**考点点拨**

1. 此条为专属管辖规定,此类案件只能由不动产所在地人民法院管辖,不能由当事人选择或者人民法院协议。

(1)不动产,是指依自然性质或法律规定不能进行移动或者移动会显著减损其价值的物,如土地、房屋等。

(2)因不动产引起的行政诉讼,包括因不动产所有权、使用权发生纠纷和违章建筑拆除而起诉的案件,如房屋登记、土地确权、房屋拆迁和政府强制将居民所有的房屋外观涂为黄色等情形。

(3)行政行为不是直接针对相对人对不动产享有权利本身,而是仅仅涉及不动产的,不适用本条。比如,针对违章建筑进行行政罚款的行为为普通的行政处罚行为,不涉及对于不动产所有权、使用权的影响,因此不属于不动产行政案件。

2. 不动产已经在登记机关办理登记的,以不动产登记簿记载的所在地为不动产所在地;未办理登记的,以不动产实际所在地为不动产所在地。

◆**关联法条**

最高人民法院《关于适用〈中华人民共和国行政诉讼法〉的解释》

第九条　行政诉讼法第二十条规定的“因不动产提起的行政诉讼”是指因行政行为导致不动产物权变动而提起的诉讼。

不动产已登记的,以不动产登记簿记载的所在地为不动产所在地;不动产未登记的,以不动产实际所在地为不动产所在地。

☆**真题回顾**

(2018年单选)根据《行政诉讼法》,因不动产提起的行政诉讼,由(　　)管辖。

A. 不动产所在地人民法院

B. 原告所在地人民法院

C. 被告所在地人民法院

D. 基层人民法院

【解析】答案为A。根据《行政诉讼法》第20条的规定,A项正确。行政诉讼法的管辖问题属于高频考点,考生需重点理解掌握。

⊙共同管辖

第二十一条　两个以上人民法院都有管辖权的案件,原告可以选择其中一个人民法院提起诉讼。原告向两个以上有管辖权的人民法院提起诉讼的,由最先立案的人民法院管辖。

●**考点点拨**

1. 此条为两个以上的法院对于同一行政案件都有管辖权时的处理,称为共同管辖,比如,本法第19条规定的情形中,被告和原告所在地非为同一地区时或者不动产跨两个法院管辖区域时,就产生了两个法院同时享有管辖权的情形。本条规定首先由原告根据自身考量自由选择向哪一个法院起诉,若原告同时向两个法院起诉,则由最先立案的法院管辖。

2. 考生需要注意的是本法修正中将“由最先收到起诉状”的人民法院管辖改为了“最先立案”,有利于化解“立案难”问题,防止出现最先收到起诉状的法院不立案,而后收到起诉状的人民法院先立案但无管辖权的情形,导致行政纠纷不能及时解决,当事人合法权益得不到便捷有效的保障。

3. 程序上,先立案的人民法院不得再行将行政案件移送其他共同享有管辖权的人民法院;人民法院在立案前发现其他有管辖权的人民法院已先立案的,不得重复立案;立案后发现其他有管辖权的人民法院已先立案的,应当裁定将案件移送给先立案的人民法院。

4. 考生应当注意,在既有限制人身自由强制措施又有财产权内容的同一行政案件中,由原告所在地或者被告所在地人民法院管辖,财产权部分不再受被告所在地管辖的规定限制，人民法院并案处理，一并进行审理；经过复议的案件，作出原行政行为的行政主体和复议机关所在地法院亦均享有管辖权。

⊙移送管辖

第二十二条　人民法院发现受理的案件不属于本院管辖的，应当移送有管辖权的人民法院，受移送的人民法院应当受理。受移送的人民法院认为受移送的案件按照规定不属于本院管辖的，应当报请上级人民法院指定管辖，不得再自行移送。

●**考点点拨**

1. 移送管辖，是指人民法院受理案件后经审查认为不属于本院管辖而将其移送给有管辖权的人民法院受理的规定。移送管辖前提为属于受案范围但不享有管辖权，若人民法院审查不属于受案范围则应当裁定驳回起诉。此条款是为了解决实践中相互推诿管辖权，拖延审理进程的现象。

2. 移送管辖的行使需满足以下条件：

（1）移送的人民法院已经受理行政案件，尚未审结；

（2）移送的人民法院经审查认为自己无管辖权；

（3）移送的人民法院经审查认为受移送的人民法院依法享有管辖权。

考生注意，此处管辖权的有无主要由移送人民法院按照法律规定进行判断，因此存在错误可能，出现错误时需要指定管辖进一步纠正。此外，案件受理后，被告所在地发生变化的，受理行政案件人民法院的管辖权不受影响，无须移送。

3. 移送管辖只能使用一次。受移送的人民法院若认为其同样没有管辖权，不得再自行移送给其他法院，而应当报请上级法院指定管辖。

⊙指定管辖

第二十三条　有管辖权的人民法院由于特殊原因不能行使管辖权的，由上级人民法院指定管辖。

人民法院对管辖权发生争议，由争议双方协商解决。协商不成的，报它们的共同上级人民法院指定管辖。

●**考点点拨**

特殊原因指法律上或者事实上的特殊原因：

1. 法律上的原因，是指由于某些法定事实的存在使有管辖权的人民法院在法律上不能审理或不能继续审理，如当事人申请回避，该人民法院不宜进行审理等。

2. 事实上的原因，是指有管辖权的人民法院因不可抗力或者其他障碍不能或者难以行使管辖权，比如洪水等自然灾害、战争、意外事故等。

⊙管辖权移转

第二十四条　上级人民法院有权审理下级人民法院管辖的第一审行政案件。

下级人民法院对其管辖的第一审行政案件，认为需要由上级人民法院审理或者指定管辖的，可以报请上级人民法院决定。

第四章　诉讼参加人

★**原告资格**

第二十五条　行政行为的相对人以及其他与行政行为有利害关系的公民、法人或者其他组织，有权提起诉讼。

有权提起诉讼的公民死亡，其近亲属可以提起诉讼。

有权提起诉讼的法人或者其他组织终止，承受其权利的法人或者其他组织可以提起诉讼。

人民检察院在履行职责中发现生态环境和资源保护、食品药品安全、国有财产保护、国有土地使用权出让等领域负有监督管理职责的行政机关违法行使职权或者不作为，致使国家利益或者社会公共利益受到侵害的，应当向行政机关提出检察建议，督促其依法履行职责。行政机关不依法履行职责的，人民检察院依法向人民法院提起诉讼。

●**考点点拨**

1. 行政诉讼作为“民告官”的制度，原告是指对行政行为不服且与行政行为有利害关系从而依法提起行政诉讼，参与行政诉讼审理程序的公民、法人或者其他组织。即原告只能是处于被管理地位的公民、法人和其他组织。

2. 行政诉讼中诉讼参与人包括：诉讼参加人，即当事人（原告、被告、共同诉讼人、第三人）和诉讼代理人（法定代理人、委托代理人）；其他诉讼参与人（证人、鉴定人、勘验人员和翻译人员）。本条规定之原告为行政诉讼参加人中的当事人。

3. 原告分为行政相对人和行政相关人：

（1）行政相对人是指行政行为直接作用的对象，直接承受行政行为的法律效果，如行政处罚中的被处罚人。

（2）行政相关人是指虽然行政行为并不直接对其产生效力，但是客观上行政行为的作出会对其合法权益产生实质影响，也就是与行政行为有利害关系，如受相邻土地的建设而影响其采光或者通风的人。

4. 利害关系的具体类型包括：

(1)被诉的行政行为涉及其相邻权或者公平竞争权的，比如，政府主管机关审批出租车经营许可牌照时对本地机动车标准宽松而对外地机动车加以无理限制。

(2)在行政复议等行政程序中被追加为第三人的。

(3)要求行政机关依法追究加害人法律责任的，比如，受害人认为公安机关对被处罚人的治安处罚不公正。

(4)撤销或者变更行政行为涉及其合法权益的。

(5)为维护自身合法权益向行政机关投诉，具有处理投诉职责的行政机关作出或者未作出处理的。比如，消费者向市场监督管理局投诉卖家的欺诈销售行为，市场监督管理局不予答复。

(6)其他与行政行为有利害关系的情形。

5. "近亲属"包括配偶、父母、子女、兄弟姐妹、祖父母、外祖父母、孙子女、外孙子女和其他具有扶养、赡养关系的亲属。

(1)公民因被限制人身自由而不能提起诉讼的，其近亲属可以依其口头或者书面委托以该公民的名义提起诉讼。

(2)近亲属起诉时无法与被限制人身自由的公民取得联系，近亲属可以先行起诉，并在诉讼中补充提交委托证明。

6. 有权提起诉讼的法人或者其他组织终止而不存在原告资格，承受其权利的法人或者其他组织有权提起诉讼。如公司分立为几个子公司后，原公司注销，分立后的子公司有权就原公司涉及的行政争议提起诉讼。

7. 考生注意，最后一款为人民检察院的行政公益起诉权利，为《行政诉讼法》修正时新增加内容，行政公益起诉的领域包括生态环境和资源保护、食品药品安全、国有财产保护、国有土地使用权出让等，检察机关应当首先向行政机关提出检察建议督促其履行职责，若行政机关在 2 个月内，国家利益或者社会公共利益损害继续扩大等紧急情形下 15 日内不履行职责或者不书面回复，检察机关应当依法向人民法院提起诉讼。

◆关联法条

最高人民法院《关于适用〈中华人民共和国行政诉讼法〉的解释》

第十四条　行政诉讼法第二十五条第二款规定的"近亲属"，包括配偶、父母、子女、兄弟姐妹、祖父母、外祖父母、孙子女、外孙子女和其他具有扶养、赡养关系的亲属。

公民因被限制人身自由而不能提起诉讼的，其近亲属可以依其口头或者书面委托以该公民的名义提起诉讼。近亲属起诉时无法与被限制人身自由的公民取得联系，近亲属可以先行起诉，并在诉讼中补充提交委托证明。

最高人民法院、最高人民检察院《关于检察公益诉讼案件适用法律若干问题的解释》

第二十一条　人民检察院在履行职责中发现生态环境和资源保护、食品药品安全、国有财产保护、国有土地使用权出让等领域负有监督管理职责的行政机关违法行使职权或者不作为，致使国家利益或者社会公共利益受到侵害的，应当向行政机关提出检察建议，督促其依法履行职责。

行政机关应当在收到检察建议书之日起两个月内依法履行职责，并书面回复人民检察院。出现国家利益或者社会公共利益损害继续扩大等紧急情形的，行政机关应当在十五日内书面回复。

行政机关不依法履行职责的，人民检察院依法向人民法院提起诉讼。

最高人民法院《印发〈关于进一步保护和规范当事人依法行使行政诉权的若干意见〉的通知》

11. 要准确把握新行政诉讼法第二十五条第一款规定的"利害关系"的法律内涵，依法审查行政机关的行政行为是否确与当事人权利义务的增减得失密切相关，当事人在诉讼中是否确实具有值得保护的实际权益，不得虚化、弱化利害关系的起诉条件。对于确与行政行为有利害关系的起诉，人民法院应当予以立案。

☆真题回顾

(2017 年多选)行政诉讼中，属于诉讼参加人的有(　　)。

A. 原告　　B. 被告

C. 证人　　D. 诉讼代理人

E. 第三人

【解析】答案为 ABDE。本法并没有对诉讼参与人的概念进行规定，而《民事诉讼法》中对此概念也没有明确规定，一般认为，民事和行政诉讼中的诉讼参与人包括：(1)诉讼参加人，即当事人(原告、被告、共同诉讼人、第三人)和诉讼代理人(法定代理人、委托代理人)；(2)其他诉讼参与人(证人、鉴定人、勘验人员和翻译人员)。因此C项证人属于“其他诉讼参与人”,不选。

(2018年多选)甲公司是中外合资企业,区市场监督管理局以甲公司的经营活动超出核准登记的营业范围为由,对其进行行政处罚,甲公司不服欲提起行政诉讼,则可作为原告的有(　　)。

A. 甲公司

B. 甲公司中方代表

C. 甲公司外方代表

D. 甲公司总经理

E. 甲公司任一员工

【解析】答案为ABC。根据最高人民法院《关于执行〈中华人民共和国行政诉讼法〉若干问题的解释》第16条第2款的规定:“联营企业、中外合资或者合作企业的联营、合资、合作各方,认为联营、合资、合作企业权益或者自己一方合法权益受行政行为侵害的,可以自己的名义提起诉讼。”因此,甲公司、甲公司中方代表、外方代表均可以作为原告。但甲公司总经理以及任一员工不能代表公司利益,未经委托,不能以公司名义作为原告。故,A项、B项、C项正确,当选。

★被告资格

第二十六条　公民、法人或者其他组织直接向人民法院提起诉讼的,作出行政行为的行政机关是被告。

经复议的案件,复议机关决定维持原行政行为的,作出原行政行为的行政机关和复议机关是共同被告;复议机关改变原行政行为的,复议机关是被告。

复议机关在法定期限内未作出复议决定,公民、法人或者其他组织起诉原行政行为的,作出原行政行为的行政机关是被告;起诉复议机关不作为的,复议机关是被告。

两个以上行政机关作出同一行政行为的,共同作出行政行为的行政机关是共同被告。

行政机关委托的组织所作的行政行为,委托的行政机关是被告。

行政机关被撤销或者职权变更的,继续行使其职权的行政机关是被告。

●考点点拨

1. 行政诉讼的被告是因侵犯公民、法人或者其他组织合法权益而被起诉到法院的行政机关和法律、法规、规章授权的组织。被告分为:

(1)未经复议的案件,作出行政行为的行政机关作被告;

(2)经复议的案件,复议机关维持原行政行为的,原行政机关和复议机关是共同被告;

(3)经复议的案件,复议机关改变原行政行为的,复议机关是被告。

2. “复议机关改变原行政行为”,是指复议机关改变原行政行为的处理结果。复议机关改变原行政行为所认定的主要事实和证据、改变原行政行为所适用的规范依据,但未改变原行政行为处理结果的,视为复议机关维持原行政行为。复议机关确认原行政行为无效,属于改变原行政行为。复议机关确认原行政行为违法,属于改变原行政行为,但复议机关以违反法定程序为由确认原行政行为违法的除外。

3. 复议机关不作为的,由当事人自由选择原行政机关还是复议机关作被告,起诉复议机关不作为的,以复议机关为被告,起诉原行政行为的,以原行政机关为被告;两个以上行政机关作出同一行政行为的,是共同被告,如有关部门联合办理、集中办理行政审批。

4. 行政机关委托的组织,主要是指行政机关以外的事业单位、社会团体等,也包括行政机关委托内部的临时组建机构等。由于受委托的组织不是以自己的名义作出行政行为,不能对受委托作出的行政行为承担法律后果,不能作为行政诉讼的被告。比如,各地出现的“馒头办”“西瓜办”均为临时组建机构,在行政诉讼中由组建它的机构作为被告。

5. 我国政府的机构调整和职能转变一直在进行中,有的行政机关被撤销、合并,有的部门职权发生调整,原来行使的职权由别的部门行使,此时由继续行使其职权的行政机关作为被告,若此项行政职权不复存在,则以撤销该行政机关的行政机关为被告。

◆关联法条

最高人民法院《关于适用〈中华人民共和国行政诉讼法〉的解释》

第十九条　当事人不服经上级行政机关批准的行政行为,向人民法院提起诉讼的,以在对外发生法律效力的文书上署名的机关为被告。

第二十二条　行政诉讼法第二十六条第二款规定的“复议机关改变原行政行为”,是指复议机关改变原行政行为的处理结果。复议机关改变原行政行为所认定的主要事实和证据、改变原行政行为所适用的规范依据,但未改变原行政行为处理结果的,视为复议机关维持原行政行为。

复议机关确认原行政行为无效，属于改变原行政行为。

复议机关确认原行政行为违法，属于改变原行政行为，但复议机关以违反法定程序为由确认原行政行为违法的除外。

☆**真题回顾**

（2017年单选）某市公安局交通警察支队机动大队认为连某闯红灯，决定对其罚款500元、记6分。连某申请行政复议，该市公安局交通警察支队维持了机动大队的行政处罚。连某起诉该市公安局交通警察支队机动大队，人民法院应当（　　）。

A. 直接审理该市公安局交通警察支队机动大队的处罚决定

B. 告知连某追加该市公安局交通警察支队为共同被告

C. 不予受理

D. 驳回起诉

【**解析**】答案为B。根据《行政诉讼法》第26条第2款的规定，B项正确。

（2019年判断）经复议的案件，复议机关决定维持原行政行为的，公民、法人或者其他组织向人民法院提起诉讼，只可以将作出原行政行为的行政机关为被告。（　　）

【**解析**】根据《行政诉讼法》第26条第2款的规定，本题表述错误。

★**共同诉讼**

第二十七条　当事人一方或者双方为二人以上，因同一行政行为发生的行政案件，或者因同类行政行为发生的行政案件、人民法院认为可以合并审理并经当事人同意的，为共同诉讼。

●**考点点拨**

1. 共同诉讼是指当事人一方或者双方为二人以上的诉讼。共同诉讼分为因同一行政行为引起的共同诉讼和因同类行政行为引起的诉讼。

（1）因同一行政行为引起的共同诉讼，由于该行政行为不能分割，人民法院必须一起审理，此为必须共同进行的诉讼，包括：两个以上的行政相对人对同一行政行为不服而向法院起诉和两个以上行政主体共同实施的行政行为被起诉到法院。如市场监督管理局和环保局共同对某一公司作出行政罚款或者行政机关的同一房屋拆迁决定涉及拆迁区域的多名住户的情形。

（2）因同类行政行为引起的共同诉讼是指行为之间的性质相似，事实和理由相似，法律适用相同，为提高审判效率和保证法律适用的统一，经人民法院审查认为可以并经过当事人同意进行合并审理的诉讼。如两个以上的行政机关分别对同一事实作出行政行为、行政机关就一事实对若干公民、法人或者其他组织作出的行政行为或者诉讼过程中被告行政机关对原告作出的新的行政行为等情形。

2. 共同诉讼的适用需要满足以下几个条件：

（1）应当由同一法院管辖；

（2）必须属于同一诉讼程序，如都适用普通程序或者简易程序；

（3）当事人同意作为共同诉讼合并审理。

◆**关联法条**

最高人民法院《关于适用〈中华人民共和国行政诉讼法〉的解释》

第二十八条　人民法院追加共同诉讼的当事人时，应当通知其他当事人。应当追加的原告，已明确表示放弃实体权利的，可不予追加；既不愿意参加诉讼，又不放弃实体权利的，应追加为第三人，其不参加诉讼，不能阻碍人民法院对案件的审理和裁判。

★**代表人诉讼**

第二十八条　当事人一方人数众多的共同诉讼，可以由当事人推选代表人进行诉讼。代表人的诉讼行为对其所代表的当事人发生效力，但代表人变更、放弃诉讼请求或者承认对方当事人的诉讼请求，应当经被代表的当事人同意。

●**考点点拨**

1. 代表人诉讼是指一方当事人人数众多，为了简化程序，节省时间和人力，可以由当事人推选代表人进行诉讼的制度。

（1）其中，推选的代表人必须是其代表的当事人之一，不能是当事人之外的人。

（2）当事人一方“人数众多”，一般指10人以上。

（3）代表人首先由当事人推选，当事人推选不出的，可以由人民法院在起诉的当事人中指定代表人，代表人的人数为2～5人。

2. 代表人的诉讼权利。非实体性权利有提出管辖权异议、申请证据保全、提供证据、进行法庭辩论等；实体性权利有变更、放弃诉讼请求或者承认对方当事人的诉讼请求等，代表人需经被代表人同意方可行使实体性权利，否则其诉讼行为不对其代表的当事人产生法律效力，以此防止诉讼代表人和当事人另一方（被告方）恶意串通，损害被代表人利益。

◆**关联法条**

最高人民法院《关于适用〈中华人民共和国行政诉讼法〉的解释》

第二十九条　行政诉讼法第二十八条规定的“人数众多”,一般指十人以上。

根据行政诉讼法第二十八条的规定,当事人一方人数众多的,由当事人推选代表人。当事人推选不出的,可以由人民法院在起诉的当事人中指定代表人。

行政诉讼法第二十八条规定的代表人为二至五人。代表人可以委托一至二人作为诉讼代理人。

☆**真题回顾**

(2018年单选)在行政诉讼中,当事人一方人数众多的共同诉讼,可以由当事人推选代表人进行诉讼。代表人的诉讼行为对其所代表的当事人发生效力。代表人的以下诉讼行为中,除(　　)外,须经被代表的当事人同意。

A. 代表人变更

B. 放弃诉讼请求

C. 申请证据保全

D. 承认对方当事人的诉讼请求

【解析】答案为C。根据《行政诉讼法》第28条的规定,申请证据保全属于完全维护原告利益的行为,共同诉讼代表人可自行决定,无须被代表当事人同意,故C项正确。

(2019年多选)行政共同诉讼中,诉讼代表人的诉讼行为对其所代表的当事人发生效力,但代表人(　　),应当经被代表的当事人同意。

A. 申请回避

B. 变更诉讼请求

C. 放弃诉讼请求

D. 承认对方当事人的诉讼请求

E. 签收法律文书

【解析】答案为BCD。根据《行政诉讼法》第28条的规定,代表人变更、放弃诉讼请求或者承认对方当事人的诉讼请求作为当事人的核心实体权利,应当由当事人决定,诉讼代表人行使前应当经被代表的当事人同意,A项、E项为一般程序性权利,诉讼代表人可自行行使。故B项、C项、D项符合题干要求,当选。

⊙诉讼第三人

第二十九条　公民、法人或者其他组织同被诉行政行为有利害关系但没有提起诉讼,或者同案件处理结果有利害关系的,可以作为第三人申请参加诉讼,或者由人民法院通知参加诉讼。

人民法院判决第三人承担义务或者减损第三人权益的,第三人有权依法提起上诉。

●**考点点拨**

1. 行政诉讼第三人是原、被告之外,同被诉的行政行为有利害关系,或者同案件处理结果有利害关系未提起诉讼,为维护自己的合法权益,经自己申请或者法院通知参加到已开始的行政诉讼审理程序中的公民、法人或者其他组织即诉讼参加人之一。包括与行政行为有利害关系和与行政案件裁决结果有利害关系两种,其中法院判决第三人承担义务或者减损第三人权益的,第三人有权依法提起上诉或者申请再审。

2. 同被诉行政行为有利害关系情形:

(1)具有原告资格,可以以自己名义提起行政诉讼,如果其没有提起诉讼,其他利害关系人提起诉讼,可以作为第三人参加诉讼。

(2)同案件的判决结果有利害关系,指案件的判决结果将会影响其合法权益的,依法亦可以作为第三人,参加到诉讼程序中。比如,农户将其承包的土地流转给其他个人经营,如果乡镇政府要求取得土地经营权的人统一种植某种农作物,取得经营权的人不服,其具有原告资格,可以向法院起诉,但乡镇政府并没有要求原承包的农户解除流转协议,因此原农户不能对干预种植的行为提起诉讼,但法院如果判决取得土地经营权的人败诉,取得土地经营权的人可能要求解除土地流转协议。此时判决结果影响到原农户的权益,原承包的农户可以作为第三人参加诉讼。

3. 第三人在行政诉讼中具有独立的诉讼法律地位,既不是原告,也不是被告,而是为了维护自身合法权益的一类当事人。第三人有权提出管辖异议权、提供证据、进行辩论、委托他人代理诉讼、申请回避和提出上诉等权利。但是其无权处分原告和被告之间的诉讼权利,如放弃诉讼请求、提起撤诉等。

4. 第三人因不能归责于本人的事由未参加诉讼,但有证据证明发生法律效力的判决、裁定、调解书损害其合法权益的,可以依照《行政诉讼法》第90条的规定,自知道或者应当知道其合法权益受到损害之日起6个月内,向上一级人民法院申请再审。

◆**关联法条**

最高人民法院《关于适用〈中华人民共和国行政诉讼法〉的解释》

第三十条　行政机关的同一行政行为涉及两个

以上利害关系人，其中一部分利害关系人对行政行为不服提起诉讼，人民法院应当通知没有起诉的其他利害关系人作为第三人参加诉讼。

与行政案件处理结果有利害关系的第三人，可以申请参加诉讼，或者由人民法院通知其参加诉讼。人民法院判决其承担义务或者减损其权益的第三人，有权提出上诉或者申请再审。

行政诉讼法第二十九条规定的第三人，因不能归责于本人的事由未参加诉讼，但有证据证明发生法律效力的判决、裁定、调解书损害其合法权益的，可以依照行政诉讼法第九十条的规定，自知道或者应当知道其合法权益受到损害之日起六个月内，向上一级人民法院申请再审。

⊙法定代理人

第三十条　没有诉讼行为能力的公民，由其法定代理人代为诉讼。法定代理人互相推诿代理责任的，由人民法院指定其中一人代为诉讼。

●考点点拨

1. 没有诉讼行为能力的公民包括：未成年人和无诉讼行为能力的成年人（如精神病人）。这两类人虽然享有完整的诉讼权利，但是没有行为能力，不能亲自进行诉讼活动，需要由其法定代理人代为进行。

2. 法定代理人不需要办理代理手续，只要证明自己的身份和与被代理人的监护关系就可以。法定代理人之间互相推诿代理责任的，为了保护无诉讼行为能力人的合法权益，由人民法院指定其中一人代为诉讼。

★委托代理人

第三十一条　当事人、法定代理人，可以委托一至二人作为诉讼代理人。

下列人员可以被委托为诉讼代理人：

（一）律师、基层法律服务工作者；

（二）当事人的近亲属或者工作人员；

（三）当事人所在社区、单位以及有关社会团体推荐的公民。

●考点点拨

1. 委托代理人是指因当事人或者其法定代理人的委托而享有代理权的人。委托代理人的代理权基于当事人或其法定代理人的授予，需要向法院提交授权委托书，委托代理人的数量为1~2人。

2. 委托代理权限按照代理内容分为一般委托代理和特别委托代理。两者区别在于能否代为处分当事人的实体权利，一般委托代理无此权限，特别委托代理因经过当事人特别授权有此权限。实体权利的处分包括如代当事人承认、放弃或者变更诉讼请求、进行和解和提起上诉等，如诉讼过程中代当事人放弃部分对被告的诉讼请求。

3. 当事人为自然人的，其近亲属可以作为委托代理人；当事人为法人或者其他组织的，具有合法劳动人事关系的工作人员可以作为委托代理人，并出具如社会保险缴纳记录或者工资单凭证等证明。

4. 基层法律服务工作者是指根据《基层法律服务工作者管理办法》依法取得基层法律服务工作者执业证，在基层法律服务所执业，为社会提供法律服务的人员。

（1）从制度设立目的看，主要是面向基层群众，尤其是低收入人群，为他们提供及时、便利、收费低廉的法律咨询服务。

（2）基层法律服务工作者代理行政诉讼活动需要满足以下条件之一：

①至少有一方当事人的住所位于其执业的基层法律服务所在的县级行政区内或者直辖市的区（县）行政区内。

②案件由其执业的基层法律服务所所在的基层人民法院审理。

（3）代理的案件因进入二审、审判监督程序而超出的上述行政区域限定的，基层法律服务工作者可以继续接受原当事人的委托，担任诉讼代理人。

◆关联法条

最高人民法院《关于适用〈中华人民共和国行政诉讼法〉的解释》

第三十一条　当事人委托诉讼代理人，应当向人民法院提交由委托人签名或者盖章的授权委托书。委托书应当载明委托事项和具体权限。公民在特殊情况下无法书面委托的，也可以由他人代书，并由自己捺印等方式确认，人民法院应当核实并记录在卷；被诉行政机关或者其他有义务协助的机关拒绝人民法院向被限制人身自由的公民核实的，视为委托成立。当事人解除或者变更委托的，应当书面报告人民法院。

☆真题回顾

（2017年单选）行政诉讼中，关于当事人委托诉讼代理人的方式，下列说法不正确的是（　　）。

A. 应当向法院提交由委托人签名或盖章的授权委托书

B. 公民在特殊情况下无法书面委托的，可以口头委托

C. 企业在特殊情况下无法书面委托的，可以口头委托

D. 当事人解除或者变更委托的应当书面报告人民法院

【解析】答案为C。根据最高人民法院《关于适用〈中华人民共和国行政诉讼法〉的解释》第31条的规定，只有公民在特殊情况下可以口头委托，C项“企业在特殊情况下无法书面委托的，可以口头委托”的表述有误，应选。

（2018年单选）罗某因殴打他人被公安机关拘留5日，罗某不服，提起行政诉讼，未经法院许可，下列人员不可以作为其诉讼代理人的是（　　）。

A. 律师

B. 罗某的妻子

C. 罗某的朋友

D. 罗某所在单位推荐的某大学法学教授

【解析】答案为C。根据《行政诉讼法》第31条第2款的规定，罗某的朋友不可以作为诉讼代理人，C项正确。

⊙查阅复制和收集证据的权利

第三十二条　代理诉讼的律师，有权按照规定查阅、复制本案有关材料，有权向有关组织和公民调查，收集与本案有关的证据。对涉及国家秘密、商业秘密和个人隐私的材料，应当依照法律规定保密。

当事人和其他诉讼代理人有权按照规定查阅、复制本案庭审材料，但涉及国家秘密、商业秘密和个人隐私的内容除外。

●**考点点拨**

1. 代理诉讼的律师和当事人、其他诉讼代理人的权限是不同的，代理诉讼的律师的权限最大，可以查阅、复制本案有关材料，包括涉及国家秘密、商业秘密和个人隐私的材料，但是应当依照法律规定保密。

2. 当事人和其他诉讼代理人可以查阅、复制本案庭审材料，但涉及国家秘密、商业秘密和个人隐私的除外。

第五章　证　　据

★**证据种类**

第三十三条　证据包括：

（一）书证；

（二）物证；

（三）视听资料；

（四）电子数据；

（五）证人证言；

（六）当事人的陈述；

（七）鉴定意见；

（八）勘验笔录、现场笔录。

以上证据经法庭审查属实，才能作为认定案件事实的根据。

●**考点点拨**

1. 行政诉讼的证据是指证明行政案件待证事实的材料或者手段。需要满足客观性、关联性、合法性三项关于证据的普遍要求。

（1）客观性是指证据应当实实在在存在，而非任何的推测、假设或者想象。

（2）关联性也称为相关性，是指证据应当案件的需要证明的事实具有关联关系，属于事实的发生原因、形成条件或者事实结果。

（3）合法性是指证据本身需为合乎法律规定的证据种类、证据形式、取得程序，非法证据不得作为认证案件事实的依据。比如，证人的证言内容为推测性描述、询问笔录无被询问人的签名或者盖章或者行政执法人员非法进入公民住宅进行搜查取得的证据等均不符合证据要求，不得作为人民法院认定行政案件事实的依据。

2. 书证和物证的区别在于书证以记载的内容表达出来的思想和行为来证明案件事实，物证以物本身的属性、空间方位、外部特征来证明案件事实。书证如行政处罚决定书，物证如行政强制措施中使用的械具。

3. 电子数据为2014年《行政诉讼法》修正时增加证据种类，考生备考时应当注意。电子数据是指以数字化形式生成、存储、处理、发送信息的证据。

（1）作为一种新型证据种类，其内容涵盖文字、图形、音视频等多种形式，形式上具有数据化存储的特点。

（2）其内容具有易更改性。由于电子数据具有内部编程代码的可事后修改和内容形式上的可拼接组合的特点，易受到专业技术人员的更改，容易使其反映的内容和待证之事实之间产生出入和偏差。

4. 证人证言是指了解案件情况的人对于案件事实所作的陈述，证人的推测、猜想和评论等非事实性内容不得作为证据。证人以出庭作证为原则，以书面证言为例外。如在开庭时证人因确有困难不能出庭的，可以不出庭，主要情形有：

（1）年迈体弱或者行动不便无法出庭的；

（2）特殊岗位确实无法离开的；

(3)路途特别遥远,交通不便难以出庭的;

(4)因自然灾害等不可抗力的原因无法出庭的。

◆**关联法条**

最高人民法院《关于行政诉讼证据若干问题的规定》

第十五条　根据行政诉讼法第三十一条第一款第(七)项的规定,被告向人民法院提供的现场笔录,应当载明时间、地点和事件等内容,并由执法人员和当事人签名。当事人拒绝签名或者不能签名的,应当注明原因。有其他人在现场的,可由其他人签名。法律、法规和规章对现场笔录的制作形式另有规定的,从其规定。

第四十六条　证人应当陈述其亲历的具体事实。证人根据其经历所作的判断、推测或者评论,不能作为定案的依据。

☆**真题回顾**

(2019年多选)于某不服交警对其作出的行政处罚决定提起行政诉讼,并申请当时在现场旁观的黄某作为证人。以下黄某的证言,不能作为定案依据的有(　　)。

A. 黄某现场所看到的景象

B. 黄某现场所听到的对话

C. 黄某对事件发生原因的推测

D. 黄某自身对案件的评论

E. 黄某根据其自身经验作出的判断

【解析】答案为CDE。根据最高人民法院《关于行政诉讼证据若干问题的规定》第46条的规定,黄某看到的景象、对话属于亲历的具体事实,可以作为定案依据,而判断、推测、评论属于主观判断,带有个人倾向,不能作为定案依据。故C项、D项、E项符合。

★**被告举证责任**

第三十四条　被告对作出的行政行为负有举证责任,应当提供作出该行政行为的证据和所依据的规范性文件。

被告不提供或者无正当理由逾期提供证据,视为没有相应证据。但是,被诉行政行为涉及第三人合法权益,第三人提供证据的除外。

●**考点点拨**

1. 被告应当提供作出行政行为的事实证据和法律依据。

(1)若被告不提供证据或者逾期提供证据而无合理说明则认定被告没有提供证据,依法由被告承担败诉等不利后果。

(2)考生应当注意,诉讼中一般遵循"谁主张,谁举证"的原则,由提出诉讼请求或者主张的一方承担举证责任和举证不能的不利后果,而在行政诉讼中,原告对于行政行为提起诉讼,提出诉讼主张,但由被告对作出的行政行为合法性承担举证责任和举证不能的不利后果,此称为举证责任倒置。

2. 立法设置举证责任倒置主要基于两点考量:

(1)原告在行政管理活动中,处在被支配者的地位,相对而言是弱者,基于对弱者倾斜保护的原则,将举证责任赋予强势的被告行政主体能够维护实质上的公平。

(2)行政机关和被授权组织有法定职权和国家强制力保障,因此举证能力较强。

3. 考生注意,此处举证证据应当为行政行为作出"之前"所收集的证据,在作出"之后"不得再自行收集证据。

◆**关联法条**

最高人民法院《关于行政诉讼证据若干问题的规定》

第一条　根据行政诉讼法第三十二条和第四十三条的规定,被告对作出的具体行政行为负有举证责任,应当在收到起诉状副本之日起十日内,提供据以作出被诉具体行政行为的全部证据和所依据的规范性文件。被告不提供或者无正当理由逾期提供证据的,视为被诉具体行政行为没有相应的证据。

被告因不可抗力或者客观上不能控制的其他正当事由,不能在前款规定的期限内提供证据的,应当在收到起诉状副本之日起十日内向人民法院提出延期提供证据的书面申请。人民法院准许延期提供的,被告应当在正当事由消除后十日内提供证据。逾期提供的,视为被诉具体行政行为没有相应的证据。

★**被告及其诉讼代理人收集证据的限制**

第三十五条　在诉讼过程中,被告及其诉讼代理人不得自行向原告、第三人和证人收集证据。

●**考点点拨**

1. 在诉讼审理过程中,被告及其诉讼代理人不得自行向原告和证人收集证据。由于行政行为是在诉讼前即已对相对人作出,因此证明其合法性的证据只能是行政行为作出前调查收集的事实证据和规范性文件,在作出行政行为后再依据后出现的事实证据或者后出台的规范性文件不具有证明在先行政行为的合法效力。这是考试的重点考点和疑难考点,考生务必注意。比如,原告因殴打受害人被行政拘留后,公安机关又向受害人收集伤情证据。

2. 原告或者第三人提出其在行政程序中没有提出的反驳理由或者证据的,经人民法院准许,被告可以在第一审程序中补充相应的证据。

◆ **关联法条**

最高人民法院《关于适用〈中华人民共和国行政诉讼法〉的解释》

第三十四条　根据行政诉讼法第三十六条第一款的规定,被告申请延期提供证据的,应当在收到起诉状副本之日起十五日内以书面方式向人民法院提出。人民法院准许延期提供的,被告应当在正当事由消除后十五日内提供证据。逾期提供的,视为被诉行政行为没有相应的证据。

最高人民法院《关于行政诉讼证据若干问题的规定》

第三条　根据行政诉讼法第三十三条的规定,在诉讼过程中,被告及其诉讼代理人不得自行向原告和证人收集证据。

⊙被告延期提供和补充证据

第三十六条　被告在作出行政行为时已经收集了证据,但因不可抗力等正当事由不能提供的,经人民法院准许,可以延期提供。

原告或者第三人提出了其在行政处理程序中没有提出的理由或者证据的,经人民法院准许,被告可以补充证据。

● **考点点拨**

1. 正当事由包括:

(1)不可抗力,如洪涝灾害、地震等自然灾害或者邮局工人罢工等社会事件。

(2)其他事由。比如,证人在偏远交通不便地区,无法按时到达。

2. 第三人与行政行为有利害关系的或者诉讼结果与第三人有利害关系,可以提供证据证明行政行为合法性,以维护自身的合法利益,通常此利益与原告是对立的,如行政处罚中被处罚人和作为第三人的受害人。

⊙原告可以提供证据

第三十七条　原告可以提供证明行政行为违法的证据。原告提供的证据不成立的,不免除被告的举证责任。

● **考点点拨**

此处应当注意,原告无举证责任,即使不举证或者证据不被人民法院采纳,也不承担举证不能的不利后果,也不免除被告的举证责任。

★ **原告举证责任**

第三十八条　在起诉被告不履行法定职责的案件中,原告应当提供其向被告提出申请的证据。但有下列情形之一的除外:

(一)被告应当依职权主动履行法定职责的。

(二)原告因正当理由不能提供证据的。

在行政赔偿、补偿的案件中,原告应当对行政行为造成的损害提供证据。因被告的原因导致原告无法举证的,由被告承担举证责任。

● **考点点拨**

1. 原告承担举证责任的行政案件为被告不履行法定职责和行政赔偿、补偿案件中行政行为导致损害的案件。

(1)不履行法定职责包括不履行依申请的行政行为和依职权主动作为的行政行为两种情况。其中依申请的行政行为是否向行政机关实际申请是由相对人作出的,因此由原告提供证据更为合理。比如,周某以向行政机关申请排污许可,行政机关不答复为由起诉行政机关不作为,周某应当就其曾向行政机关提出排污许可申请进行举证。但是被告依职权应当主动履行法定职责或者原告有正当理由的,原告不承担举证责任。

(2)在行政赔偿、补偿案件中,因原告举证的证据在被告一方而被告拒不提供的,应当由被告就该损害情况承担举证责任。

2. 对于各方主张损失的价值无法认定的,应当由负有举证责任的一方当事人申请鉴定。

(1)若法律、法规、规章规定行政机关在作出行政行为时依法应当评估或者鉴定的,则由被告负责鉴定。

(2)负有举证责任的当事人拒绝申请鉴定的,由其承担不利的法律后果。

(3)当事人的损失因客观原因无法鉴定的,人民法院应当结合当事人的主张和在案证据,遵循法官职业道德,运用逻辑推理和生活经验、生活常识等,酌情确定赔偿数额。

◆ **关联法条**

最高人民法院《关于适用〈中华人民共和国行政诉讼法〉的解释》

第四十七条　根据行政诉讼法第三十八条第二款的规定,在行政赔偿、补偿案件中,因被告的原因导致原告无法就损害情况举证的,应当由被告就该损害情况承担举证责任。

对于各方主张损失的价值无法认定的,应当由负有举证责任的一方当事人申请鉴定,但法律、法规、规章规定行政机关在作出行政行为时依法应当评估或者鉴定的除外;负有举证责任的当事人拒绝申请鉴定的,由其承担不利的法律后果。

当事人的损失因客观原因无法鉴定的,人民法院应当结合当事人的主张和在案证据,遵循法官职业道德,运用逻辑推理和生活经验、生活常识等,酌情确定赔偿数额。

⊙法院要求提供或补充证据

第三十九条　人民法院有权要求当事人提供或者补充证据。

◆**关联法条**

最高人民法院《关于适用〈中华人民共和国行政诉讼法〉的解释》

第三十七条　根据行政诉讼法第三十九条的规定,对当事人无争议,但涉及国家利益、公共利益或者他人合法权益的事实,人民法院可以责令当事人提供或者补充有关证据。

⊙人民法院调取证据

第四十条　人民法院有权向有关行政机关以及其他组织、公民调取证据。但是,不得为证明行政行为的合法性调取被告作出行政行为时未收集的证据。

●**考点点拨**

1. 人民法院调取收集证据,不得为证明行政行为的合法性调取行政主体作出行政行为时未收集的证据。

2. 根据依法行政的原则,行政机关应当在作出行政行为时调查取证,如果行政机关在作出行政行为后自行取证,则该行政行为将构成违法。同理,如果人民法院在诉讼中再收集此类证据来证明被诉行政行为的合法性,就违反了保护公民、法人和其他组织合法权益的目的,人民法院应当在原告和被告中保持中立角色,不能偏袒任何一方。与案件有关的行政机关以及公民、法人和其他组织,有义务提供自己了解的证据,协助和支持人民法院的调查取证工作。

⊙法院经申请调取证据

第四十一条　与本案有关的下列证据,原告或者第三人不能自行收集的,可以申请人民法院调取:

(一)由国家机关保存而须由人民法院调取的证据;

(二)涉及国家秘密、商业秘密和个人隐私的证据;

(三)确因客观原因不能自行收集的其他证据。

⊙证据保全

第四十二条　在证据可能灭失或者以后难以取得的情况下,诉讼参加人可以向人民法院申请保全证据,人民法院也可以主动采取保全措施。

●**考点点拨**

1. 证据保全的方式有两种:

(1)申请保全。诉讼参加人可以向人民法院申请保全证据。

(2)依职权保全。人民法院可以依职权主动采取保全措施。

2. 证据保全的前提条件:

(1)证据可能灭失。

(2)以后难以取得。

⊙证据适用规则

第四十三条　证据应当在法庭上出示,并由当事人互相质证。对涉及国家秘密、商业秘密和个人隐私的证据,不得在公开开庭时出示。

人民法院应当按照法定程序,全面、客观地审查核实证据。对未采纳的证据应当在裁判文书中说明理由。

以非法手段取得的证据,不得作为认定案件事实的根据。

●**考点点拨**

1. 证据原则上应当经过法庭出示和当事人质证。若证据涉及国家秘密、商业秘密或者个人隐私,当案件公开开庭时,为保护相关的秘密和隐私,不进行出示。人民法院对于证据的取舍应当在裁判文书中说明理由,以保证判决的公开公正性和裁判标准的透明统一。

2. 非法手段取得的证据包括:

(1)严重违反法定程序收集的证据材料。

(2)以违反法律强制性规定的手段获取且侵害他人合法权益的证据材料。

(3)以利诱、欺诈、胁迫、暴力等手段获取的证据材料。

3. 以非法手段取得的证据,不得作为认定案件事实的根据,应当予以排除。

◆关联法条

最高人民法院《关于适用〈中华人民共和国行政诉讼法〉的解释》

第四十条　人民法院在证人出庭作证前应当告知其如实作证的义务以及作伪证的法律后果。

证人因履行出庭作证义务而支出的交通、住宿、就餐等必要费用以及误工损失，由败诉一方当事人承担。

第六章　起诉和受理

★行政复议与行政诉讼的关系

第四十四条　对属于人民法院受案范围的行政案件，公民、法人或者其他组织可以先向行政机关申请复议，对复议决定不服的，再向人民法院提起诉讼；也可以直接向人民法院提起诉讼。

法律、法规规定应当先向行政机关申请复议，对复议决定不服再向人民法院提起诉讼的，依照法律、法规的规定。

●考点点拨

此条内容为行政诉讼和行政复议的关系。

1. 两种救济手段二选一。对属于行政诉讼受案范围的行政行为，除法律、法规规定需要先复议后诉讼的外，公民、法人或者其他组织有两种选择：

（1）选择先申请行政复议，若不服复议决定再提起行政诉讼；

（2）不申请行政复议，直接提起行政诉讼。

2. 根据立案时间先后来确定。公民、法人或者其他组织既提起诉讼又申请行政复议的，由先立案的机关管辖；同时立案的，由公民、法人或者其他组织选择。比如，沈某对被公安机关暂扣驾照的行政行为不服，先向上一级公安机关申请行政复议并得到受理，又向人民法院提起行政诉讼，由先受理的上一级公安机关管辖。

3. 节约救济资源原则

（1）公民、法人或者其他组织向人民法院提起行政诉讼，人民法院已经依法受理的，不得再申请行政复议。

（2）公民、法人或者其他组织申请行政复议，行政复议机关已经依法受理的，在法定行政复议期限内不得向人民法院提起行政诉讼。比如，梁某对于公安机关行政拘留申请行政复议，上一级公安机关处理复议申请期间，其又向人民法院提起行政诉讼请求撤销行政拘留行为的，人民法院不予受理。

（3）此处立法的原意在于节约司法、行政资源，因为复议和诉讼都是救济手段，一旦确定某种救济渠道，就必须走完程序。

4. 先复议后诉讼的特殊情形：

（1）公民、法人或者其他组织认为行政机关的具体行政行为侵犯其已经依法取得的土地、矿藏、水流、森林、山岭、草原、荒地、滩涂、海域等自然资源的所有权或者使用权的；

（2）对反垄断执法机构依据该法第28条、第29条作出的决定不服的；

（3）对国务院部门或者省、自治区、直辖市人民政府的具体行政行为不服的，向作出该具体行政行为的国务院部门或者省、自治区、直辖市人民政府申请行政复议；

（4）经营者对政府价格主管部门作出的处罚决定不服的。比如，小王和小夏相互串通，操纵某县大豆的市场价格短期内剧烈上涨，县物价局对其罚款50万元，两人若不服应当先提起行政复议，对复议决定不服的再提起行政诉讼。

◆关联法条

最高人民法院《关于适用〈中华人民共和国行政诉讼法〉的解释》

第五十六条　法律、法规规定应当先申请复议，公民、法人或者其他组织未申请复议直接提起诉讼的，人民法院裁定不予立案。

依照行政诉讼法第四十五条的规定，复议机关不受理复议申请或者在法定期限内不作出复议决定，公民、法人或者其他组织不服，依法向人民法院提起诉讼的，人民法院应当依法立案。

⊙经行政复议的起诉期限

第四十五条　公民、法人或者其他组织不服复议决定的，可以在收到复议决定书之日起十五日内向人民法院提起诉讼。复议机关逾期不作决定的，申请人可以在复议期满之日起十五日内向人民法院提起诉讼。法律另有规定的除外。

●考点点拨

复议后起诉的时间均为15日，考生应当牢记：

1. 不服复议决定的，在收到复议决定书之日起15日内向人民法院提起诉讼。

2. 复议机关逾期不作决定的，在复议期满之日起15日内向人民法院提起诉讼。

◆**关联法条**

最高人民法院《关于适用〈中华人民共和国行政诉讼法〉的解释》

第五十六条　法律、法规规定应当先申请复议，公民、法人或者其他组织未申请复议直接提起诉讼的，人民法院裁定不予立案。

依照行政诉讼法第四十五条的规定，复议机关不受理复议申请或者在法定期限内不作出复议决定，公民、法人或者其他组织不服，依法向人民法院提起诉讼的，人民法院应当依法立案。

★**起诉期限**

第四十六条　公民、法人或者其他组织直接向人民法院提起诉讼的，应当自知道或者应当知道作出行政行为之日起六个月内提出。法律另有规定的除外。

因不动产提起诉讼的案件自行政行为作出之日起超过二十年，其他案件自行政行为作出之日起超过五年提起诉讼的，人民法院不予受理。

●**考点点拨**

1. 常规诉讼期限

(1)公民、法人或者其他组织知道或者应当知道行政行为：自行政行为作出之日6个月内提起诉讼，逾期起诉法院不予受理。

(2)公民、法人或者其他组织不知道或者不应当知道行政行为：不动产因价值较大赋予其最长20年的起诉期限；其他案件则为最长5年的起诉期限。

(3)经过最长起诉期限，即使当事人仍然不知道且不应当知道行政行为，也不再保护。此立法目的是尽快确定权利义务的归属状态，维护社会生活秩序的稳定。比如，行政机关强制拆除房屋但房屋所有权人因长期在国外生活不知道的，若自拆除行为作出之日起超过20年该所有权人提起诉讼的，人民法院将不予受理。

2. 未告知诉讼期限

(1)行政机关作出行政行为时，公民、法人或者其他组织知道该行政行为，但是行政机关却未告知起诉期限的，起诉期限从公民、法人或者其他组织知道或者应当知道起诉期限之日起计算，但从知道或者应当知道行政行为内容之日起最长不得超过1年。

(2)当事人知道行政行为的内容但不知道诉讼权利和诉讼期限情形，从知道行政行为内容之日起1年内提起诉讼的，法院应当受理；过1年期限提起诉讼的，法院不予受理。比如，行政机关作出行政处罚但未告知被处罚人起诉期限的，则从行政处罚决定开始当日，诉讼期限为1年。

◆**关联法条**

最高人民法院《关于适用〈中华人民共和国行政诉讼法〉的解释》

第六十四条　行政机关作出行政行为时，未告知公民、法人或者其他组织起诉期限的，起诉期限从公民、法人或者其他组织知道或者应当知道起诉期限之日起计算，但从知道或者应当知道行政行为内容之日起最长不得超过一年。

第六十五条　公民、法人或者其他组织不知道行政机关作出的行政行为内容的，其起诉期限从知道或者应当知道该行政行为内容之日起计算，但最长不得超过行政诉讼法第四十六条第二款规定的起诉期限。

复议决定未告知公民、法人或者其他组织起诉期限的，适用前款规定。

☆**真题回顾**

(2019年单选)公民甲向人民法院提起行政诉讼，但已过6个月起诉期限，人民法院应当(　　)。

A. 裁定不予受理　　B. 中止审理

C. 裁定立案　　D. 判决驳回

【解析】答案为A。根据《行政诉讼法》第46条的规定，此处属于程序性事项，人民法院应对"不予受理"用裁定的方式作出，故A项正确。考生注意，人民法院作出的不予受理、驳回起诉和管辖权异议的裁定，当事人可以在一审法院裁定书送达之日起10日内向上一级人民法院提起上诉，逾期不提起上诉的，裁定发生法律效力。《行政诉讼法》的起诉期限问题属于高频考点，考生需重点理解掌握。

★**行政机关不履行法定职责的起诉期限**

第四十七条　公民、法人或者其他组织申请行政机关履行保护其人身权、财产权等合法权益的法定职责，行政机关在接到申请之日起两个月内不履行的，公民、法人或者其他组织可以向人民法院提起诉讼。法律、法规对行政机关履行职责的期限另有规定的，从其规定。

公民、法人或者其他组织在紧急情况下请求行政机关履行保护其人身权、财产权等合法权益的法定职责，行政机关不履行的，提起诉讼不受前款规定期限的限制。

●**考点点拨**

1. 考生注意，此条乃法律修正新增之重点，是关于行政机关不履行法定职责即不作为时的起诉期限的特殊规定。

(1)一般情况下，行政机关在接到申请之日2个月内不履行的，公民、法人或者其他组织可以在不履行期限届满之日起6个月内向人民法院提起诉讼。

（2）法律、法规对履行期限有明确规定的，则自规定的期限届满后6个月内提起诉讼。比如，公安机关办理治安案件的期限，自受理之日起不得超过30日；再如行政机关收到政府信息公开申请，不能当场答复的，应当自收到申请之日起15个工作日内予以答复。

（3）在紧急情况下，公民、法人或者其他组织请求行政机关履行保护其人身权、财产权等合法权益的法定职责，行政机关不履行的，可以立即起诉，如公民甲和乙外出游玩，在路上遭遇抢劫报警，而公安机关不予答复的，此时两人可以立即起诉公安机关不作为，法院应当予以受理。

2. 不履行法定职责的行政案件构成要件为：

（1）行政机关和被授权组织负有法律、法规授予的职责。负有法定职责为其前提，如请求公安机关进行结婚登记，结婚登记依法属于民政部门的职责，公安机关不负有此项职责，不能起诉公安机关不作为。

（2）行政相对人提出申请。

（3）行政主体有履行能力而未履行。如申请时行政机关因地震导致办公场所被损毁无法办公，则此行政机关不具有履行的能力，不拘或不作为。

◆关联法条

最高人民法院《关于适用〈中华人民共和国行政诉讼法〉的解释》

第六十六条　公民、法人或者其他组织依照行政诉讼法第四十七条第一款的规定，对行政机关不履行法定职责提起诉讼的，应当在行政机关履行法定职责期限届满之日起六个月内提出。

☆真题回顾

（2019年单选）一般情况下，公民、法人或者其他组织申请行政机关履行保护其人身权，财产权等合法权益的法定职责，行政机关在接到申请之日起（　　）内不履行的，公民、法人或者其他组织可以向人民法院提起诉讼。

A. 1个月　　B. 2个月

C. 3个月　　D. 6个月

【解析】答案为B。根据《行政诉讼法》第47条的规定，一般情况下，行政机关在收到保护行政相对人合法权益的申请之日起2个月内不履行的，公民、法人或者其他组织可以向人民法院提起诉讼。故B项正确，当选。

⊙起诉期限的扣除和延长

第四十八条　公民、法人或者其他组织因不可抗力或者其他不属于其自身的原因耽误起诉期限的，被耽误的时间不计算在起诉期限内。

公民、法人或者其他组织因前款规定以外的其他特殊情况耽误起诉期限的，在障碍消除后十日内，可以申请延长期限，是否准许由人民法院决定。

●考点点拨

1. 起诉期限的计算中，公民、法人或者其他组织因不可抗力或者其他不属于其自身的原因导致延误起诉时间的，由此被延误的时间不计算在内，如地震、水灾和航班临时取消等情形。

2. 由其他特殊情况耽误起诉期限的，在障碍消除后10日内，可以申请延长期限，是否准许由人民法院决定。“其他特殊情况”由法院在个案中加以认定，原告在提出申请时应当提供相应证据，如当事人突发疾病。

◆关联法条

最高人民法院《关于适用〈中华人民共和国行政诉讼法〉的解释》

第六十九条　有下列情形之一，已经立案的，应当裁定驳回起诉：

（一）不符合行政诉讼法第四十九条规定的；

（二）超过法定起诉期限且无行政诉讼法第四十八条规定情形的；

……

★起诉条件

第四十九条　提起诉讼应当符合下列条件：

（一）原告是符合本法第二十五条规定的公民、法人或者其他组织；

（二）有明确的被告；

（三）有具体的诉讼请求和事实根据；

（四）属于人民法院受案范围和受诉人民法院管辖。

●考点点拨

1. 人民检察院作为公益诉讼案件的原告，是《行政诉讼法》修正时增加的，目的是进一步加大对公共利益和国有利益的保护力度。

2. 被告明确是指被诉行政主体应当清楚、具体、确定，不能模棱两可，比如，经上级机关批准，下级行政机关在法律文书中盖章对公民、法人或者其他组织作出的行政行为，应当以该盖章的下级行政机关为被告。

3. 具体的诉讼请求是指原告向法院提出的,要求法院予以判决的请求,包括:请求撤销或者变更行政行为、请求判决行政机关履行法定职责或者给付义务和请求确认行政行为违法或者无效等。比如,原告甲请求法院确认拆迁协议无效,内容明确具体符合要求。

4. 受案范围和管辖应当符合本法第 12 条关于受案范围的规定和第 3 章关于管辖的规定以及相关的法律法规和司法解释。此外,法律、法规规定应当先向行政机关申请复议,对复议决定不服再向人民法院提起诉讼的,依照法律、法规的规定。

◆关联法条

最高人民法院《关于适用〈中华人民共和国行政诉讼法〉的解释》

第五十四条　依照行政诉讼法第四十九条的规定,公民、法人或者其他组织提起诉讼时应当提交以下起诉材料:

(一)原告的身份证明材料以及有效联系方式;

(二)被诉行政行为或者不作为存在的材料;

(三)原告与被诉行政行为具有利害关系的材料;

(四)人民法院认为需要提交的其他材料。

由法定代理人或者委托代理人代为起诉的,还应当在起诉状中写明或者在口头起诉时向人民法院说明法定代理人或者委托代理人的基本情况,并提交法定代理人或者委托代理人的身份证明和代理权限证明等材料。

⊙起诉方式

第五十条　起诉应当向人民法院递交起诉状,并按照被告人数提出副本。

书写起诉状确有困难的,可以口头起诉,由人民法院记入笔录,出具注明日期的书面凭证,并告知对方当事人。

●考点点拨

1. 一般来说,提起诉讼要以书面起诉状的形式提起,这样法院才能快速、准确确定起诉事由,提高司法效率。《行政诉讼法》修正时,立法机关增加了"口头起诉"的规定,立法原意是为了更好地保障相对人起诉权利的行使,尤其是弱势群体的起诉权利。

2. 起诉状是原告向人民法院提起诉讼时,用书面形式提出自己的诉讼请求和诉讼理由,从而引起诉讼程序发生的诉讼文书,内容应当包括原被告基本信息、诉讼请求和相关事实及理由、证据等;口头方式是指原告或其法定代理人因文化知识水平较低或者法律知识欠缺导致自行书写确有困难,并且没有委托代理人的情形。

★登记立案

第五十一条　人民法院在接到起诉状时对符合本法规定的起诉条件的,应当登记立案。

对当场不能判定是否符合本法规定的起诉条件的,应当接收起诉状,出具注明收到日期的书面凭证,并在七日内决定是否立案。不符合起诉条件的,作出不予立案的裁定。裁定书应当载明不予立案的理由。原告对裁定不服的,可以提起上诉。

起诉状内容欠缺或者有其他错误的,应当给予指导和释明,并一次性告知当事人需要补正的内容。不得未经指导和释明即以起诉不符合条件为由不接收起诉状。

对于不接收起诉状、接收起诉状后不出具书面凭证,以及不一次性告知当事人需要补正的起诉状内容的,当事人可以向上级人民法院投诉,上级人民法院应当责令改正,并对直接负责的主管人员和其他直接责任人员依法给予处分。

●考点点拨

1. 本条为立案登记制度在行政诉讼中的规定,以化解司法实践中法院碍于政府机关的压力提高立案标准、拖延立案时间等"立案难"的问题。

2. 起诉状符合起诉条件的规定的,人民法院应当登记立案。禁止不合理地限制当事人诉权的行使,避免在立案环节进行过度审查,违法将当事人提起诉讼的依据是否充分、事实是否清楚、证据是否确凿、法律关系是否明确等作为立案条件。

3. 对于不能当场作出立案决定的,应当严格按照本条和相关司法解释的规定,在 7 日内决定是否立案。

(1)人民法院在 7 日内作出不予立案裁定,当事人可以向上一级人民法院上诉。

(2)对于不接收起诉状、接收起诉状后不出具书面凭证或者不一次性告知当事人需要补正的起诉状内容的,当事人可以向上级人民法院投诉,上级法院核查属实的,应当责令改正,并应当对直接负责的主管人员和其他直接责任人依法给予处分。

4. 起诉状内容欠缺或者有其他错误通知原告限期补正的,7 日的立案审查期限从补正后递交人民法院的次日起算。

☆**真题回顾**

(2017年单选)赵某在一个行政案件中提出39项诉讼请求,涉及市人民政府、区人民政府、区公安分局、市投资控股股份有限公司、区人大等众多部门,还涉及行政复议、行政拘留、信访维稳、劳教教养、户籍管理、劳动争议等众多行为。人民法院告知其分别立案,赵某不同意,要求在一个案件中全部解决,人民法院应当(　　)。

A. 不接受相关材料

B. 不予立案

C. 判决驳回诉讼请求

D. 判决驳回起诉

【解析】答案为B。根据《行政诉讼法》第51条第2款的规定,赵某的起诉明显不符合起诉条件且经过告知后仍然不修改,因此人民法院应当裁定不予立案,故本题B项正确。

⊙人民法院不立案、不裁定的救济

第五十二条　人民法院既不立案,又不作出不予立案裁定的,当事人可以向上一级人民法院起诉。上一级人民法院认为符合起诉条件的,应当立案、审理,也可以指定其他下级人民法院立案、审理。

●**考点点拨**

1. 在现实中,我国部分地方人民法院出于对行政干预和当事人纠缠等现实因素考量,对一些应当立案的案件既不立案,也不作出不予立案裁定,《行政诉讼法》修正时规定当事人可以直接向上一级人民法院起诉,以解决以往当事人找不到其他诉讼渠道的问题。

2. 上一级人民法院认为符合起诉条件的,应当立案、审理,也可以指定下级人民法院立案、审理,但是既不立案又不作出不予立案裁定的法院不得被指定立案审理,以保护当事人合法诉讼权利和司法审判的公正。

★**规范性文件的附带审查**

第五十三条　公民、法人或者其他组织认为行政行为所依据的国务院部门和地方人民政府及其部门制定的规范性文件不合法,在对行政行为提起诉讼时,可以一并请求对该规范性文件进行审查。

前款规定的规范性文件不含规章。

●**考点点拨**

1. 本条为2014年《行政诉讼法》修正时新增内容,考生应当重点关注。公民、法人或者其他组织在对行政行为提起诉讼时一并请求对所依据的规范性文件审查的,由行政行为案件管辖法院一并审查,不得单独对规范性文件提起诉讼。

2. 公民、法人或者其他组织请求人民法院一并审查本条规定的规范性文件,应当在第一审开庭审理前提出;有正当理由的,也可以在法庭调查中提出。

3. 规范性文件是指行政机关发布的针对不特定的人作出的具有普遍约束效力和反复适用性的文件,主要有行政法规、规章和决定、命令和通知等形式。

4. 对国务院制定的行政法规、决定和命令,只能由全国人民代表大会常务委员会行使撤销权。

5. 规章是由国务院部门、省级人民政府和省会所在地的市人民政府以及国务院批准的较大的市的人民政府制定的,根据国务院《法规规章备案条例》,它有一套比较严格的备案审查制度,无须通过人民法院来审查。

6. 本法所指规范性文件仅限于行政法规、规章以下的规范性文件。具体有国务院部门的规范性文件、省以下地方各级人民政府及其工作部门的规范性文件以及乡、镇人民政府的规定。如《潍坊市城市卫生暂行规定》《遂川县非法集资举报奖励实施细则》等。

◆**关联法条**

最高人民法院《关于适用〈中华人民共和国行政诉讼法〉的解释》

第一百四十五条　公民、法人或者其他组织在对行政行为提起诉讼时一并请求对所依据的规范性文件审查的,由行政行为案件管辖法院一并审查。

第一百四十六条　公民、法人或者其他组织请求人民法院一并审查行政诉讼法第五十三条规定的规范性文件,应当在第一审开庭审理前提出;有正当理由的,也可以在法庭调查中提出。

第七章　审理和判决

第一节　一般规定

⊙公开审理原则

第五十四条　人民法院公开审理行政案件,但涉及国家秘密、个人隐私和法律另有规定的除外。

涉及商业秘密的案件,当事人申请不公开审理的,可以不公开审理。

●**考点点拨**

1. 法律规定的公开审理,是指庭审过程除合议庭评议环节外,一律公开进行。开庭审理以向社会公众公开为原则,以不公开为例外。

公开审理的作用有:

(1)增强社会公众的外部监督。

(2)进行法制教育。

(3)促进案件审理结果公正。

2. 法定不公开审理的情形:

(1)国家秘密是指关系国家安全和利益,依照法定程序确定,在特定时间内仅特定人员能知悉的事项,以保护国家安全利益。

(2)个人隐私指涉及私人信息保护和生活安宁方面,如因个人家庭或情感生活引起的行政处罚。

(3)法律另有规定的情形。如人民法院对上诉案件,应当组成合议庭,开庭审理。但经过阅卷、调查和询问当事人,对没有提出新的事实、证据或者理由,合议庭认为不需要开庭审理的,也可以不开庭审理。

3. 申请不公开审理的情形:商业秘密是指不为公众所知悉、能为权利人带来经济利益、具有实用性并经权利人采取保密措施的技术信息和经营信息,一旦公开可能会导致商业秘密泄露,从而给当事人带来难以挽回的损失。据此,立法规定,经申请,可以不公开审理。

⊙回避原则

第五十五条　当事人认为审判人员与本案有利害关系或者有其他关系可能影响公正审判,有权申请审判人员回避。

审判人员认为自己与本案有利害关系或者有其他关系,应当申请回避。

前两款规定,适用于书记员、翻译人员、鉴定人、勘验人。

院长担任审判长时的回避,由审判委员会决定;审判人员的回避,由院长决定;其他人员的回避,由审判长决定。当事人对决定不服的,可以申请复议一次。

●考点点拨

1. 申请回避的对象:

(1)审判人员;

(2)书记员;

(3)翻译人员;

(4)鉴定人;

(5)勘验人。

2. 申请回避的情形:

(1)当事人申请审判人员回避;

(2)审判人员依职权申请自行回避。

3. 回避的批准:

(1)院长担任审判长时的回避,由审判委员会决定;

(2)审判人员的回避,由院长决定;

(3)其他人员的回避,由审判长决定。

4. 回避申请的救济:当事人对决定不服的,可以申请复议一次。《行政诉讼法》修正时将复议申请的次数规定为1次,是为了保障行政案件审理的顺利进行,规范当事人申请回避权利的行使。

★诉讼不停止执行的例外

第五十六条　诉讼期间,不停止行政行为的执行。但有下列情形之一的,裁定停止执行:

(一)被告认为需要停止执行的;

(二)原告或者利害关系人申请停止执行,人民法院认为该行政行为的执行会造成难以弥补的损失,并且停止执行不损害国家利益、社会公共利益的;

(三)人民法院认为该行政行为的执行会给国家利益、社会公共利益造成重大损害的;

(四)法律、法规规定停止执行的。

当事人对停止执行或者不停止执行的裁定不服的,可以申请复议一次。

●考点点拨

此条为考试重点,考生应当注意。

1. 行政诉讼期间,行政机关作出的行政行为以停止执行为原则,不停止执行为例外。行政行为一经成立即被推定为合法,未经有权主体变更、撤销或宣告无效,公民、法人和其他组织应当予以尊重或者履行。此外,这也是一定程度上为了防止少数怀有不正当目的的相对人滥用诉讼停止执行原则,以提起诉讼方式阻碍行政主体依法行使职权,妨害社会公共利益的实现。

2. 被告认为需要停止执行的。行政行为是由被告作出的,对于行政行为作出的相关信息掌握更加充分,因此其主张需要停止执行应当予以支持。

3. 原告或者利害关系人申请停止执行条件:

(1)有原告或者利害关系人的申请;

(2)执行会造成难以弥补的损失;

(3)停止执行不损害国家利益、社会公共利益。

4. 执行会造成国家利益、社会公共利益重大损害的,应当停止执行。

5. 法律、法规规定停止执行的。比如,根据《治安管理处罚法》的规定,被处罚人不服行政拘留处罚决定,申请行政复议、提起行政诉讼的,可以向公安机关提出暂缓执行行政拘留的申请。

⊙先予执行

第五十七条　人民法院对起诉行政机关没有依法支付抚恤金、最低生活保障金和工伤、医疗社会保险金的案件，权利义务关系明确、不先予执行将严重影响原告生活的，可以根据原告的申请，裁定先予执行。

当事人对先予执行裁定不服的，可以申请复议一次。复议期间不停止裁定的执行。

●考点点拨

1. 先予执行是指人民法院在生效裁判确定之前裁定有给付义务的人，预先给付对方部分财物或者为一定行为的法律制度。

2. 先予执行的行政案件为关系原告基本生活需求的支付抚恤金、最低生活保障金和工伤、医疗社会保险金的案件。

3. 先予执行条件：

（1）不先予执行将严重影响原告基本生活；

（2）当事人提出申请；

（3）法律关系中权利义务较为明确。

4. 申请人对于先予执行的申请无须提供担保。比如，急需最低生活保障金维持日常生活开支的最低生活保障的家庭可以申请人民法院在正式裁决前先行裁定被告行政机关给付一定数额的款项，并立即执行。

⊙拒不到庭或者中途退庭的处理

第五十八条　经人民法院传票传唤，原告无正当理由拒不到庭，或者未经法庭许可中途退庭的，可以按照撤诉处理；被告无正当理由拒不到庭，或者未经法庭许可中途退庭的，可以缺席判决。

●考点点拨

1. 原告拒不到庭或者中途退庭：按照撤诉处理。原告之所以拒不到庭或者中途退庭，主观意愿肯定就是不希望庭审继续，那么法院按照撤诉处理符合其意愿，也不损害当事人诉讼权益。

2. 被告拒不到庭或者中途退庭：缺席判决。被告之所以拒不到庭或者中途退庭，主观意愿就是不愿意承担责任，包括取证责任。为了维护当事人的合法权利，确保法律的公正性，法院可以缺席判决，被告要承担不举证的不利法律后果。比如，某县城管局要出庭举证没有殴打乱摆卖的小摊贩甲某，但是某城管局没有派员出庭，法院就视为其不举证，可以认定甲某出具的伤情为县城管局工作人员所为，判处县城管局败诉。

◆关联法条

最高人民法院《关于适用〈中华人民共和国行政诉讼法〉的解释》

第七十九条　原告或者上诉人申请撤诉，人民法院裁定不予准许的，原告或者上诉人经传票传唤无正当理由拒不到庭，或者未经法庭许可中途退庭的，人民法院可以缺席判决。

第三人经传票传唤无正当理由拒不到庭，或者未经法庭许可中途退庭的，不发生阻止案件审理的效果。

根据行政诉讼法第五十八条的规定，被告经传票传唤无正当理由拒不到庭，或者未经法庭许可中途退庭的，人民法院可以按期开庭或者继续开庭审理，对到庭的当事人诉讼请求、双方的诉辩理由以及已经提交的证据及其他诉讼材料进行审理后，依法缺席判决。

★妨碍行政诉讼的强制措施

第五十九条　诉讼参与人或者其他人有下列行为之一的，人民法院可以根据情节轻重，予以训诫、责令具结悔过或者处一万元以下的罚款、十五日以下的拘留；构成犯罪的，依法追究刑事责任：

（一）有义务协助调查、执行的人，对人民法院的协助调查决定、协助执行通知书，无故推拖、拒绝或者妨碍调查、执行的；

（二）伪造、隐藏、毁灭证据或者提供虚假证明材料，妨碍人民法院审理案件的；

（三）指使、贿买、胁迫他人作伪证或者威胁、阻止证人作证的；

（四）隐藏、转移、变卖、毁损已被查封、扣押、冻结的财产的；

（五）以欺骗、胁迫等非法手段使原告撤诉的；

（六）以暴力、威胁或者其他方法阻碍人民法院工作人员执行职务，或者以哄闹、冲击法庭等方法扰乱人民法院工作秩序的；

（七）对人民法院审判人员或者其他工作人员、诉讼参与人、协助调查和执行的人员恐吓、侮辱、诽谤、诬陷、殴打、围攻或者打击报复的。

人民法院对有前款规定的行为之一的单位，可以对其主要负责人或者直接责任人员依照前款规定予以罚款、拘留；构成犯罪的，依法追究刑事责任。

罚款、拘留须经人民法院院长批准。当事人不服的，可以向上一级人民法院申请复议一次。复议期间不停止执行。

●**考点点拨**

1. 以欺骗、胁迫等非法手段使原告撤诉为《行政诉讼法》修正时新增的内容。实践中,行政机关为达到让原告撤诉的目的,采取欺骗、胁迫等种种非法手段,使得原告在违背真实意思的情况下撤诉。这种行为不仅侵犯了原告的诉讼权利,而且不利于依法解决行政争议,更会进一步激化矛盾,不利于社会的稳定和谐。

2. 罚款、拘留需要人民法院院长批准,既可以单独适用,也可以合并适用,当事人对此不服的,可以向作出决定的人民法院的上一级法院申请复议一次,但复议期间,原罚款、拘留决定不停止执行。

3. 根据本条规定,人民法院可以根据情节轻重,予以训诫、责令具结悔过或者处1万元以下的罚款、15日以下的拘留;构成犯罪的,依法追究刑事责任,如妨害作证罪和帮助毁灭、伪造证据罪、扰乱法庭秩序罪。训诫是指批评教育并责令不得再犯;责令具结悔过是指以向人民法院递交悔过书的形式,承认错误,并保证不再犯。

☆**真题回顾**

(2018年多选)行政诉讼参与人或者其他人有下列(　　)行为之一的,人民法院可以根据情节轻重,予以训诫、责令具结悔过或者处1万元以下的罚款、15日以下的拘留;构成犯罪的,依法追究刑事责任。

A. 有义务协助调查、执行的人,对人民法院的协助调查决定、协助执行通知书,无故推拖,拒绝或者妨碍调查、执行的

B. 伪造、隐藏、毁灭证据或者提供虚假证明材料,妨碍人民法院审理案件的

C. 指使、贿买、胁迫他人作伪证或者威胁、阻止证人作证的

D. 隐藏,转移、变卖、毁损已被查封、扣押、冻结的财产的

E. 以欺骗、胁迫等非法手段使原告撤诉的

【解析】答案为ABCDE。根据《行政诉讼法》第59条的规定,5个选项均符合。本题考查法条原文,《行政诉讼法》立法目的是保证行政相对人的诉讼权利,体现公平公正的原则,以上行为均违反该原则,受到法律否定性评价,考生可据此理解掌握。因此,5个选项均正确,当选。

⊙行政案件适用调解情形

第六十条　人民法院审理行政案件,不适用调解。但是,行政赔偿、补偿以及行政机关行使法律、法规规定的自由裁量权的案件可以调解。

调解应当遵循自愿、合法原则,不得损害国家利益、社会公共利益和他人合法权益。

●**考点点拨**

1. 调解是指当事人在人民法院的主持下,自愿达成协议,解决纠纷的行为。行政案件一般不适用调解,但是行政赔偿、补偿以及行政机关行使法律、法规规定的自由裁量权的案件为例外规定,可以适用调解。

2. 例外规定

(1)行政赔偿是指行政机关的违法行政行为给公民、法人或者其他组织造成损害,应当承担赔偿责任并进行赔偿的方式。比如,公民李某被县公安局行政拘留,但无法律依据,公安局除了立即释放李某外,还应当对违法拘留给李某造成的损害进行赔偿。

(2)行政补偿是指行政机关的合法行政行为给公民、法人或者其他组织造成利益损害,依法由行政机关给予一定数额的补偿。如房屋征收中的补偿协议。

(3)赋予行政机关一定裁量权的行政行为需根据法律法规的明确规定。比如,《治安管理处罚法》第41条第1款规定:"胁迫、诱骗或者利用他人乞讨的,处十日以上十五日以下拘留,可以并处一千元以下罚款。"

3. 本条所列举行政案件,人民法院认为法律关系明确、事实清楚,在征得当事人双方同意后,并且不损害国家利益、社会公共利益和他人合法权益情形下,可以迳行调解。

(1)调解达成协议,人民法院应当制作调解书。

(2)调解书应当写明诉讼请求、案件的事实和调解结果。调解书生效日期为最后收到调解书的当事人签收的日期。

(3)调解协议内容不公开,但为保护国家利益、社会公共利益、他人合法权益,人民法院认为确有必要公开的除外。

(4)当事人一方或者双方不愿调解、调解未达成协议或者调解书送达前一方反悔的,人民法院应当及时判决。

(5)当事人自行和解或者调解达成协议后,请求人民法院按照和解协议或者调解协议的内容制作判决书的,人民法院不予准许。

◆**关联法条**

最高人民法院《关于适用〈中华人民共和国行政诉讼法〉的解释》

第八十四条　人民法院审理行政诉讼法第六十条第一款规定的行政案件,认为法律关系明确、事实清楚,在征得当事人双方同意后,可以迳行调解。

第八十六条　人民法院审理行政案件,调解过程不公开,但当事人同意公开的除外。

经人民法院准许,第三人可以参加调解。人民法院认为有必要的,可以通知第三人参加调解。

调解协议内容不公开,但为保护国家利益、社会公共利益、他人合法权益,人民法院认为确有必要公开的除外。

当事人一方或者双方不愿调解、调解未达成协议的,人民法院应当及时判决。

当事人自行和解或者调解达成协议后,请求人民法院按照和解协议或者调解协议的内容制作判决书的,人民法院不予准许。

★**行政诉讼附带民事诉讼的审理**

第六十一条　在涉及行政许可、登记、征收、征用和行政机关对民事争议所作的裁决的行政诉讼中,当事人申请一并解决相关民事争议的,人民法院可以一并审理。

在行政诉讼中,人民法院认为行政案件的审理需以民事诉讼的裁判为依据的,可以裁定中止行政诉讼。

●**考点点拨**

1. 涉及行政许可、登记、征收、征用和行政机关对民事争议所作的裁决的行政诉讼中,经过当事人申请,人民法院可以一并审理相关民事争议。

2. 申请应当在第一审开庭审理前提出;有正当理由的,也可以在法庭调查中提出。

(1)人民法院经审查发现行政案件已经超过起诉期限,民事案件尚未立案的,告知当事人另行提起民事诉讼;

(2)民事案件已经立案的,由原审判组织继续审理。

3. 人民法院在审理行政案件中发现民事争议为解决行政争议的基础,当事人没有请求人民法院一并审理相关民事争议的,人民法院应当告知当事人依法申请一并解决民事争议。

当事人就民事争议另行提起民事诉讼并已立案的,人民法院应当中止行政诉讼的审理。民事争议处理期间不计算在行政诉讼审理期限内。

4. 人民法院应当作出不予准许一并审理民事争议的决定情形:

(1)法律规定应当由行政机关先行处理的;

(2)违反《民事诉讼法》专属管辖规定或者协议管辖约定的;

(3)约定仲裁或者已经提起民事诉讼的;

(4)其他不宜一并审理民事争议的情形。

对不予准许的决定可以申请复议一次。

5. 在行政诉讼中一并审理相关民事争议的,民事争议应当单独立案,由同一审判组织审理。一并审理的民事争议,除非法律另有规定,适用民事法律规范的相关规定。

6. 行政争议和民事争议应当分别裁判

(1)当事人仅对行政裁判或者民事裁判提出上诉的,未上诉的裁判在上诉期满后即发生法律效力。第一审人民法院应当将全部案卷一并移送第二审人民法院,由行政审判庭审理。第二审人民法院发现未上诉的生效裁判确有错误的,应当按照审判监督程序再审。

(2)行政诉讼原告在宣判前申请撤诉的,是否准许由人民法院裁定。人民法院裁定准许行政诉讼原告撤诉,但对一并审理相关民事争议不撤诉的,人民法院应当继续审理民事争议。

7. 行政案件、民事案件按照各自标准分别收取诉讼费用。

◆**关联法条**

最高人民法院《关于适用〈中华人民共和国行政诉讼法〉的解释》

第一百三十七条　公民、法人或者其他组织请求一并审理行政诉讼法第六十一条规定的相关民事争议,应当在第一审开庭审理前提出;有正当理由的,也可以在法庭调查中提出。

第一百三十八条　人民法院决定在行政诉讼中一并审理相关民事争议,或者案件当事人一致同意相关民事争议在行政诉讼中一并解决,人民法院准许的,由受理行政案件的人民法院管辖。

公民、法人或者其他组织请求一并审理相关民事争议,人民法院经审查发现行政案件已经超过起诉期限,民事案件尚未立案的,告知当事人另行提起民事诉讼;民事案件已经立案的,由原审判组织继续审理。

人民法院在审理行政案件中发现民事争议为解决行政争议的基础,当事人没有请求人民法院一并审理相关民事争议的，人民法院应当告知当事人依法申请一并解决民事争议。当事人就民事争议另行提起民事诉讼并已立案的，人民法院应当中止行政诉讼的审理。民事争议处理期间不计算在行政诉讼审理期限内。

第一百三十九条　有下列情形之一的，人民法院应当作出不予准许一并审理民事争议的决定，并告知当事人可以依法通过其他渠道主张权利：

（一）法律规定应当由行政机关先行处理的；

（二）违反民事诉讼法专属管辖规定或者协议管辖约定的；

（三）约定仲裁或者已经提起民事诉讼的；

（四）其他不宜一并审理民事争议的情形。

对不予准许的决定可以申请复议一次。

第一百四十条　人民法院在行政诉讼中一并审理相关民事争议的，民事争议应当单独立案，由同一审判组织审理。

人民法院审理行政机关对民事争议所作裁决的案件，一并审理民事争议的，不另行立案。

第一百四十一条　人民法院一并审理相关民事争议，适用民事法律规范的相关规定，法律另有规定的除外。

当事人在调解中对民事权益的处分，不能作为审查被诉行政行为合法性的根据。

第一百四十二条　对行政争议和民事争议应当分别裁判。

当事人仅对行政裁判或者民事裁判提出上诉的，未上诉的裁判在上诉期满后即发生法律效力。第一审人民法院应当将全部案卷一并移送第二审人民法院，由行政审判庭审理。第二审人民法院发现未上诉的生效裁判确有错误的，应当按照审判监督程序再审。

第一百四十三条　行政诉讼原告在宣判前申请撤诉的，是否准许由人民法院裁定。人民法院裁定准许行政诉讼原告撤诉，但其对已经提起的一并审理相关民事争议不撤诉的，人民法院应当继续审理。

第一百四十四条　人民法院一并审理相关民事争议，应当按行政案件、民事案件的标准分别收取诉讼费用。

⊙申请撤诉

第六十二条　人民法院对行政案件宣告判决或者裁定前，原告申请撤诉的，或者被告改变其所作的行政行为，原告同意并申请撤诉的，是否准许，由人民法院裁定。

●考点点拨

1. 被告改变其所作的行政行为：

（1）改变被诉行政行为所认定的主要事实和证据；

（2）改变被诉行政行为所适用的规范依据且对定性产生影响；

（3）撤销、部分撤销或者变更被诉行政行为处理结果。

2. 有下列情形之一的，视为“被告改变其所作的具体行政行为”：

（1）根据原告的请求依法履行法定职责；

（2）采取相应的补救、补偿等措施；

（3）在行政裁决案件中，书面认可原告与第三人达成的和解。

比如，行政诉讼过程中，公安局主动撤销对于李某的行政拘留决定。

⊙审理依据和参照

第六十三条　人民法院审理行政案件，以法律和行政法规、地方性法规为依据。地方性法规适用于本行政区域内发生的行政案件。

人民法院审理民族自治地方的行政案件，并以该民族自治地方的自治条例和单行条例为依据。

人民法院审理行政案件，参照规章。

●考点点拨

1. 自治条例和单行条例。自治条例和单行条例是指自治区、自治州、自治县的人民代表大会依照当地民族的政治、经济和文化的特点制定的规范性文件。自治区的自治条例和单行条例，报全国人民代表大会常务委员会批准后生效。

2. 规章。根据《立法法》的规定，规章包括部门规章和地方政府规章。

（1）部门规章是指国务院各部、委员会、中国人民银行、审计署和具有行政管理职能的直属机构，根据法律和国务院的行政法规、决定、命令，在本部门的权限范围内制定的规范性文件。

（2）地方政府规章是指省、自治区、直辖市和较大的市的人民政府，根据法律、行政法规和本省、自治区、直辖市的地方性法规，就执行法律、行政法规、地方性法规的规定需要制定规章的事项和属于本行政区域的具体行政管理事项，制定的规范性文件。

3. “参照规章”是指人民法院在适用规章时，首先对规章的规定是否合法进行判断，对于规章合法的，则在案件裁决中进行适用，认为不合法的则不适用，而人民法院对于法律法规则必须适用，因此为“依据”。

★规范性文件的审查和处理

第六十四条　人民法院在审理行政案件中，经审查认为本法第五十三条规定的规范性文件不合法的，不作为认定行政行为合法的依据，并向制定机关提出处理建议。

●考点点拨

1. 人民法院在对规范性文件审查过程中，发现规范性文件可能不合法的，应当听取规范性文件制定机关的意见。规范性文件制定机关申请出庭陈述意见的，人民法院应当准许。行政机关未陈述意见或者未提供相关证明材料的，不能阻止人民法院对规范性文件进行审查。

2. “规范性文件不合法”情形包括：

(1)超越制定机关的法定职权或者超越法律、法规、规章的授权范围的，如地方政府的文件中规定有限制人身自由的措施；

(2)与法律、法规、规章等上位法的规定相抵触的；

(3)没有法律、法规、规章依据，违法增加公民、法人和其他组织义务或者减损公民、法人和其他组织合法权益的；

(4)未履行法定批准程序、公开发布程序，严重违反制定程序的；

(5)其他违反法律、法规以及规章规定的情形。

3. 人民法院审查认为行政行为所依据的规范性文件合法的，应当作为认定行政行为合法的依据。

(1)人民法院经审查认为规范性文件不合法，人民法院不作为审理本案行政行为合法性的规范依据，并应当向规范性文件的制定机关提出修改或者废止该规范性文件的司法建议。

(2)接收司法建议的行政机关应当在收到司法建议之日起60日内予以书面答复。情况紧急的，人民法院可以建议制定机关或者其上一级行政机关立即停止执行该规范性文件，并可以抄送制定机关的同级人民政府、上一级行政机关、监察机关以及规范性文件的备案机关。

(3)同时，人民法院认为规范性文件不合法的，应当在裁判生效后报送上一级人民法院进行备案。涉及国务院部门、省级行政机关制定的规范性文件，司法建议还应当分别层报最高人民法院、高级人民法院备案。

◆关联法条

最高人民法院《关于适用〈中华人民共和国行政诉讼法〉的解释》

第一百四十七条　人民法院在对规范性文件审查过程中，发现规范性文件可能不合法的，应当听取规范性文件制定机关的意见。

制定机关申请出庭陈述意见的，人民法院应当准许。

行政机关未陈述意见或者未提供相关证明材料的，不能阻止人民法院对规范性文件进行审查。

第一百四十八条　人民法院对规范性文件进行一并审查时，可以从规范性文件制定机关是否超越权限或者违反法定程序、作出行政行为所依据的条款以及相关条款等方面进行。

有下列情形之一的，属于行政诉讼法第六十四条规定的“规范性文件不合法”：

(一)超越制定机关的法定职权或者超越法律、法规、规章的授权范围的；

(二)与法律、法规、规章等上位法的规定相抵触的；

(三)没有法律、法规、规章依据，违法增加公民、法人和其他组织义务或者减损公民、法人和其他组织合法权益的；

(四)未履行法定批准程序、公开发布程序，严重违反制定程序的；

(五)其他违反法律、法规以及规章规定的情形。

第一百四十九条　人民法院经审查认为行政行为所依据的规范性文件合法的，应当作为认定行政行为合法的依据；经审查认为规范性文件不合法的，不作为人民法院认定行政行为合法的依据，并在裁判理由中予以阐明。作出生效裁判的人民法院应当向规范性文件的制定机关提出处理建议，并可以抄送制定机关的同级人民政府、上一级行政机关、监察机关以及规范性文件的备案机关。

规范性文件不合法的，人民法院可以在裁判生效之日起三个月内，向规范性文件制定机关提出修改或者废止该规范性文件的司法建议。

规范性文件由多个部门联合制定的，人民法院可以向该规范性文件的主办机关或者共同上一级行政机关发送司法建议。

接收司法建议的行政机关应当在收到司法建议之日起六十日内予以书面答复。情况紧急的，人民法院可以建议制定机关或者其上一级行政机关立即停止执行该规范性文件。

第一百五十条　人民法院认为规范性文件不合法的，应当在裁判生效后报送上一级人民法院进行备案。涉及国务院部门、省级行政机关制定的规范性文件，司法建议还应当分别层报最高人民法院、高级人民法院备案。

⊙裁判文书公开

第六十五条　人民法院应当公开发生法律效力的判决书、裁定书，供公众查阅，但涉及国家秘密、商业秘密和个人隐私的内容除外。

⊙行政机关工作人员和被告的处理

第六十六条　人民法院在审理行政案件中，认为行政机关的主管人员、直接责任人员违法违纪的，应当将有关材料移送监察机关、该行政机关或者其上一级行政机关；认为有犯罪行为的，应当将有关材料移送公安、检察机关。

人民法院对被告经传票传唤无正当理由拒不到庭，或者未经法庭许可中途退庭的，可以将被告拒不到庭或者中途退庭的情况予以公告，并可以向监察机关或者被告的上一级行政机关提出依法给予其主要负责人或者直接责任人员处分的司法建议。

●考点点拨

1. 违法违纪行为情形包括：

(1)对行政相对人进行殴打、体罚、非法拘禁、非法搜查，或者非法侵入、非法搜查行政相对人住宅的。

(2)在工作中不履行或者不正确履行职责，给他人造成人身、财产损失的。

(3)以各种方式乱收费、乱摊派或者擅自向他人征收、征用财物的。

(4)擅自使用、调换、变卖或者损毁被查封、扣押、冻结、划拨、收缴的财物的。

(5)非法占用、买卖或者以其他形式非法出让、转让土地使用权。

(6)贪污、挪用社保基金和救灾、抢险、防汛、优抚、扶贫、移民、救济、防疫款物的。

(7)利用职务上的便利，索取他人财物，或者非法收受他人财物为他人谋取利益的。

2. 人民法院对于无正当理由拒不到庭或者中途退庭的被告，可以将此向社会公告，并向监察机关或者被告的上一级行政机关提出依法给予其主要负责人或者直接责任人员处分的司法建议，建议其依法给予被告行政机关的主要负责人或者直接责任人员相应的行政处分。

第二节　第一审普通程序

⊙人民法院发送起诉状副本和被告提供答辩状

第六十七条　人民法院应当在立案之日起五日内，将起诉状副本发送被告。被告应当在收到起诉状副本之日起十五日内向人民法院提交作出行政行为的证据和所依据的规范性文件，并提出答辩状。人民法院应当在收到答辩状之日起五日内，将答辩状副本发送原告。

被告不提出答辩状的，不影响人民法院审理。

●考点点拨

考生注意，《行政诉讼法》修正时将被告提出答辩状的时间由10日延长为现行的15日，将“被告提交作出行政行为的有关材料”改为“作出行政行为的证据和所依据的规范性文件”，使得被告提交的材料更加明确具体，以提高行政审判效率。

★审判组织形式

第六十八条　人民法院审理行政案件，由审判员组成合议庭，或者由审判员、陪审员组成合议庭。合议庭的成员，应当是三人以上的单数。

●考点点拨

1. 人民法院对行政案件进行审理裁判主要有合议制和独任制两种组织形式，其中合议制为主要形式。

2. 人民法院审理行政案件，由审判员或者由审判员、陪审员组成合议庭。合议庭人数应当是3人以上的单数，合议庭成员是平等的，评议案件时实行少数服从多数原则。

☆真题回顾

(2018年判断)人民法院审理行政案件，由审判员组成合议庭，或者由审判员、陪审员组成合议庭。合议庭的成员，应当是3人以上的单数。(　　)

【解析】根据《行政诉讼法》第68条的规定，本题表述正确。

★驳回原告诉讼请求判决

第六十九条　行政行为证据确凿，适用法律、法规正确，符合法定程序的，或者原告申请被告履行法定职责或者给付义务理由不成立的，人民法院判决驳回原告的诉讼请求。

●考点点拨

1. 行政诉讼的判决是指人民法院依法审理终结

行政案件时，对于涉案双方提出的事实和证据，根据法律法规作出认定并对双方的实体性权利义务作出权威判定的活动。

《行政诉讼法》修正时以“驳回原告诉讼请求”判决取代了原法规定的“维持判决”。理由在于行政行为一经作出即具有公定力、确定力等法律效力，人民法院判决可以否定其效力，但行政行为的效力却不是法院赋予的，也不需要法院维持。因此，采用驳回原告诉讼请求更符合法律精神和司法实践的要求。

2. 对一般行政行为驳回原告诉讼请求的使用条件：

(1)证据确凿，即行政行为所针对的事实有充分的证据证明其存在；

(2)适用法律法规正确，即法律法规依据充分无遗漏和法律法规及其司法解释适用正确；

(3)符合法定程序，即实施行政行为时形式、手续和时限等符合法律法规的要求；

(4)无滥用职权、超越职权或者明显不当等情形。

3. 对于不作为的行政行为驳回原告诉讼请求的使用条件：

(1)原告依法没有职责或者义务履行法定职责或者进行给付，或者已经给付的；

(2)原告依法有职责或者义务履行法定职责或者进行给付，但是条件、期限尚未具备的。

☆**真题回顾**

(2017年单选)下列关于驳回原告诉讼请求判决与维持判决的说法，不正确的是(　　)。

A. 维持判决和驳回原告诉讼请求判决都是针对原告的诉讼请求作出的

B. 维持判决是对具体行政行为合法性的确认，驳回原告诉讼请求判决适用于不适宜对被诉具体行政行为作出评价的情形

C. 维持判决一旦作出，行政机关不能轻易地变更，而驳回原告诉讼请求判决不受此限

D. 法院判决驳回原告诉讼请求，等于确认被诉具体行政行为是合法的

【解析】答案为B。本题具有较大的难度，难点在于对行政诉讼法原理的理解和把握。根据《行政诉讼法》第69条的规定，驳回原告起诉是对被诉具体行政行为合法性的确认，而非不适宜评价情形，故本题B项错误。此外需要注意的是，法律修正中已经删除了“维持判决”，因此之后考试将不再区分二者。

★**撤销判决和重作判决**

第七十条　行政行为有下列情形之一的，人民法院判决撤销或者部分撤销，并可以判决被告重新作出行政行为：

(一)主要证据不足的；

(二)适用法律、法规错误的；

(三)违反法定程序的；

(四)超越职权的；

(五)滥用职权的；

(六)明显不当的。

●**考点点拨**

1. 被诉行政行为被人民法院判决撤销的理由为行政机关作出的行政行为违法，即符合本条列举之六种违法情形。撤销分为全部撤销和部分撤销，行政行为部分违法的，撤销部分违法内容；全部违法的，全部撤销。

2. 本条规定六种情形的表现：

(1)主要证据不足，是指行政机关作出的行政行为认定的事实错误或者基本事实缺乏证据证明而导致事实不清的情形。

(2)适用法律、法规错误。比如，公安机关对于未满14周岁的公民本应当免除处罚，责令监护人严加管教，但却对其进行了治安管理处罚，此为适用法律错误。

(3)违反法定程序包括虽对原告权利不产生实际影响但程序违法且非属轻微违法的和虽属程序轻微违法但对原告权利产生实际影响的情形，都适用撤销判决。比如，行政处罚决定书送达当事人时比法定期间晚了2日，没有涉及原告实体权利的侵害，不适用此法条，判决确认违法即可。

(4)超越职权，就是行使职权没有法律依据。

(5)行政机关滥用职权，是指行政机关作出行政行为虽然在其权限范围内，但行政机关不正当行使职权，违反了法律授予这种权力的目的。滥用职权是一种严重主观过错，针对的是自由裁量权的行使违背法律设置此种制度的目的，只为满足个人的私心和喜好等。比如警察甲某和公民乙某有私下恩怨，甲某为了满足私心，多次对其进行盘查，扰乱乙某正常生活。

(6)明显不当是指对于行政机关行使自由裁量权过程中，作出的行政行为出现极端不合理的情形。比如，行政主体将违法幅度较轻的行为按照法定行政处罚幅度内最高处罚额处罚，按照一般人的常理判断，此为明显不合理的行政行为，即为明显不当。

3. 撤销判决、履行判决给付判决、变更判决与确认违法判决、确认无效判决是一般与例外的关系，符合法定条件的，应当优先适用撤销判决、履行判决、变更判决、给付判决。

◆**关联法条**

最高人民法院《关于适用〈中华人民共和国行政诉讼法〉的解释》

第八十九条　复议决定改变原行政行为错误，人民法院判决撤销复议决定时，可以一并责令复议机关重新作出复议决定或者判决恢复原行政行为的法律效力。

★**重新作出行政行为判决的限制**

第七十一条　人民法院判决被告重新作出行政行为的，被告不得以同一的事实和理由作出与原行政行为基本相同的行政行为。

●**考点点拨**

1. 人民法院根据本法第70条的规定判决被告重新作出行政行为，被告不得以同一事实和理由作出与原行政行为基本相同内容的行政行为，以防止法院判决效力实质上被架空和增加原告的诉累。

2. 人民法院判决被告重新作出行政行为，被告重新作出的行政行为与原行政行为的结果相同，但主要事实或者主要理由有改变的，不属于本条情形。人民法院以违反法定程序为由，判决撤销被诉行政行为的，行政机关重新作出行政行为不受本条规定的限制。

3. 当行政机关以同一事实和理由重新作出与原行政行为基本相同的行政行为，人民法院应当判决撤销或者部分撤销，并根据本法第96条的规定处理。

◆**关联法条**

最高人民法院《关于适用〈中华人民共和国行政诉讼法〉的解释》

第九十条　人民法院判决被告重新作出行政行为，被告重新作出的行政行为与原行政行为的结果相同，但主要事实或者主要理由有改变的，不属于行政诉讼法第七十一条规定的情形。

人民法院以违反法定程序为由，判决撤销被诉行政行为的，行政机关重新作出行政行为不受行政诉讼法第七十一条规定的限制。

行政机关以同一事实和理由重新作出与原行政行为基本相同的行政行为，人民法院应当根据行政诉讼法第七十条、第七十一条的规定判决撤销或者部分撤销，并根据行政诉讼法第九十六条的规定处理。

⊙履行判决

第七十二条　人民法院经过审理，查明被告不履行法定职责的，判决被告在一定期限内履行。

●**考点点拨**

1. 人民法院经审理，认为原告请求被告履行法定职责的理由成立，被告违法拒绝履行或者无正当理由逾期不予答复的，人民法院依法判决被告在一定期限内依法履行原告请求。

尚需被告调查或者裁量的，应当判决被告针对原告的请求重新作出处理。比如，公民甲依法申请政府机关信息公开，政府机关不予答复，公民甲提起行政诉讼，人民法院应当裁决政府机关在一定期限内将信息予以公开。

2. 不履行为行政机关消极懈怠不履行法定职责。不履行的是法定职责，即法律、法规明确规定的职责，法定职责主要是保护职责，如对当事人申请不予答复。

此处考生注意，行政机关行使裁量权作出的拒绝行政许可等行政行为不属于不履行法定职责，因为行政机关经过积极地审查行为拒绝了原告的请求并给予了答复，并非具有一定许可的法定职责。若不服此类拒绝申请的行政行为，可依法提起行政诉讼，要求法院撤销该行政行为并要求行政机关重新作出行政行为。

3. 人民法院作出的履行判决只做形式上的要求，一般不针对具体内容作出判决，行政行为的具体内容属于行政权范畴，其作出内容的衡量应当由行使行政职权的行政机关决定。比如，商标注册机关审查认为申请人商标损害公序良俗而不予注册，此为拒绝许可的履职行为，而非消极懈怠的不履行行为。

◆**关联法条**

最高人民法院《关于适用〈中华人民共和国行政诉讼法〉的解释》

第九十一条　原告请求被告履行法定职责的理由成立，被告违法拒绝履行或者无正当理由逾期不予答复的，人民法院可以根据行政诉讼法第七十二条的规定，判决被告在一定期限内依法履行原告请求的法定职责；尚需被告调查或者裁量的，应当判决被告针对原告的请求重新作出处理。

⊙给付判决

第七十三条　人民法院经过审理，查明被告依法负有给付义务的，判决被告履行给付义务。

●考点点拨

1. 给付判决是指被告应当依法履行支付抚恤金、最低生活保障待遇或者社会保险待遇等给付义务而拒绝或者拖延履行义务，法院经审理依法判决其履行义务的判决类型。

2. 若原告事先未向行政机关提出申请，人民法院则裁定驳回起诉。人民法院经审理认为原告所请求履行的法定职责或者给付义务明显不属于行政机关权限范围的，可以裁定驳回起诉。

◆关联法条

最高人民法院《关于适用〈中华人民共和国行政诉讼法〉的解释》

第九十三条　原告请求被告履行法定职责或者依法履行支付抚恤金、最低生活保障待遇或者社会保险待遇等给付义务，原告未先向行政机关提出申请的，人民法院裁定驳回起诉。

人民法院经审理认为原告所请求履行的法定职责或者给付义务明显不属于行政机关权限范围的，可以裁定驳回起诉。

★确认违法判决

第七十四条　行政行为有下列情形之一的，人民法院判决确认违法，但不撤销行政行为：

（一）行政行为依法应当撤销，但撤销会给国家利益、社会公共利益造成重大损害的；

（二）行政行为程序轻微违法，但对原告权利不产生实际影响的。

行政行为有下列情形之一，不需要撤销或者判决履行的，人民法院判决确认违法：

（一）行政行为违法，但不具有可撤销内容的；

（二）被告改变原违法行政行为，原告仍要求确认原行政行为违法的；

（三）被告不履行或者拖延履行法定职责，判决履行没有意义的。

●考点点拨

1. 确认违法判决是指在行政行为虽然违法但客观上不具有撤销、履行内容或者撤销、履行不经济或者将造成其他重大利益损害的情形下人民法院作出的判决。

2. 撤销会给国家利益、社会公共利益造成重大损害，从公共利益考量不宜进行撤销。比如，政府违法征收土地，但该土地已经建设完工成为公共交通道路的，此时撤销将严重损害公共交通秩序和损耗财政支出，应当确认违法并可以判决政府进行赔偿。

3. 程序轻微违法是指对原告听证、陈述、申辩等重要程序性权利不产生实际影响的下列情形：

（1）处理期限轻微违法；

（2）通知、送达等程序轻微违法；

（3）其他程序轻微违法的情形。

4. 行政行为违法，但不具有可撤销内容的，主要是指违法的事实行为，虽然实际损害了原告的合法权益，但是没有为原告设置权利义务，比如，城管执法中殴打小贩行为政府信息公开中内容涉及公民、法人或者其他组织的商业秘密、个人隐私等。

5. 行政主体改变原违法行政行为，是指在诉讼过程中，法院作出裁决之前自行改变原行政行为，代之以新的行政行为，此时已经无行政行为可撤销，只能作出确认违法判决。

◆关联法条

最高人民法院《关于适用〈中华人民共和国行政诉讼法〉的解释》

第九十六条　有下列情形之一，且对原告依法享有的听证、陈述、申辩等重要程序性权利不产生实质损害的，属于行政诉讼法第七十四条第一款第二项规定的“程序轻微违法”：

（一）处理期限轻微违法；

（二）通知、送达等程序轻微违法；

（三）其他程序轻微违法的情形。

★确认无效判决

第七十五条　行政行为有实施主体不具有行政主体资格或者没有依据等重大且明显违法情形，原告申请确认行政行为无效的，人民法院判决确认无效。

●考点点拨

1. 行政行为无效是指自始无效，无须人民法院作出无效判决后才没有效力。当事人可以不受行政行为约束，不履行行政行为且无须承担任何责任。重大且明显违法情形为：

（1）行政行为实施主体不具有行政主体资格。比如，普通公民冒充人民警察执法。

（2）减损权利或者增加义务的行政行为没有法律规范依据。比如，交通警察对于闯红灯的行人要求其在路口维持秩序4小时。

（3）行政行为的内容客观上不可能实施。比如，公安机关在赛事结束后，要求大型赛事组织者积极履行安全保障义务。

（4）其他重大且明显违法的情形。比如，行政机关命令公民甲违法侵入公民乙的住宅。

2. 人民法院审查后的处理

（1）公民、法人或者其他组织起诉请求撤销行政行为，人民法院经审查认为行政行为无效的，应当作出确认无效的判决。

（2）人民法院审查认为行政行为不属于无效情形，经释明，原告请求撤销行政行为的，应当继续审理并依法作出相应判决；原告请求撤销行政行为但超过法定起诉期限的，裁定驳回起诉。

（3）人民法院审查认为行政行为不属于无效情形，经释明，原告拒绝变更诉讼请求的，判决驳回其诉讼请求。

◆关联法条

最高人民法院《关于适用〈中华人民共和国行政诉讼法〉的解释》

第九十九条　有下列情形之一的，属于行政诉讼法第七十五条规定的"重大且明显违法"：

（一）行政行为实施主体不具有行政主体资格；

（二）减损权利或者增加义务的行政行为没有法律规范依据；

（三）行政行为的内容客观上不可能实施；

（四）其他重大且明显违法的情形。

⊙确认违法和无效的补救措施和赔偿责任

第七十六条　人民法院判决确认违法或者无效的，可以同时判决责令被告采取补救措施；给原告造成损失的，依法判决被告承担赔偿责任。

●考点点拨

确认违法和无效判决中只是对于行政行为作出否定性评价，但是违法行政行为已经作出，并损害了当事人合法权益，因此行政机关应当承担相应的法律责任，通过事后的补救措施或者相应的损失赔偿以填补当事人合法权益的减损。比如，行政信息公开中泄露企业商业秘密，已经造成商业利益损害，行政机关应当采取及时删除商业秘密相关内容等措施进行补救，对已经造成的损害应当进行赔偿。

◆关联法条

最高人民法院《关于适用〈中华人民共和国行政诉讼法〉的解释》

第九十五条　人民法院经审理认为被诉行政行为违法或者无效，可能给原告造成损失，经释明，原告请求一并解决行政赔偿争议的，人民法院可以就赔偿事项进行调解；调解不成的，应当一并判决。人民法院也可以告知其就赔偿事项另行提起诉讼。

★变更判决

第七十七条　行政处罚明显不当，或者其他行政行为涉及对款额的确定、认定确有错误的，人民法院可以判决变更。

人民法院判决变更，不得加重原告的义务或者减损原告的权益。但利害关系人同为原告，且诉讼请求相反的除外。

●考点点拨

1. 考生注意，变更判决为撤销判决之补充，规定变更判决是为了防止行政机关因为偏见，在行政行为被撤销后重复作出相同的违法行政行为，导致相对人的合法权益无法得到实际确定。但同时为了防止人民法院直接决定行政行为的内容可能存在司法权过分干预行政权行使的情况，因此本条文严格限于两种情形。

（1）明显不当主要表现为处罚决定的畸轻畸重，由于此种行政行为极不合理，故作为违法行政行为处理。其他行政行为明显不当的，不能适用变更判决，法院只能作出撤销判决。

（2）其他行政行为中对款额的确定或认定确有错误的。这主要是指涉及金钱数量的确定和认定的除行政处罚外的其他行政行为，如企业缴纳税金中营业额的认定和最低生活保障金的确定。

2. 人民法院的变更判决不得加重或者减损原告的权益，使得原告处于更加不利的状况。

（1）法院审理行政诉讼实质是审查监督行政权，如果审理认为应当加重原告责任的，不得直接判罚，而应当依法撤销原行政行为，由行政机关作出新的处罚决定。

（2）在利害关系人同为原告且诉讼请求相反的时候，此种不得加重原告责任的规定则不再适用。比如，治安处罚案件中的加害人和受害人同为原告，加害人请求减轻行政处罚，受害人请求加重对加害人的行政处罚，此时根据法律规定和查明的事实，可以加重对加害人的处罚。

⊙行政协议履行及补偿判决

第七十八条　被告不依法履行、未按照约定履行或者违法变更、解除本法第十二条第一款第十一项规定的协议的，人民法院判决被告承担继续履行、采取补救措施或者赔偿损失等责任。

被告变更、解除本法第十二条第一款第十一项规定的协议合法,但未依法给予补偿的,人民法院判决给予补偿。

●考点点拨

1. 为了公共利益的需要,行政机关依法可以单方变更、解除、不履行行政协议。由此给相对人造成财产损失的,应当依法给予补偿。行政机关未依法给予补偿的,人民法院可以判决给予补偿。

2. 当行政机关不是因为公共利益需要或者其他法定情形而不依法履行、未按照约定履行、违法变更和违法解除行政协议时,法院经审查查明可以要求被诉行政机关承担违约责任,根据原告请求和实际情况,作出要求被诉行政机关继续履行行政协议、采取补救措施或者赔偿损失的判决。

3. 当行政协议有效且可以继续履行时可以判决被告继续履行;当行政机关无法继续履行或者履行已经没有意义时判决被告采取相应的补救措施,其中造成原告损失的,应当承担赔偿责任。适用的情形如政府特许经营协议、房屋征收补偿协议等。

⊙复议决定和原行政行为一并裁判

第七十九条　复议机关与作出原行政行为的行政机关为共同被告的案件,人民法院应当对复议决定和原行政行为一并作出裁判。

●考点点拨

1. 行政复议机关作出维持复议决定后,当事人起诉原行政机关的,复议机关与原行政机关为共同被告,从而在人民法院作出判决时应当对于原行政行为和复议决定行为一并作出裁判。

复议机关与原行政机关作共同被告的共同诉讼中,法院要分别审查原行政行为和复议决定的合法性,应当在一个判决中对原行政行为和复议决定的合法性一并作出裁判。

2. 举证责任

(1)作出原行政行为的行政机关和复议机关对原行政行为合法性共同承担举证责任,可以由其中一个机关实施举证行为。

(2)复议机关对复议决定的合法性承担举证责任。

(3)复议机关作共同被告的案件,复议机关在复议程序中依法收集和补充的证据,可以作为人民法院认定复议决定和原行政行为合法的依据。

3. 人民法院依职权追加作出原行政行为的行政机关或者复议机关为共同被告的,对原行政行为或者复议决定可以作出相应判决。

(1)人民法院判决撤销原行政行为和复议决定的,可以判决作出原行政行为的行政机关重新作出行政行为。

(2)人民法院判决作出原行政行为的行政机关履行法定职责或者给付义务的,应当同时判决撤销复议决定。

(3)原行政行为合法、复议决定违法的,人民法院可以判决撤销复议决定或者确认复议决定违法,同时判决驳回原告针对原行政行为的诉讼请求。

(4)原行政行为被撤销、确认违法或者无效,给原告造成损失的,应当由作出原行政行为的行政机关承担赔偿责任;因复议决定加重损害的,由复议机关对加重部分承担赔偿责任。

(5)原行政行为不符合复议或者诉讼受案范围等受理条件,复议机关作出维持决定的,人民法院应当裁定一并驳回对原行政行为和复议决定的起诉。

⊙公开宣判

第八十条　人民法院对公开审理和不公开审理的案件,一律公开宣告判决。

当庭宣判的,应当在十日内发送判决书;定期宣判的,宣判后立即发给判决书。

宣告判决时,必须告知当事人上诉权利、上诉期限和上诉的人民法院。

●考点点拨

1. 公开审理的案件:公开宣告判决。

2. 不公开审理的案件:公开宣告判决。

3. 宣告判决时,应当一并告知诉权。

⊙第一审审理期限

第八十一条　人民法院应当在立案之日起六个月内作出第一审判决。有特殊情况需要延长的,由高级人民法院批准,高级人民法院审理第一审案件需要延长的,由最高人民法院批准。

第三节　简易程序

★简易程序适用情形

第八十二条　人民法院审理下列第一审行政案件,认为事实清楚、权利义务关系明确、争议不大的,可以适用简易程序:

(一)被诉行政行为是依法当场作出的;

(二)案件涉及款额二千元以下的;

(三)属于政府信息公开案件的。

除前款规定以外的第一审行政案件,当事人各方同意适用简易程序的,可以适用简易程序。

发回重审、按照审判监督程序再审的案件不适用简易程序。

●考点点拨

1. 简易程序是指人民法院在审理事实清楚、权利义务关系明确、争议不大的第一审行政案件时采用的一种诉讼程序更加精简高效的审理方式。适用情形包括：

(1)被诉行政行为是依法当场作出的,依据《行政处罚法》的规定,违法事实确凿并有法定依据,对公民处以50元以下、对法人或者其他组织处以1000元以下罚款或者警告的行政处罚的,可以当场作出行政处罚决定。

(2)案件涉及款额2000元以下的。

(3)属于政府信息公开案件的,此类案件一般法律规定范围明确,事实简单易查,权利义务关系明晰。

(4)当事人各方同意的第一审行政案件。但是,发回重审和按照审判监督程序再审的案件一般存在较大争议,不得适用简易程序。

2. "事实清楚",是指当事人对争议的事实陈述基本一致,并能提供相应的证据,无须人民法院调查收集证据即可查明事实。

3. "权利义务关系明确",是指行政法律关系中权利和义务能够明确区分。

4. "争议不大",是指当事人对行政行为的合法性、责任承担等没有实质分歧。

◆关联法条

最高人民法院《关于适用〈中华人民共和国行政诉讼法〉的解释》

第一百零二条　行政诉讼法第八十二条规定的行政案件中的"事实清楚",是指当事人对争议的事实陈述基本一致,并能提供相应的证据,无须人民法院调查收集证据即可查明事实;"权利义务关系明确",是指行政法律关系中权利和义务能够明确区分;"争议不大",是指当事人对行政行为的合法性、责任承担等没有实质分歧。

⊙简易程序的审判组织形式和审理期限

第八十三条　适用简易程序审理的行政案件,由审判员一人独任审理,并应当在立案之日起四十五日内审结。

●考点点拨

简易程序审理的行政案件,审理期限为45日,时间自立案之日起算。

⊙简易程序转为普通程序

第八十四条　人民法院在审理过程中,发现案件不宜适用简易程序的,裁定转为普通程序。

●考点点拨

简易程序转普通程序,使用的是"裁定",不是"决定",出题人一向青睐于抠字眼来命题,考查考生对法条掌握的准确性。

第四节　第二审程序

⊙上诉期限

第八十五条　当事人不服人民法院第一审判决的,有权在判决书送达之日起十五日内向上一级人民法院提起上诉。当事人不服人民法院第一审裁定的,有权在裁定书送达之日起十日内向上一级人民法院提起上诉。逾期不提起上诉的,人民法院的第一审判决或者裁定发生法律效力。

●考点点拨

1. 不服一审判决,判决书送达之日起15日内上诉。

2. 不服一审裁定,裁定书送达之日起10日内上诉。

⊙二审审理方式

第八十六条　人民法院对上诉案件,应当组成合议庭,开庭审理。经过阅卷、调查和询问当事人,对没有提出新的事实、证据或者理由,合议庭认为不需要开庭审理的,也可以不开庭审理。

⊙二审审理范围

第八十七条　人民法院审理上诉案件,应当对原审人民法院的判决、裁定和被诉行政行为进行全面审查。

★二审审理期限

第八十八条　人民法院审理上诉案件,应当在收到上诉状之日起三个月内作出终审判决。有特殊情况需要延长的,由高级人民法院批准,高级人民法院审理上诉案件需要延长的,由最高人民法院批准。

●考点点拨

1. 上诉案件二审审理期限,是指从立案之日起至裁判宣告、调解书送达之日止的期间,但公告期间、鉴定期间、调解期间、中止诉讼期间、审理当事人提出的管辖异议以及处理人民法院之间的管辖争议期间不应计算在内。

2. 基层人民法院申请延长审理期限,应当直接报请高级人民法院批准，同时报中级人民法院备案。

高级人民法院申请延长审理期限，应当报请最高人民法院批准。

◆**关联法条**

最高人民法院《关于适用〈中华人民共和国行政诉讼法〉的解释》

第五十条　行政诉讼法第八十一条、第八十三条、第八十八条规定的审理期限，是指从立案之日起至裁判宣告、调解书送达之日止的期间，但公告期间、鉴定期间、调解期间、中止诉讼期间、审理当事人提出的管辖异议以及处理人民法院之间的管辖争议期间不应计算在内。

再审案件按照第一审程序或者第二审程序审理的，适用行政诉讼法第八十一条、第八十八条规定的审理期限。审理期限自再审立案的次日起算。

基层人民法院申请延长审理期限，应当直接报请高级人民法院批准，同时报中级人民法院备案。

☆**真题回顾**

(2017 年多选)(　　)所用时间不计算在行政案件的审理期限内。

A. 鉴定　　　　　B. 处理回避申请

C. 公告　　　　　D. 处理管辖争议

E. 中止诉讼

【**解析**】答案为 ACDE。根据最高人民法院《关于适用〈中华人民共和国行政诉讼法〉的解释》第 50 条的规定，本题除 B 项外均正确。

⊙二审裁判

第八十九条　人民法院审理上诉案件，按照下列情形，分别处理：

(一)原判决、裁定认定事实清楚，适用法律、法规正确的，判决或者裁定驳回上诉，维持原判决、裁定；

(二)原判决、裁定认定事实错误或者适用法律、法规错误的，依法改判、撤销或者变更；

(三)原判决认定基本事实不清、证据不足的，发回原审人民法院重审，或者查清事实后改判；

(四)原判决遗漏当事人或者违法缺席判决等严重违反法定程序的，裁定撤销原判决，发回原审人民法院重审。

原审人民法院对发回重审的案件作出判决后，当事人提起上诉的，第二审人民法院不得再次发回重审。

人民法院审理上诉案件，需要改变原审判决的，应当同时对被诉行政行为作出判决。

●**考点点拨**

1. 上诉案件的裁判按照对于原判决裁定事实和法律适用的审查以及对于被诉行政行为的认定，分别作出以下判决：

(1)原判决、裁定认定事实清楚，适用法律、法规正确的，判决或者裁定驳回上诉，维持原判决、裁定；

(2)原判决、裁定认定事实错误或者适用法律、法规错误的，依法改判、撤销或者变更；

(3)原判决认定基本事实不清、证据不足的，发回原审人民法院重审，或者查清事实后改判；

(4)原判决遗漏当事人或者违法缺席判决等严重违反法定程序的，裁定撤销原判决，发回原审人民法院重审。

2. 原审人民法院对发回重审的案件作出判决后，当事人提起上诉的，第二审人民法院不得再次发回重审。

人民法院审理上诉案件，需要改变原审判决的，应当同时对被诉行政行为作出判决。

第五节　审判监督程序

⊙当事人申请再审

第九十条　当事人对已经发生法律效力的判决、裁定，认为确有错误的，可以向上一级人民法院申请再审，但判决、裁定不停止执行。

●**考点点拨**

立法规定申请再审期间判决、裁定不停止执行，除了维护法律的严肃性外，还有一个考虑就是防止当事人为了达到暂停判决、裁定的执行而滥用再审申请权。

★**再审事由**

第九十一条　当事人的申请符合下列情形之一的，人民法院应当再审：

(一)不予立案或者驳回起诉确有错误的；

(二)有新的证据，足以推翻原判决、裁定的；

(三)原判决、裁定认定事实的主要证据不足、未经质证或者系伪造的；

(四)原判决、裁定适用法律、法规确有错误的；

(五)违反法律规定的诉讼程序，可能影响公正审判的；

(六)原判决、裁定遗漏诉讼请求的；

(七)据以作出原判决、裁定的法律文书被撤销或者变更的；

（八）审判人员在审理该案件时有贪污受贿、徇私舞弊、枉法裁判行为的。

●考点点拨

1. 人民法院进行再审的事由有八种情形，考生要掌握。

2. 申请再审，有下列情形之一的，人民法院不予立案：

（1）再审申请被驳回后再次提出申请的；

（2）对再审判决、裁定提出申请的；

（3）在人民检察院对当事人的申请作出不予提出检察建议或者抗诉决定后又提出申请的。

前两种情形人民法院应当告知当事人可以向人民检察院申请检察建议或者抗诉。

◆关联法条

最高人民法院《关于适用〈中华人民共和国行政诉讼法〉的解释》

第一百一十条　当事人向上一级人民法院申请再审，应当在判决、裁定或者调解书发生法律效力后六个月内提出。有下列情形之一的，自知道或者应当知道之日起六个月内提出：

（一）有新的证据，足以推翻原判决、裁定的；

（二）原判决、裁定认定事实的主要证据是伪造的；

（三）据以作出原判决、裁定的法律文书被撤销或者变更的；

（四）审判人员审理该案件时有贪污受贿、徇私舞弊、枉法裁判行为的。

第一百一十五条　审查再审申请期间，再审申请人申请人民法院委托鉴定、勘验的，人民法院不予准许。

☆真题回顾

（2018 年单选）当事人对已经发生法律效力的判决、裁定，认为有错误的，可以申请再审，下列情形中，除（　　）外人民法院应当再审。

A. 有新的证据，足以推翻原判决、裁定的

B. 原判决、裁定认定事实的主要证据系伪造的

C. 违反法律规定的诉讼程序，但不影响公正审判的

D. 据以作出原判决，裁定的法律文书被撤销或变更的

【解析】答案为 C。关于审判监督程序，《行政诉讼法》与《民事诉讼法》的规定一致。根据《行政诉讼法》第 91 条的规定，A 项、B 项、D 项符合法定应当再审的条件，不当选。仅违反诉讼程序且不影响公正审判的，并未影响公平公正的原则，不影响判决结果，无再审的必要，故 C 项无须再审，当选。

⊙人民法院依职权再审

第九十二条　各级人民法院院长对本院已经发生法律效力的判决、裁定，发现有本法第九十一条规定情形之一，或者发现调解违反自愿原则或者调解书内容违法，认为需要再审的，应当提交审判委员会讨论决定。

最高人民法院对地方各级人民法院已经发生法律效力的判决、裁定，上级人民法院对下级人民法院已经发生法律效力的判决、裁定，发现有本法第九十一条规定情形之一，或者发现调解违反自愿原则或者调解书内容违法的，有权提审或者指令下级人民法院再审。

⊙抗诉和检察建议

第九十三条　最高人民检察院对各级人民法院已经发生法律效力的判决、裁定，上级人民检察院对下级人民法院已经发生法律效力的判决、裁定，发现有本法第九十一条规定情形之一，或者发现调解书损害国家利益、社会公共利益的，应当提出抗诉。

地方各级人民检察院对同级人民法院已经发生法律效力的判决、裁定，发现有本法第九十一条规定情形之一，或者发现调解书损害国家利益、社会公共利益的，可以向同级人民法院提出检察建议，并报上级人民检察院备案；也可以提请上级人民检察院向同级人民法院提出抗诉。

各级人民检察院对审判监督程序以外的其他审判程序中审判人员的违法行为，有权向同级人民法院提出检察建议。

●考点点拨

1. 最高人民检察院对各级人民法院，上级人民检察院对下级人民法院已经发生法律效力的判决、裁定认为确有错误的，使用的是“抗诉”。

2. 地方各级人民检察院对同级人民法院已经发生法律效力的判决、裁定认为确有错误的，使用的是“提出检察建议”。

第八章　执　　行

⊙生效裁判和调解的执行

第九十四条　当事人必须履行人民法院发生法律效力的判决、裁定、调解书。

⊙申请强制执行和执行管辖

第九十五条　公民、法人或者其他组织拒绝履行判决、裁定、调解书的，行政机关或者第三人可以向第一审人民法院申请强制执行，或者由行政机关依法强制执行。

● **考点点拨**

1. 有执行权的行政机关，可以依法强制执行。

2. 没有执行权的行政机关或者第三人，可以向第一审人民法院申请强制执行。

3. 法律规定由第一审法院强制执行，主要是考虑到执行效率的问题。

★ **对行政机关拒绝履行的执行措施**

第九十六条　行政机关拒绝履行判决、裁定、调解书的，第一审人民法院可以采取下列措施：

（一）对应当归还的罚款或者应当给付的款额，通知银行从该行政机关的账户内划拨。

（二）在规定期限内不履行的，从期满之日起，对该行政机关负责人按日处五十元至一百元的罚款。

（三）将行政机关拒绝履行的情况予以公告；

（四）向监察机关或者该行政机关的上一级行政机关提出司法建议。接受司法建议的机关，根据有关规定进行处理，并将处理情况告知人民法院；

（五）拒不履行判决、裁定、调解书，社会影响恶劣的，可以对该行政机关直接负责的主管人员和其他直接责任人员予以拘留；情节严重，构成犯罪的，依法追究刑事责任。

● **考点点拨**

1. 行政机关应当自觉履行人民法院作出的发生法律效力的判决、裁定、调解书。行政机关拒绝履行时，第一审人民法院可以采取以下执行措施：

(1)对应当归还的罚款或者应当给付的款额，通知银行从该行政机关的账户内划拨。

(2)在规定期限内不履行的，从期满之日起，对该行政机关负责人按日处50元至100元的罚款。

(3)将行政机关拒绝履行的情况予以公告。该项执行措施为《行政诉讼法》修正时所增加的内容，是为了增加舆论监督和公告威慑力，以期达到促使其自觉履行的目的。

(4)向该行政机关的上一级行政机关或者监察机关提出司法建议。接受司法建议的机关，根据有关规定进行处理，并将处理情况告知人民法院。监察机关或者上一级行政机关按照国家有关人事管理权限和处理程序，根据检查、调查结果，对违反行政纪律的人员，依法应当给予警告、记过、记大过、降级、撤职、开除处分。

(5)拒不履行判决、裁定、调解书，社会影响恶劣的，可以对该行政机关直接负责的主管人员和其他直接责任人员予以拘留；情节严重，构成犯罪的，依法追究刑事责任。

①本项规定的拘留属于司法拘留，从性质上讲属于妨害行政诉讼的强制措施。其目的是对藐视发生法律效力的判决、裁定、调解书的行政机关直接负责的主管人员和其他直接责任人员以震慑，促使行政机关自觉履行义务。

②《刑法》第313条第1款规定："对人民法院的判决、裁定有能力执行而拒不执行，情节严重的，处三年以下有期徒刑、拘役或者罚金；情节特别严重的，处三年以上七年以下有期徒刑，并处罚金。"因此，如果构成犯罪的，则对其直接负责的主管人员和其他直接责任人员追究刑事责任。

2. 此条规定之目的是保证在行政纠纷中处于强势地位之行政主体积极履行裁决，确保当事人实际利益的实现，使司法权对于行政权的监督功效真正落到实处。

☆ **真题回顾**

(2019年单选)行政机关拒绝履行判决、裁定、调解书的，人民法院可以从期满之日起，(　　)。

A. 对行政机关按日处100元的罚款

B. 对负责人按日处100元的罚款

C. 对行政机关按日处10元的罚款

D. 对负责人按日处10元的罚款

【解析】答案为B。根据《行政诉讼法》第96条的规定，本题考查考生对行政机关拒绝履行生效法律文书的救济途径和人民法院可以采取的强制手段的认识，对于采用罚款方式的，可对行政机关负责人按日处以50～100元的罚款，B项正确。本题根据常识梳理亦可排除A项、C项，行政机关以财政资金来维持运转，对行政机关进行罚款，无法对行政机关积极履行生效法律文书产生惩戒和督促效果。本题难点在于具体数额问题，考查较细，要求考生对法条原文有准确的理解和把握。

⊙非诉执行

第九十七条　公民、法人或者其他组织对行政行为在法定期限内不提起诉讼又不履行的，行政机关可以申请人民法院强制执行，或者依法强制执行。

第九章　涉外行政诉讼

★**涉外行政诉讼的法律适用原则**

第九十八条　外国人、无国籍人、外国组织在中华人民共和国进行行政诉讼,适用本法。法律另有规定的除外。

●**考点点拨**

1. 外国人、无国籍人和外国组织在中华人民共和国进行行政诉讼同样适用本法规定,与中华人民共和国公民拥有同等的诉讼权利和义务。

2. 但是根据对等原则,外国法院对中华人民共和国公民、组织的行政诉讼权利加以限制的,人民法院对该国公民、组织的行政诉讼权利进行相应的限制。

3. 需要注意的是,此时行政诉讼的被告仍然只能是我国国家行政机关或者法律、法规、规章授权的组织。

☆**真题回顾**

(2018年判断)某外国人在中国申请办学许可时,遭到教育局拒绝,遂向人民法院提起行政诉讼,该案不适用《行政诉讼法》。(　　)

【解析】根据《行政诉讼法》第98条、第99条的规定,本题说法错误。

⊙同等与对等原则

第九十九条　外国人、无国籍人、外国组织在中华人民共和国进行行政诉讼,同中华人民共和国公民、组织有同等的诉讼权利和义务。

外国法院对中华人民共和国公民、组织的行政诉讼权利加以限制的,人民法院对该国公民、组织的行政诉讼权利,实行对等原则。

⊙委托中国律师代理

第一百条　外国人、无国籍人、外国组织在中华人民共和国进行行政诉讼,委托律师代理诉讼的,应当委托中华人民共和国律师机构的律师。

●**考点点拨**

1. 行政诉讼是"民告官"的案件,立法限制国外律师机构的律师,是为了避免国外律师在案件交涉中引发不必要的"政治问题",同时也是为了维护国家司法主权。

2. 其中,中华人民共和国律师机构的律师是指依法取得中华人民共和国律师执业资格的律师,其需具有中华人民共和国国籍。

第十章　附　　则

⊙适用民事诉讼法的规定

第一百零一条　人民法院审理行政案件,关于期间、送达、财产保全、开庭审理、调解、中止诉讼、终结诉讼、简易程序、执行等,以及人民检察院对行政案件受理、审理、裁判、执行的监督,本法没有规定的,适用《中华人民共和国民事诉讼法》的相关规定。

●**考点点拨**

诉讼法都是程序法,行政诉讼程序和民事诉讼程序比较接近,因此法律规定《行政诉讼法》没有规定的,适用《民事诉讼法》的相关规定。

★**诉讼费用**

第一百零二条　人民法院审理行政案件,应当收取诉讼费用。诉讼费用由败诉方承担,双方都有责任的由双方分担。收取诉讼费用的具体办法另行规定。

●**考点点拨**

1. 根据立法要求,人民法院审理行政案件,要收取诉讼费用,这有别于国家赔偿案件不收取任何费用的规定。此种规定是为了通过增加原告方的经济压力,防止原告不计成本的滥诉,节约国家司法资源。

2. 行政案件按照下列标准交纳诉讼费:

(1)商标、专利、海事行政案件每件交纳100元;

(2)其他行政案件每件交纳50元。

◆**关联法条**

《诉讼费用交纳办法》

第二条　当事人进行民事诉讼、行政诉讼,应当依照本办法交纳诉讼费用。

本办法规定可以不交纳或者免予交纳诉讼费用的除外。

第三条　在诉讼过程中不得违反本办法规定的范围和标准向当事人收取费用。

☆**真题回顾**

(2018年单选)陈某等人长期出入各大超市,一但发现超市所出售商品的标签标识不合法,就向市场监督管理局举报。然而,市场监督管理局未对举报的行为作出处理或者给予陈某等人奖励,陈某等人便起诉到人民法院。由此市场监督管理局作为被告的案件飙升,每年多达1000宗以上,于是市场监督管理局建议人民法院提高诉讼门槛,对该类案件提高案件受理费或者不予受理,人民法院(　　)。

A. 可以采纳建议,因为该类案件已经严重扰乱

市场监督秩序

B. 不应采纳建议，因为行政案件是否受理、收费多少都是法定的，法院无权决定

C. 可以根据法院的案件数量来决定是否受理

D. 可以根据原告是否恶意诉讼来决定案件受理费的高低

【解析】答案为 B。本题属于法律常识问题，只要对诉讼法学有基本了解均可作出准确判断。法律是维护公平正义的最后一道防线，公平、公正、公开是人民法院工作的基本要求，是否受理案件有相应的诉讼法律确定受案范围，只要符合法律规定，均应受理。不同案件类型和案件情况的案件受理费用由国务院《诉讼费用交纳办法》确定，不能通过提高案件受理费或者符合规定却不予受理等方式有碍司法公正。市场监督管理局无权也不应该作出此类建议干涉人民法院对于行政诉讼案件的审判。

⊙施行日期

第一百零三条　本法自 1990 年 10 月 1 日起施行。

第八章　国家赔偿法备考要点和法条解读

[illegible] 第八章
[illegible]

第一节　国家赔偿法备考复习要点

一、国家赔偿责任的概念与特征

(一)国家赔偿责任的概念

国家赔偿责任,即国家侵权损害赔偿责任,是指国家机关及其工作人员行使职权侵犯公民、法人或者其他组织的合法权益造成损害的,国家应当承担赔偿责任。

(二)国家赔偿责任的特征

1. 国家承担赔偿责任,机关履行赔偿义务。

2. 国家赔偿范围有限,只对国家机关及其工作人员一部分违法侵权行为承担赔偿责任,属于有限赔偿责任。

3. 赔偿方式和标准都是法定的,不同于民事赔偿,民事赔偿可以由当事双方进行约定。国家赔偿以支付赔偿金为主要方式,以返还财产、恢复原状为辅助方式。侵害的对象和程度不同,法律规定的赔偿标准不同。

4. 赔偿程序具有多样化特点。对于行政赔偿,受害人应当先向赔偿义务机关提出,也可以在申请行政复议和提起行政诉讼时一并提出,还可以单独提起行政赔偿诉讼。对于刑事赔偿,受害人应当先向刑事赔偿义务机关提出,然后可以再向赔偿义务机关的上一级机关申请行政复议,最后才能向人民法院赔偿委员会提出。

二、国家赔偿法归责原则

(一)国家赔偿法归责原则含义

国家赔偿法归责原则,是指国家承担赔偿责任的依据和标准。我国《国家赔偿法》实行的是以违法归责为主,以结果归责原则为补充的多元化归责原则。

(二)违法归责原则

违法归责原则是指国家只对违法行使职权的行为才承担赔偿责任。

(三)结果归责原则

结果原则主要适用于刑事赔偿领域,即只要公民因刑事强制措施或刑罚执行遭受损害,国家即须承担赔偿责任,而不论国家工作人员主观上是否存在故意或过失。

三、国家赔偿责任的构成要件

国家承担赔偿责任,必须同时满足四个要件:

(一)主体要件

实施侵权行为的主体必须是国家机关和国家工作人员。需要注意的是“被法律、法规授权的组织”也可以构成国家赔偿责任的主体。

(二)行为要件

主体实施的侵权行为必须是法定职务行为。

(三)损害结果要件

职务侵权行为必须给当事人的人身权或者财产权造成了实际损害结果。

(四)因果关系要件

职务侵权行为与损害结果之间必须具有因果关系。

上述四个要件缺一不可,共同构成了国家的赔偿责任。

四、国家赔偿的范围

(一)行政赔偿的范围

1. 侵犯人身权的行政赔偿范围。行政机关及其工作人员在行使职权时有下列情形之一的,受害人有权取得赔偿权利:

(1)违法拘留或者违法采取限制公民人身自由的行政强制措施的;

(2)非法拘禁或者以其他方法非法剥夺公民人身自由的;

(3)以殴打、虐待等行为或者唆使、放纵他人以殴打、虐待等行为造成公民身体伤害或者死亡的;

(4)违法使用武器、警械造成公民身体伤害或者死亡的;

(5)造成公民身体伤害或者死亡的其他违法行为。

2. 侵犯财产权的行为赔偿范围。行政机关及其工作人员在行使职权时有下列情形之一的,受害人有权取得赔偿权利:

(1)侵犯财产权的行政处罚行为;

(2)侵犯财产权的行政强制行为;

(3)违法征收、征用财产;

(4)造成财产损害的其他违法行为。

3. 不承担行政赔偿责任的情形。有下列情形之一的，国家不承担行政赔偿责任：

（1）行政机关工作人员与行使职权无关的个人行为；

（2）因公民、法人和其他组织自己的行为致使损害发生的；

（3）法律规定的其他情形。

（二）刑事赔偿的范围

1. 侵犯人身权的刑事赔偿范围。行使侦查、检察、审判职权的机关以及看守所、监狱管理机关及其工作人员在行使职权时有下列情形之一的，受害人有取得赔偿的权利：

（1）违反《刑事诉讼法》的规定对公民采取拘留措施的，或者依照《刑事诉讼法》规定的条件和程序对公民采取拘留措施，但是拘留时间超过《刑事诉讼法》规定的时限，其后决定撤销案件、不起诉或者判决宣告无罪终止追究刑事责任的；

（2）对公民采取逮捕措施后，决定撤销案件、不起诉或者判决宣告无罪终止追究刑事责任的；

（3）依照审判监督程序再审改判无罪，原判刑罚已经执行的；

（4）刑讯逼供或者以殴打、虐待等行为或者唆使、放纵他人以殴打、虐待等行为造成公民身体伤害或者死亡的；

（5）违法使用武器、警械造成公民身体伤害或者死亡的。

2. 侵犯人身权的刑事赔偿范围。行使侦查、检察、审判职权的机关以及看守所、监狱管理机关及其工作人员在行使职权时有下列情形之一的，受害人有取得赔偿的权利：

（1）违法对财产采取查封、扣押、冻结、追缴等措施的；

（2）依照审判监督程序再审改判无罪，原判罚金、没收财产已经执行的。

3. 不承担刑事赔偿责任的情形。有下列情形之一的，国家不承担刑事赔偿责任：

（1）因公民自己故意作虚伪供述，或者伪造其他有罪证据被羁押或者被判处刑罚的；

（2）依照《刑法》第 17 条、第 18 条的规定不负刑事责任的人被羁押的；

（3）依照《刑事诉讼法》第 15 条、第 173 条第 2 款、第 273 条第 2 款、第 279 条的规定不追究刑事责任的人被羁押的；

（4）行使侦查、检察、审判职权的机关以及看守所、监狱管理机关的工作人员与行使职权无关的个人行为；

（5）因公民自伤、自残等故意行为致使损害发生的；

（6）法律规定的其他情形。

（三）民事、行政审判赔偿的范围

1. 人民法院在民事、行政诉讼中侵犯人身权或财产权的，受害人申请国家赔偿的，适用刑事赔偿程序相关规定。民事、行政审判赔偿范围仅限于：

（1）违法采取对妨害诉讼的强制措施；

（2）违法采取保全措施；

（3）对判决、裁定及其他生效法律文书执行错误。

2. 对民事、行政审判中的错判，国家不承担赔偿责任，应当通过其他途径予以纠正补救。

五、行政赔偿请求人与义务机关

（一）行政赔偿请求人

1. 行政赔偿请求人概念。行政赔偿请求人，是指因国家行政机关及其工作人员行使职权而遭受损害，有权向国家请求赔偿的主体。需要注意的是，行政赔偿请求人与行政赔偿诉讼原告不是一个概念，他们分别是受害人在行政赔偿程序两个不同阶段的称谓。

2. 行政赔偿请求人的特征

（1）行政赔偿请求人是公民、法人和其他组织。

（2）行政赔偿请求人是合法权益受到行政行为侵害并造成实际损害的公民、法人和其他组织。

（3）行政赔偿请求人是依法以自己名义请求赔偿义务机关履行国家赔偿责任的公民、法人和其他组织。

（二）行政赔偿义务机关

1. 行政赔偿义务机关概念。行政赔偿义务机关是指代表国家履行具体赔偿义务，支付赔偿费用，参加赔偿案件解决的行政机关或者法律、法规授权的组织。

2. 行政赔偿义务机关的一般具有以下权利义务：

（1）及时受理和处理赔偿请求。赔偿义务机关应当及时受理赔偿请求人的申请，并在法定期限内作出处理。

（2）参加行政复议和行政诉讼。受害人提起行政复议或者提出行政诉讼的，行政义务机关应当以被申请人参加行政复议或以行政诉讼被告参加行政诉讼。

（3）及时充分履行赔偿义务。应当根据赔偿决定书、行政复议决定或人民法院判决书，及时向受害人支付赔偿金、精神损害赔偿金，以及返还财产和恢复原状等。

(4)依法办理追偿事务。行政机关在赔偿受害人的损失后,有权依法向有故意和重大过失的工作人员或者受委托的组织、个人行使追偿权。

3. 行政义务机关的确认

(1)一般情况下的赔偿义务机关。行政机关及其工作人员在行使职权造成公民、法人或其他合法组织权益损害的,该行政机关为赔偿义务机关。

(2)特殊情形下的赔偿义务机关。《国家赔偿法》规定了五种特殊情形:

①两个以上行政机关行使职权共同侵害公民、法人和其他组织合法权益时,共同行使职权的行政机关作为共同赔偿义务机关。

②法律、法规授权组织行使职权侵害公民、法人和其他组织合法权益时,被授权的组织为赔偿义务机关。

③行政机关委托的组织或个人行使职权侵害公民、法人和其他组织合法权益时,委托的行政机关为赔偿义务机关。

④赔偿义务机关被撤销后,继续行使其职权的行政机关为赔偿义务机关;没有继续行使其职权的行政机关的,撤销该赔偿义务机关的行政机关为赔偿义务机关。

⑤经复议机关复议的,最初造成侵权行为的行政机关为赔偿义务机关,但复议机关的复议决定加重损害的,复议机关对加重的部分履行赔偿义务。

六、行政赔偿程序

(一)提出行政赔偿请求

1. 单独提出行政赔偿请求与先行处理程序。

(1)单独提出行政赔偿请求是指受害人对行政机关行使职权是否合法不提出相关诉求,仅请求行政机关作出行政赔偿。单独提出行政赔偿请求适用于先行处理程序。

(2)行政赔偿先行处理程序是行政赔偿请求人如果单独提出赔偿请求,须先向行政赔偿义务机关提出,在赔偿义务机关不赔偿或赔偿请求人对赔偿数额有异议时,赔偿请求人才可向赔偿义务机关的上一级行政机关提出行政赔偿复议申请或向人民法院提起行政赔偿诉讼。

(3)行政赔偿先行处理程序的适用条件:

①赔偿请求人单独提出行政赔偿要求,且未提出其他要求。

②没有经过复议机关和人民法院的处理。

③行政机关愿意自我纠正错误。

2. 一并提出行政赔偿请求。包括:

(1)在申请行政复议时一并提出赔偿请求;

(2)在提起行政诉讼时一并提出行政赔偿请求。

通常,行政复议机关或者人民法院先确认行政行为的合法性,然后再决定赔偿与否。

3. 提出数项赔偿请求。赔偿请求人可以根据实际遭受损害情形以及便利原则考虑是否需要同时提出数项赔偿请求。通常以下情况可以同时提出数项赔偿请求:

(1)不同损害系同一侵害行为所致;

(2)不同损害行为系多个关联行为所致;

(3)不同损害系同一机关数个侵害行为所致。

4. 提交书面赔偿申请书。应当以书面形式提出国家赔偿申请,由申请书可以委托他人代书,也可以口头申请,由赔偿义务机关记录。赔偿申请书主要包含以下内容:

(1)赔偿请求人基本情况;

(2)赔偿请求;

(3)事实根据和理由;

(4)申请的时间。

5. 提出赔偿请求的法定期限。行政赔偿申请应当在法定期限内提出。

(1)通常情况下,受害人请求国家赔偿的时限为2年,自受害人知道或者应当知道国家机关及其工作人员行使职权时的行为侵犯其人身权、财产权之日起计算,但被羁押等限制人身自由期间不计算在内。有特殊事由时,时效中止。

(2)申请行政复议并附带提出赔偿请求的时效,即复议时效,适用《行政复议法》规定的复议时效,为60日。

(3)向人民法院提起行政赔偿诉讼的时效,即诉讼时效,适用《行政诉讼法》规定的诉讼时效,为6个月。

(二)行政赔偿义务机关的处理

1. 行政赔偿义务机关的受理

(1)赔偿请求人当面递交申请书的,赔偿义务机关需要当场作出受理,材料不齐的,需要告知相对人补正。

(2)行政赔偿义务机关应当自收到申请之日起2个月内,作出是否赔偿的决定。

2. 行政赔偿义务机关的处理

(1)赔偿义务机关作出赔偿决定,应当充分听取赔偿请求人的意见,并可以与赔偿请求人就赔偿方式、赔偿项目和赔偿数额进行协商。

(2)赔偿义务机关决定赔偿的,应当制作赔偿决定书,并自作出决定之日起10日内送达赔偿请求人;决定不予赔偿的,应当在10日内书面通知赔偿请求人,并说明理由。

(三)行政赔偿诉讼

1.行政赔偿诉讼是人民法院依照行政诉讼程序和国家赔偿原则受理和审判行政赔偿争议的一种特殊诉讼形式。

(1)起诉条件特殊。单独提起行政赔偿诉讼的,必须要先向赔偿义务机关提出赔偿请求;一并提出行政赔偿诉讼的,一般以行政复议或行政诉讼确认行政行为违法作为前提条件。

(2)行政赔偿诉讼可适用调解方式结案。人民法院可以在双方当事人之间进行协商、调解,促使双方相互谅解,达成赔偿协议。

(3)行政赔偿诉讼不完全适用“被告负举证责任”的举证方式,而是参照民事诉讼归责方式,实行举证责任合理分配。

2.赔偿义务机关在规定期限内未作出是否赔偿的决定,赔偿请求人可以自期限届满之日起3个月内,向人民法院提起诉讼。

3.赔偿请求人对赔偿的方式、项目、数额有异议的,赔偿请求人可以自赔偿义务机关作出赔偿之日起3个月内,向人民法院提起诉讼。

4.赔偿义务机关作出不予赔偿决定的,赔偿请求人可以自不予赔偿决定之日起3个月内,向人民法院提起诉讼。

七、刑事赔偿请求人与义务机关

(一)刑事赔偿请求人

1.受害的公民、法人和其他组织有权要求赔偿,是刑事赔偿请求人。具体为合法权益受到行使侦查、检察、审判、监狱管理职权的国家机关及其工作人员侵害的公民、法人和其他组织。

2.受害的公民死亡,其继承人和其他有扶养关系的亲属有权要求赔偿。

3.受害的法人或者其他组织终止的,其权利承受人有权要求赔偿。

(二)刑事赔偿义务机关

1.行使侦查、检察、审判职权的机关以及看守所、监狱管理机关及其工作人员在行使职权时侵犯公民、法人和其他组织的合法权益造成损害的,该机关为赔偿义务机关。

2.对公民采取拘留措施,依照《国家赔偿法》的规定应当给予国家赔偿的,作出拘留决定的机关为赔偿义务机关。

3.对公民采取逮捕措施后决定撤销案件、不起诉或者判决宣告无罪的,作出逮捕决定的机关为赔偿义务机关。

4.再审改判无罪的,作出原生效判决的人民法院为赔偿义务机关。

5.二审改判无罪,以及二审发回重审后作无罪处理的,作出一审有罪判决的人民法院为赔偿义务机关。

八、刑事赔偿程序

(一)刑事赔偿先行处理程序

1.刑事赔偿请求提起。刑事赔偿请求人提出赔偿请求,须先向赔偿义务机关提出,赔偿请求人不服赔偿义务机关的裁决或者赔偿义务机关逾期不作出处理的,才能申请刑事赔偿复议或申请赔偿委员会作出赔偿决定。

2.刑事赔偿请求受理

(1)赔偿义务机关在收到赔偿申请书以后,应当及时进行审查,决定是否受理。

(2)赔偿请求人当面递交申请书的,赔偿义务机关需要当场作出受理,材料不齐的,需要在5日内一次性告知相对人补正。

(3)赔偿义务机关应当自收到申请之日起2个月内,作出是否赔偿的决定。

3.作出刑事赔偿处理决定

(1)赔偿义务机关作出赔偿决定,应当充分听取赔偿请求人的意见,并可以与赔偿请求人就赔偿方式、赔偿项目和赔偿数额进行协商。

(2)赔偿义务机关决定赔偿的,应当制作赔偿决定书,并自作出决定之日起10日内送达赔偿请求人;决定不予赔偿的,应当在10日内书面通知赔偿请求人,并说明理由。

(二)刑事赔偿复议程序

1.赔偿义务机关逾期未作出是否赔偿决定的,赔偿请求人可以自期限届满之日起30日内向赔偿义务机关的上一级机关申请复议。

2.赔偿请求人对赔偿的方式、项目、数额有异议的,或者赔偿义务机关作出不予赔偿决定的,赔偿请求人可以自赔偿义务机关作出赔偿或者不予赔偿决定之日起30日内,向赔偿义务机关的上一级机关申请复议。

3.赔偿义务机关是人民法院的,赔偿请求人可以向其上一级人民法院赔偿委员会申请作出赔偿决定。

4.复议机关或上一级人民法院应当自收到申请

之日起2个月内作出决定。

（三）赔偿委员会的决定程序

1. 赔偿请求人不服复议决定的，可以在收到复议决定之日起30日内向复议机关所在地的同级人民法院赔偿委员会申请作出赔偿决定；复议机关逾期不作决定的，赔偿请求人可以自期限届满之日起30日内向复议机关所在地的同级人民法院赔偿委员会申请作出赔偿决定。

2. 中级以上的人民法院的赔偿委员会由人民法院3名以上的单数个审判员组成。

3. 人民法院赔偿委员会处理赔偿请求，采取书面审查的办法，必要时，可以向有关单位和人员调查情况，收集证据。赔偿请求人与赔偿义务机关双方对于损害事实及因果关系有争议的，人民法院赔偿委员会可以听取双方的陈述和申辩，并可以进行质证。

（四）刑事追偿

1. 赔偿义务机关赔偿后，应当向内部有关责任人员进行追偿。刑事追偿的范围主要有三种情形：

（1）实施刑讯逼供或者以殴打、虐待等行为或者唆使、放纵他人以殴打、虐待等行为造成公民身体伤害或者死亡。

（2）违法使用武器、警械造成公民身体伤害或者死亡。

（3）在处理案件中有贪污受贿，徇私舞弊，枉法裁判行为。

2. 对相关司法工作人进行追责，包括对其进行行政处分和刑事追责两种。

九、国家赔偿方式及计算标准

（一）国家赔偿的方式

1. 国家赔偿以支付赔偿金为主，以返还财产或者恢复原状为辅。只有在使用返还财产或者恢复原状的赔偿方式更为适当和有利的情况下，才能采取返还财产或恢复原状。

2. 金钱赔偿是我国国家赔偿的主要方式，其适用范围主要包括：

（1）对人身损害的金钱赔偿；

（2）对财产损害的金钱赔偿。

（二）国家赔偿的计算标准

1. 侵犯公民人身自由赔偿标准。侵犯公民人身自由实行按日支付赔偿金的方式进行赔偿，每日赔偿金按照国家上年度职工日平均工资计算。具体计算标准为：公民应得到的赔偿金等于其因错拘、错捕或错判而被限制人身自由的天数乘以国家上年度职工的日平均工资。

2. 侵犯公民生命健康权赔偿标准

（1）造成公民身体伤害的（仅指造成身体一般伤害，经过治疗可以恢复健康，尚未造成残疾的伤害），应当支付医药费、护理费、误工费等费用，其中误工费每日赔偿金标准按照国家上年度职工日平均工资标准方式计算。

（2）造成公民身体残疾或部分残疾的，除了应当支付医疗费、护理费外，还须支付残疾生活辅助具费、康复费、继续治疗费、残疾赔偿金。造成全部丧失劳动能力的，对其扶养的无劳动能力的人，还应当支付生活费。

（3）造成公民死亡的，应当支付死亡赔偿金、丧葬费、被扶养人生活费。

3. 侵犯财产权赔偿标准

（1）侵犯财产的赔偿方式主要包括：①返还财产；②恢复原状；③支付赔偿金。根据损害的财产情形不同，适用不同赔偿方式。

（2）对财产权造成其他损害时，只对直接损失予以赔偿，而不对间接损失进行赔偿。

4. 精神损害赔偿方式。造成精神损害的，必须在侵权行为影响范围内为受害人采取消除影响、恢复名誉、赔礼道歉等方式进行精神赔偿。而当侵害行为造成严重后果的，应当支付相应的精神损害赔偿金。所谓严重后果，一般是指致残或死亡等情形。

第二节　国家赔偿法重点法条解读及真题回顾

中华人民共和国国家赔偿法

（1994 年 5 月 12 日第八届全国人民代表大会常务委员会第七次会议通过　根据 2010 年 4 月 29 日第十一届全国人民代表大会常务委员会第十四次会议《关于修改〈中华人民共和国国家赔偿法〉的决定》第一次修正　根据 2012 年 10 月 26 日第十一届全国人民代表大会常务委员会第二十九次会议《关于修改〈中华人民共和国国家赔偿法〉的决定》第二次修正　主席令第 68 号）

第一章　总　　则

★立法宗旨

第一条　为保障公民、法人和其他组织享有依法取得国家赔偿的权利，促进国家机关依法行使职权，根据宪法，制定本法。

●考点点拨

1. 国家赔偿是指国家机关及其工作人员因行使职权侵犯公民、法人及其他组织的合法权益造成损害的，依法应给予的赔偿。国家赔偿由侵权的国家机关履行赔偿义务。国家赔偿主要包括行政赔偿、刑事赔偿和司法赔偿三类。

2. 国家赔偿法的立法目的有两个：

（1）保障公民、法人和其他组织享有依法取得国家赔偿的权利；

（2）促进国家机关依法行使职权。

这也同时是国家赔偿法具备的两个主要功能，即保障功能和促进功能。

3. 国家赔偿法的立法依据是《宪法》。《宪法》第 41 条第 3 款规定："由于国家机关和国家工作人员侵犯公民权利而受到损失的人，有依照法律规定取得赔偿的权利。"

☆真题回顾

（2017 年单选）为保障公民、法人和其他组织享有依法取得国家赔偿的权利，促进国家机关依法行使职权，根据（　　）制定《国家赔偿法》。

A.《宪法》

B.《民事诉讼法》

C.《行政诉讼法》

D.《刑事诉讼法》

【解析】答案为 A。根据《国家赔偿法》第 1 条的规定，A 项正确。考生应当理解《宪法》是我国的根本大法，一切法律都可以说是根据《宪法》制定的。

（2019 年单选）为保障公民，法人和其他组织享有依法取得（　　）赔偿的权利，促进国家机关依法行使职权，根据宪法，制定国家赔偿法。

A. 国家　　B. 单位

C. 机关　　D. 个人

【解析】答案为 A。根据《国家赔偿法》第 1 条的规定，A 项正确。"国家"是赔偿的责任主体，当公民、法人和其他组织的合法权益受到侵害时，他们申请的是"国家赔偿"。本题属于送分题，考生即使对法律条文内容不熟悉，从《国家赔偿法》的法律名称也能选出正确答案。

⊙归责原则

第二条　国家机关和国家机关工作人员行使职权，有本法规定的侵犯公民、法人和其他组织合法权益的情形，造成损害的，受害人有依照本法取得国家赔偿的权利。

本法规定的赔偿义务机关，应当依照本法及时履行赔偿义务。

●考点点拨

1. 国家赔偿责任，是指国家机关及其工作人员行使职权过程中有法律规定的侵犯公民、法人和其他组织合法权益的情形并造成损害的，由国家承担赔偿责任。

2. 2012 年修正后的《国家赔偿法》，实行的是以违法归责为主，以结果归责原则为补充的多元化归责原则，但国家赔偿一定要遵循法定赔偿原则。结果归责原则解决了国家机关及其工作人员依法行使职权但实际造成了侵害结果的赔偿问题,比如,某市人民检察院依法对李某采取逮捕措施,但经过调查最后决定不起诉的,由于逮捕给李某造成了人身自由损害的实际结果,国家仍然要承担赔偿责任。

3. 国家承担赔偿责任,必须同时满足四个要件:

(1)实施侵权行为的主体必须是国家机关和国家工作人员;

(2)主体实施的侵权行为必须是法定职务行为;

(3)职务侵权行为必须给当事人的人身权或者财产权造成了实际损害结果;

(4)职务侵权行为与损害结果之间必须具有因果关系。

四个要件缺一不可。比如,某县公安局对赵某实施了错误拘留,致使其人身自由权利遭受侵害且造成经营的工厂倒闭,赵某就可以向该公安局申请国家赔偿。

4. 国家机关的赔偿义务不等同于国家赔偿责任。在国家赔偿责任中,国家是赔偿的责任主体,即对于国家机关及其工作人员实施的职务侵权行为并造成损害的,由国家承担相应的责任。赔偿义务机关是代表国家在具体赔偿案件中与赔偿请求人达成赔偿协议、参与赔偿案件处理、履行部分赔偿义务的国家机关,一般分为行政赔偿义务机关、刑事赔偿义务机关和民事、行政诉讼中司法赔偿义务机关。

第二章 行政赔偿

第一节 赔偿范围

★侵犯人身权的情形

第三条 行政机关及其工作人员在行使行政职权时有下列侵犯人身权情形之一的,受害人有取得赔偿的权利:

(一)违法拘留或者违法采取限制公民人身自由的行政强制措施的;

(二)非法拘禁或者以其他方法非法剥夺公民人身自由的;

(三)以殴打、虐待等行为或者唆使、放纵他人以殴打、虐待等行为造成公民身体伤害或者死亡的;

(四)违法使用武器、警械造成公民身体伤害或者死亡的;

(五)造成公民身体伤害或者死亡的其他违法行为。

●考点点拨

1. 行政机关及其工作人员侵犯人身权的行为主要包括侵犯人身自由权的行为和侵犯生命健康权的行为。

(1)侵犯人身自由权的行为主要包括:

①违法拘留;

②违法采取限制公民人身自由的行政强制措施;

③非法拘禁或以其他方法非法剥夺人身自由的行为。

(2)侵犯生命健康权的行为主要包括:

①殴打行为;

②虐待行为;

③唆使他人的殴打、虐待行为;

④放纵他人的殴打、虐待行为;

⑤违法使用武器、警械行为;

⑥造成公民身体伤害或者死亡的其他违法行为。

2. 本条所指违法拘留仅指违法行政拘留,其实施主体通常为公安机关和安全机关,其情形一般包括:

(1)处罚主体违法;

(2)适用对象或事项错误;

(3)实施拘留程序违法;

(4)拘留期限违法。

3. 违法采取限制公民人身自由的行政强制措施主要包括:

(1)违法强制传唤;

(2)违法强制隔离;

(3)违法强制解毒;

(4)违法盘问检查;

(5)违法强制扣留;

(6)违法劳动教养(劳动教养制度已于2013年废除)。

4. 非法拘禁或者以其他方法非法剥夺人身自由的行为,是指行政机关及其工作人员在行使职权过程中,不具有行政拘留或者行政强制执行权限,或者行政机关虽有前述职权但在法律规定范围以外剥夺或限制公民人身自由的行为,主要包括:非法拘禁、非法扣留、非法强制禁闭等。注意区分"非法"与"违法",二者概念并不相同。

5. 放纵他人殴打、虐待的行为属于一种不作为行为,行政机关及其工作人员放纵他人殴打、虐打等行为造成公民人身伤亡的,国家亦须承担赔偿责任。但放纵的前提是行政机关工作人员负有保护公民的人身安全的义务。比如,人民警察负有保护公民人身安全和人身自由的义务。

6. 根据《人民警察使用警械和武器条例》的相关规定,警察违法使用武器、警械情形主要包括:

(1)使用武器、警械违反法定目的;

(2)使用武器、警械违反法定情形;

(3)使用武器、警械超过必要限度。

☆**真题回顾**

(2019年单选)某夜,向某撬开严某家大门意图盗窃,严某醒后偷偷报警,民警孙某和郑某赶到现场后,向某跪地求饶,孙某为防止向某反扑,拔枪打伤向某手臂,下列有关赔偿责任的说法正确的是(　　)。

A. 由孙某所属机关和孙某共同赔偿

B. 由当地人民政府给予赔偿

C. 由孙某所属机关给予赔偿

D. 由孙某给予赔偿

【解析】答案为C。根据《国家赔偿法》第7条第1款、第3条第4项的规定,民警孙某的行为属于行使警察执法权的职务行为,而非个人行为。其次,孙某在行使警察职权时,违法使用武器造成了向某身体损害。根据相关条文内容,向某有权请求国家赔偿,且赔偿义务机关为民警孙某所属的公安机关。因此,C项正确。

★**侵犯财产权的情形**

第四条　行政机关及其工作人员在行使行政职权时有下列侵犯财产权情形之一的,受害人有取得赔偿的权利:

(一)违法实施罚款、吊销许可证和执照、责令停产停业、没收财物等行政处罚的;

(二)违法对财产采取查封、扣押、冻结等行政强制措施的;

(三)违法征收、征用财产的;

(四)造成财产损害的其他违法行为。

●**考点点拨**

1. 行政机关及其工作人员侵犯财产权的行为主要包括:

(1)侵犯财产权的行政处罚行为;

(2)侵犯财产权的行政强制行为;

(3)违法征收、征用财产;

(4)造成财产损害的其他违法行为。

2. 侵犯财产权的行政处罚行为主要有:

(1)违法罚款;

(2)违法吊销许可证和执照;

(3)违法责令停产停业;

(4)违法没收财物。

3. 罚款是行政机关适用最广泛、最频繁的一种处罚方式。常见违法罚款表现为:

(1)罚款主体越权罚款。比如,在没有法律法规依据情况下,巧立名目进行罚款。

(2)超越法定数额和幅度实施罚款。比如随意提高或降低罚款数额。

(3)罚款程序违法,比如较大数额罚款未告知当事人有听证权利。

(4)违反法律重复罚款。如违反《行政处罚法》第24条的规定,"对当事人的同一个违法行为,不得给予两次以上罚款的行政处罚"。

4. 吊销许可证和执照必须经过严格的法定程序,否则就属于违法吊销。比如,未按照规定程序进行调查并制作送达处罚决定书;或者吊销前未告知行政相对人听证权利。同样,责令停产停业也必须严格遵循法定程序,并告知行政相对人听证权利,否则,就属于违法责令停产停业。

5. 没收财物的处罚包括:

(1)没收违法所得。

(2)没收非法财物。

通常,没收财物是由法律规定的特定机关作出,且必须严格履行法定程序,同时不能将行政相对人的合法所得和财物予以没收。否则,就构成违法没收财物。

6. 侵犯财产权的强制措施包括:

(1)违法查封、扣押。主要包括:执法主体违法、执法对象错误、不具备法定条件、违反法定程序、超期查封扣押、保管查封扣押财物不善等。

(2)违法冻结。主要包括:执法主体违法、超额冻结、超期冻结等。

7. 违法征收、征用财产主要表现为:

(1)行政机关没有法律法规依据的情况下征收、征用相对人的财产;

(2)行政机关未依据法律法规的规定进行征收、征用;

(3)行政机关未按照法定目的征收、征用相对人的财产。

◆**关联法条**

最高人民法院《关于审理行政赔偿案件若干问题的规定》

第一条　《中华人民共和国国家赔偿法》第三条、第四条规定的其他违法行为,包括具体行政行为和与行政机关及其工作人员行使行政职权有关的,给公民、法人或者其他组织造成损害的,违反行政职责的行为。

第三条　赔偿请求人认为行政机关及其工作人员实施了国家赔偿法第三条第(三)、(四)、(五)项和第四条第(四)项规定的非具体行政行为的行为侵犯其人身权、财产权并造成损失,赔偿义务机关拒不确认致害行为违法,赔偿请求人可直接向人民法院提起行政赔偿诉讼。

☆真题回顾

(2019年单选)行政机关及其工作人员在行使行政职权时有(　　)等侵犯财产权情形之一的,受害人有取得赔偿的权利。

A. 违法征收财产

B. 没收财物

C. 扣押财物

D. 责令停产停业

【解析】答案为A。根据《国家赔偿法》第4条的规定,行政机关违法的征收财产、没收财物、扣押财物、责令停产停业等行政行为侵犯财产权的,受害人有取得赔偿的权利。但应当注意,只有"违法"的行为才应赔偿,依法实施行政处罚、履行国家赋予的行政权力的行为受到法律保护。故B项、C项、D项说法不全面,A项正确,当选。

★不承担赔偿责任的情形

第五条　属于下列情形之一的,国家不承担赔偿责任:

(一)行政机关工作人员与行使职权无关的个人行为;

(二)因公民、法人和其他组织自己的行为致使损害发生的;

(三)法律规定的其他情形。

●考点点拨

1. 行政机关工作人员兼具公务人员和公民双重身份,只有当其代表国家履行公共管理职责,行使国家法律赋予的行政职权时,发生侵害结果的,国家才承担赔偿责任。而行政机关工作人员在日常生活中行使个人行为时,无关公权力行使,其行为所产生的一切法律后果均由行政机关工作人员个人自行承担。

2. 如果公民法人和其他组织所受到的损失完全是因其自身的过错行为所导致,与行政机关及其工作人员执行职务的行为没有直接因果关系,那么国家无须承担赔偿责任。比如,王某因协助他人非法出入境而被某出入境边防检查机关处行政拘留,拘留期间王某因想不开,用牙刷将自己喉咙刺伤。此时,国家无须对王某受到的损害承担赔偿责任。

3. 对于因发生不可抗力、紧急避险、第三人过错、正当防卫等事由导致损害的,国家亦无须承担赔偿责任。比如,海关依法扣留相对人进口的一台精密仪器,由于地震导致精密仪器损坏,此种情况国家无须承担赔偿责任。

第二节　赔偿请求人和赔偿义务机关

★赔偿请求人确认

第六条　受害的公民、法人和其他组织有权要求赔偿。

受害的公民死亡,其继承人和其他有扶养关系的亲属有权要求赔偿。

受害的法人或者其他组织终止的,其权利承受人有权要求赔偿。

●考点点拨

1. 行政赔偿请求人,是指因国家行政机关及其工作人员行使职权而遭受损害,有权向国家请求赔偿的主体。要注意,行政赔偿请求人与行政赔偿诉讼原告不是一个概念,他们分别是受害人在行政赔偿程序两个不同阶段的称谓。

2. 行政赔偿请求人主体包括:

(1)受害的公民(仅指具有中国国籍的自然人);

(2)受害的法人;

(3)受害的其他组织。

3. 为了更好地保障人权及监督公权力行使,当受害公民死亡时,行政机关的赔偿责任并不能免除,此时受害公民的行政赔偿请求权发生移转,由其继承人或者其他有扶养关系的亲属继续行使行政赔偿请求权。如果受害人依然存在的,则不能由其他人代为行使赔偿请求权。

4. 同样,当受害法人或者其他组织终止(如分立、合并、撤销等)后,其行政赔偿请求权也将发生移转,由该法人或其他组织的权利承受人继续行使行政赔偿请求权。

◆关联法条

最高人民法院《关于审理行政赔偿案件若干问题的规定》

第十四条　与行政赔偿案件处理结果有法律上的利害关系的其他公民、法人或者其他组织有权作为第三人参加行政赔偿诉讼。

第十五条　受害的公民死亡,其继承人和其他有扶养关系的亲属以及死者生前扶养的无劳动能力的人有权提起行政赔偿诉讼。

第十六条　企业法人或者其他组织被行政机关撤销、变更、兼并、注销,认为经营自主权受到侵害,依法提起行政赔偿诉讼,原企业法人或其他组织,或者对其享有权利的法人或其他组织均具有原告资格。

第二十五条　受害的公民死亡,其继承人和有抚养关系的人提起行政赔偿诉讼,应当提供该公民死亡的证明及赔偿请求人与死亡公民之间的关系证明。

☆**真题回顾**

(2018年多选)张某因行政机关工作人员执行职务时受到伤害致死;某企业法人在被行政机关违法停业并处罚款后破产。以下关于国家赔偿的说法正确的有(　　)。

A. 上述受害人有依法要求国家赔偿的权利

B. 行政机关工作人员在行使职权时非法侵害公民、法人合法权益的,应当赔偿

C. 受害公民死亡的,其继承人和其他有扶养关系的亲属无权取得赔偿

D. 受害法人终止的,其权利承受人有权要求赔偿

E. 该企业法人可委托代理人提出赔偿要求

【解析】答案为ABDE。根据《国家赔偿法》第6条的规定,受害人有权依法请求国家赔偿,A项、D项正确,C项错误。根据第2条的规定,B项正确。法人为法律拟制人格,由其法定代表人代为履行义务,有权委托代理人提出赔偿请求。E项正确。

(2019年单选)受害的法人或者其他组织终止的,其(　　)有权按照《国家赔偿法》要求赔偿。

A. 上级单位　　B. 债务承受人

C. 债务人　　D. 权利承受人

【解析】答案为D。根据《国家赔偿法》第6条的规定,受害的法人或者其他组织被终止的,其权利承受人有权要求赔偿,D项正确,当选。本题考查国家赔偿中的赔偿请求人,属于国家赔偿法的重点内容,考生应当准确细致掌握。

★**赔偿义务机关确认**

第七条　行政机关及其工作人员行使行政职权侵犯公民、法人和其他组织的合法权益造成损害的,该行政机关为赔偿义务机关。

两个以上行政机关共同行使行政职权时侵犯公民、法人和其他组织的合法权益造成损害的,共同行使行政职权的行政机关为共同赔偿义务机关。

法律、法规授权的组织在行使授予的行政权力时侵犯公民、法人和其他组织的合法权益造成损害的,被授权的组织为赔偿义务机关。

受行政机关委托的组织或者个人在行使受委托的行政权力时侵犯公民、法人和其他组织的合法权益造成损害的,委托的行政机关为赔偿义务机关。

赔偿义务机关被撤销的,继续行使其职权的行政机关为赔偿义务机关;没有继续行使其职权的行政机关的,撤销该赔偿义务机关的行政机关为赔偿义务机关。

●**考点点拨**

1. 行政赔偿义务机关不同于行政赔偿责任主体。行政赔偿的责任主体是国家,行政赔偿义务机关实质上是代表国家履行行政赔偿责任的机关。

2. 通常情况下,哪个行政机关及其工作人员行使行政职权造成公民、法人和其他组织合法权益损害的,哪个行政机关就是赔偿义务机关。比如,某市城管局由于暴力驱赶道路两旁的摊贩,致使摆摊的修某被路过的汽车撞伤。如果修某提起国家赔偿,该市城管局就是赔偿义务机关。

3. 某些特殊情况下,侵害公民、法人和其他组织合法权益的行政机关并非某一个行政机关,而是两个甚至多个。此时,共同行使行政职权的行政机关作为共同赔偿义务机关,受害人可以向任何一个机关请求赔偿。比如,某市公安部门和运管部门联合开展超载治理及非法营运行动,行动中两个部门的工作人员未经调查核实,即对从事某平台网约车运营的李某处较大额度的罚款并吊销其驾驶证。如果李某提起行政赔偿,则该公安部门和运管部门为共同赔偿义务机关,李某可以选择向任何一个机关请求赔偿。

4. 如果实施侵害行为的主体是法律、法规授权的组织(该组织并非真正的行政机关),此时,该授权组织为赔偿义务机关。需要注意的是,法律、法规授权组织只有在法律、法规的授权范围内行使行政职权时才可能引起行政赔偿责任。比如,邮政部门作为法律授权的企业组织,如果在授权范围内实施的行政行为侵害了相对人的合法权益,相对人提起行政赔偿的话,则邮政部门应当作为赔偿义务机关。

5. 如果实施侵害行为的主体是受行政机关委托的组织或者个人(该组织并非真正的行政机关,个人也非行政机关工作人员),此时,委托的行政机关作为赔偿义务机关,因为行政委托的后果归属于委托机关。

6. 行政机关被撤销的,赔偿义务发生转移。具体包括:

(1)原行政机关撤销并入另一个行政机关,由另一行政机关行使其原有行政职权,则该合并后的行政机关代为成为赔偿义务机关。比如,某市物价局并入发改委后,物价局并入发改委以前行使行政职权侵害相对人合法权益的,相对人向发改委提起行政赔偿请求。

(2)原行政机关撤销后成立新的行政机关行使原机关行政职权,则新机关成为赔偿义务机关。

(3)原行政机关被撤销且不存在继续行使其职权的行政机关,则作出撤销原行政机关的上级机关为赔偿机务机关。

◆关联法条

最高人民法院《关于审理行政赔偿案件若干问题的规定》

第十七条　两个以上行政机关共同侵权,赔偿请求人对其中一个或者数个侵权机关提起行政赔偿诉讼,若诉讼请求系可分之诉,被诉的一个或者数个侵权机关被告;若诉讼请求系不可分之诉,由人民法院依法追加其他侵权机关为共同被告。

☆真题回顾

(2017年单选)甲市政府设立了乙行政机关,该行政机关的工作人员赵某在行使行政职权时,对公民孙某造成了人身伤害。依据《国家赔偿法》的规定,(　　)为赔偿义务主体。

A. 甲市政府　　B. 乙行政机关

C. 赵某　　D. 国家

【解析】答案为B。根据《国家赔偿法》第7条的规定,B项正确。

(2018年单选)(　　)授权的组织在行使授予的行政权力时侵犯公民、法人和其他组织的合法权益造成损害的,被授权的组织为赔偿义务机关。

A. 部门规章

B. 法律、法规

C. 地方人民政府规章

D. 地方人民政府的规定

【解析】答案为B。根据《国家赔偿法》第7条第3款的规定,B项正确。

(2018年单选)两个以上行政机关共同行使职权时侵犯公民、法人和其他组织的合法权益造成损害的,关于赔偿义务机关的说法正确的是(　　)。

A. 行使行政职权的行政机关的共同上一级行政机关为赔偿义务机关

B. 共同行使行政职权的行政机关为共同赔偿义务机关

C. 赔偿义务机关由共同行使行政职权的行政机关自行协商确定

D. 赔偿义务机关由共同行使行政职权的行政机关的共同上一级行政机关从中指定

【解析】答案为B。根据《国家赔偿法》第7条第2款的规定,B项正确。

(2018年单选)两个以上行政机关共同行使行政职权时侵犯公民、法人和其他组织的合法权益造成损害的,赔偿请求人可以向共同赔偿义务机关中的(　　)赔偿义务机关要求赔偿。

A. 多个

B. 任何一个

C. 行政级别最高的

D. 最相关的

【解析】答案为B。根据《国家赔偿法》第7条第2款的规定,共同行使行政职权的行政机关为共同赔偿义务机关,当事人可以向任一个机关请求赔偿,故B项正确。赔偿义务机关是《国家赔偿法》的核心知识点,也是辅警考试的重点考点,考生必须重点掌握。

(2018年单选)受行政机关委托的组织或者个人在行使受委托的行政权力时侵犯公民、法人和其他组织的合法权益造成损害的,(　　)为赔偿义务机关。

A. 委托的行政机关

B. 受委托的组织或者个人

C. 受托的行政机关的上一级行政机关

D. 受委托的组织或者个人所在地的地方人民政府

【解析】答案为A。根据《国家赔偿法》第7条第4款的规定,受托人为委托人的利益代为履行委托人的权利,其法律后果由委托人承担。故A项正确。**这里要提醒考生注意委托和授权的区别,委托和授权所产生的赔偿后果不同。**

★经行政复议的赔偿责任

第八条　经复议机关复议的,最初造成侵权行为的行政机关为赔偿义务机关,但复议机关的复议决定加重损害的,复议机关对加重的部分履行赔偿义务。

●考点点拨

1. 行政复议机关加重损害,是指行政复议机关作出的行政复议决定使原行政相对人造成的权益损害程度更深或者造成新的权益损害。《行政复议法实施条例》第51条规定:“行政复议机关在申请人的行政复议请求范围内,不得作出对申请人更为不利的行政复议决定。”因此，实际上行政复议加重相对人损害的情况基本很少。

2. 经过行政复议的行政赔偿案件，赔偿义务机关的确定有两种情形：

(1)行政复议决定没有改变或是减轻了原行政行为损害程度的，最初造成侵权行为的行政机关为赔偿义务机关。

(2)行政复议决定加重了原行政行为损害程度的，加重部分由复议机关作为赔偿义务机关；原有损害部分由最初造成侵权行为的行政机关作为赔偿义务机关。比如，李某的公司被某区市场监督管理部门吊销营业执照，向市市场监督管理部门提起行政复议，如果市市场监督管理部门作出维持区市场监督管理部门处罚的复议决定，造成李某侵害后果的，李某提起行政赔偿，则区市场监督管理部门为赔偿义务机关；如果市市场监督管理部门在维持吊销营业执照处罚的基础上，又对李某并处1万元罚款，造成李某侵害后果的，李某提起行政赔偿，那么吊销营业执照处罚的赔偿义务机关为区市场监督管理部门，罚款的赔偿义务机关为市市场监督管理部门。

◆**关联法条**

最高人民法院《关于审理行政赔偿案件若干问题的规定》

第十八条　复议机关的复议决定加重损害的，赔偿请求人只对作出原决定的行政机关提起行政赔偿诉讼，作出原决定的行政机关为被告；赔偿请求人只对复议机关提起行政赔偿诉讼的，复议机关为被告。

☆**真题回顾**

(2017年单选)行政行为经复议机关复议的，最初造成侵权的行政机关为赔偿义务机关，但复议机关的复议决定加重损害的，复议机关(　　)。

A. 对加重的部分履行赔偿义务

B. 对全部损害履行赔偿义务

C. 承担一半的赔偿责任

D. 不承担赔偿责任

【解析】答案为A。根据《国家赔偿法》第8条的规定，A项正确。

第三节　赔偿程序

★**提出请求赔偿**

第九条　赔偿义务机关有本法第三条、第四条规定情形之一的，应当给予赔偿。

赔偿请求人要求赔偿，应当先向赔偿义务机关提出，也可以在申请行政复议或者提起行政诉讼时一并提出。

●**考点点拨**

1. 根据赔偿程序的受理机关不同，赔偿请求人可以分别向赔偿义务机关、行政复议机关和人民法院三个不同机关提出，这三个赔偿处理程序相应叫做：

(1)行政先行处理程序；

(2)行政复议程序；

(3)行政赔偿诉讼程序。

前面两个程序都处于行政阶段，第三个程序处于诉讼阶段。

2. 行政赔偿请求人向人民法院单独提起行政赔偿诉讼程序之前，须先向行政赔偿义务机关提出，由该赔偿义务机关依法对赔偿问题进行处理。这实质是给行政机关提供一个自我纠错的机会。

3. 赔偿请求人申请行政复议或者提起行政诉讼时可以一并提出行政赔偿请求，这也与《行政复议法》和《行政诉讼法》的相关规定一致。

◆**关联法条**

最高人民法院《关于审理行政赔偿案件若干问题的规定》

第四条　公民、法人或者其他组织在提起行政诉讼的同时一并提出行政赔偿请求的，人民法院应一并受理。

赔偿请求人单独提起行政赔偿诉讼，须以赔偿义务机关先行处理为前提。赔偿请求人对赔偿义务机关确定的赔偿数额有异议或者赔偿义务机关逾期不予赔偿，赔偿请求人有权向人民法院提起行政赔偿诉讼。

☆**真题回顾**

(2017年判断)赔偿请求人要求行政赔偿的，必须先向赔偿义务机关提出，不得在行政诉讼中附带提出。(　　)

【解析】根据《国家赔偿法》第9条第2款的规定，本题说法错误。

⊙共同赔偿义务机关连带责任

第十条　赔偿请求人可以向共同赔偿义务机关中的任何一个赔偿义务机关要求赔偿，该赔偿义务机关应当先予赔偿。

●**考点点拨**

1. 共同赔偿义务机关履行的是赔偿义务，而不是赔偿责任。根据《国家赔偿法》第37条第3款的规定，赔偿义务机关无须再垫付赔偿金，只需要向有关财政部分提出支付申请即可。

2. 当赔偿申请人向共同赔偿义务机关中任何一个机关提出赔偿请求时，被请求的赔偿义务机关不得借口其他赔偿义务机关未被请求或未予赔偿而拒绝或推诿赔偿责任，而应先予赔偿。立法的原意是为了保障赔偿请求人权利，方便赔偿请求人。

★提出数项赔偿请求

第十一条　赔偿请求人根据受到的不同损害，可以同时提出数项赔偿要求。

●考点点拨

赔偿请求人可以根据实际遭受损害情形以及便利原则，考虑是否需要同时提出数项赔偿请求。通常以下情况可以同时提出数项赔偿请求：

(1)不同损害系同一侵害行为所致；

(2)不同损害行为系多个关联行为所致；

(3)不同损害系同一机关数个侵害行为所致。

☆真题回顾

(2019年单选)就赔偿请求的提出，下列说法正确的是(　　)。

A. 只能提出一项赔偿请求

B. 可以同时提出数项赔偿请求

C. 可以分批提出数项赔偿请求

D. 以上选项都不正确

【解析】答案为B。根据《国家赔偿法》第11条的规定，B项正确。本题考查法条原文细节性表述，要求考生能够准确细致掌握。

★赔偿申请书内容

第十二条　要求赔偿应当递交申请书，申请书应当载明下列事项：

(一)受害人的姓名、性别、年龄、工作单位和住所，法人或者其他组织的名称、住所和法定代表人或者主要负责人的姓名、职务；

(二)具体的要求、事实根据和理由；

(三)申请的年、月、日。

赔偿请求人书写申请书确有困难的，可以委托他人代书；也可以口头申请，由赔偿义务机关记入笔录。

赔偿请求人不是受害人本人的，应当说明与受害人的关系，并提供相应证明。

赔偿请求人当面递交申请书的，赔偿义务机关应当当场出具加盖本行政机关专用印章并注明收讫日期的书面凭证。申请材料不齐全的，赔偿义务机关应当当场或者在五日内一次性告知赔偿请求人需要补正的全部内容。

●考点点拨

1. 提出国家赔偿申请的方式主要有：

(1)赔偿请求人自己书面提出赔偿请求；

(2)委托他人代为书写赔偿申请书；

(3)口头申请国家赔偿。

考生要注意的是，赔偿请求人可以口头申请国家赔偿，立法的原意还是基于便利赔偿请求人的原则，我国很多老百姓文化程度并不高，相比公权力本身处于弱势地位，立法应该方便赔偿请求人维护自身合法权益。

2. 赔偿申请书应当包含以下内容：

(1)赔偿请求人基本情况；

(2)赔偿请求；

(3)事实根据和理由；

(4)申请的时间。

3. 赔偿义务机关需要当场作出受理，材料不齐的，必须当场或者在5日内一次性告知赔偿请求人需要补正的全部内容。

☆真题回顾

(2018年单选)申请赔偿材料不齐全的，赔偿义务机关应当当场或者在(　　)日内一次性告知赔偿请求人需要补正的全部内容。

A. 5　　　　B. 7

C. 10　　　　D. 15

【解析】答案为A。根据《国家赔偿法》第12条第4款的规定，A项正确。

⊙赔偿义务机关先行处理期限和具体程序

第十三条　赔偿义务机关应当自收到申请之日起两个月内，作出是否赔偿的决定。赔偿义务机关作出赔偿决定，应当充分听取赔偿请求人的意见，并可以与赔偿请求人就赔偿方式、赔偿项目和赔偿数额依照本法第四章的规定进行协商。

赔偿义务机关决定赔偿的，应当制作赔偿决定书，并自作出决定之日起十日内送达赔偿请求人。

赔偿义务机关决定不予赔偿的，应当自作出决定之日起十日内书面通知赔偿请求人，并说明不予赔偿的理由。

●考点点拨

1. 为了避免赔偿义务机关拖延赔偿，《国家赔偿法》规定了赔偿义务机关先行处理赔偿申请的期限为 2 个月,2 个月内必须作出赔偿与否的决定。

2. 赔偿义务机关作出赔偿决定必须要听取赔偿请求人的意见,除此还可以与赔偿请求人就赔偿相关事项进行协商,但是协商并非必须经过的程序。

3. 书面告知情形:

(1)赔偿义务机关决定予以赔偿的,需要采取书面形式告知并在 10 日内送至赔偿请求人;

(2)赔偿义务机关决定不予赔偿的,应当在 10 日内书面通知赔偿请求人,并说明理由。

立法之所以要求书面通知,本身也是基于对赔偿请求人合法权益的保障,便于赔偿请求人采取行政诉讼等救济渠道。

★赔偿请求人起诉期限

第十四条　赔偿义务机关在规定期限内未作出是否赔偿的决定,赔偿请求人可以自期限届满之日起三个月内,向人民法院提起诉讼。

赔偿请求人对赔偿的方式、项目、数额有异议的,或者赔偿义务机关作出不予赔偿决定的,赔偿请求人可以自赔偿义务机关作出赔偿或者不予赔偿决定之日起三个月内,向人民法院提起诉讼。

●考点点拨

1. 赔偿请求人单独提起行政赔偿诉讼的起诉期限为 3 个月,该诉讼期限不同于行政复议或者行政诉讼时附带提起行政赔偿的期限。

2. 行政赔偿先行处理的结果不同,行政赔偿诉讼的起诉期限的起算点亦不同。具体为:

(1)在规定期限内未作出赔偿决定的,自期限届满之日起 3 个月内;

(2)在规定期限了作出了是否赔偿的决定的(包括作出赔偿决定,但赔偿请求人有异议和作出不予赔偿决定两种情形),自该赔偿决定作出之日起 3 个月内。

3. 赔偿请求人可以向人民法院提起诉讼的三种情形:

(1)赔偿义务机关在规定期限内未作出是否赔偿的决定;

(2)赔偿请求人对赔偿的方式、项目、数额有异议的;

(3)赔偿义务机关作出不予赔偿决定的。

☆真题回顾

(2019 年判断)行政赔偿请求人对赔偿决定中的项目有异议,而对赔偿的方式、数额无异议的,仍可向人民法院起诉。(　)

【解析】根据《国家赔偿法》第 14 条第 2 款的规定,赔偿请求人对赔偿的方式、项目、数额三个内容中的任何一项有异议的,都可以向人民法院提起诉讼。因此,本题说法正确。

★举证责任

第十五条　人民法院审理行政赔偿案件,赔偿请求人和赔偿义务机关对自己提出的主张,应当提供证据。

赔偿义务机关采取行政拘留或者限制人身自由的强制措施期间,被限制人身自由的人死亡或者丧失行为能力的,赔偿义务机关的行为与被限制人身自由的人的死亡或者丧失行为能力是否存在因果关系,赔偿义务机关应当提供证据。

●考点点拨

1. 行政赔偿案件中举证责任的一般规则是"谁主张,谁举证",没有证据或者证据不足以证明赔偿请求人或赔偿义务机关的事实主张的,由负有举证责任的一方承担不利后果。

2. 行政赔偿案件中的特殊情形使用"举证责任倒置"规则。这种特殊情形仅限于"赔偿义务机关采取行政拘留或者限制人身自由的强制措施期间,被限制人身自由的人死亡或者丧失行为能力"时,赔偿义务机关的行为与被限制人身自由的人的死亡或者丧失行为能力是否存在因果关系,应由赔偿义务机关提供证据。被羁押人在人身自由受到赔偿义务机关控制时,赔偿请求人对此间发生的事情难以获取相应的证据,但赔偿义务机关却很容易收集相关证据,因此本条规定是为了体现了公平性原则。

★行政追偿责任

第十六条　赔偿义务机关赔偿损失后,应当责令有故意或者重大过失的工作人员或者受委托的组织或者个人承担部分或者全部赔偿费用。

对有故意或者重大过失的责任人员,有关机关应当依法给予处分;构成犯罪的,应当依法追究刑事责任。

●考点点拨

1. 国家向行政赔偿请求人支付赔偿费用后,对于在行使行政职权中有"故意"或者"重大过失"的行政机关工作人员或者受委托的组织或个人,赔偿义务机关必须要向他们进行行政追偿。

2. 对于在行使行政职权中"没有过错"或者仅仅有"较轻微的过失"的行政机关工作人员或者受委托

的组织或个人,赔偿义务机关不应当向其进行行政追偿。

3. 对行政机关工作人员或者受委托的组织或个人进行追责的,包括对其进行行政处分和刑事责任两种。如赵作海案,在国家履行赔偿责任后,相关部门对当年办理赵作海案件的相关人员进行了严肃追责。

☆**真题回顾**

(2018 年单选)根据《国家赔偿法》,对有故意或者(　　)的责任人员,有关机关应当依法给予处分;构成犯罪的,应当依法追究刑事责任。

A. 过失

B. 一般过失

C. 较大过失

D. 重大过失

【解析】答案为 D。根据《国家赔偿法》第 16 条第 2 款的规定,或根据相应的法理、逻辑亦可作出判断,程度越重,所承担责任的越重。故 D 项正确。

第三章　刑事赔偿

第一节　赔偿范围

★**侵犯人身权的情形**

第十七条　行使侦查、检察、审判职权的机关以及看守所、监狱管理机关及其工作人员在行使职权时有下列侵犯人身权情形之一的,受害人有取得赔偿的权利:

(一)违反刑事诉讼法的规定对公民采取拘留措施的,或者依照刑事诉讼法规定的条件和程序对公民采取拘留措施,但是拘留时间超过刑事诉讼法规定的时限,其后决定撤销案件、不起诉或者判决宣告无罪终止追究刑事责任的;

(二)对公民采取逮捕措施后,决定撤销案件、不起诉或者判决宣告无罪终止追究刑事责任的;

(三)依照审判监督程序再审改判无罪,原判刑罚已经执行的;

(四)刑讯逼供或者以殴打、虐待等行为或者唆使、放纵他人以殴打、虐待等行为造成公民身体伤害或者死亡的;

(五)违法使用武器、警械造成公民身体伤害或者死亡的。

●**考点点拨**

1. 实施侵害人身权的主体包括:行使侦查、检察、审判职权的机关以及看守所、监狱管理机关及其工作人员,且侵害行为都发生在刑事诉讼过程中。

2. 因刑事拘留导致的刑事赔偿情形有两种:

(1)违反《刑事诉讼法》的规定对公民采取拘留措施,其后决定撤销案件、不起诉或者判决宣告无罪终止追究刑事责任的。

(2)依照《刑事诉讼法》规定的条件和程序对公民采取拘留措施,但是拘留时间超过《刑事诉讼法》规定的时限,其后决定撤销案件、不起诉或者判决宣告无罪终止追究刑事责任的。

3. 刑事司法机关依法作出不予追究违法嫌疑人或者被告刑事责任的处理主要有三种:

(1)撤销案件,是指公安机关以及检察机关在立案侦查后发现当事人没有实施犯罪或者虽然实施了犯罪,但依法不予追究刑事责任的,撤销立案的诉讼行为。

(2)不起诉,是指检察院对公安机关侦查终结移送起诉的案件自行侦查终结的刑事案件进行审查后,认为犯罪嫌疑人的行为不构成犯罪或依法不予追究刑事责任,以及不需要判处刑罚或者免除刑罚的,决定不将犯罪嫌疑人移交人民法院审判的诉讼活动。

(3)无罪判决,是人民法院作出的确认被告人的行为不构成犯罪或者因证据不足,不能认定被告人有罪的判决。

4. 采取逮捕措施后导致决定撤销案件、不起诉或者判决宣告无罪终止追究刑事责任的情形主要有:

(1)对根本没有犯罪事实或者仅有轻微违法行为尚不构成犯罪的人予以逮捕的;

(2)没有充分证据证明犯罪事实存在而予以逮捕的;

(3)逮捕前认为存在犯罪事实,逮捕后经侦查不构成犯罪的。

5. 只有审判监督程序中确认被告人无罪,而撤销原判决的,国家才承担赔偿责任。这种情形也叫"无罪错判",典型案如佘祥林案、张氏叔侄案、聂树斌案。

6. 近年来,随着法治进步和人权意识深入人心,刑讯逼供或者以殴打、虐待等行为或者唆使、放纵他人以殴打、虐待等行为造成公民身体伤害或者死亡的行为已经大幅度减少,但仍然时有发生。这些行为严重侵害了公民的人身权利,受害人理所当然有权申请国家赔偿。

7. 违法使用武器、警械造成公民身体伤害或者死亡的主体主要是人民警察,常见情形主要有:

(1)给不应当配备武器、警械的工作人员配备武器、警械,该工作人员行使职权过程中使用武器、警械造成公民伤害、死亡的；

(2)不应配戴、使用武器、警械的人员私自携带武器、警械并在行使职权过程中使用，造成公民伤害、死亡的；

(3)在不该使用武器、警械情况下使用，造成公民伤害、死亡的。

◆**关联法条**

最高人民法院、最高人民检察院《关于办理刑事赔偿案件适用法律若干问题的解释》

第五条　对公民采取刑事拘留措施后终止追究刑事责任，具有下列情形之一的，属于国家赔偿法第十七条第一项规定的违法刑事拘留：

(一)违反刑事诉讼法规定的条件采取拘留措施的；

(二)违反刑事诉讼法规定的程序采取拘留措施的；

(三)依照刑事诉讼法规定的条件和程序对公民采取拘留措施，但是拘留时间超过刑事诉讼法规定的时限。

违法刑事拘留的人身自由赔偿金自拘留之日起计算。

☆**真题回顾**

(2018年判断)刑事赔偿的范围，仅限于行使侦查、检察、审判职权的机关以及看守所、监狱管理机关及其工作人员在行使职权时发生的侵犯人身权、财产权的情形。(　　)

【解析】根据《国家赔偿法》第17条、第18条的规定，本题说法正确。

★**侵犯财产权的情形**

第十八条　行使侦查、检察、审判职权的机关以及看守所、监狱管理机关及其工作人员在行使职权时有下列侵犯财产权情形之一的，受害人有取得赔偿的权利：

(一)违法对财产采取查封、扣押、冻结、追缴等措施的；

(二)依照审判监督程序再审改判无罪，原判罚金、没收财产已经执行的。

●**考点点拨**

1. 实施侵害财产权的主体包括：行使侦查、检察、审判职权的机关以及看守所、监狱管理机关及其工作人员，且侵害行为都发生在刑事诉讼过程中。

2. 违法对财产采取查封、扣押、冻结、追缴等措施主要包括：

(1)超越法定职权实施查封、扣押、冻结、追缴等措施的；

(2)查封、扣押、冻结、追缴与案件无关的财物的；

(3)未妥善保管查封、扣押、冻结、追缴的涉案财物的；

(4)未按照期限解除扣押、冻结或者重复扣押、冻结的。

3. 对于无罪错判的案件，除了对主刑部分进行赔偿外，对于判处罚金、没收财产等附加刑且已经执行的，国家也要予以赔偿。

◆**关联法条**

最高人民法院《关于国家赔偿案件案由的规定》

九、刑事违法查封、扣押、冻结、追缴赔偿[国家赔偿法第十八条第(一)项]。在刑事诉讼过程中，违法对财产采取查封、扣押、冻结、追缴等措施的赔偿案件。

十、错判罚金、没收财产赔偿[国家赔偿法第十八条第(二)项]。依照审判监督程序再审改判无罪，原判罚金、没收财产已经执行的赔偿案件。

☆**真题回顾**

(2017年多选)公安机关及人民警察在行使侦查职权时，违法对财产采取(　　)等措施的受害人有取得赔偿的权利。

A. 查封　　B. 扣押

C. 冻结　　D. 追缴

E. 监控

【解析】答案为ABCD。根据《国家赔偿法》第18条的规定，本题除E项外均正确。

★**不承担赔偿责任的情形**

第十九条　属于下列情形之一的，国家不承担赔偿责任：

(一)因公民自己故意作虚伪供述，或者伪造其他有罪证据被羁押或者被判处刑罚的；

(二)依照刑法第十七条、第十八条规定不负刑事责任的人被羁押的；

(三)依照刑事诉讼法第十五条、第一百七十三条第二款、第二百七十三条第二款、第二百七十九条规定不追究刑事责任的人被羁押的；

(四)行使侦查、检察、审判职权的机关以及看守所、监狱管理机关的工作人员与行使职权无关的个人行为；

(五)因公民自伤、自残等故意行为致使损害发生的；

（六）法律规定的其他情形。

●考点点拨

1. 作虚假供述或者伪造有罪证据必须是公民本人的行为，且该行为必须是故意的，只有如此，国家才不承担赔偿责任。比如，孙某为了掩饰其儿子醉驾肇事致人死亡的犯罪事实，故意向公安机关作虚假供述，说是自己驾车肇事，导致被公安机关刑事拘留。此种情形，国家不承担赔偿责任。

2.《刑法》第17条和第18条规定的不负刑事责任的人主要有两种：

（1）不负刑事责任的未成年人；

（2）不负责任的精神病人。

这两类人事实上实施了犯罪行为，只是由于其不具备刑事责任能力，从人道主义出发不追究其刑事责任。因此，对他们进行羁押而国家不需承担赔偿责任是合理的。

3. 法律规定的其他情形主要有4种：

（1）《刑事诉讼法》第16条规定了法定不追究刑事责任的情形；

（2）《刑事诉讼法》第177条第2款规定了人民检察院法定或酌定不起诉的情形；

（3）《刑事诉讼法》第284条第2款规定，检察院对被附条件不起诉的未成年犯罪嫌疑人，在考验期内没有相应情形，考验期满后作出不起诉决定；

（4）《刑事诉讼法》第290条规定，当事人达成和解的，检察院可以向法院提出从宽处罚的建议，对于犯罪情节轻微，不需要判处刑罚的，可以作出不起诉的决定。

对于上述不予追究刑事责任的人被羁押的，国家不承担赔偿责任。

4. 司法机关的工作人员行使的是与职权无关的个人行为。比如，某法官甲在休假时候与他人发生纠纷，造成伤害后果的，由于其行为并非行使职权的行为，而是属于个人行为。因此，国家不承担赔偿责任，由甲自行承担法律责任。

5. 公民自伤自残的故意行为导致发生损害的，责任由其自己负责，国家自然无须承担赔偿责任。

◆关联法条

最高人民法院、最高人民检察院《关于办理刑事赔偿案件适用法律若干问题的解释》

第七条　根据国家赔偿法第十九条第二项、第三项的规定，依照刑法第十七条、第十八条规定不负刑事责任的人和依照刑事诉讼法第十五条、第一百七十三条第二款规定不追究刑事责任的人被羁押，国家不承担赔偿责任。但是，对起诉后经人民法院错判拘役、有期徒刑、无期徒刑并已执行的，人民法院应当对该判决确定后继续监禁期间侵犯公民人身自由权的情形予以赔偿。

☆真题回顾

（2018年多选）关于因涉及刑事案件是否应当赔偿的问题，下列说法正确的有（　　）。

A. 因公民自伤行为致使损害发生的，国家不承担赔偿责任

B. 因公民自残行为致使损害发生的，国家不承担赔偿责任

C. 公民依照《刑法》相关规定不负刑事责任而被羁押的，国家不承担赔偿责任

D. 公民因长相与被通缉犯相似而被错误逮捕的，国家不承担赔偿责任

E. 公民因办案人员刑讯逼供导致伤害的，国家不承担赔偿责任

【解析】答案为ABC。根据《国家赔偿法》第19条的规定，A项、B项、C项正确。根据第17条的规定，D项和E项所表述的情形，国家应承担赔偿责任。故本题选A项、B项和C项。

第二节　赔偿请求人和赔偿义务机关

⊙赔偿请求人的确定

第二十条　赔偿请求人的确定依照本法第六条的规定。

●考点点拨

根据《国家赔偿法》第6条相关规定，刑事赔偿的赔偿请求人包括：

（1）受害的公民、法人和其他组织有权要求赔偿；

（2）受害的公民死亡，其继承人和其他有扶养关系的亲属有权要求赔偿；

（3）受害的法人或者其他组织终止的，其权利承受人有权要求赔偿。

具体确定方式参照第6条的考点点拨。

◆关联法条

最高人民法院、最高人民检察院《关于办理刑事赔偿案件适用法律若干问题的解释》

第九条　受害的公民死亡，其继承人和其他有扶养关系的亲属有权申请国家赔偿。

依法享有继承权的同一顺序继承人有数人时，其

中一人或者部分人作为赔偿请求人申请国家赔偿的，申请效力及于全体。

赔偿请求人为数人时，其中一人或者部分赔偿请求人非经全体同意，申请撤回或者放弃赔偿请求，效力不及于未明确表示撤回申请或者放弃赔偿请求的其他赔偿请求人。

★赔偿义务机关的确定

第二十一条　行使侦查、检察、审判职权的机关以及看守所、监狱管理机关及其工作人员在行使职权时侵犯公民、法人和其他组织的合法权益造成损害的，该机关为赔偿义务机关。

对公民采取拘留措施，依照本法的规定应当给予国家赔偿的，作出拘留决定的机关为赔偿义务机关。

对公民采取逮捕措施后决定撤销案件、不起诉或者判决宣告无罪的，作出逮捕决定的机关为赔偿义务机关。

再审改判无罪的，作出原生效判决的人民法院为赔偿义务机关。二审改判无罪，以及二审发回重审后作无罪处理的，作出一审有罪判决的人民法院为赔偿义务机关。

●考点点拨

1. 通常情况下，哪个司法机关及其工作人员造成损害的，哪个司法机关就是赔偿义务机关。

2. 对因采取刑事拘留措施引发的刑事赔偿，由作出刑事拘留决定的机关作为赔偿义务机关。比如，某县公安局对张某作出错误刑事拘留决定，该县公安局就是赔偿义务机关。

3. 对因采取逮捕措施引发的刑事赔偿，由作出逮捕决定的机关作为赔偿义务机关。逮捕决定机关一般为检察机关。

4. 如果一审法院作出有罪判决后，分三种情况：

(1)被告未上诉且检察院未抗诉的，判决生效后受害人通过再审程序被宣判无罪的，作出有罪判决的一审法院为刑事赔偿义务机关。比如，某市中级人民法院对李某涉嫌抢劫强奸一案判处无期徒刑，如果李某未提出上诉且该市检察院也未抗诉，判决生效后李某通过再审程序后被判处无罪，此种情况下，该市中级人民法院为刑事赔偿义务机关。

(2)被告人上诉或检察院抗诉的，二审法院维持一审判决或者对一审法院判决虽予以改判，但仍判决有罪的，判决生效后受害人通过再审程序被宣判无罪的，作出有罪判决的二审法院为刑事赔偿义务机关。仍以上述案件为例，如果李某不服一审判决提起上诉或者该市检察院提起抗诉，二审法院维持一审判决，判决生效后李某通过再审程序被宣判无罪的，作出有罪判决的二审法院为刑事赔偿义务机关。

(3)被告人上诉或检察院抗诉的，二审法院改判无罪，或者发回重审后作出无罪判决的，作出有罪判决的一审法院为刑事赔偿有机关。仍以上述案件为例，如果李某不服一审判决提起上诉或者该市检察院提起抗诉，省高院改判李某无罪或者发回重审后对李某作出无罪判决，那么作出有罪判决的该市中级人民法院为刑事赔偿有机关。

◆关联法条

最高人民法院《关于国家赔偿案件立案工作的规定》

第一条　本规定所称国家赔偿案件，是指国家赔偿法第十七条、第十八条、第二十一条、第三十八条规定的下列案件：

(一)违反刑事诉讼法的规定对公民采取拘留措施的，或者依照刑事诉讼法规定的条件和程序对公民采取拘留措施，但是拘留时间超过刑事诉讼法规定的时限，其后决定撤销案件、不起诉或者判决宣告无罪终止追究刑事责任的；

(二)对公民采取逮捕措施后，决定撤销案件、不起诉或者判决宣告无罪终止追究刑事责任的；

(三)二审改判无罪，以及二审发回重审后作无罪处理的；

(四)依照审判监督程序再审改判无罪，原判刑罚已经执行的；

(五)刑讯逼供或者以殴打、虐待等行为或者唆使、放纵他人以殴打、虐待等行为造成公民身体伤害或者死亡的；

(六)违法使用武器、警械造成公民身体伤害或者死亡的；

(七)在刑事诉讼过程中违法对财产采取查封、扣押、冻结、追缴等措施的；

(八)依照审判监督程序再审改判无罪，原判罚金、没收财产已经执行的；

(九)在民事诉讼、行政诉讼过程中，违法采取对妨害诉讼的强制措施、保全措施或者对判决、裁定及其他生效法律文书执行错误，造成损害的。

第三节　赔偿程序

★提出赔偿请求

第二十二条　赔偿义务机关有本法第十七条、第十八条规定情形之一的，应当给予赔偿。

赔偿请求人要求赔偿，应当先向赔偿义务机关提出。

赔偿请求人提出赔偿请求，适用本法第十一条、第十二条的规定。

● **考点点拨**

1. 根据刑事赔偿程序的受理机关不同，赔偿请求人可以分别向赔偿义务机关、赔偿义务机关的上级机关（复议机关）和人民法院（国家赔偿委员会）三个不同机关提出，这三个赔偿处理程序分别为：

（1）刑事赔偿先行处理程序；

（2）刑事赔偿复议程序；

（3）赔偿委员会决定程序。

2. 刑事赔偿请求人要求赔偿的，必须先向刑事赔偿义务机关提出，由该赔偿义务机关先行对赔偿问题进行处理。赔偿请求人不服赔偿义务机关的裁决或者赔偿义务机关逾期不予处理的，赔偿请求人才能启动刑事赔偿复议程序和国家赔偿委员会决定程序。

3. 赔偿请求人提出刑事赔偿请求应当具备相应的条件，比如主体适格、赔偿义务机关适格、递交申请书、在规定时限内提出。赔偿义务机关必须依照法律规定，作出书面受理决定或者告知赔偿请求人补正资料。

4. 行政赔偿与刑事赔偿的区别

（1）实施侵权行为主体不同。前者是国家行政机关及其工作人员，后者为履行刑事司法职能的国家机关及其工作人员，包括公检法、监狱等机关及其工作人员。

（2）实施侵权行为的时间不同。前者发生在行政管理过程中，后者发生在刑事诉讼过程中。

（3）赔偿的范围不同。前者是行政机关及其工作人员行使行政职权侵害相对人合法权益（人身权和财产权）的法定情形，且法条还规定了兜底条款，后者是公检法、监狱等部门及其工作人员行使职权侵害公民、法人和其他组织合法权益（人身权和财产权）的法定情形，没有兜底条款，严格限制在举例范围。

此外，具体的赔偿程序也稍有不同。总之，两者最主要的区别在于主体不同，一个是行政机关，另一个是刑事司法机关。

★ **赔偿义务机关的处理期限**

第二十三条　赔偿义务机关应当自收到申请之日起两个月内，作出是否赔偿的决定。赔偿义务机关作出赔偿决定，应当充分听取赔偿请求人的意见，并可以与赔偿请求人就赔偿方式、赔偿项目和赔偿数额依照本法第四章的规定进行协商。

赔偿义务机关决定赔偿的，应当制作赔偿决定书，并自作出决定之日起十日内送达赔偿请求人。

赔偿义务机关决定不予赔偿的，应当自作出决定之日起十日内书面通知赔偿请求人，并说明不予赔偿的理由。

● **考点点拨**

1. 为了避免赔偿义务机关拖延赔偿，本法规定了赔偿义务机关先行处理赔偿申请的期限为两个月，两个月内必须作出赔偿与否的决定。

2. 赔偿义务机关作出赔偿决定必须要听取赔偿请求人的意见，除此还可以与赔偿请求人就赔偿相关事项进行协商，但是协商并非必须经过的程序。

3. 赔偿义务机关决定予以赔偿的，需要采取书面形式告知并在10日内送达赔偿请求人；决定不予赔偿的，应当在10日内书面通知赔偿请求人，并说明理由。

☆ **真题回顾**

（2018年多选）下列关于国家赔偿的说法，正确的有（　　）。

A. 赔偿义务机关应当自收到申请之日起2个月内作出是否赔偿的决定

B. 赔偿义务机关决定赔偿的，应当制作赔偿决定书，并自作出决定之日起10日内送达赔偿请求人

C. 赔偿义务机关决定不予赔偿的，应当自作出决定之日起10日内书面通知赔偿请求人，并说明不予赔偿的理由

D. 赔偿义务机关在规定期限内未作出是否赔偿的决定，视为不予赔偿

E. 赔偿义务机关作出不予赔偿决定的，赔偿请求人不能提起诉讼

【解析】答案为ABC。根据《国家赔偿法》第23条的规定，A项、B项、C项正确。根据第24条第2款、第14条的规定，D项、E项错误。

★ **刑事赔偿复议程序**

第二十四条　赔偿义务机关在规定期限内未作出是否赔偿的决定，赔偿请求人可以自期限届满之日起三十日内向赔偿义务机关的上一级机关申请复议。

赔偿请求人对赔偿的方式、项目、数额有异议的，或者赔偿义务机关作出不予赔偿决定的，赔偿请求人可以自赔偿义务机关作出赔偿或者不予赔偿决定之

日起三十日内，向赔偿义务机关的上一级机关申请复议。

赔偿义务机关是人民法院的，赔偿请求人可以依照本条规定向其上一级人民法院赔偿委员会申请作出赔偿决定。

●考点点拨

1. 提起刑事赔偿复议程序的期限是 30 日，根据赔偿义务机关的处理结果不用，期限的起算点不同：

（1）赔偿义务机关在法定期限内未作出决定的，自期限届满之日起 30 日内。比如，某市所属区公安分局在受理赔偿请求人的赔偿申请后，2 个月内没有作出是否赔偿决定，赔偿请求人可以在 2 个月届满后的 30 日之内向该市公安局提起刑事赔偿复议申请。

（2）赔偿义务机关作出赔偿决定，但赔偿请求人对赔偿内容有异议；或者作出不予赔偿决定的，自该赔偿决定作出之日起 30 日内。比如，某县公安局在 5 月 20 日作出赔偿决定，对赔偿请求人李某赔偿损失 1 万元人民币，但李某认为赔偿数额太少，他可以从 5 月 20 日起的 30 日内向该县政府提起刑事赔偿复议申请。

2. 刑事赔偿复议程序仅适用于公、检、法和看守所、监狱管理机关作为赔偿义务机关的情形，人民法院作为赔偿义务机关的，经过先行处理程序后，无须申请复议，赔偿请求人可以直接向赔偿义务机关的上一级人民法院赔偿委员会申请作出赔偿决定。比如，何某对某县人民法院作出的刑事赔偿内容不服的，他可以直接向该县法院上一级市中级人民法院赔偿委员会申请作出赔偿决定。

3. 考生需要注意：刑事赔偿复议属于司法程序，不属于行政复议范畴。两者在法律依据、性质、审查内容、程序上都完全不同。

◆关联法条

最高人民法院《关于国家赔偿案件立案工作的规定》

第二条　赔偿请求人向作为赔偿义务机关的人民法院提出赔偿申请，或者依照国家赔偿法第二十四条、第二十五条的规定向人民法院赔偿委员会提出赔偿申请的，收到申请的人民法院根据本规定予以审查立案。

第五条　赔偿请求人对作为赔偿义务机关的人民法院作出的是否赔偿的决定不服，依照国家赔偿法第二十四条的规定向其上一级人民法院赔偿委员会提出赔偿申请，收到申请的人民法院经审查认为其申请符合下列条件的，应予立案：

（一）有赔偿义务机关作出的是否赔偿的决定书；

（二）符合法律规定的请求期间，因不可抗力或者其他障碍未能在法定期间行使请求权的情形除外。

★复议期限

第二十五条　复议机关应当自收到申请之日起两个月内作出决定。

赔偿请求人不服复议决定的，可以在收到复议决定之日起三十日内向复议机关所在地的同级人民法院赔偿委员会申请作出赔偿决定；复议机关逾期不作决定的，赔偿请求人可以自期限届满之日起三十日内向复议机关所在地的同级人民法院赔偿委员会申请作出赔偿决定。

●考点点拨

复议机关作出复议决定的期限为收到复议申请之日起 2 个月，如果复议机关在规定期限内作出了赔偿决定，但赔偿请求人不服该复议决定的，可以自收到该复议决定之日起 30 日向复议机关所在地的同级人民法院赔偿委员会申请作出赔偿决定；如果复议机关在规定期限内没作出任何决定的，赔偿请求人可以自期限届满之日起 30 日内向复议机关所在地的同级人民法院赔偿委员会申请作出赔偿决定。

比如，王某与 4 月 8 日向某市监狱管理局提出刑事赔偿复议，该市监狱管理局应当在 6 月 8 日前作出复议决定。如果该监狱管理局于 5 月 3 日作出赔偿王某 2 万元人民币的赔偿决定，但王某认为赔偿金额太少，他需要在 6 月 2 日（30 日期限届满）以前向该市中级人民法院赔偿委员会申请作出赔偿决定。如果该监狱管理局到了 6 月 9 日仍然没有作出任何赔偿决定，则王某可以从 6 月 8 日起至 7 月 7 日（30 日期限届满）这 30 日内向该市中级人民法院赔偿委员会申请作出赔偿决定。

◆关联法条

最高人民法院《关于人民法院赔偿委员会审理国家赔偿案件程序的规定》

第一条　赔偿请求人向赔偿委员会申请作出赔偿决定，应当递交赔偿申请书一式四份。赔偿请求人书写申请书确有困难的，可以口头申请。口头提出申请的，人民法院应当填写《申请赔偿登记表》，由赔偿请求人签名或者盖章。

⊙举证责任

第二十六条　人民法院赔偿委员会处理赔偿请求，赔偿请求人和赔偿义务机关对自己提出的主张，应当提供证据。

被羁押人在羁押期间死亡或者丧失行为能力的，赔偿义务机关的行为与被羁押人的死亡或者丧失行为能力是否存在因果关系，赔偿义务机关应当提供证据。

●考点点拨

1. 刑事赔偿案件中举证责任的一般规则是"谁主张，谁举证"，没有证据或者证据不足以证明赔偿请求人或赔偿义务机关的事实主张的，由负有举证责任的一方承担不利后果。

2. 刑事赔偿案件中的特殊情形适用"举证责任倒置"的规则。这种特殊情形仅限于"被羁押人在羁押期间死亡或者丧失行为能力时"，赔偿义务机关的行为与被羁押人的死亡或者丧失行为能力是否存在因果关系，由赔偿义务机关提供证据。特殊情形实行举证责任倒置归责，一是体现公平性原则，二是有利于发挥赔偿义务机关的举证优势。比如佘祥林申请国家赔偿一案中，对于佘祥林是否因受到刑讯逼供导致眼部视力低下，腰椎和骶椎明显呈现病状，由湖北省京山县公安局进行举证更为公平合理。

◆关联法条

最高人民法院《关于人民法院赔偿委员会审理国家赔偿案件程序的规定》

第十二条　赔偿请求人、赔偿义务机关对自己提出的主张或者反驳对方主张所依据的事实有责任提供证据加以证明。有国家赔偿法第二十六条第二款规定情形的，应当由赔偿义务机关提供证据。

没有证据或者证据不足以证明其事实主张的，由负有举证责任的一方承担不利后果。

第十三条　赔偿义务机关对其职权行为的合法性负有举证责任。

赔偿请求人可以提供证明职权行为违法的证据，但不因此免除赔偿义务机关对其职权行为合法性的举证责任。

★赔偿委员会审查方式

第二十七条　人民法院赔偿委员会处理赔偿请求，采取书面审查的办法。必要时，可以向有关单位和人员调查情况、收集证据。赔偿请求人与赔偿义务机关对损害事实及因果关系有争议的，赔偿委员会可以听取赔偿请求人和赔偿义务机关的陈述和申辩，并可以进行质证。

●考点点拨

1. 人民法院赔偿委员会处理赔偿请求，采取书面审查原则，也即采用非诉讼的决定程序审理刑事赔偿案件。

2. 人民法院赔偿委员会具有调查取证职权，必要时可以向有关单位和人员调查情况，收集证据。

3. 赔偿请求人与赔偿义务机关双方对于损害事实及因果关系有争议的，人民法院赔偿委员会可以听取双方的陈述和申辩，并可以进行质证。进行质证可以最大限度地体现公平正义，让人信服。

◆关联法条

最高人民法院《关于人民法院赔偿委员会审理国家赔偿案件程序的规定》

第九条　赔偿委员会审理赔偿案件，可以组织赔偿义务机关与赔偿请求人就赔偿方式、赔偿项目和赔偿数额依照国家赔偿法第四章的规定进行协商。

☆真题回顾

（2017年多选）人民法院赔偿委员会处理赔偿请求时（　　）。

A. 采取异地审理的办法

B. 采取不公开开庭的办法

C. 采取秘密审判的办法

D. 采取书面审查的办法

E. 必要时，可以向有关单位和人民调查情况、收集证据

【解析】答案为DE。根据《国家赔偿法》第27条的规定，D项、E选项正确。

★赔偿委员会决定期限

第二十八条　人民法院赔偿委员会应当自收到赔偿申请之日起三个月内作出决定；属于疑难、复杂、重大案件的，经本院院长批准，可以延长三个月。

●考点点拨

1. 人民法院赔偿委员会审理案件期限的起算点是"收到赔偿申请之日"，通常情况下审理期限是3个月。

2. 对于案件疑难、复杂、重大的，经本院院长批准，可以延长3个月，即最长审理期限为6个月。

☆真题回顾

（2018年多选）人民法院赔偿委员会应当自收到申请之日起3个月内出决定；属于（　　）案件的，经本院院长批准，可延长3个月。

A. 疑难　　B. 复杂

C. 重大　　D. 公诉

E. 反诉

【解析】答案为 ABC。根据《国家赔偿法》第 28 条的规定，A 项、B 项、C 项正确，当选。

★赔偿委员会设立及其决定程序

第二十九条　中级以上的人民法院设立赔偿委员会，由人民法院三名以上审判员组成，组成人员的人数应当为单数。

赔偿委员会作赔偿决定，实行少数服从多数的原则。

赔偿委员会作出的赔偿决定，是发生法律效力的决定，必须执行。

●考点点拨

1. 赔偿委员会只设立于中级以上的人民法院，且组成人数为 3 人以上的单数，这是因为赔偿委员会议事规则实行少数服从多数的原则，如果是偶数则会出现对等的情况，如 2 比 2 显然无法决定赔偿事项。

2. 赔偿委员会一经作出决定，即发生法律效力，必须执行。赔偿请求人可以根据决定书要求赔偿义务机关履行赔偿义务，也可以要求人民法院执行。

◆关联法条

最高人民法院《关于人民法院赔偿委员会审理国家赔偿案件程序的规定》

第七条　赔偿委员会审理赔偿案件，应当指定一名审判员负责具体承办。

负责具体承办赔偿案件的审判员应当查清事实并写出审理报告，提请赔偿委员会讨论决定。

赔偿委员会作赔偿决定，必须有三名以上审判员参加，按照少数服从多数的原则作出决定。

☆真题回顾

(2018 年多选) 最高人民检察院对(　　) 赔偿委员会作出的决定，发现违反《国家赔偿法》相关规定的，应当向各级人民法院赔偿委员会提出意见。

A. 最高人民法院

B. 高级人民法院

C. 中级人民法院

D. 基层人民法院

E. 基层人民法院的派出法庭

【解析】答案为 ABC。根据《国家赔偿法》第 29 条第 1 款、第 30 条第 3 款的规定，各级人民法院赔偿委员会包括最高人民法院、高级人民法院和中级人民法院，基层人民法院没有赔偿委员会，故 A 项、B 项、C 项正确。考生只要在复习法条时能懂得立法原意，理解赔偿委员会只在中级人民法院以上设立，自然可以很好判断排除 D 项、E 项。

★申诉与重新审查程序

第三十条　赔偿请求人或者赔偿义务机关对赔偿委员会作出的决定，认为确有错误的，可以向上一级人民法院赔偿委员会提出申诉。

赔偿委员会作出的赔偿决定生效后，如发现赔偿决定违反本法规定的，经本院院长决定或者上级人民法院指令，赔偿委员会应当在两个月内重新审查并依法作出决定，上一级人民法院赔偿委员会也可以直接审查并作出决定。

最高人民检察院对各级人民法院赔偿委员会作出的决定，上级人民检察院对下级人民法院赔偿委员会作出的决定，发现违反本法规定的，应当向同级人民法院赔偿委员会提出意见，同级人民法院赔偿委员会应当在两个月内重新审查并依法作出决定。

●考点点拨

1. 我国刑事赔偿程序采取赔偿委员会一决终局制，赔偿案件经过赔偿委员会审理后即为终结，其作出的决定是发生法律效力的决定，赔偿请求人和赔偿义务机关不能再向上一级法院赔偿委员会申请作出赔偿决定。认为已经生效的赔偿委员会决定确实存在错误的，赔偿请求人和赔偿义务机关只能通过向上一级人民法院赔偿委员会提出申诉。

2. 人民法院启动重新审理程序的方式有两种：

(1) 法院决定重新审理，包括本院院长决定重新审理或者上级人民法院指令重新审理；

(2) 检察院提出重新审理意见。

这体现了人民法院自我监督和人民检察院的专门监督职能。

3. 无论是人民法院决定重新审理，还是检察院提出意见后人民法院赔偿委员会重新审理，审理的期限均为 2 个月。

☆真题回顾

(2018 年多选) 人民法院赔偿委员会作出决定后，赔偿请求人或者赔偿义务机关向上一级人民法院赔偿委员会提出申诉的，(　　) 可以启动对赔偿决定的重新审查程序。

A. 赔偿请求人　　B. 赔偿义务机关

C. 本院院长　　D. 上级人民法院

E. 同级人民检察院

【解析】答案为 CD。根据《国家赔偿法》第 30 条的规定，本级法院院长有权决定以及上级法院有权指令，因此，C 项、D 项正确，A 项、B 项错误。除了最高人民检察院之外，只有上级人民检察院才有权决定启动对下级人民法院赔偿委员会的重新审查程序，E 项错误。

⊙刑事追偿

第三十一条　赔偿义务机关赔偿后，应当向有下列情形之一的工作人员追偿部分或者全部赔偿费用：

（一）有本法第十七条第四项、第五项规定情形的；

（二）在处理案件中有贪污受贿，徇私舞弊，枉法裁判行为的。

对有前款规定情形的责任人员，有关机关应当依法给予处分；构成犯罪的，应当依法追究刑事责任。

●考点点拨

1. 刑事追偿的范围主要有三种情形：

（1）实施刑讯逼供或者以殴打、虐待等行为或者唆使、放纵他人以殴打、虐待等行为造成公民身体伤害或者死亡的，赔偿义务机关赔偿损失后，应当向相关工作人员追偿；

（2）违法使用武器、警械造成公民身体伤害或者死亡的，赔偿义务机关赔偿损失后，应当向相关工作人员追偿；

（3）在处理案件中有贪污受贿，徇私舞弊，枉法裁判行为的，赔偿义务机关赔偿损失后，应当向相关工作人员追偿。

2. 对相关司法工作人进行追责，包括对其进行行政处分和刑事追责两种。比如呼格吉勒图案，在国家履行赔偿责任后，相关部门对当年制造“呼格吉勒图冤案”的冯志明等人进行了严肃追责。其中，时任呼和浩特市公安局新城区公安分局副局长冯志明因涉嫌职务犯罪，依法另案处理；给予时任呼和浩特市公安局新城区公安分局刑警队副队长任俊林党内严重警告、行政记大过处分；给予时任呼和浩特市人民检察院批捕处处长胡兰党内严重警告、行政记大过处分；给予时任内蒙古自治区高级人民法院刑一庭庭长梁国裕党内严重警告处分。

第四章　赔偿方式和计算标准

★追偿方式

第三十二条　国家赔偿以支付赔偿金为主要方式。

能够返还财产或者恢复原状的，予以返还财产或者恢复原状。

●考点点拨

金钱赔偿是我国国家赔偿的主要方式，金钱赔偿的适用范围主要包括：

（1）对人身损害的金钱赔偿；

（2）对财产损害的金钱赔偿。

只有在使用返还财产或者恢复原状的赔偿方式更为适当和有利的情况下，才能采取返还财产或恢复原状。比如，某国家机关的行为被认定为非法没收财产，此时以返还财产的方式对受害人进行赔偿更为合适。

◆关联法条

最高人民法院《关于民事、行政诉讼中司法赔偿若干问题的解释》

第十一条　民事、行政诉讼中司法赔偿的赔偿方式主要为支付赔偿金。包括：支付侵犯人身自由权、生命健康权的赔偿金；财产损坏的，赔偿修复所需费用；财产灭失的，按侵权行为发生时当地市场价格予以赔偿；财产已拍卖的，给付拍卖所得的价款；财产已变卖的，按合法评估机构的估价赔偿；造成其他损害的，赔偿直接损失。

能够返还财产或者恢复原状的，予以返还财产或者恢复原状。包括：解除查封、扣押、冻结；返还财产、恢复原状；退还罚款、罚没财物。

★侵犯人身自由赔偿标准

第三十三条　侵犯公民人身自由的，每日赔偿金按照国家上年度职工日平均工资计算。

●考点点拨

侵犯公民人身自由实行按日支付赔偿金的方式进行赔偿，每日赔偿金按照国家上年度职工日平均工资计算。具体计算标准为：公民应得到的赔偿金等于其因错拘、错捕或错判而被限制人身自由的天数乘以国家上年度职工的日平均工资。比如，王某于 2018 年 10 月因错误被捕入狱 60 天，2017 年全国职工日平均工资为 284.74 元，则王某获得的国家赔偿总金额为：60×284.74，即 17084.4 元。

◆关联法条

最高人民法院《关于人民法院执行〈中华人民共和国国家赔偿法〉几个问题的解释》

六、赔偿法第二十六条（现第三十三条）关于“侵犯公民人身自由的，每日的赔偿金按照国家上年度职工日平均工资计算”中规定的上年度，应为赔偿义务机关、复议机关或者人民法院赔偿委员会作出赔偿决定时的上年度；复议机关或者人民法院赔偿委员会决定维持原赔偿决定的，按作出原赔偿决定时的上年度执行。

国家上年度职工日平均工资数额，应当以职工年平均工资除以全年法定工作日数的方法计算。年平均工资以国家统计局公布的数字为准。

★侵犯生命健康权赔偿标准

第三十四条　侵犯公民生命健康权的，赔偿金按照下列规定计算：

（一）造成身体伤害的，应当支付医疗费、护理费，以及赔偿因误工减少的收入。减少的收入每日的赔偿金按照国家上年度职工日平均工资计算，最高额为国家上年度职工年平均工资的五倍；

（二）造成部分或者全部丧失劳动能力的，应当支付医疗费、护理费、残疾生活辅助具费、康复费等因残疾而增加的必要支出和继续治疗所必需的费用，以及残疾赔偿金。残疾赔偿金根据丧失劳动能力的程度，按照国家规定的伤残等级确定，最高不超过国家上年度职工年平均工资的二十倍。造成全部丧失劳动能力的，对其扶养的无劳动能力的人，还应当支付生活费；

（三）造成死亡的，应当支付死亡赔偿金、丧葬费，总额为国家上年度职工年平均工资的二十倍。对死者生前扶养的无劳动能力的人，还应当支付生活费。

前款第二项、第三项规定的生活费的发放标准，参照当地最低生活保障标准执行。被扶养的人是未成年人的，生活费给付至十八周岁止；其他无劳动能力的人，生活费给付至死亡时止。

●考点点拨

1. 造成公民身体伤害的（仅指造成身体一般伤害，经过治疗可以恢复健康，尚未造成残疾的伤害），应当支付医药费、护理费、误工费等费用，其中误工费每日赔偿金标准按照国家上年度职工日平均工资标准方式计算。

2. 造成公民身体残疾或部分残疾的，除了应当支付医疗费、护理费外，还须支付残疾生活辅助具费、康复费、继续治疗费、残疾赔偿金。造成全部丧失劳动能力的，对其扶养的无劳动能力的人，还应当支付生活费。

3. 造成公民死亡的，应当支付死亡赔偿金、丧葬费、被扶养人生活费。比如，呼格吉勒图案中，呼格吉勒图的父母共领取到国家赔偿金共 2059621.40 元。内蒙古自治区高级人民法院在有关解释中称，这笔国家赔偿金中，支付的死亡赔偿金、丧葬费共计 1047580 元，这是按照国家 2013 年度职工年平均工资 52379 元 ×20 所得数字；支付呼格吉勒图生前被羁押 60 日的限制人身自由赔偿金 12041.40 元，这是按照国家 2013 年度职工日平均工资 200.69 元 ×60 所得数字；支付精神损害抚慰金 1000000 元。

◆关联法条

最高人民法院、最高人民检察院《关于办理刑事赔偿案件适用法律若干问题的解释》

第十三条　医疗费赔偿根据医疗机构出具的医药费、治疗费、住院费等收款凭证，结合病历和诊断证明等相关证据确定。赔偿义务机关对治疗的必要性和合理性提出异议的，应当承担举证责任。

第十六条　误工减少收入的赔偿根据受害公民的误工时间和国家上年度职工日平均工资确定，最高为国家上年度职工年平均工资的五倍。

误工时间根据公民接受治疗的医疗机构出具的证明确定。公民因伤致残持续误工的，误工时间可以计算至作为赔偿依据的伤残等级鉴定确定前一日。

第十八条　受害的公民全部丧失劳动能力的，对其扶养的无劳动能力人的生活费发放标准，参照作出赔偿决定时被扶养人住所地所属省级人民政府确定的最低生活保障标准执行。

能够确定扶养年限的，生活费可协商确定并一次性支付。不能确定扶养年限的，可按照二十年上限确定扶养年限并一次性支付生活费，被扶养人超过六十周岁的，年龄每增加一岁，扶养年限减少一年；被扶养人年龄超过确定扶养年限的，被扶养人可逐年领取生活费至死亡时止。

★精神损害赔偿金

第三十五条　有本法第三条或者第十七条规定情形之一，致人精神损害的，应当在侵权行为影响的范围内，为受害人消除影响，恢复名誉，赔礼道歉；造成严重后果的，应当支付相应的精神损害抚慰金。

●考点点拨

1. 将精神损害赔偿金写入《国家赔偿法》，是我国国家赔偿制度的重大突破和完善。本条规定，只有行政机关或司法机关及其工作人员实施侵犯公民人身权致使他人精神损害的，才予以精神赔偿。

2. 造成精神损害的，必须在侵权行为影响范围内为受害人采取消除影响、恢复名誉、赔礼道歉等方式进行精神赔偿。而当侵害行为造成严重后果的，应当支付相应的精神损害赔偿金。所谓严重后果，一般是指致残或死亡等情形。

★侵犯财产权赔偿金计算

第三十六条　侵犯公民、法人和其他组织的财产权造成损害的，按照下列规定处理：

（一）处罚款、罚金、追缴、没收财产或者违法征收、征用财产的，返还财产；

（二）查封、扣押、冻结财产的，解除对财产的查封、扣押、冻结，造成财产损坏或者灭失的，依照本条第三项、第四项的规定赔偿；

（三）应当返还的财产损坏的，能够恢复原状的恢复原状，不能恢复原状的，按照损害程度给付相应的赔偿金；

（四）应当返还的财产灭失的，给付相应的赔偿金；

（五）财产已经拍卖或者变卖的，给付拍卖或者变卖所得的价款；变卖的价款明显低于财产价值的，应当支付相应的赔偿金；

（六）吊销许可证和执照、责令停产停业的，赔偿停产停业期间必要的经常性费用开支；

（七）返还执行的罚款或者罚金、追缴或者没收的金钱，解除冻结的存款或者汇款的，应当支付银行同期存款利息；

（八）对财产权造成其他损害的，按照直接损失给予赔偿。

●考点点拨

1. 侵犯财产的赔偿方式主要包括：

（1）返还财产；

（2）恢复原状；

（3）支付赔偿金。

根据损害的财产情形不同，适用不同赔偿方式。

2. 目前我国国家赔偿制度造成财产权其他损害时，只对直接损失予以赔偿，而不对间接损失进行赔偿。比如，薛某经营的酒店被错误查封60天，导致的直接经济损失是每日的营业利润，如果期间由于酒店被查封，酒店物业以其违法经营为由解除了与其签订的租赁协议，致使酒店解封后也不能再实际经营，并且原来签订了合作协议的旅行社也解除了与其的合作，并提出经济赔偿。此案中，被查封60天的营业利润就是直接经济损失，国家需要予以赔偿。而被物业解除租赁协议和被旅行社解除合作协议导致的损失则属于间接损失，国家一般不予赔偿。

◆关联法条

最高人民法院、最高人民检察院《关于办理刑事赔偿案件适用法律若干问题的解释》

第十九条　侵犯公民、法人和其他组织的财产权造成损害的，应当依照国家赔偿法第三十六条的规定承担赔偿责任。

财产不能恢复原状或者灭失的，财产损失按照损失发生时的市场价格或者其他合理方式计算。

⊙赔偿费用来源及支付程序

第三十七条　赔偿费用列入各级财政预算。

赔偿请求人凭生效的判决书、复议决定书、赔偿决定书或者调解书，向赔偿义务机关申请支付赔偿金。

赔偿义务机关应当自收到支付赔偿金申请之日起七日内，依照预算管理权限向有关的财政部门提出支付申请。财政部门应当自收到支付申请之日起十五日内支付赔偿金。

赔偿费用预算与支付管理的具体办法由国务院规定。

●考点点拨

1. 赔偿费用列入各级财政预算可以有效确保赔偿资金来源，但县级以下财政的赔偿费用保障力度还是相对有限。

2. 2010年第一次修正的《国家赔偿法》废除了赔偿义务机关先行支付的程序，明确规定赔偿请求人凭生效的判决书、复议决定书、赔偿决定书或者调解书，向赔偿义务机关申请支付赔偿金。

3. 赔偿义务在收到支付赔偿金申请后，在7日内依照预算管理权限向有关的财政部门提出支付申请。财政部门应当自收到支付申请之日起15日内支付赔偿金。

◆关联法条

最高人民法院《关于审理行政赔偿案件若干问题的规定》

第三十九条　赔偿请求人要求人民法院确认致害行为违法涉及的鉴定、勘验、审计等费用，由申请人预付，最后由败诉方承担。

第五章　其他规定

⊙非刑事诉讼违法行为的司法赔偿

第三十八条　人民法院在民事诉讼、行政诉讼过程中，违法采取对妨害诉讼的强制措施、保全措施或者对判决、裁定及其他生效法律文书执行错误，造成损害的，赔偿请求人要求赔偿的程序，适用本法刑事赔偿程序的规定。

●考点点拨

1. 人民法院在民事、行政诉讼中涉及国家赔偿的，适用刑事赔偿程序相关规定。

2. 民事、行政诉讼中司法赔偿的范围主要包括：

(1)违法采取对妨害诉讼的强制措施；

(2)违法采取保全措施；

(3)对判决、裁定及其他生效法律文书执行错误。

◆关联法条

最高人民法院《关于国家赔偿案件立案工作的规定》

第一条　本规定所称国家赔偿案件，是指国家赔偿法第十七条、第十八条、第二十一条、第三十八条规定的下列案件：

……

(九)在民事诉讼、行政诉讼过程中，违法采取对妨害诉讼的强制措施、保全措施或者对判决、裁定及其他生效法律文书执行错误，造成损害的。

★请求赔偿时效

第三十九条　赔偿请求人请求国家赔偿的时效为两年，自其知道或者应当知道国家机关及其工作人员行使职权时的行为侵犯其人身权、财产权之日起计算，但被羁押等限制人身自由期间不计算在内。在申请行政复议或者提起行政诉讼时一并提出赔偿请求的，适用行政复议法、行政诉讼法有关时效的规定。

赔偿请求人在赔偿请求时效的最后六个月内，因不可抗力或者其他障碍不能行使请求权的，时效中止。从中止时效的原因消除之日起，赔偿请求时效期间继续计算。

●考点点拨

1. 国家赔偿的时效包括三类：

(1)向国家赔偿机关请求赔偿的时效，即一般请求时效，为2年。

(2)申请行政复议并附带提出赔偿请求的时效，即复议时效，适用《行政复议法》规定的复议时效，为60日。

(3)向人民法院提起行政赔偿诉讼的时效，即诉讼时效，适用《行政诉讼法》规定的诉讼时效，为6个月。

2. 时效的起算为自受害人知道或者应当知道国家机关及其工作人员行使职权时的行为侵犯其人身权、财产权之日起计算，但被羁押等限制人身自由期间不计算在内。

3. 赔偿请求人在赔偿请求时效的最后6个月内，因不可抗力或者其他障碍不能行使请求权的，时效中止。

◆关联法条

最高人民法院《关于审理行政赔偿案件若干问题的规定》

第三十八条　人民法院审理行政赔偿案件，除依照国家赔偿法行政赔偿程序的规定外，对本规定没有规定的，在不与国家赔偿法相抵触的情况下，可以适用行政诉讼的有关规定。

☆真题回顾

(2018年单选)赔偿请求人在赔偿请求时效的最后(　　)个月内，因不可抗力或者其他障碍不能行使请求权的，时效中止。

A. 1　　B. 3

C. 6　　D. 12

【解析】答案为C。根据《国家赔偿法》第39条第2款的规定，C项正确。

(2018年单选)某赔偿请求人于2010年1月1日知道自己因行政行为而遭受伤害，于2011年11月1日因车祸住院，期间一直昏迷不醒，直至2013年1月1日才痊愈出院，并于2013年1月2日提出赔偿请求，根据《国家赔偿法》规定，从2011年11月1日起，赔偿请求时效(　　)。

A. 中止　　B. 中断

C. 终止　　D. 暂缓

【解析】答案为A。根据《国家赔偿法》第39条的规定，赔偿请求人在时效的最后6个月内因车祸住院昏迷不醒，发生赔偿请求时效中止的法律后果，自出院之日起继续计算。故A项正确。

⊙涉外国家赔偿

第四十条　外国人、外国企业和组织在中华人民共和国领域内要求中华人民共和国国家赔偿的，适用本法。

外国人、外国企业和组织的所属国对中华人民共和国公民、法人和其他组织要求该国国家赔偿的权利不予保护或者限制的，中华人民共和国与该外国人、外国企业和组织的所属国实行对等原则。

●**考点点拨**

外国人、外国企业和组织在中国领域内要求我国予以国家赔偿的，适用《国家赔偿法》，且实行对等原则。所谓对等原则，是指外国法院对中国公民、组织申请国家赔偿的权利加以限制的，我国人民法院对该国的公民、组织申请国家赔偿的权利也对等地加以限制。这是主权国家之间“以限制抵制限制”的对等措施在诉讼中的体现，目的是达到对双方公民、组织的平等对待。

第六章　附　　则

★**赔偿免征税费原则**

第四十一条　赔偿请求人要求国家赔偿的，赔偿义务机关、复议机关和人民法院不得向赔偿请求人收取任何费用。

对赔偿请求人取得的赔偿金不予征税。

●**考点点拨**

在整个国家赔偿过程中，相关国家机关均不得收取任何费用，且对赔偿请求人取得的赔偿金不予征税。立法原旨在于赔偿请求人本身身心受损，请求赔偿只能是抚慰、减轻受损程度，此时不再对其进行收费、征税，体现国家的关怀和法律的温情。考生准确理解了立法原旨，很多条文的理解记忆就不难了。

☆**真题回顾**

（2018 年判断）赔偿请求人要求国家赔偿的，人民法院不得向赔偿请求人收取任何费用，对其取得的赔偿金不予征税。（　　）

【解析】根据《国家赔偿法》第 41 条的规定，本题说法正确。

⊙施行日期

第四十二条　本法自 1995 年 1 月 1 日起施行。

第九章　行政许可法备考要点和法条解读

第一节　行政许可法备考复习要点

一、行政许可的概念

《行政许可法》第 2 条规定，“行政许可，是指行政机关根据公民、法人或者其他组织的申请，经依法审查，准予其从事特定活动的行为。”

根据《行政许可法》第 12 条第 3 项的规定，“提供公众服务并且直接关系公共利益的职业、行业，需要确定具备特殊信誉、特殊条件或者特殊技能等资格、资质的事项”，可以设定行政许可。

第 2 条的规定可以看作行政许可的法定含义、狭义含义，结合第 12 条第 3 项的规定并根据实践中不予许可的情形，可以从广义上定义行政许可。即行政许可是指行政主体根据公民、法人或者其他组织（统称“行政相对人”）的申请，经依法审查，准予或者不准予其从事特定活动、具备或者不具备特定资格或资质的行政行为。

将行政许可的狭义内容和广义内容进行对比：

狭义	广义
行政机关	行政机关＋被授权的组织＋受委托的行政机关（统称“行政主体”）
准予	准予＋不准予；具备＋不具备
特定活动	特定活动＋特定资格或资质

不论是狭义还是广义，对行政许可概念的定义都是正确的，只是广义上更为全面。

二、行政许可的特征

（一）行政许可特征的意义

了解行政许可的特征，可以进一步理解行政许可的概念。

（二）行政许可特征的内容

1. 行政许可的实施主体是行政主体，包括行政机关与法律、法规授权的组织。受委托的行政机关也是行政机关。不要遗漏“法律、法规授权的组织”。

2. 行政许可是针对行政相对人的外部行政行为，不涉及行政机关内部的审批行为，如机关内部的财务审批、人事任免审批等。

3. 行政许可是一种依申请的行为。行政许可具有被动性，以行政相对人的申请为前提，不能主动授予行政许可。

4. 行政机关要依法对行政相对人的申请进行审查，并不是一经申请即可取得行政许可。

5. 行政许可决定的内容包括准予或者不准予行政相对人从事特定活动、具备或者不具备特定资格或资质。有许可的情形，也有不予许可的情形。

6. 行政许可是一种授益性行为。行政许可授予相对人从事特定活动的权利或者资格、资质，是授予利益的，而不是要求相对人负担责任或义务。当然，行政许可不排除在授予许可的同时可能给相对人附加一定条件与义务。

7. 行政许可是一种要式行为。所谓要式行为，是指根据法律规定，需要履行一定程序或者采取一定形式才能成立的行为。如颁发护照、往来港澳通行证，在电梯上加贴的安全检验合格的标志，在猪肉上加盖的“肉检验讫”的蓝章，等等。

三、行政许可应遵循的原则

（一）行政许可原则的概念

行政许可的原则是指行政许可活动中应当遵循的准则要求。

（二）行政许可原则的内容

《行政许可法》在其总则部分对行政许可应遵循的原则作出了规定，具体包括以下七大原则：

1. 合法原则。设定和实施行政许可，应当依照法定的权限、范围、条件和程序。

2. 公开公平公正原则。有关行政许可的规定应当公布；行政许可的实施和结果，原则上应当公开（涉及国家秘密、商业秘密或者个人隐私的除外）；符合法定条件、标准的，申请人有依法取得行政许可的平等权利，行政机关不得歧视。关于公开原则的体现，如广东政务服务网中的广东省公安厅网上服务窗口公开了 97 项行政许可，包括受理条件、办理流程、申请材料、收费标准、办理窗口、设定依据、咨询监督、救济途径等全面而详细的内容，并有办理进度公示。

3. 便民和效率原则。实施行政许可，应当遵循便民的原则，提高办事效率，提供优质服务。如广东省公安厅的 97 项行政许可，其中 40 项可以在线申办，采用信息化的办公手段既便捷又高效。

4. 当事人程序权利保护原则。即行政相对人享有陈述权、申辩权、救济权和国家赔偿权。行政相对人有权陈述事实情况和主张看法；对不利决定（不准予）提出意见并提供证据、说明理由；不服不予准予的行政许可决定的，有权申请行政复议或提出行政诉讼；行政相对人的合法权益受到损害时，有权依法要求国家赔偿。

5. 信赖保护原则。信赖保护原则有时也被认为是诚信原则。行政相对人依法取得的行政许可受法律保护，行政机关不得擅自改变已经生效的行政许可。行政主体一旦作出行政许可，人们有理由相信是合法有效的，行政主体应当践行诺言，不得轻易改变，否则应当给予补偿。如，2018 年《国家司法考试实施办法》调整为《国家统一法律职业资格考试实施办法》，之前通过国家司法考试的，无须再通过国家统一法律职业资格考试，原先已经取得法律职业资格继续有效。

6. 禁止随意转让原则。依法取得的行政许可，原则上不得转让，除非法律、法规另有规定。如以出让方式取得土地使用权的，在使用年限内可以转让；探矿权人在完成规定的最低勘查投入后，经依法批准，可以将探矿权转让他人。

7. 监督检查原则。包括对内和对外两个方面，即行政机关对自身的行政许可实施活动进行监督检查，行政机关对被许可人从事许可的活动进行监督检查。行政许可具有持续性，并非仅仅只是一次发证而已，还包括后续的监督检查，如司法行政机关对律师事务所的年检，对被评定为“不合格”的律师事务所，根据性质、情节及危害程度，依法给予停业整顿并责令其整改或者吊销律师事务所执业许可证的处理。

四、行政许可的种类

行政许可的种类，即在哪些事项上可以设定行政许可。

（一）正面规定

行政许可的种类可以分为普通许可、特许、认可、核准、登记等，《行政许可法》第 12 条从正面规定了下列事项可以设定许可：

1. 普通许可。针对直接涉及国家安全、公共安全、经济宏观调控、生态环境保护以及直接关系人身健康、生命财产安全等特定活动。如驾驶机动车直接涉及公共安全且直接关系驾驶员本人及他人的生命财产安全，需要申领机动车驾驶证方可驾驶准驾车型。

2. 特许。特许分为三类：

（1）自然资源的开发利用许可。自然资源包括矿藏、水流、森林、山岭、草原、荒地、滩涂等。

（2）公共资源的配置许可。主要是指国有土地使用权许可，还有出租车运营许可、长途客运线路许可、无线电频率使用许可等。

（3）直接关系公共利益的特定行业的市场准入许可。如供水、供电、电信、邮政等。

3. 认可。行政认可，是指由行政主体对申请人是否具备特定技能、水平的认定，赋予申请人特定资格、资质，如律师、医师、教师等资格证等。认可的方式主要是考试和考核。认可针对特定的相对人，不得转让、继承。如律师的律师执业证不得转让给他人，使他人冒充律师去会见犯罪嫌疑人或者代理诉讼。

4. 核准。核准是指行政机关通过检验、检测、检疫等方式对申请人的重要设备、设施、产品、物品是否达到特定技术标准、技术规范的审定。

5. 登记。登记是指行政机关确定企业或其他组织主体资格的一种行政许可，包括公司登记、事业单位登记、民办非企业单位登记、社会团体登记等。

6. 其他许可。法律、行政法规规定可以设定行政许可的其他事项。

（二）反面规定

《行政许可法》第 13 条从反面规定了通过下列方式能够予以规范的，可以不设行政许可：

1. 公民、法人或者其他组织能够自主决定的；

2. 市场竞争机制能够有效调节的；

3. 行业组织或者中介机构能够自律管理的；

4. 行政机关采用事后监督等其他行政管理方式能够解决的。

设定行政许可的初衷是减少行政许可，放松行政管理，给公民和组织更多自由。行政许可仅应发生在市场失灵以及其他社会机制不能调整的领域。基于此，第 13 条采用反面列举的方式，对可以不设行政许可的事项作出了明确规定。通过“自主优先、市场优先、自律优先、事后优先”四种方式能够予以解决的，可以不设行政许可。

五、行政许可的设定权

（一）概念

行政许可的设定权，即哪些法律法规（规范性文件）可以设定行政许可的种类。

（二）法律形式

行政许可的设定权的法律规范共有五种形式：

1. 法律。全国人民代表大会及其常务委员会有权以法律形式设定行政许可。

2. 行政法规。尚未制定法律的，行政法规可以设定行政许可。行政法规的制定主体是国务院。

3. 国务院决定。必要时，国务院可以采用发布决定的方式设定行政许可。实施后，除临时性行政许可事项外，国务院应当及时提请全国人民代表大会及其常务委员会制定法律，或者自行制定行政法规。

4. 地方性法规。尚未制定法律、行政法规的，地方性法规可以设定行政许可。地方性法规的制定主体是部分地方人大及其常务委员会，并非所有的地方人大及其常务委员会都享有地方立法权。有权制定地方性法规的地方人大及其常务委员会共有 82 个，这些地方包括：省、自治区、直辖市；省会市；经国务院批准的较大的市；经济特区所在地的市。

5. 省级政府规章。尚未制定法律、行政法规和地方性法规的，因行政管理的需要，确需立即实施行政许可的，省、自治区、直辖市人民政府规章可以设定临时性的行政许可。

（三）注意事项

1. 规章包括部门规章和地方政府规章。部门规章的制定主体是国务院各部、委员会、中国人民银行、审计署和具有行政管理职能的直属机构，地方政府规章的制定主体是有权制定地方政府规章的地方政府。所有的部门规章都不得设定行政许可（如公安部不得设定行政许可），地方政府规章中只有省级政府规章才可以设定行政许可。

2. 国务院各部门和市级政府都是规章的制定主体，但其制定的部门规章和市级政府规章都不得设定行政许可。

3. 不是所有的地方政府都有权设定行政许可，只有省级政府才有权设定行政许可，如武汉市、深圳市政府及其各区政府都不得设定行政许可，但武汉市、深圳市人大及其常务委员会可以以地方性法规的形式设定行政许可。

（四）图表理解

关于行政许可的设定权，可以通过下表进一步理解和掌握：

设定主体	法规形式	备注
全国人民代表大会及其常务委员会	法律	
国务院	行政法规	
	决定	期满终止，或及时转化为法律或行政法规
部分地方人大及其常务委员会	地方性法规	部分
省级政府	省级政府规章	1 年期满终止，或者转化为地方性法规

六、行政许可的规定权

（一）概念

行政许可规定权是指在上位法（效力更高的法律法规）已经对某种行政许可作出设定的前提下，在上位法设定的行政许可事项范围内，对实施行政许可作出具体规定。

（二）区别

行政许可的规定权与行政许可的设定权，一字之差，截然不同。行政许可设定权解决的是“从无到有”的问题，行政许可规定权解决的是“从粗到细”的问题。

（三）要求

法规、规章对实施上位法设定的行政许可作出的具体规定，不得增设行政许可；对行政许可条件作出的具体规定，不得增设违反上位法的其他条件。如全国人民代表大会及其常务委员会或者国务院就某行政许可事项的种类和条件已经作出规定，各级地方人大及其常务委员会或者各级地方政府不得增设行政许可的种类，也不得增设行政许可的条件，只能就具体的实施作出具体规定。

七、行政许可的实施机关

（一）行政许可的实施机关类别

行政许可的实施机关有三类：

1. 行政机关。

2. 被授权的组织。

3. 受委托的行政机关。

（二）被授权的组织与受委托的行政机关的区别

被授权的组织是指法律、法规授权的具有管理公共事务职能的组织，受委托的行政机关是行政机关委托的其他行政机关。（如注册会计师协会不是行政机关但被授权负责颁发注册会计师证书，县工商局根据市烟草局的委托审批烟草专卖零售许可证。）对于二者应当注意甄别：

1. 被授权的组织由法律、法规规定，受委托的行政机关由法律、法规、规章规定。

2. 被授权的组织自身就有行政许可实施权，受委托的行政机关本无行政许可实施权，而由其他行政机关委托才有权。

3. 被授权的组织在法定授权范围内以自己的名义实施行政许可,受委托的行政机关在委托范围内以委托的行政机关的名义实施行政许可(不得再委托其他组织或者个人实施行政许可)。

4. 被授权的组织对实施行政许可的后果自行承担责任,受委托的行政机关不对实施行政许可的后果承担责任(而由委托机关承担)。

(三)内部协调便民高效

为提高效率和便民,让老百姓少跑路,行政许可的实施机关应注意内部协调:

1. 一个行政机关行使多个行政机关的行政许可权。如“行政审批局”,2016 年,武汉市 16 个区的行政审批局全部挂牌运行,同时挂区政务服务管理办公室的牌子。

2. 需要多个行政机关分别实施的,由一个部门受理,统一办理,或者联合办理、集中办理。如“政务服务中心”“市民服务中心”等。

3. 需要一个行政机关多个内设科室办理的,统一受理、统一送达。如“受理大厅”“户政服务大厅”“出入境服务大厅”等。

简言之:机构能精简的则精简,合并办理;不能精简的,联合办公;多个科室的,一个窗口对外。

八、行政许可的实施程序

(一)一般程序

行政许可的一般程序按照时间先后顺序为:申请、受理、审查、决定。

1. 申请。提出申请的方式包括三种:

(1)申请人自己到行政主体的办公场所提出;

(2)申请人委托他人代理向行政主体提出,但依法应当本人到场提出的除外(如需要验明身份);

(3)通过信函、电报、电传、传真、电子数据交换和电子邮件等方式提出。

不论采用何种方式提出,都必须以书面形式,不得以口头形式。申请人申请行政许可,应当如实向行政机关提交有关材料和反映真实情况,并对其申请材料实质内容的真实性负责。行政机关不得要求申请人提交与其申请的行政许可事项无关的技术资料和其他材料。

2. 受理。行政主体对申请人提出的行政许可申请,应当根据下列情况分别作出处理:

(1)不受理。申请事项依法不需要取得行政许可的,应当即时告知申请人不受理。

(2)不予受理并告知向其他机关申请。申请事项依法不属于本行政机关职权范围的,应当即时作出不予受理的决定,并告知申请人向有关行政机关申请。

(3)当场更正。申请材料存在可以当场更正的错误的,应当允许申请人当场更正。

(4)补正。申请材料不齐全或者不符合法定形式的,应当当场或者在 5 日内一次告知申请人需要补正的全部内容,逾期不告知的,自收到申请材料之日起即为受理。

(5)受理。申请事项属于本行政机关职权范围,申请材料齐全、符合法定形式,或者申请人按照本行政机关的要求提交全部补正申请材料的,应当受理行政许可申请。

与申请人须以书面形式提出申请一样,行政主体也须以书面形式作出受理或者不受理的凭证。

3. 审查。行政机关对行政许可申请进行审查时,发现行政许可事项直接关系他人重大利益的,应当告知该利害关系人。申请人、利害关系人有权进行陈述和申辩。行政机关应当听取申请人、利害关系人的意见。如行政机关拟许可建一家化工厂,由于这一许可直接关系到周边居民的重大利益,应当告知周边居民,听取申请人和周边居民的意见。

(1)审查申请材料。包括形式审查和实质审查。形式审查是指审查申请材料是否齐全,是否符合法定形式。实质审查是指需要对申请材料的实质内容进行核实,应当指派 2 名以上工作人员进行核查。

(2)多层级审查。依法应当先经下级行政机关审查后报上级行政机关决定的行政许可,下级行政机关应当在法定期限内将初步审查意见和全部申请材料直接报送上级行政机关。上级行政机关不得要求申请人重复提供申请材料。

4. 决定。不论是哪种类型,均应以书面形式作出决定。

(1)决定的类型:包括准予行政许可和不予行政许可。

(2)决定的方式:

①决定行政许可的,可以文书,也可以颁发许可证、执照、资格证、资质证、合格证书、批文或证明文件等证件,还可以加贴标签或者加盖检验、检测、检疫印章,同时予以公开(涉及国家秘密、商业秘密或者个人隐私的除外),公众有权查阅。

②决定不予行政许可的,应当说明理由,并告知申请人享有依法申请行政复议或者提起行政诉讼的权利。

（3）决定的效力范围：

①对于法律、行政法规、国务院决定设定的行政许可，适用范围没有地域限制，申请人取得的行政许可在全国范围内有效。

②对于地方性法规和省级政府规定设定的行政许可，由于是地方性立法文件，申请人取得的行政许可限定在该特定地域。

（4）决定的期限：

①能够当场作出许可决定的，应当当场作出；不能当场作出的，应当自受理之日起20日内作出；期满不能作出的，经本行政机关负责人批准可以延长10日。即最长期限为30日。法律、法规另有规定的（期限更长或者更短），依照其规定，但规章不得规定更长的期限。

②采取统一办理或者联合办理、集中办理的，不得超过45日，可以延长15日。即最长期限为60日（由于涉及两个以上的行政机关）。

③下级机关的初审期限的20日，法律、法规另有规定的，依照其规定。

④应当自作出决定之日起10日内向申请人颁发、送达行政许可证件。

⑤听证、招标、拍卖、检验、检测、检疫、鉴定和专家评审的时间不计入期限。

⑥实施行政许可的期限，以工作日计算，不包括法定节假日。

（二）听证程序

行政许可听证，是指行政主体在作出行政许可的决定之前，告知申请人或利害关系人听证权利，给予行政相对人陈述意见、提供证据的机会，行政主体在此基础上作出相应决定。听证事项包括两种：

1. 法律、法规、规章规定的；

2. 行政机关认为需要的（涉及公共利益的重大行政许可事项）。

申请人、利害关系人在被告知听证权之日起5日内选择是否听证，行政机关在20日内组织听证，举行听证的7日前应通知时间、地点。

听证应当公开，实行回避（听证主持人应为审查工作以外的人），且不缴纳听证费。

（三）变更与延续程序

行政许可的变更与延续都发生在准予行政许可之后，都需要由被许可人（在许可之前叫申请人、在许可之后叫被许可人）提出申请，变更是指对行政许可的具体内容加以变更，延续是指对行政许可的有效期加以延续。比如，深圳市对网约车经营进行许可，有效期为5年，届满30日前可以申请延续，并对有关变更登记作出了规定。

（四）特殊程序

对于特许、认可、核准、登记以及有数量限制的行政许可，《行政许可法》有特别规定。

1. 特许。特许分为三类：

（1）自然资源的开发利用许可。自然资源包括矿藏、水流、森林、山岭、草原、荒地、滩涂等。

（2）公共资源的配置许可。主要是指国有土地使用权许可，还有出租车运营许可、长途客运线路许可、无线电频率使用许可等。

（3）直接关系公共利益的特定行业的市场准入许可。如供水、供电、电信、邮政等。

特许应当通过招标、拍卖等公平竞争的方式作出决定（如出让国有土地使用权的招、拍、挂），法律、行政法规另有规定的，依照其规定。行政机关向招标、拍卖确定的中标人、买受人作出准予行政许可的决定。

2. 认可。行政认可，是指行政机关对申请人是否具备特定技能、水平的认定，赋予申请人特定资格、资质。

（1）认可的方式主要是考试和考核。国家考试本身不是行政许可，而是行政机关在作出行政许可决定前判定申请人是否符合法定条件的一种审查程序。

（2）认可的事项是提供公众服务并且直接关系公共利益的职业、行业，需要确定具备特殊信誉、特殊条件或者特殊技能等资格、资质，如律师、医师、教师等。2013年以来，国务院分7批取消职业资格许可和认定事项共434项，如注册税务师、房地产经纪人、木材搬运工等。

（3）认可是针对特定的相对人，不得转让、继承。

3. 核准。核准，是指行政机关通过检验、检测、检疫等方式对申请人的重要设备、设施、产品、物品是否达到特定技术标准、技术规范的审定。需要注意的是，检验、检测、检疫不是行政许可，但属于实施行政许可的方式和手段或者是取得行政许可的条件。

4. 登记。登记，是指行政机关确定企业或其他组织主体资格的一种行政许可，包括公司登记、事业单位登记、民办非企业单位登记、社会团体登记等。

5. 有数量限制的行政许可。行政许可根据有无数量的限制可以划分为有数量限制的行政许可和无数量限制的行政许可。

（1）无数量限制的行政许可，是指只要申请人提出申请并符合法定条件，行政机关就应当向申请人发放行政许可，不受许可数量的限制。

(2)有数量限制的行政许可，是指由于客观条件的限制，行政机关在一个地区、一段时间内，对于申请人从事某种活动只能发放一定数量的行政许可。

①特许（前文已述），涉及对有限自然资源开发利用、公共资源配置以及直接关系公共利益的特定行业的市场准入等赋予特定权利的事项；

②有数量限制的普通许可，目前主要是出版单位设立许可、网吧设立许可、生猪定点屠宰企业设立许可等。

对于有数量限制的行政许可，一般按申请的先后顺序进行许可，法律、行政法规另有规定的依照其规定（如通过招标、拍卖方式提供国有建设用地使用权）。

（五）行政许可的费用

行政许可原则上不收费，但法律、行政法规另有规定的依照其规定，如以出让方式取得国有土地使用权应当向国家支付土地使用权出让金。

九、行政许可的监督检查

（一）监督检查的主要内容

1. 上级对下级的监督检查；

2. 对被许可人的监督检查；

3. 对被许可产品、场所、设备、设施的检查；

4. 违法监督检查；

5 对被许可人跨区域违法的抄告；

6. 举报监督；

7. 对资源开发利用的被许可人的监督；（如以出让方式取得土地使用权进行房地产开发的，如果满 2 年未动工开发的，可以无偿收回）

8. 对特定行业市场准入被许可人的监督；

9. 对重要设备、设施的自检、检查。

（二）对违法行政许可的撤销

撤销行政许可即取消行政许可，共有六种情形：

1. 滥用职权、玩忽职守；

2. 超越法定职权；

3. 违反法定程序；

4. 不具备申请资格或者不符合法定条件；

5. 法律规定的其他情形；

6. 以欺骗、贿赂等不正当手段取得行政许可。

如果撤销上述情形的行政许可，可能对公共利益造成重大损害，则不予撤销。

需要注意的是，对前五种情形的行政许可撤销，如果被许可人的合法权益受到损害，则应当由行政机关依法给予赔偿，这是信赖保护原则的体现。但撤销以欺骗、贿赂等不正当手段取得的行政许可，无须补偿，这也是诚信原则的要求。

（三）行政许可注销

有下列情形之一的，行政机关应当依法办理有关行政许可的注销手续：

1. 行政许可有效期届满未延续的；

2. 赋予公民特定资格的行政许可，该公民死亡或者丧失行为能力的；

3. 法人或者其他组织依法终止的；

4. 行政许可依法被撤销、撤回，或者行政许可证件依法被吊销的；

5. 因不可抗力导致行政许可事项无法实施的；

6. 法律、法规规定的应当注销行政许可的其他情形。

需要注意的是，注销与撤销不同，注销包括被撤销后应当办理的注销手续，还包括其他“正常”情形下的注销手续，如行政许可到期未延续、被许可人死亡（公民）或终止（组织）、不可抗力导致无法实施行政许可事项等。

十、法律责任

法律责任包括民事责任、行政责任和刑事责任。行政许可法对行政机关及其工作人员的各类违法行为和行政相对人的各类违法行为（主要是弄虚作假）分别规定了相应的法律责任。

（一）行政机关及其工作人员

1. 非法律、行政法规、国务院决定、地方性法规、省级政府规章设定的行政许可，有关机关应当责令设定行政许可的机关改正，或者依法予以撤销。

2. 行政机关及其工作人员有下列情形之一的，由其上级行政机关或者监察机关责令改正；情节严重的，对直接负责的主管人员和其他直接责任人员依法给予行政处分：

(1)对符合法定条件的行政许可申请不予受理的；

(2)不在办公场所公示依法应当公示的材料的；

(3)在受理、审查、决定行政许可过程中，未向申请人、利害关系人履行法定告知义务的；

(4)申请人提交的申请材料不齐全、不符合法定形式，不一次告知申请人必须补正的全部内容的；

(5)未依法说明不受理行政许可申请或者不予行政许可的理由的；

(6)依法应当举行听证而不举行听证的。

3. 行政机关工作人员办理行政许可、实施监督检查，索取或者收受他人财物或者谋取其他利益，构成犯罪的，依法追究刑事责任；尚不构成犯罪的，依法给予行政处分。

4. 行政机关实施行政许可，有下列情形之一的，由其上级行政机关或者监察机关责令改正，对直接负责的主管人员和其他直接责任人员依法给予行政处分；构成犯罪的，依法追究刑事责任：

（1）对不符合法定条件的申请人准予行政许可或者超越法定职权作出准予行政许可决定的；

（2）对符合法定条件的申请人不予行政许可或者不在法定期限内作出准予行政许可决定的；

（3）依法应当根据招标、拍卖结果或者考试成绩择优作出准予行政许可决定，未经招标、拍卖或者考试，或者不根据招标、拍卖结果或者考试成绩择优作出准予行政许可决定的。

5. 行政机关实施行政许可，擅自收费或者不按照法定项目和标准收费的，由其上级行政机关或者监察机关责令退还非法收取的费用；对直接负责的主管人员和其他直接责任人员依法给予行政处分。

截留、挪用、私分或者变相私分实施行政许可依法收取的费用的，予以追缴；对直接负责的主管人员和其他直接责任人员依法给予行政处分；构成犯罪的，依法追究刑事责任。

6. 行政机关不依法履行监督职责或者监督不力，造成严重后果的，由其上级行政机关或者监察机关责令改正，对直接负责的主管人员和其他直接责任人员依法给予行政处分；构成犯罪的，依法追究刑事责任。

7. 行政机关违法实施行政许可，给当事人的合法权益造成损害的，应当依照国家赔偿法的规定给予赔偿。

（二）申请人及被许可人

1. 行政许可申请人隐瞒有关情况或者提供虚假材料申请行政许可的，行政机关不予受理或者不予行政许可，并给予警告；行政许可申请属于直接关系公共安全、人身健康、生命财产安全事项的，申请人在1年内不得再次申请该行政许可。

2. 被许可人以欺骗、贿赂等不正当手段取得行政许可的，行政机关应当依法给予行政处罚；取得的行政许可属于直接关系公共安全、人身健康、生命财产安全事项的，申请人在3年内不得再次申请该行政许可；构成犯罪的，依法追究刑事责任。

3. 被许可人有下列行为之一的，行政机关应当依法给予行政处罚；构成犯罪的，依法追究刑事责任：

（1）涂改、倒卖、出租、出借行政许可证件，或者以其他形式非法转让行政许可的；

（2）超越行政许可范围进行活动的；

（3）向负责监督检查的行政机关隐瞒有关情况、提供虚假材料或者拒绝提供反映其活动情况的真实材料的；

（4）法律、法规、规章规定的其他违法行为。

（三）公民、法人或者其他组织

公民、法人或者其他组织未经行政许可，擅自从事依法应当取得行政许可的活动的，行政机关应当依法采取措施予以制止，并依法给予行政处罚；构成犯罪的，依法追究刑事责任。

第二节　行政许可法重点法条解读及真题回顾

中华人民共和国行政许可法

（2003 年 8 月 27 日第十届全国人民代表大会常务委员会第四次会议通过　自 2004 年 7 月 1 日起施行）

第一章　总　　则

⊙立法宗旨和依据

第一条　为了规范行政许可的设定和实施，保护公民、法人和其他组织的合法权益，维护公共利益和社会秩序，保障和监督行政机关有效实施行政管理，根据宪法，制定本法。

●**考点点拨**

1. 立法宗旨

（1）直接目的：规范行政许可的设定和实施。

①设定，包括行政许可设定的主体、事项、权限、程序等，属于立法（规定）层面的内容；

②实施，包括行政许可的实施机关、一般程序、特别程序等，属于执法（操作）层面的内容。

（2）间接目的：

①保护公民、法人和其他组织的合法权益。出发点是保护行政相对人的合法权益。

②保障和监督行政机关有效实施行政管理。落脚点是保障和监督行政机关依法行政，防止权力滥用，“把权力关进笼子里”。

③维护公共利益和社会秩序。根本目的、终极目的是维护公共利益和社会秩序。很多行政法律都有这样的表述。

2. 立法依据

根据《宪法》，制定本法。《宪法》是国家的根本法，具有最高的法律效力，一切法律、行政法规和地方性法规都不得同《宪法》相抵触。

3. 立法背景与创举

国家在推进经济体制改革的同时也着重进行了转变政府职能的行政体制改革，其中一个重要举措就是大力推进行政审批制度改革。

◆**关联法条**

《公安机关行政许可工作规定》

第一条　为了贯彻实施《中华人民共和国行政许可法》（以下简称《行政许可法》），规范公安行政许可工作，制定本规定。

★**行政许可的含义**

第二条　本法所称行政许可，是指行政机关根据公民、法人或者其他组织的申请，经依法审查，准予其从事特定活动的行为。

●**考点点拨**

1. 法定含义。本条是行政许可的法定含义，即在立法上对行政许可作出的定义。行政许可是指行政机关根据公民、法人或者其他组织的申请，经依法审查，准予其从事特定活动的行为。

2. 扩大解释。根据本法规定，结合其他法律法规的规定，为便于全面理解，在法定含义的基础上，可以作出扩大解释。行政许可是指行政主体根据行政相对人的申请，经依法审查，作出准予或者不准予行政相对人从事特定活动、具备或者不具备特定资格或资质的行政行为。

可以从以下几个方面来理解行政许可：

（1）行政许可的实施主体是行政主体，包括行政机关与法律、法规授权的组织。

（2）行政许可是针对行政相对人的外部行政行为，不涉及行政机关内部的审批行为。《行政许可法》第 3 条第 2 款规定：“有关行政机关对其他机关或者对其直接管理的事业单位的人事、财务、外事等事项的审批，不适用本法。”

（3）行政许可是一种依申请的行为。“依申请”和“依职权”是一组相对的概念。行政许可具有被动性，以行政相对人的申请为前提，不能主动授予行政许可。国务院法制办在给上海市政府的复函中明确指出，“行政机关指定相对人实施特定活动的行为，如不需要申请人申请，是行政机关依职权可以主动作出的，原则上不属于行政许可”。

(4)行政机关要依法对行政相对人的申请进行审查。并不是一经申请即可取得行政许可，而要经过行政机关的依法审查。审查的结果可能是准予或者不准予。

(5)行政许可决定的内容包括准予或者不准予行政相对人从事特定活动、具备或者不具备特定资格或资质。“许可”的相对概念是“禁止”，行政许可与法律禁令有关，如果没有禁令就不需要许可，行政许可是在一定条件下对禁令的解除。比如，未取得机动车驾驶证，不得驾驶相应的车辆；没有取得医师、律师、教师资格，不得从事相关职业。

(6)行政许可是一种授益性行为。授益与负担是一组相对的概念。行政许可授予相对人从事特定活动的权利或者资格、资质，是授予利益的，而不是要求相对人负担责任或义务。当然，行政许可不排除在授予许可的同时可能给相对人附加一定条件与义务。比如，《预防未成年犯罪法》规定，将有严重不良行为的未成年人送工读学校进行矫治和接受教育，虽然也要经过申请和批准，但并非授予利益，因而这种批准不属于行政许可。

(7)行政许可是一种要式行为。所谓要式行为，是指根据法律规定，需要履行一定程序或者采取一定形式才能成立的行为。常见的有，颁发护照、往来港澳通行证，在电梯上加贴的安全检验合格的标志，在猪肉上加盖的“肉检验讫”的蓝章。

☆真题回顾

(2018年单选)下列有关行政许可的理解，正确的是(　　)。

A. 行政许可是一种依申请的行为，不能主动授予

B. 行政许可需要申请，一经申请即可获得

C. 行政许可决定的内容包括准予，但不包括不准予

D. 行政许可是一种负担性行为

【解析】答案为A。根据《行政许可法》第2条的规定，A项正确。B项，行政许可并非一经申请即可获得，表述有误；C项，行政许可决定的内容，还包括不准予的情形；D项，行政许可不是负担性行为，而是授益性行为。

(2019年单选)公安机关颁发身份证的行为属于(　　)。

A. 行政许可　　　　B. 行政确认

C. 行政给付　　　　D. 行政授权

【解析】答案为B。本题考查行政许可与行政确认的区别。行政许可是指行政主体根据行政相对人的申请，经依法审查，作出准予或者不准予行政相对人从事特定活动、具备或者不具备特定资格或资质的行政行为。行政确认是指行政主体依法对行政相对人的法律地位、法律关系或有关法律事实进行甄别，给予确定、认定、证明(或证伪)并予以宣告的具体行政行为。例如，工商行政机关进行企业登记，公安机关进行户口登记，公证机关依当事人的申请进行的公证行为，交通警察部门对交通事故责任的认定，技术监督部门对于产品质量是否合格的认定等，都属于行政确认。据此，中国公民取得居民身份证是公民的权益，是依法行使公民权利的行为，办理身份证手续非行政许可，属于公共服务类行为，B项正确。

★适用范围

第三条　行政许可的设定和实施，适用本法。

有关行政机关对其他机关或者对其直接管理的事业单位的人事、财务、外事等事项的审批，不适用本法。

●考点点拨

每部法律均有适用范围，这是法的效力的问题，包括法的对象效力、时间效力、空间效力，即法律针对哪些人、在哪些时间、哪些地域适用。

本条对本法的适用范围从正反两个方面进行规定，即行政许可的设定和实施适用本法，下列两种审批情形貌似与行政许可相像但不适用《行政许可法》：

(1)对其他机关的人事、财务、外事等事项的审批。

(2)对行政机关直接管理的事业单位的人事、财务、外事等事项的审批。

☆真题回顾

(2019年多选)有关行政机关对其他机关或者对其直接管理的事业单位的哪些审批事项，不适用行政许可法？(　　)

A. 人事

B. 外事

C. 财务

D. 对公办医院颁发医疗机构执业许可证

E. 对民营医院颁发医疗美容执业许可证

【解析】答案为ABC。根据《行政许可法》第3条

第2款的规定,A项、B项、C项正确。D项,公办医院即国家出资兴办的医院,虽然是事业单位,但其从事医疗活动需要经过卫生行政主管部门审批,向其颁发医疗机构许可证,这种审批属于行政许可。E项,民营医院虽然不是事业单位,对其审批办理医疗美容许可证也是行政许可。

★合法原则

第四条 设定和实施行政许可,应当依照法定的权限、范围、条件和程序。

●考点点拨

行政机关在法律规定的权限和范围内,根据法律规定的条件和程序,设定和实施行政许可。简言之,即依法行政、依法办事。

☆真题回顾

(2018年多选)行政许可法的原则有( )。

A. 合法原则

B. 公开、公平、公正原则

C. 便民原则

D. 信赖保护原则

E. 举行听证原则

【解析】答案为ABCD。根据《行政许可法》第4条的规定,A项正确。根据第5条的规定,B项正确。根据第6条的规定,C项正确。根据第8条的规定,此为信赖保护原则,D项正确。根据第46条的规定,举行听证并非行政许可的一般原则,E项错误。

★公开公平公正原则

第五条 设定和实施行政许可,应当遵循公开、公平、公正的原则。

有关行政许可的规定应当公布;未经公布的,不得作为实施行政许可的依据。行政许可的实施和结果,除涉及国家秘密、商业秘密或者个人隐私的外,应当公开。

符合法定条件、标准的,申请人有依法取得行政许可的平等权利,行政机关不得歧视。

●考点点拨

1. 公开,即公布有关行政许可的事项、程序、结果等。比如,广东政务服务网中的广东省公安厅网上服务窗口,公开了97项行政许可,包括受理条件、办理流程、申请材料、收费标准、办理窗口、设定依据、咨询监督、救济途径等全面而详细的内容,并有办理进度公示。

2. 公平,即行政机关平等地对待所有申请人,不得歧视,相同情况同等对待。

3. 公正,包括实体公正和程序公正,要求行政机关和申请人不仅在法律适用上平等,而且在权利义务方面总体上对等,行政机关负有更多的程序义务(依法办事),而申请人负有更多的实体义务(符合条件),行政机关有决定权,而申请人享有监督和救济(行政复议、行政诉讼)的权利。

☆真题回顾

(2019年多选)原则上,行政许可的实施和结果除( )情形外应当公开?

A. 国家秘密

B. 商业秘密

C. 个人隐私

D. 不予行政许可的理由

E. 有关行政许可的规定

【解析】答案为ABC。根据《行政许可法》第5条第2款的规定,A项、B项、C项正确。D项,不予行政许可的理由,不属于保密内容,反而应该公开说明。E项,有关行政许可的规定应当公布;未经公布的,不得作为实施行政许可的依据。

⊙便民和效率原则

第六条 实施行政许可,应当遵循便民的原则,提高办事效率,提供优质服务。

●考点点拨

便民和效率原则在《行政许可法》中,主要表现在以下几个方面:

(1)许可机关的机构设置要精干,职权分工合理。

(2)许可的设定要注重效率,条件和标准不能过于严苛,也不能过于宽松。

(3)许可的实施过程要遵守效率原则,比如,允许委托代理人提出申请,需要多部门审批的事项实行"一个窗口对外"。

(4)严格遵守法律规定的审批期限,不得超期。

(5)尽量采用信息化的办公手段。如广东省公安厅的97项行政许可,其中40项可以在线申办。

⊙陈述权、申辩权和救济权

第七条 公民、法人或者其他组织对行政机关实施行政许可,享有陈述权、申辩权;有权依法申请行政复议或者提起行政诉讼;其合法权益因行政机关违法实施行政许可受到损害的,有权依法要求赔偿。

●考点点拨

行政相对人在行政机关实施行政许可过程中，享有下列权利：

1. 陈述权，即行政相对人有权陈述事实情况和主张看法。

2. 申辩权，即行政相对人有权对不利决定（不准予）提出意见并提供证据、说明理由。

3. 救济权，即行政相对人不服不予准予的行政许可决定的，有权申请行政复议或提出行政诉讼。

4. 国家赔偿权，即行政相对人的合法权益受到损害时，有权依法要求国家赔偿。

☆真题回顾

（2019 年多选）行政相对人在行政机关实施行政许可过程中，享有哪些权利？（　　）

A. 陈述权

B. 申辩权

C. 救济权

D. 国家赔偿权

E. 申请行政复议或行政诉讼权

【解析】答案为 ABCDE。根据《行政许可法》第 7 条的规定，五个选项都正确。

★信赖保护原则

第八条　公民、法人或者其他组织依法取得的行政许可受法律保护，行政机关不得擅自改变已经生效的行政许可。

行政许可所依据的法律、法规、规章修改或者废止，或者准予行政许可所依据的客观情况发生重大变化的，为了公共利益的需要，行政机关可以依法变更或者撤回已经生效的行政许可。由此给公民、法人或者其他组织造成财产损失的，行政机关应当依法给予补偿。

●考点点拨

1. 概念。信赖保护原则是指行政相对人或第三人对行政主体的行政行为的确定性形成合理信赖，且这种信赖值得保护，行政主体不得擅自变更、撤销或废止其行政行为，比如，因公共利益需要确需变更或撤销已生效的行政许可的，则需对行政相对人或第三人造成的损害予以补偿。换言之，行政主体一旦作出行政许可，人们有理由相信是合法有效的，行政主体应当践行诺言，不得轻易改变，否则应当给予补偿。

2. 可以变更或撤回。在同时满足下列两个条件下，可以依法变更或者撤回已经生效的行政许可：

（1）法律修改或者情况有变。当初作出行政许可所依据的法律、法规、规章修改或者废止，或者所依据的客观情况发生重大变化。

（2）为了公共利益的需要。

仅仅满足其中之一的，不得变更或撤回。依法变更或撤回的，如果造成相对人财产损失，则应当给予补偿，不能一撤了之。

3. 补偿。行政相对人要求补偿的，应当先向行政机关提出申请；行政机关在法定期限或者合理期限内不予答复或者对行政机关作出的补偿决定不服的，可以依法提起行政诉讼。

4. 补偿数额：

（1）有补偿标准的，按补偿标准执行。

（2）没有规定补偿标准的，一般在实际损失范围内确定补偿数额。

（3）有限自然资源开发利用、公共资源配置以及直接关系公共利益的特定行业的市场准入等行政许可事项，一般按照实际投入的损失确定补偿数额。

◆关联法条

最高人民法院《关于审理行政许可案件若干问题的规定》

第十四条　行政机关依据行政许可法第八条第二款规定变更或者撤回已经生效的行政许可，公民、法人或者其他组织仅主张行政补偿的，应当先向行政机关提出申请；行政机关在法定期限或者合理期限内不予答复或者对行政机关作出的补偿决定不服的，可以依法提起行政诉讼。

第十五条　法律、法规、规章或者规范性文件对变更或者撤回行政许可的补偿标准未作规定的，一般在实际损失范围内确定补偿数额；行政许可属于行政许可法第十二条第（二）项规定情形的，一般按照实际投入的损失确定补偿数额。

☆真题回顾

（2019 年多选）下列哪些已经生效的行政许可被变更或撤回，按照实际投入的损失确定补偿数额？（　　）

A. 有限自然资源开发利用

B. 公共资源配置

C. 没有规定补偿标准的

D. 直接关系公共利益的特定行业的市场准入

【解析】答案为 ABD。根据《行政许可法》第 8 条第 2 款、第 12 条第 2 项以及最高人民法院《关于审理行政许可案件若干问题的规定》第 15 条的规定，A 项、B 项、D 项正确。C 项，没有规定补偿标准的，按实际损失补偿。关于补偿数额,有规定标准的按规定执行,没有规定标准的按实际损失补偿,只有《行政许可法》第12条、第2项中的三种情形按实际投入补偿。

⊙行政许可的转让

第九条　依法取得的行政许可,除法律、法规规定依照法定条件和程序可以转让的外,不得转让。

●考点点拨

本条是关于行政许可是否可以转让的规定。

现实中,一些人利用手中的权力,或者通过不正当关系,取得行政许可,然后转手倒卖,牟取暴利,在社会上造成了极坏影响。针对这种情况,《行政许可法》对行政许可的转让问题作出了规定,既防止转让可能引发的社会问题,又允许有些行政许可可以转让,通过市场方式优化自然资源和公共资源的配置。

1. 原则上不得转让。行政许可原则上不得转让,没有法律法规明文规定可以转让的,均不得转让,比如:

(1)通过考试赋予公民特定资格的行政许可,或者根据法定条件赋予法人和其他组织特定的资格、资质的行政许可。

(2)按照技术标准和技术规范进行检验、检测、检疫,行政机关根据检验、检测、检疫的结果作出的行政许可决定。

(3)公民和社会组织通过登记取得的特定主体资格。

(4)许可人按照法定条件申请取得的直接关系国家安全、公共安全、人身健康、生命财产安全的许可。

2. 可以转让的例外情形。有些以公开、公平竞争方式有偿取得的行政许可可以转让,主要有:

(1)以出让方式取得的土地使用权许可。

(2)探矿权、采矿权许可。

(3)海域使用权许可。

(4)其他有偿取得的行政许可。

◆关联法条

《中华人民共和国城镇国有土地使用权出让和转让暂行条例》

第四条　依照本条例的规定取得土地使用权的土地使用者,其使用权在使用年限内可以转让、出租、抵押或者用于其他经济活动。合法权益受国家法律保护。

☆真题回顾

(2018年单选)王某经交通运输机构依法批准,取得了道路客运经营权,不久后王某与赵某签订协议,以2万元的价格将该客运经营权转让给了赵某,下列说法错误的是(　　)。

A. 王某可以转让自己依法取得的客运经营权

B. 王某不可以转让自己依法取得的客运经营权

C. 王某应当受到行政处罚

D. 王某的转让行为违法

【解析】答案为A。根据《行政许可法》第9条的规定,A项错误,D项、B项正确。根据第80条第1项的规定,C项正确。故本题应选A项。

★监督检查原则

第十条　县级以上人民政府应当建立健全对行政机关实施行政许可的监督制度,加强对行政机关实施行政许可的监督检查。

行政机关应当对公民、法人或者其他组织从事行政许可事项的活动实施有效监督。

●考点点拨

本条是关于监督检查原则的规定,有对内和对外两个方面:

1. 对内方面。行政机关对自身的行政许可实施活动进行监督检查。

2. 对外方面。行政机关应当对被许可人从事许可的活动进行监督检查。从这一点看,行政许可具有持续性,并非只是一次发证而已,还包括后续的监督检查,如年检。

◆关联法条

《公安机关行政许可工作规定》

第二十五条　公安机关应当按照《行政许可法》第六章的规定加强对被许可人从事行政许可事项活动的监督检查。

第三十七条　上级公安机关及其业务部门应当加强对下级公安机关及其业务部门实施行政许可的监督检查,并将其纳入执法质量考评范围,及时纠正行政许可实施中的违法行为。

公安机关警务督察部门应当加强对行政许可工作的现场督察。

☆真题回顾

(2018年多选)行政许可监督的对象包括(　　)。

A. 行政许可事项　　B. 行政机关

C. 公民　　　　　D. 法人

E. 其他组织

【解析】答案为 ABCDE。根据《行政许可法》第10条的规定，行政许可监督的主体一般仅指有权行政机关或者法律、法规授权的具有管理公共事务职能的组织，不同于此，行政许可监督的对象包括行政许可的具体事项，实施行政许可的许可人和被许可人。因此，五个选项均正确，当选。

（2019年多选）行政许可法的基本原则有哪些？（　　）

A. 合法原则

B. 公开公平公正原则

C. 便民和效率原则

D. 信赖保护原则

E. 监督检查原则

【解析】答案为 ABCDE。该题系统考查了《行政许可法》第一章总则部分关于《行政许可法》的几项基本原则。一般来说，一部法律的第一部分（第一章）为"总则"，规定本法的立法宗旨、调整对象的含义、适用范围，以及需要贯彻执行的基本原则等。《行政许可法》的基本原则共有五项，监督检查原则是比较容易被考生忽略的。需要注意的是，信赖保护原则有时也被认为是诚信原则。

第二章　行政许可的设定

⊙设定目的

第十一条　设定行政许可，应当遵循经济和社会发展规律，有利于发挥公民、法人或者其他组织的积极性、主动性，维护公共利益和社会秩序，促进经济、社会和生态环境协调发展。

★行政许可的设定事项

第十二条　下列事项可以设定行政许可：

（一）直接涉及国家安全、公共安全、经济宏观调控、生态环境保护以及直接关系人身健康、生命财产安全等特定活动，需要按照法定条件予以批准的事项；

（二）有限自然资源开发利用、公共资源配置以及直接关系公共利益的特定行业的市场准入等，需要赋予特定权利的事项；

（三）提供公众服务并且直接关系公共利益的职业、行业，需要确定具备特殊信誉、特殊条件或者特殊技能等资格、资质的事项；

（四）直接关系公共安全、人身健康、生命财产安全的重要设备、设施、产品、物品，需要按照技术标准、技术规范，通过检验、检测、检疫等方式进行审定的事项；

（五）企业或者其他组织的设立等，需要确定主体资格的事项；

（六）法律、行政法规规定可以设定行政许可的其他事项。

●考点点拨

行政许可的设定，是指有权国家机关，根据国家管理的需要，在法定权限内通过立法为公民或组织的活动设置的禁止解除（解除禁令、准予活动）。

行政许可设定权实际上是一种国家立法权，即国家有权机关根据法定条件和程序制定行政许可法律法规的立法活动。

本条规定的行政许可的设定事项非常多，可以记住几个关键词：

（1）特定活动；

（2）特许——自然资源开发、公共资源配置、特定行业的市场准入；

（3）认可——特定资格、资质；

（4）核准——检验、检测、检疫；

（5）登记——企业等主体资格；

（6）其他事项。

☆真题回顾

（2017年单选）王某经交通运输机构依法批准，取得了道路客运经营权，转让给了赵某。下列说法错误的是（　　）。

A. 王某可以转让自己依法取得的客运经营权

B. 王某转让客运经营权应当受到行政处罚

C. 王某的行为是违法的

D. 王某的转让行为需要经过法定条件才有效

【解析】答案为 A。根据《行政许可法》第12条的规定，客运经营作为提供公众服务且直接关系公共安全利益的行业，需拿到相关部门经营许可证才能从事相关运营。根据第9条的规定，王某可以依法转让自己的客运经营权，但必须依照法定的条件和程序，而非可以无限制地转让依法取得的客运经营权。A项错误、D项、C项正确。根据第80条的规定，B项正确。

（2018年单选）申请人因设立企业申请行政许可，提交的申请材料齐全、符合法定形式，行政机关应当（　　）。

A. 予以登记

B. 当场予以登记

C. 当场作出行政许可决定

D. 在10日内作出行政许可决定

【解析】答案为B。根据《行政许可法》第12条第5项、第56条的规定，申请人因设立企业申请行政许可，提交的申请材料齐全、符合法定形式的，行政机关应当当场予以登记。可以设立行政许可的事项及程序是《行政许可法》的核心内容之一，考生应当重点记忆。

★可以不设行政许可的事项

第十三条　本法第十二条所列事项，通过下列方式能够予以规范的，可以不设行政许可：

（一）公民、法人或者其他组织能够自主决定的；

（二）市场竞争机制能够有效调节的；

（三）行业组织或者中介机构能够自律管理的；

（四）行政机关采用事后监督等其他行政管理方式能够解决的。

●考点点拨

1. 设定行政许可的初衷是减少行政许可，放松行政管理，给公民和组织更多自由。行政许可仅应发生在市场失灵以及其他社会机制不能调整的领域。基于此，本条采用反面列举的方式，对可以不设行政许可的事项作出了明确规定。

2. 可以不设行政许可的情形：（1）自主优先；（2）市场优先；（3）自律优先；（4）事后优先。

通过上述四种方式能够予以解决的，可以不设行政许可。

☆真题回顾

（2018年多选）根据《行政许可法》，可以设定行政许可的事项通过下列（　　）方式能够予以规范的，可以不设行政许可。

A. 公民能够自主决定的

B. 市场竞争机制能够有效调节的

C. 行业组织能够自律管理的

D. 行政机关采用事前监督的行政管理方式能够解决的

E. 中介机构能够自律管理的

【解析】答案为ABCE。本题考查《行政许可法》第13条的规定，D项非常具有迷惑性，如果考生对法条内容记忆不牢就很容易错选，行政许可本身就是事前监督的一种方式；如果行政机关采用事后监督可以实现管理的目的，自然无须设置行政许可，这也是国务院推行“放管服”改革的方向和趋势。因此，D项不选。A项、B项、C项、E项均符合法定情形，当选。考生需注意，不要单纯盲目地进行记忆，效率较低，除记忆外需多作理解才能更好地答题。

★法律、行政法规和行政决定的行政许可设定权

第十四条　本法第十二条所列事项，法律可以设定行政许可。尚未制定法律的，行政法规可以设定行政许可。

必要时，国务院可以采用发布决定的方式设定行政许可。实施后，除临时性行政许可事项外，国务院应当及时提请全国人民代表大会及其常务委员会制定法律，或者自行制定行政法规。

●考点点拨

本条是对法律、行政法规和行政决定的行政许可设定权的规定。

1. 法律以及行政法规可以设定行政许可，这是就法律以及行政法规在国家法律体系中的地位而当然具有的权力。

2. 国务院的行政决定可以设立行政许可。决定的许可包括临时性许可和非临时性许可。

（1）对于临时性许可，在其实施期满后自然终止；

（2）对于非临时性许可，在施行一段时间后条件成熟时，应及时转化为法律（提请全国人民代表大会及其常务委员会制定）或者行政法规（自行制定）。简言之，国务院决定不能长期有效，要么期满终止，要么及时转化升级。

3. 以国务院决定的形式设定行政许可的立法原意：主要是为应对出现临时、紧急情况，或者为试点、试验需要，一时难以制定法律、行政法规的情况。比如，国务院《关于在北京市暂时调整有关行政审批和准入特别管理措施的决定》（国发〔2017〕55号）中，自2017年12月10日至2018年5月5日，允许外商投资音像制品制作业务等，试点期满国务院将根据实施情况对本决定的内容进行调整。

★地方性法规、省级地方政府规章的行政许可设定权

第十五条　本法第十二条所列事项，尚未制定法律、行政法规的，地方性法规可以设定行政许可；尚未制定法律、行政法规和地方性法规的，因行政管理的需要，确需立即实施行政许可的，省、自治区、直辖市人民政府规章可以设定临时性的行政许可。临时性的行政许可实施满一年需要继续实施的，应当提请本级人民代表大会及其常务委员会制定地方性法规。

地方性法规和省、自治区、直辖市人民政府规章，不得设定应当由国家统一确定的公民、法人或者其他组织的资格、资质的行政许可；不得设定企业或者其他组织的设立登记及其前置性行政许可。其设定的行政许可，不得限制其他地区的个人或者企业到本地区从事生产经营和提供服务，不得限制其他地区的商品进入本地区市场。

●考点点拨

第14条、第15条均是关于行政许可设定权的规定，根据这两条的规定，行政许可的设定权的法律规范共有五种形式：法律、行政法规、国务院决定、地方性法规、省级政府规章。

(1)法律。全国人民代表大会及其常务委员会有权以法律形式设定行政许可。

(2)行政法规。行政法规的制定主体是国务院。

(3)国务院决定。国务院有权通过行政法规或者决定两种形式设定行政许可。

(4)地方性法规。地方性法规可以设定行政许可。并非所有的地方人大及其常务委员会都享有地方立法权，有权制定地方性法规的地方人大及其常务委员会共有82个，包括(本部分内容仅作资料参考，不必识记)：

①省(22个)、自治区(5个)、直辖市(4个)；

②省会市(22+5个)；

③经国务院批准的较大的市(18个，唐山、大同、包头、大连、鞍山、抚顺、吉林、齐齐哈尔、无锡、淮南、青岛、洛阳、宁波、邯郸、本溪、淄博、苏州、徐州。原有19个，重庆市在1997年直辖后不再是“较大的市”)；

④经济特区所在地的市(6个，深圳、珠海、汕头、厦门、霍尔果斯、喀什。我国目前共有经济特区7个，海南经济特区是省级经济特区)。如在广东省，仅广东省人大及其常务委员会和深圳、珠海、汕头3个市人大及其常务委员会可以制定地方性法规，可以设定行政许可，其他市不得设定行政许可。

(5)省级政府规章。

①省、自治区、直辖市人民政府规章可以设定临时性的行政许可。

②临时性的行政许可实施满1年需要继续实施的，应当提请本级人民代表大会及其常务委员会制定地方性法规。

③地方性法规和省、自治区、直辖市人民政府规章，不得设定应当由国家统一确定的公民、法人或者其他组织的资格、资质的行政许可；不得设定企业或者其他组织的设立登记及其前置性行政许可。其设定的行政许可，不得限制其他地区的个人或者企业到本地区从事生产经营和提供服务，不得限制其他地区的商品进入本地区市场。

④规章包括部门规章和地方政府规章。部门规章的制定主体是国务院各部、委员会、中国人民银行、审计署和具有行政管理职能的直属机构，地方政府规章包括省、自治区、直辖市、设区的市(包括但不限于省会市、经国务院批准的较大的市、经济特区所在地的市，还有众多设区的市)、自治州，以及广东省东莞市和中山市、甘肃省嘉峪关市、海南省三沙市四个不设区的市人民政府。不是所有有权制定地方政府规章的地方政府所对应的地方人大及其常务委员会均有权制定地方性法规(比如，广东省惠州市、湖北省襄阳市政府有权制定地方政府规章，但其人大及其常务委员会无权制定地方性法规)。

⑤部门规章和省级政府、省会市政府、经国务院批准的较大的市政府制定的政府规章可以设定行政处罚，但仅有省级政府规章可以设定行政许可。这是出题人命制难度较高的综合题目的高频命题点，考生务必搞清楚，不要混淆。

◆关联法条

《中华人民共和国立法法》

第九条　本法第八条规定的事项尚未制定法律的，全国人民代表大会及其常务委员会有权作出决定，授权国务院可以根据实际需要，对其中的部分事项先制定行政法规，但是有关犯罪和刑罚、对公民政治权利的剥夺和限制人身自由的强制措施和处罚、司法制度等事项除外。

第十条　授权决定应当明确授权的目的、事项、范围、期限以及被授权机关实施授权决定应当遵循的原则等。

授权的期限不得超过五年，但是授权决定另有规定的除外。

被授权机关应当在授权期限届满的六个月以前，向授权机关报告授权决定实施的情况，并提出是否需要制定有关法律的意见；需要继续授权的，可以提出相关意见，由全国人民代表大会及其常务委员会决定。

第十一条　授权立法事项，经过实践检验，制定法律的条件成熟时，由全国人民代表大会及其常务委员会及时制定法律。法律制定后，相应立法事项的授权终止。

☆**真题回顾**

(2017年多选)下列哪些法律规范可以设定行政许可?(　　)

A. 法律　　B. 行政法规

C. 国务院决定　　D. 地方性法规

E. 政府规章

【解析】答案为ABCD。根据《行政许可法》第15条第1款的规定,A项、B项、C项、D项正确。E项不正确,正确的表述应该是省级地方政府规章(省、自治区、直辖市人民政府规章),省级以下地方政府无权设定临时性的行政许可。

(2019年多选)关于地方性法规和省级政府规章设定的行政许可,下列哪些理解是正确的?(　　)

A. 不得设定应当由国家统一确定的公民、法人或者其他组织的资格、资质的行政许可

B. 不得设定企业或者其他组织的设立登记及其前置性行政许可

C. 不得限制其他地区的个人到本地区从事生产经营和提供服务

D. 不得限制其他地区的企业到本地区从事生产经营和提供服务

E. 不得限制其他地区的商品进入本地区市场

【解析】答案为ABCDE。根据《行政许可法》第15条第2款的规定,A项、B项是由国家统一规定的,地方无权规定;C项、D项、E项是为了防止限制竞争和地方保护。比如,早些年有些地方规定不允许其他地方的烟、酒进入本地销售,这些规定在《行政许可法》施行后都是违法的,必须予以撤销、废止。

★**行政许可规定权**

第十六条　行政法规可以在法律设定的行政许可事项范围内,对实施该行政许可作出具体规定。

地方性法规可以在法律、行政法规设定的行政许可事项范围内,对实施该行政许可作出具体规定。

规章可以在上位法设定的行政许可事项范围内,对实施该行政许可作出具体规定。

法规、规章对实施上位法设定的行政许可作出的具体规定,不得增设行政许可;对行政许可条件作出的具体规定,不得增设违反上位法的其他条件。

●**考点点拨**

第16条是关于行政许可规定权的内容。

(1)与行政许可设定权不同,行政许可规定权是指在上位法已经对某种行政许可作出设定的前提下,在上位法设定的行政许可事项范围内,对实施行政许可作出具体规定。可以理解为,行政许可规定权是行政许可设定权从粗到细的具体化。所谓上位法,是指效力更高的法律法规。行政法规的上位法是法律。地方性法规的上位法是法律和行政法规。地方政府规章(省级)的上位法是法律、行政法规和地方性法规(省级)。

(2)法规、规章对实施上位法设定的行政许可作出的具体规定,不得增设行政许可;对行政许可条件作出的具体规定,不得增设违反上位法的其他条件。

(3)对依法可以设定行政许可的事项,法律或者行政法规已设定行政许可的,地方性法规或者规章只能对如何实施该行政许可作出具体规定,不得再设行政许可。

◆**关联法条**

国务院法制办公室对《关于提请解释〈中华人民共和国行政许可法〉有关适用问题的函》的复函

四、根据行政许可法第十五条第一款的规定,对依法可以设定行政许可的事项,法律或者行政法规已设定行政许可的,地方性法规或者规章只能对如何实施该行政许可作出具体规定,不得再设行政许可。

⊙禁止越权设定

第十七条　除本法第十四条、第十五条规定的外,其他规范性文件一律不得设定行政许可。

●**考点点拨**

除法律、行政法规、国务院决定、地方性法规和省级政府规章之外,其他任何主体(如法院、检察院)不得以任何形式的文件(如通知、公告)设定行政许可。

☆**真题回顾**

(2018年单选)甲、乙、丙、丁的下列做法正确的是(　　)。

A. 甲县为整顿本县食品安全问题,特设立馒头销售许可,要求馒头店取得馒头销售许可证方可经营

B. 乙省为改善省内律师匮乏的情况,出台文件将法律职业资格考试的合格分数线下调30分

C. 丙市为应对本市传销组织猖獗的状况,要求申请工商登记的个人先开具无犯罪证明方能进行工商登记

D. 丁市为优化本市交投资源的配置,决定对新增加的出租车经营许可证进行拍卖

【解析】答案为D。根据《行政许可法》第17条的规定,该条是属于限制行政权力在行政许可上滥用的兜底性条款。根据第14条、第15条的规定,这两

条仅授予法律、行政法规和地方性法规可以设立行政许可，以及省、自治区、直辖市人民政府规章可以设定临时性的行政许可。县级政府行政规章无权设立行政许可，故甲县设立行政许可缺乏上位法依据，A项错误。国家法律职业资格考试是由国家统一确定的公民职业资质的行政许可，地方性法规和省、自治区、直辖市人民政府规章无权设立，故B项错误。根据第16条第3款的规定，工商登记事项及其要求由《公司登记管理条例》作出具体规定，丙市无权就工商登记的主体资格增设违反该管理条例的要求，故C项错误。根据第53条第1款、第12条第2项的规定，出租车经营许可属于关系公共资源配置的行业，丁市可以对其进行拍卖。故D项正确，当选。

★设定行政许可应当明确规定的事项

第十八条　设定行政许可，应当规定行政许可的实施机关、条件、程序、期限。

●考点点拨

行政许可的实施机关、条件、程序以及期限是设定行政许可的四大要素，缺一不可，否则将导致行政许可无法实施，即由哪个机关、根据什么条件、按照什么流程、在多长期限内实施行政许可。

◆关联法条

《行政法规制定程序条例》

第五条　行政法规的名称一般称“条例”，也可以称“规定”、“办法”等。国务院根据全国人民代表大会及其常务委员会的授权决定制定的行政法规，称“暂行条例”或者“暂行规定”。

国务院各部门和地方人民政府制定的规章不得称“条例”。

☆真题回顾

(2018年单选)设定行政许可，应当规定行政许可的(　　)、条件、程序、期限。

A. 原因　　B. 范围

C. 实施机关　　D. 后果

【解析】答案为C。根据《行政许可法》第18条的规定，C项正确。行政许可的实施机关、条件、程序以及期限是行政许可实施的基本要素，缺一不可，在设立时，缺乏基本要素的行政许可无法实施，考生对该点有清晰的理解即可准确记忆。就本题而言，原因是行政许可设立的目的，范围是行政许可的适用条件，后果为违反行政许可的法律责任，可以作为宣传和实施行政许可时的解释说明，但不是设立一个行政许可必备要素。本题考查法条原文表述，要求考生有准确的记忆。

⊙设定前听取意见并说明

第十九条　起草法律草案、法规草案和省、自治区、直辖市人民政府规章草案，拟设定行政许可的，起草单位应当采取听证会、论证会等形式听取意见，并向制定机关说明设定该行政许可的必要性、对经济和社会可能产生的影响以及听取和采纳意见的情况。

★行政许可评价制度

第二十条　行政许可的设定机关应当定期对其设定的行政许可进行评价；对已设定的行政许可，认为通过本法第十三条所列方式能够解决的，应当对设定该行政许可的规定及时予以修改或者废止。

行政许可的实施机关可以对已设定的行政许可的实施情况及存在的必要性适时进行评价，并将意见报告该行政许可的设定机关。

公民、法人或者其他组织可以向行政许可的设定机关和实施机关就行政许可的设定和实施提出意见和建议。

●考点点拨

1. 随着社会经济的不断发展变化，国家在特定时期根据当初的实际情况设定的行政许可可能不再适应当前情况，这就需要对行政许可进行必要的调整和修正。而调整、修正行政许可又需要对已经设定的行政许可及其实施的情况进行客观而全面的评价，论证其存在的科学性和合理性，以便对于不能适应社会经济发展的行政许可及时进行修改或者废止。本条规定正是在总结了我国行政许可设定和实施的经验的基础上，规定建立我国的行政许可的评价制度。

2. 行政许可的评价制度包括设定评价和实施评价。

(1)设定机关应当定期对其设定的行政许可进行评价，对于能够通过其他方式解决的事项，不需要进行行政许可的，应当对设定该行政许可的规定及时予以修改或者废止。

(2)行政许可的实施机关可以对已设定的行政许可的实施情况及存在的必要性适时进行评价，并将意见报告该行政许可的设定机关。除此之外，行政许可法还赋予了社会公众就行政许可的设定和实施提出意见和建议的权利。

☆真题回顾

(2017年单选)行政许可评价的内容不

包括(　　)。

A. 实施行政许可的总体状况

B. 实施行政许可的社会效益和社会成本

C. 行政许可继续实施的必要性和合理性

D. 实施行政许可是否盈利

【解析】答案为 D。根据《行政许可法》第 20 条、第 13 条的规定,A 项、C 项正确;第 12 条实际上体现了评价中的实施行政许可的社会效益和社会成本,故 B 项正确,D 项错误。我们采用常识审题法来解答,也不难判断 D 项错误,因为行政管理是贯彻全心全意为人民服务宗旨的体现,是不能用来盈利的。

★有关地区经济事务的行政许可的取消

第二十一条　省、自治区、直辖市人民政府对行政法规设定的有关经济事务的行政许可,根据本行政区域经济和社会发展情况,认为通过本法第十三条所列方式能够解决的,报国务院批准后,可以在本行政区域内停止实施该行政许可。

●考点点拨

本条是关于省级政府停止实施行政法规设定的有关经济事务的行政许可的规定。省级政府对行政法规设定的有关经济事务的行政许可,报国务院批准后,可以在本行政区域停止实施。需要注意的是:

1. 必须是行政法规设定的行政许可。对于由全国人民代表大会及其常务委员会制定法律设定的行政许可,国务院无权批准停止实施。

2. 必须是省、自治区、直辖市人民政府才能提出。地方人大及其常务委员会不得提出。

3. 必须是针对有关经济事务的行政许可事项。

4. 能够被批准停止实施的前提是通过本法第 13 条规定的方式能够解决,即:

(1)公民、法人或者其他组织能够自主决定的;

(2)市场竞争机制能够有效调节的;

(3)行业组织或者中介机构能够自律管理的;

(4)行政机关采用事后监督等其他行政管理方式能够解决的。

☆真题回顾

(2019 年单选)关于行政许可的设定权限,下列说法哪项是正确的?(　　)

A. 必要时省政府制定的规章可设定企业的设立登记及其前置性行政许可

B. 地方性法规可设定应由国家统一确定的公民、法人或者其他组织的资格、资质的行政许可

C. 必要时国务院部门可采用发布决定的方式设定临时性行政许可

D. 省政府报国务院批准后可在本区域停止实施行政法规设定的有关经济事务的行政许可

【解析】答案为 D。根据《行政许可法》第 21 条的规定,A 项的正确表述是:省政府制定的规章不可设定企业的设立登记及其前置性行政许可;B 项的正确表述是:地方性法规不可设定应由国家统一确定的公民、法人或者其他组织的资格、资质的行政许可;C 项的正确表述是:必要时国务院可采用发布决定的方式设定临时性行政许可,国务院各部门无权设定行政许可。本题具有较大的"迷惑性",糅合了多个法条,一字之差,谬以千里,具有较高的难度,属于出题人命制的拉分题。考生要多领会法条的立法原意,这样无须死记硬背,对表述可以快速准确判断。此外,举一反三、融会贯通也是我们复习的追求。

第三章　行政许可的实施机关

★行政许可的实施之一:行政机关

第二十二条　行政许可由具有行政许可权的行政机关在其法定职权范围内实施。

●考点点拨

具有行政许可权的行政机关为主要的实施机关,行政许可的设定过程中会针对实施机关的职权范围设定行政许可,为当然的实施主体。

★行政许可的实施之二:被授权的组织

第二十三条　法律、法规授权的具有管理公共事务职能的组织,在法定授权范围内,以自己的名义实施行政许可。被授权的组织适用本法有关行政机关的规定。

●考点点拨

得到法律、法规授权的具有管理公共事务职能的组织当然具有行政许可的执行权。

★行政许可的实施之三:受委托的行政机关

第二十四条　行政机关在其法定职权范围内,依照法律、法规、规章的规定,可以委托其他行政机关实施行政许可。委托机关应当将受委托行政机关和受委托实施行政许可的内容予以公告。

委托行政机关对受委托行政机关实施行政许可的行为应当负责监督,并对该行为的后果承担法律责任。

受委托行政机关在委托范围内,以委托行政机关名义实施行政许可;不得再委托其他组织或者个人实

施行政许可。

●**考点点拨**

第22条、第23条、第24条是关于行政许可的实施机关的规定。

1. 类别。行政许可的实施机关有三类：

(1)行政机关；

(2)被授权的组织；

(3)受委托的行政机关。

2. 区别。被授权的组织是指法律、法规授权的具有管理公共事务职能的组织,受委托的行政机关是行政机关委托的其他行政机关。比如,注册会计师协会不是行政机关但被授权负责颁发注册会计师证书,县市场监督管理局根据市烟草局的委托审批烟草专卖零售许可证。对于二者应当注意甄别：

(1)被授权的组织由法律、法规规定,受委托的行政机关由法律、法规、规章规定。

(2)被授权的组织自身就有行政许可实施权,受委托的行政机关本无行政许可实施权,而由其他行政机关委托才有权。

(3)被授权的组织在法定授权范围内以自己的名义实施行政许可,受委托的行政机关在委托范围内以委托行政机关名义实施行政许可(不得再委托其他组织或者个人实施行政许可)。

(4)被授权的组织对实施行政许可的后果自行承担责任,受委托的行政机关不对实施行政许可的后果承担责任(而由委托机关承担)。

☆**真题回顾**

(2019年多选)行政许可的实施机关有哪些?(　　)

A. 行政机关

B. 被授权的组织

C. 被授权的机构

D. 受委托的行政机关

E. 受委托的机构

【解析】答案为ABD。根据《行政许可法》第22条、第23条、第24条的规定,行政许可的实施机关有三类,即A项、B项和D项。C项、E项貌似为B项、C项的综合,实则不是准确的法律表述,考生应当注意使用"法言法语",即用法律术语准确表达法律概念。

◆**关联法条**

《中华人民共和国烟草专卖法》

第十六条　经营烟草制品零售业务的企业或者个人,由县级人民政府工商行政管理部门根据上一级烟草专卖行政主管部门的委托,审查批准发给烟草专卖零售许可证。已经设立县级烟草专卖行政主管部门的地方,也可以由县级烟草专卖行政主管部门审查批准发给烟草专卖零售许可证。

☆**真题回顾**

(2017年单选)下列情形不符合《行政许可法》相关规定的是(　　)。

A. 受司法部委托实施法律职业资格许可工作的某市司法局,在委托范围内,以委托机关名义实施行政许可

B. 某市环保部门根据法律的授权,向申请人李某颁发了落款为该环保部门的排污许可证

C. 拟申请营业执照的张某在填写申请书格式文本后,工作人员向其收取了五毛钱的工本费

D. 某大学根据法律的授权实施学位证书的授予工作,因种种原因,该大学决定对该校学生郑某不授予学位证书的决定,郑某对该决定不服,以该大学为被告提起行政诉讼

【解析】答案为C。根据《行政许可法》第24条的规定,A项符合法律规定。根据第22条的规定,B项符合法律规定。根据第58条第2款的规定,行政机关提供行政许可申请书格式文本,不得收费,故C项不符合法律规定。根据第23条的规定,D项符合法律规定。

(2017年判断)行政机关在其法定职权范围内,依照法律、法规、规章的规定,可以委托其他行政机关实施行政许可,委托机关应当将受委托行政机关和受委托实施行政许可的内容予以公告。(　　)

【解析】根据《行政许可法》第24条第1款的规定,本题说法正确。

⊙相对集中行政许可权

第二十五条　经国务院批准,省、自治区、直辖市人民政府根据精简、统一、效能的原则,可以决定一个行政机关行使有关行政机关的行政许可权。

⊙统一、联合实施

第二十六条　行政许可需要行政机关内设的多个机构办理的,该行政机关应当确定一个机构统一受理行政许可申请,统一送达行政许可决定。

行政许可依法由地方人民政府两个以上部门分别实施的,本级人民政府可以确定一个部门受理行政许可申请并转告有关部门分别提出意见后统一办理,或者组织有关部门联合办理、集中办理。

● **考点点拨**

1. 第25条、第26条是关于效率和便民原则的具体表现：

(1)一个行政机关行使多个行政机关的行政许可权。如“行政审批局”，2016年，武汉市16个区的行政审批局全部挂牌运行，同时挂区政务服务管理办公室的牌子。

(2)需要多个行政机关分别实施的，由一个部门受理、统一办理，或者联合办理、集中办理。如“政务服务中心”“市民服务中心”等。

(3)需要一个行政机关多个内设科室办理的，统一受理、统一送达。如“受理大厅”“户政服务大厅”“出入境服务大厅”等。

2. 简言之，机构能精简的则精简，合并办理；不能精简的，联合办公；多个科室的，一个窗口对外。一句话，让老百姓少跑路。

◆ **关联法条**

《深圳市实施行政许可若干规定》

第十三条　市政府根据精简、统一、效能的原则，可以依法决定一个行政机关行使有关行政机关的行政许可权。

第十四条　行政机关实施行政许可应建立受理行政许可申请的窗口，确定一个机构统一受理行政许可申请，统一送达行政许可决定。

⊙行政许可工作人员的纪律约束

第二十七条　行政机关实施行政许可，不得向申请人提出购买指定商品、接受有偿服务等不正当要求。

行政机关工作人员办理行政许可，不得索取或者收受申请人的财物，不得谋取其他利益。

◆ **关联法条**

《公安机关行政许可工作规定》

第三十九条　公安机关从事行政许可工作的人员具有下列情形之一的，依法给予行政处分，并可以视情调离行政许可工作岗位；构成犯罪的，依法追究刑事责任：

(一)索取或者收受他人财物或者其他利益的；

(二)玩忽职守或者滥用职权的；

(三)一年内受到二次以上投诉，且投诉属实，情节严重、影响恶劣的；

(四)其他违法违纪情形。

⊙专业技术组织检验、检测、检疫

第二十八条　对直接关系公共安全、人身健康、生命财产安全的设备、设施、产品、物品的检验、检测、检疫，除法律、行政法规规定由行政机关实施的外，应当逐步由符合法定条件的专业技术组织实施。专业技术组织及其有关人员对所实施的检验、检测、检疫结论承担法律责任。

◆ **关联法条**

《特种设备安全监察条例》

第六条　特种设备检验检测机构，应当依照本条例规定，进行检验检测工作，对其检验检测结果、鉴定结论承担法律责任。

《广东省道路运输条例》

第四十七条第一款　道路运输车辆应当按照国家有关规定进行年度审验。

第四章　行政许可的实施程序

第一节　申请与受理

★ **申请形式、方式**

第二十九条　公民、法人或者其他组织从事特定活动，依法需要取得行政许可的，应当向行政机关提出申请。申请书需要采用格式文本的，行政机关应当向申请人提供行政许可申请书格式文本。申请书格式文本中不得包含与申请行政许可事项没有直接关系的内容。

申请人可以委托代理人提出行政许可申请。但是，依法应当由申请人到行政机关办公场所提出行政许可申请的除外。

行政许可申请可以通过信函、电报、电传、传真、电子数据交换和电子邮件等方式提出。

● **考点点拨**

1. 本条是关于行政许可实施程序中申请环节的规定。需要依法取得行政许可的，当事人应当向行政机关提出申请；申请书采用格式文本的，行政机关应当提供。

2. 申请人可以委托代理人提出行政许可申请。但是，依法应当由申请人到行政机关办公场所提出行政许可申请的除外。

☆ **真题回顾**

(2018年判断)行政许可申请人可以委托代理人提出行政许可申请，但依法应当由申请人到行政机关办公场所提出行政许可的除外。(　　)

【解析】根据《行政许可法》第29条的规定，本题说法正确。

⊙行政许可事项公示与解释

第三十条　行政机关应当将法律、法规、规章规定的有关行政许可的事项、依据、条件、数量、程序、期限以及需要提交的全部材料的目录和申请书示范文本等在办公场所公示。

申请人要求行政机关对公示内容予以说明、解释的，行政机关应当说明、解释，提供准确、可靠的信息。

⊙申请材料真实

第三十一条　申请人申请行政许可，应当如实向行政机关提交有关材料和反映真实情况，并对其申请材料实质内容的真实性负责。行政机关不得要求申请人提交与其申请的行政许可事项无关的技术资料和其他材料。

★对行政许可申请的处理

第三十二条　行政机关对申请人提出的行政许可申请，应当根据下列情况分别作出处理：

（一）申请事项依法不需要取得行政许可的，应当即时告知申请人不受理；

（二）申请事项依法不属于本行政机关职权范围的，应当即时作出不予受理的决定，并告知申请人向有关行政机关申请；

（三）申请材料存在可以当场更正的错误的，应当允许申请人当场更正；

（四）申请材料不齐全或者不符合法定形式的，应当当场或者在五日内一次告知申请人需要补正的全部内容，逾期不告知的，自收到申请材料之日起即为受理；

（五）申请事项属于本行政机关职权范围，申请材料齐全、符合法定形式，或者申请人按照本行政机关的要求提交全部补正申请材料的，应当受理行政许可申请。

行政机关受理或者不予受理行政许可申请，应当出具加盖本行政机关专用印章和注明日期的书面凭证。

●考点点拨

1. 本条是关于行政许可实施程序中受理环节的规定。受理，是指对于申请材料齐全、符合法定形式且属于本行政机关职权范围的申请，接受并开始办理。

2. 本条规定较为简单、明了，按条文内容阅读即可理解，本条为本节重点，即行政机关对申请的处理结果，考生应注意其中的细节性表述并熟记。

3. 符合条文规定的相应情形的，行政机关均“应当”作出相应的行政决定；符合相应情形的，应当当场作出或者当场告知。

4. 申请材料不齐全或者不符合法定形式的，应当当场或者在5日内一次告知申请人需要补正的全部内容，逾期不告知的，自收到申请材料之日起即为受理。

◆关联法条

《公安机关行政许可工作规定》

第十一条　受理机关对申请人提出的行政许可申请，经初步审查，按照下列情形分别作出处理：

（一）依法不需要取得行政许可的，应当即时口头告知申请人不予受理，并说明理由；申请人要求书面决定的，公安机关应当出具不予受理决定书；

（二）申请事项依法不属于本机关职权范围的，应当口头告知申请人向有关行政机关申请；申请人要求书面决定的，公安机关应当出具不予受理决定书；

（三）申请材料存在可以当场更正的错误的，应当允许申请人当场更正，并由申请人签字或者捺指印确认；

（四）申请材料不齐全或者不符合法定形式的，应当当场或者在五日内一次告知申请人需要补正的全部内容；逾期不告知的，自收到申请材料之日起即为受理；

（五）申请事项属于本机关职权范围，申请材料齐全、符合法定形式，或者申请人按照本机关的要求提交全部补正申请材料的，应当受理行政许可申请。

☆真题回顾

（2019年多选）下列关于行政机关对行政许可申请的处理，哪些是正确的？（　　）

A. 申请事项依法不需要取得行政许可的，应当即时告知申请人不受理

B. 申请事项依法不属于本行政机关职权范围的，应当告知申请人不受理

C. 申请材料存在可以当场更正的错误的，应当允许申请人当场更正

D. 申请材料不齐全或者不符合法定形式的，应当当场或者在5日内一次性告知申请人需要补正的全部内容，逾期不告知的，自收到申请材料之日起即为受理

【解析】答案为ACD。根据《行政许可法》第32条第2项的规定，A项、C项、D项属于法条原文表述正确，B项表述不规范，对于不属于本行政机关职权范围的申请事项，行政机关应当即时作出不予受理的

决定并告知申请人向有关行政机关申请，即不仅要向申请人告知本机关不予受理，还应告知应向哪个机关申请。

⊙推行电子政务

第三十三条　行政机关应当建立和完善有关制度，推行电子政务，在行政机关的网站上公布行政许可事项，方便申请人采取数据电文等方式提出行政许可申请；应当与其他行政机关共享有关行政许可信息，提高办事效率。

第二节　审查与决定

★审查申请材料

第三十四条　行政机关应当对申请人提交的申请材料进行审查。

申请人提交的申请材料齐全、符合法定形式，行政机关能够当场作出决定的，应当当场作出书面的行政许可决定。

根据法定条件和程序，需要对申请材料的实质内容进行核实的，行政机关应当指派两名以上工作人员进行核查。

●考点点拨

1. 本条是对行政许可申请人的材料审查规定。对材料的审查，分为形式审查和实质审查。

（1）形式审查是指对材料是否齐全，形式上是否符合法律法规的要求进行审查，并不深入审查材料的真实性。一般性许可，例如工商登记等，基本采用形式审查的方式，这是提高行政效率的便民规定。

（2）实质审查是指对材料的实质内容，包括真伪、主体、资格等深入核实。特定行业许可或者符合相应的法定条件和程序要求的行政许可，需要进行实质审查，这是由该类行政许可的重要性和影响范围广的特性所决定的，也是合理行政、慎重行使权利的要求。

2. 对于可以进行形式审查的行政许可，行政机关能够当场作出决定的，应当当场作出书面的行政许可决定。

3. 对于符合实质审查的行政许可，行政机关应当指派2名以上工作人员进行核查。

☆真题回顾

（2017年多选）某高校依法对本校学生进行学位管理，实施学位的许可工作，该校毕业班学生李某取得毕业资格后，提出授予学位的申请，对此，该高校的下列做法正确的有（　　）。

A. 对李某的申请材料进行形式审查

B. 对李某的申请材料进行实质审查

C. 该高校受理部门可当场作出对李某授予学位的书面决定

D. 颁发的学位证书上只盖该高校的公章

E. 作出授予学位的行政决定后，将李某的学位信息录入公众可查阅的系统

【解析】答案为ACDE。根据《行政许可法》第34条、第23条的规定，高校对授予学位的申请，适用行政机关的规定。由于没有特别规定要进行实质审查，高校进行形式审查即可，符合条件的可当场作出书面行政许可决定。故A项和C项正确，B项错误。根据第39条第1款的规定，D项正确。根据第40条的规定，E项正确。

（2018年单选）出口国家重点保护野生植物必须经进出口所在地的省、自治区、直辖市人民政府野生植物行政主管部门审核，报国务院野生植物行政主管部门批准。某省的甲公司拟出口国家重点保护野生植物到海外，向省人民政府野生植物行政主管部门提出了出口许可的申请。下列情况符合《行政许可法》规定的是（　　）。

A. 国务院野生植物行政主管部门在审查过程中，为加快审查速度，要求甲公司再提交一份申请材料

B. 省人民政府野生植物行政主管部门应在受理申请之日起30日内审查完毕

C. 在对申请材料进行形式核实时，省人民政府野生植物行政主管部门指派了3名工作人员进行核查

D. 省人民政府野生植物行政主管部门审查后，应将审查意见作严格的密封处理，交由甲公司提交至国务院野生植物行政主管部门

【解析】答案为C。根据《行政许可法》第34条第3款的规定，对申请材料进行实质审查，应当指派2名以上的工作人员进行核查，举重以明轻，进行形式核实时，基于工作需要指派3名工作人员进行核查也是允许的，故C项正确。根据第35条的规定，国务院作为上级主管部门不能要求申请人重复提供申请材料，且应由下级行政机关将初步审查意见直接报送上级行政机关，而不能由申请人代为提交，故A项、D项错误。根据第42条的规定，一般情况下，行政机关应当在受理申请之日起20日内作出决定，因此B项错误。

⊙多层级行政许可的程序

第三十五条　依法应当先经下级行政机关审查后报上级行政机关决定的行政许可，下级行政机关应当在法定期限内将初步审查意见和全部申请材料直接报送上级行政机关。上级行政机关不得要求申请人重复提供申请材料。

★关系他人重大利益的行政许可的要求

第三十六条　行政机关对行政许可申请进行审查时，发现行政许可事项直接关系他人重大利益的，应当告知该利害关系人。申请人、利害关系人有权进行陈述和申辩。行政机关应当听取申请人、利害关系人的意见。

●考点点拨

1. 行政机关对行政许可申请进行审查时，发现行政许可事项直接关系他人重大利益的，应当告知该利害关系人。这是行政公开、公正的要求。同时，也可避免作出的行政行为侵犯第三人的合法权益。

2. 申请人、利害关系人有权进行陈述和申辩。行政机关应当听取申请人、利害关系人的意见。根据各方的陈述和申辩，结合相关法律法规，行政机关作出准予许可或者不予许可的决定。

☆真题回顾

（2018年判断）行政机关对行政许可申请进行审查时，发现行政许可事项直接关系他人重大利益的，应当告知该利害关系人，并应当听取申请人、利害关系人的意见。（　　）

【解析】根据《行政许可法》第36条的规定，本题说法正确。

⊙许可决定应按期作出

第三十七条　行政机关对行政许可申请进行审查后，除当场作出行政许可决定的外，应当在法定期限内按照规定程序作出行政许可决定。

★许可决定的结果

第三十八条　申请人的申请符合法定条件、标准的，行政机关应当依法作出准予行政许可的书面决定。

行政机关依法作出不予行政许可的书面决定的，应当说明理由，并告知申请人享有依法申请行政复议或者提起行政诉讼的权利。

●考点点拨

1. 对于行政许可来说，经审查，只能作出两种行政决定：

（1）申请符合法定条件、标准的，行政机关应当依法作出准予行政许可的书面决定。

（2）申请不符合法定条件、标准的，行政机关依法作出不予行政许可的书面决定，并应当说明理由。同时，申请人享有依法申请行政复议或者提起行政诉讼的权利。

2. 无论作出哪种行政决定，行政机关均应采用书面形式。作出准予许可的当然应采用书面形式并颁发许可证件。对于不予许可的，更应采用书面形式并说明理由，而不能口头告知当事人不予许可的决定。

☆真题回顾

（2018年单选）关于行政机关作出准予许可和不予许可的行政决定，两者之间的区别不包括（　　）。

A. 申请人的申请是否符合法定条件、标准

B. 行政机关是否可以当场决定

C. 行政机关是否需要说明理由

D. 行政决定是否必须采用书面形式

【解析】答案为D。根据《行政许可法》第38条的规定，无论是作出许可的决定还是不予许可的决定，行政机关均应出具书面决定书。故D项正确，当选。

⊙行政许可证件

第三十九条　行政机关作出准予行政许可的决定，需要颁发行政许可证件的，应当向申请人颁发加盖本行政机关印章的下列行政许可证件：

（一）许可证、执照或者其他许可证书；

（二）资格证、资质证或者其他合格证书；

（三）行政机关的批准文件或者证明文件；

（四）法律、法规规定的其他行政许可证件。

行政机关实施检验、检测、检疫的，可以在检验、检测、检疫合格的设备、设施、产品、物品上加贴标签或者加盖检验、检测、检疫印章。

⊙行政许可公开

第四十条　行政机关作出的准予行政许可决定，应当予以公开，公众有权查阅。

⊙许可的效力范围

第四十一条　法律、行政法规设定的行政许可，其适用范围没有地域限制的，申请人取得的行政许可在全国范围内有效。

●考点点拨

本节是关于行政许可实施程序中审查环节的规定。

(1)行政机关受理申请之后,能够当场作出决定的应当当场许可,不能当场作出的应当由2名以上工作人员进行核查并按程序、按要求、按期限作出决定。

(2)经审查,符合法定条件、标准的,作出准予行政许可的书面决定,反之则作出不予行政许可的书面决定(说明理由并告知维护权利的途径)。

(3)对于准予行政许可的决定,往往需要颁发行政许可证件,证件形式包括许可证、资格证、批准文件、加盖检验检测检疫印章等。

(4)对于准予行政许可的决定,应当公开(涉及国家秘密、商业秘密或者个人隐私的除外)。

(5)行政许可的适用范围没有地域限制的,在全国范围内有效,有地域限制的,则在限定的地域范围内有效。

◆关联法条

《公安机关行政许可工作规定》

第二十条　公安机关作出行政许可决定应当经公安机关负责人或者其授权的工作人员批准。

第二十一条　公安机关拟作出的行政许可决定对申请人申请的行政许可范围、数量、期限、内容等事项有重大改变的,应当事先告知申请人,征得其同意,并在申请材料上注明。申请人不同意的,依法作出不予许可的决定。

☆真题回顾

(2019年多选)下列关于行政许可实施程序中的审查与决定,哪些是错误的?(　　)

A. 根据法定条件和程序,需要对申请材料的实质内容进行核实的,行政机关应当指派1名工作人员进行核查

B. 依法应当先经下级行政机关审查后报上级行政机关决定的行政许可,下级行政机关应当在法定期限内将初步审查意见和全部申请材料直接报送上级行政机关。上级行政机关有权要求申请人再次提供申请材料

C. 行政机关对行政许可申请进行审查时,发现行政许可事项直接关系他人重大利益的,不必告知该利害关系人

D. 行政机关依法作出不予行政许可的书面决定的,不用说明理由

E. 法律、行政法规设定的行政许可,其适用范围没有地域限制的,申请人取得的行政许可在全国范围内有效

【解析】答案为ABCD。根据《行政许可法》第34条第3款的规定,需要对申请材料的实质内容进行核实的,应当指派2名以上工作人员进行核查,故A项错误。根据第35条的规定,在多层级行政许可的程序中,上级行政机关不得要求申请人重复提供申请材料,故B项错误。根据第36条的规定,直接关系他人重大利益的行政许可,利害关系人享有知情权,应当告知利害关系人,由申请人和利害关系人发表意见,故C项错误。(比如,在居民小区内开设餐馆会产生油烟污染问题,应当征询小区业主的意见)根据第38条第2款的规定,对于不予行政许可的书面决定,应当说明理由并告知申请人享有依法申请行政复议或者提起行政诉讼的权利,故D项错误。根据第41条的规定,E项正确。

第三节　期　　限

★作出行政许可决定的期限

第四十二条　除可以当场作出行政许可决定的外,行政机关应当自受理行政许可申请之日起二十日内作出行政许可决定。二十日内不能作出决定的,经本行政机关负责人批准,可以延长十日,并应当将延长期限的理由告知申请人。但是,法律、法规另有规定的,依照其规定。

依照本法第二十六条的规定,行政许可采取统一办理或者联合办理、集中办理的,办理的时间不得超过四十五日;四十五日内不能办结的,经本级人民政府负责人批准,可以延长十五日,并应当将延长期限的理由告知申请人。

⊙下级机关的初审期限

第四十三条　依法应当先经下级行政机关审查后报上级行政机关决定的行政许可,下级行政机关应当自其受理行政许可申请之日起二十日内审查完毕。但是,法律、法规另有规定的,依照其规定。

⊙颁发、送达行政许可证件的期限

第四十四条　行政机关作出准予行政许可的决定,应当自作出决定之日起十日内向申请人颁发、送达行政许可证件,或者加贴标签、加盖检验、检测、检疫印章。

⊙排除时间

第四十五条　行政机关作出行政许可决定,依法需要听证、招标、拍卖、检验、检测、检疫、鉴定和专家评审的,所需时间不计算在本节规定的期限内。行政机关应当将所需时间书面告知申请人。

●考点点拨

本节是关于行政许可实施程序中期限的专门规定。

(1)能够当场作出许可决定的,应当当场作出;不能当场作出的,应当自受理之日起20日内作出;期满不能作出的,经本行政机关负责人批准可以延长10日。即最长期限为30日。法律、法规另有规定的(期限更长或者更短),依照其规定,但规章不得规定更长的期限。

(2)采取统一办理或者联合办理、集中办理的,不得超过45日,经本级人民政府负责人批准,可以延长15日。即最长期限为60日(由于涉及两个以上的行政机关)。

(3)下级机关的初审期限的20日,法律、法规另有规定的,依照其规定。

(4)应当自作出决定之日起10日内向申请人颁发、送达行政许可证件。

(5)听证、招标、拍卖、检验、检测、检疫、鉴定和专家评审的时间不计入期限。

◆关联法条

《公安机关行政许可工作规定》

第二十二条　公安机关办理行政许可,必须遵循《行政许可法》规定的期限。法律、法规另有规定的,依照其规定。

依法应当先经下级公安机关审查后报上级公安机关决定的行政许可,下级公安机关应当自其受理行政许可申请之日起二十日内审查完毕,并将审查意见和全部申请材料报送上级公安机关,上级公安机关应当自收到下级公安机关报送的审查意见和申请材料之日起二十日内作出决定。

☆真题回顾

(2019年多选)下列关于行政许可的期限,正确的是?(　　)

A. 行政机关应当自受理行政许可申请之日起20日内作出行政许可决定。20日内不能作出决定的,经本行政机关负责人批准,可以延长10日

B. 行政许可采取统一办理或者联合办理、集中办理的,办理的时间不得超过45日;45日内不能办结的,经本级人民政府负责人批准,可以延长15日

C. 行政机关作出准予行政许可的决定,应当自作出决定之日起10日内向申请人颁发、送达行政许可证件

D. 依法需要听证、招标、拍卖、检验、检测、检疫、鉴定和专家评审的,所需时间不计算在期限内

E. 依法应当先经下级行政机关审查后报上级行政机关决定的行政许可,所有事项的审查期限都是自其受理行政许可申请之日起20日内审查完毕

【解析】答案为ABCD。根据《行政许可法》第42条第1款的规定,A项正确。根据第42条第2款的规定,B项正确。根据第44条的规定,C项正确。根据第45条的规定,D项正确。根据第43条的规定,E项过于绝对,没有考虑到"法律、法规另有规定的,依照其规定"的特殊情形。本题启发考生,对于绝对化表述的字眼,多半是错误的,考生要学会快速辨析。

第四节　听　　证

★听证事项

第四十六条　法律、法规、规章规定实施行政许可应当听证的事项,或者行政机关认为需要听证的其他涉及公共利益的重大行政许可事项,行政机关应当向社会公告,并举行听证。

●考点点拨

1. 听证是行政许可中一项重要的程序。适用事项包括:

(1)法律、法规、规章规定实施行政许可应当听证的事项;

(2)行政机关认为需要听证的其他涉及公共利益的重大行政许可事项。

2. 若采用听证的形式,行政机关应当向社会进行公告。

☆真题回顾

(2018年单选)根据《行政许可法》,下列关于听证的说法正确的是(　　)。

A. 听证是作出行政许可决定的必经程序

B. 应当根据听证笔录作出行政许可决定

C. 涉及国家秘密、商业秘密和个人隐私的,可以公开举行听证

D. 审查该行政许可申请的工作人员不应当参与听证

【解析】答案为B。根据《行政许可法》第46条的规定,A项错误。根据第48条第2款的规定,B项正确。该款为辅警考试必考点,也是高频考点,务必牢记!根据第5条第2款的规定,C项错误。根据第48条第1款的规定,有关工作人员也是要参加听证的,D项错误。故本题选B项。

⊙听证权和听证费用

第四十七条　行政许可直接涉及申请人与他人之间重大利益关系的，行政机关在作出行政许可决定前，应当告知申请人、利害关系人享有要求听证的权利；申请人、利害关系人在被告知听证权利之日起五日内提出听证申请的，行政机关应当在二十日内组织听证。

申请人、利害关系人不承担行政机关组织听证的费用。

⊙听证程序

第四十八条　听证按照下列程序进行：

（一）行政机关应当于举行听证的七日前将举行听证的时间、地点通知申请人、利害关系人，必要时予以公告；

（二）听证应当公开举行；

（三）行政机关应当指定审查该行政许可申请的工作人员以外的人员为听证主持人，申请人、利害关系人认为主持人与该行政许可事项有直接利害关系的，有权申请回避；

（四）举行听证时，审查该行政许可申请的工作人员应当提供审查意见的证据、理由，申请人、利害关系人可以提出证据，并进行申辩和质证；

（五）听证应当制作笔录，听证笔录应当交听证参加人确认无误后签字或者盖章。

行政机关应当根据听证笔录，作出行政许可决定。

●考点点拨

本节是关于行政许可实施程序中有可能发生的听证环节的规定。

（1）行政许可听证，是指行政主体在作出行政许可的决定之前，告知申请人或利害关系人听证权利，给予行政相对人陈述意见、提供证据的机会，行政主体在此基础上作出相应决定。

（2）听证事项包括两种：①法律、法规、规章规定的；②行政机关认为需要的（涉及公共利益的重大行政许可事项）。

（3）申请人、利害关系人在被告知听证权之日起5日内选择是否听证，行政机关在20日内组织听证，举行听证的7日前应通知时间、地点。

（4）听证应当公开，实行回避（听证主持人应为审查工作以外的人），且不缴纳听证费。

◆关联法条

《公安机关行政许可工作规定》

第十八条　法律、法规、规章规定实施行政许可应当举行听证的事项，或者公安机关认为需要听证的其他涉及公共安全等公共利益的重大行政许可事项，公安机关应当向社会公告，公告期为十日，并在公告期满后二十日内举行听证，公告期不计入公安机关办理行政许可的期限。

公民、法人或者其他组织在公告期内报名参加听证的，公安机关应当登记。公告期内无人报名参加听证的，公安机关应当在案卷中载明，不再举行听证。报名人数过多难以组织安排的，公安机关可从报名者中采取随机方式确定五至十人参加听证。

第五节　变更与延续

★变更行政许可

第四十九条　被许可人要求变更行政许可事项的，应当向作出行政许可决定的行政机关提出申请；符合法定条件、标准的，行政机关应当依法办理变更手续。

●考点点拨

本条是对行政许可变更的规定。

（1）被许可人要求变更行政许可事项的，应当向作出行政许可决定的行政机关提出申请。

（2）立法原意：作出行政许可的机关对其行为负有第一顺位的责任和义务，从专业性、效率性的角度而言，由作出行政许可决定的行政机关负有变更、撤销等职能最符合专司专职、高效行政的要求。

☆真题回顾

（2018年单选）被许可人要求变更行政许可事项的，应当向（　　）行政机关提出申请；符合法定条件、标准的，行政机关应当依法办理变更手续。

A. 作出行政许可决定的上级

B. 设定行政许可的

C. 作出行政许可决定的

D. 受理行政许可申请的

【解析】答案为C。根据《行政许可法》第49条的规定，C项正确。作出行政许可的机关对其行为负有第一顺位的责任和义务，从专业性、效率性的角度而言，由作出行政许可决定的行政机关负有变更、撤销等职能最符合专司专职、高效行政的要求。

⊙延续行政许可

第五十条　被许可人需要延续依法取得的行政许可的有效期的，应当在该行政许可有效期届满三十日前向作出行政许可决定的行政机关提出申请。但是，法律、法规、规章另有规定的，依照其规定。

行政机关应当根据被许可人的申请,在该行政许可有效期届满前作出是否准予延续的决定;逾期未作决定的,视为准予延续。

●考点点拨

本节是关于行政许可的变更与延续的规定。

(1)行政许可的变更与延续都发生在准予行政许可之后,都需要由被许可人提出申请,变更是指对行政许可的具体内容加以变更,延续是指对行政许可的有效期加以延续。比如,深圳市对网约车经营进行许可,有效期为5年,届满30日前可以申请延续,并对有关变更登记作出了规定。

(2)申请行政许可的当事人,在许可之前叫"申请人",在许可之后叫"被许可人"。

◆关联法条

《公安机关行政许可工作规定》

第二十四条　被许可人申请变更行政许可事项的,按照行政许可申请程序和期限办理。

第六节　特别规定

⊙特别规定优先

第五十一条　实施行政许可的程序,本节有规定的,适用本节规定;本节没有规定的,适用本章其他有关规定。

●考点点拨

1.对于特许、认可、核准、登记(《行政许可法》第12条第2项至第5项)及有数量限制的行政许可,在本节作出特别规定,应优先适用本节规定,本节没有规定的,适用本章其他有关规定。

2.对于特许、认可、核准、登记及有数量限制的行政许可实施,又叫行政许可实施的特别程序,其他的则为行政许可实施的一般程序。

⊙国务院实施行政许可的程序

第五十二条　国务院实施行政许可的程序,适用有关法律、行政法规的规定。

●考点点拨

国务院实施行政许可的程序,适用国务院制定的行政法规和全国人民代表大会及其常务委员会制定的法律,自然包括《行政许可法》。

★特许

第五十三条　实施本法第十二条第二项所列事项的行政许可的,行政机关应当通过招标、拍卖等公平竞争的方式作出决定。但是,法律、行政法规另有规定的,依照其规定。

行政机关通过招标、拍卖等方式作出行政许可决定的具体程序,依照有关法律、行政法规的规定。

行政机关按照招标、拍卖程序确定中标人、买受人后,应当作出准予行政许可的决定,并依法向中标人、买受人颁发行政许可证件。

行政机关违反本条规定,不采用招标、拍卖方式,或者违反招标、拍卖程序,损害申请人合法权益的,申请人可以依法申请行政复议或者提起行政诉讼。

●考点点拨

1.特许分为三类:

(1)自然资源的开发利用许可。自然资源包括矿藏、水流、森林、山岭、草原、荒地、滩涂等。

(2)公共资源的配置许可。主要是指国有土地使用权许可,还有出租车运营许可、长途客运线路许可、无线电频率使用许可等。

(3)直接关系公共利益的特定行业的市场准入许可。如供水、供电、电信、邮政等。

2.特许方式:

(1)特许应当通过招标、拍卖等公平竞争的方式作出决定(如出让国有土地使用权的招、拍、挂),法律、行政法规另有规定的,依照其规定。

(2)行政机关向招标、拍卖确定的中标人、买受人作出准予行政许可的决定。

◆关联法条

《招标拍卖挂牌出让国有土地使用权规定》

第二条第一款　在中华人民共和国境内以招标、拍卖或者挂牌方式出让国有土地使用权的,适用本规定。

《拍卖管理办法》

第三十五条　法律、行政法规和规章对拍卖标的受让人有特别规定的,拍卖企业应当将标的拍卖给符合法律、行政法规和规章要求的竞买人。

拍卖标的是依照法律、行政法规和规章规定需要行政许可的经营资格且依法可以转让的,委托人应在拍卖前应当征得行政许可机关的同意。

★认可

第五十四条　实施本法第十二条第三项所列事项的行政许可,赋予公民特定资格,依法应当举行国家考试的,行政机关根据考试成绩和其他法定条件作出行政许可决定;赋予法人或者其他组织特定的资格、资质的,行政机关根据申请人的专业人员构成、技术条件、经营业绩和管理水平等的考核结果作出行政许可决定。但是,法律、行政法规另有规定的,依照其规定。

公民特定资格的考试依法由行政机关或者行业组织实施,公开举行。行政机关或者行业组织应当事先公布资格考试的报名条件、报考办法、考试科目以及考试大纲。但是,不得组织强制性的资格考试的考前培训,不得指定教材或者其他助考材料。

●考点点拨

行政认可是指由行政机关对申请人是否具备特定技能、水平的认定,赋予申请人特定资格、资质。

(1)认可的方式主要是考试和考核。国家考试本身不是行政许可,而是行政机关在作出行政许可决定前判定申请人是否符合法定条件的一种审查程序。

(2)认可的事项是提供公众服务并且直接关系公共利益的职业、行业,需要确定具备特殊信誉、特殊条件或者特殊技能等资格、资质,如律师、医师、教师等。2013年以来,国务院分7批取消职业资格许可和认定事项共434项,如注册税务师、房地产经纪人、木材搬运工等。

(3)认可是针对特定的相对人,不得转让、继承。

◆关联法条

《中华人民共和国律师法》

第五条　申请律师执业,应当具备下列条件:

(一)拥护中华人民共和国宪法;

(二)通过国家统一法律职业资格考试取得法律职业资格;

(三)在律师事务所实习满一年;

(四)品行良好。

实行国家统一法律职业资格考试前取得的国家统一司法考试合格证书、律师资格凭证,与国家统一法律职业资格证书具有同等效力。

☆真题回顾

(2018年多选)根据《行政许可法》,依法组织实施公民特定资格的考试的行政机关或者行业组织,应当先公布资格考试的(　　)。

A. 报名条件　　B. 考试大纲

C. 指定教材　　D. 助考材料

E. 报考办法

【解析】答案为ABE。根据《行政许可法》第54条第2款的规定,应当事先公布报名条件、报考办法、考试科目以及考试大纲,但不得指定教材或者其他助考材料,A项、B项、E项正确,当选,C项、D项错误。

★核准

第五十五条　实施本法第十二条第四项所列事项的行政许可的,应当按照技术标准、技术规范依法进行检验、检测、检疫,行政机关根据检验、检测、检疫的结果作出行政许可决定。

行政机关实施检验、检测、检疫,应当自受理申请之日起五日内指派两名以上工作人员按照技术标准、技术规范进行检验、检测、检疫。不需要对检验、检测、检疫结果作进一步技术分析即可认定设备、设施、产品、物品是否符合技术标准、技术规范的,行政机关应当当场作出行政许可决定。

行政机关根据检验、检测、检疫结果,作出不予行政许可决定的,应当书面说明不予行政许可所依据的技术标准、技术规范。

●考点点拨

1. 核准,是指行政机关通过检验、检测、检疫等方式对申请人的重要设备、设施、产品、物品是否达到特定技术标准、技术规范的审定。

2. 需要注意的是,检验、检测、检疫不是行政许可,但属于实施行政许可的方式和手段或者是取得行政许可的条件。

☆真题回顾

(2017年单选)行政机关依法实施检验、检测、检疫,若不需要对检验、检测、检疫结果作进一步技术分析即可认定设备、设施、产品、物品是否符合技术标准、技术规范的,行政机关(　　)。

A. 可以当场作出行政许可决定

B. 应当当场作出行政许可决定

C. 应当在十日内作出行政许可决定

D. 应当在二十日内作出行政许可决定

【解析】答案为B。根据《行政许可法》第55条第2款的规定,本题B项正确。考生应当注意法律条文中“应当”与“可以”表述的区别,以避免混淆。

★登记

第五十六条　实施本法第十二条第五项所列事项的行政许可,申请人提交的申请材料齐全、符合法定形式的,行政机关应当当场予以登记。需要对申请材料的实质内容进行核实的,行政机关依照本法第三十四条第三款的规定办理。

●考点点拨

登记,是指行政机关确定企业或其他组织主体资格的一种行政许可,包括公司登记、事业单位登记、民办非企业单位登记、社会团体登记等。

⊙有数量限制的行政许可

第五十七条　有数量限制的行政许可,两个或者两个以上申请人的申请均符合法定条件、标准的,行政机关应当根据受理行政许可申请的先后顺序作出准予行政许可的决定。但是,法律、行政法规另有规定的,依照其规定。

●考点点拨

1. 行政许可根据有无数量的限制可以划分为有数量限制的行政许可和无数量限制的行政许可。

(1)无数量限制的行政许可是指只要申请人提出申请并符合法定条件,行政机关就应当向申请人发放行政许可,不受许可数量的限制。

(2)有数量限制的行政许可是指由于客观条件的限制,行政机关在一个地区、一段时间内,对于申请人从事某种活动只能发放一定数量的行政许可。

2. 有数量限制的行政许可有两类:

(1)特许(前文已述),涉及对有限自然资源开发利用、公共资源配置以及直接关系公共利益的特定行业的市场准入等赋予特定权利的事项;

(2)有数量限制的普通许可,目前主要是出版单位设立许可、网吧设立许可、生猪定点屠宰企业设立许可等。

3. 有数量限制的行政许可的确定

对于有数量限制的行政许可,一般按申请的先后顺序进行许可,法律、行政法规另有规定的,依照其规定(如通过招标、拍卖方式提供国有建设用地使用权)。

☆真题回顾

(2019年多选)下列哪些事项适用行政许可实施的特别程序?(　　)

A. 特许　　B. 认可

C. 核准　　D. 登记

E. 有数量限制的行政许可

【解析】答案为ABCDE。对于特许、认可、核准、登记(《行政许可法》第12条第3~5项)及有数量限制的行政许可,在第四章第六节作出特别规定,应优先适用本节规定,本节没有规定的,适用本章其他有关规定。对于特许、认可、核准、登记及有数量限制的行政许可实施,又叫行政许可实施的特别程序,其他的则为行政许可实施的一般程序。据此,五个选项均正确。

第五章　行政许可的费用

★禁止违规收费及经费保障

第五十八条　行政机关实施行政许可和对行政许可事项进行监督检查,不得收取任何费用。但是,法律、行政法规另有规定的,依照其规定。

行政机关提供行政许可申请书格式文本,不得收费。

行政机关实施行政许可所需经费应当列入本行政机关的预算,由本级财政予以保障,按照批准的预算予以核拨。

●考点点拨

(1)行政许可原则上不收费,但法律、行政法规另有规定的依照其规定。

(2)行政机关提供行政许可申请书格式文本,不得收费。如市场监督管理局免费提供企业登记的有关材料。

(3)行政机关实施行政许可所需经费由财政予以保障。

☆真题回顾

(2018年判断)行政机关实施行政许可所需经费应当列入本级人民政府的预算,由本级财政予以保障,按照需要的预算予以核拨。(　　)

【解析】根据《行政许可法》第58条的规定,行政机关实施行政许可所需经费应当列入本行政机关的预算,而本行政机关的预算并不一定纳入本级人民政府的预算中,如果行政机关为国家直属机关,财政预算由国家决定。其次,行政许可所需经费预算,需经批准,批准后才能予以划拨,并不一定需要多少,批准多少。因此,本题表述不准确,错误。

★依法收费并上缴

第五十九条　行政机关实施行政许可,依照法律、行政法规收取费用的,应当按照公布的法定项目和标准收费;所收取的费用必须全部上缴国库,任何机关或者个人不得以任何形式截留、挪用、私分或者变相私分。财政部门不得以任何形式向行政机关返还或者变相返还实施行政许可所收取的费用。

●考点点拨

行政许可原则上不收费,但法律、行政法规另有规定的,依照其规定,如以出让方式取得国有土地使用权的,应当向国家支付土地使用权出让金。

☆**真题回顾**

(2018 年单选)行政机关实施行政许可,依照法律、行政法规收取费用时,应当按照(　　)收费。

A. 法定项目和标准

B. 行政机关的需要

C. 地方财政的审批结果

D. 上级主管部门的决定

【解析】答案为 A。根据《行政许可法》第 59 条的规定,收费时应当按照法定的标准和项目收费,不能由行政机关自行任意决定,这也是合理行政、合法行政的必然要求,A 项正确。

第六章　监督检查

⊙上级对下级的监督检查

第六十条　上级行政机关应当加强对下级行政机关实施行政许可的监督检查,及时纠正行政许可实施中的违法行为。

⊙对被许可人的监督检查

第六十一条　行政机关应当建立健全监督制度,通过核查反映被许可人从事行政许可事项活动情况的有关材料,履行监督责任。

行政机关依法对被许可人从事行政许可事项的活动进行监督检查时,应当将监督检查的情况和处理结果予以记录,由监督检查人员签字后归档。公众有权查阅行政机关监督检查记录。

行政机关应当创造条件,实现与被许可人、其他有关行政机关的计算机档案系统互联,核查被许可人从事行政许可事项活动情况。

⊙对被许可产品、场所、设备、设施的检查

第六十二条　行政机关可以对被许可人生产经营的产品依法进行抽样检查、检验、检测,对其生产经营场所依法进行实地检查。检查时,行政机关可以依法查阅或者要求被许可人报送有关材料;被许可人应当如实提供有关情况和材料。

行政机关根据法律、行政法规的规定,对直接关系公共安全、人身健康、生命财产安全的重要设备、设施进行定期检验。对检验合格的,行政机关应当发给相应的证明文件。

⊙违法监督检查

第六十三条　行政机关实施监督检查,不得妨碍被许可人正常的生产经营活动,不得索取或者收受被许可人的财物,不得谋取其他利益。

★**对被许可人跨区域违法的抄告**

第六十四条　被许可人在作出行政许可决定的行政机关管辖区域外违法从事行政许可事项活动的,违法行为发生地的行政机关应当依法将被许可人的违法事实、处理结果抄告作出行政许可决定的行政机关。

●**考点点拨**

行政许可有些是没有地域限制的,而有些是有地域限制的。对于有地域限制的行政许可,不得超出地域范围从事活动,否则构成违法,由违法行为发生地的行政机关查处,并将结果抄告原作出行政许可决定的行政机关。比如,某个体户经广州市烟草专卖局许可取得烟草专卖零售许可证,只能在广州本地的烟草专卖批发企业进货,但却跑到深圳去进货,该进货行为属于违法行为,由深圳市烟草专卖局进行查处,并将跨地域进货的违法事实和处理结果抄告广州市烟草专卖局。

◆**关联法条**

《中华人民共和国行政处罚法》

第二十条　行政处罚由违法行为发生地的县级以上地方人民政府具有行政处罚权的行政机关管辖。法律、行政法规另有规定的除外。

☆**真题回顾**

(2018 年单选)被许可人在作出行政许可决定的行政机关管辖区域外违法从事行政许可事项活动的,应当由(　　)进行核实并依法作出处理。

A. 作出行攻许可决定的行政机关

B. 违法行为发生地的行政机关

C. 作出行政许可决定的行政机关与违法行为发生地的行政机关共同的上一级行政机关

D. 最先处理违法行为的行政机关

【解析】答案为 B。根据《行政许可法》第 64 条的规定,被许可人在作出行政许可决定的行政机关的管辖区域外的违法行为,由违法行为发生地有管辖权的行政机关处理,并将违法事实和处理结果抄告作出许可决定的行政机关,B 项正确,当选。

⊙举报监督

第六十五条　个人和组织发现违法从事行政许可事项的活动,有权向行政机关举报,行政机关应当及时核实、处理。

★**对资源开发利用的被许可人的监督**

第六十六条　被许可人未依法履行开发利用自

然资源义务或者未依法履行利用公共资源义务的，行政机关应当责令限期改正；被许可人在规定期限内不改正的，行政机关应当依照有关法律、行政法规的规定予以处理。

●考点点拨

一般情况下，被许可人对于获得行政许可的权利可以自行决定行使方式，但对于获得的自然资源、公共资源开发利用的权利则应当依法行使。比如，以出让方式取得土地使用权进行房地产开发的，如果满2年未动工开发的，可以无偿收回。

◆关联法条

《中华人民共和国城市房地产管理法》

第二十六条　以出让方式取得土地使用权进行房地产开发的，必须按照土地使用权出让合同约定的土地用途、动工开发期限开发土地。超过出让合同约定的动工开发日期满一年未动工开发的，可以征收相当于土地使用权出让金百分之二十以下的土地闲置费；满二年未动工开发的，可以无偿收回土地使用权；但是，因不可抗力或者政府、政府有关部门的行为或者动工开发必需的前期工作造成动工开发迟延的除外。

⊙对特定行业市场准入被许可人的监督

第六十七条　取得直接关系公共利益的特定行业的市场准入行政许可的被许可人，应当按照国家规定的服务标准、资费标准和行政机关依法规定的条件，向用户提供安全、方便、稳定和价格合理的服务，并履行普遍服务的义务；未经作出行政许可决定的行政机关批准，不得擅自停业、歇业。

被许可人不履行前款规定的义务的，行政机关应当责令限期改正，或者依法采取有效措施督促其履行义务。

●考点点拨

对于特定行业市场而言，一般属于关乎社会稳定、国家安全或者生活基础设施的直接关系公共利益行业，取得该类行业许可证的许可人的经营行为一般都可以影响某一地区乃至全国的社会稳定，因此未经许可，不得擅自停业、歇业属于该类许可人的法定义务。

◆关联法条

《中华人民共和国电力法》

第二十九条　供电企业在发电、供电系统正常的情况下，应当连续向用户供电，不得中断。因供电设施检修、依法限电或者用户违法用电等原因，需要中断供电时，供电企业应当按照国家有关规定事先通知用户。

用户对供电企业中断供电有异议的，可以向电力管理部门投诉；受理投诉的电力管理部门应当依法处理。

第四十三条　任何单位不得超越电价管理权限制定电价。供电企业不得擅自变更电价。

⊙对重要设备、设施的自检、检查

第六十八条　对直接关系公共安全、人身健康、生命财产安全的重要设备、设施，行政机关应当督促设计、建造、安装和使用单位建立相应的自检制度。

行政机关在监督检查时，发现直接关系公共安全、人身健康、生命财产安全的重要设备、设施存在安全隐患的，应当责令停止建造、安装和使用，并责令设计、建造、安装和使用单位立即改正。

◆关联法条

《公安机关行政许可工作规定》

第二十九条　公安机关监督检查人员在监督检查时，发现直接关系公共安全、人身健康、生命财产安全的重要设备、设施存在安全隐患，能够当场改正的，应当责令设备、设施所属单位当场改正；不能当场改正，无法保证安全的，应当当场口头或者书面责令暂时停止建造、安装或者使用，并在二十四小时内向所属公安机关报告。公安机关应当在接到报告后二日内向建造、安装或者使用单位送达正式处理决定书，责令其限期整改。对属于其他行政机关管辖的，应当及时通知其他行政机关。

被许可单位存在安全隐患，拒不整改的，公安机关应当依法予以处罚或者采取强制措施督促其整改，并可以向社会公布其安全隐患情况，在隐患单位挂牌警示。

★对违法行政许可的撤销

第六十九条　有下列情形之一的，作出行政许可决定的行政机关或者其上级行政机关，根据利害关系人的请求或者依据职权，可以撤销行政许可：

（一）行政机关工作人员滥用职权、玩忽职守作出准予行政许可决定的；

（二）超越法定职权作出准予行政许可决定的；

（三）违反法定程序作出准予行政许可决定的；

（四）对不具备申请资格或者不符合法定条件的申请人准予行政许可的；

（五）依法可以撤销行政许可的其他情形。

被许可人以欺骗、贿赂等不正当手段取得行政许可的,应当予以撤销。

依照前两款的规定撤销行政许可,可能对公共利益造成重大损害的,不予撤销。

依照本条第一款的规定撤销行政许可,被许可人的合法权益受到损害的,行政机关应当依法给予赔偿。依照本条第二款的规定撤销行政许可的,被许可人基于行政许可取得的利益不受保护。

●**考点点拨**

撤销行政许可即取消行政许可,包括六种情形:

(1)滥用职权、玩忽职守;

(2)超越法定职权;

(3)违反法定程序;

(4)不具备申请资格或者不符合法定条件;

(5)法律规定的其他情形;

(6)以欺骗、贿赂等不正当手段取得行政许可。

如果撤销上述情形的行政许可,可能对公共利益造成重大损害,则不予撤销。需要注意的是,对前五种情形的行政许可撤销,如果被许可人的合法权益受到损害,则应当由行政机关依法给予赔偿,这是信赖保护原则的体现。但撤销以欺骗、贿赂等不正当手段取得的行政许可,无须赔偿,这也是诚信原则的要求。

◆**关联法条**

《公安机关行政许可工作规定》

第三十二条　公安机关依照《行政许可法》第六十九条规定撤销行政许可时,应当作出书面决定,并告知被许可人撤销行政许可的法律依据和事实基础,同时责令当事人自行政许可撤销之日起停止从事行政许可事项活动。撤销行政许可应当收回许可证件。当事人拒绝交回的,公安机关应当予以注销,并予公告。

⊙行政许可注销

第七十条　有下列情形之一的,行政机关应当依法办理有关行政许可的注销手续:

(一)行政许可有效期届满未延续的;

(二)赋予公民特定资格的行政许可,该公民死亡或者丧失行为能力的;

(三)法人或者其他组织依法终止的;

(四)行政许可依法被撤销、撤回,或者行政许可证件依法被吊销的;

(五)因不可抗力导致行政许可事项无法实施的;

(六)法律、法规规定的应当注销行政许可的其他情形。

●**考点点拨**

注销与撤销不同,注销包括被撤销后应当办理的注销手续,还包括其他“正常”情形下的注销手续,如行政许可到期未延续、被许可人死亡(公民)或终止(组织)、不可抗力导致无法实施行政许可事项等。

第七章　法律责任

⊙违规许可的改正、撤销

第七十一条　违反本法第十七条规定设定的行政许可,有关机关应当责令设定该行政许可的机关改正,或者依法予以撤销。

⊙行政机关及其工作人员违法的行政责任

第七十二条　行政机关及其工作人员违反本法的规定,有下列情形之一的,由其上级行政机关或者监察机关责令改正;情节严重的,对直接负责的主管人员和其他直接责任人员依法给予行政处分:

(一)对符合法定条件的行政许可申请不予受理的;

(二)不在办公场所公示依法应当公示的材料的;

(三)在受理、审查、决定行政许可过程中,未向申请人、利害关系人履行法定告知义务的;

(四)申请人提交的申请材料不齐全、不符合法定形式,不一次告知申请人必须补正的全部内容的;

(五)未依法说明不受理行政许可申请或者不予行政许可的理由的;

(六)依法应当举行听证而不举行听证的。

⊙行政机关及其工作人员违法的刑事责任

第七十三条　行政机关工作人员办理行政许可、实施监督检查,索取或者收受他人财物或者谋取其他利益,构成犯罪的,依法追究刑事责任;尚不构成犯罪的,依法给予行政处分。

⊙行政机关违法的行政责任、刑事责任

第七十四条　行政机关实施行政许可,有下列情形之一的,由其上级行政机关或者监察机关责令改正,对直接负责的主管人员和其他直接责任人员依法给予行政处分;构成犯罪的,依法追究刑事责任:

(一)对不符合法定条件的申请人准予行政许可或者超越法定职权作出准予行政许可决定的;

(二)对符合法定条件的申请人不予行政许可或者不在法定期限内作出准予行政许可决定的;

(三)依法应当根据招标、拍卖结果或者考试成绩择优作出准予行政许可决定,未经招标、拍卖或者考试,或者不根据招标、拍卖结果或者考试成绩择优作出准予行政许可决定的。

◆**关联法条**

《公安机关行政许可工作规定》

第三十九条　公安机关从事行政许可工作的人员具有下列情形之一的,依法给予行政处分,并可以视情调离行政许可工作岗位;构成犯罪的,依法追究刑事责任:

(一)索取或者收受他人财物或者其他利益的;

(二)玩忽职守或者滥用职权的;

(三)一年内受到二次以上投诉,且投诉属实,情节严重、影响恶劣的;

(四)其他违法违纪情形。

⊙行政机关违规收费的责任

第七十五条　行政机关实施行政许可,擅自收费或者不按照法定项目和标准收费的,由其上级行政机关或者监察机关责令退还非法收取的费用;对直接负责的主管人员和其他直接责任人员依法给予行政处分。

截留、挪用、私分或者变相私分实施行政许可依法收取的费用的,予以追缴;对直接负责的主管人员和其他直接责任人员依法给予行政处分;构成犯罪的,依法追究刑事责任。

⊙国家赔偿

第七十六条　行政机关违法实施行政许可,给当事人的合法权益造成损害的,应当依照国家赔偿法的规定给予赔偿。

⊙行政机关不履行监督或监督不力的责任

第七十七条　行政机关不依法履行监督职责或者监督不力,造成严重后果的,由其上级行政机关或者监察机关责令改正,对直接负责的主管人员和其他直接责任人员依法给予行政处分;构成犯罪的,依法追究刑事责任。

⊙申请人弄虚作假

第七十八条　行政许可申请人隐瞒有关情况或者提供虚假材料申请行政许可的,行政机关不予受理或者不予行政许可,并给予警告;行政许可申请属于直接关系公共安全、人身健康、生命财产安全事项的,申请人在一年内不得再次申请该行政许可。

⊙被许可人欺骗、贿赂

第七十九条　被许可人以欺骗、贿赂等不正当手段取得行政许可的,行政机关应当依法给予行政处罚;取得的行政许可属于直接关系公共安全、人身健康、生命财产安全事项的,申请人在三年内不得再次申请该行政许可;构成犯罪的,依法追究刑事责任。

●**考点点拨**

1. 申请人在申请过程中隐瞒有关情况或者提供虚假材料的,不予受理或者不予行政许可并给予警告,且在1年内不得再次申请同样的行政许可(仅限属于直接关系公共安全、人身健康、生命财产安全的事项)。

2. 被许可人以欺骗、贿赂等不正当手段取得行政许可的,应给予行政处罚,且在3年内不得再次申请同样的行政许可(仅限属于直接关系公共安全、人身健康、生命财产安全的事项),情形严重构成犯罪的还应当追究刑事责任。

★**被许可人违法的行政责任、刑事责任**

第八十条　被许可人有下列行为之一的,行政机关应当依法给予行政处罚;构成犯罪的,依法追究刑事责任:

(一)涂改、倒卖、出租、出借行政许可证件,或者以其他形式非法转让行政许可的;

(二)超越行政许可范围进行活动的;

(三)向负责监督检查的行政机关隐瞒有关情况、提供虚假材料或者拒绝提供反映其活动情况的真实材料的;

(四)法律、法规、规章规定的其他违法行为。

●**考点点拨**

本条是关于被许可人利用得到的行政许可从事违法行为应当承担的责任。包括滥用行政许可的行为、逃避行政机关对行政许可实施的监督的行为以及法律、法规、规章规定的其他违法行为。一经发现,行政机关应当依法给予行政处罚;构成犯罪的,依法追究刑事责任。

☆**真题回顾**

(2018年多选)被许可人(　　)行政许可的,行政机关应当依法给予行政处罚;构成犯罪的,依法追究刑事责任。

A. 涂改　　B. 倒卖

C. 出租　　D. 出借

E. 遗失

【解析】答案为ABCD。根据《行政许可法》第80条的规定,A项、B项、C项和D项正确。本题通过常识审题法可以轻易判断E项错误,因为遗失行为属于过失,如果过失遗失自身的物品会导致处罚,则显然不符合常理,应予排除。

⊙未经行政许可从事相关活动的行政责任、刑事责任

第八十一条　公民、法人或者其他组织未经行政许可，擅自从事依法应当取得行政许可的活动的，行政机关应当依法采取措施予以制止，并依法给予行政处罚；构成犯罪的，依法追究刑事责任。

第八章　附　　则

⊙期限的计算

第八十二条　本法规定的行政机关实施行政许可的期限以工作日计算，不含法定节假日。

●**考点点拨**

本法所规定的实施行政许可的期限，以工作日计算，不包括法定节假日。

⊙施行日期、行政许可清理

第八十三条　本法自2004年7月1日起施行。

本法施行前有关行政许可的规定，制定机关应当依照本法规定予以清理；不符合本法规定的，自本法施行之日起停止执行。

第十章　行政强制法备考要点和法条解读

第一节　行政强制法备考复习要点

一、行政强制的概念与特征

（一）行政强制的概念

1. 行政强制是行政机关在特定情形下依法对当事人的人身、财产暂时予以限制、控制，或者以一定方式强制当事人履行行政决定所确定义务的具体行政行为。行政强制包括：(1)行政强制措施；(2)行政强制执行。

2. 行政强制措施，是指行政机关在行政管理过程中，为制止违法行为、防止证据损毁、避免危害发生、控制危险扩大等情形，依法对公民的人身自由实施暂时性限制，或者对公民、法人或者其他组织的财物实施暂时性控制的行为。

3. 行政强制执行，是指行政机关或者行政机关申请人民法院，对不履行行政决定的公民、法人或者其他组织，依法强制履行义务的行为。

（二）行政强制的特征

1. 行政性，即行政强制发生在行政管理领域中，为了实现行政管理目的，主要由行政机关依照行政程序作出的行政行为。它区别于刑事强制和诉讼强制。

2. 服从性，即行政强制是典型的行政机关单方行为，当事人必须服从决定，没有自由选择的余地。它区别于行政合同、行政指导、行政许可、行政给付等非强制性具体行政行为。

3. 物理性，即行政强制是直接作用于当事人的人身、财产等权利，具有限制人身和改变财产物理状态效果的具体行政行为。它区别于行政处罚、责令停止建设等行政命令。

4. 依附性，即行政强制不是目的，它通常是为作出或者实现其他行政行为而服务。

二、行政强制的基本原则

（一）行政强制合法性原则

无论是行政强制的设定，还是行政强制的实施，都必须严格依照法定的权限、范围、条件和程序。

（二）行政强制适当原则

1. 行政强制适当原则，也称比例原则，是指行政机关在可以采用多种方式实现某一行政目的的情况下，应当采用对当事人损害最小的方式。

2. 适当原则的具体要求

(1)设定行政强制应当适当，要求设定行政强制时，应当保持谨慎的态度，在维护公共秩序和保护公民权利之间掌握平衡。此外，采取非强制手段可以达到行政管理目的的，不得设定行政强制。

(2)实施行政强制应当适当，要求在行政管理时，在选择执法方式和执法时机时，应当根据实际情况全面考虑，对行政强制应当持慎重态度，不得动辄采取行政强制。

（三）教育与强制相结合的原则

1. 实施行政强制不能片面强调行政强制，而应当坚持教育与强制相结合。

2. 行政机关在实施行政强制时，要坚持教育在前，强制在后。首先要教育，教育能达到行政管理目的的，不再实施强制，只有经教育仍无效果或者情况紧急的，才实施行政强制。

（四）不得谋取私利原则

1. 行政机关及其工作人员不得利用行政强制权为单位或者个人谋取利益。

2. 不得谋取私利原则在本法中的主要体现：

(1)不得使用被查封、扣押的财产；

(2)不得收取保管费；

(3)收支两条线；

(4)合理确定代履行费用。

（五）程序正当原则

程序正当原则主要体现在被实施行政强制的当事人享有以下几种权利：

(1)陈述权、申辩权；

(2)有权申请行政复议和提起行政诉讼；

(3)有权申请行政赔偿；

(4)有权申请司法赔偿。

三、行政强制的种类和设定

（一）行政强制的种类

1. 行政强制措施的种类：(1)限制公民人身自由；(2)查封场所、设施或者财物；(3)扣押财物；(4)冻结存款、汇款；(5)其他行政强制措施。

2. 行政强制执行的方式：(1)加处罚款或者滞纳

金;(2)划拨存款、汇款;(3)拍卖或者依法处理查封、扣押的场所、设施或者财物;(4)排除妨碍、恢复原状;(5)代履行;(6)其他强制执行方式。

(二)行政强制的设定

1. 行政强制措施的设定

(1)行政强制措施由法律设定。

(2)尚未制定法律,且属于国务院行政管理职权事项的,行政法规可以设定除限制公民人身自由、冻结存款汇款和应当由法律规定的行政强制措施以外的其他行政强制措施。

(3)尚未制定法律、行政法规,且属于地方性事务的,地方性法规可以设定查封场所、设施或者财物以及扣押财物的行政强制措施。

(4)法律、法规以外的其他规范性文件不得设定行政强制措施。此外,法律对行政强制措施的对象、条件、种类作了规定的,行政法规、地方性法规不得作出扩大规定。

2. 行政强制执行的设定

行政强制执行由法律设定。法律没有规定行政机关强制执行的,作出行政决定的行政机关应当申请人民法院强制执行。

3. 设定行政强制,法律、法规草案的起草单位应当采取听证会、论证会等形式充分听取社会各方面的意见。

4. 行政强制的设定机关和实施机关应当定期对行政强制的设定和实施情况进行评价。

四、行政强制措施实施程序

(一)一般规定

1. 实施行政强制措施须符合法定条件

(1)实施行政强制措施的一般条件:

①在履行行政管理职责过程中实施。

②必须符合法律、法规规定的可以实施行政强制措施的情形。

③必须有法律、法规的明确授权。

④实施主体必须是行政机关,不能委托其他个人或组织。

(2)对于违法行为情节显著轻微或者没有明显社会危害的,可以不采取行政强制措施。

2. 行政强制措施的实施主体

(1)行政强制措施由法律、法规规定的行政机关在职权范围内实施,但法律、行政法规授权的具有管理公共事务职能的组织在法定授权范围内,可以实施行政强制。行政强制措施权不得委托,但行政处罚可以委托。

(2)综合执法:依据《行政处罚法》的规定行使相对集中行政处罚权的行政机关,可以实施法律、法规规定的与行政处罚权有关的行政强制措施,解决集中执法问题。

(3)行政强制措施应当由行政机关具备资格的行政执法人员实施,其他人员不得实施。

3. 实施行政强制措施一般程序

(1)实施前须向行政机关负责人报告并经批准;

(2)由2名以上行政执法人员实施;

(3)出示执法身份证件;

(4)通知当事人到场;

(5)当场告知当事人采取行政强制措施的理由、依据以及当事人依法享有的权利、救济途径;

(6)听取当事人的陈述和申辩;

(7)制作现场笔录;

(8)现场笔录由当事人和行政执法人员签名或者盖章,当事人拒绝的,在笔录中予以注明;

(9)当事人不到场的,邀请见证人到场,由见证人和行政执法人员在现场笔录上签名或者盖章;

(10)如情况紧急,需要当场实施行政强制措施的,行政执法人员应当在24小时内向行政机关负责人报告并补办批准手续。

(二)实施限制公民人身自由的行政强制措施

1. 除应当履行上述一般程序外,还应当遵守下列规定:

(1)当场告知或者实施行政强制措施后立即通知当事人家属实施行政强制措施的行政机关、地点和期限;

(2)在紧急情况下当场实施行政强制措施的,在返回行政机关后,立即向行政机关负责人报告并补办批准手续。

2. 实施限制人身自由的行政强制措施不得超过法定期限。实施行政强制措施的目的已经达到或者条件已经消失,应当立即解除。

(三)查封、扣押

1. 查封、扣押主体

查封、扣押的实施主体必须是法律、行政法规、地方性法规规定的行政机关和法律、行政法规授权的具有管理公共事务职能的组织,其他任何组织和个人都不得作为实施主体。

2. 查封、扣押对象

(1)查封、扣押的对象仅限于:

①涉案的场所;②涉案的设施;③涉案的财物。

(2)三个"不得查封、扣押"对象:

①不得查封、扣押与违法行为无关的场所、设施或者财物。

②不得查封、扣押公民个人及其所扶养家属的生活必需品。

③不得重复查封已被其他国家机关依法查封的场所、设施或者财物。

3. 查封、扣押程序

(1)实施查封、扣押除需要履行《行政强制法》第18条规定的一般程序外,还需要履行制作并当场交付查封、扣押决定书和清单的程序。

(2)查封、扣押的期限不得超过30日;情况复杂的,经行政机关负责人批准,可以延长不超过30日。延长查封、扣押的决定应当及时书面告知当事人,并说明理由。

(3)对物品需要进行检测、检验、检疫或者技术鉴定的,查封、扣押的期间不包括检测、检验、检疫或者技术鉴定的期间。检测、检验、检疫或者技术鉴定的费用由行政机关承担。

(4)行政机关应当对查封、扣押的场所、设施或者财物应当妥善保管,因查封、扣押发生的保管费用由行政机关承担。

(5)行政机关采取查封、扣押措施后,应当尽快查清事实,在法定期限内及时对查封、扣押的财物作出处理决定。对违法事实清楚,依法应当没收的非法财物予以没收;法律、行政法规规定应当销毁的,依法销毁;应当解除查封、扣押的,作出解除查封、扣押的决定。

(6)应当及时作出解除查封、扣押决定的主要有五种情形:

①当事人没有违法行为。

②查封、扣押的场所、设施或者财物与违法行为无关。

③行政机关对违法行为已经作出处理决定,不再需要查封、扣押。

④查封、扣押期限已经届满。

⑤其他不再需要采取查封、扣押措施的情形。

解除查封、扣押的,应当立即退还财物。对已经拍卖或者变卖的财物,行政机关应当退还拍卖或者变卖所得款项。

(四)冻结

1. 冻结的实施主体

只有法律明确规定有冻结权的行政机关和法律授权的具有管理公共事务职能的组织才能作为实施主体,且行政机关和法律授权的组织不能委托其他行政机关或者组织实施冻结措施。

2. 实施冻结的相关要求

(1)冻结存款、汇款的数额应当与违法行为涉及的金额相当。

(2)已被其他国家机关冻结的存款、汇款,行政机关不得再次冻结。

3. 实施冻结的一般程序

(1)行政机关实施冻结应当履行以下程序:

①实施前须向行政机关负责人报批;

②由2名以上行政执法人员实施;

③出示执法身份证件;

④制作现场笔录;

⑤应当向金融机构交付冻结通知书,因为实施冻结需要金融机构予以协助配合。

(2)金融机构接到行政机关依法作出的冻结通知书后,应当立即予以冻结,不得拖延,不得在冻结前向当事人泄露信息。

(3)自冻结存款、汇款之日起30日内,行政机关应当作出处理决定;情况复杂的,经行政机关负责人批准,可以延长不超过30日。延长冻结的决定应当及时书面告知当事人,并说明理由。

(4)行政机关应当及时作出解除冻结决定的五种情形:

①当事人没有违法行为;

②冻结的存款、汇款与违法行为无关;

③行政机关对违法行为已经作出处理决定,不再需要冻结;

④冻结期限已经届满;

⑤其他不再需要采取冻结措施的情形。

行政机关作出解除冻结决定的,应当及时通知金融机构和当事人。金融机构接到通知后,应当立即解除冻结。行政机关逾期未作出处理决定或者解除冻结决定的,金融机构应当自冻结期满之日起解除冻结。

五、行政机关强制执行程序

(一)一般规定

1. 行政机关强制执行条件

行政机关作出行政决定后,当事人应当在行政决定的法定期限内履行义务,否则,行政机关将有权依照法定程序实施强制执行。

2. 行政强制执行的催告制度

(1)催告当事人履行义务是强制执行决定的前置程序,体现了教育与强制相结合的原则。行政机关的催告必须以书面形式作出。

(2)催告应当在行政机关依法作出行政决定后，作出强制执行决定前发出。其内容应当包括：

①履行义务的期限；

②履行义务的方式；

③涉及金钱给付的，应当有明确的金额和给付方式；

④当事人依法享有的陈述权和申辩权。

(3)当事人收到催告书后有权进行陈述和申辩。行政机关应当听取当事人的意见。

(4)经催告，当事人逾期仍不履行行政决定且无正当理由的，行政机关可以作出强制性决定。强制执行决定必须以书面形式作出，主要包含以下内容：

①当事人的姓名或者名称、地址；

②强制执行的理由和依据；

③强制执行的方式和时间；

④申请行政复议或者提起行政诉讼的途径和期限；

⑤行政机关的名称、印章和日期。

(5)催告期间，对有证据证明当事人有转移或者隐匿财物迹象的，行政机关可以作出立即强制执行决定。

(6)催告书、行政强制执行决定书应当直接送达当事人。当事人拒绝接收或者无法直接送达当事人的，应当依照《民事诉讼法》的有关规定送达。

3. 中止执行

(1)中止执行是指强制执行程序开始后，由于出现致使强制执行无法进行下去的特殊情况，行政机关暂时停止强制执行程序，待该情况消除后，继续执行。

(2)中止执行的法定情形主要有四种：

①当事人履行行政决定确有困难或者暂无履行能力的；

②第三人对执行标的主张权利，确有理由的；

③执行可能造成难以弥补的损失，且中止执行不损害公共利益的；

④行政机关认为需要中止执行的其他情形。

(3)中止执行的情形消失后，行政机关应当恢复执行。对没有明显社会危害，当事人确实没有能力履行的，中止执行满3年仍未恢复执行的，行政机关不再执行。

4. 终结执行

(1)终结执行是指在执行过程中，由于发生某种特殊情况，执行程序没有必要或不可能继续进行，从而结束执行程序。

(2)终止执行主要有五种法定情形：

①公民死亡，无遗产可供执行，又无义务承受人的；

②法人或者其他组织终止，无财产可供执行，又无义务承受人的；

③执行标的灭失的；

④据以执行的行政决定被撤销的；

⑤行政机关认为需要终结执行的其他情形。

5. 执行回转制度

在执行中或者执行完毕后，据以执行的行政决定被撤销、变更，或者执行错误的，应当恢复原状或者退还财物；不能恢复原状或者退还财物的，依法给予赔偿。

6. 执行和解制度

实施行政强制执行，行政机关可以在不损害公共利益和他人合法权益的情况下，与当事人达成执行协议。执行协议可以约定分阶段履行；当事人采取补救措施的，可以减免加处的罚款或者滞纳金。执行协议应当履行。当事人不履行执行协议的，行政机关应当恢复强制执行。

7. 行政强制执行应当做到文明执法

(1)行政机关实施行政强制执行，不得在夜间或者法定节假日实施，但是情况紧急的除外。

(2)行政机关不得对居民生活采取停止供水、供电、供热、供燃气等方式迫使当事人履行相关行政决定。

8. 强制拆除

(1)强制拆除的对象包括：

①违法建筑物；②违法构筑物；③违法设施。

(2)实施强制拆除除了应当遵循行政强制执行的一般程序规定外，在实施强制拆除前还应当进行公告。

(3)还要满足当事人在法定期限内既不申请行政复议又不提起行政诉讼的条件。

(二)金钱给付义务执行

1. 加处罚款和滞纳金

(1)加处罚款和滞纳金属于执行罚，是间接强制执行的一种形式。

(2)当事人逾期不履行金钱支付义务(包括：①拖欠税费；②拖欠罚款)的行政决定，行政机关可以依法加处罚款或者滞纳金。

(3)加处罚款或者滞纳金的标准应当告知当事人，且加处罚款或者滞纳金的数额不得超出金钱给付义务的数额。

2. 实施加处罚款或者滞纳金超过30日，经催告当事人仍不履行的，具有行政强制执行权的行政机关可以强制执行。没有行政强制执行权的行政机关应当申请人民法院强制执行。

3. 当事人在法定期限内不申请行政复议或者提起行政诉讼，经催告仍不履行的，在实施行政管理过程中已经采取查封、扣押措施的行政机关，可以将查封、扣押的财物依法拍卖抵缴罚款。

4. 划拨存款、汇款

(1)划拨存款、汇款。属于直接强制方式，应当由法律规定的行政机关决定，并书面通知金融机构。金融机构接到行政机关依法作出划拨存款、汇款的决定后，应当立即划拨。

(2)划拨存款、汇款及拍卖和依法处理所得的款项应当上缴国库或者划入财政专户。

(三)代履行

1. 代履行的含义

代履行是指当事人拒绝履行或者没有能力履行义务时，行政机关决定由他人代替当事人履行义务，履行费用由当事人承担的强制执行方式。代履行是与执行罚、直接强制执行并列的一种行政强制执行方式，它不是当事人委托第三人履行，也不是代执行，不属于行政机关直接强制执行。

2. 代履行的适用条件

(1)行政机关依法作出行政决定，要求当事人履行排除妨碍、恢复原状等义务；

(2)当事人对排除妨碍、恢复原状等义务逾期不履行，且经催告仍不履行；

(3)不履行的后果必须是已经或者即将导致以下危害结果之一：

①危害交通安全；②造成环境污染；③破坏自然资源。

3. 代履行的实施主体

(1)作出行政决定的机关，这些行政机关通常没有行政强制执行权。

(2)委托没有利害关系的第三人。

4. 代履行的实施程序

(1)作出代履行决定书并送达；

(2)代履行3日前催告当事人履行；

(3)代履行时，作出决定的行政机关应当派员到场监督；

(4)代履行完毕，相关责任主体应当在执行文书上签名或者盖章，确认代履行的结果。

5. 代履行收费。代履行的收费应当按照成本合理确定，并且原则上由当事人承担，法律另有规定除外。

6. 代履行实施手段。由于《行政强制法》明确规定代履行性质不是代执行，因此行政机关和受委托组织不得以暴力、胁迫以及其他非法手段实施代履行。

7. 立即代履行。需要立即清除道路、河道、航道或者公共场所的遗洒物、障碍物或者污染物，当事人不能清除的，行政机关可以决定立即实施代履行；当事人不在场的，行政机关应当在事后立即通知当事人，并依法作出处理。

六、申请人民法院强制执行

(一)申请强制执行的条件和期限

1. 行政机关申请人民法院强制执行的条件：当事人(义务人)在法定期限内不申请行政复议或者提起行政诉讼，又不履行行政决定。需要注意的是，行政机关作为申请人，需要向人民法院提供当事人不履行行政决定的相关证据。

2. 行政机关申请人民法院强制执行的期限：当事人行使行政救济的法定期限届满之日起3个月内，可以申请人民法院强制执行。

(二)申请强制执行的主体

申请人民法院强制执行的必须是没有行政强制执行权的行政机关，原则上，已经具有行政强制执行权的行政机关不能申请人民法院强制执行。

(三)申请强制执行的程序

1. 催告程序。行政机关申请人民法院强制执行前，应当催告当事人履行义务。催告履行的期限为送达当事人10日内。

2. 执行管辖。催告书送达10日后当事人仍未履行义务的，行政机关可以向所在地有管辖权的人民法院申请强制执行。执行对象是不动产的，向不动产所在地有管辖权的人民法院申请强制执行。

3. 申请材料。行政机关向人民法院申请强制执行，应当提供下列材料：

(1)强制执行申请书；

(2)行政决定书及作出决定的事实、理由和依据；

(3)当事人的意见及行政机关催告情况；

(4)申请强制执行标的情况；

(5)法律、行政法规规定的其他材料。

强制执行申请书应当由行政机关负责人签名，加盖行政机关的印章，并注明日期。

4. 申请强制执行的受理

(1)人民法院接到行政机关强制执行的申请，应当在5日内受理。

（2）行政机关对人民法院不予受理的裁定有异议的，可以在15日内向上一级人民法院申请复议，上一级人民法院应当自收到复议申请之日起15日内作出是否受理的裁定。

5. 人民法院审查

（1）书面审查。人民法院对行政机关的强制执行申请一般只进行书面审查，对符合《行政强制法》规定，且行政决定具备法定执行效力的，人民法院应当自受理之日起7日内作出执行裁定。

（2）实质审查。人民法院在书面审查的过程中，如果发现具有特定情形的，在作出裁定以前可以进行实质审查，即听取被执行人和行政机关的意见。人民法院需要进行实质审查的，应当自受理行政机关强制执行申请之日起30日内作出是否执行的裁定。实质审查主要包括以下三种情形：

①明显缺乏事实根据的；

②明显缺乏法律、法规依据的；

③其他明显违法并损害被执行人合法权益的。

6. 申请立即执行

因情况紧急，为保障公共安全，行政机关可以申请人民法院立即执行。经人民法院院长批准，人民法院应当自作出执行裁定之日起5日内执行。

7. 执行费用

（1）行政机关申请人民法院强制执行，是不需要缴纳申请费用的，因为行政机关申请人民法院强制执行是出于社会管理及公益的目的，即使缴纳申请费也是由财政负担，确实没有必要。

（2）如果人民法院在强制执行中产生费用，则这些费用需要由被执行人承担。

（3）对人民法院以划拨、拍卖方式强制执行的，可以在划拨、拍卖后将强制执行的费用扣除。

七、强制执行法律责任

（一）违法实施行政强制责任

1. 行政机关违法实施行政强制主要有以下六种情形：

（1）没有法律、法规依据；

（2）改变行政强制对象、条件、方式；

（3）违反法定程序实施行政强制；

（4）违反本法规定，在夜间或者法定节假日实施行政强制执行；

（5）对居民生活采取停止供水、供电、供热、供燃气等方式迫使当事人履行相关行政决定；

（6）有其他违法实施行政强制情形的。

2. 行政机关“违法”实施行政强制，除了由上级行政机关或有关部门责令改正外，对直接负责的主管人员和其他直接责任人员还要给予行政处分。

（二）违法查封、扣押、冻结责任

1. 行政机关违法查封、扣押、冻结主要包括以下几种情形：

（1）扩大查封、扣押、冻结范围；

（2）使用或者损毁查封、扣押场所、设施或者财物；

（3）在查封、扣押法定期间不作出处理决定或者未依法及时解除查封、扣押的；

（4）在冻结存款、汇款法定期间不作出处理决定或者未依法及时解除冻结的。

2. 行政机关“违法”查封、扣押、冻结，除了由上级行政机关或有关部门责令改正外，对直接负责的主管人员和其他直接责任人员还要给予行政处分。

（三）截留、私分查封、扣押财物或款项责任

1. 行政机关截留、私分或者变相私分查封、扣押的财物或者划拨的存款、汇款以及拍卖和依法处理所得的款项的，除了由财政部门或者有关部门予以追缴外，对直接负责的主管人员和其他直接责任人员还要依法给予记大过、降级、撤职或者开除的处分。

2. 行政机关工作人员利用职务上的便利，将查封、扣押的场所、设施或者财物据为己有的，除了由上级行政机关或者有关部门责令改正外，还要依法给予记大过、降级、撤职或者开除的处分。

（四）利用行政强制权谋利责任

行政机关及其工作人员不得利用行政强制权为单位或者个人谋取利益，违反规定的，除了由上级行政机关或者有关部门责令改正，还要对直接负责的主管人员和其他直接责任人员依法给予处分。

（五）违法冻结、划拨责任

1. 金融机构常见违法冻结、划拨的行为有以下4种：

（1）在冻结前向当事人泄露信息；

（2）对应当立即冻结、划拨的存款、汇款不冻结或者不划拨，致使存款、汇款转移；

（3）将不应当冻结、划拨的存款、汇款予以冻结或者划拨；

（4）未及时解除冻结存款、汇款。

2. 金融机构违法冻结、划拨的，由金融业监督管理机构责令改正，对直接负责的主管人员和其他直接责任人员依法给予处分。

（六）执行款项未划入规定账户责任

1. 金融机构违反《行政强制法》规定，将款项划

入国库或者财政专户以外的其他账户的，除了由金融业监督管理机构责令其改正，并处以违法划拨款项2倍的罚款以外，还要对直接负责的主管人员和其他直接责任人员依法给予处分。

2. 行政机关、人民法院违反《行政强制法》规定，指令金融机构将款项划入国库或者财政专户以外的其他账户的，需要由相关部门或机构对直接负责的主管人员和其他直接责任人员依法给予处分。

（七）法院及其工作人员违法强制执行责任

人民法院及其工作人员在强制执行中有违法行为或者扩大强制执行范围的，对直接负责的主管人员和其他直接责任人员依法给予处分。

（八）国家赔偿及刑事责任

行政机关、人民法院、金融机构及其工作人员违反《行政强制法》规定，给公民、法人或者其他组织造成损失的，应当依法给予赔偿，具体包括行政赔偿和司法赔偿。构成犯罪的，依法追究刑事责任。

第二节　行政强制法重点法条解读及真题回顾

中华人民共和国行政强制法

（2011 年 6 月 30 日第十一届全国人民代表大会常务委员会第二十一次会议通过　2011 年 6 月 30 日中华人民共和国主席令第 49 号公布　自 2012 年 1 月 1 日起施行）

第一章　总　　则

⊙立法目的

第一条　为了规范行政强制的设定和实施，保障和监督行政机关依法履行职责，维护公共利益和社会秩序，保护公民、法人和其他组织的合法权益，根据宪法，制定本法。

●**考点点拨**

1.《行政强制法》是行政法领域中的一部重要法律，与《行政处罚法》《行政许可法》并称为行政程序立法"三部曲"。行政强制涉及的主要是"官民"关系，只有官民和谐才能保障和促进社会稳定和谐。

2.《行政强制法》围绕行政权和当事人权利基本关系，其立法目的在于：

（1）规范行政强制的设定和实施；

（2）保障和监督行政机关依法履行职责；

（3）维护公共利益和社会秩序；

（4）保护公民、法人和其他组织的合法权益。

3.《行政强制法》立法原旨主要是通过平衡公共利益和个人权益，使行政强制权能在法制轨道上平稳运行、解决行政强制执法实践中"乱"、"滥"和"软"的问题，促进官民和谐、社会和谐。

（1）行政强制设定"乱"的问题在以往执法实践中主要表现为：设定主体过多、设定权限太乱、设定的行政强制名称太多。

（2）行政强制实施"滥"的问题在以往执法实践中主要表现为：有权实施行政强制的主体太多、对行政强制概念的理解混乱、实施程序缺乏统一规范、滥用行政强制权。

（3）行政强制实施"软"的问题以往执法实践中主要表现为：行政决定落实不到位、没有及时依法实施行政强制权，行政强制执行困难，存在执行效率不高、执行程序不规范、执行期限过长、执行费用过高等情形。

4. 本法的立法依据是《宪法》，宪法是我国的根本大法，其他一切法律法规的制定都应当以《宪法》为依据，遵循《宪法》的根本原则和各项规定。

★**行政强制定义**

第二条　本法所称行政强制，包括行政强制措施和行政强制执行。

行政强制措施，是指行政机关在行政管理过程中，为制止违法行为、防止证据损毁、避免危害发生、控制危险扩大等情形，依法对公民的人身自由实施暂时性限制，或者对公民、法人或者其他组织的财物实施暂时性控制的行为。

行政强制执行，是指行政机关或者行政机关申请人民法院，对不履行行政决定的公民、法人或者其他组织，依法强制履行义务的行为。

●**考点点拨**

1. 本法将行政强制确定为一个法律概念，并且明确规定行政强制包括：

（1）行政强制措施；

（2）行政强制执行。

2. 行政强制具有四个特点：

（1）行政性，即行政强制发生在行政管理领域中，为了实现行政管理目的，主要由行政机关依照行政程序作出的行政行为。它区别于刑事强制和诉讼强制。

（2）服从性，即行政强制是典型的行政机关单方行为，当事人必须服从决定，没有自由选择的余地。它区别于行政合同、行政指导、行政许可、行政给付等非强制性具体行政行为。

（3）物理性，即行政强制是直接作用于当事人的人身、财产等权利，具有限制人身和改变财产物理状态效果的具体行政行为。它区别于行政处罚、责令停止建设等行政命令。

(4)依附性,即行政强制不是目的,它通常是为了服务于作出或者实现其他行政行为。

3. 行政强制措施主要适用于行政管理过程中的四种情形:(1)制止违法行为;(2)防止证据损毁;(3)避免危害发生;(4)控制危险扩大。

4. 行政强制措施实施的对象包括两类:(1)人身自由;(2)财物。

5. 要准确理解行政强制措施:

(1)行政强制措施属于具体行政行为,并非物理意义上的手段和方法。

(2)行政强制措施属于暂时性控制措施,不是对当事人从人身、财产权利的最终处分。

(3)行政强制措施是为了便于行政决定的作出或者行政目的的实现,不能作为制裁手段。

6. 要准确理解行政强制执行:

(1)行政强制执行的前提是必须存在一个生效的行政决定,它是执行行政决定的行为。

(2)行政强制执行的效果是对当事人人身、财产权利的剥夺,但这种处分来自于作为执行基础的原行政决定。

(3)行政强制执行包括两种形式:①行政机关自行强制执行;②申请人民法院强制执行。

(4)行政强制执行的具体方式包括三类:①执行罚;②代履行;③直接强制执行。

☆ **真题回顾**

(2017 年单选)行政强制执行,是指行政机关或者行政机关申请人民法院,对不履行(　　)的公民、法人或者其他组织,依法强制履行义务的行为。

A. 行政合同

B. 行政许可

C. 行政复议

D. 行政决定

【解析】答案为 D。根据《行政强制法》第 2 条第 3 款的规定,D 项正确。

★ **适用范围**

第三条　行政强制的设定和实施,适用本法。

发生或者即将发生自然灾害、事故灾难、公共卫生事件或者社会安全事件等突发事件,行政机关采取应急措施或者临时措施,依照有关法律、行政法规的规定执行。

行政机关采取金融业审慎监管措施、进出境货物强制性技术监控措施,依照有关法律、行政法规的规定执行。

● **考点点拨**

1. 原则上,所有行政强制的设定和实施都适用本法规定。本法主要明确法律、行政法规、地方性法规各自的设定权,加强行政强制实施程序制度建设,规范实施主体和强制方式。

2. 本条还规定了优先适用其他法律、行政法规的规定,主要有三方面内容:

(1)发生突发事件,行政机关采取应急措施或者临时措施的,主要适用《突发事件应对法》;

(2)行政机关采取金融业审慎监管措施的,主要适用《银行业监督管理法》《证券法》《保险法》等法律;

(3)行政机关采取进出境货物强制性技术监控措施的,主要适用《海关法》《国境卫生检疫法》等法律。

☆ **真题回顾**

(2018 年单选)下列说法错误的是(　　)。

A.《行政强制法》于第十一届全国人民代表大会常务委员会第二十一次会议通过

B. 行政强制措施的实施程序不是《行政强制法》需规范的主要问题

C.《行政强制法》贯彻了教育与强制相结合的原则

D. 在保护公民权利和保证行政效率之间的矛盾难以调和时,应运用非强制优先、最小伤害性等法律原则加以处理

【解析】答案为 B。第十一届全国人民代表大会常务委员会第二十一次会议上通过《行政强制法》,A 项正确。根据《行政强制法》第 3 条第 1 款的规定,B 项错误。根据第 6 条的规定,C 项正确。根据第 5 条的规定,行政强制具有适当性和非必要性,能够不采取行政强制的,尽量在伤害最小化下不采取,D 项正确。

⊙依法原则

第四条　行政强制的设定和实施,应当依照法定的权限、范围、条件和程序。

● **考点点拨**

无论是行政强制的设定,还是行政强制的实施,都必须严格依照法定的权限、范围、条件和程序。这体现了行政强制的合法性原则。

(1)法定的权限,是指有权设定行政强制的只有法律和法规,有权设定行政强制的机关应当严格相关法律设定;只有法律、法规授权的行政机关和具有管理公共事务职能的组织才有权实施行政强制。

(2)法定的范围,是指设定行政强制必须是在法律、法规规定的范围,不能随意扩大;行政机关实施行政强制只能在法定职权范围内实施,不得超越本机关的职权范围,也不得实施其他行政机关的行政强制权。

(3)法定的条件,是指设定行政强制应当符合法律规定的条件;实施行政强制必须按照法律规定的具体实施条件进行,不得随意实施。

(4)法定的程序,是指设定行政强制应当按照有关法律、法规的立法程序进行;实施行政强制应当严格遵守法定程序。

★适当原则

第五条　行政强制的设定和实施,应当适当。采用非强制手段可以达到行政管理目的的,不得设定和实施行政强制。

●考点点拨

1. 行政权的行使既要合法,也要合理、适当,行使行政强制权也毫不例外。适当原则,也称比例原则,是指行政机关在可以采用多种方式实现某一行政目的的情况下,应当采用对当事人损害最小的方式。

2. 设定行政强制应当适当,要求设定行政强制时,应当保持谨慎的态度,在维护公共秩序和保护公民权利之间掌握平衡。此外,采取非强制手段可以达到行政管理目的的,不得设定行政强制。

3. 实施行政强制应当适当,要求在行政管理时,在选择执法方式和执法时机时,应当根据实际情况全面考虑,对行政强制应当持慎重态度,不得动辄采取行政强制。具体体现为:

(1)情节轻微的,能不实施就不实施。

(2)查封、扣押、冻结的财物价值应当适当。

(3)行政机关在依法强制执行时,所选择的强制手段应当适当。

此外,采取非强制手段可以达到行政管理目的的,不得实施行政强制。

☆真题回顾

(2018年判断)采用非强制手段可以达到行政管理目的的,不得设定和实施行政强制。(　　)

【解析】根据《行政强制法》第5条的规定,本题说法正确。

⊙教育与强制相结合原则

第六条　实施行政强制,应当坚持教育与强制相结合。

●考点点拨

1. 实施行政强制不能片面强调行政强制,而应当坚持教育与强制相结合。

2. 行政机关在实施行政强制时,要坚持教育在前,强制在后。首先要教育,教育能达到行政管理目的的,不再实施强制,只有经教育仍无效果或者情况紧急的,才实施行政强制。

★不得谋取私利原则

第七条　行政机关及其工作人员不得利用行政强制权为单位或者个人谋取利益。

●考点点拨

本法明确规定了不得利用行政强制权谋取利益原则,该原则在本法中主要体现为:

(1)不得使用被查封、扣押的财产;

(2)不得收取保管费;

(3)收支两条线;

(4)合理确定代履行费用。

☆真题回顾

(2018年单选)《行政强制法》明确规定,行政机关及其工作人员不得利用(　　)为单位或者个人谋取利益。

A. 行政执行权

B. 行政强制权

C. 行政强制措施

D. 司法强制权

【解析】答案为B。根据《行政强制法》第7条的规定,B项正确。

★程序保障原则

第八条　公民、法人或者其他组织对行政机关实施行政强制,享有陈述权、申辩权;有权依法申请行政复议或者提起行政诉讼;因行政机关违法实施行政强制受到损害的,有权依法要求赔偿。

公民、法人或者其他组织因人民法院在强制执行中有违法行为或者扩大强制执行范围受到损害的,有权依法要求赔偿。

●考点点拨

本条主要体现了程序正当原则,明确了当事人的基本程序权利和救济权利。被实施行政强制的当事人享有以下几种权利:

(1)陈述权、申辩权；

(2)有权申请行政复议和提起行政诉讼；

(3)有权申请行政赔偿；

(4)有权申请司法赔偿。

☆**真题回顾**

(2018年多选)公民、法人或者其他组织对行政机关实施行政强制，享有(　　)。

A. 陈述权

B. 申辩权

C. 申请行政复议的权利

D. 提起行政诉讼的权利

E. 要求赔偿的权利

【**解析**】答案为ABCDE。根据《行政强制法》第8条的规定，上述五个选项均正确。

第二章　行政强制的种类和设定

★**行政强制措施种类**

第九条　行政强制措施的种类：

(一)限制公民人身自由；

(二)查封场所、设施或者财物；

(三)扣押财物；

(四)冻结存款、汇款；

(五)其他行政强制措施。

●**考点点拨**

1. 我国现行法律、法规规定的行政强制措施种类繁多，名称不一。为了保护公民、法人和其他组织的合法权益，需要法律予以规范。本条归纳列举了最常见的涉及人身权、财产权的四类行政强制措施。

2. 人身自由是《宪法》保障公民的基本权利，只有法律才能设定限制人身自由的行政强制措施。

(1)目前设定限制公民人身自由的法律主要有：《人民警察法》《治安管理处罚法》《道路交通安全法》《海关法》《出境入境管理法》《集会游行示威法》等；

(2)实施主体主要是公安机关，限制公民人身自由强制措施主要有：继续盘问、强制传唤、扣留、拘留审查、扣押、人身及行李物品检查、强制检测、强制隔离、强行带离现场、强行驱散、驱逐等。

3. 查封，是指行政机关限制当事人对其财产的使用和处分的强制措施。主要是对房屋等不动产或者其他不便移动的财产，一般以加贴封条的方式限制当事人对财产的移动或者使用。比如，某县公安机关查封某镇中心涉嫌卖淫嫖娼的娱乐场所。

4. 扣押财物，是指行政机关解除当事人对其财物的占有，并限制其处分的强制措施。注意与查封的区别：

(1)扣押主要是针对可移动的财产，而查封是不动产或者不便移动的财产；

(2)扣押的财产须由行政机关保管，而查封的财物由于不易移动，不适合由行政机关保管，一般采取贴封条形式查封。除了使用“扣押”外，法律、法规规定中还经常使用“暂扣”“扣留”等手段，比如，《海关法》第6条规定：“海关可以行使下列权力：(一)检查进出境运输工具，查验进出境货物、物品；对违反本法或其他有关法律、行政法规的，可以扣留……”

5. 冻结主要是限制金融资产流动的强制措施，包括：

(1)冻结存款；

(2)冻结汇款；

(3)冻结股票等有价证券。

根据《商业银行法》的有关规定，冻结存款、汇款，只有法律才能规定，且只在确有必要的情况下才作出规定。

6. 除了列举最常见的四类行政强制措施外，本条还规定了一个兜底性的规定，因为行政强制措施太多，难以完全列举。如《行政处罚法》规定的“登记保存”；又如《动物防疫法》规定的发生动物疫病时对易感染动物和动物产品采取“隔离”“扑杀”“销毁”等措施。

◆**关联法条**

《中华人民共和国行政处罚法》

第三十七条第二款　行政机关在收集证据时，可以采取抽样取证的方法；在证据可能灭失或者以后难以取得的情况下，经行政机关负责人批准，可以先行登记保存，并应当在七日内及时作出处理决定，在此期间，当事人或者有关人员不得销毁或者转移证据。

☆**真题回顾**

(2018年单选)下列不属于行政强制措施的是(　　)。

A. 限制人身自由　　B. 查封

C. 管制　　D. 扣押

【**解析**】答案为C。根据《行政强制法》第9条的规定，A项、B项、D项均属于行政强制措施。管制为《刑法》所规定的刑罚，不是行政强制措施，故选C项。

★**行政强制措施设定权**

第十条　行政强制措施由法律设定。

尚未制定法律，且属于国务院行政管理职权事项的，行政法规可以设定除本法第九条第一项、第四项和应当由法律规定的行政强制措施以外的其他行政强制措施。

尚未制定法律、行政法规，且属于地方性事务的，地方性法规可以设定本法第九条第二项、第三项的行政强制措施。

法律、法规以外的其他规范性文件不得设定行政强制措施。

●**考点点拨**

1. 行政强制措施由法律设定，意味着法律可以设定各种行政强制措施，当然设定也需要受到一定制约，不能恣意。需要注意的是，这里的“法律”是指狭义的法律，仅指全国人民代表大会及其常务委员会制定的规范性文件。

2. 行政法规是国务院制定的规范性文件，其效力仅次于宪法和法律，故《行政强制法》授权行政法规部分行政强制措施设定权，但有两个限制条件：

（1）尚未制定法律，且属于国务院行政管理职权范围的事项的。

（2）不得设定限制人身自由、冻结存款、汇款和其他应当由法律规定的行政强制措施。限制人身自由的强制措施和冻结存款、汇款属于法律保留的事项。《立法法》第9条和《商业银行法》第29条、第30条分别对限制人身自由的强制措施和冻结存款、汇款作了规定，同时对其他规范性文件设定限制人身自由的强制措施和冻结存款、汇款作了限制。

3. 地方性法规是由有立法权的地方人大及其常务委员会制定的规范性文件。包括：

（1）省、自治区、直辖市人大及其常务委员会制定的地方性法规；

（2）较大的市的人大及其常务委员会制定的地方性法规。

《地方性法规》的效力仅次于宪法、法律和行政法规，故《行政强制法》授权地方性法规有权设立部分行政强制措施，但有两个限制条件：

①尚未制定法律、行政法规，且属于地方性事务。比如，城市养犬问题、燃放烟花爆竹问题等事务。

②仅限于设定查封、扣押的行政强制措施，不得设定其他行政强制措施。

4. 法律、法规以外的规范性文件不得设定行政强制措施，即除了法律有权设定，行政法规和地方性法规有部分行政强制措施设定权外，规章及规章以下的其他规范性文件无权设定行政强制措施。比如，公安部制定的部门规章，广东省人民政府、深圳市人民政府制定的地方规章，均不得设定行政强制措施。

◆**关联法条**

《中华人民共和国立法法》

第九条　本法第八条规定的事项尚未制定法律的，全国人民代表大会及其常务委员会有权作出决定，授权国务院可以根据实际需要，对其中的部分事项先制定行政法规，但是有关犯罪和刑罚、对公民政治权利的剥夺和限制人身自由的强制措施和处罚、司法制度等事项除外。

☆**真题回顾**

（2017年单选）尚未制定法律、行政法规，且属于地方性事务的，地方性法规可以设定（　　）的行政强制措施。

A. 限制公民人身自由

B. 查封场所、设施或者财物

C. 冻结存款

D. 冻结汇款

【解析】答案为B。根据《行政强制法》第10条第3款、第9条的规定，B项正确。行政强制措施的设定属于重要考点，考生应当着重掌握。

⊙行政强制措施设定要求

第十一条　法律对行政强制措施的对象、条件、种类作了规定的，行政法规、地方性法规不得作出扩大规定。

法律中未设定行政强制措施的，行政法规、地方性法规不得设定行政强制措施。但是，法律规定特定事项由行政法规规定具体管理措施的，行政法规可以设定除本法第九条第一项、第四项和应当由法律规定的行政强制措施以外的其他行政强制措施。

●**考点点拨**

1. 法律对行政强制措施已作了规定的，行政法规和地方性法规可以对行政强制措施的对象、条件、种类进一步细化明确，但不得扩大行政强制措施的对象，不得放宽采取行政强制措施的条件，也不得增加行政强制措施的种类。比如，《出境入境管理法》第60条第1款规定：“外国人有本法第五十九条第一款规定情形之一的，经当场盘问或者继续盘问后仍不能排除嫌疑，需要作进一步调查的，可以拘留审查。”

《外国人入境出境管理条例》可以对外国人采取拘留审查的条件作进一步细化（实际没有，仅做假设举例），但不得放宽适用条件（只有当外国人符合“三非”条件的才能适用），否则就扩大了行政强制措施的适用。

2.法律中尚未设定行政强制措施的，行政法规、地方性法规不得设定行政强制措施。但法律规定特定事项需由行政法规规定具体管理措施的，行政法规可以设定行政强制措施且只能设定除限制人身自由和冻结存款、汇款以及应当由法律规定的行政强制措施以外的其他行政强制措施。

3.考生需要注意的是，本法没有授权地方性法规在此种情况下可以设定行政强制措施。

◆关联法条

《中华人民共和国税收征收管理法》

第二十一条　税务机关是发票的主管机关，负责发票印制、领购、开具、取得、保管、缴销的管理和监督。

单位、个人在购销商品、提供或者接受经营服务以及从事其他经营活动中，应当按照规定开具、使用、取得发票。

发票的管理办法由国务院规定。

★行政强制执行方式

第十二条　行政强制执行的方式：

（一）加处罚款或者滞纳金；

（二）划拨存款、汇款；

（三）拍卖或者依法处理查封、扣押的场所、设施或者财物；

（四）排除妨碍、恢复原状；

（五）代履行；

（六）其他强制执行方式。

●考点点拨

1.行政强制执行制度主要包括两个部分：

(1)行政机关自己强制执行；

(2)申请人民法院强制执行。

本条所列举的五类常见执行方式为行政机关的强制执行方式。

2.加处罚款主要针对的是逾期不缴纳罚款的行为，《行政处罚法》第51条对到期不缴纳罚款的行为进行加处罚款作了详细规定。加处滞纳金主要针对的是逾期不缴纳税费的行为，具体由单行法律、行政法规和地方性法规规定。

3.划拨存款、汇款属直接强制执行方式，根据《商业银行法》相关规定，采取划拨存款、汇款方式执行，需要由法律明确授权。目前行政机关划拨存款的，只适用于税收和征收社会保险费等少数领域。

4.拍卖或者依法处理查封、扣押的场所、设施或者财物属于执行金钱给付义务采取的直接强制执行方式。比如，李某逾期3个月仍未缴纳关税的，海关可以依法将应税货物变卖后抵缴税款。

5.在行政管理中，公民、法人或者其他组织的行为侵害了公共财产，影响了行政管理秩序，也要承担排除妨碍、恢复原状的责任。比如，《道路交通安全法》第106条规定：“在道路两侧及隔离带上种植树木、其他植物或者设置广告牌、管线等，遮挡路灯、交通信号灯、交通标志，妨碍安全视距的，由公安机关交通管理部门责令行为人排除妨碍；拒不执行的，处二百元以上二千元以下罚款，并强制排除妨碍，所需费用由行为人负担。”

6.代履行是指当事人拒绝履行行政决定的义务时，由行政机关或者第三人代替当事人履行行政决定的义务，并向当事人收取执行费用的执行方式。比如，王某由于滥伐森林，被当地林业主管部门责令补种滥伐株数5倍的树木，并处滥伐林木价值3倍的罚款，但王某拒不补种树木，最后由林业主管部门代为补种，所需费用由王某支付。

◆关联法条

《中华人民共和国行政处罚法》

第五十一条　当事人逾期不履行行政处罚决定的，作出行政处罚决定的行政机关可以采取下列措施：

（一）到期不缴纳罚款的，每日按罚款数额的百分之三加处罚款；

（二）根据法律规定，将查封、扣押的财物拍卖或者将冻结的存款划拨抵缴罚款；

（三）申请人民法院强制执行。

☆真题回顾

（2017年单选）根据《行政强制法》相关规定，下列属于行政强制执行的方式是（　　）。

A.恢复原状　　B.赔礼道歉

C.限制人身自由　　D.没收违法所得

【解析】答案为A。根据《行政强制法》第12条的规定，A项正确。限制人身自由、赔礼道歉、没收违法所得都属于行政处罚的范畴。行政强制措施、行政强制执行、行政处罚三者的区别是行政法的重要考点，考生应当理解法条原文并注意对比记忆。

（2018年多选）行政强制执行的方式包括（　　）。

A. 加处滞纳金　　B. 划拨存款

C. 恢复原状　　D. 加处罚款

E. 逮捕

【解析】答案为ABCD。根据《行政强制法》第12条的规定，A项、B项、C项和D项正确。E项属于人民检察院对刑事案件犯罪嫌疑人所采取的刑事强制措施，不属于本题所说的“行政”范畴。

★行政强制执行设定权

第十三条　行政强制执行由法律设定。

法律没有规定行政机关强制执行的，作出行政决定的行政机关应当申请人民法院强制执行。

●考点点拨

1.《行政诉讼法》第97条规定：“公民、法人或者其他组织对行政行为在法定期限内不提起诉讼又不履行的，行政机关可以申请人民法院强制执行，或者依法强制执行。”这一规定意味着行政机关既可以依法强制执行，也可以申请人民法院强制执行。

2. 行政强制执行必须由法律设定。目前我国有十多部法律规定了行政机关直接强制执行，公安机关、税务机关、海关、公路主管部门等部门和县级以上地方人民政府，通过法律单独授权，具有强制执行权，但大部分执法部门都没有直接强制执行权，仍需要申请人民法院强制执行。比如，市场监督管理部门、文化旅游部门、环保部门等部门均没有直接强制执行权，需要强制执行的，只能申请人民法院强制执行。

◆关联法条

《中华人民共和国道路交通安全法》

第一百零九条　当事人逾期不履行行政处罚决定的，作出行政处罚决定的行政机关可以采取下列措施：

（一）到期不缴纳罚款的，每日按罚款数额的百分之三加处罚款；

（二）申请人民法院强制执行。

★起草单位听取意见

第十四条　起草法律草案、法规草案，拟设定行政强制的，起草单位应当采取听证会、论证会等形式听取意见，并向制定机关说明设定该行政强制的必要性、可能产生的影响以及听取和采纳意见的情况。

●考点点拨

设定行政强制，涉及公共权力和公民权利的界限，法律、法规草案的起草单位，拟设定行政强制时，应当采取听证会、论证会等形式充分听取社会各方面的意见，一方面这是民主立法、科学立法的需要，另一方又能从程序上严格规范行政强制设定权，解决和防止行政强制源头“乱”的问题。

◆关联法条

《中华人民共和国行政许可法》

第十九条　起草法律草案、法规草案和省、自治区、直辖市人民政府规章草案，拟设定行政许可的，起草单位应当采取听证会、论证会等形式听取意见，并向制定机关说明设定该行政许可的必要性、对经济和社会可能产生的影响以及听取和采纳意见的情况。

☆真题回顾

（2018年单选）某省民政厅拟对异地商会登记事项设定行政强制，负责起草的某大学立法研究所举行听证会听取意见后，应当向该省民政厅说明的事项不包括（　　）。

A. 设定该行政强制的可行性

B. 可能产生的影响

C. 设定该行政强制的必要性

D. 听取和采纳意见的情况

【解析】答案为A。根据《行政强制法》第14条的规定，向制定机关说明设定该行政强制不包括可行性评价，故A项错误，当选。本题属于细节性问题，考生应理解，假设自己是相关行政人员，应合法如何处理相关行政事项，设身处地去思考，才能提高记忆的准确度。

★行政强制评价制度

第十五条　行政强制的设定机关应当定期对其设定的行政强制进行评价，并对不适当的行政强制及时予以修改或者废止。

行政强制的实施机关可以对已设定的行政强制的实施情况及存在的必要性适时进行评价，并将意见报告该行政强制的设定机关。

公民、法人或者其他组织可以向行政强制的设定机关和实施机关就行政强制的设定和实施提出意见和建议。有关机关应当认真研究论证，并以适当方式予以反馈。

●考点点拨

1. 法律、法规的制定机关在设定行政强制后，应当定期进行评价。评价的内容主要是：（1）必要性；（2）对社会的影响。

经过评价，认为不适当，就应当及时修改或者废止。

2. 行政强制的实施机关可以适时对行政强制实施情况及存在必要性进行评价。行政强制的实施机关是法律、法规的执行机关，对行政强制的实施情况最为了解，对行政强制是否有必要最有发言权，由其对行政强制的实施情况及存在的必要性进行评价，非常合适。

3. 公民、法人或者其他组织有权向行政强制的设定机关和实施机关提出意见和建议；对于公民、法人或者其他组织提出的意见和建议，有关机关应当认真研究论证，并以适当方式予以反馈。

◆关联法条

《中华人民共和国行政许可法》

第二十条　行政许可的设定机关应当定期对其设定的行政许可进行评价；对已设定的行政许可，认为通过本法第十三条所列方式能够解决的，应当对设定该行政许可的规定及时予以修改或者废止。

行政许可的实施机关可以对已设定的行政许可的实施情况及存在的必要性适时进行评价，并将意见报告该行政许可的设定机关。

公民、法人或者其他组织可以向行政许可的设定机关和实施机关就行政许可的设定和实施提出意见和建议。

☆真题回顾

(2019 年多选)行政强制的设定机关应当定期对其设定的行政强制进行评价，并对不适当的行政强制及时予以(　　)。

A. 修改　　B. 强化

C. 废止　　D. 保留

E. 删减

【解析】答案为 AC。根据《行政强制法》第 15 条第 1 款的规定，设定机关对不适当的行政强制应及时予以修改或者废止，体现了合理行政的要求，A 项、C 项正确。本题主要考查考生对法条的识记能力，考生对容易作为多选题的法条应当重点识记。

第三章　行政强制措施实施程序

第一节　一般规定

★实施条件

第十六条　行政机关履行行政管理职责，依照法律、法规的规定，实施行政强制措施。

违法行为情节显著轻微或者没有明显社会危害的，可以不采取行政强制措施。

●考点点拨

1. 实施行政强制措施的一般条件：

(1)在履行行政管理职责过程中实施。

(2)必须符合法律、法规规定的可以实施行政强制措施的情形。

(3)必须有法律、法规的明确授权。

(4)实施主体必须是行政机关，不能委托其他个人或组织。

2. 行政强制措施对当事人的权益影响很大，行政机关应当秉持慎重适用、尽量少用的原则。对于违法行为情节显著轻微或者没有明显社会危害的，无须采取行政强制措施。

◆关联法条

《公安机关办理行政案件程序规定》

第五十四条　办理行政案件时，可以依法采取下列行政强制措施：

(一)对物品、设施、场所采取扣押、扣留、查封、先行登记保存、抽样取证、封存文件资料等强制措施，对恐怖活动嫌疑人的存款、汇款、债券、股票、基金份额等财产还可以采取冻结措施；

(二)对违法嫌疑人采取保护性约束措施、继续盘问、强制传唤、强制检测、拘留审查、限制活动范围，对恐怖活动嫌疑人采取约束措施等强制措施。

☆真题回顾

(2017 年判断)违法行为情节显著轻微或者没有明显社会危害的，可以不采取行政强制措施。(　　)

【解析】根据《行政强制法》第 16 条第 2 款的规定，行政强制措施具有适当性和必要性，本题说法正确。

★实施主体

第十七条　行政强制措施由法律、法规规定的行政机关在法定职权范围内实施。行政强制措施权不得委托。

依据《中华人民共和国行政处罚法》的规定行使相对集中行政处罚权的行政机关，可以实施法律、法规规定的与行政处罚权有关的行政强制措施。

行政强制措施应当由行政机关具备资格的行政执法人员实施，其他人员不得实施。

●考点点拨

1. 本法对行政强制措施的实施主体作了严格限制：

(1)实施行政强制措施的主体只能是行政机关，行政机关不得将行政强制措施权进行委托。比如，只有公安机关才能对违法嫌疑人实施强制传唤，公安机关不能委托给城管部门实施。

(2)只有经过法律、法规授权的行政机关才有权实施行政强制，未经授权的行政机关不得作为实施主体。

(3)法律、行政法规授权的具有管理公共事务职能的组织在法定授权范围内，可以实施行政强制。《行政强制法》第70条规定："法律、行政法规授权的具有管理公共事务职能的组织在法定授权范围内，以自己名义实施行政强制，适用本法有关行政机关的规定。"比如，证监会根据《证券法》的授权，可以对证券市场参与主体实施行政强制。

(4)代表行政机关实施行政强制措施的必须是具备资格的行政执法人员，其他人员一律不得实施。比如，保安不具有执法资格，不能代表公安机关对违法嫌疑人实施当场盘问和继续盘问。

2. 行政处罚权的相对集中必然要求行政强制措施权随之转移，比如，过去涉及城市管理行政处罚的部门由公安、市场监管、城建等多个部门实施，行政处罚权相对集中后，相关的行政处罚权统一由城管综合执法部门行使，那么城管综合执法部门就可以实施法律、法规规定的与集中后的行政处罚权有关的行政强制措施。

◆**关联法条**

《中华人民共和国行政处罚法》

第十六条　国务院或者经国务院授权的省、自治区、直辖市人民政府可以决定一个行政机关行使有关行政机关的行政处罚权，但限制人身自由的行政处罚权只能由公安机关行使。

⊙一般程序

第十八条　行政机关实施行政强制措施应当遵守下列规定：

（一）实施前须向行政机关负责人报告并经批准；

（二）由两名以上行政执法人员实施；

（三）出示执法身份证件；

（四）通知当事人到场；

（五）当场告知当事人采取行政强制措施的理由、依据以及当事人依法享有的权利、救济途径；

（六）听取当事人的陈述和申辩；

（七）制作现场笔录；

（八）现场笔录由当事人和行政执法人员签名或者盖章，当事人拒绝的，在笔录中予以注明；

（九）当事人不到场的，邀请见证人到场，由见证人和行政执法人员在现场笔录上签名或者盖章；

（十）法律、法规规定的其他程序。

●**考点点拨**

1. 实施行政强制措施前须向行政机关负责人报告并经批准，这属于实施行政强制的内部程序。在一些情况紧急的情形下，可以先当场实施行政强制措施，但应当在24小时内报告，并补办批准手续。

2. 实施行政强制外部程序包括：

(1)由2名具有执法资格的执法人员实施；

(2)实施行政强制前应当出示执法身份证件，表明身份；

(3)通知当事人到场，以便于听取其陈述、申辩和对实施过程进行监督，当事人不到场的，邀请见证人到场；

(4)当场告知当事人采取行政强制措施的理由、依据以及当事人依法享有的权利、救济途径；

(5)听取当事人的陈述和申辩，这是当事人享有的重要权利，也是行政机关的法定义务；

(6)制作现场笔录并在现场笔录签名盖章，当事人拒绝的签名的，由行政执法人员在笔录中予以注明，不影响笔录效力。

◆**关联法条**

《公安机关办理行政案件程序规定》

第五十五条　实施行政强制措施应当遵守下列规定：

（一）实施前须依法向公安机关负责人报告并经批准；

（二）通知当事人到场，当场告知当事人采取行政强制措施的理由、依据以及当事人依法享有的权利、救济途径。当事人不到场的，邀请见证人到场，并在现场笔录中注明；

（三）听取当事人的陈述和申辩；

（四）制作现场笔录，由当事人和办案人民警察签名或者盖章，当事人拒绝的，在笔录中注明。当事人不在场的，由见证人和办案人民警察在笔录上签名或者盖章；

（五）实施限制公民人身自由的行政强制措施的，应当当场告知当事人家属实施强制措施的公安机关、理由、地点和期限；无法当场告知的，应当在实施强制措施后立即通过电话、短信、传真等方式通知；身份不明、拒不提供家属联系方式或者因自然灾害等不可抗力导致无法通知的,可以不予通知。告知、通知家属情况或者无法通知家属的原因应当在询问笔录中注明。

(六)法律、法规规定的其他程序。

勘验、检查时实施行政强制措施,制作勘验、检查笔录的,不再制作现场笔录。

实施行政强制措施的全程录音录像,已经具备本条第一款第二项、第三项规定的实质要素的,可以替代书面现场笔录,但应当对视听资料的关键内容和相应时间段等作文字说明。

★即时强制程序

第十九条 情况紧急,需要当场实施行政强制措施的,行政执法人员应当在二十四小时内向行政机关负责人报告,并补办批准手续。行政机关负责人认为不应当采取行政强制措施的,应当立即解除。

●考点点拨

1. 本法第18条第1项规定了实施强制措施的一般程序,其中要求:实施行政强制措施前须向行政机关负责人报告并经批准。但对于特殊紧急情况,行政执法人员也可以未经报批先实施行政强制措施,但应当在24小时内向行政机关负责人报告,并补办批准手续。比如,市场监督管理部门遇有紧急情况,需要当场查封、扣押某传销组织的传销设备等相关资料,可以先实施,然后事后立即报告并补办相关手续。

2. 对于因情况紧急实施行政强制措施的,如果行政机关负责人认为不应当采取行政强制措施的,应当立即解除。

◆关联法条

《公安机关办理行政案件程序规定》

第五十六条 情况紧急,当场实施行政强制措施的,办案人民警察应当在二十四小时内依法向其所属的公安机关负责人报告,并补办批准手续。当场实施限制公民人身自由的行政强制措施的,办案人民警察应当在返回单位后立即报告,并补办批准手续。公安机关负责人认为不应当采取行政强制措施的,应当立即解除。

☆真题回顾

(2018年单选)情况紧急,需要当场实施行政强制措施的,行政执法人员应当在(　　)小时内向行政机关负责人报告,并补办批准手续。

A. 24　　B. 36

C. 48　　D. 72

【解析】答案为A。根据《行政强制法》第19条的规定,A项正确,相关程序的法定时间考生应精确记忆,此类题目属于记忆准确即可拿分的难度较低的题目。

★限制人身自由程序

第二十条 依照法律规定实施限制公民人身自由的行政强制措施,除应当履行本法第十八条规定的程序外,还应当遵守下列规定:

(一)当场告知或者实施行政强制措施后立即通知当事人家属实施行政强制措施的行政机关、地点和期限;

(二)在紧急情况下当场实施行政强制措施的,在返回行政机关后,立即向行政机关负责人报告并补办批准手续;

(三)法律规定的其他程序。

实施限制人身自由的行政强制措施不得超过法定期限。实施行政强制措施的目的已经达到或者条件已经消失,应当立即解除。

●考点点拨

1. 实施限制人身自由行政强制措施的程序比实施其他行政强制措施的程序更为严格,因为人身自由权利更为重要,是公民行使其他各项权利的前提和基础。

2. 实施限制人身自由行政强制措施除了要遵循第18条规定的一般程序外,还需要履行五项特别程序:

(1)当场告知或者是事后立即通知当事人家属实施行政强制措施的机关、地点和期限。

(2)紧急情况下当场实施的,应当在返回行政机关后立即向行政机关负责人报告并补办批准手续。

(3)不得超过法定期限。

(4)实施行政强制措施的目的已经达到或者条件已经消失的,应当立即解除,不得拖延。

(5)法律规定的其他程序。如果单行法中对实施限制公民人身自由的行政强制措施还有特别的程序规定,也要遵照执行。如在《海关法》中,扣留走私犯罪嫌疑人需要经直属海关关长或者其授权的隶属海关关长批准,就属于特定行政强制措施的特别程序,应当遵守。

◆**关联法条**

《公安机关办理行政案件程序规定》

第五十五条　实施行政强制措施应当遵守下列规定：

（一）实施前须依法向公安机关负责人报告并经批准；

（二）通知当事人到场，当场告知当事人采取行政强制措施的理由、依据以及当事人依法享有的权利、救济途径。当事人不到场的，邀请见证人到场，并在现场笔录中注明；

（三）听取当事人的陈述和申辩；

（四）制作现场笔录，由当事人和办案人民警察签名或者盖章，当事人拒绝的，在笔录中注明。当事人不在场的，由见证人和办案人民警察在笔录上签名或者盖章；

（五）实施限制公民人身自由的行政强制措施的，应当当场告知当事人家属实施强制措施的公安机关、理由、地点和期限；无法当场告知的，应当在实施强制措施后立即通过电话、短信、传真等方式通知；身份不明、拒不提供家属联系方式或者因自然灾害等不可抗力导致无法通知的，可以不予通知。告知、通知家属情况或者无法通知家属的原因应当在询问笔录中注明。

（六）法律、法规规定的其他程序。

勘验、检查时实施行政强制措施，制作勘验、检查笔录的，不再制作现场笔录。

实施行政强制措施的全程录音录像，已经具备本条第一款第二项、第三项规定的实质要素的，可以替代书面现场笔录，但应当对视听资料的关键内容和相应时间段等作文字说明。

☆**真题回顾**

（2018年单选）实施限制人身自由的行政强制措施不得超过法定期限，实施行政强制措施的目的已经达到或者条件已经消失，应当（　　）解除。

A. 在5日内　　B. 立即

C. 在10日内　　D. 在15日内

【解析】答案为B。根据《行政强制法》第20条第2款的规定，B选项正确。之所以要求立即解除，也是出于保护公民、法人和其他组织的合法权益的立法目的考虑。

⊙涉嫌犯罪案件移送

第二十一条　违法行为涉嫌犯罪应当移送司法机关的，行政机关应当将查封、扣押、冻结的财物一并移送，并书面告知当事人。

●**考点点拨**

1. 为了防止行政执法机关及其工作人员徇私执法，以罚代行，影响执法效果和社会和谐稳定，行政机关对行政执法发现的违法行为涉嫌犯罪的，应当移送司法机关处理。

2. 行政机关在移送涉嫌犯罪的嫌疑人时，应当将查封、扣押、冻结的财物一并移送，并且书面告知当事人。这是为了防止行政机关截留相关涉案财物，同时便于司法机关查明案件事实，固定涉案证据。比如，某区文化局在执法检查中发现某音像制品店销售盗版光碟且数量较大，当事人的行为已经涉嫌犯罪，文化局遂将该案移送区公安分局做进一步处理，同时将查封、扣押的盗版光碟一并移送，并书面告知该当事人。

◆**关联法条**

《行政执法机关移送涉嫌犯罪案件的规定》

第六条　行政执法机关向公安机关移送涉嫌犯罪案件，应当附有下列材料：

（一）涉嫌犯罪案件移送书；

（二）涉嫌犯罪案件情况的调查报告；

（三）涉案物品清单；

（四）有关检验报告或者鉴定结论；

（五）其他有关涉嫌犯罪的材料。

第二节　查封、扣押

⊙查封、扣押主体

第二十二条　查封、扣押应当由法律、法规规定的行政机关实施，其他任何行政机关或者组织不得实施。

●**考点点拨**

1. 根据本条和《行政强制法》第70条的规定，查封、扣押的实施主体只能是行政机关和具有管理公共事务职能的组织，其他任何组织和个人都不得作为实施主体。比如，各类企业、中介机构、普通市民、高等院校学生会等都不能作为查封、扣押的实施主体。

2. 并非所有的行政机关和具有管理公共事务职能的组织都有权实施查封、扣押，必须是法律、行政法规、地方性法规规定的行政机关和法律、行政法规授权的具有管理公共事务职能的组织才有权实施。比如，由于《义务教育法》没有设定查封、扣押措施，则教育行政部门自然就没有查封、扣押权。

★查封、扣押对象

第二十三条　查封、扣押限于涉案的场所、设施或者财物，不得查封、扣押与违法行为无关的场所、设施或者财物；不得查封、扣押公民个人及其所扶养家属的生活必需品。

当事人的场所、设施或者财物已被其他国家机关依法查封的，不得重复查封。

●考点点拨

1. 查封、扣押的对象仅限于：

（1）涉案的场所；

（2）涉案的设施；

（3）涉案的财物。

除此，其他非涉案的对象不得查封、扣押。

2. 本条还从反面的角度对查封、扣押的对象作了"三个不得"的限制：

（1）不得查封、扣押与违法行为无关的场所、设施或者财物。比如，李某在自家一楼的店面无证经营快餐食品，市场监督管理部门可以依法查封一楼店面，但不能查封二楼、三楼的住所。

（2）不得查封、扣押公民个人及其所扶养家属的生活必需品。比如，公安机关不得查封、扣押身体残疾的刘某用于辅助行走的电动轮椅。

（3）不得重复查封已被其他国家机关依法查封的场所、设施或者财物。比如，市场监督管理部门已经查封了肖某制造地沟油的出租屋，案件移送公安部门后，公安部门不能再重复查封出租屋。

◆关联法条

《公安机关办理行政案件程序规定》

第一百零八条　办理下列行政案件时，对专门用于从事无证经营活动的场所、设施、物品，经公安机关负责人批准，可以依法查封。但对与违法行为无关的场所、设施，公民个人及其扶养家属的生活必需品不得查封：

（一）擅自经营按照国家规定需要由公安机关许可的行业的；

（二）依照《娱乐场所管理条例》可以由公安机关采取取缔措施的；

（三）《中华人民共和国反恐怖主义法》等法律、法规规定适用查封的其他公安行政案件。

场所、设施、物品已被其他国家机关依法查封的，不得重复查封。

★查封、扣押程序

第二十四条　行政机关决定实施查封、扣押的，应当履行本法第十八条规定的程序，制作并当场交付查封、扣押决定书和清单。

查封、扣押决定书应当载明下列事项：

（一）当事人的姓名或者名称、地址；

（二）查封、扣押的理由、依据和期限；

（三）查封、扣押场所、设施或者财物的名称、数量等；

（四）申请行政复议或者提起行政诉讼的途径和期限；

（五）行政机关的名称、印章和日期。

查封、扣押清单一式二份，由当事人和行政机关分别保存。

●考点点拨

1. 实施查封、扣押除需要履行《行政强制法》第18条规定的一般程序外，还需要履行本条规定的特别程序，即制作并当场交付查封、扣押决定书和清单的程序。

2. 结合本条和《行政强制法》第18条的规定，实施查封、扣押需履行下列程序：

（1）实施查封、扣押前须向行政机关负责人报批。

（2）实施主体必须是行政机关2名以上行政执法人员，并通知当事人到场。

（3）告知当事人相关情况，听取其陈述、申辩。

（4）制作现场笔录，并在笔录上签名盖章。

（5）当场交付查封、扣押决定书。决定书内容主要包括：

①当事人的姓名或者名称、地址；

②查封、扣押的理由、依据和期限；

③查封、扣押场所、设施或者财物的名称、数量等；

④申请行政复议或者提起行政诉讼的途径和期限；

⑤行政机关的名称、印章和日期。

（6）当场交付查封、扣押清单。查封、扣押清单应当一式二份，分别由当事人和行政机关保存。

（7）其他法律、法规规定查封、扣押程序的，行政机关应当一并遵守。

☆真题回顾

（2017年多选）查封、扣押决定书需要载明的事项是（　　）。

A. 企业的名称、地址

B. 组织机构代码

C. 理由、依据和期限

D. 财物的名称、数量

E. 行政机关的名称、印章和日期

【解析】答案为ACDE。根据《行政强制法》第24条第2款的规定,组织机构代码不属于应当载明的事项之列,故B项排除,本题选A项、C项、D项、E项。

(2018年单选)某税务机关在查封、扣押某拒不缴纳应缴税款企业的会计账册时,其行政执法人员制作的查封、扣押决定书无须载明的事项是(　　)。

A. 企业的名称、地址

B. 企业的组织机构代码

C. 查封、扣押的理由、依据和期限

D. 查封、扣押场所、设施或者财务的名称、数量

【解析】答案为B。根据《行政强制法》第24条第2款的规定,企业的组织机构代码并非法定的查封、扣押决定书应当记载的事项,故B项符合要求,当选。本题为基础性题目,考生对法条规定内容熟悉即可准确作答。

★查封、扣押期限

第二十五条　查封、扣押的期限不得超过三十日;情况复杂的,经行政机关负责人批准,可以延长,但是延长期限不得超过三十日。法律、行政法规另有规定的除外。

延长查封、扣押的决定应当及时书面告知当事人,并说明理由。

对物品需要进行检测、检验、检疫或者技术鉴定的,查封、扣押的期间不包括检测、检验、检疫或者技术鉴定的期间。检测、检验、检疫或者技术鉴定的期间应当明确,并书面告知当事人。检测、检验、检疫或者技术鉴定的费用由行政机关承担。

●考点点拨

1. 通常情况下,查封、扣押的期限不得超过30日;情况复杂的,经行政机关负责人批准可以延长不超过30日。因此,查封、扣押的最长期限是60日。需要注意的是,延长查封、扣押期限应当及时书面告知当事人,并说明理由。

2. 关于查封、扣押期限,如果其他法律、行政法规另有规定的适用其规定。

3. 查封扣押的期间不包括检测、检验、检疫或者技术鉴定的期间。因为检测、检验、检疫或者技术鉴定的时间一般较长,如果算入查封、扣押期间,可能会超过查封、扣押的最长60日期限,即使未超出,行政机关难以在有限时间完成调查处理工作。另外,应当明确检测、检验、检疫或者技术鉴定的期间,并书面告知当事人。

4. 检测、检验、检疫或者技术鉴定的费用由行政机关承担,这可以对行政机关随意从事检测、检验、检疫或者技术鉴定活动起到一定限制作用。

◆关联法条

《公安机关办理行政案件程序规定》

第一百一十二条　扣押、扣留、查封期限为三十日,情况复杂的,经县级以上公安机关负责人批准,可以延长三十日;法律、行政法规另有规定的除外。延长扣押、扣留、查封期限的,应当及时书面告知当事人,并说明理由。

对物品需要进行鉴定的,鉴定期间不计入扣押、扣留、查封期间,但应当将鉴定的期间书面告知当事人。

☆真题回顾

(2017年单选)《行政强制法》规定,查封、扣押的期限不得超过(　　)日,情况复杂的,可以延长,延长的期限不得超过(　　)日。

A. 十五　三十

B. 三十　三十

C. 三十　十五

D. 十五　十五

【解析】答案为B。根据《行政强制法》第25条第1款的规定,B选项正确。

(2019年多选)根据《行政强制法》,对查封、扣押的物品需要进行检测、检验、检疫或者技术鉴定的,(　　)。

A. 查封、扣押的期间不包括检测、检验、检疫或者技术鉴定的期间

B. 查封、扣押的期间包括检测、检验、检疫或者技术鉴定的期间

C. 检测、检验、检疫或者技术鉴定的期间应当口头或书面告知当事人

D. 检测、检验、检疫或者技术鉴定的费用由行政机关承担

E. 检测、检验、检疫或者技术鉴定的费用由当事人承担

【解析】答案为AD。根据《行政强制法》第25条第3款的规定,查封、扣押的期间不包括检测、检验、检疫或者技术鉴定的期间,A项正确,B项错误。检测、检验、检疫或者技术鉴定的期间应当明确,并书面告知当事人,不能口头告知,C项错误。检测、检验、

检疫或者技术鉴定的费用由行政机关承担，而非当事人承担，D 项正确，E 项错误。考生对于重点法条应当着重记忆。

★对查封、扣押财产的保管

第二十六条　对查封、扣押的场所、设施或者财物，行政机关应当妥善保管，不得使用或者损毁；造成损失的，应当承担赔偿责任。

对查封的场所、设施或者财物，行政机关可以委托第三人保管，第三人不得损毁或者擅自转移、处置。因第三人的原因造成的损失，行政机关先行赔付后，有权向第三人追偿。

因查封、扣押发生的保管费用由行政机关承担。

●考点点拨

1. 通常情况下，由行政机关负责妥善保管查封、扣押的场所、设施，并不得擅自使用或者损毁。因行政机关原因造成损失的，应当承担赔偿责任。

2. 由于查封的对象一般为不动产或不易移动的财物，因此，行政机关可以委托第三人对查封的场所、设施或者财物进行保管。但第三人不得使用该场所、设施或者财物，不得损毁或者擅自转移。因第三人的原因造成损失的，由行政机关向当事人先行赔付，然后可以根据本法和委托协议，向第三人追偿。比如，市场监督管理部门对于查封的非法经营场所可以委托物业管理部门进行保管。

3. 因行政机关采取查封、扣押措施产生的费用由行政机关承担，因为这是行政机关履行行政管理职责所必须支付的费用，行政机关不得以任何形式变相向当事人收取保管费用。

◆关联法条

《公安机关办理行政案件程序规定》

第一百八十七条　对于依法扣押、扣留、查封、抽样取证、追缴、收缴的财物以及由公安机关负责保管的先行登记保存的财物，公安机关应当妥善保管，不得使用、挪用、调换或者损毁。造成损失的，应当承担赔偿责任。

涉案财物的保管费用由作出决定的公安机关承担。

☆真题回顾

（2019 年单选）对查封、扣押的场所、设施或者财物，行政机关应当妥善保管，不得使用或者损毁，期间发生的保管费用由（　　）承担。

A. 第三人　　B. 当事人

C. 行政机关　　D. 本级人民政府

【解析】答案为 C。根据《行政强制法》第 26 条的规定，查封、扣押期间发生的保管费用由行政机关承担，C 项正确。本题考查法条识记，但考生可以理解记忆。查封、扣押的场所、设施或者财物一般遵循“谁查封、扣押则由谁保管，且承担保管费用”的规律。

（2019 年单选）第三人受行政机关的委托保管查封的场所、设施或者财物时，不得损毁或者擅自（　　）、处置。

A. 查看　　B. 扣押

C. 转移　　D. 清点

【解析】答案为 C。根据《行政强制法》第 26 条第 2 款的规定，受托保管的第三人不得毁损或者擅自转移、处置，故 C 项正确。本条为《行政强制法》的重点条文，亦为常考点，考生应当全面理解和把握。

⊙查封、扣押后续处理

第二十七条　行政机关采取查封、扣押措施后，应当及时查清事实，在本法第二十五条规定的期限内作出处理决定。对违法事实清楚，依法应当没收的非法财物予以没收；法律、行政法规规定应当销毁的，依法销毁；应当解除查封、扣押的，作出解除查封、扣押的决定。

●考点点拨

1. 查封、扣押是行政机关对公民、法人和其他组织的财产实施的暂时性控制措施，行政机关采取查封、扣押措施后，应当尽快查清事实，在法定期限内及时对查封、扣押的财物作出处理决定。

2. 经调查后发现，当事人违法事实清楚，证据确凿的，行政机关应当依法对查封、扣押的非法财物予以没收，主要包括没收：

（1）违禁物品；

（2）直接用于实施违法行为的工具。

3. 对依法应当没收的非法财物中，法律、行政法规规定应当销毁的，应当依法予以销毁。通常销毁的对象有：

（1）毒品；

（2）淫秽物品等违禁品；

（3）法律、行政法规规定应当销毁的其他非法财物。比如，药品监督管理部门对已被撤销批准文号或者进口药品注册证书的药品，应当监督销毁或者处理。

4. 对应当解除查封、扣押的，应当作出解除查封、扣押的决定。具体解除情形本法第28条专门作了规定。

◆**关联法条**

《公安机关办理行政案件程序规定》

第一百九十六条　对收缴和追缴的财物，经原决定机关负责人批准，按照下列规定分别处理：

（一）属于被侵害人或者善意第三人的合法财物，应当及时返还；

（二）没有被侵害人的，登记造册，按照规定上缴国库或者依法变卖、拍卖后，将所得款项上缴国库；

（三）违禁品、没有价值的物品，或者价值轻微，无法变卖、拍卖的物品，统一登记造册后销毁；

（四）对无法变卖或者拍卖的危险物品，由县级以上公安机关主管部门组织销毁或者交有关厂家回收。

★**解除查封、扣押情形**

第二十八条　有下列情形之一的，行政机关应当及时作出解除查封、扣押决定：

（一）当事人没有违法行为；

（二）查封、扣押的场所、设施或者财物与违法行为无关；

（三）行政机关对违法行为已经作出处理决定，不再需要查封、扣押；

（四）查封、扣押期限已经届满；

（五）其他不再需要采取查封、扣押措施的情形。

解除查封、扣押应当立即退还财物；已将鲜活物品或者其他不易保管的财物拍卖或者变卖的，退还拍卖或者变卖所得款项。变卖价格明显低于市场价格，给当事人造成损失的，应当给予补偿。

●**考点点拨**

1. 应当及时作出解除查封、扣押决定的主要有五种情形：

（1）当事人没有违法行为。比如，出入境边检机关经调查发现当事人黄某没有实施非法出入境行为，应当及时作出解除扣押其出入境证件的决定。

（2）查封、扣押的场所、设施或者财物与违法行为无关。比如，环保部门将涉嫌偷排污水的某公司的数栋厂房进行了查封，经调查发现只有一栋厂房与偷排污水有关，其他的厂房属于职工宿舍，环保部门应当及时作出解除查封其他厂房的决定。

（3）行政机关对违法行为已经作出处理决定，不再需要查封、扣押。比如，市场监督管理部门对某连锁酒店作出吊销营业执照等行政处罚，但处罚内容不涉及查封、扣押财物的，对于这些不再需要查封、扣押的财物，市场监督管理部门应当解除查封、扣押。

（4）查封、扣押期限已经届满。如果查封、扣押期限已经届满，行政机关仍然没有作出处理决定的，也应当解除查封、扣押。

（5）其他不再需要采取查封、扣押措施的情形。

2. 解除查封、扣押的，应当立即退还财物。对鲜活物品或者其他不易保管的财物已经拍卖或者变卖的，行政机关应当退还拍卖或者变卖所得款项。如果变卖价格明显低于市场价格，给当事人造成损失的，还应当给予补偿。考生需要注意的是，这里是给予"补偿"，而非"赔偿"。

◆**关联法条**

《公安机关办理行政案件程序规定》

第一百一十五条　有下列情形之一的，公安机关应当立即退还财物，并由当事人签名确认；不涉及财物退还的，应当书面通知当事人解除证据保全：

（一）当事人没有违法行为的；

（二）被采取证据保全的场所、设施、物品、财产与违法行为无关的；

（三）已经作出处理决定，不再需要采取证据保全措施的；

（四）采取证据保全措施的期限已经届满的；

（五）其他不再需要采取证据保全措施的。

作出解除冻结决定的，应当及时通知金融机构。

☆**真题回顾**

（2017年单选）下列情形中，行政机关应当及时作出解除查封、扣押决定的是（　　）。

A. 查封、扣押期限已经届满

B. 已过追诉期

C. 当事人已死亡

D. 查封的财物已毁损

【解析】答案为A。根据《行政强制法》第28条的规定，A项正确。

（2017年单选）某甲于2016年1月7日入境时携带了一部未经申报的手机，按照规定海关部门对其进行了缴纳关税以及相应的处罚。某甲在缴纳应缴税款及接受相应处罚后，海关应当（　　）返还扣押的手机。

A. 立即

B. 3个工作日内

C. 5个工作日内

D. 10个工作日内

【解析】答案为 A。根据《行政强制法》第 28 条第 2 款的规定，某甲补缴应缴税款及接受相应处罚后，海关应当立即解除扣押，立即退还财物。

(2017 年单选)行政机关解除查封、扣押时，已将鲜活物品或者其他不易保管的财物拍卖或者变卖的，退换拍卖或者变卖所得款项。变卖价格明显低于(　　)，给当事人造成损失的，应当给予补偿。

A. 生产成本

B. 市场价格

C. 当事人报价

D. 保管成本

【解析】答案为 B。根据《行政强制法》第 28 条第 2 款的规定，B 项正确。

(2018 年单选)对于已经被查封的财产，如果查明当事人没有违法行为的，行政机关应当及时作出(　　)的决定。

A. 解除查封　　B. 拍卖

C. 折价处理　　D. 罚没

【解析】答案为 A。根据《行政强制法》第 28 条第 1 款的规定，A 项正确。应当解除查封决定的情形属常考点，考生应对该条有全面的记忆和理解。

第三节　冻　　结

★冻结主体

第二十九条　冻结存款、汇款应当由法律规定的行政机关实施，不得委托给其他行政机关或者组织；其他任何行政机关或者组织不得冻结存款、汇款。

冻结存款、汇款的数额应当与违法行为涉及的金额相当；已被其他国家机关依法冻结的，不得重复冻结。

●考点点拨

1. 只有法律明确规定有冻结权的行政机关和法律授权的具有管理公共事务职能的组织才能作为实施主体，且行政机关和法律授权的组织不能委托其他行政机关或者组织实施冻结措施。目前，我国主要由《商业银行法》对有权实施冻结的机关作出规定。

2. 根据设定和实施行政强制措施的比例原则要求，冻结存款、汇款的数额应当与违法行为涉及的金额相当。比如，李某违法挪用单位公款的金额为 20 万元人民币，那么相关单位对李某实施冻结存款、汇款时，应当不能显著超过 20 万元人民币。

3. 已被其他国家机关冻结的存款、汇款，行政机关不得再次冻结。当然，如果某个账号或者某项汇款已经被冻结了一部分，则剩余部分依然可以冻结，与不得重复冻结原则不相矛盾。

◆关联法条

《中华人民共和国商业银行法》

第三十条　对单位存款，商业银行有权拒绝任何单位或者个人查询，但法律、行政法规另有规定的除外；有权拒绝任何单位或者个人冻结、扣划，但法律另有规定的除外。

★冻结程序

第三十条　行政机关依照法律规定决定实施冻结存款、汇款的，应当履行本法第十八条第一项、第二项、第三项、第七项规定的程序，并向金融机构交付冻结通知书。

金融机构接到行政机关依法作出的冻结通知书后，应当立即予以冻结，不得拖延，不得在冻结前向当事人泄露信息。

法律规定以外的行政机关或者组织要求冻结当事人存款、汇款的，金融机构应当拒绝。

●考点点拨

1. 由于冻结有其独特性，比如，要防止当事人转移资金、需要得到金融机构配合等。因此，冻结的实施程序与其他行政强制措施实施的程序既有相同之处，也有明显的区别。结合本法第 18 条的规定，行政机关实施冻结应当履行以下程序：

(1)实施前须向行政机关负责人报批；

(2)由 2 名以上行政执法人员实施；

(3)出示执法身份证件；

(4)制作现场笔录；

(5)应当向金融机构交付冻结通知书，因为实施冻结需要金融机构予以协助配合。

2. 金融机构需要积极配合行政机关实施冻结，要求金融机构：

(1)接到冻结通知书后，应当立即协助冻结，在冻结期限内禁止单位或个人提取被冻结的存款或者汇款；

(2)不得在冻结前向当事人泄露信息；

(3)有权拒绝法律规定以外的行政机关或者组织的冻结要求。我国目前具有冻结权的行政机关主要有税务机关、海关、公安机关、国家安全机关等。

3. 考生要注意的是，金融机构对行政机关依照法律规定实施冻结没有义务进行实质审查，只要有关法律文书齐全、符合法定形式要件，就应当协助办理冻结。

◆**关联法条**

《公安机关办理行政案件程序规定》

第一百一十三条　公安机关对恐怖活动嫌疑人的存款、汇款、债券、股票、基金份额等财产采取冻结措施的，应当经县级以上公安机关负责人批准，向金融机构交付冻结通知书。

作出冻结决定的公安机关应当在三日内向恐怖活动嫌疑人交付冻结决定书。冻结决定书应当载明下列事项：

（一）恐怖活动嫌疑人的姓名或者名称、地址；

（二）冻结的理由、依据和期限；

（三）冻结的账号和数额；

（四）申请行政复议或者提起行政诉讼的途径和期限；

（五）公安机关的名称、印章和日期。

☆**真题回顾**

（2018 年多选）根据《行政强制法》的规定，实施冻结在程序上应当（　　）。

A. 出示执法身份证件

B. 通知当事人到场

C. 当场告知当事人理由、依据

D. 听取当事人的陈述和申辩

E. 制作现场笔录

【解析】答案为 AE。根据《行政强制法》第 30 条第 1 款、第 18 条的规定，A 项、E 项当选。

★**冻结决定书**

第三十一条　依照法律规定冻结存款、汇款的，作出决定的行政机关应当在三日内向当事人交付冻结决定书。冻结决定书应当载明下列事项：

（一）当事人的姓名或者名称、地址；

（二）冻结的理由、依据和期限；

（三）冻结的账号和数额；

（四）申请行政复议或者提起行政诉讼的途径和期限；

（五）行政机关的名称、印章和日期。

●**考点点拨**

1. 冻结决定书是行政机关作出冻结决定具体行政行为时使用的正式法律文书。行政机关作出决定应当在 3 日内交付当事人。

2. 冻结决定书应当载明五项法定内容：

（1）当事人的姓名或者名称、地址。

（2）冻结的理由、依据和期限。冻结的理由是对当事人违法行为的陈述，依据是对法律规范的援引、适用。

（3）冻结的账号和数额。

（4）申请行政复议或者提起行政诉讼的途径和期限。

（5）行政机关的名称、印章和日期。

3. 行政机关应当按照本条规定制作冻结决定书，如果缺少某项内容则构成程序违法。

☆**真题回顾**

（2017 年单选）依照法律规定冻结存款、汇款的，作出决定的行政机关应当在（　　）日内向当事人交付冻结决定书。

A. 二　　　　B. 三

C. 四　　　　D. 五

【解析】答案为 B。根据《行政强制法》第 31 条的规定，B 项正确。

（2017 年多选）冻结决定书应当载明（　　）。

A. 当事人的姓名或者名称、地址

B. 冻结的理由、依据和期限

C. 冻结的账号和数额

D. 申请行政复议或者提起行政诉讼的途径和期限

E. 行政机关的名称、印章和日期

【解析】答案为 ABCDE。根据《行政强制法》第 31 条第 2 款的规定，上述五个选项均正确。建议考生上网查找冻结决定书，这样对照着法条来学习，从复习效果来看，肯定更有效。

★**冻结期限**

第三十二条　自冻结存款、汇款之日起三十日内，行政机关应当作出处理决定或者作出解除冻结决定；情况复杂的，经行政机关负责人批准，可以延长，但是延长期限不得超过三十日。法律另有规定的除外。

延长冻结的决定应当及时书面告知当事人，并说明理由。

●**考点点拨**

1. 冻结期限：

（1）一般情况下，冻结的期限不得超过 30 日，30 日内行政机关应当作出处理决定或者作出解除冻结决定。

（2）案情复杂的，经行政机关负责人批准可以延长，但是延长期限不得超过 30 日。因此，冻结的最长期限为 60 日。

2. 如果法律对有关冻结的期限有特殊规定的，遵照特殊规定执行。如《反洗钱法》第26条第3款规定："临时冻结不得超过四十八小时。金融机构在按照国务院反洗钱行政主管部门的要求采取临时冻结措施后四十八小时内，未接到侦查机关继续冻结通知的，应当立即解除冻结。"

3. 依法延长冻结期限时，应当书面告知当事人并说明理由。作出这样规定的原因有两方面：

(1)保障当事人冻结知情权；

(2)保持冻结效力。

金融机构只有在接到延长冻结决定通知后，才予以协助延长冻结。

◆关联法条

《公安机关办理行政案件程序规定》

第一百一十四条　自被冻结之日起二个月内，公安机关应当作出处理决定或者解除冻结；情况复杂的，经上一级公安机关负责人批准，可以延长一个月。

延长冻结的决定应当及时书面告知恐怖活动嫌疑人，并说明理由。

★解除冻结情形

第三十三条　有下列情形之一的，行政机关应当及时作出解除冻结决定：

(一)当事人没有违法行为；

(二)冻结的存款、汇款与违法行为无关；

(三)行政机关对违法行为已经作出处理决定，不再需要冻结；

(四)冻结期限已经届满；

(五)其他不再需要采取冻结措施的情形。

行政机关作出解除冻结决定的，应当及时通知金融机构和当事人。金融机构接到通知后，应当立即解除冻结。

行政机关逾期未作出处理决定或者解除冻结决定的，金融机构应当自冻结期满之日起解除冻结。

●考点点拨

1. 冻结是属于临时性行政措施，对公民、法人或者其他组织的财产权限制较大。因此，实施冻结需具备一定的条件，如果条件发生改变，应该相应地作出处理决定或者解除冻结措施。

2. 解除冻结主要分为两类：

(1)行政机关作出解除冻结决定。具体有三种情形：

①当事人没有违法行为；

②冻结的存款、汇款与违法行为无关；

③行政机关对违法行为已经作出处理决定，不再需要冻结；

(2)冻结期限届满自动解除冻结。

3. 行政机关作出解除冻结决定的，应当履行相应通知义务。包括：

(1)通知金融机构；

(2)通知当事人。

金融机构接到通知后，应当立即解除冻结。

◆关联法条

《公安机关办理行政案件程序规定》

第一百一十五条　有下列情形之一的，公安机关应当立即退还财物，并由当事人签名确认；不涉及财物退还的，应当书面通知当事人解除证据保全：

(一)当事人没有违法行为的；

(二)被采取证据保全的场所、设施、物品、财产与违法行为无关的；

(三)已经作出处理决定，不再需要采取证据保全措施的；

(四)采取证据保全措施的期限已经届满的；

(五)其他不再需要采取证据保全措施的。

作出解除冻结决定的，应当及时通知金融机构。

☆真题回顾

(2017年多选)行政机关作出解除冻结决定的，应当及时通知(　　)。

A. 上级行政机关　　B. 社会公众

C. 金融机构　　D. 当事人

E. 人民法院

【解析】答案为CD。根据《行政强制法》第33条第2款的规定，C项和D项正确。本题审题时要抓住"冻结"二字，冻结一般用于存款、股票、债券等。

第四章　行政机关强制执行程序

第一节　一般规定

★强制执行条件

第三十四条　行政机关依法作出行政决定后，当事人在行政机关决定的期限内不履行义务的，具有行政强制执行权的行政机关依照本章规定强制执行。

●考点点拨

1. 行政机关强制执行一般分为：

(1)间接强制执行。又可分为：

①不缴纳罚款的加处罚款；②不缴纳税费的加处滞纳金。

（2）直接强制执行。并非所有的行政机关都具有直接强制执行权，因此，具有直接强制执行权的行政机关直接强制执行，不具有行政强制执行权的行政机关申请法院强制执行。

2. 行政机关作出行政决定后，当事人应当在行政决定的法定期限内履行义务，否则，行政机关将有权实施强制执行。比如，税务机关要求某外贸公司必须在 15 日内缴纳税款，如果该公司在 15 日内未按要求缴纳的，税务机关有权强制执行。

3. 具有行政强制执行权的行政机关实施强制执行，应当严格依照法律规定程序，即本章规定的程序。

◆**关联法条**

《公安机关办理行政案件程序规定》

第一百九十八条　公安机关依法作出行政处理决定后，被处理人应当在行政处理决定的期限内予以履行。逾期不履行的，作出行政处理决定的公安机关可以依法强制执行或者申请人民法院强制执行。

★**催告程序**

第三十五条　行政机关作出强制执行决定前，应当事先催告当事人履行义务。催告应当以书面形式作出，并载明下列事项：

（一）履行义务的期限；

（二）履行义务的方式；

（三）涉及金钱给付的，应当有明确的金额和给付方式；

（四）当事人依法享有的陈述权和申辩权。

●**考点点拨**

1. 催告当事人履行义务是强制执行决定的前置程序，这也体现了教育与强制相结合的原则。行政机关的催告必须以书面形式作出，不以书面形式作出的催告，是违反法定程序的行为。

2. 催告应当在行政机关依法作出行政决定后，作出强制执行决定前发出。其内容应当包括：

（1）履行义务的期限；

（2）履行义务的方式；

（3）涉及金钱给付的，应当有明确的金额和给付方式；

（4）当事人依法享有的陈述权和申辩权。

3. 经催告，如果当事人逾期仍不履行行政决定且无正当理由的，行政机关可以作出强制性决定；如果当事人履行行政决定的，不再实施强制执行。

◆**关联法条**

《公安机关办理行政案件程序规定》

第二百条　公安机关在依法作出强制执行决定或者申请人民法院强制执行前，应当事先催告被处理人履行行政处理决定。催告以书面形式作出，并直接送达被处理人。被处理人拒绝接受或者无法直接送达被处理人的，依照本规定第五章的有关规定送达。

催告书应当载明下列事项：

（一）履行行政处理决定的期限和方式；

（二）涉及金钱给付的，应当有明确的金额和给付方式；

（三）被处理人依法享有的陈述权和申辩权。

☆**真题回顾**

（2018 年单选）行政机关作出强制执行决定前，（　　）事先催告当事人履行义务。

A. 可以　　B. 应当

C. 尽量　　D. 不得

【解析】答案为 B。根据《行政强制法》第 35 条的规定，催告属于行政机关的强制性义务，而不是选择性权利，应为“应当”。

⊙陈述申辩权利

第三十六条　当事人收到催告书后有权进行陈述和申辩。行政机关应当充分听取当事人的意见，对当事人提出的事实、理由和证据，应当进行记录、复核。当事人提出的事实、理由或者证据成立的，行政机关应当采纳。

●**考点点拨**

1. 当事人享有陈述和申辩权有利于化解当事人对行政机关的误会，减少对抗和强制，维护当事人的合法权益。同时，也能使行政强制执行更加合法、公正，减少错误。

2. 行政机关有义务客观、充分听取当事人的陈述和申辩意见，并对当事人提出的事实、理由和证据，予以如实记录、复核。

3. 如果当事人在陈述和申辩中提出的事实、理由或者证据成立的，行政机关应当采纳当事人的意见，并视情对行政决定作出调整。

◆**关联法条**

《公安机关办理行政案件程序规定》

第二百零一条　被处理人收到催告书后有权进行陈述和申辩。公安机关应当充分听取并记录、复核。被处理人提出的事实、理由或者证据成立的，公安机关应当采纳。

★**强制执行决定**

第三十七条　经催告，当事人逾期仍不履行行政决定，且无正当理由的，行政机关可以作出强制执行决定。

强制执行决定应当以书面形式作出，并载明下列事项：

（一）当事人的姓名或者名称、地址；

（二）强制执行的理由和依据；

（三）强制执行的方式和时间；

（四）申请行政复议或者提起行政诉讼的途径和期限；

（五）行政机关的名称、印章和日期。

在催告期间，对有证据证明有转移或者隐匿财物迹象的，行政机关可以作出立即强制执行决定。

●**考点点拨**

1. 当事人经催告后仍然逾期不履行行政决定，并且当事人陈述和申辩的意见中没有提出让行政机关信服的正当理由的，行政机关可以作出强制执行决定。行政强制决定的目的是保证当事人依法履行义务。比如，钱某不按期拆除搭建在城市饮用水源附近的非法建筑物，经城管部门催告后仍然逾期不履行拆除义务的，且没有提出正当合理的抗辩事由，城管部门可以依法作出强制拆除决定。

2. 强制执行决定必须以书面形式作出，应当包含以下内容：

（1）当事人的姓名或者名称、地址；

（2）强制执行的理由和依据；

（3）强制执行的方式和时间；

（4）申请行政复议或者提起行政诉讼的途径和期限；

（5）行政机关的名称、印章和日期。

3. 通常情况下，行政机关作出的催告通知书中都留有一定期限给当事人履行义务，无须立即作出强制执行决定。但是，对有证据证明当事人有转移或者隐匿财物迹象的，行政机关可以作出立即强制执行决定。因为如果当事人转移或者隐匿财物的，将直接导致行政机关无法强制执行。

◆**关联法条**

《公安机关办理行政案件程序规定》

第二百零二条　经催告，被处理人无正当理由逾期仍不履行行政处理决定，法律规定由公安机关强制执行的，公安机关可以依法作出强制执行决定。

在催告期间，对有证据证明有转移或者隐匿财物迹象的，公安机关可以作出立即强制执行决定。

强制执行决定应当以书面形式作出，并载明下列事项：

（一）被处理人的姓名或者名称、地址；

（二）强制执行的理由和依据；

（三）强制执行的方式和时间；

（四）申请行政复议或者提起行政诉讼的途径和期限；

（五）作出决定的公安机关名称、印章和日期。

☆**真题回顾**

（2018年多选）某市安监局决定对某企业作出行政强制执行的决定，该决定书应当以书面形式作出，并载明（　　）等事项。

A. 强制执行的方式

B. 强制执行的时间

C. 申请行政复议或者提起行政诉讼的途径和期限

D. 申请国家赔偿的途径

E. 该安监局的名称、印章和日期

【解析】答案为ABCE。根据《行政强制法》第37条第1款的规定，A项、B项、C项、E项正确。我们再次提醒考生，在备考复习法条时，务必对有款有项的法条多加重视，因为出题人非常青睐从这些法条中出多项选择题。其实，考生在备考过程中多出错是好事，经历了“做题——出错——纠错”的过程，考场上才能更好应对自如。

⊙文书送达

第三十八条　催告书、行政强制执行决定书应当直接送达当事人。当事人拒绝接收或者无法直接送达当事人的，应当依照《中华人民共和国民事诉讼法》的有关规定送达。

●**考点点拨**

1. 通常情况下，催告书、行政强制执行决定书应当直接送达当事人。

2. 对于当事人拒绝接收或者无法直接送达当事人等特殊情形的，依照《民事诉讼法》的规定，还可以视情况采取以下送达方式：

（1）留置送达（主要适用于当事人拒收送达文书情形）；

（2）邮寄送达（适用于行政机关直接送达文书有困难情形，将送达文书交邮局用挂号信寄给当事人的送达方法）；

（3）委托送达（适用于行政机关直接送达文书有

困难情形,委托当事人所在地行政机关代为送达);

(4)转交送达(适用于当事人身份特殊,不宜或者不便直接送达时的情形);

(5)公告送达(指行政机关以公告的方式,将需要送达的文书的有关内容告知当事人的送达方式)。

◆关联法条

《中华人民共和国民事诉讼法》

第八十五条　送达诉讼文书,应当直接送交受送达人。受送达人是公民的,本人不在交他的同住成年家属签收;受送达人是法人或者其他组织的,应当由法人的法定代表人、其他组织的主要负责人或者该法人、组织负责收件的人签收;受送达人有诉讼代理人的,可以送交其代理人签收;受送达人已向人民法院指定代收人的,送交代收人签收。

受送达人的同住成年家属,法人或者其他组织的负责收件的人,诉讼代理人或者代收人在送达回证上签收的日期为送达日期。

第八十六条　受送达人或者他的同住成年家属拒绝接收诉讼文书的,送达人可以邀请有关基层组织或者所在单位的代表到场,说明情况,在送达回证上记明拒收事由和日期,由送达人、见证人签名或者盖章,把诉讼文书留在受送达人的住所;也可以把诉讼文书留在受送达人的住所,并采用拍照、录像等方式记录送达过程,即视为送达。

第八十七条　经受送达人同意,人民法院可以采用传真、电子邮件等能够确认其收悉的方式送达诉讼文书,但判决书、裁定书、调解书除外。

采用前款方式送达的,以传真、电子邮件等到达受送达人特定系统的日期为送达日期。

第八十八条　直接送达诉讼文书有困难的,可以委托其他人民法院代为送达,或者邮寄送达。邮寄送达的,以回执上注明的收件日期为送达日期。

★中止执行

第三十九条　有下列情形之一的,中止执行:

(一)当事人履行行政决定确有困难或者暂无履行能力的;

(二)第三人对执行标的主张权利,确有理由的;

(三)执行可能造成难以弥补的损失,且中止执行不损害公共利益的;

(四)行政机关认为需要中止执行的其他情形。

中止执行的情形消失后,行政机关应当恢复执行。对没有明显社会危害,当事人确无能力履行,中止执行满三年未恢复执行的,行政机关不再执行。

●考点点拨

1. 中止执行是指强制执行程序开始后,由于出现致使强制执行无法进行下去的特殊情况,行政机关暂时停止强制执行程序,待该情况消除后,继续执行。

2. 中止执行的法定情形主要有四种:

(1)当事人履行行政决定确有困难或者暂无履行能力的;

(2)第三人对执行标的主张权利,确有理由的;

(3)执行可能造成难以弥补的损失,且中止执行不损害公共利益的;

(4)行政机关认为需要中止执行的其他情形。

3. 中止执行的法定情形消失后,行政机关应当恢复执行。但对于没有明显社会危害,当事人又确实没有能力履行的,中止执行满3年仍未能恢复执行的,行政机关不再执行。此处的立法原意是既能有效维护法律权威,又能切实提高行政效率,保护公民、法人和其他组织的合法权益。

◆关联法条

《公安机关办理行政案件程序规定》

第二百一十条　具有下列情形之一的,中止强制执行:

(一)当事人暂无履行能力的;

(二)第三人对执行标的主张权利,确有理由的;

(三)执行可能对他人或者公共利益造成难以弥补的重大损失的;

(四)其他需要中止执行的。

中止执行的情形消失后,公安机关应当恢复执行。对没有明显社会危害,当事人确无能力履行,中止执行满三年未恢复执行的,不再执行。

☆真题回顾

(2017年判断)2010年1月10日某法院因冯某无履行能力而决定对其应缴纳的1万元税收依法中止执行,至2013年1月20日仍未恢复执行。依照相关法律规定,该项债务不再执行。(　　)

【解析】根据《行政强制法》第39条第2款的规定,本题说法正确。

⊙终结执行

第四十条　有下列情形之一的,终结执行:

(一)公民死亡,无遗产可供执行,又无义务承受人的;

(二)法人或者其他组织终止,无财产可供执行,又无义务承受人的;

(三)执行标的灭失的;

（四）据以执行的行政决定被撤销的；

（五）行政机关认为需要终结执行的其他情形。

●**考点点拨**

1. 终结执行是指在执行过程中，由于发生某种特殊情况，执行程序没有必要或不可能继续进行，从而结束执行程序。终结执行是行政强制执行制度的重要组成部分。

2. 终止执行主要有五种法定情形：

（1）公民死亡，无遗产可供执行，又无义务承受人的；

（2）法人或者其他组织终止，无财产可供执行，又无义务承受人的；

（3）执行标的灭失的；

（4）据以执行的行政决定被撤销的；

（5）行政机关认为需要终结执行的其他情形。

3. 考生应注意区别中止执行和终结执行：

（1）相同点：中止执行和终结执行都会使强制执行程序停止。

（2）不同点：中止执行是执行程序的暂时停止，待造成中止的原因消除后，执行程序恢复，执行工作继续进行；而终结执行后，执行程序就宣告结束，以后也不再恢复。

◆**关联法条**

《公安机关办理行政案件程序规定》

第二百一十一条　具有下列情形之一的，终结强制执行：

（一）公民死亡，无遗产可供执行，又无义务承受人的；

（二）法人或者其他组织终止，无财产可供执行，又无义务承受人的；

（三）执行标的灭失的；

（四）据以执行的行政处理决定被撤销的；

（五）其他需要终结执行的。

⊙执行回转

第四十一条　在执行中或者执行完毕后，据以执行的行政决定被撤销、变更，或者执行错误的，应当恢复原状或者退还财物；不能恢复原状或者退还财物的，依法给予赔偿。

●**考点点拨**

1. 执行回转制度是一项错误弥补制度，是指在执行中或者执行完毕后，据以执行的行政决定被撤销、变更，或者执行错误的，行政机关对已被执行的财产重新恢复到执行程序开始前状态的执行制度。比如，某税务部门错误扣缴了某公司的税款，应当及时退还给该公司。

2. 执行回转发生的时间既可以在执行中，也可以是执行完毕。

3. 执行回转的前提条件有三个方面：

（1）被执行的行政决定被撤销；

（2）被执行的行政决定发生变更；

（3）发生执行错误。

4. 执行回转标的只能是财物，对于人身的强制执行无法回转。执行回转的方式有两种：

（1）恢复原状；

（2）退还财物。

5. 不能恢复原状或者退还财物的，在无法实现执行回转的情况下，应当依照《国家赔偿法》的规定支付赔偿金。

◆**关联法条**

《公安机关办理行政案件程序规定》

第二百一十二条　在执行中或者执行完毕后，据以执行的行政处理决定被撤销、变更，或者执行错误，应当恢复原状或者退还财物；不能恢复原状或者退还财物的，依法给予赔偿。

★**执行和解**

第四十二条　实施行政强制执行，行政机关可以在不损害公共利益和他人合法权益的情况下，与当事人达成执行协议。执行协议可以约定分阶段履行；当事人采取补救措施的，可以减免加处的罚款或者滞纳金。

执行协议应当履行。当事人不履行执行协议的，行政机关应当恢复强制执行。

●**考点点拨**

1. 执行和解制度是我国行政强制执行制度的创新，确立该制度有利于避免激化社会矛盾，影响社会和谐稳定。同时，也体现了坚持教育和强制相结合的原则。

2. 执行和解的形式是达成执行协议。执行协议既不同于由行政机关单方决定的行政决定，需要由行政机关与被执行人自愿协商达成，共同约定协议的内容；又不同于民事合同的平等性，在执行和解中，行政机关居主导地位，被执行人即使不同意订立执行协议，也要履行行政决定的义务。

3. 执行协议虽然是执行机关与被执行人之间自愿达成的，但协议的内容也不能自由约定，尤其不能损害公共利益和他人的合法利益。比如,某市住建部门就邱某违法建筑拆迁事宜达成执行和解,但协议内容不能损害其邻居徐某的合法权益。

4. 执行协议的内容可以分为两种:

(1)就被执行人自动履行义务的时间进行协商,可以约定分阶段履行义务。如对违法建筑的拆除,如果该违法建筑的居民还正在使用中,居民需要找到新的居住用房,此种情况下,执行协议可以约定执行的期限。

(2)对于当事人采取补救措施的,可以减免加处罚款或者滞纳金,但不能减免罚款本金。比如,某公安机关对罗某倒卖火车票行为处罚款 1000 元,罗某因有急事出国 1 个月,导致超过 15 日未及时缴纳罚款,但其返回国内以后第一时间将相关情况报告公安机关,公安机关可以视情减免对其加处的罚款,但对处罚的 1000 元罚款不能减免。

5. 执行协议对行政机关和被执行人都有约束力,双方都应履行执行协议的内容。如果当事人未按照执行协议履行义务的,行政机关可以单方恢复强制执行。

◆ **关联法条**

《公安机关办理行政案件程序规定》

第二百零五条　实施行政强制执行,公安机关可以在不损害公共利益和他人合法权益的情况下,与当事人达成执行协议。执行协议可以约定分阶段履行;当事人采取补救措施的,可以减免加处的罚款。

执行协议应当履行。被处罚人不履行执行协议的,公安机关应当恢复强制执行。

☆ **真题回顾**

(2017 年多选)关于行政强制执行中的执行协议,下列说法正确的有(　　)。

A. 实施行政强制执行,行政机关可以在不损害公共利益和他人合法权益的情况下,与当事人达成执行协议

B. 执行协议必须一次性履行

C. 执行协议应当履行

D. 当事人不履行执行协议的,行政机关应当恢复强制执行

E. 执行协议可以约定分阶段履行

【解析】答案为 ACDE。根据《行政强制法》第 42 条的规定,A 项、C 项、D 项和 E 项正确。B 项的表述显然过于绝对,也不符合常理,即使对法条不熟悉,也不难排除。

★ **文明执法**

第四十三条　行政机关不得在夜间或者法定节假日实施行政强制执行。但是,情况紧急的除外。

行政机关不得对居民生活采取停止供水、供电、供热、供燃气等方式迫使当事人履行相关行政决定。

● **考点点拨**

1. 行政机关应当坚持依法执法、文明执法、严格执法原则,行政强制执行不等同于暴力执行,应当尽量避免因实施暴力行政强制而引发社会矛盾。

2. 行政强制执行应当尊重当事人的休息权,防止搞"突然袭击"和扰民,因此,行政强制执行一般不得在夜间或者法定节假日实施。但是在情况紧急的情况下,行政机关可以在夜间或者法定节假日执行。比如,需要立即清除道路、河道、航道或者公共场所遗洒物、障碍物或者污染物,当事人不能清除的,行政机关可以决定立即实施代履行。

3. 强制执行应符合比例原则,不能为了公共利益的需要,而给当事人的私权造成过度的损害。因此,行政机关不得对居民生活采取停止供水、供电、供热、供燃气等方式迫使当事人履行相关行政决定。否则,可能会造成当事人的对立情绪,激化矛盾,不利于社会稳定。需要注意的是,这里的对象仅指"居民生活",不包括法人和其他组织,行政机关可以采取停止供水、供电、供热、供燃气的方式督促法人和其他组织履行义务。

☆ **真题回顾**

(2017 年多选)行政机关不得对居民生活采取(　　)等方式迫使当事人履行相关行政决定。

A. 停止供水

B. 停止供电

C. 停止供热

D. 停止供燃气

E. 冻结银行存款

【解析】答案为 ABCD。根据《行政强制法》第 43 条第 2 款的规定,不得采取的方式主要是维持生活所必需条件,A 项、B 项、C 项、D 项正确。

★ **强制拆除**

第四十四条　对违法的建筑物、构筑物、设施等需要强制拆除的,应当由行政机关予以公告,限期当事人自行拆除。当事人在法定期限内不申请行政复议或者提起行政诉讼,又不拆除的,行政机关可以依法强制拆除。

● **考点点拨**

1. 强制拆除的对象包括：

(1)违法建筑物；

(2)违法构筑物；

(3)违法设施。

对于合法的建筑物、构筑物和设施不适用本条规定的强制拆除措施。

2. 强制拆除属于典型的直接强制执行，对当事人的权利影响极大。因此，除了应当遵循行政强制执行的一般程序规定外，还需要履行强制拆除的特殊程序，包括：

(1)实施强制拆除前应当进行公告。注意"公告"不等同于"催告"，在行政强制执行中，对当事人催告是必经程序。在强制拆除违法建筑时，除了催告外，还需要再公告。即在强制执行前公告，限期当事人自行拆除，当事人逾期拒不拆除的，在正式强制拆除前还应当催告。

(2)须满足当事人在法定期限内既不申请行政复议又不提起行政诉讼的条件。

3. 当事人逾期拒不拆除的，行政机关应当启动强制拆除程序予以依法强制拆除。包括：

(1)行政机关自行强制执行；

(2)申请人民法院强制拆除。

☆ **真题回顾**

(2018年单选)对违法的建筑物、构筑物、设施等需要强制拆除的，应当由行政机关予以(　　)，限期当事人自行拆除。当事人在法定期限内不申请行政复议或者提起行政诉讼，又不拆除的，行政机关可以依法强制拆除。

A. 催告　　　　B. 通知

C. 公布　　　　D. 公告

【解析】答案为D。根据《行政强制法》第44条的规定，D项正确。

第二节　金钱给付义务的执行

★ **加处罚款或者滞纳金**

第四十五条　行政机关依法作出金钱给付义务的行政决定，当事人逾期不履行的，行政机关可以依法加处罚款或者滞纳金。加处罚款或者滞纳金的标准应当告知当事人。

加处罚款或者滞纳金的数额不得超出金钱给付义务的数额。

● **考点点拨**

1. 加处罚款和滞纳金属于行政机关间接强制执行，为了防止加处罚款或者滞纳金被滥用，本条明确规定了适用加处罚款或者滞纳金的条件：

(1)当事人逾期不履行金钱给付义务的行政决定。逾期又包括两种情况：①拖欠税费；②拖欠罚款。

(2)行政机关应当将加处罚款或者滞纳金的标准告知当事人。

2. 加处罚款或者滞纳金必须不得超过本金原则。这样规定既有利于防止出现"天价罚款"，又有利于当事人更快更好地履行义务，同时也有利于行政机关积极寻求其他强制手段执行行政决定，尽快实现行政目的。比如，边检机关对非法出入境的孙某处罚款2000元人民币，限期15天缴纳，逾期一天加处3%的罚款，但即使逾期时间再长，边检机关也不得将加处的罚款超过2000元人民币(本金)。

◆ **关联法条**

《公安机关办理行政案件程序规定》

第二百一十八条　被处罚人未在本规定第二百一十四条规定的期限内缴纳罚款的，作出行政处罚决定的公安机关可以采取下列措施：

(一)将依法查封、扣押的被处罚人的财物拍卖或者变卖抵缴罚款。拍卖或者变卖的价款超过罚款数额的，余额部分应当及时退还被处罚人；

(二)不能采取第一项措施的，每日按罚款数额的百分之三加处罚款，加处罚款总额不得超出罚款数额。

拍卖财物，由公安机关委托拍卖机构依法办理。

☆ **真题回顾**

(2018年判断)当事人逾期不履行金钱给付义务的行政决定的，行政机关可以依法加处罚款或者滞纳金，但加处的数额不得超出金钱给付义务的数额。(　　)

【解析】根据《行政强制法》第45条的规定，本题说法正确。

★ **强制执行**

第四十六条　行政机关依照本法第四十五条规定实施加处罚款或者滞纳金超过三十日，经催告当事人仍不履行的，具有行政强制执行权的行政机关可以强制执行。

行政机关实施强制执行前，需要采取查封、扣押、冻结措施的，依照本法第三章规定办理。

没有行政强制执行权的行政机关应当申请人民

法院强制执行。但是,当事人在法定期限内不申请行政复议或者提起行政诉讼,经催告仍不履行的,在实施行政管理过程中已经采取查封、扣押措施的行政机关,可以将查封、扣押的财物依法拍卖抵缴罚款。

●**考点点拨**

1. 适用金钱给付义务直接强制执行必须满足两个条件:

(1)实施加处罚款或者滞纳金超过30日;

(2)经催告当事人仍不履行。

2. 为了更好地实现强制执行目的,行政机关有时需要采取查封、扣押、冻结措施,需要采取查封、扣押、冻结措施的,依照本法规定的程序和要求办理。

3. 没有行政强制执行权的行政机关对当事人逾期不履行处罚款或者滞纳金超过30日,经催告后仍不履行的,应当申请人民法院强制执行。当事人在法定期限内不申请行政复议或者提起行政诉讼,经催告仍不履行的,在实施行政管理过程中已经采取查封、扣押措施的行政机关,可以将查封、扣押的财物依法拍卖抵缴罚款。比如,某公司逾期30日未缴纳当地公安机关对其作出的治安管理罚款,且在法定期限内没有申请行政复议或提起行政诉讼的,经该公安机关催告后仍不缴纳罚款和加处的罚款,该公安机关可以将查封、扣押的该公司的相关财物拍卖抵缴罚款。

◆**关联法条**

《公安机关办理行政案件程序规定》

第二百一十九条　依法加处罚款超过三十日,经催告被处罚人仍不履行的,作出行政处罚决定的公安机关可以按照本规定第二百零六条的规定向所在地有管辖权的人民法院申请强制执行。

★**划拨存款、汇款**

第四十七条　划拨存款、汇款应当由法律规定的行政机关决定,并书面通知金融机构。金融机构接到行政机关依法作出划拨存款、汇款的决定后,应当立即划拨。

法律规定以外的行政机关或者组织要求划拨当事人存款、汇款的,金融机构应当拒绝。

●**考点点拨**

1. 划拨存款、汇款属于直接强制方式,改变了存款、汇款的归属,涉及存款、汇款的安全和整个金融业的稳定,因此应当非常慎重,应当由法律规定的行政机关决定。法律规定以外的行政机关或者组织不能要求划拨存款、汇款。如果其他行政机关或者组织要求划拨当事人存款、汇款的,金融机构应当拒绝。

2. 有权划拨存款、汇款的行政机关应当作出书面决定,并将书面决定通知金融机构。口头通知是不可以的。

3. 金融机构应当配合行政机关执行划拨存款、汇款,接到行政机关依法作出划拨存款、汇款的决定后,应当立即划拨。否则,需要承担法律责任。

◆**关联法条**

《公安机关办理行政案件程序规定》

第一百一十三条第一款　公安机关对恐怖活动嫌疑人的存款、汇款、债券、股票、基金份额等财产采取冻结措施的,应当经县级以上公安机关负责人批准,向金融机构交付冻结通知书。

⊙委托拍卖

第四十八条　依法拍卖财物,由行政机关委托拍卖机构依照《中华人民共和国拍卖法》的规定办理。

●**考点点拨**

1. 拍卖是指以公开竞价的形式,将特定物品或者财产权利转让给最高应价者的买卖方式。拍卖在一般情况下能够较为充分地实现财产的价值,是一种较好的执行方式。

2. 为了保证变卖财物的公平性,本法规定行政机关变卖必须通过拍卖的方式。拍卖应当依照《拍卖法》规定的程序办理。《拍卖法》对拍卖的原则、拍卖人、拍卖程序等都作了明确规定。

◆**关联法条**

《公安机关办理行政案件程序规定》

第二百一十八条第二款　拍卖财物,由公安机关委托拍卖机构依法办理。

⊙款项处理

第四十九条　划拨的存款、汇款以及拍卖和依法处理所得的款项应当上缴国库或者划入财政专户。任何行政机关或者个人不得以任何形式截留、私分或者变相私分。

●**考点点拨**

1. 为了加强对划拨存款、汇款及拍卖所得款项的管理,防止行政机关或者个人截留、私分或者变相私分,本条规定了划拨存款、汇款及拍卖和依法处理所得的款项应当上缴国库或者划入财政专户。需要注意的是,这里的"财政专户"不是行政机关的基本账户或其他账户,而是在银行开立的用于存储、管理和核算具有专项用途的财政性资金的专用账户。

2. 严禁任何行政机关或者个人以任何形式截留、私分或者变相私分划拨的存款、汇款以及拍卖和依法处理所得的款项。否则,需要承担相应法律责任。这既有利于减少行政机关"创收"冲动,防止滥用行政强制执行,又有利于保障国家财产不被截留私分或者变相私分。

◆关联法条

《公安机关办理行政案件程序规定》

第一百九十六条　对收缴和追缴的财物,经原决定机关负责人批准,按照下列规定分别处理:

(一)属于被侵害人或者善意第三人的合法财物,应当及时返还;

(二)没有被侵害人的,登记造册,按照规定上缴国库或者依法变卖、拍卖后,将所得款项上缴国库;

(三)违禁品、没有价值的物品,或者价值轻微,无法变卖、拍卖的物品,统一登记造册后销毁;

(四)对无法变卖或者拍卖的危险物品,由县级以上公安机关主管部门组织销毁或者交有关厂家回收。

第一百九十七条　对应当退还原主或者当事人的财物,通知原主或者当事人在六个月内来领取;原主不明确的,应当采取公告方式告知原主认领。在通知原主、当事人或者公告后六个月内,无人认领的,按无主财物处理,登记后上缴国库,或者依法变卖或者拍卖后,将所得款项上缴国库。遇有特殊情况的,可酌情延期处理,延长期限最长不超过三个月。

第三节　代　履　行

★代履行条件

第五十条　行政机关依法作出要求当事人履行排除妨碍、恢复原状等义务的行政决定,当事人逾期不履行,经催告仍不履行,其后果已经或者将危害交通安全、造成环境污染或者破坏自然资源的,行政机关可以代履行,或者委托没有利害关系的第三人代履行。

●考点点拨

1. 代履行是指当事人拒绝履行或者没有能力履行义务时,行政机关决定由他人代替当事人履行义务,履行费用由当事人承担的强制执行方式。代履行是与执行罚、直接强制执行并列的一种行政强制执行方式,它不是当事人委托第三人履行,也不是代执行,不属于行政机关直接强制执行。比如,交警部门要求交通肇事司机限期将肇事车辆拖走,肇事司机逾期不履行,经催告仍不履行的,交警部门可以代为将肇事车辆拖走。

2. 代履行的适用条件:

(1)行政机关依法作出行政决定,要求当事人履行排除妨碍、恢复原状等义务;

(2)当事人对排除妨碍、恢复原状等义务逾期不履行,且经催告仍不履行;

(3)不履行的后果必须是已经或者即将导致以下危害结果之一:

①危害交通安全;

②造成环境污染;

③破坏自然资源。

只有同时满足三个条件,才可以适用代履行。

3. 有权实施代履行的主体有两种:

(1)作出行政决定的机关,这些行政机关通常没有行政强制执行权。

(2)委托没有利害关系的第三人。

4. 考生需要注意的是,代履行与执行罚(加处罚款或加处滞纳金)都属于间接强制执行,本身都不属于行政强制执行权。实践中,有行政强制执行权的行政机关实施强制执行时,可以先行实施代履行这种缓和的方式,没有行政强制执行权的行政机关在申请人民法院强制执行前,也可以先行实施代履行,用缓和的方法尽量解决行政争议。

◆关联法条

《公安机关办理行政案件程序规定》

第二百零三条第一款　依法作出要求被处理人履行排除妨碍、恢复原状等义务的行政处理决定,被处理人逾期不履行,经催告仍不履行,其后果已经或者将危害交通安全的,公安机关可以代履行,或者委托没有利害关系的第三人代履行。

☆真题回顾

(2018年判断)强制搬迁和强制拆除属于代履行,适用代履行程序。(　　)

【解析】根据《行政强制法》第50条的规定,代履行是一种间接强制执行,是指当事人在没有能力履行或拒绝履行义务时,由行政机关或者行政机关委托的第三人代替当事人履行义务,履行费用由当事人承担的行政强制执行方式。强制搬迁和强制拆除只有在当事人无能力履行或拒绝履行时,并且其后果已经或者将危害交通安全、造成环境污染或者破坏自然资源的,行政机关可以代履行,故本题说法错误。

★代履行程序

第五十一条　代履行应当遵守下列规定：

（一）代履行前送达决定书，代履行决定书应当载明当事人的姓名或者名称、地址，代履行的理由和依据、方式和时间、标的、费用预算以及代履行人；

（二）代履行三日前，催告当事人履行，当事人履行的，停止代履行；

（三）代履行时，作出决定的行政机关应当派员到场监督；

（四）代履行完毕，行政机关到场监督的工作人员、代履行人和当事人或者见证人应当在执行文书上签名或者盖章。

代履行的费用按照成本合理确定，由当事人承担。但是，法律另有规定的除外。

代履行不得采用暴力、胁迫以及其他非法方式。

●考点点拨

1. 实施代履行应当按照以下程序：

（1）作出代履行决定书并送达；

（2）代履行3日前催告当事人履行；

（3）代履行时，作出决定的行政机关应当派员到场监督；

（4）代履行完毕，相关责任主体应当在执行文书上签名或者盖章，以确认代履行的结果。

2. 代履行决定书应当载明以下事项：

（1）当事人的姓名或者名称、地址；

（2）代履行的理由和依据；

（3）代履行的方式和时间；

（4）代履行标的；

（5）代履行的费用预算；

（6）代履行人。

3. 代履行的收费应当按照成本合理确定，并且原则上由当事人承担，法律另有规定除外。比如，交警部门的拖车费用过去由涉事车主承担，新的《道路交通安全法》实施后，规定交警拖车不得收取费用。这种情况就属于“法律另有规定的除外”。

4. 由于《行政强制法》明确规定代履行性质不是代执行，因此行政机关和受委托组织不得以暴力、胁迫以及其他非法手段实施代履行。

◆关联法条

《公安机关办理行政案件程序规定》

第二百零三条第二款、第三款　代履行应当遵守下列规定：

（一）代履行前送达决定书，代履行决定书应当载明当事人的姓名或者名称、地址，代履行的理由和依据、方式和时间、标的、费用预算及代履行人；

（二）代履行三日前，催告当事人履行，当事人履行的，停止代履行；

（三）代履行时，作出决定的公安机关应当派员到场监督；

（四）代履行完毕，公安机关到场监督人员、代履行人和当事人或者见证人应当在执行文书上签名或者盖章。

代履行的费用由当事人承担。但是，法律另有规定的除外。

★立即代履行

第五十二条　需要立即清除道路、河道、航道或者公共场所的遗洒物、障碍物或者污染物，当事人不能清除的，行政机关可以决定立即实施代履行；当事人不在场的，行政机关应当在事后立即通知当事人，并依法作出处理。

●考点点拨

1. 本条对立即代履行作了规定，立即代履行性质上是代履行，属于特殊代履行，因为它符合本法第50条关于代履行的一般规定要求。立即代履行主要考虑到在一些紧急情况下，为了保护公共利益，需要保证行政效率，快速处置，防止延误履行造成更大不必要的危害后果。

2. 立即代履行的特殊性主要表现在：

（1）适用对象特定。立即代履行的适用对象为：清除道路、河道、航道或者公共场所的遗洒物、障碍物或者污染物的作为义务。

（2）实施主体为普遍授权。任何行政机关只要在其职权范围内，符合本条规定条件的，都可以依照本法规定立即实施清除道路、河道、航道或者公共场所遗洒物、障碍物或者污染物。

（3）实施程序简易。立即代履行中没有催告程序。当事人在场的，行政机关可以责令当事人予以清除，当事人不同意清除的，行政机关可以立即实施代履行；当事人不在场的，行政机关可径直实施代履行，但事后应当立即通知当事人，依法收取代履行费用，并对该违法行为作出处罚等行政处理。

3. 无论是代履行还是立即代履行，除法律特殊规定外，代履行费用都由当事人支付，主要原因在于：

（1）出现代履行的事由系当事人引起的，其理应承担法律责任；

（2）当事人拒绝履行或者没有能力履行义务时，

为了防止更大的危害后果的发生,行政机关代为履行,费用由当事人负责更为合理。反过来理解,如果代履行费用由行政机关承担,那么当事人是不是都不想履行了? 比如,谷某驾驶的泥头车因路面颠簸将碎石洒落地上影响了过往车辆的通行,本来谷某要立即清除路面的碎石,但谷某不能履行,行政机关城管部门代为履行,结果费用由城管部门承担,这合理吗? 因此,考生要学会从生活常理上去理解立法原意,这样比死记硬背法条要有效得多。

◆关联法条

《公安机关办理行政案件程序规定》

第二百零四条　需要立即清理道路的障碍物,当事人不能清除的,或者有其他紧急情况需要立即履行的,公安机关可以决定立即实施代履行。当事人不在场的,公安机关应当在事后立即通知当事人,并依法作出处理。

第五章　申请人民法院强制执行

★非诉执行条件

第五十三条　当事人在法定期限内不申请行政复议或者提起行政诉讼,又不履行行政决定的,没有行政强制执行权的行政机关可以自期限届满之日起三个月内,依照本章规定申请人民法院强制执行。

●考点点拨

1. 行政机关申请人民法院强制执行的行政决定的前提条件是:当事人(义务人)在法定期限内不申请行政复议或者提起行政诉讼,又不履行行政决定。需要注意的是,行政机关作为申请人,需要向人民法院提供当事人不履行行政决定的相关证据。

2. 行政机关申请人民法院强制执行的期限为:当事人行使行政救济的法定期限届满之日起3个月内,可以申请人民法院强制执行。这样规定是为了促使行政机关及时提出执行申请,提高行政效率。超过此期限的,人民法院不予执行。

3. 申请人民法院强制执行的主体必须是没有行政强制执行权的行政机关,原则上,已经具有行政强制执行权的行政机关不能申请人民法院强制执行。比如,税务部门具有强制执行权,对于扣缴税款应当自行强制执行而不宜申请人民法院强制执行。

◆关联法条

《公安机关办理行政案件程序规定》

第一百九十八条　公安机关依法作出行政处理决定后,被处理人应当在行政处理决定的期限内予以履行。逾期不履行的,作出行政处理决定的公安机关可以依法强制执行或者申请人民法院强制执行。

☆真题回顾

(2018年单选)春节期间,王某不听社区居委会工作人员的劝阻,在社区内燃放烟花爆竹并殴打居委会工作人员,行政机关依法作出罚款的决定后,王某在法定期限内未申请行政复议或者提起行政诉讼,也未履行行政决定,该机关应当申请(　　)强制执行。

A. 公安机关

B. 人民法院

C. 人民检察院

D. 人民代表大会

【解析】答案为B。根据《行政强制法》第53条、第17条的规定,拒不执行行政处罚决定,没有行政强制执行权的机关,申请人民法院强制执行,B项正确。

★催告及执行管辖

第五十四条　行政机关申请人民法院强制执行前,应当催告当事人履行义务。催告书送达十日后当事人仍未履行义务的,行政机关可以向所在地有管辖权的人民法院申请强制执行;执行对象是不动产的,向不动产所在地有管辖权的人民法院申请强制执行。

●考点点拨

1. 与行政机关自己实施强制执行中需要履行催告程序一样,申请人民法院强制执行也必须要履行催告程序。但不同之处在于,申请人民法院强制执行的催告程序中设定了一个10日履行期限,如果当事人在催告书送达10日后仍然不履行义务的,行政机关才可以申请人民法院强制执行。

2. 由于《行政诉讼法》没有单独对非诉强制执行案件的管辖作详细规定,非诉强制执行案件的管辖一般参照民事诉讼管辖的规定执行,包括:

(1)非诉行政执行案件的级别管辖。行政机关申请人民法院强制执行的,一般由申请人所在地的基层人民法院受理;对于某些重大、复杂或在本辖区内有重大影响的案件也可以由中级人民法院或高级人民法院管辖。

(2)非诉行政执行的地域管辖。一般由申请人所在地的人民法院管辖,如果申请执行对象为不动产的,由不动产所在地有管辖权的人民法院管辖。

(3)非诉行政强制执行的移送管辖。对于不宜由原管辖地法院管辖的,可以报请上一级人民法院指定移送管辖。考生需要注意的是:专门人民法院不具有非诉行政执行的管辖权。

◆**关联法条**

《公安机关办理行政案件程序规定》

第二百零七条　申请人民法院强制执行前，公安机关应当催告被处理人履行义务，催告书送达十日后被处理人仍未履行义务的，公安机关可以向人民法院申请强制执行。

☆**真题回顾**

（2017年单选）行政强制执行对象为动产的，向（　　）所在地有管辖权的人民法院申请强制执行。

A. 行政机关

B. 被执行人

C. 执行对象

D. 上一级行政机关

【解析】答案为A。根据《行政强制法》第54条的规定，A选项正确。考生注意看清题干中的表述是“动产”，切勿粗心大意。

（2019年单选）某税务机关申请人民法院强制执行甲的存款前，催告其履行义务，并于2018年1月10日送达催告书，则（　　）后甲仍未履行义务的，可以向人民法院申请强制执行。

A. 2018年1月15日

B. 2018年1月21日

C. 2018年2月10日

D. 2018年4月10日

【解析】答案为B。根据《行政强制法》第54条的规定，税务机关催告书于1月10日送达，送达10日后，即1月21日起，当事人甲仍未履行义务的，税务机关可以向人民法院申请强制执行。故B项正确。考生对于一些重要的期限应当识记，识记时要注意比较区分，不要混淆。

★**申请执行材料**

第五十五条　行政机关向人民法院申请强制执行，应当提供下列材料：

（一）强制执行申请书；

（二）行政决定书及作出决定的事实、理由和依据；

（三）当事人的意见及行政机关催告情况；

（四）申请强制执行标的情况；

（五）法律、行政法规规定的其他材料。

强制执行申请书应当由行政机关负责人签名，加盖行政机关的印章，并注明日期。

●**考点点拨**

1. 行政机关的申请是人民法院强制执行的前提，人民法院只有在收到行政机关提交的执行申请后，才开始决定是否执行。行政机关申请强制执行时，必须向法院提交相应的材料，以便司法机关进行审查。

2. 行政机关申请人民法院强制执行需要提交的材料包括：

（1）强制执行申请书。必须是以书面形式，即提交申请执行书的形式提出，而不能以口头形式提出。否则，人民法院可以不予受理。

（2）行政决定书及作出决定的事实、理由和依据。行政决定书是行政机关作出具体行政行为的文字表现形式，是行政机关申请人民法院强制执行的根据。

（3）当事人的意见及行政机关催告情况。催告是申请法院强制执行的先决条件。

（4）申请强制执行标的情况。

（5）法律、行政法规规定的其他材料。

上述材料必须齐全，缺一不可，否则，人民法院不予受理。

◆**关联法条**

《公安机关办理行政案件程序规定》

第二百零八条　公安机关向人民法院申请强制执行，应当提供下列材料：

（一）强制执行申请书；

（二）行政处理决定书及作出决定的事实、理由和依据；

（三）当事人的意见及公安机关催告情况；

（四）申请强制执行标的情况；

（五）法律、法规规定的其他材料。

强制执行申请书应当由作出处理决定的公安机关负责人签名，加盖公安机关印章，并注明日期。

☆**真题回顾**

（2018年多选）行政机关向人民法院申请强制执行，应当提供的材料有（　　）。

A. 强制执行申请书

B. 行政决定书

C. 行政机关催告情况

D. 申请强制执行标的情况

E. 作出决定的事实、理由和依据

【解析】答案为ABCDE。根据《行政强制法》第55条的规定，五个选项均正确。

⊙申请受理

第五十六条　人民法院接到行政机关强制执行的申请，应当在五日内受理。

行政机关对人民法院不予受理的裁定有异议的，

可以在十五日内向上一级人民法院申请复议,上一级人民法院应当自收到复议申请之日起十五日内作出是否受理的裁定。

●考点点拨

1. 行政机关提交强制执行申请材料后,人民法院应当在接到申请5日内受理。立法之所以规定受理决定期限,是为了防止人民法院无限期拖延降低执行效率,从而损害法律的尊严。但需要注意的是,人民法院并非对行政机关的所有非诉强制执行申请都予以受理,只有符合法定条件的,人民法院才予以受理,否则裁定不予受理。比如,如果某行政机关自己具有行政强制执行权,仍然申请法院强制执行,人民法院可以不予受理。又如,被申请人在法定期限内已经履行了相应义务,人民法院也不应受理行政机关的强制申请。

2. 行政机关对人民法院不予受理的裁定可以采取救济手段,即可以收到裁定之日起15日内向上一级人民法院申请复议,上一级人民法院应当自收到复议申请之日起15日内作出是否受理的裁定。

◆关联法条

《公安机关办理行政案件程序规定》

第二百零九条　公安机关对人民法院不予受理强制执行申请、不予强制执行的裁定有异议的,可以在十五日内向上一级人民法院申请复议。

⊙书面审查

第五十七条　人民法院对行政机关强制执行的申请进行书面审查,对符合本法第五十五条规定,且行政决定具备法定执行效力的,除本法第五十八条规定的情形外,人民法院应当自受理之日起七日内作出执行裁定。

●考点点拨

1. 人民法院对行政机关强制执行的申请实行书面审查。书面审查的形式有别于开庭审查或者召开听证会审查的形式,即审查主要以行政机关提供的书面材料为主进行,相当于形式审查。

2. 人民法院进行审查的内容主要有:

(1)行政机关是否在法定期限内提出的申请。

(2)行政机关是否按照本法第55条的规定提供了齐备的申请材料。

(3)行政决定是否具备法定执行效力。

(4)行政决定不具有本法第58条规定的三类情形:

①明显缺乏事实根据的;

②明显缺乏法律、法规依据的;

③其他明显违法并损害被执行人合法权益的。

人民法院通过对以上四项内容的书面审查,认为没有问题的,应当自受理之日起7日内作出执行裁定。

★实质审查

第五十八条　人民法院发现有下列情形之一的,在作出裁定前可以听取被执行人和行政机关的意见:

(一)明显缺乏事实根据的;

(二)明显缺乏法律、法规依据的;

(三)其他明显违法并损害被执行人合法权益的。

人民法院应当自受理之日起三十日内作出是否执行的裁定。裁定不予执行的,应当说明理由,并在五日内将不予执行的裁定送达行政机关。

行政机关对人民法院不予执行的裁定有异议的,可以自收到裁定之日起十五日内向上一级人民法院申请复议,上一级人民法院应当自收到复议申请之日起三十日内作出是否执行的裁定。

●考点点拨

1. 根据本法第57条的规定,人民法院对行政机关的执行申请一般只进行书面审查,但如果在书面审查的过程中,发现具有特定情形的,在作出裁定以前可以进行实质审查,即听取被执行人和行政机关的意见。

2. 人民法院在书面审查发现具有以下三种情形时,可以听取被执行人和行政机关的意见:

(1)明显缺乏事实根据的;

(2)明显缺乏法律、法规依据的;

(3)其他明显违法并损害被执行人合法权益的。

3. 人民法院需要进行实质审查的,应当自受理行政机关强制执行申请之日起30日内作出是否执行的裁定。如果经审查,认定行政决定明显缺乏事实根据,或者明显缺乏法律、法规依据,以及其他明显违法并损害被执行人合法权益的,应当作出不予执行的裁定,并说明理由,在裁定作出后5日内送达行政机关。

4. 行政机关对人民法院不予执行的裁定有异议的,可以采取救济手段。即可以自收到裁定之日起15日内向上一级人民法院申请复议,上一级人民法院应当自收到复议申请之日起15日内作出是否执行的裁定。

◆**关联法条**

《公安机关办理行政案件程序规定》

第二百零九条　公安机关对人民法院不予受理强制执行申请、不予强制执行的裁定有异议的，可以在十五日内向上一级人民法院申请复议。

☆**真题回顾**

(2018年多选)人民法院有发现下列(　　)情形之一的，在作出裁定之前，可以听取被执行人和行政机关的意见。

A. 明显缺乏事实根据的

B. 明显缺乏法律依据的

C. 行政机关超过法定期限提出申请的

D. 行政机关没有履行催告程序的

E. 其他明显违法并损害被执行人合法权益的

【解析】答案为ABE。根据《行政强制法》第58条第1款的规定，A项、B项、E项正确。

★**申请立即执行**

第五十九条　因情况紧急，为保障公共安全，行政机关可以申请人民法院立即执行。经人民法院院长批准，人民法院应当自作出执行裁定之日起五日内执行。

●**考点点拨**

1. 特殊情形下，行政机关可以申请人民法院立即执行其行政决定，但必须同时满足两个条件：

(1)情况紧急；

(2)出于保障公共安全的目的。

对于什么情况属于情况紧急，是否属于保障公共安全，由行政机关根据具体情况作出判断，最后由人民法院进行裁量。

2. 人民法院收到行政机关的申请后，应当对申请进行书面审查，如果人民法院认为行政机关的申请属于情况紧急的情形，而且是为了保障公共安全，经人民法院院长批准，应当及时受理并作出执行裁定，并在作出执行裁定之日起5日内执行。此处的执行，是5日内开始执行，而不是执行完毕。因为有些执行标的需要一定的时间，并非一执行就能完成。

◆**关联法条**

《公安机关办理行政案件程序规定》

第二百零六条第一款　当事人在法定期限内不申请行政复议或者提起行政诉讼，又不履行行政处理决定的，法律没有规定公安机关强制执行的，作出行政处理决定的公安机关可以自期限届满之日起三个月内，向所在地有管辖权的人民法院申请强制执行。因情况紧急，为保障公共安全，公安机关可以申请人民法院立即执行。

★**执行费用**

第六十条　行政机关申请人民法院强制执行，不缴纳申请费。强制执行的费用由被执行人承担。

人民法院以划拨、拍卖方式强制执行的，可以在划拨、拍卖后将强制执行的费用扣除。

依法拍卖财物，由人民法院委托拍卖机构依照《中华人民共和国拍卖法》的规定办理。

划拨的存款、汇款以及拍卖和依法处理所得的款项应当上缴国库或者划入财政专户，不得以任何形式截留、私分或者变相私分。

●**考点点拨**

1. 行政机关申请人民法院强制执行，是不需要缴纳申请费用的，因为行政机关申请人民法院强制执行是出于社会管理及公益的目的，即使缴纳申请费也是由财政负担，确实没有必要。

2. 如果人民法院在强制执行中产生费用，则这些费用需要由被执行人承担。比如，某县公安机关申请该县人民法院对李某因扰乱公共秩序被处的1000元罚款及加处的罚款进行强制执行，则该县人民法院在强制执行中产生的费用由李某承担。

3. 当地对于人民法院以划拨、拍卖方式强制执行的，可以在划拨、拍卖后将强制执行的费用扣除。立法的原意是行政决定作出后本来应由被执行人执行的，因被执行人拒绝执行或者无能力执行，才导致人民法院强制执行，所以法律规定由被执行人承担费用是符合公平公正原则的。这和"谁开发谁保护""谁污染谁治理"的思路是一致的。

4. 依法需要拍卖财物的，由人民法院委托拍卖机构进行办理，具体应当依照《拍卖法》的规定执行。

5. 为了防止法官在强制执行中利用职权非法占用执行款项，给国家利益造成损失，本条明确规定强制执行的相关款项应当上缴国库或者划入财政专户，不得以任何形式截留、私分或者变相私分。

◆**关联法条**

《中华人民共和国拍卖法》

第九条第一款　国家行政机关依法没收的物品，充抵税款、罚款的物品和其他物品，按照国务院规定应当委托拍卖的，由财产所在地的省、自治区、直辖市的人民政府和设区的市的人民政府指定的拍卖人进行拍卖。

第五十七条第一款　拍卖本法第九条规定的物品成交的，拍卖人可以向买受人收取不超过拍卖成交价百分之五的佣金。收取佣金的比例按照同拍卖成交价成反比的原则确定。

☆**真题回顾**

（2018 年单选）行政机关申请人民法院强制执行，（　　）申请费。

A. 适当缴纳

B. 不缴纳

C. 按比例缴纳

D. 按实际成本缴纳

【解析】答案为 B。根据《行政强制法》第 60 条第 1 款的规定，B 项正确。在本考点中，考生容易答错的还有强制执行的费用，很容易想当然认为"谁申请执行谁付钱"。考生在备考学习中如果多用心领会立法原旨，很多问题就会迎刃而解。是由于当事人在行政机关决定的期限内不履行义务，才造成行政机关申请强制执行，无疑增加了司法成本，因此法律规定由被执行人承担强制执行的费用，有利于倒逼被执行人自觉、主动履行义务。

（2019 年单选）由于相对人陈某拒不履行某行政机关的决定，该行政机关拟申请人民法院强制执行，则该项执行的费用应当由（　　）承担。

A. 该行政机关

B. 该行政机关所在地人民政府

C. 人民法院

D. 陈某

【解析】答案为 D。根据《行政强制法》第 60 条第 1 款的规定，陈某拒不履行行政机关的决定，行政机关申请强制执行的，执行费用由被执行人陈某承担。D 项当选。

第六章　法律责任

⊙违法实施行政强制责任

第六十一条　行政机关实施行政强制，有下列情形之一的，由上级行政机关或者有关部门责令改正，对直接负责的主管人员和其他直接责任人员依法给予处分：

（一）没有法律、法规依据的；

（二）改变行政强制对象、条件、方式的；

（三）违反法定程序实施行政强制的；

（四）违反本法规定，在夜间或者法定节假日实施行政强制执行的；

（五）对居民生活采取停止供水、供电、供热、供燃气等方式迫使当事人履行相关行政决定的；

（六）有其他违法实施行政强制情形的。

●**考点点拨**

1. 行政机关"违法"实施行政强制需要承担相应法律责任，除了由上级行政机关或有关部门责令改正外，对直接负责的主管人员和其他直接责任人员还要给予行政处分。

2. 违法实施行政强制主要有以下六种情形：

（1）没有法律、法规依据；

（2）改变行政强制对象、条件、方式；

（3）违反法定程序实施行政强制；

（4）违反本法规定，在夜间或者法定节假日实施行政强制执行；

（5）对居民生活采取停止供水、供电、供热、供燃气等方式迫使当事人履行相关行政决定；

（6）有其他违法实施行政强制情形的。

⊙违法查封、扣押、冻结责任

第六十二条　违反本法规定，行政机关有下列情形之一的，由上级行政机关或者有关部门责令改正，对直接负责的主管人员和其他直接责任人员依法给予处分：

（一）扩大查封、扣押、冻结范围的；

（二）使用或者损毁查封、扣押场所、设施或者财物的；

（三）在查封、扣押法定期间不作出处理决定或者未依法及时解除查封、扣押的；

（四）在冻结存款、汇款法定期间不作出处理决定或者未依法及时解除冻结的。

●**考点点拨**

1. 行政机关"违法"查封、扣押、冻结需要承担相应法律责任，除了由上级行政机关或有关部门责令改正外，对直接负责的主管人员和其他直接责任人员还要给予行政处分。比如，某公安机关社区民警梁某出于报复目的，对其辖区一个有经营许可牌照的网吧进行查封，这种查封行为就是利用职权的徇私行为，是违法的，梁某需要承担法律责任。

2. 违法查封、扣押、冻结主要包括以下几种情形：

（1）扩大查封、扣押、冻结范围；

（2）使用或者损毁查封、扣押场所、设施或者财物；

（3）在查封、扣押法定期间不作出处理决定或者未依法及时解除查封、扣押的；

（4）在冻结存款、汇款法定期间不作出处理决定或者未依法及时解除冻结的。

⊙截留、私分查封、扣押财物或款项责任

第六十三条　行政机关将查封、扣押的财物或者划拨的存款、汇款以及拍卖和依法处理所得的款项，截留、私分或者变相私分的，由财政部门或者有关部门予以追缴；对直接负责的主管人员和其他直接责任人员依法给予记大过、降级、撤职或者开除的处分。

行政机关工作人员利用职务上的便利，将查封、扣押的场所、设施或者财物据为己有的，由上级行政机关或者有关部门责令改正，依法给予记大过、降级、撤职或者开除的处分。

●**考点点拨**

1. 行政机关截留、私分或者变相私分查封、扣押的财物或者划拨的存款、汇款以及拍卖和依法处理所得的款项的，除了由财政部门或者有关部门予以追缴外，对直接负责的主管人员和其他直接责任人员还要依法给予记大过、降级、撤职或者开除的处分。

2. 行政机关工作人员利用职务上的便利，将查封、扣押的场所、设施或者财物据为己有的，除了由上级行政机关或者有关部门责令改正外，还要依法给予记大过、降级、撤职或者开除的处分。

⊙利用行政强制权谋利责任

第六十四条　行政机关及其工作人员利用行政强制权为单位或者个人谋取利益的，由上级行政机关或者有关部门责令改正，对直接负责的主管人员和其他直接责任人员依法给予处分。

●**考点点拨**

行政机关及其工作人员不得利用行政强制权为单位或者个人谋取利益，违反该规定的，除了由上级行政机关或者有关部门责令改正外，还要对直接负责的主管人员和其他直接责任人员依法给予处分。比如，某县一四星级酒店因未赞助该县公安局举办的篮球赛活动，该县公安局治安大队故意以该酒店住宿信息登记不规范为由，对该酒店采取了查封并责令其停业整顿的行政强制措施，直到该酒店负责人承诺赞助下一年篮球比赛活动，才解除了对酒店的查封并恢复其营业。后该酒店将相关情况反映至该县政府，县政府责令县公安局立即整改，并对公安局分管领导和治安大队大队长依法进行了党纪政纪处分。

⊙违法冻结、划拨责任

第六十五条　违反本法规定，金融机构有下列行为之一的，由金融业监督管理机构责令改正，对直接负责的主管人员和其他直接责任人员依法给予处分：

（一）在冻结前向当事人泄露信息的；

（二）对应当立即冻结、划拨的存款、汇款不冻结或者不划拨，致使存款、汇款转移的；

（三）将不应当冻结、划拨的存款、汇款予以冻结或者划拨的；

（四）未及时解除冻结存款、汇款的。

●**考点点拨**

1. 金融机构违法冻结、划拨的，由金融业监督管理机构责令改正，对直接负责的主管人员和其他直接责任人员依法给予处分。

2. 金融机构常见违法冻结、划拨的行为有以下几种：

（1）在冻结前向当事人泄露信息；

（2）对应当立即冻结、划拨的存款、汇款不冻结或者不划拨，致使存款、汇款转移；

（3）将不应当冻结、划拨的存款、汇款予以冻结或者划拨；

（4）未及时解除冻结存款、汇款。

★**执行款项未划入规定账户责任**

第六十六条　违反本法规定，金融机构将款项划入国库或者财政专户以外的其他账户的，由金融业监督管理机构责令改正，并处以违法划拨款项二倍的罚款；对直接负责的主管人员和其他直接责任人员依法给予处分。

违反本法规定，行政机关、人民法院指令金融机构将款项划入国库或者财政专户以外的其他账户的，对直接负责的主管人员和其他直接责任人员依法给予处分。

●**考点点拨**

1. 金融机构违反本法规定，将款项划入国库或者财政专户以外的其他账户的，除了由金融业监督管理机构责令其改正，并处以违法划拨款项 2 倍的罚款以外，还要对直接负责的主管人员和其他直接责任人员依法给予处分。

2. 行政机关、人民法院违反本法规定，指令金融机构将款项划入国库或者财政专户以外的其他账户的，需要由相关部门或机构对直接负责的主管人员和其他直接责任人员依法给予处分。

☆**真题回顾**

（2018 年单选）某金融机构违反规定将应划入国

库的500万元款项只划入了200万元，并将其余300万元即划入了其他个人账户，金融业监督管理机构责令该金融机构改正，并处以(　　)万元的罚款。

A. 200　　B. 300

C. 400　　D. 600

【解析】答案为D。根据《行政强制法》第66条第1款的规定，本题应划入国库的500万元，某金融机构划入了200万元，该行为合法；但是将其余300万元即划入了其他个人账户的行为就是违法，法条规定处罚的对象是"违法划拨款项"，所以应当是300万元即划入了其他个人账户款项的2倍罚款即600万元，故D项正确，当选。

⊙法院及其工作人员违法强制执行责任

第六十七条　人民法院及其工作人员在强制执行中有违法行为或者扩大强制执行范围的，对直接负责的主管人员和其他直接责任人员依法给予处分。

●**考点点拨**

不仅行政机关违法实施行政强制需要承担相应法律责任，人民法院及其工作人员在强制执行中有违法行为或者扩大强制执行范围的，也要承担相应法律责任，即对直接负责的主管人员和其他直接责任人员依法给予处分。

⊙赔偿及刑事责任

第六十八条　违反本法规定，给公民、法人或者其他组织造成损失的，依法给予赔偿。

违反本法规定，构成犯罪的，依法追究刑事责任。

●**考点点拨**

1. 行政机关、人民法院、金融机构及其工作人员违反本法规定，给公民、法人或者其他组织造成损失的，应当依法给予赔偿，具体包括行政赔偿和司法赔偿。

2. 行政机关、人民法院、金融机构及其工作人员违反本法规定，构成犯罪的，依法追究刑事责任。比如，某市中级人民法院法官邵某因错误作出强制拆除某公司厂房的裁决，致使该公司破产，损失巨大，进而引发了该厂工人游行示威，造成了恶劣的社会影响。最终邵某因涉嫌渎职罪被检察机关提起公诉。

第七章　附　　则

⊙期限界定

第六十九条　本法中十日以内期限的规定是指工作日，不含法定节假日。

●**考点点拨**

1. 10日以内(包含10日)的期限是指工作日，但不包含法定节假日。

2. 10日以上(不包含10日)的期限一般按照自然日来计算，即包含了法定节假日。

本条的立法原意是考虑到10日以内期限较短，包含节假日的话会给行政机关实际执行带来困难。

⊙授权实施行政强制

第七十条　法律、行政法规授权的具有管理公共事务职能的组织在法定授权范围内，以自己的名义实施行政强制，适用本法有关行政机关的规定。

●**考点点拨**

1. 行政强制权原则上只有行政机关才可以实施，但随着社会的发展，将某些专业性较强领域的行政管理授权一些组织来行使可能更为合适，也更具有效率。因此，国家有时通过法律、法规授权行政机关以外的组织来行使一部分行政权。比如，证监会根据《证券法》第150条的授权，可以对证券公司实施限制业务活动、责令暂停部分业务、停止批准新业务等行政强制。

2. 授权其他组织实施行政强制必须符合一定条件：

(1)该组织必须要有法律、行政法规的授权。

(2)被授权的组织必须是具有管理公共事务职能的组织。这些具有管理公共事务职能的组织通常属于国家事业单位。

(3)被授权的组织应当在法定授权范围内实施行政强制。

(4)必须是以自己的名义实施行政强制。

(5)实施行政强制适用本法有关行政机关的规定。

⊙施行时间

第七十一条　本法自2012年1月1日起施行。

第十一章　人民警察法备考要点和法条解读

第一节 人民警察法备考复习要点

一、人民警察的基本知识

（一）人民警察的概念、性质和任务

1. 人民警察是通过武装、行政和司法等手段行使警察权，维护国家安全与社会治安秩序，保障人民生命和财产安全的国家机关，是国家机器的重要组成部分。

2. 人民警察的性质是人民民主专政的重要工具，是武装性质的国家治安行政力量和刑事司法力量。

3. 人民警察的任务是承担预防、制止和惩治违法犯罪活动的使命，保护人民，服务经济社会发展，维护国家安全，维护社会治安秩序。

4.《人民警察法》的功能是维护国家安全和社会治安秩序，保护公民的合法权益，加强人民警察的队伍建设，从严治警，提高人民警察的素质，保障人民警察依法行使职权。

（二）人民警察的范围和分类

	所属系统	机关名称	警种名称
公安警察	公安部	各级人民政府公安机关	民警、刑警、交警、特警、治安警、户籍警等
		铁路公安	铁道警察
	交通运输部	交通公安	交通公安警察
	国家林业和草原局	森林公安	林业警察
	中国民用航空局	民航公安	空中警察
	海关总署	缉私局	缉私警察
国安警察	国家安全部	各级人民政府国家安全机关	国安警察
司法警察	最高人民检察院	各级人民检察院	司法警察
	最高人民法院	各级人民法院	
监狱警察	司法部	各级监狱部门	监狱警察

（三）人民警察的基本要求

1. 人民警察必须依靠人民的支持，保持同人民的密切联系，倾听人民的意见和建议，接受人民的监督，维护人民的利益，全心全意为人民服务。

2. 人民警察必须以宪法和法律为活动准则，忠于职守，清正廉洁，纪律严明，服从命令，严格执法。

3. 人民警察依法执行职务，受法律保护。

（四）人民警察法的法律渊源

1. 宪法与法律：《宪法》是我国的根本大法，是《人民警察法》立法的基础和依据，比如，《宪法》第140条规定："人民法院、人民检察院和公安机关办理刑事案件，应当分工负责，互相配合，互相制约，以保证准确有效地执行法律。"

法律是全国人民代表大会及其常务委员会制定的，包括对警察权行使的规范和对公民权的规范，如《人民警察法》《人民武装警察法》《治安管理处罚法》《枪支管理法》《道路交通安全法》等。

2. 行政法规、地方性法规与自治条例、单行条例：行政法规是国务院制定的，如《人民警察警衔条例》《人民警察使用警械和武器条例》。地方性法规、自治条例和单行条例是地方各级人民代表大会及其常务委员会或民族自治地方人民代表大会及其常务委员会制定的，在本行政区域内实施，如《辽宁省人民警察巡察条例》。

3. 部门规章和地方政府规章：部门规章是国务院组成部门和直属机构根据行政法规和国务院决定，在本部门权限范围内制定的，其中公安部规章是管理公安机关人民警察的主要依据，如《公安机关人民警察执法过错责任追究规定》《公安机关内部执法监督工作规定》。地方政府规章是地方各级人民政府制定的，如《广东省公安机关警务辅助人员管理办法》。

二、人民警察的权力、职责与执法措施

（一）人民警察的权力

1. 对违反治安管理或者其他公安行政管理法律、法规的个人或者组织，可以依法实施行政强制措施、行政处罚。

2. 为侦查犯罪活动的需要，可以依法执行拘留、搜查、逮捕或者其他强制措施。

3. 对有违法犯罪嫌疑的人员，可以当场盘问、检查；经盘问、检查，符合法定情形的，可以将其带至公安机关，对其继续盘问。

4. 对拒捕、暴乱、越狱、抢夺枪支或者其他暴力行为等紧急情况，可以依法使用武器。为制止严重违法犯罪活动的需要，可以依法使用警械。

（二）人民警察的职责

1. 预防、制止和侦查违法犯罪活动；

2. 维护社会治安秩序，制止危害社会治安秩序的行为；

3. 维护交通安全和交通秩序，处理交通事故；

4. 组织、实施消防工作，实行消防监督；

5. 管理枪支弹药、管制刀具和易燃易爆、剧毒、放射性等危险物品；

6. 对法律、法规规定的特种行业进行管理；

7. 警卫国家规定的特定人员，守卫重要的场所和设施；

8. 管理集会、游行、示威活动；

9. 管理户政、国籍、入境出境事务和外国人在中国境内居留、旅行的有关事务；

10. 维护国（边）境地区的治安秩序；

11. 对被判处拘役、剥夺政治权利的罪犯执行刑罚；

12. 监督管理计算机信息系统的安全保护工作；

13. 指导和监督国家机关、社会团体、企业事业组织和重点建设工程的治安保卫工作，指导治安保卫委员会等群众性组织的治安防范工作；

14. 法律、法规规定的其他职责。

（三）人民警察的执法措施

1. 因履行职责的紧急需要，可以优先乘坐公共交通工具；遇交通阻碍时，可以优先通行。因侦查犯罪的需要，可以优先使用交通工具、通信工具、场地和建筑物。

2. 对严重危害公共安全或者他人人身安全的精神病人，可以采取保护性约束措施。

3. 为预防和制止严重危害社会治安秩序的行为，可以在一定的区域和时间，限制人员、车辆的通行或者停留，必要时可以实行交通管制或采取交通管制措施。

4. 因侦查犯罪的需要，经过严格的批准手续，可以采取技术侦查措施。

5. 对严重危害社会治安秩序的突发事件，可以根据情况实行现场管制，可以采取必要手段强行驱散，并对拒不服从的人员强行带离现场或者立即予以拘留。

6. 拒绝或者阻碍人民警察依法执行职务，有公然侮辱、阻碍取证、拒绝阻碍执行职务或为警车设置障碍等行为的，给予治安管理处罚。

三、人民警察的义务、纪律与责任

（一）人民警察的基本义务

1. 秉公执法，办事公道；

2. 模范遵守社会公德；

3. 礼貌待人，文明执勤；

4. 尊重人民群众的风俗习惯。

（二）人民警察的其他义务

1. 遇到公民人身、财产安全受到侵犯或者处于其他危难情形，应当立即救助。

2. 对公民提出解决纠纷的要求，应当给予帮助；对公民的报警案件，应当及时查处。

3. 积极参加抢险救灾和社会公益工作。

4. 按照规定着装，佩戴人民警察标志或者持有人民警察证件，保持警容严整，举止端庄。

5. 非工作时间，遇有其职责范围内的紧急情况，应当履行职责。

（三）人民警察的基本纪律

1. 不得散布有损国家声誉的言论，参加非法组织，参加旨在反对国家的集会、游行、示威等活动，参加罢工；

2. 不得泄露国家秘密、警务工作秘密；

3. 不得弄虚作假，隐瞒案情，包庇、纵容违法犯罪活动；

4. 不得刑讯逼供或者体罚、虐待人犯；

5. 不得非法剥夺、限制他人人身自由，非法搜查他人的身体、物品、住所或者场所；

6. 不得敲诈勒索或者索取、收受贿赂；

7. 不得殴打他人或者唆使他人打人；

8. 不得违法实施处罚或者收取费用；

9. 不得接受当事人及其代理人的请客送礼；

10. 不得从事营利性的经营活动或者受雇于任何个人或者组织；

11. 不得玩忽职守，不履行法定义务；

12. 不得有其他违法乱纪的行为。

（四）人民警察的法律责任

1. 违反基本纪律的，应当给予行政处分，构成犯罪的，依法追究刑事责任。其中，行政处分包括警告、记过、记大过、降级、撤职和开除；警纪处分包括降低警衔、取消警衔、停止职务和禁闭。

2. 违反规定使用武器、警械，应当依法给予行政处分，构成犯罪的，依法追究刑事责任。

3. 执行职务中，侵犯公民或其他组织的合法权益造成损害的，应当依法给予赔偿，分为行政赔偿和刑事赔偿。

四、人民警察的管理与保障

(一)人民警察的基本制度

1. 机构与职务制度：国家根据人民警察的工作性质、任务和特点，规定组织机构设置和职务序列，并分别规定不同岗位的服务年限和不同职务的最高任职年龄。

2. 警衔制度：警衔是区分人民警察等级，表明人民警察身份的称号、标志和荣誉。一般而言，警衔高的人民警察是上级，警衔低的人民警察是下级，如果警衔高的人民警察在职务上隶属于警衔低的人民警察，职务高的为上级。

(1)警衔设五等十三级：

①总警监、副总警监。

②一级警监、二级警监、三级警监。

③一级警督、二级警督、三级警督。

④一级警司、二级警司、三级警司。

⑤一级警员、二级警员。

担任行政职务的人民警察，行政职务与警衔对应。担任专业技术职务的人民警察，警衔前加上“专业技术”。

(2)警衔的晋级：

①二级警督及以下警衔的人民警察：二级警员至一级警司，每三年晋升一级。一级警司至一级警督，每四年晋升一级。警司晋升警督，需要在人民警察院校培训合格。

②一级警督及以上的人民警察：根据德才表现和工作成果选升。警督晋升警监，需要在人民警察院校培训合格。获得一等功的人民警察，可以提前晋升警衔。职务提升后，警衔随之提升。

3. 考试选拔制度：录用人民警察，必须按照国家规定，公开考试，严格考核，择优选用。

(1)担任人民警察的条件是：

①年满18岁；

②拥护中华人民共和国宪法；

③有良好的政治、业务素质和良好的品行；

④身体健康；

⑤具有高中毕业以上文化程度，自愿从事人民警察工作；

曾因犯罪受过刑事处罚或曾被开除公职的，不得担任人民警察。

(2)担任人民警察领导职务人员的条件是：

①具有法律专业知识；

②具有政法工作经验和一定的组织管理、指挥能力；

③具有大学专科以上学历；

④经人民警察院校培训，考试合格。

4. 奖励制度：人民警察或集体工作表现突出，有显著成绩和特殊贡献的，给予奖励。奖励分为：

(1)成绩突出，给予嘉奖。

(2)成绩突出，有较大贡献，记三等功。

(3)成绩显著，有重要贡献，记二等功。

(4)成绩显著，有重大贡献和影响，记一等功。

(5)授予荣誉称号，集体荣誉称号的名称根据事迹特点确定，个人荣誉称号分为全国公安系统二级英雄模范、一级英雄模范称号。

5. 工资与抚恤优待制度：人民警察实行国家公务员的工资制度，并享受国家规定的警衔津贴和其他津贴、补贴以及保险福利待遇。人民警察因公致残、因公牺牲或者病故的，本人或其家属依法享受抚恤和优待。

6. 回避制度：人民警察在办理治安案件和刑事案件的过程中，遇有法定情形的，应当回避，当事人或者其法定代理人也有权要求回避。人民警察办理刑事案件过程中的回避，适用《刑事诉讼法》的规定；办理治安案件过程中的回避，适用《人民警察法》的规定。

(1)治安案件中的回避事由有：

①是本案的当事人或者是当事人的近亲属的；

②本人或者其近亲属与本案有利害关系的；

③与本案当事人有其他关系，可能影响案件公正处理的。

(2)刑事案件中的回避事由有：

①是本案的当事人或者是当事人的近亲属的；

②本人或者他的近亲属和本案有利害关系的；

③担任过本案的证人、鉴定人、辩护人、诉讼代理人的；

④与本案当事人有其他关系，可能影响公正处理案件的。

(二)人民警察执行命令

1. 人民警察必须执行上级的决定和命令。上级根据事实和规范作出决定和命令，并对自己的决定和命令负责；下级根据上级的决定和命令执行。这是对下级的强制性要求，拒绝执行和不服从指挥的行为会受到行政处分；这也是对下级的积极鼓励，因为合法合理执行上级命令的后果由上级承担，下级不必担心因此承担法律责任。

2. 人民警察认为决定和命令有错误的，可以按照规定提出意见，但不得中止或者改变决定和命令的执行；提出的意见不被采纳时，必须服从决定和命令；执行决定和命令的后果由作出决定和命令的上级负责。

3. 人民警察对超越法律、法规规定的人民警察职责范围的指令，有权拒绝执行，并同时向上级机关报告。这是依法行政的基本要求，即任何职务活动都必须符合法律的规定，这要求人民警察不得从事违法行为，不得从事上级指令的违法行为；如果发现指令违法，必须及时上报。

（三）人民警察的保障与支持

1. 国家发展人民警察教育事业，对人民警察有计划地进行政治思想、法制、警察业务等教育培训。

2. 国家保障人民警察的经费。人民警察的经费，按照事权划分的原则，分别列入中央和地方的财政预算。

3. 人民警察工作所必需的通信、训练设施和交通、消防以及派出所、监管场所等基础设施建设，各级人民政府应当列入基本建设规划和城乡建设总体规划。

4. 国家加强人民警察装备的现代化建设，努力推广、应用先进的科技成果。

五、人民警察的执法监督

（一）检察机关和监察机关的监督

1. 人民警察执行职务，依法接受人民检察院和监察机关的监督。

2. 人民检察院既是公诉机关，也是法律监督机关。作为公诉机关，人民检察院对公安机关侦查的案件，进行审查，决定是否逮捕、起诉、免予起诉或者补充侦查。作为法律监督机关，人民检察院对公安机关的侦查活动是否合法实行监督。检察机关监督的主要内容有刑讯逼供、非法获取和制造证据、徇私舞弊、打击报复、贪赃受贿、超过和违反刑事诉讼法规定的具体行为，通过口头纠正或书面建议的方式纠正公安机关。

3. 各级监察委员会对公职人员进行监察，调查职务违法和职务犯罪，开展廉政建设和反腐败工作。具体包括贪污贿赂、滥用职权、玩忽职守、权力寻租、利益输送、徇私舞弊以及浪费国家资财等行为。《监察法》出台后，监察委员会取代行政监察部门，《监察法》取代了《行政监察法》。

（二）上下级监督

人民警察的上级机关对下级机关的执法活动进行监督，发现其作出的处理或者决定有错误的，应当予以撤销或者变更。公安机关及其人民警察必须遵守监督决定、命令，并报告执行结果。上下级监督主要由公安机关的行政首长、业务部门的负责人和上级机关的法制部门负责。

（三）督察监督

1. 公安机关建立督察制度，对公安机关的人民警察执行法律、法规、遵守纪律的情况进行监督。督察是公安机关的督察机构和督察人员对内的监督。

2. 公安督察的具体方式有：

（1）向本级公安机关的所属单位和下级公安机关派出督察人员进行督察，或指令下级公安机关督察机构对专门事项进行督察。

（2）督察机构派出督察人员参加本级公安机关或下级公安机关的警务工作会议和重大警务活动的部署。

（3）开展警务评议活动，听取国家机关、社会团体、企事业组织和人民群众的意见。

（4）处理全国公安机关 12389 投诉专线，对群众的投诉进行处置和反馈。

3. 公安督察的组织架构

（1）县级以上地方各级人民政府公安机关的督察机构为执法勤务机构，由专职人员组成，实行队建制。

（2）公安部设督察长，由公安部一名副职领导成员担任。县级以上地方各级人民政府公安机关设督察长，由公安机关行政首长兼任。

（3）县级以上地方各级人民政府公安机关设第一副督察长，由公安机关负责监督工作的领导成员兼任，警务督察部门正职领导担任副督察长。

4. 停职与禁闭

督察机构认为公安机关人民警察违反纪律需要采取停止执行职务、禁闭措施的，由督察机构作出决定，报本级公安机关督察长批准后执行。

（1）停职与禁闭的时间：

①停止执行职务的期限为 10 日以上 60 日以下。

②禁闭的期限为 1 日以上 7 日以下。

（2）停职与禁闭的实施：

①对被停职的人民警察，应当收缴其枪支、警械和有关证件等，不准穿警服和佩戴警用标志，不准上岗执行职务。

②对被禁闭的人民警察，应当收缴其枪支、警械，

在禁闭室由专人负责看管。

(3)停职与禁闭的规则:

①对同一违法违纪行为涉及的同一名人民警察需要停职、禁闭的,只能使用其中一种,且不得连续使用。

②被禁闭的人民警察在禁闭期间不得执行职务。如果表现良好,确无停职或禁闭的必要,可以提前解除停职或禁闭措施。

(4)停职与禁闭的申诉:

①对停职和禁闭决定不服的,可以在被停职或禁闭期间向作出决定的公安机关的上一级公安机关提出申诉。

②受理申诉的公安机关应在5日内作出是否撤销停职的决定,在24小时内作出是否撤销禁闭的决定。

③申诉期间,停职和禁闭决定不停止执行。

(四)公民和社会监督

人民警察执行职务,必须自觉地接受社会和公民的监督。人民警察机关作出的与公众利益直接有关的规定,应当向公众公布。公民社会监督包括人民政协的监督、人民团体和企事业单位等社会组织的监督、公民个人的监督和新闻舆论的监督。监督的前提是执法公开,重要方式是公民或者组织的检举、控告。

六、人民警察的法律责任

(一)警纪处分、行政处分和刑事责任

1. 行政处分

(1)行政处分的效力。行政处分是一种内部行政行为,对人民警察具有约束力和强制力。行政处分不产生外部法律效力,不能进行司法审查或提起行政诉讼,对于行政处分决定不服的,可以申请复核或申诉。

(2)行政处分制度的含义:①人民警察的行政处分是依法依规作出的,如《公安机关人民警察纪律条令》。②行政处分的后果取决于违法违纪行为的种类和程度,性质恶劣、情节严重的,处分更重。

(3)行政处分的适用:《人民警察法》中的行政处分,根据处分程度,依次分为警告、记过、记大过、降级、撤职和开除。行政处分的决定由任免机关或监察机关作出,除了违法违纪行为人外,负有责任的领导人员和直接责任人员也会受到处分。

2. 警纪处分:警纪处分是公安机关内部对违法违纪、受到行政处分的人民警察给予的内部处分。《人民警察法》的纪律处分,有降低警衔、取消警衔、停止执行职务和禁闭,以及延期晋升等。比如,涉嫌泄露国家秘密、警务工作秘密的,应当采取停止执行职务的措施;涉嫌泄露公安工作秘密或者为犯罪嫌疑人通风报信的,不听制止且可能造成严重后果的,采取禁闭措施。

3. 刑事责任:人民警察违法违纪,情节和后果极为严重,可能构成犯罪的,依法承担刑事责任,如非法搜查罪、行刑逼供罪、虐待被监管人罪、包庇毒品犯罪分子罪和受贿罪、贪污罪、滥用职权罪等。

(二)违规使用武器、警械的责任

人民警察在法定情形下可以使用武器和警械,这是人民警察为了行使职权必须采取的措施,是人民警察武装性质的体现,依法使用武器或警械造成的损失,人民警察和公安机关不承担法律责任。但是,为了保障公民合法权益,武器和警械的使用受到严格限制,违法或不当使用应当承担相应的法律责任。具体责任如下:

(1)违法使用时,人民警察承担的责任:构成犯罪,依法追究刑事责任;尚不构成犯罪,应当依法给予行政处分。

(2)违法使用时,公安机关承担的责任:对受到伤亡或财产损失的人员,该人民警察所属的公安机关按照《国家赔偿法》给予赔偿。

(3)依法但是不当使用时,公安机关承担的责任:对受到伤亡或财产损失的无辜人员,该人民警察所属的公安机关参照《国家赔偿法》给予补偿。此时,人民警察不承担法律责任。

(三)损害赔偿责任

1. 人民警察执行职务时造成的损害,由公安机关进行赔偿。这意味着,人民警察造成的经济损害由国家机关承担,而人民警察仍需对违法违规行为承担行政责任,对其犯罪行为承担刑事责任。例外情况是,对于人民警察与行使职权无关的个人行为和行政相对人行为造成的损害,国家不承担赔偿责任;对于人民警察故意或重大过失造成的损害,公安机关赔偿后,责令相关责任人承担部分或全部赔偿费用。

2. 人民警察依法执行公务,造成公民的权益受到损害,公安机关参照《国家赔偿法》进行补偿。除此之外,人民警察不需承担法律责任。赔偿或补偿,承担或不承担法律责任,根本在于人民警察是否依法执行公务。

3. 国家赔偿分为行政赔偿和刑事赔偿

(1)人民警察执行行政任务中,造成的损害,适用《国家赔偿法》行政赔偿部分,如违法拘留或限制公民人身自由;非法拘禁或非法剥夺公民人身自由;

殴打、虐打等行为或唆使、放纵他人殴打、虐待等行为造成公民受伤或死亡；违法使用武器、警械造成公民受伤或死亡。

（2）人民警察在执行刑事任务时造成的损害，适用《国家赔偿法》刑事赔偿部分，如违法采取拘留或拘留时间超过法定期限；逮捕后撤销案件、不起诉或判决宣告无罪等；刑讯逼供、殴打、虐待等行为或唆使、放纵他人殴打、虐待等行为造成公民受伤或死亡；违法使用武器、警械造成公民受伤或死亡。

第二节　人民警察法重点法条解读及真题回顾

中华人民共和国人民警察法

（1995年2月28日第八届全国人民代表大会常务委员会第十二次会议通过　根据2012年10月26日第十一届全国人民代表大会常务委员会第二十九次会议《关于修改〈中华人民共和国人民警察法〉的决定》修正　主席令第69号）

目　录

第一章　总　则

⊙立法目的

第一条　为了维护国家安全和社会治安秩序，保护公民的合法权益，加强人民警察的队伍建设，从严治警，提高人民警察的素质，保障人民警察依法行使职权，保障改革开放和社会主义现代化建设的顺利进行，根据宪法，制定本法。

●**考点点拨**

1. 本法有三大立法目的：

（1）保障国家依法对人民警察实施领导和管理。

（2）保障人民警察依法履行职责、行使职权，充分发挥职能作用。

（3）充分体现人民警察为人民服务的根本宗旨，保障公民依法有效地对人民警察实施监督，防止人民警察滥用职权。既要保证人民警察依法执行公务，又要保障公民的合法权益不受侵害，还要确保国家对人民警察的有效管理，这三个基本目的与三个基本主体，在本法中有诸多体现。

考生要仔细领会国家的立法意图和立法机关的立法原旨，这样对于从宏观上理解法律、从微观上记忆法条，是非常有帮助的。

2. 本法在我国法律体系中的位置：

（1）《人民警察法》根据宪法制定，是《宪法》的下位法。因此，其内容必须符合《宪法》要求。

（2）人民警察是国家公务员的组成部分，《公务员法》也适用于人民警察。《公务员法》与《人民警察法》是一般法与特别法的关系，两者相互补充，但优先适用《人民警察法》。

（3）《人民警察法》是公安类行政法规和部门规章的上位法，是制定公安类行政法规和部门规章的基础和依据，如《公安机关组织管理条例》《人民警察使用警械和武器条例》《公安机关人民警察纪律条令》等。

★**人民警察的任务和范围**

第二条　人民警察任务是维护国家安全，维护社会治安秩序，保护公民的人身安全、人身自由和合法财产，保护公共财产，预防、制止和惩治违法犯罪活动。

人民警察包括公安机关、国家安全机关、监狱、劳动教养管理机关的人民警察和人民法院、人民检察院的司法警察。

●**考点点拨**

1. 公安机关的性质是，我国人民民主专政政权中具有武装性质的刑事司法力量和治安行政力量。相应地，公安机关的两大职能是刑事司法和治安行政，具体由人民警察实施：

（1）惩治犯罪的刑事司法职能：对于违反《刑法》的刑事案件，公安机关进行立案、侦查、收集和调取证据，对犯罪嫌疑人进行拘留或逮捕。

（2）治安行政职能：实施行政管理和行政处罚等行政活动。公安机关作为治安行政机关，代表国家行使治安管理权，管理社会治安，维护社会秩序和公民利益。相比刑事司法职能，维护治安的职能范围极为广泛，比较典型的是对于违反《治安管理处罚法》或其他行政法规的违法行为，进行治安处罚。

（3）武装性质：公安机关是具有武装性质的警察组织，执行武装性质的任务，配备武器装备。公安机关具有严格的组织纪律、规范的业务训练和应对各种事态的战斗体制。可以完成武装战斗、武装镇压、武装警戒、武装巡逻、武装守卫和武装押解等任务。

2. 准确理解公安机关的两大职能和一个性质，对于把握出题人的命题思路，具有重要意义。如张某和李某发生了争执纠纷：

(1)如果张某和李某的纠纷属于一般民事纠纷，人民警察出警后需要依据职责进行治安调解和处置，这是人民警察的行政管理职能。

(2)如果张某和李某发生了暴力对抗，如结伙斗殴或使用管制刀具，人民警察应当依据《治安管理处罚法》进行治安处罚，这是人民警察的治安行政职能。

(3)如果张某和李某的事态升级，出现了故意伤害或故意杀人的情况，构成犯罪的，人民警察应当依据《刑事诉讼法》进行刑事拘留，这是人民警察的刑事司法职能。

(4)如果现场事态达到了《人民警察使用警械和武器条例》的标准，人民警察可以依法使用警械或武器，这是人民警察武装性质的体现。

《人民警察法》第 7 条、第 8 条、第 9 条、第 14 条、第 15 条和第 17 条是治安行政职能的直接体现；第 12 条和第 16 条是刑事司法职能的直接体现；第 10 条和第 11 条是武装性质的体现。

3. 人民警察是行使警察权的国家公务员总称，具体包括公安机关、国家安全机关、监狱、劳动教养管理机关的人民警察和人民法院、人民检察院的司法警察，其中，劳动教养制度已经被废止。《人民警察法》是调整人民警察的一般性法律，主要以公安机关的人民警察为调整对象，其他人民警察在专门法律中有具体规定，如《监狱法》《人民法院司法警察条例》和《人民检察院司法警察条例》等。

☆**真题回顾**

(2018 年单选)根据《人民警察法》，人民警察在非工作时间，遇有其职责范围内的紧急情况，应当履行职责，对该条"人民警察"的正确理解是(　　)。

A. 公安机关的人民警察

B. 人民法院、人民检察院的司法警察

C. 国家安全机关的人民警察

D. 以上选项都正确

【**解析**】答案为 D。根据《人民警察法》第 2 条第 2 款的规定，以上选项都正确。法律是逻辑性极强的社会工具，总则内容一般规定概念以及原则性、整部法律法规通行性的事项，考生应当有充分的认识，不容忽视，正确理解总则部分内容才能更好地掌握分则的条文规定。

(2018 年多选)下列各项中属于人民警察基本任务的有(　　)。

A. 维护国家安全

B. 维护社会治安秩序

C. 保护公民的人身安全、人身自由和合法财产，保护公共财产

D. 预防、制止和惩治违法犯罪活动

E. 维护社会主义市场经济秩序

【**解析**】答案为 ABCD。根据《人民警察法》第 2 条第 1 款的规定，A 项、B 项、C 项和 D 项正确。本题中，E 项极具迷惑性，这是出题人专门设置的陷阱。在辅警考试教材《公安素质测试备考指导》中，我们专门讲解了公安机关的任务包括维护国家安全，维护社会治安秩序和社会稳定，保护公民人身安全和人身自由，保护公共财产和公民个人合法财产，预防、制止和惩治违法犯罪活动等五项内容。考生在复习中，要对教材的目录有整体的把握，这样不仅能从宏观上把握公安基础知识，也能对知识结构体系有全面的理解。

(2018 年多选)行业公安机关的人民警察是指在(　　)等特殊行业从事警务活动的警务人员。

A. 铁路　　B. 民航

C. 森林　　D. 交通

E. 海关缉私

【**解析**】答案为 ABCDE。按照公安基础理论，行业公安机关是指接受公安部业务指导和地方公安机关双重领导的行业公安机关，主要有交通警察、森林警察、海关缉私警察、铁路警察、民航警察等。需要注意的是，国家安全机关人民警察、司法行政机关中的监狱人民警察以及人民法院、人民检察院的司法警察不属于行业公安机关人民警察，而是和公安机关人民警察并列的职业分类。因此，本题五项都当选。

(2019 年多选)根据《人民警察法》，人民警察包括(　　)。

A. 公安机关的人民警察

B. 国家安全机关的人民警察

C. 人民法院的司法警察

D. 人民检察院的司法警察

E. 监狱的人民警察

【**解析**】答案为 ABCDE。根据《人民警察法》第 2 条第 2 款的规定，五个选项均正确。本题考查法条总则原文表述，再次强调要求考生要重视总则内容，加强理解，准确记忆。

★基本要求和宗旨

第三条　人民警察必须依靠人民的支持，保持同人民的密切联系，倾听人民的意见和建议，接受人民的监督，维护人民的利益，全心全意为人民服务。

●考点点拨

1. 基本要求和宗旨的来源。本条内容来自《宪法》第27条对国家机关和工作人员的要求。公安机关是国家行政机关，人民警察是国家工作人员。因此，必须做到《宪法》的要求。本条内容也是党的群众路线的生动体现，即“一切为了群众，一切依靠群众，从群众中来，到群众中去”。

2. 基本要求和宗旨的内涵

(1)依靠人民的支持：人民是国家的主人，群众是社会的基础。有了人民的支持，工作才好开展；没有人民的支持，工作难以开展。因此，人民警察开展一切工作，必须获得人民的支持，获得人民支持的前提是维护人民利益。比如，某地发生群体性维权事件，人民警察应当发现内在矛盾，找到解决方案或者相关责任部门，切实维护群众的利益，而非一味地息事宁人，只有这样才能获得群众的支持。

(2)保持同人民群众的密切联系：人民警察开展工作，要深入基层、联系群众，不能脱离群众、脱离实际。这要求人民警察必须密切联系群众，想群众之所想，帮群众之所需，解群众之所难，在和谐友好的警民关系中开展工作。比如，基层民警要定期走访辖区居民，机关领导也要定期深入基层调研。

(3)倾听人民的意见和建议：人民的意见和建议，是检验人民警察工作的标准，是人民警察履行职责的保障，是人民警察改进工作的动力。人民警察的工作与人民群众的生活息息相关，人民群众会主动提出意见和建议。对此，人民警察应当主动倾听，主动改进。公安机关应当设立更多的渠道，如民意调查、政务评议、网上投诉和局长信箱等。

(4)接受人民的监督：监督权是公民的基本权利。对于任何国家机关和工作人员，公民有提出批评和建议的权利。对于任何国家机关和工作人员的违法失职行为，有向国家机关提出申诉、控告或者检举的权利。本法规定的人民对公民警察的监督有第44条规定的社会和公民的监督、第45条规定的申请回避制度和第46条规定的检举和控告。这要求人民警察必须主动接受监督，时刻注意自己的一言一行，依法执行公务，维护公民合法权益。比如，有的人民警察在执行公务时禁止围观人群拍摄视频，或无视群众提出的意见建议，这都是不符合基本要求和执法规范的。

(5)维护人民的利益：人民警察的任务是维护国家安全，维护社会治安秩序，保护公民的人身安全、人身自由和合法财产，保护公共财产，预防、制止和惩治违法犯罪活动，这与人民的核心利益是一致的，只要人民警察依法、有效地履行职责，就是在维护人民的利益。人民警察依法实施职务行为，维护全社会和大多数的利益，虽有时会妨碍到个体利益，但这是为了维护人民利益所采取的必要手段。同时，一切有可能侵犯到个体利益的行为，《人民警察法》都作了严格而具体的规定。

(6)全心全意为人民服务：为人民服务是我国政府的根本宗旨，公安机关作为我国政府的重要组成部分，应当摆脱管理型的观念，树立服务型的理念。人民警察应当提高服务意识，为人民群众提供更多的服务与便利，为人民群众排忧解难。比如，广州、深圳、杭州、贵州等地公安局在网上提供政务服务，打造一站式警务平台，让数据多跑腿，群众少跑路，就是贯彻全心全意为人民服务宗旨的体现。

☆真题回顾

(2018年多选)小李是某派出所的一名新任警员，该所辖区是一个老城区，经济落后，治安也不好，尤其入室盗窃现象频发。作为社区民警，小李在开展群防群治工作中要重点做好的工作有(　　)。

A. 定期召开会议，通报情况，布置工作，提出要求

B. 开展公共安全和治安防范的宣传教育

C. 带领群众在辖区内执勤，做好公共场所和复杂地区的重点整治

D. 要求所有住户必须购买并安装防盗门、防盗锁

E. 为居民提供有偿报警服务

【解析】答案为AB。全心全意为人民服务是人民警察的宗旨。C项执勤不能带领群众开展，D项不能违背群众意愿强行要求群众负担义务，E项接受群众报警求助是无偿的，是为人民服务的体现，上述三项均不正确。A项和B项有利于治安状况的好转，应选。本题选A项、B项。

(2018年判断)人民警察必须依靠人民的支持，保持同人民的密切联系，倾听人民群众的意见和建议，全心全意为人民服务。(　　)

【解析】根据《人民警察法》第3条的规定，本题

说法正确。

（2018年判断）全心全意为人民服务，一个最基本的要求就是要坚持一切从人民群众的根本利益出发。（　　）

【解析】根据辅警考试专用教材《公安素质测试备考指导》第1章第4节“公安机关的宗旨”的论述，中国共产党的根本宗旨和公安机关的宗旨都是全心全意为人民服务，其最基本的要求就是要坚持一切从人民群众的根本利益出发。故本题说法正确。

⊙活动准则

第四条　人民警察必须以宪法和法律为活动准则，忠于职守，清正廉洁，纪律严明，服从命令，严格执法。

考点点拨

条文主旨	条文内容	本法中直接体现
基本要求	依靠人民群众的支持 保持同人民群众的密切联系	第34条　公民的支持和协助
	倾听人民的意见和建议 接受人民的监督	第44条　公民和社会的监督 第46条　公民的检举和控告
	维护人民的利益	第50条　依法赔偿公民的损失
根本宗旨	全心全意为人民服务	第20条　人民警察的基本义务 第21条　人民警察的紧急救助
活动准则	遵守宪法和法律 忠于职守 清正廉洁 纪律严明 服从命令 严格执法	第5条　依法执行公务受法律保护 第6条　人民警察的基本职责 第22条　人民警察的基本纪律 第32条　上下级的领导与服从

⊙法律保护

第五条　人民警察依法执行职务，受法律保护。

第二章　职　　权

★公安机关人民警察的职责

第六条　公安机关的人民警察按照职责分工，依法履行下列职责：

（一）预防、制止和侦查违法犯罪活动；

（二）维护社会治安秩序，制止危害社会治安秩序的行为；

（三）维护交通安全和交通秩序，处理交通事故；

（四）组织、实施消防工作，实行消防监督；

（五）管理枪支弹药、管制刀具和易燃易爆、剧毒、放射性等危险物品；

（六）对法律、法规规定的特种行业进行管理；

（七）警卫国家规定的特定人员，守卫重要的场所和设施；

（八）管理集会、游行、示威活动；

（九）管理户政、国籍、入境出境事务和外国人在中国境内居留、旅行的有关事务；

（十）维护国（边）境地区的治安秩序；

（十一）对被判处拘役、剥夺政治权利的罪犯执行刑罚；

（十二）监督管理计算机信息系统的安全保护工作；

（十三）指导和监督国家机关、社会团体、企业事业组织和重点建设工程的治安保卫工作，指导治安保卫委员会等群众性组织的治安防范工作；

（十四）法律、法规规定的其他职责。

考点点拨

1. 公安机关的职责是指在管辖范围内，公安机关依法应当承担的责任和义务，公安机关必须依法履行，否则将要承担纪律处分或法律责任。

2. 本条十四项内容可以分三个层次理解：

（1）基本职责与特殊职责：第1项和第2项内容是刑事司法和社会治安两大基本职责，第3项至第13项是交通、消防、户籍、出入境等特殊职责。基本职责，是每一级公安机关都要履行的职责；特殊职责，一般由特定的部门履行职责。

（2）不同警种、部门的职责：公安机关人民警察内部有着严密细致的分类，有什么职责就有什么警种和部门，如刑警、网警、交警和户籍警等。每一级公安机关都有根据人民警察的职责设置的机构和部门。以深圳市公安局为例：预防、制止和侦查犯罪，主要由经济犯罪侦查局和刑事警察局负责；维护社会治安秩序，主要由治安巡警支队负责；维护交通安全和交通秩序，主要由交通警察局负责；消防工作，主要由消防监督管理局负责；等等。

（3）本条前13项内容可概括记忆为：刑事司法、社会治安、交通安全、消防安全、枪支弹药和危爆物品、特种行业、警卫安保、集会游行和示威、户政出入境与外国人、边防安全、刑事执行、网络安全、治安保卫与防范。

3. 第14项如何理解：第1项至第13项是人民警察的法定职责，然而，随着经济社会的快速发展，人民警察的职责也在不断变化和扩展。一方面，全国人民代表大会及其常务委员会制定的法律、行政法规和地方性法规可以为人民警察赋予新的职责，比如，2008年施行的《禁毒法》增加了公安机关禁毒和戒毒的职能。另一方面，法律法规以外的其他规范性文件不得成为人民警察职责的依据。比如，某市人民政府或公安局发布命令，要求公安机关负责本地区的房屋征收和拆迁工作。再如，人民警察上级对下级发布的违法的决定和命令或超出法定职责的任务，人民警察有权拒绝执行。

★实施行政强制措施、行政处罚的权力

第七条　公安机关的人民警察对违反治安管理或者其他公安行政管理法律、法规的个人或者组织，依法可以实施行政强制措施、行政处罚。

●考点点拨

1. 公安行政强制措施

(1)行政强制措施是指行政机关在行政管理过程中，为制止违法行为、防止证据损毁、避免危害发生、控制危险扩大等情形，依法对公民的人身自由实施暂时性限制，或者对公民、法人或者其他组织的财物实施暂时性控制的行为。行政强制措施的种类有：

①限制公民人身自由；

②查封场所、设施或者财物；

③扣押财物；

④冻结存款、汇款；

⑤其他行政强制措施。

比如，民警在夜间巡逻或酒驾排查时，发现疑似酒驾车辆。此时，民警向其示意停车，对其进行盘问和检查；如果发现当事人确为酒驾，可以对其醒酒，即采取约束性保护措施；如果发现当事人疑似毒驾，现场无法确定的，可以带回继续盘问；如果最终确定当事人吸毒成瘾，可以对其作出强制隔离戒毒的决定；如果当事人驾车失去控制，危及公共安全，可以进行现场管制，强行驱散周边群众，对于不服从管理者强行带离现场。

(2)公安机关的人民警察采取的行政强制措施，是公安行政强制措施，是基于《行政强制法》和《人民警察法》双重规定的结果，具有如下特点：

①法定性，人民警察采取行政强制措施，必须具有法定资格、法定权限并根据法定方式进行。

②强制性和单方面性，人民警察依职权启动行政强制措施，不需征得行政相对人的同意。

③紧急性和暂时性，在预防、制止或控制违法犯罪活动时紧急采取相应措施，法定事由消灭后，强制措施必须随之停止。

(3)公安机关行政强制措施的程序：

①表明身份，出示证件或说明所属单位。

②告知，包括行政强制措施的理由、依据和后果，以及救济的权利和救济的途径。

③有条件的，可以听取陈述和申辩，避免错误执法。

④采取具体的行政强制措施。

(4)常见的公安行政强制措施有：

①《人民警察法》中，第8条中的强行带离现场，第9条中的盘问与检查，第14条中的对精神病人的保护性约束措施，第17条中的强行驱散和强行带离现场。

②《治安管理处罚法》中，强制传唤、扣押、检查人身和保护性约束措施。

③《道路交通安全法》中，扣留机动车或非机动车。

④《禁毒法》中，强制隔离戒毒。

⑤《刑法》《全国人民代表大会常务委员会关于严禁卖淫嫖娼的决定》和国务院《卖淫嫖娼人员收容教育办法》中，收容教育。

2. 公安行政处罚

(1)公安机关的人民警察实施的行政处罚又称公安行政处罚，是对违反公安行政法律法规但尚不构成犯罪的公民、法人或其他组织予以制裁的具体行政行为，主要是《治安管理处罚法》中的治安处罚。本条是人民警察实施行政处罚行为，适用相关法律法规的基本依据。

(2)行政处罚、行政处分和刑罚：

①公安行政处罚是有执法权的人民警察对违反法律法规，应当承担法律责任的公民作出的处罚，是一种外部行政行为。

②行政处分是人民警察所在公安机关、上级公安机关、督察部门，监察机关对职务活动中违纪违法的人民警察的处分，是一种内部行政行为。

③刑罚是人民法院运用国家司法权力，通过刑事诉讼的程序，对犯罪分子(被告人)处以的刑事处罚，如管制、拘役、有期徒刑和罚金、没收财产等。

(3)常见的公安行政处罚有：

①《治安管理处罚法》中的处罚方式有警告、罚款、行政拘留和吊销公安机关发放的许可证，以及对于外国人适用的限期出境和驱逐出境。实施治安处罚的同时，人民警察还应当责令违法行为人当场或限期改正违法行为。治安处罚的程序是：调查、决定和执行。

②《道路交通安全法》中的警告、罚款、暂扣或者吊销机动车驾驶证、拘留。其中，《治安管理处罚法》是基础性的法律，其他法律法规中的处罚方式，往往基于《治安管理处罚法》制定或稍作调整，或者直接适用《治安管理处罚法》。

◆**关联法条**

《公安机关办理行政案件程序规定》

第五十四条　办理行政案件时，可以依法采取下列行政强制措施：

(一)对物品、设施、场所采取扣押、扣留、查封、先行登记保存、抽样取证、封存文件资料等强制措施，对恐怖活动嫌疑人的存款、汇款、债券、股票、基金份额等财产还可以采取冻结措施；

(二)对违法嫌疑人采取保护性约束措施、继续盘问、强制传唤、强制检测、拘留审查、限制活动范围，对恐怖活动嫌疑人采取约束措施等强制措施。

☆**真题回顾**

(2018年多选)公安行政强制执行一般分为(　　)。

A. 暂缓执行　　B. 间接强制

C. 直接强制　　D. 不执行

E. 立即执行

【解析】答案为BC。公安行政强制执行，一般分为间接强制和直接强制两种。故本题答案为B项、C项。

⊙强行带离现场、拘留和实施其他措施的权力

第八条　公安机关的人民警察对严重危害社会治安秩序或者威胁公共安全的人员，可以强行带离现场、依法予以拘留或者采取法律规定的其他措施。

★**盘问、检查的权力**

第九条　为维护社会治安秩序，公安机关的人民警察对有违法犯罪嫌疑的人员，经出示相应证件，可以当场盘问、检查；经盘问、检查，有下列情形之一的，可以将其带至公安机关，经该公安机关批准，对其继续盘问：

(一)被指控有犯罪行为的；

(二)有现场作案嫌疑的；

(三)有作案嫌疑身份不明的；

(四)携带的物品有可能是赃物的。

对被盘问人的留置时间自带至公安机关之时起不超过二十四小时，在特殊情况下，经县级以上公安机关批准，可以延长至四十八小时，并应当留有盘问记录。对于批准继续盘问的，应当立即通知其家属或者其所在单位。对于不批准继续盘问的，应当立即释放被盘问人。

经继续盘问，公安机关认为对被盘问人需要依法采取拘留或者其他强制措施的，应当在前款规定的期间作出决定；在前款规定的期间不能作出上述决定的，应当立即释放被盘问人。

●**考点点拨**

1. 盘问，是通过语言问答的形式识别和判断违法犯罪嫌疑人的方式，其中有当场盘问和继续盘问；当场盘问、检查后，如果符合本条第1款所列举的情形，则需继续盘问，继续盘问是将有违法犯罪嫌疑的人带到公安机关询问，是一项较为严厉的强制措施，因此受到《公安机关适用继续盘问规定》等法律法规的严格规范。检查，是对违法犯罪嫌疑人的人身及其随身物品、交通工具的搜索与查验。

比如，民警巡逻时接到群众举报，反映某人具有盗窃的嫌疑。民警可以依法对其进行盘问和检查，如询问其身份、职业和所作行为，检查其随身携带的物品。如果出现本条所列的四种情形，民警可以将其带回公安机关，进行继续盘问。

2. 留置是对公民人身自由的限制，是极为严厉的行政强制措施，因此受到严格地规范，具体体现在继续盘问过程中的时间要求和程序要求：

(1)留置的时间：

①一般情况下，当事人的留置时间不得超过24小时。

②特殊情况下，当事人的留置时间不得超过48小时。

③公安机关对当事人作出的采取其他强制措施的决定，必须在法定的留置期间内作出。

④留置时间自当事人被带至公安机关时起算。

(2)留置的程序：

①现场盘问、检查是继续盘问的前置程序，不得直接将当事人带至公安机关。

②继续盘问必须得到所在公安机关负责人批准，

12小时以内的继续盘问由公安派出所负责人审批，延长至24小时的继续盘问由县级公安机关值班负责人审批，从24小时延长至48小时的继续盘问由县级人民公安局主管负责人审批。

③批准继续盘问后，应当立即书面或电话通知家属或其所在单位。

④继续盘问没有得到批准或继续盘问期限届满而没有作出其他决定，应当立即释放当事人。总之，留置是公安机关对公民人身权利的限制，必须在法律规范下进行，所有与人身权利相关的措施，都要考虑和照顾到公民的权利。

◆关联法条

《公安机关办理行政案件程序规定》

第五十七条　为维护社会秩序，人民警察对有违法嫌疑的人员，经表明执法身份后，可以当场盘问、检查。对当场盘问、检查后，不能排除其违法嫌疑，依法可以适用继续盘问的，可以将其带至公安机关，经公安派出所负责人批准，对其继续盘问。对违反出境入境管理的嫌疑人依法适用继续盘问的，应当经县级以上公安机关或者出入境边防检查机关负责人批准。

继续盘问的时限一般为十二小时；对在十二小时以内确实难以证实或者排除其违法犯罪嫌疑的，可以延长至二十四小时；对不讲真实姓名、住址、身份，且在二十四小时以内仍不能证实或者排除其违法犯罪嫌疑的，可以延长至四十八小时。

☆真题回顾

(2017年单选)根据《人民警察法》，在特殊情况下，经县级以上公安机关批准，对被盘问人的留置时间可以延长至(　　)小时。

A. 12　　B. 24

C. 36　　D. 48

【解析】答案为D。根据《人民警察法》第9条第2款的规定，D项正确。考生应当加强对法条中数字、日期等细节的记忆，这些都是考试的重点内容。

(2018年单选)某日，某公安机关的民警发现路人甲形迹可疑，经现场盘问，发现其涉嫌抢劫但闪烁其词，遂将甲带至公安机关继续盘问，则对甲的留置时间自带至公安机关之时起，一般不超过(　　)小时。

A. 6　　B. 12

C. 24　　D. 48

【解析】答案为C。根据《人民警察法》第9条第2款的规定，C项正确。

(2018年单选)宋某携带弹药乘坐地铁，被警察发现后拒不交代姓名、地址，警察遂将其带至公安机关，下列说法正确的是(　　)。

A. 经上一级公安机关批准，对宋某的留置时间可以延长至48小时

B. 经该公安机关批准，对宋某的留置时间可以延长至48小时

C. 经该公安机关批准，可以对宋某继续盘问

D. 经县级以上公安机关批准，可以对宋某继续盘问

【解析】答案为D。根据《人民警察法》第9条第2款的规定，A项的"上一级公安机关"、B项和C项的"该公安机关"表述不准确。经县级以上公安机关批准，可以延长对盘问人的留置时间至48小时，考生要牢牢掌握法条的规定，尤其要注意识记法条关键词。本题D项正确，当选。

(2019年多选)为维护社会治安秩序，公安机关的人民警察对有违法犯罪嫌疑的人员，经出示相应证件，可以当场盘问、检查；经盘问、检查，有下列(　　)情形之一的，可以将其带至公安机关，经该公安机关批准，对其继续盘问。

A. 被指控有犯罪行为的

B. 有现场作案嫌疑的

C. 有作案嫌疑身份不明的

D. 携带的物品有可能是赃物的

E. 形迹可疑

【解析】答案为ABCD。根据《人民警察法》第9条第1款的规定，A项、B项、C项、D项为法条原文表述，当选。本条为《人民警察法》的重点法条，考生应准确记忆。关于E项"形迹可疑"，继续盘问是一项严厉的行政强制措施，因此实施继续盘问必须符合《人民警察法》所列举的适用情形，另外，形迹可疑指具有嫌疑，但《人民警察法》所列举的条件包括有现场作案嫌疑或有作案嫌疑且身份不明，单纯的形迹可疑不符合《人民警察法》的条件，所以不得实施继续盘问，因此E项错误。

★紧急情况下使用武器的权力

第十条　遇有拒捕、暴乱、越狱、抢夺枪支或者其他暴力行为的紧急情况，公安机关的人民警察依照国家有关规定可以使用武器。

●考点点拨

1. 使用武器的具体条件：

(1)可以使用武器：严重暴力犯罪，警告无效；来

不及警告或警告后可能导致更为严重危害后果的，可以直接使用武器。

(2)不得使用武器：实施犯罪人是儿童或孕妇、犯罪分子处于群众聚集场所或存放危险物品的场所，但是使用危险品实施犯罪或不使用武器制止将发生更为严重的危害后果的除外。

(3)停止使用武器：犯罪分子停止实施犯罪，服从人民警察命令的，或者犯罪分子失去继续实施犯罪能力的。

2. 使用武器的具体要求：

(1)造成犯罪分子或无辜人员伤亡应当如何处理：及时抢救受伤人员，保护现场，并立即向当地公安机关或该人民警察所属机关报告。

(2)人民警察使用武器的，应当将使用武器的具体情况如实向所属机关书面报告。

◆**关联法条**

《中华人民共和国人民警察使用警械和武器条例》

第九条　人民警察判明有下列暴力犯罪行为的紧急情形之一，经警告无效的，可以使用武器……

第十条　人民警察遇有下列情形之一的，不得使用武器……

★**使用警械的权力**

第十一条　为制止严重违法犯罪活动的需要，公安机关的人民警察依照国家有关规定可以使用警械。

●**考点点拨**

1. 本条所述"国家有关规定"，即《人民警察使用警械和武器条例》。

2. 警械分为：

(1)驱逐性、制服性警械：适用条件是发生严重的危害社会秩序和公共安全的事件，经警告仍然无效的情况，并以制止违法犯罪为限，违法犯罪行为停止后应立即停止使用。

(2)约束性警械：适用条件是违法犯罪分子可能脱逃、行凶、自杀、自伤或有其他危险行为的情况，并且不得故意造成人身伤害。

3. 人民警察在法定情形下可以使用武器和警械，这是人民警察为了行使职权必须采取的措施，是人民警察武装性质的体现，依法使用武器或警械造成的损失，人民警察和公安机关不承担法律责任。但是，武器和警械的使用受到严格限制，这是为了保障公民合法权益，违法或不当使用应当承担相应的法律责任。具体责任如下：

(1)违法使用时，人民警察承担的责任：构成犯罪，依法追究刑事责任；尚不构成犯罪，应当依法给予行政处分。

(2)违法使用时，公安机关承担的责任：对受到伤亡或财产损失的人员，该人民警察所属的公安机关按照《国家赔偿法》给予赔偿。

(3)依法但是不当使用时，公安机关承担的责任：对受到伤亡或财产损失的无辜人员，该人民警察所属的公安机关参照《国家赔偿法》给予补偿。此时，人民警察不承担法律责任。

◆**关联法条**

《中华人民共和国国家赔偿法》

第二条　国家机关和国家机关工作人员行使职权，有本法规定的侵犯公民、法人和其他组织合法权益的情形，造成损害的，受害人有依照本法取得国家赔偿的权利。

本法规定的赔偿义务机关，应当依照本法及时履行赔偿义务。

★**刑事司法措施**

第十二条　为侦查犯罪活动的需要，公安机关的人民警察可以依法执行拘留、搜查、逮捕或者其他强制措施。

●**考点点拨**

1. 公安机关是刑事诉讼中的侦查机关和部分刑罚执行机关。本条是刑事侦查和刑事强制的基本规定。

(1)在刑事诉讼中，负责对刑事案件的侦查、拘留、执行逮捕、预审和部分刑罚的执行。

(2)公安机关在刑事诉讼中的任务是，保证准确、及时地查明犯罪事实，正确适用法律，预防、制止和侦查犯罪活动。

(3)相应地，公安机关有立案权、侦查权、刑事强制权和刑罚执行权。

2. 侦查措施

(1)讯问犯罪嫌疑人，是指为了查明案件事实对犯罪嫌疑人进行审问，包括讯问其是否有犯罪行为，让他陈述有关的情节或无罪的辩解，然后向他提出问题。讯问时要制作笔录和录音录像。

(2)询问证人和被害人，是指以言词方式向证人和被害人了解案件情况，获取案件证据。

(3)勘验、检查，是指对与犯罪有关的场所、物品、人身、尸体进行实地观察、检验，以发现和收集犯罪活动所遗留的痕迹和物品的诉讼活动。主要包括现场勘验、物证检验、尸体检验、人身检查和侦查实验。

(4)搜查,是指为了收集犯罪证据、查获犯罪嫌疑人以及可能隐藏罪犯或者犯罪证据的人的身体、物品、住处和其他有关的地方进行的搜索和检查。

(5)查封、扣押物证、书证,是指为了取得和保全证据,防止证据被毁损或被隐匿,依法强制收取和扣留与案件有关的物品、文件。

(6)鉴定,是指为了查明案情,指派或聘请有专门知识的人对案件中的专门性问题进行鉴别、判断,并作出鉴定结论的诉讼活动。主要包括刑事技术鉴定、人身伤害的医学鉴定、精神病的医学鉴定、扣押物品价格鉴定、文物鉴定、珍稀动植物及其制品鉴定、违禁品与危险品鉴定、电子数据鉴定等。

(7)技术侦查措施,是指为了侦查犯罪的特殊需要,公安机关在严格的审批后,可以采取技术侦查措施,如电子监听、秘密录像、秘密拍照、由机器设备排查、传送个人情况数据以及用及其设备对比数据等。

(8)通缉,是指对应当逮捕而在逃的犯罪嫌疑人发布通缉令,通令缉拿归案。

3. 刑事强制措施

(1)拘传,是指责令犯罪嫌疑人到案接受询问的强制措施,主要针对未被羁押或经传唤没有正当理由拒不到案的犯罪嫌疑人。

(2)取保候审,是指对符合一定条件的犯罪嫌疑人责令其提出保证人或缴纳保证金,保证其不逃避侦查和审判,随传随到,以人身自由的限制代替完全的剥夺。

(3)监视居住,是指责令犯罪嫌疑人不得离开住所或指定居所,以限制其人身自由。

(4)拘留,是指对现行犯或重大嫌疑分子,在法定的紧急情况下,临时采取的限制其人身自由的强制措施。

(5)逮捕,是指为了防止犯罪嫌疑人逃避或妨碍侦查的进行,依法采取的剥夺人身自由并羁押的强制措施。

◆关联法条

《中华人民共和国刑事诉讼法》

第一百一十五条　公安机关对已经立案的刑事案件,应当进行侦查,收集、调取犯罪嫌疑人有罪或者无罪、罪轻或者罪重的证据材料。对现行犯或者重大嫌疑分子可以依法先行拘留,对符合逮捕条件的犯罪嫌疑人,应当依法逮捕。

★行政优益权

第十三条　公安机关的人民警察因履行职责的紧急需要,经出示相应证件,可以优先乘坐公共交通工具,遇交通阻碍时,优先通行。

公安机关因侦查犯罪的需要,必要时,按照国家有关规定,可以优先使用机关、团体、企业事业组织和个人的交通工具、通信工具、场地和建筑物,用后应当及时归还,并支付适当费用;造成损失的,应当赔偿。

●考点点拨

1. 公安机关是维护社会秩序的国家行政机关,需要保障社会整体利益或大多数人的利益,因此在执行公务时,依法享有优先地位,有权得到公民和组织的协助与支持,这与本法第34条和第35条相互照应,是行政优益性的体现。人民警察行政优益权具体表现为:

(1)优先乘坐权:出示证件即可优先乘坐公共交通工具。

(2)优先通行权:遇到阻碍时,警车或人民警察搭乘的其他交通工具可以优先通行。

(3)优先使用权:为了侦查犯罪而优先使用非公安机关所有的交通工具、通信工具、场所和建筑物。

2. 人民警察的紧急征用:公安机关为侦查犯罪,可以临时征用机关、团体、企业事业组织和个人等非公安机关所有的交通工具、通信工具、场所和建筑物,归还后应当支付费用,造成损失应当赔偿。此处要特别提醒考生,造成损失是“赔偿”,而不是“补偿”。

3. 人民警察对公民和组织的征用,与公民和组织的合法权益密切相关,因此人民警察行使优益权和征用权,一定要保持在必要的限度内,尽量减少对公民和组织利益的侵犯,最大限度保障公民和组织的合法利益。

4. 国家赔偿与国家补偿的比较:国家机关和工作人员的职务活动侵犯公民权益,造成损害的,国家都要承担赔偿或补偿责任,但是两者有一定的差别:

(1)赔偿的前提是违法或不当的职务行为,补偿的前提是合法的职务行为。

(2)赔偿是对受损一方的损害的填补,赔偿数额往往与损害相等;补偿是对受损一方的抚慰,补偿数额与损害不相等。

(3)国家赔偿以支付赔偿金为主要方式,以恢复原状和返还原物为辅;国家补偿大多是支付一笔补偿款。

比如,民警为了追捕逃跑的犯罪嫌疑人,临时征用了市民的汽车，最后造成了该车的损坏，公安机关就要支付一笔补偿金。如果没有达到征用的条件，人民警察为了职务行为以外的目的，违法使用市民的汽车并导致损坏，公安机关应当修理并返还汽车，对于无法复原的损失，则应当支付与损失相当的赔偿款。

☆ **真题回顾**

（2018年判断）公安机关在行使紧急优先权时，对造成的损失不必赔偿。（　　）

【解析】根据《人民警察法》第13条的规定，公安机关在行使紧急优先权时，对造成的损失应当赔偿。本题说法错误。

★ **精神病人的保护性约束措施**

第十四条　公安机关的人民警察对严重危害公共安全或者他人人身安全的精神病人，可以采取保护性约束措施。需要送往指定的单位、场所加以监护的，应当报请县级以上人民政府公安机关批准，并及时通知其监护人。

● **考点点拨**

1. 精神病人和醉酒状态的人都是对自己的行为没有辨认和控制能力的人，他们的行为可能对社会或本人造成威胁或风险，因此就要以特殊的措施对待他们。如何理解保护性和约束性：

（1）保护性在于要对其采取保护措施，将其置于看管和照顾之下，并通知其监护人或家属，避免其自身发生危险或不可预料的后果。

（2）约束性在于对其采取约束措施，将其置于固定场所和隔离状态，避免其行为对其他人造成危险。

保护性约束措施是行政强制措施的一种，与当事人的人身权利密切相关，人民警察必须依法依规开展工作，最大程度保护当事人的权益。

2. 精神病人的处理

（1）适用条件：严重危害公共安全或他人人身安全。

（2）具体措施：采取保护性约束措施，或者报请县级以上公安机关批准，及时通知监护人，然后送往指定的单位、场所加以监护。

3. 醉酒状态的处理

（1）醉酒人有违法犯罪的嫌疑：当其有一定威胁或危险时，可以采取保护性措施约束至酒醒，也可以通知其亲友或单位领回看管，必要时，应当送医院醒酒。

（2）醉酒人行为举止失控：可以使用约束带或警绳进行约束，但不得使用手铐、脚镣等警械。

（3）对于上述两种约束过程，应当指定专人严加看护。确认醉酒人酒醒后，应当立即解除约束，并进行询问。

◆ **关联法条**

《公安机关办理行政案件程序规定》

第五十八条　违法嫌疑人在醉酒状态中，对本人有危险或者对他人的人身、财产或者公共安全有威胁的，可以对其采取保护性措施约束至酒醒，也可以通知其家属、亲友或者所属单位将其领回看管，必要时，应当送医院醒酒。对行为举止失控的醉酒人，可以使用约束带或者警绳等进行约束，但是不得使用手铐、脚镣等警械。

约束过程中，应当指定专人严加看护。确认醉酒人酒醒后，应当立即解除约束，并进行询问。约束时间不计算在询问查证时间内。

☆ **真题回顾**

（2018年单选）公安机关的人民警察对严重危害公共安全或者他人人身安全的精神病人，可以采取保护性的约束措施，需要送往指定的单位、场所加以监护的，应当报请（　　）批准，并及时通知其监护人。

A. 该公安机关负责人

B. 县级以上人民政府公安机关

C. 上一级公安机关

D. 同级人民法院

【解析】答案为B。根据《人民警察法》第14条的规定，B项正确。

★ **交通管制权**

第十五条　县级以上人民政府公安机关，为预防和制止严重危害社会治安秩序的行为，可以在一定的区域和时间，限制人员、车辆的通行或者停留，必要时可以实行交通管制。

公安机关的人民警察依照前款规定，可以采取相应的交通管制措施。

● **考点点拨**

1. 交通管制是为了公共安全或道路通行而采取的临时性控制措施，公安机关对部分区域、道路的通行者采取疏导、禁止、限制和指示性的指令，公民积极配合公安机关的指令。如市区内的单双号限行、道路施工时的封闭与疏导、大型集会或体育赛事时的封闭与疏导等。

2. 交通管制的适用条件：交通管制一般是在集会游行、大型群众活动、道路桥梁建设、救灾抢险、执行重要警卫任务等情况下对交通行为实行限制；交警部门还会根据自然灾害、恶劣气象条件或重大交通事故等影响交通安全的情形，采取交通管制措施。比如，深圳市遭遇“山竹”台风，交警部门对多条道路进行封闭或管制，因台风造成的交通违法，不予处罚。

3. 交通管制的批准与实施：县级以上人民政府的公安机关批准，公安机关的人民警察具体实施。

☆**真题回顾**

(2019 年单选)为预防和制止严重危害社会的治安秩序的行为，(　　)可以在一定的区域和时间限制人员车辆的通行或者停留，必要时可以实行交通管制。

A. 派出所

B. 县级以上人民政府公安机关及其派出所

C. 省级以上人民政府公安机关及其派出所

D. 县级以上人民政府公安机关

【解析】答案为 D。根据《人民警察法》第 15 条的规定，由县级以上人民政府公安机关决定是否实行交通管制，D 项正确。本题考查法条原文细节性表述，要求考生有准确细致的把握。

★**技术侦查措施**

第十六条　公安机关因侦查犯罪的需要，根据国家有关规定，经过严格的批准手续，可以采取技术侦查措施。

●**考点点拨**

1. 技术侦查措施是指侦查机关运用技术装备调查作案人和案件证据的一种秘密侦查措施，是公安机关利用其特殊职权和手段对特定人员进行的调查活动，目的是收集犯罪线索和证据。比如，对涉恐犯罪嫌疑人的电话监听和跟踪活动。2012 年《刑事诉讼法》修正时从实体和程序对技术侦查措施进行了规制，完善了侦查措施体系，具体包括：

(1)技术侦查措施的时间：刑事案件中，公安机关立案后，批准采取技术侦查措施的决定自签发之日起 3 个月以内。

(2)技术侦查措施的范围：危害国家安全犯罪、恐怖活动犯罪、黑社会性质的组织犯罪、重大毒品犯罪或者其他严重危害社会的犯罪案件；追捕被通缉或者批准、决定逮捕的在逃犯罪嫌疑人、被告人。

(3)技术侦查措施的适用对象：犯罪嫌疑人、被告人以及与犯罪活动直接关联的人员。

(4)技术侦查措施的方式：电子监听、秘密录像、秘密拍照、由机器设备排查、传送个人情况数据以及用设备对比数据等。

2. 技术侦查措施是公安机关在刑事司法活动中的一种侦查手段，因为其手段极为特殊，有可能侵犯公民的合法权益，故本法特将其单独规定。

★**突发事件的现场管制**

第十七条　县级以上人民政府公安机关，经上级公安机关和同级人民政府批准，对严重危害社会治安秩序的突发事件，可以根据情况实行现场管制。

公安机关的人民警察依照前款规定，可以采取必要手段强行驱散，并对拒不服从的人员强行带离现场或者立即予以拘留。

●**考点点拨**

1. 现场管制是对严重危害社会治安秩序的突发事件采取的一种紧急应对措施。相比交通管制，现场管制的情形往往更严重，采取的措施也更严格。比如，发生动乱、暴乱或严重骚乱，依法需要戒严的时候；有可能发生恐怖主义活动的时候；安全设施或危险品存在巨大风险，有可能危及周边群众安全的时候。

2. 现场管制的批准与实施：县级以上人民政府公安机关的上一级公安机关及其同级人民政府批准，公安机关人民警察具体实施，包括强行驱散、强行带离现场或立即予以拘留。比如，A 市 B 区进行现场管制，需要 A 市公安局与 A 市人民政府批准，由 B 区公安分局具体实施。

☆**真题回顾**

(2018 年单选)根据《人民警察法》，关于现场管制的说法正确的是(　　)。

A. 实行现场管制经上级人民政府批准

B. 现场管制的执行机关为县级以上人民政府公安机关

C. 现场管制须经上级公安机关或者同级人民政府批准

D. 实行现场管制的执行机关为各级人民政府公安机关

【解析】答案为 B。根据《人民警察法》第 17 条第 1 款的规定，现场管制经上级公安机关和同级人民政府批准，而非上级人民政府，故 A 项错误；法条规定需分别经两级机关批准而非任一机关批准即可，法条表述为“和”而非题干中“或”，故 C 项错误；县级以上人民政府的公安机关才有权执行现场管制，故 B 项正确、D 项错误，本题答案选 B 项。

(2018 年单选)根据《人民警察法》，关于现场管制的说法不正确的是(　　)。

A. 为预防危害社会治安秩序的行为，可以实行现场管制

B. 对拒不服从的人员可以立即予以拘留

C. 公安机关可以采取必要手段强行驱散

D. 对拒不服从的人员可以强行带离现场

【解析】答案为A。根据《人民警察法》第17条的规定，考生应注意法条表述细节，现场管制作为维护秩序的手段容易引起群众恐慌，不利于社会稳定，只能对已经发生的严重事件根据情况进行，而不能轻易管制，对于预防危害社会治安秩序的行为无权实行现场管制，故A项错误。

⊙其他机关人民警察的职权

第十八条　国家安全机关、监狱、劳动教养管理机关的人民警察和人民法院、人民检察院的司法警察，分别依照有关法律、行政法规的规定履行职权。

★非工作时间履行职责

第十九条　人民警察在非工作时间，遇有其职责范围内的紧急情况，应当履行职责。

●考点点拨

1. 本条规定，要求人民警察在非工作时间也要履行身份义务，如下班路上对危难群众的救助，旅游期间对实施盗窃嫌疑人的追捕等。

2. 之所以如此规定，主要有两个原因：

(1)督促人民警察在非工作时间继续履行职责。

(2)确认了人民警察在非工作时间履行职责的合法性，其行为受到法律的保护。

☆真题回顾

(2018年判断)人民警察魏某在休假时期，遇有人当街对孕妇实施抢劫，魏某应当履行职责。(　　)

【解析】根据《人民警察法》第19条的规定，保护人民群众生命和财产安全，是人民警察这个职业赋予的义务，在休假期间，也应当履行职责。据此，本题说法正确。

第三章　义务和纪律

⊙基本义务

第二十条　人民警察必须做到：

(一)秉公执法，办事公道；

(二)模范遵守社会公德；

(三)礼貌待人，文明执勤；

(四)尊重人民群众的风俗习惯。

★救助义务

第二十一条　人民警察遇到公民人身、财产安全受到侵犯或者处于其他危难情形，应当立即救助；对公民提出解决纠纷的要求，应当给予帮助；对公民的报警案件，应当及时查处。

人民警察应当积极参加抢险救灾和社会公益工作。

●考点点拨

救助义务中包含着四个具体要求：

1. 紧急情况下的危难救助。这是全体人民警察的法定职责和身份义务，符合全心全意为人民服务的根本宗旨。工作时间内或工作时间外，任务职责内或任务职责外，遇到公民求助或处于危难情形下，人民警察都应当积极救助。履行救助义务，受到人民警察法的保护和支持；不履行救助义务，可能承担行政处分甚至刑事责任。

2. 处理纠纷的治安调解。对于因民间纠纷引起的违反治安管理、情节较轻的治安案件，在公安机关的主持下，以国家法律、法规和规章为依据，在查清事实、分清职责的基础上，劝说、教育并促使双方交换意见，达成协议，对治安案件作出处理。如果公民就邻里纠纷、亲友矛盾或在校学生因琐事引发的纠纷报警，人民警察应当在公民的请求下，积极参与调解，定分止争，并出具调解协议书；对于调解不成功的，应当告知公民向人民法院提起诉讼或通过其他途径解决。

3. 报警的及时处理。“110”报警服务台全天24小时受理公民报警和求助，根据具体情况立刻处置。人民警察接到出警指令后，立刻前往案发现场处理案件。

4. 抢险救灾和社会公益。人民警察应当根据同级人民政府或上级部门的要求，参与自然灾害或安全事故的抢险救灾，如洪水、台风和地震时的疏散、救援和维持秩序等工作；人民警察还会不定时地参与社会公益事业。

☆真题回顾

(2018年多选)关于人民警察的义务，下列说法正确的是(　　)。

A. 遇到公民人身受到侵犯，应当立即救助

B. 对公民提出的解决纠纷，应当给予帮助

C. 对公民的报警案件，应当及时查处

D. 应当积极参加抢险救灾工作

E. 应当积极参加社会公益工作

【解析】答案为 ABCDE。根据《人民警察法》第21条的规定，五个选项均符合法定情形，当选。

★基本纪律

第二十二条　人民警察不得有下列行为：

（一）散布有损国家声誉的言论，参加非法组织，参加旨在反对国家的集会、游行、示威等活动，参加罢工；

（二）泄露国家秘密、警务工作秘密；

（三）弄虚作假，隐瞒案情，包庇、纵容违法犯罪活动；

（四）刑讯逼供或者体罚、虐待人犯；

（五）非法剥夺、限制他人人身自由，非法搜查他人的身体、物品、住所或者场所；

（六）敲诈勒索或者索取、收受贿赂；

（七）殴打他人或者唆使他人打人；

（八）违法实施处罚或者收取费用；

（九）接受当事人及其代理人的请客送礼；

（十）从事营利性的经营活动或者受雇于任何个人或者组织；

（十一）玩忽职守，不履行法定义务；

（十二）其他违法乱纪的行为。

●考点点拨

1. 本条是人民警察的禁止行为，也是人民警察的纪律要求。警察纪律是人民警察履行职责时的基本规范，具有强制力和约束力，是人民警察履行其他义务的前提与基础。违反纪律，人民警察将承担行政处分或其他法律责任，这在本法第48条中有明确规定。

2. 警察的基本纪律可分为四种：

（1）政治纪律，具体包括政治觉悟、政治行为和政治言论的规范，即第1项的要求。

（2）组织纪律，具体包括服从领导和执行命令，即第11项和本法第32条的要求。

（3）内务纪律，具体包括保守国家秘密和警务工作秘密，即第2项的要求。

（4）执法执勤纪律，具体包括依法执法、公平执法和文明执法，第3项至第8项是依法执法的要求，第9项和第10项是公平执法的要求。

3. 本条12项内容可概括记忆为：（1）爱党爱国，行动一致。（2）保守秘密。（3）不造假、隐瞒、包庇和纵容犯罪。（4）不体罚虐待。（5）不违法侵犯公民权利。（6）不敲诈勒索和索贿受贿。（7）不殴打或教唆他人。（8）不乱罚、乱收费。（9）不受请托和好处。（10）不做生意不受雇。（11）遵纪守法，尽职尽责。

◆关联法条

《公安部五条禁令》

一、严禁违反枪支管理使用规定，违者予以纪律处分；造成严重后果的，予以辞退或者开除。

二、严禁携带枪支饮酒，违者予以辞退；造成严重后果的，予以开除。

三、严禁酒后驾驶机动车，违者予以辞退；造成严重后果的，予以开除。

四、严禁在工作时间饮酒，违者予以纪律处分；造成严重后果的，予以辞退或者开除。

五、严禁参与赌博，违者予以辞退；情节严重的，予以开除。

民警违反上述禁令的，对所在单位直接领导、主要领导予以纪律处分。民警违反规定使用枪支致人死亡，或者持枪犯罪的，对所在单位直接领导、主要领导予以撤职；情节恶劣、后果严重的，上一级单位分管领导、主要领导引咎辞职或者予以撤职。

对违反上述禁令的行为，隐瞒不报、压案不查、包庇袒护的，一经发现，从严追究有关领导责任。

本禁令自二〇〇三年二月一日起施行。原有规定与本禁令不一致的，以本禁令为准。

☆真题回顾

（2017年单选）人民警察郭某如有下列（　　）行为，应当给予行政处分，构成犯罪的，依法追究刑事责任。

A. 包庇王某从事走私活动

B. 刑讯逼供犯罪嫌疑人李某

C. 非法搜查陈某的住所

D. 以上选项都正确

【解析】答案为D。根据《人民警察法》第22条所列的12项内容可以推知，本题A项、B项、C项均正确，因此选择D项。

（2017年多选）人民警察有以下（　　）行为的，应当给予行政处分。

A. 泄露国家秘密、警务工作秘密

B. 弄虚作假，隐瞒案情，包庇、纵容违法犯罪活动

C. 非法搜查他人的身体、物品、住所或者场所

D. 玩忽职守，不履行法定义务

E. 非法剥夺、限制他人人身自由

【解析】答案为ABCDE。根据《人民警察法》第22条所列的12项内容可以推知，本题选项均正确。

（2018年单选）人民警察首要的政治品质是（　　）。

A. 忠于法律

B. 勇于献身

C. 对党、对人民的绝对忠诚

D. 严格执法,热情服务

【解析】答案为C。人民警察应具备的首要素质为政治素质。政治素质是指人民警察应具有的政治觉悟、理想信念、道德品质和革命人生观的综合体现。对党、对人民的绝对忠诚,是人民警察首要的政治品质。故本题答案为C项。

(2018年多选)人民警察的纪律包括(　　)。

A. 组织纪律　　B. 政治纪律

C. 执法执勤纪律　　D. 生活纪律

E. 内务纪律

【解析】答案为ABCE。《公安机关人民警察纪律条令》共3章31条,设定了76种具体违法违纪行为及其适用的处分,主要包括政治纪律、组织纪律、执法执勤纪律、内务纪律四个方面。故本题应选A项、B项、C项、E项。

⊙着装与举止的义务

第二十三条　人民警察必须按照规定着装,佩戴人民警察标志或者持有人民警察证件,保持警容严整,举止端庄。

◆关联法条

《公安机关人民警察内务条令》

第二条　公安机关内务建设的基本任务,是通过建立规范的工作、学习、生活秩序,培养公安机关人民警察(以下简称公安民警)优良的作风和严格的纪律,树立人民警察的良好形象,提高公安队伍的战斗力,保证公安机关圆满完成服务人民群众、维护社会治安、打击违法犯罪的任务。

第四章　组织管理

★组织机构与职务序列

第二十四条　国家根据人民警察的工作性质、任务和特点,规定组织机构设置和职务序列。

●考点点拨

1. 人民警察的性质是人民民主专政的重要工具,是武装性质的国家治安行政力量和刑事司法力量。人民警察的任务是,承担依法预防、制止和惩治违法犯罪活动,保护人民,服务经济社会发展,维护国家安全,维护社会治安秩序。

2. 公安机关是行政系统的组成部分,各级公安机关构成公安系统。

(1)国务院领导公安部,县级以上地方人民政府领导本级公安机关,设区的市设置公安分局,市、县公安局可以设置派出所。

(2)公安局和公安分局内设综合管理机构和执法勤务机构,后者内设总队、支队、大队和中队。如公安部、广东省公安厅、深圳市公安局、南山区公安分局等以及深圳市公安局直属的禁毒支队、治安巡警支队和刑事警察支队等。

3. 人民警察职务分为警官职务、警员职务和警务技术职务。

(1)警官职务是履行警务指挥职责的人民警察,包括公安机关领导成员、内设综合管理机构警官和内设执法勤务机构警官等,如市公安局局长、警务督察处处长、特警支队支队长以及他们的副职,再如派出机构的政治委员、教导员和指导员。

(2)警员职务是履行警务执行职责的人民警察,是人民警察队伍的主要组成部分,如科员、一级警长以及警员等。

(3)警务技术职务是从事专门技术工作的人民警察,包括技术保障、辅助管理和行政事务三种,如法医和文秘等。

◆关联法条

《公安机关组织管理条例》

第十一条　公安机关履行警务指挥职责的人民警察实行警官职务序列。

公安机关领导成员和内设综合管理机构警官职务由高至低为:省部级正职、省部级副职、厅局级正职、厅局级副职、县处级正职、县处级副职、乡科级正职、乡科级副职。

公安机关内设执法勤务机构警官职务由高至低为:总队长、副总队长、支队长、副支队长、大队长、副大队长、中队长、副中队长。

县级以上地方人民政府公安机关派出机构、内设执法勤务机构和不设区的市、县、自治县公安局根据工作需要,可以设置主管政治工作的政治委员、教导员、指导员等警官职务。

☆真题回顾

(2018年单选)我国首部规范公安机关组织管理的行政法规是(　　)。

A.《公安机关组织管理条例》

B.《人民警察法》

C.《公安机关监督条例》

D.《人民警察警衔条例》

【解析】答案为A。题干中明确问及关于"公安机关组织管理"的行政法规,《公安机关组织管理条例》于2006年11月13日发布,2007年1月1日起实施,这是我国第一部规范公安机关组织管理的行政法规,也是第一部规范人民政府职能部门组织管理的行政法规。故A项正确。

★警衔制度

第二十五条　人民警察依法实行警衔制度。

●考点点拨

1. 警衔。警衔是区分人民警察等级、表明人民警察身份的称号、标志和国家给予人民警察的荣誉。

(1)人民警察的级别取决于行政职务和警衔:行政职务高的是上级,行政职务低的是下级,行政职务相当的是同级。在相互不知道行政职务时,警衔高的是上级,警衔低的是下级,警衔相同的是同级。

(2)警衔根据人民警察的现任职务、德才表现、担任现职时间和工作年限授予。

2. 警衔的设置。人民警察警衔共设五等十三级。分别为:

(1)总警监、副总警监,共两级。

(2)一级警监、二级警监、三级警监,共三级。

(3)一级警督、二级警督、三级警督,共三级。

(4)一级警司、二级警司、三级警司,共三级。

(5)一级警员、二级警员,共两级。

担任行政职务的人民警察,行政职务与警衔对应。担任专业技术职务的人民警察,警衔前加上"专业技术"。

3. 警衔的晋级

(1)二级警督及以下警衔的人民警察:

①二级警员至一级警司,每三年晋升一级。

②一级警司至一级警督,每四年晋升一级。

③警司晋升警督,需要在人民警察院校培训合格。

(2)一级警督及以上的人民警察:

①根据德才表现和工作成果选升。

②警督晋升警监,需要在人民警察院校培训合格。

(3)获得一等功的人民警察:

①可以提前晋升警衔。此处是"可以",不是"应当"。

②职务提升后,警衔随之提升。

4. 警衔的保留、降级和取消

(1)离休、退休的,保留警衔但不得佩戴。

(2)现任职务下调的,警衔也要随之下调。

(3)违反警纪的,给予警衔降级处分。

(4)被开除公职的、依法被判处剥夺政治权利或有期徒刑以上刑罚的,警衔取消。

5. 警衔标志

警衔标志是警衔的外在体现,人民警察应当根据《公安机关人民警察着装管理规定》《人民警察制式服装及其标志管理规定》的要求,妥善佩戴、使用和保管警衔标志。

◆关联法条

《公安机关人民警察内务条令》

第九条　公安民警依据行政职务和警衔,构成上级和下级以及同级的关系。行政职务高的是上级,行政职务低的是下级,行政职务相当的是同级。在相互不知道行政职务时,警衔高的是上级,警衔低的是下级,警衔相同的是同级。

★任职条件

第二十六条　担任人民警察应当具备下列条件:

(一)年满十八岁的人民;

(二)拥护中华人民共和国宪法;

(三)有良好的政治、业务素质和良好的品行;

(四)身体健康;

(五)具有高中毕业以上文化程度;

(六)自愿从事人民警察工作。

有下列情形之一的,不得担任人民警察:

(一)曾因犯罪受过刑事处罚的;

(二)曾被开除公职的。

●考点点拨

本法条的易错点在于:

1. 年龄:年满18岁,不是16岁,也不是20岁。

2. 学历:高中以上,不是大专,也不是本科。很多地方辅警招考要求大专以上学历,考生会想当然认为人民警察也需要大专,这是错误的记忆。

3. 限制条件:

(1)刑事处罚,自然包括刑事拘留。

(2)开除公职,不包括开除党籍。

☆真题回顾

(2018年多选)下列关于担任人民警察应当具备的条件的说法,不正确的有(　　)。

A. 年满20周岁的公民

B. 具有大专毕业以上文化程度

C. 身体健康

D. 具有良好的业务素质

E. 拥护中华人民共和国宪法

【解析】答案为AB。根据《人民警察法》第26条的规定，A项、B项错误，C项、D项、E项正确。从上述几道题可以看出，考生应多侧重复习“有款有项”的重点法条，因为出题人非常喜欢从这些法条中命制多项选择题。报考深圳辅警的考生尤其需要注意此题，因为《深圳经济特区警务辅助人员条例》要求报考辅警需具有大学专科以上学历，不要想当然嫁接记忆，认为报考人民警察也需要大专以上文化程度。在实践中，虽说《人民警察法》要求报考者最低学历是高中，但在深圳等发达地区，招警职位表一般都要求大学本科以上学历，只有驾驶警用飞机等特殊技能才放宽至高中。

（2019年单选）下列关于人民警察的说法错误的是（　　）。

A. 人民警察遇到公民人身安全受到侵犯的，应当立即救助

B. 担任人民警察的人员，应当具有高中毕业以上文化程度

C. 担任人民警察领导职务的人员，能力优秀的，可以不具有法律专业知识

D. 担任人民察领导职务的人员，应当具有大学专科以上学历

【解析】答案为C。根据《人民警察法》第21条的规定，人民警察遇到公民人身安全受到侵犯的，应当立即救助，A项正确。根据第26条的规定，人民警察应当具有高中毕业以上的文化程度，B项正确。根据第28条的规定，担任人民警察领导职务的人员应当具有大学专科以上的学历并具有法律专业知识。C项错误，D项正确。本题为选非题，C项当选。

★考试录用

第二十七条　录用人民警察，必须按照国家规定，公开考试，严格考核，择优选用。

●考点点拨

1. 人民警察的录用需要通过多层筛选：

（1）审查，审查报考人员是否具备基本条件。

（2）考试，包括公安基础知识、业务知识和岗位素质的考试，有笔试和面试两个环节。

（3）考核，考试合格者还需考核其政治素质、工作表现、工作能力和是否需要回避等。

（4）审批，前三环节均通过者，报人事部门审批，审批和公示后即可正式录用为人民警察。

2. 人民警察入职后还有职务考核，其考核结果是调整职务、级别、工资以及辞退、奖励、培训的依据。

☆真题回顾

（2018年多选）录用人民警察，必须（　　）。

A. 遵守国家规定　　B. 公开考试

C. 严格考核　　D. 择优选用

E. 以德为先

【解析】答案为ABCD。根据《人民警察法》第27条的规定，A项、B项、C项、D项正确，当选。根据第26条第3项的规定，招考录用人民警察具有品行的要求，但并不是“以德为先”，E项属于“扩大解释”，错误。

★领导职务任职条件

第二十八条　担任人民警察领导职务的人员，应当具备下列条件：

（一）具有法律专业知识；

（二）具有政法工作经验和一定的组织管理、指挥能力；

（三）具有大学专科以上学历；

（四）经人民警察院校培训，考试合格。

●考点点拨

本条和第26条任职条件容易在考试中混淆，考生只需记住本条讲的是领导职务的任职条件即可，即所谓的所长、大队长、局长等领导职务。易错点为：

1. 具有法律专业知识，不是指要求法律专业毕业，也不是公安专业知识。

2. 要求政法工作经验，不仅是公安工作经验，政法委、法院、检察院、司法行政机关也算政法工作经验。

3. 领导职务属于管理的职务，自然要求组织管理、指挥能力。

4. 大学专科以上学历，这点比报考人民警察学历要求要高。

☆真题回顾

（2018年多选）关于人民警察领导职务的任职条件，下列说法正确的有（　　）。

A. 甲经过人民警察院校培训，考试不合格，不能担任人民警察领导职务

B. 乙高中毕业，不能担任人民警察领导职务

C. 丙大学本科毕业且具有5年的政法工作经验，可能担任人民警察领导职务

D. 丁具有大学专科学历，从未学习过法律专业

知识，暂时还不能担任人民警察领导职务

E. 戊高中毕业，组织管理、指挥能力较强且具有法律专业知识，可能担任人民警察领导职务

【解析】答案为ABCD。根据《人民警察法》第28条的规定，甲经人民警察院校培训考试不及格，乙和戊不具有大学专科以上的学历，丁不具有法律专业知识，因此暂时不能担任人民警察领导职务，A项、B项、D项表述正确，E项表述错误。丙满足其他条件但未说明是否具有组织管理和指挥能力，因此为可能担任人民警察领导职务，C项表述正确。

⊙教育培训

第二十九条　国家发展人民警察教育事业，对人民警察有计划地进行政治思想、法制、警察业务等教育培训。

★工作年限与年龄

第三十条　国家根据人民警察的工作性质、任务和特点，分别规定不同岗位的服务年限和不同职务的最高任职年龄。

●考点点拨

公安机关不同岗位的服务年限和不同职务的最高任职年龄，是根据人民警察的工作性质、任务和特点来确定的，这种因素属于客观因素，在实践中操作性很强。之所以不把人民警察的身体状况作为衡量因素和标准，主要是考虑到身体状况本来就属于个体、主观性比较强的因素。

☆真题回顾

(2017年单选)国家规定人民警察不同职务的最高任职年龄的依据不包括(　　)。

A. 人民警察的工作性质

B. 人民警察的工作任务

C. 人民警察的工作特点

D. 人民警察的身体状况

【解析】答案为D。根据《人民警察法》第30条的规定，只有D项"人民警察的身体状况"不在法律规定范畴内。本题选D项。

★奖励制度

第三十一条　人民警察个人或者集体在工作中表现突出，有显著成绩和特殊贡献的，给予奖励。奖励分为：嘉奖、三等功、二等功、一等功、授予荣誉称号。

对受奖励的人民警察，按照国家有关规定，可以提前晋升警衔，并给予一定的物质奖励。

●考点点拨

1. 奖励的范围：奖励包括集体奖励和个人奖励，具体范围有公安机关所属单位及其在编在职人员，公安机关见习期人民警察、离退休人民警察、在编在职工勤人员和公安院校全日制普通学历教育学生参照执行。因公牺牲或病故的人民警察，符合奖励条件的，可以追授奖励。

2. 奖励的等级：根据人民警察集体和个人的事迹及其作用和影响，确定不同等级的奖励，具体有：

(1)成绩突出，给予嘉奖。

(2)成绩突出，有较大贡献，记三等功。

(3)成绩显著，有重要贡献，记二等功。

(4)成绩显著，有重大贡献和影响，记一等功。

(5)成绩卓著，有特殊贡献和重大影响，堪称典范的，可以授予荣誉称号。①集体荣誉称号的名称，根据事迹特点确定。②个人荣誉称号分为全国公安系统二级英雄模范、一级英雄模范称号。

3. 奖励是精神奖励和物质奖励的结合，具体有奖匾、奖状、奖章和证书，以及2000元到80000元不等的奖金。获得或追授荣誉称号的个人，其子女符合条件的，可以保送进入普通高等公安院校。获一等功以上的个人，可以提前晋升警衔。

☆真题回顾

(2017年多选)人民警察个人或者集体在工作中表现突出，有显著成绩和特殊贡献的，给予奖励，奖励分为(　　)。

A. 嘉奖　　B. 三等功

C. 二等功　　D. 一等功

E. 授予荣誉称号

【解析】答案为ABCDE。根据《人民警察法》第31条的规定，本题全部选项均正确。

(2018年单选)关于对人民警察的奖励，下列说法错误的是(　　)。

A. 奖励的对象为工作中表现突出，有显著成绩和特殊贡献的人民警察个人

B. 奖励的对象既可以是人民警察个人，也可以是人民警察集体

C. 对受奖励的人民警察，按照国家有关规定，可以提前晋升警衔

D. 对受奖励的人民警察，按照国家有关规定，可以给予一定的物质奖励

【解析】答案为A。根据《人民警察法》第31条的规定，奖励对象包括个人和集体，A项表述片面，错

误，当选。

（2018年多选）人民警察工作实绩主要包括（　　）。

A. 工作质量　　B. 工作数量

C. 工作效率　　D. 工作适应能力

E. 工作任务

【解析】答案为ABCD。人民警察工作实绩作为对人民警察的考核重点，主要包括人民警察的工作质量、数量、效率及工作适应能力等方面的内容。故本题答案为A项、B项、C项、D项。

第五章　警务保障

★执行决定与命令

第三十二条　人民警察必须执行上级的决定和命令。

人民警察认为决定和命令有错误的，可以按照规定提出意见，但不得中止或者改变决定和命令的执行；提出的意见不被采纳时，必须服从决定和命令；执行决定和命令的后果由作出决定和命令的上级负责。

●考点点拨

1. 人民警察根据行政职务和警衔，构成上下级和同级关系，上级管理下级，下级服从上级。

（1）上级对下级下达命令，下级执行上级命令并报告执行情况；如果下级认为存在错误或不符合实际，仍然需要坚决执行，但是可以提出意见。

（2）如果下级发现情况发生重大变化，应当及时上报；如果来不及上报或无法上报，应当充分理解上级意图，负责地、果断地完成任务，并及时上报。

2. 人民警察内部上下级关系的核心在于领导与服从，上级根据事实和规范作出决定和命令，并为自己的决定和命令负责；下级根据上级的决定和命令执行。一方面，这是对下级的强制性要求，拒绝执行和不服从指挥的行为会受到行政处分。另一方面，这也是对下级的积极鼓励，因为合法合理执行上级命令的后果由上级承担，下级不必担心因此承担法律责任。

3. 领导与服从是原则，但是也存在例外：

（1）下级认为上级存在错误或不符合实际，可以提出建议。

（2）下级认为命令和决定无法执行，应当及时请示报告上级。

（3）下级认为情况发生重大变化，可以根据任务目的和实际情况，妥善地完成任务。

（4）上级的指令违反法律法规和任命警察的职责范围，可以拒绝执行。原则和例外如何取舍，需要由人民警察在依法依规的前提上积极选择，但最终的目的都是保证任务的执行和完成。

◆关联法条

《公安机关人民警察内务条令》

第九条　公安民警依据行政职务和警衔，构成上级和下级以及同级的关系。行政职务高的是上级，行政职务低的是下级，行政职务相当的是同级。在相互不知道行政职务时，警衔高的是上级，警衔低的是下级，警衔相同的是同级。

第十一条　上级有权对下级下达命令。命令通常按级下达，情况紧急时，也可以越级下达。越级下达命令时，除特殊情况外，下达命令的上级应当将所下达的命令通知受令者的直接上级。

命令下达后，上级应当及时检查下级的执行情况；如果情况发生变化，应当及时下达补充命令或者新的命令。

第十二条　下级对上级的命令必须坚决执行，并将执行情况及时报告上级。下级如果认为命令有不符合实际情况之处，可以提出建议，但在上级未改变命令时，仍需坚决执行。

执行中如果情况发生重大变化，原命令确实无法继续执行而又来不及或者无法请示报告上级时，应当根据上级的基本意图，以高度负责的精神，积极主动地果断行事，坚决完成任务，事后迅速报告上级。

下级接到越级下达的命令，必须坚决执行。除下达命令的机关有明确要求外，在执行的同时，应当向直接上级报告；因故不能及时报告的，应当在情况允许时迅速补报。

★拒绝执行指令

第三十三条　人民警察对超越法律、法规规定的人民警察职责范围的指令，有权拒绝执行，并同时向上级机关报告。

●考点点拨

1. 依法行政是公安机关及其人民警察执行公务的基本要求，任何活动都必须符合法律的规定，即“法无规定不可为”。人民警察的合法行为受到法律保护，违法行为不受到法律保护，甚至还要承担法律责任，这要求人民警察不得从事违法行为，不得从事上级指令的违法行为。

2. 本条与第32条相互补充，并不矛盾，包含着人民警察执行上级命令的要求和依法执法的要求，即：

（1）合法合理的指令，必须执行，合法合理的任务,必须完成。

(2)合法不合理的指令,必须执行,但是可以提出建议或反应情况。

(3)不合法的指令和任务,坚决不执行,并且还要反映情况。是否合法、合理需要人民警察根据法律知识和社会经验判断,这是人民警察学习法律知识的主要目的,既能保证依法执行公务,也能让自己避免不必要的风险和法律责任。

☆**真题回顾**

(2017年判断)人民警察对超越法律规定的人民警察职责范围的指令,应当服从和执行,执行指令的后果由作出指令的上级负责。(　　)

【**解析**】根据《人民警察法》第33条的规定,本题说法错误。

(2018年多选)关于人民警察的义务与权利,下列说法正确的有(　　)。

A. 人民警察不得泄露国家秘密

B. 人民警察不得违法实施处罚

C. 人民警察不得包庇违法犯罪活动

D. 人民警察因公致残的,与因公致残的现役军人享受国家同样的抚恤和优待

E. 人民警察对超越法律、法规规定的人民警察职责范围的指令,有权拒绝执行,并同时向上级机关报告

【**解析**】答案为ABCDE。根据《人民警察法》第22条所列的12项内容可以推知,A项、B项、C项正确。根据《人民警察法》第33条的规定,E项正确。根据《人民警察法》第41条的规定,D项正确。

★**公民与组织的支持和协助**

第三十四条　人民警察依法执行职务,公民和组织应当给予支持和协助。公民和组织协助人民警察依法执行职务的行为受法律保护。对协助人民警察执行职务有显著成绩的,给予表彰和奖励。

公民和组织因协助人民警察执行职务,造成人身伤亡或者财产损失的,应当按照国家有关规定给予抚恤或者补偿。

●**考点点拨**

本条是本法第3条和第5条的具体体现,既是对人民警察的工作的要求,也是对公民和组织的要求和义务,具有两方面的含义:

1. 人民警察执行职务,应当密切联系群众,依靠人民的支持保持同人民的密切联系,可以主动请求公民和组织的支持和协助。这是工作要求,也是权力的体现。比如,人民警察可以依法优先乘坐交通工具,依法征用公民和组织的交通工具、场地和建筑物。

2. 公民和组织对依法执行职务的人民警察的支持和协助,是其法律义务,在人民警察表明身份及其执法的合法性后,公民和组织应当尽可能地提供帮助。为了鼓励和促进公民和组织履行法定义务,本法做了三个层次的规定:

(1)如果对人民警察执行职务,具有重大贡献,可以获得表彰和奖励。

(2)如果因为帮助人民警察而造成人身伤亡,可以获得国家的抚恤或补偿。

(3)如果拒不履行义务或拒绝和妨碍执行职务,应当承担法律责任,即本法第35条的规定。

⊙拒绝或阻碍的法律责任

第三十五条　拒绝或者阻碍人民警察依法执行职务,有下列行为之一的,给予治安管理处罚:

(一)公然侮辱正在执行职务的人民警察的;

(二)阻碍人民警察调查取证的;

(三)拒绝或者阻碍人民警察执行追捕、搜查、救险等任务进入有关住所、场所的;

(四)对执行救人、救险、追捕、警卫等紧急任务的警车故意设置障碍的;

(五)有拒绝或者阻碍人民警察执行职务的其他行为的。

以暴力、威胁方法实施前款规定的行为,构成犯罪的,依法追究刑事责任。

●**考点点拨**

1. 人民警察是公安机关的公务人员,代表国家行使公权力。因此,具有强制性和单方性,公民必须无条件地接受人民警察的管理,如果人民警察的行为涉嫌违法,公民可以通过救济渠道维护自己的合法权益。如果公民拒绝或阻碍人民警察依法执行职务,人民警察可以根据本法和《人民警察使用警械和武器条例》等法律法规,采取一定的强制手段并追究违法行为人的法律责任。

2. 本条是本法第5条的具体体现,与本法第34条相互照应。人民警察依法执行职务受到法律的保护,应当获得公民和组织的支持和协助;公民和组织对于人民警察执行公务的支持和协助,是法律义务,同样受到受法律保护,甚至可以得到奖励,如果据不履行义务或故意拒绝和妨碍人民警察执行公务,需要承担相应的法律责任。

3. 本条可概括记忆为:侮辱警察、阻碍调查取证、

阻碍或拒绝进入特定场所、为警车设置障碍。

★警用标志、制式服装和警械的使用

第三十六条　人民警察的警用标志、制式服装和警械，由国务院公安部门统一监制，会同其他有关国家机关管理，其他个人和组织不得非法制造、贩卖。

人民警察的警用标志、制式服装、警械、证件为人民警察专用，其他个人和组织不得持有和使用。

违反前两款规定的，没收非法制造、贩卖、持有、使用的人民警察警用标志、制式服装、警械、证件，由公安机关处十五日以下拘留或者警告，可以并处违法所得5倍以下的罚款；构成犯罪的，依法追究刑事责任。

●考点点拨

1. 警用标志、制式服装、警械和证件的概念与范围

(1)警用标志：人民警察按照规定穿着的统一式样服装，包括常服、值勤服、作训服、多功能服、制式衬衣及警帽、领带、腰带、纽扣等。

(2)制式服装：人民警察按照规定穿着制式服装时佩带的专用标志，包括帽徽、警衔标志、领花、胸徽、警号、臂章等。

(3)警械：人民警察按照规定装备的驱逐性、制服性警械和约束性警械，包括警棍、催泪弹、高压水枪、特种防暴枪、手铐、脚镣、警绳等。

(4)证件：人民警察证是人民警察身份和依法执行职务的凭证和标志，统一使用，分级管理。

2. 警用标志、制式服装、警械和证件的使用规则

(1)统一生产和管理：警用标志、制式服装、警械和证件由公安部监制，具体部门管理，指定企业生产，严格按照指标生产和配发。其他单位和个人不得生产、销售和使用，否则要承担法律责任。

(2)严格使用：人民警察应当爱护并妥善保管，不得转送、出借或出卖，其他组织和个人不得持有和使用，否则要承担法律责任。

3. 法律责任

(1)单位或个人非法生产、销售制式服装和标志的，没收相关产品，对相关责任人处以15日以下拘留或警告，可以并处违法所得5倍以下罚款；构成犯罪的追究刑事责任。

(2)单位或个人非法持有、使用制式服装和标志的，没收并处1000元以下罚款，并可对相关责任人处10日以下拘留；构成犯罪的，依法追究刑事责任。

(3)人民警察违规擅自赠送、出借或出卖制式服装和标志的，由所在单位责令改正；拒不改正或者造成不良影响的，依法给予行政处分。

☆真题回顾

(2018年单选)非法持有人民警察警用标志、制式服装、警械、证件的个人和组织，由公安机关处(　　)日以下拘留或者警告，可以并处违法所得5倍以下的罚款。

A. 10　　　　B. 15

C. 20　　　　D. 30

【解析】答案为B。根据《人民警察法》第36条的规定，B项正确。

(2019年多选)人民警察的(　　)为人民警察专用，其他个人和组织不得持有和使用。

A. 警用标志　　　　B. 制式服装

C. 警械　　　　D. 证件

E. 交通工具

【解析】答案为ABCD。根据《人民警察法》第36条的规定，A项、B项、C项、D项正确，当选。本题考查法条原文表述，考生记忆准确即可得分。

★经费保障

第三十七条　国家保障人民警察的经费。人民警察的经费，按照事权划分的原则，分别列入中央和地方的财政预算。

●考点点拨

1. 公安机关在每年年末编制下一年度的工作预算，在每年年初编制上一年度的工作决算，预决算内容包括收入和支出项目及其使用情况。其中，收入来自财政拨款、上级补助、事业收入和罚没收入等，支出包括公共服务支出、公共安全支出、社会保障与就业支出等。人民警察的案件办理、维持治安和行政管理等项目的经费，以及工资、福利和保障的经费均属于公安机关的支出。

2. 各级公安机关有不同的职责，公安部统筹全国工作，下级公安机关管理本地区内事务，有着不同的事权划分，因而也有不同的财权划分。开展与中央职能有关的工作，由中央预算保障，开展与地方职能有关的工作，由地方预算保障。比如，公安部牵头，代表我国与东南亚多国开展湄公河联合执法活动，属于维护国家边境安全的职能，列入中央预算；深圳市公安局参与深圳国际马拉松赛的安保工作，属于协助地方政府维护秩序，列入地方财政预算。

◆**关联法条**

《公安机关组织管理条例》

第二十三条　公安机关应当按照国家规定，将各项罚没收入和行政事业性收费收入全额上缴财政。

县级以上人民政府按照国家规定的经费项目和标准，将公安机关经费列入财政预算，实行全额保障，并对经济困难地区的公安工作给予必要的经费支持。

☆**真题回顾**

（2018年单选）人民警察的经费，按照（　　）的原则，分别列入中央和地方的财政预算。

A. 平均分配　　B. 协商一致

C. 事权划分　　D. 按需分配

【解析】答案为C。根据《人民警察法》第37条的规定，本题考查的法条知识较细，考生在复习法条时，要用彩笔划重点来强化记忆。故C项正确。

★**物质保障**

第三十八条　人民警察工作所必需的通讯、训练设施和交通、消防以及派出所、监管场所等基础设施建设，各级人民政府应当列入基本建设规划和城乡建设总体规划。

●**考点点拨**

人民警察开展职务活动，需要必要的物质保障，如公安机关的内部网络、通信设备、警务人员的进修和培训、交通工具以及建筑和场地的建设。各级人民政府在制定基本建设规划和城乡建设总体规划时，应当充分考虑到公安机关工作开展的需要，为公安机关制定适当的规划，为公安机关提供必要的保障。比如，某地车管所机动车检测站场地不足，工作难以开展，该地人民政府在制定建设规划时，应当为公安机关预留土地和设施，协助公安机关建立新的机动车检测站。

☆**真题回顾**

（2017年多选）人民警察工作所必需的通信、训练设施和交通、消防以及派出所、监管场所等基础设施建设，各级人民政府应当列入（　　）。

A. 基本建设规划

B. 城乡建设总体规划

C. 年度预算

D. 城市用地规划

E. 人口总量控制规划

【解析】答案为AB。根据《人民警察法》第38条的规定，本题选A项、B项。考生应当注意，辅警考试对《人民警察法》和《人民警察使用警械和武器条例》的考查，几乎都是对原法条的考查，考得比较细。因此，考生在复习这两部法律时，也要从实处、从细处着眼，强化对细节的记忆。

⊙科技支持

第三十九条　国家加强人民警察装备的现代化建设，努力推广、应用先进的科技成果。

⊙工资待遇

第四十条　人民警察实行国家公务员的工资制度，并享受国家规定的警衔津贴和其他津贴、补贴以及保险福利待遇。

◆**关联法条**

《公安机关组织管理条例》

第三十五条　公安机关人民警察享受国家规定的符合其职业特点的工资待遇。

第三十六条　公安机关人民警察实行国家规定的保险制度，保障其在退休、患病、工伤、生育、失业等情况下获得帮助和补偿。

第三十八条　公安机关人民警察实行国家规定的工时制度和休假制度。

公安机关人民警察在法定工作日之外工作的，应当补休；不能补休的，应当给予补助，具体办法由人事部会同财政部规定。

⊙抚恤优待

第四十一条　人民警察因公致残的，与因公致残的现役军人享受国家同样的抚恤和优待。

人民警察因公牺牲或者病故的，其家属与因公牺牲或者病故的现役军人家属享受国家同样的抚恤和优待。

◆**关联法条**

《公安机关组织管理条例》

第三十七条　公安机关人民警察因公致残的，应当享受必要的治疗、康复，其中被评定残疾的人员享受国家规定的抚恤和优待。

公安机关人民警察因公牺牲或者病故的，其家属享受国家规定的抚恤和优待。

第六章　执法监督

⊙外部监督

第四十二条　人民警察执行职务，依法接受人民检察院和行政监察机关的监督。

●**考点点拨**

1. 人民检察院既是公诉机关，也是法律监督机关。

(1)作为公诉机关,人民检察院对公安机关侦查的案件,进行审查,决定是否逮捕、起诉或者免予起诉,主要犯罪事实不清,证据不足的,可以退回公安机关补充侦查。

(2)作为法律监督机关,人民检察院对公安机关的侦查活动是否合法,实行监督,发现公安机关侦查活动有违法情况时,可以通知公安机关予以纠正。

①人民检察院对公安机关及其人民警察的监督主要在刑事司法的程序中,监察委员会成立后,人民检察院的反贪反渎职能全部交由监察委员会。比如,人民警察在侦破案件时伪造证据或证据不足,人民检察院可以根据公民的检举控告或自行审查,最后退回补充侦查;如果人民警察刑讯逼供或非法搜查,人民检察院依法追究责任人的刑事责任。如果人民警察收受贿赂或玩忽职守,监察委员会则依法对其进行调查。

②人民检察院监督的主要内容有刑讯逼供、非法获取和制造证据、徇私舞弊、打击报复、贪赃受贿、超过和违反刑事诉讼法规定的具体行为。主要方式是通过口头纠正或书面建议纠正公安机关。

2. 各级监察委员会对公职人员进行监察,调查职务违法和职务犯罪,开展廉政建设和反腐败工作。具体包括贪污贿赂、滥用职权、玩忽职守、权力寻租、利益输送、徇私舞弊以及浪费国家资财等行为。《监察法》出台后,监察委员会取代了行政监察部门,《监察法》取代了《行政监察法》。

★内部监督

第四十三条　人民警察的上级机关对下级机关的执法活动进行监督,发现其作出的处理或者决定有错误的,应当予以撤销或者变更。

●考点点拨

1. 内部监督,是公安系统内的自我监督,区别于人民群众和新闻舆论的社会监督、国家权力机关和人民政府的监督、人民检察院的法律监督,以及人民法院的审判监督,是公安机关接受监督的主要途径。

(1)内部监督内容有:

①上级公安机关对下级公安机关的监督。

②上级业务部门对下级业务部门的监督。

③本级公安机关对所属业务部门、派出机构及其人民警察的监督。

(2)内部监督的责任人是公安机关的行政首长和业务部门的负责人;公安机关法制部门是主管机关,警务督察部门进行现场督察。

(3)内部监督的目的是:

①保障公安机关及其人民警察依法正确履行职责。

②防止和纠正违法和不当的执法行为。

③保护公民、法人和其他组织的合法权益。

2. 本条规定是上级机关对下级机关执法活动的监督。上级机关或其他监督主体发现公安机关及其人民警察作出的处理和决定是错误的,有权予以撤销或变更。公安机关及其人民警察必须遵守监督决定、命令,并报告执行结果。比如,某派出所准备延长一名有犯罪嫌疑的公民的继续盘问时间,该派出所所长向公安分局负责人提交审批,该分局负责人在审批时发现该公民不符合继续盘问的规定,应当责令派出所立即释放该公民。

◆关联法条

《公安机关内部执法监督工作规定》

第十九条　对公安机关及其人民警察不合法、不适当的执法活动,分别作出如下处理:

(一)对错误的处理或者决定予以撤销或者变更;

(二)对拒不履行法定职责的,责令其在规定的时限内履行法定职责;

(三)对拒不执行上级公安机关决定和命令的有关人员,可以停止执行职务;

(四)公安机关及其人民警察违法行使职权已经给公民、法人和其他组织造成损害,需要给予国家赔偿的,应当依照《中华人民共和国国家赔偿法》的规定予以国家赔偿;

(五)公安机关人民警察在执法活动中因故意或者过失,造成执法过错的,按照《公安机关人民警察执法过错责任追究规定》追究执法过错责任。

《公安机关办理刑事案件程序规定》

第七条　公安机关进行刑事诉讼,应当建立、完善和严格执行办案责任制度、执法过错责任追究制度等内部执法监督制度。

在刑事诉讼中,上级公安机关发现下级公安机关作出的决定或者办理的案件有错误的,有权予以撤销或者变更,也可以指令下级公安机关予以纠正。

下级公安机关对上级公安机关的决定必须执行,如果认为有错误,可以在执行的同时向上级公安机关报告。

☆真题回顾

(2018年单选)某市公安局发现本辖区公安分局

的决定有错误的，应当(　　)。

A. 予以撤销或变更　B. 提出意见

C. 给予行政处分　　D. 予以修正

【解析】答案为A。根据《公安机关办理刑事案件程序规定》第7条的规定，市公安局作为辖区公安分局的上级机关，有权对其作出的错误决定予以撤销或者变更，故A项正确，当选。《公安机关办理刑事案件程序规定》虽为部门规章，但本法规对公安机关具体实务具有重要的指导意义，考生有余力也要复习掌握。

(2019年单选)人民警察的上级机关对下级机关的执法活动进行监督，发现其作出的处理或者决定有错误的，应当予以(　　)。

A. 撤销　　　　　　B. 变更

C. 撤销或者变更　　D. 以上选项都不正确

【解析】答案为C。根据《人民警察法》第43条的规定，上级机关发现下级机关执法活动有错误的，应当予以撤销或者变更，C项正确，当选。本题考查法条原文细节性表述，要求考生有准确细致的把握。

★社会和公民监督

第四十四条　人民警察执行职务，必须自觉地接受社会和公民的监督。人民警察机关作出的与公众利益直接有关的规定，应当向公众公布。

●考点点拨

1. 社会和公民监督是一种极为广泛的监督，属于非国家性质的监督，没有法律上的效力。社会和公民行使批评、建议、检举、申诉和控告等民主权利，对公安机关及人民警察进行监督。主要包括：人民政协的监督，人民团体和企事业单位等社会组织的监督，特邀监督员、党风政风警风监督员的监督，公民个人的监督和新闻舆论的监督。这要求人民警察必须遵守基本要求、根本宗旨和活动准则，妥善处理与人民群众的关系，积极接受社会和公民的监督。

2. 执法公开是接受社会和公民监督的前提。公开方式有向社会公开、向特定对象公开、网上公开办事和相应的监督与保障等几个方面，公开内容有刑事、行政执法的依据、流程、进展、结果等相关信息，以及网上办事渠道。为此，公安部制定了《公安机关执法公开规定》。

3. 公开的内容必须加以选择，既要保障公民的知情权和监督权，又要确保公安机关正常开展工作和信息安全。所以，执法信息要有所选择：

(1)涉及公共利益、公众普遍关注、需要社会知晓的执法信息，应当主动向社会公开，如各级公安机关通过媒体发布的执法信息、警情通报和警务公告。

(2)不宜向社会公开但是涉及特定对象的，应当告知特定对象或为特定对象提供查询服务，如为当事人出具的法律文书、网上服务大厅和信息查询系统等。

(3)涉及国家秘密、可能妨碍正常办案的信息或影响社会稳定的信息，公安机关不得公开，如机要文件执法记录仪视频、监控视频。

(4)涉及商业秘密、个人隐私的执法信息，需要经过当事人同意才能公开。

人民警察必须树立高度的保密意识，做好保密工作和隐私保护工作，非经法律授权和相关负责人批准，人民警察不得泄露当事人隐私、办案信息或公安机关内部信息。比如，办案民警向民间纠纷的一方当事人泄露对方的信息，导致双方私自处理时激化矛盾，或民警利用身份查询的工具，泄露某热点人物的身份证信息，导致其隐私被公之于众，这些违反公开规定的行为，都要承担法律责任，轻则受到行政处分，重则会被追究刑事责任。

☆真题回顾

(2019年单选)人民警察执行职务，必须自觉地接受社会和公民的监督。人民警察机关作出与公众利益直接有关的规定，应当向(　　)公布。

A. 社会　　　　B. 公众

C. 执行对象　　D. 上级机关

【解析】答案为B。根据《人民警察法》第44条的规定，B项正确。本题考查法条原文细节性表述，要求考生有准确细致的把握。

★办案回避

第四十五条　人民警察在办理治安案件过程中，遇有下列情形之一的，应当回避，当事人或者其法定代理人也有权要求他们回避：

(一)是本案的当事人或者是当事人的近亲属的；

(二)本人或者其近亲属与本案有利害关系的；

(三)与本案当事人有其他关系，可能影响案件公正处理的。

前款规定的回避，由有关的公安机关决定。

人民警察在办理刑事案件过程中的回避，适用刑事诉讼法的规定。

●考点点拨

1. 回避制度，是一项保证人民警察秉公执法的退出制度。当法定情形出现后，人民警察应当主动退出案件的办理，否则有可能被当事人或其法定代理人要求退出案件的办理。法定情形往往是人民警察与案件及其当事人有一定的利害关系，可能影响人民警察公平公正地办案。比如，人民警察出警后，发现涉案当事人是自己的亲朋或有嫌隙的人，应当主动向公安机关申请退出。否则，当事人或其法定代理人发现时，就会向公安机关申请回避。

2. 回避制度的适用范围：回避制度，包括治安案件中的回避和刑事案件中的回避，前者适用《人民警察法》、《治安管理处罚法》和《公安机关办理行政案件程序规定》第三章的规定，后者适用《刑事诉讼法》及其司法解释的规定。

3. 回避制度的原因：回避制度的原因在不同的法律中不尽相同，归纳如下：

（1）因一般社会关系和日常生活关系的回避，这些往往都有亲属关系或利害关系，可能是友好关系也可能是矛盾关系，如亲朋好友、有矛盾的人以及有其他往来的熟人。

（2）因职务活动的回避，一名人员在一个司法程序中只能有一个角色，如果是一个案件的当事人或证人，就不能做同一案件的办案人或鉴定人，反之亦然。

（3）因不正当关系的回避，如果在办案过程中，办案人与当事人或其代理人有不正当的往来，也不能再参与案件办理，如接受请托送礼和好处。

总之，只要与案件或案件当事人有任何关系，可能影响案件处理的，人民警察都应当回避。

◆关联法条

《公安机关办理行政案件程序规定》

第十八条　公安机关负责人、办案人民警察提出回避申请的，应当说明理由。

第十九条　办案人民警察的回避，由其所属的公安机关决定；公安机关负责人的回避，由上一级公安机关决定。

第二十条　当事人及其法定代理人要求公安机关负责人、办案人民警察回避的，应当提出申请，并说明理由。口头提出申请的，公安机关应当记录在案。

第二十二条　公安机关负责人、办案人民警察具有应当回避的情形之一，本人没有申请回避，当事人及其法定代理人也没有申请其回避的，有权决定其回避的公安机关可以指令其回避。

第二十四条　在公安机关作出回避决定前，办案人民警察不得停止对行政案件的调查。

作出回避决定后，公安机关负责人、办案人民警察不得再参与该行政案件的调查和审核、审批工作。

⊙检举与控告

第四十六条　公民或者组织对人民警察的违法、违纪行为，有权向人民警察机关或者人民检察院、行政监察机关检举、控告。受理检举、控告的机关应当及时查处，并将查处结果告知检举人、控告人。

对依法检举、控告的公民或者组织，任何人不得压制和打击报复。

★督察制度

第四十七条　公安机关建立督察制度，对公安机关的人民警察执行法律、法规、遵守纪律的情况进行监督。

●考点点拨

1. 督察，是对人民警察的监督和管理，是由督察机构和督察人员负责的一种公安系统的内部监督，称作“警中警”，其职责权限由国务院《公安机关督察条例》直接赋予。

（1）人民警察处理日常工作或参与重大任务时，都会有督察对人民警察的活动进行监督，他们或明察，或暗访，明察时往往佩戴督察标志或督察证，在现场对人民警察的工作进行监督和指导；暗访时会通过各种途径，了解人民警察执行任务时的表现和结果。必要时还会对人民警察的违法、违规和违纪行为采取一定措施，这是对警务活动的保障，也是对人民警察工作的监督。

（2）督察工作的基本任务是保障和监督公安机关及其人民警察依法履行职责、行使职权和遵守纪律。具体方式是现场督察，即设立督察机构，派遣督察人员对公安机关及其人民警察的执法执勤活动进行同步监督和检查。

（3）本条与本法第43条的关系是：人民警察的内部监督分为两种，一种是非专门的监督，包括上下级、同级公安机关与业务部门、派出机构之间的监督；另一种是专门的监督，即督察制度，有专门的督察机构和督察人员，如深圳市公安局内设的警务督察支队。

2. 督察的具体方式有：

（1）向本级公安机关的所属单位和下级公安机关派出督察人员进行督察，或指令下级公安机关督察机构对专门事项进行督察。

（2）督察机构派出督察人员参加本级公安机关或下级公安机关的警务工作会议和重大警务活动的

部署。

(3)开展警务评议活动,听取国家机关、社会团体、企事业组织和人民群众的意见。

(4)负责公安机关12389投诉专线,对群众的投诉进行处置和反馈。

3. 督察的组织架构

(1)县级以上地方各级人民政府公安机关的督察机构为执法勤务机构,由专职人员组成,实行队建制。

(2)公安部设督察长,由公安部一名副职领导成员担任。县级以上地方各级人民政府公安机关设督察长,由公安机关行政首长兼任。

(3)县级以上地方各级人民政府公安机关设第一副督察长,由公安机关负责监督工作的领导成员兼任,警务督察部门正职领导担任副督察长。

4. 停职与禁闭

督察机构认为公安机关人民警察违反纪律需要采取停止执行职务、禁闭措施的,由督察机构作出决定,报本级公安机关督察长批准后执行。

(1)停职与禁闭的时间:

①停止执行职务的期限为10日以上60日以下。

②禁闭的期限为1日以上7日以下。

(2)停职与禁闭的实施:

①对被停职的人民警察,应当收缴其枪支、警械和有关证件等,不准穿警服和佩戴警用标志,不准上岗执行职务。

②对被禁闭的人民警察,应当收缴其枪支、警械,在禁闭室由专人负责看管。

(3)停职与禁闭的规则:

①对同一违法违纪行为涉及的同一名人民警察需要停职、禁闭的,只能使用其中一种,且不得连续使用。

②被禁闭的人民警察在禁闭期间不得执行职务。如果表现良好,确无停职或禁闭的必要,可以提前解除停职或禁闭措施。

(4)停职与禁闭的申诉:

①对停职和禁闭决定不服的,可以在被停职或禁闭期间向作出决定的公安机关的上一级公安机关提出申诉。

②受理申诉的公安机关应在5日内作出是否撤销停职的决定,在24小时内作出是否撤销禁闭的决定。

③申诉期间,停职和禁闭决定不停止执行。

◆**关联法条**

《公安机关督察条例》

第十二条　督察机构认为公安机关人民警察违反纪律需要采取停止执行职务、禁闭措施的,由督察机构作出决定,报本级公安机关督察长批准后执行。

停止执行职务的期限为10日以上60日以下;禁闭的期限为1日以上7日以下。

第十三条　督察机构认为公安机关人民警察需要给予处分或者降低警衔、取消警衔的,督察机构应当提出建议,移送有关部门依法处理。

督察机构在督察工作中发现公安机关人民警察涉嫌犯罪的,移送司法机关依法处理。

第十四条　公安机关人民警察对停止执行职务和禁闭决定不服的,可以在被停止执行职务或者被禁闭期间向作出决定的公安机关的上一级公安机关提出申诉。由公安部督察机构作出的停止执行职务、禁闭的决定,受理申诉的机关是公安部督察委员会。

受理申诉的公安机关对不服停止执行职务的申诉,应当自收到申诉之日起5日内作出是否撤销停止执行职务的决定;对不服禁闭的申诉,应当在收到申诉之时起24小时内作出是否撤销禁闭的决定。

申诉期间,停止执行职务、禁闭决定不停止执行。

受理申诉的公安机关认为停止执行职务、禁闭决定确有错误的,应当予以撤销,并在适当范围内为当事人消除影响,恢复名誉。

第七章　法律责任

★**违反纪律的处分**

第四十八条　人民警察有本法第二十二条所列行为之一的,应当给予行政处分;构成犯罪的,依法追究刑事责任。

行政处分分为:警告、记过、记大过、降级、撤职、开除。对受行政处分的人民警察,按照国家有关规定,可以降低警衔、取消警衔。

对违反纪律的人民警察,必要时可以对其采取停止执行职务、禁闭的措施。

●**考点点拨**

1. 人民警察在职务活动中的违法违纪行为,根据违法违纪的程度,应当承担行政处分和纪律处分;犯罪行为,应当依法追究刑事责任。本条所述违纪行为指本法第22条列举的基本纪律,除此之外,人民警察还应当遵守《刑法》《刑事诉讼法》《行政处罚法》等法律和《公安机关组织管理条例》《人民警察使用警械和武器条例》等法规，违反法律法规和规章，都会承担法律责任。

2.行政处分

(1)行政处分的效力。行政处分是一种内部行政行为，对人民警察具有约束力和强制力。行政处分不产生外部法律效力，不能进行司法审查或提起行政诉讼，对于行政处分决定不服的，可以申请复核或申诉。

(2)行政处分制度的含义：

①人民警察的行政处分是依法依规作出的，如《公安机关人民警察纪律条令》。

②行政处分的后果取决于违法违纪行为的种类和程度，性质恶劣、情节严重的，处分更重。

(3)行政处分的适用：本法中的行政处分，根据处分程度，依次分为警告、记过、记大过、降级、撤职和开除。行政处分的决定由任免机关或监察机关作出，除了违法违纪行为人外，负有责任的领导人员和直接责任人员也会受到处分。

比如，人民警察向犯罪嫌疑人通风报信，应当给予开除处分；非法搜查他人身体、物品、住所或者场所的，应当给予记过或者记大过的处分，情节较重的，还要降级或者撤职，甚至开除。

3.警纪处分：警纪处分是公安机关内部对违法违纪、受到行政处分的人民警察给予的内部处分。本法的纪律处分，有降低警衔、取消警衔、停止执行职务和禁闭，以及延期晋升等。比如，涉嫌泄露国家秘密、警务工作秘密的，应当采取停止执行职务的措施；涉嫌泄露公安工作秘密或者为犯罪嫌疑人通风报信的，不听制止且可能造成严重后果的，采取禁闭措施。

4.刑事责任：人民警察违法违纪，情节和后果极为严重的，可能构成犯罪，依法承担刑事责任，如非法搜查罪、行刑逼供罪、虐待被监管人罪、包庇毒品犯罪分子罪和受贿罪、贪污罪、滥用职权罪等。

◆关联法条

《公安机关人民警察纪律条令》

第三条　公安机关人民警察违法违纪，应当承担纪律责任的，由任免机关或者监察机关按照管理权限依法给予处分。

公安机关有违法违纪行为，应当追究纪律责任的，对负有责任的领导人员和直接责任人员给予处分。

第四条　对受到处分的公安机关人民警察，应当依照有关规定延期晋升、降低或者取消警衔。

☆真题回顾

(2017年单选)关于人民警察的法律责任，下列说法不正确的是(　　)。

A.刑讯逼供或者体罚、虐待人犯，构成犯罪的，依法追究刑事责任

B.对受行政处分的人民警察，按照国家有关规定，可以降低警衔、取消警衔

C.人民警察违反规定使用武器、警械，构成犯罪的，依法追究刑事责任

D.对违反纪律的人民警察，经查实后应当立即予以开除

【解析】答案为D。根据《人民警察法》第48条、第22条的规定，A项、B项、C项均正确，D项说法错误，对违反纪律的人民警察，必要时可以对其采取停止执行职务、禁闭的措施，而不是立即开除。本题采用常识审题法，很容易判断D项说法过于绝对，且不符合常理。因此选择D项。

(2019年多选)人民警察有(　　)行为的，应当予以行政处分。

A.殴打他人或者唆使他人打人

B.弄虚作假，隐瞒案情，包庇、纵容违法犯罪活动

C.非法搜查他人的身体、物品、住所或者场所

D.参加非法组织

E.参加旨在反对国家的集会、游行、示威等活动

【解析】答案为ABCDE。根据《人民警察法》第22条、第48条的规定，五个选项均正确。此两条为《人民警察法》的重点条文，对人民警察禁止性行为规范的规定属于常考点，也与未来的工作密切相关，考生应重点把握。

⊙违反武器警械使用规定的法律责任

第四十九条　人民警察违反规定使用武器、警械，构成犯罪的，依法追究刑事责任；尚未构成犯罪的，应当依法给予行政处分。

★执行职务中的损害赔偿

第五十条　人民警察在执行职务中，侵犯公民或者组织的合法权益造成损害的，应当依照《中华人民共和国国家赔偿法》和其他有关法律、法规的规定给予赔偿。

●考点点拨

1.人民警察执行职务时造成的损害，由公安机关进行赔偿。这意味着，人民警察造成的经济损害由国家机关承担，而人民警察仍需对违法违规行为承担行

政责任，对其犯罪行为承担刑事责任。比如，一名警察违法使用警械造成公民受伤，公安机关对该公民的损害承担赔偿责任，而该警察还需要根据法律法规承担行政责任，如记过、降级或开除，甚至还需承担刑事责任。

2. 人民警察依法执行公务，造成公民的权益受到损害，公安机关参照《国家赔偿法》进行补偿。除此之外，人民警察不需承担法律责任。赔偿或补偿，承担或不承担法律责任，根本在于人民警察是否依法执行公务。

3. 国家赔偿分为行政赔偿和刑事赔偿。

（1）人民警察执行行政任务中，造成的损害，适用《国家赔偿法》行政赔偿部分，如违法拘留或限制公民人身自由；非法拘禁或非法剥夺公民人身自由；殴打、虐打等行为或唆使、放纵他人殴打、虐待等行为造成公民受伤或死亡；违法使用武器、警械造成公民受伤或死亡。

（2）人民警察在执行刑事任务时，造成的损害，适用《国家赔偿法》刑事赔偿部分，如违法采取拘留或拘留时间超过法定期限；逮捕后撤销案件、不起诉或判决宣告无罪等；刑讯逼供、殴打、虐打等行为或唆使、放纵他人殴打、虐待等行为造成公民受伤或死亡；违法使用武器、警械造成公民受伤或死亡。

第八章　附　　则

⊙武警的任务

第五十一条　中国人民武装警察部队执行国家赋予的安全保卫任务。

⊙施行时间

第五十二条　本法自公布之日起施行。1957 年 6 月 25 日公布的《中华人民共和国人民警察条例》同时废止。

第十二章　人民警察使用警械和武器条例备考要点和法条解读

第一节　人民警察使用警械和武器条例备考复习要点

一、《人民警察使用警械和武器条例》(以下简称《条例》)的目的和意义

(一)《条例》的目的

1. 制定《条例》的目的,是保障人民警察依法履行职责,正常使用警械和武器。为了保障人民警察履行职责,国家必须赋予人民警察为履行职责所必需的权力。

2. 有权必有责,人民警察亦须依法正确使用警械和武器。

(二)《条例》的意义

1.《条例》是《人民警察法》的配套法规之一,是人民警察履行职责、行使职权的重要法律保障。

2.《条例》的公布实施,将对人民警察依法及时有效地制止违法犯罪行为,维护公共安全和社会秩序,保护公民的人身安全和合法财产,保护公共财产,起到积极的作用。

二、《条例》的法律依据

1.《人民警察法》;

2. 其他法律,包括《刑法》《刑事诉讼法》《治安管理处罚法》《集会游行示威法》《戒严法》《监狱法》《枪支管理法》等。

三、人民警察使用警械或武器的条件

(一)制止违法犯罪行为

1. 制止违法犯罪行为,是人民警察能够使用警械或者武器的现实前提。

2. 人民警察为制止违法犯罪行为,可以对违法犯罪行为人的人身或者违法财物采取直接强制措施,包括对行为人实施制止、控制或约束以及对行为人的财物实施控制和破坏。

3. 为了制止人民警察违反法律法规、行政规章的行为,除了《条例》规定的情形外,在法律、法规没有授权的情况下不得使用警械和武器。

(二)根据需要,可以使用警械

当人民警察现场通过徒手控制、警告等手段不足以控制违法犯罪行为,而现场的情形,还没有达到可以使用武器进行控制的情况下,可以使用警械进行控制。

(三)警械不足以制止或者面临高度危险性情况下才能使用武器

使用警械不能制止,或者不使用武器制止,可能发生严重危害后果的情况,是指违法犯罪行为的危害程度、暴力程度和紧急程度已超出了使用警械可以控制的程度,人民警察可以使用武器。

四、人民警察所用警械及武器的种类

1. 驱逐性、制服性警械:是对违法犯罪分子进行人身隔离、控制的警用工具,主要包括警棍、催泪弹、高压水枪、特种防暴枪等。

2. 约束性警械:是对违法犯罪分子进行人身束缚的强制性警用工具,主要包括手铐、脚镣、警绳等。

3. 武器:主要是人民警察装备的枪支、弹药等致命性警用武器。

五、基本原则

(一)必要性原则

1. 违法犯罪到了非使用警械和武器不能制止的情况下,才可以使用警械和武器。

2. 应当以制止违法犯罪行为为限度。当违法犯罪行为得到制止时,应当立即停止使用。

(二)最小损失原则

1. 在使用警械和武器过程中,应当尽可能减少人员伤亡和财产损失。

2. 减少人员伤亡,包括减少违法犯罪人和无辜人员伤亡,尤其是要最大限度地避免伤及无辜。

3. 使用警械和武器,要以能够有效地制止违法犯罪行为为限度。包括:①当违法犯罪行为被制止时,应当停止使用警械和武器。②对于使用警械能够制止的,就不能使用武器制止。

4. 减少财产损失,是指在可能的情况下,避免或者减少使用警械和武器对国家财产、公共财产和公民合法财产的损坏。

(三)合法性原则

1. 人民警察依照《条例》及其他法律、法规(包括但不限于《人民警察法》等)的规定,使用警械和武器制止违法犯罪活动,其实施不受其他单位、个人的干涉,当事人不得抗拒,只要是合法使用警械和武器制止违法犯罪活动，无论造成什么后果，人民警察个人都不受法律追究。

2. 人民警察超越职权和法律规定使用警械和武器，如在审讯中使用警械对犯罪嫌疑人进行殴打、刑讯逼供，或者使用警械和武器从事与职责无关的行为，造成后果的要该人民警察负法律责任。

六、前置程序

1. 人民警察在使用警械和武器过程中，必须十分注意对公民人身安全和财产安全的保护。不仅要注意保护被侵害人的人身财产安全，还要保护现场周边公民的人身安全和财产安全。

2. 这一规定对现场人民警察来说，是应尽的义务，即要求人民警察必须作出以下行为：

(1)人民警察可以口头要求在场人员作出或者不作出某种行为；

(2)在某些待别情况下，还可以运用手势、旗语、信号或者其他能够指示的方式提示在场无关人员避开警械和武器的强制范围，以防止其受到伤害。

七、人民警察可以使用驱逐性、制服性警械的情形

人民警察使用驱逐性、制服性警械之前，对违法犯罪人员应当进行警告，在警告无效的情况下，根据需要，可以使用警棍、催泪弹、高压水枪、特种防暴枪等驱逐性、制服性警械。

1. 发生在公共场所，对社会治安和社会秩序有较大危害的。

(1)结伙斗殴、殴打他人、寻衅滋事、侮辱妇女或者进行其他流氓活动；

(2)聚众扰乱车站、码头、民用航空站、运动场等公共场所秩序的；

(3)非法举行集会、游行、示威的。

2. 抗拒、阻碍人民警察依法履行职务或者袭击人民警察的。

(1)强行冲越人民警察为履行职责设置的警戒线的；

(2)以暴力方法抗拒或者阻碍人民警察依法履行职责的；

(3)袭击人民警察的。

3. 兜底性规定。

(1)危害公共安全、社会秩序和公民人身安全的其他行为，需要当场制止的；

(2)法律、行政法规规定可以使用警械的其他情形。

八、人民警察可以使用约束性警械的情形

人民警察使用手铐、脚镣、警绳等约束性警械，主要是为了阻止违法犯罪分子脱逃、行凶、自杀、自伤或者有其他危险行为，主要的情形有：

1. 抓获违法犯罪分子或者重大犯罪嫌疑人的；

2. 执行逮捕、拘留、看押、押解、审讯、拘传、强制传唤的；

3. 法律、行政法规规定可以使用警械的其他情形。

九、人民警察可以使用武器的情形

(一)使用武器必须具备的四个要素

1. 现场的人民警察必须判明情况；

2. 犯罪分子正在实施暴力犯罪行为；

3. 情况紧急；

4. 先行警告(来不及警告的除外)。

人民警察在使用武器前，应当向犯罪行为人发出警告。这是因为警告有可能使犯罪分子停止实施犯罪行为。为避免不必要的伤亡，在可能的情况下，首先应当通过对犯罪分子实施警告，制止其犯罪行为。

(二)遇到下列情形，在警告无效的情况，可以使用武器

1. 严重危害公共安全的。

(1)放火、决水、爆炸等严重危害公共安全的；

(2)劫持航空器、船舰、火车、机动车或者驾驶车、船等机动交通工具，故意危害公共安全的；

(3)抢夺、抢劫枪支弹药、爆炸、剧毒等危险物品，严重危害公共安全的。

2. 具有高度危险性的。

(1)使用枪支、爆炸、剧毒等危险物品实施犯罪或者以使用枪支、爆炸、剧毒等危险物品相威胁实施犯罪的；

(2)实施凶杀、劫持人质等暴力行为，危及公民生命安全的；

(3)国家规定的警卫、守卫、警戒的对象和目标受到暴力袭击、破坏或者有受到暴力袭击、破坏的紧迫危险的；

(4)结伙抢劫或者持械抢劫公私财物的；

(5)聚众械斗、暴乱等严重破坏社会治安秩序，用其他方法不能制止的；

(6)以暴力方法抗拒或者阻碍人民警察依法履行职责或者暴力袭击人民警察，危及人民警察生命安全的。

3. 具有严重紧迫性的。

(1)破坏军事、通讯、交通、能源、防险等重要设施，足以对公共安全造成严重、紧迫危险的；

(2)在押人犯、罪犯聚众骚乱、暴乱、行凶或者脱逃的；

(3)劫夺在押人犯、罪犯的；

(4)实施放火、决水、爆炸、凶杀、抢劫或者其他严重暴力犯罪行为后拒捕、逃跑的；

(5)犯罪分子携带枪支、爆炸、剧毒等危险物品拒捕、逃跑的。

4. 兜底性规定。

法律、行政法规规定可以使用武器的其他情形。

（三）人民警察遇到上述情形使用武器，来不及警告或者警告后可能导致更为严重危害后果的，可以直接使用武器。比如，劫持人质的犯罪嫌疑人情绪激动意图行凶，警告后可能导致人质被杀害等更为严重危害后果的，此时人民警察可以直接使用武器进行制服。

十、使用警械与使用武器的情形的区别

允许使用警械与允许使用武器的情形相比较，在程度、危害性、紧迫性上允许使用武器的情况都有着更为强烈的要求，应当注意理解和区分，在允许使用武器的情形中，具体体现如下：

1. 在危害程度上均表现为“严重危害公共安全”“造成严重、紧迫危险的”“严重破坏社会治安秩序”“危及生命安全”等；

2. 在手段上表现为“持械”“聚众”“结伙”“使用危险物品相威胁”等；

3. 在紧迫性上表现为“实施严重暴力犯罪后拒捕、逃跑”“携带危险物品拒捕、逃跑”等有可能造成严重后果的情形。

十一、人民警察不得使用武器的情形

人民警察遇有如下特殊情况时，不得使用武器。

1. 发现实施犯罪的人为怀孕妇女、儿童的，但是使用枪支、爆炸、剧毒等危险物品实施暴力犯罪的除外。

2. 犯罪分子处于群众聚集的场所或者存放大量易燃、易爆、剧毒、放射性等危险物品的场所的，但是不使用武器予以制止，将发生更为严重危害后果的除外。

十二、人民警察应当立即停止使用武器的情形

人民警察遇有如下情况时，应当立刻停止使用武器。

1. 犯罪分子停止实施犯罪，服从人民警察命令的。

2. 犯罪分子失去继续实施犯罪能力的。

十三、后置程序

1. 主要指使用武器后的书面报告和造成人员伤亡后的处置程序。

2. 武器因其高度危险性，因为武器的高度危险性和风险的不可控，因此对其使用有着更严格的要求和限制。

3. 人民警察在使用武器后，无论是否造成人员伤亡，均应当在归还武器后，将使用武器的情况如实向所属机关书面报告。

(1)造成人员伤亡的，应当及时抢救受伤人员，保护现场，并立即向当地公安机关或者该人民警察所属机关报告，此时的报告为立刻的口头报告。

(2)当地公安机关或者该人民警察所属机关接到报告后，应当及时进行勘验、调查，并及时通知当地人民检察院。

(3)同时，当地公安机关或者该人民警察所属机关应当将犯罪分子或者无辜人员的伤亡情况，及时通知其家属或者其所在单位。

十四、法律责任

（一）违法使用造成的赔偿

1. 人民警察违法使用警械、武器，造成不应有的人员伤亡、财产损失，构成犯罪的，依法追究刑事责任；尚不构成犯罪的，依法给予行政处分。

2. 对受到伤亡或者财产损失的人员，由该人民警察所属机关依照《中华人民共和国国家赔偿法》的有关规定给予赔偿。

（二）合法使用造成的补偿

人民警察依法使用警械、武器，造成无辜人员伤亡或者财产损失的，由该人民警察所属机关参照《中华人民共和国国家赔偿法》的有关规定给予补偿。

这里所指的有关规定，主要是《国家赔偿法》第二章行政赔偿（第3~16条）以及第四章赔偿方式和计算标准（第32~37条）的相关规定。

十五、责任主体

（一）人民警察的法律责任

1. 人民警察依照法律规定使用警械、武器，即使对违法犯罪人员造成人身伤亡或财产损失，人民警察个人也不承担任何法律责任，包括刑事责任、民事责任和行政责任。

2. 如果人民警察违法使用警械、武器，造成不应有的人员伤亡、财产损失的，就要受到行政处分甚至承担刑事处罚等相应的法律责任。

（二）所属机关的监督责任和赔偿责任

1. 对人民警察使用警械和武器的监督责任的主体为该人民警察所属机关。

2. 对“不应有的人员伤亡、财产损失”的国家赔偿责任，由该人民警察所属机关代表国家履行。

3. 该人民警察所属机关是指人民警察所任职的县、市级以上机关，包括：县、市级以上公安机关、国家安全机关、监狱及其主管机关、劳动教养管理机关、人民法院、人民检察院等。

第二节　人民警察使用警械和武器条例重点法条解读及真题回顾

中华人民共和国人民警察使用警械和武器条例

第一章　总　　则

★立法目的

第一条　为了保障人民警察依法履行职责，正常使用警械和武器，及时有效地制止违法犯罪行为，维护公共安全和社会秩序，保护公民的人身安全和合法财产，保护公共财产，根据《中华人民共和国人民警察法》和其他有关法律的规定，制定本条例。

●考点点拨

1. 制定《条例》的目的

(1)保障人民警察依法履行职责。《人民警察法》第6条规定了人民警察一系列的职责，如预防、制止和侦查违法犯罪活动；维护交通安全和交通秩序等。为了保障人民警察履行职责，国家必须赋予人民警察履行职责所必需的权力。

(2)保证人民警察依法正确使用警械和武器。本条例对使用警械和武器的条件、情形、法律责任进行了明确规定。既要按照法律、法规规定的原则、条件、方式使用警械和武器，以有效地制止违法犯罪的行为；同时，又要求在法律、法规没有授权的情况下不得使用警械和武器。

2. 制定《条例》的意义

本条例是《人民警察法》的配套法规之一，是人民警察依法履行职责、行使职权的重要法律保障。本条例的公布实施，将对人民警察依法及时有效地制止违法犯罪行为，维护公共安全和社会秩序，保护公民的人身安全和合法财产，保护公共财产，起到积极的作用。

3. 制定本条例的法律根据

(1)《人民警察法》；

(2)其他法律，包括《刑法》《刑事诉讼法》《治安管理处罚法》《集会游行示威法》《戒严法》《监狱法》《枪支管理法》等。

☆真题回顾

(2017年多选)《人民警察使用警械和武器条例》的制定目的包括(　　)。

A. 保障警察依法履行职责

B. 保障警察正确使用警械和武器

C. 及时有效制止违法犯罪行为

D. 维护公共秩序

E. 保护公共财产

【解析】答案为ABCDE。根据《人民警察使用警械和武器条例》第1条的规定，本题全部选项均正确。

(2017年判断)人民警察在履行职责时使用警械武器的行为，与《刑法》所规定的公民实施正当防卫的性质相同。(　　)

【解析】人民警察在履行职责时使用警械武器的行为属于人民警察的正当职务行为，与刑法规定的正当防卫性质不同，两者的条件、方式、后果均不同，故本题说法错误。

(2018年多选)《人民警察使用警械和武器条例》的制定目的包括(　　)。

A. 保障人民警察依法履行职责

B. 保障公民的人身安全

C. 保护公共财产

D. 保护公民的合法财产

E. 维护公共安全和社会秩序

【解析】答案为ABCDE。根据《人民警察使用警械和武器条例》第1条的规定，五个选项均正确。一般来说，法律法规总则第1、2条为立法目的，考生要认真理解识记立法目的，这样可以从宏观上掌握法律规定，更好地把握立法原旨和意义。

★使用警械或武器的条件

第二条　人民警察制止违法犯罪行为，可以采取强制手段；根据需要，可以依照本条例的规定使用警械；使用警械不能制止，或者不使用武器制止，可能发生严重危害后果的,可以依照本条例的规定使用武器。

● 考点点拨

(1)人民警察为制止违法犯罪行为,可以对违法犯罪行为人的人身或者违法财物采取直接强制措施,包括对行为人实施制止、控制或约束,或对行为人的财物实施控制和破坏。

(2)当人民警察现场通过徒手控制、警告等手段不足以控制违法犯罪行为,而现场的情形,还没有达到使用武器进行控制的情况下,可以使用警械进行控制。这属于控制手段的升级。

(3)使用警械不能制止,或者不使用武器制止,可能发生严重危害后果的,是指违法犯罪行为的危害程度、暴力程度和紧急程度已超出了使用警械可以控制的程度,人民警察可以使用武器。这属于控制手段的再升级。

☆ 真题回顾

(2018年多选)关于人民警察使用警械和武器条例,下列说法正确的是(　　)。

A. 人民警察制止违法犯罪行为,可以采取强制手段

B. 人民警察所采取的强制手段不受约束

C. 人民警察依法使用特种防爆枪的行为,受法律保护

D. 人民警察使用高压水枪的行为,受法律保护

E. 人民警察使用警械可以制止所有不法行为

【解析】答案为AC。根据《人民警察使用警械和武器条例》第2条的规定,A项为原文表述,当选。该条例的出台目的就是规范国家暴力机关的行为,人民警察所采取的强制手段不受约束的说法显然是与该条例的出台目的相违背的,B项错误。根据第5条第1款的规定,人民警察依法使用警械的行为受法律保护,特种防爆枪为本条例第3条所称警械,C项正确,当选。D项中高压水枪虽亦属本条例所称警械,但该选项表述过于绝对,只有依法使用的行为才受法律保护,所以D项不当选。E项说法过于绝对,某些不法行为需使用武器才能制止,E项不当选。

★ 使用警械及武器的种类

第三条　本条例所称警械,是指人民警察按照规定装备的警棍、催泪弹、高压水枪、特种防暴枪、手铐、脚镣、警绳等警用器械;所称武器,是指人民警察按照规定装备的枪支、弹药等致命性警用武器。

● 考点点拨

1. 制服性警械:是对违法犯罪分子进行人身控制的警用工具,有压制反抗能力、进行人身接触从而进行控制的作用。主要包括:(1)警棍;(2)特种防暴枪等。

2. 驱逐性警械:是对违法犯罪分子进行人身隔离的警用工具,有压制反抗能力,但避免人身接触,从而进行驱逐的作用。主要包括:(1)催泪弹;(2)高压水枪。

3. 约束性警械:是对违法犯罪分子进行人身束缚的强制性警用工具,有对已经被控制的违法犯罪分子暂时限制人身自由和其他行动的作用。主要包括:(1)手铐;(2)脚镣;(3)警绳等。

4. 武器:主要是人民警察装备的枪支、弹药等致命性警用武器,有在紧急或必要的情形下,在极短时间内终止违法犯罪分子的高度危险性或紧迫性行为的作用。主要包括:(1)手枪(含64、75、95手枪);(2)步枪(含自动步枪和狙击步枪);(3)冲锋枪等。

☆ 真题回顾

(2017年单选)根据《人民警察使用警械和武器条例》,弹药(　　)。

A. 属于警械

B. 属于武器

C. 既不属于警械,也不属于武器

D. 既属于警械,也属于武器

【解析】答案为B。根据《人民警察使用警械和武器条例》第3条的规定,弹药属于武器,故B项正确。

(2018年单选)根据《人民警察使用警械和武器条例》,下列属于武器的是(　　)。

A. 枪支　　B. 警棍

C. 催泪弹　　D. 高压水枪

【解析】答案为A。根据《人民警察使用警械和武器条例》第3条的规定,A项枪支属于"武器",B项、C项和D项属于"警械",本题选A项。

(2018年单选)根据《人民警察使用警械和武器条例》,下列关于警械和武器的说法正确的是(　　)。

A. 警棍是武器

B. 高压水枪是武器

C. 催泪弹是武器

D. 特种防暴枪是警械

【解析】答案为D。根据《人民警察使用警械和武器条例》第3条的规定,上述四个选项都属于警械,故D项正确。

★**必要性原则**

第四条　人民警察使用警械和武器，应当以制止违法犯罪行为，尽量减少人员伤亡、财产损失为原则。

●**考点点拨**

1. 必要性原则

(1)违法犯罪到了非使用警械和武器不能制止的情况下，才可以使用警械和武器；

(2)使用警械和武器应当以制止违法犯罪行为为限度；

(3)当违法犯罪行为得到制止时，应当立即停止使用。

2. 最小损失原则

(1)在使用警械和武器过程中，应当尽可能减少人员伤亡和财产损失。

①减少人员伤亡，包括减少违法犯罪人和无辜人员伤亡，尤其是要最大限度地避免伤及无辜。

②减少财产损失，是指在可能的情况下，避免或者减少使用警械和武器对国家财产、公共财产和公民合法财产的损坏。

(2)使用警械和武器，要以能够有效地制止违法犯罪行为为限度，当违法犯罪行为被制止时，应当停止使用警械和武器。

(3)对于使用警械能够制止的，就不能使用武器制止。

☆**真题回顾**

(2017年单选)下列关于人民警察使用警械以及武器的说法中错误的是(　　)。

A. 人民警察使用警械和武器前，应当命令在场无关人员躲避

B. 人民警察使用警械前，在场无关人员应当服从人民警察的命令进行躲避

C. 人民警察使用武器的行为，受法律保护

D. 人民警察使用武器，应当尽量减少人员受伤

【解析】答案为C。根据《人民警察使用警械和武器条例》第4条的规定，D项正确。根据第5条的规定，并非所有人民警察使用武器的行为都受法律保护，必须是依法使用武器才受法律保护。C项缺少“依法”这个关键词，因此C项错误。根据第6条的规定，A项、B项正确。本题为选非题，应选C项。

(2019年判断)人民警察使用警械和武器，应当以制止违法犯罪行为，尽量减少人员伤亡、财产损失为原则。(　　)

【解析】根据《人民警察使用警械和武器条例》第4条的规定，本题表述正确。

★**合法性原则**

第五条　人民警察依法使用警械和武器的行为，受法律保护。

人民警察不得违反本条例的规定使用警械和武器。

●**考点点拨**

(1)人民警察依照本条例及其他法律、法规(包括但不限于《人民警察法》)的规定，使用警械和武器制止违法犯罪活动，不受单位、个人的干涉。只要是合法使用警械和武器制止违法犯罪活动，无论造成什么后果，人民警察个人都不受法律追究。

(2)人民警察超越职权和法律规定使用警械和武器，如在审讯中使用警械对犯罪嫌疑人进行殴打、刑讯逼供，或者使用警械和武器从事与职责无关的行为，造成不当后果的，首先应由人民警察所属机关承担监督和管理不善的法律责任，例如赔偿损失，机关负责人接受行政处分乃至刑事处罚等。最终，要由人民警察承担行政处分甚至承担刑事处罚等相应的法律责任。

☆**真题回顾**

(2018年多选)关于《人民警察使用警械和武器条例》，下列说法正确的有(　　)。

A. 人民警察制止违法犯罪行为，可以采取强制手段，根据需要可以依法使用警械

B. 人民警察制止违法犯罪行为所采取的强制手段不受约束

C. 人民警察依法使用特种防爆枪的行为，受法律保护

D. 人民警察使用高压水枪的行为，受法律保护

E. 人民警察在使用警械可以制止违法犯罪行为的情况下，也可以选择使用武器

【解析】答案为AC。根据《人民警察使用警械和武器条例》第2条的规定，人民警察制止违法犯罪行为，可以采取强制手段，根据需要可以使用警械，故A项正确。人民警察使用警械不能制止的才能够使用武器，故E项错误。根据第3条、第5条的规定，人民警察制止违法犯罪行为所采取的强制手段受到本条例的约束，故B项错误。特种防爆枪和高压水枪均属于警械，依法使用的行为才受到法律保护，故C项正确、D项错误。

⊙使用武器和警械的前置程序

第六条　人民警察使用警械和武器前，应当命令

在场无关人员躲避；在场无关人员应当服从人民警察的命令，避免受到伤害或者其他损失。

●考点点拨

（1）人民警察在使用警械和武器前，必须要命令在场无关人员躲避；此处的“命令”就是没有任何协商的余地，在场无关人员必须无条件服从。

（2）人民警察在使用警械和武器过程中，必须十分注意对公民人身安全和财产安全的保护。不仅仅要注意保护被侵害人的人身财产安全，还要保护现场周边公民的人身安全和财产安全。这一规定对现场人民警察来说，是应尽的义务，即要求人民警察必须作出此种行为。

（3）人民警察可以口头要求在场人员作出或者不作出某种行为，在某些特别情况下，还可以运用手势、旗语、信号或者其他能够指示的方式提示在场无关人员避开警械和武器的强制范围，以防止其受到伤害。

第二章　警械的使用

★使用驱逐性、制服性警械的情形

第七条　人民警察遇有下列情形之一，经警告无效的，可以使用警棍、催泪弹、高压水枪、特种防暴枪等驱逐性、制服性警械：

（一）结伙斗殴、殴打他人、寻衅滋事、侮辱妇女或者进行其他流氓活动的；

（二）聚众扰乱车站、码头、民用航空站、运动场等公共场所秩序的；

（三）非法举行集会、游行、示威的；

（四）强行冲越人民警察为履行职责设置的警戒线的；

（五）以暴力方法抗拒或者阻碍人民警察依法履行职责的；

（六）袭击人民警察的；

（七）危害公共安全、社会秩序和公民人身安全的其他行为，需要当场制止的；

（八）法律、行政法规规定可以使用警械的其他情形。

人民警察依照前款规定使用警械，应当以制止违法犯罪行为为限度；当违法犯罪行为得到制止时，应当立即停止使用。

●考点点拨

本条是关于人民警察使用警棍等驱逐性、制服性警械的适用条件的规定。共分两款：第1款具体列举了人民警察可以使用警棍等驱逐性、制服性警械的8种情形，第2款规定了人民警察使用警棍等警械的限度。

1.本条第1款规定了人民警察使用驱逐性、制服性警械之前对违法犯罪人员应当进行警告，在警告无效的情况下，根据需要，可以使用警棍、催泪弹、高压水枪、特种防暴枪等驱逐性、制服性警械的8种情形。

2.这8种情形都是危害公共安全、人身安全、治安秩序，需要当场制止的行为。

（1）第1～3项规定的情形多发生在公共场所，并且一般多人参加，影响面大，对社会治安和社会秩序有较大危害。如果不及时有效地制止这类违法犯罪，有可能会扩大事态，引发更严重的治安事件。

（2）第4～6项是抗拒、阻碍人民警察依法履行职务或者袭击人民警察的情形，这会给人民警察依法执行职务和人民警察的生命安全带来严重威胁，而且影响了国家法律的实施。

（3）第7项和第8项规定的是为避免上述列举有遗漏而补充的兜底性规定。

3.本条中：

（1）“警告”是指针对正在实施的违法犯罪行为，人民警察以口头或者其他方式清晰而明确地向行为人发出责令立即停止违法犯罪活动，否则将以强制方法处置的告诫。

（2）“警告无效”是指人民警察发出警告后，行为人不听警告仍继续实施违法犯罪行为或者转而实施新的违法犯罪行为的情形。

4.本条各项中所说的行为，均为违反《治安管理处罚法》《刑法》等法律法规的行为。

（1）“寻衅滋事”是指在公共场所无事生非、无理取闹、起哄捣乱、强取豪夺，从而引发与他人的冲突或纠纷的行为。比如，在人多拥挤的地方，横冲直撞，制造事端；与他人发生纠纷时，蛮不讲理，大打出手；故意挑逗、辱骂他人、制造混乱；等等。

（2）“侮辱妇女”是指以下流无耻的动作、语言，调戏、侮辱、捉弄、猥亵、摧残妇女的行为。比如，追逐、拦截妇女；强行搂抱、接吻、抚摸妇女；在公共场所故意暴露性器官或强行扒光、撕烂妇女的衣服；等等。

（3）“以暴力方法抗拒或者阻碍人民警察依法履行职责的”情形中，“抗拒”是指在人民警察履行职责时进行反抗或者拒不服从；“阻碍”是指对人民警察履行职责的行为进行阻挠和干涉；“暴力”不仅指对人民警察人身施加的武力，而且包括对人民警察履行职责所处的工作环境、使用的交通工具、通信工具以及文件、物品实施武力破坏的行为。无论是对人民警察人身施加暴力，还是对物品进行破坏，只要实施了暴力抗拒或阻碍行为，不管是否造成妨碍人民警察履行职责的后果，都属于本项规定的情形。

☆真题回顾

（2017 年单选）对于非法举行集会与游行、袭击人民警察的，经（　　）无效，人民警察可以使用警棍、催泪弹、高压水枪、特种防爆枪等驱逐、限制性警械。

A. 警告　　B. 训诫

C. 盘问　　D. 劝阻

【解析】答案为 A。根据《人民警察使用警械和武器条例》第 7 条的规定，A 项正确。

（2018 年单选）某市群众非法举行大规模的集会、游行、示威，严重影响社会公共秩序，经（　　）无效的，人民警察可以使用驱逐性、制服性器械。

A. 警告　　B. 训诫

C. 盘问　　D. 劝阻

【解析】答案为 A。根据《人民警察使用警械和武器条例》第 7 条第 1 款的规定，A 项正确。

（2018 年多选）人民警察遇有下列（　　）情形，经警告无效的，可以使用驱逐性、限制性的警械。

A. 结伙斗殴、殴打他人的

B. 聚众扰乱车站、码头、民用航空站、运动场等公共场所秩序的

C. 危害公共安全、社会秩序和公民人身安全的其他行为，需要当场制止的

D. 以暴力方法抗拒或者阻碍人民警察依法履行职责的

E. 寻衅滋事、侮辱妇女或者进行其他流氓活动的

【解析】答案为 ABCDE。根据《人民警察使用警械和武器条例》第 7 条的规定，五项均符合规定，当选。

（2019 年单选）我市群众非法集会，强行冲越人民警察为履行职责设置的警戒线，该市公安局人民警察经（　　）无效的，可以使用警械、催泪弹、高压水枪、特种防暴枪等驱逐性、制服性警械。

A. 警告　　B. 训诫

C. 盘问　　D. 劝阻

【解析】答案为 A。根据《人民警察使用警械和武器条例》第 7 条第 1 款第 4 项的规定，强行冲撞警戒线的，经警告无效可以使用驱逐性、制服性警械，A 项正确。

★使用约束性警械的情形

第八条　人民警察依法执行下列任务，遇有违法犯罪分子可能脱逃、行凶、自杀、自伤或者有其他危险行为的，可以使用手铐、脚镣、警绳等约束性警械：

（一）抓获违法犯罪分子或者犯罪重大嫌疑人的；

（二）执行逮捕、拘留、看押、押解、审讯、拘传、强制传唤的；

（三）法律、行政法规规定可以使用警械的其他情形。

人民警察依照前款规定使用警械，不得故意造成人身伤害。

●考点点拨

本条是关于人民警察使用手铐、脚镣、警绳等约束性警械的适用条件和限度的规定。

1. 第 1 款中：

（1）“违法犯罪分子”是指实施了违法犯罪行为，依法应当受到刑事法律制裁的行为人；

（2）“犯罪重大嫌疑人”是指有证据证明有犯罪重大嫌疑而需要审查的人。比如，重大刑事案件发生后在其身边或住处发现有犯罪证据；具有同案件密切相关的其他因素；身份不明有流窜作案重大嫌疑；被害人或者在场亲眼看见的人指认其犯罪；等等。

（3）但犯罪嫌疑人是否确是犯罪行为人，须经进一步调查了解，收集证据，才能得出结论。因此，绝不能把犯罪重大嫌疑人等同于犯罪分子。

2. 第 2 款中：

（1）“逮捕”是指经人民检察院批准或人民法院决定，由公安机关执行的对被逮捕人限制人身自由、予以扣押的刑事强制措施。

（2）“拘留”是指人民警察机关在侦查犯罪的活动中，对于应该逮捕的现行犯或者重大嫌疑分子，由于情况紧急，依法采用的临时限制人身自由的刑事强制措施。

（3）“看押”是指看管被关押的违法犯罪人员或重大犯罪嫌疑人，等待进一步审查及处理的—种强制性方法。

（4）“押解”是指将违法犯罪人员在专人看管下从一地押送到另一地的强制性方法。

（5）“审讯”是指为了查明违法犯罪事实而对违法犯罪行为人或嫌疑人进行的讯问。

（6）“拘传”是指人民警察对经合法传唤无正当理由而不到案的刑事被告人、嫌疑人采取的一种强制其到案的刑事强制措施。有时，视具体情况不同，不

经传唤也可以直接进行拘传。

第三章　武器的使用

★使用武器的情形

第九条　人民警察判明有下列暴力犯罪行为的紧急情形之一，经警告无效的，可以使用武器：

（一）放火、决水、爆炸等严重危害公共安全的；

（二）劫持航空器、船舰、火车、机动车或者驾驶车、船等机动交通工具，故意危害公共安全的；

（三）抢夺、抢劫枪支弹药、爆炸、剧毒等危险物品，严重危害公共安全的；

（四）使用枪支、爆炸、剧毒等危险物品实施犯罪或者以使用枪支、爆炸、剧毒等危险物品相威胁实施犯罪的；

（五）破坏军事、通讯、交通、能源、防险等重要设施，足以对公共安全造成严重、紧迫危险的；

（六）实施凶杀、劫持人质等暴力行为，危及公民生命安全的；

（七）国家规定的警卫、守卫、警戒的对象和目标受到暴力袭击、破坏或者有受到暴力袭击、破坏的紧迫危险的；

（八）结伙抢劫或者持械抢劫公私财物的；

（九）聚众械斗、暴乱等严重破坏社会治安秩序，用其他方法不能制止的；

（十）以暴力方法抗拒或者阻碍人民警察依法履行职责或者暴力袭击人民警察，危及人民警察生命安全的；

（十一）在押人犯、罪犯聚众骚乱、暴乱、行凶或者脱逃的；

（十二）劫夺在押人犯、罪犯的；

（十三）实施放火、决水、爆炸、凶杀、抢劫或者其他严重暴力犯罪行为后拒捕、逃跑的；

（十四）犯罪分子携带枪支、爆炸、剧毒等危险物品拒捕、逃跑的；

（十五）法律、行政法规规定可以使用武器的其他情形。

人民警察依照前款规定使用武器，来不及警告或者警告后可能导致更为严重危害后果的，可以直接使用武器。

●考点点拨

1. 使用武器必须具备四个要素：

（1）现场的人民警察必须判明情况；

（2）犯罪分子正在实施暴力犯罪行为；

（3）情况紧急；

（4）先行警告（来不及警告的除外）。

人民警察在使用武器前，应当向犯罪行为人发出警告。这是因为警告有可能使犯罪分子停止实施犯罪行为。为避免不必要的伤亡，在可能的情况下，首先应当通过对犯罪分子实施警告制止其犯罪行为。

2. 在允许使用武器的情形中：

（1）在危害程度上均表现为“严重危害公共安全”“造成严重、紧迫危险的”“严重破坏社会治安秩序”“危及生命安全”等；

（2）在手段上表现为“持械”“聚众”“结伙”“使用危险物品相威胁”等；

（3）在紧迫性上表现为“实施严重暴力犯罪后拒捕、逃跑”“携带危险物品拒捕、逃跑”等有可能造成严重后果的情形。

3. 与允许使用警械的情形相比较，允许使用武器的情形在程度、危害性、紧迫性上有着更为强烈的要求，考生应当注意区分。

☆真题回顾

（2017年多选）犯罪嫌疑人正在实施以下（　　）行为时，警告无效，人民警察不可以使用武器。

A. 徒手抢劫路人

B. 携带炸药劫机

C. 入户盗窃

D. 电信诈骗

E. 抢夺出警民警的枪支

【解析】答案为ACD。《人民警察使用警械和武器条例》第9条规定了可以使用武器的情形，属于该条例的核心条款，考生除需要准确的记忆外亦需注重理解才能更好地回答此类问题。B项携带炸药且劫持航空器和E项抢夺民警枪支完全符合可以使用武器的规定。注意第9条中的表述：“暴力犯罪行为的紧急情形……经警告无效……严重危害公共安全……造成严重、紧迫危险的……危及公民生命安全的……”由此可见，武器不同于警械，对武器的使用有着更为严格的判断标准。A项中徒手抢劫不满足结伙或者持械的规定，不足以构成“严重”“危及公民的生命安全”等条件，不选。C项中，盗窃具有秘密性，一般不认定为暴力犯罪，出现暴力时通常已转化为其他犯罪，一般入户盗窃不足以构成使用武器的情形。D项中电信诈骗，不属于暴力犯罪。本题为选非题，因此A项、C项、D项当选。

（2018年单选）犯罪嫌疑人张某正在实施（　　）

时，经警告无效，人民警察李某可以使用武器。

A. 徒手抢劫路人

B. 持枪劫狱

C. 入户盗窃

D. 大规模电信诈骗

【解析】答案为B。根据《条例》第9条的规定，B项持枪劫狱符合本条第1款第12项的规定，应选。A项中徒手抢劫不满足结伙或者持械的规定，不足以构成"严重""危及公民的生命安全"等条件，不选。C项中，盗窃具有秘密性，一般不认定为暴力犯罪，出现暴力时通常已转化为其他犯罪，一般入户盗窃不足以构成使用武器的情形。C项不选。D项中电信诈骗，不属于暴力犯罪。D项不选。

(2018年单选)根据《人民警察使用警械和武器条例》，人民警察遇有下列(　　)情形，经警告无效的，可以使用武器。

A. 抢夺剧毒物品的

B. 袭击人民警察的

C. 结伙斗殴的

D. 结伙侮辱妇女的

【解析】答案为A。根据《条例》第7条的规定，B项、C项、D项符合可以使用警械的情形，不当选。根据第9条的规定，A项符合可以使用武器的情形，当选。武器不同于警械，对武器的使用有着更为严格的判断标准。考生应充分理解立法的目的、宗旨，武器具有高度杀伤力，对武器的使用理所当然应持审慎的态度。

★不得使用武器的情形

第十条　人民警察遇有下列情形之一的，不得使用武器：

(一)发现实施犯罪的人为怀孕妇女、儿童的，但是使用枪支、爆炸、剧毒等危险物品实施暴力犯罪的除外；

(二)犯罪分子处于群众聚集的场所或者存放大量易燃、易爆、剧毒、放射性等危险物品的场所的，但是不使用武器予以制止，将发生更为严重危害后果的除外。

●考点点拨

1. 本条是对人民警察遇有特殊情况，不得使用武器的规定。

本条所说的妇女、儿童，是指人民警察明知是孕妇、儿童或者虽然原来不知道，但是在现场可以明显识别是孕妇、儿童的。

2. 第2款是对在群众聚集场所或者存放大量危险物品场所使用武器的限制性规定，这是从保护群众安全和维护公共安全的角度出发所规定的。

(1)群众聚集场所包括室内、露天场所、繁华市场、影剧院以及临时搭建的大型群众性舞台等。

(2)存放大量危险物品的场所，是指存放大量易燃、易爆、剧毒、放射性等危险物品的仓库、场院等。

3. 犯罪分子处于这些场所有两种情况：

(1)在上述场所实施犯罪；

(2)在其他场所实施犯罪后为了躲避追捕而藏匿其中。

为了避免使用武器带来严重后果，如引起火灾、爆炸或者引起剧毒物品泄漏，产生放射性物质等，给公共安全带来严重危害，原则上不使用武器予以制止。

但是，如果不开枪制止，可能带来更为严重后果，比如，犯罪分子利用危险物品进行破坏，必要时就得开枪制止。在上述场合使用武器，必须注意防止伤及无辜群众和避免引起火灾、爆炸或危险品的泄漏。

☆真题回顾

(2017年单选)一般情况下，人民警察不得使用武器的情形是(　　)。

A. 发现实施非暴力犯罪的妇女已怀孕

B. 犯罪分子实施犯罪后躲入某核电站

C. 犯罪分子处于人群密集的广场

D. 以上选项都正确

【解析】答案为D。根据《人民警察使用警械和武器条例》第10条的规定，A项、B项、C项均正确。考生需注意，对于弱势群体，如怀孕妇女和儿童等，并非无条件的保护，必须要求其实施的是非暴力犯罪以及非使用危险物品实施暴力犯罪时，才不得使用武器。

(2018年单选)一般情况下，人民警察不得使用武器的情形是(　　)。

A. 犯罪分子处于群众聚集的场所的

B. 犯罪分子实施犯罪后进入存放大量易燃、易爆、剧毒、放射性等危险物品的场所的

C. 发现实施犯罪的人为怀孕妇女、儿童的

D. 以上选项都正确

【解析】答案为D。根据《人民警察使用警械和武器条例》第10条的规定，本题选D项。

(2019年单选)人民警察不得使用武器的情形不包括(　　)。

A. 实施犯罪的人为儿童的

B. 犯罪分子处于群众聚集的场所的

C. 犯罪分子处于存放大量易燃、易爆、剧毒、放射性等危险物品的场所的

D. 怀孕妇女,使用枪支、爆炸、剧毒等危险物品实施暴力犯罪的

【解析】答案为 D。根据《人民警察使用警械和武器条例》第 10 条的规定,A 项、B 项、C 项均符合不得使用武器的情形的规定。怀孕妇女使用危险物品实施暴力犯罪的,其高度危险性和紧迫性的要求高于对妇女、儿童的保护性举措的要求,属于可以使用武器的紧急情形,D 项当选。本条为该条例的重点法条,考点简单但考查频繁,考生应理解掌握。

★应当立即停止使用武器的情形

第十一条　人民警察遇有下列情形之一的,应当立即停止使用武器:

(一)犯罪分子停止实施犯罪,服从人民警察命令的;

(二)犯罪分子失去继续实施犯罪能力的。

●考点点拨

(1)"犯罪分子停止实施犯罪"是指犯罪分子在实施犯罪过程中,主动停止或者由于意志以外的原因停止实施犯罪的行为,包括犯罪分子慑于武器展示的威力、人民警察使用武器迫使犯罪分子停止实施犯罪行为。

(2)"服从人民警察命令"是指犯罪分子停止实施犯罪后,听从人民警察指挥,接受人民警察的处置,如放下武器、停止行动、服从拘捕等。

(3)"失去继续实施犯罪能力"则包括已经被制服、失去继续实施犯罪的手段等,如大腿中弹倒地无法动弹。

(4)只要犯罪分子不能或者不再继续实施犯罪,脱离了高度危险性和紧迫的现实危险的情况,根据《条例》第 4 条的必要性原则,人民警察应当立即停止使用武器。

☆真题回顾

(2018 年判断)人民警察遇犯罪分子停止实施犯罪,服从人民警察命令的,应当立即停止使用武器。(　　)

【解析】根据《人民警察使用警械和武器条例》第 11 条的规定,本题说法正确。

(2019 年单选)某夜,向某撬开严某家大门意图盗窃,严某醒后偷偷报警,民警孙某和郑某赶到现场后,向某跪地求饶,孙某为防止向某反扑,拔枪打伤向某手臂,下列有关赔偿责任的说法正确的是(　　)。

A. 由孙某所属机关和孙某共同赔偿

B. 由当地人民政府给予赔偿

C. 由孙某所属机关给予赔偿

D. 由孙某给予赔偿

【解析】答案为 C。根据《人民警察使用警械和武器条例》第 11 条的规定,在向某已经跪地求饶,服从命令且失去继续实施犯罪能力的情况下,孙某使用武器射击的行为已构成违法使用武器。根据《条例》第 14 条、《国家赔偿法》第 3 条第 4 项的规定,向某有权请求国家赔偿。根据《国家赔偿法》第 7 条第 1 款的规定,由人民警察孙某所属机关代表国家进行赔偿,C 项正确,当选。

★使用武器造成危害性后果后的处置程序

第十二条　人民警察使用武器造成犯罪分子或者无辜人员伤亡的,应当及时抢救受伤人员,保护现场,并立即向当地公安机关或者该人民警察所属机关报告。

当地公安机关或者该人民警察所属机关接到报告后,应当及时进行勘验、调查,并及时通知当地人民检察院。

当地公安机关或者该人民警察所属机关应当将犯罪分子或者无辜人员的伤亡情况,及时通知其家属或者其所在单位。

●考点点拨

1. 本条第 1 款的"现场",是指人民警察使用武器造成人员伤亡的地点或者场所。

2. 第 2 款中:

(1)"勘验"是指为了查明人民警察使用武器时的实际情形,而对事发现场进行的实地勘察,以及对所使用的枪弹走向及痕迹进行的实物检验。

(2)"调查"是指为了查明人民警察使用武器时的实际情形而对当事人、受伤者、目击者或其他知情者进行的询问和了解。

3. 第 3 款中:

(1)"及时通知"是指进行勘验、调查的公安机关或者人民警察所属机关,在查明死、伤者的基本情况后,应该尽快将有关伤亡情况通知其家属。如果直接通知家属有困难,应尽快通知其所在单位,由单位转告家属。

(2)"该人民警察所属机关"是指人民警察所任职的县、市级以上机关,包括县、市级以上公安机关、

国家安全机关、监狱、劳动教养管理机关、人民法院以及人民检察院。因此,此处法条表述采用“该人民警察所属公安机关”就是为了准确定性,将各种可能性都考虑在内。

(3)“当地公安机关”是指事发现场所在地的公安机关。其中,对在火车、船舶上发生的使用武器造成伤亡的,可分别报告铁路、交通公安机关。对监狱发生的使用武器造成人员伤亡的,应向所属监狱机关报告。

☆**真题回顾**

(2017年判断)公安机关接到人民警察使用武器造成人员伤亡的报告后,应当及时进行勘验、调查并及时通知当地人民法院。(　　)

【解析】根据《人民警察使用警械和武器条例》第12条第2款的规定,应及时通知当地人民检察院而不是人民法院。本题说法错误。

(2018年单选)人民警察使用武器造成犯罪分子或者无辜人员伤亡的,当地公安机关或者该人民警察所属机关接到报告后,应当将犯罪分子或者无辜人员的伤亡情况,及时通知(　　)。

A. 其所在社区居委会

B. 其所在单位

C. 其家属和其所在单位

D. 其家属或者其所在单位

【解析】答案为D。根据《人民警察使用警械和武器条例》第12条的规定,造成犯罪分子或者无辜人员伤亡的,应当及时通知家属或其单位,哪方可以迅速通知到位就选择哪方,二择一即可,无须同时通知,故D项正确,当选。本题考查法条规定的细节,考生应特别留心法条中含有“或者”“和”“应当”“可以”等关键词性的条文,出题人喜欢利用这些易混点进行命题。

★**使用武器后的书面程序**

第十三条　人民警察使用武器的,应当将使用武器的情况如实向所属机关书面报告。

●**考点点拨**

(1)“如实”是指人民警察应当严格按照事发当时的实际情况,客观全面地反映使用武器的情况。

(2)“所属机关”是指使用武器的人民警察所在的县、市级以上的机关,包括县、市级以上公安机关、国家安全机关、监狱、劳动教养管理机关、人民法院以及人民检察院。

(3)“书面报告”是指人民警察应以文字形式正式向其所属机关反映使用武器的情况。

(4)之所以要求采用“书面”形式,主要是考虑到使用武器是一件非常严肃慎重的执法执勤活动,关系到国家公权力的行使和人民群众的生命健康安全,“书面报告”需要逐级递送到检察机关,由检察人员对人民警察使用武器的合法性进行监督。

☆**真题回顾**

(2017年单选)下列关于人民警察使用警械、武器的说法,错误的是(　　)。

A. 人民警察使用武器的,应当将使用的情况如实向所属机关书面报告

B. 人民警察使用武器造成无辜人员伤亡的,应当及时抢救受伤人员,保护现场,并立即向当地公安机关或者该人民警察所属机关报告

C. 人民警察依法使用警械、武器,造成犯罪分子伤亡或者财产损失的,由该人民警察所属机关参照《国家赔偿法》的有关规定给予补偿

D. 人民警察违法使用警械、武器,造成不应有的人员伤亡、财产损失,对受到伤亡或财产损失的人员,由该人民警察所属机关依照《国家赔偿法》的有关规定给予赔偿

【解析】答案为C。根据《人民警察使用警械和武器条例》第13条的规定,A项正确;根据第12条的规定,B项正确;根据第14条的规定,D项正确。根据第15条的规定,人民警察依法使用警械、武器,造成犯罪分子伤亡或者财产损失的,不需要给予补偿或者赔偿,因此C项错误。

(2019年单选)人民警察使用武器的,应当将使用武器的情况如实向(　　)书面报告。

A. 当地人民检察院

B. 所属机关

C. 当地人民政府

D. 上级机关

【解析】答案为B。根据《人民警察使用警械和武器条例》第13条的规定,由使用武器的人民警察向所属机关书面报告,B项正确。法条原文表述,要求考生不仅要理解法条,更要熟悉法条、记忆法条。

第四章　法律责任

★**违法使用造成的赔偿**

第十四条　人民警察违法使用警械、武器,造成不应有的人员伤亡、财产损失,构成犯罪的,依法追究刑事责任;尚不构成犯罪的,依法给予行政处分;对受

到伤亡或者财产损失的人员，由该人员警察所属机关依照《中华人民共和国国家赔偿法》的有关规定给予赔偿。

●考点点拨

(1)人民警察依照法律规定使用警械、武器，即使对违法犯罪人员造成人身伤亡或财产损失，人民警察个人不应当承担任何法律责任，包括刑事责任、民事责任和行政责任。

(2)如果人民警察违法使用警械、武器，造成不应有的人员伤亡、财产损失的，就要受到行政处分甚至承担刑事处罚等相应的法律责任。对受到伤亡或者财产损失的人员，国家应当给予赔偿。

(3)本条所说的“不应有的人员伤亡、财产损失”，是指根据人民警察执行职务的当时情形，不应该造成的无辜人员或违法犯罪人员的伤残、死亡以及财产的损坏或灭失。

(4)人民警察违法使用警械、武器，对受到伤亡或者财产损失的人员，由该人员警察所属机关进行赔偿，而不是由人民警察进行赔偿。该人员警察所属机关进行赔偿后，可以对其进行追偿。

◆关联法条

《中华人民共和国国家赔偿法》

第十六条　赔偿义务机关赔偿损失后，应当责令有故意或者重大过失的工作人员或者受委托的组织或者个人承担部分或者全部赔偿费用。

对有故意或者重大过失的责任人员，有关机关应当依法给予处分；构成犯罪的，应当依法追究刑事责任。

☆真题回顾

(2018年多选)下列关于人民警察违法使用警械、武器致人伤亡的法律责任的说法正确的有(　　)。

A. 构成犯罪的，依法追究刑事责任

B. 尚不构成犯罪的，依法给予行政处分

C. 对受到伤亡或者财产损失的人员，由该人民警察所属机关依照有关规定给予赔偿

D. 对受到伤亡或者财产损失的人员，由当地人民政府依照有关规定给予赔偿

E. 对受到伤亡或者财产损失的人员，由该人民警察依照有关规定给予赔偿

【解析】答案为ABC。根据《人民警察使用警械和武器条例》第14条的规定，A项、B项正确，对受到伤亡或者财产损失的人员，由该人民警察所属机关依照有关规定给予赔偿，故C项正确，D项、E项错误。因此，A项、B项、C项当选。

(2019年单选)人民警察违法使用警械、武器，造成不应有的人员伤亡，财产损失，下列处理方式不正确的是(　　)。

A. 构成犯罪的，依法追究刑事责任

B. 尚不构成犯罪的，依法给予行政处分

C. 尚不构成犯罪的，依法给予行政处罚

D. 依照《国家赔偿法》的有关规定给予赔偿

【解析】答案为C。根据《人民警察使用警械和武器条例》第14条的规定，人民警察违法使用警械、武器，构成犯罪的，依法追究刑事责任，尚不构成犯罪的，依法给予行政处分，对受到伤亡或者财产损失的人员，依照《国家赔偿法》的有关规定给予赔偿。因此，A项、B项、D项正确，本题为选非题，C项当选。

(2019年多选)人民警察违法使用警械、武器，造成不应有的人员伤亡、财产损失，下列说法不正确的有(　　)。

A. 由该人民警察所属机关按照《国家赔偿法》的有关规定给予赔偿

B. 由该人民警察按照《国家赔偿法》的有关规定给予赔偿

C. 由该人民警察所属机关按照《国家赔偿法》的有关规定给予补助

D. 由当地人民政府依照《国家赔偿法》的有关规定给予赔偿

【解析】答案为BCD。根据《人民警察使用警械和武器条例》第14条的规定，首先应由人民警察所属机关代表国家进行赔偿，而非人民警察或者当地人民政府，B项、D项错误。因行政人员的违法履职行为，国家存在监督管理过失，由国家进行赔偿；因行政人员的依法履职行为，国家不存在过错，但基于国家责任，可以进行适当补偿；国家基于社会公平需要，可以对经济困难地区、组织、或者人员进行补助，依题意，A项正确，C项错误。B项、C项、D项当选。

★合法使用造成的补偿

第十五条　人民警察依法使用警械、武器，造成无辜人员伤亡或者财产损失的，由该人民警察所属机关参照《中华人民共和国国家赔偿法》的有关规定给予补偿。

●考点点拨

(1)“造成无辜人员伤亡”是指人民警察在履行职责过程中依照法律、法规规定使用警械、武器，致使

没有违法犯罪行为的无辜公民受到伤害或者死亡。

（2）“财产损失”是指人民警察依照法律、法规规定使用警械、武器时致使没有违法犯罪行为的公民或者组织的合法财产，如合法所有的房屋、车辆物品等受到损害或者灭失。

此时，应当由该人民警察所属机关代表国家进行赔偿。

（3）“所属机关”是指使用武器的人民警察所在的县、市级以上的机关，包括县、市级以上公安机关、国家安全机关、监狱、劳动教养管理机关、人民法院以及人民检察院。

（4）人民警察依法使用警械、武器，造成无辜人员伤亡或者财产损失的，由该人员警察所属机关进行补偿。鉴于该行为系人民警察依法执法行为，故人民警察个人不承担任何责任。

☆**真题回顾**

（2018 年单选）人民警察依法使用警械、武器、造成无辜人员伤亡或者财产损失的，由（　　）参照《国家赔偿法》的有关规定给予赔偿。

A. 当地人民政府

B. 该人民警察

C. 该人民警察所属机关

D. 该人民警察和该人民警察所属机关

【**解析**】答案为 C。根据《人民警察使用警械和武器条例》第 15 条的规定，C 项正确。

（2018 年判断）人民警察依法使用警械，武器，造成无辜人员伤亡或者财产损失的，由该人民警察给予补偿。（　　）

【**解析**】根据《人民警察使用警械和武器条例》第 15 条的规定，人民警察依法行使职权的行为造成侵权的，由所属机关承担责任，给予补偿。据此，本题说法错误。

第五章　附　　则

⊙人民武装警察部队的适用

第十六条　中国人民武装警察部队执行国家赋予的安全保卫任务时使用警械和武器，适用本条例的有关规定。

●**考点点拨**

人民武装警察部队，俗称“武警”，其在执行国家所赋予的安全保卫任务时，同样具有国家法律所赋予的使用警械和武器的特殊权力。他们使用警械和武器的原则、条件、限度及法律责任也应当适用本条例。

⊙生效规定

第十七条　本条例自发布之日起施行。1980 年 7 月 5 日公布施行的《人民警察使用武器和警械的规定》同时废止。

附录　关联法律法规及规章解释

一、宪法关联法律法规及规章解释

1.《宪法修正案》(2018 施行)

2.《监察法》(2018 施行)

3.《立法法》(2015 修正)

二、刑法关联法律法规及规章解释

1. 最高人民法院《关于审理未成年人刑事案件具体应用法律若干问题的解释》(法释〔2006〕1 号)

2. 最高人民法院印发《关于审理抢劫、抢夺刑事案件适用法律若干问题的意见》的通知(法发〔2005〕8 号)

3. 最高人民法院、最高人民检察院《关于办理盗窃刑事案件适用法律若干问题的解释》(法释〔2013〕8 号)

4. 最高人民法院、最高人民检察院《关于办理诈骗刑事案件具体应用法律若干问题的解释》(法释〔2011〕7 号)

5. 最高人民法院、最高人民检察院《关于办理寻衅滋事刑事案件适用法律若干问题的解释》(法释〔2013〕18 号)

6. 最高人民法院《关于处理自首和立功具体应用法律若干问题的解释》(法释〔1998〕8 号)

7. 最高人民法院、最高人民检察院、公安部、司法部印发《关于依法惩治性侵害未成年人犯罪的意见》的通知(法发〔2013〕12 号)

三、刑事诉讼法关联法律法规及规章解释

1.《刑法》(2017 修正)

2. 最高人民法院关于适用《中华人民共和国刑事诉讼法》的解释(法释〔2012〕21 号)

3.《公安机关办理刑事案件程序规定》(2012 修订)

4. 最高人民法院、最高人民检察院、公安部、国家安全部、司法部、全国人大常委会法制工作委员会《关于实施刑事诉讼法若干问题的规定》(2013 施行)

5.《人民检察院刑事诉讼规则(试行)》(2012 修订)

四、治安管理处罚法关联法律法规及规章解释

1.《行政处罚法》(2017 修正)

2.《公安机关办理行政案件程序规定》(2018 修正)

3. 公安部关于印发《公安机关执行〈中华人民共和国治安管理处罚法〉有关问题的解释》的通知(公通字〔2006〕12 号)

4. 公安部关于印发《公安机关执行〈中华人民共和国治安管理处罚法〉有关问题的解释(二)》的通知(公通字〔2007〕1 号)

五、行政处罚法关联法律法规及规章解释

1.《公安机关办理行政案件程序规定》(2018 修正)

2.《民事诉讼法》(2017 修正)

3.《行政诉讼法》(2017 修正)

六、行政复议法关联法律法规及规章解释

1.《行政复议法实施条例》(2017 施行)

2.《民事诉讼法》(2017 修正)

3.《国家赔偿法》(2012 修正)

七、行政诉讼法关联法律法规及规章解释

1. 最高人民法院关于适用《中华人民共和国行政诉讼法》的解释(法释〔2018〕1 号)

2. 最高人民法院《关于行政诉讼证据若干问题的规定》(法释〔2002〕21 号)

3. 最高人民法院《关于行政申请再审案件立案程序的规定》(法释〔2017〕18 号)

4. 最高人民法院、最高人民检察院《关于检察公益诉讼案件适用法律若干问题的解释》(法释〔2018〕6 号)

5.《行政强制法》(2012 施行)

6.《行政复议法》(2017 修正)

八、国家赔偿法关联法律法规及规章解释

1. 最高人民法院《关于审理行政赔偿案件若干问题的规定》(法发〔1997〕10 号)

2. 最高人民法院、最高人民检察院《关于办理刑

事赔偿案件适用法律若干问题的解释》(法释〔2015〕24号)

3. 最高人民法院《关于国家赔偿案件立案工作的规定》(法释〔2012〕1号)

4. 最高人民法院印发《关于国家赔偿案件案由的规定》的通知(法〔2012〕32号)

5. 最高人民法院《关于民事、行政诉讼中司法赔偿若干问题的解释》(2008调整)

6. 最高人民法院《关于人民法院赔偿委员会审理国家赔偿案件程序的规定》(法释〔2011〕6号)

九、行政许可法关联法律法规及规章解释

1.《公安机关行政许可工作规定》(2005施行)

2. 最高人民法院《关于审理行政许可案件若干问题的规定》(法释〔2009〕20号)

3. 国务院法制办公室对《关于提请解释〈中华人民共和国行政许可法〉有关适用问题的函》的复函(国法函〔2004〕293号)

十、行政强制法关联法律法规及规章解释

1.《公安机关办理行政案件程序规定》(2018修正)

2.《行政执法机关移送涉嫌犯罪案件的规定》(2001施行)

3. 最高人民法院《关于人民法院民事执行中查封、扣押、冻结财产的规定》(2008调整)

十一、人民警察法关联法律法规及规章解释

1.《公安机关督察条例》(2011修订)

2.《公安机关组织管理条例》(2007施行)

3.《公安机关人民警察内务条令》(2000施行)

4.《公安机关人民警察纪律条令》(2010施行)

5.《公安机关人民警察奖励条令》(2016施行)

6.《公安机关适用继续盘问规定》(2004施行)

7.《公安机关内部执法监督工作规定》(1999施行)

8.《人民警察制式服装及其标志管理规定》(2001施行)

十二、人民警察使用警械和武器条例关联法律法规及规章解释

1.《人民警察法》(2012修正)

2.《国家赔偿法》(2012修正)

图书在版编目(CIP)数据

重点法条解读 / 胡向阳主编 ；辅警招聘考试教材编辑委员会组编. -- 北京 ：法律出版社，2019
辅警招聘考试专用教材系列
ISBN 978-7-5197-3234-9

Ⅰ. ①重… Ⅱ. ①胡… ②辅… Ⅲ. ①法律－汇编－中国－招聘－考试－自学参考资料 Ⅳ. ①D920.9

中国版本图书馆 CIP 数据核字(2019)第 040507 号

重点法条解读
ZHONGDIAN FATIAO JIEDU

胡向阳 主编
辅警招聘考试教材编辑委员会 组编

策划编辑 邢艳萍
责任编辑 邢艳萍
装帧设计 汪奇峰

出版 法律出版社
总发行 中国法律图书有限公司
经销 新华书店
印刷 固安华明印业有限公司
责任校对 马 丽
责任印制 吕亚莉

编辑统筹 法律应用出版分社
开本 787 毫米×1092 毫米 1/16
印张 35.75
字数 690 千
版本 2019 年 3 月第 1 版
印次 2019 年 3 月第 1 次印刷

法律出版社/北京市丰台区莲花池西里 7 号(100073)
网址/www.lawpress.com.cn
投稿邮箱/info@lawpress.com.cn
举报维权邮箱/jbwq@lawpress.com.cn
销售热线/010-83938336
咨询电话/010-63939796

中国法律图书有限公司/北京市丰台区莲花池西里 7 号(100073)
全国各地中法图分、子公司销售电话：
统一销售客服/400-660-6393
第一法律书店/010-83938334/8335 西安分公司/029-85330678 重庆分公司/023-67453036
上海分公司/021-62071639/1636 深圳分公司/0755-83072995

书号:ISBN 978-7-5197-3234-9 **定价**:98.00 元
(如有缺页或倒装,中国法律图书有限公司负责退换)